ロシア語文法
音韻論と形態論
Grammaire russe: phonologie et morphologie

ポール・ギャルド 著　柳沢民雄 訳
Paul Garde

ひつじ書房

GRAMMAIRE RUSSE

Phonologie et Morphologie
(2ᵉ éd.)

par Paul Garde

1ʳᵉ édition©Institut d'études slaves, Paris, 1980
ISBN 972-2-7204-0170-1
2ᵉ édition©Institut d'études slaves, Paris, 1998
ISBN 972-2-7204-0336-1

Japanese translation published by arrangement with
Institut d'études slaves, Paris through The English Agency (Japan) Ltd.

目次

訳者はしがき……………………………………………………………… 9
序文………………………………………………………………………… 13
はじめに…………………………………………………………………… 15
訳注凡例…………………………………………………………………… 18

第 1 部　音韻論、書記法

1 章　音韻体系　25

    I.　入門……………………………………………………………… 25
    II.　子音……………………………………………………………… 27
        A.　子音の調音的分類…………………………………………… 27
        B.　聴覚的分類：弁別素性……………………………………… 30
    III.　母音……………………………………………………………… 34
        A.　調音的分類…………………………………………………… 34
        B.　聴覚的分類：弁別素性……………………………………… 35
    IV.　超分析的素性：音節、形態論の境界、アクセント………… 36
        A.　音節…………………………………………………………… 36
        B.　音韻的語とアクセント……………………………………… 38
        C.　接頭辞の境界………………………………………………… 41
        D.　結論…………………………………………………………… 41

2 章　文字法　43

    I.　ロシア語の字母（アルファベット）…………………………… 43
    II.　ロシア語の正書法……………………………………………… 46
        A.　一般的原理…………………………………………………… 46
        B.　母音書記素の 2 つの系列…………………………………… 47

         C. 対をもつ子音とそれらに後続する母音の記号表記法 ……… 48
         D. /j/ とそれに後続する母音の記号表記法 ……… 49
         E. その他の対をもたない子音とそれらに後続する母音の
            記号表記法 ……… 52
         F. 結論：ある書記素の多重的価値 ……… 56
         G. ある形態素に特有の正書法的変則 ……… 58
   III. ロシア語の転写の体系 ……… 59

3章　発音　63

   I. 入門 ……… 63
         A. 音声的転写 ……… 63
         B. 音素の変異音 ……… 66
   II. 子音：基本的変異音 ……… 68
         A. 対をもつ硬子音 ……… 68
         B. 対をもつ軟子音 ……… 70
         C. 対をもたない子音(湿音性の対立に関与しない子音) ……… 71
   III. 子音：位置的な変異音 ……… 74
         A. 軟口蓋音の変異音 ……… 74
         B. 有声性素性の変化 ……… 78
         C. 湿音性素性の変化 ……… 82
         D. 高音調性噪子音における調音点と調音方法の変化 ……… 85
         E. 2つの子音の間に置かれた歯音の省略 ……… 90
         F. 音節初頭音の /j/ ……… 91
   IV. 母音：基本的変異音 ……… 92
   V. 母音：アクセントから独立した位置的変異音(音素 /i/) ……… 92
   VI. 母音：アクセント下の位置的変異音 ……… 94
         A. /e/ の変異音 ……… 94
         B. /a o u/ の変異音 ……… 96
   VII. アクセントの外の位置的変異音 ……… 97
         A. 対をもつ硬子音の後ろ、硬・軟口蓋音の後ろ、及び語頭での
            無アクセント母音 ……… 98
         B. 軟子音の後ろの無アクセント母音 ……… 100

　　　　C. 常に硬い子音の後ろの無アクセント母音……………………… 102
　　　　D. ある語尾の特殊な事例……………………………………… 104
　　　　E. ある無アクセント母音の省略……………………………… 106

第 2 部　形態論

4 章　形態論入門　　　　　　　　　　　　　　　　　　　　111

　　I. 意味が備わった単位：形態素と語……………………………… 111
　　　　A. 形態素……………………………………………………… 111
　　　　B. 語…………………………………………………………… 112
　　　　C. 語の構造。形態素のタイプ……………………………… 113
　　　　D. 屈折と派生………………………………………………… 115
　　　　E. 文中の語、語の分類……………………………………… 117
　　II. 形態素の形式的定義（形態論）………………………………… 119
　　　　A. ゼロ形態素………………………………………………… 120
　　　　B. 交替………………………………………………………… 120
　　　　C. 移動母音…………………………………………………… 121
　　　　D. 外因性の交替……………………………………………… 130
　　　　E. 母音間の /j/ あるいは /v/ の挿入………………………… 138
　　III. アクセント……………………………………………………… 140
　　　　A. アクセントと語…………………………………………… 140
　　　　B. 語のなかのアクセントの場所　一般的原理…………… 143
　　　　C. アクセントの場所：屈折への応用……………………… 149
　　　　D. アクセントの場所：接尾辞による派生への応用……… 153
　　　　E. アクセントの場所：接頭辞名詞と複合名詞…………… 156
　　IV. 形態素の表記において用いられる記号の要約……………… 157

5 章　実詞　　　　　　　　　　　　　　　　　　　　　　　　159

　　I. 総論………………………………………………………………… 159
　　　　A. 定義………………………………………………………… 159
　　　　B. 可変的カテゴリー………………………………………… 160

- II. 第1曲用 ··· 171
  - A. 定義と実数 ··· 171
  - B. 規則的な曲用 ··· 172
  - C. 移動母音 ··· 174
  - D. 例外と特殊性 ··· 175
  - E. アクセント ·· 177
- III. 第2曲用 ·· 185
  - A. 定義と実数 ··· 185
  - B. 規則的な曲用 ··· 186
  - C. 移動母音 ··· 190
  - D. 例外と特殊性 ··· 192
  - E. 男性名詞のアクセント ··· 208
  - F. 中性名詞のアクセント ··· 216
- IV. 第3曲用 ·· 220
  - A. 定義と実数 ··· 220
  - B. 規則的な曲用 ··· 221
  - C. 移動母音 ··· 221
  - D. 例外と特殊性 ··· 222
  - E. アクセント ·· 223
- V. 周辺的なカテゴリー ··· 226
  - A. Pluralia tantum ·· 226
  - B. 異語幹曲用（разносклоня́емые）································ 228
  - C. 補充法の曲用をもつ実詞 ·· 230
  - D. 形容詞の曲用をもつ実詞 ·· 231
  - E. 不変化の実詞 ··· 233
  - F. 苗字 ··· 237

6章　形容詞　　241

- I. 総論 ·· 241
  - A. 定義 ·· 241
  - B. 形容詞の固有のカテゴリー ······································ 242

　　　　C. 一致のカテゴリー ·· 242
　　　　D. 形容詞の語形変化 ·· 244
　II. 規則的な曲用：長形と短形 ·· 245
　　　　A. 語尾 ·· 245
　　　　B. 移動母音 ·· 248
　　　　C. 特殊性と不完全なパラダイム ······································ 249
　　　　D. アクセント ·· 251
　III. 所有形容詞の曲用 ·· 258
　　　　A. 総称の所有形容詞(-ий で終わる) ·································· 259
　　　　B. 個人の所有形容詞(⟨,in⟩ と ⟨ov⟩) ································ 262
　IV. 不変化形容詞 ·· 265
　V. 比較級 ·· 265
　　　　A. 不変化の総合的比較級(-ee, -e, -ше) ······························ 265
　　　　B. 語尾変化する総合的比較級の残滓 ·································· 269
　　　　C. 分析的な比較級 ·· 269
　　　　D. 比較級の幾つかのタイプの用法 ···································· 270
　VI. 最上級 ·· 271
　　　　A. 総合的最上級(-ейший, -айший) ···································· 271
　　　　B. 分析的最上級 ·· 273

7 章　数詞　　　　　　　　　　　　　　　　　　　　　　　　　　　275

　I. 基数詞(количественные числительные) ·································· 275
　　　　A. 単純な基数詞のリスト ·· 275
　　　　B. 形容詞的な基数詞(1 から 4 まで) ·································· 276
　　　　C. 混合的な基数詞(5 から 1000 まで) ································ 280
　　　　D. 実詞的な基数詞(2000 以上) ······································ 284
　　　　E. 複合基数詞 ·· 285
　II. 集合数詞 ·· 285
　III. 順序数詞 ·· 287
　IV. 数詞の他のタイプ ·· 288

8章　代名詞　291

- I. 総論 ………………………………………………………………… 291
- II. 人称代名詞 ………………………………………………………… 298
    - A. 実詞的な人称代名詞 …………………………………………… 298
    - B. 形容詞的(所有)人称代名詞 …………………………………… 302
    - C. 形容詞的人称代名詞の副詞形 ………………………………… 304
- III. 指示代名詞 ………………………………………………………… 304
    - A. 単純指示代名詞 ………………………………………………… 305
    - B. 指示代名詞の派生語 …………………………………………… 307
- IV. 疑問代名詞 ………………………………………………………… 308
    - A. 実詞的な疑問代名詞 кто? что? ……………………………… 308
    - B. 派生の疑問代名詞 ……………………………………………… 309
- V. 不定代名詞 ………………………………………………………… 311
    - A. 否定の意味をもつ実詞的不定代名詞とその派生語 ………… 312
    - B. 肯定の意味をもつ実詞的不定代名詞とその派生語 ………… 314
    - C. 形容詞的不定代名詞とそれらの派生形 ……………………… 323
- VI. 関係代名詞 ………………………………………………………… 326

9章　欠如名詞形：状況語、副詞、述語　329

- I. 定義 ………………………………………………………………… 329
- II. 状況語 ……………………………………………………………… 330
    - A. 時の状況語 ……………………………………………………… 330
    - B. 場所の状況語 …………………………………………………… 331
    - C. その他の状況語 ………………………………………………… 333
- III. 副詞 ………………………………………………………………… 333
- IV. 述語 ………………………………………………………………… 335
    - A. 無人称述語 ……………………………………………………… 335
    - B. 人称述語 ………………………………………………………… 336

10章　動詞　339

- I. 総論 ··· 339
  - A. 定義 ·· 339
  - B. 動詞の文法的カテゴリー ·· 340
  - C. 動詞の形態論的構造 ··· 352
- II. 末端の研究 ··· 356
  - A. 直説法 ··· 356
  - B. 命令法 ··· 362
  - C. 条件法 ··· 366
  - D. 不定形 ··· 367
  - E. 副動詞 ··· 369
  - F. 分詞 ·· 373
- III. 動詞形のアクセント ··· 380
  - A. 人称形と不定形のアクセント ·· 381
  - B. 副動詞のアクセント ··· 388
  - C. 分詞のアクセント ·· 389
- IV. 語基の研究 ··· 394
  - A. 一般原理 ··· 394
  - B. 第1活用 ·· 398
  - C. 第2活用 ·· 425
  - D. 不規則動詞 ·· 430
- V. アスペクトの形態論 ··· 434
  - A. 一般的傾向 ·· 434
  - B. 単純動詞のアスペクト ··· 435
  - C. 動詞接頭辞をもつ動詞のアスペクト ······························· 437
  - D. 規則的なアスペクトの対の形成：⟨a⟩と⟨iva⟩で終わる不完了体の派生 ··· 438
  - E. 不規則的なアスペクトの対の形成 ··································· 451
  - F. 反復相の動詞 verbes fréquentatifs ································ 453
  - G. 運動の動詞とその下位・アスペクト ······························· 454

11章　機能語（道具語）　463

- I. 前置詞 ………………………………………………………… 463
  - A. 総論 …………………………………………………… 463
  - B. 第一次前置詞 ………………………………………… 464
  - C. 第二次前置詞 ………………………………………… 469
- II. 接続詞 ………………………………………………………… 472
  - A. 等位接続詞 …………………………………………… 472
  - B. 従属接続詞 …………………………………………… 473
  - C. 相関接続詞 …………………………………………… 474
- III. 小辞 …………………………………………………………… 475
  - A. 動詞的小辞 …………………………………………… 475
  - B. 非動詞的小辞 ………………………………………… 477

12章　語・文　481

- I. 返答語 ………………………………………………………… 481
- II. 丁寧の定型表現 ……………………………………………… 482
- III. 間投詞 ………………………………………………………… 483

主要参考文献 …………………………………………………………… 485
訳注引用文献 …………………………………………………………… 490
訳注 ……………………………………………………………………… 505
訳者あとがき …………………………………………………………… 773
索引 ……………………………………………………………………… 777

訳者はしがき

　本書はフランスのプロヴァンス大学名誉教授ポール・ギャルド氏の『ロシア語文法　音韻論と形態論』(第二版)の翻訳である。オリジナルのフランス語版(初版)は、1980年にパリのスラヴ研究所から『ロシア語文法　第1巻　音韻論―形態論』(スラヴ研究所の文法叢書のVII/1)として出版された。このスラヴ研究所による叢書からは、アントワーヌ・メイエ『共通スラヴ語』(1934)、アンドレ・マゾン『ロシア語文法』(1943)、アンドレ・ヴァイアン『古代スラヴ語教本』(1964)のようなフランスのスラヴ学を代表する書籍が出版されている。著者のギャルド氏はメイエ、ポール・ボワイエ、マゾン、ヴァイアンらのフランスのスラヴ学の学統を継いだ碩学であり、スラヴ語の歴史的アクセント論の研究で世界的に著名な学者である。それに関連した著作には『スラヴ語アクセント法の歴史 Histoire de l'accentuation slave. 1, 2』(1976、スラヴ研究所の教科書叢書VII/1、スラヴ研究所)、『アクセント L'accent』(1968、フランス大学出版)がある[1]。前著はスラヴ語の歴史アクセント研究の分野で最も明瞭で最も読みやすい学術への貢献の1つと言われている[2]。氏はアクセントを中心とした研究、特にスラヴ語の通時論的なアクセント研究を行ってきたのであるが、本書はそれまでの研究とは異なり共時論的な記述による現代ロシア語文法である[3]。初版の前書きには、この第1巻の第1部音韻論と第2部形態論に続いて、第2巻として第3部の統語論の出版が予告されていたが、著者から贈られた第二版(1998)に統語論の文字はない。残念ながら統語論の出版は放棄されたようである。第二版は初版と大きな変更はなく、誤植が訂正されているだけである。本書の翻訳は第二版をもとにしている[4]。

　本書は学術的な文法分析に満ちており、ロシア語研究者だけでなく印欧語あるいは一般言語学の研究者にも有益なロシア語文法書になっている。このため翻訳では、我が国のロシア語教育の中だけに用いられてきた特殊な文法用語を一般的な印欧語研究などで用いられる用語に変えたところがある(訳注凡例を参照)。

　本書の特徴を挙げれば次のようである。まず、現代ロシア語を共時論的に一切の歴史的な解釈を入れずに記述している。特に第1部の音韻論は類書にないほどわかりやすく、ロシア語の音韻構造を理解するための入門の役を果たすと思われる。著者の考えはモスクワ音韻学派の考えに近い。また類書では取り上げられることがな

かったヤコブソーンの論も取り上げてあり、著者の専門とする音論の部は本書の圧巻である。またアクセントの記述に関して言えば、著者が通時論的なスラヴ語のアクセント法によって作り出した方法論を現代ロシア語に応用したものであり、これは類書にはない本書のオリジナルなところである。ロシア語のアクセントを記述するためには、名詞や動詞のパラダイムの上のアクセントの位置を記述することが一般に行われている(『80年アカデミー文法』やフェデャーニナ Федянина (1982²) 等の著作を参照)。こういった方法はわかりやすいが、著者はこのような方法をとらずに各形態素に仮定される「アクセント属性」からアクセントの位置を導きだす。こういったアクセント論は歴史的なスラヴ語アクセント論において発達した考えであり、ロシアのアクセント研究者ドゥイボー Дыбо のアクセント「結合価 valencies」の理論や本著者の『スラヴ語アクセント法の歴史』の中での「優性 "dominant" と劣性 "recessive"」クラスの形態素の理論によってつくられてきた方法である。この考えはバルト・スラヴ祖語においてはかなり有効な方法であった。現代ロシア語においてもこの方法は有効であり、例えば、「劣勢アクセント」をもつ語のアクセント位置を決めることが可能であり、優れた理論であることは確かである。

　第2部の形態論において特徴的なことは、移動母音(出没母音)から名詞、動詞の章に至るまでそれらの形態を網羅的に記述しようとしていることである。このために "l.c. (liste complète)" 《完全なリスト》と "l.i. (liste incomplète)" 《不完全なリスト》という表現を使って、名詞あるいは動詞の形態の例がどのくらいあるかを示そうとしている。このようなことはザリズニャク Зализняк (1977) の『ロシア語文法辞典』[5] 等によって調べることが可能であるが、それを実際に行った仕事を訳者は知らない。名詞、形容詞そして動詞においてはそのパラダイムのアクセントが前述の方法によって記述されている。音韻論を土台にした形態論の体系的な記述は、伝統的な形態論を守っている A. Mazon, *Grammaire de la Langue Russe* (1995⁹) や B. O. Unbegaun, *Russian Grammar* (1957) を過去のものにしている。本書の大きな強みは音論の確かさであり、それを形態論(特に動詞形態論)の分析に応用し、現代ロシア語の動詞構造を体系的に記述することに成功している。また著者独自の代名詞の分析にも興味深い分析がなされている(「代名詞的な状況格」はアカデミー文法にも見られない)。当初、統語論は第3部で詳細に論ずるつもりであったために統語論についてはほとんど記述はないが、数詞や代名詞の章では一部その記述がある。それらの記述も興味深いものであり、統語論が書かれなかったことは残念である。本書全体を通じてフランスのスラヴ研究の高いレベルを反映したものであり、一部は著者のオリジナルな考えを展開している。

巻末の注は全て訳者がつけたものである（著者の注は本文の中に収められている）。日本の文法書や教科書の記述とギャルド氏の記述が異なっているところは特に詳細に解説した。この際にギャルド氏の見解を傍証するために引用したのはロシアや欧米の文献である。訳者が主として用いたのは、形態論に関しては『80年アカデミー文法』とイサチェンコ Исаченко (1954–1960)［また Isačenko (1962)］である。Karcevski (1927)、ヴィノグラードフ Виноградов (1972²)、ザリズニャーク Зализняк (1967) とプラハ版アカデミーの『ロシア語文法』(1979) も一部使った。テンス・アスペクトについてはマースロフ Маслов (2004) とボンダールコ Бондарко (2005) に所収されている論考を引用した。現代語の傾向については Comrie (2003)、Timberlake (2004) をはじめとする西欧の研究者の著作を引用した。現代ロシア語の音声やアクセントの傾向については、アヴァネーソフ Аванесов を中心とする発音・正音法の辞典を用いた。音声と音韻論についてはボドゥアン・ド・クルトネ Бодуэн де Куртенэ (2012²)、ヤーコヴレフ Яковлев (1928 [1970])、アヴァネーソフとシードロフ Аванесов & Сидоров (1945) の «音声学 Фонетика» の章、Аванесов (1954; 1956)、Boyanus (1955; 1952³)、R. Jakobson の «*Selected Writings*» の中にある諸論文、レフォルマーツキィ Реформатский (1970) によって編集されたモスクワ音韻学派の諸論文を参考にした。現代ロシア語のアクセントについては、Зализняк (2010; 2010a) の優れた論考を一部紹介した。スラヴ語やロシア語の歴史的な面に触れる際には Meillet (1934² [1965])、Schmalstieg (1983; 1995) および Stang (1957 [2nd ed. 1965]) を参考にした。また語源に関しては最新の Vladimir Orel 編著の *Russian Etymological Dictionary* (= RED, 2011) の 4 巻本を利用した。訳者の考えを述べた箇所には二重のアステリスク記号 ** を付けた。さらに原著者は統語論にほとんど触れていないので、訳注では『80年アカデミー文法』によって統語論を一部引用した。

　訳者は大学院生のとき、故矢野通生先生のもとでこの著者の『スラヴ語アクセント法の歴史 *Histoire de l'accentuation slave*』を読んだことがある。その後、本書（初版）が出版されているのを知りそれを手に入れた。しかしそれを読むこともなく本棚の隅に放り込んだままにしていた。関心がバルト・スラヴ語を離れ、ソビエト言語類型論へ、さらに北西コーカサス諸語のフィールド調査へ移ってしまったからである。さて一昨年に長年取り組んできたコーカサスのある言語の記述（辞書と文法の作成）を一応終えたので、今まで関心のなかった日本で出版されたロシア語の文法書や教科書をじっくり眺めてみたのである。そしてロシア語の世界から遠く離れて

しまった訳者にも、日本で出版されている文法書や教科書には世界のロシア語研究とは異なったことが書かれていることに気づいた(例えば、訳注 25, 263, 324, 503 を参照)。

　ロシア語という言語はかなり研究尽くされている言語なので、学問として確立した定説がある。それはロシアで出版されているアカデミー文法に見られる見解とほぼ同じものだと見なして差し支えないのではないか。ロシア語の教科書や文法書を書く人はアカデミー文法(特に『80 年アカデミー文法』)をまず参考にすべきではないか。その次の段階でそれとは異なる説を主張するのであれば、それを自分の考える文法体系の中で述べることが必要ではないか。

　こんなことを考えているとき本書を手にとってみたのである。そしてこれはかなりコンパクトに纏められていて、かつ学問的にしっかりした文法書であることを知った。早速翻訳してギャルド氏に出版の許可を求め、快諾された。しかしこれが科学的(あるいは学問的)であることは、今の日本では出版できる見込みは少ないということをも意味する。入門書はいくつも出版されているが、学術的な研究書の出版はほとんど不可能な日本である。自費出版も覚悟したが、オリジナルな言語学関連の研究書を精力的に出版している、ひつじ書房の松本功社長に相談したところ出版してくださることになった。またひつじ書房の板東詩おりさんにはいつもながら困難な編集をお願いした。両氏に心より感謝申し上げたい。現代ロシア語の諸相については名古屋大学のロシア語教師である山崎タチアナ先生と名古屋大学大学院国際言語文化研究科院生のマリア・コルコさんから貴重な意見を得ることができた。記して厚くお礼申し上げる。

　訳注の全ての箇所は出典を明記してあるので、読者にはそれを参考に原文に直接に当たって頂きたい。訳注がロシア本国の本格的なロシア語文法を理解するための一助になるならば、訳者としてこれ以上の喜びはない。

　最後に翻訳なのに恐縮であるが、ギャルド氏と専門を同じくする研究者ということでお許しをいただき、この拙い翻訳を我が国のバルト・スラヴ語の音韻論及び史的アクセント論の先駆者であった元名古屋大学教授・故矢野通生先生の霊に捧げたいと思う。先生は、訳注で引用したシャルル-ジャック・ヴェラン『ロシア文法』(文庫クセジュ)やヤコブソーン『構造的音韻論』(岩波書店)の翻訳(後者は共訳)をなされている。後者にはロシア語音韻論の珠玉の論文が収められている。

平成 27 年 2 月　　　　訳者

序文

　この巻はロシア語文法の必要不可欠な 2 つの部門である、音韻論と形態論に割り当てられている。第 3 の分野である統語論は除外されている。
　この本の目的は、この制限内でできる限り**完全な**、そして**合理的な**現代ロシア語を記述することである。

完全な記述：この本は多くの場合において利用者の次の疑問に答えることができるものと願っている。あることを言ったり書いたりするために、ロシア語の正しい形あるいは言い回しは何か。我々はたとえ今日の標準ロシア語の範囲内に留まりながらも、その積極的な使用が外国人にとって役に立たず、口語的使用においても、あるいはテキストにおいても出会うことがあまりありそうにないような稀な諸事実をたとえ取り上げないとしても、できる限り多数のロシア語の諸事実を検討し、それらをより深く理解するための概念を検討しようと試みた。

　しかしながら利用者はこの文法を辞書とともに使うことを我々は前提としている。従って、結果がすでに初歩的な辞書の中に与えられているような文法規則をここに入れるのは、役に立たないと我々は判断した。これは形態論における派生に関する研究がこの本にないことを説明する。派生語は辞書の中に与えられているからである。この本の形態論は屈折の研究に限定される（§ 121 参照）。
　より大きな注意を向けたのは、実例とリストの問題である。ここに提示されている一連の実例を前にして、読者は、それらが多数の可能な形態の中での代表例であるかどうか、あるいはそれとは反対にそれらが網羅的なリストであるかどうかについて、知る権利がある。この理由により、この文法の中で提示されている全てのリストは、以下の 3 つの評価記載のうちの 1 つが付けられている。
　　etc.：これは同じタイプの例が無数に存在し、網羅的に列挙することができないことを示している。生産的な現象に関わることである。
　　l.c.（完全なリスト）：このリストは今日の標準ロシア語に存在し、そこで検討されている現象の全ての例を含んでいる（すでに示された制限とともに）。非生産的な現象に関わることである。
　　— l.i.（不完全なリスト）：同じく非生産的なリストに関することであり、前の

場合のように完全な例のリストを提示することはできるだろうが、しかし紙幅の理由でそうすることが不可能であったことを示す（この混合的な評価記載は単に例外的に記載されている）。

著者は「完全なリスト」という評価記載は安易な批判に晒されることを自覚している。というのも人は必ずこのリストの中に見落としを見つけるであろう。読者がこれらのリストが完全なものであるか、あるいは完全なものでないかを知らずに、このリストを前に読者を曖昧なままにさせるよりも、リストに見落としがあるかもしれないという危険のほうを著者は好むので、前もってそのことを弁解しておく。

合理的な記述：全ての場合において、ロシア語の諸事実の大多数を覆うような首尾一貫した原理とできる限り単純な規則から、事実の全ての多様性を説明しようと試みた。従って、読者は知ることだけでなく、また理解することもできる。この要求を満足させるために支払うべき対価は往々にしてあるが、まず初めは、かなり高い抽象化のレベルである（音素の弁別素性の定義、形態素の抽象的な表記法とそれらのアクセント法の表記法）。しかし我々は、たとえこの歩みに時間をとられたとしても、大して険しいものでないことを願いながら、読者を一歩一歩、抽象から具体へと導こうと努めた。

予定される利用者はコンピューターではなくて、人間の読者なのだから、我々は、（変形文法のような）組織的に「規則の順序」——これは多くの場合、本をかろうじて読ませるという結果になる方法である——を提示しようとはしなかった。我々は様々な規則とそれらの組み合わせを、読者にとってより便利なように思える順序で提示した。

それ故、この文法は大学レベルでのロシア語の学生達のみならず、またその言語の機能に関心のある人すべてにも利用できるにちがいない。

著者は、助言や指摘をしてくださった同僚、特に、Marguerite Guiraud-Weber、Geneviève、また José Johannet, Eléna Kardacheva、Yves Millet そして故 Jacques Veyrenc に対して感謝を表明しなければならない。また著者はとりわけこの巻を締めくくっている文献目録の著者である Jean Breuillard に感謝する。

はじめに

　この文法で記述される言語は、普通、ロシア語で совреме́нный ру́сский литерату́рный язы́к《現代ロシア文章語》と呼ばれている、**現代標準ロシア語**である。

ロシア語：これは人口 1 億 4700 万人を数えるロシアの公用語である。この住民の大部分（この国ではその 82％、つまり 1 億 2000 万人のロシア人全てと、多くの非ロシア人）は、ロシア語を母語としており、またほとんど他の全ての住民はロシア語を話したり理解することができる。

　ロシア語は同じく旧ソ連邦の公用語（実際、法的でないにしても）であったので、旧連邦の崩壊によって、1991 年に誕生した《近い外国 (бли́жнее зарубе́жье)》と今日呼ばれている、14 の他国にもかなり広まっている。そこではロシア語はマイノリティである多くのロシア人の、すなわち 2000 万人以上の人間の母語である。おまけにスラヴの 2 つの共和国であるウクライナと白ロシア（ベラルーシ）においてロシア語は全人口によって理解され、大多数の都市では唯一の日常の言語の姿をとどめている。他の 12 の国々では（バルト諸国、モルダヴィア、コーカサス、中央アジア；合計 8100 万の住人）、ロシア語は全ての教養ある人たちや住民の重要部分によって理解される、民族間や国家間のコミュニケーションの主要な言語であり続けている。それ故、ロシア語は旧ソ連邦の全ての住民（2 億 9200 万）にとって媒介言語の役割を果たしている。恐らく、ロシア語のネイティブスピーカーの数は 2 億人に近いと思われる。

　旧ソ連邦の国境の外では、国連によって公用語の 1 つとして承認されているロシア語は、かつてのソ連邦と今日のロシアの世界的重要さのおかげで、またロシア文学、とりわけ 19 世紀の作家の魅力のおかげで、国際的なコミュニケーションの主要な言語の 1 つの地位を得ている。その上、ロシア語は、数百万人のロシアからの移民者や亡命者の子孫によって外国（フランス、他のヨーロッパの国々、北アメリカ、イスラエル、等）で話されている。それらの国々ではロシア文化の非常に活発な機関が発達している。

標準語：他の全ての国家語と同様にロシア語にとっても、共同体全体によって正しいものとして認められた話し方や書き方の慣用が存在する——これが標準語であ

る。普通、それはロシア語で литерату́рный язы́к《文学語（文章語）》と呼ばれている。しかしこの用語はそれが文芸に割り当てられているものと考えてはならない。これは（全ての文体的レベルとともに）文書でのコミュニケーションにおいて、また学校や公的な表現においてのみ認められた言語の形式である。だからといってそれは日常の話し言葉から除外されると言いたいのではない、反対である。しかし文章語は方言も、地方独特の言い回しも含んでいないし、またそれ以上に仲間言葉や隠語や締まりのない話し言葉を含まない。文章語の範囲を明確に限定するのは容易ではない。ロシアにおいて、ある教育家は極端に厳格に【それを定義するために】その言語を貧弱にさせる傾向がある。我々は、文体の多様性の全てを考慮しながら（口語的文体、卑俗な文体、学術的な文体、ジャーナリスティックな文体、書物的文体、文学的文体、詩的文体、等）、いかなる純正語法主義もとらずに用法のタイプを記述しようとした。我々はこの文体的な違いを必要があるときに示した。規範から外れた用法（日常の不正確な表現、地方特有の言い回し）は、それらの言及が文章語自身の現象を理解するのに役立つことができるような、非常に稀な場合にしか記されていない。

現代語：記述されている用法は今日の用法である。全ての歴史的な考察は排除されている。恐らく、人は外国人のために書かれたロシア語文法が、19 世紀の古典作家を読むことの助けにならないということを予想すらできないだろう。19 世紀の言語は少なくともある詳細な点においては、わずかに今日の用法と異なっている。それ故、我々はそのような相違が存在する場合にはその点を指摘した。しかしこの種の全ての場合において、その説明は現代の体系組織に準じてなされている。また今日では廃れた用法はこの体系を基準にすることによって示されている。いずれにせよ、我々は【ここでの記述を】19 世紀より以前に、正確にはプーシキン (1799-1837) より以前に遡ることをしない。

歴史文法に頼らないけれども、我々はしばしばある語の起源を、あるいはある言語学的事項の起源を《スラボニア語 slavon》として、あるいは《ロシア語》として、あるいは《最近の借用語》として記し、言及せざるを得なかった。これが必要なのは文章ロシア語のまさにその性質から生ずるのである。18 世紀まで、ロシアは二言語使用の状況のもとにあった。話し言葉であるロシア語は書き言葉であるスラボニア語とは異なっていた。後者のスラボニア語は、正教会のスラヴ人の共通の書記言語からロシアに受け入れられた形と同じものである。この書記言語は 2 人の

《スラヴ人の伝道者》、キリールとメトディオスによってスラヴ人の福音伝道のために、マケドニアのスラヴ方言であった土地の方言、つまり古代ブルガリア・マケドニア語をもとにして、9世紀に創られたものである（普通、《古代スラヴ語 vieux slave》、ロシア語では《教会スラヴ語 церковнославя́нский язы́к》と呼ばれている）。現代の文章ロシア語は18世紀中頃に実行された妥協により、つまり同じ体系の中にスラボニア語的要素とロシア語的要素とを集めて、生み出されたものである（ロモノーソフの『ロシア文法 Российская грамматика, 1755』）。現代語におけるこれらの要素の配分は様々に見積もられているが（このテーマに関しては Boris Unbegaun "Le russe littéraire est-il d'origine russe?", *Revue des études slaves*, t. 44, 1965, p. 19–28 を見よ）、しかし発音だけは完全にロシア化されていることは確かである。他の全ての分野（形態論、統語論、語彙）において、スラボニア語的要素は二重の特性を保持している。形式的な特性（それは我々が言及する基準によって見分けられよう）と意味的な特性（それは一般に語彙の最も抽象的な層と最も非自発的なスタイルに関係している）である。文法あるいは語彙の事項を《スラボニア語》として特徴づけることは、ただその歴史的起源を示すことだけではなくて、それはまた現代語の体系におけるその機能を部分的に定義することでもある。付け加えると、現代の書記言語は抽象化への傾向とともに、これらの要素の役割が増していることが見て取れよう。

17世紀以来（特にピョートル大帝の治世以来）、ロシア語はまたヨーロッパ諸言語の多くの借用語要素により豊かになった（フランス語、ドイツ語、英語、ポーランド語などの個別語の語によって、またヨーロッパの大部分の言語によって共同に採用された、一般にラテン語の形をとる、ギリシア・ラテン語起源の《国際語》によって）。これらの語彙は、あるものはヨーロッパ社会の日常生活に触れる語彙であり、他のものはそれ以上にかなり多くであるが、科学技術や哲学や政治の領域を覆っている語彙で、それらは現代語の中で巨大な領域を占めており、絶えず成長している。そしてそれらの語彙はまたロシア語やスラヴ語の基層を成す大量の語彙とは、音韻的特徴も含めて、その本来の特徴によって異なっている。それ故、《最近の借用語》というカテゴリーの言及は現代語の記述においてもまた必要なことである。

訳注凡例

記号

/ / 　音韻的転写を表す（その定義については§54を見よ）。『80年アカデミー文法』で ‖ で記される記号は、訳注ではこの / / の記号によって記されていることに注意。

[ ] 　音声的転写を表す（その定義については§54を見よ）。

⟨ ⟩ 　形態論的転写を表す（その定義については§111を見よ）。

, 　子音の後ろにあるときには、その子音が軟子音であることを表す。例えば、[t,] は以前の国際音標文字表記では鉤印で表す [ţ]。今日の表記では [tʲ]。また訳注の引用（特にロシア式音声記号）ではこの記号は子音の右上に [т'] と表記される場合もある。例えば、[t,] = [ţ] = [tʲ] = [т']（できる限り引用文献の通りに記号を付けたが、一部変更した箇所がある。しかし全て「軟子音」を表す）。

注：Halle (1959) *The Sound Pattern of Russian.* では、母音の前の apostrophe « ' » はアクセント記号であることに注意せよ：[d,n,'a] = [d,n,á]（дня）。

\# 　1. 移動母音の潜在的存在を表す。2. 形態素の境界を表す。

* 　1. このアステリスクの付いた語形が歴史的に再建された形であることを示す。

2. 現代語ではこのアステリスクの付いた語あるいは表現が非文法的であることを示す。

3. Зализняк (1967) では移動母音の潜在的シンボルを表す。

~ 　本書では「交替」をこの記号は示すが、訳注では2つの項が何らかの意味で対立することを表す。例えば、/C/ ~ /C,/。『80年アカデミー文法』では "—" によって表される：м — мь。『プラハ版アカデミー文法』では « :: » が使われる（~ に変更した箇所もある）：съéздить :: объéздить。また Щерба は « ‖ » をこれに用いている。

/ 　Аванесов (1956) で音節境界を表す：[и/зба́]。

[1] 　Stress アクセント記号（アクセント音節、あるいはアクセント母音の左上に置かれる）：без кота́ /b,i-ska¹ta/。通常は母音の上に acute 記号（´）を付ける

	（リトアニア語では本来の acute 音調を表す）。
[ː]	長音記号。長子音に用いる：Анна [á/nːъ]、[шː]。なお長母音の場合は母音の上に macron を付ける：ā, ē, ō, ū, ȳ, ī。
**	訳者の考えを表す。
【 】	訳者が付け加えた注記を表す。
《 》	主として『80年アカデミー文法』と Исаченко (1954–1960) の翻訳に付けてあるが、その内容を概略したものにこの括弧を付けた。なお『80年アカデミー文法』では、そこに引用されるロシア語にはアクセント記号が付けられていないので、引用でもアクセント記号をつけていない。また記号等を変更した場合がある。
[˙]	Isačenko (1947) の用いるアクセント記号。アクセント母音の後ろで用いる。
[°]	Isačenko (1947) の用いる無声音の記号。当該の音の右上に記す。
[˙V]	Аванесов (1956) の用いる音声記号：軟子音の後ろで、非軟子音の前の母音 [a]、[o]、[y]：[фс˙а] (вся)；[л˙ок] (лёг)；[л˙уп] (люб)
[V˙]	Аванесов (1956) の用いる音声記号：硬子音の後ろで (または語頭で)、軟子音の前にある母音 [ы]、[a]、[o]、[y]：[мы˙т'] (мыть)；[á˙лъ] (Аля)；[вá˙л'и] (Вали)；[бро˙с'] (брось)；[гру˙с'т'] (грусть)
[^]	Аванесов (1956) の用いる音声記号：軟子音の後ろで (または語頭で)、軟子音の前の母音 [и]、[е]：[п'ât'] (пить)、[п'êt'] (петь)
[¨]	Аванесов (1956) の用いる音声記号：軟子音の後ろで、軟子音の前の母音 [a]、[o]、[y]：[п'ät'] (пять)、[л'öн'ъ] (Лёня)、[л'ϋл'къ] (люлька)
[ъ]	ロシア式音声記号：IPA [ə]
[ь]	ロシア式音声記号：IPA [ɪ]
[ê]	ロシア式音声記号：IPA [e]
[e]	ロシア式音声記号：IPA [ɛ]
[ы]	ロシア式音声記号：IPA [i]
[o]	ロシア式音声記号：IPA [ɔ]
[ö]	ロシア式音声記号：IPA [o]
[ʌ]	ロシア式音声記号：IPA [ʌ]
属格	日本のロシア語文法では《生格》。
具格	日本のロシア語文法では《造格》。
位格	日本のロシア語文法では《前置格》。

分詞　　日本のロシア語文法では《形動詞》。
受動　　日本のロシア語文法では《被動》。
アスペクト　aspect, вид。日本のロシア語文法では《体》。

A/acc.　　accusative 対格
AP　　　accent paradigm アクセントパラダイム
BR　　　Belarussian ベラルーシ語
Bulg.　　Bulgarian ブルガリア語
C　　　　consonant 子音
D/dat.　　dative 与格
dial.　　　dialectal 方言の
f.c.　　　 forme courte 短形（短語尾形）
fem./f.　　feminine 女性
f.l.　　　　forme longue 長形（長語尾形）
Fr.　　　 French フランス語
G/gen.　　genitive 属格（生格）
Gk.　　　Greek ギリシア語
i/I/Imperf./impf.　Imperfective 不完了体
imper.　　imperative 命令法
I/instr.　　instrumental 具格（造格）
Lat.　　　Latin ラテン語
Latv.　　 Latvian ラトヴィア語
l.c.　　　 liste complète 完全なリスト
l.i.　　　　liste incomplète 不完全なリスト
Lith.　　　Lithuanian リトアニア語
L/loc.　　locative 位格
masc./m.　masculine 男性
neut./n.　 neuter 中性
nom.　　 nominative 主格
ORuss.　 Old Russian 古代ロシア語
OCS　　 Old Church Slavic 古代教会スラヴ語
pas.　　　past 過去
P/Perf./pf.　Perfective 完了アスペクト

PIE	Proto-Indo-European 印欧語祖語
pl.	plural 複数
Pol.	Polish ポーランド語
pres.	present (tense) 現在（時制）
pret.	preterit 過去時制
RED	*Russian Etymological Dictionary,* Orel Vladimir (ed. 2011)
Russ.	Russian ロシア語
S-Cr.	Serbo-Croatian セルボ・クロアチア語
sg.	singular 単数
Skt.	Sanskrit サンスクリット
Slav./Sl.	Proto-Slavic スラヴ祖語；Comon Slavic 共通スラヴ語
Slov.	Slovak スロヴァキア語
Slvn.	Slovene スロヴェニア語
Ukr.	Ukrainian ウクライナ語
V	vowel 母音
voc.	vocative 呼格

著者名の後の括弧内は年代、頁、その他を表している。例えば、《Jakobson (1962: 159, Note 11.)》は Jakobson 1962 年の論文、159 頁、Note 11 を表す。《80 年アカデミー文法 (I. 125ff.)》は『80 年アカデミー文法』I 巻 125 頁以下を表す。

ロシア人の研究者の名前は次の書を参考にアクセント部分を長音にした。しかし慣用に従ったものもある。А. Юдакин (2000). Ведущие языковеды мира: энциклопедия. Москва: Советский писатель.

例えば、Якобсóн は日本語の多くの翻訳書では《ヤーコブソン》となっているが、本書では Юдакин に従って《ヤコブソーン》とした。翻訳書で使われている《ヤーコブソン》はそのままにした。

第1部

音韻論、書記法

1章　音韻体系

I. 入門

1
1º. 言語の様々な表現
　a) 音素

　ロシア語の発話 énoncé は、まず何よりも耳によって知覚された現象として現れる。それは音の放出の連続であり、その音の各々は聞き手によって知覚されるある聴覚的な属性をもっている。またもし人が話し手の活動を調べれば明らかなように、それはある調音的な属性をもっている。これを分析すれば、この放出においてセグメント segments あるいは音 sons の連続、つまりそれらの各々がある音素 phonème の実現として見なしうるようなそういったセグメントあるいは音の連続を識別することができる。2 つの音が、もし一方の他方への置き換えが少なくともある場合にメッセージの意味を変えうるならば、この 2 つの音は異なる 2 つの音素の実現であると言われる。さもなければ、2 つの音は同じ 1 つの音素の 2 つの実現である。

　従って、音素の概念はある与えられた言語の音を分類させてくれる。各言語においては非常に膨大な数の様々な音があるが、しかしそれらはある限られた数の音素の実現として分析できる。ロシア語には 37 の音素（32 の子音と 5 個の母音）があり、その総体はロシア語の音韻体系を成している。

　b) 音

　それ故、ロシア語の発話はこれら 37 の音素の幾つかの、ある順序のもとでの結合と見なすことができる。音素――その音素には《超分節的な supra-segmental》ある外的信号（アクセント、境界信号 signaux frontaliers）が付加するのであるが――の連続としての発話の抽象的な表現から、人はある音形のもとで可能なそれぞれの位置におけるそれぞれの音素の実現を予測しながら、ある数の音韻的規則の適応によってこの発話の具体的な発音を推論することができる。

c) 文字

しかしロシア語はまたアルファベットである、ロシアのキリル・アルファベット alphabet cyrillique russe を用いる書き言葉でもある。ロシア語の正書法はその音韻的原理のなかにある、つまり発話を書き留める文字の連続はそれを構成する音素の連続を（幾つかの正書法規則を適応することを通じて）再現する。

言語のある表現を他の表現に伝える論理的作用の流れは、次の図表に描くことができる。

《ブラシ》を意味するロシア語の語を例として取れば、次のようになる。

2

2º. 提示の方法

我々は以下の方法に従ってロシア語の発音と正書法を提示しよう。

a) 音韻体系（1章）

まず我々は抽象的単位の目録を提示しよう。音素（子音と母音の）と超分節的現象、それらの連続はロシア語の発話を形成する。我々は音素の調音的および聴覚的な恒常的属性とそれらの間の関係を検討する。

この第1章ではロシア語のアルファベットをほとんど使用せず、ただ音韻的転写のみを使用する。つまり各々の記号 symbole が1つの音素を表すような記号の連続のみ（斜線の中にラテン文字の形で、/sčótka/）を使用する。

b) 文字（2章）

文字は（とりわけ外国人にとって）ロシア語の発話への最も普通の接近方法であるので、まず2章からそれを検討し、ロシア語を書き読めるようにロシア語のアルファベットとその正書法の規則を述べる。

c) 発音（3章）

最後にどのように各音素が各々の可能な場所で実現されるのかを示す、また発音の具体的特徴のすべてを説明する、音声規則を述べよう。この章において、ロシア語の全ての形は、2章でそれらの関係が確立された、現在の正書法と音韻的転写の

両方でまず提示されるだろう。その後で、そこには音声的転写を使って正確な発音が示されよう。щётка /sčótka/ ［š,š,ótkə］のようになる。

II. 子音

3

ロシア語の音素の中で、**子音** consonnes (согла́сные) —— それだけでは音節を決して形成できないもの —— と**母音** voyelles (гла́сные) —— その各々は音節をつねに形成する —— が区別される。音節の中での子音と母音は異なる立場を与えられており、子音と母音は決してお互いに対立しないので、別々にそれらを検討することができる。

A. 子音の調音的分類

4

ロシア語は 32 の子音音素を所有し、その調音的特徴は以下の表の中に現れる。

ロシア語の子音の分類(調音的分類)

調音方法			調音点					
			唇音		歯音		硬口蓋音	軟口蓋音
			硬	軟	硬	軟		
騒子音	閉鎖	無声	p	p,	t	t,		k
		有声	b	b,	d	d,		g
	破擦	(無声)			c		č	
	摩擦	無声	f	f,	s	s,	š	x
		有声	v	v,	z	z,	ž	
鳴音	鼻音	(有声)	m	m,	n	n,		
	流音	(有声)	側音		l	l,		
			ふるえ音		r	r,		
	半子音	(有声)					j	

5

1º. 調音点

a) **唇音 labiales** /p p, b b, f f, v v, m m,/ は下唇で調音される。フランス語と同様に、唇閉鎖音 /p p, b b, m m,/、これは**両唇音 bilabiales** であるが、ここでは下唇が上唇に接触する。それに対して、**唇摩擦音 fricatives labiales** /f f, v v,/、これは**唇歯音 labio-dentales** であるが、ここでは下唇が上の歯に接近する。

その他の全ての子音は舌を用いて調音され、それ故にそれは**舌音 linguales** である。それらの中では以下のように区別される。

b) **舌尖音 apicales**（あるいは**歯音 dentales**）/t t, d d, c s s, z z, n n, r r, l l,/ は舌の先端をも用いて調音され、舌は上の歯茎の部位に触るか、あるいはそこに近づく。

c) **舌背音 dorsales** /č š ž j k g x/ は舌背を使って調音され、それらは以下のように区別される。

　　1. **硬口蓋音 palatales** /č š ž j/、そこでは舌背は硬口蓋 palais dur に触れるか、あるいはそこに近づく。

　　2. **軟口蓋音 vélaires** /k g x/、そこでは舌背は軟口蓋 le voile du palais に触れるか、あるいはそこに近づく。

6

2º. 調音方法　次のように区別される。

a) **口むろ閉鎖音 occlusives orales** /p p, b b, t t, d d, k g/ では口腔管 conduit buccal の完全な閉鎖があり、空気の通過は完全に止まる。唇音 /p p, b b,/ において 2 つの唇の間に、また歯音 /t t, d d,/ において舌尖と上の歯茎の間に、さらに軟口蓋音 /k g/ において舌背と軟口蓋の間に接触がある。

b) **摩擦音 fricatives** /f f, v v, s s, z z, š ž x/ では口腔管は（閉鎖音におけるようには）閉鎖されず、もっぱら狭められる。この狭窄は空気の通過のさいに摩擦の噪音を産出する。**唇摩擦音 fricatives labiales** /f f, v v,/ において、下唇は上の歯に近づく。**歯摩擦音 fricatives dentales** あるいは**スー音 sifflantes** /s s, z z,/ において、舌尖は上の歯茎に近づく。**硬口蓋摩擦音 fracatives palatales** あるいは**シュー音 chuintantes** /š ž/（フランス語の chat, jour の ch, j と書かれる音）において、舌は一方は硬口蓋の部分と他方は歯茎の部分に位置づけられた 2 つの点で口蓋に近づく。**軟口蓋摩擦音 fricative vélaire** /x/（これはフランス語には存在しない）において、舌は軟口蓋に近づく。それ故、/x/ は /k/ のように調音されるが、閉鎖はない。

c) **破擦音 affriquées** あるいは**半閉鎖音 mi-occlusives** /c č/（フランス語ではおおよそ ts, tch と書かれる音）は、閉鎖を含むが、しかし【空気の】放出の持続中にわたっ

て閉鎖は続かない。舌はまず最初に /t/ におけるように歯茎の部分に接触し、それから /s/ あるいは /š/ それぞれとほぼ同じ位置をとり、(スー音あるいはシュー音と) 同じ摩擦噪音を産出するためにそこから離れる。

　d) **鼻音閉鎖音 occlusives nasales** /m m, n n,/ は、それぞれ /b b, d d,/ のように調音されるが、しかしここでは口蓋帆は下げられ、そして空気の通過は口腔の中で遮断され、その空気は鼻を通り続ける。

　e) **流音 liquides** /l l, r r,/ において、口腔管の中で空気の閉鎖と通過が同時に起こる。

　1. **側音 latérales** /l l,/ において、舌尖はおおよそ /d d,/ におけるように歯茎に接触するが、空気は側面を通り続ける。

　2. **ふるえ音 vibrantes** /r r,/ において、閉鎖は断続的である。舌は非常に急激に口蓋に近づいたり、口蓋から離れたりする。

　フランス語も**流音** /l r/ を所有しているが、それらはロシア語のそれとは非常に異なっている(cf. §62 c, d)。

　f) **半子音 semi-consonne** /j/ (フランス語の *yeux* [jø] における *y* と書かれた音) において、舌の中央は硬口蓋に近づく(母音 /i/ と同じ位置)、cf. §20–§21.

7

3º. **有声子音と無声子音**

　有声子音は声帯の振動を伴って発音され、無声子音は声帯の振動なしに発音される。ロシア語の子音の大部分は、有声性の存在あるいは欠如によってのみ異なる2つの子音をそれぞれが含んでいる、**有声性の対(ペア) couples de sonorité** を通じて現れる。

　a) **対をもつ有声音 sonores de couple**：/b b, v v, d d, z z, ž g/

　b) **対をもつ無声音 sourdes de couple**：/p p, f f, t t, s s, š k/

しかしまた**対をもたない hors couple** 子音も存在する。それは有声性だけが異なるような対応する子音をもたない。

　c) **対をもたない有声音 sonores hors couple**：/m m, n n, l l, r r, j/ (《鳴子音》、cf. §10)

　d) **対をもたない無声音 sourdes hors couple**：/c č x/

8

4º. **硬子音と軟子音**

　《軟 molles》子音とは、舌の中央部分が硬口蓋に接近し、従って母音 /i/ あるいは子音 /j/ におけると類似した舌の位置をとるような子音をいう。この舌の動きは子音の主要な(唇音の、舌尖音の、舌背音の)調音に付随している(詳細は §63–§66

を参照せよ)。硬子音はこの調音が存在しない子音である。軟子音はフランス人に /i/ あるいは /j/ が後についた子音であるという誤った印象を与える。他方、硬子音はフランス語の子音によりいっそう似ているが、しばしばフランス人に［u］が後につく子音のように受け取られる (cf. §61)[6]。大部分の子音は、**湿音性の対（ペア）couples de mouillure**――その各々は湿音性の存在あるいは欠如によってのみ異なる 2 つの子音を含む――によって分類される。

a) **対をもつ硬音 dures de couple**：/p b f v m t d s z n l r/

b) **対をもつ軟音 molles de couple**：/p, b, f, v, m, t, d, s, z, n, l, r,/

しかし**対をもたない hors couple** 子音も存在する。それは湿音性によってだけ異なるような対応する子音をもたない。

c) **条件的な湿音性あるいは硬音性をもった子音**。この子音は硬音と軟音のヴァリアントを所有しており、その使用は後続する母音によって条件付けられる (cf. §71)。これは子音 /k g x/ (軟口蓋子音) である。

d) **恒常的な湿音性あるいは硬音性をもった子音**。この子音の硬音あるいは軟音の特徴は全ての母音の前で変わらない (cf. §68)。これは次のようなものである。

1. **常に硬い子音 consonnes toujours dures**：/c š ž/
2. **常に軟らかい子音 consonnes toujours molles**：/č j/

注：上で見たように、「対をもつ子音」、「対をもたない子音」という表現は、有声性の対に関しても、あるいは湿音性の対に関しても用いることができる。以下の記述においては、他の説明なしにこの用語を我々が使うときにはいつも、それは湿音性の対に関することである。

B. 聴覚的分類：弁別素性

9

ロシア語の 32 の子音音素の各々は、その存在と欠如が音素を定義するに十分なだけの少数の聴覚的弁別素性によって、他の全ての音素から区別される。この弁別素性は次のものである。

10

1°. 鳴音 sonantes。

鳴子音 consonnes sonantes は調和的音 un son harmonique を有する。これは空気の自由な通過によって特徴づけられる子音である。この子音は以下のようになる。

1. /j/ 半子音、そこでは空気の通過が阻害されない。
2. /l l, r r,/ 流音、そこでは空気の通過は部分的な閉鎖（側面音）あるいは断続的

な閉鎖（ふるえ音）に逆らって、継続する。

 3. /m m, n n,/ 鼻音、そこでは空気の通過は口腔の閉鎖に逆らって、鼻によって継続する。

 非鳴音 consonnes non-sonantes あるいは噪子音 consonnes bruyantes は非調和的音あるいは噪音をもつ。これはその他の全ての子音である。

11

2º. **鼻音 nasales**。鼻音子音（全て鳴音である）は、鼻による空気の流れに帰せられる鼻音性のフォルマントをもつ。これは /m m, n n,/ である。

 非鼻音 non-nasales 子音あるいは**口腔 orales** 子音においては、このフォルマントは存在しない。「口腔」素性は非鼻音の鳴音にとってのみ関与的である。噪子音にとってこの素性は「噪音」素性に含まれている。

12

3º. **集約性 compactes**。集約的子音 consonnes compactes において、スペクトルの中央部分においてエネルギーの集中が存在する。これは口の奥で調音された子音である（硬口蓋子音と軟口蓋子音）。そこでは２つの共鳴腔、咽頭腔と口腔はほぼ同じ容量である。

 非集約的 non-compactes 子音あるいは**拡散的 diffuses** 子音において、エネルギーはスペクトルの下の部分に集中されたり（唇音）、あるいはスペクトルの２つの隔たった部分に拡散される（歯音）。これは口の前部で調音される子音である。そこでは咽頭の共鳴腔は口腔の共鳴腔よりも広い。

13

4º. **高音調性 aiguës**。**高音調性子音 consonnes aiguës** は高い振動数をもつ。これは中心的［中央集中的］調音をもつ子音である（歯音あるいは硬口蓋音）。

 非高音調性 non-aiguës 子音あるいは**低音調性 graves** 子音は低い振動数をもつ。これは周辺的な調音点をもつ子音である：唇音あるいは軟口蓋音。

 《集約性》と《高音調性》の素性は全ての噪子音にとって関与的である。それらの素性によって、異なる調音点をもつ４つのクラスが定義される。

　　　非集約的および非高音調性の子音：唇音 /p p, b b, f f, v v,/
　　　非集約的および高音調性の子音：歯音噪子音 /t t, d d, c s s, z z,/
　　　集約的および高音調性の子音：硬口蓋噪子音 /č š ž/（シュー音）
　　　集約的および非高音調性の子音：軟口蓋音 /k g x/

 鼻音は全て非集約的である。この音についてこの素性は関与的ではない。唇鼻音 /m m,/ は低音調性であり、歯鼻音 /n n,/ は高音調性である。

他の鳴音についてはこの素性は関与的ではない。

14

5º. 中断性 interrompues。中断性子音は、口腔管の中の閉鎖によって説明される、母音と子音の間の急激な移行を含んでいる。

非中断性子音において、閉鎖が存在しないので母音の子音への移行は段階的である。

噪子音のなかで中断性子音であるのは、閉鎖音 /p p, b b, t t, d d, k g/ と半閉鎖音 mi-occlusives あるいは破擦音である /c č/。非中断性子音は摩擦音 /f f, v v, s s, z z, š ž x/ である。

非鼻音の鳴音のなかで中断性子音は流音 /r r, l l,/ であり、それらは全て閉鎖を含んでいる。非中断性子音であるのは、半子音 /j/ である。鼻音はすべて中断性子音であり、それらにとってこの素性は関与的ではない。

15

6º. 継続性 continues。**継続子音**においては、音あるいは噪音はその子音の継続の間、均質の姿で続く。**非継続子音**では同質の姿はない。

この素性はただ流音(中断性の口むろ鳴音)にとってのみ関与的である：側音 /l l,/ は継続音(両側を通じた空気の継続的な流出)である。震え音 /r r,/ は非継続音(空気の断続的流出)である。

他の全ての子音にとっては、この素性は関与的でない。中断性子音は非継続音であり、非中断性子音は継続音である。

16

7º. 粗擦性 stridentes。**粗擦性**子音は激しい強さによって持続させられた噪音を含み、子音の全継続の間(摩擦音)あるいはこの継続の一部の間(破擦音)狭められた管のなかで空気の通過に結びつく音である。

非粗擦性子音あるいは**円熟性 mates** 子音においてはこの噪音は存在しない。それは摩擦音でもなく破擦音でもない子音である。

この素性は中断性歯音にとってのみ関与的である。この素性は粗擦性の中断性子音 /c/ (破擦音)を円熟性の中断性歯音 /t t, d d,/ (閉鎖音)に対立させる。

他の破擦音 /č/ にとって、粗擦性素性は関与的でない、なぜならばこの破擦音は如何なる閉鎖音にも対立していないからである。

摩擦音はまた粗擦性であるが、しかしこの摩擦音にとってはこの素性は関与的でない。何故ならばその素性は非中断性の噪音すべてに共通であるからである。同じように非歯音の閉鎖音と鳴音は円熟性であるが、しかしこれらにとってこの素性は

関与的ではない。

17

8º. **有声音 sonores**。**有声子音**は声帯の振動に帰すべき調和的構造によって特徴づけられる。**非有声**あるいは**無声子音**はそれをもっていない。この観点からの子音の分類については §7 を参照せよ。

対をもたない有声子音のクラスは鳴音のクラスと合わさっていることに注意。

18

9º. **軟音 molles**（この術語は、ロシア語文法における伝統であるが、聴覚的な「嬰音調性 diésé」の術語の代わりに使われる）。軟子音あるいは嬰音調子音は対応する**硬子音**よりもより高い振動数を有する。この振動数の上昇は、舌の中央部分が硬口蓋に接近する動きによるものである。

この観点からのこれらの子音の分類については §8 を参照せよ。

要約すれば、ロシア語の各子音は、それに関して関与的である弁別素性のそれぞれの存在 (+) あるいは欠如 (−) によって定義できる。この定義は次のページの表において明らかになる。

また全ての音素のために関与的な対立を表す、樹形図あるいは各結び目においてもその定義を描くことができる（音素へと至るのはこの結び目から始まる線である）。各結び目において、示されたその素性が存在する (+) 音素は右側にあり、それが欠如する (−) 音素は左側にある。

子音の表

	f	f,	v	v,	p	p,	b	b,	s	s,	z	z,	c	t	t,	d	d,	x	k	g	š	ž	č	j	r	r,	l	l,	m	m,	n	n,
1. 鳴音	−	−	−	−	−	−	−	−	−	−	−	−	−	−	−	−	−	−	−	−	−	−	−	+	+	+	+	+	+	+	+	+
2. 鼻音																								−	−	−	−	−	+	+	+	+
3. 集約性	−	−	−	−	−	−	−	−	−	−	−	−	−	−	−	−	−	+	+	+	+	+	+									
4. 高音調性	−	−	−	−	−	−	−	−	+	+	+	+	+	+	+	+	+	+	−	−	+	+	+		−	−			+	+		
5. 中断性	−	−	−	−	+	+	+	+	−	−	−	−	+	+	+	+	+	−	+	+	−	−	+	−	+	+	+	+				
6. 継続性																									−	−	+	+				
7. 粗擦性									+	−	−	−	−																			
8. 有声性	−	−	+	+	−	−	+	+	−	−	+	+	−	−	−	+	+	−	−	+												
9. 嬰音調性 (軟音)	−	+	−	+	−	+	−	+	−	+	−	+	−	−	+										−	+	−	+	−	+	−	+

子音の樹形図

1. 鳴音   − +
2. 鼻音   − +
3. 集約性   − +
4. 高音調性 − +
5. 中断性   − +
6. 継続性   − +
7. 粗擦性   − +
8. 有声性   − +
9. 嬰音調性 − +

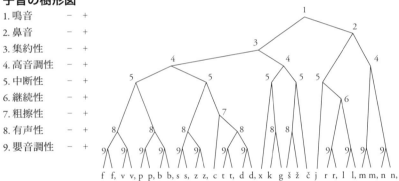

III. 母音

A. 調音的分類

19

 ロシア語はたった 5 つの母音音素のみをもち、調音的観点からすれば、それらは開口度(口の開き)によって、また舌の位置によって異なる[7]。

	唇の位置	
開口度：	収縮化母音	唇音化母音
	voyelles rétractées	voyelles labialisées
狭母音 femées	i	u
中母音 moyennes	e	o
広母音 ouverte	a	

20

1º. 開口度 aperture。**狭母音** /i u/ と**広母音** /a/ はほぼフランス語の *lit* [li]、*loup* [lu]、*rat* [ra] の母音のように発音される。

それらの中で**中母音** /e/ と /o/ は、それらの基本的変異音においてフランス語 *fer* [fɛr]、*fort* [fɔr] の母音のような**広中母音**である。フランス語 *été* の母音に似た狭い [e] はロシア語 /e/ の実現として特定の位置においてのみ現れる (cf. §98)。フランス語 *pot* の母音としての狭い [o] はロシア語には存在しない。

21

2º. 唇（と舌）の位置

a) **収縮化母音** /i e/ において（対応するフランス語の母音におけると同様に）、唇の端は外側へ引き延ばされる。

舌の位置の観点からすると、これらの母音もまたそれらの基本的変異音において**前舌母音**である。すなわち口の前部（硬口蓋の領域）において舌を使って発音される母音である。しかしそれらはまた特定の位置において後舌の変異音（口の後部の、ほとんどまるで /u/ あるいは /o/ を発音するかのように置かれた舌）を持っている；それはフランス語には存在しない。フランス語では収縮化母音は常に前舌である。

b) **唇音化母音** /u o/ において、唇は対応のフランス語母音（語 *loup*, *fort* の母音）におけるように円い。舌の位置の観点からすれば、これらの母音は常に**後舌**（フランス語の /u o/ のように）である：舌は口の後部、軟口蓋の領域にある。

lu [ly]、*peu* [pø]、*peur* [pœr] における *u, eu* と書かれるフランス語の母音のような、前舌の唇音化母音はロシア語には存在しない。

広母音 /a/ は収縮化母音でも唇音化母音でも、前舌母音でも後舌母音でもない。

B. 聴覚的分類：弁別素性

22

母音は以下のような素性によって互いに区別される。

1. **集約性 compactes**。**集約的母音**は高い第1フォルマントをもち、それ故、第2フォルマントに近い母音である。これはロシア語では広母音 /a/ の場合である。他の母音（中母音あるいは狭母音）/e o i u/ は**非集約的**である。

2. **拡散性 diffuses**。**拡散母音**は低い第1フォルマントをもっている。ロシア語における拡散母音は狭母音 /i u/ である。中母音 /e o/ は非拡散母音である。すでに《集約的》として定義された広母音 /a/ は、さらに《拡散的》として定義される必要はない。その母音についてのこの素性は関与的でない。

3. **高音調性 aiguës**。**高音調性母音**は**低音調性 graves** 母音よりも高い第2フォルマントをもつ。他の点で全て同じとすれば、前舌母音は後舌母音よりもより高音調であり、また収縮化母音は唇音化母音よりも高音調である。ロシア語では、高音調であるのは収縮化母音 /i e/ であり、低音調であるのは唇音化母音 /u o/ である。母音 /a/ はこの対立から逃れている。

5つの母音音素のそれぞれの関与的素性は以下の表に要約できる。

	o	e	u	i	a
集約性 Compact	−	−	−	−	+
拡散性 Diffus	−	−	+	+	
高音調性 Aigu	−	+	−	+	

あるいは以下の樹形図で描くことができる：

集約性 Compact	−	+
拡散性 Diffus	−	+
高音調性 Aigu	−	+

o e u i　　　　a

IV. 超分析的素性：音節、形態論の境界、アクセント

A. 音節

23

1º. 音節計算

ロシア語の母音と子音は決して同じ立場を占めて、競合することはない。それらは集合あるいは**音節**の中に入り、その音節の各々にはただ1つだけの母音が含まれる。あるロシア語の語がいくつの音節を数えるかを知るためには、その語がいくつの母音を含むのかを数えるだけで十分である。

/av,iácija/ авиáция《航空》、5 母音、5 音節

/zdrávstvuj/ здрáвствуй《こんにちは》、2 母音、2 音節、etc.

　ロシア語には二重母音は存在しない、つまり連続する 2 つの母音が 1 つの同じ音節を形成するような場合は存在しない[8]。もし 2 つの母音が連続すれば、それらは 2 つの異なる音節を形成する[9]。

/paúk/ паýк《蜘蛛》、2 音節

/buržuá/ буржуá《ブルジョア》、3 音節、etc.

　同様に、もし幾つもの子音が連続すれば、母音の欠如のために、それらのどれも音節をつくることはできない。

/dóbr/ дóбр《善良である》、1 音節；/l,dá/ льдá《氷の》、1 音節

　注：流音 /l l, r r,/ が 2 つの非流音子音の間に置かれるときには、少々のためらいがある：この場合には、流音は別の音節を形成することもあるいは形成しないことも可能である。

/okt,ábr,skoj/ октя́брьский《10 月の》：3 あるいは 4 音節

/džentl,mén/ джентльмéн《紳士》：2 あるいは 3 音節、etc.

　特殊な場合を除いて、母音音素は**常に**音節核 noyau de syllabe であり、子音音素は決して音節核ではない。フランス語のおける /i/ のような、その位置に従ってあるときは音節的であり、あるときは非音節的であるようなロシア語の音素は存在しない。(vous)ou-vri-ez において音節的、(vous)fer-miez において非音節的。

2º. 音節境界[10]

a) 一般に、音節境界は母音の後ろにある。それ故、たいていの場合ロシア語の音節は開いている。

/mé-sto/ мéсто《場所》、/ó-bšče-stvo/ óбщество《社会》、etc.

次の 2 つの場合のみ閉音節が存在する。

b) 休止 pause の前の語末において、音節境界は語の境界と一致する。

/kóst,/ кóсть《骨》、/káčestv/ кáчеств《質(複数属格)》、etc.

しかしもし語末が休止と一致しないならば、音節境界は母音の後ろに置かれる。

/šo-f,ó-r u-šól/ шофёр ушёл《運転者は去った》。

c) 子音群が /j/ で始まるとき、この /j/ は先行音節に結びつく。

/voj-ná/ войнá《戦争》、etc.

B. 音韻的語とアクセント

25

1º. 音韻的語。ロシア語の発話は、音節と等しいあるいはそれより上の範囲のセグメントの連続から構成されており、それを「**音韻的語**」mots phonologiques と呼ぶ。音韻的語は意味が付与された単位である。音韻論的にそれは 2 つの素性によって特徴付けられる。

　a) **アクセント**[11]。音韻的語全体は、**アクセント音節**と言われる 1 つの音節のみを含み、それは様々なプロセスによって**無アクセント音節**と呼ばれる他の音節全体と対立している。アクセント音節の特徴は以下である。

1. それは無アクセント音節より強い[12]
2. それは音楽的により高い
3. その母音はより長い[13]
4. 大多数の無アクセント母音は、アクセント母音よりはるかに少ない【母音】対立の体系をもって実現される。ロシア語の 5 母音体系は無アクセント音節においてのみ 3 母音あるいは 2 母音に縮減される。

例：/brát,ja dólgo b,es,édoval,i/《兄弟たちは長い間話し合っていた》。これは次のように発音される。

　　[brát,jə dólgə b,is,édəvəl,i]

　　бра́тья до́лго бесе́довали.

アクセント音節 /bra/ /do/ /s,e/ は他の音節よりもより強く、より長く、そしてより高い。加えて、無アクセント母音は縮減されている。/a/ と /o/ が [ə] になり、/e/ が [i] になる (cf. §103–§104)。

それ故、母音の発音は、検討された母音音素の性質と他の音素と関連するその位置によるだけでなく、アクセントと関連するその場所によってもまた支配される。

アクセントの場所：ロシア語のアクセントは**自由**である、つまり語の境界あるいは語を構成する音素との関連で、如何なる音韻的規則もその【アクセントの】場所を予測することはできない。アクセントは語のはじめから数えたどの音節 (第 1 音節、第 2 音節、等) にも、あるいは語末から数えたどの音節 (末尾の音節、最後から 2 番目の音節、等) にもありうる。語中のアクセントの場所はこの語の文法構造に依存している (cf. §154)。

その結果、アクセントの場所は、さもなくば同形異義語となってしまうであろうようなある語を区別する能力がある。

　/muká/ мука́《粉》と /múka/ му́ка《苦痛》、

/útočka/ ýточка《小さなカモ》と /utóčka/ утóчка《研磨》、

/mášina mašína/ Мáшина машина《マーシャの自動車》。

b) **語の境界 frontière de mot**。音韻的語の境界はまた、ある音素が音韻的語の境界(末尾あるいは始め)に置かれるか、あるいは他の位置に置かれるかに応じて、別様に実現されるという事実によっても標示される。例：

1. 語末に特有な取り扱い：対を成す有声子音は語末で無声として実現される。/ráda/ páда,《(女が)うれしい》は［rádə］として発音されるが、/rád/ рáд《(男が)うれしい》は［rát］と発音される。

2. 語の始まりに特有な取り扱い：語の始まりの母音 /i/ は常に(前舌の)［i］と発音され、決して(後舌の)［ɨ］と発音されない、cf. §97。

/sigrát,/ сыгрáть《ゲームをする(完了体)》は［sɨgrát,］と発音されるが、しかし /igrát,/ игрáть《遊ぶ(不完了体)》は［igrát,］と発音される。

語の始まりあるいは末尾に特有な取り扱いは、様々な音素の実現の研究において標識となろう。

26

2°. 音韻的語の境界画定。音韻的語は、ある音韻論的な構造を付与された文法単位である。それは上の例におけるように、用語の普通の意味での**語 mot**、あるいはその境界が文字の中で余白によって習慣的に標示されるような**文法的語 mot grammatical** (cf. §112) とかなりしばしば一致する。

音韻的語を構成する**アクセント素のある accentogènes** 文法的語の習慣的な場合を除いて、音韻的語を構成しない語(**接語 clitiques**)、あるいは２つの音論的語を構成する語もまた少数存在する。このテーマについては §150–§153 を見よ。

今から接語の最も重要な場合を示そう。大部分の前置詞あるいは из, от, под, 等のような第一次前置詞は**後接語 proclitiques** である[14]。それらは音韻的語を構成せずに、それらに後続する音韻的語に統合され、その【前置詞と音韻的語の】総体がただ１つのアクセントをもつのである。

под рукóй /podrukój/《手元に》(［pədrukój］ と発音される)、пóд гору /pódgoru/《坂を下るように》(［pódgəru］ と発音される) (その総体のアクセントはアクセントのある語の上にも、あるいはより稀に後接語の上にもありうる)。

27

3°. 音韻的語の厳格さ。パロールにおいて、連続する音韻的語のアクセントの強さは非常に一定していない。とりわけ２つの連続する語が密接に結びついているときにはそうである。例えば、次の文において：

но́ ка́к же е́й не опозда́ть на рабо́ту?

/nó kák že jéj n,eopozdát, narabótu/

[nó kágžə jéj n,iəpʌzdát, nərʌbótu]

《しかし彼女は一体どうして職場に遅れないでいられようか》

音節 но́《しかし》と е́й《彼女に》は、他のアクセントのある語 ка́к, опозда́ть, рабо́ту の音節より強くないことは明瞭である。

しかしそれでもそれらはアクセントのある音節である、というのもアクセントのない母音に見られる母音の縮減がそこには生じていないからである[15]。

но́ は［nó］と発音され、［nʌ］と発音されない

е́й は［jéj］と発音され、［jij］と発音されない。

それら【音節 но́ と е́й】はまた音節 же, не, на とは異なる。後者はアクセントのない音節であり、それらの母音の縮減を伴って［žə］［n,i］［nə］と発音される。対応する語は接語 clitiques である。従って以下の a) と b) が言える。

a) 全ての音節は、たとえ弱い力のものでも、**アクセントのある accentuée 音節**と**アクセントのない inaccentuée 音節**として分類されねばならない（その基準は母音が縮減されるか縮減されないかである）。

b) 全ての語は、たとえ短くとも**アクセント素のある accentogène 語**（но́, е́й のように、それ自身によって音韻的語を構成する語）あるいは**接語 clitique**（же, ни, на のように、それ自身によっては音韻的語を構成しない語）として分類されねばならない。

音韻的語を構成する全てのセグメントは、文脈と無関係に（少なくとも母音の非縮減形の姿をとって）この特徴を守り、そしてそのアクセントを保持する。

注：この状況はフランス語の状況とは非常に異なる。フランス語では如何なる語もそれ自身にとってはアクセント素のあるものではなく、音韻的語の境界は口調や文脈に応じて変化し、そしてアクセントは、音韻的語の末尾音節がどのようなものであろうとも、そこに打たれる。それ故、フランス語のどの語も状況に応じて、アクセントを受け取ることも、あるいは受け取らないこともできる。

この本においては、ロシア語のアクセントのある全ての音節は、たとえそれが単音節語に属していようと、記号 «´» によって標示される。この記号は必ずしも強さを示しているわけではなくて、アクセント音節の特徴——より高いと定義されたような特徴——のどちらか一方の存在を示している。

注：しかしながら記号 «´» はロシア語文字 ё の上には書かれない。これは常にアクセントのある母音を表すからである (cf. §35)。

C. 接頭辞の境界

28

　幾つかの音韻的語は、**音韻的接頭辞** préfixe phonologique と呼ばれる1つのセグメントから始まる。ある場合には、**接頭辞の境界** la frontière de préfixe (接頭辞と【それ以外の語の】残りとの間の境界) に置かれた音素は独自の実現をもつ。例えば (接頭辞の境界はここでは記号 «..» によって標示される)、

　　/pod..jéxat,/ подъéхать《近づく》[pʌdjéxət,] と発音される (子音 /d/ は、普通ならば /j/ の前で湿音化されるようには、[d,] に湿音化されない、cf. /sudjá/ судья́, [sud,já]) (§79)、

　　/s..čem/ с чем《何とともに》、[š,č,em] と発音される (子音 /č/ は、これが /s/ の後では習慣的に /š/ が生じるようには、/š/ にならない、cf. /roznósčik/ разно́счик《配達人》、[rʌznóš,š,ik]) (§85)。

　接頭辞の境界に特有の様々な取り扱いは3章で検討されよう。

　音韻的接頭辞は、書記法の観点からすれば、セグメントの2つのタイプを含む。

　1. 本来の意味での接頭辞、それは後続する語のなかに書記法として組み込まれる。подъéхать《近づく》における под-。

　2. 分離された語として書かれた前置詞 (第一次前置詞)：с чем《何とともに》における с。

　接頭辞と前置詞は、それぞれかなり頻度が高いけれど、少数であり (数十)、そしてそのリストを与えることは容易である (cf. §611 と §618)。

D. 結論

29

　文脈におけるロシア語の音素の発音は以下の要素に拠っている。

　1. この音素の素性 (その弁別素性により定義される)
　2. 隣接する音素の素性
　3. (母音について) アクセントと関連するそれらの位置
　4. (ある音素について) 語境界と接頭辞境界に関連するそれらの位置

　これらの様々な情報から各音素の発音を引き出すための音声的規則 règles phonétiques は、3章で提示しよう。

　しかしその前に我々は書記体系を検討しよう。この書記体系は、書かれたテキストにおける記号体系を通じて、ロシア語の発話の音素的構成を見分けることを可能にさせるものである。

2章　文字法

I. ロシア語の字母（アルファベット）

30

　キリル字母 alphabet cyrillique は東方正教会のスラヴ民族の言語（古代【教会】スラヴ語、ブルガリア語、セルビア語、ロシア語、後のウクライナ語、白ロシア語、マケドニア語）を記すために中世より用いられている。20 世紀の 30 年代以後、キリル字母はソ連邦の他の諸言語（チュルク諸語、フィン・ウゴール諸語、カフカース諸語、等）とモンゴル語のためにも用いられるようになった。

　これらの諸言語の各々は、何らかの文字を加えたりあるいは削除したりして、この字母の独自の変種を用いている。ロシア語のために用いられている変種は**ロシア・キリル字母** alphabet cyrillique russe である。

　それは 33 の字母を含んでいる。この書記法はラテン字母のものと同じである。すなわち、印刷と書体の文字の区別、大文字と小文字の区別、左から右への書き方、文字の間の余白、発音と同じ記号である。

　この字母の原理は**音韻的** phonologique である。同じ文字は常に同じ音素に対応している（あるいはまたその逆に対応している）のではなくて、人は書かれた語の中の文字の連続から少数の単純な規則によって、逆に話された語の中の音素の連続へと移行することができるからである。

　我々はロシア語の字母を、各文字のために次の 4 点に留意して、その通常のアルファベットの順序に従って以下に与えよう。

　1. 印刷の文字の形、大文字と小文字
　2. ロシア語での文字の名称[16]
　3. 経験的なフランス式転写、それは読者に日常のフランス語の正書法により、各文字の発音の非常に簡潔な基本的概要を与える
　4. 音韻的価値、すなわち、各文字が表す音素の表示

　数個の音素を表す文字のためには、それらがどちらを表すかを決める基準は後に与えられよう（§33 *sq.*）。

文字	文字の名称	フランス式転写	音韻的価値
А а	a	a	/a/
Б б	бэ	b	/b/ /b,/[17]
В в	вэ	v	/v/ /v,/
Г г	гэ	g gu	/g/
Д д	дэ	d	/d/ /d,/
Е е	е	é ié	/e/ /o/（両者は軟子音によって先行される）、/je/ /jo/
Ё ё	ё	io	/o/（軟子音によって先行される）、/jo/
Ж ж	жэ	j	/ž/
З з	зэ	z	/z/ /z,/
И и	и	i	/i/（対をもつ硬子音によって先行されない）
Й й	и кра́ткое（短い i）	y ï	/j/
К к	ка	k	/k/
Л л	эль	l	/l/ /l,/
М м	эм	m	/m/ /m,/[18]
Н н	эн	n	/n/ /n,/
О о	о	o	/o/
П п	пэ	p	/p/ /p,/
Р р	эр	r	/r/ /r,/
С с	эс	s	/s/ /s,/
Т т	тэ	t	/t/ /t,/
У у	у	u	/u/
Ф ф	эф	f	/f/ /f,/
Х х	ха	kh	/x/
Ц ц	цэ	ts	/c/
Ч ч	че	tch	/č/
Ш ш	ша	ch	/š/
Щ щ	ща	chtch	/sč/
Ъ ъ	твёрдый знак（硬音記号）	（なし）	先行する子音が硬いことを示す[19]
Ы ы	ы	y	/i/（対をもつ硬子音によって先行される）
Ь ь	мя́гкий знак（軟音記号）	（なし）	先行する子音が軟らかいことを示す[20]
Э э	э оборо́тное（逆方向の é）	è	/e/（軟子音によって先行されない）
Ю ю	ю	iou	/u/（軟子音によって先行される）、/ju/
Я я	я	ia	/a/（軟子音によって先行される）、/ja/

字母と文字の名称についての注記
31

1°. 文字 ё (トレマ tréma をもつ e) はロシア字母の自律的文字と見なすことができる。それは慣用的な名称をもたない。字母の順序において、それは e として見なされる (辞書においてもそのような順序であることがわかるだろう：елико, ёлка, елозить, ёлочка)。日常の印刷されたテキストにおいては、トレマは省略されており、ё の代わりに e が書かれる。ёлка《クリスマスツリー》の代わりに елка となる。

2°. 文字 ъ (твёрдый знак 硬音記号) は、比較的頻度が低いが、これは多くのタイプライターでは欠けている。それ故、普通、その文字はタイプライターのテクストではアポストロフィによって代用される。съезд《大会》の代わりに с'езд となる。

3°. 文字 ъ ы ь は決して語頭には現れない。それ故、対応する大文字は全く大文字だけで書かれたテキストの中で用いられるだけである。

4°. 文字 ф はしばしば эф の代わりに фэ と呼ばれる。とりわけ幾つかの略語ではそうである。Ф.Р.Г. は фэ-эр-гэ と読まれる。これは Федерати́вная Респу́блика Герма́нии《ドイツ連邦共和国》の略語。

1918 年の正書法改革
32

ソビエト体制によって早くもその出現のときに公布された改革 (1918 年 10 月 13 日の政令) 以前には、ロシア語の字母は追加の 4 文字を加えていた。

i	(и́ с то́чкой	"i avec point")	и によって置き換えられた
ѣ	(ять	"iat,")	е によって置き換えられた
ѳ	(фи́та	"fita")	ф によって置き換えられた
ѵ	(и́жица	"ijitsa")	и によって置き換えられた

文字 i は母音書記素 graphème vocalique の前で и の代わりに用いられていた。бiéнie《鼓動》(今日では бие́ние)、Фра́нцiя《フランス》(今日では Фра́нция)。

文字 ѣ は多くの語において е の代わりに用いられていた (原則として、е が音素 /e/ を表し、音素 /o/ を表さない場合に)。лѣсъ《森》(今日では ле́с)、бесѣда《会話》(今日では бесе́да)[21]。

文字 ѳ と ѵ は孤立したいくつかの語の中にしか現れなかった[22]。

その上、同じ改革は語末にある文字 ъ (硬音記号) の使用を廃止し、母音書記素の前でのみそれを存続させた。以前は、обе́д《昼食》のために объдъ を、стои́т《(彼は) 立っている》のために стои́тъ, 等を書いていた。

正書法の中にはある形態論的要素の変更もあった。それはその当該の個所で述べよう[23]。

II. ロシア語の正書法

A. 一般的原理

33

1º. 文字の分類。字母の表を通じて、ロシア語の文字は、それが表す音素との関連に従って、いくつかのクラスに分類されることに気づくだろう。

a) 子音書記素 graphèmes consonantiques（子音を表すもの）。

1. **対をもつ子音書記素**：各文字は2つの音素、対をもつ硬子音あるいは対応の軟子音を表す。12の文字：п б ф в м т д с з н р л.

2. **対をもたない子音書記素**：各文字は常に同じ音素を表す（あるいは щ の場合には同じ音素群を表す）。大事なことは、湿音性の観点からすれば対をもたない子音であるということである。9つの文字：к г х ц ч ш щ (/šč/ を表す) й.

b) 母音書記素 graphèmes vocaliques（母音を表すもの）

1. **第1系列の母音書記素**：各文字は対をもつ硬子音によって先行される母音、あるいは音節の頭文字の母音を表す。5つの文字：а э ы о у.

2. **第2系列の母音書記素**：各文字は対をもつ軟子音、あるいは /j/ によって先行される母音。5つの文字：я е и ё ю.

注：他の4つの母音に反して、音節の頭文字において、母音 /i/ は ы（第1系列）ではなくて и（第2系列）によって表される。

c) 記号 signes（弁別素性を表すもの）：2つの文字がある。軟音記号 ь は前の子音の湿音性を示す。例外的な場合に (cf. §39)、先行する子音の硬音性 dureté は硬音記号 ъ によって示される。

34

2º. 字母と音韻組織との関係。これらのことから、ロシア語の字母は子音が足りず（対をもつ24の子音を示すために対をもつ12の子音書記素）、しかしあまりに多くの母音【書記素】をもつ（5つの母音を示すために10の母音書記素）、ということに気づくであろう。それ故、それを解決する方法として以下の方法に訴える。

a) 対をもつ子音の記号表記法。子音の硬音性あるいは湿音性は、これが可能であるときには、子音書記素の選択によるのではなく、母音書記素の選択によって記される。

第 1 系列【の母音書記素】：先行する子音は硬音
第 2 系列【の母音書記素】：先行する子音は軟音
例：нóc /nós/《鼻》、нёc /n,ós/《(彼が) 運んだ》

音韻論的には、ここでは 2 つの異なる子音と 1 つの同じ母音をもっている。書記素的には、1 つの同じ子音書記素と 2 つの異なる母音書記素をもっている[24]。

子音の湿音性は、上の方法が適応できないとき、つまり子音が母音によって後続されないとき、軟音記号ьによってのみ標示される。мать /mát,/《母》のようになる。

b) /j/ の記号表記法。さらに子音 /j/ の存在あるいは欠如は、これが可能な所では到る所、固有の文字によるのではなくて、後続する母音を示す母音書記素の選択によって示される。母音書記素のこの価値は、それが子音書記素の後に来ないときに現れる。

第 1 系列【の母音書記素】：母音は /j/ によって先行されない
第 2 系列【の母音書記素】：母音は /j/ によって先行される
例：a /a/《ところで》、я /ja/《私》

子音 /j/ は、上の方法が適応できないとき、つまり /j/ が母音によって後続されないときには、文字 й によって記されるだけである。чáй /čáj/《茶》となる。

B. 母音書記素の 2 つの系列[25]

35

母音音素とそれらを表す書記素の 2 系列の対応は以下である。

母音音素	母音書記素	
	第 1 系列	第 2 系列
/a/	a	я
/e/	э (e)	e
/i/	ы	и
/o/	o	ё (e)
/u/	у	ю

注 1. /o/ を表す第 2 系列の書記素として、アクセントの下では ё だけが使われる。アクセントの外では e が使われる。従って、文字 e はアクセントの外では区別なく /e/ あるいは /o/ を示すことができるが、しかしこの混同は重要ではない。というのも後に見るように (§104)、この位置 (軟子音の後のアクセントの外で) に

おけるこれら 2 つの音素は同じ発音［i］をもつからである。
　　неслá /n,oslá/、［n,islá］と発音される《(彼女は)運んだ》
　　лесá /l,esá/、［l,isá］と発音される《森(複数)》
　　Cf. нёс /n,ós/［n,ós］《(彼は)運んだ》、лес /l,és/［l,és］《森》
　注 2. /e/ を表す第 1 系列の書記素として、音節の頭文字には一般的に文字 э だけが使われる。そこでは э は /j/ によって先行されない /e/ を示し、e は /je/ を示す。эль /él/《文字 л の名称》、ель /jél/《エゾマツ》となる。
　子音の後では、たとえその子音が硬音であろうとも、ほとんど常に文字 e を使うが、それは кашне /kašné/《襟巻》、etc. のような借用語においてしか生じない (cf. §78)。子音の後で э が使われる語はわずかしかない。мэр /mér/《市長》、сэр /sér/《英語の敬称の "Sir"》、etc.

C. 対をもつ子音とそれらに後続する母音の記号表記法

36

　対をもつ各子音書記素は対をもつ 2 つの子音、硬子音と軟子音を示す。
п は /p/ あるいは /p,/ を示す；т は /t/ あるいは /t,/ を示す；м は /m/ あるいは /m,/ を示す。
б は /b/ あるいは /b,/ を示す；д は /d/ あるいは /d,/ を示す；н は /n/ あるいは /n,/ を示す。
ф は /f/ あるいは /f,/ を示す；с は /s/ あるいは /s,/ を示す；р は /r/ あるいは /r,/ を示す。
в は /v/ あるいは /v,/ を示す；з は /z/ あるいは /z,/ を示す；л は /l/ あるいは /l,/ を示す。
　軟子音と硬子音を区別するためには、書記法は以下の方法を有している。

37

1°. もし子音が母音に先行するならば、子音の硬音性は第 1 系列の母音書記素の使用によって、また湿音性は第 2 系列の母音書記素の使用によって示される。
例：

硬子音　　　　　　　　軟子音
мать　　/mát,/《母》　　мять　　/m,át,/《しわくちゃにする》
летá　　/l,etá/《年月(複数)》　летя　　/l,et,á/《飛んで》
нэп　　/nép/《ネップ》　нет　　/n,ét/《いいえ》
ныть　　/nít,/《疼く》　нить　　/n,ít,/《糸》

нóс /nós/《鼻》 нёс /n,ós/《(彼は)運んだ》
тонý /tonú/《(私は)沈む》 гоню́ /gon,ú/《(私は)追う》、etc.

38

2º. もし子音が母音によって後続されないならば、湿音性はその子音の後に**軟音記号** signe mou (мя́гкий знáк) と呼ばれる文字 ь を付加することによって標示される。この位置において、軟音記号によって後続されない全ての子音書記素は硬子音を表す。

語末で：

硬子音 軟子音
брáт /brát/《兄弟》 брáть /brát,/《取る》
вéс /v,és/《重さ》 вéсь /v,és,/《全ての》
дáр /dár/《贈り物》 цáрь /cár,/《皇帝》、etc.

子音の前で：
пóлка /pólka/《棚》 пóлька /pól,ka/《(女性の)ポーランド人》
тóнкий /tónkoj/《薄い》 Вáнька /ván,ka/《イヴァンの卑称》
постóй /postój/《待ちなさい》 брóсьте /brós,t,e/《投げなさい》、etc.

特別な場合：子音 /j/ (第 2 系列の母音書記素によって標示される、cf. §39) の前で、子音の湿音性は上の場合におけるように軟音記号によって標示されるが、しかし子音の硬音性は特別な書記素、**硬音記号** signe dur ъ (твёрдый знáк) によって標示される。グループ《硬子音 + /j/》(従って、またその標識である硬音記号) は接頭辞の境界においてしか見いだされない。

硬子音 軟子音
объём /objóm/《容積》 обьём /ob,jóm/《(我々は壁紙などを)はる》
инъéкция /injékcija/《注射》 свинья́ /sv,in,já/《豚》

注：旧正書法 (cf. §32) においては、子音の硬音性は等しく語末の硬音記号によって標示されていた。брáт, вéс, дáр, etc. のために брáтъ, вéсъ, дáрь と書かれていた。

D. /j/ とそれに後続する母音の記号表記法

39

1º. 母音を後続させる /j/ については、第 2 系列の母音書記素を使う。この母音書記素はこの位置 (子音書記素に先行されない位置) において、母音の音色 timbre とそれに先行する /j/ を同時に示している。

  a) 音節の頭文字 initiale syllabique において、《/j/ + 母音》を標示する第 2 系列の

母音書記素は、《/j/ によって先行されない母音》を標示する第 1 系列の母音書記素に対立している。

　語の始めでは、この価値は я е ё ю の価値であるが、и の価値ではない：
я は /ja/ に値する　　я　　/já/《私》　　　　　cf. a/a/《だが一方》
е は /je/ に値する　　ель　/jél,/《エゾマツ》　cf. эль/él,/《文字 л の名称》
ё は /jo/ に値する　　ёлка /jólka/《クリスマスツリー》、cf. Ольга /ól,ga/《オリガ》
ю は /ju/ に値する　　юбка /júbka/《スカート》cf. утка /útka/《鴨》、etc.
しかし и はただ単に /i/ に値する：ива /íva/《柳》、etc. (cf. §92)

　母音の後ろでは、この価値はすべての第 2 系列の母音書記素の価値に値する：
я は /ja/ に値する　　моя　　/mojá/《私の》　　(cf. боа /boá/《ボア》)
е は /je/ に値する　　поесть /pojést,/《食べる》(cf. поэт /poét/《詩人》)
ё は /jo/ に値する　　даём　/dajóm/《(我々は)与える》
ю は /ju/ に値する　　поют　/pojút/《(彼らは)歌う》(cf. паук /paúk/《蜘蛛》)
и は /ji/ に値する　　стоит　/stojít/《(彼は)立っている》

　b) **子音の後ろ**で、母音書記素が《/j/ + 母音》の価値をもち、そして単に《軟子音 + 母音》の価値をもたないことを示すためには、子音書記素の直接後ろに母音書記素を書くのではなくて、子音の湿音性あるいは硬音性を標示する軟音記号あるいは硬音記号の後ろに母音書記素を書く。この場合に硬音記号あるいは軟音記号は《分離記号》(разделительный знак) の役割を果たしている。

　もし先行する子音が対をもつ軟音であれば軟音記号：[26]
я /ja/ пьян　/p,ján/《酔って》　　　и /ji/ воробьи　/vorob,jí/《雀(複数)》
е /je/ пьеса /p,jésa/《戯曲》　　　　ю /ju/ вьюга　　/v,júga/《吹雪》
ё /jo/ бьёт　/b,jót/《(彼は)打つ》

　シュー音の後ろでも軟音記号(この場合には、軟音記号は子音の湿音性を標示しているのではなくて、単に分離記号の価値のみを標示している)：
чья　/čjá/《誰の(女性・単数)》
ружьё /ružjó/《鉄砲》
шьют　/šjút/《(彼らは)縫う》、etc.

　もし先行する子音が対をもつ硬音であれば硬音記号を使う。これは接頭辞の境界に現れるだけである：[27]
подъём　　/podjóm/《上昇》
адъютант　/adjutánt/《副官》、etc.

40

2º. 母音を後続させない /j/ は文字 й によって示される。

語末で：

май /máj/《5月》、бой /bój/《戦い》、воробей /vorob,éj/《雀》

子音の前で：

тройка /trójka/《3；トロイカ》、айва́ /ajvá/《マルメロ》

чайка /čájka/《カモメ》、комбайн /kombájn/《コンバイン》

注：и краткое《短い i》という名称にもかかわらず、子音 /j/ を示す文字 й は（それは決して音節核ではない）、母音 /i/ を示し、常に音節核である文字 и と混同されるべきでない。例：бой /bój/《戦い》は 1 音節、しかし бои /bojí/《戦い（複数）》は 2 音節。

41

3º. 例外：外来語 mots étrangers (借用語 emprunts と外国の固有名詞の転写) において、母音を後続させる /j/ はある場合、й あるいは ь によって表記される。

a) 音節頭文字において、グループ /jo/ /je/ /ji/ は йо, йе, йи と書かれる。つまり /j/ は й と書き留められている。

йод /jód/《ヨー素》

майо́р /majór/《少佐》

Нью-Йорк /n,jujórk/《ニューヨーク》

Йемен /jémen/《イエメン》

Йиглава /jíglava/《イフラヴァ（地名）》"Jihlave", etc.

b) 子音の後ろで、グループ /jo/ は ьо と書かれる[28]。

бульо́н /bul,jón/《ブイヨン》

карманьо́ла /karman,jóla/《カルマニョール服・の歌》"carmagnole"

Ла-Сьота́ /las,jotá/《(地名)"La Ciotat"》, etc.

このような場合を除いて、外来語における /j/ の記号表記法は規則に一致している。

ягуа́р /jaguár/《ジャガー》

Ява /jáva/《ジャワ》"Java"

Юкон /júkon/《ユーコン(川)》"Yukon", etc.

E. その他の対をもたない子音とそれらに後続する母音の記号表記法

42

йを除いて、対をもたない子音書記素はそれぞれが常に同じ1つの子音(あるいは1つの子音群)を表している。次のものがある。

軟口蓋音：/k/ のために к, /g/ のために г, /x/ のために х

破擦スー音 sifflante affriquée：/c/ のために ц

シュー音：/š/ のために ш, /ž/ のために ж, /č/ のために ч, /sč/ のために щ

注：音群 /sč/ は2つの可能な書記素をもつ。2つの子音 /s/ と /č/ が1つの同じ形態素に属しているときは щ である。

щи́ /sčí/《キャベツ入りスープ》、щётка /sčótka/《ブラシ》、etc.

またそれら2つの子音 /s/ と /č/ が2つの異なる形態素に属しているときは сч である。

разно́счик /roznósčik/《配達人》(語根 /nos/, 接尾辞 /čik/)

счита́ть /sčitát,/《数える》(接頭辞 /s/, 語根 /čit/)、etc.

この音群の発音 [š,č,] あるいは [š,š,] については、§85を見よ。

43

1º. 一般的規則。常に同じ子音を表しているこれらの書記素には、硬音性と湿音性の対立を標示する理由がない。それ故、母音書記素の2系列の間の対立と軟音記号の使用はここでは冗長である。

これらの子音のより一般的な使用は次のものである。

a) **母音書記素の使用**　非高音調性母音 voyelles non-aiguës /a o u/ は第1系列の書記素 а о у によって記され、高音調性母音 /e i/ は第2系列の書記素 е и によって記される。

しかしながら、ы は и と同じ価値をもって ц の後で可能である。ё は о と同じ価値をもってシュー音の後ろで可能である。

b) **軟音記号の用法**　軟音記号は軟口蓋音と ц の後ろには決して使われない。それが例外的に使われるのは、シュー音の後ろであり、そこではこのシュー音の音韻的価値をかえることはない。

結局、軟口蓋音、ц およびシュー音の後ろで可能な書記素は次の表に要約される。

2章 文字法 53

母音：	軟口蓋音の後ろ		ц の後ろ		シュー音の後ろ	
	1系列	2系列	1系列	2系列	1系列	2系列
/a/	a	-	a	-	a	-
/e/	-	e	-	e	-	e
/i/	-	и	ы *or* и		-	и
/o/	o	-	o	-	o *or* ë	
/u/	y	-	y	-	y	-
非母音：	ゼロ		ゼロ		ゼロあるいは ь	

付け加えねばならないことは、ц の後ろの文字 o とシュー音の後ろの文字 o あるいは ë（音素 /o/ を表す）は、アクセント下でのみ用いられる。アクセントの外ではそれらは e に取り替えられる。

44

2°. 様々な子音カテゴリーへの応用

　a) **軟口蓋音の後ろで**

/a/ は a と書く：кáк /kák/《如何に》　　хáм /xám/《下賤の者》

/e/ は e と書く：кéм /kém/《誰（具格）》　гéрб /gérb/《紋章》

/i/ は и と書く：кит /kít/《鯨》　　　　хи́трый /xítroj/《ずる賢い》

/o/ は o と書く：кóт /kót/《雄猫》　　　хóлм /xólm/《丘》

/u/ は y と書く：кум /kúm/《教父》　　гýсь /gús,/《ガチョウ》、etc.

軟音記号は決して軟口蓋音の後ろには付かない。

　b) **ц の後ろで**

/a/ は a と書く：цáрь /cár,/《皇帝》

/e/ は e と書く：цéпь /cép,/《鎖》、etc.

/i/ は и あるいは ы と書く。ы はロシア語起源の形態素において書かれる：[29]

отцы́ /otcí/《父親（複数）》　　цыплёнок /cipl,ónok/《ヒヨコ》

цыгáн /cigán/《ジプシー》、etc.

и は外来語起源の形態素において書かれる：

цирк /círk/《サーカス》　　цивилизáция /civil,izácija/《文明》、etc.

/o/ はアクセント下で o と書く：

лицó /l,icó/《顔》　　спецóвка /sp,ecóvka/《作業服》

вытанцóвывать /vitancóvivat,/《一所懸命に踊る》

またアクセントの外で e と書く：

> сéрдце /s,érdco/《心臓》　　танцевáть /tancovát,/《踊る》、etc.
> 注：［s,ércə］、［təncivát,］の発音については、§105–§106 参照[30]。

/u/ は y と書く：лицý /l,icú/《顔(与格)》、etc.
軟音記号は決して付かない。

c) シュー音の後ろで

/a/ は a と書く：шáр /šár/《球》　　чáй /čáj/《茶》
/e/ は e と書く：шéсть /šést,/《6》　　щéль /sčél,/《隙間》
/i/ は и と書く：жи́ть /žít,/《生きる》　　чи́н /čin/《官位》、etc.
/o/ はアクセント下では o あるいは ё, アクセントの外では e である。o と ё の書記法の分布は次のようになる[31]。

1. 名詞語尾と接尾辞においては o を書く：

> плечó /pl,ečó/《肩》(語尾 /o/)
> ножóм /nožóm/《ナイフで(具格)》(語尾 /om/)
> чужóй /čužój/《他人の》(語尾 /oj/)
> волчóнок /volčónok/《狼の仔》(接尾辞 /onok/)
> кружóк /kružók/《サークル》(接尾辞 /ok/)、etc.

またゼロ接尾辞をもつ動詞派生名詞 substantifs déverbatifs の語根においても o を書く：

> ожóг /ožóg/《火傷》(жéчь《燃やす》から)
> шóв /šóv/《縫い目》(ши́ть《縫う》から)、etc.

2. その他の場合は全てにおいて、すなわち語根において(上記の特別の場合を除いて)は ё を書く：

> чёрт /čórt/《悪魔》　　шёл /šól/《(彼は)歩いた》
> жёлтый /žóltoj/《黄色い》　жёг /žóg/《(彼は)焼いた》、etc.

また動詞の語尾と接尾辞においては ё を書く：

> лжёт /lžót/《(彼は)嘘をつく》(語尾 /ot/)
> запрещён /zapr,esčón/《禁止された》(接尾辞 /on/)
> стушёвываться /stušóvivat,s,a/《かすむ》(接尾辞 /ov/)、etc.

3. アクセントの外では常に e を書く。これは発音では ［i］、［i］あるいは ［ə］となり得る縮減母音に相応する (cf. §104–§109)。

> женá /žoná/《妻》(pl. жёны)
> черни́ть /čorn,ít,/《黒くする》(чёрный《黒い》から)

ве́че /v,éčo/《民会》(плечо́ と同じ語尾 /o/)

/u/ は у と書く：шу́т /šút/《道化》 чуть /čút,/《ほんのわずか》、etc.

45

シュー音の後ろの軟音記号の用法。軟音記号はシュー音の後ろで使うことができる。もしそれが母音によって後続されないならば、それは如何なる音韻的価値ももたない。軟音記号によって後続されたシュー音は、この記号がないときと全く同様に発音される(ш ж は常に硬音、ч щ は常に軟音)。例：

мы́шь /míš/《鼠》は малы́ш /malíš/《子供》の ш のように発音される。

ре́жь /r,éž/《切れ(命令形)》は но́ж /nóž/《ナイフ》の ж のように発音される。

но́чь /nóč/《夜》は меч /m,éč/《剣》の ч のように発音される。

по́мощь /pómosč/《援助》は плащ /plášč/《レインコート》の щ のように発音される。

注：この場合には、軟音記号はある形態論的カテゴリーの標識である。мы́шь, но́чь, по́мощь のような第 3 曲用の女性名詞、ре́жь のような命令法、идёшь /id,óš/《(君は)歩く》のような動詞の単数 2 人称[32]。

もし軟音記号が母音によって後続されるならば、それは《分離記号》(§39)の価値をもち、そのシュー音は /j/ によって後続されることを示す。

мы́шью /míšju/《鼠(具格)》

ружьё /ružjó/《鉄砲》

чья /čjá/《誰の(女性形)》、etc.

注：これら全ての場合に、その子音の発音はそれに後続する書記素とは無関係であることを想起しよう。軟口蓋音は /a o u/ の前で常に硬音であり、/e i/ の前では軟音である。ц ш ж は常に硬音であり、ч щ は常に軟音である[33]。特に、次の語の子音を軟音として発音することを避けなければならない。

це́пь /cép,/《鎖》、шесть /šést,/《6》、шёл /šól/《(彼は)歩いた》、それらは常に硬音の子音であるから。

46

3º. いくつかの外来語の特殊な場合　いくつかの外来語(借用語と固有名詞の転写)において、上で与えられた規則に従えばあり得ないような書記素に、軟口蓋音とシュー音の後ろで出会う[34]。

　a) **軟口蓋音の後ろで**

　　1. 母音書記素 я ё ю に出会う。これらの文字の前で軟口蓋音は軟らかく発音される。

гяýр［g,aúr］《邪教徒》　　ликёр［l,ik,ór］《リキュール》
кюре́［k,uré］《主任司祭》　　Кёльн［k,ól,n］《ケルン》。

音群 кё（［k,o］と発音される）もまた、借用された接尾辞 -ёр（フランス語 -eur）が子音 к に後続するときに見ることができる。

паникёр［pan,ik,ór］《デマを振りまく人》"semeur de panique"
киоскёр［k,iosk,ór］《キオスクの売り子》"vendeur dans un kiosque"

最後に唯一のロシア語の語にもそれ【кё】を見つける：動詞 ткáть《織る》の現在形の中に：ткёшь［tk,óš］《（君は）織る》、ткёт［tk,ót］《（彼は）織る》[35]。

2. 母音書記素 ы に出会うことができる。その場合にはそれは［i］と発音される（音群《軟口蓋音 +［i］》はロシア語の語には不可能である）。この結合はチュルク語起源の語に見受けられる。

акы́н［akin］《（中央アジアの）吟遊詩人》
Кызылкýм［kizilkúm］《（中央アジアの）キジルクム砂漠》[36]（この音群の発音については、また §72 を見よ）。

3. 外来語の固有名詞において軟音記号に出会う。その場合にはそれは分離記号の役割をもち、軟音記号の後ろで /j/ の存在を示している。

Монтескьё［montesk,jó］《モンテスキュー》"Montesquieu"

b）硬音のシュー音 ш, ж の後ろで

外来語において母音書記素 я ю を見つけることができる。もし借用語に関することならば、そのシュー音はその書記法とは無関係に硬音として発音される。

парашю́т［parašút］《パラシュート》"parachute"

もし名詞の転写に関することならば、シュー音は軟音として発音されうる。それはロシア語の語彙には存在しない。

Жюль［ž,úl,］《ジュール（名前）》"Jules"
Шя́уляй［š,aul,áj］《シャウリャイ（リトアニアの都市名）》"Šiauliai"

F. 結論：ある書記素の多重的価値

47

上述したことから、幾つかのロシア語の書記素は曖昧であるとの結果になる。それらは幾つかの音韻的価値をもちうる。しかしこの曖昧さはたいていの場合に文脈によって取り除かれる。

1º. 第 2 系列の母音書記素は常にその母音の音色を標示する。しかしその上に、

　a）**対をもつ子音書記素の後ろに【第 2 系列の母音書記素が】置かれると**、それ

らはこの母音が軟子音によって先行されていることを示す。

 мять /m,át,/《こねる》 нёс /n,ós/《(彼は)運んだ》

 b) **対をもたない子音書記素の後ろに【第 2 系列の母音書記素が】置かれる**と、それらは先行する子音についてのどのような指示(情報)も与えない。

 кит /kít/《鯨》 жёны /žóni/《妻(複数)》

 c) **他の全ての位置で**(語頭で、母音書記素の後ろで、軟音記号あるいは硬音記号の後ろで)、第 2 系列の母音書記素はこの母音が /j/ によって先行されていることを示し、/j/ と後続する母音だけであることを表している。

 яма /jáma/《穴》 семья /s,em,já/《家族》

 боярин /bojár,in/《(ロシア)貴族》 объяснить /objasn,ít,/《説明する》

48

2º. 軟音記号は子音書記素の後ろに常に置かれる。

 もし対をもつ子音書記素に関するならば、軟音記号は子音の湿音性を標示する。その上に、もしそれが母音書記素の前に置かれたら、それは分離記号の役割を果たし、その子音は /j/ によって後続されることを示す。それ故、4 つの可能な位置がある。

 a) **対をもつ子音書記素の後ろで**

  1. 母音書記素の前以外のところで(語末あるいは子音の前で)、軟音記号は先行の子音の湿音性を標示する。

 царь /cár,/《皇帝》 тюрьма /t,ur,má/《監獄》

  2. 母音書記素の前で、軟音記号は【その前の】子音が軟音であり、その子音が /j/ によって後続されることを標示する。

 рьяный /r,jánoj/《熱心な》 пьёт /p,jót/《(彼は)飲む》

 b) **対をもたない子音書記素の後ろで**

  1. 母音書記素の前以外のところで(語末で)、それはどのような音韻的価値ももたない。

 мышь /míš/《鼠》 рожь /róž/《ライ麦》

  2. 母音書記素の前で、それはその子音が /j/ によって後続されることを標示する(子音それ自身については何も示していない)。

 мышью /míšju/《鼠によって》 шьёт /šjót/《(彼は)縫う》

49

3º. 文字 е もまた曖昧であり、その曖昧さは文脈によって除かれない。

 a) 対をもつ子音書記素の後ろに置かれるとき、その文字 е は先行する子音が軟

音であることを一般に示す。しかしある外国の借用語においてはそれは硬子音の後ろでも使われる。

 кашне́ /kašné/《襟巻き》、декольте́ /dekol‚té/《デコルテ》(cf. §35 本文注 2)。

 b) アクセントの外でそれは音素 /e/ あるいは /o/ を表すことができる。しかしこれはその発音にとって重要でない。それは常に［i］と発音されるからである（§104）。

 несла́ /n‚oslá/［n‚islá́］《(彼女は)運んだ》(cf. нёс /n‚ós/［n‚ós］《(彼は)運んだ》)
 леса́ /l‚esá/［l‚isá］《森(複数)》(cf. лес /l‚és/［l‚és］《森》)

しかし常に硬い子音の後では［i］(§105)、

 жена́ /žoná/ ［žiná］
 цена́ /cená/ ［cïná］

 c) 文字 ё の上にトレマ tréma が書かれないテキストにおいて（これは日常のロシア語のテキストにおいて習慣的なことである）文字 e は、e と ё の価値をもっている故に、それはアクセント下にもかかわらず、/e/ あるいは /o/（軟子音の後ろで）を表すことができる。

 лес /l‚és/《森》と нес /n‚ós/《(彼は)運んだ》(нёс)
 все /vs‚é/《全ての人たち(複数)》と все /vs‚ó/《全てのもの(中性単数)》(всё)
 сел /s‚él/《(彼は)坐った》と сел /s‚ól/《村(複数属格)》(сёл)

G. ある形態素に特有の正書法的変則

50
 ある特殊な形態素は（スラボニア語 slavon[37] 起源の）変則的な正書法をもつ。

1°. 形容詞において、男性単数主格の語尾 /oj/ は、あたかもそれが /ij/、つまり ый あるいは ий であるかのようにアクセントの外で書かれる。

 アクセント下では：
 просто́й /prostój/《簡単な》   глухо́й /gluxój/《耳の聞こえない》、etc.
 アクセントの外では：
 но́вый /nóvoj/《新しい》［nóvəj］   ре́дкий /rédkoj/《まばらな》［r‚étkəj］、etc.
 注：現代語においては、正書法に一致させられた発音が拡がる傾向がある。
 ［nóvij］ ［r‚étk‚ij］

51
2°. 形容詞と代名詞において男性と中性の単数属格の語尾 /ovo/ は、あたかもそれが /ogo/、つまり oro あるいは ero であるかのように全ての位置で書かれる。

простóго /prostóvo/、глухóго /gluxóvo/、нóвого /nóvovo/、рéдкого /r,édkovo/、срéднего /sr,édn,ovo/、etc.

同様に代名詞において、

сегó /s,ovó/《この》、когó /kovó/《誰を》、etc.

またこの同じ代名詞を使って作られた複合語において、

сегóдня /s,ovódn,a/ ［s,ivód,n,ə］《今日》、etc.

注：1917年以前の正書法において、形容詞におけるこの同じ語尾は（しかし代名詞ではそうでない）あたかもこれが /ago/、つまり аго あるいは яго であるかのように書かれていた。простáго, глухáго, нóваго, рéдкаго, срéдняго のようであった。

52

3°. 接頭辞 /roz/（分離を示す）と動詞 растý《（私は）育つ》の語根 /rost/ において、その /o/ はアクセント下にない（アクセントの外の）大部分の形において、а と書かれる。/o/ と /a/ は同じ発音［ʌ］あるいは［ə］をもつ（cf. §103）。

a) 接頭辞 /roz/：

раздáть /rozdát,/《分配する》　　разли́ть /rozl,ít,/《注ぎ分ける》

しかしアクセント下において：

рóздал /rózdal/《（彼は）分配した》　рóзливень /rózl,iv,en,/《驟雨、（雪解けの）氾濫》

b) 語根 /rost/：

расти́ /rost,í/《育つ》　　растéние /rost,én,ijo/《植物》

しかしアクセント下において、

рóс /rós/《（彼は）育った》（同様に /o/ がアクセント下でないにもかかわらず、過去の他の形において、рослá /roslá/《（彼女は）育った》となる[38]。

これらの変則と孤立した語に特有なその他若干のことを留保した上で、ロシア語の正書法は、上で与えられた規則を考慮に入れるならば、各語の音韻的構造を正確に説明するものと見なすことができる。

III. ロシア語の転写の体系

53

ある状況において、キリル字母を使用せずにロシア語の語あるいはテキストを再生しなければならないことがある。その場合には転写の体系 systèmes de transcription が用いられる。その体系のそれぞれは特定の目的に答えるものであ

り、以下のものがある。

54

1°. 国際的、学術的転写 それらはロシア語の語を再生する目的のために、正確でこの目的のために準備されたコードを使って、書かれた形をもとにして、あるいは話された形をもとにして作り出されたものである。

a) **翻字 translittération**（語の書かれた形の再生）。ロシア語の語あるいはテキストの書かれた形を正確に再生したいが、しかし何らかの理由のためにラテン字母に訴えねばならないときには翻字を行う。例えば、図書館の目録において、あるいは西洋語で出版されたロシアあるいはロシア語についての学術的著作において。翻字は以下の表に従って文字ごとに行われる。

а	a	к	k	х	x (h)
б	b	л	l	ц	c
в	v	м	m	ч	č
г	g	н	n	ш	š
д	d	о	o	щ	šč (ŝ)
е	e	п	p	ъ	″
ё	ë	р	r	ы	y
ж	ž	с	s	ь	′
з	z	т	t	э	è
и	i	у	u	ю	ju (û)
й	j	ф	f	я	ja (â)

注：x のためには、h の代わりに、時には x ch あるいは kh が使われる。ш ж ч щ のためには、弁別符が上に載った文字 š ž č šč の代わりに、アングロサクソンの国では h を後続させる文字を用いる。sh zh ch shch のように。

翻字は語の書かれた形を正確に再生するが、しかしその発音についてどんな特別の情報も前提とするものではない。それ故、それはロシア語を知らないが、しかし上の表を自由に使える人によって、2 つの意味で使われるのである。ラテン字母の記号の価値はそこでは慣例によって固定し、ラテン字母を使用する様々な言語、例えば、フランス語や英語やドイツ語などの正書法に依存していない、という意味でそれは国際的である。

この翻字体系の知識と実践は全てのロシア語専門家にとって必要不可欠のもので

ある。しかし本文法においては、ロシア語の語はここではキリル字母で一貫して与えられているのであるから、この【翻字】体系は一度も使われない。

　b) **学術的転写** transcriptions scientifiques は、ロシア語の語の書記形とは無関係に、その**発音** prononciation を説明するためのものである。次のように区別される。

　　1. **音声的転写** transcription phonétique は、伝統的には角括弧［］の中に入れられるが、その各々の記号 signe において、その音声的特徴の全てを伴って異なる音を再生するものである。各々の記号の価値は、それが使われている言語とは無関係である。一般に IPA（国際音標文字）が利用される。この体系は主としてこの文法の第3章（発音）の中で用いられるだろう。使われている記号は、ロシア語の場合に我々にとって使いやすいと思えたある修正を IPA に施したものである。そのリストは第3章の冒頭に与えられている。

　　2. **音韻的転写** transcription phonologique は、伝統的には斜めの棒 / / の中に入れられるが、その各々の記号において音韻的転写は音 son に対応しているのではなくて、音素 phonème に対応している (cf. §1)。これは最初の2つの章で用いられている体系である。各言語の音素の目録と従ってそれらを表す記号の目録は有限の目録である。ロシア語では32個の子音音素と5つの母音音素 (cf. §4, §19)、全体で37個と見なされうる記号がある。各文脈における各記号の正確な音声的価値は各言語に固有であり、第3章で検討されるであろう音声規則 règles phonétiques に拠っている。

55

2º. 国民的な経験的転写 transcriptions empiriques nationales。一般大衆の用いるテキスト（出版物、翻訳、等）において、読者に特別なコード code の予備学習を要求するような【転写の】体系に訴えることはできない。（フランスやイギリスやドイツ等の）読者の言語の現今の正書法の中のラテン字母の文字がもつ価値を使って、それぞれの文字を利用しなければならない。この種の転写は経験的な転写と呼ぶことができようが、それ故、それは国際的な転写ではあり得ず、転写されるロシア語の語が挿入される言語に従って、その転写は変わらざるをえない。

　フランス式経験的転写 transcription empirique française は、ある慣習によって固定されているが、それは全体としてはロシア語の発音よりはむしろロシア語の正書法に着想を得たものである（字母の表の中の主要な要素を見よ、§30）。

56

ロシア語テキストの転写の各種の手順例：

現行の正書法	Вдруг Дениска сделал очень серьёзное лицо, какого он не делал, даже когда Кузьмичов распекал его (Чехов)
国際的転写	Vdrug Deniska sdelal očen′ ser′ëznoe lico, kakogo on ne delal, daže kogda Kuz′mičov raspekal ego (Čexov)
音韻的転写	/vdrúg d,en,íska sd,élal óčen, s,er,józnojo l,icó kakóvo ón n,e d,élal dáže kogdá kuz,m,ičov rozp,okál jovó/ /čéxov/
音声的転写	[vdrúk d,in,ískə zd,éləł óč,in, s,ir,józnəjə l,icó kʌkóvə ón n,id,éləł dážə kʌgdá kuz,m,ič,óf rəsp,ikáł jivó] [č,éxəf]
フランス式経験的転写	Vdroug Déniska sdélal otchen sérioznïe litso, kakovo on né délal dajé kogda Kouzmitchov raspékal iévo (Tchékhov)

　これらの転写のどれも本来、他のものより優れたものではなくて、それぞれはある実際の目的をもっている。各利用者は、転写を利用するさいに要請される状況に応じて適切な【転写の】体系を選択し、他の体系と混合することなく首尾一貫した仕方で転写を実行することが望ましい。

3章　発音

I. 入門

A. 音声的転写

57

ロシア語の音はおおよそ IPA（国際音標文字）の記号である、以下の記号を使ってここでは記述される。IPA の記号とは異なる記号を選ぶことが便利であると思える場合には、IPA の記号を丸括弧のなかに入れる。記号はアルファベット順に示される。

[a]　中間広母音、フランス語の *patte* [pat] の *a* と *pâte* [pɑt] の *a* の中間の母音である。так [ták]《そのように》。

[ʌ]　中間広母音であるが、【[a] より口の】開きが小さい点で [a] とは異なる。（英国の）英語 *nut* [nʌt] の *u* と書かれる母音に似ている。ногá [nʌgá]《足、脚》。

[ä]　(IPA [æ])前舌広母音、およそフランス語の *patte* [pat] の *a* : пять [p,ät,]《5》。

[b]　フランス語の *b* のような「硬 dure」・有声・両唇・口腔・閉鎖子音 : боль [ból,]《痛み》（「硬 dure」と「軟 molle」の定義については、§8 参照）。

[b,]　上と同様であるが「軟音」である。бес [b,és]《悪魔》。

[c]　(IPA [ts])「硬」・無声・歯・破擦子音、フランス語の *tsar* [tsar] あるいは *i(l) t(e) salue* における音群 *ts* に似た音である。царь [cár,]《皇帝》。

[c,]　(IPA [ts,])上と同様であるが「軟音」である。цветóк [c,v,itók]《花》[39]。

[č]　(IPA [tʃ])「硬」・無声・シュー音・破擦子音、フランス語 *tchèque*、*i(l) t(e) cherche* における音群 *tch* に似た音である。лýчший [łúčšəj]《よりよい》[40]。

[č,]　(IPA [t,ʃ,])上と同様であるが「軟音」である。чéсть [č,és,t,]《名誉》。

[d]　フランス語の *d* のような「硬」・有声・歯・口腔閉鎖子音 : дом [dóm]《家》。

[d,]　上と同様であるが「軟音」である。день [d,én,]《日》。

[dz]　「硬」・有声・歯・破擦子音、フランス語の *voisin d(e) zéro* における音群 *dz* に似た音。конéц бы [kʌn,édzbi]《早く終わらないかな》。

[dž,]　(IPA [dʒ,])「軟」・有声・シュー音・破擦子音、フランス語の *djebel* [dʒebɛl]

あるいは pas d(e) jeu における音群 dj に似た音であるが、しかし湿音性をもつ。лéчь бы [lʲˈedžˌbi]《横になりたいな》。

[e] (IPA [ɛ]) フランス語の père [pɛr] における è のような、開・中間・前舌母音である。отéц [ʌtˌéc]《父》。

[ẹ] (IPA [e]) 上と同様であるが閉母音、フランス語の été [ete] における é より狭い。стéпь [sˌtˌép̣]《ステップ》。

[ɘ] (IPA：記号なし) [e] のようであるが、しかし舌は少しより後方にある。цéлый [cɨ́łəj]《全体の》。

[ɵ̣] (IPA：記号なし) [ẹ] におけると同じく閉じ、かつ [ɘ] におけると同じく舌は後方にある。шéсть [šɨ́sˌtˌ]《6》。

[ə] 中舌（開口度の観点から）と中間（舌の位置の観点から）の母音、唇のまるめはない。英語の coma[koʊmə] の a あるいは better[betə] の er の母音に似ている。нéбо [nʲébə]《空》。

[f] 「硬」・無声・唇歯・摩擦子音、フランス語の f に似ている。фáкт[fákt]《事実》。

[fˌ] 上と同様であるが《軟音》である。фиáлка [fˌiáłkə]《スミレ》。

[g] フランス語の garçon の g のような「硬」・有声・軟口蓋・閉鎖子音である。гýсь [gúsˌ]《鵞鳥》。

[gˌ] 上と同様であるがしかし「軟音」である。герóй [gˌirój]《英雄》。

[ɣ] 「硬」・有声・軟口蓋・摩擦子音。現代ギリシア語の γ のように、閉鎖の欠如によって [g] と異なる。гóсподи [ɣóspədˌi]《まあ！》。

[ɣˌ] 上と同様であるがしかし「軟音」である。в Бóге [vbóɣˌi]《神において》。

[i] 前舌・狭母音、フランス語の i よりもわずかに広い。пúть [pˌítˌ]《飲む》。

[ɨ] [i] と同様であるが、舌は少し後方にある。唇は [i] の形を、舌はほぼ [u] の位置にある。рýба [rʲˈɨbə]《魚》。

[j] 硬口蓋・半子音 semi-consonne、[i] と同じ調音器官の位置にある。フランス語の yeux の y あるいは meilleur の ill と書かれる子音に似ている音。éль[jˈeḷˌ]《エゾマツ》。

[k] フランス語の cou の頭文字のような、「硬」・無声・軟口蓋・閉鎖子音。ковёр [kʌvˌór]《絨毯》。

[kˌ] 上と同様であるがしかし「軟音」である。кúт [kˌít]《鯨》。

[ł] 軟口蓋・側面子音、舌が曲がっているという点でフランス語の [l] とは異なる；英語の cold の l に似た音。лáпа [łápə]《（動物の）脚》。

[lˌ] 「軟」・歯・側面子音、湿音性によってフランス語の [l]（ロシア語にはそれ

は存在しない)とは異なる。лёд [l,ót]《氷》。

- [m]　フランス語の m のような、唇・鼻子音。мать [mát,]《母》。
- [m,]　上と同様であるがしかし「軟音」である。мять [m,át,]《こねる》。
- [n]　フランス語の n のような、「硬」・歯・鼻子音。ночь [nóč,]《夜》。
- [n,]　上と同様であるがしかし「軟音」である。нюхать [n,úxət,]《嗅ぐ》。
- [o]　(IPA [ɔ]) フランス語の bol の広い o のような、半開・円唇・後舌母音。боль [ból,]《痛み》。注：フランス語 pôle [pol]、beau [bo] の狭い [o] (IPA [o]) はロシア語には存在しない。
- [ö]　(IPA：記号なし) 上と同様であるが、舌は少し前方にある。тётя [t,'öt,ə]《おば》。注：この記号は、フランス語 veuve [vœv]、ドイツ語 zwölf [tsvœlf] の円唇前舌母音 [œ] ——これはロシア語にはない——を示すものではない。
- [p]　フランス語の p のような、「硬」・無声・両唇・口腔・閉鎖子音：путь [pút,]《道》。
- [p,]　上と同様であるがしかし「軟音」である。пёс [p,ós]《犬》。
- [r]　舌尖ふるえ子音、イタリア語やスペイン語の「巻き舌の」r に似た音で、フランス語の喉鳴り音 grasseyé の [R] に似た音ではない。その振動は上の歯茎に対して舌の先端によってつくられる。рыба [r¹ibə]《魚》。
- [r,]　上と同様であるがしかし「軟音」である。ряд [r,át]《列》。
- [s]　フランス語 sou の s のような、「硬」・無声・歯・狭窄子音。суд [sút]《裁判》。
- [s,]　上と同様であるがしかし「軟音」である。сеть [s,ét,]《網》。
- [š]　(IPA：[ʃ])：無声・シュー音・摩擦子音、フランス語の chose [ʃoz] の ch に似ているが、舌は少し後方にあり、また唇は前へ突き出さない。шум [šúm]《騒音》。
- [š,]　(IPA：[ʃ,])：上と同様であるがしかし「軟音」である。ещё [jiš,š,ó]《さらに》。
- [t]　フランス語の t のような「硬」・歯・閉鎖子音。ток [tók]《流れ》。
- [t,]　上と同様であるがしかし「軟音」である。тело [t,élə]《身体》。
- [u]　狭・円唇・後舌母音、フランス語の fou [fu] の ou よりわずかに開いた音。тут [tút]《そこに》。
- [ü]　(IPA：記号なし) 上と同様であるが、しかし舌はわずかに前方にある。боюсь [bʌj¹üs,]《(私は)恐れる》注：この記号はフランス語 pur [pyr] やドイツ語の müde [my:də] の前舌円唇母音 [y] ——これはロシア語にはない——を示すものではない。
- [v]　フランス語の v に似た、「硬」・有声・唇歯・摩擦子音。вол [vól]《去勢牛》。

[v,] 上と同様であるがしかし「軟音」である。весь [v,'es,]《全体の》。
[x] （IPA：[χ]）:「硬」・無声・軟口蓋・摩擦子音。これは [k] とは閉鎖の欠如により異なる。ドイツ語 Buch [buːx] の ch あるいはスペイン語 bajo の j に似た音である。пахáть [pʌxát,]《耕す》。
[x,] 上と同様であるがしかし「軟音」である。хи́трый [x,ítrəj]《ずるい》。
[z] フランス語 zéro [zero] の z あるいは rose [roz] の s のような、「硬」・有声・歯・摩擦子音。зуб [zúp]《歯》。
[z,] 上と同様であるがしかし「軟音」である。зять [z,'ät,]《女婿》。
[ž] （IPA：[ʒ]）:「硬」・有声・シュー音・摩擦子音、フランス語 jour [ʒur] の j に似ているが、しかし舌は少し後方にあり、唇は前へ突き出さない。женá [žiná]《妻》。
[ž,] （IPA：[ʒ,]）:上と同様であるがしかし「軟音」である。приезжáть [pr,ijiž,ž,'ät,]《来る》。

B. 音素の変異音

58

1º. 強い位置と弱い位置[41]

　音素の大部分は、それらがあれこれの位置に存在する方法に従って、異なって発音される。それらは異なる実現 réalisations、あるいは**異なる変異音 variantes** をもつことを示している。ある音素の実現が他の全ての音素の実現と異なるとき、その音素は**強い位置 position forte** にあるという。またもしある位置における音素の実現が少なくとも他の1つの音素の実現と同じならば、その音素は**弱い位置 position faible** にあるという。弱い位置では、2つあるいは幾つかの音素の間の対立は**中和される**。

　例：母音 /a/ はアクセント下で**強い位置**にある、なぜならその各種の実現 [a] と [ä] は他の全ての音素の実現とは異なっているからである。【他方、】母音 /a/ はアクセントの外では**弱い位置**にある、なぜならばその実現 [ʌ] と [ə] は母音 /o/ の実現と同じものであるからである。アクセントの外では /a/ と /o/ の間の対立は**中和**される (cf. §103)。

59

2º. 基本的変異音と位置的変異音

　強い位置で可能な音素の変異音の中で、その位置が「その他の全ての場合において」という定義によって消極的にしか定義され得ないものを**基本的変異音 variante** fondamentale と呼ぼう。積極的に定義可能な位置に現れる変異音、そしてまた弱い位置に現れる変異音は、**位置的な変異音 variantes positionnelles** である。

例えば、アクセント下の母音 /a/ は「2 つの軟子音の間で」［ä］として実現し、「その他の全ての場合において」［a］として実現する。それ故、［a］はその基本的変異音であり、その他の可能な全ての実現は位置的な変異音である。

全ての音素のために、まず基本的変異音を検討し、その後で位置的な変異音を検討しよう。

逆に指示される場合を除いて、基本的変異音はそれが表す音素と同じ記号によって示される。例えば、音素 /g/ の基本的変異音は［g］と示される。例外がつくられるのは、

1. 子音 /č/ にとって——我々はその基本的変異音を［č]として示すが——、それはその軟音的特徴に注意を向けるためである。

2. 子音 /l/ にとって——我々はその基本的変異音を［ł］として示すが——、それはその独特な調音方法を想起するためである。

60
3º. 弱い位置における音素の識別[42]

もしある与えられた語においてある音素【α】が弱い位置にあるならば、実際に発音された音が別の【βという】音素の実現ではなくて、その【αという】音素の実現であるということをどのような理由で人は決めるのであろうか、ということを問うてみることができる。例えば、［vʌdá］《水》と発音された語は、/vodá/ の実現としてあるいは /vadá/ の実現として理解されうるかもしれない。何故ならばこの位置（アクセントに先行する音節）において /o/ と /a/ は同じく［ʌ］として実現するからである（cf. §103）。

例外を除いて、人は、ある与えられた形態素 (cf. §111) はその全ての用法において同じ音素の構造を保持するということを認めるだろう。弱い位置におけるある音素を識別するためには、人は同じ形態素の他の用法を調査し、その形態素の同じ音素が強い位置で現れるところを調査するだろう。例えば、［vʌdá］《水》は、【複数主・対格】形［vódi］/vódi/ を考慮すれば、/vodá/ を表している。複数主・対格形では音素 /o/ は（アクセント下の）強い位置にある。

大部分の場合、このようにして得られた音韻的転写は正書法によって提案されているものと同じである、вода́ のように。しかし例外がある。例えば、［rʌs,t,í］《成長する》は、形［rós］/rós/《（彼は）育った》によれば /rost,í/ を表しており、正書法 расти́ とは矛盾している（cf. §52）。この種の場合には、形態論的なアプローチに

よってその音素を識別するのであり、正書法によってではない。

　ある場合には形態論的基準が適応できない。これが問題になるのは、ある音素が属する形態素の用法のどこにも強い位置の音素がない場合である。例えば、[gʌróx]《エンドウ》は /garóx/ と同様に /goróx/ を表すことができる、なぜならばその第 1 番目の母音がアクセント下にあるようなこの同じ語根の如何なる形も存在しないからである。

　この種の場合においては、我々は独断的に、また簡便さによって、正書法により提示されている識別を採用する。それ故、我々はその書記素 ropóx に従って /goróx/ と記す。

II．子音：基本的変異音

A．対をもつ硬子音[43]

61

1º．硬子音の一般的特色

　一般に、ロシア語の硬子音はフランス語の子音に似ている。しかしながらロシア語の子音はフランス語のそれとは以下の事実によって異なっている。【ロシア語の子音を発音する際】舌全体は対応するフランス語の子音におけるよりもわずかに後方へ移動している。この現象は硬唇音において特に目立っている、ここでは舌はその子音の主要な調音に関与していない。それ故、舌はフランス語の場合よりも母音 [u] の調音のさいに舌が占める後部位置に近い。それ故、フランス人はロシア語の硬子音、とりわけその唇音を添加母音の [u] ――この [u] はたとえどのような母音音素であろうともそれに先立つ――が後ろに付いているものとして感じ取っている。それを以下のように書き留めることができるかもしれない。

бáба	/bába/	[bʷábə]《女、農婦》		вóт	/vót/	[vʷót]《ほら》
в э́том	/vétom/	[vʷétəm]《この中で》		бы́ть	/bít,/	[bʷɨt,]《ある》
мэр	/mér/	[mʷér]《市長》、etc.				

しかし我々はこの記号表記法を使わないだろう。実際には 2 つの調音運動（一次的調音、とりわけ唇音の調音と舌全体の二次的調音）が同時に起こっているのに、この記号表記法は子音の調音のあとで舌が示された位置をとっていることだけを示しているように思われるからである。

62

2°. 各種の硬子音

上で述べた特殊性を留保すれば、ロシア語の硬子音はフランス語の子音に非常に類似している。しかし我々の言語には存在しないこの子音の特殊性について特に強調する必要があろう。

a) **口腔閉鎖音と鼻腔閉鎖音 occlusives orales et nasales**：両唇音 [p] п [b] б [m] м と歯音 [t] т [d] д [n] н は、対応のフランス語の子音のように発音される。

b) **唇歯摩擦音 fricatives labio-dentales** [f] ф [v] в と [s] с [z] з は、対応のフランス語の (fou、veau、sot、zéro の語頭の) 子音に似ているが、ロシア語において空気の通過はフランス語よりも大きく、従って摩擦ノイズはより強い、という点が違っている。

1. ロシア語の [f] [v] は、フランス語の [f] [v] のように唇歯音であり、上歯と下唇の間の接近によってつくられる。しかしフランス語では歯が下唇の上へ接近するのに対して、ロシア語では歯の先端が下唇の前面の上に少し低く置かれている。

2. ロシア語の [s] [z] において、舌の先端はフランス語の [s] [z] におけるよりもほんのわずかに低く、より後方に置かれている。

c) **側面音 latérale** [ł] ──「剛音の l」と呼ばれる──は、音素 /l/ の基本的変異音であるが、フランス語には存在しない。それはフランス語の [l] と側面音であるという共通性をもっている、すなわち舌の側面は歯に押しつけられず、舌の両側から (例えば、[d] とは異なり) 空気を通過させたままにするのである。しかし舌の位置はフランス語の [l] に見られるものとはかなり違っている。舌の先端は上歯と硬口蓋の前部に押しつけられており、舌の後部はわずかに持ち上がっているが、しかし舌の中央はスプーンの形状のように深く曲げられている。このようにつくられた音は英語の tell、hill の語の末尾音において聞こえる音に似ているが、しかしロシア語ではそれはどんな位置においても出会うことができるのである。

語頭：лóдка [łótkə]《ボート》　　лáмпа [łámpə]《電灯》
語中：болóто [bʌłótə]《沼》　　знáла [znáłə]《(彼女が)知っていた》
語末も同様に：пáл [páł]《(彼は)倒れた》　　кóл [kół]《杭》

この音を [w] の音 (フランス語 oiseau [wazo]、英語 water [wɔ́:tə] の語頭の音、ポーランド語の文字 ł の日常の発音、例えば、lódka の音) と混同してはならない。そこでは舌の先端は下がっている。この音はロシア語には存在しない (fig. 1、図参照)[44]。

d) ふるえ音 vibrante［r］は、舌尖の［r］あるいは《巻き舌の roulé》［r］であり、上の歯茎に接する舌の尖端の振動によってつくられる。それ故、それは今日の標準フランス語の口蓋垂のあるいは《喉鳴り音 grasseyé》の［R］——それは舌の後部を使って調音される音——とは異なる。フランスのある地域（ブルゴーニュ、南西部）の巻き舌の［r］、あるいはそれ以上にイタリア語あるいはスペイン語の［r］はより一層【ロシア語の［r］】に類似している。しかしながら舌の振動数は、イタリア語とスペイン語におけるものより少ない。普通は 1 回あるいは 2 回の振動、最大で 4 回である（fig. 2、図参照）[45]。

B. 対をもつ軟子音

63

　各々の対をもつ軟子音は、硬口蓋調音によって、つまり舌の中央部分が硬口蓋に近づく（したがって舌は母音［i］あるいは子音［j］における場合と同じ位置をとる）ことにより対応する硬子音と異なる。この舌の動きは様々な仕方で子音の主要な調音と組み合わさる。

64

1º. 歯軟子音 consonnes molles dentales：［t,］［d,］［s,］［z,］［n,］そして［r,］：舌の尖端はこれに対応する硬子音の場合と同じ個所に置かれ、上の歯茎に接しているが、しかしそれに加えて舌の中央部分は硬口蓋に張り付いている。

　この音はフランス語には存在しない。ロシア語の子音［n,］は、フランス語の［ŋ］（digne、grogne において gn と書かれる）に類似しているが、同じではない。フランス語の［ŋ］においては、舌は口蓋の中央部分に張り付いている（中部硬口蓋子音 consonne médio-palatale）が、ロシア語の［n,］においては、舌は硬口蓋と歯茎に張り付いている（前部硬口蓋子音 consonne prépalatale）（fig. 3、図参照）。

　他の軟歯音（それらの調音点は図に描かれた［n,］のものと同じである）は、フランス語において同じもの、おおよそ同じものをもたない。それらはフランス語話者によって誤って音群［tj］、［dj］、etc. として解釈されている（fig. 4、図参照）。

65

2º. 唇軟子音 consonnes molles labiales［p,］［b,］［m,］［f,］［v,］：唇と硬口蓋の調音は同時に行われる：下唇が上唇に押し当てられる（［p,］［b,］［m,］）あるいは下唇が上の歯に接近する（［f,］［v,］）と同時に、舌は［i］あるいは［j］のときと同じ位置をとって、硬口蓋に接近する。軟唇音はフランス語話者によって［j］が後続する唇音として解釈される（cf. совѣт［sʌv,ét］はフランス語では soviet［sovjét］と転

写する)が、ロシア語では2つの唇音と硬口蓋音の調音は同時であり、連続したものではない(fig. 5、図参照)。

66

3º. **軟側面音 consonne latérale molle** [lʲ]：この子音の調音においては、舌の尖端の位置が対応する硬子音 [ɫ] における場合と同じでないばかりでなく、舌全体もまた違った位置をとっている。舌の前部は上の歯と歯茎に押し当たり、その接触面は硬音の [ɫ] におけるよりも大きく拡がっている。舌は頂上付近で曲げられている ([ɫ] のように底部付近で曲げられるのではない)。音 [lʲ] (フランス語話者は多くの場合、それを [lj] と解釈する) は現代フランス語には存在しないが、しかしある地域の発音の *paille*、*veiller* のような語において (標準フランス語の [j] の代わりに) その音を見つけるのである。人はフランス語の [l] はロシア語の硬音の [ɫ] よりも軟音の [lʲ] により類似していることに気づくだろう(fig. 1、図参照)。

C. 対をもたない子音
(湿音性の対立に関与しない子音)

67

1º. **軟口蓋音 vélaires**。

　　a) **軟口蓋閉鎖音 occlusives vélaires** [k](к)、[g](г) は、フランス語におけるようにそれらの基本的変異音によって発音される。人は、/g/ はフランス語の *garçon* [garsɔ̃]、*goût* [gu] の文字 g が表している音のように常に軟口蓋閉鎖音であり、フランス語の *genre*[ʒɑ̃r]、*gîte*[ʒit] の g が表しているような硬口蓋摩擦音——それは [ž] の音である (ロシア語で ж を書く) ——では決してないことに気づくだろう。

　　b) **軟口蓋摩擦音 fricative vélaire** [x](х) はフランス語には存在しない。それは閉鎖がないことを除いて、[k] と同じ特徴をもっている。舌背は軟口蓋に押しつけられないで、ある距離を保っている。この音はドイツ語(*Buch* [buːx]、*lachen* [láxən]) の *ch* と書かれる《Ach-Laut》) とスペイン語 (*bajo*、*gitano* の *j* あるいは *g* と書かれる《jota》) に存在する。ドイツ語で《Ich-Laut》(*ich* [iç]、*China* [çíːna] の *ch* と書かれる) と呼ばれる音はロシア語には存在しない。

68

2º. **シュー音 chuintantes**。

　　a) **シュー音摩擦音 fricatives chuintantes** [š](ш), [ž](ж) はフランス語でそれぞれ *ch* と *j* と書かれるシュー音 ([š] = フランス語 *chat* [ʃa]、*cacher* [kaʃe] の無声の *ch* ; [ž] = フランス語 *jour* [ʒur] の *j*、*genre* [ʒɑ̃r] の *g*) にかなり似ている。しかし

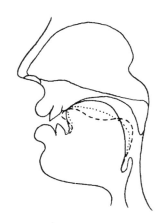

Fig. 1

———————— [ɫ] ロシア語
──────── [lʲ] ロシア語
·················· [l] フランス語

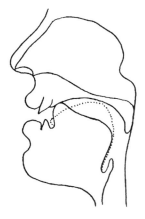

Fig. 2

──────── [r] ロシア語
·················· [R] フランス語

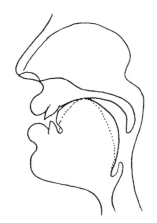

Fig. 3

──────── [nʲ] ロシア語
·················· [ŋ] フランス語

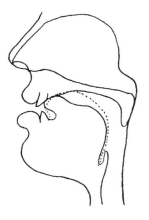

Fig. 4

──────── [t]
·················· [tʲ]

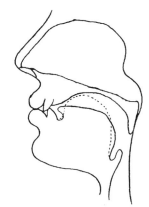

Fig. 5

―――― [p]
……………… [p,]

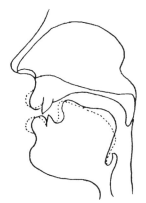

Fig. 6

―――― [š] ロシア語
……………… [š] フランス語

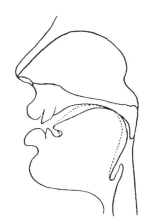

Fig. 7

―――― [k]
……………… [k,]

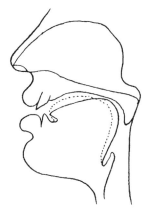

Fig. 8

―――― [x]
……………… [x,]

Dessins de Nicole Scotto

2つの言語のシュー音の間には幾つかの差異がある。ロシア語のシュー音において、舌背はフランス語のシュー音の場合よりも少し後方へ口蓋に向かって持ち上げられている。他方では、唇はフランス語の場合のようには前に突き出されたり丸められてはいない(fig. 6, 図参照)[46]。

フランス語風に発音されたシュー音は、その調音点がより前方にあるという理由で、ロシア語話者に軟子音の印象を与える。反対に、ロシア語の [š] と [ž] は調音点が後方にあるために、典型的な硬子音である。

b) **シュー音破擦音 affriquée chuintante** [č̮] (音素 /č/ (ч) の基本的変異音) は、[t] に似た閉鎖によって始まり、[š] に似た狭窄的調音によって続けられるが、しかし舌背はよりはっきりと前方に (フランス語の ch におけるよりもより前に) 置かれている。それ故、上の違いを考慮する上でのことであるが、この音はフランス語で tch (*Tchad* [tʃad]、*tchèque* [tʃɛk]) と書かれる音群の音に似ている。重要なことは軟子音であるということである。

69

3º. **歯破擦音 affriquée dentale** [c] (ц) は [t] のように始まり、[s] のように終わる。重要なことは [t] と [s] は硬音、つまり [c] は硬子音であるということである。それはフランス語 *il t(e) sourit* [tsuri]、*et caetera* [ɛtsetera]、*tsar* [tsar] の音群 ts のように発音される[47]。

70

4º. **半子音 semi-consonne** /j/ はフランス語の音素 /j/ (*yacht* [jɔt]、*yeux* [jø]、*hyène* [jɛn] の y ; *ail* [aj]、*treuil* [trœj]、*houille* [uj]、*paille* [pɑj] の il あるいは ill と書かれる) のように発音される。この調音はまさしく硬口蓋の領域に位置づけられ、軟子音である[48]。

III. 子音：位置的な変異音

A. 軟口蓋音の変異音

71

1º. 軟・軟口蓋音 vélaires molles。

軟口蓋音 /k g x/ は条件付きの湿音性をもつ子音である。(§67 で記述された) それらの硬音の基本的変異音 [k] [g] [x] 以外に、それらはそれぞれ軟音の位置的変異音 [k,] [g,] [x,] をもっており、それらはある母音の前で見いだされる。

軟口蓋音の軟変異音は、上で検討した軟音音素のように (§63)、硬口蓋の部位で

の調音によって特徴づけられる。[k,] [g,] においては、舌背が [k] [g] におけるように軟口蓋に密着すると同時に、舌の中央部分は硬口蓋に押しつけられる。[x,] では、閉鎖がないことを除いて舌の位置は同じである (fig. 7、8、図参照)。

　注：ロシア語の軟・軟口蓋摩擦音 [x,] はドイツ語で ich-Laut (*ich*、*China* の *ch*) と呼ばれる子音と同じではない。ドイツ語の ich-Laut 音は舌の中央を使って発音されるのに対して、ロシア語の [x,] は舌の背と中央を同時に使って、より後方で発音される。

　軟口蓋音の軟変異音は高音調性母音 voyelles aiguës /e/ /i/ の前で見いだされる。その他のあらゆる場所では、すなわち他の母音 /a/ /o/ /u/ の前、および母音の前以外の他の場所(語末と子音の前)では、軟口蓋音の硬音の基本的変異音 [k] [g] [x] に出会う。例えば、

/i/ の前で：

кисть [k,ís,t,] 《ブラシ》　　　　руки [rúk,i] 《手、腕(複数主格)》

гибнуть [g,íbnut,] 《滅びる》　　враги [vrʌg,í] 《敵(複数主格)》

хитрый [x,ítrəj] 《ずるい》　　　грехи [gr,ix,í] 《罪(複数主格)》、etc.

/e/ の前で：

кепка [k,épkə] 《ハンチング》　　в руке [vruk,é] 《手の中に(単数位格)》[49]

герб [g,érp] 《紋章》　　　　　　о враге [ʌvrʌg,é] 《敵について(単数位格)》

о грехе [ʌgr,ix,é] 《罪について(単数位格)》、etc.

しかし /a/ /o/ /u/ の前では硬音の変異音：

как [kák] 《いかに》　　　　　　гусь [gús,] 《鵞鳥》

кот [kót] 《雄猫》　　　　　　　хам [xám] 《不作法の男》

кум [kúm] 《教父》　　　　　　　хомут [xʌmút] 《馬具》

нога [nʌgá] 《脚、足》　　　　　худой [xudój] 《痩せた》

гость [gós,t,] 《客》、etc.

そして母音前以外のその他の場所で：

ток [tók] 《流れ、電流》　　　　плакса [płáksə] 《泣き虫》

ляг [l,ák] 《横たわれ》　　　　　враг [vrák] 《敵》

грех [gr,éx] 《罪》、etc.

　この 2 つの変異音は相補分布にあり、従って 3 つの軟口蓋音の各々にとって硬音と軟音という 2 つの変異音は、同じただ 1 つの音素の実現を表しているということがわかる。

72

注：実際の言語では上で定義した分類に対する幾つかの例外が存在する。

a) 形態素のある境界において、他の場所では禁じられている音群［k,o］（軟・軟口蓋音 + 非高音調性母音）に出会う。これは以下の場合である。

1. 接尾辞 /or/（フランス語の -eur から由来）——それは通常、先行の子音の湿音性を含んでいる (cf. фразёр ［fraz,ór］《美辞麗句を弄する人》"phraseur"< фра́за ［fráza］《美辞麗句》）——が /k/ によって終わる語基 base に後続するとき、хроникёр ［xrən,ik,ór］《通信欄記者》"chroniqueur"、паникёр ［pən,ik,ór］《デマを流布する人》"semeur de panique"、etc.

2. 動詞の現在形語尾 /oš/、/ot/、/om/、/ot,e/ ——それは通常、先行の子音の湿音性を含んでいる (cf. везёшь везёт везём везёте ［v,iz,óš］［v,iz,ót］［v,iz,óm］［v,iz,¹öt,i］《(君は)運ぶ、(彼は)運ぶ、(我々は)運ぶ、(あなた方は)運ぶ》、これらに対して везу́ ［v,izú］《(私は)運ぶ》）——が動詞 тку́ ［tkú］《(私は)織る》の語根 /tk/ に後続するとき、

ткёшь ткёт ткём ткёте ［tk,óš］［tk,ót］［tk,óm］［tk,¹öt,i］《(君は)織る、(彼は)織る、(我々は)織る、(あなた方は)織る》。

軟口蓋音によって終わる語根をもつ他の動詞に関しては、この同じ語尾はこの軟口蓋音のシュー音での硬口蓋化 palatalisation を引き起こす。

пеку́ печёшь ［p,iкú］［p,ič,óš］《(私は)焼く、(君は)焼く》、

берегу́ бережёшь ［b,ir,igú］［b,ir,ižóš］《(私は)守る、(君は)守る》、etc.

［k,o］［g,o］をもつ形 пекёшь берегёшь［p,ik,óš］［b,ir,ig,óš］は話し言葉に見られるが、しかし間違ったものと見なされている。

b) 借用語や外国の固有名詞において、上で禁じられているとされた音群に出会う。

1. 軟・軟口蓋音 + 非高音調性母音：

［k,o］：ликёр ［l,ik,ór］《リキュール》"liqueur"、Кёльн ［k,ól,n］《ケルン》

［k,u］：кюре́ ［k,uré］《(カトリックの)主任司祭》"curé"

［g,o］：Гёте ［g,óte］《ゲーテ》"Goethe"

［g,u］：Гюго́ ［g,ugó］《ユゴー》"Hugo"

［g,a］：гяу́р ［g,ʌúr］《(イスラムから見た)異教徒》"giaour"、etc.

2. 硬・軟口蓋音 + 高音調性母音：

［ki］：акы́н ［ak¹in］《(中央アジアの)吟誦詩人》、etc.

もし人がこれらの事実を全て考慮に入れるならば、軟・軟口蓋音は硬・軟口蓋音

の変異音ではなくて、別の音素を構成していると見なすに違いないであろう。しかしながらこの種の事例は、この言語の体系の総体と比べてわずかであり、周辺的である[50]。

73
2°. 軟口蓋閉鎖音の摩擦音的実現の痕跡

少し古風なあるタイプの発音において、全ての軟口蓋閉鎖音は他の閉鎖音の前でその閉鎖性を失い、摩擦音として実現する。無声子音の前で無声摩擦・軟口蓋音 [x] のように、кто /któ/《誰》は [xtó] と発音される。また有声子音の前で有声摩擦・軟口蓋音 [ɣ] のように、нигде́《どこにも（ない）》は [n,iɣd,é] と発音される。

今日、最も普通の発音のタイプにおいてこの現象はもはや現れておらず、これらの語は閉鎖音で発音されている。[któ] [n,igd,é]。それでも摩擦音での実現は 2 つの形容詞に保持されている。

 лёгкий /l,ógkoj/ [l,óxkəj]《軽い》
 мягкий /m,ágkoj/ [m,áxkəj]《やわらかい》(I. c.)

及びそれらの派生語：

 легково́й [l,ixkʌvój]《乗客輸送用の》
 облегче́ние [ʌbl,ixč,én,iə]《軽減》
 ле́гче [l,éxč,i]《より軽い》
 смягчи́ть [sm,ixč,ít,]《やわらかくする》
 мя́гче [m,áxč,i]《よりやわらかい》、etc.

他方、有声軟口蓋音——それは文章ロシア語では閉鎖音 /g/ である——は、ロシアの南半分の全て（その等語線はほぼモスクワの南を越えている）において摩擦音 [ɣ] として発音される。この地域では人は、нога́ [nʌgá]《足》に対して [nʌɣá]、го́сть [gós,t,]《客》に対して [ɣós,t,]、等と発音し、音 [g] は【そこには】存在しない[51]。この発音はまた東方正教会の典礼語であるロシア・スラボニア語 slavon russe の発音でもある。この理由で文章語 la langue littéraire は、宗教的な特色をもつある種の語の中にこの発音を長い間保持してきた。今日なお人はかなり頻繁に軟口蓋摩擦音を使って以下の語を発音する。Бог《神》、gen. Бо́га、dat. Бо́гу、loc. о Бо́ге はそれぞれ [bóx] [bóɣa] [bóɣu] [ʌbóɣ,i] と発音される。

 注：Бог[box] において、/ɣ/ は語末で [x] に無声化する、cf. §75；о Бо́ге[ʌbóɣ,i] において、それは高音調性母音の前で軟音の [ɣ,] として実現する、cf. §71。

госпо́дь [ɣʌspót,]《主、神》は、間投詞としてとりわけその古い呼格の形として使われる。Го́споди《まあ》[ɣóspəd,i]、бла́го [bɫáɣa]《善行》と благослови́ть [bɫəɣəsɫʌv,ít,]《祝福する》のようなその複合語の幾つか、等[52]。

もしこれらのことを考慮に入れるならば、/ɣ/ は /g/ の変異音としてではなく、別の音素として見なされねばならないだろう[53]。しかしこのタイプの発音は今日衰退しており、これらの同じ語はふつう軟口蓋閉鎖音によって発音される：Бóг、Бóга、Гóсподи、блáго、etc. に対して [bók]、[bógə]、[góspəd,i]、[blágə]、etc. それ故、[ɣ] は消滅の途上にあると認めることができる。

B. 有声性素性の変化

74

ある位置において、噪子音は有声性素性の変化を伴って実現される。有声が無声として実現したり、またその逆が実現する。

この変化は全ての噪子音を襲うことができる、すなわち、

対をもつ有声音 /b b, d d, g v v, z z, ž/
対をもつ無声音 /p p, t t, k f, s s, š/
対をもたない無声音 /c č x/.

この変化は決して鳴音――それは対をもたない有声音である、/m m, n n, l l, r r, j/――を襲わない[54]。

もし変化する子音が対をもつ子音であるならば、それは有声音の場合にはまさに対応する無声音としてそこでは発音される、あるいは無声音の場合には対応する有声音として発音される。この位置においては、/b/ と /p/ の間、/d/ と /t/、等の間の如何なる違いももはや存在しない。有声性の対立が**中和されている**ということである。

例：語末では規則的に [t] が発音される。

кóт /kót/ [kót]《雄猫》、gen. котá /kotá/ [kʌtá]

また　кóд /kód/ [kót]《コード》、gen. кóда /kóda/ [kódə]。

有声性の変化は**逆行的** régtessif 現象である。その変化は、変化を被る子音の後ろに置かれた文脈の1要素によって常に条件付けられる。それは2つの場合に生じる。

75

1°. 音韻的語の末尾で。音韻的語の境界の前に置かれた全ての噪子音は、無声音として発音される。従って、有声噪子音はこの位置においては対応する無声音として実現される。

/b/：発音は [p]：дýб /dúb/ [dúp]《樫、ブナ》、cf. gen. дýба は [b] と発音。

/d/：発音は［t］：вóд /vód/ ［vót］《水(複数属格)》、cf. nom. водá は［d］と発音。

/v/：発音は［f］：готóв /gotóv/ ［gʌtóf］《準備のできた》、cf. fem. готóва は［v］と発音。

/v,/：発音は［f,］：крóвь /króv,/ ［króf,］《血》、cf. gen. крóви は［v,］と発音。

/g/：発音は［k］：берёг /b,er,óg/ ［b,ir,ók］《(彼は)保存した》、cf. fem. береглá は［g］と発音、etc.

鳴音は語末では変化しない。

これらの例から分かるように、語末における子音の無声化は正書法によって示されるものではない。дýб、вóд、etc.

注1：音 /ɣ/——それが存在する発音タイプにおいて——は、Бóг /bóɣ/ ［bóx］《神》の語において語末で［x］に無声化される(cf. gen. Бóга /bóɣa/ は［ɣ］をもつ)。

注2：語末の有声噪子音の無声化は、もしその語が後続する語と発音の上で密接に結びついており、さらに後者の語それ自身が有声噪子音によって始まっているのならば、起こらない。дрýг дрýга ［drúg drúgə］《互いに》。

注3：有声噪子音の無声化はまた、из、под、перед のような後接語 proclitiques である第一次前置詞(§618 のリストを見よ)の末尾においても起こらない、なぜならこれらの語は音韻的語を成しているからである。из окнá ［izʌkná］《窓から》。しかしその無声化は後接語ではない第二次前置詞(cf. §622)の末尾では起こる。сквóзь огóнь ［skvós, ʌgón,］《火を通して》[55]。

76

2°. 噪子音(/v/ あるいは /v,/ 以外の)の前で、他の噪子音(/v/ と /v,/ を除く)の前に置かれた全ての噪子音(/v/ と /v,/ を含む)は、有声性の観点から前者に同化する。

a) 有声噪子音の無声化：

1. 対をもつ無声音の前で：

/b/ は［p］と発音される ： обкатáть /obkatát,/ ［ʌpkʌtát,］《ローラーでならす》(cf. объéхать ［ʌbjéxət,］における［b］をもつ同じ接頭辞 /ob/)

озя́бший /oz,ábšoj/ ［ʌz,ápšəj］《凍えた》(cf. зя́бнуть ［z,ábnut,］《凍える》における［b］をもつ同じ語根 /z,áb/)

/d/ 〃 ［t］ 〃 ： вóдка /vódka/ ［vótkə］《ウォツカ》(cf. водá ［vʌdá］《水》における［d］をもつ同語根 /vod/)

/z/ 〃 ［s］ 〃 ： испытáть /ispitát,/ ［ispitát,］《試験する》(cf. изменить

		[izm,in,ít,]《変える》における [z] をもつ同接頭辞 /iz/）
/g/ 〃 [k] 〃	:	жёгший /žógšoj/ [žókšəj]《焼いた》(cf. ожóга《火傷（単数属格）》、gen. における [g] をもつ同語根 /žog/）
/ž/ 〃 [š] 〃	:	книжка /kn,ížka/ [kn,iškə]《本》(cf. книжек [kn,ížik] gen. pl. における [ž] をもつ同語根 /kn,iž/）
/v/ 〃 [f] 〃	:	лóвкий /lóvkoj/ [lófkəj]《機敏な》(cf. лóвок [lóvək] 短形、における [v] をもつ同語根 /lov/）、etc.

同様に、後接語の前置詞の境界で：

/d/ は [t] と発音される	:	под столóм /podstolóm/ [pətstʌlóm]《机の下に》[d] をもつ前置詞：под окнóм [pədʌknóm]《窓の下に》

    2. 対をもたない無声音の前で：

/d/ は [t] と発音される	:	подхóд /podxód/ [pʌtxót]《接近》
/z/ は [s] 〃	:	расцéнка /rozcénka/ [rʌscénkə]《値踏み》、etc.

  無声化は、/z/ で終わる接頭辞の場合を除いて、正書法の中には記されない。無声音の前では из-、вз-、воз-、раз-、без-、низ- (l. c.) は ис-、вс-、вос-、рас-、etc. と書かれる。испытáть、расцéнка。

  b) 無声噪子音の有声化：この有声化は /v v,/ 以外の全ての有声噪子音の前で起こる。

/t/ は [d] と発音される	:	óтдых /ótdix/ [óddix]《休息》(cf. óтрасль [ótrəsl,]《分野》における [t] をもつ同じ接頭辞 /ot/）
/s,/ は [z,] 〃	:	прóсьба /prós,ba/ [próz,bə]《頼み》(cf. просить [prʌs,ít,]《頼む》における [s,] をもつ同じ語根 /pros,/）
/k/ は [g] 〃	:	тáкже /tákže/ [tágžə]《もまた》(cf. такóй [tʌkój]《そのような》における [k] をもつ同じ語根 /tak/）

後接辞の前置詞とともに：

/s/ は [z] と発音される	:	с брáтом /sbrátom/ [zbrátəm]《兄弟とともに》(cf. с отцóм [sʌtcóm]《父とともに》における [s] をもつ同じ接頭辞 /s/）。

  有声化は正書法によって記されない。

  対をもたない無声音は、それらが有声音の前で有声化されると、有声の位置的変異音の形で実現する：/c/ に対して [dz]、/č/ に対して [dž]、/x/ に対して [ɣ]：

    конéц бы /kon,écbi/ [kʌn,édzbi]《早く終わらないかな》

        лечь бы   /l,éčbi/   [l,édž,bi]《横になりたいな》
        иссох бы   /issóxbi/   [issóɣbi]《乾燥すればいいが》、etc.
 c) **鳴音前の同化の欠如**：鳴音 /j r r, l l, m m, n n,/ の前では有声化のいかなる同化も生じない。無声子音と有声子音はこの位置ではお互いに違ったままである。

        измена   /izm,éna/   [iz,m,énə]《裏切り》
        しかし смена   /sm,éna/   [s,m,énə]《交代》
        смеяться   /sm,eját,s,a/   [s,m,ijátcə]《笑う》
        しかし змея   /zm,ejá/   [z,m,ijá]《蛇》
        грозный   /gróznoj/   [gróznəj]《脅迫的な》
        しかし ясный   /jásnoj/   [jásnəj]《はっきりした》
        злой   /zlój/   [złój]《意地悪な》
        しかし слой   /slój/   [słój]《層》
        зреть   /zr,ét,/   [z,r,ét,]《見る》
        しかし средь   /sr,éd,/   [s,r,ét,]《間に》
        разъехаться   /rozjéxat,s,a/ [rʌzjéxətcə]《散会する》
        しかし съехаться /sjéxat,s,a/   [sjéxətcə]《集まる》、etc.

 d) **子音 /v/ と /v,/ の特殊事例**
  1. 子音 /v/ と /v,/ は、他の全ての噪子音のように有声性の逆行同化を被る：それらは無声音の前で [f] あるいは [f,] に無声化する。

        девка   /d,évka/   [d,éfkə]《娘》
        бывший   /bívšoj/   [bifšəj]《以前の》
        представьте   /pr,edstáv,t,e/ [pr,itstáf,t,i]《あのね》、etc.

  2. しかし子音 /v/ と /v,/ はこの同じ同化を**引き起こさない**。もし /v/ あるいは /v,/ が噪子音の後ろ、および母音あるいは鳴音の前に置かれるならば、その噪子音はあたかも母音あるいは鳴音の前に直接置かれるが如くに、その無声あるいは有声の特徴を保持する。

        звон   /zvón/   [zvón]《音》
        しかし свод   /svód/   [svót]《丸天井》
        зверь   /zv,ér,/   [z,v,ér,]《獣》
        しかし свет   /sv,ét/   [s,v,ét]《光》
        без врача   /b,ezvračá/   [b,izvrʌč,á]《医者なしに》
        しかし с врачом /svračóm/   [svrʌč,óm]《医者とともに》、etc.

 もし /v/ あるいは /v,/ が 2 つの噪子音の間に置かれるならば、これら 2 つの子音

の第 1 番目の子音は第 2 番目の子音に同化する。

  к вдовé /kvdov,é/ [gvdʌv,é]《未亡人のところへ》
  от взгля́дов /otvzgl,ádov/ [ʌdvzgl,ádəf]《眼差しから》、etc.

 2 つの場合に、全てはあたかも /v/ あるいは /v,/ が存在しないかの如く行われている[56]。

C. 湿音性素性の変化

77

 ある位置【pl.】において、ある子音は湿音性の素性を変化させて実現される。つまり硬子音が軟子音として実現される。もし対をもつ硬子音に関してならば、湿音性の素性の**中和** neutralisation が存在する、つまり硬子音はこの位置で対応する軟子音として発音される。

 有声性素性の変化のように、湿音性素性の変化は逆行的現象である。つまりそれはその変化を被るものの後ろに置かれた音素の存在によって条件付けられる。しかし有声性の変化に反して、

 ・湿音性素性の変化は一方向に影響を及ぼす。硬子音は軟音になる。それに対して、有声性の変化は二方向に影響を及ぼす。

 ・湿音性素性の変化は不安定な現象であり、むしろ言語における退行的現象である。それに対して、有声性素性の変化は安定な揺るぎない現象である。

 湿音性素性の変化(硬子音の軟音の実現)は以下の位置で生ずる。

78

1°. 母音 /e/ の前で。この母音の前では、少なくともロシア語起源の語において、全ての対をもつ子音は軟音として実現される。例えば、/e/ の前の軟子音は以下の語に見られる。

  краснéть /krasnét,/ [krʌs,n,ét,]《赤くなる》
  травé /travé/ [trʌv,é]《草》(与格)
  о волé /o volé/ [ʌvʌɫ,é]《去勢牛について》(位格)
  крупнéйший /krupnéjšoj/ [krupn,éjšəj]《最も大きな》、etc.

同じ子音は、それらが /e/ の前に置かれないときには、次の形のように硬音である。

  крáсный [krásnəj]《赤い》、травá [trʌvá]《草》、вóл [vóɫ]《去勢牛》、крýпный [krúpnəj]《大きい》。

同様に、この母音を含むロシア語起源の全ての形態素において /e/ の前では軟子音である。

снег   [s,n,ék]   《雪》
лес   [l,és]   《森》
петь   [p,ét,]   《歌う》
ветвь   [v,ét,f,]   《枝》、etc.

注1：/e/ の前の湿音性はただ対をもつ子音にのみ関係する。子音 /š/ /ž/ /c/（常に硬音、cf. §8）はこの母音の前では硬音のままである。

шесть   /šést,/   [šɨ́s,t,]   《6》
жечь   /žéč,/   [žɨ́č,]   《燃やす》
целый   /céloj/   [cɨ́ləj]   《全部の》

注2：/e/ の前の子音の湿音性の規則は、幾つかの最近の外来の借用語――そこでは /e/ は硬子音によって先行されうる――には適応されない。

мэр   /mér/   [mɔ́r]   《市長》
сэр   /sér/   [sɔ́r]   《殿 "Sir"（英語）》
кашне   /kašné/   [kašnɔ́]   《襟巻》
тембр   /témbr/   [tɔ́mbr]   《音色》
декольте   /dekol,té/   [dəkol,tɔ́]   《デコルテ（婦人服）》 «décolleté»
перцепция   /percépcija/ [pərcɔ́pcijə]   《知覚》 «perception»、etc.

（正書法では、硬子音によって先行される /e/ は稀にэ, より頻繁に e によって記されることに気づくだろう）

同様に略語において、

нэп   /nép/   [nɔ́p]   《ネップ、新経済政策》(Нóвая Экономи́ческая Поли́тика の略)

C.C.C.P.   /esesesér/   [esəsəsɔ́r]   《ソ連邦》、etc.

それでも /e/ の前の子音の湿音性は、この言語にうまく定着した全ての借用語の中に存在している。

термин   [t,érm,in]   《術語》
метр   [m,étr]   《メートル》
инспектор [insp,éktər] 《監査官》
музей   [muz,éj]   《博物館》

硬音と軟音の発音の間には多くの揺れが見られる。

このことによって、/e/ の前での対をもつ硬子音の可能性は、その言語において稀な、周辺的な事項であることに気づくのである。もしそのことを考慮するならば、/e/ の前の湿音性を弁別的なものとして見なさねばならないだろう。湿音性が

постéль [pʌs̪t̪ɛ́l̪] 《ベッド》と пастéль [pʌst̪ɘ́l̪] 《パステル (画)》 «pastel» ような同形異義語を区別するのにまさに役立つのである。

79

2°. **子音 /j/ の前で**、全ての対をもつ子音は軟音として実現される。

безвóдье	/b,ezvódjo/	[b,izvód,jə] 《水不足》(cf. водá /vodá/ [vʌdá] における硬音の [d])
бабьё	/babjó/	[bʌb,jó] 《女たち》(cf. бáба /bába/ [bábə] 《農婦》における硬音の [b])
бельё	/b,eljó/	[b,iɫ,jó] 《下着》(cf. бéлый /b,éloj/ [b,éɫəj] 《白い》における硬音の [ɫ])
болтýнья	/boltúnja/	[bʌɫtún,jə] 《おしゃべり女》(cf. болтýн /boltún/ [bʌɫtún] 《おしゃべりな人》における硬音の [n])、etc.

しかしこの /j/ の前での子音の湿音性は、接頭辞の境界では起こらない。/j/ によって始まる語根の前に置かれた接頭辞の末尾の硬子音は、硬音のままである[57]。

объяснить	/objasn,ít,/	[ʌbjis,n,ít,] 《説明する》
изъéздить	/izjézd,it,/	[izjéz,d,it,] 《周遊する》
объём	/objóm/	[ʌbjóm] 《容量》、etc.

(正書法が硬音記号 ъ を使うのは、この硬子音 +/j/ の連続要素においてである、cf. §38)。

/j/ の前での湿音性は対をもたない硬子音を襲わない、それは硬音のままである。

Повóлжье	/povólžjo/	[pʌvólžjə] 《沿ヴォルガ地域》
затишье	/zat,íšjo/	[zʌt,íšjə] 《小凪》、etc.

80

3°. **軟子音の前で**。この言語には、軟子音の前で対をもつ硬子音 (/l/ を除く) の軟音化 amollissement の傾向が存在する。今日この傾向は衰退にある。この用法は非常に不安定であり、湿音性の同化は今日ではあらゆる子音 (/l/ を除いて——それはこの位置において決して軟化されない——) にとって可能である。湿音性の同化が今日においても依然として規則的に実行されていると思われる唯一の場合は以下である[58]。

a) もし軟歯音 /t, d, s, z, l,【n,】/ が硬歯音 /t d s z n/ によって先行されるならば、

лéзть	/l,ézt,/	[l,és,t,] 《よじ登る》(cf. лéзу /l,ézu/ [l,ézu] 《(私は) よじ登る》)
спасти	/spast,í/	[spʌs,t,í] 《救う》(cf. спасý /spasú/ [spʌsú] 《(私は) 救う》)
злить	/zl,ít,/	[z,l,ít,] 《怒らせる》(cf. злой /zlój/ [zlój] 《意地悪な》)

вѝнтик　　/v,ínt,ik/［v,ín,t,ik］《小さなねじ》(cf. винт /v,ínt/［v,ínt］《ねじ》)
на днé　　/na dné/［nʌd,n,é］《底で》(/e/ の前での /n/ の湿音性、cf. §78、また /n,/ の前での /d/ の湿音性；cf. днó /dnó/［dnó］《底》)、etc.

このタイプのグループでは湿音性は一般的である。

　b) もし上のグループの子音が /v,/ であるならば、

двé /dvé/［d,v,é］《2（女性形）》(cf. двá /dvá/［dvá］《2（男性形）》)
звенéть /zvenét,/［z,v,in,ét,］《音を立てる》(cf. звóн /zvón/［zvón］《音》)
брѝтвенный /br,ítvennoj/［br,ít,v,innəj］《ひげそり用の》(cf. брѝтва /br,ítva/［br,ítvə］《カミソリ》)
любвѝ /l,ubv,í/［l,üb,v,í］《愛の（属格）》(cf. любóвь /l,ubóv,/［l,ubóf,］《愛（主格）》)、
свéт /sv,ét/［s,v,ét］《光》
звéрь /zv,ér,/［z,v,ér,］《獣》、etc.

この場合に湿音化は対をもたない子音 /c/ にも及ぶことができ、［c,］として実現される：цвéт［c,v,ét］《色》。

このタイプのグループにおいて湿音化は今日衰退にあり、［dv,é］［zv,ér,］のような発音がしばしばみられる。

上に定義された場合であっても、湿音化の同化は一般に接頭辞の境界では起こらない。

возненавѝдеть　　/vozn,enav,ídet,/［vəzn,inʌv,íd,it,］《憎む》
разлѝть　　　　　/rozl,ít,/［rʌzl,ít,］《注ぎ分ける；こぼす》
отвестѝ　　　　　/otv,est,í/［ʌtv,is,t,í］《連れて行く》
без нѝх　　　　　/b,ezn,íx/［b,izn,íx］《彼らなしに》

これらの場合の他には、同化はある子音グループにとって可能であるが、しかし今日では一般に行われていない。

темнéть［t,im,n,ét,］よりはむしろ［t,imn,ét,］《暗くなる》。

D. 高音調性噪子音における調音点と調音方法の変化

81
　幾つかの高音調性噪子音（歯音あるいは硬口蓋音）の連続の場合に、調音点と調音方法の観点からこれらの子音がお互いに同化するという傾向がある。問題となる事柄は以下のような2つの規則に要約できる[59]。

　1.（調音点）　高音調・拡散性子音（シュー音）の前で、全ての高音調・集約的噪子音（歯音）は拡散性（シュー音）になる。

2．（調音方法）2つの高音調騒性噪子音の連続――最初のものは中断性子音（閉鎖音あるいは破擦音）、第2番目は粗擦性子音（破擦音あるいは摩擦音）――の場合には、そのグループ全体は中断性と粗擦性(延長された破擦音)になる。

これら2つの規則は、その子音グループの性質に従って、個別にあるいは同時に働く。これに加えて、これらの規則は、上で検討した湿音性や有声性の同化の諸規則と結合する。

82

1º．シュー音の前のスー音。調音点の同化規則は単独で働く（湿音性と有声性の同化の規則とともに）。スー音(集約・粗擦・高音調性)はシュー音(拡散・粗擦・高音調性)に同化する、その結果、2つのシュー音が現れる。大部分の場合、この2つのシュー音は同じである、従って【その場合】、二重シュー音 chuintante géminée をもつ。

83

a) **もしシュー音が /š/ であれば**。先行するスー音は完全にシュー音 /š/ に同化し、二重の /š̌/ になる。この同化は正書法に反映しない[60]。

сшить   /sšít,/ ［šš¹it,］《縫う》(接頭辞 с- と動詞 шить)、

расшибить /rozšib,ít,/ ［rəššib,ít,］《割る》(接頭辞 раз- と動詞 шибить、cf. ушибить)

высший   /vísšoj/ ［v¹iššəj］《最高の》(語根 /vis/、cf. высокий と接尾辞 /š/、cf. старший)、etc.

84

b) **もしシュー音が /ž/ であれば**。先行するスー音は完全にシュー音 /ž/ に同化し、二重の /ž/ になる。

приезжать /pr,ijezžát,/ ［pr,ijižžát,］《やって来る》

позже   /pózže/ ［pózži］《より遅い》

изжелта /ízžolta/ ［ížžiltə］《黄ばんだ》

сжечь   /sžéč,/ ［žžéč,］《焼く》、etc.

注：伝統的なモスクワの発音では、音群 ［žž］(スー音 +/ž/ の実現)は軟音で発音される。［ž,ž,］：[pr,ijiž,ž,át,]、[póž,ž,i]。しかし2つの音素が接頭辞の境界によって分離されている場合は除く：[ížžiltə]、［žžéč,］。この発音は今日でも依然として使われているが、しかし二重の ［ž］ の硬音の発音は拡大傾向にある。

スー音のシュー音への同化も、音群 ［žž］の可能性ある湿音化も正書法には記されない。

85

　c) **もしシュー音が /č/ であれば**。上記の場合のように、湿音化、有声性、および調音点の観点からはスー音のシュー音への同化が起こる。従って、音群の最初の音素は無声の軟音のシュー音 [š] になる。この音は、これに後続する [č] とはその中断性特徴をもたないこと(閉鎖の欠如)によってのみ異なっている[61]。

　その2つの音素が接頭辞の境界によって分離される場合には同化は中断される、それ故、音群 [š,č] が現れる。

　　исчи́слить　　/izč,ísl,it,/　［iš,č,ís,l,it,］《計算する》(接頭辞 из- と число́《数》)

　　бесче́стье　　/bezčést,jo/　［b,iš,č,és,t,jə］《侮辱》(без《なしに》 と честь《名誉》)、etc.

他の場合には、[š,č] の発音がまた現れるが、しかし実際の用法では2つの音素の相互への完全な同化が起こり、その発音は他の発音によって取って代わられる。その [č] はその閉鎖を失い、従ってそれもまた [š] になる。それ故、音群 [š,š]、つまり無声、軟音、そして二重のシュー音が生ずる。例:

　　разно́счик　　/roznósčik/　［rʌznóš,š,ik］《配達人》(動詞 носи́ть《運ぶ》と行為者名詞の接尾辞 -чик)

　　изво́зчик　　/izvózčik/　［izvóš,š,ik］《辻馬車(の御者)》(動詞 вози́ть《運ぶ》と接尾辞 -чик)

　　привя́зчивый　　/pr,iv,ázčivoj/　［pr,iv,äš,š,ivəj］《しつこくつきまとう》(вяза́ть《束ねる》と接尾辞 -чив-)

　　счёт　　/sčót/　［š,š,ót］《計算》(接頭辞 с-、しかし接頭辞の境界はもはや感じられない)、etc.

　この2つの音素、スー音と /č/ が異なる形態素に所属する場合には全て、正書法はそこに生じた同化を記さない。しかし2つの音素が同じ1つの形態素に所属するということがかなり多く見られる場合には、ロシア語の字母は特殊な文字 щ を所有しており、それはただそれだけで [š,š](あるいはより稀には、[š,č]) と発音される音群全体を表す[62]。

　　щи　　　　/sč,í/　［š,š,í］《シチー(キャベツのスープ)》

　　плащ　　/plásč/　［pɫáš,š,］《レインコート》

　　жили́ще　　/žil,íščo/　［žil,íš,š,ə］《住居》

　　ещё　　　/jesčó/　［jiš,š,ó］《さらに、まだ》

(この語はまた ［š,čí］、［pɫáš,č,］、［žil,íš,čə］、［jiš,č,ó］ と発音されるが、しかしこの発音はかなり稀であり、消滅する傾向がある。)

注1：同様のスー音とシュー音との完全な同化――結果として音群［š,š］の発音をもたらす――は、スー音とシュー音が1つの母音によって分離されているが、しかし早口によりこの母音が消えるような語においても生ずる。тысяча《千》に対しては、/tís,ača/ ［tʲis,ičə］の代わりに /tís,ča/ ［tʲiš,š,ə］、сейчас《いま》に対しては、/s,ejčás/ ［s,ijč,ás］の代わりに /s,čás/ ［š,š,ás］。

注2：上述の結果、スー音の後ろの位置で音素 /š/ と /č/ の間の違いは、もはや前者の湿音性の欠如と後者の湿音性【の存在】によってしか保証されないということになる；摩擦音と破擦音の間の対立は中和された。сшить /sšít/［šš́it］《縫われた》と щит /ščít/［š,š,ít］《楯》；с шесть /s šést,/［šš́ə́s,t,］《約6》と счесть /sč,ést,/［š,š,ȩ́s,t,］《数える》を比較せよ。

86

2°. **スー音前の歯閉鎖音**。調音方法の同化が唯一働く（場合によっては湿音性と有声性の同化も伴う）、しかしながら接頭辞の境界は存在しないという条件で。歯音+/s/ あるいは /c/（他のスー音はこの位置では見いだされない）によって構成された音群全体は、我々が ［tc］ と記すことにする延長された閉鎖をもつ破擦音になる。例えば、［tc］の実現は次のようである。

/ts/ から　　： бьётся /b,jótsa/［b,jótcə］《（彼は）ぶつかる》(cf. бьёт ［b,jot］《（彼は）打つ》)[63]

/t,s/ から　　： биться /b,ít,sa/［b,ítcə］《ぶつかる》(cf. бить ［b,ít,］《打つ》)

/t,c/ から　　： отца /ot,cá/［ʌtcá］《父の》(cf. отец /ot,éc/ ［ʌt,éc］《父》)

/d,c/ から　　： молодца /molod,cá/［məɫʌtcá］《屈強な男の》(cf. nom. молодец /molod,éc/ ［məɫʌd,éc］)

同音異義語 браться /brát,s,a/［brátcə］《取りかかる》と братца /brátca/［brátcə］《兄弟の》、etc. においても同様。この音群は、-тся、-ться で終わる再帰動詞形や -тец、-дец で終わる語からできた -тц-、-дц- の曲用形のために、ロシア語においては非常に頻度が高い。同じ音群はまた двадцать /dvádcat,/［dvátcət,］《20》、двенадцать /dv,enádcat,/［d,v,inátcət,］《12》[64]、etc. にもある。

子音の前と後ろでは、その延長された破擦音は普通の破擦音 ［c］ によって替えられる。

子音の前で：

советский　　/sov,étskoj/ ［sʌv,éckəj］《ソビエトの》

Братск　　　 /brátsk/ ［bráck］《ブラーツク（都市名）》

средство　　 /sr,édstvo/ ［s,r,éctvə］《手段》

отве́тственность　　/otv,étstv,ennost,/　[ʌtv,éct,v,innəs,t,]《責任》、etc.
（мертве́цки /m,ertv,écki/ [m,irt,véck,i]《死んだように》と同じ実現［c］、cf. мертве́ц [m,irt,v,éc]《死人》）．

子音の後ろで：

се́рдце　　　　　　/s,érdc,o/　　　　［s,ércə］《心臓》
истцы́　　　　　　/ist,cí/　　　　　［isc¹i］《原告（複数）》
голла́ндцы　　　　/golánd,ci/　　　［gʌlánci］《オランダ人（複数）》、etc.

　もし接頭辞の境界が存在すれば、全ての音群《歯音＋シュー音》は、場合によっては有声性の同化を伴うが、それらの通常の【音の】実現を保持する．

[tc]：　　　　　отце́пка /otcépka/　　　［ʌtcə́pkə］《切り離し》
しかし [ts]：　　отса́дка /otsádka/　　　［ʌtsátkə］《移植》
　　　　　　　　подсуди́мый /podsud,ímoj/　［pətsud,íməj］《被告人》
[ts,]　　　　　под стено́й /podst,enój/　　［pəts,t,inój］《壁の下で》

/z/ あるいは /z,/ で終わる音群においても同様：

[dz]：　　　　　о́тзыв /ótziv/　　　　［ódzif］《評価》
　　　　　　　　надзо́р /nadzór/　　　［nʌdzór］《監督》
[dz,]：　　　　　надзира́тель /nadz,irát,el,/　［nədz,irát,il,]《監督官》、etc.

87

3°. シュー音の前の中断性の歯音あるいは硬口蓋子音．

　もし歯閉鎖音 /t t, d d,/ あるいは硬口蓋破擦音 /č/ の1つがシュー音 /š ž č/ の1つに先行するならば、その音の全体は延長された破擦シュー音として実現される．それ故、調音方法と調音点の同化――後者はもし起これば――が同時に起こるのである．さらに、湿音性と有声性の観点からすると、その音群はその音群を終えるシュー音に同化する．

88

　a）もしそのシュー音が /š/ ならば、我々が［čš］と表記するであろう硬・無声シュー音の延長された破擦音になる（前に検討した音群［tc］に反して、この音群［čš］は延長された閉鎖を含まない）．この実現は次の音群の実現である．

/č,š/：　　лу́чший /lúč,šoj/　　［łúčšəj］《よりよい》[65]
　　　　　улу́чшить /ulúč,šit,/　［ułúčšit,]《よりよくする》
/tš/：　　обветша́лый /obv,etšáloj/　［ʌb,v,ičšáłəj］《古びた》
　　　　　расцве́тший /rozcv,étšoj/　［rʌsc,v,éčšəj］《花咲いた》
/dš/：　　мла́дший /mládšoj/　　［młáčšəj］《年下の》

　　　　　　　сумасше́дший /sumasšédšoj/ ［sumʌššɔ́čšəj］《気の狂った》、etc.

接頭辞の境界においても同様：

　　　　　　　подши́ть /podšít,/ ［pʌčš¹it,］《縁縫いをする》、etc.

89

b) もしそのシュー音が /ž/ ならば、我々が ［džž］ と表記するであろう有声シュー音の延長された破擦音になる。上述と同じく、それは延長された閉鎖をもたない。実現する音群 /tž/ と /dž/ は以下のように接頭辞の境界においてしか見いだされない。

　　　　　о́тжил 　　　/ótžil/ 　　　［ódžžił］《（彼は）一生を終えた》
　　　　　поджо́г 　　 /podžóg/ 　　［pʌdžžók］《放火》

また、/dž/ に対しては外国の借用語の中に見られる：

　　　　　джéмпер 　 /džémper/ 　［džžémpər］《セーター》(英語 *jumper*)
　　　　　джиги́т 　　 /džigít/ 　　 ［džžig,ít］《えり抜きの騎兵（コーカサス語）》

90

c) もしそのシュー音が /č/ ならば、軟・無声シュー音の延長された破擦音 ［t,č,］ になり、それは ［tc］ と同様に、また ［čš］ や ［džž］ と反対に、延長された閉鎖を含む。それは次の音群を表す。

/tč,/ : 　　лётчик 　　/l,ótčik/ 　　［l,¹öt,č,ik］《飛行士》
　　　　　отчёт 　　　/otčót/ 　　 ［ʌt,č,ót］《報告》

/dč,/ : 　　зо́дчество 　/zódčestvo/ ［zót,č,istvə］《建築》
　　　　　па́дчерица 　/pádčer,ica/ ［pát,č,ir,icə］《継娘》、etc.

E. 2つの子音の間に置かれた歯音の省略

91

歯閉鎖噪子音 /t t, d d,/ の1つが、閉鎖噪子音でも /j/ /v/ あるいは /v,/ でもない2つの子音の間に置かれていれば、それは発音されない（ゼロ実現）。かくして真ん中の歯閉鎖音は以下の音群において省略される：[66]

/stn/ 　　изве́стный /izv,éstnoj/ ［izv,ésnəj］《有名な》(изве́стие《知らせ》に基づき /t/)

/zdn/ 　　по́здно /pózdno/ ［póznə］《遅く》(опозда́ть《遅れる》に基づき /d/)

/sts/ 　　маркси́стский /marks,ístskoj/ ［mʌrks,ísskəj］《マルクス主義の》(маркси́ст《マルクス主義者》に基づき /t/) [67]

/nd,c/ 　голла́ндцы /goláņd,ci/ ［gʌláņci］《オランダ人（複数）》(голла́ндец《オ

		ランダ人(単数)》に基づき /d,/)
/rd,c/	сéрдце /s,érd,co/	[s,ércə]《心臓》(gen. pl. сердéц に基づき /d,/)
/rd,č/	серчáть /s,erd,čát,/	[s,irč,¹ät,]《腹を立てる》(正書法には記されないが、前例に基づき /d,/)
/stč/	жёстче /žóstče/	[žóš,š,i]《よりかたい；よりかたく》([š,š,] は音群 /sč/ の正常な実現である、cf. §85) (жёсткий《かたい》に基づき /t/)
/stč/	помéщик /pom,éstčik/	[pʌm,éš,š,ik]《地主》；/sč/ に対して [š,š,]（正書法には記されないが、помéстье《領地》、мéсто《場所》に基づき /t/）、etc.

しかしもし【省略されるべき】歯閉鎖音を取り囲む子音が他の閉鎖噪子音であれば、その歯閉鎖音の省略は起こらない。

жёсткий　　　　/žóstkoj/　　[žóstkəj]《かたい》[68]

студéнтка　　　/stud,éntka/　[stud,éntkə]《女学生》、etc.

あるいはこれらの子音の1つが /j/ であるならば、その省略は起こらない。

лúстья　　　　/l,íst,ja/　　　[l,ís,t,jə]《葉(複数)》

крестьянин　　/krest,ján,in/　[kr,is,t,j¹än,in]《農民》、etc.

あるいは /v/ あるいは /v,/ であるならば、その省略は起こらない[69]。

бéгство　　　　/b,égstvo/　　[b,ékstvə]《逃走》

шéствие　　　　/šéstv,ijo/　　[šэ́s,t,v,ijə]《行進》、etc.

F. 音節初頭音の /j/

92

音節初頭音において、/ji/ と /i/ の間の対立は中和され、その2つは全て [i] として実現する。例えば、子音 /j/ はこの位置で /i/ の前で消失する：[70]

войнственный /voínstv,ennoj/　[vʌín,s,t,v,innəj]《好戦的な》

(cf. воюю /vojúju/　[vʌjúju]《(私は)戦う》の [j])

また во úстину /voíst,inu/　[vʌís,t,inu]《まことに》

(cf. об úстине /obíst,in,e/　[ʌb¹is,t,in,i]《真理について》)

пóит /pójit/　[póit]《(彼は)飲ませる》

(cf. пою /pojú/　[pʌjú]《(私は)飲ませる》) [71]

また пóиск /póisk/　[póisk]《探索》

(cf. обыск /óbisk/　[óbisk]《捜索》)、etc.

注1：引用例が示しているように、初頭音 /i/ と /ji/ は、同じく [i] と発音され、

またиと書かれる。

　　注2：例外を成すのは3人称の人称代名詞形 им、их、ими であり、通常 [jím]、[jíx]、[jím,i] と発音される[72]。

IV. 母音：基本的変異音

93

1º. 狭母音 voyelles fermées [i] [u] はフランス語の [i] と [u]（*fit*、*fou*）よりわずかに広く、英語やドイツ語の短母音 [i] と [u]（英語 *ship*、*put*；ドイツ語 *mit*、*Schutt*）にかなり似ている。

2º. 中母音 voyelles moyennes [e] [o] は、それらの基本的変異音において、広中母音 voyelles moyennes ouvertes であり、フランス語の *fer*、*fort* の広い [e] [o] に似ている。それらはフランス語の狭い [ẹ] [ọ]（*fée*、*sot*）に似ていない。【フランス語の】*fée* の狭い [e] はロシア語ではただ /e/ の位置的変異音としてのみ存在するにすぎない (cf. §98)；*sot* の狭い [ọ] はロシア語には存在しない。

　　ときおりフランス人に二重母音 [ᵘo] のような印象を与えるロシア語の硬子音の後ろの [o] については、§61 を参照せよ。

3º. 広母音 voyelle ouverte は、フランス語の前舌母音 [a]（*patte*）と後舌母音 [ɑ]（*pâte*）の中間の中母音 [a] である。

　　これらの母音のそれぞれは、その基本的な変異音以外にまた他の実現ももっている。そのうちのあるものはアクセントとは独立しているが、しかしその大多数はアクセント音節にのみ、あるいは非アクセント音節にのみ現れる。

V. 母音：アクセントから独立した位置的変異音（音素 /i/）

94

　　上で述べた【筋肉の】収縮性の前舌の狭母音（すなわち舌の尖端を口蓋の前部分に近づけて発音する音）である基本的変異音 [i] とは別に、ロシア語の【音素】/i/ は他の変異音である後舌の [ɨ]、すなわち舌背を軟口蓋に近づけて発音する音をもっている。ロシア語の [ɨ]（この音はフランス語には存在しない）の発音に際して、唇は [i] と同じであり、舌は [u]（フランス語 *fou*）と同じ位置にある。

　　この母音がフランス人にときおり二重母音 [ᵘi] のような印象（とりわけ唇音の

後ろで)を与えることについては、§61 を参照せよ。
　/i/ の 2 つの、前舌と後舌の変異音は以下の原理に従って分布している。
　　[i] は硬子音の後ろで用いられる、
　　[i] はその他全ての場合に用いられる。
　発音と書記法の間にはたいていの場合対応が存在する：и = [i] と ы = [i]。しかしこの対応は、様々な位置の詳細な研究が示しているように絶対的なものではない。

95

1º. **硬子音の後ろで、変異音 [i]：**
　　a) 対をもつ硬子音の後ろで(正書法 ы)：

быть　　　/bít,/　[bʲit,]《ある》　　　столы́　　/stolí/　[stʌlʲi]《机(複数)》
ры́ба　　　/ríba/　[rʲibə]《魚》　　　　вы́ход　　/víxod/　[vʲixət]《外出》、etc.

　　b) 常に硬音である子音 /š ž/ の後ろで：ここで正書法は и (cf. §44c) であり、それ故、書記法と発音の間に相違がある[73]。

жить　　　/žít,/　[žʲit,]《生きる》　　шить　　　/šít,/　[šʲit,]《縫う》
ножи́　　　/noží/　[nʌžʲi]《ナイフ(複数)》、etc.

　　c) 常に硬音である硬子音 /c/：ここでは 2 つの書記法 и と ы に出会うが、発音は常に [i] である[74]。

цирк　　　/círk/　[cʲirk]《サーカス》　　певцы́　　/p,evcí/　[p,ifcʲi]《歌手(複数)》、etc.

　　d) 接頭辞あるいは前置詞の境界における硬子音の後ろで。ここでの正書法は(その発音と一致して)接頭辞の境界においては ы である：[75]

сы́щик　　/sísčik/　[sʲiš,šʲik]《捜査官》　　сы́знова　/síznova/　[sʲiznəvə]《新規に》、etc.

しかし前置詞の境界では(発音と一致せずに)【その正書法は】и である：

от и́вы　　/otívi/　[ʌtʲivi]《ヤナギから》、в Инди́и　　/vínd,iji/　[vʲind,iji]《インドで》
к и́грам　/kígram/　[kʲigrəm]《遊びに》、etc.

　注：この最後の例において前置詞の境界は、後続する /i/ による軟口蓋音の湿音化を妨害していることに気づくだろう。これは語内部での規則である、cf. §71。

96

2º. その他の全ての場所で、変異音 [i]：正書法は常に и であり、発音と一致する。

a) 軟子音 (対をもつ軟子音、対をもたない軟子音、/i/ の前で軟化された軟口蓋子音) の後ろで：

бить	/b,ít/	[b,ít,] 《打つ》		ключи́	/kl,učí/	[kl,üč,í] 《鍵(複数)》
цари́	/car,í/	[cʌr,í] 《皇帝(複数)》		ги́бнуть	/gíbnut,/	[g,íbnut,] 《滅びる》
чин	/čín/	[č,ín] 《官位》		грехи́	/gr,exí/	[gr,ix,í] 《罪(複 数)》、

etc.

b) 音節の初頭音において：

и́ва	/íva/	[ívə] 《ヤナギ》		Индия	/índ,ija/	[índ,ijə] 《インド》
а́ист	/áist/	[áist] 《コウノトリ》、etc.				

VI. 母音：アクセント下の位置的変異音

97

アクセント下の位置的変異音は /i/ 以外の全ての母音に関係している。それらの変異音は全て、軟子音と隣り合うときには [i] の音色 timbre に近づき、硬子音に隣接するときにはその音色から遠ざかる傾向をもっている。

A. /e/ の変異音

98

1°. 狭い前舌の変異音 [ẹ]。フランス語 près、fer の広い [e] に類似した広い前舌の基本的変異音 [e] とは別に、ロシア語の /e/ は狭い前舌の変異音 [ẹ] をもち、それはフランス語 pré の狭い [ẹ] にかなり類似しているが、それよりもさらに狭い。

狭い変異音と広い変異音の分布は以下である。狭い変異音は軟子音の前に現れ、広い変異音はその他の全ての場所に現れる。

a) 軟子音の前の狭い変異音：

весь	/v,és,/	[v,ẹs,] 《全ての》		лей	/l,éj/	[l,ẹj] 《注げ(命令形)》
степь	/st,ép,/	[s,t,ẹp,] 《ステップ》		эти	/ét,i/	[ẹt,i] 《これらの》
меч	/m,éč/	[m,ẹč,] 《剣》		эй	/éj/	[ẹj] 《おい！》
есте́ственный	/jest,éstv,ennəj/	[jis,t,ẹs,t,v,innəj] 《自然の》、etc.				

b) その他の全ての場所での広い変異音：

硬子音の前で：

вес	/v,és/	[v,és] 《重さ》		поэт	/poét/	[pʌét] 《詩人》
отец	/ot,éc/	[ʌt,éc] 《父》		это	/éto/	[étə] 《これ》

ре́же　　/r,éže/　[r,éži]《よりまれに》、etc.

　　語末で：

во сне́　　/vosn,é/　[vʌs,n,é]《夢のなかで》　　вообще́　/voobščé/　[vəʌpš,š,é]
《一般に》

в руке́　　/vruké/　[vruk,é]《手のなかに》　　э́　　　　/é/　[é]《えっ！》、etc.

99

2°. 後舌の変異音。 上の 2 つの前舌の変異音とは別に、ロシア語の /e/ はまた 2 つの後舌の変異音、広い [ɘ] と狭い [ɘ̣] をもっている。それら【[ɘ] と [ɘ̣]】の [e] と [ẹ] に対する関係は、[i] の [ị] に対する関係に等しい。その唇の位置と開口度は [e] と [ẹ] それぞれと同じであるが、舌は [i] のように口の後部にある。

これらの母音はフランス語話者によってある種の二重母音 [ᵘe][ᵘẹ] のように受け取られる傾向がある (cf. §61)。

後舌の変異音は硬子音の後ろで現れ、前舌の変異音はその他の全ての場所、すなわち軟子音の後ろと音節の初頭音に現れる。

2 つの後舌の変異音の分布：狭い [ɘ̣] と広い [ɘ] は 2 つの前舌の変異音の分布と同じである。[ɘ̣] は軟子音の前、[ɘ] はその他の全ての場所。

　a) 軟子音の前の狭い変異音 [ɘ̣]：

шесть　　/šest,/　[šɘ̣s,t,]《6》　　　　в э́ти　　/vét,i/　[vɘ̣t,i]《これらに》、etc.

цепь　　/cép,/　[cɘ̣p,]《鎖》

　b) その他全ての場所で広い変異音 [ɘ]：

　　硬子音の前で：

це́лый　　/céloj/　[cɘ́ɫəj]《全部の》　　нэп　　/nép/　[nɘ́p]《ネップ》

жест　　/žést/　[žɘ́st]《身振り》　　　мэр　　/mér/　[mɘ́r]《市長》、etc.

в э́том　　/vétom/　[vɘ́təm]《この中に》

в Э́ксе　　/véks,e/　[vɘ́ks,i]《エクス (都市名) で》"à Aix"、

　　語末で：

об отце́　　/obotcé/　[ʌbʌtcɘ́]《父について》

на этаже́　/naetažé/　[nəetʌžɘ́]《階に》

кашне́　　/kašné/　[kašnɘ́]《マフラー》、etc.

100

/e/ の 4 つの変異音の分布は以下の表に要約できる。

	変異音	後舌の	前舌の	
	位置	硬子音の後ろ	軟子音の後ろ	音節の初頭音
狭	軟子音前	[ə̣] шéсть, в э́ти	[ẹ] вéсь, мéч	[ẹ] э́ти, э́й!
広	硬子音前	[ə] цéлый, в э́том	[e] вéс, отéц	[e] э́то, поэ́т
	語末	[ə] на этажé, кашнé	[e] во снé, вообщé	[e] э́!

注1：後舌の変異音は前舌の変異音よりかなり頻度が低い。これはすでに我々が見たように（§78）、対をもつ子音の後ろの /e/ は外国の借用語にしかほとんど見られないからである（мэ́р、кашнé、etc.）。唯一対をもたない硬子音 /š ž c/ （とりわけ最後のもの）のみがふつう /e/ の前に見られる。

注2：書記素 e と э の分布——かなり首尾一貫しないが——（cf. §35 本文注2）と、ここで規則が与えられる音素 /e/ の一方では [e] と [ẹ] と記され、他方では [ə]と [ə̣] と記される変異音の分布との間にはいかなる対応も存在しない。

注3：フランス語では、語末において狭い [ẹ] は広い [e] よりも頻度が高い、また狭い [ẹ] を除いて、広い [e] は同音節に属する子音の前で (fer、arène) 唯一可能である。フランス語話者はこの傾向をロシア語に移すのを避けなければならない。ロシア語では上で与えられた規則に従って、語末において広い [e] が唯一可能であり (во снé、вообщé)、また狭い [ẹ] は同音節の子音の前で頻繁に現れる (вéсь、стéпь)。

B. /a o u/ の変異音

101

非収縮性の母音 /a o u/ は前舌の変異音 [ä] [ö] [ü] をもっている。これらの母音の各々において、舌はそれらに対応する母音の基本的変異音よりも少し前方にある。

変異音 [ä] はフランス語 patte の前舌の [a] とほぼ同じである。変異音 [ö] [ü] は、[o] と [u] より前よりであるにもかかわらず、フランス語の前舌の唇音化された音素 [œ] [y] (fleur、fut における) ——それに相当する音はロシア語には存在しない——よりも、フランス語 fort、fou の中の前舌の唇音化された音素 /o u/ には

るかに近い。

　前舌の変異音［ä］［ö］［ü］は、母音 /a o u/ が 2 つの軟子音の間に置かれているときに見られる :[76]

［ä］　пять　　　/p‚át‚/　［p‚'ät‚］《5》
　　　сядь　　　/s‚ád‚/　［s‚'ät‚］《坐れ》
　　　мяч　　　 /m‚áč/　 ［m‚'äč‚］《ボール》
　　　чай　　　 /čáj/　　［č‚'äj］《茶》、etc.

［ö］　тётя　　　/t‚ót‚a/　［t‚'öt‚ə］《おば》
　　　в полёте　/vpol‚ót‚e/　［fpʌl‚'öt‚i］《飛行中》
　　　даёте　　 /dajót‚e/　［dʌj'öt‚i］《(あなたたちが)与える》

［ü］　июнь　　　/ijún‚/　 ［ij'ün‚］《6 月》
　　　плюнь　　 /pl‚ún‚/　［pl‚'ün‚］《吐き出せ》
　　　пьющий　 /p‚júščoj/　［p‚j'üš‚š‚ij］《酒飲み(の)》
　　　боюсь　　 /bojús‚/　［bʌj'üs‚］《(私は)恐れる》、etc.

VII. アクセントの外の位置的変異音

102

　無アクセント音節においてロシア語の母音体系は変化する。母音の開口度の数の縮減の結果、そこでは可能な音素の数の縮減が観察できる。アクセント音節の母音体系は 5 つの音素と 3 つの開口度を含んでいる。

　　　　　　　　　　狭　　i　　u
　　　　　　　　　　中　　e　　o
　　　　　　　　　　広　　　a

それに対して、ある無アクセントの位置は 3 つの音素と 2 つの開口度しか含まない。

　　　　　　　　　　狭　　i　　u
　　　　　　　　　　非狭　　a

そしてまた他の無アクセントの位置では 2 つの音素だけで、開口度のいかなる対立もない。

　　　　　　　　　　　　i　　u

　狭母音 /i u/ だけは無アクセントの位置においても変わらず、アクセント下及び

同条件のもとにある母音と同じ実現 [i] [i] [u] を保持する。それらはアクセント下のものよりももっぱら緊張性 tendues が少なく、またそのことによりわずかに【開口度の】狭さが広くなる。

全ての非狭母音 /a e o/ にとって、アクセントの外のそれらの実現は先行する子音の硬音あるいは軟音の特徴によって決まる。

A. 対をもつ硬子音の後ろ、硬・軟口蓋音の後ろ、及び語頭での無アクセント母音

103

この位置では母音 /a/ と /o/ の間の対立は中和される（アーカニエ áканье と呼ばれる現象）。そのどちらも、それらの位置に従って、次の2つの変異音の1つとして実現される。

1. **変異音 [ʌ]**：これは [a] に似ているが、しかしわずかに狭い。唇は [a] と同様に収縮されもせず、円唇化もされない。口【の開き】は [a] よりも少し小さいが、[e] あるいは [o] より大きい。英語の *but* に類似の母音を見つけることができる。

2. **変異音 [ə]**：上記の変異音よりより狭く、開口度は [e] と [o] の開口度と同じであるが、しかし [a] と同様にその唇は収縮されもせず、円唇化もされない。また舌は中央の位置にあり、前方にも後方にもない。従って、これは英語の *coma* の *a*、*better* の *er* あるいはドイツ語の *müde* の *e* で記される母音のような中舌母音である。

  注：この母音はフランス語の（*benêt*、*revenir* のような語における）無声の *e* と同じではない：大半のフランス人は、この無声の *e* を [œ] のように発音する。つまり（*peur* における *eu* と書かれる母音のように）唇をまるめて発音する。反対にロシア語の [ə] では唇はまるめられない。

これら2つの変異音の分布は次のようである。

- 変異音 [ʌ] はアクセントの直前の音節に、また語頭に見出される。
- 変異音 [ə] はその他の無アクセント音節に見出される。すなわちアクセントに先行する音節のその前の音節で、あるいはアクセントの後ろの音節に見出される。

例：アクセントに先行する音節において [ʌ] として実現される /o/：

  вода́   /vodá/ [vʌdá]《水》(cf. gen. pl. вóд /vód/ [vot] における [o])、
  пригово́р /pr,igovór/ [pr,igʌvór]《判決》、etc.

また語頭で：

 одинóк /od,inók/ [ʌd,inók] 《一人ぼっち》
 огорóд /ogoród/ [ʌgʌrót] 《菜園》、etc.

アクセントに先行する音節において [ʌ] として実現される /a/：

 падý /padú/ [pʌdú] 《(私は) 倒れる》(cf. пасть /pást,/ [pás,t,]《落ちる》における [a])

 стадá /stadá/ [stʌdá] 《家畜の群れ》(cf. стáдо /stádo/ [stádə] (sg.) における [a])

また語頭で：

 акадéмия /akad,ém,ija/ [ʌkʌd,ém,ijə] 《アカデミー》、etc.

他の無アクセント位置において [ə] として実現される /o/：

 покупáть /pokupát,/ [pəkupát,] 《買う》
 москвичí /moskv,ičí/ [məskv,ič,í] 《モスクワっ子たち、(自動車の) モスクヴィチ》
 вы́говор /vígovor/ [v¹ígəvər] 《叱責》
 зá городом /zágorodom/ [zágərədəm] 《郊外で》、etc.

他の無アクセント位置において [ə] として実現される /a/：

 запирáть /zap,irát,/ [zəp,irát,] 《錠をかける》
 капитáл /kap,itál/ [kəp,itáł] 《資本》
 дéлать /d,élat,/ [d,élət,] 《作る、する》
 и́здавна /ízdavna/ [ízdəvnə] 《ずっと前から》、etc.

同じ語のなかの [ʌ] と [ə]：

 водоворóт /vodovorót/ [vədəvʌrót] 《渦巻き》
 зарабáтывала /zarabátivala/ [zərʌbátəvələ] 《(彼女は) 稼いだ》、etc.

3 番目の非狭母音 /e/ はこの位置において変化しない：

 экрáн /ekrán/ [ekrán] 《スクリーン》
 Эстóния /estón,ija/ [estón,ijə] 《エストニア》
 алóэ /aloé/ [ałoé] 《アロエ》、etc.

しかし /e/ は最近の外国の借用語でまれに見られる以外、ここで示された場所 (対をもつ硬子音の後ろあるいは語頭で) では現れない、ということを我々は知っている (cf. §78)。この場合を除いて、示された位置におけるロシア語の母音体系は以下のように 3 母音だけに縮減する：

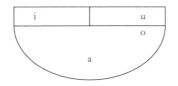

注1：アーカニエ áканье と呼ばれる、無アクセントの /o/ と /a/ の同じ発音は、文章ロシア語でのみ認められたものである。ロシア北部（サンクト・ペテルブルグを含まない）に固有な、この正書法通りの無アクセントの /o/ の発音（オーカニエ óканье）を注意深く避けねばならない。

注2：最近のしかもまだあまり同化されていない外国の借用語においては、/o/ は正書法に従って [o] と発音される。

досье́ /dos,jé/ [dos,jé]《身上書類》"dossier"
фойе́ /fojé/ [fojé]《(劇場の)ロビー》"foyer" (au théâtre)
коммюнике́ /kom,un,iké/ [kom,ün,iké]《コミュニケ》"communiqué"、etc.

しかしロシア語にしっかりと移植された全ての借用語においては、無アクセント母音の縮減が起こる：

рома́н /roman/ [rʌmán]《小説》"roman"
профе́ссор /prof,ésor/ [prʌf,ésər]《教授》"professeur"、etc.

多数の揺れがある。

B. 軟子音の後ろの無アクセント母音

104
すべての軟子音（対をもつ軟子音、軟・軟口蓋子音、常に軟音である子音）の後ろでは、非狭母音は [i] として実現され、母音 /i/ と合併する（この音素はイーカニエ и́канье と呼ばれる）。この位置におけるこの母音の正書法は、/e/ と /o/ にとっては е、/a/ にとっては я（しかし ч щ の後ろでは а）であることを想起しよう。

例：1. /e/ にとって、

леса́ /l,esá/ [l,isá]《森(複数)》(cf. лес /l,és/ [l,és] における [e])
действи́тельно /d,ejstv,ít,el,no/ [d,ijs,t,v,ít,il,nə]《本当に》(cf. де́йствие /d,éjstv,ijo/ [d,éjs,t,v,ijə]《行為》における [ẹ])
вы́глядеть /vígl,ad,et,/ [vígl,id,it,]《ように見える》(cf. гляде́ть /gl,ad,ét,/ [gl,id,ét,]《眺める》における [ẹ])
съеда́ть /sjedát,/ [sjidát,]《食べる》(cf. съесть /sjést,/ [s,jést,] 同じ意味

3章　発音　101

の完了における［ẹ］)、etc.

2. ―/o/ にとって、

несла́ 　/n,oslá/［n,isłá］《(彼女は)運んだ》(cf. нёс /n,ós/［n,ós］《(彼は)運んだ》
における［o］)

село́ 　/s,oló/［s,iłó］《村》(cf. сёла /s,óla/［s,ółə］ pl. における［o］)

ве́село 　/v,és,olo/［v,és,iłə］《愉快だ》(cf. весёлый /v,es,óloj/［v,is,ółəj］《陽気な》
における［o］)

черна́ 　/čorná/［č,irná］《黒い（短形）》(cf. чёрный /čórnoj/［č,órnəj］《黒い（長
形）》における［o］)、etc.

3. ―/a/ にとって、

тяну́ 　/t,anú/［t,inú］《(私は)引く》(cf. тя́нешь /t,án,oš/［t,ˈän,iš］《(君は)
引く》における［ä］)

пяти́ 　/p,at,í/［p,it,í］《5（属格）》

пятьдеся́т 　/p,at,d,es,át/［p,id,is,át］《50》(cf. пять /p,át,/［p,ˈät,］《5》における［ä］)

объясни́ть 　/objasn,ít,/［ʌbjis,n,ít,］《説明する》(cf. я́сный /jásnoj/［jásnəj］《明
確な》における［a］)

часы́ 　/časí/［č,iˈsi］《時計；時間》(cf. час /čás/［č,ás］《時間》における［a］)、

щади́ть 　/sčad,ít,/［š,š,id,ít,］《容赦する》(cf. поща́да /posčáda/［pʌš,š,ádə］《容
赦》における［a］)、etc.[77]

このようなわけでこれら3つの母音は /i/ と合併して、アクセントの外では同じ
になる。

лиса́ 　/l,isá/［l,isá］《狐》(cf. лис /l,ís/［l,ís］(gen. pl.)において［i］)、

чины́ 　/činí/［č,inˈi］《官位（複数）》(cf. чин /čín/［č,ín］(sg.)において［i］)。

このようにしてこの位置において4つの母音 /a e o i/ の合併が存在する：唯一母
音 /u/ だけは他の4つの母音とは異なっている。母音体系はこの位置において2つ
の母音と1つだけの開口度に縮減する：

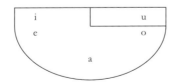

注：軟子音の後ろの無アクセント音節における3つの非狭母音の合併と、また
それらと /i/ との合併（イーカニエ и́канье）は、モスクワの現行の使用では完成され

ていて、拡大し続けている。しかしながら他のタイプの発音（イェーカニエ éканье と呼ばれる）も存在する。そこではこの位置において 3 つの非狭母音はお互いに合併するが、しかしそれは /i/ とは合併せず、非常に狭い [e] ——これを我々は [iᵉ] と記すだろう——として実現する。例えば、несý、тянý、лесá に対して [n,iᵉsú] [t,iᵉnú] [l,iᵉsá] と発音するが、лисá に対しては [l,isá] である。この発音はサンクト・ペテルブルグでは珍しくなく、上品な話し言葉ではしばしば使われている。

C. 常に硬い子音の後ろの無アクセント母音

常に硬い子音 /š ž c/ (ш ж ц) の後ろでは無アクセント母音のために 2 つの位置を区別しなければならない。アクセント直前の音節とその他全ての場所。

105

1º. アクセント直前の音節において

a) **母音** /e/ と /o/ は [i] として実現される。従って、硬子音の後ろで同じ実現をもつ母音 /i/ と合併する (cf. §95)。

—/e/ にとって：

    ценá   /cená/ [ciná] 《値段》(cf. цéн /cén/ [cɔ́n] gen. pl. における [ə])

    центрáльный   /centrál,noj/ [cintrál,nəj] 《中心の》(cf. цéнтр /céntr/ [cɔ́ntr] 《中心》における [ə])

—/o/ にとって：

    женá   /žoná/ [žiná] 《妻》(cf. жён /žón/ [žón]、gen. pl. における [o])

    желтéть   /želt,ét,/ [žilt,ét,] 《黄色になる》(cf. жёлтый /žóltoj/ [žóɫtəj] 《黄色い》における [o])

従って、以下のような [i] と発音される /i/ とこれらは合併する。

    живý   /živú/ [živú] 《（私は）住む》(cf. жить /žít,/ [žít,] 《住む》におけるアクセントのある [i])

b) **広母音** /a/ は対をもつ硬子音の後ろと同じ実現をもつ (cf. §103)、すなわち [ʌ] をもつ。

царí   /car,í/ [cʌr,í] 《皇帝（複数）》(cf. цáрь /cár,/ [cár,] 《皇帝》における [a])

шагí   /šagí/ [šʌg,í] 《歩（複数）》(cf. шáг /šág/ [šák] 《一歩》における [a])

жарá   /žará/ [žʌrá] 《暑さ》(cf. жáркий /žárkoj/ [žárkəj] 《熱(暑)い》における [a])、etc.

しかしかつて標準であった [i] の発音はいくつかの語に保存されている[78]。

語 жале́ть /žal,ét,/ [žil,ét,]《あわれむ》と к сожале́нию [ksəžil,én,iju]《残念ながら》(cf. жа́лость /žálost,/[žáɫəs,t,]《あわれみ》における [a]) のような同じグループの語の中に。

次の語の第 2 音節の母音 /a/ の中に：два́дцать《20》、три́дцать《30》、ло́шадь《馬》(I. c.)、しかもアクセントの直前の音節にその母音があるとき。

 gen. sg. двадцати́ [dvətcit,í] тридцати́ [tr,itcit,í]
 gen. pl. лошаде́й [ɫəšid,éj]

注：жо、шо と書かれる無アクセント音節を含んでいる外国からの借用語において (この書記法はロシア語においてアクセントの外の場所では決して見つからない)、о と書かれる母音は音素 /a/ として、すなわち [ʌ] として発音される。

жонглёр [žʌngl,ór]《曲芸師》、жоке́й [žʌk,éj]《競馬騎手》、шофёр [šʌf,ór]《運転手》、etc.

この位置において (常に硬い子音の後ろのアクセント直前の音節で) 生じている中和の総体は、以下の表に描くことができる：

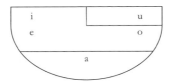

106

2°. 他の無アクセント音節において 3 つの母音 /e o a/ は 3 つ全て [ə] として実現する。

/e/ について：
 целико́м /cel,ikóm/ [cəl,ikóm]《丸ごと》(cf. це́лый /céloj/ [cɨ́ɫəj]《全部の》における [ə])
 цехово́й /cexovój/[cəxʌvój]《職場の》(cf. цех /céx/[céx]《職場》における [ə])

/o/ について：
 желтизна́ /žolt,izná/ [žəɫt,izná]《黄色》(cf. жёлтый /žóltoj/ [žóɫtəj]《黄色い》における [o])
 вы́шел /víšol/ [v¹íšəɫ]《(彼は) 出た》(cf. шёл /šól/ [šóɫ]《(彼は) 歩いた》における [o])、etc.

/a/ について：

вы́жать	/vížat,/ [vʲižət,]	《しぼり出す》(cf. жа́ть /žát,/ [žát,] 《搾る》における [a])
два́дцать	/dvádcat,/ [dvátcət,]	《20》(cf. двадца́тый /dvadcátoj/ [dvʌtcátəj] 《20番目の》における [a])
ло́шадь	/lóšad,/ [łóšət,]	《馬》(cf. лоша́дка /lošádka/ [łʌšátkə] 《小馬》における [a])

それ故、これら 3 つの母音はここでは /i/ と合併しない。/i/ はこの位置では [i] として実現される。живопи́сный /živop,ísnoj/ [živʌp,ísnəj] 《絵に描いた》。

この位置において生じている中和は次の表に描くことができる。

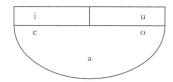

D. ある語尾の特殊な事例

107

実詞語尾の全てと他のいくつかの語尾を含む若干の文法的語尾において、無アクセント位置(アクセントの後ろ)にある幾つかの母音は、ある場合には前に与えられた規則には一致せずに実現される。

無アクセントの母音 /a/ と /o/ は [ə] と発音される(この実現は対をもつ硬子音の後ろでは規則に適っているが、しかし軟子音の後ろでは不規則である。そこでは [i] が期待されるだろう)。

無アクセントの母音 /e/ と /i/ は軟子音の後ろで [i] と発音され、硬子音の後ろで [i] と発音される(この実現は常に硬い子音の後ろの /e/ にとっては不規則である。そこでは [ə] が期待されるだろう、cf. §106)。

この現象は以下において生じる。

108

1°. **全ての実詞語尾において**。例えば、語 по́ле 《野原》、ло́же 《河床、寝床》(第 2 曲用の中性、cf. §215)の曲用において[79]。

単数主格	/o/	[ə]	по́ле	/pól,o/	[pól,ə]	ло́же	/lóžo/	[łóžə]
単数具格	/om/	[əm]	по́лем	/pól,om/	[pól,əm]	ло́жем	/lóžom/	[łóžəm]
単数属格	/a/	[ə]	поля́	/pól,a/	[pól,ə]	ло́жа	/lóža/	[łóžə]

| 単数位格 /e/ | [i] [i] | пóле | /pól,e/ [pól,i] | лóже | /lóže/ [łóži] |

дыня《メロン》、суша《陸地》の曲用においても同様(第1曲用):[80]

単数主格 /a/	[ə]	дыня	/dín,a/ [dʲin,ə]	суша	/súša/ [súšə]
単数属格 /i/	[i] [i]	дыни	/dín,i/ [dʲin,i]	суши	/súši/ [súši]
単数位格 /e/	[i] [i]	дыне	/dín,e/ [dʲin,i]	суше	/súše/ [súši]

109
2°. 形容詞と動詞のいくつかの語尾、その他において:

　　a) 形容詞長形の女性と中性の単数主格語尾 /aja/ と /ojo/ の末尾母音 /a/ あるいは /o/ (§308)、所有形容詞における /a/ と /o/ (§335):

　　女性　　дóбрая /dóbraja/、　中性 дóброе /dóbrojo/《善良な》、
これら2つは全て [dóbrəjə] と発音される。

　　女性　　лúсья /l,ís,ja/、　　中性 лúсье /l,ís,jo/《狐の》、
これら2つは全て [l,ís,jə] と発音される。

　　b) 形容詞の比較級の語尾:
/ejo/ (ee と書かれる)、[ejə] と発音される:
　　добрéе /dobr,éjo/ [dʌbr,éjə]《より善良な》、etc.
/e/ と /še/ (/e/ は /š/,/ž/ の後ろで [i] と発音される):
　　тúше /t,íše/ [t,iši]《より静かな》、etc.

　　c) /a/ を含む2つの動詞語尾:副動詞の語尾(-я)の /a/ と第2活用の複数3人称の語尾(-ят)の /at/:
　　вéря　　/v,ér,a/ [v,ér,ə]《信じて》
　　вéрят　/v,ér,at/ [v,ér,ət]《(彼らは)信じる》、etc.(その発音 [v,ér,ut] については、§482 本文注を参照)。

　　注:これらの規則の適応は、ある場合に、同じ正書法をもつ形を違った風に発音させることに人は気づくことであろう。というのも音素 /o/ と /e/ は、その2つとも文字 e によって表されているが、語尾ではそれぞれ [ə] と [i] あるいは [i] として発音されるからである。

主格 пóле /pól,o/ [pól,ə] と位格 пóле /pól,e/ [pól,i]。

しかし実際の用法では、/o/ で終わる語尾のためにこの規則をもはや適応しないという傾向がある。そういうわけでその語尾は軟子音の後ろで [i] をもって発音される:主格と位格で пóле [pól,i];добрéе [dʌbr,éji]、etc. 無アクセントの文字 e の発音はこのように統一されている。

　　[ə] をもつ発音は /a/ (я)で終わる語尾にとってのみ規則的である。

上で列挙された語尾において生じている中和は次の表にまとめることができる。

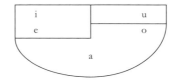

E. ある無アクセント母音の省略

110

　無アクセントの様々な母音はすべてアクセント母音よりも弱く、明瞭ではないが、しかしそれら【の性質】は全て同じではない[81]。
概ね次のようである：
・アクセント直前の母音はその他の無アクセント母音よりも弱くない、
・語の端末の(語頭あるいは末尾の)母音は語中母音よりも弱くない。
　この結果から、語の最も弱い母音はアクセントに後続する語中母音であるということになる。そのような母音が存在する語においては、母音を省略する(ゼロ実現の)傾向がある。この省略は習慣となってしまっており、以下の場合には規範と見なすことができる。

1. 以下のような**頻度の高い若干の語**において。

  нéкоторые　　/n,ékotorije/　［n,éktəriji］《若干の》[82]

  всё-таки　　　/vs,ótaki/　　［fs,ótk,i］《それでも》

  ты́сяча　　　　/tís,ača/　　　［tiš,š,ə］《千》(/sč/ にとって ［š,š,］)、etc.

2. **2 つの /v/ の間で**、特に -овывать と -ствовать で終わる動詞において。

  согласо́вывать　　/soglasóvivat,/　［səgłʌsóvvət,］《纏める》

  вла́ствовать　　　/vlástvovat,/　　［vłástvvət,］《統治する》

3. /ov,ič/ (男性) と /ovna/ (女性) で終わる**父称 patronymes** において。そこでは音群 /ov/ は一般に省略される。この省略は男性においては正書法によって任意に記されるが、女性では記されない[83]。

  Антóнович あるいは Антóныч　　/antónov,ič/　［ʌntónič,］《アントンの息子》

  Ивáнович あるいは Ивáныч　　　/ivánov,ič/　　［ivánič,］《イヴァンの息子》

  Фёдоровна　　　　　　　　　　　/f,ódorovna/　［f,ódərnə］《フョードルの娘》

  Абрáмовна　　　　　　　　　　　/abrámovna/　［ʌbrámnə］《アブラームの娘》

もし /ov/ が /j/ によって先行されていれば、音群 /jov/ は省略される。

Григо́рьевич あるいは Григо́рьич　　/gr,igór,jov,ič/ [gr,igór,ič,]《グリゴーリの息子》
　　　Андре́евич あるいは Андре́ич　　　/andr,éjov,ič/ [andr,éič,]《アンドレイの息子》
　　　Васи́льевна　　　　　　　　　　　/vas,íl,jovna/ [vʌs,íl,nə]《ヴァシーリーの娘》
母音によって先行される /jovna/ で終わる女性の父称を除く、その場合には /jo/ だけが省略される。
　　　Алексе́евна　　　　　　　　　　　/al,ekséjovna/ [ʌl,iks,évnə]《アレクセーイの娘》
子音群を含む日常よく用いるいくつかの父称はより重要な縮約を受けやすい。
　　　Па́влович [páłič,]、Па́вловна [páłnə]《パーヴェルの息子・娘》

第 2 部

形態論

4章　形態論入門

I. 意味が備わった単位：形態素と語

A. 形態素

音素はそれ自身によって意味をもつのではなくて、それらが集まり、意味が備わった発話 énoncé を形づくるのである。

この発話の大部分は複雑なものである、つまり人はその発話からそれ自身の意味が備わったより小さなセグメント segments を区別することができる。例えば、次の発話において：

　　　молчи́те《黙りなさい》、

セグメント /molč/ は《黙る》を意味する (молч-а́ть《黙っている》、молч-у́《(私は) 黙っている》、молч-а́ние《沈黙》)、それに対してセグメント /i/ は「命令」(命令を与えることを示す、cf. говор-и́《話せ》、ид-и́《行け》) を意味する。またセグメント /t,e/ は《複数 2 人称》(それは人が複数の人に、あるいは 1 人の相手に向かって丁寧に言葉をかけることを示す。cf. говор-и́-те《話しなさい》、ид-и́-те《行きなさい》) を意味する。

発話の中で分割することのできる、意味が備わった最も小さな要素に、我々は**形態素 morphème** (морфе́ма) という名を与える[84]。【従って】молчи́те という語は 3 つの形態素から成っているという：

　　　⟨molč⟩ ⟨i⟩ そして ⟨t,e⟩。

注：印 ⟨ ⟩ は、カギ括弧内にあるシンボル (上記のような音素の記号表記法あるいは他のシンボル——その価値は後に説明されよう) は意味が備わった全体を表していること、つまり 1 つあるいは複数の形態素を構成していることを示すために使われる。同じシンボルが斜め線 / / の間に置かれるとき (1 部でのように)、これは意味が備わった特徴については何も主張されないこと、あるいはそのように表されるセグメントがないことを示している。例えば、《黙る》を意味する形態素 ⟨molč⟩ において、ひとは恣意的にセグメント /lč/ を分割することができるが、そ

れはそれ自身では何も意味しない。

　意味が備わったセグメントが複数の形態素を含むことを示すために、我々は + の記号を用いてそれらを分離しよう：

　　〈molč + i + t,e〉.

正書法の記号表記法では、上と同じ情報はハイフンによって与えられる：

　　молч-и́-те.

B. 語

112

молч-и́-те《黙りなさい》のような発話において、各種の形態素は固定した順序に置かれており、それを逆にすることはできない。その上、何もこの発話の内部に挿入することはできない。

　しかし他の発話においては、幾つかの要素の順序を逆にすることができる、例えば、

　　она́ в шко́ле あるいは в шко́ле она́《彼女は・が学校にいる》、

あるいは他のセグメントを挿入することができる：

　　в шко́ле《学校で》

　　в но́вой шко́ле《新しい学校で》

我々は、セグメントを構成する形態素がそれらの間に直接的な関係にあり、それらを逆にすることができず、そしてそれらの間に語の地位そのものを有しているいかなるセグメントも挿入することができない、そのような意味が備わったセグメントを**文法的語 mot grammatical** あるいは単に語 mot (сло́во) と呼ぶ。

　上の例においてセグメント молчи́те, она́, в, но́вой, шко́ле は語に相当する。

　文字と文字の間の分離は余白によって表記法の中で示される。**書記語 mot graphique**（2 つの余白の間に内包されるスペース）が（上で定義された）**文法的語 mot grammatical** と一致しない場合はかなり稀であるが、その場合は当該の箇所で注意を促すだろう。

　語 mot と **音韻的語 mot phonologique** との関係――普通それらは一致するが常に一致するとは限らない――については§148–§153 を参照せよ。

　この 2 部で検討される**形態論 morphologie** は、語を形成するために形態素がいかにして結合するかの研究である。語が文を形成するためにどのように結合するかは**統語論 syntaxe** であり、ここでは検討されない。

C. 語の構造。形態素のタイプ

113

語はそこでは形態素を逆にすることが不可能なことによって定義されるが、今度は各々の形態素は語の中にそれが占める場所——それは常に同じ場所である——によって特徴づけられることができる。

ただ１つの形態素だけによってしか構成されない**無定形語 mots amorphes** がある。例えば、

и《そして》、под《下に》、вот《ほら》、бух《どぶーん》、etc.

しかし多くの語は複合的である、つまり複数の形態素から形成される。すべての複合的語においては、少なくとも２つの形態素が区分される。

114

1°. **語尾 désinence** (оконча́ние) は末尾、あるいはほとんど語末に置かれ、とりわけ発話の残りの部分との関係（文法的意味）を示す[85]。例：

ла́мп-а гор-и́т《電灯がともっている》

語 ла́мп-а において、語尾 ⟨a⟩ はこの語が主語であり、同時に単数女性名詞であることを示している。

語 гор-и́т において、語尾 ⟨it⟩ はこの語が述語（また同時に単数３人称現在の動詞）であることを示している。

上で見たように、語尾は同時に最も一般的な文法情報（格、性、数、人称、時制、等）である、複数の情報を与える。語尾はわずかしかなく、そのリストをつくることができる。

115

2°. **語根 racine** (ко́рень) は語の始めあるいは語の始め近くに置かれ、経験した現実を直接に指示する（語彙的意味）：[86]

ла́мп-а における ⟨lamp⟩ は《電灯》を意味する、

гор-и́т における ⟨gor,⟩ は《(それは)灯っている》を意味する。

語根は数の上では限りなくあり、その数は特に外国語の借用語によって絶えず増加している。

これらの義務的な要素以外に複合的語の中には、また随意的な要素もある。

116

3°. **接尾辞 suffixes** (су́ффиксы)、これは全て語根と語尾の間に置かれる形態素である。接尾辞はないこともあり得るし、あるいは１つないし数個が存在することもあり得る。それは語彙的意味あるいは文法的意味をもつことができる：[87]

лámп-очк-а гор-é-л-а《電球が灯っていた》

語 лámп-очк-а において、接尾辞〈očk〉は指小的な diminutive 意味あるいは親愛的な familière 意味(語彙的意味)をもっている。

語 гор-é-л-а において、接尾辞〈e〉と〈l〉はこの動詞が過去時制(文法的意味)であることを示している。

接尾辞は数の上では限りがあるが、語尾よりもはるかに数が多い。

《語根 racine +(接尾辞 suffixes)+ 語尾 désinence》の全体は、我々が**構造化された語 mot structuré** と呼ぶものを形成する。構造化された語の他に語はさらに他の要素を含むことができる。

117

4º. 語根の前に置かれる**接頭辞 préfixes**(préфиксы あるいは пристáвки):

под-ходи́ть《近づく》(接頭辞〈pod〉)

за-рáза《疫病》(接頭辞〈za〉)

接頭辞は数が非常に限られている(20 から 30 個のみ)。

118

5º. 語尾の後ろに置かれる**後置辞 postfixes**(пóстфиксы):

бри́ть-ся 　《ひげを剃る》(後置辞〈s,a〉、これは動詞が再帰であることを示す)、

молчи́-те 　《黙りなさい》(後置辞〈t,e〉、これは命令形の複数 2 人称を標示する)

ロシア語では 5 あるいは 6 個の後置辞がある。後置辞のない全ての語——大多数はこれであるが——において、語尾は語の末尾の形態素である。

119

6º. もう一つ**別の構造化された語**:それは語根の前に置かれ、それ【もう 1 つ別の構造化された語】に後続するものとともに **2 語根の合成語**を形成する。大部分の場合、**複合語の第 1 番目の項**を構成する構造化された語は、特にこの用法のために割り当てられた**接中辞 interfixe**——それは〈o〉である(o あるいは e と書かれる)——と呼ばれる特別な語尾によって終わる。接中辞の役割は合成語の第 1 番目の項の機能を標示する:

вод-о-пáд《滝》 　　 стих-о-творéц《詩人》

каш-е-вáр《炊事係》 　 во-е-вóда《軍司令官》

пут-е-води́тель〈pot, + o〉《案内》、etc.

もし複合語の第 1 番目の項が数詞であれば、〈o〉の代わりに数詞の属格の通常の語尾をもつ(cf. §361 sq.)。

трё-х-лéтний《3 年の》(語尾〈x〉)

пят-и-ле́тка《5 か年計画》(語尾〈i〉)
пол-у-автома́т《半自動装置》(語尾〈u〉)、etc.

現代語で非常に普及した方法である、合成語の第 1 番目の項が合成略語 mot tronqué (сложносокращённое сло́во) から作られているとき、それには語尾がない：

со́ц-реали́зм ＜ социалисти́ческий реали́зм《社会主義リアリズム》
ко́м-па́ртия ＜ коммунисти́ческая па́ртия《共産党》
хо́з-расчёт ＜ хозя́йственный расчёт《独立採算制》(文字通りには、《経済決済》)
кол-хо́з ＜ коллекти́вное хозя́йство《集団農場》
об-ко́м ＜ областно́й комите́т《州委員会》、etc.

D. 屈折と派生

120

1°. **屈折 flexion**。ロシア語の大部分の語は**屈折する**。そのことが意味することは、ある語形 (словофо́рма) を知れば、そこからかなり単純な規則によって、お互いに違わない、一系列全ての別の形を推論することができる、ということである。

　形式的には、語の始めは替えないでそのままにして、語末にある 1 つあるいは複数の形態素を別の 1 つあるいは複数の形態素に置き換えることによって (別の形を推論することができる)。

　意味の観点からは、語彙的意味は変化させずに、他のカテゴリーよりはむしろ文法カテゴリーの表現によって (別の形を推論することができる)。

　屈折における不変化のままの語の部分は**語幹 thème** (осно́ва) であり、変化する部分は**末端 terminaison** である。

　例えば、以下の語の形：

голов-а́《頭》(単数主格)　　　　говор-ю́　《(私は)話す》
голов-е́　　(単数与格)　　　　говор-и́шь《(君は)話す》
го́лов-ы　　(複数主格)　　　　говор-и́ть《話す(不定形)》
голов-а́м　(複数与格)　　　　говор-и́ла《(彼女は)話した》

は次の語の**屈折形 formes fléchies** である。

голова́《頭》　　　　　　　　　говори́ть《話す》
(語幹〈golov〉)　　　　　　　　(語幹〈govor,〉)
慣習により単数主格が選ばれる。　慣習により不定形が選ばれる。

　末端 (屈折で変化する語の部分) は多くの語 (とりわけ名詞 noms) でたった 1 つの形態素に縮減する。それ故、**語尾** (可能性のある後置辞を考慮に入れなければ、語

の最後の形態素)と合併する。例：

голов-á：語尾〈a〉は末端の役目をしている。

しかしときどきまた(特に動詞において)末端は複合的である。語尾以外に、末端は**屈折接尾辞 suffixes flexionnels** と呼ばれるある種の接尾辞をまた含んでいる：

говор-и́ла：《(彼女は)話していた》：末端〈i＋l＋a〉は女性の語尾〈a〉と屈折接尾辞〈i〉と動詞が過去であることを標示する〈l〉を含んでいる。

それ故、屈折の研究は、語幹と、同じ語の様々な屈折形を形成させる末端(語尾と屈折接尾辞)の形態素の結合の研究である。

語の語幹 thème はそれもまた1つあるいは複数の形態素を含むことができる。それは次の語幹があり得る。

a) **単純 simple**【語幹】：唯一の形態素、つまり語根のみを含むもの。例：

голов-á《頭》　　　　говор-и́ть《話す》

b) **接尾辞のついた suffixé**【語幹】：1つあるいは複数の接尾辞を含む。語幹の一部をつくる接尾辞は**派生接尾辞 suffixes dérivationnels** である：

голо́в-ушк-а《頭(愛称形)》　　говор-éн-и-е《話すこと》

c) **接頭辞合成 composé préfixal**【語幹】：語根は1つあるいは複数の接頭辞により先行される：

из-голо́в-ь-е《枕もと》　　за-говор-и́ть《話し始める》

d) **重語根合成 composé biradical**【語幹】：語根は他の構造化された語によって先行される (cf. §119)：

голов-о-ре́з《乱暴者》

しかし屈折の研究においては、語の語幹は包括的に考慮されるので、そのような形態論的な下位区分は重きを置かれない。それらは形態論の他の分野、すなわち派生の研究の対象である。

121

2°. **派生 dérivation**。もし2つの語が1つの同じ語根をもつが、しかし同じ1つの語の2つの屈折形と見なすことができないならば、それらは一方から他方へ**派生されている**という。голо́в-ушк-а は голова́ から派生される、за-говори́ть は говори́ть から派生される、等。

それ故、派生の研究は、他の語からある語を形成させるための、語の語幹を構成する様々な形態素間における結合の研究である。派生は接尾辞付加、接頭辞付加あるいは複合 composition によって行われる。

本文法書では、形態論は**屈折の研究**に限定し、辞書の中に与えられているような

各々の語を屈折させることにする。派生の研究——その結果はすでに辞書の中で記載されている——は、一般的原理に関する事（例えば、派生語のアクセント法の原理、cf. §164 sq.) あるいは屈折の研究に密接に結びついた問題（不完了体の派生のような問題、cf. §579 sq.) 以外は、この本の中では触れない。

E. 文中の語、語の分類

122

語の普通の機能は、それ自身で自足し、より拡大した意味を備えた単位、すなわち **文 phrases** (предложéния) を形成するためにグループを成すことである。語が分類されうるのは、それらが文中で占める機能によっているのである。ある場合には、語の意味は分類の二次的な基準を提供する。

123

1°. **語・文 mots-phrases** (間投詞とその他) は、その最も普通の機能はそれだけによって1つの文をつくり、他の語とはグループ化しない、という語である：

да́《はい》、спаси́бо《ありがとう》、áх《ああ》、ну́《さあ》、etc.

語・文は数が少なく、一般に屈折しない。

124

2°. **自立語 mots pleins** (полнозна́чные слова́) は、普通それだけでは文を形成せず、その意味によって外的現実の要素を指示する語である。自立語は大多数のロシア語の語に相当し、普通屈折するが、それはさらに動詞 verbs と名詞 noms に再区分される。

125

a) **動詞 verbes** (глаго́лы) は **述語形 formes prédicatives** と呼ばれる形をとる語であり、その形は単独でそして如何なる補助語を持たずに、文の主要な項 terme principal あるいは述語 prédicat (сказу́емое) として機能する語である：

де́душка ку́рит тру́бку《おじいさんはパイプを吹かしている》

文の主要な項である ку́рит《（彼は）喫煙する》は、動詞 кури́ть《喫煙する》の1つの形である。

126

b) **名詞 noms** (имена́) は、その如何なる形もそれ単独でまた補助語なしでは、上に示した役割を果たすことができない語である。

注：ある名詞は述語の役割を果たしうるしまた非常に頻繁に果たしているが、しかし補助動詞 быть《ある》——そのゼロ形をもつ補助動詞の現在形を含めて

——とともに使うときだけである、cf. §569。名詞述語 prédicat nominal をもつ文はゼロ動詞形をもつ現在時制に現れる：чай готóв《お茶は準備できている》、しかし他の時制では動詞形は表現される：чай был готóв《お茶は準備できていた》。

名詞の間でその統語的機能によって、2つの明確な基本的カテゴリーが区別される：

1. **実詞 substantifs**（именá существи́тельные）は、その形が動詞の主語あるいは目的語の役割を果たすことができる名詞である。

例：дéдушка кýрит трýбку における дéдушка《おじいさんは》と трýбку《パイプを》(対格)である。

2. **形容詞 adjectifs**（именá прилагáтельные）は、実詞を修飾することを普通の機能とする名詞である：

стáрый дóм《古い家》：стáрый《古い》は形容詞。

注：動詞、実詞そして形容詞は多くの形をもち、上の明確な一時的機能の外に二次的な多くの機能を果たすことができる。

さらにその意味に従って、他の2つの名詞カテゴリーを付け加えなければならない：

3. **数詞 numéraux**（именá числи́тельные）、量を示す実詞あるいは形容詞。

4. **代名詞 pronoms**（местоимéния）は、その機能によって実詞あるいは形容詞でありうるものである。その本来の意味において、代名詞はそれ自身によってではなくて、発話の場面を基準にして外的現実の対象を指示する。

ты пришёл《君はやって来た》（ты《君》はその人が誰であろうとも、話しかけられる人を示す）。

Вáня здéсь живёт《ヴァーニャはここに住んでいる》（здéсь《ここに》はその場所がどこであろうとも、話している人がいる場所を示す）。

最後に次のものがある：

5. **名詞欠如形 formes nominales défectives**（副詞的、状況語的、述語的）は、普通、実詞あるいは形容詞によって保証された二次的機能の幾つかの機能を果たすことができるもの、しかし主語あるいは目的語（実詞）によって、あるいは実詞の形容詞語句 épithète（形容詞）によってその一次的な機能を果たすことができないものである。例：

зáвтра《あす》は、чéрез гóд《一年後》のように時間の状況語的補語であるが、しかし普段は гóд《年》のように主語あるいは目的語にはなりえない；

нельзя́《できない》は、動詞 быть «être, to be» を付随させると、невозмóжно（同

じ意味)のような名詞述語であるが、しかし невозмо́жный のような名詞の形容詞語句にはなることができない。

127

3°. **補助語 mots-outils** (служе́бные слова́)：前置詞、接続詞、小辞 particules は自立語とは逆に、外的現実の要素を指示せず、もっぱら自立語の間の統語的関係を、あるいはそれらのうちの１つの文法的意味を標示するのに使われる語である。従ってそれらの機能は、他の語の機能よりむしろ屈折形態素の機能に類似している。

例：он ду́мает о бу́дущем《彼は将来のことを考えている》における о (о бу́дущем は ду́мает の目的語であることを示す)；

он узна́л бы《彼が知っていたら》における бы (動詞は条件法であることを示す)。

補助語は少数であり屈折しない。

以下の章では、我々は伝統的な順序に従い様々な種類の語を検討しよう。すなわち、

名詞の様々な種類：5章から9章；

動詞：10章；

機能語(道具語)：11章；

語・文：12章。

しかし様々な種類の語を検討するまえに、われわれはさらに語を構成する形態素の形式的な定義において用いられる概念を明確にする必要がある。

II. 形態素の形式的定義(形態論)

128

これまで引用された例の全てにおいて、形態素は音素の連続として形式的に定義されうる：[88]

⟨molč⟩　молч-и́-те《黙りなさい》の語根のために

⟨a⟩　　ла́мп-а《電灯》の語尾のために

⟨pod⟩　под-ход-и́-ть《近づく》の接頭辞のために。

しかしこの定義はしばしばまことに不十分である。どんな音素も含まない形態素、あるいは**ゼロ形態素 morphèmes zéro** がある。ある形態素は**交替 alternances** に従ったり、あるいは隣接する形態素に交替を起こさせる。最後に、形態素はそれが属する語の**アクセント accent** にある影響をもつ。

A. ゼロ形態素

129

陳述の中に含まれた情報はこれこれの音素の存在によってではなく、音素全体の欠如によって提供されるとき、**ゼロ形態素**（нулевáя морфéма、⟨ø⟩と記す）がある、と言われる。ゼロ形態素は、異なる情報を与えるであろうような充形態素 un morphème plein（1 つあるいは複数の音素の合成）をそれにふさわしい場所に表現することができるような陳述の点においてだけ仮定されうる。例えば：

ゼロ語尾：

	голóв	（複数属格）	⟨golov + ø⟩	《（複数の）頭の》
cf.	голов-á	（単数主格）	⟨golov + a⟩	《頭》
	готóв	（男性短形）	⟨gotov + ø⟩	《準備のできた》
cf.	готóв-a	（女性短形）	⟨gotov + a⟩	《準備のできた》
	рéжь	（命令）	⟨r,ež + ø⟩	《切れ》
cf.	рéж-y	（現在）	⟨r,ež + u⟩	《（私が）切っている》

ゼロ接尾辞：

    дáль   ⟨dal, + ø + ø⟩（形容詞から派生した名詞のゼロ接尾辞と主格のゼロ語尾をもつ）《遠方》

    дáл-и   ⟨dal, + ø + i⟩（ゼロ接尾辞、属格の語尾 ⟨i⟩）

cf. дал-ёк-ий ⟨dal, + ok + oj⟩（形容詞）《遠い》

    нёс   ⟨n,os + ø + ø⟩（過去のゼロ接尾辞、男性のゼロ語尾）《（彼は）運んだ》

cf. нес-л-á ⟨n,os + l + a⟩（過去の接尾辞 ⟨l⟩、女性の語尾 ⟨a⟩）《（彼女は）運んだ》

ゼロ語根あるいはゼロ接頭辞の確実な例はない。

B. 交替

130

形が異なる 2 つのセグメントが正確に同じ意味、同じ文法的意味、そして同じ用法をもち、それ故、同じ形態素のヴァリアントとして見なされうるとき、**交替**（чередовáние）がある。より頻繁には、形態の違いは問題のセグメントを構成する音素の一部にしか及ばず、また 2 つのヴァリアントの間の選択はある規則に従う。交替は 2 つのヴァリアントの間の記号 ~ によって記されるだろう。例えば：

  語根 ⟨noš⟩ ~ ⟨nos,⟩ нош-ý, нóс-ишь《私が運ぶ》、《君が運ぶ》において；

  接尾辞 ⟨ec⟩ ~ ⟨c⟩ куп-éц, куп-цá《商人（主格）》、《商人（属格）》において；

  接尾辞 ⟨ejš⟩ ~ ⟨ajš⟩ верн-éйш-ий, строж-áйш-ий《最も忠実な》、《最も厳

《しい》において。

大部分の交替は規則的である。つまり、一方あるいは他方のヴァリアントの出現はある規則から予測できる。例えば、上で引用した最上級の接尾辞〈ejš〉〜〈ajš〉（§353も参照）は以下の場合にあらわれる：

硬口蓋音の後で〈ajš〉：

строж-а́йш-ий, тиш-а́йш-ий, велич-а́йш-ий, etc.

そして他の全ての場合においては〈ejš〉：

верн-е́йш-ий, глуп-е́йш-ий, мудр-е́йш-ий, etc.

我々はこの言語において特に重要な役割を演じている以下の3種類の交替を検討しよう。

移動母音、

外因的交替、

母音間への /j/ あるいは /v/ の挿入。

C. 移動母音

131

1°. 定義

我々はゼロと交替する1つの母音を**移動母音** voyelle mobile (бе́глый гла́сный)と名付ける[89]。多くの形態素は2つの交替形を現す。一方は母音をもつもの（充形 forme pleine）、他方は母音をもたないもの（縮減形 forme réduite）。そのように消滅しうる母音、あるいは移動母音は、/o/ あるいは /e/（例外的に /i/）であり、この各種の母音の選択は単純な規則によって制御されている（以下の§134を見よ）[90]。例えば、以下の交替をもつ：

/s,ost,or/ 〜 /s,ostr/　gen. pl. сестёр,　　nom. sg. сестр-а́《姉妹》
/or,ol/ 〜 /orl/　　　　nom. sg. орёл,　　 gen. sg. орл-а́《鷲》
/d,en,/ 〜 /dn,/　　　　nom. sg. де́нь,　　 gen. sg. дня《日》
/ec/ 〜 /c/　　　　　　nom. sg. куп-е́ц,　　gen. sg. куп-ц-а́《商人》
/estv/ 〜 /stv/　　　　бож-еств-о́《神》、род-ств-о́《親戚関係》における接尾辞、
etc.

移動母音をもつ形態素が縮減形のもとに用いられるとき、上の例が示しているように少なくとも2つの子音の直接連続が常にある。

ある形態素における移動母音の存在（つまりそのような交替を被る能力）は、この形態素の重要な属性の1つである。我々はこの属性を、問題の形態素の記号の間に

挿入された記号 # によって標示しよう。それ故、我々は上で列挙された形態素を ⟨s,ost#r⟩、⟨or#l⟩、⟨d#n,⟩、⟨#c⟩、⟨#stv⟩ と書くだろう。

移動母音は、語根と接尾辞の中にも、接頭辞の中にも現れることができる。

132

2°. 語根と接尾辞の中における移動母音[91]

語根と接尾辞の中の移動母音の存在は予測不可能である。比較せよ：

 лéнь《怠惰》 gen. sg. лéни （語根 ⟨l,en,⟩）

 と пéнь《株》 gen. sg. пня （語根 ⟨p,#n,⟩）

 （同じ母音はある場合には固定的母音であり、他の場合には移動母音である）。

 óстрый《鋭い》 f. c. остёр （語根 ⟨ost,#r⟩）

 と пёстрый《斑の》 пёстр （語根 ⟨p,óstr⟩）

 （類似の子音グループは移動母音を含んでいるか、あるいは含んでいない）。

133

a）交替の働き

移動母音をもつ語根と接尾辞の充形と縮減形の中での交替の働きは、ただ唯一の位置においてのみ（つまり充形において移動母音が語の語幹末にあるとき、即ち、唯一の子音によって語の語尾から分離されるときのみ）一般法則に従う。この位置においてもし語尾が母音によって始まるならば、縮減形が現れる。充形はその他の場合に現れる。すなわち、ゼロ語尾の前で（かなり頻繁に起こる場合）あるいは子音によって始まる語尾の前で（稀に）。

 1. **ゼロ語尾の前で**：移動母音はただ1つの子音によってのみ語末から分離される：

⟨or#l⟩	nom. sg.	орёл	gen. sg.	орлá	《鷲》
⟨d#n,⟩		дéнь		дня	《日》
⟨s,ost#r⟩	gen. pl.	сестёр	nom. sg.	сестр-á	《姉妹》
⟨z,em#l,⟩		земéль		земл-я́	《土地》
⟨ok#n⟩		óкон		окн-ó	《窓》
⟨#c⟩		кол-éц		коль-ц-ó	《指輪》
⟨cerk#v,⟩	nom. sg.	цéрковь	gen. sg.	цéркв-и	《教会》
⟨l#ž⟩		лóжь		лж-и́	《嘘》
⟨um,#n⟩	f. c.	ум-ён	f. l.	ýм-н-ый	《賢い》
⟨č#j⟩	masc.	чéй	fem.	чь-я	《誰の》
⟨b,#j⟩	imper.	бéй	pres.1.sg.	бь-ю́	《叩け》《(私は)叩く》

⟨ž#g⟩　　pas. masc.　жёг　　pas. fem. жгл-á　《(彼は)焼いた》《(彼女は)焼いた》
⟨tol#k⟩　　　　　толóк　　　　　толкл-á　《(彼は)搗いた》《(彼女は)搗いた》

2. **子音の語頭音をもつ語尾の前で**：これはただ唯一の語尾に関わる。第3曲用の語の具格の /ju/ (cf. §265)：

це́рковь, це́ркви,　　　instr. sg.　це́рков-ью　《教会》
лóжь, лж-и́,　　　　　　　　　　　 лóж-ью　　《嘘》

上の規則の例外として、移動母音が2つの子音に先行され、しかもその第2番目の子音が鳴音あるいは /v/ あるいは /v,/ であるとき、この移動母音は常にその充形を保持する。【ロシア語では、「子音＋鳴音＋子音」の結合はできる限り避けられるからである。訳注88参照。―訳者】例えば、

⟨#c⟩ は /ec/ のままである：кузн-е́ц, gen. кузн-ец-á《鍛冶屋》
　　　　　　　　　　　　　 черн-е́ц　　 черн-ец-á《修道士》
　　　　　　　　　　　　　 мертв-е́ц　　мертв-ец-á《死人》
⟨#k⟩ は /ok/ のままである：чесн-óк　　 чесн-ок-á《ニンニク》
⟨#n⟩ は /on/ (-енн- と書かれる)　пи́сьм-енн-ый　《書かれた》
　　　　　　　　　　　　　　　 у́мств-енн-ый　《知的な》
　　　　　　　　　　　　　　　 жи́зн-енн-ый　 《生命の》、etc.

若干の例外がある。горд-е́ц, gen. горд-ец-á《傲慢な人》、ва́хт-енн-ый (adj.)《当直の》、etc. のように、他の子音グループの後で充形が保持される語。

充形はまた非音節的な語根に後続する接尾辞においても保持される：

лж-е́ц　gen. лж-ец-á　《嘘つき》
чт-е́ц　　чт-ец-á　　《朗読者》、etc.

134

b) 移動母音の選択

移動母音は規則的には /o/ あるいは /e/、例外的に /i/ である。その配分は以下の通りである。

1. **軟口蓋音と /l/ の後**では移動母音は常に /o/ である。

gen. sg.　 у́гл-я　　nom. sg.　у́голь　《石炭》
　　　　　 огн-я́　　　　　　　огóнь　《火》
　　　　　 нóгт-я　　　　　　 нóготь　《爪》
nom. sg.　ку́хн-я　 gen. pl.　ку́хонь　《台所》
gen. sg.　 це́ркв-и　nom. sg.　це́рковь《教会》
f. l.　　　 пóлн-ый　f. c. masc.　пóлон《満ちあふれた》

pas. fem. толк-ла́   pas. masc.   толо́к《搗いて砕いた》

2. 子音 /j c n, l, s,/ の前ではそれは常に /e/ である：

gen. sg.	ручь-я́	nom. sg.	руче́й《小川》
nom. fem.	чь-я́	nom. masc.	че́й《誰の》
pres. 1 sg.	бь-ю́	imper.	бе́й《(私は)打つ》《打て》
gen. sg.	купц-а́	nom. sg.	купе́ц《商人》
nom. sg.	овц-а́	gen. pl.	ове́ц《雌羊》
gen. sg.	дн-я́	nom. sg.	де́нь《日》
nom. sg.	дере́вн-я	gen. pl.	дереве́нь《村》
nom. sg.	земл-я́	gen. pl.	земе́ль《土地》
nom. fem.	вс-я́	nom. masc.	ве́сь《全体の》、etc.

注：無アクセント音節における /j/ の前で、この /e/ は e と書かれずに、и と書かれる：[92]

nom. sg.	го́сть-я	gen. pl.	го́стий《(女の)客》
	лгу́нь-я		лгу́ний《(女の)嘘つき》
	копь-ё		ко́пий《槍》
nom. fem.	тре́ть-я	nom. masc.	тре́тий《第3番目の》
	бо́жь-я		бо́жий《神の》

次の語を除く：

gen. sg.	у́лья	nom. sg.	у́лей《(ミツバチの)巣箱》
	чи́рья		чи́рей《出来物》
nom. sg.	ружь-ё	gen. pl.	ру́жей《鉄砲》(l.c.)

次の語においてはそれは я が書かれる：

gen. sg.	за́йц-а	nom. sg.	за́яц《野ウサギ》(l.c.)

3. 子音 /s n l r/ の前で移動母音は、/l/ を除いた、それらに先行する硬軟の対をもつ全ての硬子音の湿音化を伴う /o/ である。従って、軟子音によって先行される /o/ は、アクセントのもとに ё、アクセントの外で e と書かれる。例えば：

/s/ の前で	gen. sg.	овс-а́	nom. sg.	ове́с《エン麦》
/n/ の前で	nom. sg.	копн-а́	gen. pl.	копён《干草などを積み上げた山》
		сосн-а́		со́сен《松》
		бревн-о́		брёвен《丸太》
	f. l.	у́мн-ый	f. c.	умён《賢い》
		гря́зн-ый		гря́зен《泥だらけの》

/l/ の前で	gen. sg.	орл-á	nom. sg.	орёл《鷲》	
		ýзл-а		ýзел《結び目》	
	nom. sg.	ветл-á	gen. pl.	вётел《西洋シロヤナギ》	
		весл-ó		вёсел《櫂》	
	f. l.	свéтл-ый	f. c.	свéтел《明るい》	
/r/ の前で	gen. sg.	ковр-á	nom. sg.	ковёр《絨毯》	
	nom. sg.	сестр-á	gen. pl.	сестёр《姉妹》	
		бедр-ó		бёдер《股》	
	f. l.	хи́тр-ый	f. c.	хитёр《狡猾な》、etc.	

しかしながら湿音化は語根の語頭に置かれた子音には達しない(湿音化の欠如のため母音はoと書かれる):

gen. sg.	сн-á	nom. sg.	сóн《眠り、夢》	
	рт-á		рóт《口》	
	по-сл-á		по-сóл《大使》	
nom. sg.	дн-ó	nom. pl.	дóн-ья《底》	
f. l.	зл-óй	f. c.	зóл《意地の悪い》(l.c.)	

ただ例外をつくっているのは、湿音化が語頭子音に達する次の1語である:

gen. sg.	пс-á	nom. sg.	пёс《犬》(l.c.)	

勿論、対をもたない子音が湿音化することはない(この子音の後で、/o/ はアクセントのあるときにはo, アクセントのないときにはeと書かれる):

nom. sg.	княжн-á	gen. pl.	княжóн《公爵令嬢》	
f. l.	вáжн-ый	f. c.	вáжен《重要な》	
	бýйн-ый		бýен《がむしゃらな》、etc.	

例外的に、/j/ の後のアクセントのない /o/ は и と書かれる:

f. l.	достóин-ый	f. c.	достóин《値する》(l.c.)

どんな軟子音も変化を受けない:

f. l.	вóльн-ый	f. c.	вóлен《自由な》
	си́льн-ый		силён《強い》、etc.

　4. **その他の全ての場合**には(即ち、2と3のもとで列挙されたものとは別の子音全ての前で)、移動母音は、湿音化を引き起こさない /o/ である(一般的な正書法規則により、先行する子音の性質に従って、アクセントのあるときはoあるいはё, アクセントがないときはoあるいはeが書かれる):

　　対をもつ硬子音の後で(正書法ではo):

gen. sg.	лб-а́	nom. sg.	лоб 《額》	
	ломт-я́		ломо́ть 《(食物の)一片》	
	любв-и́		любо́вь 《愛》	
	вш-и́		во́шь 《シラミ》	
	сынк-а́		сыно́к 《息子(指小形)》	
nom. sg.	ро́зг-а	gen. pl.	ро́зог 《(笞刑用の)小枝》	
	во́дк-а		во́док 《ウォッカ》	
	де́вк-а		де́вок 《娘》	

対をもつ軟子音の後で(正書法では、アクセントがあれば ё, アクセントがなければ e)。

nom. sg.	тюрьм-а́	gen. pl.	тю́рем 《監獄》	
	судьб-а́		су́деб 《運命》	
	письм-о́		пи́сем 《手紙》	
f. l.	го́рьк-ий	f. c.	го́рек 《苦い》	

対をもたない子音の後で(正書法では、アクセントがあれば o あるいは ё, アクセントがなければ e)。

gen. sg.	петушк-а́	nom. sg.	петушо́к 《雄鶏(指小形)》	
nom. sg.	де́вушк-а	gen. pl.	де́вушек 《乙女》	
	ча́йк-а		ча́ек 《カモメ》	
past. fem.	жгл-а́	past. masc.	жёг 《焼いた》	

5. これらの規則の例外：

α) 次の3つの語において移動母音は /o/ の代わりに /e/ である：

gen. sg.	льв-а́	nom. sg.	лев 《ライオン》	
	хребт-а́		хребе́т 《背骨》	
nom. sg.	корчм-а́	gen. pl.	корче́м 《旅籠屋》(l.c.)	

β) 移動母音は湿音化をもたない /o/ (o と書かれ、それは /k/ の前で期待されよう)の代わりに湿音化をもつ /o/ (アクセントのないときは e と書かれる)である：

nom. pl.	су́мерк-и	gen. pl.	су́мерек 《薄明》	
nom. sg.	кочерг-а́	gen. pl.	кочерёг 《火かき棒》(l.c.)	

γ) 移動母音は次の語において /i/ である：

nom. sg.	яйц-о́	gen. pl.	яи́ц 《卵》[93]	
nom. fem.	одн-а́	nom. masc.	оди́н 《1》(l.c.)	

この最後の語において /i/ の前の子音の湿音化がある。

135

c) 移動母音をもつ語幹

2つの子音によって終わる語幹（母音の語尾の前で）のうちで、何がこれら2つの子音の中に移動母音を挿入するものなのか、あるいは何がそこに移動母音を挿入しないものなのかを明確にする規則を定めることは不可能である。しかしながら以下の点を明確にすることができる。

1. 次のように最近の外来語は決して**移動母音をもたない**：

gen. sg.	ри́тм-а	nom. sg.	ри́тм《リズム》
	ме́тр-а		ме́тр《メートル》
nom. sg.	фе́рм-а	gen. pl.	фе́рм《農場》
	до́гм-а		до́гм《ドグマ》
	ни́мф-а		ни́мф《(ギリシャ神話)ニンフ》
	по́чт-а		по́чт《郵便(局)》、etc.

2. 常に**1つの移動母音をもつ**：

α) 以下のようにどのような子音によっても先行される /j/ よって終わる語幹：

gen. sg.	воробь-я́	nom. sg.	воробе́й《雀》
	мурáвь-я		муравéй《蟻》
nom. sg.	стать-я́	gen. pl.	статéй《記事》
	скамь-я́		скамéй《腰掛け》
	семь-я́		семéй《家族》
	гóсть-я		гóстий《(女の)客》
	копь-ё		кóпий《槍》
	ущéль-е		ущéлий《渓谷》
nom. fem.	тре́ть-я	nom. masc.	трéтий《第3番目の》、etc.

β) 2つの子音を含み、どんな母音も含まない語幹：

gen. sg.	лб-а́	nom. sg.	лоб《額》
	льд-а́		лёд《氷》
	рв-а́		ров《壕》
	дн-я́		день《日》
nom. sg.	дн-о́	nom. pl.	дóн-ья《底》
gen. sg.	вш-и́	nom. sg.	вошь《シラミ》
	рж-и́		рожь《ライ麦》
f. l.	зл-óй	f. c.	зол《意地悪い》

nom. fem.	чь-я́	nom. masc.	че́й 《誰の》	
	вс-я́		ве́сь 《全ての》	
pres. 1 sg.	ль-ю́	imper.	ле́й 《(私は)注ぐ》《注げ》	
past. fem.	жгл-а́	past masc.	жёг 《焼いた》、etc.	

γ) 非常によく用いられる接尾辞の一つによって終わる語幹：

⟨#c⟩ (-ец で終わる男性名詞、-ца で終わる女性名詞、-цо, -це で終わる中性名詞)：

gen. sg.	отц-а́	nom. sg.	оте́ц 《父》
	не́мц-а		не́мец 《ドイツ人》
nom. sg.	две́рц-а	gen. pl.	две́рец 《小扉》
	се́рдц-е		серде́ц 《心臓》
	крыльц-о́		крыле́ц 《玄関》、etc.

唯一の例外は、со́лнц-е, gen. pl. со́лнц 《太陽》(l.c.)の語である。

⟨#k⟩ (-ок, -ёк, -ек で終わる男性名詞、-ка で終わる女性名詞、-ко で終わる中性名詞)：

gen. sg.	дружк-а́	nom. sg.	дружо́к 《友》
	царьк-а́		царёк 《王(指小形)》
	мона́шк-а		мона́шек 《修道女》
nom. sg.	де́вушк-а	gen. pl.	де́вушек 《乙女》
	тётк-а		тёток 《おば》
	пы́тк-а		пы́ток 《拷問》
	серде́чк-о		серде́чек 《心臓(指小形)》

注：-ка で終わるが移動母音を含まない唯一の名詞がある。これは ла́ск-а 《愛撫》, gen. pl. ла́ск である。なぜならばこの /k/ は接尾辞ではないからだ (ла́ск-а 《イタチ》、gen. pl. ла́сок と混同してはいけない)。

-ок で終わる語の中には、反対に次のように /o/ が移動母音でない語が多く存在する：ездо́к 《騎乗者》(gen. ездок-а́; 接尾辞 ⟨ok⟩); пото́к 《急流, 流れ》(gen. пото́к-а; 語根 ⟨tok⟩)、etc.

⟨#k⟩ (-кий で終わる形容詞)：

f. l.	бли́зк-ий	f. c.	бли́зок 《近い》
	то́нк-ий		то́нок 《細い》、etc.

⟨#n⟩ (-ный, -ной で終わる形容詞)：

f. l.	больн-о́й	f. c.	бо́лен 《病気の》

> гру́стн-ый　　　　　　　　гру́стен《悲しい》
> подозри́тельн-ый　　　　подозри́телен《疑わしい》、etc.

3°. 接頭辞の中の移動母音[94]

1つの子音で終わる広く用いられる接頭辞のすべてにおいて、これは1つの移動母音によって後続される。それはもしそれが実現されれば、/o/ の形を取る。以下の接頭辞が重要である：

> в ～ во　　　　из ～ изо　　　об ～ обо　　　пред ～ предо
> вз ～ взо　　　над ～ надо　　от ～ ото　　　раз ～ разо
> воз ～ возо　　низ ～ низо　　под ～ подо　　с ～ со (l.c.)

充形(o をもつ)は以下の場合に現れる。

a) 接頭辞が非音節的語根に先行するとき：

> изо-вр-а́-ть-ся《嘘つきになる》
> со-гр-е́-ть《暖める》
> со-жр-а́-ть《食い尽くす》
> ото-мк-н-у́-ть《(鍵を)はずす》
> со-тр-у́《(私は)拭き取る》(動詞 с-тере́-ть《拭き取る》から、そこでは同じ語根は音節的である)
> ото-бь-ю́《(私は)撃退する》(語根 ⟨b,#j⟩；動詞 от-би́-ть《撃退する》から、そこでは同じ語根は音節的である)
> со-жг-л-а́《(彼女は)焼いた》(動詞 с-же́чь《焼く》から、そこでは同じ語根は音節的である)、etc.

b) 接頭辞 с ～ со が、/s/ あるいは /z/ によって始まる子音群に先行するとき：

> со-ста́в-и-ть《編成する》
> о-со-зна́-ть《自覚する》、etc.

c) 接頭辞 в ～ во が /v/ によって始まる子音群に先行するとき：

> во-вле́чь《引き入れる》、etc.

注1：接頭辞のなかの移動母音は、それぞれの接頭辞の独自の属性ではなくて、1つの子音によって終わるというこれらすべての共通の特徴である。したがってそれを記号 # によって書き留めることは無益なことである。

注2：ロシア語起源の接頭辞 в, с の充形の во, со と、スラボニア語起源の接頭辞 во, со を混同してはならない。後者はすべての位置で母音 /o/ を保持している。それらは主として宗教的、学問的、あるいは書物的特色をもつ語の中に見られる：

со-бóр《大聖堂》'cathédrale'(cf. с-бóр《採集》)

во-общé《一般に》'en général'(cf. в óбщем, 同じ意味、話し言葉でより広く使われている)、

во-ображéние《想像》'imagination'

со-áвтор《共著者》'co-auteur'、etc.

注3：前置詞における移動母音については、§620を参照。

D. 外因性の交替

137

1°. 一般的特徴

　ある交替はそれが被った形態素の属性として分析されることはできない。それらの交替は、規則的に全ての形態素に――たとえそれがどのようなものであれ、それが他の形態素の隣に配置されているならば――作用する、ということに注意すべきである。

　例えば、第2活用(cf. §482)の動詞の現在・単数1人称の語尾〈u〉は、先行する子音において生ずるべき属性として、あるタイプの交替をもつ。それは次のような音韻論的用語で定義できる。すべての舌・噪子音 bruyante linguale を硬口蓋音によって交替すること、またすべての唇音の後ろでの /l/ の付加である。

　硬口蓋音によって交替された舌・噪子音：

　　　след-и́т,　　слеж-ý　《(彼は)見守る》《(私は)見守る》

　　　замéт-ит,　замéч-у　《(彼は)気づく》《(私は)気づく》

　　　вóз-ит,　　вож-ý　《(彼は)運送する》《(私は)運送する》

　　　крáс-ит,　　крáш-у　《(彼は)塗る》《(私は)塗る》

　唇音の後ろでの /l/ の付加：

　　　люб-и́т,　　любл-ю́　《(彼は)愛する》《(私は)愛する》

　　　тéрп-ит,　　терпл-ю́　《(彼は)耐える》《(私は)耐える》

　　　гром-и́т,　　громл-ю́《(彼は)撃滅する》《(私は)撃滅する》、etc.

　このタイプの交替は、ある形態素(ここでは動詞語幹)がその影響を受け、しかし隣接の形態素(ここでは語尾)によって引き起こされるのであり、そのタイプの交替は**外因性の交替 alternance exogène** と呼ぶことができる。それはそれが受ける形態素(ここでは語幹)の属性として分析されるべきではなく、それを引き起こすもの(ここでは語尾)から分析されるべきである。そして後者の明確な定義のなかに必ず立ち入らねばならない。例えば、もし記号 = によって上で定義された交替を引き

起こす能力を表すことに決めれば、現在の 1 人称の語尾は ⟨= u⟩ と記されうるだろう。

　外因性の交替はロシア語では頻繁に起こる規則的な現象である。外因性の交替は言語の記述を容易にする幾つかの恒常的な特徴をもっている：[95]

　　a) **逆行性**。外因性の交替は常に逆行的である。つまり、交替を受ける形態素はつねに交替を引き起こす形態素の前に置かれる。

　　b) **形態論的調整**。外因性の交替はただ構造化された語 (語根 + 接尾辞 + 語尾) の内部にのみ影響を与える。その外因性の交替は逆行的であるから、したがってそれは語根と接尾辞にのみ影響を受け、そして接尾辞と語尾によってのみ引き起こされる。

　　c) **音韻的調整**。外因性の交替は子音によって終わる形態素のみ影響を受け、そして子音によって始まることのない形態素 (母音あるいは移動母音によって始まる形態素、あるいはゼロ形態素) によってのみ引き起こされる。

　　d) **適応点**。交替を引き起こす形態素に先行する最後の子音 (例外的に最後の子音群) のみに作用する **子音交替** alternances consonantiques と、交替を引き起こす形態素に先行する最後の母音のみに作用する **母音交替** alternances vocaliques が区別される。

　　e) **規則性**。少数の **交替の組** が存在する。その各々は単純な用語で定義できる。すなわち、交替の適応点に置かれた音素の 1 つあるいは幾つかの弁別特徴の変化によって定義できる。交替を引き起こす形態素の各々は、その言語のなかに存在する組のどちらかを引き起こすものとして定義することができる。

　それ故、我々は今、この言語の中に存在する外因性の交替の組のリストをその各々のために与えねばならない：

　・全体の中で組を示す慣用的な名称、交替を引き起こす形態素の表記の中でその存在を標記している慣用的記号を含む。

　例：上で引用された語尾 ⟨u⟩ によって (また多くの他の形態素によって) 引き起こされる交替の組は、便宜的に《一般的な硬口蓋化 palatalisation générale》と呼ばれよう。また交替を引き起こす形態素の標記の初めに置かれた記号 = によって記されよう：⟨=u⟩；

　・その適応の点に置かれた音素へのその作用の音韻的な定義 (もし可能なら、弁別特徴の用語で)；

　・この交替を引き起こす形態素の幾つかの例 (ある追加的例は形態論の各章で明らかになろう)。

我々は子音の外因性の交替と母音の外因性の交替を別々に検討しよう。

138

2º. 子音の外因性の交替

4つの組を分けることができる。以下は慣用的な名称と我々がそれを標記する記号である：

《湿音 mouillure》、記号《 , 》で記される。
《軟口蓋子音の硬口蓋化 palatalisation des vélaires》、記号《 : 》で記される。
《湿音・硬口蓋化 mouillure-palatalisation》、記号《 ; 》で記される。
《一般的な硬口蓋化 palatalisation générale》、記号《 = 》で記される。

139

a)「**湿音**」（記号《 , 》）：これは対をもつ全ての硬子音の、対応する軟子音による取り替えである；他の子音は変化しない。例：命令形の語尾⟨,i⟩をもつもの：

/b/ ~ /b,/　греб-ý, греб-и́　《（私は）漕ぐ》、《漕げ》
/v/ ~ /v,/　жив-ý, жив-и́　《（私は）住んでいる》、《生きろ》
/m/ ~ /m,/　пойм-ý, пойм-и́《（私は）理解する》、《理解しろ》
/t/ ~ /t,/　плет-ý, плет-и́　《（私は）編む》、《編め》
/d/ ~ /d,/　вед-ý, вед-и́　《（私は）連れて行く》、《連れて行け》
/s/ ~ /s,/　нес-ý, нес-и́　《（私は）運んでいる》、《運べ》
/n/ ~ /n,/　гн-ý, гн-и́　《（私は）曲げる》、《曲げろ》
/r/ ~ /r,/　умр-ý, умр-и́　《（私は）死ぬ》、《死ね》。

注：ここで起こっているのは音韻的交替であり、正書法的な交替ではない。なぜならば文字 и は母音 /i/ と先行する子音の湿音化を表しているにすぎないのであるから。

しかし先行する子音が対をもつ硬子音でないならば、それは変化しない：

軟口蓋子音	/k/ пек-ý, пек-и́	《（私は）焼く》、《焼け》
	/g/ берег-ý, берег-и́	《（私は）守る》、《守れ》
硬口蓋音	/š/ пиш-ý, пиш-и́	《（私は）書く》、《書け》
	/ž/ вяж-ý, вяж-и́	《（私は）束ねる》、《束ねろ》
	/č/ топч-ý, топч-и́	《（私は）踏む》、《踏め》
対をもつ軟子音	/l, / шл-ю́, шл-и́	《（私は）送る》、《送れ》
	/r, / бор-ю́-сь, бор-и́-сь	《（私は）闘う》、《闘え》、etc.

140

b)「**軟口蓋子音の硬口蓋化**」（記号《 : 》）：

この交替は実は、3つの軟口蓋音 /k g x/ だけでなく歯音摩擦音 /c/ にも作用する。

この4つの子音は、他の弁別特徴を変更することなく、硬口蓋音(集約的な、高音調整の aiguës 子音)によって替えられる。

以下の左列の子音は、右列の子音によって替えられる：

/g/ 有声音　　　　　　　　/ž/ 有声・硬口蓋
/x/ 非中断性・無声音　　　 /š/ 非中断性・無声・硬口蓋
/k/ /c/ 中断性・無声音　　 /č/ 中断性・無声・硬口蓋

例：-a で終わる実詞の指小辞 -к-а の形成に使う接尾辞 〈:#k〉：

/g/ ~ /ž/　ног-á　《足》　　指小形　нóж-к-а;
/x/ ~ /š/　блох-á　《蚤》　　　　　блóш-к-а;
/k/ ~ /č/　рук-á　《手、腕》　　　 рýч-к-а;
/c/ ~ /č/　птиц-а　《鳥》　　　　　птич-к-а.

この同じ接尾辞の前では他の子音は変化しない：

対をもつ硬音：
/b/　　　бáб-а　《農婦》　指小形　бáб-к-а;
/v/　　　дéв-а　《乙女》　　　　　дéв-к-а;
/t/　　　пят-á　《踵》　　　　　　пя́т-к-а;
/v/　　　рáн-а　《傷》　　　　　　рáн-к-а, etc.

対をもつ軟音：
/dʲ/　　дя́д-я　《おじ》　指小形　дя́дь-к-а;
/nʲ/　　ды́н-я　《メロン》　　　　 ды́нь-к-а;
/lʲ/　　пýл-я　《弾丸》　　　　　 пýль-к-а, etc.

硬口蓋音：
/š/　　　душ-á　《心、人》　指小形　дýш-к-а;
/č/　　　кýч-а　《堆積》　　　　　　кýч-к-а;
/j/　　　стá-я　《動物の群れ》　　　стáй-к-а, etc.

注：この交替の組は移動母音によって始まる接尾辞によってのみ引き起こされる (cf. нóж-к-а, gen. pl. нóж-ек)。またこれは派生においてのみ役割を果たしており、屈折においては果たしていない。

c) 「湿音・硬口蓋化」(記号 «;»)：

この交替の組は、先例の2つの組が(唯一の、そして同じ形態素の現前で)同時に起こることを表わしている。すなわち、対をもつ硬子音は対応する軟音によって替

えられる。また軟口蓋音は対応する硬口蓋音によって替えられる。
例：第 1 活用動詞の単数 2 人称の語尾 〈;oš〉(cf. §479–§480)：
軟音による対をもつ硬音の取り替え：

/b/ ~ /b,/	греб-ý, греб-ёшь	《(私は)漕ぐ、(君は)漕ぐ》
/v/ ~ /v,/	жив-ý, жив-ёшь	《(私は)住む、(君は)住む》
/m/ ~ /m,/	пойм-ý, пойм-ёшь	《(私は)理解する、(君は)理解する》
/t/ ~ /t,/	плет-ý, плет-ёшь	《(私は)編む、(君は)編む》
/d/ ~ /d,/	вед-ý, вед-ёшь	《(私は)連れて行く、(君は)連れて行く》
/s/ ~ /s,/	нес-ý, нес-ёшь	《(私は)運ぶ、(君は)運ぶ》
/n/ ~ /n,/	гн-ý, гн-ёшь	《(私は)曲げる、(君は)曲げる》
/r/ ~ /r,/	умр-ý, умр-ёшь	《(私は)死ぬ、(君は)死ぬ》

硬口蓋音による軟口蓋音の取り替え：

/k/ ~ /č/	пек-ý, печ-ёшь	《(私は)焼く、(君は)焼く》
/g/ ~ /ž/	берег-ý, береж-ёшь	《(私は)守る、(君は)守る》

(/x/ と /c/ をもつ例はない)
その他の子音にとっては交替はない：
硬口蓋音

/š/	пиш-ý, пи́ш-ешь	《(私は)書く、(君は)書く》
/ž/	вяж-ý, вя́ж-ешь	《(私は)束ねる、(君は)束ねる》
/j/	да-ю́, да-ёшь	《(私は)与える、(君は)与える》

対をもつ軟音：

/l,/	шл-ю́, шл-ёшь	《(私は)送る、(君は)送る》
/r,/	бор-ю́-сь, бо́р-ешь-ся	《(私は)闘う、(君は)闘う》、etc.

注：検討しているように、この交替の組は第 1 番目の組(「湿音」)とはその軟口蓋音の扱いが異なる。同じ動詞の命令形と単数 2 人称形を比較せよ：пек-и́、しかし печ-ёшь。

この交替の組は屈折においても派生においても非常に大きな役割を果たしている。

142

d)「一般的な硬口蓋化」(記号 « = »)。

ここに関わっているのは、硬口蓋音と /n, r, l,/ を除いた、全ての子音に作用する交替である。その結果は以下である。

1. **噪子音の舌音**は、それらの他の弁別特徴の変化を伴わずに硬口蓋音によっ

て取り替えられる。

以下の左列の子音は、以下の右列の子音によって取り替えられる。

/d d, z z, g/ 有声音　　　　　　　　/ž/ 有声・硬口蓋音

/s s, x/ 非中断性・無声　　　　　　/š/ 非中断性・無声・硬口蓋音

/t t, k/ 中断性・無声　　　　　　　/č/ 中断性・無声・硬口蓋音

注：軟口蓋音 /k g x/ にとって、その結果は「軟口蓋子音の硬口蓋化」と同じである。

2. **硬い鳴音の舌音** /n l r/ は対応する軟音 /n, l, r,/ によって取り替えられる。

3. **唇音**（硬音 /p b f v m/ と軟音 /p, b, f, v, m,/）は、/l,/ によって後続される唇音によって取り替えられる：/pl, bl, fl, vl, ml,/。

4. **他の子音**：硬口蓋子音 /ž š č j/ と軟音の鳴音の舌音 /n, l, r,/ は変化しない。

この交替を引き起こす形態素の例は比較級の語尾〈=e〉(cf. §346) によって提供される。

硬口蓋音によって取り替えられる噪子音の舌音：

/d/ ~ /ž/	молод-о́й	《若い》	~ моло́ж-е	《より若い》
/z/ ~ /ž/	у́з-кий	《狭い》	~ у́ж-е	《より狭い》
/g/ ~ /ž/	стро́г-ий	《厳しい》	~ стро́ж-е	《より厳しい》
/s/ ~ /š/	выс-о́кий	《高い》	~ вы́ш-е	《より高い》
/x/ ~ /š/	ти́х-ий	《静かな》	~ ти́ш-е	《より静かな》
/t/ ~ /č/	крут-о́й	《険しい》	~ кру́ч-е	《より険しい》
	то́лст-ый	《太い》	~ то́лщ-е	《より太い》
	（子音群 /sč/ は щ と書く）			
/k/ ~ /č/	кре́пк-ий	《頑丈な》	~ кре́пч-е	《より頑丈な》

軟音によって取り替えられる硬い鳴音の舌音：

/r/ ~ /r,/	шир-о́кий	《幅広い》	~ ши́р-е	《より幅広い》

/l,/ によって後続される唇音：

/v/ ~ /vl,/	дешёв-ый	《安い》	~ деше́вл-е	《より安い》

他の子音の変化はない：

/l,/	дал-еко́	《遠く》	~ да́л-е	《より遠く》、etc.

注：最後の形 да́л-е は今日廃れている、cf. §347。

他の例は第2活用動詞の過去受動分詞を形成するために用いる接尾辞〈=on〉によって提供される (cf. §509)。

硬口蓋音によって取り替えられる噪子音の舌音：

| /d,/ ~ /ž/ | прослед-и́ть《見張る》 ~ просле́ж-енный《見張られた》
| /z,/ ~ /ž/ | пораз-и́ть《一撃を加える》~ пораж-ённый《一撃を加えられた》
| /s,/ ~ /š/ | укра́с-ить《飾る》 ~ укра́ш-енный《飾られた》
| /t,/ ~ /č/ | заме́т-ить《気づく》 ~ заме́ч-енный《気づかれた》
| | пуст-и́ть 《放す》 ~ пу́щ-енный《放たれた》(/sč/ は щ と書く)

/l,/ によって後続される唇音：

| /b,/ ~ /bl,/ | возлюб-и́ть《好きになる》 ~ возлю́бл-енный《惚れられた》
| /p,/ ~ /pl,/ | куп-и́ть 《買う》 ~ ку́пл-енный《買われた》
| /v,/ ~ /vl,/ | вы́лов-ить《引き上げる》 ~ вы́ловл-енный《引き上げられた》
| /m,/ ~ /ml,/ | разгром-и́ть《粉砕する》 ~ разгро́мл-енный《粉砕された》

他の子音の変化はない：

軟の鳴音・舌音：

| /n,/ | обвин-и́ть《告訴する》 ~ обвин-ённый《告訴された》
| /l,/ | спил-и́ть 《挽く》 ~ спи́л-енный《挽かれた》
| /r,/ | ускор-и́ть《加速する》 ~ уско́р-енный《加速された》

硬口蓋音

| /ž/ | изне́ж-ить《甘やかす》 ~ изне́ж-енный《甘やかされた》
| /š/ | реш-и́ть 《決める》 ~ реш-ённый《決められた》
| /č/ | вы́леч-ить《全治させる》 ~ вы́леч-енный《全治させられた》
| /j/ | удосто́-ить《授与する》 ~ удосто́-енный《授与された》、etc.

注：これらの動詞の語幹は軟口蓋音あるいは対をもつ硬子音によっては決して終わらない。

このタイプの他の形態素は同じ動詞の単数 1 人称現在の語尾〈=u〉である (cf. §137)。

143

e)「スラボニア語の硬口蓋音化」

これは上で検討された「一般的な硬口蓋化」の特殊な事例である。それはスラボニア語起源の幾つかの語において使われていると同じ形態素によって引き起こされる[96]。それは閉鎖歯音 /t t, d d,/ の扱いによって、(ロシア語の)「一般的な硬口蓋化」とは異なっている：

/t t,/ は /č/ ではなくて /sč/ (щ と書く) によって取り替えられる。

/d d,/ は /ž/ ではなくて /žd/ あるいは /zd,/ によって取り替えられる。

例：

/t,/ ~ /sč/　　запрет-и́ть《禁ずる》　~ запрещ-ённый《禁じられた》

/d,/ ~ /žd,/　предупред-и́ть《予告する》~ предупрежд-ённый《予告された》、etc.

ある形態素はもっぱら /t,/ のみに「スラボニア語の硬口蓋音化」を引き起こす。しかし /d,/ には起こらない。これは単数（第 2 活用）の現在 1 人称の語尾〈=u〉の場合である。

/t,/ ~ /sč/　　запрет-и́ть《禁ずる》　~ запрещ-у́《（私は）禁ずる》

しかし、

/d,/ ~ /ž/ предупред-и́ть《予告する》~ предупреж-у́《（私は）予告する》、etc.

144
3º. 母音の外因性の交替

これは子音の外因性の交替よりあまり重要ではない。引用できるのは以下の場合のみである。

a) **交替 /o/ ~ /e/**（文字では：ё ~ e）：軟子音あるいは硬口蓋子音によって先行される母音 /o/ は、/e/ によって取り替えられる。例えば、ье で終わる中性名詞を形成するために使われる派生の接尾辞〈#j〉とともに：

весёл-ый　　《陽気な》　　весе́л-ье　　《陽気な気分》
озёр-а　　　《湖（複数）》　заозе́р-ье　　《湖の向こうの地域》
кочёв-ка　　《遊牧》　　　коче́в-ье　　《遊牧》
печён-ый　　《焼いた》　　пече́н-ье　　《クッキー》、etc.

この交替は対をもつ硬子音、あるいは軟口蓋子音の後に置かれる母音 /o/ に決して作用しない（文字では o）：

мо́р-е　　《海》　　　　помо́р-ье　　《沿岸地方》
гор-а́　　《山》　　　　плоского́р-ье《台地》、etc.

b) **交替 /o/ ~ /a/**：不完了体 imperfectifs を派生させるための形成接尾辞〈iva〉によって引き起こされる交替：[97]

зарабо́т-ать《稼ぐ》　　　晩араба́т-ыва-ть（不完了体）
вы́коп-ать《掘る》　　　　вы́кап-ыва-ть（不完了体）
отсто-я́ть《守る》　　　　отста́-ива-ть（不完了体）、etc.

c) **交替 # ~ /i/**：非音節的語根において、/i/ が挿入される。この交替は不完了体を派生させる接尾辞〈a〉によって引き起こされる：

со-зв-а́-ть《呼び集める》с-зыв-а́-ть（不完了体）、
со-бр-а́-ть《集める》　　со-бир-а́-ть（不完了体）、etc.

派生された不完了体の動詞の形成にのみ存在する、この最後の 2 つの交替は §584 でより詳細に検討されよう。

E. 母音間の /j/ あるいは /v/ の挿入

145

1º. **/j/ の挿入** [98]

構造化された同一の語(語根 + 接尾辞 + 語尾)の 2 つの形態素の境界には、hiatus (母音連続)が存在できない。もし母音で終わる形態素が母音(移動母音 # を含む)で始まる形態素によって後続されるならば、子音 /j/ が 2 つの母音の間に挿入される：

⟨zna + u⟩	/znáju/	зна́-ю《(私は)知っている》
⟨sm,e + a + t, + s,a⟩	/sm,eját,s,a/	сме-я́-ть-ся《笑う》
⟨d,e + a + t,el, + ø⟩	/d,éjat,el,/	де́-я-тель《活動家》
⟨torg + u + usč + oj⟩	/torgújusčoj/	торг-у́-ющ-ий《商売している》

移動母音をもつ場合：

⟨d,e + #stv + ,ij + o⟩	/d,éjstv,ijo/	де́-йств-и-е《活動》
⟨zna + #k + a⟩	/znájka/	все-зна́-йк-а《知ったかぶり》

同じ子音 /j/ は母音とゼロ形態素の間に挿入される：

⟨zna + ø⟩	/znáj/	знай《知りなさい》(命令形)

従って、母音で終わる構造化された語の非末尾の全ての形態素(語根あるいは接尾辞)は、母音、移動母音あるいはゼロ形態素の前に現れる /j/ によって終わるヴァリアントをもつ。

同じ形態素は、それが子音で始まる形態素によって後続されるとき、/j/ をもたずに現れる：

⟨zna⟩　зна́-ть《知っている》において

⟨sm,e⟩　сме́-х《笑い》において

⟨d,e⟩　де́-ло《仕事》において、etc.

母音あるいは移動母音によって始まる構造化された語の全ての非語頭形態素(接尾辞あるいは語尾)とゼロ形態素は必ず子音によって先行される。

146

2º. **/v/ の挿入**

ある特殊の形態素の前では、/j/ の代わりに同じ条件のもとで /v/ が挿入される。例えば、不完了体の派生語(cf. §583)の形に用いる接尾辞 ⟨a⟩ の前で：

⟨ot + kri + a + t,⟩	/otkrivát,/	от-кры-ва́-ть《開ける》

⟨za + p,e + a + t,⟩　　　/zap,evát,/　　за-пе-ва́-ть《歌い出す》
(完了体の形の от-кры́-ть, за-пе́-ть における同じ語根 ⟨kri⟩、⟨p,e⟩；у-мир-а́-ть《死ぬ》における子音の後の同じ接尾辞 ⟨a⟩ (/v/ なしの)、etc.)

　行為名詞の接尾辞 ⟨#c⟩ の前で：

　　⟨p,e + #c + ø⟩　　　　/p,ev,éc/　　пе-ве́ц《歌手》
　　⟨pro + da + #c + ø⟩　　/prodav,éc/　про-да-ве́ц《店員》
　　(куп-е́ц における子音の後の /v/ のない同じ接尾辞、etc.)

　/j/ の代わりに /v/ の挿入を引き起こす形態素は少ないので、リストをつくることができる。それは単に接尾辞にかかわるものである。

147

3°. 母音連続の可能性

　ロシア語では、2つの母音の連続である母音連続は、/j/（あるいは /v/）の挿入の条件が揃わないとき、つまり、同じ構造化された語の2つの形態素の境界以外の場所ではどこでも可能である。

　a) 構造化された同じ語に入らない2つの形態素の境界において：

　1.　接頭辞の境界：

　　　　по-умне́ть《利口になる》　　при-общи́ть《親しませる》
　　　　на-у́ка《科学》　　　　　　пере-о-де́ться《着替える》
　　　　за-уны́вный《悲しげな》　　за-игра́ть《遊び始める》、etc.

　2.　複合語の2つの語 (termes) の境界：

　　　　слабо-у́мный《愚かな》　　само-уби́йство《自殺》
　　　　одно-обра́зный《単調な》　шести-арши́нный《6アルシンの》、etc.

　b) 形態素の中において。これは実際に語根の内部においてのみ現れ、そしてロシア語起源の語においてこれはかなり稀である：[99]

　　　　пау́к《蜘蛛》　　　　　　оплеу́х-а《びんた》
　　　　кау́рый《薄栗毛色の》　　тиу́н《中世ロシアの高官》、(l.c.)

　しかし外来語起源の語ではかなり頻繁にみられる：поэ́т《詩人》、па́уза《中断》、гяу́р《邪教徒》、баоба́б《バオバブ》、о́пиум《アヘン》、буржуа́《ブルジョワ》、etc.

III. アクセント

A. アクセントと語

148

　ロシア語の語は 1 つの音韻的な標識を所有している。それは音韻的な標識の境界の間のアクセントの存在である。アクセントのある音節の音声的な特徴については §25 を参照せよ[100]。

　しかし単一のアクセントの存在によって特徴づけられる単位 unité は、この章の始めで定義された**文法的語** mot grammatical あるいは**語** mot ではない。おおよそそれに一致するのは**音韻的語** mot phonologique (cf. §25) であるが、しかし例外的な場合にはより長かったり、あるいはより短い場合がありうる。音韻的語とそれを特徴づけるアクセントとの関連の観点からすれば、ロシア語の語を異質な 3 つのカテゴリーに分類することができる：**アクセント素の語** mots accentogènes（発話の中で **1 つのアクセント**の存在を引き起こす）、**重アクセント素の語** mots bi-accentogènes（発話の中で 2 つのアクセントの存在を引き起こす）、そして**接語** clitiques（発話の中でどんなアクセントの存在も引き起こさない）。

149

1º.　**アクセント素の語**はロシア語の語の大部分の典型である。それらの語の各々は、1 つの音韻的語を構成し（それに接語を付加するか、あるいは単独か）、それは境界と境界との間に 1 つのアクセントを必ずもっている。例：

　　Бу́ря мглою не́бо кро́ет (Пушкин)

　　《嵐はむら雲となって空を覆っている》(4 語、4 アクセント)

150

2º.　**重アクセント素の語**は 2 つの音韻的な語に再区分され、各々はそのアクセントを有する。それはあまり見かけない次のタイプに限られる。

　a) 最近形成された合成語であり、その項のそれぞれはアクセントをもつ音韻的な語を構成する：

　　маши́нно-тра́кторный　《トラクター機械の》

　　электро́нно-лучево́й　《電子線の》

　　фра́нко-ру́сский　《仏露の》

　　соцреали́зм　《社会主義リアリズム》

　　па́ртбиле́т　《(共産党員の) 党員証》、etc.

あるいは以下のような、第一番目の項が数詞である合成形容詞：

четырёхле́тний　　　　《4年間の》、etc.
しかし古い形成の合成語の多くは次のように単一アクセントをもっている：
　　водопа́д　　　　　　《滝》
　　чернозём　　　　　《黒土》
　　стихотворе́ние　　 　《詩》、etc.

　b) меж-《間、国際の》"inter-", после-《後》"post-", сверх-《超》"sur"のような最近つくられた接頭辞をもつ接頭辞化された語にせよ、また а́нти-, а́рхи-, ко́нтр-, про́-, су́пер-, etc.のような外国起源の接頭辞のついた語にせよ、それらはそれらに固有なアクセントをもっているのであるから、《アクセント素の接頭辞 préfixes accentogènes》の付いた語と呼ぶことができる：
　　ме́жара́бский　　　　《アラブ諸国間の》
　　све́рхъесте́ственный　《超自然的な》
　　по́слеокт́ябрьский　　《10月革命後の》
　　про́фаши́стский　　 　《ファシズム支持の》、etc.
しかし非アクセント素の non-accentogènes 古い接頭辞をもって形成された、接頭辞をもつ語の大部分はただ1つのアクセントしかもっていない：
　　довое́нный　　　　　《戦前の》
　　предоста́вить　　　　《提供する》

　注1：ロシア語起源の非アクセント素の接頭辞 про-：про-ница́тельный《洞察力のある》(1つだけのアクセント)と外国語起源のアクセント素の接頭辞 про́-《好意的な》：про́фаши́стский (2つのアクセント) を混同してはいけない。

　注2：音韻的語を構成するセグメントと他のセグメントとの間の音声的扱いの違いを思いだそう。例えば、ме́жара́бский において /ž/ は [š] に無声化する(語末の扱い)、しかし предоста́вить において /d/ は有声の [d] のままである。
ме́жара́бский, све́рхъесте́ственный, про́фаши́стский, etc. における [e] [o] と発音される母音 /e/ /o/ (アクセントのある母音の扱い)、しかし довое́нный, предоста́вить においては /o/ は [ə] に、/e/ は [i] に弱化する(無アクセント母音の扱い)。

　注3：2つアクセントをもつ語において、一般に第1番目のアクセントは第2番目のアクセントより弱い。これは、第1番目の要素が第2番目の要素へ堅く結ばれているという統語的従属の結果である。この理由で第1番目の要素のアクセントはしばしば**副次アクセント accent secondaire** (побо́чное ударе́ние) と呼ばれる[101]。

151

3°. **接語 clitiques** (клитики) は音韻的語を成さない文法的な語であり、発話の中でのその存在はアクセントの存在を引き起こさない。接語は、それの後に付く音韻的語に併合される (**後接語 proclitiques**) か、あるいは接語に先行する音韻的語に併合される (**前接語 enclitiques**)。

152

a) **後接語** (проклитики) は、その後接語の後に付けているアクセント素の語とともに単一の音韻的語を形成し、そしてアクセント素の語とともに常に統語的紐帯 un lien syntaxique をつくる。このグループの独自なアクセントはたいていの場合アクセント素の語の上にあるが、しかし時折アクセントは後接語の上にある (cf. §156)。後接語は以下のものを含む。

1. от, до, на, etc. のような**大部分の前置詞** (第一次前置詞 prépositions primaires) (完全な目録は §618 を見よ):

    от души   [ʌdduš¹i]   《心から》

    на войне   [nəvʌjn,é]   《戦場で》

    под разными предлогами [pʌdráznim,i pr,idłógəm,i]《様々な口実にして》、etc.

後接語の前置詞の上にアクセントをもつもの:

    за морем   [zámər,əm]   《海外で》

    час от часу   [č,ás ótč,isu]   《刻一刻と》

2. ある小辞、とりわけ、否定代名詞を形成するために用いられる ни (cf. §418, §630):

    ни у кого   《誰のところにも (ない)》

    ни малейшего   《少しの…(もない)》

否定の не:

    они не знают [ʌn,í n,iznájut] 《彼らは知らない》

アクセントはある動詞とともに小辞の上にある、cf. §568–§569:

    его не было [jivó n,ébɨlə]   《彼はいなかった》

3. 数詞 пол- 《半分—》: полчаса《半時間》(cf. §362)

153

b) **前接語** (энклитики)、これはこれに先行するアクセント素の語とともに単一の音韻的語を形成するものである。前接語はつねに無アクセントである。前接語は文の中でそれが統語的に依存する語の後ろにも、文の最初の語の後ろにも置くことができる。

1. 依存する語の後ろに置かれる前接語：

α）代名詞 тóт же [tódžə]《同じ》と ктó-то [któtə]《だれか》における代名詞的な小辞 же と -то；

β）命令形の後ろに置かれた動詞小辞 -ка：

скажи́-ка [skʌžˈikə]《教えてくれよ》

2. 文の最初の語の後ろに置かれる前接語：

α）疑問の小辞 ли：

знáете ли вы́ [znájit,il,i ˈvi]《あなたはご存じですか》

β）接続詞 же《ところで》：

подпорýчики же…《ところで少尉といえば》

3. 2つの位置を占めることができる前接語、これは動詞小辞 бы（条件法を標示する）と было（失敗した行為を標示する[102]）であり、それらが依存する動詞の後ろか、あるいは最初の語の後ろに置かれる：

тогдá о́н знáл бы あるいは тогдá бы о́н знáл《そのとき彼が知っていれさえすれば》

я́ забы́л было あるいは я́ было забы́л《私は忘れたんだが（後で思い出した）》

重アクセント素の語と接語は少数であり、一般的にそれぞれの語はそのアクセントをもっている。

B. 語のなかのアクセントの場所
一般的原理

154

1º. アクセントの形態論的調整

各々の語におけるアクセントの場所は、語の形態論的構造に依拠する。構造化された語（語根、接尾辞および語尾）の形態素の各々は、**アクセント属性 propriétés accentuelles** をもっている。つまり語のなかのアクセントの場所にある影響を与える。例：

вéр-ов-а-н-ие《信仰》：アクセントはこれと同じ語根を含む多くの他の語におけるように、語根〈v,er〉の上にある。

муч-и́-тель《迫害者》：アクセントは接尾辞〈i + t,el,〉をもつ大部分の語におけるように、〈i〉の上にある。

до-говáр-ива-ть-ся《話し合う》：アクセントはこの接尾辞を含むほとんど全ての語におけるように、接尾辞〈iva〉に先行する音節の上にある、等。

155

2º. **形態素のアクセント属性の定義**。これは 3 つの特徴によって定義される。

a) **アクセント法 accentuation**：アクセントのある形態素 morphèmes accentués が存在し、これはそれ自身との関連で決められた場所にアクセントを引きつけるものである。また**アクセントのない形態素 morphèmes inaccentués** があり、これはそれ自身との関連で決められた場所にアクセントを決して引きつけないものである。アクセントのない形態素は記号 〈º〉 によって記されよう。語 го́род《都市》における 〈ºgorod〉。

b) **アクセント法の場所**：アクセントのある形態素は以下のものが可能である。

1. **自己・アクセントのある** auto-accentués (M!)【形態素】、アクセントをそれらの母音の上に引きつけるもの。例：語 поро́г《敷居》における 〈poro!g〉。

2. **後・アクセントのある** post-accentués (M´)【形態素】、アクセントをそれらに後続する母音の上に引きつけるもの。例：語 кора́бль, gen. корабл-я́《船舶》における 〈korabl,´〉。

3. **前・アクセントのある** pré-accentués (´M)【形態素】、それらに先行する母音の上にアクセントを引きつけるもの。例：по-воря́ч-ива-ть《回す》のような派生された不完了体動詞における接尾辞 〈´iva〉。

c) **優性 dominance**（記号 « ! » あるいは « º » を重複することにより記す）：« !! » あるいは « ºº »。語が優性の形態素 un morphème dominant を含むとき、この形態素のアクセント属性は、あたかもこの形態素がこの語のなかにただ 1 つしかないかの如くに実現する (cf. §158)。

この 3 つの特性の適用は、ロシア語の形態素を 7 つのクラスに分類することを可能にする。

形態素	Auto-a.	Post-a.	Pré-a.	Inaccentués
非優性	M!	M´	´M	ºM
優性	M!!	M´´		ººM

(Auto-a. = auto-accentués, Post-a. = post-accentués, Pré-a. = pré-accentués)

注：優性の前・アクセント形態素 (Pré-a.) は存在しない。

しかしこれらの様々なクラスは形態素の全てのタイプに適用されるわけではない。

優性であり得るのはただ接尾辞 (S) だけ、より正確に言えば派生接尾辞だけである。従って接尾辞は上で示した 7 クラスの中で分類できる唯一の形態素である。

前・アクセントであり得るのは、構造化された語の、その始めにない形態素のみである。つまり接尾辞と語尾である。語根は前・アクセント的ではありえない。それ故、語根(R)はただ3つのクラスにのみ分類される：R! R´ °R

後・アクセントであり得るのは、構造化された語の、その終わりにない形態素のみである。つまり語根と接尾辞である。語尾(D)は後・アクセント的ではない。それ故、語尾は3つのクラスに分類される：D! ´D °D

結局、異なるクラスの間の構造化された語の形態素の様々なタイプの分類は以下の表のようになる：

形態素	Auto-a.	Post-a.	Pré-a.	Inaccentués
非優性	R! S! D!	R´ S´	´S ´D	°R °S °D
優性	S!!	S´´		°°S

構造化された語の外にある形態素（接頭辞と後置辞 postfixes）に関しては、それらはアクセント属性をもたない。すなわちその形態素は語のアクセントの上に如何なる影響も与えない。例外を成しているのは以下のような接頭辞と後置辞のみである。

完了体動詞とそれらの派生語における接頭辞〈vi!〉：

    вы́-ехать《出る》   вы́-езд《出発》

    вы́-говорить《口に出す》   вы́-говор《発音》

代名詞 не́-кто《ある人》と э́-тот《この》における接頭辞化した代名詞的小辞〈n,e!〉と〈e!〉、再帰動詞における後置辞〈s,a!〉~〈´s,〉：

    заня́л-ся《(彼が)着手した》、заня́ли-сь《(彼らが)着手した》

156

3º. 形態素のクラスの組み合わせ規則。

  a) アクセントのない形態素だけを含む語。それらは**劣性アクセント** accent récessif をもつ。つまり語頭音を打つアクセントである。例えば、以下の形で：

    〈°gorod + °om〉 го́род-ом 《都市(具格)》

    〈°golov + °u〉 го́лов-у 《頭(対格)》

    〈°da + °l + °,i〉 да́-л-и 《(彼らは)与えた》

劣性アクセントは音韻的語の冒頭の上にさかのぼることができる。つまり前置詞あるいは接頭辞の上にさかのぼる：

    за́ город-ом 《郊外で》

    на́ голов-у 《頭の上に》

про́-да-л-и　《(彼らは)売った》

しかしこの前置詞あるいは接頭辞へのアクセント移動はある規制に従う。その規制はそれぞれの文法カテゴリーの話題のおりに検討されよう。

157

b) 少なくとも１つの**アクセントのある形態素** morphème accentué を含む語。アクセントは最初のアクセントのある形態素によって要求された場所にある。例：

1. 自己・アクセントのある形態素とともに：

⟨°golov + a!⟩　голов-а́　　《頭(単数主格)》
⟨doro!g + a!⟩　доро́г-a　　《道路(単数主格)》
⟨doro!g + °u⟩　доро́г-y　　《道路(単数対格)》
⟨°da + °l + a!⟩　да-л-а́　　《(彼女は)与えた》
⟨mi! + °l + a!⟩　мы́-л-a　　《(彼女は)洗った》
⟨mi! + °l + °,i⟩　мы́-л-и　　《(彼らは)洗った》

2. 後・アクセントのある形態素とともに：

⟨korabl,´ + °i⟩　　корабл-и́　《船舶(複数主格)》、
⟨°gorod + #k´ + °i⟩　город-к-и́　《小都市(複数主格)》

3. 前・アクセントのある形態素とともに：

⟨°golov + ´#k + a!⟩　　голо́в-к-a　《頭(指小形)》
⟨pro + °zubr, + ´iva + ´t,⟩　про-зу́бр-ива-ть　《暗記する》

158

c) **優性形態素** morphème dominant を含む語。アクセントは語の他の形態素が如何なるものであろうとも、この優性形態素によって要求された場所にある。

1. 自己・アクセントのある優性形態素 M!! とともに。例：-астый で終わる形容詞の接尾辞 ⟨a!!st⟩：

⟨°golov + a!!st + ´oj⟩　голов-а́ст-ый　《頭でっかちの》
⟨mo!rd + a!!st + ´oj⟩　морд-а́ст-ый　《鼻面の大きい》

(⟨mo!rd⟩、cf. мо́рд-a, acc. мо́рд-y《鼻面》のようなアクセントのある形態素の後でも、アクセントは常に接尾辞 ⟨a!!st⟩ の上にある)。

2. 後・アクセントのある優性形態素 M´´ とともに。例：-ач, pl. -ач-и で終わる実詞の接尾辞 ⟨ač´´⟩：

⟨°borod + ač´´ + °i⟩　　бород-ач-и́　《あごひげをはやした人(複数主格)》
⟨s,i!l + ač´´ + °i⟩　　сил-ач-и́　《力持ち(複数主格)》

(⟨s,i!l⟩、cf. си́л-a, acc. си́л-y《力》のようなアクセントのある形態素の後でも、アク

セントは接尾辞〈ač´〉に後続する音節の上に常にある)。

　3. アクセントのない優性の形態素 ººM とともに。例：-ень, gen. -ня に終わる名詞の接尾辞〈ºº#n,〉：

〈pro + ºl,ež + ººn, + ºø〉　　про́-леж-ень　　《床ずれ(単数主格)》
〈pro + ºl,ež + ººn, + e!j〉　про́-леж-н-ей　　《床ずれ(複数属格)》
〈pr,i + xvost´ + ºº#n, + ºø〉　при́-хвост-ень　《下劣な男、追従者》

(語根〈xvost´〉, cf. хво́ст, gen. хвост-а́《尾》、あるいは語尾〈e!j〉のように、アクセントのある形態素のあるときでも、アクセントは常に劣性【後退的】である)。

　d) **数個の優性形態素を含む語**。アクセントは優性形態素のなかの最後のものによって要求された場所にある。このケースは稀で、借用の接尾辞にしか出会うことはない：

〈interv +e!!nc+ ´ij + a!〉　　　　　интерв-е́нц-и-я《内政干渉》
〈interv +e!!nc+ ´ij + o!!n + ´oj〉　интерв-енц-и-о́нн-ый《干渉の》
〈interv +e!!nc+ ´ij + o!!n,+i!!zm+ºø〉интерв-енц-и-он-и́зм《干渉主義》

159

　e) **連続 M´ + ´M と M´ + M´ の法則**(また同様に M´´ + ´M と M´´ + M´)。もし先の規則に従い、アクセントが後・アクセントのある形態素(優性あるいは非優性：M´あるいは M´´)によって後続の音節の上に移され、そしてこの音節がその母音あるいは子音のうちの 1 つによって前・アクセントあるいは後・アクセントのある形態素(連続 M´ + ´M あるいは M´ + M´)に属するならば、この形態素はもしそれが前・アクセントのあるものならば先行する母音の上にアクセントを跳ね返し、もしそれが後・アクセントのあるものならば後続の母音の上にアクセントを跳ね返す。

　1. **後・アクセント + 前・アクセント：(M´ + ´M あるいは M´´ + ´M)**。例：前・アクセントのある指小接尾辞〈´;ik〉をもつもの：

〈korabl,´ + ´;ik + ºi〉　　кора́бл-ик-и　《小船舶》
〈ºtolk + ač´´ + ´;ik + ºi〉толк-а́ч-ик-и　《補助機関車》

(後・アクセントのある語根〈korabl,´〉、接尾辞〈ač´´〉はアクセントを後続の音節の上に移す；後者はその母音 /i/ によって前・アクセントのある接尾辞〈´;ik〉に属し、それがアクセントを先行する音節に跳ね返す)。

〈ºl#g + un´´ + ´#j + a!〉　лг-у́н-ь-я　《(女の)嘘つき》

(優性の後・アクセントのある接尾辞〈un´´〉(cf. лг-у́н《嘘つき》、gen. лг-ун-а́)は、アクセントを後続の音節に移す。後続の音節はその子音 /j/ によって前・アクセン

トのある接尾辞〈´#j〉に属し、それが先行する音節にアクセントを跳ね返す)。

2. 後・アクセント + 後・アクセント(M´ + M´ あるいは M´´ + M´)。

例：-овать, -евать で終わる動詞の後・アクセントのある動詞接尾辞〈ov´〉をもつもの：

〈vrač´ + ov´ + a! + ´t,〉　врач-ев-á-ть　《治療する》

(後・アクセントのある語根〈vrač´〉(cf. врáч《医師》, gen. врач-á)は、アクセントを後・アクセントのある接尾辞〈ov´〉の上に移す。さらにこの〈ov´〉はアクセントを後続する音節に跳ね返す)。

もし各形態素がどんなクラスに属しているのかを知れば、これらの5つの規則の働きによってほとんど全てのロシア語の語におけるアクセントの場所を予測することができる。これらの規則が働く多数の例は、各種の文法カテゴリーの研究において明らかになるだろう。

160

4°. アクセント属性の交替

一般に同じ形態素は一定のアクセント属性をもっている。にもかかわらずアクセント属性が交替を受けるような語が存在する。つまりある語においてはあるアクセント属性を表し、他の語においては別のアクセント属性を表すことがある。

この種の場合の大部分は、他のタイプのヴァリアントをまた有する前・アクセントのある形態素(接尾辞あるいは語尾)に関係している。従って語尾にとっては次の交替をもつ：´D / °D と ´D / D! また接尾辞にとっては次の交替をもつ：´S / S´。

2つのヴァリアントは、もし先行する形態素がアクセントのない形態素あるいは後・アクセントの形態素であるときにのみ見分けることができる。これら2つのヴァリアントの最も普通の配分は次のようである：

先行の形態素	交替する形態素のヴァリアント
アクセントのない形態素	非前・アクセントの形態素：°D D! あるいは S´
後・アクセントのある形態素	前・アクセントの形態素：´D あるいは ´S

以下は、かなり規則的にこの分配に従う形態素の例である。

a) **交替 ´D / °D**：第3曲用名詞の単数具格の語尾〈´ju〉〜〈°ju〉(cf. §265)：

°M の後、ヴァリアント °D：

〈°lošad, + °ju〉　лóшад-ью　《馬(単数具格)》

しかし M´ の後、ヴァリアント ´D：

〈l,ub#v,´ + ´ju〉　любóв-ью　《愛(単数具格)》

b) 交替 ´D / D!：第 2 活用動詞の単数 2 人称の語尾 〈´iš〉 ~ 〈i!š〉 (cf. §479)：

°M の後、ヴァリアント D!：

〈°govor, + i!š〉　　говор-и́шь　　《(君は)話す》

しかし M´ の後、ヴァリアント ´D：

〈kolot,´ + ´iš〉　　колот́-ишь　　《(君は)たたく》

c) 交替 ´S / S´：第 2 活用動詞の受動過去分詞の接尾辞 〈´ = on〉 ~ 〈= on´〉 (cf. §509)：

°M の後、ヴァリアント S´：

〈pr,i + °govor, + =on´ + °i〉　　при-говор-ен-ы́　　《判決が下される》

しかし M´ の後、ヴァリアント ´S：

〈za + kolot,´ + ´=on + °i〉　　за-коло́ч-ен-ы　　《釘づけされる》

注：любо́в-ью, коло́т-ишь, за-коло́ч-ен-ы の形において、連続 M´ + ´M の法則が適用されているのが分かる、cf. §159.。

しかしこの分配に厳密に従う形態素は稀である。多くの場合、**2 つのヴァリアントの分配は予測できない**。例えば、形容詞の長形の語尾 〈´oj〉 ~ 〈o!j〉 をもつもの (ой, ый あるいは ий と書かれる、cf. §309)：

°M の後、ヴァリアント ´D あるいは D!：

´D 〈°v,es,ol + ´oj〉　　весёл-ый　　《陽気な》
D! 〈°molod + o!j〉　　молод-о́й　　《若い》

(短形の中性形 ве́сел-о, мо́лод-о によれば、〈°v,es,ol〉、〈°molod〉)。

しかし M´ の後、ヴァリアント ´D あるいは D!：

´D 〈xoroš´ + ´oj〉　　хоро́ш-ий　　《良い》
D! 〈sm,eš#n´ + o!j〉　　смешн-о́й　　《滑稽な》

(短形の中性形 хорош-о́, смешн-о́ によれば、〈xoroš´〉、〈sm,eš#n´〉)。

ある規則性を示すこれら 3 つのアクセント法の交替 ´D / °D, ´D / D! と ´S / S´ 以外に、独特の形態素に作用する多くの他の偶然の交替が存在する。我々はそれらについて当該の所で注意を促すであろう。

C. アクセントの場所：屈折への応用

161

1°. **一般原理**。語の屈折の研究において、**語幹**(屈折において変化しない語の一部)は全体とみなされ、その再分割(語根、接尾辞、接頭辞)は考慮に値しない。

語幹は、語の始めにあるのであるから、前・アクセントのある pré-accentué もの

ではあり得ない。それ故、アクセント法の観点からすれば、語幹のクラスは語根のクラスと同じであり、次のように呼ぶことができる。自己・アクセント語幹 thème auto-accentué、後・アクセント語幹 thème post-accentué、そしてアクセントのない語幹 thème inaccentué：

T! T´ ºT

語幹には複合的であり得る末端 terminaison が付け加わるが、しかし多くの語においてこの末端はただ 1 つの形態素である**語尾**に縮減する。屈折におけるアクセント法の一般原理を引き出すために、我々はここでは最も単純で最もよく起こる場合、つまり末端が語尾のみを含むものだけに限定しよう。ここで語尾によって示されているものは全て、末端が複合的であるときには、また末端として理解されねばならない。

この観点からすれば、ロシア語の屈折語は次の 2 つの基準に従って分類される：

a) それらの語幹のアクセント属性に従って：T! T´ あるいは ºT.
この基準は屈折語の全てのカテゴリーにおいて、3 つの**アクセント・パラダイム paradigmes accentuels** を区別することを可能にする。アクセント・パラダイムと呼ぶものは、語幹が同じアクセント属性をもっている語の総体である[103]。

b) アクセント法の交替をもつ語尾（´D / ºD と ´D / D!）が非前・アクセントのヴァリアント ºD あるいは D! において、あるいは前・アクセントのヴァリアント ´D において現れることに従って。この基準はある【複数の】パラダイムにおいて、いくつもの**アクセントタイプ types accentuels** を区別することを可能にする[104]。

この分類は屈折語の全てのカテゴリーに当てはまる。実詞 substantifs、形容詞と動詞。しかし動詞へのその適応はある独特の性格を呈するので、我々は名詞と形容詞を一方とし、動詞を他方として分離して検討しよう。

162

2º. **名詞と形容詞のアクセントタイプ**。

上で定義された原理はここでは無条件に適用される。我々はそれを**形容詞**の例によって例示しよう。我々はその 3 つの形を与えよう：

短形中性、アクセントのない語尾〈ºo〉、
短形女性、自己・アクセントのある語尾〈a!〉、
長形、交替をもつ語尾〈´oj〉~〈o!j〉。

上で定義された基準を適応すれば、名詞と形容詞において **3 つのパラダイム**と **5 つのアクセントのタイプ**を区別することができる。

a) **自己・アクセントのある語幹（T!）：語幹固定アクセント accent fixe thématique**：アクセントは語幹音節の上にあり、全ての屈折においてそこに留まる。

 短形中性：　　〈zdoro!v + ºo〉　　здоро́в-о.
 短形女性：　　〈zdoro!v + a!〉　　здоро́в-а.
 長形：　　　　〈zdoro!v + ´oj〉（あるいは〈o!j〉）　　здоро́в-ый《健康な》。

b)**後・アクセントのある語幹（T´）：**

 1. **語尾固定アクセント accent fixe désinentiel**：交替をもつ語尾は非前・アクセントのあるヴァリアント（D! あるいは ºD）として現れる。アクセントは全ての形で語尾の上に移る。

 短形中性：　　〈sm,eš#n´ + ºo〉　　смешн-о́.
 短形女性：　　〈sm,eš#n´ + a!〉　　смешн-а́.
 長形：　　　　〈sm,eš#n´ + o!j〉　　смешн-о́й《滑稽な》。

 2. **狭い移動アクセント accent mobile étroit**：交替をもつ語尾は前・アクセントのあるヴァリアント ´D として現れる。それがある場合には、アクセントは語尾前 pré-désinentielle 音節の上に戻る（連続 M´ + ´M の法則）。他の形においてはアクセントは語尾の上にある。それ故、2つの連続する音節の間で**狭い移動性 mobilité étroite** が存在する。

 短形中性：　　〈xoroš´ + ºo〉　　хорош-о́.
 短形女性：　　〈xoroš´ + a!〉　　хорош-а́.
 長形：　　　　〈xoroš´ + ´oj〉　　хоро́ш-ий《よい》。

c)**アクセントのない語幹（ºT）：**

 1. **広い移動アクセント accent mobile large**：交替をもつ語尾は非前・アクセントのあるヴァリアント D! あるいは ºD として現れる。アクセントはアクセントのない語尾があるところでは劣性【後退的[105]】récessif であり、その他の至る所では語尾にある。それ故、語の2つの、決して連続することのない音節（語頭音節と語尾音節）の間で**広い移動性 mobilité large** が存在する。

 短形中性：　　〈ºmolod + ºo〉　　мо́лод-о.
 短形女性：　　〈ºmolod + a!〉　　молод-а́.
 長形：　　　　〈ºmolod + o!j〉　　молод-о́й《若い》。

 2. **混合移動アクセント accent mobile mixte**：交替をもつ語尾は前・アクセントのあるヴァリアント ´D として現れる。それ故、アクセントは劣性アクセント、あるいは語尾アクセント、あるいは語尾前アクセントでありうる。これは移動性の前の2つのタイプの組み合わせである。

短形中性： ⟨ᵒv,es,ol + ᵒo⟩　　вéсел-о.
短形女性： ⟨ᵒv,es,ol + a!⟩　　весел-á.
長形：　　⟨ᵒv,es,ol + ´oj⟩　　весёл-ый《陽気な》。

この最後のタイプは形容詞以外では極めて稀である。

この5つのタイプのアクセント法は様々な形態論的カテゴリーにおいて不均等に分配されているが、しかし全ての名詞と形容詞は、それらがどんなものであろうとも、この5つのタイプの内の1つに分類され得る。

　注：狭い移動アクセントと広い移動アクセントのあいだの違いは、語幹が単音節でないときにのみ現れる：

хорош-á, хорóш-ий　　しかし　　молод-á, мóлод-о.

単音節語幹の場合には、この違いは直接的には見分けが付かない：

бел-á, бéл-ый《白い》 そして　　прост-á, прóст-о《簡単な》。

2つのタイプを区別するためには、屈折の総体を参照し、そして単音節の語幹をそうでないものと比較しなければならない：

бел-á, бел-ó, бéл-ый は、хорош-á, хорош-ó, хорóш-ий のように狭い移動アクセント、

прост-á, прóст-о, прост-óй は、молод-á, мóлод-о, молод-óй のように広い移動アクセント。

それ故、アクセント法の各タイプの例として、可能な場合にはいつでも非単音節語幹をもつ語を必ず選択する必要がある。

163

3º. 動詞のアクセントタイプ

以下の理由のために、動詞へのこの分類の適応は少し違った結果を与える。

大部分の動詞においてアクセントのない末端 terminaison inaccentuée は存在しない。

動詞において、交替を持つ語尾は常に T´ の後で前・アクセントのヴァリアント(´D)をもち、また ᵒT の後で非前・アクセントのヴァリアント(D)をもつ。

それ故、動詞は各パラダイムにおいてたった1つのタイプしかもたず、総計で3つのタイプしかもたない。

　a) **自己・アクセントのある語幹**(T!)：**語幹固定アクセント**。例：動詞 готóв-ить《準備する》、語幹 ⟨goto!v,⟩：

1 pers. sing. (語尾 ⟨=u!⟩)　　⟨goto!v, + =u!⟩　　готóвл-ю《(私は)準備する》、

2 pers. sing. (語尾 ⟨´iš⟩ ~ ⟨i!š⟩)　⟨goto!v, + ´iš⟩　готóв-ишь《(君は)準備する》。

b) **後・アクセントのある語幹**(T´)：狭い移動アクセント：D! をもつ語尾アクセント、´D の形のもとに現れる ´D/D! をもつ語尾前アクセント。例：動詞 колот-и́ть《叩く》、語幹〈kolot,´〉：

  1 pers. sing. (語尾〈=u!〉)　　　〈kolot,´ + =u!〉　　колоч-у́,
  2 pers. sing. (語尾〈´iš〉~〈i!š〉〈kolot,´ + ´iš〉　коло́т-ишь.

c) **アクセントのない語幹**(°T)：語尾固定アクセント：´D/D!(それは D! の形をとって現れる)と同様に D! をもつ語尾アクセント。例：動詞 говор-и́ть《話す》、語幹〈°govor,〉：

  1 pers. sing. (語尾〈=u!〉)　　　〈°govor, + =u!〉　　говор-ю́,
  2 pers. sing. (語尾〈´iš〉~〈i!š〉〈°govor, + i!š〉　говор-и́шь.

注：動詞における広い移動アクセントの稀な場合(アクセントのない語幹をもつ動詞がアクセントのない末端をもつ場合、特に過去形の場合)については、§517 を参照せよ。

D. アクセントの場所：接尾辞による派生への応用

164

1°. 優性の接尾辞 suffixes dominants。

優性接尾辞(S!!, S´´あるいは ∞S)を含む派生語において、アクセントの場所はもっぱら接尾辞のアクセント属性に拠っている。同じ優性接尾辞を含む派生語の全ては同じアクセントをもっている。つねに接尾辞アクセント(S!!)、つねに接尾辞の後アクセント(S´´)、あるいはつねに劣性アクセント(∞S)。例 §158 を参照せよ。

165

2°. 非優性の接尾辞 suffixes non dominants。

この接尾辞をもつならば、上で与えた規則の働きに従って(§156–§157)、アクセントの場所は語根と接尾辞の両方の属性によって決まる。

166

  a) **自己・アクセントの接尾辞 suffixe auto-accentué** S!：アクセントは**語基 radical** アクセントあるいは**接尾辞**アクセントであり得る。例：-ица で終わる女性派生語の接尾辞〈i!c〉：

  1. 自己・アクセントのある語根をもてば**語基アクセント**：
R!+S!　〈m,edv,e!d, + i!c + a!〉　медве́д-иц-а　《雌熊》;

  2. 後・アクセントのある語根あるいはアクセントのない語根をもてば**接尾辞アクセント**：

R´+S!　　⟨car,´ + i!c + a!⟩　　цар-и́ц-а　　《女帝》
　　　ºR+S!　　⟨ºvolč + i!c + a!⟩　　волч-и́ц-а　　《雌狼》
(語根のアクセント属性は次の語によって知られる：
　　медве́дь, медве́д-я, медве́д-ям　　《熊》、　語幹固定アクセント、R!
　　ца́рь, цар-я́, цар-я́м　　　　　　《皇帝》、語尾固定アクセント、R´
　　во́лк, во́лк-а, волк-а́м　　　　　《狼》、広い移動アクセント、ºR)

167
　　b) **後・アクセントのある接尾辞 S´：語根アクセントあるいは語尾アクセント。**
例：-ец, pl. -цы で終わる男性の派生語の接尾辞 ⟨#c´⟩：
　　1. 自己・アクセントのある語根をもてば**語基アクセント**：
　　　R!+S´　　⟨bra!t + #c´ +ºi⟩　　бра́т-ц-ы　《兄弟の愛称形(複数)》；
　　2. 後・アクセントのある語根、あるいはアクセントのない語根をもてば**語尾アクセント**：
　　　R´+S´　　⟨dvor´ + #c´ +ºi⟩　　двор-ц-ы́　《宮殿(複数)》、
　　　ºR+S´　　⟨ºmolod + #c´ +ºi⟩　молод-ц-ы́《たくましい男(複数)》
(語根のアクセント属性は次の語によって知られる：
　　бра́т, бра́т-а, бра́т-ьям　　　《兄弟》　語幹固定アクセント、R!
　　двор, двор-а́, двор-а́м　　　《中庭》　語尾固定アクセント、R´
　　молод-о́й, мо́лод, молод-а́　《若い》　広い移動アクセント、ºR)

168
　　c) **前・アクセントのある接尾辞 ´S：語基アクセントあるいは接尾辞前アクセント。**
例：-ка で終わる女性の指小辞を形成する接尾辞 ⟨´#k⟩：
　　1. 自己・アクセントをもつ語根をもてば**語基アクセント**：
　　　R!+´S　　⟨ko!mnat + ´#k + a!⟩　ко́мнат-к-а　《小部屋》；
　　2. 後・アクセントあるいはアクセントのない語根をもてば**接尾辞前アクセント**：
　　　R´+´S　　⟨konur´ + ´#k + a!⟩　ко́нур-к-а《犬小屋(指小形)》(連続 M´+´M)
　　　ºR+´S　　⟨ºgolov + ´#k + a!⟩　голо́в-к-а《頭(指小形)》
(語根のアクセント属性は次の語によって知られる：
　　ко́мнат-а, ко́мнат-у, ко́мнат-ам　《部屋》、　語幹固定アクセント、R!
　　конур-а́, конур-у́, конур-а́м　　　《犬小屋》、語尾固定アクセント、R´
　　голов-а́, го́лов-у, голов-а́м　　　《頭》、　広い移動アクセント、ºR)

169

　d) **交替をもつ接尾辞 ´S/S´**（前・あるいは後・アクセントのある）：アクセントは**語基アクセント**あるいは**接尾辞前アクセント**あるいは**語尾アクセント**でありうる。例：

-ство で終わる中性の抽象名詞あるいは集合名詞の派生語の接尾辞 〈:#stv〉：

　1. 自己・アクセントのある語根をもてば**語基アクセント**：

　　R!+´S　　〈ri!car + ´:#stv + °o〉　　рыцар-ств-о　　《騎士団》

　2. 後・アクセントのある語根あるいはアクセントのない語根をもてば**接尾辞前アクセント**。その接尾辞はその場合にはそのヴァリアント ´S で現れる：

　　R´+´S　　〈kazak´ + ´:#stv + °o〉　　казáч-еств-о　　《コサック》

　°R+´S　　〈°muž + ´:#stv + °o〉　　мýж-ест-в-о　　《勇気》

　3. もし接尾辞がヴァリアント S´ で現れ、アクセントのない語根をもてば**語尾アクセント**：

　　°R+S´　　〈°bog +:#stv´ + °o〉　　бож-еств-ó　　《神》

（語根のアクセント属性は次の語によって知られる：

　　рыцарь, рыцар-я, рыцар-ям　　《騎士》　　語幹固定アクセント、R!

　　казáк, казак-á, казак-áм　　《コサック》　　語尾固定アクセント、R´

　　мýж, мýж-а, муж-ья́м　　《夫》　　広い移動アクセント、°R

　　Бóг, Бóг-а, бог-áм　　《神》　　広い移動アクセント、°R）

170

　e) **アクセントのない接尾辞 °S**：**語基アクセント**あるいは**語尾前アクセント**あるいは**語尾アクセント**。

例：-овый, -овой で終わる派生形容詞の接尾辞 〈°ov〉：

　1. 自己・アクセントをもつ語根をもてば**語基アクセント**：

　　R!+°S+´D　　〈ro!z + °ov + ´oj〉　　рóз-ов-ый　　《バラ（色）の》（形容詞）

　2. もし接尾辞に後続する形容詞の長形の語尾が前・アクセントの語尾 ´D で現れるならば、後・アクセントのある語根とアクセントのない語根のとき**語尾前アクセント**：

　　R´+°S+´D　　〈dvor´ + °ov + ´oj〉　　двор-óв-ый　　《屋敷の》(連続 M´ + ´M)

　　°R+°S+´D　　〈°torg + °ov + ´oj〉　　торг-óв-ый　　《商業の》

　（注：もし接尾辞がこのように音節的であれば、語尾前アクセントは接尾辞の上に実現する）；

　3. もし接尾辞の後に置かれた形容詞の長形の語尾が自己・アクセントのある

ヴァリアント D! で現れるならば、アクセントのない語根のとき**語尾アクセント**：
　°R+°S+D! 〈°gorod + °ov + o!j〉 город-ов-о́й 《都市の》
(語根のアクセント属性は次の語によって知られる：

　　ро́з-а, ро́з-у, ро́з-ам　　　　《バラ》、　語幹固定アクセント、R!
　　двóр, двор-á, двор-áм　　　《中庭》、　語尾固定アクセント、R´
　　тóрг, тóрг-а, торг-áм　　　　《商売》、　広い移動アクセント、°R
　　гóрод, гóрод-а, город-áм　　《都市》、　広い移動アクセント、°R)

E. アクセントの場所：接頭辞名詞と複合名詞

171

接頭辞名詞 noms préfixés と複合名詞 noms composés において、接頭辞と語根を含む総体(接頭辞名詞)あるいは2つの語根を含む総体(重語根複合名詞 noms composés biradicaux)は1つのアクセント法をもち、それは名詞総体を成している形態素のアクセント法に拠るものではなくて、我々が**複合語基 base composée** と呼んでいるアクセント法に拠っている。

172

1°. **複合語基の大部分**(接頭辞名詞の全ての複合語基と大部分の重語根複合名詞の複合語基)は、それらの**最後の音節の上に自己・アクセントをもつ**ものである。それ故、相応する名詞は語幹の最後の音節の上に語幹固定アクセントをもつ。

　　a) 重語根複合名詞の語基：

　　овце-бы́к 《ジャコウ牛》、овце-бы́к-а, овце-бы́к-ам

　　(アクセントは бы́к 《雄牛》、бык-á, бык-áм のアクセントとは異なる)；

　　прото-пóп 《長司祭》、прото-пóп-а, прото-пóп-ам

　　(アクセントは пóп 《司祭》、поп-á, поп-áм, etc. のアクセントとは異なる)；

　複合名詞の派生語においても同様である：

　　стихо-твóр-ец 《詩人》、стихо-твóр-ц-а, стих-твóр-ц-ам

　　(アクセントは твор-éц 《創造者》、твор-ц-á, твор-ц-áм のアクセントとは異なる)；

　　плоско-гóр-ь-е 《高原》

　　(アクセントは гор-á 《山》、гóр-у, гор-áм, etc. のアクセントとは異なる)。

　　b) 接頭辞名詞の語基：

　　о-горóд 《菜園》、о-горóд-а, о-горóд-ам

　　(アクセントは гóрод 《都市》、gen. sg. гóрод-а, город-áм のアクセントとは異なる)；

за-во́д《工場》、за-во́д-а, за-во́д-ам;[106]

по-то́к《急流》、по-то́к-а, по-то́к-ам, etc.

173

2°. 少数の接頭辞名詞の複合名詞の語基はアクセントをもたないものである（広い移動アクセントをもつ名詞を形成する）：

по́-езд《列車》、по́-езд-а, по-езд-а́м;

про́-пуск《通行許可証》、про́-пуск-а, про-пуск-а́м;

по́-хорон-ы《葬式》、по-хорон-а́м, etc.

あるいはそれらの第1音節の上に自己・アクセントをもつ：

о́-пыт《経験》、о́-пыт-а, о́-пыт-ам;

во́з-раст《年齢》、во́з-раст-а, во́з-раст-ам;

про́-волок-а《針金》、про́-волок-у, etc.

注：名詞の形成の中に含まれる接頭辞だけが複合語の語基を構成する、従って名詞のアクセント法に対して影響をもっている。つまり о-горо́д は го́род とは違ったふうにアクセントが置かれるのである。

動詞の形成の中に含まれる接頭辞あるいは**動詞接頭辞 préverbes** は、アクセントの観点からすれば、アクセント属性をもたない別の要素のままである（вы- を除いて、cf. §155）。それ故、劣性アクセントが動詞接頭辞の上に実現するときを除いて（cf. §517）、あるいは動詞接頭辞が вы- であるときを除いて、動詞接頭辞がついた動詞は単純動詞 verbe simple としてアクセントが付けられる。о-горо́д-и́ть は горо́д-и́ть《垣で囲む》のように。

IV. 形態素の表記において用いられる記号の要約

174

1°. 以下の記号は交替を示す：

\# 《移動(出没)母音》、例：оте́ц, отца́《父》における〈ot#c〉

, 《湿音性》、例：нес-и́《運ぶ》, пек-и́《焼け》における〈,i〉

: 《軟口蓋音の硬口蓋化》、例：ру́ч-к-а《ハンドル》における〈:#k〉

; 《湿音性・硬口蓋化》、例、нес-ёшь《（君は）運ぶ》、печ-ёшь《（君は）焼く》における〈;oš〉

= 《一般的な硬口蓋化》、例、тра́ч-у《（私は）費やす》、любл-ю́《（私は）愛する》における〈=u〉

2º. 以下の記号は形態素のアクセント属性を示す：
M!　　非優性の自己・アクセントのある形態素
M´　　非優性の後・アクセントのある形態素
´M　　非優性の前・アクセントのある形態素
ºM　　非優性のアクセントのない形態素
M!!　　優性の自己・アクセントのある形態素
M˝　　優性の後・アクセントのある形態素
ººM　　優性のアクセントのない形態素

　文字 M は文字 R（語根）、S（接尾辞）、D（語尾）、T（語幹）によって、あるいは検討された形態素の表記によって代えられうる：

　　〈i!c〉：медвéд-иц-а《雌熊》、цар-и́ц-а《女帝》における非優性の自己・アクセントのある接尾辞

　　〈ºgorod〉：гóрод《都市》におけるアクセントのない語根

　　〈ak˝〉：дур-а́к, gen. дур-ак-а́《愚か者》、etc. における優性の後・アクセントのある接尾辞。

5章　実詞

I. 総論
A. 定義

175

1º. 統語的特徴。 実詞 substantif（и́мя существи́тельное）は文中においてのみ主語あるいは目的語の機能を果たす能力がある語である。それはまた単独であるいは前置詞を伴って、状況項 circonstant の機能を果たすことができる。例：рука́《手、腕》：

 рука́ дрожи́т   《手が震える》（主語）
 жму тебе́ ру́ку[107]   《（私は）君と握手する》（目的語）
 о́н махнёт руко́й   《彼は手を振る》（状況項）
 у него́ чемода́н в руке́ 《彼は手にスーツケースをもっている》（状況項）

176

2º. 意味特徴。 単純（非派生の）実詞は一般的に具体的な存在物を示す：人、動物、物体：му́ж《夫》、сестр-а́《姉妹》、во́р《泥棒》、Ива́н《イヴァン》、Фома́《フォマ》、ло́шадь《馬》、сту́л《椅子》、трава́《草》、окно́《窓》、etc. 実詞はもしそれが派生語であれば、質 qualités あるいは行為 actions しか表すことができない：белизна́《白さ》（< бе́лый《白い》）、глу́пость《愚かさ》（< глу́пый《愚かな》）；проще́ние《赦し》（< прости́ть《許す》）；перехо́д《移行》（< переходи́ть《渡る》）、etc.

177

3º. 形態論的特徴。 実詞の各々の形は4つの文法カテゴリーへの帰属によって特徴付けられる。

 a) 同じ語の各々の形を他の全ての形に対立させる、**2つの可変的カテゴリー deux catégories variables**：**数** nombre と**格** cas。同じ実詞の形の総体は、各種の数と格を表現しながら実詞の**曲用** déclinaison を構成する。

 b) 同じ実詞の全ての形に共通な、**2つの不変的カテゴリー deux catégories invariantes**：**性** genre と**亜属** sous-genre、それらはその総体において語の特徴である。

B. 可変的カテゴリー

178

1°. **数 nombre**（число）。実詞の全ての形はロシア語に存在する次の数の内の一つに属する。**単数 singulier**（единственное число）と **複数 pluriel**（множественное число）[108]。

ロシア語の実詞の大部分は単数形と複数形を所有しており、前者は唯一の対象を示すために使われ、後者は複数の対象を示すために使われる。

  сестра́《姉妹》   сёстры《姉妹（複数）》
  и́ва《柳》   и́вы《柳（複数）》
  острота́《警句》   остро́ты《警句（複数）》、etc.

しかしながら欠如実詞 substantifs défectifs も存在する。それは複数形のみを所有するもの（**pluralia tantum**）あるいは単数形のみを所有するもの（**singularia tantum**）である[109]。

179

 a) **Pluralia tantum**。これは、複数形の実詞が唯一の物（ときには複数の部分からなる合成物、cf. フランス語で "les ciseaux"《鋏》）を示す形である。

  но́жницы《鋏》   штаны́《ズボン》
  носи́лки《担架》   хло́поты《気苦労な仕事》
  воро́та《門》   бу́дни《平日》
  очки́《眼鏡》   су́тки《一昼夜》
  дрова́《薪》   ша́хматы《チェス》
  са́ни《橇》   по́хороны《葬式》
  се́ни《玄関入口の間》 мемуа́ры《回想録》
  дро́жжи《酵母》

唯一の物を示す複数形の語の一部は、異なる意味をもつ単数形に形式的に対応する：

  часы́ pl.《時計》 しかし час sg.《時、時間》
  де́ньги pl.《お金》 しかし деньга́ sg.《半コペイカ貨幣》
  счёты pl.《算盤》 しかし счёт sg.《計算》、etc.

その他は複数の物を示すが、しかし単一のものを示す単数形と規則的な意味的対応をもたない：

  ребя́та   《若者たち》とその指小形 ребя́тишки, ребя́тушки,
  девча́та   《少女たち》、etc.

180

　b) **Singularia tantum**。この語はきわめて多く、全ての意味カテゴリーを含んでいる：

　1. 抽象語：

по́мощь	《援助》	белизна́	《白さ》
разви́тие	《発達》	дру́жба	《友好》
внима́ние	《注意》	еди́нство	《統一》
па́мять	《記憶》	те́хника	《技術》
борьба́	《闘争》	коммуни́зм	《共産主義》
ста́рость	《老齢》、etc.		

　2. 集合名詞：

молодёжь	《青年》	бабьё	《女たち》
ди́чь	《野鳥、野獣》	беднота́	《貧民》
детвора́	《子供たち》	свет	《世界》、etc.

　3. 物質名詞：

во́здух	《空気》	зо́лото	《金、黄金》
молоко́	《ミルク》	ветчина́	《ハム》
се́но	《干草》	карто́фель	《ジャガイモ》、etc.

そして特に植物の名詞：

сире́нь	《ライラック》	резеда́	《モクセイソウ》、etc.

　ロシア語はフランス語とは違って、抽象的現実を具体的に表現するために抽象名詞を複数形で使わない（フランス語 *des amitiés, des luttes*）、しかしフランス語からの借用である若干の表現を除く：сла́бости《弱点》«des faiblesses»、остро́ты《警句》«des pointes»、etc.。抽象的現実の様々な多様性を表現するために複数形を使わない（フランス語 *les techniques, les communismes*, etc.）。

　実詞にとってロシア語の **singulare tantum** の語は、フランス語では複数形が使われているようなところで使われる：горо́х《エンドウ》«des pois»、карто́фель《ジャガイモ》«des pommes de terre»。

181

2°. 格 cas (паде́ж)。全ての実詞形はある格に属している。実詞の曲用は一般的に6つの格を含む、すなわち[110]、

主格 бра́т	бра́т спи́т	《兄弟は眠っている》[111]
対格 бра́т-а	о́н лю́бит бра́т-а	《彼は兄弟を愛する》[112]

属格 бра́т-а	рука́ бра́т-а	《兄弟の腕》[113]
与格 бра́т-у	о́н ве́рит бра́т-у	《彼は兄弟を信じる》[114]
位格 бра́т-е	о́н ду́мает о бра́т-е	《彼は兄弟について考える》
具格 бра́т-ом	о́н занима́ется бра́т-ом	《彼は兄弟の面倒をみる》[115]

これらの例から格は文中の語の機能に依存しているということが分かる。様々な格に固有な機能はここでは検討されない。

ある実詞は2つの属格 génitif【生格】の形（属格Iと属格II）および2つの位格 locatif【前置格】の形（位格Iと位格II）を含む。それ故、それらは8つの格までもつことができる。例：сне́г《雪》：

属格 I	сне́г-а	белизна́ сне́га	《雪の白さ》
属格 II	сне́г-у	мно́го сне́гу[116]	《多くの雪》
位格 I	сне́г-е	он мечта́ет о сне́ге	《彼は雪にあこがれる》
位格 II	снег-у́	он лежи́т в снегу́	《彼は雪の上に横たわっている》

それに加えて、人を意味するある名詞（名前あるいは -a で終わる親族関係の名詞）にとって、ゼロ語尾の呼格 vocatif の特別な形がある。мам!《お母ちゃん》(ма́ма の呼格)、Мить!(Ми́тя《ミーチャ》の呼格）、これらは打ち解けた言葉づかいだけに使われる[117]。

最後に、特定の代名詞的な実詞の曲用は補足の格を含んでいる (cf. §386)。そこで問題となるのは周辺的な現象である。大部分の実詞にとって役立つ、規則的な名詞曲用は多く見積もって6つの格だけである。

3º. 数と格の表現：実詞の曲用

182

a) **語尾 désinences**。一般的に実詞の2つの可変的カテゴリー、数と格は同じ形態素、つまり語尾によって表現される。例えば、рука́м《両腕に》(複数与格)において、与格の標識と複数の標識を区別することはできない。語尾〈am〉は同時にその2つを表現している。

各々の実詞は、数と格の両方で変化するのであるから、単数で6つの形、複数で6つの形である。全部で12の形を所持することになる。上で述べた特殊な格においては（属格IIと位格IIと呼格などを有する語）、追加の格が存在しうるかもしれない。

しかし実際はいかなる実詞も12の違った形をもってはいない。全てにおいて幾つかの同形異義語が存在する。例えば、бра́та《兄弟》は対格と属格が同形であり、

сестре́《姉妹》は与格と位格が同形である。

いくつかの語、大部分は最近の外国からの借用語では、全ての形は同音異義語である。これは метро́《地下鉄》«métro», пальто́《外套》«pardessus»、etc. のような**曲用しない indéclinables** 実詞である (§285)。曲用しない実詞もまた (性と亜種のカテゴリーと同様に) 数と格のカテゴリーをもっているが、しかしそれらのカテゴリーは実詞それ自身の形の中で表現される代わりに、ただ実詞と一致する語のカテゴリーの中にしか現れない：моско́вское метро́《モスクワの地下鉄》、gen. моско́вского метро́; ста́рое пальто́《古外套》、nom. pl. ста́рые пальто́。

183

b) 他の方法。

1. **示差的接尾辞 suffixes différentiels**。 少数の語において、数と (より稀な) 格の違いは語尾だけではなく、語尾前の接尾辞の存在あるいは欠如によって標示される。その接尾辞はある特定の形態グループを別の形態グループから区別するための役割を果たしており、我々はそれを**示差的接尾辞**と呼ぼう。

たいていの場合、この接尾辞は単数と複数を区別する：

    suffix ⟨;#j⟩   sg. бра́т,   pl. бра́т-ь-я   ⟨brát + ;#j + a⟩《兄弟》

    suffix ⟨es⟩   sg. не́б-о,   pl. неб-ес-а́   《空》

ある場合には、示差的接尾辞は単数にあり、しかし複数にはない：

    uffix ⟨,in⟩   sg. тата́р-ин,   pl. тата́р-ы   《タタール人》

またある場合には、示差的接尾辞は単数にも複数にもある：

    suffix sg. ⟨;on#k⟩   pl. ⟨;at⟩：

            sg. тел-ёнок   pl. тел-я́т-а   《仔牛》

ときどき示差的接尾辞は単数主格 (そこでは示差的接尾辞は欠如する) と他の全ての格 (そこでは示差的接尾辞は存在する) を対立させる。例：

    suffix ⟨er,⟩、単数主格 мать《母》では欠如、属格 ма́т-ер-и, 具格 ма́т-ер-ью, etc. では存在する。

2. **補充法 supplétivité**。 同じ語の複数の形が異なる語根によって形成されるとき、補充法が存在する。例：

    челове́к   《人》   pl. лю́д-и

    го́д   《年》   pl. ле́т, etc. (cf. §282)

これら全ての場合に示差的接尾辞あるいは語根の変化による数の表現と (時々の) 格の表現は、語尾による表現にさらに付け加わるものであるが、しかしそれの代わりをしない。それ故、実詞の格と数は常に (曲用しない語を除いて) 語尾によっ

て標示されるのである。
184

c) 語尾の働き。**曲用タイプ**。語尾は全ての実詞にとって同じではない。実詞は、同一のあるいはほぼ同一の語尾の働きをもつ語をそれぞれグループ化する、**曲用タイプ** types de déclinaison あるいは単に**曲用** déclinaisons (склоне́ния) と呼ばれる各種のクラスに分けられる。3つの主要な曲用と少数の二次的なカテゴリーが区別される。

1. **主要な曲用**。それらの語尾のうちの2つ、つまり単数の主格と属格の語尾によって定義することが便利である。

	第1曲用	第2曲用	第3曲用[118]
単数主格	⟨a⟩	⟨ø⟩ あるいは ⟨o⟩	⟨ø⟩
単数属格	⟨i⟩	⟨a⟩	⟨i⟩

第1曲用：単数主格は ⟨a⟩ (a あるいは я と書かれる)、属格で ⟨i⟩ (ы あるはиと書かれる)。一般に女性名詞、もしそれが男性の人間を指し示していたら男性名詞。

 сестр-а́ 《姉妹》 gen. сестр-ы́

 неде́л-я 《週》 неде́л-и

第2曲用：主格は語尾 ⟨ø⟩ あるいは ⟨o⟩、属格は ⟨a⟩ をもつ (a あるいは я と書かれる)。男性あるいは中性名詞。

男性では主格の語尾は ⟨ø⟩ (ゼロ)。語は子音で終わる (文字は軟音記号なしで、あるいは軟音記号をもって書かれる)：

 у́м 《知性》 gen. ум-а́

 кора́бль 《船舶》 корабл-я́

中性では主格の語尾は ⟨o⟩ (文字では o, ё あるいは e と書かれる)：

 окн-о́ 《窓》 gen. окн-а́

 ружь-ё 《銃》 ружь-я́

 мо́р-е 《海》 мо́р-я

注：性に従うこの語尾 ⟨ø⟩ と ⟨o⟩ の分布は若干の例外をもつ、cf. §214。女性名詞はない。

第3曲用：単数主格で語尾 ⟨ø⟩ (ゼロ) をもつ。この語は常に軟子音あるいはシュー音で終わり、文字は軟音記号をつけて書かれる。全て女性の語。例：

мы́шь　《鼠》、　　gen. мы́ш-и

2. **周辺的なカテゴリー**。これは以下である。

α) pluralia tantum, これは単数形をもたないので、上記の基準に従って曲用の中で整理することができない。

β) **不規則実詞【異語幹曲用の実詞】**幾つかの曲用の語尾を混合しているもの（12 語のみ）。

γ) **補充的曲用をもつ実詞**　челове́к《人》、pl. лю́ди のような実詞。

δ) **形容詞的な曲用をもつ実詞**

ε) **曲用しない実詞**

ζ) **苗字**　これは他の全ての実詞に反して、性によって【曲用タイプが】変化する実詞である。

C.　不変的カテゴリー

185

1°. **文法性 genre** (ро́д)。単数形をもつロシア語の全ての実詞は、文法性と呼ばれる 3 つのクラスに分類される。**男性 masculin** (мужско́й ро́д)、**女性 féminin** (же́нский ро́д) そして **中性 neutres** (сре́дний ро́д)。

単数形をもたない実詞 (pluralia tantum) は性のカテゴリーから逃れている。[119]

186

a) **性の形式的な標示**　実詞そのものは、(かなり密接な対応が性と曲用タイプの間に存在するにもかかわらず、cf. §187) その性の絶対確実な標識をもっていない。実詞の性は、性において一致するといわれるような、性に応じて可変するある特定の語の形によって定義される、特に、

付加形容詞 adjectif épithète あるいは属辞 attribut：

молодо́й бра́т　　（男性）《若い兄弟》

молода́я сестра́　（女性）《若い姉妹》

молодо́е де́рево　（中性）《若い木》

実詞が主語のときの動詞の過去形：

го́д ко́нчился　　（男性）《一年が終わった》

зима́ ко́нчилась　（女性）《冬が終わった》

ле́то ко́нчилось　（中性）《夏が終わった》

代名詞：

уви́дите бра́та, да́йте *ему́* письмо́《もし兄弟に会ったら、彼に手紙を渡してく

ださい》

уви́дите сестру́, да́йте *ей* письмо́《もし姉妹に会ったら、彼女に手紙を渡してください》

もし似ている形(また特に同じ末端 terminaison をもつ形)が異なる性のものならば、これは一致の現象によって明らかになる：[120]

бе́лый ле́бедь　　（男性）《白鳥》

бе́лая ло́шадь　　（女性）《白い馬》

187

b) **実詞の文法性の決定**[121]　実詞の文法性は常にその形とときにはその意味に拠っている。無生物を指し示す語の全てにとって、その形によって無条件にその性が分かる。生物を指し示す語にとっては、ある場合にはまたその意味が性を決める条件を果たしている。

1. 形による条件付け：

第 1 曲用：無生物はすべて女性である。生物にとってはその意味によって条件付られる。

第 2 曲用

ゼロ語尾をもつ主格：全て男性の語

語尾〈o〉をもつ主格：全て中性の語

(稀な例外については、cf. §214)

第 3 曲用：全て女性の語

形容詞的な曲用をもつ実詞：性は語尾に一致する。

曲用しない実詞(地名と略語を除く、cf. §285 *sq*)：無生物は中性(例外は §286)。生物についてはその意味によって条件付られる。

苗字は特殊な事例である、というのは他の実詞に反して苗字は文法性に従って変化するからである(男性あるいは女性、cf. §291)。

2. **意味による条件付け。**　意味による条件付けは、我々が上述した 2 つの曲用、つまり第 1 曲用と曲用しない実詞においてのみ、生物に対して働く。これらの語の文法性は、上で示された規則に従って、指し示された生き物の自然性 sexe によって条件付けられる。これらの語は男性か女性のどちらかであり、決して中性ではない。

α) **人を指し示す実詞**：上で指摘した 2 つの曲用において、文法性は常に自然性と一致する。同じ自然性の人たちを指し示すために常に用いられる語は常に同じ文法性をもつ。

第 1 曲用：[122]

男性	мужчи́на	《男性》		女性	же́нщина	《女性》
	дя́дя	《おじ》			тётка	《おば》
	де́душка	《おじいさん》			ба́бушка	《おばあさん》
	вельмо́жа	《貴人》			да́ма	《貴婦人》
	Фома́	《トーマス》			Анна	《アンナ》

曲用しない実詞：

男性	мосье́	《ムッシュー》		女性	мада́м	《マダム》
	кюре́	《主任司祭》			ле́ди	《婦人》、etc.

どちらの自然性によっても人を指し示すことのできる語は、その指し示された人の自然性に従って文法性を変化させる。そういう語は**共通性 genre commun** (общий ро́д) に属する。実際は、これらの語のそれぞれにとって2つの同音異義語、つまり1つは男性の、もう1つは女性の語が存在すると認めることが可能である[123]。例：

第 1 曲用：

男性	сирота́	《(男の)孤児》		女性	сирота́	《(女の)孤児》
	колле́га	《同僚》			колле́га	
	пья́ница	《酔っ払い》			пья́ница	
	бедня́га	《かわいそうな人》			бедня́га	
	у́мница	《頭の良い人》			у́мница , etc.	

曲用しない実詞：

男性	протеже́	《庇護されている人》		女性	протеже́	
	ма́нси	《マンシ人(シベリアの民族名)》			ма́нси	
	визави́	《向かい合う相手》"un vis-à-vis"			визави́ (女性の《相手》)、etc.	

例：кру́глый сирота́《(男の)天涯孤児》、кру́глая сирота́《(女の)天涯孤児》； уважа́емый колле́га《(男の)尊敬すべき仲間》、уважа́емая колле́га《(女の)尊敬すべき仲間》；мой визави́《私の(男の)相手》、моя́ визави́《私の(女の)相手》。

注：語 судья́《裁判官》はたとえそれが女性を指し示していても、男性のままである。она́ стро́гий судья́《彼女は厳格な裁判官だ》。

β) 動物を指し示す実詞：

もしそれが第1曲用であれば、それは女性である。

лиса́《狐》、обезья́на《猿》、пти́ца《鳥》

もしそれが曲用しないのならば、それは上述した《共通性》に属する：例えば、шимпанзе́（男性名詞あるいは女性名詞）《チンパンジー》：молодо́й шимпанзе́《若いチンパンジー》、молода́я шимпанзе́《若い雌のチンパンジー》。

188

2º. 亜属 sous-genre[124]。ロシア語の全ての実詞は亜属と呼ばれる次の2つのクラスに分類できる。**有生の亜属 sous-genre animé**（подкла́сс одушевлённых）【活動体】と**無生の亜属 sous-genre inanimé**（подкла́сс неодушевлённых）【不活動体】。この区別はその意味によって条件付けられる。有生の亜属は人あるいは動物を指し示す実詞を含み、他方、無生の亜属は物あるいは抽象概念を指し示す実詞を含む。2つの亜属の区別は文法性の区別とは無関係である。

有生と無生の間の違いは対格においてだけ現れる[125]。

全ての実詞にとって**複数対格**において（それがどんな性や曲用であろうとも）；

第2曲用の男性の実詞だけの**単数対格**において。

この対格は固有の形をもたない；それは次のようである：

有生亜属では**属格**と同形の対格；

無生亜属では**主格**と同形の対格。

例（固有の形でない対格、またその形を転用している場合を下線にする）：

第2曲用の男性名詞（対格は決して固有の形をもたない）：

		有生	有生	無生
Sg.	主格	во́р《泥棒》	пёс《犬》	сто́л《机》
	対格	во́р-а	пс-а́	сто́л
	属格	во́р-а	пс-а́	стол-а́
Pl.	主格	во́р-ы	пс-ы́	сто́л-ы
	対格	вор-о́в	пс-о́в	сто́л-ы
	属格	вор-о́в	пс-о́в	стол-о́в

他の名詞（対格は単数で固有の形をもつが、複数ではもたない）：

		男性1曲用	女性1曲用		女性3曲用	
		有生	有生	無生	有生	無生
		《貴人》	《妻》	《壁》	《鼠》	《夜》
Sg.	主格	вельмо́жа	жен-а́	стен-а́	мы́шь	но́чь
	対格	вельмо́ж-у	жен-у́	стен-у	мы́шь	но́чь
	属格	вельмо́ж-и	жен-ы́	стен-ы́	мы́ш-и	но́ч-и
Pl.	主格	вельмо́ж-и	жён-ы	стен-ы	мы́ш-и	но́ч-и

	対格	вельмо́ж	жён	сте́н-ы	мыш-е́й	но́ч-и
	属格	вельмо́ж	жён	стен	мыш-е́й	ноч-е́й

		中性		Pluralia tantum	
		有生	無生	有生	無生
		《人物》	《村》	《若者たち》	《橇》
Sg.	主格	лиц-о́	сел-о́		
	対格	лиц-о́	сел-о́		
	属格	лиц-а́	сел-а́		
Pl.	主格	ли́ц-а	сёл-а	ребя́т-а	са́н-и
	対格	ли́ц	сёл-а	ребя́т	са́н-и
	属格	ли́ц	сёл	ребя́т	сан-е́й

注：これから先に与えられる曲用の表において、我々は固有の形をもたない対格を記号↑↓によって表示しよう。それは《もし有生ならば属格と同じ形であり、無生であれば主格と同じ形をとる》ことを意味する。例：

主格	во́р	сто́л	語尾 〈ø〉
対格	↓	↑	↑↓
属格	во́р-а	стол-а́	語尾 〈a〉

有生の中性名詞は極めて少数である。次のものだけを引用することができる。лицо́《人物》(複数対格 ли́ц; 無生の лицо́《顔》、複数対格 ли́ца と混同してはならない)[126]；чудо́вище《怪物》のような -ище で終わる語、および形容詞曲用をもつ中性名詞は以下のように動物を意味する：

животное	《動物》	複数対格	живо́тных
насеко́мое	《昆虫》		насеко́мых
млекопита́ющее	《哺乳類》		млекопита́ющих, etc.

189

ある特定の名詞は亜属の配分の観点からすると、それらの意味から期待されるものとは別の風に扱われる。

a) **無生として扱われる生物**。下等生物：[127]

| у́стрица | 《牡蠣》 | 複数対格 | у́стрицы |
| бакте́рия | 《バクテリア》 | | бакте́рии, etc. |

b) **有生として扱われる物**。

 1. 語の普通の意味で生物を指し示し、そして物を指し示すためにメタファーによって使われる語：[128]

конёк《馬》と《(チェスの)ナイト》　　　対格　конька́,
москви́ч《モスクワっ子》と車の商標　　対格　москвича́,
бума́жный змей《紙凧》(《紙の竜》)　　 対格　бума́жного зме́я,
ту́з《有名人》と《(トランプの)エース》　対格　туза́, etc.

例：

взя́ть конька́《(チェスで)ナイトをとる》

купи́ть москвича́《(自動車の)モスクヴィチを買う》[129]

2. 学位・称号それ自身を指し示すために換喩によって俗に用いられる、学位・称号の保持者の名詞。例えば、《博士号》の意味で用いられる до́ктор《博士 docteur》。

он полу́чит до́ктора《彼は博士号を取得しよう》;

3. 人間の形に似た人形を指し示す語：[130]

ку́кла　　　　　《人形》　　　　　　　複数対格　ку́кол,
марионе́тка　　《マリオネット》　　　　　　　 марионе́ток,
петру́шка　　　《ペトルーシカ(人形)》　　　　петру́шек, etc.

4. ある特定のキノコの語：ры́жик《カラハツタケ》、etc.[131]

語 мертве́ц《死人》と поко́йник《死者、故人》(対格 мертвеца́, поко́йника) は有生として取り扱われる (しかし тру́п《死体》、対格 тру́п は有生ではない) ことに気づくだろう[132]。

性のカテゴリーと同様に亜属のカテゴリーは、語に実詞との一致を課す[133]。

付加形容詞：

я встреча́ю дороги́х госте́й《私は大事な客を出迎える》

я покупа́ю дороги́е ве́щи《私は高価なものを買う》

問題となっている実詞を先行詞としてもっている代名詞。もし名詞それ自身が対格にないならば、亜属の一致は代名詞が対格になる：

я встреча́ю одного́ из мои́х госте́й《私は客のひとりを出迎える》

я разби́л оди́н из э́тих стака́нов《私はこれらのコップのひとつを割った》

соба́ки, кото́рых вы́ ко́рмите《あなたが飼育している犬》

ве́щи, кото́рые вы́ покупа́ете《あなたが買っている物》

ただ人称代名詞だけは亜属のカテゴリーを知らない。そこでは先行詞 antécédent がどんなものであろうとも、対格は常に属格と同じである (cf. §393–§394)：

я и́х кормлю́《私はそれらに餌をやる》(犬のことを話すとき)

я и́х покупа́ю《私はそれらを買っている》(物のことを話すとき)

II. 第 1 曲用

A. 定義と実数

190

1°. 定義。 第 1 曲用の語と名付けるものは、⟨a⟩ (正書法 a, я) で終わる単数主格と ⟨i⟩ (正書法 ы, и) で終わる単数属格をもつ全ての実詞である。例：

 стен-á 《壁》   単数属格   стен-ы́

 земл-я́ 《大地》   単数属格   земл-и́

 неде́л-я 《週》   単数属格   неде́л-и, etc.

 /a/ (а, я) で終わる単数主格をもつ全ての実詞はこの曲用に属している。しかし以下は除く。

  a) 曲用しない ⟨a⟩ で終わる名詞の少グループ、cf. リスト §286. このグループは буржуа́《ブルジョア》等、また他若干のように /a/ が母音によって先行されている語の全てを包括している。

  b) 語 дитя́《子供》及び и́мя《名前》のような -мя で終わる 10 語、これらは全て不規則実詞【異語幹曲用の実詞】の中性形、cf. §280。

191

2°. 文法性。 上で示された文法性の配分に従って (§187)、これらの【第 1 曲用の】語は大部分は女性、幾つかは男性である。

 もしそれらが無生物あるいは動物を指し示していたら、全て**女性形**。

 もしそれらが人間を指し示していたら、指し示された人の自然性に従って**男性形か女性形**(詳細と例は §187 を見よ)。

 この規則の例外として、人間を指し示さないにもかかわらず男性形であるものがある。

 第 2 曲用の男性名詞から【派生された】-ина で終わる拡大辞派生語：

 быч́и́на   (бы́к《雄牛》からの拡大辞派生語)

 доми́на   (до́м《家》からの拡大辞派生語)、etc.

 動物あるいは玩具を指し示すために使われる男性名の指小辞派生語：

 ми́шка《(玩具の)熊》   петру́шка《ペトルーシカ人形》、etc.

 большо́й плю́шевый ми́шка《大きな熊のぬいぐるみ》

B. 規則的な曲用

192

この曲用は以下の語尾の働きによって特徴づけられる：

単数			複数	
主格	⟨a⟩		主格	⟨i⟩
対格	⟨u⟩		対格	↑↓
属格	⟨i⟩		属格	⟨ø⟩[134]
与格	⟨e⟩		与格	⟨am⟩
位格	⟨e⟩		位格	⟨ax⟩
具格	⟨oj⟩		具格	⟨am,i⟩

この曲用の正書法は、上述した正書法の規則（§36–§45）との関連で、語幹の末尾子音の性質に応じて変化する。

193

1º. 対をもつ硬子音で終わる語幹。 語尾の最初の母音 /a/ /i/ /o/ /u/ は【それぞれ】第1系列の母音書記素 а ы о у によって綴られる（母音 /e/ だけは——それは先行の子音の湿音化を引き起こす、cf. §78——第2系列の書記素 e によって綴られる）。

例：губ-á《唇》、語幹 ⟨gub⟩

単数	主格	губ-á	複数	主格	гу́б-ы
	対格	губ-у́		対格	↑
	属格	губ-ы́		属格	гу́б
	与格	губ-é		与格	губ-а́м
	位格	губ-é		位格	губ-а́х
	具格	губ-о́й		具格	губ-а́ми

194

2º. 対をもつ軟子音で終わる語幹。 語尾の最初の母音 /a/ /e/ /i/ /o/ /u/ の全ては、第2系列の母音書記素 я е и ё ю（ёはアクセントの外でеによって置き替わる）を使って綴られる。例：простыня́《シーツ》、неде́ля《週》。語幹 ⟨prostin,⟩ ⟨n,edel,⟩ は複数属格で простынь, недель となる。

単数	主格	простын-я́	неде́л-я	複数	主格	про́стын-и	неде́л-и
	対格	простын-ю́	неде́л-ю		対格	↑	↑
	属格	простын-и́	неде́л-и		属格	просты́нь	неде́ль[135]
	与格	простын-е́	неде́л-е		与格	простын-я́м	неде́л-ям
	位格	простын-е́	неде́л-е		位格	простын-я́х	неде́л-ях

　　　　　　　具格　простын-ёй　недел-ей　　　　具格　простын-ями недел-ями
　　注：複数属格形 простынь は現代語において простыней と競合している。語尾〈ej〉については、§202 参照。

195

3º. /j/ で終わる語幹。 前の場合と同様に、語尾の全てで第2系列の母音書記素——ここでは /j/ と語尾の最初の母音を同時に表している——が使われる。

　例：колея《轍》、стая《(動物の) 群》。語幹〈kol,ej〉〈staj〉は複数属格で колей, стай になる[136]。

単数	主格	коле-я	ста-я	複数	主格	коле-и	ста-и
	対格	коле-ю	ста-ю		対格	↑	↑
	属格	коле-и	ста-и		属格	колей	стай
	与格	коле-е	ста-е		与格	коле-ям	ста-ям
	位格	коле-е	ста-е		位格	коле-ях	ста-ях
	具格	коле-ей	ста-ей		具格	коле-ями	ста-ями

196

4º. シュー音：/š/ /ž/ /č/（正書法 ш ж ч щ）で終わる語幹。 語尾の最初では /i/ は и と綴られ、/o/ は о（アクセントの外では е）と綴られる[137]。

　　　　　　　　душа《魂、心》　　кожа《皮》
　　　　　　　　語幹〈duš〉　　　語幹〈kož〉
　単数属格　語尾〈i〉　душ-и　　　кож-и
　複数主格　語尾〈i〉　душ-и　　　кож-и
　単数具格　語尾〈oj〉　душ-ой　　кож-ей

197

5º. /c/（正書法 ц）で終わる語幹。 /i/ は ы と綴られる。/o/ はアクセント下で о, アクセントの外で е と綴られる。

　　　　　　　　овца《雌羊》　　птица《鳥》
　　　　　　　　語幹〈ov#c〉　　　語幹〈pt,ic〉
　単数属格　語尾〈i〉　овц-ы　　　птиц-ы
　複数主格　語尾〈i〉　овц-ы　　　птиц-ы
　単数具格　語尾〈oj〉　овц-ой　　птиц-ей

198

6º. 軟口蓋子音 /k/ /g/ /x/（正書法 к г х）で終わる語幹。 /i/ は и と綴られ、/o/ は о と綴られる。

рукá《手、腕》
語幹〈ruk〉

単数属格　語尾〈i〉　рук-и́
複数主格　語尾〈i〉　рýк-и
単数具格　語尾〈oj〉　рук-óй

上で言及されない場合は全て、語尾の正書法はгубáと同じである。

C. 移動母音

199

この曲用において唯一のゼロ語尾は**複数属格**の語尾である。それ故、移動母音が現れることができるのはこの場合であり、他の全ての形におけるように語幹が2つの子音によって終わっている語において移動母音が現れる。

　例：дéвк-а《娘》、複数属格 дéвок（語幹〈d,ev#k〉）。

移動母音は /o/ あるいは /e/（о, ё, е, あるいは и と綴られる）であり得る。各種の移動母音の間の選択については§134を見よ。

移動母音は以下で現れる[138]。

1°. §135で定義されたカテゴリーにおいて：

　-ья で終わる語：стать-я́《記事》、複数属格 стате́й[139]

　子音の後ろで -ня, -ля で終わる語：ка́пл-я《滴》、複数属格 ка́пель（-ня, -ля が с あるいは з によって先行される幾つかの語を除く）。

　子音の後ろで -ка で終わる語：дéвк-а《娘》、複数属格 дéвок（例外：ла́ска《愛撫》、複数属格 ласк[140]）。

2°. 以下のおよそ 30 の最も頻度の高い他の語において：

単数主格	複数属格
весн-а́《春》	вёсен
ветл-а́《白柳》	вётел
копн-а́《(干し草の)堆積》	копён
корчм-а́《居酒屋》	корчём
ку́кл-а《人形》	ку́кол
метл-а́《箒》	мётел
ро́зг-а《笞》	ро́зог
сва́дьб-а《結婚式》	сва́деб
сестр-а́《姉妹》	сестёр

сосн-á 《松》	сóсен
судьб-á 《運命》	сýдеб
тюрьм-á 《監獄》	тю́рем
усáдьб-а 《家屋敷》	усáдеб（あるいは усáдьб）、etc.

〖外国の借用語 фéрм-а 《飼育農場》、複数属格 фéрм においては移動母音がないことに注意せよ[141]。〗

D. 例外と特殊性

200

1º. 単数の与格と位格。語幹に /ij/ をもつ語 (-ия で終わる語) において、単数の与格と位格の語尾 ⟨e⟩ は e ではなく、и と綴られる[142]。

хи́ми-я 《化学》	与格・位格	хи́ми-и
стáнци-я 《駅》	与格・位格	стáнци-и, etc.

201

2º. 単数具格。規則的な語尾 ⟨oj⟩ (ой, ёй, ей) とは別に、19世紀には高尚な文体や詩に普通に使われていた、古風な語尾 ⟨oju⟩ (ою, ёю, ею) が存在する。над Невóй, под землёй, etc. にたいして над Невóю《ネヴァ川の上方で》、под землёю《地下に》。

202

3º. 複数属格。不規則性は以下の場合に見いだされる。

a) 子音によって先行される /n, / で終わる語幹をもつ語において：

1. 語幹の上にアクセントをもつこのタイプの語は、複数属格においてゼロ語尾をもち、末尾の /n, / を /n/ に硬音化させる：[143]

бáшн-я 《塔》	複数属格	бáшен
пéсн-я 《歌》		пéсен
ви́шн-я 《桜》		ви́шен, etc.

2. 語尾アクセントをもつこのタイプの語は、複数属格においてゼロ語尾に代わって語尾 /ej/ をもつ：

западн-я́ 《罠》	複数属格	западн-éй
ступн-я́ 《足首》		ступн-éй
клешн-я́ 《(蟹などの)はさみ》		клешн-éй, etc.

3. これらの規則の例外。

語尾アクセントにもかかわらず、硬音化したゼロ語尾をもつ語：

шестерн-я́ 《歯車》	複数属格	шестерён (l. c.);

硬音化しないでゼロ語尾をもつ語：

дерéвн-я 《村》 複数属格 дерéвень

кýхн-я 《台所》 кýхонь

бáрышн-я 《貴族の娘》 бáрышень (l. c.)

b) その他の幾つかの語においてゼロ語尾の代わりに語尾 〈ej〉 に出会う。これは以下の場合がある。

1. 語幹が軟口蓋子音によって先行される /l,/ によって終わる語、あるいは /r,/ /č/ /ž/ 以外の子音によって先行される /r,/ /č/ /ž/ によって終わる語の全て：

	単数主格	複数属格
/l,/	сáкл-я《カフカース人の小屋》	сáкл-ей
	рóхл-я《間抜け》	рóхл-ей
	бýкл-я《巻き髪》	бýкл-ей
/r,/	ноздр-я́《鼻孔》	ноздр-éй
	рáспр-я《喧嘩》	распр-éй
/č/	бахч-á《メロンなどの野菜畑》	бахч-éй
	каланч-á《見張り櫓》	каланч-éй
/ž/	ханж-á《偽善者》	ханж-éй
	махарáдж-а《マハーラージャ》	махарáдж-ей, etc.

2. 以下のような名前の -я で終わる愛称形：

Волóд-я （Влади́мир の愛称形） Волóдей

Пéт-я （Пётр の愛称形） Пéтей, etc.

また同様に人を指し示す以下の語においても：

дя́д-я《おじ》 複数属格 дя́д-ей (дя́д-ьёв についてはcf. §204)

тёт-я《おば》 тёт-ей

ю́нош-а《若者》 ю́нош-ей

мя́мл-я《愚図、のろま》 мя́мл-ей (l. c.)

3. 語幹が対をもつ軟子音あるいはシュー音によって終わり、複数の斜格の語尾がアクセントをもつ若干の語において：

単数主格	複数与格	複数属格
брон-я́ 《鎧》	брон-я́м	брон-éй
вожж-á 《手綱》	вожж-áм	вожж-éй
дóл-я 《部分》	дол-я́м	дол-éй
пращ-á 《投石器》	пращ-áм	пращ-éй

сопл-я́	《鼻汁》	сопл-я́м	сопл-е́й
свеч-а́	《ロウソク》	свеч-а́м	свеч-е́й[144]
деж-а́	《練り粉のこね鉢》	деж-а́м	деж-е́й (l. c.)

しかし語尾〈ej〉が唯一可能であるこれらの語の外に、多くの揺れがある。現代語はこの語尾を上の3で定義した特徴を表す語全てに拡大しようとする傾向がある。例えば、простын-я́《シーツ》、複数与格 простын-я́м、複数属格 простын-е́й（просты́нь の代わりに）、etc.

203

4º. **呼格**。打ち解けた言葉使い（親族関係の名詞あるいは愛称的な名詞）の中で人を指し示す第1曲用の名詞において、人に呼びかけるために割り当てられた、ゼロ語尾の呼格形が話し言葉でしばしば使われる：[145]

мам!	ма́ма《お母さん》の呼格
пап!	па́па《お父さん》の呼格
Мить!	Дми́трий の愛称形 Ми́тя《ミーチャ》の呼格
Саш!	Алекса́ндр の愛称形 Са́ша《サーシャ》の呼格、etc.

この形は厳密に打ち解けた会話に限られている。

204

5º. （単数と複数を対立させる）**示差的接尾辞** suffixes différentiels をもつ語。

  a) 単数で接尾辞〈;ic〉：単数主格 ку́р-иц-а《鶏》、複数主格 ку́р-ы、属格 ку́р、etc.

  b) 複数で接尾辞〈;#j〉：単数主格 дя́д-я《おじ》、複数主格 дяд-ь-я́、属格 дяд-ь-ёв、etc.（しかしこれらの形は田舎の民衆語に固有である。標準形は規則的である：複数主格 дя́д-и、属格 дя́д-ей、etc.、cf. §202）。

E. アクセント[146]

205

1º. **語尾のアクセント属性**。そのアクセント属性は以下の表に明らかである。

単数：	対格：	ºD あるいは D!	複数：主格：	´D / ºD
	その他の格：	D!	その他の格：	´D / D!

206

2º. 語幹のアクセント属性とアクセントタイプ。

  a) **自己・アクセントのある語幹**：T!：語幹固定アクセント：アクセントはつねに語幹の同じ音節の上にある。доро́га《道》タイプ。

  b) **後・アクセントのある語幹**：T´：

b 1) **語尾固定アクセント**：複数の全ての語尾は非前・アクセントのあるヴァリアントをもつ：ºD あるいは D!. 語尾の上の固定アクセント。конур-á《犬小屋》タイプ。

　b 2) **狭い移動アクセント**：複数の語尾は前・アクセントのあるヴァリアントをもつ：´D. 単数において語尾アクセント、複数において語尾前アクセント（連続 M´ + ´M の法則）。сирот-á《孤児》タイプ。

　c) **アクセントのない語幹**：ºT：

　c 1) **広い移動アクセント**：複数の語尾は非前・アクセントのあるヴァリアントをもつ：ºD あるいは ´D. D! をもつときは語尾アクセント、ºD をもつときは劣性【後退的】récessif アクセント。2つのヴァリアントがある。

　α) 単数対格の語尾でアクセントのないヴァリアント（ºD）をもつもの。голов-á《頭》タイプ。

　β) 単数対格の語尾で自己・アクセントのあるヴァリアント【D!】をもつもの。борозд-á《畝溝》タイプ。

　c 2) **混合移動アクセント**：複数形の語尾は前・アクセントのあるヴァリアントをもつ。земл-я́《土地》タイプ。

語幹アクセント		T!		T´			
		語幹固定		語尾固定		狭い移動	
		a		b 1		b 2	
単数	主格	T!+D!	доро́г-а	T´+D!	конур-á	T´+D!	сирот-á
	対格	T!+ºD	доро́г-у	T´+ºD	конур-ý	T´+ºD	сирот-ý
	属格	T!+D!	доро́г-и	T´+D!	конур-ы́	T´+D!	сирот-ы́
	与格	T!+D!	доро́г-е	T´+D!	конур-é	T´+D!	сирот-é
	位格	T!+D!	доро́г-е	T´+D!	конур-é	T´+D!	сирот-é
	具格	T!+D!	доро́г-ой	T´+D!	конур-о́й	T´+D!	сирот-о́й
複数	主格	T!+ºD	доро́г-и	T´+D!	конур-ы́	T´+´D	сиро́т-ы
	対格	↑		↑		↓	
	属格	T!+D!	доро́г	T´+D!	конýр [147]	T´+´D	сиро́т
	与格	T!+D!	доро́г-ам	T´+D!	конур-áм	T´+´D	сиро́т-ам
	位格	T!+D!	доро́г-ах	T´+D!	конур-áх	T´+´D	сиро́т-ах
	具格	T!+D!	доро́г-ами	T´+D!	конур-áми	T´+´D	сиро́т-ами

語幹アクセント	°T 広い移動			混合移動
	c1α		c1β	c2
単数 主格	°T+D! голов-á		°T+D! борозд-á	°T+D! земл-я́
対格	°T+°D го́лов-у		°T+D! борозд-у́	°T+°D зе́мл-ю
属格	°T+D! голов-ы́		°T+D! борозд-ы́	°T+D! земл-и́
与格	°T+D! голов-é		°T+D! борозд-é	°T+D! земл-é
位格	°T+D! голов-é		°T+D! борозд-é	°T+D! земл-é
具格	°T+D! голов-óй		°T+D! борозд-óй	°T+D! земл-ёй
複数 主格	°T+°D го́лов-ы		°T+°D бо́розд-ы	°T+°D зе́мл-и
対格	↑		↑	↑
属格	°T+D! голо́в		°T+D! боро́зд	°T+ 'D земе́ль
与格	°T+D! голов-а́м		°T+D! борозд-а́м	°T+ 'D зе́мл-ям
位格	°T+D! голов-а́х		°T+D! борозд-а́х	°T+ 'D зе́мл-ях
具格	°T+D! голов-а́ми		°T+D! борозд-а́ми	°T+ 'D зе́мл-ями

207

3°. 様々なタイプの実数。

アクセント法のタイプは数の上で偏りがある。唯一生産的なのは доро́га タイプと（ほんのそれより僅かであるが）сирота́ タイプである。しかし他のタイプの幾つかは非常によく用いられる語を含んでいる。

208

a) **自己・アクセントのある語幹：доро́га タイプ。** このクラスは全ての内で最も生産的である。これはとりわけ以下のものを包括している。

1. **自己・アクセントのある、あるいは前・アクセントのある接尾辞を使って形成された派生語幹の全て**（アクセントは接尾辞音節あるいは接尾辞前音節にある）。

α) 自己・アクセントのある接尾辞(S! あるいは S!!)：

⟨,a!!g⟩   работ-я́г-а   《働きもの》
⟨u!!r⟩   прокурат-у́р-а   《検察庁》
⟨a!!cij⟩   организ-а́ци-я   《組織》
⟨;i!x⟩   волч-и́х-а   《雌狼》
⟨;i!c⟩   цар-и́ц-а   《女帝》
            медве́д-иц-а   《雌熊》

⟨i!n,⟩　　княг-и́н-я　　《公妃》
　　　　　　госуда́р-ын-я　《女王》、etc.

β) 前・アクセントのある接尾辞(´S)：

⟨´#k⟩　　　голо́в-к-а　　《頭(指小形)》
⟨´oč,#k⟩　　коро́б-очк-а　《小箱》
⟨´uš#k⟩　　де́в-ушк-а　　《乙女》
⟨´,ik⟩　　　те́хн-ик-а　　《技術》

2. 接頭辞化された語幹の全て：

α) 大半は語根の上にアクセント：

на-у́к-а　　《学問》　　за-да́ч-а　《課題》
на-гра́д-а　《褒美》　　по-го́д-а　《天気》、etc.
рас-пра́в-а　《制裁》

β) 非常に稀に接頭辞の上にアクセント：

про́-волок-а　《針金》、　за́-сух-а　《旱魃》
за́-понк-а《カフスボタン》(l. c.);

唯一の例外：похвала́《賛辞》(конура́ タイプ)

3. 外国からの借用語の大部分：

газе́т-а　　《新聞》　　кварти́р-а　《住居》
брига́д-а　《旅団》　　ци́фр-а　　《数字》
маши́н-а　《機械、車》　шко́л-а　　《学校》、etc.

4. 非常に多くのロシア語起源の単純語幹：

ко́мнат-а　《部屋》　　бума́г-а　《紙》
си́л-а　　《力》　　　бесе́д-а　《話し合い》
кни́г-а　　《本》　　　ше́-я　　《首》
коро́в-а　《雌牛》　　ме́р-а　　《手段、大きさ》、etc.
кры́ш-а　《屋根》

単数主格で語幹の上にアクセントがある全ての語はこのタイプに属する (дере́вня と до́ля, l.c. の 2 つの例外を除いて、cf. §210 d)。単数主格で語尾 ⟨a⟩ の上にアクセントのある全ての語は、以下で検討する別のタイプのなかの任意の 1 つに属する。

209

b) 後・アクセントのある語幹：

1. конура́ タイプ、単数と複数で語尾アクセント。このタイプは非生産的であ

り、以下のような少数の日常語だけを含んでいる：[148]

 конура́ 《犬小屋》   похвала́ 《賛辞》
 статья́ 《記事》   мечта́ 《夢想》
 скамья́ 《腰掛け》   черта́ 《線》、etc.

及びいくつかのかなり稀なあるいは専門的な語を含んでいる。

 2. сирота́ **タイプ**、狭い移動アクセント（単数では語尾アクセント、そして複数では語尾前アクセント）。このタイプは生産的であり、以下を包括している。

 острота́[149] 《警句》、複数 остро́ты のような、形容詞からの派生語の後・アクセントのある接尾辞〈ot´〉と〈;in´〉を使って形成された派生語幹。同様に、

 длина́ 《長さ》   величина́ 《大きさ》
 седина́ 《白髪》   кислота́ 《酸味》、etc.

非常に多数の単純語幹、その幾つかは非常に常用される語：

 жена́ 《妻》 複数 жёны; верста́ 《露里》 複数 вёрсты
 сестра́ 《姉妹》 сёстры; змея́ 《蛇》 зме́и
 семья́ 《家族》 се́мьи; колбаса́ 《ソーセージ》 колба́сы, etc.
 война́ 《戦争》 во́йны;

 3. **Singularia tantum.**

後・アクセントのある語幹をもつ多くの語（単数で語尾アクセント）は複数で使われない、その結果、それらの語を сирота́ タイプよりはむしろ конура́ タイプに結びつける理由を我々はもっていない。例：

 айва́ 《マルメロ》 божба́ 《誓い》
 ветчина́ 《ハム》 беготня́ 《走り回ること》
 лапша́ 《ヌードル》 возня́ 《騒ぎ》
 хитреца́ 《悪智恵》 Москва́ 《モスクワ》と他の固有名詞、etc.

210

c) **アクセントのない語幹、広い移動アクセントあるいは狭い移動アクセント**。

 この語幹のカテゴリーは、その3つのヴァリアントにおいて、非生産的であり、普通非常に常用される少数の弱語幹 thèmes faibles（決して派生語ではない）だけを含んでいる[150]。そしてそれらの大部分は人間の身体部位やあるいは農業生活と関連する具体的な物事を指し示す。

 1α) **голова́** ヴァリアント：少数だが、非常に高い頻度で用いられる語：
 身体部位：
 борода́ 《あごひげ》   рука́ 《腕、手》

голова́	《頭》	щека́	《頬》(l. c.)
нога́	《脚、足》		

農民の生活：

борона́	《馬鍬》	река́	《川》
гора́	《山》	стена́	《壁》
доска́	《板》	сторона́	《側、方向》(l. c.)
полоса́	《帯、縞》		

各種：

пора́	《時》	среда́	《水曜日》(l. c.)

1β) борозда́ **ヴァリアント**：かなり少数であるが、それぞれは頻度の低い語。

身体部位：

железа́	《腺》	пята́	《踵》
ноздря́	《鼻孔》	губа́	《唇》(l. c.)

農民の生活：

блоха́	《蚤》	межа́	《(土地の)境》
борозда́	《(排水)溝》	свеча́	《ロウソク》
вожжа́	《手綱》	сковорода́	《フライパン》(l. i.)
гряда́	《畝》		

各種：

серьга́	《イヤリング》	строка́	《(文字の)行》
слобода́	《(税を免除された)集落》	простыня́	《シーツ》(l. i.)

2) земля́ **ヴァリアント**：少数であるが、非常に常用される語。

身体部位：

коса́	《お下げ》	спина́	《背中》(l. c.)
душа́	《魂》を付け加えることができる。		

農業生活：

вода́	《水》	изба́	《百姓屋》
дрога́	《(馬車の車軸を結ぶ)桁》	коса́	《鎌》
земля́	《土地》	цена́	《価格》(l. c.)
зима́	《冬》		

d) **例外．**дере́вня《村》と до́ля《部分》(l. c.) の2語は、単数で語幹固定アクセントを、複数で移動アクセントをもつ。

単数　дере́вня, дере́вню, etc.　　複数　дере́вни, дереве́нь, деревня́м, etc.

до́ля, до́лю, etc.　　　　　до́ли, доле́й, доля́м, etc.

211

4º. 前置詞の上のアクセント[151]　劣性 récessif アクセントをもつ語（つまりアクセントのない語幹と語尾をもつ語 ºT ºD。第1曲用ではアクセントのない語尾は単数と複数の対格の語尾である）が前置詞によって先行されるとき、アクセントは名詞の語頭の上ではなくて、前置詞の上に置かれ得る。このアクセント移動は慣用的表現にのみ起こる非生産的な現象である：

　вода́　　《水》：на́ воду, за́ воду, идти́ по́ воду《水を汲みに行く》
　　　　　　　　　 е́хать на́ воду《水辺に行く》
　голова́　《頭》：на́ голову, за́ голову《頭を抱えて》、по́д голову《頭の下に》
　гора́　　《山》：на́ гору, по́д гору《下り坂に、落ちぶれて》、за́ гору
　доска́　　《板》：на́ доску
　душа́　　《魂》：на́ душу, за́ душу
　земля́　　《土地》：на́ землю
　зима́　　《冬》：на́ зиму, за́ зиму
　нога́　　《足》：на́ ногу, за́ ногу, на́ ноги, за́ ноги
　река́　　《川》：на́ реку, за́ реку
　рука́　　《腕、手》：на́ руку, за́ руку, по́д руку, рука́ о́б руку《仲良く》、на́ руки,
　　　　　　　　　　 за́ руки
　спина́　《背中》：за́ спину, на́ спину, о́б спину
　стена́　　《壁》：на́ стену, за́ стену, о́б стену
　сторона́《側》：на́ сторону, на́ стороны
　щека́　　《頬》：на́ щеку, за́ щеку (l. c.)。

ここで列挙した表現以外はアクセントは実詞の語頭にある：

　через ре́ку　　《川を横切って》
　под бо́роду　　《あごひげの下に》、etc.

212

5º. 移動母音のアクセント法　複数属格でゼロ語尾が存在する場合、語の語幹は1つの移動母音を含むことがあり（§199）、それ故、他の場合より1音節だけ多く数えることがあり得る。この移動母音は以下の規則に従ってアクセントを担うかあるいは担わない。

　a) **語幹の上の固定アクセントの場合**（доро́га タイプ）、移動母音は決してアクセントをもたない。

лягу́шк-а, -у, -и, ам,　　　　　　複数属格　лягу́шек　　《カエル》。

　b) **語尾アクセントの場合**(конура́, голова́, борозда́ タイプ；アクセントは複数与格で語尾にある)、移動母音は常にアクセントをもつ：

кишк-а́, -у́, -и́, а́м,　　　　　　複数属格　кишо́к　　《腸》、
бадь-я́, -ю́, -и́, -я́м,　　　　　　　　　　　　бадей　　《桶》、
доск-а́, -у́, -и, -а́м,　　　　　　　　　　　　 досо́к　　《板》、
серьг-а́, -у́,-и, -а́м,　　　　　　　　　　　　серёг　　《イヤリング》、etc.

　c) **語尾前アクセントの場合** (сирота́, земля́ タイプ；アクセントは複数与格で語尾前音節の上にある)。

　1. 移動母音 /e/ (/j/ /c/ 及び対をもつ軟子音の前で、cf. §134) はアクセントをもつ：

семь-я́, -ю́, -и, -я́м,　　　　　　複数属格　семе́й　　《家族》
свинь-я́, -ю́, -и, -я́м,　　　　　　　　　　　свине́й　　《豚》
судь-я́, -ю́, -и, -я́м,　　　　　　　　　　　　суде́й　　《裁判官》
овц-а́, -у́, -ы, -а́м,　　　　　　　　　　　　 ове́ц　　《羊》
земл-я́, -ю́, -и, -я́м,　　　　　　　　　　　　земе́ль　　《土地》(l. c.)

　2. 移動母音 /o/ (その他の子音の前で) はアクセントをもたない：

весн-а́, -у́, -ы, -а́м,　　　　　　複数属格　вёсен　　/v,ós,on/《春》
сосн-а́, -у́, -ы, -а́м,　　　　　　　　　　　со́сен　　/sós,on/《松》
тюрьм-а́, -у́, -ы, -а́м,　　　　　　　　　　тю́рем　　/t,úr,om/《監獄》
игл-а́, -у́, -ы, -а́м,　　　　　　　　　　　 и́гол　　/ígoł/《針》(あるいは и́гл)

唯一の例外：

сестр-а́, -у́, сёстр-ы, -а́м,　　　複数属格　сестёр《姉妹》(l. c.)

6°. アクセントの揺れ　アクセントの揺れは以下の点で生じる[152]。

　a) **単数対格**：語尾のアクセントのないヴァリアント (°D) を自己・アクセントのあるヴァリアント (D!) によって取り替えること：単数のアクセントの統一：

　1. голова́ タイプの語は борозда́ タイプに移行する[153]。

полоса́, по́лосу《帯、縞》は полоса́, полосу́ によって取り替えられる、
река́, ре́ку《川》は река́, реку́ によって取り替えられる、
строка́, стро́ку《行》は строка́, строку́ によって取り替えられる。

　2. земля́ タイプの語は сирота́ タイプに移行する[154]。

весна́, весну́, вёсны は весна́, весну́, вёсны《春》によって取り替えられる、

изба́, и́збу, и́збы は изба́, избу́, и́збы 《百姓小屋》によって取り替えられる。

b) **複数の斜格**：語尾の自己・アクセントのあるヴァリアント (D!) を前・アクセントのあるヴァリアント (´D) によって取り替えること。複数のアクセントの統一：

1. голова́ タイプの語は земля́ タイプに移行する：[155]

вода́, во́ду, во́ды, вода́м は вода́, во́ду, во́ды, во́дам 《水》によって取り替えられる、

душа́, ду́шу, ду́ши, душа́м は душа́, ду́шу, ду́ши, ду́шам 《霊魂》によって取り替えられる。

2. борозда́ タイプの語は сирота́ タイプに移行する：[156]

волна́, -у́, во́лны, волна́м は волна́, -у́, во́лны, во́лнам 《波》によって取り替えられる、

судьба́, -у́, су́дьбы, судьба́м は судьба́, -у́, су́дьбы, су́дьбам 《運命》によって取り替えられる。

c) **複数の統一**：語尾の非前・アクセントのあるヴァリアント (°D, D!) を前・アクセントのあるヴァリアント (´D) によって取り替えること。конура́ タイプの語は сирота́ タイプに移行する：[157]

судь-я́, -ю́, -и́, -я́м は судь-я́, -ю́, су́дь-и, су́дь-ям 《裁判官》によって取り替えられる、

глав-а́, -у́, -ы́, -а́м は глав-а́, -у́, гла́в-ы, -ам 《章》によって取り替えられる。

上で引用した全ての場合に、示された2種類のアクセントは可能である（あるいはまだ最近まで可能であった）。一般に第二番目のアクセントが推薦される。

これら全ての進展の結果は、生産的な сирота́ タイプのために、非生産的なアクセント法タイプ (голова́, борозда́, земля́, конура́) が衰退しているということである。

III. 第2曲用

A. 定義と実数

214

実詞の第2曲用と名付けるものは、単数で ⟨a⟩ (а, я) で終わる属格をもつ実詞である。これらの名詞には次のものが含まれる。

1°. 単数主格でゼロ語尾をもつ名詞の全ては**男性**名詞である（正書法では子音あるいは ь によって終わる語）。例：[158]

бра́т 《兄弟》 属格 бра́т-а,　у́м　　《知性》　属格 ум-а́,

царь 《皇帝》　　　цар-я́,　　кора́бль 《船舶》　　　　корабл-я́,
муж 《夫》　　　　му́ж-а,　　кра́й 《端》　　　　　　кра́-я, etc.

2º. 単数主格で語尾 ⟨o⟩（正書法で o, ё, e）をもつ名詞全ては**中**性名詞である。例：

окн-о́ 《窓》、　　属格　окн-а́,　　мо́р-е 《海》　　属格　мо́р-я,
бель-ё 《下着》　　　　бель-я́　　изве́сти-е 《報知》　　изве́сти-я, etc.

3º. **例外**。⟨o⟩ (o, ё, e) で終わる少数の名詞は男性である。これは次のものがある[159]。

a) 男性名詞（有生あるいは無生）からの -ищ-e（拡大辞接尾辞）による派生語：

бычи́щ-e　は　бы́к 《雄牛》の拡大辞による派生語
сыни́щ-e　は　сы́н 《息子》の拡大辞による派生語
доми́щ-e　は　до́м 《家》の拡大辞による派生語、etc.

b) 無生の男性名詞から -ишко（指小辞接尾辞）による派生語：

доми́шк-о　　《小さな家》　　　は　до́м 《家》から
городи́шк-о　《ちっぽけな町》　は　го́род 《都市》から
заво́дишк-о　《小さな工場》　　は　заво́д 《工場》から、etc.

注：同じ接尾辞 ⟨;išk⟩ を使って、有生の男性名詞向けに -ишк-a で終わる指小辞を形成することができる。これは人間を指し示す -a で終わる全ての名詞のように、規則的に第 1 曲用の男性形の指小辞である。сыни́шк-a（сы́н 《息子》から）、対格 сыни́шк-у, 具格 сыни́шк-ой, etc.

c) 語 подма́стерь-е 《見習い、徒弟》(cf. §241)。

第 2 曲用はいかなる女性の語も含まない。

B. 規則的な曲用

215

この曲用は以下の語尾の働きによって特徴づけられる：

		男性	中性		男性	中性
単数	主格	⟨ø⟩	⟨o⟩	複数	⟨i⟩	⟨a⟩
	対格	↓↑	⟨o⟩		↓↑	↓↑
	属格	⟨a⟩			⟨ov⟩ *or* ⟨ej⟩	⟨ø⟩
	与格	⟨u⟩			⟨am⟩	
	位格	⟨e⟩			⟨ax⟩	
	具格	⟨om⟩			⟨am,i⟩	

男性名詞の複数属格の 2 つの語尾 ⟨ov⟩ と ⟨ej⟩ は次の仕方で振り分けられる。

対をもつ軟子音およびシュー音の後ろでは〈ej〉(正書法でей)が使われる、例：

цáрь	《皇帝》	複数属格	цар-éй,
мяч	《ボール》		мяч-éй,
корáбль	《船舶》		корабл-éй,
карандáш	《鉛筆》		карандаш-éй;

他の場合には、すなわち対をもつ硬子音、/c/ および /j/ の後では、〈ov〉(正書法で ов, ёв, ев)が使われる：

дóм	《家》	複数属格	дом-óв,
завóд	《工場》		завóд-ов,
отéц	《父》		отц-óв,
мéсяц	《(暦の)月》		мéсяц-ев,
крáй	《縁、端》		кра-ёв,
слýчай	《事件、場合》		слýча-ев, etc.

これらの語尾の**正書法**は、一般の正書法規則に従って、語幹の末尾子音の性質に拠っている。

216

1°. **対をもつ硬子音で終わる語幹**。語尾の最初の母音全ては第 1 系列の母音書記素(§35)を使って綴られる(単数位格の /e/ を除いて。それは先行の子音を湿音化して、е と綴られる)。男性の複数属格の語尾は〈ov〉(ов) である[160]。

例：ýм (男性)《知性》、существó (中性)《本質》。

	単数		複数	
主格	ýм	существ-ó	ум-ы́	существ-á
対格	↑	существ-ó	↑	↑
属格	ум-á	существ-á	ум-óв	существ
与格	ум-ý	существ-ý	ум-áм	существ-áм
位格	ум-é	существ-é	ум-áх	существ-áх
具格	ум-óм	существ-óм	ум-áми	существ-áми

217

2°. **対をもつ軟子音で終わる語幹**。語尾の最初の母音全ては第 2 系列の母音書記素(§35)を使って綴られる。男性の単数主格(ゼロ語尾)では、語幹の末尾子音——それは語末にある——は軟音記号 ь を後に付けて【軟子音の】印とする。男性の複数属格では語尾は〈ej〉(ей)である。

例： корáбль 《船舶》 (男性) 語幹〈korabl,〉

		слéсарь	《組立工》	（男性）	⟨sl,esar,⟩
		мóр-е	《海》	（中性）	⟨mor,⟩
単数	主格	корáбль	слéсарь		мóр-е
	対格	↑	↓		мóр-е
	属格	корабл-я́	слéсар-я		мóр-я
	与格	корабл-ю́	слéсар-ю		мóр-ю
	位格	корабл-é	слéсар-е		мóр-е
	具格	корабл-ём	слéсар-ем		мóр-ем
複数	主格	корабл-и́	слéсар-и		мор-я́
	対格	↑	↓		↑
	属格	корабл-éй	слéсар-ей		мор-éй
	与格	корабл-я́м	слéсар-ям		мор-я́м
	位格	корабл-я́х	слéсар-ях		мор-я́х
	具格	корабл-я́ми	ислéсар-ями		мор-я́ми

注：мор-éй における複数属格のゼロ語尾の代わりに現れる語尾 ⟨ej⟩ については §240 を参照。

218

3°. **/j/ で終わる語幹**。上の場合と同様に、第2系列の母音書記素が使われる。それは語尾の最初の母音と語幹の末尾の /j/ を同時に表している。ゼロ語尾をもつ形において（男性の単数主格と中性の複数属格）、この /j/ は й と綴られる。男性の複数属格の語尾は ⟨ov⟩（ёв, ев）である。

例：		кий	《ビリヤードの突き棒》	（男性）	語幹	⟨kij⟩
		слýчай	《出来事、場合》	（男性）		⟨sluč,aj⟩
		извéсти-е	《通知》	（中性）		⟨izv,est,ij⟩
単数	主格	ки́й	слýчай			извéсти-е
	対格	↑	↑			извéсти-е
	属格	ки-я́	слýча-я			извéсти-я
	与格	ки-ю́	слýча-ю			извéсти-ю
	位格	ки-é	слýча-е			извéсти-и
	具格	ки-ём	слýча-ем			извéсти-ем
複数	主格	ки-и́	слýча-и			извéсти-я
	対格	↑	↑			↑
	属格	ки-ёв	слýча-ев			извéстий

与格	ки-я́м	слу́ча-ям	изве́сти-ям
位格	ки-я́х	слу́ча-ях	изве́сти-ях
具格	ки-я́ми	слу́ча-ями	изве́сти-ями

注：изве́сти-и における位格語尾 /e/ の正書法 и については §234 を参照。

219

4°. シュー音で終わる語幹。/i/ は и と綴られ、/o/ はアクセント下では o, アクセントの外では e と綴られる。男性の複数属格の語尾は 〈ej〉(ей) である：[161]

男性： мя́ч《ボール》 ла́ндыш《スズラン》
単数具格〈om〉 мяч-о́м ла́ндыш-ем
複数主格〈i〉 мяч-и́ ла́ндыш-и
複数属格〈ej〉 мяч-е́й ла́ндыш-ей

中性： плеч-о́《肩》 ве́ч-е《民会》
単数主格・対格〈o〉 плеч-о́ ве́ч-е
単数具格〈om〉 плеч-о́м ве́ч-ем

220

5°. /c/ で終わる語幹。/i/ は ы と綴られ、/o/ はアクセント下では o, アクセントの外では e と綴られる：

男性： оте́ц《父》 ме́сяц《月》
単数具格〈om〉 отц-о́м ме́сяц-ем
複数主格〈i〉 отц-ы́ ме́сяц-ы
複数属格〈ov〉 отц-о́в ме́сяц-ев

中性： лиц-о́《顔》 со́лнц-е《太陽》
単数主格・対格〈o〉 лиц-о́ со́лнц-е
単数具格〈om〉 лиц-о́м со́лнц-ем

221

6°. 軟口蓋音で終わる語幹。/i/ は и と綴られ、/o/ は o と綴られる：

男性： ма́льчик《少年》
単数具格〈om〉 ма́льчик-ом
複数主格〈i〉 ма́льчик-и
複数属格〈ov〉 ма́льчик-ов

中性： лы́ко《菩提樹の靱皮》
単数主格・対格〈o〉 лы́к-о
単数具格〈om〉 лы́к-ом

上記に言及されない場合には、語尾の正書法は ým, существ-ó と同じである。

C. 移動母音

222

第 2 曲用において、移動母音が現れうるゼロ語尾の格は、男性形にとっては**単数主格**である：

単数属格　　отц-а́,　　単数主格　отéц　　《父》

また中性形にとっては**複数属格**である：

単数主格　　окн-ó,　　複数属格　о́кон　　《窓》

移動母音の選択については、cf. §134.

移動母音は §135 で列挙したカテゴリーに属する非常に多くの語において現れる：

非音節的な語幹：ров, 単数属格 рв-а́《壕》、etc.

/j/ で終わる語幹：ручéй, 単数属格 ручь-я́《小川》；копь-ё, 複数属格 ко́пий《槍》、etc.

《子音＋軟子音》で終わる語幹：ка́мень, 単数属格 ка́мн-я《石》、etc.

接尾辞〈#c〉をもつ語幹：купéц, 単数属格 купц-а́《商人》；сéрдц-е, 複数属格 сердéц《心臓》、etc.

接尾辞〈#k〉をもつ語幹：сынóк, 単数属格 сынк-а́《息子(指小)》；кры́лышк-о, 複数属格 кры́лышек《羽、翼(指小)》、etc.[162]

その上さらに、移動母音はおよそ男性の 50 語と中性の 40 語に現れており、それらは(男性の 2 語を除いて)鳴音である /l/　/m/　/n/ あるいは /r/ によって終わる語幹をもっている。以下は最もよく使われるこれらの語である。

223

1º. **男性**：

	単数主格		単数属格
/l/	за́мысел	《企て》	за́мысл-а
	Па́вел	《パーヴェル》	Па́вл-а
	козёл	《雄山羊》	козл-а́
	посо́л	《大使》	посл-а́

	орёл	《鷲》	орл-а́
	у́гол	《角、隅》	угл-а́
	осёл	《驢馬》	осл-а́
	у́зел	《結び目》	узл-а́
/m/	заём	《借金》	за́йм-а
	наём	《雇い入れ》	на́йм-а
/r/	ве́тер	《風》	ве́тр-а
	свёкор	《舅》	свёкр-а
	ковёр	《絨毯》	ковр-а́
	шатёр	《テント》	шатр-а́
	костёр	《焚き火》	костр-а́ (l. i.)

それと語幹が鳴音によって終わらない2語がある。

	単数主格		単数属格
	хребе́т	《脊椎》	хребт-а́
	Еги́пет	《エジプト》	Еги́пт-а (l. c.)

224

2°. 中性：

	単数主格		複数属格
/l/	весл-о́	《オール》	вёсел
	седл-о́	《鞍》	сёдел
	кре́сл-о	《安楽椅子》	кре́сел
	стекл-о́	《ガラス》	стёкол
	ма́сл-о	《バター》	ма́сел
	числ-о́	《数》	чи́сел
	ремесл-о́	《手仕事》	ремёсел
/m/	письм-о́	《手紙》	пи́сем
/n/	бревн-о́	《丸太》	брёвен
	полотн-о́	《布》	поло́тен
	гумн-о́	《穀物置き場》	гу́мен
	пятн-о́	《斑》	пя́тен
	окн-о́	《窓》	о́кон
/r/	бедр-о́	《大腿》	бёдер
	ребр-о́	《肋骨》	рёбер

ведр-ó	《バケツ》		вёдер
ядр-ó	《核、芯》		я́дер (l. i.)

D. 例外と特殊性

225

1º. **第 2 格 cas seconds**。 第 2 曲用の多くの名詞は**第 2 属格 génitif second** と / あるいは**第 2 位格 locatif second** を所有している。それらはお互いに第 1 属格の規則的語尾 ⟨a⟩ (a, я) と第 1 位格の規則的語尾 ⟨e⟩ (e) の代わりに、【同じ】語尾 ⟨u⟩ (y, ю) をもっている。

これらの第 2 格の特徴は次の通りである。

1. 第 2 格は絶えず第 1 格と競合している。第 2 曲用の全ての男性実詞は、たとえそれが ⟨u⟩ で終わる属格をもつもたないにかかわらず、必ず ⟨a⟩ で終わる属格をもっている。たとえそれが ⟨u⟩ で終わる位格をもつもたないにかかわらず、それは必ず ⟨e⟩ で終わる位格をもっている。例：

ча́й《茶》に対して 2 つの属格：ча́-я と ча́-ю,

しかし хлéб《パン》に対してはただ 1 つの属格：хлéба;

са́д《庭》に対しては 2 つの位格：в сад-у́《庭で》と о са́д-е《庭について》、

しかし завóд《工場》に対してはただ 1 つの位格：на завóд-е《工場で》、о завóд-е《工場について》。

2. 2 つの属格あるいは 2 つの位格を所有する語において、その 2 つの形は交換可能ではなくて、ある用法にそれぞれが特化している。

3. 第 2 位格は非生産的である。第 2 属格は非常に限定された意味カテゴリーの中においてのみ生産的である (cf. §227)。そのどちらも衰退過程にあり、大多数の新語には第 1 格が適応される。

4. 第 2 格が適応されるのは無生の男性名詞だけである。

226

a) **第 2 属格**。この語尾は ⟨u⟩ (y, ю) である。この語尾は単数の他の語尾と同じアクセント属性をもっており (それは無アクセント inaccentuée である：⟨ºu⟩、cf. §247)、それ故、第 2 属格は単数の他の斜格、とりわけ第 1 属格と同じアクセントを常にもっている。例：[163]

cáхар	《砂糖》	第 1 属格	cáхар-а,	第 2 属格	cáхар-у;
гóлос	《声》		гóлос-а,		гóлос-у;
табáк	《タバコ》		табак-á,		табак-ý;

чáй	《茶》	чá-я,	чá-ю;
картóфель	《ジャガイモ》	картóфел-я,	картóфел-ю,
etc.			

227

1. **第 2 属格を所有する語。** 重要なのは、その語はもっぱら数えられない物や事物を指し示す無生名詞であることである。ロシア語ではたいていの場合、これらの語は複数形をとることができない。フランス語ではこれに相当する語は部分冠詞 *du, de la* あるいはより稀に *des* を伴って用いられる。これらの語は次のカテゴリーに分類することができる。

α) **物質名詞。** 物質名詞にとって、この第 2 属格の使用は普通である。それは以下の語が示しているように生産的である、すなわちそれは新しい語にまで及ぶことができる：

食品：
сáхар-у	(сáхар)《砂糖》
сýп-у	(сýп)《スープ》
сы́р-у	(сы́р)《チーズ》
маргарúн-у	(маргарúн)《マーガリン》
мёд-у	(мёд)《蜂蜜》
картóфел-ю	(картóфель)《ジャガイモ》、etc.

飲み物：
чá-ю	(чáй)《茶》
квáс-у	(квáс)《クワス》
коньяк-ý	(коньяк)《コニャック》
спúрт-у	(спúрт)《蒸留酒》
нарзáн-у	(нарзáн)《ナルザン（ミネラルウォーター）》、etc.

薬：
аспирúн-у	(аспирúн)《アスピリン》
пирамидóн-у	(пирамидóн)《ピラミドン》

様々な液体：
кипятк-ý	(кипятóк)《熱湯》
бензúн-у	(бензúн)《ベンジン》
одеколóн-у	(одеколóн)《オーデコロン》
керосúн-у	(керосúн)《灯油》

様々な物質名詞：

бáрхат-у　　　　(бáрхат)《ビロード》　　снéг-у (снéг)《雪》

дым-у　　　　　(дым)《煙》　　　　　тóк-у (тóк)《液体、気体、電流》

льд-у　　　　　 (лёд)《氷》　　　　　цемéнт-у (цемéнт)《セメント》、etc.

第2属格は以下のカテゴリーにおいては使用頻度が少なく、あまり生産的でない。

　β) 物の集合を指し示す名詞：

нарóд-у《人々》、товáр-у《商品》、etc.

　γ) 気象現象を指し示す名詞：

хóлод-у《寒さ》、вéтр-у (вéтер)《風》、морóз-у《厳寒》、etc.

　δ) 人間活動を指し示す名詞：

смéх-у《笑い》、фóрс-у《気取り》

порядк-у (порядок)《秩序》、шýм-у《騒音》、etc.

　ε) 上で挙げたカテゴリーの語の様々な指小形：

чайк-ý (чаёк < чай)《茶》、нарзáнчик-у (нарзáнчик < нарзáн)《ナルザン》、

кваск-ý (квасóк < квáс)《クワス》、морóзц-у (морóзец < морóз)《厳寒》、

сахарк-ý (сахарóк < сáхар)《砂糖》、etc.

しかし上で列挙されたカテゴリーに属する語が必ずしも第2属格をもつだろうとは限らない。次のような、第1属格しかもたない同じカテゴリーの語が存在する。

хлéб-а (хлéб)《パン》、овс-á (овёс)《カラスムギ》、дожд-я (дóждь)《雨》、etc.

2. **第2属格の生きた用法。**それは**部分 partitifs 属格**と呼ぶことができる属格の用法の一部にのみ見いだせる[164]。

　α) 計量を指し示す名詞の補語：

килó сáхару《砂糖1キロ》

стакáн чáю《1杯の茶》

таблéтка пирамидóну《ピラミドン1錠》

　β) 量的意味をもつ語の補語：

мнóго нарóду《大勢の人》

побóльше коньякý《もう少し多くのコニャック》

特に量的意味をもつ無人称文の名詞項：

шýму скóлько было あるいは単に шýму было《なんてうるさかった》

керосину не хватáет《灯油が足りない》

γ) 他動詞の補語、指示された物質がある量に到達することだけを行為が示す属格の用法：

купи́ть карто́фелю《ジャガイモを買う》

приня́ть аспири́ну《アスピリンを服用する》

δ) 動詞 проси́ть《頼む》、хоте́ть《欲する》の補語：

проси́ть ква́су《クワスを頼む》；

ε) 前置詞 без《なしで》、また《せいで》という意味の из, от ともに：

без са́хару《砂糖なしで》

от моро́зу《厳寒のせいで》

これら全ての場合に〈u〉で終わる属格は〈a〉で終わる属格によって取り替えることができる。もし名詞に限定詞が付いていたら、〈a〉で終わる属格が必ず使われる：

ча́шка ча́ю《一杯のお茶》、しかし ча́шка кре́пкого ча́я《一杯の濃いお茶》。

属格の他の用法の中で〈u〉で終わる属格は、以下で検討されるであろう慣用的な幾つかの言い回し以外にはあり得ない。

229

3. 第 2 属格の慣用的な用法[165]。 第 2 属格はかなりの数が存在する。それらは数えられる物の名詞や、また上で列挙したものとは別の属格の用法を包括することができる。最もよく使われるものの中の幾つかは次の通り。

否定の言い回しとともに：

ни слу́ху, ни ду́ху　　　《何の便りもない》

ни ра́зу　　　　　　　　《一度も(ない)》

не дава́ть прохо́ду　　　《うるさくつきまとう》

не дава́ть спу́ску　　　　《容赦しない》

не́т хо́ду　　　　　　　　《通行止め》

не подава́ть ви́ду　　　　《おくびにも出さない》

сле́ду не́т　　　　　　　《痕跡がない》[166]

не́т отбо́ю　　　　　　　《不足はない》

без зо́ву　　　　　　　　《呼ばれないのに》

без призо́ру　　　　　　《放任されて》、etc.

場所の意味をもつ前置詞とともに (アクセントが前置詞の上に置かれる場合に注意)：

(вы́йти) и́з дому　　　　《自宅から(出る)》

и́зо рту	《口から》
упусти́ть и́з виду	《見落とす》
сби́ть с то́лку	《惑わせる》
с гла́зу на́ глаз	《差し向かいで》
ча́с о́т часу	《刻々と》
с бо́ю	《力ずくで》
с разго́ну	《はずみをつけて》、etc.

他の前置詞とともに：

для ви́ду	《体裁のために》
для фо́рсу	《こけおどかしのために》、etc.

若干の言い回しは、これらの熟語以外には使われない名詞(ゼロ接尾辞をもつ派生の行為名詞)を含んでいる：

без у́молку	《のべつまくなしに》
до заре́зу ну́жно	《必ず必要だ》
танцева́ть до упа́ду	《倒れるまで踊る》、etc.

〈u〉で終わる属格は平俗な話し言葉の特色である。それは文章語にはほとんど広まっていない。それは今以上に19世紀に使われていたが、今日では衰退に向かっている。

230

b) **第2位格** [167]。第2位格は常にアクセントのある語尾〈u!〉(у, ю)をもつ。それは2つの前置詞 в《の中で》と на《の上で》の後でしか使われず、位格を支配する他の前置詞 о《について》、при《の側に、の時に》、по《直後に》——それらは〈e〉で終わる第1位格とのみ用いられる——とは決して使われない(cf. §618)：[168]

на берег-у́ 《岸で》	しかし о бе́рег-е	《岸について》
в снег-у́ 《積雪の中で》	しかし при сне́г-е	《雪の時に》

第2位格をもつ語は、単数の他の格では決して語尾アクセントをもたない。その結果、〈u!〉で終わる位格のアクセントは単数の他の格のアクセントと常に対立する：в снег-у́。しかし сне́г-а, сне́г-у. それらは大部分アクセントのない inaccentué 語幹(°T)をもつ、cf. §251。

これらの語は2つのグループに分かれる。

231

1. **前置詞 в と на の後で第2位格の使用が義務的である語**(少なくともこれらの前置詞が具体的な場所の意味をもつとき)。何よりも重要なことは、これは単音

節の単純語であり、そのうちで最もよく使われるのは以下のものである：[169]

áд《地獄》、бал《舞踏会》、бой《戦い》、бок《脇腹》、борт《舷側》、бред《うわごと》、быт《風俗》、верх《頂き》、воз《荷馬車》、глаз《目》、год《年》、гроб《棺》、дым《煙》、жир《脂肪》、лёд (льду)《氷》、лес《森》、лоб (лбу)《額(ひたい)》、луг《牧草地》、мёд《蜂蜜》、мех《毛皮》、мозг《脳》、мост《橋》、мох《苔》、нос《鼻》、пар《水蒸気》、пир《宴会》、плен《捕虜》、пол《床》、полк《連隊》、порт《港》、пост《監視所》、пруд《池》、пух《綿毛》、пыл《情熱》、рай《天国》、ров (рву)《壕》、рот (рту)《口》、сад《庭》、снег《雪》、сок《ジュース》、сук《大枝》、ток《流れ》、тыл《背面》、час《時間》、шаг《一歩》、шкаф《戸棚》(l. i.)

ここには単純な 2 音節語も加えねばならない：

бéрег (на берегу́)《岸》; у́гол (в углу́)《角、隅》(l. c.)

そしてまた上の語の派生語あるいは合成語の幾つか：

бережóк (на бережку́)《岸》、уголóк (в уголку́)《片隅》

аэропóрт (в аэропорту́)《空港》(l. i.)

そして 2 つの地名：

Дон (на Дону́)《ドン川》 と Крым (в Крыму́)《クリミア》(l. c.)

このタイプの語にとって、в と на の後での〈u!〉で終わる位格の使用は、たとえそれが限定詞が付いていようとも義務的である：

в прóшлом году́《昨年》

на деревя́нном полу́《木の床に》

в дрему́чем лесу́《深い森の中で》

на лéвом берегу́《左岸で》

しかしもしこれらの前置詞 на と в が具体的な場所の意味をもっていないならば、これらの前置詞の後でさえ〈e〉で終わる位格を用いる：

я остана́вливаю свой вы́бор на шка́фе《私はその戸棚に決めている》。

〈e〉で終わる位格はその他の前置詞の後では義務的である。

232

2. **第 2 位格がある特殊な用法にだけ見いだされる語**。以下のものが最もよく使われるものである：

имéть в виду́《考慮に入れる》、しかし в ви́де + 属格《の形をした》

рабóта на дому́《自宅の仕事》、しかし в дóме《家の中で》

на своём веку́《一生の間に》、しかし в двадца́том вéке《20 世紀に》

на краю́《端に、縁に》、しかし形容詞とともに：на лéвом крáе《左端に》

в родно́м краю́《生まれ故郷で》、в чужо́м краю́《異郷で》、しかし в Краснода́рском кра́е《クラスノダール地方で》

в строю́《戦列に》、しかし в стро́е《制度の中に》

на ветру́《野外で》、しかし в ве́тре《風のなかで》

на ходу́《歩きながら》、しかし в хо́де собы́тий《情勢のなりゆきにおいて》。

同様に на лету́《飛行中に、すばやく》、на бегу́《走行中に》

в ряду́《の中でも》、しかし в ря́де слу́чаев《一連の場合に》。

同様に以下のような慣用的表現において：

ка́к на духу́《包み隠さずに》

жи́ть в ладу́《仲良く暮らす》

оста́ться в долгу́《借りがある》

на роду́ напи́сано《運命づけられている》、etc.

233

2°。不規則語尾[170]

a) **スラボニア語的語尾**。宗教的あるいは哲学的特徴をもつ若干の語は、スラボニア語(あるいはギリシア語)起源の不規則語尾をもっている。

1. **単数主格**：

Христ-о́с《キリスト》、属格 Христ-а́ (l. c.) における語尾 ⟨os⟩(【主格は】ギリシア語の語尾[171])

Госпо́дь《主、神》、属格 Го́спода (語幹 ⟨gospod⟩) における語尾 ⟨,⟩ (子音の湿音化)[172]。

2. スラボニア語起源の**呼格**は2つの形に存在する。間投詞としてそれぞれ使われる、Бо́же (cf. nom. sg. Бо́г《神》) と го́споди (cf. nom. sg. госпо́дь《主、神》) (l. c.)。

3. スラボニア語起源の以下の**中性の語**：[173]

быти-е́《存在》、 жити-е́《聖人伝》

небыти-е́《虚無》、пити-е́《飲むこと》(l. c.)

これらは以下の不規則語尾をもつ：

単数　主格・対格：⟨o⟩ の代わりに ⟨e⟩：быти-е́

単数　位格：　　　⟨e⟩ の代わりに ⟨i⟩：быти-и́

単数　具格：　　　⟨om⟩ の代わりに ⟨em⟩：быти-е́м, etc.

単数位格の語尾 ⟨i⟩ は語 забыть-ё《意識不明》、位格 забытьи́ (l. c.) において見られる。

234

b) **単数位格の正書法。** /ij/ (-ий で終わる男性、-ие で終わる中性)で終わる語幹をもつ全ての語において、単数位格の語尾 ⟨e⟩ (アクセントをもたない)は и と綴られる:[174]

 коммента́рий　《注釈》　　　　位格　коммента́ри-и
 изве́сти-е　　《報知》　　　　位格　изве́сти-и, etc.

235

c) **複数主格。** 規則的な語尾は男性で ⟨i⟩、中性で ⟨a⟩ である。しかしその逆もまた存在する。非常に多くの男性形で ⟨a⟩、若干の中性形で ⟨i⟩。その他には、⟨e⟩ で終わる複数主格がある。

236

1. **【複数形で示差的接尾辞のない】男性形の ⟨a⟩ (а, я) で終わる複数主格**[175]。この語尾は常にアクセントをもっている:

 до́ктор《博士》、 複数主格 доктор-а́;　кра́й《端》、 複数主格 кра-я́.

 この語尾は極めて生産的であり、ますます拡大していく傾向にある。これは広い移動アクセントをもつ、アクセントのない語幹 (°T) をもつ語にもっぱら限られている。以下のように、単数全てにおいて語幹の最初にアクセントが置かれ、複数の全てにおいて語尾にアクセントが置かれる:[176]

 ле́с《森》、　単数属格 ле́с-а,　複数主格 лес-а́,　複数属格 лес-о́в;
 ко́локол《鐘》、単数属格 ко́локол-а, 複数主格 колокол-а́, 複数属格 колокол-о́в, etc.

次のものは最もよく用いられるこれらの語の内の若干の語である。

単音節の単純語幹：

бо́к	《脇腹》	кра́й	《端》	ро́г	《(動物の)角》
бо́рт	《舷側》	ле́с	《森》	сне́г	《雪》
гла́з	《目》	лу́г	《牧草地》	то́м	《(書物の)巻》
до́м	《家》	ме́х	《毛皮》, etc.		

非単音節の単純語幹：

бе́рег	《岸》	го́род	《都市》	то́поль	《ポプラ》
ве́чер	《夕方》	ко́локол	《鐘》	сто́рож	《番人》
го́лод	《空腹》	о́стров	《島》	хо́лод	《寒さ、寒》, etc.
го́лос	《声》	па́рус	《帆》		

接頭辞語幹：

záкром 《穀物置き場》　　óтпуск 《休暇》　　пóезд 《列車》
нéвод 《漁網》　　пóвар 《コック》　　прóпуск《通行許可証》
óкорок 《豚の腿肉》　　пóгреб 《地下貯蔵庫》、etc.

借用語(しばしばドイツ語から):

áдрес 《住所》　　　　　　　мáстер 《名人、熟練工》
вéксель 《手形》　　　　　　нóмер 《番号》
дúзель 《ディーゼルエンジン》　пáспорт 《パスポート》
кáтер 《ボート》　　　　　　флúгель 《(建物の)翼》
лáгерь 《収容所、野営》　　　ю́нкер 《士官学校生徒》、etc.

特に -тор で終わる語:

дóктор 《博士》　　　　　　трáктор 《トラクター》、etc.

しかしまた稀にアクセントが別の場所に置かれる語にもその語尾はある。アクセントは単数において語幹の最初の音節の上にはないが、複数においては語尾の上にある若干の語:

профéссор《教授》、単数属格 профéссор-a, 複数主格 профессор-á, 複数属格 профессор-óв.

同様のものは、кондýктор《車掌》、учúтель《教師》。

この3つの語以外に、⟨a⟩ で終わる複数は、дирéктор, редáктор, асéссор, etc. のような -ор で終わる機能の語に拡大する傾向をもっている(しかし прокурóр, ревизóр のように -óр の上にアクセントのあるタイプの語には決して拡大しない)。

固定語尾アクセントをもつ2つの語:

обшлáг　単数属格　обшлаг-á《(袖の)折り返し》複数主格　обшлаг-á
рукáв　　　　　　рукав-á 《袖》　　　　　　　　　　　　рукав-á (l. c.)

若干の語では、⟨i⟩ と ⟨a⟩ で終わる2つの複数主格は共存するが、違った意味をもっている:[177]

óбраз, óбраз-ы　　　《姿》　　　　　　óбраз, образ-á　　《イコン(聖像)》
прóвод, прóвод-ы　《別れ、送別》　　прóвод, провод-á　《電線》
хлéб, хлéб-ы　　　　《パン》　　　　　хлéб, хлеб-á　　　《穀物》
цвет-óк, цвет-ы́　　《花》　　　　　　　цвéт, цвет-á　　　《色》

гóд 《年》、гóд-ы と год-á については、§282 参照。

-ья と -ята で終わる複数主格の語尾 ⟨a⟩ については、§244–§245 を参照。

2. 中性形の ⟨i⟩ でおわる複数主格。 語尾 ⟨i⟩ は以下ような -ко で終わる語

幹に見いだされる：[178]

　　я́блок-о　　《リンゴ》　　　　複数主格　　я́блок-и
　　ли́чик-о　　《顔(指小形)》　　　　　　　　 ли́чик-и
　　око́шк-о　　《窓(指小形)》　　　　　　　　 око́шк-и, etc.

ただ次の3つの例外：〈a〉で終わる複数をもつ во́йск-о《軍隊》、о́блак-о《雲》そして о́блачк-о《雲(指小形)》(l. c.)。

　　複数主格はまた次の語でも〈i〉で終わる：[179]

　　　плеч-о́　　《肩》　　　　　複数主格　　пле́ч-и (l. c.)。

о́ко, у́хо, коле́но の複数主格 о́чи, у́ши, коле́ни については §246 を参照。

238

3. 〈e〉でおわる複数主格。その語尾は男性の語 цыга́н《ジプシー》、複数主格 цыга́не（あるいは古風で詩的な形 цыга́н-ы）、複数属格 цыга́н の中に見える。-ин, -янин で終わる語における同じ語尾については §243 を見よ。

239

d) **複数属格**。

1. **男性形における〈ov〉の代わりのゼロ語尾**。この語尾は、単数におけるよりも複数においてより頻繁に使われる語に共通する、ある種のカテゴリーのなかに見られる。このカテゴリーのなかでその語尾は特に借用語にとって生産的である。重要なことは、このゼロ語尾をもつ語は語幹が対をもつ硬子音あるいは軟口蓋子音によって終わる語だけである。

α)いくつかの度量衡名詞：

　　арши́н　　《アルシン(0.71m.)》　　複数属格　　арши́н
　　гра́мм　　《グラム》　　　　　　　　　　　　　 гра́мм とその複合語

この語尾は他の普通の度量衡名詞には決して適応されないが、しかし ампе́р《アンペア》、во́льт《ボルト》、а́нгстрем《オングストローム》、etc. のような新しい科学の用語の全ての度量衡名詞に拡がっている[180]。

β)旧ソ連邦の諸民族名のいくつか：[181]

　　башки́р-ы　　　《バシキール人》　　複数属格　　башки́р
　　буря́т-ы　　　　《ブリヤート人》　　　　　　　 буря́т
　　грузи́н-ы　　　　《グルジア人》　　　　　　　　 грузи́н
　　туркме́н-ы　　　《トルクメン人》　　　　　　　 туркме́н
　　цыга́н-е (cf. §238)《ジプシー》　　　　　　　　цыга́н, etc.

また隣接する国家の3つの民族名：

мадья́р-ы 《マジャール人》 複数属格 мадья́р;
румы́н-ы 《ルーマニア人》 румы́н;
ту́рк-и 《トルコ人》 ту́рок (l. c.)

注：англича́н-ин《イギリス人》、армя́н-и́н《アルメニア人》、複数属格 англича́н, армя́н のような接尾辞〈,in〉をもつ民族名については §243 を参照。

　γ) 軍隊の身分を表わす名詞：語 солда́т《兵士》、複数属格 солда́т、また同様に гренаде́р《擲弾兵》、кираси́р《重装騎兵》、партиза́н《パルチザン》、гардемари́н《海軍士官候補生》、etc. (大事なことはもっぱら借用語)。

　δ) 対(ペア)によって機能する物を表す名詞：
пого́н 《肩章》 複数主格 пого́ны, 複数属格 пого́н
боти́нок 《短靴》 боти́нк-и, боти́нок
чуло́к 《ストッキング》 чулк-и́, чуло́к
гла́з 《目》 глаз-а́, гла́з, etc.

　ε) その他の語：[182]
во́лос 《頭髪》 複数主格 во́лосы 複数属格 воло́с（アクセントに注意）
ра́з 《回、度》 複数属格 ра́з
челове́к 《人》 複数属格 челове́к《人(にん)》
　　　　　　　　　　　　あるいは люде́й (cf. §283) (l. c.)

240

2. 中性形におけるゼロ語尾の代わりの語尾〈ej〉あるいは〈ov〉。

語尾〈ej〉は非常によく使われる次の2語に現れる：
мо́р-е《海》、по́л-е《野原》、複数属格 мор-е́й、пол-е́й (l. c.)。

語尾〈ov〉(ов, ев) は次の語に見られる：[183]
о́блако, о́блачко《雲》、複数属格 облак-о́в, облачк-о́в.

-ье で終わる6つの語において：пла́ть-е《衣服》、複数属格 пла́ть-ев、同様に низо́вь-е《下流》、верхо́вь-е《上流地域》、у́сть-е《河口》、разво́дь-е《氷の中の水たまり》(l. c.)。[184]

-це(指小形の接尾辞〈#c〉)で終わる4つの語：боло́тц-е《小さな沼》、複数属格 боло́тц-ев、同様に волоко́нц-е《ファイバー》、кру́жевц-е《レース(飾り)》、око́нц-е《小窓》、全て指小形(l. c.)。

241

ε) подма́стерье《徒弟》の曲用。この男性有生の語は、単数と複数の主格において中性の語尾(語尾〈o〉と〈a〉)をもっているが、その他のところでは男性の語尾

をもつ(属格に類似した有生男性の単数対格、〈ov〉で終わる複数属格)。

単数	主格	подмасте́рь-е	複数	подмасте́рь-я
	対格	↓		↓
	属格	подмасте́рь-я		подмасте́рь-ев
		etc.		etc.

242

3°. 示差的接尾辞を含む語。 この曲用では、示差的接尾辞が単数と複数の間で常に対立する。

示差的接尾辞をもつ語は2つの生産的なグループをもっている。単数 -янин、複数 -яне で終わる男性名詞と単数 -ёнок、複数 -ята で終わる男性名詞である。これらをまず検討しよう。

243

a) **単数における示差的接尾辞** 〈,in〉(-янин, -анин そして -ин で終わる語)[185]。

ここで重要なのは、これは民族あるいは社会グループの成員を指し示す有生の男性名詞であることである。この語形成は -янин, -анин で終わる語にとって生産的である。

1. 生産的タイプ (-янин, -анин で終わる語)。その語幹は接尾辞〈an〉(ян, ан)で終わり、そこに単数で示差的接尾辞〈,in〉(ин)が付加する。複数では次の語尾をもつ:

複数　主格　〈e〉　　　属格　〈ø〉

例：армя́н-и́н《アルメニア人》：語幹〈arm,an〉

単数	主格	армя́н-и́н	複数	армя́н-е
	対格	↓		↓
	属格	армя́н-и́н-а		армя́н
	与格	армя́н-и́н-у		армя́н-ам
	位格	армя́н-и́н-е		армя́н-ах
	具格	армя́н-и́н-ом		армя́н-ами

このモデルに倣って次のような民族を表す多くの名詞が語尾変化する：англича́н-ин《イギリス人》、датча́н-ин《デンマーク人》、ри́млян-ин《ローマ市民》、марсиа́н-ин《火星人》、etc.

都市の住民の名：киевля́н-ин《キエフ人》、росси́ян-ин《ロシア連邦の市民》、москвитя́н-ин《ロシア人》(古風)、горожа́н-ин《都会人》、поселя́н-ин《村人》、etc.

宗教信徒の名詞：христиан-и́н《キリスト教徒》、мусульма́н-ин《イスラム教徒》、лютера́н-ин《ルーテル教徒》、пурита́н-ин《清教徒》、etc.

社会的グループの成員の名詞：дворян-и́н《貴族》、мещан-и́н《町人》、крестья́н-ин《農民》、etc.；同様に граждан-и́н《市民》、複数 гра́ждан-е, etc.

この曲用モデルに従わずに、規則的曲用タイプ ум に従う -янин で終わる語が 1 語だけある、それは семьяни́н《家庭人》、複数主格 семьяни́н-ы (l. c.) である。

2. 非生産的タイプ(-ин で終わる語)。幾つかの稀な語(前述と同じ意味グループの語)において、接尾辞〈,in〉の前に接尾辞〈an〉が来ない語がある。このような語は前述の語のように語形変化するが、次の点が異なる。複数主格の語尾は常に〈e〉(е)であるとは限らず、ときおり〈i〉(ы)あるいは〈a〉(а)になる：

	単数主格	複数主格	複数属格
〈e〉	боя́р-ин《大貴族》	боя́р-е	боя́р
〈e〉あるいは〈i〉	ба́р-ин《地主、旦那》	ба́р-е, ба́р-ы	ба́р
〈i〉	болга́р-ин《ブルガリア人》	болга́р-ы	болга́р
	тата́р-ин《タタール人》	тата́р-ы	тата́р
〈a〉	господ-и́н《氏、紳士》	господ-а́	госпо́д
	хозя́-ин《主人》	хозя́-ев-а	хозя́-ев, (l. c.)

最後の語(語幹〈xoz,aj〉)では、複数は示差的接尾辞〈ov〉(-ев)をもっている。

b) 単数で示差的接尾辞〈;on#k〉、複数で〈;at〉(-ёнок で終わる語)。有生の男性名詞の中には、示差的接尾辞〈;on#k〉(-ёнок あるいは -онок, 属格 -ёнка あるいは -онка)で終わる動物の仔あるいは幼児を指し示す語がある。この接尾辞は複数で示差的接尾辞〈;at〉(-ята, -ата で終わる複数)によって置き換わる。この複数の語尾は中性の語尾である。複数主格〈a〉、複数属格はゼロ語尾。例：тел-ён-ок《仔牛》[186]。

単数			複数	
	主格	тел-ёнок		тел-я́т-а
	対格	↓		↓
	属格	тел-ёнк-а		тел-я́т
	与格	тел-ёнк-у		тел-я́т-ам
	位格	тел-ёнк-е		тел-я́т-ах
	具格	тел-ёнк-ом		тел-я́т-ами

この語形成は非常に生産的である。他の例：

| жереб-ёнок | 《子馬》 | 複数 | жереб-я́т-а |
| цыпл-ёнок | 《雛》 | | цыпл-я́т-а |

кот-ёнок	《子猫》		кот-я́т-а
волч-о́нок	《子狼》		волч-а́т-а, etc.

　-ёнок, -енок で終わる以下の3つの語において、単数の接尾辞はただ 〈#k〉 のみである。それに先行する 〈;on〉 は語幹の一部を成し、複数においてもそのまま残る (-енята で終わる複数形)：

чертён-ок	《小悪魔》	複数	чертен-я́та
бесён-ок	《小悪魔》		бесен-я́т-а
щен-о́к	《子犬》		щен-я́т-а (あるいは щен-к-и́) (l. c.)

245

　c) **複数で示差的接尾辞** 〈;#j〉 (-ья で終わる複数)。 この語形成は非生産的であるが、しかし頻度の高い男性と中性のかなり多くの語を含んでおり、湿音化／硬口蓋化 (対をもつ全ての硬子音の湿音化、全ての軟口蓋子音の硬口蓋化) を伴う示差的接尾辞 〈;#j〉: /j/ を含み、ゼロ語尾の場合には移動母音が生ずる。それは以下の語尾を含む：[187]

複数主格　　〈a〉

複数属格　　〈ov〉(ев, ёв) あるいはより稀な 〈ø〉。

例：　　　　語尾 〈ov〉 をもつ複数属格　　　　　　　　語尾 〈ø〉 をもつ複数属格

		対をもつ硬子音で終わる語幹	軟口蓋音で終わる語幹	語幹
		〈brat〉	〈suk〉	〈muž〉
単数	主格	бра́т 《兄弟》	сук 《大枝》	муж 《夫》
	属格	бра́т-а	сук-а́	му́ж-а
		etc.	etc.	etc.
複数	主格	бра́т-ь-я	су́ч-ь-я	муж-ь-я́ [188]
	対格	↓	↑	↓
	属格	бра́т-ь-ев	су́ч-ь-ев	муже́й
	与格	бра́т-ь-ям	су́ч-ь-ям	муж-ь-я́м
	位格	бра́т-ь-ях	су́ч-ь-ях	муж-ь-я́х
	具格	бра́т-ь-ями	су́ч-ь-ями	муж-ь-я́ми

　-ья で終わる複数をもつ語尾の中で、規則的な下位タイプ (бра́тья, су́чья 型) と様々な特徴を含む幾つかの下位タイプを区別することができる。

　1. 複数属格で語尾 〈ov〉 をもつ、**規則的な** бра́тья, су́чья **型**。 この曲用に従う語は以下である。

α) 対をもつ硬子音で終わる男性名詞(брат のように格変化する):

бра́т	《兄弟》	複数主格	бра́тья,
бру́с	《角材》		бру́сья,
зу́б	《(機械の)歯》		зу́бья,
кли́н	《楔》		кли́нья,
ко́л	《杭》		ко́лья,
ко́лос	《穂》		коло́сья,
ко́м	《塊》		ко́мья,
копы́л	《橇の横木》		копы́лья,
ли́ст	《葉》		ли́стья,
лоску́т	《小切れ》		лоску́тья,
лу́б	《靭皮》		лу́бья,
о́бод	《(車輪の)リム》		обо́дья,
по́вод	《手綱》		пово́дья,
по́лоз	《(橇の)滑り木》		поло́зья,
пру́т	《(葉のない)細枝》		пру́тья,
стру́п	《かさぶた》		стру́пья,
сту́л	《椅子》		сту́лья (l. c.)

複数で語尾固定アクセントをもつ唯一の語尾:
зя́ть 《娘婿》、対格属格 зя́тя, 複数主格 зятья́, 複数属格 зятьёв (l. c.)

移動母音をもつもの:

у́голь	《石炭》	単数属格	у́гл-я,	複数主格	уго́л-ь-я;
ка́мень	《石》		ка́мн-я,		каме́н-ь-я (l. c.)

後者の語にとって、規則的な複数形 ка́мн-и はより常用されている。

β) 軟口蓋子音で終わる男性名詞(сук のように曲用する):

кло́к	《切れ端》	複数主格	кло́чья,
крю́к	《鉤》		крю́чья,
су́к	《大枝》		су́чья (l. c.)

γ) 中性名詞(複数で брат のように曲用する):[189]

де́рево	《木》	複数主格	дере́вья,
звено́	《環》		зве́нья,
коле́но	《節》		коле́нья,
крыло́	《翼》		кры́лья,

перо́　　　《羽》　　　　　　　　　　　　пе́рья,
поле́но　《薪》　　　　　　　　　　　　поле́нья,
помело́　《(掃除のための)箒》　　　　　поме́лья,
ши́ло　　《大針》　　　　　　　　　　　ши́лья (l. c.)

移動母音をもつもの：дн-о́《底》、複数主格до́н-ь-я (l. c.)。

　複数で-ьяで終わる一部の語は、規則的な複数語尾をもつ語と同音異義語である：
зуб, 複数зу́бы《(人間の)歯》と зуб, 複数зу́бья《機械の)歯》、
коле́но、複数коле́ни、複数属格коле́ней (cf. §237)《膝》と коле́но、複数коле́на、
複数属格коле́н (規則的な複数)《楽句、ダンスのフィギュア、系図の枝》と
коле́но、複数коле́нья、複数属格коле́ньев《(木の)節》、
по́вод、複数по́воды《理由、原因》と по́вод、複数пово́дья《手綱》。
　このタイプの語は多くの場合に道具を指し示すことに気づくであろう。

　2. 複数属格でゼロ語尾をもつму́жья型。 複数におけるアクセントは常に語尾にある。この型は3つの有生名詞を含んでいる：[190]

му́ж《夫》　　　　　複数主格　мужья́　　　複数属格　муже́й
кня́зь《公、公爵》　　　　　　кня́зья́　　　　　　　　князе́й
де́верь《夫の兄弟》　　　　　　деверья́　　　　　　　　девере́й (l. c.)

　3. 様々な不規則な形成。
不規則な交替 /g/ ~ /z,/：
дру́г《友人》　　　複数主格　друзья́,　　複数属格　друзе́й (l. c.)
複数において追加の示差的接尾辞〈ov〉：
сын《息子》　　　複数主格　сыновья́,　 複数属格　сынове́й,
кум《教父、代父》　　　　　　кумовья́,　　　　　　　кумовьёв (l. c.)
単数において示差的接尾辞〈,in〉：
шу́р-ин《義兄弟(妻の兄弟)》　шурь-я́,　　　　　　　шур-ь-ёв (l. c.)

246
　d) 単数と複数が対立する様々な示差的接尾辞。 これは孤立した語に関係している。

　1. **男性名詞における単数の接尾辞〈#k〉：**
цвет-о́к《花》、　　　単数属格　цвет-к-а́,　　複数主格　цвет-ы́ (l. c.)
(цве́т《色》、複数 цвет-а́ と混同してはいけない)
　2. **中性名詞における単数の接尾辞〈n〉：**
су́д-н-о《船》、　　　複数主格　суд-а́,　　　複数属格　суд-о́в (l. c.)

(сýдн-о《(病人用)便器；器》、複数主格 сýдн-а, 複数属格 сýден と混同してはいけない)

3．2つの中性名詞における**複数の接尾辞**〈es〉:[191]

нéб-о《空》、　　　　複数主格　неб-ес-á,【複数属格 неб-éс, 複数与格 неб-ес-áм】

чýд-о《驚異、奇跡》、複数主格　чуд-ес-á,【複数属格 чуд-éс, 複数与格 чуд-ес-áм】(l. c.)。

4．2つの男性名詞と3つの中性名詞における**複数の接尾辞**〈;〉(**湿音化/硬口蓋化**)：もし語幹の末尾子音が対をもつ硬子音であれば、複数形ではその子音は湿音化されている；またもし語幹の末尾子音が軟口蓋子音であれば、複数形ではそれは硬口蓋音化されている。複数の語尾は中性であっても主格で〈i〉、属格で〈ej〉である。

男性：[192]

/d/ ~ /d,/　сосéд　属格　сосéд-а《隣人》　複数　сосéд-и, сосéд-ей, сосéд-ям, etc.

/t/ ~ /t,/　чéрт　　　чéрт-а《悪魔》　　　　чéрт-и, черт-éй, черт-ям
(この語はそれに加えて母音交替 /o/ ~ /e/ を見せる)。

中性：[193]

/n/ ~ /n,/　колéно　属格　колéн-а《膝》　複数　колéн-и, колéн-ей, колéн-ям

/x/ ~ /š/　ýх-о　　　　　ýх-а《耳》　　　　　ýш-и, уш-éй, уш-ám

/k/ ~ /č/　óк-о　　　　　óк-а《目》　　　　　óч-и, оч-éй, оч-ám (l. c.)

E. 男性名詞のアクセント[194]

247

1º. 語尾のアクセント属性：

単数：全ての語尾：　　ºD

複数：主格：　　　　　ºD あるいは D!

　　　その他の格：　　D!

複数主格で、語尾〈i〉は2つのヴァリアントをもつ。〈ºi〉あるいは〈i!〉；語尾〈a!〉は常に自己・アクセントがある。

第2位格の語尾〈u!〉は同じく自己・アクセントがある。

248

2º. 語幹のアクセント属性：
  a) 自己・アクセントのある語幹 T!：　語幹固定アクセント：завóд《工場》タイプ；
  b) 後・アクセントのある語幹 T´：　語尾固定アクセント：корáбль《船》タイプ；
  c) 無アクセント語幹 ºT：　　　広い移動アクセント。2 つのヴァリアント：
  1. 複数主格の語尾で無アクセントヴァリアント：лéбедь《白鳥》タイプ；
  2. 複数主格の語尾で自己・アクセントのあるヴァリアント：гóрод《都市》タイプ：特に複数で〈а〉で終わる語の全てを包括する。

   注：前・アクセントのある語尾がないのであるから、狭いあるいは混合の移動アクセントは、稀な例外を除けば存在しない、cf. §251*d*。

以下はこれら 4 つのタイプのアクセント法（単数と複数）の表である。

	T!		T´		ºT			
	語幹固定アクセント		語尾固定アクセント		広い移動アクセント			
					複数主格で ºD		複数主格で D!	
	a		b		c 1		c 2	
単数								
主格	T!+ºD	завóд	T´+ºD	корáбль	ºT+ºD	лéбедь	ºT+ºD	гóрод
対格	↑		↑		↓		↑	
属格	T!+ºD	завóд-а	T´+ºD	корабл-я́	ºT+ºD	лéбед-я	ºT+ºD	гóрод-а
与格	T!+ºD	завóд-у	T´+ºD	корабл-ю́	ºT+ºD	лéбед-ю	ºT+ºD	гóрод-у
位格	T!+ºD	завóд-е	T´+ºD	корабл-é	ºT+ºD	лéбед-е	ºT+ºD	гóрод-е
具格	T!+ºD	завóд-ом	T´+ºD	корабл-ём	ºT+ºD	лéбед-ем	ºT+ºD	гóрод-ом
複数								
主格	T!+ºD	завóд-ы	T´+ºD	корабл-и́	ºT+ºD	лéбед-и	ºT+D!	город-á
対格	↑		↑		↓		↑	
属格	T!+D!	завóд-ов	T´+D!	корабл-éй	ºT+D!	лебед-éй	ºT+D!	город-óв
与格	T!+D!	завóд-ам	T´+D!	корабл-я́м	ºT+D!	лебед-я́м	ºT+D!	город-áм
位格	T!+D!	завóд-ах	T´+D!	корабл-я́х	ºT+D!	лебед-я́х	ºT+D!	город-áх
具格	T!+D!	завóд-ами	T´+D!	корабл-я́ми	ºT+D!	лебед-я́ми	ºT+D!	город-áми

3º. **様々なタイプの実数**。これらのタイプは c1 タイプ（лéбедь）を除いて全て生産的である。

249

a) 自己・アクセントをもつ語幹、語幹固定アクセント (завóд タイプ)。

このタイプは最も生産的であり、特に以下のものを包括している。

1. 自己・アクセントあるいは前・アクセントのある接尾辞(接尾辞アクセントあるいは接尾辞前アクセント)を使って形成される派生語幹すべて。

α) 自己・アクセントのある接尾辞(S! あるいは S!!)：[195]

〈a!!n〉　　груби-я́н　　《乱暴者》
〈;o!!n#k〉　волч-о́нок　《狼の仔》
〈,i!!st〉　　коммун-и́ст　《共産主義者》
〈a!!nt〉　　арест-а́нт　《囚人》、etc.

β) 前・アクセントのある接尾辞(´S)：

〈´#č,ik〉　　ма́ль-чик　　《少年》
〈´#n,ik〉　　защи́т-ник　《守護者》、etc.

そしてまた以下のような強語基 base forte の後の後・アクセントのある接尾辞とともに：[196]

〈#k´〉　　подро́ст-ок　《未成年者》
〈#c´〉　　бра́т-ец　　《弟》、etc.

2. 2語根の合成語の語幹全て、そのアクセントは合成語の第2番目の項の上に置かれる：

парохо́д　《汽船》　　　кашева́р　　《炊事係》
виногра́д　《葡萄(の実)》　искусствове́д　《芸術学者》
водопа́д　《滝》、etc.

3. 語根要素の上にアクセントをもつ接頭辞語根：[197]

за-во́д　《工場》　　пред-ло́г　《口実》
по-ро́к　《欠陥》　　рас-ко́л　　《分裂》
пере-хо́д　《通過》　　по-то́к　　《急流》、etc.

また接頭辞の上にアクセントのある接頭辞語幹の一部：

о́-пыт　《経験》　　во́з-раст　《年齢》
о́т-зыв　《応答》、etc.

4. 借用語の大部分：

буфе́т　　《食器戸棚；ビュッフェ》　джéм　　《ジャム》
кабине́т　《執務室》　　адвока́т　《弁護士》
га́лстук　《ネクタイ》　　архипела́г　《群島》、etc.

5. 略語:[198]

колхо́з	《コルホーズ》	обко́м	《州委員会》
нэп	《ネップ》	загс	《戸籍登録課》
ГУЛА́Г (ГУЛа́г)	《矯正労働キャンプ管理局》、etc.

6. ロシア語起源の非常に大量の単純語幹:

бра́т	《兄弟》	моро́з	《厳寒》
ра́к	《ザリガニ》	ме́сяц	《月》
поро́г	《敷居》	тума́н	《霧》、etc.

250
b) 後・アクセントのある語幹、語尾固定アクセント (кора́бль タイプ)。
このクラスは非常に生産的であり、特に以下のものを包括する。[199]

1. 優性の後・アクセントのある接尾辞 (S´´) を使って形成される派生語幹:

⟨un´´⟩	крику́н, крикуна́	《騒々しい人》
⟨ak´´⟩	моря́к, моряка́	《船乗り》
⟨ač´´⟩	горба́ч, горбача́	《せむし》
⟨až´´⟩	эта́ж, этажа́	《階》、etc.

あるいは無アクセント語根の後の非優性の後・アクセント (S´) のある接尾辞を使って形成される派生語幹:

| ⟨#k´⟩ | сыно́к, сынка́ | 《息子、倅》 |
| ⟨#c´⟩ | певе́ц, певца́ | 《歌い手》、etc. |

2. 非常に少数の最近の単純な外国からの借用語。

| би́нт, бинта́ | 《包帯》 | ге́рб, герба́ | 《紋章》 |
| ви́нт, винта́ | 《ネジ》 | обшла́г, обшлага́ | 《(衣服の)折り返し》、etc. |

あるいは次のポーランド語からの語:

| ксёндз, ксендза́ | 《(ポーランドの)カトリック司祭》、etc. |

その上さらに、末端 terminaison が後・アクセントのあるロシア語の接尾辞として再解釈された借用語:

таба́к, табака́	《タバコ》	конья́к, коньяка́	《コニャック》
рюкза́к, рюкзака́	《リュックサック》	пикни́к, пикника́	《ピクニック》
пари́к, парика́	《カツラ》	фети́ш, фетиша́	《呪物》
пота́ш, поташа́	《苛性カリ》	парали́ч, паралича́	《麻痺、中風》、etc.

3. 非常に多くのロシア語起源の単純語幹:

| бы́к, быка́ | 《雄牛》 | коро́ль, короля́ | 《王》 |

вóждь, вождя́	《隊長》	орёл, орла́	《鷲》
врáг, врагá	《敵》	цáрь, царя́	《皇帝》
дóждь, дождя́	《雨》	язы́к, языкá	《舌；言語》、etc.

251

c) 無アクセント語幹、移動アクセント。

1. 複数主格の語尾が無アクセントヴァリアントをもつもの、лéбедь **タイプ。**
このタイプは非生産的であり、ロシア語起源のほぼ全て単純語である約 50 の語を含んでいる。以下のように単音節語幹もあれば、2 音節語幹もある。

単音節語幹：

Бóг《神》、гóд《年》、звéрь《獣》、вóлк《狼》、гóсть《客》、зýб《歯》、вóр《泥棒》、гýсь《ガチョウ》、чёрт《悪魔》、(l. i.)。

2 音節語幹：

вóлос《髪の毛》、кóрень《根》、гóлубь《鳩》、лéбедь《白鳥》、кáмень《石》、пáрень《若者》(l.i.)。

このタイプは 3 つの借用語だけを含む：

гóспиталь《(軍の)病院》、трю́фель《トリュフ truffe》、фрóнт《前線(部隊)》、(l. c.)。

2. 複数主格の語尾が自己・アクセントのあるヴァリアントをもつもの。гóрод **タイプ。** このタイプは以下のものを含む。

α) 複数主格で語尾 ⟨a⟩ をもつ全ての語 (cf. §236, 次の例外のリストを含める。профéссор, etc. のように、単数で語幹の非語頭音節の上にアクセントのある語、及び ⟨a⟩ で終わる複数をもち、かつ固定語尾アクセントをもつ語：обшлáг, рукáв, l. c.)。このタイプは生産的である。

β) 複数主格で語尾 ⟨i⟩ をもち、例外なく全て単音節である約 50 の語：

дáр《贈り物》、нóс《鼻》、сáд《庭》、дóлг《義務；借金》、пи́р《宴会》、слóй《層》、крýг《円》、плýг《犁》、сы́р《チーズ》、мóзг《脳》(l. i.)。

ここには若干の借用語も含まれる：

бáл《舞踏会 bal》、сýп《スープ》、спи́рт《アルコール》、шкáф《戸棚》(l. i.)。

d) **例外：**[200]

1. 4 つの語：

гвóздь《釘》、грýздь《(キノコの)チチタケ》、кóнь《(雄の)馬》、чéрвь《蠕虫》(l. c.) は、単数で語尾アクセント、複数で移動アクセントをもつ。

単数 кóнь, коня́, etc.　　複数 кóни, конéй, коня́м；

2. (指小的)接尾辞 ⟨#k⟩ をもつ 4 つの語、すなわち：глазóк《目》、зубóк《歯》、

сапожо́к《長靴》、рожо́к《(動物の) 角》(l. c.) は、単数で語尾アクセント、複数で語尾前アクセントをもつ：

　　単数 глазо́к, глазка́, etc.　　複数 гла́зки, гла́зок, гла́зкам, etc.

252

4°. **前置詞の上のアクセント。** 前置詞の上のアクセントは、無アクセント語幹と無アクセント語尾 (°T °D) から成る名詞形を使った慣用表現に見ることができる。最もよく用いられるのは以下である：[201]

бе́рег	《岸》	на́ берег
бо́к	《脇腹》	на́ бок, бо́к о́ бок《すぐそばに》
бо́рт	《船縁》	на́ борт, за́ борт, бо́рт о́ борт
во́лос	《毛》	за́ волосы
го́д	《年》	за́ год, на́ год
го́род	《都市》	за́ город, за́ городом《郊外へ、郊外で》
до́м	《家》	до́ дому, и́з дому, по́ дому
ле́с	《森》	и́з лесу, по́ лесу
ми́р	《世界》	пусти́ть по́ миру《物乞いさせる》
но́с	《鼻》	води́ть за́ нос《ペテンにかける》
по́л	《床》	на́ пол, до́ полу, по́ полу
ро́т	《口》	и́зо рта あるいは и́зо рту
ча́с	《時間、時》	ча́с о́т часу《刻一刻》(l. i.)

例外的に、アクセントの前置詞への移行は自己・アクセントのある語幹 (T!) をもつ語にも生じる：

| ве́тер | 《風》 | на́ ветер, по́ ветру |
| сме́х | 《笑い》 | подня́ть на́ смех《笑いものにする》、ку́рам на́ смех《とんだお笑いぐさだ》(l. c.)。 |

あるいは後・アクセントのある語幹 (T´) をもつ語にも生じる：

дво́р	《中庭》	по́ двору
сто́л	《机》	по́ столу
у́гол	《角、隅》	за́ угол (l. c.)

その他：

| ко́нь | 《馬》 | на́ конь《乗馬！(軍隊の命令) *à cheval*》(l. c.) |

253

5°. **移動母音のアクセント法。** 単数主格では、ゼロ語尾のときには語幹に移動母

音が現れる可能性があるが、この【移動】母音にアクセントを置かれるか置かれないかは、次の規則に従う[202]。

a) 単数の【主格以外の】他の格の語尾が無アクセントであるとき（自己・アクセントのある語幹あるいは無アクセントの語幹、заво́д、ле́бедь、го́род タイプ）、移動母音には決してアクセントが置かれない。例：

бра́тец, бра́тца《兄弟（愛称）》、у́ровень, у́ровня《水準》、ка́мень, ка́мня《石》、etc.

2つの例外：

заём, за́йма《借金》、 наём, на́йма《雇用》(l. c.)。

b) 単数の【主格以外の】他の格の語尾がアクセントをもつとき（後・アクセントのある強語幹 thèmes forts、кора́бль タイプ）、移動母音には常にアクセントが置かれる。例：

орёл, орла́《鷲》、оте́ц, отца́《父》、ковёр, ковра́《絨毯》、etc.

3つの例外：

у́гол, угла́《角、隅》、у́горь, угря́《ウナギ》、у́зел, узла́《結び目》。

254

6º. **示差的接尾辞をもつ語のアクセント法。** これらの語のいくつかは、接尾辞のアクセント属性を考慮しなくてはならない。あるものは語尾にもまた独特の属性をもっている。

a) 示差的接尾辞 ⟨,in⟩ (-анин, -янин および -ин で終わる語)：

1. **末端の属性。** 接尾辞 ⟨,in⟩ は自己・アクセントをもつ。その語尾は以下のアクセント属性をもつ。

単数：全ての語尾：　　ºD

複数：主格：　　　　　´D / ºD

　　　他の格：　　　　´D

2. **語幹の属性とアクセント法のタイプ**

α) 自己・アクセントのある語幹 T˹：語幹固定アクセント。англича́нин《英国人》タイプ。

β) 後・アクセントのある語幹 T´：狭い移動アクセント：単数で接尾辞アクセント、複数で語尾前アクセント（複数主格の語尾 ⟨e⟩ は前・アクセントのあるヴァリアント ´D をもつ）。армяни́н《アルメニア人》タイプ。

γ) 無アクセント語幹 ºT：混合移動アクセント（例外的に複数形すべてで無アクセント語尾 ºD）。граждани́н《市民》タイプ（この語のみを含む）。

単数主格	T!+S!+ºD	англича́н-ин	T´+S!+ºD	армя́н-и́н	ºT+S!+ºD	граждан-и́н
属格	T!+S!+ºD	англича́н-ин-а	T´+S!+ºD	армя́н-и́н-а	ºT+S!+ºD	граждан-и́н-а
複数主格	T!+´D	англича́н-е	T´+´D	армя́н-е	ºT+ºD	гра́ждан-е
属格	T!+´D	англича́н	T´+´D	армя́н	ºT+ºD	гра́ждан[203]
与格	T!+´D	англича́н-ам	T´+´D	армя́н-ам	ºT+ºD	гра́ждан-ам

3. 様々なタイプの実数。

α) англича́нин タイプ。これは唯一生産的なタイプである。このタイプはたいていの場合、次のような〈an〉の上にアクセントを置いた、〈an + ‚in〉で終わる大部分の名詞を包括している：

датча́нин《デンマーク人》、киевля́нин《キエフ人》、etc.

時には別の場所にアクセントがある：ри́млянин《ローマ人》、etc.

それはまた болга́рин (l. c. §243, 2 を見よ) のような、〈an〉を前に置かない〈‚in〉で終わる名詞の全ても包括している (唯一の例外は господи́н)。

β) армяни́н タイプ。非生産的タイプ、7語に限られる：

армяни́н《アルメニア人》、славяни́н《スラヴ人》、дворяни́н《貴族》、християни́н《キリスト教徒》【現代ロシア語では христиани́н】、меща́ни́н《下層中産階級》、чужани́н《よそ者》、селяни́н《村民》、(l. c.)。

γ) граждани́н タイプはこの語だけに限られる。

господи́н《主人；紳士》は、〈a!〉で終わる複数 (господа́) をもつが、〈a!〉で終わる全ての複数と同様に複数において語尾アクセントをもつ。

b) 示差的接尾辞〈‚o!!n#k〉(単数) と〈‚a!!t〉(複数)。この接尾辞は優性な自己・アクセントをもつ (S!!)。この接尾辞はそれが存在するあらゆる語においてアクセントを担っている。волчо́нок, волча́та《狼の仔》、медвежо́нок, медвежа́та《子熊》、etc. 例外はない[204]。

c) 複数 (-ья で終わる複数) における**示差的接尾辞**〈´;#j〉。この接尾辞は前・アクセントをもつ (´S)。この接尾辞が存在する際には、アクセントは常に接尾辞前音節の上にある：

ко́лос, коло́сья《穂》、у́голь, уго́лья《石炭》、по́лоз, поло́зья《(橇の)滑り木》、ли́ст, ли́стья《葉》、etc.

例外 (複数で語尾アクセント) を作るのは以下の語である：зятья́, мужья́, князья́, деверья́, друзья́, сыновья́, кумовья́ (l. c., cf. §245)。

d) 存在する他の接尾辞は無アクセントをもつのも (ºS) であり、語のアクセント法に影響を及ぼさない。

F. 中性名詞のアクセント[205]

255

1º. 語尾のアクセント属性：

 単数：全ての語尾：　　ºD

 複数：全ての語尾：　　´D あるいは D!

中性名詞においては、単数の内部でも複数の内部でも、アクセントの変動は決して存在しない(2 つの例外を除く、cf. §260)。

256

2º. 語幹のアクセント属性：

 a) **自己・アクセントのある語幹 T!**：語幹固定アクセント。болóт-о《沼》タイプ。

 b) **後・アクセントのある語幹 T´**：2 つのヴァリアント：

  b1) **語尾固定アクセント**：複数の語尾はそのヴァリアント D! をもつ。существ-ó《本質》タイプ；

  b2) **狭い移動アクセント**：複数の語尾はそのヴァリアント ´D をもつ。単数で語尾アクセント、複数で語尾前アクセント。колес-ó《車輪》タイプ。

 c) **無アクセントの語幹 ºT**：広い移動アクセント。単数で劣性アクセント、複数で語尾アクセント。зéркал-о《鏡》タイプ。

これら 4 つのタイプのアクセント法の図式は以下のようになる：

	T!	T´		ºT
	語幹固定アクセント	語尾固定アクセント	狭い移動アクセント	広い移動アクセント
単数	T!+ºD болóт-о	T´+ºD существ-ó	T´+ºD колес-ó	ºT+ºD зéркал-о
複数	T!+D! болóт-а	T´+D! существ-á	T´+´D колёс-а	ºT+D! зеркал-á

3º. 様々なタイプの実数。

257

 a) **自己・アクセントのある語幹。語幹固定アクセント。**болóто タイプ。これは最も生産的なタイプである。次のものを含む。

  1. 自己・アクセントあるいは前・アクセントのある接尾辞を使って形成された派生語の大部分：

⟨´#j⟩ взгóрье《小山》、⟨´,ij⟩ извéстие《情報》、⟨´l⟩ свети́ло《天体》、etc.

  2. その数は単純語幹だけに割合に制限されるが、以下のような非語頭音節の上にアクセントを置く語幹の全てを包括している：

боло́то《沼》、говя́до《牛肉》[206]。желе́зо《鉄》、коле́но《膝》、копы́то《馬蹄》、коры́то《飼葉桶》、поле́но《薪片》、etc.

またその他の語：

бла́го《幸福》、блю́до《大皿》、брю́хо《(動物の)腹》、ве́че《民会》、го́ре《悲しみ》、и́го《軛》、си́то《篩》、со́лнце《太陽》、те́сто《(パンの)生地》、etc.

258

b) **後・アクセントのある語幹。単数で語尾アクセント。**

1. **語尾固定アクセント**。существо́ タイプ。このタイプはかなり稀である。このタイプはいかなる単純語幹も含まず、後・アクセントのヴァリアントの接尾辞を使って形成された派生語幹だけを含んでいる (cf. §169)。

⟨,ij⟩　житие́《(聖人の)言行録》　　⟨#stv⟩　существо́《本質》
⟨#c⟩　деревцо́《木(指小形)》　　　　　　торжество́《式典》
　　　словцо́《言葉(指小形)》　　　　　　вещество́《物質》、etc.

しかしこれらの形成法に属している大部分の語は、複数では使われない。

2. **狭い移動アクセント**。колесо́ タイプ。このタイプはその一部が非常によく使われる約60語に適用される。大事なことはその語の大部分は単純語であることである。例：

単音節でない語幹：

веретено́, верете́на《紡錘》　　　　волокно́, воло́кна《繊維》
колесо́, колёса《車輪》　　　　　　полотно́, поло́тна《布きれ》
ремесло́, ремёсла《職人仕事》　　　решето́, решёта《篩》、(l. i.)

単音節語幹：

бедро́, бёдра《股》　　　　　　　бревно́, брёвна《丸太》
весло́, вёсла《櫂》　　　　　　　вино́, ви́на《葡萄酒》
гнездо́, гнёзда《巣》　　　　　　кольцо́, ко́льца《指輪》
лицо́, ли́ца《顔》　　　　　　　　окно́, о́кна《窓》
письмо́, пи́сьма《手紙》　　　　　ребро́, рёбра《肋骨》
ружьё, ру́жья《鉄砲》　　　　　　село́, сёла《村》
стекло́, стёкла《ガラス》　　　　　число́, чи́сла《数》
яйцо́, я́йца《卵》(l. i.)

この同じタイプは ⟨#stv⟩ で終わる唯一の派生語を含んでいる：

меньшинство́　複数 меньши́нства《少数民族》(l. c.)

また次のような若干の稀な派生語：

крыльцо́　　　複数 кры́льца《(玄関前の)ステップ》(l. i.)

　3. **Singularia tantum**. 後・アクセントのある語幹をもつ語の大部分は複数では決して使われない。大事なことはこれは、次のような後・アクセントのある接尾辞をもつ派生語であることである：

　　⟨#j⟩　　гнильё《腐敗物》　　　　　враньё《嘘をつくこと；出鱈目》
　　⟨#c⟩　　письмецо́《手紙(指小形)》
　　⟨#stv⟩　вдовство́《やもめ暮らし》、etc.

このタイプは生産的である。それはまた以下の単純語も含んでいる：

　　барахло́《廃物》、добро́《善行》、молоко́《ミルク》、серебро́《銀》、тепло́《熱；暖かさ》、etc.

259

　c) 無アクセント語幹。広い移動アクセント：зе́ркало タイプ。

　このタイプは非生産的であり、ほぼ全てが単純語である。その数は非常に制限されているが、その一部は非常によく用いられる(2語を除き如何なる派生語もない、また借用語もない)。

　　非単音節語幹：
　　зе́ркало《鏡》、кру́жево《レース(飾り)》、о́блако《雲》(l. c.)
　　それと2つの指小派生語：
　　де́ревце《木》、о́блачко《雲》(l. c.)。
　　単音節語：

во́йско《軍隊》	де́ло《仕事》	ле́то《夏》	ма́сло《バター》
ме́сто《場所》	мо́ре《海》	мы́ло《石鹸》	мя́со《食肉》
не́бо《空》	по́ле《野原》	пра́во《法》	се́но《干し草》
се́рдце《心臓》	сло́во《言葉》	ста́до《家畜の群れ》	су́дно《船舶》
те́ло《物体；体》	у́тро《朝》	чу́до《驚くべきこと》(l. c.)	

260

　d) 例外：

　1. 単数で劣性アクセントを、複数で語尾前アクセントをもつ語が1語ある：
о́зеро, 複数 озёра《湖》(l. c.)。

　2. 語 кру́жево, 複数 кружева́《レース(飾り)》は複数属格で кру́жев になる。

　3. о́ко《眼(まなこ)》、у́хо《耳》の無アクセント語幹をもつ2語において、複数主格の語尾——それは⟨a⟩でなくて⟨i⟩であるが(cf. §246)——は無アクセントである。つまり複数では移動アクセントをもつ：

óко, óка,	複数 óчи, очéй, очáм
ýхо, ýха,	複数 ýши, ушéй, ушáм

261

4°. **前置詞の上のアクセント**。前置詞の上にアクセントのある語は以下の語だけに限られる（無アクセント語幹と無アクセント語尾を含む形：°T °D、劣性アクセント）：

лéто《夏》	зá лето, нá лето
мóре《海》	зá море と зá морем《海外で》; пó морю; сидéть ý моря и ждáть погóды《何もなすべきことなく待つ》
нéбо《空》	нá небо
пóле《野原》	пó полю, нá поле
сéрдце《心臓》	брáть когó зá сердце《誰かの心を打つ》
	быть комý пó сердцу《誰かの気に入っている》
слóво《言葉》	вéрить нá слово《言うことを鵜呑みにする》; слóво зá слово《逐語的に》; слóво зá словом《次第次第に、話し進むうちに》
ýхо《耳》	шептáть нá ухо《耳打ちする》; пó уши《耳まで、完全に》(l. c.)

262

5°. **移動母音のアクセント法**。中性形において、ゼロ語尾（またその移動母音）は複数属格に現れる。その移動母音にアクセントが置かれるか置かれないかは、以下の規則に従う。

a) 語幹の上に固定アクセントのある場合には（自己・アクセントのある語幹、болóто タイプ）、アクセントは決してそこに置かれない：

окóшко, 複数 окóшка《窓（指小形）》、複数属格 окóшек, etc.

b) 他の全ての場合 (существó, колесó, зéркало タイプ):

1. もし移動母音が /e/ あるいは /i/ (/c/ あるいは /j/ の前で) ならば、そこにアクセントが置かれる:

существó タイプ:	сельцó, сельцá	複数属格	селéц《村（指小形）》(l. c.)
колесó タイプ:	кольцó, кóльца		колéц《リング》
	крыльцó, крýльца		крылéц《玄関》
	яйцó, яйца		яиц《卵》
	пить-ё, пит-ья́		питéй《飲み物》、etc.
зéркал-о タイプ:	сéрдц-е, сердц-á		сердéц《心臓》(l. c.)

例外を成すのは：[207]

　　　　　жнивь-ё, жни́вь-я　　　　　жни́вий 《刈り入れされた土地》
　　　　　копь-ё, ко́пь-я　　　　　　ко́пий 《槍》
　　　　　ружь-ё, ру́жь-я　　　　　ру́жей 《鉄砲》(§134 本文注) (l. c.)

　2.　もし移動母音が /o/（他の全ての子音の前で）ならば、それは無アクセントである：

　　　колесо́ タイプ：　бедр-о́, бёдр-а, 複数属格　бёдер /b,ód,or/《大腿》、
　　　　　　　　　同様に、бревн-о́, брёвен《丸太》; весл-о́, вёсел《オール》;
　　　　　　　　　окн-о́, о́кон《窓》、etc.
　　　зе́ркал-о タイプ：ма́сл-о, масл-а́, 複数属格　ма́сел《バター》(l. c.)

263

6º.　示差的接尾辞をもつ語のアクセント法。

　a) 複数の接尾辞 〈#j〉(-ья で終わる複数) は男性名詞と同様に前・アクセントをもつ。де́рево、複数 дере́в-ь-я《木》。

　b) 中性の他の示差的接尾辞は無アクセントであり、それ故、語のアクセントに影響を与えない。не́б-о《空》、複数 небес-а́ は зе́ркал-о, зеркал-а́ と同様。

IV.　第 3 曲用

A.　定義と実数

264

　第 3 曲用と呼ぶのは、〈ø〉(ゼロ) 語尾の単数主格、〈i〉(и) で終わる単数属格をもつ実詞である。語幹の末尾子音は常に対をもつ軟子音、あるいはシュー音である。単数主格は常にゼロ語尾をもち、正書法では常に軟音記号を伴って書かれる（シュー音の後ろでさえ軟音記号を伴って書かれ、そこではこの記号は如何なる音韻的価値ももたない、cf. §45) [208]。例：

　　　пло́щадь《広場》　　　単数属格　пло́щад-и
　　　ме́лочь《小さなもの》　　　　　 ме́лоч-и

第 3 曲用の全ての名詞の文法性は女性である。

　この曲用は次のような少数の有生名詞を含んでいる：ма́ть《母》、до́чь《(親子の)娘》、сво́лочь《悪党》、ло́шадь《馬》、мы́шь《鼠》、во́шь《虱》、etc.

　この曲用はとりわけ無生名詞を包括している[209]。

B. 規則的な曲用

265

規則的語尾は以下である：

単数	主格	⟨ø⟩	複数	⟨i⟩
	対格	⟨ø⟩		↓↑
	属格	⟨i⟩		⟨ej⟩
	与格	⟨i⟩		⟨am⟩
	位格	⟨i⟩		⟨ax⟩
	具格	⟨ju⟩		⟨am,i⟩

この語尾は /a/ で始まる語尾を除いて常に第 2 系列の母音書記素を使って綴られる。/a/ で始まる語尾は対をもつ軟子音の後で я、シュー音の後ろで а と綴られる。例：

пло́щадь《広場》　　　単数与格　пло́щад-и　　単数具格　пло́щад-ью
ме́лочь《小さな物》　　　　　　ме́лоч-и　　　　　　　　　ме́лоч-ью

単数	主格	пло́щадь	ме́лочь	複数	пло́щад-и	ме́лоч-и
	対格	пло́щадь	ме́лочь		↑	↑
	属格	пло́щад-и	ме́лоч-и		площад-е́й	мелоч-е́й
	与格	пло́щад-и	ме́лоч-и		площад-я́м	мелоч-а́м
	位格	пло́щад-и	ме́лоч-и		площад-я́х	мелоч-а́х
	具格	пло́щад-ью	ме́лоч-ью		площад-я́ми	мелоч-а́ми

C. 移動母音

266

移動母音は第 3 曲用の 5 つの名詞の中に存在し、それは 2 子音によって終わる語幹をもつ：

во́шь《虱》　　　вш-и́　　　　любо́вь《愛》　　любв-и́
ло́жь《嘘》　　　лж-и́　　　　це́рковь《教会》　це́ркв-и
ро́жь《ライ麦》　рж-и́ (l. c.)

移動母音は 2 つの場合に現れる：

ゼロ語尾の前の単数主格・対格で。
子音 ⟨ju⟩ によって始まる語尾の前の単数具格で。

すなわちその曲用は以下のようである：

単数	主格	во́шь	複数	вш-и́
	対格	во́шь		↓
	属格	вш-и́		вш-е́й
	与格	вш-и́		вш-а́м
	位格	вш-и́		вш-а́х
	具格	во́ш-ью		вш-а́ми

注：любо́вь《愛》、属格 любв-и́ のような名詞において、/o/ は移動母音であるが、名前 Любо́вь《リュボーフィ（女子の名）》、属格 Любо́в-и ではそうではない[210]。

це́рковь の曲用については§269を参照。

D. 例外と特殊性

267

1°. 第2位格。 ある語は第2曲用のように位格の2つの形をもっている。1つは前置詞 о, по の後で使われ（第1位格）、他は前置詞 в, на の後で使われる（第2位格）。しかしこの2つの位格はそのアクセントによってのみ区別されるだけである。第1位格では劣性アクセント（語頭の上）、第2位格では語尾アクセントである。例：сте́пь《大草原》：　о сте́п-и《大草原について》（第1位格）、

в степ-и́《大草原で》（第2位格）[211]。

以下の語においても同様（全て無生、無アクセントの単音節語幹をもつ語、cf. §271）：

単純語幹：

бро́вь	《眉》	кро́вь	《血》	свя́зь	《結びつき》
го́рсть	《一握り》	ме́ль	《浅瀬》	се́ть	《網》
гру́дь	《胸》	но́чь	《夜》	те́нь	《陰》
гря́зь	《泥》	о́сь	《軸》	це́пь	《鎖》
две́рь	《ドア》	пе́чь	《暖炉》	че́сть	《名誉》
же́рдь	《竿》	пы́ль	《埃》	ше́рсть	《（動物の）毛》
ко́сть	《骨》	ры́сь	《トロット；山猫》	ще́ль	《割れ目》(l. c.)

派生語幹（形容詞から派生した実詞）：

глу́бь	《深み》	да́ль	《遠方》	ти́шь	《静寂》(l. c.)

他の語にとって、第2位格は慣用表現にのみ使われる。

мазь 《軟膏》：дéло на мази́《万事順調である》
плóть 《肉付け》：áнгел во плоти́《天使の化身である》(l. c.)

268

2º. **不規則語尾：〈m,i〉で終わる複数具格**。この語尾は3つの語の中に見出される：[212]

ло́шадь《馬》　　複数具格　ло́шадь-ми́,
две́рь《扉》　　　　　　　две́рь-ми́ あるいは две́р-я́ми,
до́чь《娘》　　　　　　　 до́черь-ми́ (cf. §269; l. c.) [213]

注：де́ти, лю́ди の語における同じ語尾については、§282 を参照。

269

3º. **示差的接尾辞を含む語。**

a) ма́ть《母》と до́чь《娘》(l. c.) の語は、単数主格・対格以外の他の全ての格において示差的接尾辞〈er,〉をもつ[214]。

単数	主格	ма́ть	複数	主格	ма́т-ер-и
	対格	ма́ть		対格	↓
	属格	ма́т-ер-и		属格	мат-ер-éй
	与格	ма́т-ер-и		与格	мат-ер-я́м
	位格	ма́т-ер-и		位格	мат-ер-я́х
	具格	ма́т-ер-ью		具格	мат-ер-я́ми

b) 語 це́рковь《教会》(l. c.) は複数の与格、位格および具格において、語幹の末尾子音の硬音化を見せる（従ってそこでは語尾は я ではなくて а を使って綴られる）。その語尾は次のようになる。【訳注 96 参照】

単数	主格	це́рковь	複数	主格	це́ркв-и
	対格	це́рковь		対格	↑
	属格	це́ркв-и		属格	церкв-éй
	与格	це́ркв-и		与格	церкв-а́м
	位格	це́ркв-и		位格	церкв-а́х
	具格	це́рков-ью		具格	церкв-а́ми

E. アクセント[215]

270

1º. **語尾のアクセント属性：**

単数：具格を除く全ての語尾　：ºD

　　　　　具格　　　　　　　　　：´D / ºD
　　複数：主格　　　　　　　　：ºD
　　　　　他の語尾　　　　　　：D!

271

2º. 語幹のアクセント属性：

　a) **自己・アクセントをもつ語幹**：T!；**語幹固定アクセント**。болéзнь《病気》タイプ。

　b) **後・アクセントをもつ語幹**：T´；狭い移動アクセント。アクセントは具格で語尾前にあり(語尾のヴァリアント ´D)、その他の場所では語尾にある。любóвь《愛》タイプ。

　c) **無アクセント語幹**：ºT；広い移動アクセント：劣勢アクセントあるいは語尾アクセント。плóщадь《広場》タイプ。

		T! 語幹固定アクセント	T´ 狭い移動アクセント	ºT 広い移動アクセント
単数	主格	T!+ºD болéзнь	T´+ºD любóвь	ºT+ºD плóщадь
	対格	T!+ºD болéзнь	T´+ºD любóвь	ºT+ºD плóщадь
	属格	T!+ºD болéзн-и	T´+ºD любв-и́	ºT+ºD плóщад-и
	与格	T!+ºD болéзн-и	T´+ºD любв-и́	ºT+ºD плóщад-и
	位格	T!+ºD болéзн-и	T´+ºD любв-и́	ºT+ºD плóщад-и
	具格	T!+ ´D болéзн-ью	T´+ ´D любóв-ью	ºT+ºD плóщад-ью
複数	主格	T!+ºD болéзн-и	複数形なし	ºT+ºD плóщад-и
	対格	↑		↑
	属格	T!+D! болéзн-ей		ºT+D! площад-éй
	与格	T!+D! болéзн-я́м		ºT+D! площад-я́м
	位格	T!+D! болéзн-я́х		ºT+D! площад-я́х
	具格	T!+D! болéзн-я́ми		ºT+D! площад-я́ми

3º. 様々なタイプの実数：

272

　a) **自己・アクセントのある語幹、固定語幹アクセント、болéзнь タイプ**。これは唯一の生産的タイプである。それは以下を含む。

　　1. 接尾辞〈ost,〉を使って形成された多くの派生語(形容詞からの派生語)：
　　　нéжность　　《優しさ》　　осóбенность　　《特色》

глу́пость 《愚かさ》 де́ятельность 《活動》、etc.
6つの例外がある(移動アクセントをもつ -ость で終わる語、§274を見よ)。

2. 接尾辞 〈;〉(語基の末尾子音の湿音化 / 硬口蓋化)をもつ接頭辞語 mots préfixés は常に接頭辞の上にアクセントが置かれる。例：
за́пись《書き込み、メモ》、при́вязь《(つなぎの)鎖》、за́поведь《戒律》、о́ттепель《雪解け》、по́честь《敬意のしるし》、etc.

ここにもまた6つの例外がある(移動アクセント、§274を見よ)。

同じ接尾辞〈;〉をもつ2語根の合成語：
ле́топись《年代記》、ру́копись《手稿》、etc.

3. 単純語：

非単音節語幹：
тетра́дь《ノート》、крова́ть《寝台》、о́сень《秋》、колыбе́ль《揺りかご》、etc.

単音節語幹：
е́ль《エゾマツ》、жи́знь《生命》、мы́сль《思惟》、це́ль《目標》、etc.

借用語：
меда́ль《メダル》、карусе́ль《回転木馬》、форе́ль《鱒の類》、etc.

273

b) 後・アクセントのある語幹、狭い移動アクセント、любо́вь タイプ。
これは非常に稀なタイプであり、2語しかない：
любо́вь《愛》、глу́шь《茂み》(l. c.)。

また以下の少数の固有名詞：
Ру́сь《ルーシ》、Пе́рмь, Тве́рь《都市名》、Ке́ть, Омь《河川名》(l. c.)。

これらの語はどれも複数で用いられない。

274

c) 無アクセント語幹、広い移動アクセント、пло́щадь タイプ。
このタイプは非生産的であるが数が多い。以下がある。

1. 〈ost,〉で終わる6つの派生語：
ве́домость《一覧表、リスト》、до́лжность《地位、ポスト》、кре́пость《要塞》、но́вость《新しいこと；ニュース》、пло́скость《平面》、ско́рость《速さ》(l. c.)。

2. 接尾辞〈;〉をもつ6つの接頭辞語：
о́бласть《地域》、о́чередь《順序；列》、по́весть《中編小説》、по́дать《租税》、при́стань《埠頭》、сво́лочь《下人》(l.c.)。

3. 約60語の単純語幹、その主要なものは次の通り：

非単音節語幹：

лóшадь《馬》、мéлочь《小さい物》、плóщадь《広場》、скáтерть《テーブルクロス》、стéрлядь《チョウザメの一種》、чéтверть《4分の1》(l. c.)。

また стéпень《程度》(しかし стéпень《階段の段》は固定アクセントをもつ)。

単音節語幹：

вéтвь《枝》、вéщь《物》、влáсть《権力》、дрóбь《散弾》、мы́шь《鼠》、рéчь《話しことば》、рóль《役割》、смéрть《死》、сóль《塩》、стрáсть《情熱》、трéть《3分の1》、чáсть《部分》(l. i.)。

また мáть《母》、дóчь《娘》および стéпь《大草原》、в степи́ のようなアクセントのある語尾〈i〉(l. c. §231を参照)をもつ第2位格を所有する全ての語も同様。

275

4º. **前置詞の上のアクセント**。 以下の表現においては、前置詞の上にアクセントが置かれる(無アクセントの語幹と語尾の形 ºT ºD)：

вéсть	《知らせ》：	бéз вести пропáсть《行方不明になる》
двéрь	《ドア》：	зá дверь
крóвь	《血》：	дó крови
нóчь	《夜》：	зá ночь, нá ночь, дó ночи
пóлночь	《夜半》：	зá полночь
смéрть	《死》：	дó смерти
цéпь	《鎖》：	нá цепь. (l. i.)

276

5º. **移動母音のアクセント法**。 цéрковь《教会》(語幹の上に固定アクセント)において移動母音は無アクセントであり、その他の移動母音が記されている語(§266)ではアクセントがある。

V. 周辺的なカテゴリー

A. Pluralia tantum[216]

277

1º. **屈折**。 複数でのみ使われる名詞は、どちらの性にも、またどちらの曲用にも結びつけることができない。なぜなら複数では同じ語尾が全ての曲用で見られるからである。この曲用は次の通りである：

主格　　〈i〉あるいは〈a〉　　　　与格　〈am〉

対格　　　　　↓↑　　　　　　位格　⟨ax⟩
属格　　⟨ov⟩⟨ej⟩あるいは⟨ø⟩　　具格　⟨am,i⟩

この語は、主格と属格の語尾に従って、4つのグループに分類できる：

	グループ1	グループ2	グループ3	グループ4
主格の語尾	⟨i⟩	⟨i⟩	⟨i⟩	⟨a⟩
属格の語尾	⟨ø⟩	⟨ov⟩	⟨ej⟩	⟨ø⟩
	《休暇》	《ズボン》	《橇》	《門》
主格	кани́кул-ы	штан-ы́	са́н-и	воро́т-а
対格	↑	↑	↑	↑
属格	кани́кул	штан-о́в	сан-е́й	воро́т
与格	кани́кул-ам	штан-а́м	сан-я́м	воро́т-ам
位格	кани́кул-ах	штан-а́х	сан-я́х	воро́т-ах
具格	кани́кул-ами	штан-а́ми	сан-я́ми	воро́т-ами

様々な語尾の正書法での実現は他の語の場合と同様である。複数属格の語尾⟨ov⟩と⟨ej⟩（グループ2と3）の配分は第2曲用の場合と同じである（cf. §215）。複数属格のゼロ語尾の前の移動母音は他の語と同じように働く。

  де́ньг-и《お金》、属格 де́нег.

278

2°. アクセント[217]。

  1) **語尾のアクセント属性**：

    主格：　　　　°D

    その他の格：　D!

  2) **語幹のアクセント属性とアクセントタイプ**。

  a) **自己・アクセントのある語幹**：T!；語幹固定アクセント。

    例：кани́кул-ы《休暇》、与格 кани́кул-ам.

  b) **後・アクセントのある語幹**：T´；語尾固定アクセント。

    例：штан-ы́《ズボン》、与格 штан-а́м.

  c) **無アクセント語幹**：°T；広い移動アクセント（語尾あるいは劣勢アクセント）。例：са́н-и《橇》、与格 сан-я́м（上のこれら3語の完全な曲用を参照）。

  3) **様々なタイプの実数**。

  a) **語幹固定アクセント**は唯一生産的であり、4つのグループに存在する。

    グループ1：　но́жницы, но́жниц　《鋏》
    　　　　　　　носи́лк-и, носи́лок　《担架》

		шáхмат-ы, шáхмат	《チェス》
		сýтк-и, сýток	《一昼夜》、etc.
グループ2：		подштáнник-и, -ов	《ズボン下》
		побó-и, побó-ев	《殴打》
		пóиск-и, пóиск-ов	《探索》、etc.
グループ3：		бýдн-и, бýдн-ей	《ウィークデイ》
		грáбл-и, грáбл-ей	《熊手》
		ходýл-и, ходýл-ей	《竹馬》、etc.
グループ4：		ребя́т-а, ребя́т	《若者たち》
		девчáт-а, девчáт	《娘たち》
		черни́л-а, черни́л	《インク》、etc.

b)**語尾固定アクセント**は非生産的であり、グループ2と4だけにしか存在しない。

グループ2：	час-ы́, час-óв	《時計》
	вес-ы́, вес-óв	《秤》
	очк-и́, очк-óв	《眼鏡》
	штан-ы́, штан-óв	《ズボン》(l. i.)
グループ4：	дров-á, дрóв, дров-áм	《薪》(l. i.)

c)**広い移動アクセント**は非生産的であり、グループ1と3だけにしか存在しない。

グループ1：	пóхорон-ы, похорóн, похорон-áм	《葬式》
	дéньги, дéнег, деньг-áм	《金銭》
	бýбн-ы, бубéн, бубн-áм	《(トランプの)ダイヤ》(l. c.)
グループ3：	дрóжж-и, дрожж-éй	《酵母》
	клéщ-и, клещ-éй	《ペンチ》
	сáн-и, сан-éй	《橇》
	сéн-и, сен-éй	《(農家の)玄関》
	слю́н-и, слюн-éй	《唾》(l. i.)

例外：語 хлóпот-ы《奔走》は属格で хлопóт となる外は語幹固定アクセントをもつ：хлóпот-ам, -ах, -ами.

B. 異語幹曲用 (разносклоня́емые)

279

これは以下の特徴をもつ12語(男性1、中性11)である。
単数属格、与格、位格で第3曲用の語尾〈i〉;

単数具格で第2曲用の語尾〈om〉あるいは第1曲用の語尾〈oju〉。

280

1º. 〈om〉**で終わる具格**。 この語は単数の属格、与格、位格で第3曲用の語尾(〈i〉)をもち、その他の格では第2曲用の語尾をもつ。このタイプは次の語を含む。

a) **男性の1語**：пу́ть《道；旅》、語幹〈put,´〉、語尾固定アクセント：

単数	主格	пу́ть	複数	пут-и́
	対格	↑		↑
	属格	пут-и́		пут-е́й
	与格	пут-и́		пут-я́м
	位格	пут-и́		пут-я́х
	具格	пут-ём		пут-я́ми

b) и́мя《名前》のような、-мя **で終わる中性**の10語。それらは以下の特徴をもっている[218]。

1. 単数の主格と対格で中性の語尾〈o〉(軟子音の後のアクセントの外で[ə]と発音される)は、я と綴られる。〈ºim, + ºo〉[ím,ə] и́мя。

2. 他の全ての格では示差的接尾辞が存在する：単数で〈on,〉、複数で〈on〉、ен と綴られる(アクセント下ではён)。

単数	主格	〈ºim, + ºo〉	и́м-я	複数	〈ºim, + ºon + a!〉	им-ен-а́
	対格	〈ºim, + ºo〉	и́м-я			↑
	属格	〈ºim, + ºon, + ºi〉	и́м-ен-и		〈ºim, + ºon + ø!〉	им-ён
	与格	〈ºim, + ºon, + ºi〉	и́м-ен-и		〈ºim, + ºon + a!m〉	им-ен-а́м
	位格	〈ºim, + ºon, + ºi〉	и́м-ен-и		〈ºim, + ºon + a!x〉	им-ен-а́х
	具格	〈ºim, + ºon, + ºom〉	и́м-ен-ем		〈ºim, + ºon + a!m,i〉	им-ен-а́ми

и́мя のように曲用するのは次の8語である：

бре́мя《重荷》 вре́мя《時間》 вы́мя《(動物の)乳房》 зна́мя《旗》
и́мя《名前》 пла́мя《炎》 пле́мя《種族》 те́мя《頭頂部》(l. c.)

その他の2語は複数属格が -ён ではなくて -ян で終わること以外は、上の曲用と同じ曲用をする：

се́мя 《種子》 複数属格 семя́н
стре́мя 《鐙》 стремя́н

アクセント。これら全ての語は и́мя のように広い移動アクセントをもっている。例外は зна́мя で、これは単数で劣性アクセント、複数で語尾前アクセントをもつ。зна́мя, зна́мени; знамёна, знамён, знамён-ам.

281

2°. 〈oju〉で終わる具格。これは中性の語 дит-я《子供》の場合である。属格・与格・位格 дит-ят-и、具格 дит-ят-ею、複数は補充形である（次のパラグラフ参照）。

C. 補充法の曲用をもつ実詞

282

　大事なことは、幾つかの形は異なる語根の上に構築される語であるということである。これには次のようなものがある。

		《人間》	《子供》	
		（男性）	（男性）	（中性）
単数	主格	человéк	ребёнок	дит-я́
	対格	↓	↓	дит-я́
	属格	человéк-а	ребёнк-а	дит-я́т-и
	与格	человéк-у	ребёнк-у	дит-я́т-и
	位格	человéк-е	ребёнк-е	дит-я́т-и
	具格	человéк-ом	ребёнк-ом	дит-я́т-ею
複数	主格	люд-и	дéт-и	
	対格	↓	↓	
	属格	люд-éй, человéк	дет-éй	
	与格	лю́д-ям	дéт-ям	
	位格	лю́д-ях	дéт-ях	
	具格	людь-ми́	деть-ми́	

		《年》		
		（男性）		
単数	主格	гóд		
	対格	↑		
	属格	гóд-а		
	与格	гóд-у		
	位格	гóд-е (год-ý, 第2位格)		
	具格	гóд-ом		
パラダイム		1	2	3
複数	主格	гóд-ы, год-á	гóд-ы	лет-á

対格	↑	↑	↑
属格	лéт	год-óв	лéт
与格	год-áм	год-áм	лет-áм
位格	год-áх	год-áх	лет-áх
具格	год-áми	год-áми	лет-áми

лю́ди, дéти の語について以下のことに注意せよ：

　a) 複数具格の不規則な語尾〈m,i〉: людь-ми́, деть-ми́,

　b) 広い移動アクセント、пло́щадь (§271) 参照。しかし複数の与格と位格で不規則なアクセントをもっている：лю́д-ям, лю́д-ях; дéт-ям, дéт-ях.

283

用法：

　a)《人間》: лю́д-и《人々》は человéк の唯一の複数形である。複数属格のために数詞の後ろでは человéк が用いられる：пятьсо́т человéк《500 人》。またその他の場合には людéй が用いられる：жи́знь людéй《人々の生活》[219]。

　b)《子供》: ребёнок (男性、規則変化) は日常使われる唯一の語である。дитя́ (中性、異語幹曲用) は詩的であり、比喩的用法を除いて使うことは少ない[220]。しかも斜格では稀である。дéти は《子供》の意味で文章語で唯一使われる複数形である。それ故、それは ребёнок と дитя́ の複数形として使われる。さらに複数形 ребя́та もある、それは《若者たち》を意味したり、あるいは親しい言葉使いで《みんな、君たち》を意味する。

　c)《年》: 複数で上のパラダイム 1 (語幹 год- と лет- の混合) は常用される複数形である。パラダイム 2 (год に基づき規則的) は次の場合のみに使われる：[221]

　1. 10 の位の順序数詞とともに用いて 10 年間【年代】を示す。

сороковы́е го́ды《40 年代》、

лю́ди шестидеся́тых годо́в《60 年代の人々》。

　2.《年齢》の意味で、в твои́ го́ды《あなたの年で》。

パラダイム 3 (лет-á に基づき規則的) は《年齢》と同じ意味で使われる。в твои́ летá《君の年頃には》、あるいは詩的意味をもって《年》の意味で使われる (単数 лéто は《夏》を意味する)。

D. 形容詞の曲用をもつ実詞[222]

284

多くの形容詞は実詞の機能として使われるが、形容詞に固有の性の変化は保存さ

れたままである。例：слеп-о́й《(男の)盲人》、слеп-а́я《(女の)盲人》、etc.

しかしまた真の実詞になった古い形容詞も存在する。それらはもはや実詞の機能でしか使われず、文法性による変化をすでに失っている。それらは実詞のようにそれが固有の性をもっている。それらは男性、女性、中性あるいは pluralia tantum である。それらは対応する性の形容詞長形の屈折変化に従う (cf. §308)。例：

		《仕立屋》 (男性)	《食堂》 (女性)	《動物》 (中性)	《現金》 (plurale tantum)
単数	主格	портн-о́й	столо́в-ая	живо́тн-ое	
	対格	↓	столо́в-ую	живо́тн-ое	
	属格	портн-о́го	столо́в-ой	живо́тн-ого	
	与格	портн-о́му	столо́в-ой	живо́тн-ому	
	位格	портн-о́м	столо́в-ой	живо́тн-ом	
	具格	портн-ы́м	столо́в-ой	живо́тн-ым	
複数	主格	портн-ы́е	столо́в-ые	живо́тн-ые	нали́чн-ые
	対格	↓	↑	↓	↑
	属格	портн-ы́х	столо́в-ых	живо́тн-ых	нали́чн-ых
	与格	портн-ы́м	столо́в-ым	живо́тн-ым	нали́чн-ым
	位格	портн-ы́х	столо́в-ых	живо́тн-ых	нали́чн-ых
	具格	портн-ы́ми	столо́в-ыми	живо́тн-ыми	нали́чн-ыми

その他の例：

男性：

рабо́чий《労働者》、городни́чий《(旧)市長》、выходно́й《外出日》、лега́вый《セッター種の猟犬》、Го́рький《ゴーリキー市》、etc.

女性：

мастерска́я《修理所》、мостова́я《舗道》、запята́я《コンマ》、коренна́я《(3頭立て馬車の)中央の馬》、пристяжна́я《(3頭立て馬車の)脇の馬》、etc.

中性：

про́шлое《過去》、настоя́щее《現在》、бу́дущее《未来》、жарко́е《焼いた料理》、насеко́мое《昆虫》、млекопита́ющее《哺乳類》、etc.

pluralia tantum：

путевы́е《旅費》、да́нные《資料》、командиро́вочные《出張経費》、etc.

また再帰分詞 participes réfléchis から形成された形容詞曲用をもつ実詞もある。こ

の形の形容詞語尾は再帰動詞の不変の後置辞 -ся によって後続される (cf. §454).

例：

уча́щ-ий-ся	《生徒》	属格	уча́щ-его-ся,
труди́щ-ий-ся	《勤労者》		труди́щ-его-ся,
случи́вш-ее-ся	《出来事》		случи́вш-его-ся,
пресмыка́ющ-ее-ся	《爬虫類の動物》		пресмыка́ющ-его-ся, etc.

形容詞曲用をもつ苗字については §292 参照.

E. 不変化の実詞

285

現代語においてかなり多数の不変化実詞、つまり単数と複数の全ての格にとって同じ形をもつ実詞が存在する。これは以下のものを含む[223]。

286

1°. 外国起源の普通名詞と名前：

a) これらの内の /a/ 以外の母音で終わっているもの全て：

/e/：ко́фе[224]《コーヒー》、кафе́《カフェ、喫茶店》、кашне́《スカーフ》、кано́э《カヌー》、шимпанзе́《チンパンジー》、etc.

/i/：пари́《賭》、жалюзи́《ブラインド》、ви́ски《ウイスキー》、шасси́《(自動車・ラジオの)シャーシ》、па́ни《奥様 (ポーランド語の)》、etc.

/o/：метро́《地下鉄》、пальто́《外套》、кино́《映画》、депо́《機関庫》、гида́льго《スペインの小貴族》、etc.[225]

/u/：рандеву́《ランデブー》、меню́《メニュー》、интервью́《インタビュー》、etc.

名前：Хо́се, Рене́, Анри́, Ги́, Джи́мми, Пье́тро, etc.

b) /a/ によって終わっているものの中で：[226]

1. /a/ が母音によって先行されているもの全て。амплуа́《役柄 «emploi»》、буржуа́《ブルジョア «bourgeois»》、боа́《ボア (大蛇)》、патуа́《(フランス語の) 訛り «patois»》(l. c.); 名前：Бенуа́ «Benois», etc.

2. 子音の後の /a/ がアクセントをもつ若干の普通名詞。па́《(ダンスの) ステップ «pas»》、антраша́《(バレーの) アントルシャ «entrechat»》、бра́《壁につけた燭台》、альпага́ あるいは альпака́《アルパカ (ラクダの一種) «alpaga»》(l. c.)[227]。

その他の /a/ で終わる外国起源の普通名詞あるいは名前は、第1曲用に基づいて語形変化する。резеда́《モクセイソウ》、属格 резеды́; Джи́на («Dumas»)、属格

Джи́ны, etc.

　c) 子音で終わっている語の中で、女性を指し示す語。普通名詞：мада́м, мадемуазе́ль, ми́ссис, ми́сс, фре́йлейн (l. c.); 名前：Доло́рес, Лилиа́н, etc.

　　注：音声的に子音によって終わる（書記法では無音の e を介して）フランス語の女性名を表現するために、任意に -a を付け加えることが行われる、そしてこれはこの語を語形変化可能にさせる。Жакли́н（無変化）あるいは Жакли́н-a（第 1 曲用）《ジャクリーヌ «Jacqueline [ʒɑklin]»》。

　子音で終わる外国起源の普通名詞や名前は、第 2 曲用に従って語形変化し、男性である。франк《フランク人；フラン》、属格 фра́нк-a；Пьер《ピエール》、属格 Пье́р-a.

　不変化の苗字 noms de famille については、§295 参照。

　これらの語の文法性はその意味に基づいて決定される（§187, 例も参照）。無生物は全て中性。ко́фе《コーヒー》は例外で男性。しかし кафе́《喫茶店》は中性。有生物については、名詞の性は指し示された生物の自然性に従う。

287

2º. 地名。

　a) **外国語起源の地名**。　不変化であるものは、

　　1. /a/ 以外の母音で終わる語全て。Бордо́, Оха́йо, Виши́, Миссу́ри, Тбили́си, Баку́, Чарджо́у, etc.

　　2. 母音の後の /a/ によって終わる語。Го́а, Шенандо́а, Ла-Ли́неа.[228]

　　3. フランス語由来の子音の後のアクセントのある /a/ で終わる語全て。Руайа́, Этрета́, etc. 他の言語由来の子音の後のアクセントのある /a/ で終わる地名は、第 1 曲用に基づいて語形変化する：Анкара́, -ы́; Богота́, -ы́, etc.。また無アクセントの /a/ で終わる語も同様に、Веро́на, -ы.

　子音で終わる地名は第 2 曲用に基づき語形変化する：Ло́ндон, -a, etc.

　文法性。　不変化の地名は、それがもつ種概念の普通名詞と同じ性をもつ：

　　многолю́дный Баку́《人口の多いバクー》(го́род《都市》に基づき男性)、
　　бы́страя Уссу́ри《流れの速いウスリー川》(река́《河川》に基づき女性)、
　　Ве́рхнее Перу́《上ペルー（高地ペルー）》(госуда́рство《国家》に基づき中性)、etc.

　多くの揺れがある。

　b) **ロシア起源の地名**。　現代語では、/ino/、/ovo/ で終わる町村名を語形変化させない傾向がある：[229]

мы прие́хали из Пу́шкино《我々はプーシキノからやって来た》、

он живёт в Ми́хнево《彼はミフネヴォに住んでいる》。

模範的な言葉ではこれらの同じ名詞は常に変化していた。день Бородина́（レールモントフ）《ボロヂノの1日》。それらは中性である。

その他のロシア起源の地名は語形変化する[230]。

注：現代の地名の用法では、外国の地名あるいはあまり知られていない地名（たとえ語形変化できるとしても）そのものの前に、総称の普通名詞を置く傾向をもっている。普通名詞は語形変化し、同格としての役をしている地名は主格のままである。в го́роде Хано́й《ハノイ市で》、в дере́вне Часли́цы《チャスリーツィ村で》、etc.[231]

288

3°. 略語の大部分

a) 文字を合成し、その文字の名前を発音して読む略語（フランス語の CGT [seʒete]《労働総同盟》、SNCF [esɛnseɛf]《フランス国有鉄道》のように）は、たとえその末端がどんなものであろうとも全て語尾変化しない：

СССР　　（эс-эс-эс-э́р と読む）《ソ連邦》、

ППЛ　　（пэ-пэ-э́ль と読む）《着陸場》(поса́дочная площа́дка)

ГПК　　（гэ-пэ-ка́ と読む）《民事訴訟法》(гражда́нский процессуа́льный ко́декс)、

etc.

b) 文字あるいは音節を合成し、しかし語として読む略語（フランス語の UNESCO [ynɛsko]《ユネスコ》、CAPES [kapɛs]《カペス》のように）は、外国語の語の扱いとかなり似た扱いをする。

1. もし略語が母音で終わっているならば、それは常に不変化である：

ГОЭЛРО́《ロシア電化委員会》(госуда́рственная коми́ссия по электрифика́ции Росси́и)、

АСНО́ВА《新建築家協会》(ассоциа́ция но́вых архите́кторов)。

2. もし略語が子音で終わっており、その主要語が男性であるようなシンタグマを表すならば、それは男性であり、第2曲用に基づいて語形変化する：

МХАТ《モスクワ芸術座》(моско́вский худо́жественный академи́ческий теа́тр)、属格 МХА́Та、

ЦИК《中央執行委員会》(центра́льный исполни́тельный комите́т)、属格 ЦИ́Ка。

3. もし略語が子音で終わり、その主要語が女性あるいは中性であるようなシンタグマを表すならば、それは現代語では一般的に不変化である：

ООН《国際連合》(Организа́ция объединённых на́ций)、
ТЭЦ《熱電発電所》теплова́я электроцентра́ль) [232]。

しかしロシア語にうまく定着し、非常によく使われるようになったタイプの略語は、男性として第2曲用に従う(それはふつう小文字体で綴られる):

нэп《ネップ(新経済政策)》(но́вая экономи́ческая поли́тика)、属格 нэ́па、
загс《戸籍登録所》(за́пись а́ктов гражда́нского состоя́ния)、属格 за́гса。

c) 完全に合成された、あるいは語の末尾部分あるいは語の一部においてのみ合成された略語は、もしその末尾部分が主格とは異なる格に語形変化した語であれば、不変化である:

управдела́ми《管理者》(управля́ющий дела́ми、複数具格)、
завка́федрой《講座主任》(заве́дующий ка́федрой、単数具格)、
комполка́《連隊長》(команди́р полка́、単数属格)。

もし末尾部分が主格の完全な語であるかあるいは欠損した語であれば、その略語は語形変化する:

детдо́м《孤児院》(де́тский дом)、男性、属格 детдо́ма。
за́вуч《教務主任》(заве́дующий уче́бной ча́стью)、男性、属格 за́вуча。

文法性。 全ての不変化の略語は、それが表しているシンタグマの主要語と同じ性をもつ:

КНР подписа́ла догово́р《中華人民共和国は条約に調印した》(респу́блика に従って女性)、
у нас но́вый управдела́ми《我々には新しい管理者がいる》(управля́ющий に従って男性)。

289

4°. **文字の名称あるいは音符**。á, бé, вé, эль, etc.; до́, ре́, ми́, со́ль, etc. [233] は、たとえその末端が如何なるものであろうと、中性【不変化】である。しかしながらロシア語の文字の名称とはっきり異なるラテン語やギリシア語の文字の名称は語形変化する。йот《(ラテン文字)j》、икс《x》、и́грек《y》、а́льфа《(ギリシア文字)α》、оме́га《(ギリシア文字)ω》。

290

5°. 実詞でも形容詞でもないが、**名詞として使われる語**。これらの語は中性である。例:

Раздало́сь гро́мкое ура́《大きな万歳が鳴り響いた》、
после́днее прости́《最後のさようなら》、

Пусто́е вы́ серде́чным ты́

Она́, обмо́лвясь, замени́ла (Пушкин)

《彼女は口を滑らし、普通の《あなた》を愛情のこもった《おまえ》に替えた》

しかしながら名詞として使われる間投詞は、もしそれが子音で終わっているならば、語形変化する。всё о́хи да а́хи《いつも泣き言ばかり》。

F. 苗字

291

1º. 文法性によって変わる苗字。 苗字の大部分は、他の全ての実詞からこの語を区別させ、形容詞に近づけさせる形態的な特徴をもっている。それは文法性による可変性である。同じ苗字が、それが男性を指し示すかあるいは女性を指し示すかによって、違った形をもつ。男性形あるいは女性形：

 това́рищ Попо́в《ポポフ同志・さん (男性)》、

 това́рищ Попо́ва《ポポヴァ同志・さん (女性)》。

苗字の語形変化においては、実詞の曲用と形容詞の曲用および不変化曲用の混合が見られる。

292

 a) **形容詞タイプ。** このタイプは男性・単数主格の形容詞語尾 ⟨oj⟩ (ой, ый, ий, cf. §308) のところで検討する。

例として Толст-о́й、Бе́л-ый、Го́рьк-ий、あるいは非常によく用いられる接尾辞⟨#sk⟩とともに、Шаховск-о́й、Достое́вский。このタイプの苗字は形容詞長形の曲用に従う (cf. §308)：

	男性	女性	複数
主格	Толст-о́й	Толст-а́я	Толст-ы́е
属格	Толст-о́го	Толст-о́й	Толст-ы́х, etc.

男性・単数主格で語尾 ⟨oj⟩ (ой, ый, ий) を示さない全ての苗字は、以下で検討する別のタイプのうちの1つに振り分けられる。

293

 b) **実詞と形容詞の混合タイプ。** このタイプは接尾辞 ⟨ov⟩ (ов, ёв, ев) と ⟨,in⟩ (ин, ын) を使って形成される苗字に見られ、ロシア語の苗字の大半を代表している[234]。

 例：

 ⟨ov⟩ ：Ле́рмонтов、Жу́ков、Скворцо́в、Хмелёв、Беля́ев、etc.

⟨,in⟩ ：Ле́нин, Пу́шкин, Солжени́цын, etc.

この語尾は次のものを含む[235]。
主格で実詞の語尾、同様に女性対格と男性の属格、与格および位格で実詞の語尾。他の形では形容詞語尾（下の表では下線の下の部分がこれを示す）。例：

語尾：		男性	女性	複数
実詞	主格	Пу́шкин	Пу́шкин-а	Пу́шкин-ы
	対格	↓	Пу́шкин-у	↓
	属格	Пу́шкин-а	Пу́шкин-ой	Пу́шкин-ых
	与格	Пу́шкин-у	Пу́шкин-ой	Пу́шкин-ым
	位格	Пу́шкин-е	Пу́шкин-ой	Пу́шкин-ых
形容詞	具格	Пу́шкин-ым	Пу́шкин-ой	Пу́шкин-ыми

注：この語尾は чёртов タイプ（cf. §341）の接尾辞 ⟨ov⟩ をもつ所有形容詞の語尾に似ているが、しかし単数男性位格が異なる。Пу́шкин-е, しかし чёртов-ом。

294

c) **実詞と不変化の混合タイプ**。このタイプは上で言及したカテゴリーに入らず、子音で終わっていたり、あるいは子音の後の無アクセントの /a/ で終わっている全ての苗字を含んでいる。

例：

子音で終わる苗字：Го́голь, Пастерна́к, Левита́н, Мале́вич, Ростропо́вич, Корнейчу́к, Ге́рцен, Фет, Шва́рц, Микоя́н, Смит, Дюпо́н, etc.[236]
唯一の例外は Черны́х のような -ых で終わる苗字であり、それは不変化である（cf. §295c）。

子音の後の無アクセントの /a/ で終わっている苗字。Гли́нка, Бе́рия, Окуджа́ва, Гому́лка, Мира́нда, etc.

これらの名詞は全て以下のように語形変化する。

1. **男性**ではそれらは実詞の曲用に従う。もし子音で終われば第 2 曲用、もし /a/ で終われば第 1 曲用である。

2. **女性**ではそれらは不変化曲用。例：

	男性		女性	
主格	Фет	Гли́нк-а[237]	Фет	Гли́нк-а
対格	↓	Гли́нк-у	Фет	Гли́нк-а

属格	Фе́т-а	Гли́нк-и	Фе́т	Гли́нк-а
与格	Фе́т-у	Гли́нк-е	Фе́т	Гли́нк-а
位格	Фе́т-е	Гли́нк-е	Фе́т	Гли́нк-а
具格	Фе́т-ом	Гли́нк-ой	Фе́т	Гли́нк-а

このように主格以外の全ての格でこの不変化性は女性と男性を区別させる：

 я был у Шва́рца 《私はシュヴァルツ氏の所に行った》

 я был у Шварц 《私はシュヴァルツ婦人の所に行った》。

この名詞は複数で規則正しく曲用する：

 я был у Шва́рцев 《私はシュヴァルツ家に行った》

しかし複数では、もし同格の役割を果たしている普通名詞を伴うのであれば、それらは不変化のままである：бра́тья Гри́мм《グリム兄弟》。

295

2º. 文法性によって変わらない苗字（不変化）。

 上で定義されたカテゴリーに入らない苗字は、女性と同様に男性においても不変化である。このカテゴリーは以下のものを包括する：

 a) /a/ 以外の母音で終わる苗字：Дурново́, Жива́го, Ляшко́, Бонда́рко, Короле́нко, Крыле́нко; Орджоники́дзе, Церете́ли, Доде́, Джио́тто, Рембо́, Мандзо́ни, Сарду́, etc.

  注：-енко（ウクライナ起源）で終わる苗字は一般に現代文章語では不変化であるが、話し言葉では語形変化するし、また19世紀の文章語では常に語形変化していた。その場合、Гли́нка (§294) をモデルにして語形変化するが、これとの唯一の違いは主格の語尾（また女性の格全ての語尾）はaでなくてoと綴られる。主格Короле́нк-о、対格 Короле́нк-у、属格 Короле́нк-и、etc. [238]

 b) アクセントのある /a/ で終わる苗字：Золя́, Дюма́, Мюра́, etc.

あるいは母音の後ろの /a/ で終わる苗字：Ше́ноа, Гарси́а, Бо́рджиа, etc.

 c) -ых（語源的には形容詞の複数属格の語尾）で終わる苗字：Черны́х, Седы́х, etc.

6章　形容詞

I. 総論
A. 定義

296

1°. 統語論的特色。形容詞は実詞の機能 (cf. §175) を満たすことに適さず、以下の2つの機能の内の1つを満たす能力のある語である。

　a) 実詞の従属節 (付加形容詞 adjectif épithète)：

　　тёплая одéжда　　《暖かな衣服》

　b) 人称文の述語であり、繋辞 copule ── 現在時制ではゼロ形をもつ ── を伴う (属辞形容詞 adjectif attribut)：

　　одéжда былá тёплая《その衣服は暖かかった》
　　одéжда ── тёплая　《その衣服は暖かい》

　その他に多くの形容詞は以下の機能を満たすことができる。

　c) 動詞あるいは他の形容詞の従属節 (形容詞の副詞的用法)：

　　он бы́л тепло́ одéт　《彼は暖かく着ていた》

　d) 無人称文の述語であり、上の繋辞を伴う (形容詞の述語的用法)：

　　емý бы́ло тепло́　　《彼は暖かかった》
　　емý тепло́　　　　 《彼は暖かい》

297

2°. 意味的特色。単純形容詞 (派生形容詞ではなくて) は、対象 objets に付与された質を表現する：тёплый《暖かい》、большо́й《大きい》、дешёвый《安い》、etc.

　もしそれらが派生語であれば、対象あるいは行為しか示せない：

　　мехова́я ша́пка《毛皮の帽子》(мéх《毛皮》、実詞)；
　　удиви́тельное собы́тие《驚くべき出来事》(удиви́ть《驚かせる》、動詞)。

298

3°. 形態的特色。形容詞の各々の形は6つの文法的カテゴリーに所属することによって特徴づけられる。そのカテゴリーの如何なるものも形容詞の全ての形に共通

ではなくて (普遍的カテゴリーでない)、全て 1 つの同じ形容詞の様々な形をお互いに対立させる。次のものが区別されよう。

形容詞の固有のカテゴリー：長形【長語尾形】forme longue と短形【短語尾形】forme courte の対立と比較度 degrés de comparaison。

一致のカテゴリー。それは実詞のカテゴリーであるが、形容詞は実詞に一致するためにそのカテゴリーは形容詞に不可欠である：数、格、性、そして亜属 sous-genre。

B. 形容詞の固有のカテゴリー

299

1°. **長【語尾】形と短【語尾】形の対立**。大部分の形容詞は 2 系列の形をもち、おおよそ 2 つの主要な機能に対応している[239]。

a) **長形** (пóлная фóрма)、《長い》語尾 (少なくとも 2 つの音素) を含むもの。長形だけが付加形容詞の機能として使うことができる。例：тёпл-ая одéжда《暖かな衣服》、語尾〈aja〉; 属格 тёпл-ой одéжды, 語尾〈oj〉。

b) **短形** (крáткая фóрма) は、実詞の主格語尾と同じ《短い》語尾 (1 音素あるいはゼロ) だけを含む。それは長形と一緒に属辞形容詞として使うことができる：

одéжда былá теплá あるいは одéжда былá тёплая《衣服は暖かかった》[240]。

一方、短形の中性だけは副詞あるいは述語の意味で使われる：он теплó одéт《彼は暖かく着ている》。емý бы́ло теплó《彼は暖かかった》。

ある形容詞は短形をもたず (cf. §323)、あるいは長形をもたない (cf. §324)。

300

2°. **比較度** (стéпени сравнéния)。形容詞は、その意味が相応しいものであれば、比較級あるいは最上級の様々な形に変えることができる (cf. §344 sq.)。これらの形は形容詞の様々な機能を満たすことができる：

они́ хотя́т бóлее тёплой одéжды《彼らはより暖かな衣服を望んでいる》、

одéжда былá теплéе《衣服はより暖かかった》、

одевáйтесь теплéе《より暖かく装いなさい》、

емý бы́ло теплéе《彼はより暖かかった》。

C. 一致のカテゴリー

301

重要なのは、実詞に固有な、そしてそれとの一致の結果として形容詞に不可欠である**数、格、性**、そして**亜属**のカテゴリーである。実詞と同様に、性の対立は単数

にのみ現れる。複数では3つの性は同じ形をもつ。

亜属の対立は男性対格と複数対格にのみ現れる。これらの形にとって、対格は有生では属格と同じであり、無生では主格と同じである。

　一致の観点からすれば、形容詞の2つの形（長形と短形）はその振る舞いが異なる[241]。

302

1°. **長形**は以下で示される4つのカテゴリーを識別する。

　もしそれが付加形容詞であれば、それはこれら4つのカテゴリーの観点からそれが依存している実詞と一致する：

　　я люблю́ э́тот ста́рый дом《私はこの古い家が好きだ》(無生の男性・単数対格)、

　　я люблю́ э́того ста́рого дру́га《私はこの旧友を愛している》(有生の男性・単数対格)、

　　я живу́ в ста́ром до́ме《私は古い家に住んでいる》(男性・単数位格)。

　もしそれが属辞形容詞であれば、格における一致はない。2つの格、主格と具格の間の選択があり、それら2つの格は主語の属辞のために競合している：

　　оде́жда была́ тёплая あるいは была́ тёплой《衣服は暖かかった》。

主語以外の語の属辞のためには、具格が必ず用いられる：

　　счита́ю его́ неосторо́жным《私は彼を軽率だと思う》、

　　ему́ необходи́мо быть осторо́жным《彼は慎重であることが是非必要だ》。

　性と数については、長形はその属辞を支配する実詞に一致する。

　それ故、もし対格で追加の形を生じさせる亜属を考慮しなければ、長形のパラダイムは理論的に24の形（単数の6つの格×3つの性＝18、そして複数の6）を識別する。しかし実際は、同形異義の現象のおかげで区別できる形はより少ない。

303

2°. **短形**は格と亜属のカテゴリーを知らず、数と性のカテゴリーのみを知っているだけである。それ故、短形は4つの形だけをもつ。単数で3つと複数で1つである[242]。

　a) もし短形が名詞の属辞であれば、短形は性と数をその名詞に一致する：

　　чай гото́в　　　《お茶は用意ができている》
　　ка́ша гото́ва　　《粥は用意ができている》
　　мя́со гото́во　　《肉は用意ができている》
　　блины́ гото́вы　《ブリン（クレープ）は用意ができている》

　b) 副詞的用法と述語的用法では、短形は常に中性である。он тепло́ оде́т《彼は暖

かく着ている》; ему́ тепло́《彼は暖かい》。

　注：古代ロシア語では、短形は付加形容詞として用いられ、長形のように格変化した（実詞の語尾と同じ語尾をもって。男性と中性のためには第2曲用、女性のためには第1曲用の語尾）。これらの形は慣用表現の中にその残滓を残している：[243]

среди́ бела́ дня 　　《白昼に》
на босу́ но́гу[244]　　《素足で》
от ма́ла до вели́ка《子供から大人まで、老いも若きも》、etc.

副詞についても同様 (cf. §447)。

304

3º. **比較度**は様々な形をもっており、あるものは不変化、他のものは変化する (cf. §344 *sq*.)。

D. 形容詞の語形変化

305

　形容詞の語形変化は長形のパラダイム（理論的に24の形）も短形のパラダイム（4つの形）も含む。それに付け足さねばならないのは比較度の形であるが、それは別のところで検討しよう。しかし多くの形容詞は不完全なパラダイムをもつ（短形や比較度などにはそれはない）。

　形容詞の語形変化には2つのタイプしかない。

306

1º. **規則的な曲用**。それは長形の全パラダイムのための《長語尾 désinences longues》を含み、また短形と比較度を含むことができる。

307

2º. 《**所有形容詞 adjectifs d'appartenance**》と言われる曲用（わずかに異なる幾つかのヴァリアントをもつ）。それは《長語尾》と《短語尾》の混合した長形のパラダイムを見せる。この形容詞は短形も比較度ももつことができない。

　それ以外に幾つかの稀な**不変化形容詞 adjectifs indéclinables** がある。

II. 規則的な曲用：長形と短形
A. 語尾

308

形容詞の規則的語尾は次の通りである：

		男性	中性	女性	複数
長形	主格	⟨oj⟩	⟨ojo⟩	⟨aja⟩	⟨ije⟩
	対格	↓↑	⟨ojo⟩	⟨uju⟩	↓↑
	属格	⟨ovo⟩		⟨oj⟩	⟨ix⟩
	与格	⟨omu⟩		⟨oj⟩	⟨im⟩
	位格	⟨om⟩		⟨oj⟩	⟨ix⟩
	具格	⟨im⟩		⟨oj⟩	⟨im,i⟩
短形		⟨ø⟩	⟨o⟩	⟨a⟩	⟨i⟩ [245]

注：実詞の第1曲用におけると同様に、女性・単数具格の語尾 ⟨oj⟩ (-ой, -ей) の古風なまた詩的なヴァリアント ⟨oju⟩ (-ою, -ею) が存在する。

これらの語尾の正書法は以下の規則に従う。

309

1°. それらの語尾の中で2つの語尾に**正書法の特殊性**が存在する。

a) **男性・単数主格**。語尾 ⟨oj⟩ はアクセント下で規則的に -óй と綴られるが、しかしアクセントの外ではそれはあたかも ⟨ij⟩ のように綴られる。-ый あるいは -ий。例：[246]

прост-о́й《簡単な》、больш-о́й《大きい》、глух-о́й《耳の聞こえない》、etc.
しかし но́в-ый《新しい》、све́ж-ий《新鮮な》、ре́дк-ий《まれな》、сре́дн-ий《中くらいの》、etc.

注：普通、現代語ではこの語尾は、無アクセントの /o/ の実現としての [ə] を伴う伝統的な発音 [nóvəj] [r,étkəj] の代わりに、その正書法に従って発音される：[novij] [r,étk,ij]。

b) **単数男性と中性の属格**。語尾 ⟨ovo⟩ はあたかも ⟨ogo⟩ のように綴られる：-ого あるいは -его：

прост-о́го, но́в-ого, сре́дн-его は [prʌstóvə]、[nóvəvə]、[s,r,éd,n,ivə] と発音される。

2º. これらの現象を考えると、その正書法は規則的である。

310

a) **対をもつ硬子音で終わる語幹**。その語尾の最初の母音は第1系列の母音書記素によって記される。例：アクセント語尾をもつ形：прост-о́й《簡単な》:[247]

		男性	中性	女性	複数
長形	主格	прост-о́й	прост-о́е	прост-а́я	прост-ы́е
	対格	↓ ↑	прост-о́е	прост-у́ю	↓ ↑
	属格	прост-о́го		прост-о́й	прост-ы́х
	与格	прост-о́му		прост-о́й	прост-ы́м
	位格	прост-о́м		прост-о́й	прост-ы́х
	具格	прост-ы́м		прост-о́й	прост-ы́ми
短形		прост	прост-о	прост-а́	прост-ы

無アクセント語尾をもつ形。но́в-ый《新しい》:

		男性	中性	女性	複数
長形	主格	но́в-ый	но́в-ое	но́в-ая	но́в-ые
	対格	↓ ↑	но́в-ое	но́в-ую	↓ ↑
	属格	но́в-ого		но́в-ой	но́в-ых
	与格	но́в-ому		но́в-ой	но́в-ым
	位格	но́в-ом		но́в-ой	но́в-ых
	具格	но́в-ым		но́в-ой	но́в-ыми
短形		но́в	но́в-о	нов-а́	но́в-ы

311

b) **対をもつ軟子音で終わる語幹**。語尾の最初の母音は第2系列の母音書記素によって綴られる[248]。

例：си́н-ий《青い》：

		男性	中性	女性	複数
長形	主格	сѝн-ий	сѝн-ее	сѝн-яя	сѝн-ие
	対格	↓↑	сѝн-ее	сѝн-юю	↓↑
	属格	сѝн-его		сѝн-ей	сѝн-их
	与格	сѝн-ему		сѝн-ей	сѝн-им
	位格	сѝн-ем		сѝн-ей	сѝн-их
	具格	сѝн-им		сѝн-ей	сѝн-ими
短形		сѝнь	сѝн-е	син-я́	сѝн-и

注：сѝний そのもの以外に、срѐдн-ий《中間の》のようなこのタイプの他の形容詞は全て短形をもたない[249]。

312

c) **/j/ で終わる語幹**：この場合もまた第 2 系列の母音書記素を使い、それはここで /j/ と語尾の最初の母音を同時に表す。例：

тонкошѐ-ий《首の細い》、語幹〈tonkošej〉。тонкошѐ-яя, тонкошѐ-ее, etc.（非常に稀なタイプ）。

313

d) **シュー音で終わる語幹**：語尾の最初で /i/ は и と綴られ、/o/ はアクセント下で о、アクセントの外で е と綴られる。例：

больш-о́й《大きい》：больш-о́го, больш-о́му, больш-о́м, больш-и́м; больш-о́е, больш-и́е, etc.

свѐж-ий《新鮮な》：свѐж-его, свѐж-ему, свѐж-ем, свѐж-им; свѐж-ее; свѐж-ие, etc.

314

e) **/c/ で終わる語幹**：/i/ は ы と綴られ、/o/ は е と綴られる。例：

ку́ц-ый《短くされた》：ку́ц-ее, ку́ц-ая, ку́ц-ые, etc.（非常に稀なタイプ）。

315

f) **軟口蓋音で終わる語幹**：/i/ は и と綴られ、/o/ は о と綴られる。例：

глух-о́й《耳の聞こえない》：глух-о́го, глух-о́му, глух-о́м, глух-и́м; глух-о́е; глух-и́е, etc.

рѐдк-ий《稀な》：рѐдк-ого, рѐдк-ому, рѐдк-ом, рѐдк-им; рѐдк-ое; рѐдк-ие, etc.。

B. 移動母音

316

移動母音が現れることが可能なゼロ語尾をもつ形は、短形の男性形である。移動母音は以下の形容詞の男性形に現れる。

317

1º. 子音の後ろの /n/ で終わる語幹をもつ形容詞全て、つまり何よりも接尾辞 ⟨#n⟩ をもつ非常に多くの形容詞：[250]

  нýжн-ый　《必要な》　短形　нýжен
  вáжн-ый　《重要な》　短形　вáжен
  извéстн-ый《著名な》　短形　извéстен
  забáвн-ый《滑稽な》　短形　забáвен, etc.

 注：正書法で -енный で終わる形容詞の中で唯一移動母音をもつのは、/n/ で終わる語基の上に接尾辞 ⟨#n⟩ を使って形成される形容詞だけである：

  цéн-н-ый《高価な、貴重な》、短形 цéн-ен. цен-á《価格》から（語幹 ⟨cen + #n⟩）。

  врéмен-н-ый《一時的な》、短形 врéмен-ен. врéмя, времен-á《時間》から（語幹 ⟨vrem, + on + #n⟩、etc.

しかし以下の 2 つのグループにおいては移動母音に出会わない。

 a) 子音群によって終わる語基の派生形容詞において：子音群 -енн- の後ろでは接尾辞 ⟨#n⟩ の慣習的正書法のみがある；短形の男性ではただ 1 つの н だけがある（しかしその нн は、短形の残りの形を含めて、他の到る所で 2 重子音である）：

  нрáвств-енн-ый《モラルの》、短形 нрáвств-ен[251], нрáвств-енн-а, нрáвств-енн-о,
  естéств-енн-ый《自然の》、　短形 естéств-ен[252], естéств-енн-а, естéств-енн-о,
  etc.

 b) 受動過去分詞 les participes passés passifs において。そこでは н の重複は長形に固有である。短形は全て 1 つの н しかない。

  обúж-енн-ый《侮辱された》、短形 обúж-ен, обúж-ен-а, обúж-ен-о, etc.

子音の後ろの -н-ый で終わる 1 つの形容詞は接尾辞 ⟨#n⟩ を含まない：пóлный《一杯の》、短形 пóлон（あるいは пóлн）(l. c.)。

318

2º. /k/ で終わる語幹をもつ形容詞全て（接尾辞 ⟨#k⟩）：[253]

  ýзк-ий《狭い》、短形 ýзок; гóрьк-ий《苦い》、短形 гóрек; чýтк-ий《敏感な》、
  短形 чýток, etc.

319

3°. 子音の後ろの鳴音 /l/ あるいは /r/ で終わる語幹をもつ以下の形容詞：

/l/ зл-óй 　《腹黒い》　　　短形 зол
　　 свéтл-ый《明るい》　　 短形 свéтел
　　 кúсл-ый《酸っぱい》　　短形 кúсел
　　 тёплый 　《暖かい》　　 短形 тёпел (l. c.)

(しかし移動母音のないものもある。пóдл-ый《卑しい》、短形 пóдл; нáгл-ый《傲慢な》、短形 нáгл, etc.) ;[254]

/r/ óстр-ый《鋭い》、　　　 短形 остёр (またその俗語ヴァリアント вóстрый)[255] ;
　　 хúтр-ый《狡猾な》、　　 短形 хитёр;
　　 шýстр-ый《機敏な》、　　短形 шустёр (l. c.)

(しかし移動母音のないものもある：дóбр-ый《良い》、短形 дóбр; пёстр-ый《まだらの》、短形 пёстр, etc.)[256]。

320

4°. 形容詞 дóлг-ий《長い》、短形 дóлог (l. c.)。
　移動母音の選択は一般規則 (cf. §134) に従う。достóйн-ый《に相応しい》における移動母音の例外的な正書法 и に注意せよ：短形 достóин (l. c.)。

C. 特殊性と不完全なパラダイム

321
　長形の内部にも短形の内部にも不規則はないが、しかし2つの形の間の関係には不規則が存在する。

322

1°. 短形の形成における不規則：[257]

　a) 2つの形容詞は不規則の短形をもち、語幹子音を硬音化させる：

　　/n/ ~ /n,/：úскренний《誠実な》、短形 úскренен, úскренна, úскренно あるいは úскренне,

　　/l/ ~ /l,/：солёный《塩分を含んだ》、短形 сóлон, солонá, сóлоно.

　以下の2つの形容詞においても同様であるが、そこでは短形は副詞的用法(中性形)に限られる：

　　пóздн-ий　《遅い》　副詞　пóздн-о《遅く》
　　рáнн-ий 　《早い》　副詞　рáн-о《早く》(l. c.)

　b) 2つの形容詞は補充的短形をもつ：

большо́й　　《大きい》　　短形　вели́к, -а́, -о́
ма́леньк-ий　《小さい》　短形　ма́л, -а́, -о́, etc.

　形容詞 вели́кий と ма́лый もまた存在するが、高尚な文体(вели́кий челове́к《偉人》)や慣用表現(ма́лый ребёнок《幼児》、等)にだけ使われる。《ма́лый 〜 большо́й》の対立も比較：Ма́лый Теа́тр《マールイ（小）劇場》、Большо́й Теа́тр《ボリショイ劇場》、ма́лая энциклопе́дия《小百科事典》、Больша́я энциклопе́дия《大百科事典》。

323

2°. 短形の欠如[258]。非常に多くの形容詞は短形をもっていない。とりわけ重要な短形をもたない形容詞は、実詞あるいは動詞から派生された形容詞であり、それは質でなくて関係を表す（関係形容詞 относи́тельные прилага́тельные）。これは主として次のものである。

　a) 名詞派生の接尾辞〈#sk〉(-ский, -ской で終わる)をもつ形容詞：
　　де́тский　　《子供の》　　тво́рческий　《創造の》
　　бра́тский　《兄弟の》　　истори́ческий　《歴史の、歴史的な》、etc.

　注１：これらの形容詞は短形をもたないにもかかわらず、規則的に語尾〈i〉をもつ副詞形(-ски で終わる形)をもつ：
　　мастерск-и́　《巧みに、名人風に》
　　органи́ческ-и　《有機的に》
　　преда́тельск-и　《卑劣に》、etc.

　この副詞形は、民族を指し示す形容詞のために接頭辞 по-（ハイフンを伴って綴られる）によって必ず先行される：
　　по-ру́сски　《ロシア語で》あるいは《ロシア風に》
　　по-францу́зски　《フランス語で》あるいは《フランス風に》、etc.

　注２：-ичный で終わる形容詞の -ичен 語尾の短形は、-ический で終わる同義の形容詞の補充的な短形の代わりをする：
　　истори́ческий　《歴史的な》、短形 истори́чен, истори́чна, истори́чно, etc.

　b) 名詞派生の接尾辞〈ov〉(-овый あるいは -овой で終わる)をもつ形容詞：
　　ма́ссовый　《大衆の》　　передово́й　　《先進的な》
　　кори́чневый　《褐色の》　боево́й　　《戦闘の》、etc.

　c) 動詞派生の接尾辞〈l〉(-лый で終わる)をもつ形容詞：
　　быва́лый　　《昔の；人生経験豊かな》　обле́злый《禿げた》
　　опозда́лый　《遅れた》　　опусте́лый　《空になった、人気の無い》、etc.

　注：-лый で終わる形容詞には、дря́хлый《老いぼれた》、短形 дря́хл, etc. のよ

うな動詞との一切の関係を失ってしまった短形がある。

d) 場所や時間の意味をもつ語から由来した接尾辞〈n,〉(-ний で終わる)をもつ形容詞(しかしこれらの語は副詞形をもつことができる):

зде́ш-н-ий《ここの》(здесь《ここに》から)

сре́д-н-ий《中間の》(сред-а́《水曜日(真ん中);媒体;環境》から)、副詞 сре́д-н-е《ほどほどに》、

кра́й-н-ий《極端な》(кра́й《端》から)、副詞 кра́й-н-е《極めて》、

вне́ш-н-ий《外部の;外面の》(внé《外に》から)、副詞 вне́ш-н-е《外見は》、etc.

短形は現代語では衰退にあるので、非常に多くの形容詞にはこの形が存在しないか、あるいはほとんど使われることがない。

324

3º. **長形の欠如**。少数の非常に稀な形容詞は短形しかもたず、それ故、属辞としてのみ使われる。

a) 次の形容詞:

рад《嬉しい》、гора́зд《巧みだ》、люб《かわいい》(l. c.)。

b) 形容詞 до́лжен, должна́, должно́, должны́, これは動詞《devoir》《ねばならない;にちがいない》によってしかフランス語に翻訳できない。

я до́лжен《je dois》《私は~しなければならない;私は~するはずだ》、они́ должны́《ils devaient》《彼らは~しなければならない;彼らは~するはずだ》。

注:長形の形容詞 до́лжный, до́лжная, до́лжное もあるが、しかし意味が異なり、受け身の意味である。《当然与えられるべき;しかるべき》: до́лжное внима́ние《十分な注意》、воздава́ть ка́ждому до́лжное《各自に当然の報いを与える》。

その中性形は無人称述語となる: до́лжно《《il faut》, すべきである》。

c) -енек, -онек で終わる指小派生語:

одинёшенек《たった一人》、близёнек《とても近く》、etc.

D. アクセント[259]

325

1º. **語尾のアクセント属性**。長形においては、同じ形容詞の全ての語尾は同じアクセント属性をもつ。長形の内部ではアクセントの移動は決してない。それに反して短形の内部ではアクセントの移動があり得る。その各々の語尾は異なるアクセント属性をもつ。

この属性の総体は次の表のようになる：

  短形：女性語尾： D!

    他の語尾： °D

  長形：全ての語尾：´D / D!

2º. 語幹のアクセント属性。

 a) T!：**自己・アクセントのある強語幹**、здоро́вый《健康な》タイプ。語幹の上に固定アクセント。

 b) T´：**後・アクセントのある強語幹**：短形における語尾固定アクセント。

 b1) **語尾固定アクセント**：長形の語尾の自己・アクセントのあるヴァリアント (D!)：смешно́й《滑稽な》タイプ。

 b2) **狭い移動アクセント**：長形の語尾の前・アクセントのあるヴァリアント (´D)：хоро́ший《良い》タイプ。

 c) ºT：**無アクセント語幹**：短形における移動アクセント。女性で語尾アクセント (D!)、その他の場所で語頭アクセント (°D)。

 c1) **広い移動アクセント**：長形の語尾の自己・アクセントのあるヴァリアント (D!)：молодо́й《若い》タイプ。

 c2) **混合移動アクセント**：長形の語尾の前・アクセントのあるヴァリアント (´D)：весёлый《愉快な》タイプ。

語幹：		T!	T´	
アクセント：		語幹固定	語尾固定	狭い移動
短形	男性	T!+°D здоро́в	T´+°D смешо́н	T´+°D хоро́ш
	女性	T!+D! здоро́в-а	T´+D! смешн-а́	T´+D! хорош-а́
	中性	T!+°D здоро́в-о	T´+°D смешн-о́	T´+°D хорош-о́
	複数	T!+°D здоро́в-ы	T´+°D смешн-ы́	T´+°D хорош-и́
長形		T!+´D здоро́в-ый	T´+D! смешн-о́й	T´+´D хоро́ш-ий

	語幹：	°T	
	アクセント：	広い移動	混合移動
短形	男性	°T+°D мо́лод	°T+°D ве́сел
	女性	°T+D! молод-а́	°T+D! весел-а́
	中性	°T+°D мо́лод-о	°T+°D ве́сел-о
	複数	°T+°D мо́лод-ы	°T+°D ве́сел-ы
長形		°T+D! молод-о́й	°T+ʹD весёл-ый

327

3°. 様々なタイプの実数。 生産的であるのは、非単音節語幹にとっては здоро́вый タイプであり、単音節語幹にとっては весёлый タイプである。

328

a) **自己・アクセントのある語幹。語幹固定アクセント。** здоро́вый タイプ。

1. 非単音節語幹においてこのタイプは唯一生産的である。それに出会うのは以下である。

α) 自己・アクセントのある接尾辞を有する派生語幹において：

гли́нистый《粘土を含む》　велича́вый《堂々たる》

молчали́вый《無口の》　простова́тый《無邪気な》、etc.

あるいは前・アクセントのある接尾辞を有する派生語幹において：

есте́ственный《自然の》　заду́мчивый《物思いにふけっている》、etc.

β) 接頭辞化された語幹あるいは合成語幹において：

прово́рный《敏捷な》　безу́мный《無分別な》

белоку́рый《金髪の》、etc.

γ) 単純語幹において、あるいは接尾辞〈#n〉あるいは〈#k〉（無アクセント接尾辞）を有する語幹において：

здоро́вый《健康な》　моро́зный《厳寒の》

громо́здкий《場所ふさぎの》、etc.

2. 単音節語幹において、このタイプはかなり多くの形容詞に見いだされるが、多くの場合その使用頻度は低く、大部分は抽象的特徴を示す：

а́лчный《貪欲な》　ли́чный《個人的な》

спо́рный《論争の》、etc.

329

b) 後・アクセントのある語幹。短形で語尾アクセント。このタイプは全く非生産的である。

1. 長形で語尾アクセント、смешно́й タイプ。このタイプはたった5つの形容詞しか含まず、全て人間の欠陥を示す：

больно́й《病気の》　　　чудно́й《変な、風変わりな》
смешно́й《滑稽な》　　　шально́й《腑抜けた》
хмельно́й《酔っ払った》(l. c.)

注：больно́й《病気の》の短形では中性形は使われない。бо́льно形（異なるアクセント）は副詞《痛そうに》あるいは《ひどく》の意味、あるいは述語の意味。мне́ бо́льно《私は痛い》のような別の意味をもって使われる。

2. 長形で語尾前アクセント（狭い移動アクセント）、хоро́ший タイプ。このアクセント法に必ず従うのは8つの形容詞だけである（長形に加えて、その短形の中性形を示す）：

горя́чий　《熱い》　　горячо́
мудрёный　《難しい》　мудрено́
тяжёлый　《重い》　　тяжело́
хоро́ший　《良い》　　хорошо́
ма́лый　　《小さな》　мало́
ра́вный　　《等しい》　равно́
тёмный　　《暗い》　　темно́
тёплый　　《暖かい》　тепло́ (l. c.)

ここにこのアクセント法をもち得る別の9つの形容詞を加えることができるが、しかし短形の中性と複数で【アクセントの】揺れを免れ得ない（§333）。後・アクセントのある接尾辞〈ok´〉を使って形成される4つの形容詞：

высо́кий　《高い》　　высоко́
глубо́кий　《深い》　　глубоко́
далёкий　　《遠い》　　далеко́
широ́кий　　《広い》　　широко́ (l. c.)

注：жесто́кий《残酷な》については§331 参照。

及び他の5つの形容詞：

бе́лый　《白い》　бело́,　чёрный《黒い》　черно́
све́жий　《新鮮な》　свежо́　у́мный《賢い》　умно́

  лёгкий　《軽い》　 легко́ (l. c.)

330
 c) 無アクセント語幹、短形で移動アクセント。
  1. **長形で語尾アクセント（広い移動アクセント）**、молодо́й タイプ。非生産的タイプであるが、よく用いる約 30 の形容詞を包括しており、その内の 4 つだけは非単音節語幹をもつ：

  дорого́й　《高価な》　 до́рог, дорога́, до́рого, до́роги,
  молодо́й　《若い》　 мо́лод, молода́, мо́лодо, мо́лоды,
  холосто́й　《（男が）独身の》　хо́лост, холоста́, хо́лосто, хо́лосты,
  развито́й　《発達した》　 ра́звит, развита́, ра́звито, ра́звиты,

及び単音節語幹をもつ他の形容詞：

  глухо́й《耳が聞こえない》　плохо́й《悪い》　 слепо́й《目の見えない》
  гнило́й《腐った》　 пусто́й《からの》　тупо́й《切れない》
  дурно́й《悪い；馬鹿げている》скупо́й《けちな》хромо́й《びっこの》
  криво́й《曲がった；片目が潰れた》

（これら全ての形容詞は欠陥、短所を示していることに気づくだろう）；あるいはさらに：

  живо́й　《生きている》　 прямо́й《真っ直ぐな》
  наго́й　《裸の；赤貧の》　 сухо́й《乾いた》
  просто́й《簡単な》　 сыро́й《湿った》(l. i.)

  2. **長形で語尾前アクセント（混合移動アクセント）**、весёлый タイプ。非単音節語幹にとっては非生産的タイプ、しかし単音節語幹にとっては非常に生産的なタイプであり、ここでは здоро́вый タイプを犠牲にして拡散する傾向がある。
  α) 非単音節語幹：7 つの形容詞のみ：

  весёлый《愉快な》　 ве́сел, весела́, ве́село, ве́селы
  голо́дный《飢えた》　 го́лоден, голодна́, го́лодно, го́лодны
  дешёвый《安い》　 дёшев, дешева́, дёшево, дёшевы
  зелёный《緑色の》　 зе́лен, зелена́, зе́лено, зе́лены
  солёный《塩分を含んだ》　со́лон, солона́, со́лоно, со́лоны (cf. §322)
  холо́дный《冷たい、寒い》　хо́лоден, холодна́, хо́лодно, хо́лодны
  коро́ткий《短い》　 ко́роток, коротка́, ко́ротко, ко́ротки (l. c.)

  注：この最後の形容詞にとって、短形の女性以外の形では語尾アクセントも：коро́ток, коротка́, коротко́, あるいはまた語尾前アクセント：коро́ток, коротка́, коро́тко も見られる。

β) 単音節語幹：これは、大部分の単純形容詞あるいは接尾辞〈#n〉あるいは〈#k〉を使って形成される形容詞を包括しており、これはこの言語において本当に日常的に使われる形容詞である。

単純語幹：

до́лгий《長い》　　　　　бы́стрый《速い》

но́вый《新しい》　　　　ста́рый《古い》

кру́глый《丸い》　　　　чи́стый《きれいな》、etc.

接尾辞〈#n〉：

бе́дный《貧しい》　　　кру́пный《大きな、大型の》

ве́рный《忠実な》　　　че́стный《誠実な》

гру́стный《悲しげな》、etc.

接尾辞〈#k〉：

го́рький《苦い》　　　　жа́ркий《熱い、暑い》

гро́мкий《よく響く、大声の》　кра́ткий《短い》

жа́лкий《哀れな》　　　ре́дкий《珍しい》、etc.

331

d) **例外**。

1. 短形の語幹固定アクセントをもつ語のなかで。

α) 1つの形容詞は短形で固定アクセントをもつが、しかしアクセントは長形とは別の語幹音節の上にある：счастли́вый《幸せな》、сча́стлив, сча́стлива, сча́стливо (l. c.)。

β) 1つの形容詞は長形で語尾アクセントをもつが、短形では語幹固定アクセントである：благо́й《善い》、бла́г, бла́га, бла́го (l. c.)。【正音法辞典（2014 年）によれば、短形女性のアクセントは -á にある。】

2. 短形で移動アクセントをもつ語のなかで、2つの形容詞は女性以外で真ん中の音節にアクセントをもつ：

жесто́кий《残酷な》　　жесто́к, жестока́[260], жесто́ко

удало́й《勇敢な》　　　уда́л, удала́, уда́ло (l. c.)

332

4º. **移動母音のアクセント法**。形容詞において、ゼロ語尾、またそれ故に移動母音は短形の男性形に現れる。

a) 語幹の上にアクセントをもつ形において（自己・アクセントをもつ語幹、

здоро́вый タイプ、及び無アクセント語幹、молодо́й, весёлый タイプ)、移動母音には決してアクセントが置かれない。これは短形の中性では語尾〈о〉にアクセントが置かれないという形容詞である：

  здоро́вый タイプ： сме́ртный《死の》 сме́ртен (сме́ртна, сме́ртно)

  молодо́й タイプ： дурно́й《悪い》   ду́рен (дурна́, ду́рно)

  весёлый タイプ： голо́дный《飢えた》 го́лоден (голодна́, го́лодно) (l. c.)

 b) 語尾アクセントをもつ形において (後・アクセントをもつ語幹、смешно́й と хоро́ший タイプ。短形の中性の語尾〈о〉はアクセントをもつ)、語尾アクセントは移動母音の上に、あるいはそれに先行する母音の上に実現することができる。アクセントは、смешо́н, умён, хмелён, чудён において移動母音の上にある (l. c.)。アクセントは、бо́лен, до́лжен, лёгок, ра́вен, тёмен, чёрен (l. c.)、また同様に коро́ток[261] (cf. §330 本文注) において移動母音に先行する母音の上にある。

333

5°. **アクセントの揺れ**。短形の中性と複数の形で多くのアクセントの揺れがある (語尾アクセントあるいは語尾前アクセントをもち得る語尾〈о〉と〈i〉)。この揺れは здоро́вый を除いたアクセント法の全てのタイプに見られる。またこの揺れは【中性と複数の】2つの形に一緒に影響したり、あるいは別個に影響したりする。

 a) **中性と複数の2つの形に同時にある揺れ**。この揺れは後・アクセントのある語幹を有する語 (хоро́ший タイプ) に見られる：

  бе́лый《白い》   бело́, белы́ あるいは бе́ло, бе́лы

  у́мный《賢い》   умно́, умны́ あるいは у́мно, у́мны

  чёрный《黒い》   черно́, черны́ あるいは чёрно, чёрны (l. c.)

また接尾辞〈ok〉をもつ形容詞においても同様：

  высо́кий《高い》 высоко́, высоки́ あるいは высо́ко, высо́ки;

同様に、глубо́кий, далёкий, широ́кий (l. c.)。

 b) **複数形での揺れ**。それが見られるのは：

後・アクセントのある語幹を有する2つの形容詞において (хоро́ший タイプ)。

  лёгкий《軽い》   лёгок, легка́, легко́; легки́ あるいは лёгки

  све́жий《新鮮な》 свеж, свежа́, свежо́; свежи́ あるいは све́жи (l. c.)

無アクセント語幹をもつかなり多くの形容詞において：

  бе́дный《貧しい》 бе́ден, бедна́, бе́дно; бе́дны あるいは бедны́

  ви́дный《目に見える》 ви́ден, видна́, ви́дно; ви́дны あるいは видны́

  ну́жный《必要な》 ну́жен, нужна́, ну́жно; ну́жны あるいは нужны́, etc.

c) **中性形での揺れ**。この揺れは多くの場合に短形中性が可能な各種の用法と結びついている。

人称文の述語(形容詞の用法)：

бу́дущее све́тло《未来は輝いている》；

無人称文の述語(述語の用法)：

в ко́мнате светло́《部屋の中は明るい》；

動詞の従属節(副詞の用法)：

ого́нь светло́ гори́т《火が明るく燃えている》。

このようにその用法に従ってアクセントが変化する形容詞には次のものがある。

	形容詞	述語	副詞
во́льный《自由な》	во́льно	вольно́	вольно́
гре́шный《罪深い》	гре́шно	грешно́	гре́шно
до́брый《よい》	до́бро	добро́	добро́
у́мный《賢い》	у́мно		умно́
хи́трый《狡い》	хи́тро		хитро́, etc.

上のことから気づくことは、長形のアクセントと同じ語尾前アクセントは、形容詞の用法ではより広まっている。それに対して、副詞と述語の用法は長形との結びつきはより少なく、たいていの場合語尾アクセントを示している。

III. 所有形容詞の曲用

334

実詞から派生され、この実詞が他の実詞との関連で依存関係（これと同じ関係は依存の実詞 substantif dépendant である属格によっても標示することができる）を示している形容詞を**所有形容詞** adjectif d'appartenance (притяжа́тельное прилага́тельное) と呼ぶ。例：

капита́нская до́чь あるいは дочь капита́на《大尉の娘》；

соба́чье се́рдце あるいは се́рдце соба́ки《犬の心臓》。

所有形容詞はとりわけ付加形容詞として、稀には属辞形容詞として用いられる。それ故、短形はない。

多くの所有形容詞は上で示した長形の形容詞の規則的な曲用に従う。例：

| капита́н-ск-ий | 《大尉の》 | 接尾辞 ⟨#sk⟩ |
| черт-о́в-ск-ий | 《悪魔の》 | 接尾辞 ⟨ov + #sk⟩ |

черви́в-ый　　《虫の食った》　接尾辞 〈;iv〉
льви́н-ый　　《ライオンの》　接尾辞 〈;in〉

しかしあるグループの所有形容詞は独自の混合した曲用をもっている。
1. 短語尾(生産的タイプにおいて、主格と対格で)。
2. 長語尾(生産的タイプにおいて、斜格で)。

注：この曲用は、〈ov〉と〈;in〉で終わる苗字の曲用──これは語源的に所有形容詞である──に類似している。

この曲用に従う形容詞は、それが形成されるに応じて異なる接尾辞を用いる[262]。
1. 種の名詞について、-ий(接尾辞 〈;#j〉)で終わる**総称の所有形容詞 adjectifs d'appartenance générique**、例：ли́с-ий《狐の》(лис-а́《狐》から)。
2. 個人の名詞について、-ин(接尾辞 〈,in〉)で終わる**個人の所有形容詞 adjectifs d'appartenance individuelle**：ма́м-ин《お母さんの》(ма́м-а《お母さん》から)。あるいは -ов, -ев(接尾辞 〈ov〉; 古いタイプ)：чёрт-ов《悪魔の》(чёрт《悪魔》から)。

A. 総称の所有形容詞(-ий で終わる)

335

1º. **実数**。総称の所有形容詞は種を指し示す全ての曲用の名詞に基づき形成される：

лис-а́《狐》からの ли́с-ий《狐の》のような動物の種。
поме́щик《領主》からの поме́щич-ий《地主の》のような人のグループ(以下の他の例を見よ)。Бо́ж-ий《神の》は Бог《神》に基づき形成される。

使用例：
　　во́лчий во́й　　《狼の遠吠え》
　　соба́чье се́рдце　　《犬の心臓》
　　поме́щичий до́м　　《地主の家》

このタイプは全ての文体にわたり非常に生産的である。

336

2º. **曲用**。

接尾辞は〈;#j〉である。この曲用は主格と対格で短語尾を、斜格で長語尾を含んでいる。

正書法の観点からは：
単数主格では、この接尾辞〈;#j〉は、語末(ゼロ語尾の前)に置かれるので、移動

母音 /e/ (アクセントの外の /j/ の前で и と綴る、cf. §134 本文注)を含む。

男性・単数主格：⟨l,is + ;#j + ø⟩ → /l,ís,ej/：ли́сий (短語尾)。

その他の全ての格では、母音語尾をもつ(短あるいは長)語尾の前で移動母音は現れない。

女性主格：⟨l,is + ;#j + a⟩ → /l,ís,ja/：ли́сь-я (短語尾)。

男性属格：⟨l,is + ;#j + ovo⟩ → /l,ís,jovo/：ли́сь-его (長語尾)。

完全な曲用：

	語尾：	男性	中性	女性	複数
短形	主格	ли́сий	ли́с-ь-е	ли́с-ь-я	ли́с-ь-и
	対格	↓ ↑	ли́с-ь-е	ли́с-ь-ю	↓ ↑
長形	属格	ли́с-ь-его		ли́с-ь-ей	ли́с-ь-их
	与格	ли́с-ь-ему		ли́с-ь-ей	ли́с-ь-им
	位格	ли́с-ь-ем		ли́с-ь-ей	ли́с-ь-их
	具格	ли́с-ь-им		ли́с-ь-ей	ли́с-ь-ими

注：以下の語尾を混同してはならない：[263]

ли́сий, 属格 ли́с-ь-его (所有形容詞)、

си́н-ий, 属格 си́н-его (規則的曲用、対をもつ軟子音語幹、cf. §311)。

ли́сий において、-ий はゼロ語尾によって後続される接尾辞 ⟨;#j⟩ の形 /ej/ を示している。その /j/ は語幹の一部になっており、他の格でも見つかり、ь と綴られている：ли́с-ь-его.【訳注 19 参照】

си́н-ий においては、-ий は (軟子音の後ろの) 語尾 ⟨oj⟩ を示す。他の格には /j/ はない：си́н-его.

337

3º. **形成**。この接尾辞は、形 ⟨;#j⟩ をもつので、対のある子音の湿音性と、軟口蓋音と /c/ の硬口蓋化を含んでいる。

例：対のある子音：

/b/ ~ /b,/	ры́б-а	《魚》	ры́б-ий
/v/ ~ /v,/	вдов-а́	《寡婦》	вдо́в-ий
/s/ ~ /s,/	пёс	《犬》	пёс-ий
/z/ ~ /z,/	коз-а́	《山羊》	ко́з-ий
/n/ ~ /n,/	бара́н	《雄羊》	бара́н-ий

/l/ ~ /l,/	со́кол	《鷹》	сокол-ий, etc.	

軟口蓋音と /c/：

/k/ ~ /č,/	охо́тник	《猟師》	охо́тнич-ий	
	соба́к-а	《犬》	соба́ч-ий	
/g/ ~ /ž/	Бо́г	《神》	бо́ж-ий	
	севрю́г-а	《チョウザメの一種》	севрю́ж-ий	
/x/ ~ /š/	пасту́х	《牧人》	пасту́ш-ий	
	черепа́х-а	《亀》	черепа́ш-ий	
/c/ ~ /č/	деви́ц-а	《娘》	деви́ч-ий	
	пти́ц-а	《鳥》	пти́ч-ий, etc.	

しかし歯閉鎖音 /t t, d d,/ の後ろでは、その接尾辞は形〈=#j〉を取る。それはこれらの子音の硬口蓋化を引き起こし、/č ž/ になる：

/t/ ~ /č/	телёнок, pl. теля́т-а	《仔牛》	теля́ч-ий [-чья, -чье] (また -ёнок, -ята で終わる名詞から派生した -ячий 語尾のその他多くの形容詞, cf.§244)；	
/d, / ~ /ž/	медве́дь	《熊》	медве́жий	
/d/ ~ /ž/	верблю́д	《駱駝》	верблю́жий, etc.	

子音 /z,/ の場合にも事情は同じであり、/ž/ に硬口蓋化する：кня́зь《侯》、кня́жий (l. c.)。

独自の母音交替 /e/ ~ /a/ が見られる場合がある：ле́бедь《白鳥》、лебя́ж-ий (l. c.)。

338

4°. **アクセント**。これらの例から分かるように、接尾辞〈´;#j〉は前・アクセントである (cf. §168)。

自己・アクセントのある語基：アクセントは語基の上：

охо́тник, охо́тник-а,　　　所有形容詞　охо́тнич-ий, etc.

他の全ての語基タイプ：接尾辞前アクセント：

лис-а́, лис-у́,　　　　　　所有形容詞　ли́с-ий,

ле́бедь, ле́бед-и, лебед-е́й,　　　　　　лебя́ж-ий, etc.

339

5°. **副詞形**。総称の所有形容詞は短形をもっていないにも拘わらず、語尾〈i〉を使って形成され、接頭辞 по-（ハイフンを使って綴られる）を前置させる副詞形をもっている。例：

во́лк《狼》、во́лч-ий《狼の》、по-во́лч-ь-и《狼のように》、стару́шк-а《おばあさん》、стару́шеч-ий《おばあさんの》、по-стару́шеч-ь-и《おばあさんのように》、etc.

B. 個人の所有形容詞（⟨,in⟩ と ⟨ov⟩）

340

この所有形容詞は個人（ほぼもっぱら《人間》だけ）を指し示す実詞から派生され、事物がこの個人に所属することを表す。мáмино плáтье《お母さんのドレス》[264]。

この所有形容詞は 2 つのグループに下位区分される。一つは ⟨,in⟩ で終わる生産的なグループ、他方は ⟨ov⟩ で終わる非生産的なグループ、さらに ⟨n,in⟩ で終わる例外的なタイプも加えることができる[265]。

1°. 接尾辞 ⟨,in⟩ をもつ形容詞、生産的タイプ。この形容詞は、人間を指し示す、第 1 曲用の男性あるいは女性の名詞を基にして形成される。

女性を指し示す人間の名詞全て：

сестр-á《姉妹》　　сéстр-ин；　жен-á《妻》　　жéн-ин；
солдáтк-а《兵士の妻》　солдáтк-ин：солдáткино житьё《兵士の妻の暮らし》、etc.

親族関係の名詞の（男性と女性の）口語的な形全て：

пáп-а《お父さん》　пáп-ин；　мáм-а《お母さん》　мáм-ин；
дя́д-я《叔父》　　дя́д-ин；　тётк-а《叔母》　　тётк-ин；
дéдушк-а《おじいさん》　дéдушк-ин、etc.

名前の（男性あるいは女性の）/a/ で終わる愛称形の全て：

Вáн-я, Вáн-ин; Сáш-а, Сáш-ин; Сóн-я, Сóн-ин; Мáш-а, Мáш-ин;

例外的に、（個人として見なされる）動物の名詞：кóшк-ин дóм《猫の家》。

それ故、これらの形容詞は、家庭内で知られている人間（あるいは親しい動物）を指し示している語の全てを基にして形成される。このタイプは日常生活のことばの中で極めて生産的なものである。

これらの形容詞の曲用は、лúсий タイプの曲用と同様に、主格と対格で短語尾を、その他の斜格で長語尾を含んでいる：

語尾：	男性	中性	女性	複数
短形 主格	мáм-ин	мáм-ин-о	мáм-ин-а	мáм-ин-ы
短形 対格	↓↑	мáм-ин-о	мáм-ин-у	↓↑
長形 属格	мáм-ин-ого		мáм-ин-ой	мáм-ин-ых
長形 与格	мáм-ин-ому		мáм-ин-ой	мáм-ин-ым
長形 位格	мáм-ин-ом		мáм-ин-ой	мáм-ин-ых
長形 具格	мáм-ин-ым		мáм-ин-ой	мáм-ин-ыми

注：19世紀のロシア語では、男性の属格と与格の形は短語尾をもっていた：мáмин-ого, мáмин-ому の代わりに мáмин-а, мáмин-у。[266]

接尾辞 〈,in〉は対のある硬子音の湿音化を引き起こす(мáм-а《お母さん》、мáм-ин《お母さんの》において /m/ ～ /m,/)が、軟口蓋音については如何なる影響ももたない(дéдушк-а《おじいさん》、дéдушк-ин《おじいさんの》における /k/ の保持)。

アクセント。この接尾辞は前・アクセントをもつ：〈´,in〉：

もし語基が自己・アクセントのあるものならば、アクセントは語基の上に保持される：

дéдушк-а, дéдушк-ин；

他の全ての場合には接尾辞前アクセント：

сестр-á, сéстр-ин; жен-á, жéн-ин.

341

2º. **接尾辞〈ov〉をもつ形容詞、非生産的タイプ**。接尾辞〈ov〉(ов, ёв, ев) をもつ形容詞は第2曲用の男性名詞(単数主格でゼロ語尾)に基づき形成される：

Антóн《アントン》、антóнов； дéд《祖父》、дéдов, etc.

このタイプは前者のタイプほど生産的ではない。これは次の2つの場合のみ現代文章語では標準である[267]。

a) 次のような慣用表現において：

антóнов огóнь《壊疽》(文字通りは《アントンの火》)、

адáмово я́блоко《喉仏 pomme d'Adam》(《アダムのリンゴ》から)、

Воробьёвы гóры《雀が丘》、etc.

b) 古代の著名人の名に基づいてつくられた形容詞において：

ови́диевы эле́гии《オウィディウスの哀歌 les élégies d'Ovide》、

дамóклов мéч《ダモクレスの剣》、

késarevo《カエサルのもの》, etc.

これらの他、これらの形容詞は19世紀に日常的に使われていたが、今日において標準文章語では使われなくなっている。

これらの形容詞の**曲用**は、全ての性と数の主格と対格で、また男性と中性の属格と与格で短語尾を、その他では長語尾をもつ。

例：次の表現で用いられる чёртов《悪魔の》:

  чёртов сы́н《このろくでなし、こん畜生》、
  чёртов-а ку́кла《こん畜生》、
  чёртов-о се́мя《ろくでなし》, etc.

語尾：		男性	中性	女性	複数
短形	主格	чёртов	чёртов-о	чёртов-а	чёртов-ы
	対格	↓↑	чёртов-о	чёртов-у	↓↑
	属格	чёртов-а		чёртов-ой	чёртов-ых
	与格	чёртов-у		чёртов-ой	чёртов-ым
長形	位格	чёртов-ом		чёртов-ой	чёртов-ых
	具格	чёртов-ым		чёртов-ой	чёртов-ыми

注：чёртов の曲用は単数男性位格で苗字の曲用(§293)とは異なる(чёртовом しかし Пу́шкине)、また男性の属格と与格で他の所有形容詞の曲用とも異なる：

  чёртов-а, чёртов-у しかし ма́мин-ого, ма́мин-ому; ли́сь-его, ли́сь-ему.[268]

アクセント。この接尾辞は無アクセントである：⟨°ov⟩：

自己・アクセントのある語基：アクセントは語基の上に保持される：

  поме́щик, -а, -и, -ов：поме́щик-ов; Анто́н, -а：анто́нов, etc.

後・アクセントのある語基：アクセントは接尾辞の上にある：

  Пётр, Петра́：петро́в, etc.

無アクセント語基：劣性アクセントである：

  чёрт, чёрт-а, чёрт-и, черт-е́й：чёрт-ов, etc. (⟨°čort + °ov + °ø⟩)。

342

3°. 接尾辞 ⟨n, in⟩ をもつ形容詞：男性名詞に由来するただ2つの形容詞がある：

  бра́т-нин (бра́т《兄弟》から)、му́ж-нин (му́ж《夫》から) (l. c.)。

それらは ма́мин タイプのように曲用するが、чёртов タイプと同じ文体的意味をもつ(今日では標準文章語では使われない)。

IV. 不変化形容詞

343

非常に少数の不変化形容詞が存在する、それらは全て最近の借用語である。それらは修飾される名詞の後ろに置かれる[269]。

a) 色の名前：беж《ベージュ色の》、хаки《カーキ色の》、бордо́《ワインレッドの》、сомо́н《サーモンピンクの》[270] (l. i.)；

b) 様式の名称：баро́кко《バロック様式の》、рококо́《ロココ様式の》、апа́ш《開襟の》(l. i.)；

c) 民族名称：ма́нси《マンシ族の》、ко́ми《コミ族の》、ба́нту《バンツー族の》(l. i.)；
例：пла́тье беж《ベージュのドレス》；язы́к ма́нси《マンシ語》。

この言語はこれらの後置される単純な不変化形容詞を、前置される接尾辞の変化形容詞によって置き換える傾向をもっている：

бе́жевое пла́тье《ベージュのドレス》；манси́йский язы́к《マンシ語》。

それ故、不変化語のカテゴリーの重要性はこれらの形容詞において実詞よりも著しく低く、そのカテゴリーはより不安定である。

V. 比較級

A. 不変化の総合的比較級 (-ee, -е, -ше)

344

ロシア語の形容詞の優等比較級を形成するために最もよく使われる方法（しかしこの手法は全ての形容詞に応用できるものではない）は、形容詞の語幹に比較級の語尾：⟨ejo⟩ (-ee)、より稀に ⟨=e⟩ (-е) あるいは ⟨še⟩ (-ше) を付加することである。そのようにして得られた形は格、性及び数に関して語形変化しない[271]。

345

1°. 語尾 ⟨ejo⟩ (-ee)。この語尾は、語幹が対をもつ硬子音（以下の 2° あるいは 3° で示される例外を除く）あるいは硬いシュー音で終わる形容詞にとって規則的である。それは不変化比較級の唯一の生産的語尾である。

この語尾はアクセント下で [éjə] と、アクセントの外で [ijə] と発音され、全ての /e/ の前で起こるように先行する子音の湿音化を生ずる (cf. §78)。それは -ee と綴られる。

тёпл-ый《暖かい》、比較級 тепл-е́е《より暖かい》、発音 [t,ipl,éjə]；

интере́сн-ый《興味深い》、比較級 интере́сн-ее《より興味深い》、発音 [in,t,ir,és,n,ijə]。

口語あるいは詩において、それは〈ej〉(-ей)と短縮される[272]。

тепл-е́й, интере́сн-ей.

346

2º. 先行する子音の硬口蓋化を伴う**語尾**〈=e〉/e/。この語尾は非生産的である。

a) 軟口蓋音で終わる語幹を有する形容詞において、この語尾は規則的である（3ºで示された例外を除く）。

1. **形容詞の語幹を変化させずに**。軟口蓋音 /k g x/ はそれぞれ /č ž š/ に硬口蓋化される：

/k/ ~ /č/	вя́зк-ий	《粘りのある》	比較級	вя́зч-е
	кре́пк-ий	《堅い、強い》		кре́пч-е
	гро́мк-ий	《(音が)大きい》		гро́мч-е
	мя́гк-ий	《柔らかい》		мя́гч-е
	жа́рк-ий	《熱い、暑い》		жа́рч-е
	ши́бк-ий	《迅速な》		ши́бч-е (l. i.)
	жёстк-ий	《硬い》		жёстч-е ([žóš,š,i]), cf. 91; l. i.
/g/ ~ /ž/	отло́г-ий	《険しくない》		отло́ж-е
	поло́г-ий	《勾配のゆるい》		поло́ж-е
	дорог-о́й	《高価な》		доро́ж-е
	туг-о́й	《ぴんと張った》		ту́ж-е (l. i.)
/x/ ~ /š/	сух-о́й	《乾いた》		су́ш-е
	ти́х-ий	《静かな》		ти́ш-е (l. i.)

注1：以下において /o/ ~ /e/ の交替がある：

лёгк-ий 《軽い》 比較級 ле́гч-е (l. c.)

また正書法の交替がある（рь は p によって替えられるが、両方とも [r,] と発音される）：го́рьк-ий 《苦い》 比較級 го́рч-е (l. c.)

注2：もし語幹の末尾の /l/ が /l/ によって先行されていれば、正書法通りに、この /l/ は /č/ の前で /l,/ になる：

жа́лк-ий 《気の毒な》 比較級 жа́льч-е

ме́лк-ий 《細かい；浅い》 比較級 ме́льч-е (l. i.)

注3：/k/ で終わる語幹をもつ幾つかの形容詞は、2つの比較級が可能である。一つは -ее, 他は -e 語尾の比較級であり、この両方とも /k/ は硬口蓋化され /č/ とな

る：зво́нк-ий《音が響く》、比較級 звонч-е あるいは звонч-е́е; 同様に ло́вк-ий《巧みな》、хо́дк-ий《軽快な》(l. c.)。-ее の形は口語的である。

　2. 形容詞の語幹において接尾辞の削除を伴うもの。接尾辞〈ok〉あるいは〈#k〉を使って作られている非常によく用いられる少数の形容詞において、これらの接尾辞は比較級で保持されない。その語尾〈=e〉は語根に直接付加され、硬口蓋化されるのはこの語根の末尾子音である：

			比較級
接尾辞〈ok〉：	/s/ ~ /š/	вы́с-о́к-ий《高い》	вы́ш-е
	/r/ ~ /r,/	шир-о́к-ий《広い》	ши́р-е (l. c.)
接尾辞〈#k〉：	/d/ ~ /ž/	га́д-к-ий《卑劣な》	га́ж-е
		гла́д-к-ий《平らな》	гла́ж-е
		жи́д-к-ий《水っぽい》	жи́ж-е
		ре́д-к-ий《薄い；珍しい》	ре́ж-е
	/t/ ~ /č,/	коро́т-к-ий《短い》	коро́ч-е
	/z/ ~ /ž/	бли́з-к-ий《近い》	бли́ж-е
		ни́з-к-ий《低い》	ни́ж-е
		у́з-к-ий《狭い》	у́ж-е (l. c.)

例外的な交替をもつもの：

　　　　　　　/d/ ~ /sč/　　сла́д-к-ий《甘い》　　сла́щ-е (l. c.)

b) 語幹がその他の子音【軟口蓋音以外の子音】で終わる形容詞において、この語尾【〈=e〉/e/】は例外的に見いだされる：

			比較級
/t/ ~ /č/	бога́т-ый《豊かな》		бога́ч-е
	крут-о́й《険しい》		кру́ч-е
/st/ ~ /sč/	густ-о́й《濃い》		гу́щ-е
	прост-о́й《単純な》		про́щ-е
	то́лст-ый《太った》		то́лщ-е
	ча́ст-ый《密な；頻繁な》		ча́щ-е
	чи́ст-ый《綺麗な》		чи́щ-е
/d/ ~ /ž/	твёрд-ый《硬い》		твёрж-е
	молод-о́й《若い》		моло́ж-е (l. c.)

追加の交替 /o/ ~ /e/ をもつもの：

/v/ ~ /vl,/　дешёв-ый《安い》　比較級　дешёвл-е (l. c.)

接尾辞〈#n〉の削除を伴うもの：
/d/ ~ /ž/　по́зд-н-о　《遅く》　比較級　по́зж-е（ただ副詞の用法だけ）しかしさらに поздн-е́е (l. c.)。

347

3°. 語幹の様々な変化を伴う**語尾**〈še〉：これは以下の形容詞に見られる：

		比較級
до́лг-ий	《長い》	до́ль-ше
далёк-ий	《遠い》	да́ль-ше
ра́н-о	《早く》	ра́нь-ше（副詞の用法）
ста́р-ый	《老いた；古い》	ста́р-ше《年上の》；стар-е́е《(地位が)上の；より古い》
то́нк-ий	《薄い》	то́нь-ше (l. c.)

例外的な語尾〈že〉：

глуб-о́к-ий《深い》　　　глу́б-же (l. c.)

注 1：до́льше, да́льше, ра́ньше の形とは別に、до́лее, да́лее, ра́нее が存在する（これらは日常的に使われる и так да́лее《等々》などの一部の表現以外では、書物だけで使われる）；до́ле, да́ле（古語）。

注 2：形容詞 хоро́ший, плохо́й, большо́й, ма́ленький の不規則な比較級 лу́чше, ху́же, бо́льше, ме́ньше については、§349 参照。

348

不変化の比較級のアクセント。

1. 語尾〈e!jo〉(-ee) は、女性の短形の語尾 -a と同じく、自己・アクセントをもつ。従って、そのアクセントはこの女性短形のアクセントと同じである。

	短形女性	比較級
прово́рн-ый《機敏な》	прово́рн-а	прово́рн-ее
душе́вн-ый《親密な》	душе́вн-а	душе́вн-ее

しかし

но́в-ый《新しい》	нов-а́	нов-е́е
смешн-о́й《滑稽な》	смешн-а́	смешн-е́е
весёл-ый《愉快な》	весел-а́	весел-е́е, etc.

2. 語尾〈´=e〉と〈´še〉(-e, -ше) は前・アクセントをもつ：アクセントは常に語尾前アクセントである：моло́же, доро́же, коро́че, у́же, ти́ше, да́льше, etc.

接頭辞 по-。不変化の比較級は緩和的意味をもつ接頭辞 по- を前置させることが

できる：бу́дь он помоло́же, он вы́здоровел бы скоре́е《もし彼がもう少し若かったら、もっとはやく治るのだが》。

B. 語尾変化する総合的比較級の残滓

349

よく使われる4つの形容詞は、不変化の -e で終わる短形の比較級と並んで、補充的な総合的比較級を形成する。その語形変化する長形の比較級は形容詞長形の普通の語尾をもっている。すなわち、

хоро́ш-ий《よい》	短形比較級	лу́чш-е	長形比較級	лу́чш-ий, лу́чш-ая лу́чш-ее
плох-о́й《悪い》		ху́ж-е		ху́дш-ий, ху́дш-ая ху́дш-ее
больш-о́й《大きい》		бо́льш-е		бо́льш-ий, бо́льш-ая бо́льш-ее
ма́леньк-ий《小さい》		ме́ньш-е		ме́ньш-ий, ме́ньш-ая ме́ньш-ее. (l. c.)

短形は前に検討した他の不変化比較級と全く同じ用法をもっている（この用法については、§351 参照）。長形はただ付加形容詞として使われる。相対最上級としてのそれらの用法については、§355 参照。

注1：бо́льше, ме́ньше はそれぞれ мно́го《たくさん》、ма́ло《ほんの少し》に対する比較級の役割も果たし、その場合は《より多く》、《より少なく》を表す。

注2：больш-о́й, больш-а́я, больш-о́е《大きい》は、アクセントによってのみ比較級 бо́льш-ий, бо́льш-ая, бо́льш-ее《より大きい》と異なる。

注3：вы́сш-ий《最高の》、ни́зш-ий《最下級の》、ста́рш-ий《年長の》、мла́дш-ий《年下の》らの語はまた語源的には比較級の長形であるが、現代語ではその統語的特徴を失っており、普通の形容詞になっている。

C. 分析的な比較級

350

優等比較級 comparatif de supériorité の別の形成方法は、副詞 бо́лее《より多く》を形容詞に先行させることである：[273]

бо́лее экономи́ческий《より経済的な》[274]、

бо́лее дру́жественный《より友好的な》。

бóлееに付随する形容詞は長形と短形の格、性および数の全てにおいて変化する。

分析的な比較級は、語形変化可能な総合的比較級を形成する4つの形容詞(§349)を除いた、全ての形容詞にとって可能である。

また副詞 мéнееを使って形成される劣等比較級 comparatif d'infériorité もある：мéнее интерéсный《ずっとおもしろくない》。

D. 比較級の幾つかのタイプの用法

351

1°. (形容詞の短形の用法に対応する)**付加形容詞の用法とは別の用法において**：

a) どちらかと言えば短形の形容詞と形態論的にかなり単純な形容詞にとって、不変化比較級は義務的である。

 1. 主語の属辞：

конья́к вкуснéе вóдки《コニャックはウオッカよりうまい》[275]、

онá молóже мýжа《彼女は夫より若い》；

 2. 無人称文の述語：

мне веселéе здéсь, чéм дóма《私は家にいるよりここのほうが楽しい》、

на ю́ге бы́ло ещё теплéе《南部では一段と暖かかった》；

 3. 副詞の用法：

онá одевáется теплéе《彼女はより暖かい服装をしている》。

b) どちらかと言えば長形の形容詞と形態論的に複雑な形容詞にとって、語形変化する比較級(бóлееを使う分析的な比較級)は一般的に好ましい。

э́то ещё бóлее удиви́тельно《これはそれ以上に驚くべきことだ》

я относи́лся к немý бóлее дрýжественно《私は彼により親しみを込めて接した》。

352

2°. **付加形容詞の用法において**：

a) 主語あるいは目的語の付加形容詞にとって、不変化の比較級は可能であるが、しかし現代語では語形変化する比較級(たいていの場合は分析的比較級、比較級をもつ4つの形容詞にとっては総合的比較級)が一般に好まれる：

мне нýжно плáтье посветлéе あるいは бóлее свéтлое плáтье《私は(もう少し)明るいドレスが必要だ》、

дай кóфе покрéпче《もう少し濃いコーヒーをくれ》、

там пьют бóлее вкýсные ви́на《あちらではもっとうまいワインを飲んでいる》。

否定文における属格実詞の付加形容詞についても事情は同じである：

нет ничего лу́чше Не́вского проспе́кта (Го́голь)《ネフスキー通りよりよいものは何もない》、

нельзя́ бы́ло бы приду́мать двух челове́к несхо́днее ме́жду собо́ю (Достое́вский)《それ以上似ていない二人を考えつくことはできなかろう》(あるいはまた次のようにも言える：двух челове́к бо́лее несхо́дных)、

нет сильне́е потре́бности あるいは нет бо́лее си́льной потре́бности《それ以上に強い欲求はない》。

注：これらの用法において、不変化の比較級はふつうそれが修飾する実詞に後置され、接頭辞 по- を前置する。

b) 他の付加形容詞としては、語形変化する比較級（たいていの場合は分析的比較級、比較級をもつ4つの形容詞にとっては総合的比較級）は義務的である：

он был тепе́рь в лу́чшем настрое́нии, чем вчера́《今彼は昨日より良い気分だった》；

он был тепе́рь в бо́лее бо́дром настрое́нии《今彼はより溌剌たる気分だった》；

арестанты нахо́дятся под ещё бо́лее стро́гим надзо́ром《囚人達はさらにいっそう厳しい監視下にある》。

しかしながら不変化の比較級もまた可能である：

Он был свя́зан дру́жбой с де́вушкой ста́рше его́

《彼は自分より年上の娘と友情で結ばれていた》。

VI. 最上級

A. 総合的最上級 (-ейший, -айший)

353

1°. **形態**。形態は形容詞の長形のように数、格、性および亜属によって変化し、またそれと同じ語尾を用いることである。最上級の語幹は形容詞の語幹に接尾辞 ⟨ejš⟩ ~ ⟨=ajš⟩ を付け加えることによって形成される。形 ⟨ejš⟩ (-ейш-) は（完全な音素 /e/ の前でのように、この子音による湿音化を伴って）対をもつ硬子音の後ろに現れる。形 ⟨=ajš⟩ (-айш-) は軟口蓋音の後ろで現れ、この軟口蓋音の硬口蓋化をもたらす。例：

対をもつ硬子音の後ろで：

ве́рн-ый	《誠実な》	最上級	верн-е́йш-ий, -ая, -ее
но́в-ый	《新しい》	最上級	нов-е́йш-ий, -ая, -ее

кру́пн-ый 《大きな》　　　　　最上級　крупн-е́йш-ий, -ая, -ее; etc.

軟口蓋音の後ろで：

/k/ ~ /č/　　сла́дк-ий 《甘い》　　最上級　сладч-а́йш-ий, -ая, -ее

/g/ ~ /ž/　　стро́г-ий 《厳しい》　 最上級　строж-а́йш-ий, -ая, -ее

/x/ ~ /š/　　ти́х-ий 《静かな》　　最上級　тиш-а́йш-ий, -ая, -ее; etc.

例外的な形成。-зкий（/z/ の後ろの接尾辞〈#k〉）で終わる 3 つの形容詞にとって、接尾辞〈#k〉は最上級の形成において保持されない。これらの形容詞のうちの 2 つでは、最上級の接尾辞は〈=ajš〉である（/z/ が硬口蓋化されて /ž/ になる）：

бли́з-к-ий　短形　бли́з-ок 《近い》　　最上級　ближ-а́йш-ий, -ая, -ее

ни́з-к-ий　　　 ни́з-ок 《低い》　　 最上級　ниж-а́йш-ий, -ая, -ее

ме́рз-к-ий　　 ме́рз-ок 《卑しい》　最上級　мерз-е́йш-ий, -ая, -ее

アクセント。接尾辞〈ejš〉~〈=ajš〉は自己・アクセントをもっている。それ故、自己・アクセントある短形の女性の語尾〈a!〉にアクセントがある形容詞は、比較級の接尾辞〈e!jo〉(-ee) にもアクセントが置かれる：

си́льн-ый　　　 《強い》　　сильн-а́, сильн-е́е, сильн-е́йш-ий

прост-о́й　　　　《簡単な》　прост-а́,（про́ще）, прост-е́йш-ий, etc.

しかし

любе́зн-ый　　　《親切な》　любе́зн-а, любе́зн-ее, любе́зн-ейш-ий;

благоро́дн-ый　《高潔な》　благоро́дн-а, благоро́дн-ее, благоро́дн-ейш-ий, etc.

例外：бога́т-ый《豊かな》　бога́т-а, богат-е́йш-ий (l. c.)。

注：実際上、-айший で終わる最上級は全て接尾辞の上にアクセントが置かれる（上記の例）。

354

2°. **用法**。-ейший, -айший で終わる形はどちらかといえば書物言葉に見られる。それらの意味は絶対最上級 superlatif absolu の意味である：[276]

верне́йший друг　　　《非常に誠実な友》

крупне́йший го́род　 《非常に大きい都市》

またそれらは相対最上級 superlatif relatif の意味をもつことができる：

верне́йший из друзе́й 《友人達のなかで最も誠実な》

非常に書物的な文体では、-ейший, -айший で終わる形に接頭辞 наи-（2 音節からなる /naji/）を前置させることができる。その場合その形は相対最上級の意味だけをもつ：

наиверне́йший друг　《最も誠実な友》

書物的文体以外では、最上級は後に検討される分析的方法によって表現される：

са́мый ве́рный, верне́е всего́, о́чень ве́рный.

注：比較級の意味での -ейший, -айший で終わる形の用法は、19 世紀でなお可能であったが、今日では廃れている：

Ребёнок не ве́рит, что́бы у сильне́йших и мудре́йших его́ не́ было сре́дства помо́чь его́ бо́ли (Толсто́й)《その子供は、彼より力強く賢明な人たちに彼の苦痛を治す方法がないなどとは信じられない》。

3°. **副詞形**。総合的最上級は、副詞的意味で使われる語尾 ⟨o⟩ (e) をもつ中性形 (-ейше, -айше で終わる形) の他は、短形をもたない。この形はほとんど慣用表現にしか見られない：

покоре́йше прошу́　《衷心よりお願いします》

строжа́йше запрещено́《厳禁》

355

4°. **最上級として機能する語尾変化する総合的比較級の用法**。4 つの形容詞 хоро́ший, плохо́й, большо́й, ма́ленький にとって、その語尾変化する比較級の形 (§349) は、単独あるいは接頭辞 наи- を前置させて、相対最上級の意味でもまた用いられる。

лу́чший あるいは наилу́чший　《最もよい》

ху́дший あるいは наиху́дший　《最悪の》

бо́льший あるいは наибо́льший　《最大の》

ме́ньший あるいは наиме́ньший　《最小の》(l. c.)

これら接頭辞のない形の中で、唯一 лу́чший だけがよく用いられる：

мо́й лу́чший дру́г《私の最良の友》

他の形は決まり切った用法に限られる：

в ху́дшем слу́чае　《最悪の場合でも》

по ме́ньшей ме́ре　《いずれにせよ》

наи- を接頭辞として付けた形は自由に使われるが、しかし書物的な文体にしか使われない。

B. 分析的最上級

356

分析的最上級の形は最もよく用いられる形である。総合的最上級の形に反して、それは相対最上級と絶対最上級の区別を可能にさせる。

357

1º. 相対最上級。

a) **現代語において**、相対最上級はお互いに補完し合う2つの言い回しによって表現される。

1. 形容詞の**長形**のためには、相対最上級は補助語 са́мый を使い、これを形容詞に前置させ、そして格、性及び数をそれに一致させて作る：

са́мая прия́тная пого́да 《最も気持ちよい天気》、

са́мые просты́е реше́ния 《最も簡単な解決》。

注：хоро́ший《よい》にとって、分析的最上級は са́мый хоро́ший あるいは са́мый лу́чший《最もよい》が可能である。

2. 形容詞の**短形**のためには、その全ての用法(主語の属辞、無人称文の述語と副詞)において、всего́ あるいは всех を伴った不変化の比較級を使う：

прия́тнее всего́ あるいは прия́тнее всех《最も気持ちよい》(lit.《全てのもの・人々より気持ちよい》)、

э́то реше́ние про́ще всего́《この解決は最も簡単だ》、

мне удо́бнее всего́ здесь《私が最も居心地がいいのはここだ》、

гро́мче всех пел Ва́ня《最も大きな声で(誰よりも大きな声で)歌ったのはヴァーニャだ》。

b) **書物言葉において**、相対最上級は不変化な副詞 наибо́лее を使って形成される。それは全ての形容詞に、その全ての用法に亘り適応可能であり、形容詞の前に置かれる：[277]

наибо́лее экономи́ческие реше́ния[278]《最も経済的な解決》、

наибо́лее крити́чески《最も批判的に》。

358

2º. 絶対最上級。その主要な表現方法は副詞 о́чень《非常に》であり、それは全ての形容詞の用法において形容詞に前置され、不変化である：[279]

о́чень прия́тный челове́к《非常に感じのよい人》、

о́чень прия́тно《非常に気持がよい》あるいは《非常に気持ちよく》、

同義の表現がある：

書物のことばでの副詞 весьма́《非常に》：

весьма́ скро́мный челове́к《非常に謙虚な人》、

接頭辞 пре-；副詞の前に置かれる：

прениприя́тное изве́стие (Го́голь)《たいそう不愉快な知らせ》。

7章　数詞

359

数量を指示する語を数詞 (имена́ числи́тельные) と呼ぶ。これらの語は形容詞あるいは実詞でありうる。確かにそれらはほとんど常に、数詞それ自身と数えられる対象を指し示す実詞を包括する、**数詞シンタグマ** syntagme numéral の中に含まれる。このシンタグマの範囲内で数詞は、フランス語の *mille francs*《千フラン》(francs の付加形容詞の mille) のように形容詞、つまり実詞の付加形容詞でありうるし、あるいはフランス語の *un million de francs*《100万フラン》(名詞 million の補語である francs) のように、補語としての別の実詞をもつ実詞でありうる。これら2つの機能の分担はロシア語ではかなり複雑であり、基数詞、集合数詞、順序数詞のカテゴリーそれぞれの内部で検討されなければならない[280]。

I. 基数詞 (коли́чественные числи́тельные)

A. 単純な基数詞のリスト[281]

360

1	оди́н	11	оди́ннадцать	10	де́сять	100	сто́
2	два́	12	двена́дцать	20	два́дцать	200	две́сти
3	три́	13	трина́дцать	30	три́дцать	300	три́ста
4	четы́ре	14	четы́рнадцать	40	со́рок	400	четы́реста
5	пя́ть	15	пятна́дцать	50	пятьдеся́т	500	пятьсо́т
6	ше́сть	16	шестна́дцать	60	шестьдеся́т	600	шестьсо́т
7	се́мь	17	семна́дцать	70	се́мьдесят	700	семьсо́т
8	во́семь	18	восемна́дцать	80	во́семьдесят	800	восемьсо́т
9	де́вять	19	девятна́дцать	90	девяно́сто	900	девятьсо́т
10	де́сять	20	два́дцать	100	сто́	1000	ты́сяча

100万: миллио́н
10億: миллиа́рд[282]

注：一続きの数字を言うときには、《1》に対して оди́н とは言わずに、ра́з を

使う：ра́з, два́, три́《1、2、3》。

単純基数詞はまた以下を含む。

a) 次の語：

пол- 　　《半分》(後接語：後続する実詞とともに 1 語として綴られる、例：
　　　　　полчаса́ 　《半時間》)

полтора́ 　《1.5》

полтора́ста《150》(より普通には сто́ пятьдеся́т と言う)

о́ба 　　　《両方》

b) 数字でない数詞：

мно́го 　《多くの》　　　　не́сколько《若干の》

ма́ло 　《少しの》　　　　ско́лько 　《いくつの》

немно́го《わずかの》　　　сто́лько 　《同じくらいの》(l. c.)

нема́ло 《かなり多くの》

　これらの単純基数詞の総体は、統語的意味によって区別される幾つかのグループに分類される。次のものがある：

形容詞的な基数詞、

混合的な基数詞(あるときは形容詞、あるときは実詞)、

実詞的な基数詞。

　最後に複合的な基数詞があるが、それは別に検討しよう。

B. 形容詞的な基数詞
(1 から 4 まで)

361

1º. 定義と実数。形容詞的な基数詞は、(フランス語の数詞のように)それらが結合する名詞の付加形容詞の役割を統語的に果たしている数詞である。それら全ての用法において、数詞の形(格、数、性、亜属)は数詞シンタグマの統語的特徴によって決まる。

　形容詞的な基数詞は：

　　1 から 4 までの整数：оди́н, два́, три́, четы́ре.

　　語 пол-《1/2》、полтора́《1.5》、о́ба《両方、2 つ》。

362

2º. 曲用。

　a) оди́н《1》はまた《ただ 1 人の人(ただ 1 つのもの)》の意味をもつ代名詞の役

目を果たす。それは代名詞的な曲用に属する（§388 参照）。それは例外的な移動母音 /ˌi/ をもつ語幹〈od#n〉を基に構築されている。数詞として、それは単数でのみ使われるが、しかし代名詞としてそれはまた《1つだけ》あるいは《1つ》を指し示す複数 одни́ を所有している。

	男性	中性	女性	複数
主格	оди́н	одн-о́	одн-а́	одн-и́
対格	↓↑	одн-о́	одн-у́	↓↑
属格	одн-ого́		одн-о́й	одн-и́х
与格	одн-ому́		одн-о́й	одн-и́м
位格	одн-о́м		одн-о́й	одн-и́х
具格	одн-и́м		одн-о́й	одн-и́ми

b) 他の形容詞的な基数詞は独自の曲用をもつ。

	два́《2》		о́ба《両》[283]	
	男性・中性	女性	男性・中性	女性
主格	дв-а́	дв-е́	о́б-а	о́б-е
対格	↓↑	↓↑	↓↑	↓↑
属格	дв-у́х		об-о́их	об-е́их
与格	дв-у́м		об-о́им	об-е́им
位格	дв-у́х		об-о́их	об-е́их
具格	дв-умя́		об-о́ими	об-е́ими

	три́《3》	четы́ре《4》
主格	тр-и́	четы́р-е
対格	↓↑	↓↑
属格	тр-ёх	четыр-ёх
与格	тр-ём	четыр-ём
位格	тр-ёх	четыр-ёх
具格	тр-емя́	четырь-мя́

	пол-《1/2》	полторá《1.5》[284]	
		男性・中性	女性
主格	пол-	полторá	полторы́
対格	↓↑	↓↑	↓↑
属格・与格	полу́-	полу́тора	полу́тора
位格・具格	полу́-	полу́тора	полу́тора

363

3°. 統語論。形容詞的数詞とそれを伴う実詞によってつくられる数詞シンタグマにおいて、数詞は実詞に従属し、格、数、性および亜属において実詞に一致する[285]。

364

a) **単数の形容詞的数詞** оди́н《1》にとって、数詞シンタグマを構成する全ての語はこの規則に基づいて期待される形をもつ：

	《1つの空のコップ》	《1つの白い壁》
主格	оди́н пусто́й стака́н	однá бéлая стенá
対格	↑	однý бéлую стéну
属格	одного́ пусто́го стака́на	одно́й бéлой стены́
与格	одному́ пусто́му стака́ну	одно́й бéлой стенé

etc.

365

b) **複数の形容詞的数詞** двá《2》、три́《3》、четы́ре《4》、óба《両》、полторá《1.5》にとって、ただ数詞そのものだけがこの規則に基づいて期待される形をもつ。実詞（場合によってはそれに付随する他の全ての付加形容詞）は、もしそれらが主格でないならば、この【規則に基づいて期待される】形だけをもつ。

	《2つの空のコップ》	《4つの白い壁》
属格	двýх пусты́х стака́нов	четырёх бéлых стéн
与格	двýм пусты́м стака́нам	четырём бéлым стенáм

しかしもしそのシンタグマが主格（あるいは主格と同じ無生の対格）であれば、このシンタグマを構成する数詞以外の語は独自の形をとり、それは複数主格の通常の形とは異なっている。

1. 実詞（実詞的曲用の実詞）は単数属格形をとる：[286]

двá стака́на 《2つのコップ》　　четы́ре стены́ 《4つの壁》。

2. 数詞と実詞の間に置かれる形容詞は、もしそれらが男性あるいは中性ならば複数属格の形をとる。もしそれらが女性ならば複数主格あるいは複数属格の形をとる[287]。

два́ пусты́х стака́на 《2 つの空のコップ》、

три́ молоды́х студе́нта 《3 人の若い学生》、

четы́ре бе́лые стены́ あるいは четы́ре бе́лых сте́ны 《4 つの白い壁》、

две́ молоды́е де́вушки あるいは две́ молоды́х де́вушки 《2 人の若い娘》。

形容詞的な曲用をもつ実詞についても事情は同じである。

три́ часовы́х 《3 人の歩哨》[288]、

две́ столо́вые あるいは две́ столо́вых 《2 つの食堂》。

3. 数詞の前に置かれる形容詞は複数主格の形、あるいは複数属格の形をとる。

це́лые два́ часа́ あるいは це́лых два́ часа́ 《まる 2 時間》。

注 1：複数における一般的規則に従って、対格は有生にとっては属格と同じであり、無生にとっては主格と同じである[289]：

　　　　《3 人の若い学生》　　　　《2 つの空のコップ》

主格　три́ молоды́х студе́нта　　два́ пусты́х стака́на

対格　　　　↓　　　　　　　　　　↑

属格　трёх молоды́х студе́нтов　двух пусты́х стака́нов

注 2：幾つかの男性の実詞にとって、主格の複数の形容詞的数詞の後ろに見られる単数属格の形は、単数属格の普通の形とはアクセントが異なる。три́ часа́《3 時、3 時間》、普通の単数属格：ча́са。同じことは、ша́г《一歩》、ря́д《列》、сле́д《足跡》、ша́р《球》(l. c.) の語にも当てはまる。

366

c) 数詞 пол- 《半》(これと付随する実詞とともに 1 語として発音され綴られる：полчаса́《半時間》、полведра́《半ヴェドロー (バケツ半分)》、полстоле́тия《半世紀》。しかし、л あるいは母音の前ではハイフンを付ける：пол-ли́тра《半リットル》、пол-апельси́на《オレンジ半分》) は、単数の形容詞的数詞 оди́н と複数の形容詞的数詞 два́, три́. etc. の間の中間的な統語法をもっている。

1. два́ の場合と同様に、пол- を伴う実詞の主格 (と主格と同じ無生の対格) は単数属格の形をとる：

主格　полчаса́　　　(два́ часа́ のように)

対格　полчаса́　　　(два́ часа́ のように)。

2. оди́н の場合と同様に、その他の格でこの実詞は単数である：

属格　получáса[290]　（одногó чáса のように）
与格　получáсу　　（одномý чáсу のように）
位格　получáсе　　（однóм чáсе のように）
具格　получáсом　 （одни́м чáсом のように）

　注1：付加形容詞（数詞 пол- の前に常に置かれる）は、表現 полчасá《半時間》や полдня́《半日》の前で複数主格あるいは複数属格になる：

це́лые полчасá あるいは це́лых полчасá《まる半時間》。

同じ種類の別のシンタグマの前では、それは単数になる：

сле́дующее полстоле́тия《次の半世紀》、

あるいは ли́шний пол-ли́тра《余分の半リットル》。

　注2：もし пол- が有生名詞を伴えば (пол-лóшади《半馬 la moitié d'un cheval》) あるいは概算の意味をもつならば (полми́ра《世界の半分》、полжи́зни《半生》)、その全体は不変化の複合実詞を形成する。

　注3：上記の получасá のように変化するシンタグマ полдня́, полнóчи《半日、夜の半分》と、合成実詞 пóлдень, пóлночь《正午、真夜中》とを混同してはならない。後者は要素 пол- を変えたり変えなかったりして、普通に曲用する。変える場合にあっても、その斜格形はアクセントによって полдня́, полнóчи の形とは違っている（シンタグマにおいては день の上にアクセント、合成語においては пол の上にアクセント）：

	《半日》	《正午》
主格・対格	полдня́	пóлдень
属格	полудня́	пóлдня あるいは полу́дня
与格	полудню́	пóлдню あるいは полу́дню, etc.

C. 混合的な基数詞
（5 から 1000 まで）

367

1º. 定義と実数。混合的な基数詞はあるときは無生亜属の実詞のように（主格と対格で）、またあるときは形容詞のように（その他の格で）振る舞う。

　それらは次のものを包括する：

　　5 から 1000 までの単純数詞；

　　数字でない数詞：мнóго, скóлько, etc.

368
2°. 曲用。

a) **5 から 30 までの単純数詞**は第 3 曲用の実詞のように曲用する：

	5	8	13	20
主格・対格	пя́ть	во́семь	трина́дцать	два́дцать
属格・与格・位格	пят-и́	восьм-и́	трина́дцат-и	двадцат-и́
具格	пят-ью́[291]	восем-ью (восьм-ью)	трина́дцат-ью	двадцат-ью́

アクセント。1. 11 から 19 までの数詞 (要素 -надцать を含むもの) は自己・アクセント語幹をもつ：アクセントは語幹のそれぞれの音節の上に固定している。上の трина́дцать を参照。

2. このグループの他の数詞は無アクセント語幹をもつ。アクセントは移動アクセントである。主格と対格の無アクセント語尾〈ø〉の前での語幹冒頭のアクセント、他の格の強語尾〈i〉と〈ju〉の上の語尾アクセント。два́дцать 参照[292]。

369

b) **50 から 80 までの単純数詞**はお互いに乗じられた 2 つの要素によって形成される。5 から 8 までの 10 の位の数と де́сять《10》の語 (この数詞の末尾子音は、この形の主格・対格で /t/ に硬口蓋化される)。これら 2 つの要素は第 3 曲用の実詞のように別々に曲用し、同じ格に置かれる：

	50	70	80
主格・対格	пятьдеся́т	се́мьдесят	во́семьдесят
属格・与格・位格	пяти́десяти	семи́десяти	восьми́десяти
具格	пятью́десятью[293]	семью́десятью	восемью́десятью (восьмью́десятью)

(同様に шестьдеся́т《60》)。

アクセントは 2 つの主格・対格 пятьдеся́т, шестьдеся́т を除いて、最初の要素の上にある。

370

c) **数詞 40、90、100** は 2 つの格形しかもっていない：

	40	90	100
主格・対格	со́рок	девяно́сто	сто́
属格・与格・位格・具格	сорока́	девяно́ста	ста́

371

 d) **200 から 900 までの単純数詞**は、お互いに乗じられた 2 つの要素によって形成される。2 から 9 までの 100 の位の数と -сто《100》の語。この 2 つの要素は、あたかも数詞（100 の位の数）と -o で終わる第 2 曲用の中性の実詞によって合成されたシンタグマのように曲用する。数詞シンタグマの通常の規則に従って、

  три́-ста　　《300》　　cf. три́ окна́　　《3 つの窓》、

  шесть-со́т　《600》　　cf. шесть о́кон　《6 つの窓》。

主格・対格 две́сти《200》だけは不規則な要素 -сти（昔の双数）を含む[294]。それ故、この曲用は以下の通り：

	200	300	400	500
主格	две́-сти	три́-ста	четы́ре-ста	пять-со́т[295]
対格	две́-сти	три́-ста	четы́ре-ста	пять-со́т
属格	двух-со́т	трёх-со́т	четырёх-со́т	пяти-со́т
与格	двум-ста́м	трём-ста́м	четырём-ста́м	пяти-ста́м
位格	двух-ста́х	трёх-ста́х	четырёх-ста́х	пяти-ста́х
具格	двумя-ста́ми	тремя-ста́ми[296]	четырьмя-ста́ми	пятью-ста́ми

шестьсо́т, семьсо́т, восемьсо́т, девятьсо́т は пятьсо́т のように曲用する[297]。アクセントは、主格・対格形 две́сти, три́ста, четы́реста を除いて、第 2 番目の項の上に常にある。

 注：これらの合成語における要素 -сто の曲用（第 2 曲用の実詞）は、上述の数詞 сто́《100》の曲用と同じではないことに注意せよ。

372

 e) 数詞 1000 は次のように変化する：

主格	ты́сяч-а	与格	ты́сяч-е
対格	ты́сяч-у	位格	ты́сяч-е
属格	ты́сяч-и	具格	ты́сяч-ью.

 注 1：この語は普通、第 2 番目の母音を省略して発音される。[¹tiš,š,ə]（cf. §110）。

 注 2：この数詞の曲用は具格において実詞 ты́сяча《多数；千人隊》の曲用と異なる。後者は第 1 曲用に従う：具格 ты́сячей[298]。

373

 f) **数字でない数詞**。これは主格・対格で単数中性の実詞の語尾〈o〉をもち、（もしそれがあれば）他の格で形容詞の複数の語尾——それらの統語的役割に一致する

語尾(cf. §374)——をもつ語(数字ではなくて、量を指し示す)である。

  1. **それらの内の 5 つは完全な曲用をもつ**：

не́сколько《いくつかの》、 мно́го 《多くの》、

ско́лько 《いくつの》、 немно́го《少し》(l. c.)。

сто́лько 《それだけの》、

それらは以下のモデルに従って曲用する：

主格	не́скольк-о	与格	не́скольк-им
対格	не́скольк-о	位格	не́скольк-их
属格	не́скольк-их	具格	не́скольк-ими.

  注 1：мно́го, немно́го とは別に、形容詞 мно́гий《多くの》、немно́гий《わずかな》がある（規則的な形容詞曲用）。それらの複数の斜格は мно́го, немно́го の曲用形と同じである。

  注 2：これら同じ数詞はまた、配分の意味をもつ前置詞 по の後ろでのみ使われる〈u〉で終わる与格形ももっている：по не́скольку часо́в[299]《数時間ずつ》[300]。

  2. **他の 2 つは主格・対格でのみ使われる**：[301]

ма́ло《少ない》、 нема́ло《かなり多く》(l. c.)。

374

3º. 統語論。

  a) もし数詞シンタグマが主格あるいは対格(有生と無生の区別なく)であれば、混合的な基数詞は実詞である。それはシンタグマの機能によって要求される格（主格あるいは対格）になる。付け加わっている実詞はその補語であり、複数属格に置かれる。

  b) もし数詞シンタグマがその他の格であれば、混合的な基数詞は形容詞、つまり付け加わっている実詞の付加形容詞である。この実詞はシンタグマの機能によって要求される格になり、数詞はそれに一致する。場合によってはこの実詞に付随する形容詞はそれに一致する[302]。例：

	《12 人の強盗》	《新しい 300 ルーブル》
主格	двена́дцать разбо́йников	три́ста но́вых рубле́й
対格	двена́дцать разбо́йников	три́ста но́вых рубле́й
属格	двена́дцати разбо́йников	трёхсот но́вых рубле́й
与格	двена́дцати разбо́йникам	трёмста́м но́вым рубля́м
位格	двена́дцати разбо́йниках	трёхста́х но́вых рубля́х
具格	двена́дцатью разбо́йниками	тремяста́ми но́выми рубля́ми

	《1000 km.》[303]	《多くの心配事》
主格	ты́сяча киломе́тров	мно́го забо́т
対格	ты́сячу киломе́тров	мно́го забо́т
属格	ты́сячи киломе́тров	мно́гих забо́т
与格	ты́сяче киломе́трам	мно́гим забо́там
位格	ты́сяче киломе́трах	мно́гих забо́тах
具格	ты́сячью киломе́трами	мно́гими забо́тами.

注1：有生の対格の扱いにおける形容詞的な数詞と混合的な数詞のあいだの違いに注意すべきである：

я уби́л двух за́йцев《私は2匹の野ウサギを殺した》(за́йцев は有生対格である。двух は形容詞で、за́йцев に一致している)；

я уби́л пять за́йцев《私は5匹の野ウサギを殺した》(пять は無生の実詞であり、対格である。за́йцев はその補語であり、複数属格である)。

注2：数字でない数詞はまた、もしその補語が数えられないものであれば、単数属格の補語をもつことができる：мно́го го́ря《多くの悲しみ》。しかしこの種のシンタグマは主格と対格でしか使われない。

D. 実詞的な基数詞
(2000 以上)

375

実詞的な基数詞は：

a) 数詞シンタグマの実詞が ты́сяча《1,000》(第1曲用の女性)という語によって示される、千の倍数：две ты́сячи《2,000》、пятьсо́т ты́сяч《500,000》；

b) 語 миллио́н《100万》、миллиа́рд《10億》とそれらの倍数：два миллио́на《200万》、де́сять миллиа́рдов《100億》、etc.(第2曲用の男性)。

これらの数詞は、常にそれが含まれる数詞シンタグマの主要項であり、シンタグマの機能によって要求される格に置かれる。それらを伴う実詞はそれらの補語であり、複数属格に置かれる：

	《2,000 ルーブル》	《100万ルーブル》
主格	две ты́сячи рубле́й	миллио́н рубле́й
対格	две ты́сячи рубле́й	миллио́н рубле́й
属格	двух ты́сяч рубле́й	миллио́на рубле́й
与格	двум ты́сячам рубле́й	миллио́ну рубле́й, etc.

注：混合的な数詞 тысяча と実詞的な数詞（千の倍数での）тысяча を混同してはいけない。例えば、与格：тысяче рублям、しかし двум тысячам рублей.

E. 複合基数詞

376

複合的な数字はフランス語と同様に、追加される要素を順次小さな位にして表現される：тысяча девятьсот семьдесят семь《1977》。

複合数詞 numéral complexe の全ての項は語形変化する。実詞の形は複合数の最後の項によって決められる：год состоит из трёхсот шестидесяти пяти дней《1 年は365 日である》（属格）;

тысяча и одна ночь《千夜一夜》（одна に従って単数）;

ему сорок два года《彼は 42 歳だ》（два に従って単数属格）;

он заплатил тридцать две копейки《彼は 32 カペイカ払った》（同上）。

亜属の観点からすると、最後の項は、もし必要があればそれに先行するものと一致する：[304]

он убил двадцать два зайца《彼は 22 匹の野ウサギを殺した》（двадцать の後ろで無生対格の два。два に従って単数属格の зайца。比較せよ。он убил двадцать зайцев, он убил двух зайцев）。

注：非常に長い数字では、最後の項だけを変化させる傾向が話し言葉にはある[305]：с пятьюстами восьмьюдесятью пятью рублями よりはむしろ с пятьсот восемьдесят пятью рублями《585 ルーブルもって》。

II. 集合数詞[306]

377

1°. 定義と実数。下記に定義されるであろう場合に働く基数詞の独自の変種を集合数詞（числительные собирательные）と呼ぶ[307]。

集合数詞は次のものである：

2	двое	5	пятеро	8	восьмеро
3	трое	6	шестеро	9	девятеро
4	четверо	7	семеро	10	десятеро.

378

2°. 曲用。

主格	двóе	чéтверо
対格	↓↑	↓↑
属格	двойх	четверых
与格	двойм	четверым
位格	двойх	четверых
具格	двойми	четверыми.

трóе は двóе のように語形変化し、その他全ての集合数詞は чéтверо のように変化する（アクセントの移動を含めて）。

379

3°. 統語論[308]。集合数詞は混合的な基数詞（有生の対格を除いて）のように振る舞う。数のシンタグマが主格あるいは無生の対格であるとき、集合数詞は実詞である（それでその【数詞に続く】実詞は複数属格である）。もしシンタグマが有生の対格あるいは斜格であるならば、集合数詞は形容詞であり、その実詞と一致する。下の集合数詞 двóе をもつ数詞シンタグマと混合的な基数詞 пять をもつ数詞シンタグマの曲用を比較せよ：

	《2人の少年》	《5人の少年》
主格	двóе мáльчиков	пять мáльчиков
対格	двойх мáльчиков	пять мáльчиков
属格	двойх мáльчиков	пятй мáльчиков
与格	двойм мáльчикам	пятй мáльчикам
位格	двойх мáльчиках	пятй мáльчиках
具格	двойми мáльчиками	пятью мáльчиками

無生の名詞とでは：

対格 двóе сýток 《2昼夜》、пять дней 《5日》。

集合数詞は基数詞と同じ意味をもち、以下の場合にそれらの代わりとして用いられる。

a) **pluralia tantum** とともに：[309]

двóе сýток 《2昼夜》、трóе саней 《橇3台》、пятеро нóжниц 《鋏5丁》。

これらの場合、基数詞 двé, трй, четы́ре の使用は、存在しない単数属格を使うことを強制することになろう。それ故、集合数詞は、主格と無生対格での数2、3、4にとっては強制なのである。それは他の場合には任意である。

b) 数が人々に結びつき、如何なる実詞も伴わないとき：

  нас бы́ло трóе 《我々は3人だった》、

у всéх троúх однá мы́сль《3人皆同じ考えだ》。
　ここでも集合数詞の使用は、少なくとも数2と3にとっては強制である。
　c) 数がグループをつくる男性の生物、あるいは子供、あるいは動物のこどもを指し示す実詞によって伴われるとき。ここでは集合数詞は語 дéти を用いるとき強制である：

　　онá родилá двоúх детéй《彼女は2人の子供を産んだ》、
　　у нúх пя́теро детéй《彼らには5人の子供がいる》。
他の語を用いるときは集合数詞は任意である：
　　в цéхе трóе рабóчих（あるいは трú рабóчих）《仕事場には3人の労働者がいる》；
　　óн обратúлся к троúм товáрищам（あるいは к трём товáрищам）《彼は3人の仲間に話しかけた》；
　　трóе козля́т（あるいは трú козлёнка）《3匹の子ヤギ》。

III. 順序数詞

380
　順序数詞は形容詞であり、基数詞から派生される。それは順番を指し示す。以下がリストである：[310]

1º	пéрвый	11º	одúннадцатый	10º	деся́тый
2º	вторóй	12º	двенáдцатый	20º	двадцáтый
3º	трéтий	13º	тринáдцатый	30º	тридцáтый
4º	четвёртый	14º	четы́рнадцатый	40º	сороковóй
5º	пя́тый	15º	пятнáдцатый	50º	пятидеся́тый
6º	шестóй	16º	шестнáдцатый	60º	шестидеся́тый
7º	седьмóй	17º	семнáдцатый	70º	семидеся́тый
8º	восьмóй	18º	восемнáдцатый	80º	восьмидеся́тый
9º	девя́тый	19º	девятнáдцатый	90º	девянóстый
10º	деся́тый	20º	двадцáтый	100º	сóтый
100º	сóтый		1000º	ты́сячный		
200º	двухсóтый		2000º	двухты́сячный		
300º	трёхсóтый		3000º	трёхты́сячный		
400º	четырёхсóтый		4000º	четырёхты́сячный		
500º	пятисóтый		5000º	пятиты́сячный		

600°	шестисо́тый	6000°	шеститы́сячный
700°	семисо́тый	7000°	семиты́сячный
800°	восьмисо́тый	8000°	восьмиты́сячный
900°	девятисо́тый	9000°	девятиты́сячный, etc.

100万番目の：миллио́нный[311]

10億番目の：миллиа́рдный

順序数詞は、тре́тий《3番目の》を除いて全て長形の形容詞のように語尾変化する。тре́тий（語幹〈tr,et,#j〉）は ли́сий タイプ（§336）の所有形容詞のように変化する：[312]

	男性	中性	女性	複数
主格	тре́тий	тре́ть-е	тре́ть-я	тре́ть-и
属格	тре́ть-его		тре́ть-ей	тре́ть-их, etc.

IV. 数詞の他のタイプ[313]

381

1°. 数字の名詞。これは数字を指し示したり、あるいは対応する数をもつ対象のグループを指し示す実詞である：тро́йка《数字の3、(5点満点のうちの) 3点》あるいは《3人組、トロイカ》。

1 едини́ца	4 четвёрка	7 семёрка	10 деся́тка[314]
2 дво́йка	5 пятёрка	8 восьмёрка	
3 тро́йка	6 шестёрка	9 девя́тка	

382

2°. 数詞の時の副詞 les adverbes temporels numéraux。時を表す語尾〈ždi〉（1から4まで）と〈ju〉（5から10までの数のために）を使って、時間の副詞を作ることができる：

одна́жды	《1回》	ше́стью	《6回》
два́жды	《2回》	се́мью	《7回》
три́жды	《3回》	во́семью	《8回》
четы́режды	《4回》	де́вятью	《9回》
пя́тью	《5回》	де́сятью	《10回》

これらの形は文書的なものである。これらは主として乗法の形成に用いられる：

три́жды два́ ше́сть《3 かける 2 は 6》。

　それらは日常語では páз《回、度》の語によって置き換えられる：páз《1 回》、два́ рáза《2 回》、пя́ть páз《5 回》。одна́жды は文章語では《かつて》の意味でも使われる。

　　注：-ью で終わる形は、そのアクセントによって対応する基数詞の具格と異なっている：десятью́《10》(具格)、де́сятью《10 回》。

8章　代名詞

I. 総論

383

1°. 定義。代名詞（местоимéния）は、その意味が言語外的な現実への指示ではなく、発話の状況への指示によって明らかにされる語である。例：

  я   《私》(＝話す人)、

  твóй   《あなたの(もの)》(＝話す相手の所有する(もの))、

  инóй   《別の》(＝まだ話したことがないということ)。

384

2°. 統語的性質。代名詞は実詞あるいは形容詞であり、実詞あるいは形容詞の全ての機能を果たすことができる。

 a) 実詞の機能：

 主語：

 я говорю́《私は話している》

 ктó говори́т?《誰が話しているか？》

 брáт говори́т《兄弟が話している》ように；

 目的語：

 óн меня́ уви́дел《彼は私を見た》

 когó он уви́дел?《彼は誰を見たか？》

 óн уви́дел брáта《彼は兄弟を見た》のように；

 状況補語：

 óн говори́т со мнóй《彼は私と話す》

 óн говори́т с брáтом《彼は兄弟と話す》のように；

 кудá óн поéхал?《彼はどこへ出かけたか？》

 óн поéхал в Москву́《彼はモスクワへ出かけた》のように。

 b) 形容詞の機能：

 付加形容詞：

tót бéрег《あの岸》

лéвый бéрег《左岸》のように；

мóй сы́н《私の息子》

Волóдин сы́н《ヴォロージャの息子》のように；

属辞：

óн недáвно стáл таки́м《彼は最近そのようになった》

óн недáвно стáл угрю́мым《彼は最近陰気になった》のように；

副詞の機能：

óн тáк испугáлся《彼はとても驚いた》

óн си́льно испугáлся《彼はひどく驚いた》のように；

無人称文の述語：

каковó бы́ло емý выступáть?《彼の発言はどうだったか？》

емý бы́ло нелóвко выступáть《彼は発言するのが決まり悪かった》のように。

しかしながらある代名詞はこれらの機能のどちらかに占有される。次のものがある。

a) **形容詞であることが不可能な実詞的な代名詞**：これは人称代名詞と疑問代名詞 ктo?《だれ？》、что?《何？》及びそれらの合成語である。

b) **形容詞的な代名詞**、それは単純な代名詞も（тóт《その》、指示代名詞）、твóй《あなたの》(ты́《あなた》からの派生)のような実詞的な代名詞から派生したもの、あるいは какóй?《どのような》、ктó? から派生した疑問代名詞などがある。形容詞的な代名詞の大部分は（普通の形容詞のように）実詞であることが可能である。例：

tót человéк стои́т, á э́тот спи́т《あの人は立っているが、この人は眠っている》（тóт は形容詞【的代名詞】であるが、э́тот は実詞として用いられる）、

моё дéло кóнчилось, á твоё начинáется《私の仕事は終わったが、お前のは始まっている》（моё は形容詞【的代名詞】、твоё は実詞として用いられる）。

フランス語では形容詞と実詞は異なる形をもっている（*cet/celui-ci, mon/le mien*）、それに対してロシア語ではその形は同じである。

385

3º. **代名詞の文法カテゴリー。**

a) **不変の文法カテゴリー**。ある代名詞（**人称代名詞 pronoms personnels**、ли́чные местоимéния と呼ばれるもの）において、それらに固有であり、また同じ人称代名詞の形全てに共通である、文法カテゴリー（不変のカテゴリー）を見つけることができる。しかもこれらのカテゴリーは、派生された形容詞的代名詞（所有代名詞

pronoms possessifs, притяжа́тельные местоиме́ния）よりも実詞的な人称代名詞（厳密な意味での人称代名詞）においてかなりよく見受けられる。これは以下である。

1. **反射性 La réflexivité**。代名詞の先行詞 antécédent がその節の主語と同じときは、再帰人称代名詞 pronoms personnels réfléchis（実詞 себя́, 形容詞 свой）が用いられる。代名詞の先行詞と文の主語が異なるときは、非再帰人称代名詞（上のもの以外全て、人称で可変）が用いられる[315]。例：

再帰：[316]

óн рабо́тает для себя́《彼は自分（自分自身）のために働いている》、

я рабо́таю для себя́《私は自分のために働いている》、

óн конча́ет свою́ рабо́ту《彼は自分の仕事を終える（終えているところだ）》、

я конча́ю свою́ рабо́ту《私は自分の仕事を終える（終えているところだ）》；

非再帰：

óн рабо́тает для него́《彼は彼のために働いている》（別の人のために）、

ты́ рабо́таешь для меня́《君は私のために働いている》、

óн конча́ет его́ рабо́ту《彼は彼の仕事を終える（終えているところだ）》（別の人の仕事）、

ты́ конча́ешь мою́ рабо́ту《君は私の仕事を終える（終えているところだ）》。

注意すべきは、ロシア語の再帰代名詞は全ての人称にとって区別なく用いられるのに対して、フランス語ではそれが存在する場合にそれは3人称で保持されるということである。fr. *je me protège*《私は自分の身を守る》、*il se protège*《彼は自分の身を守る》（ロシア語 я защища́ю себя́, он защища́ет себя́）。

主格では反射性の対立は中和される。というのは実詞の人称代名詞をもつ場合、主格の代名詞の先行詞はつねに主語であるから、また形容詞的な人称代名詞（所有代名詞）をもつ場合、それは決して主語ではないからである。それ故、再帰代名詞は主格をもっていない（形容詞として、主格形 свой, своя́, своё, свои́ は存在するが、しかしそれらはただ性質形容詞の意味でのみ使われるのであり（cf. §398）、決して代名詞の意味ではない）。

2. **人称**　このカテゴリーは非再帰の全ての人称代名詞に適用される。次のものが区分できる。

α）発話行為の参加者を指し示すための、1人称（話し手）と2人称（話し相手）の代名詞。これらの代名詞はまた数の対立を知っており、不変的カテゴリーとして機能する。それ故、各々の代名詞はそれらに固有な数をもっている。代名詞の4つの系列があり、それらはそれぞれ実詞（人称代名詞）と形容詞（所有代名詞）を包括して

いる。単数と複数の1人称、単数と複数の2人称である。

　β) 他の物や人の全てを指し示すための、数と性において変化する、3人称の実詞的な代名詞。形容詞的な代名詞はない。

386

　b) **変化できる文法カテゴリー**。変化できる文法カテゴリーは、代名詞の全てのタイプにおいて存在できるが、人称代名詞だけは存在し得ない。この文法カテゴリーは形容詞の変化可能なカテゴリーと同じである。数、性、亜属、格である。

　1. **形容詞的代名詞の全てにおいて**(人称代名詞、指示代名詞、疑問代名詞、不定代名詞、関係代名詞)、これら4つのカテゴリーは存在し、他の形容詞におけるように機能する。すなわち、実詞との数、格、性および亜属による一致である。例：

　　э́тот до́м, э́та ле́стница, э́то окно́, э́ти дома́

　　《この家、この階段、この窓、これらの家々》、

　　属格：э́того до́ма, э́той ле́стницы, э́того окна́, э́тих домо́в.

これらの形容詞が実詞であるとき、その性はそこでは実詞的な普通の形容詞と同じ意味をもつ：

　　э́тот《この人》(この男)、

　　э́та《この人》(この女)、

　　э́то《これ》(このもの)。

　注：形容詞的な人称代名詞(所有代名詞)において、数のカテゴリーは二度働く。一度は不変的なカテゴリーとして(所有者の数)、もう一度は変化するカテゴリーとして(所有される対象の数)：

　　на́ш до́м《我々の家》(不変的な複数：幾人かの人々の家、可変的な単数：たった一件の家しかない)。

　2. **実詞的な代名詞において**、4つのカテゴリーは以下の役割をする。

　α) **格のカテゴリー**は例外なく全ての実詞的代名詞に適応され、他の実詞におけるように文における語の機能に依存する。しかし非人称的なある実詞的代名詞は、全ての実詞に共通な格の形以外に、独特な語尾を備えた補充的な格──それは状況補語の一部の機能を標示する──を4つもっている。我々はそれらを**代名詞的な状況格 cas circonstanciels pronominaux** と呼ぼう。これは次の通りである。

　　内格 inessif：人がいる場所；

　　入格 illatif：人が行く場所；

　　奪格 ablatif：人が来る場所；

　　時の格 temporel：行為の瞬間。

例えば、疑問代名詞 кто́? что́?《誰、何》と指示代名詞 то́т《それ》にとって、この4つの格の形は以下となる：

内格：　г-де́?《どこ》　　　т-а́м《あそこ》(場所の変化なし)
入格：　к-уда́?《どこへ》　　т-уда́《あそこへ》(場所の変化あり)
奪格：　от-к-у́да?《どこから》от-т-у́да《そこから》
時の格：к-огда́?《いつ》　　т-огда́《そのとき》。

これらの格の形は数、性および亜属において変化できない。

β) **数のカテゴリー**は、再帰代名詞、疑問代名詞 кто́? что́? およびこの後者の代名詞によって派生される不定代名詞を除いて、実詞的代名詞の全てに適用される。1、2人称の人称代名詞において、数は不変のカテゴリーである(§393)。他の人称代名詞において数は変化でき、それは代名詞とその先行詞と一致する。

γ) **性のカテゴリー**は変化できる数のカテゴリーと同じ代名詞に、同じ条件で現れる。

δ) **亜属のカテゴリー**は以下で現れる：

疑問代名詞 кто́? что́?、また全ての格に適応される——他の実詞におけるように対格だけに適応されるわけでない——普遍的カテゴリーとしてそれから派生する不定代名詞において。疑問代名詞は、普通の曲用(しかし代名詞的な状況格ではそうでない、上を参照)の全ての格で語幹〈k〉を有する有生形と語幹〈č〉を有する無生形をもっている：

кому́ ты зави́дуешь?　《君は誰をうらやんでいるのか？》(有生与格)、
чему́ ты удивля́ешься?《君は何に驚いているのか？》(無生与格)；

関係代名詞 кото́рый において、亜属の対立は対格だけに働く(非代名詞的な実詞におけるように)：

до́м, кото́рый о́н постро́ил　《彼が建てた家》、
челове́к, кото́рого она́ лю́бит《彼女が愛している人》；

人称代名詞において(3人称代名詞を含めて)、亜属の対立は働かない。対格はつねに属格と同じであり、主格と決して同じではない：

о́н его́ постро́ил　《彼はそれを建設した》(家のことを話しているとき)、
она́ его́ лю́бит　　《彼女は彼を愛している》(男について話しているとき)。

387

4°. **代名詞の形態論的特徴**。

a) 代名詞の語根は他の語根とは違った構造をもっている。それは次のようにただ1つの子音から成る。指示詞 т-о́т《それ》の〈t〉、疑問詞 кто́? что́?《誰？何？》の

⟨k⟩〜⟨č⟩、複数 2 人称の人称代名詞 в-ы《あなたたち》の ⟨v⟩、etc. 他の代名詞は普通の構造の語根をもっている：вéсь《全ての》の ⟨v,#s,⟩、инóй《他の》の ⟨in⟩。

b) 代名詞の語幹は (高い頻度の多くの語の語幹のように) 交替や補充法の多くの現象を含んでいる。これはとりわけ人称代名詞に当てはまる。

c) 多くの代名詞は前置されたり後置される不変化の小辞を含み、正書法では普通分離された語のように綴られる：

前置される小辞：дрýг дрýга《互いに》、кóе-ктó《何人かの人》、никтó《誰も(ない)》、etc.

後置される小辞：тóт же《同じ》、ктó-нибýдь《誰か》、чтó за《いったい何の》、etc.

388

5º. 代名詞の曲用。代名詞には独自の曲用の働きがある。

a) **一般的な代名詞曲用**（大部分の代名詞に適用される）。それは所有形容詞の曲用と同様に、主格と対格で短語尾を、その他の格で長語尾をもつが、しかし以下の特殊性をもつ。

1. 所有形容詞において母音 /i/ (ы, и) によって始まる語尾は、代名詞では以下のように始まる：

噪子音の後ろで /e/ によって、

鳴音の後ろで /,i/ によって(湿音性をもつ /i/, 正書法では и)。

例：単数具格は、所有形容詞 мáминым、しかし代名詞では、噪子音の後ろで：т-éм, к-éм, ч-éм, вс-éм、鳴音の後ろで：сам-úм, одн-úм, мо-úм となる。

2. 語尾 /oj/ (女性の斜格)は軟子音の後ろで /ej/ によって置き換えられる。

それ故、この曲用は 4 つのヴァリアントを含んでいる。

8章　代名詞

	硬噪子音語幹				軟噪子音語幹			
	тóт《あの》、語幹〈t〉				вéсь《全ての》、語幹〈v,#s,〉			
	男性	中性	女性	複数	男性	中性	女性	複数
主格	т-óт	т-ó	т-á	т-é	вéсь	вс-ё	вс-я́	вс-é
対格	↓↑	т-ó	т-ý	↓↑	↓↑	вс-ё	вс-ю́	↓↑
属格	т-огó	т-óй	т-éх		вс-егó	вс-éй	вс-éх
与格	т-омý	т-óй	т-éм		вс-емý	вс-éй	вс-éм
位格	т-óм	т-óй	т-éх		вс-ём	вс-éй	вс-éх
具格	т-éм	т-óй	т-éми		вс-éм	вс-éй	вс-éми

注：тóт は男性主格で不規則な語尾 -от をもつ。

	硬鳴音語幹				軟鳴音語幹			
	оди́н《唯一の》、語幹〈od,#n〉				мóй《私の》、語幹〈moj〉			
	男性	中性	女性	複数	男性	中性	女性	複数
主格	оди́н	одн-ó	одн-á	одн-и́	мóй	мо-ё	мо-я́	мо-и́
対格	↓↑	одн-ó	одн-ý	↓↑	↓↑	мо-ё	мо-ю́	↓↑
属格	одн-огó	одн-óй	одн-и́х		мо-егó	мо-éй	мо-и́х
与格	одн-омý	одн-óй	одн-и́м		мо-емý	мо-éй	мо-и́м
位格	одн-óм	одн-óй	одн-и́х		мо-ём	мо-éй	мо-и́х
具格	одн-и́м	одн-óй	одн-и́ми		мо-и́м	мо-éй	мо-и́ми

к-тó《誰》、ч-тó《何》は тóт と вéсь に倣ってそれぞれ曲用する。

сáм《自身、自体》は оди́н に倣って曲用する。

代名詞曲用の他全ての語は мóй に倣って曲用する。ここには сéй《この》(古風) も含まれ、これは 2 つの語幹、1 つは鳴音で終わる語幹〈s,ej〉、他は噪子音で終わる語幹〈s,〉を基に形成される (cf. §403)。

э́тот《この》は тóт のように曲用するが、その無アクセントの /e/ は и と綴られる。それ故、その曲用は書記法的には оди́н の曲用である。

不規則は代名詞のそれぞれに対して個別に検討されよう。

389

 b) **人称代名詞の曲用**：1人称と2人称の代名詞と再帰代名詞は以下のような独自の語尾をもつ：

主格	⟨i⟩	т-ы́			⟨i⟩	м-ы́	в-ы́
対格	⟨,а⟩	мен-я́	теб-я́	себ-я́	⟨as⟩	н-а́с	в-а́с
属格	⟨,а⟩	мен-я́	теб-я́	себ-я́	⟨as⟩	н-а́с	в-а́с
与格	⟨e⟩	мн-е́	теб-е́	себ-е́	⟨am⟩	н-а́м	в-а́м
位格	⟨e⟩	мн-е́	теб-е́	себ-е́	⟨as⟩	н-а́с	в-а́с
具格	⟨oj⟩	мн-о́й	тоб-о́й	соб-о́й	⟨am,i⟩	н-а́ми	в-а́ми

多くの(交替と補充法の)不規則をもつ。

390

 c) **実詞的曲用あるいは形容詞的曲用**。多くの代名詞は、кото́рый《のところの》(関係代名詞)、ино́й《他の》のように、形容詞的曲用に従う。ただ1つの代名詞だけが実詞的曲用に従う、すなわち дру́г дру́га《互いに》。

391

 アクセント。全ての代名詞の語尾(一般的な代名詞曲用と人称代名詞曲用の語尾)は自己・アクセントをもつ。それ故、

 a) 自己・アクセントのある語幹の場合、語根固定アクセントである。例：на́ш《我々の》、属格 на́ш-его, 与格 на́ш-ему, etc.

 b) 無アクセント語幹の場合、語尾アクセントである。この場合が最も頻度が高い(上の全ての例)。

 代名詞語尾 ⟨ovo⟩ ⟨omu⟩ (-ого, -ому) はそれらの末尾音節の上にアクセントが置かれ、形容詞のようにそれらの始めの音節の上に置かれるのではない。形容詞 прост-о́го, прост-о́му、しかし代名詞 одн-ого́, одн-ому́, etc.

II. 人称代名詞

A. 実詞的な人称代名詞

392

 実詞的な人称代名詞(普通は単に「人称代名詞」ли́чное местоиме́ние と呼ばれる)は、発話行為におけるその役割に従って人あるいは事物を指し示す。話し手(1人称)、話し相手(2人称)あるいは第3者(3人称)。

393

1°. 非再帰の人称代名詞。

a) **1人称と2人称**：これらの代名詞の各々は数、性および亜属に関して不変化である。その語尾は人称代名詞曲用の語尾である。

単数1人称：語幹〈men〉～〈m#n〉、主格で補充形〈ja〉[317]。
単数2人称：語幹〈t,eb〉～〈tob〉。
複数1人称：語幹〈m〉～〈n〉[318]。
複数2人称：語幹〈v〉[319]。

	《私》	《君》	《我々》	《あなたたち》
主格	я	т-ы́	м-ы́	в-ы́
対格	мен-я́	теб-я́	н-а́с	в-а́с
属格[320]	мен-я́	теб-я́	н-а́с	в-а́с
与格	мн-е́	теб-е́	н-а́м	в-а́м
位格	мн-е́	теб-е́	н-а́с	в-а́с
具格[321]	мн-о́й	тоб-о́й	н-а́ми	в-а́ми

注1：フランス語のように、вы́ はただ1人の話し相手を指し示すために礼儀上使われる（丁寧体の複数）。手紙では丁寧体の複数の2人称代名詞は大文字で書かれる：

поздравля́ю Ва́с с но́вым го́дом《新年明けましておめでとうございます》（手紙以外では вас を書くだろう）。

注2：話し手（あるいは話し相手）と彼（彼女）と同じカテゴリーの別の人々を指し示すために《私たち（同類の者達）》、《あなた方（同類の者達）》の意味で、на́ш бра́т, ва́ш бра́т（文字通りは《我ら兄弟、あなた方兄弟》、女性で на́ша сестра́, ва́ша сестра́《私たち女性たち、あなたたち女性たち》（文字通りは《我ら姉妹、あなた方姉妹》）という表現が使われる。これらの表現は単数と3人称のものである：

на́ш бра́т руса́к без са́бли обойдётся (Пу́шкин)
《我らロシア人は軍刀なしでやっていける》

хо́ть бы друга́я на́ша сестра́ и люби́ла, та́к не ска́жет (Остро́вский)
《私たち女性は、たとえ愛しているとしても、そうは言わない》。

394

b) **3人称**：文脈の中ですでに問題となっていた、代名詞の先行詞と呼ばれる対象

を指し示す。この代名詞は数と性に関して(しかし亜属に関してではない)その先行詞と一致する[322]。

それは一般的な代名詞曲用に従うが、しかし、

1. それは2つの語幹を基にしてつくられる：[323]

主格で〈on〉；

他の格で〈j〉あるいは〈n,〉、例：属格：〈j+ovo〉あるいは〈n,ovo〉、егó あるいは негó.〈n,〉で始まるヴァリアントは前置詞の後ろで使われる[324]。

у негó《彼のところで》、на ней《その上で》、с ними《彼らとともに》。

〈j〉で始まるヴァリアントは前置詞のないところで使われる。

2. 対格は、全ての人称代名詞におけるように、常に属格と同じである。有生と無生の対立はない。

3. 女性形では2つの不規則な語尾をもつ：属格・対格〈ejó〉、具格〈éju〉。それらは〈j〉で始まる形において唯一可能である：属格・対格〈j+ejó〉её, 具格〈j+éju〉éю.〈n,〉で始まる形(前置詞とともに)において、それらは規則的な語尾〈ej〉によって競合させられている：у неё あるいは у ней《彼女のところで》、с нéю あるいは с ней《彼女とともに》。

それ故、その曲用は次の通りである：

	前置詞なし				前置詞とともに		
	男性	中性	女性	複数	男性・中性	女性	複数
主格	óн	он-ó	он-á	он-и́	—	—	—
対格	егó	её	и́х	н-егó	н-её	н-и́х
属格	егó	её	и́х	н-егó	н-её (н-ей)[325]	н-и́х
与格	ему́	ей	им	н-ему́	н-éй	н-и́м
位格	—	—	—	н-ём	н-éй	н-и́х
具格	и́м	éю(ей)	и́ми	н-и́м	н-éй (н-éю)	н-и́ми

注1：法律のスタイルでは、3人称代名詞は次の代名詞によって表現される：таковóй (今日の法律ことばでなお存在する)、óный (古風)、それら2つは形容詞的な曲用に従う。

注2：1917年以前のロシア語では、目下の者が目上の者に話すとき、単数3人称の代わりに複数3人称を使うことができた(丁寧体の複数)：[326]

Где бáрин? — Они́ тóлько что уéхали.

《旦那様はどこにいる？―旦那様はたった今出かけました》。

395

2°. **再帰人称代名詞**

a) **厳密な意味での再帰代名詞**。語幹〈s,eb〉～〈sob〉；人称代名詞の語尾：[327]

対格　себ-я́

属格　себ-я́

与格　себ-é[328]

位格　себ-é

具格　соб-óй.

注：再帰代名詞は3つの人称にとって区別なく用いられ、主格がないことに注意せよ。

b) **相互代名詞**。相互代名詞は дрýг дрýга であり、同形異義の2つの要素――不変化小辞 дрýг と男性実詞の第2曲用に従う語幹 друг-――によってつくられている：[329]

対格　дрýг дрýг-а

属格　дрýг дрýг-а

与格　дрýг дрýг-у

位格　дрýг (о) дрýг-е

具格　дрýг дрýг-ом.

もし前置詞があれば、それは2つの要素の間に挿入される：дрýг у дрýга, дрýг с дрýгом.

この代名詞は数、性及び亜属に関して不変化である。

注1：この語 дрýг дрýга はフランス語の *l'un l'autre* という表現に対応するように見えるかもしれない。しかし注意しなければならないことは、フランス語ではこの表現は再帰代名詞 *se* に（任意に）付け加わることである：*ils s'aiment* あるいは *ils s'aiment l'un l'autre*《彼らはお互いに愛し合っている》。これに対してロシア語の дрýг дрýга は唯一の相互代名詞であり、再帰代名詞 себя́ を排除するのである：они́ лю́бят дрýг дрýга《彼らはお互いに愛し合っている》(они́ лю́бят себя́ は《彼らは彼ら自身を愛している》を意味する）。

注2：дрýг дрýга を基にして、接尾辞〈#k〉をもつ女性の派生形がつくられる：対格 дрýг дрýжку、属格 дрýг дрýжки, etc.（第1曲用）。それは打ち解けた言葉でだけ用いられる。古典詩ではこの同じ形は、打ち解けたニュアンスをもたずに、дрýг дру́га の女性形として用いられていた：

 Три́ со́сны́ 《3 本の松が

 Стоя́т, одна́ поо́даль, две́ други́е 立っている、1 本は少し離れ、別の 2 本は

 Дру́г к дру́жке бли́зко (Пу́шкин) 互いに近くに》(プーシキン)

B. 形容詞的(所有)人称代名詞

396

　所有代名詞 pronoms possessifs (местоиме́ния притяжа́тельные) は実詞的人称代名詞から派生された形容詞的代名詞であり、他の実詞との関連で対応する人称の統語的領属関係を標示する：

　мо́й до́м《私の家》は、па́пин до́м《お父さんの家》、до́м отца́《父の家》が до́м との関連で па́па, оте́ц の統語的領属関係を示すように、до́м との関連で я《私》の統語的領属関係を示す。

　所有代名詞は形容詞として用いることができる。その場合はフランス語の《所有形容詞》に対応する (mon, votre《私の、あなたの》)。また所有代名詞は実詞でもあり得る。その場合はフランス語では《所有代名詞》に対応する (le mien, le vôtre《私のもの、あなたのもの》)。

397

1°. 非再帰所有代名詞。

　a) **1 人称と 2 人称【所有代名詞】**：これらの代名詞は一般的な代名詞的曲用に属する (§388)。

　　1. 単数の 1 人称と 2 人称代名詞 мо́й《私の；私のもの》、тво́й《君の；君のもの》は無アクセント語幹 ⟨°moj⟩、⟨°tvoj⟩ をもつ。全ての語尾はその末尾の上に自己・アクセントをもつので (§391)、そのアクセントは末尾の上に固定する。

	男性	中性	女性	複数
主格	мо́й ⟨°moj + ø!⟩	мо-ё ⟨°moj + o!⟩	мо-я́	мо-и́
対格	↓ ↑	мо-ё	мо-ю́	↓ ↑
属格	мо-его́ ⟨°moj + ovo!⟩		мо-е́й	мо-и́х
与格	мо-ему́		мо-е́й	мо-и́м
位格	мо-ём		мо-е́й	мо-и́х
具格	мо-и́м		мо-е́й	мо-и́ми

2. 複数の1人称と2人称代名詞 наш《我々の；我々のもの》と ваш《あなた方の；あなた方のもの》は自己・アクセント語幹〈na!š〉〈va!š〉をもつ。それ故、アクセントは語幹の上に固定している。

	男性	中性	女性	複数
主格	наш 〈na!š + ø〉	наш-е 〈na!š + o!〉	наш-а	наш-и
対格	↓↑	наш-е	наш-у	↓↑
属格	наш-его 〈na!š + ovo!〉		наш-ей	наш-их
与格	наш-ему		наш-ей	наш-им
位格	наш-ем		наш-ей	наш-их
具格	наш-им		наш-ей	наш-ими

b) **3人称【所有代名詞】**。3人称の所有代名詞は存在しない[330]。この機能として実詞的な人称代名詞の属格が使われる：eró《彼の》、её《彼女の》、их《彼らの》。

  мы́ живём в eró до́ме《我々は彼の家に住んでいる》、
  мы́ живём в её до́ме《我々は彼女の家に住んでいる》、
  мы́ живём в их до́ме《我々は彼らの家に住んでいる》。

この機能では代名詞の語幹は常に〈j〉であり、たとえ前置詞の後ろでも〈n,〉ではない：у его до́ма《彼の家で》(cf. у него́《彼のところで》)。

所有代名詞 и́хний《彼らの》(形容詞的曲用) は文章語に対して俗語で異国風である[331]。

398

2°. **再帰所有代名詞**。再帰所有代名詞 (себя́ に対応する) は свой であり、мой, твой のように変化する。それはその人称がどんなものであろうとも、節の主語を指示するために使われる：

  он живёт в своём до́ме《彼は自分の家に住んでいる》、
  я живу́ в своём до́ме《私は自分の家に住んでいる》。

同じ意味で形容詞 со́бственный《個人所有の》(形容詞的曲用) も使うことができる：

  он живёт в со́бственном до́ме《彼は彼個人の所有する家に住んでいる》。

通常、со́бственный は свой の代理をするが、再帰代名詞には加わらない。

  注1：再帰所有代名詞は、もし【所有物と】所有者の一致が明白であれば、普通表現されない：

он надева́ет пальто́《彼は外套を身につける・つけている》。
 注2：形容詞 свой は、《問題となる人に固有のものとして属している》ことを意味する (чужо́й《よその；外国の；無縁の》の反義語)、品質形容詞 adjectif qualificatif としても用いられる。この用法ではそれは主格をもつ：

 у него́ своя́ маши́на《彼は私有の車 (マイカー) をもっている》、

 своя́ руба́ха к те́лу бли́же《我が身ほどかわいいものはない (lit. 自分のシャツは体により身近だ)》。

 あるいは《親しい、身内の》の意味でより広く使われる：

 он свой челове́к《彼は身内の人間だ》、

 свои́ лю́ди — сочтёмся《身内のものの後勘定 (身内のものは身内のもの、うまく折り合いが付く)》(オストロフスキーの作品のタイトル)。

 相互所有代名詞はない。

C. 形容詞的人称代名詞の副詞形

399

 人称代名詞の副詞形は、現存する全ての形容詞的な人称代名詞 (所有代名詞) (1、2人称と再帰、しかし3人称はなし) を基にして、接頭辞 по- と前・アクセントのある語尾〈´ому〉(-ему) (末尾に自己・アクセントのある与格の語尾〈ому!〉(-ему!) と混同してはいけない) を使って形成される：

по-мо́ему《私のように》あるいは《私の考えでは》；同様に по-тво́ему, по-на́шему, по-ва́шему, по-сво́ему。

 複数3人称のための形 по-и́хнему《彼らの流儀で；彼らの考えでは》は俗語であり文章語ではない。

III. 指示代名詞

400

 指示代名詞 (указа́тельное местоиме́ние) は、対象が話し手との関連で占めている位置に基づきその対象を指し示す (またその対象をここと指し示す身振りを伴うことができる)。

 単純指示代名詞があり、それは形容詞的な代名詞であるが、実詞であるという可能性もある。この単純形をもとにして様々な派生形がつくられる。

A. 単純指示代名詞

401

ここには 2 つの指示代名詞がある。一つは遠い対象を、他は近い対象を指し示す (cf. フランス語 *celui-ci, celui-là*, 英語 *this, that*)。2 つの指示代名詞全ては通常の 6 つの格以外に代名詞的な状況格(cf. §386)をもっている。

402

1º. 遠い対象 objet éloigné：тóт《あの、その》。語幹は 〈t〉 である。この語は代名詞曲用に従う。男性・単数主格は不規則な語尾をもつ、内格 inessif は規則正しい[332]。

	男性	中性	女性	複数
主格	т-óт	т-ó	т-á	т-é
対格	↓↑	т-ó	т-ý	↓↑
属格	т-огó		т-óй	т-éх
与格	т-омý		т-óй	т-éм
位格	т-óм		т-óй	т-éх
具格	т-éм		т-óй	т-éми

状況格：

内格	т-áм	《あそこに》
入格	т-удá	《あそこへ》
奪格	от-т-ýда	《あそこから》
時の格	т-огдá	《そのとき》

403

2º. 近い対象 objet rapproché。この意味を持つ 2 つの代名詞がある。

a) 1 つは現代語で**標準的なもの**：э́тот《この》、語幹〈et〉。これはアクセントのある小辞(古代の間投詞)と後続する тот によって形成される[333]。それは無アクセントの /e/ が i と綴られることを除いて、тот のように語形変化する：単数具格 тéм, しかし э́тим。

b) 他は**古風なもの**、しかし多くの慣用表現の中に保持されている：céй《これ》。語幹〈s,ej〉(主格と対格で。〈s,ej〉の中の /e/ はアクセントの外で и と綴られる)、〈s,〉(他の格で)。

代名詞的な状況格は代名詞 céй の語幹〈s,〉を基に形成されるが、内格と時の格

は不規則である。

	標準的な代名詞				古風な代名詞			
	男性	中性	女性	複数	男性	中性	女性	複数
主格	э́т-от	э́т-о	э́т-а	э́т-и	сéй	си-é	си-я́	си-и́
対格	↓↑	э́т-о	э́т-у	↓↑	↓↑	си-é	си-ю́	↓↑
属格	э́т-ого	э́т-ой	э́т-их		с-егó		с-éй	с-и́х
与格	э́т-ому	э́т-ой	э́т-им		с-емý		с-éй	с-и́м
位格	э́т-ом	э́т-ой	э́т-их		с-ём		с-éй	с-и́х
具格	э́т-им	э́т-ой	э́т-ими		с-и́м		с-éй	с-и́ми

状況格

内格	з-дéсь, тýт	《ここに、そこに》
入格	с-юдá	《こちらへ》
奪格	от-с-ю́да	《ここから》
時の格	сейчáс, тепéрь	《いま》

注：古風であるけれど、代名詞 сéй は無視できない。実際に、

1. それは19世紀前半の書記言語のなかで依然として日常使われていた。
2. それは通常皮肉をこめて、パロディー風に使われる。
3. それはしばしば тóт の反義語として多くの表現、多少の慣用表現の中に保持されている。

1つの語に接合された表現：сейчáс《今；すぐに》(céй чáс《この時間に》から)。сегóдня《今日》(сегó дня《この日に》から)。

他の表現：

сию́ минýту《ただちに》(同様に、сию́ минýточку, сию́ секýнду)
по сéй дéнь《今日まで》
до си́х пóр《今まで；ここまで》 cf. до тéх пóр《そのときまで》
поговори́ть о тóм, о сём《四方山話をする》
ни тó, ни сё《どっちつかずの》(昔の俗語形である中性の сё をもつ)、etc.

c) 近い対象の第3の代名詞は話し言葉で非常によく使われる。疑問代名詞 ктó? чтó? に вóт を前に置いてつくられる вóт ктó《この人》、вóт чтó《まさにこれ》。これは疑問詞と同じ文法的カテゴリーおよび同じ形をもつ (cf. §409)。

вót о чём 《これについて》(位格)、

вót где 《ここに、この場所に》(内格)、etc.

B. 指示代名詞の派生語

404

1°. 指示代名詞 тóт から派生したものは：

a) **品質形容詞的代名詞 такóй**《そのような》。それは接尾辞〈ak〉を使ってつくられ、以下の形を包括している：

1. 長形 такóй, такáя, такóе, такúе, etc.
2. 追加的接尾辞〈ov〉をもつ短形：такóв, таковá, таковó, таковы́；
3. ゼロ語尾をもつ例外的な副詞形：тáк《そのように；とても》。

注：тáк は動詞に従属しているかのように用いられる：[334]

óн тáк удивúлся《彼はたいそう吃驚した》、

あるいは短形の形容詞に従属しているかのように用いられる：

óн тáк слáб《彼はたいそう体が弱い》。

しかしもしそれが長形の形容詞に従属しているならば、それはそれ自身が長形 (такóй) になり、性、数、格および亜属に関して形容詞と一致する：

такóй слáбый человéк《たいそう体の弱い人》、

в такóм дли́нном расскáзе《たいそう長い話しのなかで》。

тáк と такóй の代わりに、文書的な文体では不変化の стóль が使われる：

в стóль дли́нном повествовáнии《あまりに長い物語のなかで》。

b) **数詞的な指示代名詞 стóлько**《同じくらい》(cf. §373)。

405

2°. 指示代名詞 э́тот から形容詞的代名詞 э́такий《このような》とその副詞形 э́так《こんなふうに》(あるいは э́дакий, э́дак)が派生される。

406

3°. **сéй の派生語**は(тóт の派生語の反義語として)慣用表現においてしか使われない。

и тáк, и ся́к《あれこれ》、

такóй-сякóй《ろくでもない》(悪口に代わる婉曲表現)。

407

4°. **вóт ктó の派生語**は ктó の派生語とおなじである(cf. §410–§415)。

вóт какóй 《そのような～》(品質形容詞)、

vót kák 《こんなふうに》(副詞形)、
vót skólько 《これくらい》(数詞)。

IV. 疑問代名詞

408

疑問代名詞(вопроси́тельное местоиме́ние)は、質問の中で、話し手が知らなくて、話し相手が返答のなかでその名称を言うことが期待される対象を指し示す。

全ての疑問代名詞は同じ語根〈k〉を基に形成される。単純疑問代名詞は実詞的な代名詞である。それは形容詞的な代名詞である派生形をもつ。

A. 実詞的な疑問代名詞 кто? что?

409

この代名詞は次のことにより特徴づけられる：

1. 代名詞的な状況格の存在によって
2. 数と性のカテゴリーの欠如によって
3. 亜属のカテゴリーの重要性によって。これはここでは標準的曲用のあらゆる場合に関係している(しかし代名詞的な状況格には関係していない)。無生は接尾辞〈：〉(先行する軟口蓋音の硬口蓋化)によって標示される。その結果その屈折は2つの語幹を基に構築される：

〈k〉　　　　有生(および代名詞的な状況格)のために、

〈k+：〉→〈č〉無生のために。

疑問代名詞は代名詞的曲用に従って語尾変化する。主格では不規則な語尾〈to〉をもつ。〈k+to〉któ《誰》[335]、〈č+to!〉чтó《何》[336]([štó]と発音される)。

それ故、その屈折は以下のようになる：

	有生	無生
主格	к-тó《誰》	ч-тó《何》[štó]
対格	↓	↑
属格	к-огó	ч-егó
与格	к-омý	ч-емý
位格	к-óм	ч-ём
具格	к-éм	ч-éм

状況格

  内格 г-дé 《どこ》

  入格 к-удá 《どこへ》

  奪格 от-к-ýда《どこから》

  時の格 к-огдá 《いつ》

нé の後ろの疑問代名詞の前接：疑問代名詞は普通アクセントをもつ（上のアクセントを見よ）。しかしながら疑問代名詞は、アクセントのある動詞派生形 нé《ない、存在しない》に後続するとき、それは前接語 enclitique である。例：

  нé с кем посовéтоваться《相談する人がいない》、

  нé к чему плáкать《嘆くものがない》。

もしその疑問代名詞が前置詞によって前置されないならば、それは動詞派生形 нé とともに１つの語として綴られ、その派生形 нé はその語の直前に置かれる：

  нéчего дéлать《すべきことがない》、

  кормúть нéкому《（あなたを）養う人がいない》

（このタイプの文については、§569 の終わりを参照）。

B. 派生の疑問代名詞

単純疑問代名詞を基にして多くの派生の疑問代名詞が形成される。

410

1º. 所有の疑問形容詞 чéй?《誰の》は、所有代名詞と実詞的な人称代名詞との関係、あるいは所有形容詞と普通の実詞との関係と同じ関係を、ктó との間にもっている。それは実詞との関連で、疑問詞の統語的依存関係を標示する：

  чéй э́то дóм? э́то мóй дóм, пáпин дóм

  《これは誰の家ですか？これは私の家です、お父さんの家です》、

  чьй интерéсы вы́ защищáете?

  《あなたは誰の利益を擁護しているのか》。

これは普通の所有形容詞と同じ接尾辞〈;#j〉を使って形成される（вóлк を基にした вóлчий, cf. §336）。それ故、その語幹は【移動母音をもつ】〈k + ;#j〉 → /čej/ ~ /čj/ (чей, чь-) である。語尾は代名詞曲用の語尾である。

	男性	中性	女性	複数
主格	чéй	чь-ё	чь-я́	чь-и́
対格	↓↑	чь-ё	чь-ю́	↓↑
属格		чь-его́	чь-éй	чь-и́х
与格		чь-ему́	чь-éй	чь-и́м
位格		чь-ём	чь-éй	чь-и́х
具格		чь-и́м	чь-éй	чь-и́ми

411

2°. 品質疑問形容詞 какóй《どのような；どの》は以下のような様々な形容詞をもつ。

長形：какóй, кака́я, како́е, каки́е

短形：како́в, какова́, каково́, каковы́

副詞形：кáк?《どのように》（長形の前で какóй によって代えられる）。

その働きは、短形の中性 каково́ がまた述語の働きをもち、不定形の動詞とともに《どんな結果を引き起こすとお考えですか》を表すこと以外は、指示代名詞 тако́й (cf. §404) の働きと同じである。

прия́тно ва́м разгова́ривать, а каково́ мне́ слу́шать?

《あなたは話すのが愉快だろうが、私にとっては聞くのはどんなだと思いになりますか？》。

412

3°. 古風な品質疑問形容詞 ко́й《いかなる》は、語根〈k〉と接尾辞〈oj〉を基につくられ、代名詞曲用に従う。女性の主格と対格の形は廃れている：

	男性	中性	女性	複数
主格	ко́й	ко́-е		ко́-и
対格	↓↑	ко́-е		↓↑
属格		ко́-его	ко́-ей	ко́-их
与格		ко́-ему	ко́-ей	ко́-им
位格		ко́-ем	ко́-ей	ко́-их
具格		ко́-им	ко́-ей	ко́-ими

この形容詞は今日では на кóй чёрт?《あれっ、なんだって》、кóи гóды《どれほど多くの年月》、等のような感嘆の意味をもつ慣用表現にしか用いない。

413

4º. 疑問形容詞 котóрый（形容詞的曲用）は次のことを意味する：

限られた組のなかのどれ：котóрой дорóгой мне éхать?《私はどの路を行くべきか》；

どの順番であるか、《何番目》：котóрый чáс《何時か》、котóрый рáз тебé говорю́《何度も私はお前に言っているのに》。

414

5º. 数詞疑問詞 скóлько?《いくつ》(cf. §373)。

415

6º. 前置詞と必要な格形をした実詞的疑問代名詞 чтó からつくられた**固定した前置詞付き表現**：

почему?《なぜ》、

отчегó?《なぜ》(どんな理由で？)、

зачéм?《なぜ》(どんな目的で？)、

почём?《いくら》。

416

7º. **複合的疑問形容代名詞 чтó за?**《どんな；なんという》、これは主格でのみ使われる：

чтó э́то за чепухá?《これはなんという馬鹿げたことか》。

注：この代名詞を形成するのに役立つ後置不変化詞 за は、別の語によって чтó と分離できるが、しかし必ず主格の実詞の前に置かれ、それと1つの音韻的語を形成する。この代名詞はそれ故、前置詞のように韻律的に振る舞う。

V. 不定代名詞[337]

417

不定代名詞 (неопределённое местоимéние) は不完全にしか識別できない対象を指し示す。

不定代名詞は次のように区分できる。

1º. 実詞的不定代名詞 (その派生形とともに)。それは疑問詞 ктó? чтó? を基に形成され、これらの疑問詞と同じ文法的カテゴリーをもっている。それは派生形の同じ

タイプを形成する。意味論的に実詞的不定代名詞を次のように区別できる。
 a) 否定の意味をもつもの(《誰も(ない)、何も(ない)》の意味)、
 b) 肯定の意味をもつもの(《誰か、何か》の意味)。
2°. 形容詞的な不定代名詞(実詞ともなり得る)、それはまた様々な派生形をつくる。

A. 否定の意味をもつ実詞的不定代名詞とその派生語

418
 否定代名詞 никто́《誰も(ない)》と ничто́《何も(ない)》は前置される小辞 ни- と疑問詞によって組み立てられている。それは疑問詞(単純と派生)と同じ形を含んでいる。

419

1°. 単純形：

	有生	無生
主格	ни-к-то́《だれも(ない)》	ни-ч-то́《何も(ない)》
対格	ни-к-ого́	ни ... что
属格	ни-к-ого́	ни-ч-его́
与格	ни-к-ому́	ни-ч-ему́
位格	ни о к-о́м	ни о ч-ём
具格	ни-к-е́м	ни-ч-е́м

内格	ни-г-де́《どこにも(ない)》
入格	ни-к-уда́《どこへも(ない)》
奪格	ни-от-к-у́да《どこからも(ない)》
時の格	ни-к-огда́《決して(ない)》

420

2°. 派生形：

所有形容詞	ниче́й, ничья́, ничьё	《誰の(も...ない)》
品質形容詞	никако́й	《どんな(も...ない)》
(副詞形)	ника́к	《どうしても(ない)》
形容詞	нико́торый	《どれも(ない)》
数詞(不変化、副詞用法)	ниско́лько	《すこしも(ない)》
前置詞的な慣用表現	нипочём	《決して(ない)；とても安い》

前置詞に依存するこれらの代名詞の実詞形あるいは形容詞形において、前置詞は小辞 ни と残りの代名詞の間に挿入される；その場合、小辞 ни は分離した語として綴られる。

я ни у кого́ не проси́лся《私は誰にも許可を求めなかった》、

ни до како́го госуда́рства не доедешь (Го́голь)《どんな国にも行き着くことができない》、

я не нужда́юсь ни в чьей по́мощи《私は誰の援助も必要としない》。

421

注 1：無生の主格・対格の ничто́ は、否定の存在文をもつたびごとに必ず属格 ничего́ によって代えられる：

ничего́ не случи́лось《何も起こらなかった》、

あるいは他動詞の目的語であるたびごとに属格 ничего́ によって代えられる：

я ничего́ не зна́ю《私は何も知らない》。

主格の ничто́ は、存在文以外で属格の ничего́ と競合しており、現代の話し言葉ではより頻繁に使われる：

ничто́ вас не развлека́ет《あなたを楽しませるものは何もない》

あるいは ничего́ вас не развлека́ет《同上》。

対格としての ничто́ は前置詞とだけ使われる：

ни во что《何の中にも（ない）》、ни за что《何にとっても（ない）》。

注 2：語 ничего́ はどちらかと言えば好意的な評価を表すために、人称文あるいは無人称文の述語としても使われる：

ему́ ничего́《彼は平気だ、大丈夫だ》、

стате́йка ничего́《論文はなかなかだ》。

注 3：否定代名詞 никто́ とその派生語は、同じ節の中に含まれた否定小辞 не を含む否定文の中だけで使うことができる：ничего́ не зна́ю《私は何も知らない》（не はここではフランス語の *ne* と同じ役割を果たしているが、しかし口語フランス語での *ne* のようには (cf. *je sais rien*) 如何なる場合にもそれを省くことはできない）。もし否定が他の節によって表現されていれば、否定の不定代名詞は肯定の不定代名詞 кто́-либо, кто́-нибудь, кто́ бы то ни́ было の一つによって代えられる (cf. §429–§430)。

ему́ и в го́лову не приходи́ло, что он мо́жет заня́ться каки́м-либо други́м де́лом, кро́ме воровства́ (Мака́ренко)

《彼の頭には、窃盗以外の何か別の仕事にかかわることができようとは思い浮

かばなかった》、

я никогда́ не слыха́л, чтоб он хоть что́-нибу́дь сказа́л о тебе́ (Достоевский)

《彼が君のことについて何か言ったなどということを、私は決して耳にしたことがない》。

もし否定が前置詞 без《なしで》によって表現されるならば、како́й-ли́бо, вся́кий あるいはさらに мале́йший《最も小さい》が使われる：

без вся́кого колеба́ния《どんなためらいもなく》、

без мале́йшего сомне́ния《少しの疑いもなく》、

без каки́х-ли́бо препя́тствий《どんな障害もなく》。

これらの場合にはフランス語は *ne* のない否定代名詞 *personne, rien, aucun* を用いる。

注4：《…以外の誰も（ない）；…以外の何も（ない）》は не кто ино́й, не что ино́е と言う：

зву́ки ... суть не что ино́е, как колеба́ние во́здуха (Аксёнов)

《音は空気の振動以外のなにものでもない》

е́сли пострада́ет когда́, то не от чего ино́го, как от недоста́тка со́бственного своего́ воображе́ния (Достоевский)

《もしいつか彼が悩むことがあれば、それは彼自身の想像力の不足によるもの以外のなにものでもないだろう》。

これらの表現はその小辞の正書法によって никто́, ничто́ とは異なる（не であって、ни ではない。分離して綴られ、一語にならない）。またこれらの表現は否定の小辞 не を含まない文において使われるという——これは никто́, ничто́ では不可能なこと——事実によって、никто́, ничто́ とは異なる。

B. 肯定の意味をもつ実詞的不定代名詞とその派生語

422

1º. 形態。名前をあげずに対象を言及することに使われる、かなり多数の実詞的不定代名詞がある。それらは全て疑問詞 кто, что を使い、たいていの場合、それに前置あるいは後置の要素（単純小辞あるは複合小辞）を付け加えて形成される。

423

a) **代名詞のリスト**。次のように区別できる。

1. 《誰か；何か》を意味する多くの代名詞：

кто́-то, что́-то   кто́-нибу́дь, что́-нибу́дь

кóе-ктó, кóе-чтó   ктó, чтó

нéкто, нéчто   ктó-лúбо, чтó-лúбо

ктó бы то нú было, чтó бы то нú было

(これらの代名詞の間の意味の違いについては、§426 を参照)。

 2. 以下の代名詞：

ктó угóдно, чтó угóдно	《誰でも；何でも》、
ктó ни на éсть, чтó ни на éсть	《同上》(口語、廃語)、
мáло ктó, мáло чтó	《…する人はすくない；…するものは少ない》、
мáло ли ктó, мáло ли чтó	《…する人は多い；…するものは多い》、
мнóго ктó, мнóго чтó	《…する人は多すぎる；…するものは多すぎる》、
рéдко ктó, рéдко чтó	《…する人はめったにない；…するものはめったにない》。

424

 b) **これらの代名詞の屈折と派生**。ここに ктó-то (後置小辞)、кóе-ктó (前置小辞) および нéкто (特殊な場合) の屈折と派生を提示する。後置小辞をもつ他の代名詞 (ктó-нибýдь, etc.) は ктó-то と同じ形をもつ、また前置小辞をもつ代名詞 (мáло ктó, etc.) は кóе-ктó と同じ形をもつ。

 1. **単純形**。

有生	主格	ктó-то	кóе-ктó	нéкто	《誰か》
	対格	когó-то	кóе-когó		
	属格	когó-то	кóе-когó		
	etc.				
無生	主格	чтó-то	кóе-чтó	нéчто	《何か》
	対格	чтó-то	кóе-чтó	нéчто	
	属格	чегó-то	кóе-чегó		
	etc.				

状況格：

内格	гдé-то	кóе-гдé		《どこかで》
入格	кудá-то	кóе-кудá		《どこかへ》
奪格	откýда-то	кóе-откýда		《どこかから》
時の格	когдá-то	кóе-когдá	нéкогда	《いつか、かつてあるとき》。

 2. **派生形**。

所有形容詞	чéй-то		《誰かの》
品質形容詞	какóй-то	кóе-какóй нéкий	《ある、なんとかいう》
副詞形	кáк-то	кóе-как	《なんとか》
数詞	скóлько-то	нéсколько	《若干の、ある数量の》
前置詞的表現	почемý-то		《なぜか》
	зачéм-то		《何かのために》

前置される小辞をもつ代名詞 (кóе-ктó, мáло ктó, etc.) が前置詞に支配されているとき、その小辞は前置詞の前に置かれ、別の語として綴られる：

кóе у когó《誰かのところに》、

мáло с кéм《…する少ない人とともに》。

кóе は кой に短縮することができる。

425

c) 代名詞 нéкто の独自性とその派生語。

1. この代名詞の**単純形**は、有生の主格 нéкто《ある人》、無生の主格・対格 нéчто [n,éč,tə]《あるもの》、およびまれに時の格 нéкогда《いつか、かつて》だけに用いられる。他の格は廃れた[338]。

注：нéкого, нéкому《(すべき) 人がない》、нéчего《(すべき) ことがない》、нéгде《(する) 場所がない》、etc. のような形は нéкто, нéчто の語形変化した形ではなく、нé-《存在しない》と疑問詞 ктó? чтó?《誰、何》の変化形の合成シンタグマである。これらは 1 語に綴られる (cf. §409)：нéчего дéлать《すべきことがない》、кормúть нéкому《(あなた、彼、彼女等を) 養育する人がいない》、нéкуда идтú《行くべき場所がない》、etc.

時の格では、不定代名詞 нéкогда《かつて》(稀) はシンタグマ нéкогда《ひまがない；…するときがない》(頻繁) の同形異義語である。

2. **派生語** нéкий《ある》は кой (cf. §412) を基にしてつくられるが、しかし特別な曲用をもっている。これは形容詞曲用に従うが、2 つの語幹に基づいてつくられる。主格と対格で〈k〉、男性・中性の斜格で〈koj〉。2 つの語幹は女性と複数の斜格で競合している[339]。

	男性	中性	女性	複数
主格	не́-к-ий	не́-к-ое	не́-к-ая	не́-к-ие
対格	↓↑	не́-к-ое	не́-к-ую	↓↑
属格	не́-ко-его		не́-к-ой, не́-ко-ей	не́-к-их, не́-ко-их
与格	не́-ко-ему		не́-к-ой, не́-ко-ей	не́-к-им, не́-ко-им
位格	не́-ко-ем (не́-к-ом)		не́-к-ой, не́-ко-ей	не́-к-их, не́-ко-их
具格	не́-ко-им (не́-к-им)		не́-к-ой, не́-ко-ей	не́-к-ими, не́-ко-ими

3. не́кто を基にして非常に頻度の高い не́который《ある》、複数 не́которые《ある；いくつかの》も形成される (この語の第 2 番目の母音は発音する際に省略される：[n,éktəriji])：

с не́которым удивле́нием 《少し驚いて、ある驚きをもって》、

не́которые ду́мают, что ... 《一部の人々は…と考えている》。

426

2º. 用法。《誰か；何か》を意味する不定代名詞は、2 つの特徴によって互いに区別される。以下のものがある。

除外的 exclusif 不定代名詞、それは他の全てのものを除外した 1 つの対象（あるいは 1 つの対象のグループ）を表す。そして**離接的 disjonctif** 不定代名詞、それは 1 つの対象（あるいは対象のグループ）あるいは別の対象を無差別に指し示すことができるものである。

限定的 limitatif 不定代名詞、それは指し示された対象の数の制限を示すもの、そして**非限定的 non-limitatif** 不定代名詞、それはそのような制限を示さないものである。

これら 2 つの観点から、7 つの代名詞が以下のようにクラス分けされる。

代名詞	除外的	離接的
限定的	кто́-то не́кто	кто́-нибу́дь кто́
非限定的	ко́е-кто́	кто́-ли́бо кто́ бы то ни́ было

427

a) 除外的代名詞 pronoms exclusifs。

　1. 限定的・除外的代名詞：

　α) któ-то：限定的代名詞として、これは他の全てのものを除外した1つの対象を指し示す。話し手はこの対象を特定することができなくて、あるいはその名前を言いたくないが、しかしこの対象は存在し、他のものではない、唯一のそれが文中で言及されている。例：

　　я слы́шала, ка́к кто́-то вошёл по ле́стнице в ко́мнату (Белов)

　　《私は誰かが階段を上って部屋に入ったのを耳にした》(私はこの人の名前を知らないけれど、これはある人で、別の人ではない)；

　　что́-то о́н хоте́л сказа́ть и протяну́л вперёд ру́ку, но ничего́ не сказа́л (Чехов)

　　《何かを彼は言いたかったので手を前に差し出したが、何も言わなかった》(彼が述べようとしたことはある言葉であって、別の言葉ではない)；

　　до́ктор ви́дел, ка́к жена́ фе́льдшера сади́лась в пово́зку, что́бы куда́-то е́хать, и поду́мал：«Это она́ к тётушке» (Чехов)

　　《医者は、准医師の妻がどこかへ出かけようと馬車に乗り込んでいるのを見て、『妻はおばさんのところへ行くのだ』と考えた》。

　β) не́кто は кто́-то と同じ意味をもっているが、より高い文体 (古風な、詩的なあるいは書物的な) をもつ。

　　в идеа́льном созерца́нии е́сть не́что освежа́ющее и открыва́ющее ду́шу челове́ка (Салтыков-Щедрин)

　　《理想的な瞑想の中には人間の魂を照らし、開かせる何かが存在する》；

　　Та́м не́когда гуля́л и я́ (Пушкин)

　　《私もかつてあそこを散歩した》。

　не́которые《ある；いくつかの》と не́сколько《いくつかの》(数詞、cf. §373) の形だけはあらゆる文体で普通に用いられる。

428

　2. 非限定的・除外的代名詞：ко́е-кто́。この代名詞は、кто́-то のように排除的な意味をもつ、すなわち他の全てのものを除外した、現存するあるいくつかの対象を指し示す。しかしそれは指し示された対象の数において如何なる限定も示さない。

　実詞的な代名詞の場合に、それらは数のカテゴリーを知らないのであるから、кто́-то (限定的) と ко́е-кто́ (非限定的) の間の違いは、実際上、単数と複数の違いに

等しい。кóе-ктó は複数の対象を指し示す。

в суббóту устрóили новосéлье. Вѝктор позвáл кóе-когó (Белов)
《土曜日には新築祝いが催された。ヴィクトルは誰彼を招待した》(когó-то は
たった一人の招待客しかいなかったことを示そう）；

на тёмно-сéром нéбе кóй-гдé мигáют звёзды (Тургенев) [340]
《暗い、灰色の空にあちらこちら星々が瞬いている》(гдé-то は《ある1つの場
所に》を意味する；《星々》を単数に代えるのでなければここでは гдé-то は不
可能である)；

на смотрѝтеле бы́л расстёгнутый пиджáк …, кóй-гдé и подштóпанный
(Солженицын)
《監視人はボタンが外れた上着を着ていた、… あちこちに繕いされた上着を》。

形容詞的代名詞の場合において、それは数のカテゴリーを知っているのだが、単数の кóе-какóй は特に集合名詞とともに使われる：

зáспанные лю́ди, накѝнув на себя́ кóе-каку́ю одéжду, выскáкивали из домóв
(Никитин)
《眠そうな人々は、あれこれの服を急いで着ると、家々から飛び出していった》。

複数の кóе-какѝе はあまり場所を位置づけない対象、あるいは範囲を制限しない
対象を示す：

дóм бы́л не оштукату́рен, кóе-какѝе брёвна дáже подгнѝли (Григорович)
《家は漆喰が塗られていなかった、梁のところどころ腐り果ててさえいた》；

я забы́ла у дóчери кóе-какѝе мои́ вещѝчки (Нилин)
《私は娘のところで私の所持品をいくつか忘れてきた》。

429

b)離接的代名詞 pronoms disjonctifs。

1. 限定的な離接的代名詞：

α) **ктó-нибу́дь** は、状況によって限定される対象全体の内部で(限定的意味)、
どちらかの対象といった区別をせずに指し示すことができる(離接的意味)代名詞として使われる。

重要なことはそれは実在する既知の対象である。

всé приносѝли нáм чегó-нибу́дь, ктó сóли в спѝчечной корóбке, ктó
прошлогóднюю брю́кву (Белов)
《皆は我々のところに何かを運んできた、ある人はマッチ箱に入った塩を、ある人は昨年のコールラビ(カブラの一種)を》(чегó-нибу́дь は区別なく《塩》、

《コールラビ》あるいはその他の食べ物を表している）；

Та́инственно ей всё предме́ты

Провозглаша́ли что́-нибу́дь (Пушкин)

《密かに全てのものは彼女に何かを予告していた》(что́-нибу́дь は予告された出来事のどちらも区別なく表現している)；

Мы все учи́лись понемно́гу

Чему́-нибу́дь и ка́к-нибу́дь (Пушкин)

《我々は皆多少なりとも何かを、どうにかこうにか学んでいった》；

когда́ я не понима́л чего́-нибу́дь, я говори́л себе́: я винова́т, я ду́рен (Толстой)

《私はなにかが分からないときには、自分に向かってこう言うのであった：私の責任だ、私が悪いんだ》。

しかし離接的意味はそれ以上に仮想の対象を指示するためにも使われる（疑問文、命令文、仮定文、未来の文などにおいて）。出来事がまだ生じていないときには、代名詞は出来事のどちらかを区別なく表すことができる：

ра́зве я ва́м когда́-нибу́дь в чём отка́зывал (Чехов)

《果たして私はかつてあなたに何か断ったことがあったか》(ある時あるいは別の時に)；

вели́ снача́ла да́ть чего́-нибу́дь закуси́ть (Чехов)

《まず最初に食べるものを何か与えさせなさい》(この料理あるいは他の料理を)；

Когда́-нибу́дь мона́х трудолюби́вый

Найдёт мо́й тру́д, усе́рдный, безымя́нный (Пушкин)

《いつの日にか勤勉な修道士が私の仕事を見つけよう、真心こもった無名の仕事を》(ある日あるいは別の日に)。

β) кто́ (疑問代名詞と同じであるが、疑問のイントネーションを決してもたないという点でそれとは異なる) は кто́-нибу́дь と同じ意味をもっている。кто́ は кто́-нибу́дь の代わりに用いることができるし、また実際ほとんど常に話し言葉で使われる。またいくつかの次のようなコンテキストで使われる：

包括的な疑問文 interrogations globales (《はい》あるいは《いいえ》による返答を呼び出す疑問文) において：

Жду́ ль чего́? жале́ю ли о чём? (Лермонтов)

《私は何かを待っているのか？　何かを嘆いているのか？》；

я до́лжен бы́л два́ дня́ проверя́ть все дела́, не пропа́ло ли что́ (Чехов)

《私は二日間、何かなくなっていないかどうか、全ての書類を調べなければならなかった》；

仮定節において：

е́сли б кто́ подслу́шал и́х, беда́! (Грибоедов)

《誰かが彼らの話を盗み聞きしたら、困った》；

маши́на кака́я придёт — но́мер её написа́ть (Солженицын)

《たとえどんな車が来ようと、そのナンバーを書きとめろ》；

я ..., мо́жет бы́ть, мо́г бы что́ спасти́ и не спа́с (Достоевский)

《私は恐らく何かを救うことができたかもしれないが、救わなかった》；

命令文において：

попро́буй кто́ меня́ толкну́ть (Пушкин)

《誰かに私を突くようにさせてみろ》。

注：話し言葉において、不定代名詞と疑問詞のイントネーションが非常に異なっているので、それら両者を混同する恐れは決してない。書かれたテキストにおいては、その曖昧さはたいていの場合、様々なしるしによって除去されるだろう。кто́ は、それが文頭に置かれているとき、常に疑問詞である：что́ ты́ от меня́ скрыва́ешь?《お前は何を私に隠しているのか？》。

それが動詞の後ろに置かれるとき、それは常に不定代名詞である：ты́ от меня́ скрыва́ешь что́?《お前は何か私に隠しているか？》。あるいは包括的疑問文が小辞 ли, ра́зве, etc. の内の 1 つによって標示されている場合においても同様である：

ра́зве я́ от тебя́ что́ скрыва́ю?《果たして私はお前に何か隠しているものがあるというのか？》。

他の場合には、書かれたテキストは曖昧である。ты́ от меня́ что́ скрыва́ешь?《お前は私に何を隠しているのか？》(что́ の上に疑問のイントネーションをもつ) あるいは《お前は何か私に隠しているのか？》(скрыва́ешь の上に疑問のイントネーションをもつ)。

動詞のない文においても同様である。ва́м ещё что́? は、イントネーションに従って、《あなたは何がさらに必要か？》あるいは《あなたはさらに何か必要か？》。

430

2. **非限定的な離接的な代名詞：кто́-ли́бо と кто́ бы то ни́ было** (後者の場合に 2 つのアクセントの場所に注意せよ) は文体的な意味によって異なっている (кто́-ли́бо はより文書的、кто́ бы то ни́ было はより口語的) が、しかしそれらは全く同じ意味をもつ。それらは кто́-нибу́дь のように、ある対象あるいは別の対象を指し示すこ

とができる代名詞として(離接的価値)用いられる。しかしそれらは指し示されうる対象の組のどのような制限も表現しない(非限定的意味)。それは次の場合に使われる。

α) **定義で使われる**。それはモデルによって無数の場合に適応される。

кто́-ли́бо：

вы́прямить: сде́лать прямы́м что́-ли́бо со́гнутое, искривлённое (辞書)《曲げたものを伸ばす：曲がった、捻れた何かを真っ直ぐにすること》；

повсю́ду, где́ мы́ встреча́ем жи́знь, мы́ нахо́дим, что́ она́ свя́зана с каки́м-ли́бо белко́вым те́лом (Engels, ロシア語の翻訳)《我々が生命に出会う到る所で、我々は生命が何らかの蛋白物質と結びついていることを発見する》。

кто́ бы то ни́ было：

како́е бы то ни́ было прямо́е и́ли ко́свенное ограниче́ние пра́в ... кара́ется зако́ном (ソビエト憲法)《権利の如何なる直接制限あるいは間接制限も法により罰せられる》。

β) **否定の意味をもつ文において**。それは全対象が如何なるものであろうとも、その実現を排除している。

кто́-ли́бо：

о́н горди́лся свои́м про́шлым, но́ не потому́, что́ находи́л в нём каки́е-ли́бо красо́ты, а просто́ из упря́мства (Макаренко)《彼は自分の過去を誇りにしていたが、しかしその中になにか様々な美しきことを彼が見いだしていたからではなくて、単に頑固のためであった》；

кто́ бы то ни́ было：

о́бщество здесь выпуска́ет ... мра́зь, лишённую каки́х бы то ни́ было социа́льно-нра́вственных усто́ев (Зиновьев)

《ここの社会は、あらゆる社会的・道徳的規範をもたない人間の屑を排出している》。

γ) **制限の欠如を強調するために**：

кто́-ли́бо：

из шта́ба спра́шивают, не нужна́ ли кака́я-ли́бо по́мощь (Пильняк)《参謀本部からなにか援助は必要ないかどうか尋ねている》；

кто́ бы то ни́ было：

дя́дя сове́тует нажи́ть де́ньги каки́м бы то ни́ было о́бразом (Гончаров)《叔父はどんなやり方でも金をもうけることを勧めている》。

C. 形容詞的不定代名詞とそれらの派生形

431

1°. **全体性を標示するもの**。

a) **весь** 《全体の》は語幹〈v,#s,〉を基につくられており、代名詞曲用に従う。

1. 単純形：

	男性	中性	女性	複数
主格	вéсь	вс-ё	вс-я́	вс-é
対格[341]	↓↑	вс-ё	вс-ю́	↓↑
属格	вс-его́		вс-éй	вс-éх
与格	вс-ему́		вс-éй	вс-éм
位格	вс-ём		вс-éй	вс-éх
具格	вс-éм		вс-éй	вс-éми

内格と入格	вез-дé, вс-ю́ду	《到る所で》
奪格	ото-вс-ю́ду	《到る所から》
時の格	вс-егда́	《つねに》

注1：女性の対格と属格でさらに今日では廃れた1つの形がある、всеё (〈v,#s,+ojo〉、её, самоё におけると同じ語尾〈ojo〉)：

всеё себя́ стыжу́сь (Достоевский)《私は徹頭徹尾自分を恥じている》。

注2：中性の всё は時の格 всегда́ の代わりに《いつも》の意味でしばしば使われる。

注3：現代語では вездé (古代の内格、今日ではより文語的) と всю́ду (古代の入格、今日ではより口語的) の間の違いはない。両方とも《到る所に》を意味する。

2. 派生形：

形容詞(接尾辞〈ak〉)　　вс-я́к-ий《それぞれの》。

副詞形 вс-я́ч-ески《何がどうあろうと》(これは非常に口語的な言葉でしか使われない、形容詞 вся́ческий、接尾辞〈ak + ;#k〉を基につくられる)。

вéсь と вся́кий の間の違いは特に単数に見られる：

вéсь до́м　　《家全体》

вся́кий до́м　《どんな家も、あらゆる家》。

b) **ка́ждый**《それぞれの》、形容詞曲用。

432
2º. 同一性を標示するもの。

a) **代名詞 тóт же**《同じ》は、それが関係する対象と文脈のなかで言及されている先行詞とが同一であることを標示する。

それは語形変化する指示代名詞 тот とそれに後続する不変化の前接語の小辞 же によってつくられる。それは тот と同じ単純形と派生語をもつ。

  тá же《同じ（女性）》、 тé же《同じ（複数）》
  тáм же《同じ場所で》、такóй же《同様な》、etc.[342]

тóт же は、他の節の中で表現される先行詞に対する照応によってのみ使われる:

  я живý в тóм же гóроде, гдé и брáт《私は兄と同じ都市に住んでいる》。

もしその先行詞が同じ節の中で表現されるのであれば、одúн あるいは одúн и тóт же が使われる:

  мы с брáтом живём в однóм гóроде あるいは в однóм и тóм же гóроде《兄と私は同じ都市に住んでいる》。

433

b) **代名詞 сáмый と сáм**《自身；ほかならぬ》は同一性を強調する[343]。

сáмый は形容詞曲用に従い、語根固定アクセントをもつ。

сáм は代名詞曲用に従い、語尾固定アクセントをもつ（複数主格 сáми を除く）。単数女性対格では競合する２つの語尾がある。拡大する傾向にある規則的な語尾 ⟨u⟩ самý、そして不規則語尾 ⟨ojo⟩: самоё (cf. óн の曲用における её)。

	男性	中性	女性	複数	男性	中性	女性	複数
主格	сáм-ый	сáм-ое	сáм-ая	сáм-ые	сáм	сам-ó	сам-á	сáм-и
対格	↓↑	сáм-ое	сáм-ую	↓↑	↓↑	сам-ó	сам-ý, сам-оё	↓↑
属格		сáм-ого	сáм-ой	сáм-ых		сам-огó	сам-óй	сам-úх
与格		сáм-ому	сáм-ой	сáм-ым		сам-омý	сам-óй	сам-úм
位格		сáм-ом	сáм-ой	сáм-ых		сам-óм	сам-óй	сам-úх
具格		сáм-ым	сáм-ой	сáм-ыми		сам-úм	сам-óй	сам-úми

これら２つの代名詞の用法は次の通り。

1. 《私自身》、《あなた自身》、《彼自身》等を意味する**実詞的代名詞**（実詞あるいは実詞的代名詞を伴わない）としては、もっぱら сáм を用いる。

  не знáем сáми《我々自身知らない》

догада́йся са́м《あなた自身で推察しなさい》。

2. 実詞あるいは実詞代名詞を伴う、**形容詞代名詞**としては、次のものを使う。

α) 生物のためには са́м：

на́до обрати́ться к самому́ дире́ктору《支配人自身に問い合わせねばならない》；у на́с сами́х не́т отве́та《我々自身には答えがない》。

β) 無生物には са́мый：

са́мая мы́сль об э́том несча́стье меня́ му́чит《この不幸についての考えそのものが私を悩ませる》。

しかしながら現代口語では са́м は無生物にも拡散する傾向がある。

3. са́мый はさらに以下の用法をもつ。

α) 同一性を強調するために代名詞 то́т あるいは то́т же にそれは付け加えられる。то́т са́мый あるいは то́т же са́мый《同じ（それ・人）》。口語では同じ意味の о́н са́мый を用いることができる。

β) より正確な意味を与えるために、時間あるいは場所を指し示す実詞とともに用いることができる：

у са́мого си́него мо́ря (Пу́шкин)《まさに青い海辺に》、

мы оста́немся до са́мого конца́《我々は終わり間際まで残ろう》。

γ) 形容詞とともに用いられる際には、それは最上級を形成するのに利用される（§357 参照）。

434

3º. 非同一性を標示するもの。

a) друго́й（形容詞曲用）は《別の》を表すために、よく使われる語である。

b) ино́й（形容詞曲用）は次を指し示す。

1. 慣用表現で《別の、他の》：

вы́ ушли́, ка́к говори́тся, в ми́р ино́й (Маяко́вский)《あなたは、俗に言う、あの世へ旅立った》；

2.《異なった》：

усло́вия тепе́рь ины́е《今では条件は違っている》（同じ意味で не то́т を使う）；

3.《ある》：

в ины́х слу́чаях《ある場合には》；

и о прави́тельстве ино́й ра́з та́к толку́ют
что е́сли б кто подслу́шал их, беда́! (Грибое́дов)
《時には彼らは政府についてとんでもない話をして、もし誰かが彼らの話を盗

み聞きしたら困ったことだ！》。

この用法において иной は非常によく使う時の形をもっている。иногда《時々》。

c) остально́й（形容詞曲用）《残りの》；複数で остальны́е《他の人々》。

d) не то́т《違う》は то́т と同じ単純形と派生形をもつ：

  но́мер не то́т《番号が違う》；

  мы́ не в ту́ сто́рону пошли́《我々は違う方向へ出かけた》；

  （前置詞は не と то́т の間に置かれる）；

  не та́к《違う》。

VI. 関係代名詞[344]

435

関係代名詞（относи́тельное местоиме́ние）は従属節（関係節という）の中で使われ、主節の実詞——それは先行詞と言われる——と同じ対象を指示する。それは関係節がこの先行詞との関連で付加形容詞の役割を演じることを表す。また先行詞によって指し示される対象と関係代名詞が関係節の内部で、（関係代名詞の格によって標示される）統語的機能を満たしていることを表す。

全ての関係代名詞は疑問代名詞と同じ形をもっている。

436

1°. **頻度の高い関係代名詞**は実詞的代名詞 **кото́рый, -ая, -ое** であるが、形容詞曲用に従う。それはその機能によって要求される格を取り、その先行詞と数、性、及び亜属を一致させる：

  соба́ки, кото́рых вы́ ко́рмите《あなた方が飼育している犬たち》、

  лю́ди, для кото́рых мы́ труди́мся《我々がその人達のために働いている、その人々》。

437

2°. **代名詞 кто́, что́**——それは頻度の高い疑問詞である——は、いくつかの特別な場合に単純形あるいは派生形で関係代名詞の機能として用いることができる。

  a) кто́ と что́ は、普通の曲用の様々な格に変化できるが、もしその先行詞が指示代名詞あるいは不定代名詞ならば、あるいはもし先行詞が表現されないならば、関係代名詞の役目を果たす：[345]

  кто́ не рабо́тает, то́т не е́ст《働かざる者、食うべからず（働かないものは食べない）》、

не говори́ о то́м, чего́ са́м не зна́ешь《自分が知らないことについて話すな》、
он сде́лал всё, что́ мо́г《彼はできることは全てやった》、
блаже́н, кто́ ве́рует《信じるものは幸いである》。

b) **状況格の形 где́, куда́, отку́да, когда́** は表現された先行詞とともに、あるいはそれなしで如何なる制限もなく関係代名詞として使われる (語 кото́рый に対応する形は存在しない)。

я тако́й друго́й страны́ не зна́ю, где́ та́к во́льно ды́шит челове́к
《私は人間がこんなに自由に生きている他国を知らない》(歌) [346]
в те́ дни́, когда́ мне́ бы́ли но́вы
все́ впечатле́нья бытия́ (Пушкин)
《生活のあらゆる印象が私にとって真新しかったあの日々に》、
где́ любо́вь, та́м и сове́т《愛があるところ、良い助言もある (愛あるところ睦まじさあり)》(諺)。

c) **派生形容詞 како́й と че́й** は関係代名詞として使うことができる。

1. **како́й** は同一性がないが、先行詞 (主節で述べられる) と関係節で述べられる対象との間に類似が存在するときに使われる:

э́то ле́с, како́й я люблю́《これは私が好きなような (類の) 森だ》
あるいは э́то ле́с, каки́е я люблю́《同上》。

(関係代名詞と先行詞の数における一致はここでは義務的ではないことに注意せよ。同一性を示す文と比較せよ:

э́то ле́с, кото́рый я люблю́《これは私が好きな森だ》)。

2. **че́й** は、従属節の実詞との関連で関係代名詞の統語的依存関係を標示する。それ故、それは кото́рый の属格と同じ意味をもち、フランス語の *dont* に相応する:

геро́и, чью́ побе́ду мы́ сего́дня пра́зднуем ...
геро́и, побе́ду кото́рых мы́ сего́дня пра́зднуем ...
《我々が今日祝っている勝利の英雄達 ...》
(関係代名詞の位置の違いに注意。че́й をもつ表現はより書物的である)。

438

3°. **代名詞 что́ は不変化**であり、先行詞は有生でも無生でもどの実詞でもかまわず、口語あるいは民衆詩の中で関係詞として使われるが、しかしそれ自身は関係節の主語あるいは目的語だけが可能である:

во́т э́то де́вушка, что́ я люблю́ (歌謡)《ほらこれが私が愛する娘》、
ты́ зна́ешь ста́рый ду́б с дупло́м, что́ у бесе́дки? (Пушкин)

《お前はあずまやの近くにある、洞のあいた古いブナの木を知っているか》、

и боль, что скворчо́нком стуча́ла в виске́ — стиха́ет (Окуджава)

《そして椋鳥のようにこめかみを叩いた痛みはおさまりつつある》。

もし動詞が条件法であれば、この法を表す小辞 бы (§495) はそれに先行する関係詞 что とともに 1 語に綴られる：

не́т у меня́ таки́х сло́в, что́бы се́рдца ва́шего косну́лись (Горький)

《私にはあなたの心に触れるような言葉がない》、

не́т тако́го челове́ка, что́б без греха́ про́жил (諺)

《過ちなく一生をおくる人などどこにもいない》。

9章　欠如名詞形：状況語、副詞、述語

I. 定義

439

今まで研究されてきた名詞(実詞と形容詞)は全て、それらのカテゴリーに特有の主要機能を満たすのに適している、すなわち、

・実詞にとっては、主語と目的語、
・形容詞にとっては、実詞の付加形容詞。

そのうえそれらは以下のようないくつかの二次的な機能を満たしている：

・実詞にとっては、状況語的補語、
・形容詞にとっては、動詞あるいは形容詞の付加形容詞(＝様態の副詞)、
・形容詞にとっては、繋辞を伴う文の述語。

これら3つの二次的な機能のそれぞれは、また対応する主要機能を満たすのに不向きな語によっても満たされる。これを我々は**欠如名詞 nom défectif** と呼ぼう。以下のものがある：

440

1º. **状況補語 complément circonstanciel**：[347]

он прие́хал в сре́ду《彼は水曜日にやって来た》(сре́ду は実詞 среда́《水曜日》のパラダイムに属する)。

он прие́хал вчера́《彼は昨日やってきた》(вчера́《昨日》は如何なる実詞のパラダイムにも属さない。それは欠如名詞である)。

我々はこのタイプの欠如名詞を**状況語 circonstanciels** と呼ぼう。

441

2º. **動詞(あるいは形容詞)の付加形容詞 épithète d'un verbe**：

он си́льно испуга́лся《彼はひどく驚いた》(си́льно《激しく》は形容詞 си́льный《強い》のパラダイムに属する)。

он о́чень испуга́лся《彼は大変に驚いた》(о́чень《非常に》は如何なる形容詞のパラダイムにも属さない)。

我々はこのタイプの欠如名詞を**副詞 adverbes** と呼ぼう。

442

3°. 繫辞を伴う文の述語：

a) 無人称文：

ему́ тру́дно разобра́ться 《彼は会得するのが難しい》(тру́дно《難しい》は形容詞 тру́дный《難しい》のパラダイムに属する)。

ему́ нельзя́ разобра́ться 《彼は会得することができない》(нельзя́《できない》は如何なる形容詞あるいは実詞のパラダイムにも属さない)。

我々はこのタイプの欠如名詞を**無人称述語 prédicatifs impersonnels** と呼ぼう。

b) 人称文：

о́н жена́т 《彼は結婚している》(жена́т《結婚している》は形容詞 жена́тый のパラダイムに属する)。

она́ за́мужем 《彼女は結婚している》(за́мужем《嫁いで》は如何なる形容詞のパラダイムにも属していない)。

我々はこのタイプの欠如名詞を**人称述語 prédicatifs personnels** と呼ぼう。

II. 状況語

443

状況語と呼ぶのは、文中で状況補語の役割を満たすことに適した不変化語である。この種の語を指し示すための伝統的な用語は**状況副詞 adverbe de circonstance** (обстоя́тельственное наре́чие) である。

A. 時の状況語

444

時の状況補語の機能を普通満たしている語は以下の実詞である。

前置詞付きの、あるいは前置詞なしの様々な格をもつ普通の(代名詞的ではない)実詞：[348]

в воскресе́нье 《日曜日に》、22-ого ию́ля 《7月22日に》、на про́шлой неде́ле 《先週に》、че́рез три ме́сяца 《3ヶ月後に》、etc.

特別の格、時の格(cf. §386)に置かれた実詞的代名詞：

тепе́рь, сейча́с　　《今》

тогда́　　　　　　《そのとき》

когда́?　　　　　《いつ？》

когда́-то　　　　《いつか》

когда́-нибу́дь　　《いつか》

всегда́　　　　　《いつでも》

иногда́　　　　　《時々》、etc.

　同じ機能は、厳密な意味での**時の状況語** circonstanciels de temps である不変化語によって遂行されうる。これらの語は意味論的には全て代名詞である。つまりこれらの語は、発話時と関連して指し示された時点を、あるいは発話の中で問題となる時点と関連して指し示された時点を位置づけるものである。

1°. 発話時との関連で：

сего́дня　　　《今日》

вчера́　　　　《昨日》

за́втра　　　《明日》

позавчера́　 《一昨日》

послеза́втра《明後日》

то́лько что́　《たった今》(過去で)

давно́　　　　《ずっと前に》

неда́вно　　　《最近》

и́здавна　　　《昔から》

ны́не, ны́нче《今、現在；今日》、etc.

2°. 人がそれについて話す時点との関連で：

тотча́с あるいは то́тчас《すぐに》　　　пре́жде　　　《以前に》

вдру́г　《突然に》　　　　　　　　　　по́сле　　　　《後に》

сперва́　《はじめは》　　　　　　　　пото́м　　　　《そのあとで》

снача́ла 《最初は》　　　　　　　　впосле́дствии 《後になって》

и́скони 《はじめから、大昔から》、etc.

B. 場所の状況語

445

場所の状況補語の機能はまた実詞によって普通遂行される。

前置詞を伴った普通の(非代名詞的な)実詞：

в Москве́《モスクワで》　в Москву́《モスクワへ》　из Москвы́《モスクワから》

на кры́ше《屋根のうえで》 на кры́шу《屋根の上へ》 с кры́ши《屋根から》
под кры́шей《屋根の下で》под кры́шу《屋根の下へ》из-под кры́ши《屋根の下から》
у стены́《壁のそばに》 к стене́《壁の方へ》 от стены́《壁から》
за стено́й《壁の後ろに》 за́ стену《壁の後ろへ》 из-за стены́《壁の後ろから》etc.

場所の3つの状況格の実詞的代名詞は、内格、入格、そして奪格である：

内格	入格	奪格
здесь《ここ》	сюда́《ここへ》	отсю́да《ここから》
та́м《あそこに》	туда́《あそこへ》	отту́да《あそこから》
где?《どこ》	куда?《どこへ》	отку́да?《どこから》
нигде́《どこにも(ない)》	никуда́《どこへも》	ниотку́да《どこからも(ない)》
где́-то《どこかに》	куда́-то《どこかへ》	отку́да-то《どこかから》
где́-нибу́дь《どこかに》	куда́-нибу́дь《どこかへ》	отку́да-нибу́дь《どこかから》
везде́《到る所》		отовсю́ду《到る所から》

同じ機能はまた**場所の状況語**である欠如語によっても行われる。これらの語は意味論的にまた代名詞である。つまりそれらは文脈の中で問題となる対象と関連して位置決定を指し示すのであり、絶対的な位置決定——それは普通の実詞によってしか表現することができない (в Москве́, от стены́) ——を示すのではない。代名詞として、場所の状況語は大部分の場合に3つの場所の状況格を包括する格の変異をもっている：内格、入格、奪格。それらは全て語形変化する実詞形を基にしてつくられ、たいていの場合に前置詞がそれに接合している。

内格	入格	奪格
до́ма《家で》	домо́й《家へ》	и́з дому《家から》
впереди́《前方に》	вперёд《前へ》	спе́реди《前方から》
позади́《後ろに》	наза́д《後ろへ》	сза́ди《後ろから》
вверху́《上方に》	вве́рх《上方へ》	све́рху《上から》
внизу́《下方に》	вни́з《下方へ》	сни́зу《下から》
внутри́《内部に》	вну́трь《内部へ》	изнутри́《内部から》
		извне́《外部から》
вдали́《遠くに》	вда́ль《遠くへ》	и́здали《遠くから》

вдалекé《遠くに》　　　　　　　　издалекá《遠くから》
вблизи́《近くに》
内格と入格
налéво, влéво　　《左へ；左側に》場所の変化をもつ場合ともたない場合。
напрáво, впрáво　《右へ；右手に》同上。
奪格
слéва　　　　　《左から；(左に)》
спрáва　　　　　《右から；(右に)》
これらの場所の状況語のいくつかは前置詞としても使われる(§622 参照)。

C. その他の状況語

　また他の状況語(原因や目的の)もある。それらは全て、通常前置詞を伴った実詞によって行使される機能を果たしている。それらは実詞あるいは形容詞が前置詞に接合してつくられる。

446

1°. **原因の状況語**：

　сгорячá　　　　《かっとなって》、
　спья́на　　　　《酔っ払って》、
　сду́ру　　　　　《愚かにも》、
　со́слепа, со́слепу　《目が見えずに》、etc.

2°. **目的の状況語**：

　назло́　　　　　《面当てに》、
　наро́чно　　　　《わざと》、etc.

III. 副詞

447

　動詞の(あるいは形容詞の)付加形容詞の機能は通常、以前に検討した形容詞形によって行われる。すなわち、

　大部分の形容詞の〈o〉で終わる形(短形の中性に似た形)と比較級を形成する形：

　тепло́　　《暖かく》、　теплéе　　　　《より暖かく》；
　естéственно《自然に》、бóлее естéственно《より自然に》；

вызыва́юще 《傲然と》、 бо́лее вызыва́юще 《さらに傲然と》；

-ский と -ий (所有形容詞) で終わる形容詞の〈i〉語尾の形 (往々にして接頭辞 по- をもつ)：

истери́чески 《ヒステリックに》、

по-ру́сски 《ロシア風に；ロシア語で》、

по-во́лчьи 《狼のように》；

所有代名詞の前アクセントのある〈´omu〉(-ему) で終わる形：

по-мо́ему 《私のように》。

　これらの形以外に、同じ機能は孤立した語、副詞 (ка́чественные наре́чия, 様態の副詞 adverbes de manière) によっても遂行される。

1º. 実詞的あるいは形容詞的な格語尾をもつ形容詞からの形、そしてたいていの場合に前置詞を接合させる：

  вообще́ 《一般的に》、 по-ви́димому 《恐らく》、

  слегка́ 《ちょっと》、 вслепу́ю 《見ずに、盲滅法》、

  вглу́бь 《深くへ》、 вполне́ 《全く、完全に》、

  нагишо́м 《素っ裸で》、etc.

2º. 動詞からの形、実詞的語尾をもつ場合：

  бего́м 《駆け足で》、

  впла́вь 《泳いで》、

  вприся́дку 《しゃがんで》(танцева́ть вприся́дку 《ロシア式に踊る》という表現で)、etc.

あるいは副動詞の語尾をもつ場合 (§498)：

  мо́лча 《黙って》、

  сто́я 《立ったまま》、

  неме́для 《ただちに》、

  не́хотя 《嫌々ながら》、etc.

3º. 格語尾と前置詞をもつ実詞からの形、あるいは格語尾だけをもつ実詞からの形：

  ка́пельку 《ほんの少し》、

  сра́зу 《すぐに》。

4º. 各種：

  пешко́м 《徒歩で》、почти́ 《ほとんど》、о́чень 《非常に》、etc.

IV. 述語

A. 無人称述語

448

　無人称文の繋辞をもつ述語の機能は通常、形容詞の短形中性と同じ〈о〉で終わる形容詞形によって果たされる。その繋辞は現在形でゼロであり、他の時制では動詞бы́ть (бы́ло, бу́дет, etc.) の形によって表現される。無人称文は、もし与格の実詞がそれに付随しているのであれば、人に影響を及ぼす状態を表し、またもしそのような補語がなければ一般的な意味をもつ：[349]

 мне́ тепло́　《私は暖かい》、　мне́ бы́ло тепло́　《私は暖かかった》、
 тепло́　《暖かい》、　бы́ло тепло́　《暖かかった》。

他の形容詞についても同様：

 смешно́　《おかしい》、
 ве́село　《愉快だ》、
 изве́стно　《知られている》、
 тяжело́　《重い》、
 хло́потно　《厄介だ》、etc.

　同じ機能は、時制と人称の同様の変化を伴って、形容詞のパラダイムに属さない語によっても遂行することができる。これは**無人称述語 prédicatifs impersonnels** (предикати́вы, предикати́вные наре́чия, катего́рия состоя́ния) と呼ばれる：

 мне́ нельзя́　《私はできない》、мне́ нельзя́ бы́ло　《私はできなかった》。

無人称述語は次のものを含む。

1°. 孤立した少数の語：

 нельзя́　《できない》、　всё равно́　《どちらも同じだ》、
 мо́жно　《できる》、　со́вестно　《恥ずかしい》、
 на́до　《せねばならない》、　жа́ль　《気の毒だ、残念だ》(l. c.)。

2°. 主格の実詞と同形異義語：

 пора́　《(…する)時だ》、　вре́мя　《(…する)時間だ》、
 ле́нь　《面倒だ》、　охо́та　《(…)したい》、
 сра́м　《恥ずかしい》。

また否定とともに(文字では не が接合される、あるいは接合されない)：

 недосу́г　《(…する)暇がない》、неохо́та　《したくない》、
 не сле́д　《すべきではない》(口語)、etc.

3°. 前置詞が実詞形に接合してつくられた語（前置詞がない場合には、動詞起源の形）。これらの語は口語の文体に属している：

впо́ру　　《(…する)しかない》、

невтерпёж　　《我慢できない》、

невмо́чь, невмоготу́　《とてもできない》、

невдомёк　　《思いつかない》、etc.

когда́ мне́ невмо́чь переси́лить беду́ (Окуджава)

《私の不幸を乗り越えることがとてもできないとき》。

4°. 非常に口語的な言葉に固有な、しかも現在形でのみ用いられる孤立した語：

капу́т, кры́шка　《おしまいだ、破滅だ》(俗語)、

ами́нь　　《おしまいだ》、

лафа́　　《自由で結構だ》(俗語)、etc.

ему́ кры́шка　《彼はおしまいだ》、

вми́г ами́нь лихо́й заба́ве (Пушкин)《突然、戦争の遊びはおしまいだ》。

B. 人称述語

人称名詞文 phrase nominale personnelle において、繋辞をもつ述語の機能は通常、実詞あるいは形容詞——ふつう短形——によって遂行される：

я гото́в《私は準備ができている》、я был гото́в《私は準備ができていた》。

しかしこの同じ機能はまた実詞あるいは形容詞のパラダイムをもたない形——それはもっぱらこの機能において使われる——によっても遂行されうる。それらを**人称述語 prédicatifs personnels** と呼ぶことができる。それは次のものがある。

1°. не про́чь のような分析できない形：

он был не про́чь пое́хать《彼は行ってもかまわなかった》

2°. вы́пивши のような副動詞の古い形：

он вы́пивши《彼は酔っ払っている》

3°. 以下のような接合した前置詞的シンタグマ：

впра́ве：я не впра́ве сказа́ть《私には言う権利がない》

за́мужем：она́ была́ за́мужем《彼女は結婚していた》

запанибра́та：они́ бы́ли запанибра́та《彼らは至極仲が良かった》

навеселе́：он был навеселе́《彼はほろ酔い気分だった》

нагото́ве：все́ бы́ли нагото́ве《みんなは用意ができていた》

настороже́：я всегда́ настороже́《私はいつも用心している》

налицо́ : все́ули́ки налицо́《全ての証拠はそろっている》

некста́ти : э́то бы́ло совсе́м некста́ти《これは全く見当違いだった》、etc.

　ある前置詞的シンタグマは、2つの語で綴られるけれど、先例と同様に同じ機能に特化されており、人称述語として見なされねばならない：

в отве́те : я в отве́те《私は責任がある》

в состоя́нии : они́ бы́ли в состоя́нии поня́ть《彼らは理解できた》

по нутру́ : э́то мне не по нутру́《これは私の気に入らない》、etc.[350]

10 章　動詞

I. 総論
A. 定義

449

1°. 統語的特色。 ある語形 (動詞の**述語形** formes prédicatives, предикати́вные фо́рмы глаго́ла と言われる) が、それだけで、また時制の変化とは無関係に、文中で述語の役割を果たすことができ、そして他の機能を持ち得ないような語のことを、**動詞** (глаго́л) という。例：

　отдыха́ть《休む》は、о́н отдыха́ет《彼は休んでいる》、о́н отдыха́л《彼は休んでいた》のような形を所有しているので動詞である。

　注：述語でありうるが、しかし動詞ではない語は次のものである。

・いくつかの**間投詞** interjections、それは述語の役割を果たすことができる：о́н бу́х в во́ду《彼は水の中にドブンと落ちる (落ちた)》(文字通りは《彼は水の中にドブン》)、しかしそれはまたより頻繁に他の機能、つまり語・文の機能をもっている：бу́х !《ドブン、ポチャン》(§638 参照)[351]。

・形容詞の短形、それは現在形で表現される補助動詞なしの (ゼロ繋辞) 述語であるが、しかし他の全ての時制では動詞形を付随させなければならない：

　о́н гото́в《彼は準備ができている》、しかし о́н бы́л гото́в《彼は準備ができていた》。

同様に次の述語 (§448 参照)：

　ему́ всё равно́《彼にはどちらでも同じだ》、しかし ему́ бы́ло всё равно́《彼にはどちらでも同じだった》。

　しかしながら全ての動詞は、その述語形以外に、述語の役割を果たすことができない**名詞形** formes nominales (имённые фо́рмы глаго́ла) と**不定詞** infinitif——それは述語機能を果たすことができない——をもっている (§456)。

450

2°. 意味論的特色。 単純 (非派生) 動詞はある行為あるいは状態を指し示す：

писа́ть《書く》、брать《取る》、лежа́ть《横になっている》、etc.

派生動詞だけは次のように質を指示することができる：беле́ть《白く見える、白い》、гости́ть《客である》、учи́тельствовать《教師である》、ва́жничать《偉そうにする》、etc.

451

3º. 形態論的特色。各動詞形は非常に多くのカテゴリーの所持によって特徴付けられる。

a) **不変化のカテゴリー**、それは1つの同じ動詞の全ての形に共通である。これは**アスペクト（体）aspect** であり、ある動詞にとっては**下位アスペクト sous-aspect** であり、最後に**反射性 réflexivité** である。

b) **変化できるカテゴリー**、それは1つの同じ動詞の諸形を互いに対立させる。以下のように区別される。

   1. **統語的カテゴリー**（定性 finitivité、述語性 prédicativité、副詞性 adverbialité）。それは文中における動詞形の統語的機能を定義し、不定形、述語形、そして分詞と副動詞を区別させる。

   2. 動詞に固有の**意味論的カテゴリー**：法 mode、時制 temps、態 voix。

   3. **一致のカテゴリー**：これは動詞のある形は実詞と一致するという事実のため、このカテゴリーは実詞と同じカテゴリーである：**人称 personne**（cf. 実詞的代名詞）、**数 nombre**、**（文法）性 genre** [352]。

B. 動詞の文法的カテゴリー

452

1º. 不変化のカテゴリー [353]。

a) **アスペクト（体）**(вид)。全てのロシア語動詞は、不完了アスペクト aspect imperfectif【不完了体】(несоверше́нный вид) か完了アスペクト aspect perfectif【完了体】(соверше́нный вид) かのいずれかに属するものとして特徴付けなければならない [354]。

直説法 indicatif で異なる3つの時制、現在、過去、そして未来を対立させる動詞全てを**不完了体動詞 verbe imperfectif** と呼ぶ。例：открыва́ть《開ける》：

   он открыва́ет   《彼は開けている》(現在)、

   он открыва́л   《彼は開けていた・開けた》(過去)、

   он бу́дет открыва́ть   《彼はあけるだろう》(未来)。

注：быть《(で)ある》(§569 参照) 以外の不完了体動詞の全てにおいて、不完

了未来は補助動詞 бу́ду と動詞の不定形を使ってつくられた複合形である。

　直説法で 2 つの形、現在・未来と過去だけを対立させる動詞を**完了体動詞 verbe perfectif** と呼ぶ。完了体動詞の現在・未来は、不完了体動詞の現在のようにつくられるが、大部分のテキストでは未来の意味をもつ。例：откры́ть《開ける》：

　　он откро́ет　　《彼は開けてしまう》(現在・未来)、
　　он откры́л　　《彼は開けた》(過去)。

　完了体動詞は、行為が不可分の全体として見なされることを明確に標示する。例：

　　он взя́л де́ньги и ушёл　　《彼は金をつかんで行ってしまった》。

　不完了体動詞は、この指示(情報)が明確に与えられる必要がないときにはいつも使われる。例：

　　о́н ча́сто бра́л у него́ де́ньги　《彼はしばしば彼に金を借りた》、
　　кто́ бра́л э́ти де́ньги?　　《誰がこの金を持っていったのか》。

　非常にしばしば完了体動詞は、正確に同じ意味をもつが、アスペクトだけが異なる、不完了体の同義語をもつ。その場合、2 つの動詞は**アスペクト的対**(ペア) **couple aspectuel** (видова́я па́ра)を形成する、と言う：[355]

　　откры́ть (完了体)　　открыва́ть (不完了体)《開ける》、
　　прийти́ (完了体)　　приходи́ть (不完了体)《やって来る》、
　　взя́ть (完了体)　　бра́ть (不完了体)《取る》、etc.

　また対のない完了体動詞あるいは不完了体動詞が存在する、すなわち他のアスペクトの同義語を所有しない動詞が存在する。例：

　　боле́ть (不完了体)　　《病気である》、
　　содержа́ть (不完了体)　《含む》、
　　сходи́ть (完了体)　　《行ってくる》、
　　пона́добиться (完了体)　《必要である》、etc.

　《2 つのアクセントをもつ》と言われる動詞に関しては、§575 参照。

　形態論的基準によって動詞アスペクトを決めることができる。さらに所与のアスペクトの動詞形成の形態論的プロセス(完了体化と不完了体化)はさらに後に述べられるだろう(§570 以下)。ここでは全ての動詞はどちらかのアスペクトに分類されねばならないこと、またこの分類はその活用にとって重要な結果をもっていることを述べるだけで我々にとっては十分であろう。

　注：本章以後では、全ての完了体動詞の後ろには記号 P をつけることにする。この記号の欠如は不完了動詞であることを示す。

453

　　b) **下位アスペクト sous-aspect**（подви́д）は、移動を標示する非常に少数の動詞【運動の動詞】(глаго́лы перемеще́ния) を特徴付けるカテゴリーである。**定下位アスペクト sous-aspect déterminé**【定動詞】と **不定下位アスペクト sous-aspect indéterminé**【不定動詞】の移動の動詞を区別することができる。例：

　　　　идти́ (定)、　　ходи́ть (不定)《歩く》。

　　この対立については、§606 以下参照。

454

　　c) **反射性 réflexivité**. 全てのロシア語動詞は**再帰動詞**（возвра́тный глаго́л）あるいは**非再帰動詞**として特徴付けられねばならない。この特徴そのものは同じ１つの動詞のあらゆる形にとっても有効である[356]。

　　再帰動詞はある形態的な標示、それも常に同じ標示によって特徴付けられる。動詞形の末尾（語尾の後ろ）に後置辞 ⟨s,a⟩ あるいは ⟨s,⟩ (-ся あるいは -сь) を付加する。後置辞の形 -ся は子音の後ろで、形 -сь は母音の後ろで用いられる[357]。例：
非再帰動詞：учи́ть《教える》、再帰動詞：учи́ть-ся《学ぶ》

現在	1 sg.	учу́	учу́-сь
	3 sg.	у́чит	у́чит-ся
過去	男性	учи́л	учи́л-ся
	女性	учи́ла	учи́ла-сь

分詞においては、後置辞はたとえ母音の後ろでも -ся 形を普通もつ：

　　　　能動・現在分詞　　男性　　уча́щий　　уча́щий-ся
　　　　　　　　　　　　　女性　　уча́щая　　уча́щая-ся, etc.

大部分の場合、再帰動詞は既存の非再帰動詞から後置辞を付加することにより派生される。例：

　　　　учи́ть　　《教える》、　учи́ть-ся　　《学ぶ》、
　　　　мы́ть　　《洗う》、　　мы́ть-ся　　《(自分の身体を)洗う》、
　　　　занима́ть 《占める》、　занима́ть-ся 《専念する》、etc.

しかしまた **reflexiva tantum**、つまりペアとなる非再帰動詞 (-ся のない動詞) が存在しない再帰動詞もまたある。例：

　　　　смея́ть-ся　　　《笑う》、
　　　　ошиби́ть-ся　　P《間違える》、
　　　　косну́ть-ся　　 P《触る》、etc.

再帰動詞は、全て自動詞であること、つまり対格の目的語を伴うことができない

ことを共通の特色とする。これに対して非再帰動詞は他動詞あるいは自動詞である。

注：例外を成しているのは、слу́шаться《言うことをきく》、дожида́ться《待つ》、боя́ться《恐れる》のような少数の再帰動詞であり、これは通常、属格を使って構文をつくる。しかしそれらが目的語として人の名詞をもつとき、対格を使って構文がつくられる：[358]

послу́шался Семён Миха́йлу (Толсто́й)《セミョーンはミハイールの言うことを聴いた》。

455

2°. **動詞の統語的カテゴリー**。1つの同じ動詞形の中で次の形を区別することができる：

不定形と定形、

これらの後者の中で、述語形と名詞形、

さらにこれらの後者（名詞形）の中で、副詞形（副動詞）と名詞を修飾する形（分詞）。

456

a) **不定形 infinitif**（инфинити́в あるいは неопределённая фо́рма глаго́ла）は、行為の行為者——それはコンテキストに従って様々な格をもつ名詞によって表現され、またある場合には表現されない——についての如何なる指示も与えないことを特徴としている：

мы́ начина́ем отдыха́ть《我々は休息し始める》(мы́ は主格で、行為の行為者)、

прошу́ ва́с удали́ться《どうぞ離れてください》(ва́с は対格で、《離れる》という行為の行為者)、

ему́ зде́сь не отдохну́ть《彼はここでは休養することができない》(ему́ は与格で、行為の行為者)、

не разгова́ривать《文句を言わないで》(行為の行為者はここでは表現されていない)。

これらの例からわかるように、不定形はコンテキストに従って述語の役割を果たすこともできるし、あるいは果たさないこともできる。

それ故、不定形は情報量の最も少ない動詞形である。各々の動詞には1つの不定形しか存在しない。不定形は次に検討するであろう他の動詞カテゴリーのどんな場合にも変化することはない。

不定形とは反対に、**定形 formes finitives**（述語あるいは名詞の）は行為の行為者

についての明確な指示を与える。行為者は述語形(1つを除く、以下参照)と副動詞があれば主格である：

 он отдыхáет《彼は休息している》、

 отдыхáя, он заснýл《彼は休息しながら眠り込んだ》。

行為者は特別な述語形、無人称の条件法があれば与格である(§494 参照)：

 емý бы отдохнýть《彼は休息すればよいのに》。

最後に分詞をもつ場合、行為の行為者は分詞そのものと同じ格である(分詞は行為者と一致する)。

 Сóлнце тóлько чтó поднялóсь над сплошны́м бéлым óблаком, покрывáющим востóк (Толстóй).《太陽は、東を覆っている空一面の白い雲の上にたったいま昇った》(分詞 покрывáющим は、具格の óблаком に一致している)。

述語の機能をもつこともあるいはもたないこともできる不定形に反して、定形は**述語の形 formes prédicatives** と **名詞的な形 formes nominales** とに二分される。前者は常に述語の機能をもつが、後者は決してそれをもたない。

457

 b) **述語の形**。法や時制で変化するこれらの形(直説法、過去と未来、命令法、条件法)は、節の中において述語の機能を常に果たし、他のものでそれを果たすことはできない。それ故、それらは優れて動詞的な形である。

458

 c) **名詞的な形**(副動詞と分詞)は述語ではあり得ないが、しかし文の他の語に常に依存している。それらは動詞に依存する(**副詞的形あるいはジェロンディフ【副動詞と訳す】** gérondifs)、あるいは実詞に依存する(名詞を修飾する形あるいは**分詞 participes**)ことができる。

 1. **副動詞**(дееприча́стие)は時制で変化し、様態の副詞のように他の動詞に依存する。それは主動詞の行為と関連があり、そして主動詞の行為と同時あるいはそれ以前に生じる行為を示す[359]。行為の行為者は主動詞の行為の行為者と常に同じであり、主格で表現される。例：

 Блóхин присéл, размышля́я о своём положéнии (Казакóв)《ブローヒンは自分の立場を考えながら腰を下ろした》。

 2. **分詞**(прича́стие)は態 voix と時制において、また格、数、及び性において変化し、形容詞と同じ機能を果たす。それ故、分詞はそれが一致する名詞に依存する。例：

 В часо́вне был поста́влен привезённый из Ита́лии мра́морный па́мятник, изобража́вший а́нгела, распра́вившего кры́лья (Толсто́й)《礼拝堂の中にはイタリアから運ばれた、翼を伸ばした天使が彫られた大理石の記念像が据え付けられていた》。

受動分詞 participes passifs は形容詞と同様に短形をもち、繋辞を伴って述語の役割を果たすことができる：

Мра́морный па́мятник был привезён из Ита́лии《大理石の記念像はイタリアから運ばれて来ていた》。

459

3°. 他の変化できる述語形のカテゴリー。

a) **法**（наклоне́ние）。法のカテゴリーは、動詞によって示された事実に対する話者の態度を表現する。ロシア語では3つの法がある。直説法、命令法、そして条件法。

1. **直説法**（изъяви́тельное наклоне́ние）は、動詞によって示された事実が話者によって実際のものとして想定されていることを示す：

о́н отдохнёт P《彼は休息をとる》、　о́н отдохну́л P《彼は休息をとった》。

2. 他の2つの法：**命令法** impératif（повели́тельное наклоне́ние）と **条件法** conditionnel（сослага́тельное наклоне́ние）は、共にこの指示を与えない[360]。

1. 全ての特殊なコンテクストを除いて、それらは動詞によって言及された事実が話者によって望まれている、あるいは要求されていることを示す。

命令法：отдохни́ P《休息せよ》（命令）、

条件法：ты́ бы отдохну́л P《休息すればいいのに；休息すればよかったのに》（望み、忠告）；

2. 望みや忠告の意味が排除されるようなある特殊なコンテクストにおいて、これらの法は動詞によって示された事実が仮定のものと想定する。この意味は条件法にとって通常のものである：

е́сли бы о́н отдохну́л немно́жко, о́н бы добежа́л до це́ли《もし少し休息したら、彼は目標まで走り着けたのに》。

反対にその【仮定的な】意味は命令法にとって例外的である：

отдохни́ о́н немно́жко, о́н бы добежа́л до це́ли《同上》。

460

b) **時制** temps（вре́мя）。時制の対立はただ直説法にのみ存在する。命令法と条件法には時制はない[361]。

ロシア語の全ての動詞は少なくとも2つの時制をもつ。**過去** passé（проше́дшее вре́мя）は、行為が発話時より前の時点に完全に包含されていることを示す[362]、そ

して**現在** présent (настоящее время)はこの指示を与えない[363]。

1) **不完了体動詞**において、そのほかに第3番目の時制、**未来時制** futur (будущее время)があり、それは行為が発話時の後にあることを示す[364]。従って、不完了動詞の時制体系は3つの項を含む：過去、現在、未来。例：отдыха́ть《休息する》：

он отдыха́л　　　　《彼は休息していた》(過去)、
он отдыха́ет　　　　《彼は休息している》(現在)、
он бу́дет отдыха́ть　《彼は休息するだろう》(未来)。

2) **完了体動詞**において、未来の特別な形は存在しない。現在形は大部分のコンテキストにおいて、未来の意味をもつ。その現在形は、不完了現在によってのみ表現されうるような現在に固有の意味(《このとき何が起こったのか》という質問に対する返答での、発話時と同時発生の行為)を表現することができない。それ故、それに**現在・未来時制** présent-futur、すなわち《未来の意味を通常もっている現在形》という名称を与えている[365]。完了体動詞の時制体系はこのように2つだけの項しか含んでいない：過去時制と現在・未来時制。例えば、отдохну́ть P《休息する》にとって：

он отдохну́л　　　《彼は休息をとった》(過去)、
он отдохнёт　　　《彼は休息をとるだろう》(現在・未来)。

注：本文法の形態論の部分では、《現在時制》という用語は現在形の全てを指し示すために使われ、その結果として、それは現在時制(不完了体)あるいは現在・未来時制(完了体)の意味をもつ。完了体動詞の現在時制を正確に指し示すことが必要な場合には、**現在・未来時制**とはっきりさせる。《未来時制》という用語は、違ったふうに用いる場合を除いて、不完了体の未来時制のためにとっておく。

461

c) **一致のカテゴリー：数、人称**[366]**、性**。動詞の述語形は、主語の役目を果たす実詞(名詞あるいは代名詞)と一致する[367]。この一致は動詞の時制と法に従って様々な仕方で、数と人称あるいは性において行われる。

1) **未来時制**(現在時制の補助動詞を使ってつくられる)と同様に**現在時制**において、動詞は**数**[368]と**人称**に関して変化する。従って、もし主語が人称代名詞であれば、動詞は数と人称に関して主語と一致する：

я отдыха́ю《私は休息している》、они́ отдыха́ют《彼らは休息している》。

もし主語が非代名詞の実詞(人称のカテゴリーを知らない)であれば、動詞は3人称であり、主語と動詞との一致は数においてなされる：

Ва́ня отдыха́ет《ヴァーニャは休息している》、

го́сти отдыха́ют《客たちは休息している》。

もし主語が数に関して不変化の疑問代名詞、不定代名詞あるいは関係代名詞であれば(代名詞 кто́, что́ とこれらの複合語, cf. §409)、動詞は単数 3 人称である：

кто́ отдыха́ет?《誰が休息しているか》、

ма́ло кто́ отдыха́ет《休息している人は少ない》、

те́, кто отдыха́ет, отстаю́т《休息している人たちは遅れている》(ここで単数の関係代名詞が複数の先行詞をもっていることに注意せよ)[369]。

2) **過去時制**では、動詞は**数**によって変化する。また動詞が単数ならば**性**によって変化する(これは実際は人称で変化しないという、古代の分詞形である)：

она́ отдыха́ла《彼女は休息していた》、они́ отдыха́ли《彼らは休息していた》、

вся семья́ отдыха́ла《家族全員休息していた》。

もし主語が性に関して不変化の 1 人称あるいは 2 人称の人称代名詞であれば、動詞の性との一致はこの代名詞が指し示す人称の自然性に従って行われる：

ты́ отдыха́л, ты́ отдыха́ла《君は休息していた》(男性に話しかけるか、あるいは女性に話しかけるかによって)。

もし主語が疑問代名詞、кто́, что́ から派生した不定代名詞あるいは関係代名詞であるとき ―― それは性ではなくて亜属において変化する (§409) ――、動詞はその代名詞が有生亜属(кто́)であれば男性になり、もしそれが無生亜属(что́)であれば中性になる：[370]

кто́ отдыха́л?《誰が休息していたか》、что́ случи́лось?《何が起こったか》。

3) **条件法**では 2 つのタイプの形が存在する。

α) 過去形への小辞 бы の付加によって形成される人称形(**人称条件法 conditionnel personnel**)、それはまた**数**において変化し、単数では過去と同じ条件で**文法性**を変化させる：

ты́ бы отдохну́л　　《君は休息すればよいのに》あるいは《休息してほしい》、

они́ бы отдохну́ли　《彼らは休息すればよいのに》あるいは《休息してほしい》。

β) 不定形への小辞 бы の付加によって形成される無人称形(**無人称条件法 conditionnel impersonnel**)、それは不変化である。行為の行為者は、もしそれが表現されるならば、与格に置かれる：[371]

отдохну́ть бы　　　《休息が必要だろう》、

ему́ бы отдохну́ть　《彼は休息するほうがよいのに》。

4) **命令法**では、動詞はこの用法の一部においては**不変化**である。他では動詞は

数と人称で変化する (cf. §490–§491)。

462

4°. 動詞の名詞的な形の可変的カテゴリー。

動詞の名詞的な形は、主語をもたないことを共通にしている。それ故、主語との一致はなく、それは人称のカテゴリーの欠如をもたらす。

これらの形の各々は、それに固有であるカテゴリーに従って、また人称形のカテゴリーと部分的にだけ一致するカテゴリーに従って変化する。

463

a) **副動詞** (деепричáстие)。これは常に他の動詞に依存し、それが依存する動詞と同じ主語によってなされる行為を標示し、時制においてのみ変化する。現在と過去の副動詞がある：[372]

> отдыхáя в Крымý, он кáждый день купáлся в мóре《クリミヤで休息しているとき、彼は毎日海水浴をしていた》(現在副動詞【不完了体副動詞】)、

現在副動詞 gérondif présent は不完了体動詞だけに存在する。

過去副動詞 gérondif passé は完了体動詞にとってより普通であるが、しかし不完了体動詞にとっても存在する。

464

b) **分詞** (причáстие) は形容詞のように使われる動詞形である。それは変化する2つのカテゴリー、**態 voix**[373] と**時制**を、さらに一致のカテゴリーをもっている[374]。

1. **態**。能動分詞 participe actif と受動分詞 participe passif がある[375]。

能動分詞は、もし動詞が述語であったなら、それに対応する動詞の主語となるであろう実詞に依存する。受動分詞は、同じ動詞の目的語になるであろう実詞に依存する。例：

> человéк, написáвший письмó《手紙を書いた人》(能動分詞)、
>
> напи́санное письмó《書かれた手紙》(受動分詞)、
>
> (cf. человéк написáл письмó《その人は手紙を書いた》；能動分詞 написáвший は主語の человéк に依存している。受動分詞 напи́санное は目的語 письмó に依存している)

その結果として、受動分詞は他動詞に基づいてのみ形成可能である[376]。

2. **時制**。能動にも受動にも同様に、現在分詞と過去分詞が存在する。

現在分詞(能動と受動)はただ不完了体動詞を基にしてのみ形成される。過去分詞(能動と受動)はある制限を伴って、2つのアスペクトの動詞を基にして形成されるが、しかしより普通には完了動詞とともに用いられる(§506 と §508 参照)。

465

5°. **一致のカテゴリー**。統語的に形容詞である分詞は、長形の形容詞と同じカテゴリーに従って変化する：格、数、性、亜属。それらの語尾は長形の形容詞の語尾と同じである。

それ以外に受動分詞（現在と過去）は**長形／短形**の対立をもっている。その短形は、形容詞の短形と同様に、**数**において変化し、また単数だけは**性**において変化する。それは形容詞の短形と同じ語尾をもつ。短形の存在のおかげで、この分詞は付加形容詞としてだけでなく、また述語としても用いられる。

しかしこの用法は受動過去分詞のためにのみ普通用いられる：

  напи́санное письмо́ 《書かれた手紙》（付加形容詞の長形）、
  письмо́ напи́сано 《手紙は書かれた》（述語の短形）。

能動分詞は短形をもっていない、なぜならば能動において述語の機能は動詞の人称形によって果たされるからである：

  челове́к, написа́вший письмо́ 《手紙を書いた人》（分詞）、
  челове́к написа́л письмо́ 《その人は手紙を書いた》（過去、述語形）。

466

6°. **受動における動詞活用**。上で見たように、分詞だけが能動形と受動形の間の形態論的対立をもっている：написа́вший《書いたところの》、напи́санный《書かれた》。しかしロシア語にはこの分詞以外の形（述語形、不定形、そして副動詞）で動詞を受動に活用させる2つの方法がある。

467

a) 補助動詞 быть "être, to be" によって付随された受動分詞（フランス語と同じ方法）。この方法は全ての他動詞に利用できる。最も頻繁に使われる形は**完了体動詞の受動過去分詞**である。

1. 述語形において、この分詞は必ず短形になる。現在時制では、補助動詞はゼロ形をもつ（cf. §569）。例えば、動詞 написа́ть P《書く》：

  письмо́ напи́сано 《手紙が書かれた》[377]

他の時制では動詞 быть が表現される：

  письмо́ бы́ло напи́сано 《手紙が書かれた（書かれていた）》（過去）[378]
  письмо́ бу́дет напи́сано 《手紙が書かれるだろう》（未来）[379]
  письмо́ бы́ло бы напи́сано 《手紙が書かれればよいが；書かれよう》（条件法）
  будь письмо́ напи́сано ... 《もし手紙が書かれれば…》（命令法）。

2. 不定形と副動詞では、属辞形容詞の通常の規則に従って、分詞は短形ある

いは長形の具格になる：

быть написан あるいは быть написанным《書かれている》(不定形)、

будучи написан あるいは будучи написанным《書かれていて》(副動詞)。

不完了体動詞にとっては、この受動タイプは現代語では極めて稀である。それは単純不完了体にとっては受動過去分詞を使ってつくられる：[380]

это не про меня писано (Сологуб)《これは私について書かれていない》、

また派生した不完了体にとっては(もっぱら学術的文体で)、受動現在分詞を使ってつくられる：

всё это не ново и было высказываемо много раз нами и не нами (Герцен)《これは全て新しいことではなく、幾度となく我々によってまた我々以外の人々によって言及されてきた》。

468

b) 受動の意味をもつ**再帰形**(-ся/-сь で終わる)[381]。これは普通、大部分の**不完了体の他動詞**、特に派生の不完了体動詞を基につくられる。この方法は不完了体動詞の受動の形成にとって唯一生産的である。例えば、動詞 изучать《研究する；学ぶ》を基にした例は次のようである：

вопрос изучается	《問題が研究されている》(現在)、
вопрос изучался	《問題が研究されていた》(過去)、
вопрос будет изучаться	《問題が研究されるだろう》(未来)、
вопрос изучался бы	《問題が研究されればよいが》(条件法)、
изучаться	《研究される》(不定形)、
изучаясь	《研究されながら》(副動詞)、etc.

この用法は学術的な、また新聞雑誌の難解な(抽象的な)言葉において特に発達している。

注：多くの場合、受動の意味をもつ再帰形は、異なる意味をもつ非受動の再帰動詞形の同形異義語である[382]。例：

переписываться は переписывать《書き写す》の受動形、

そして переписываться は再帰形《文通する》：

эта рукопись несколько раз переписывалась разными копистами《この写本は様々な写字生によって何回か写された》、

она долго переписывалась с ним《彼女は長い間彼と文通していた》。

使われる方法が如何なるものであろうと(補助動詞 быть "être"をもつ受動分詞あるいは再帰形)、受動文は主語として能動文の目的語である項をもっている。能動

文の主語となる項は普通表現されないが、しかしもしそれがあれば、それは具格になる：[383]

письмо́ бы́ло напи́сано сами́м дире́ктором《その手紙は校長自身によって書かれた》、

э́тот вопро́с акти́вно изуча́ется специали́стами《この問題は専門家達によって積極的に研究されている》。

469

7º. **結論：動詞の活用**。従って、動詞の活用は以下の形を含んでいる。
 a) 不定形
 b) 述語形
  1. 直説法
  α) 現在：6つの形
  β) 未来：6つの形(不完了体動詞のみ)
  γ) 過去：4つの形
  2. 命令法：1つの単純形といくつかの後置辞形あるいは複合形(cf. §489–§491)
  3. 条件法
  α) 人称条件法：4つの形
  β) 無人称条件法：1つの形
 c) 名詞的形
  1. 副動詞
  α) 現在：1つの形(不完了体動詞のみ)
  β) 過去：1つの形(ほぼもっぱら完了体動詞)
  2. 能動分詞
  α) 現在：24の形(不完了体動詞のみ)
  β) 過去：24の形
  3. 受動分詞(他動詞のみ)
  α) 現在：24の長形(稀)、4つの短形(極めて稀)；不完了体動詞のみ
  β) 過去：24の長形、4つの短形

このリストに上で検討された受動形(複合あるいは再帰の)を加えるのが適当であろう。

C. 動詞の形態論的構造

470

1º. **単純形と複合形**。動詞の活用は、1つだけの語によって形成される**単純形 formes simples** と、2つの語あるいは(稀に)数語によって形成される**複合形 formes composées** を含んでいる。全ての複合形は、同じ動詞(本動詞)の単純形に以下のような他の要素を付加して形成される。

a) 他の動詞(**補助動詞**)の形。例：

я бу́ду открыва́ть《私は開けるだろう》、不完了未来(補助動詞 + 不定形)、

он был откры́т《それは開けられていた》、完了受動過去(補助動詞 был + 受動過去分詞)。

b) **不変化小辞**。例：

он бы откры́л《彼は開けるのに》、条件法(小辞 бы + 過去)、

пу́сть откро́ет《開けられよ》、単数3人称の命令法(小辞 пусть + 現在)。

471

2º. **語基 base と 末端 terminaison**。全ての単純動詞形において、2つのセグメントが区別される。語基と末端である。**語基**は同じ動詞の一群の形に(特権的な場合には全ての形に)共通である、**末端**は互いの形を変える。

472

3º. **末端の構造**。末端は、その動詞形が(文法)性で変化するか、あるいは変化しないか、ということによって区別される。

a) (**文法**)**性で変化しない形において**(動詞形の大部分)、動詞の末端は唯一の形態素、つまり語尾に縮減する。例：動詞 нести́《運ぶ》、その語基〈n,os〉(нес-)は全ての形に共通である。

現在： нес-у́, нес-ёшь, нес-ёт, нес-ём, нес-ёте, нес-у́т

命令法： нес-и́

不定法： нес-ти́

現在副動詞：нес-я́

過去副動詞(принес-ти́ P《運んでくる》から)：принёс-ши.

b) (**文法**)**性で変化する動詞形**、すなわち**分詞**と**過去**(それは古代の分詞である)において、性や数や(過去を除いて)格を表す語尾は名詞的語尾である。それらは**動詞派生接尾辞 suffixe déverbatif** によって動詞語基から分離される。動詞派生接尾辞と語尾：

過去：動詞派生接尾辞〈l〉：нёс, нес-л-а́, нес-л-о́, нес-л-и́.

能動現在分詞、動詞派生接尾辞〈ušč〉：нес-у́щ-ий, etc.
受動現在分詞、動詞派生接尾辞〈om〉：нес-о́м-ый, etc.
能動過去分詞、動詞派生接尾辞〈š〉：нёс-ш-ий, etc.
受動過去分詞、動詞派生接尾辞〈;on〉：нес-ённ-ый, etc.

473

4°. **2つの語基**。нес-ти́ のような動詞――全ての形は同じ単一の語基を含んでいる――は、ロシア語の動詞の一部だけを表しているにすぎない。多くの場合、動詞の活用は、**現在語基 base du présent** と **不定形語基 base de l'infinitif** と呼ばれる、異なる2つの語基（とはいえ、同じ語幹 thème を含み、そしてそれらの間に可変的な形態論的関係を保っている）を基に構築される。

a) **現在語基**から導き出されるものは：

1. 現在時制のカテゴリーに属する単純形の全て、すなわち：現在直説法、現在副動詞、能動と受動の現在分詞。

2. 命令法。

我々はこれらの形全てを**現在グループ groupe du présent** と呼ぼう。

b) **不定形語基**から導き出されるものは：

1. 不定形。

2. 過去時制のカテゴリーに属する単純形の全て、すなわち：過去直説法、過去副動詞、能動と受動の過去分詞。

我々はこれらの形全てを**不定形グループ groupe de l'infinitif** と呼ぼう。

例えば、動詞 гна́ть《追う》については、現在語基〈gon,〉、不定形語基〈gna〉がある。

	現在グループ		不定形グループ	
	語基〈gon,〉		語基〈gna〉	
不定形				гна́-ть
直説法	現在	гон-ю́	過去	гна́-л
		го́н-ишь		гна-л-а́
		го́н-ит		гна́-л-о
		го́н-им		гна́-л-и
		го́н-ите		
		го́н-ят		
副動詞	現在	гон-я́	過去	(из-) гна́-в
能動分詞	現在	гон-я́щ-ий	過去	гна́-вш-ий

受動分詞　現在　гон-и́м-ый　過去　(из-) гна-нн-ый
命令法　　　гон-и́

　少数の動詞は 3 つの語基を基につくられる。**現在**語基以外に、**不定形語基**（不定形だけの形成、そして、ある場合には過去副動詞の形成の役を果たす）と**過去語基**（過去時制の形成の役を果たす）が存在する。

　例：со́хнуть《乾く》：

現在語基：	⟨sox + n⟩	現在形：	со́хн-у, 　　　命令法：со́хн-и,
不定形語基：	⟨sox + n + u⟩	不定形：	со́хну-ть,
過去語基：	⟨sox⟩	過去形：	сох, со́х-ла,
		能動過去分詞：	со́х-ший.

　この種の場合は例外的である。

474

5º. **語基間の関係**。2 つの語基は、我々が動詞 нести́ の場合に見たように、時折同じである。この場合に、**語基 base**（同じ動詞の一群の形に共通なセグメント）という概念は、**語幹 thème**（同じ動詞の全ての形に共通なセグメント）という概念と合致している[384]。しかしたいていの場合、2 つの語基の間には次のようにクラス分けできるような規則的な違いが多かれ少なかれ存在する。

475

　a) **示差的接尾辞 suffixes différentiels**。名詞の場合よりもかなり頻繁に、語基の 1 つ（普通、不定形語基）が他の語基（現在語基）に欠けている接尾辞をもつという場合がある。名詞の場合と同様に、その接尾辞を**示差的接尾辞**と呼ぼう。

　動詞の示差的接尾辞は常にただ 1 つの母音音素によってつくられている。ロシア語の母音の全てはこの動詞の示差的接尾辞のために利用される。

示差的接尾辞	語幹	現在語基	現在形	不定形語基	不定形
⟨a⟩	⟨sos⟩	⟨sos⟩	сос-у́	⟨sos + a⟩	соса́-ть《(乳を)吸う》、
⟨e⟩	⟨smotr,⟩	⟨smotr,⟩	смотр-ю́	⟨smotr, + e⟩	смотре́-ть《観る》、
⟨i⟩	⟨v,er,⟩	⟨v,er,⟩	ве́р-ю	⟨v,er, + i⟩	ве́ри-ть《信じる》、
⟨o⟩	⟨kol⟩	⟨kol,⟩	кол-ю́	⟨kol + o⟩	коло́-ть《刺す》、
⟨u⟩	⟨ton⟩	⟨ton⟩	тон-у́	⟨ton + u⟩	тону́-ть《沈む》。

　注：5 つの示差的接尾辞の使用には偏りがある。⟨o⟩ は 5 つの動詞しか現れない (cf. §560)、⟨e⟩ はおよそ 30 ぐらいの動詞に現れる (cf. §566)。⟨a⟩⟨i⟩⟨u⟩ は生

産的である[385]。

476

b) **語幹における交替**。不確定な示差的接尾辞を考えなければ、動詞の2つの語基に共通なセグメントはほぼ常に(補充形の稀な場合を除いて)存在し、それは**語幹 thème** を構成している。しかしこのセグメントは正確に同じ形の下に常に出現するわけではない。2つの動詞語基の間に語幹における交替が生ずることがある。例：

⟨ž#m⟩ ~ ⟨ža⟩	現在形	жм-у́, жм-ёшь,	不定形 жа́-ть	《握る》、
⟨živ⟩ ~ ⟨ži⟩		жив-у́, жив-ёшь,	жи́-ть	《住む》、
⟨b#j⟩ ~ ⟨b,i⟩		бь-ю́, бь-ёшь,	би́-ть	《打つ》、
⟨moj⟩ ~ ⟨mi⟩		мо́-ю, мо́-ешь,	мы́-ть	《洗う》、etc.

さらにその上に不定形語基に示差的接尾辞 ⟨a⟩ あるいは ⟨o⟩ をもつものがある：

⟨b,er⟩ ~ ⟨b#r⟩	現在形	бер-у́, бер-ёшь,	不定形 бр-а́-ть	《取る》、
⟨torgu⟩ ~ ⟨torgov⟩		торгу́-ю, торгу́-ешь,	торгов-а́-ть	《商う》、
⟨gon,⟩ ~ ⟨g#n⟩		гон-ю́, го́н-ишь,	гн-а́-ть	《追う》、
⟨p,iš⟩ ~ ⟨p,is⟩		пиш-у́, пи́ш-ешь,	пис-а́-ть	《書く》、
⟨m,el,⟩ ~ ⟨mol⟩		мел-ю́, ме́л-ешь,	мол-о́-ть	《挽く》。

注：示差的接尾辞が ⟨e⟩ ⟨i⟩ あるいは ⟨u⟩ のときは、語幹における交替は決してない。

示差的接尾辞の存在と欠如、また語幹内の交替の存在あるいは欠如は予測不可能であるから、その結果としてこれらの現象は、動詞の各グループに関して別々に考慮して検討されねばならないだろう。

477

c) **/j/ の挿入の規則**。この規則を想起しよう (cf. §145)。構造化された同じ語に属する場合、母音で終わる形態素が母音(充母音あるいは移動母音)あるいはゼロ形態素の前に置かれるとき、/j/ が母音で終わる全ての形態素の後ろに挿入される。

ところで現在グループにおいて、全ての末端 terminaisons は母音で始まる（現在時制全て）、あるいはゼロ語尾からなる（命令法、cf. §489）。

その結果として、**母音末端をもつ全ての動詞語幹は、現在語基において /j/ が付け加えられる**。例：

語幹 ⟨zna⟩	現在語基	⟨znaj⟩	зна́-ю, зна́-ешь (зна́-ть《知っている》から)、
⟨um,e⟩		⟨um,ej⟩	уме́-ю, уме́-ешь (уме́-ть《できる》から)、
⟨p,e⟩ ~ ⟨po⟩		⟨poj⟩	по-ю́, по-ёшь (пе́-ть《歌う》から)、etc.

/j/ の挿入は全く規則的な現象であるので、我々は以下ではそれを考慮せず、

⟨zna⟩ と ⟨znaj⟩、⟨um,e⟩ と ⟨um,ej⟩ のような /j/ の挿入によってだけ異なっている同じ動詞の 2 つの語基を《同じ》ものとして見なすだろう。

　　注：ロシア語で最もよく使われる動詞タイプの 1 つ、торгова́ть、торгу́ю《商う》のような -овать/-ую で終わる動詞 (cf. §553) において、2 つの動詞語基——それは ⟨torgova⟩ と ⟨torguj⟩ である——の間の違いから 3 つの源 source が集まっていることが分かる。

　　　語幹における交替：⟨torgov⟩ 〜 ⟨torgu⟩、
　　　不定形の語基における示差的接尾辞：⟨torgov + a⟩、
　　　現在の語基における /j/ の挿入：⟨torguj⟩。

478

6°. 動詞研究の方法。前述の結果から、もし人が所与の動詞の 2 つの語基を知れば、単純な規則に従って付け加わる末端をこれらの語基に付加することによって、この動詞の活用の全体を推論することは容易い。

　それに反して、動詞語基の 1 つを知っているときには、他の語基を常に推論できるとは限らず、2 つの語基の間の関係 (示差的接尾辞、交替および /j/ の挿入をもつのか、あるいはもたないか) は互いの動詞グループによって変わる。

　それ故、動詞活用の研究は次の 2 つの部門に分かれよう。

　a) 末端の研究：我々は、様々な動詞形の末端を記述し、それが仮定される既存の語基 (現在あるいは不定形の) と結合する方法を記述しよう (II)。その次に様々な形のアクセント法を検討しよう (III)。

　b) 語基の研究：我々は現在語基と不定形語基 (さらに語基が異なるという稀な場合には受動語基) の間に存在する関係を各々のグループに対して調査し、動詞を分類するだろう (IV)。

II.　末端の研究

A.　直説法

479

1°. 現在形 (不完了体動詞の現在、完了体動詞の現在・未来) は、**現在語基**を基にして、数と人称を標示する語尾を加えることによってつくられる。しかしこの語尾は全ての動詞にとって同じではない。現在形で用いられる語尾の働きに従って、大部分のロシア語動詞 (まれな例外を除いて、cf. §567–§569) は 2 つの活用 conjugaison に分類される[386]。

第 1 活用、ここでは 4 つの語尾（単数の 2 と 3 人称、複数の 1 と 2 人称）は ⟨;o⟩（正書法では ё, е）によって始まる。

第 2 活用：ここでは同じ 4 つの語尾が ⟨i⟩（正書法では и）によって始まる。

		第 1 活用	第 2 活用[387]
単数	1	⟨u⟩	⟨=u⟩
	2	⟨;oš⟩	⟨iš⟩
	3	⟨;ot⟩	⟨it⟩
複数	1	⟨;om⟩	⟨im⟩
	2	⟨;ot,e⟩	⟨it,e⟩
	3	⟨ut⟩	⟨at⟩

480

a) 第 1 活用[388]。

1. **交替**。語尾 ⟨;os⟩ ⟨;ot⟩ ⟨;om⟩ ⟨;ot,e⟩ は《湿音化・硬口蓋化》(§141) を含んでいる。

対をもつ硬子音の湿音化：

/s/ ～ /s,/	нес-ý, нес-ёшь, нес-ёт	нестú《運ぶ》から、
/d/ ～ /d,/	вед-ý, вед-ёшь, вед-ёт	вестú《導く》から、
/v/ ～ /v,/	жив-ý, жив-ёшь, жив-ёт	жúть《住む》から、
/r/ ～ /r,/	бер-ý, бер-ёшь, бер-ёт	брáть《取る》から、etc.

軟口蓋音の硬口蓋化：[389]

| /k/ ～ /č/ | пек-ý, печ-ёшь, печ-ёт | пéчь《焼く》から、 |
| /g/ ～ /ž/ | берег-ý, береж-ёшь, береж-ёт | берéчь《守る》から、etc. |

もし語尾に先行する子音が対をもつ硬子音でなく、また軟口蓋音でないならば、現在形において交替はない：

/j/	знá-ю, знá-ешь, знá-ет	знáть《知っている》から、
/š/	пиш-ý, пúш-ешь, пúш-ет	писáть《書く》から、
/l,/	шл-ю́, шл-ёшь, шл-ёт	слáть《派遣する》から、etc.

481

2. **正書法**。一般的な正書法規則に従う。

α) /;o/ によって始まる語尾はアクセント下で ё, アクセントの外で е と綴られる：нес-ёшь, да-ёшь しかし пúш-ешь, знá-ешь。

β) /u/ によって始まる語尾（単数 1 人称と複数 3 人称）は、対をもつ軟子音あるいは /j/ の後ろで ю で綴られ：кол-ю́, знá-ю, それ以外の場合には у で綴られる：

могу́, пишу́.
語基：

対をもつ硬子音		軟口蓋音／シュー音		対をもつ軟子音		/j/	
нести́	ле́зть	пе́чь	мо́чь	сла́ть	коло́ть	дава́ть	зна́ть
《運ぶ》	《登る》	《焼く》	《できる》	《派遣する》	《刺す》	《与える》	《知っている》

語基	⟨n,os⟩	⟨l,ez⟩	⟨p,ok⟩	⟨mog⟩	⟨šl,⟩	⟨kol,⟩	⟨daj⟩	⟨znaj⟩
Sg. 1	нес-у́	ле́з-у	пек-у́	мог-у́	шл-ю́	кол-ю́	да-ю́	зна́-ю
2	нес-ёшь	ле́з-ешь	печ-ёшь	мо́ж-ешь	шл-ёшь	ко́л-ешь	да-ёшь	зна́-ешь
3	нес-ёт	ле́з-ет	печ-ёт	мо́ж-ет	шл-ёт	ко́л-ет	да-ёт	зна́-ет
Pl. 1	нес-ём	ле́з-ем	печ-ём	мо́ж-ем	шл-ём	ко́л-ем	да-ём	зна́-ем
2	нес-ёте	ле́з-ете	печ-ёте	мо́ж-ете	шл-ёте	ко́л-ете	да-ёте	зна́-ете
3	нес-у́т	ле́з-ут	пек-у́т	мо́г-ут	шл-ю́т	ко́л-ют	да-ю́т	зна́-ют

482

b) 第 2 活用。

1. 交替。単数の 1 人称の語尾 ⟨=u⟩ は《一般的な硬口蓋化》(§142) を引き起こす：

/b,/ ~ /bl,/	любл-ю́, лю́б-ишь	люби́ть《愛する》から、
/p,/ ~ /pl,/	терпл-ю́, те́рп-ишь	терпе́ть《耐える》から、
/v,/ ~ /vl,/	ловл-ю́, ло́в-ишь	лови́ть《捕まえる》から、
/d,/ ~ /ž/	слеж-у́, след-и́шь	следи́ть《追跡する；見守る》から、
/t,/ ~ /č/	трач-у́, тра́т-ишь	тра́тить《(金を)使う》から、
/z,/ ~ /ž/	вож-у́, во́з-ишь	вози́ть《運送する》から、
/s/ ~ /š/	прош-у́, про́с-ишь	проси́ть《頼む》から、etc.

子音群：

| /st,/ ~ /sč,/ | пущ-у́, пу́ст-ишь | пусти́ть P《解放する》から、etc. |

スラボニア語起源のある動詞において、子音 /t,/ は《スラボニア語的硬口蓋化》(§143) を被る：

| /t,/ ~ /sč,/ | запрещ-у́, запрет-и́шь | запрети́ть P《禁じる》から、etc. |

注：/d,/ の /žd/ へのスラボニア語的硬口蓋化は現在では見られない。/d,/ は常に /ž/ と交替する。

子音 /n,/ /r,/ /l,/ だけは、シュー音と /j/ と同様に、如何なる交替も被らない：

/n,/	вин-ю́, вин-и́шь	вини́ть《責任を負わせる》から、
/r,/	говор-ю́, говор-и́шь	говори́ть《話す》から、
/l,/	пил-ю́, пи́л-ишь	пили́ть《挽く》から、
/š/	реш-у́, реш-и́шь	реши́ть P《決める》から、
/j/	сто-ю́, сто-и́шь	стоя́ть《立っている》から、etc.

2. **正書法**。第 2 活用の動詞語基は常に対をもつ軟子音、シュー音あるいは /j/ によって終わる。それ故、語尾の母音 /i/ は常に и と綴られる。

語尾〈u〉(単数 1 人称)と〈at〉(複数 3 人称)は対をもつ軟子音あるいは /j/ の後ろで ю, ят と綴られ、シュー音の後ろで у, ат と綴られる。

次のもので終わる語基：

	対をもつ軟子音		シュー音	/j/
	交替なし	交替あり		
	говори́ть	люби́ть	реши́ть P	стоя́ть
	《話す》	《愛する》	《決める》	《立っている》
語基	〈govor,〉	〈l,ub,〉	〈r,eš〉	〈stoj〉
Sg. 1	говор-ю́	любл-ю́	реш-у́	сто-ю́
2	говор-и́шь	лю́б-ишь	реш-и́шь	сто-и́шь
3	говор-и́т	лю́б-ит	реш-и́т	сто-и́т
Pl. 1	говор-и́м	лю́б-им	реш-и́м	сто-и́м
2	говор-и́те	лю́б-ите	реш-и́те	сто-и́те
3	говор-я́т	лю́б-ят	реш-а́т	сто-я́т

注：伝統的なモスクワっ子の発音では、複数の 3 人称語尾 (ат, ят と綴られる) は、それが無アクセントのとき〈ut〉(第 1 活用の語尾) によって代えられる。しかしこの発音 [ut] は、正書法に対応する発音 [ət] のために、今日衰退している[390]。

лю́бят	《彼らは愛する》、	[l,úb,ət] あるいは [l,úb,ut]、
стро́ят	《彼らは建設する》、	[strójət] あるいは [strójut]、
слы́шат	《彼らは聞く》、	[sł'išət] あるいは [sł'išut]。

483

　c) **不規則現在形**。§567–§569 参照。

484

2º. **不完了体の未来形**。不完了体動詞だけは現在形とは異なった未来形をもっている。

　a) 唯一の動詞：быть "être, to be" に対して、この未来形は単純形であり、現在の語尾をもつ。

単数	1	бу́д-у	複数	1	бу́д-ем
	2	бу́д-ешь		2	бу́д-ете
	3	бу́д-ет		3	бу́д-ут

　注：この未来時制は現在時制とは異なっている。何故ならば、現在時制の動詞はゼロ形 (cf. §569) をもつからである：я гото́в《私は準備ができている》、я бу́ду гото́в《私は準備ができているだろう》。

　b) 他の不完了動詞全てに対して、未来形は複合形であり、補助動詞の役割を果たす бу́ду と動詞の不定形を使って形成される。例：знать《知っている》：

単数	1	бу́д-у знать《私は知っているだろう》	複数	1	бу́д-ем знать
	2	бу́д-ешь знать			2	бу́д-ете знать
	3	бу́д-ет знать			3	бу́д-ут знать.

　不定形と補助動詞 бу́ду は各々そのアクセントをもつ異なる2つの語であり、それらは逆に置き換えることもできるし、また他の語で分離することもできる。もしいくつかの未来が引き続くならば、補助動詞は繰り返されない。

485

3º. **過去形**。過去形は不定形語基を基につくられる（あるいはこの語基が異なる稀な動詞にとっては過去語基を基につくられる）。

　過去直説法は歴史的には古代の分詞形である。それ故、その末端は分詞のものと同じ構造をもっている。それは次のものを含んでいる：

　動詞派生接尾辞 ⟨l⟩、

　名詞起源の語尾、それは性と数を表すが、人称は表さない：

単数	男性	⟨ø⟩		зна́-л
	女性	⟨a⟩	(а)	зна́-л-а
	中性	⟨o⟩	(о)	зна́-л-о
複数		⟨ˌi⟩	(и)	зна́-л-и

（動詞 знать《知っている》から導き出した例、語基 ⟨zna⟩）。

注：この語尾は、複数を除いて形容詞の短形の語尾と同じである。複数では形容詞は ⟨i⟩ (ы) を、動詞は ⟨,i⟩ (и) をもつ。готóв《準備のできた》、複数 готóв-ы しかし знáл《知っていた》、複数 знáл-и。

a) もし**不定形語基が母音で終わるならば** (動詞の大多数の場合)、接尾辞 ⟨l⟩ は如何なる変化を引き起こすことなく、そこに付け加わる。

b) もし**不定形語基が子音で終わり、さらに、**

　1. **歯音閉鎖音** /d/ あるいは /t/ によって終わるとき、この子音は接尾辞の /l/ の前で消滅する：

語基 ⟨krad⟩　крáсть《盗む》、(現在 крад-ý)；過去 крá-л, крá-л-а, крá-л-о, крá-л-и,[391]
語基 ⟨m,ot⟩　местú《掃く》、(現在 мет-ý)；過去 мё-л, ме-л-á, ме-л-ó, ме-л-й, etc.[392]

　2. **他の子音によって終わるならば**、以下のようになる。もし接尾辞の /l/ が語末にあれば、つまり男性のゼロ語尾の前にあれば、それは消滅する。それは他の形では存在する：[393]

語基 ⟨n,os⟩　нес-тú《運ぶ》、(現在 нес-ý)；過去 нёс, нес-л-á, нес-л-ó, нес-л-й,
語基 ⟨v,oz⟩　вез-тú《運送する》、(現在 вез-ý)；過去 вёз, вез-л-á, вез-л-ó, вез-л-й,
語基 ⟨gr,ob⟩　грес-тú《漕ぐ》、(現在 греб-ý)；過去 грёб, греб-л-á, греб-л-ó, греб-л-й,
語基 ⟨p,ok⟩　пéчь《焼く》、(現在 пек-ý)；過去 пёк, пек-л-á, пек-л-ó, пек-л-й,
語基 ⟨mog⟩　мóчь《できる》、(現在 мог-ý)；過去 мóг, мог-л-á, мог-л-ó, мог-л-й, etc.

　3. **移動母音**。4つの動詞において、不定形語基 (子音で終わる) は移動母音を含んでいる。移動母音は男性過去で充形 (母音 /o/ をもつ) の下に現れる：

⟨tol#k⟩　толóк, толк-л-á, толк-л-ó　　толóчь《碾く、粉にする》から、
⟨ž#g⟩　жёг, жг-л-á, жг-л-ó　　жéчь《焼く》から、
　　　с-жёг, со-жг-л-á, со-жг-л-ó　　с-жéчь P《焼く》から、
⟨č#t⟩　с-чёл, со-ч-л-á, со-ч-л-ó　　с-чéс-ть P《数える》から、
⟨š#d⟩　шё-л, ш-л-á, ш-л-ó　　ид-тú《行く》から、
　　　со-шё-л, со-ш-л-á, со-ш-л-ó　　со-й-тú P《下りる》から (l.c.)。

最後の動詞は、過去語基 ⟨š#d⟩ とは異なる不定形語基 ⟨i⟩ ～ ⟨j⟩ (ид-тú, со-й-тú) をもつ (cf. §551)。

　注：これら4つの動詞において、子音で終わる語基のために、上で与えられた規則の適応にまた気づくであろう。さらにまた с-жёг, со-жг-л-á; с-чёл, со-ч-л-á (しかし со-шё-л, со-ш-л-á ではそうでない) における動詞接頭辞 préverbe における移動母音の働きに注意せよ。それは子音によって終わる他の全ての動詞接頭辞において見られる：под-жёг, подо-жг-л-á P《焚きつけた》。

B. 命令法

486

命令法はその用法の一部では不変化であり、他の用法では数と人称において変化する[394]。我々はまず最初に不変化である場合にのみ使われる、**単純命令法** impératif simple を検討しよう。その次に命令法の変化の場合とそこに現れる別の形（後置辞形あるいは合成形）を検討しよう[395]。

487

1°. 単純命令法は現在語基を基にして、語尾 ⟨,i⟩ あるいは ⟨,ø⟩ を付加して形成される。

488

a) 語尾の分配：

1. もし現在語基が /j/ によって終わっていれば、語尾はゼロである[396]。例：знáть《知っている》、現在 ⟨znaj + u⟩ знáю、命令法 ⟨znaj + ø⟩ знай, умéть《できる》、⟨um,ej + u⟩ умéю、⟨um,ej + ø⟩ умéй, стоять《立っている》、⟨stoj + u⟩ стою́、⟨stoj + ø⟩ стóй.

注：正書法では語基は母音で終わり зна-、その語尾は文字 й によって構成される：зна-й.

2. もし現在語基が他の子音によって終わるならば、語尾の選択はアクセントに依存する。命令法の語尾のアクセント属性は現在1人称のアクセント属性と同じであるので、命令法の語尾がアクセントをもつか、あるいはもたないかどうかを知るためには、この現在1人称形のアクセントを参照すればよい。

α) もし語尾がアクセントをもてば、命令法は形 ⟨,i⟩ をもつ（先行の子音の湿音化をもつ /i/, 正書法では и）。もし語基の末尾子音が対をもつ硬音ならば、湿音化がある：

/s/ ~ /s,/ 現在 нес-у́, 命令法 нес-и́, нес-ти́ 《運ぶ》より、
/r/ ~ /r,/ умр-у́ умр-и́, умерéть Р《死ぬ》より、
/v/ ~ /v,/ жив-у́ жив-и́, жи́ть 《生きる》より、etc.

しかしもし語基が軟口蓋子音によって終わるならば、交替はない：

/k/ 現在 пек-у́ 命令法 пек-и́, пéчь 《焼く》より、
/g/ берег-у́ берег-и́, берéчь 《守る》より、etc.

あるいはシュー音あるいは対をもつ軟子音によって終わるならば、交替はない：

/š/ 現在 пиш-у́ 命令法 пиш-и́, писáть 《書く》より、
/l,/ кол-ю́ кол-и́, коло́ть 《刺す》より、etc.

β) もし語尾がアクセントをもたないならば、命令法は形〈ø〉をもつ(先行する子音の湿音化をもつゼロ、正書法では ь)。対をもつ硬子音の場合、湿音化がある：

/z/ ~ /z,/ 現在　ле́з-у　　命令法　ле́зь,　　ле́зть《登る》より、
/d/ ~ /d,/ 　　　ся́д-у　　　　　　ся́дь,　　се́сть P《坐る》より、etc.

もし語基が軟口蓋音で終わるならば、交替はない：

/g/　　　現在　ля́г-у　　命令法　ля́г,　　ле́чь P《横たわる》より (l. c.)
(軟口蓋音の後ろでは軟音記号を綴ることはできない、cf. §44)、

もし語基がシュー音で終わるならば、交替はない(そこでは ь が綴られるが、この文字は決して音韻論的な意味をもたない[397])：

/ž/　　　現在　ре́ж-у　　命令法　ре́жь,　　ре́зать《切る》より、
/č/　　　　　назна́ч-у　　　　　назна́чь, назна́чить P《指定する》より、
etc.

あるいは対をもつ軟子音によって終わるならば、交替はない(軟音記号はそこでは子音の湿音化――それはすでに他の形では存在する――を標示する)：

/s,/　　　現在　бро́ш-у, бро́с-ишь,　命令法　брось бро́сить P《投げる》より、
/r,/　　　　　ве́р-ю　　　　　　　　　　ве́рь　ве́рить《信じる》より、etc.

489

b) これらの規則の例外：

1. /j/ でおわる語基：

α) -ить で終わる不定形の動詞において、語尾〈ø〉と〈i〉の配分は他の子音の後ろと同様に /j/ の後ろでも同じである。

もし語尾が無アクセントであれば、ゼロ：

現在　кле́-ю,　　命令法　кле́й,　　кле́-ить《貼り付ける》より、
　　　стро́-ю　　　　　　стро́й,　　стро́-ить《建設する》より、etc.

もし語尾がアクセントをもてば、〈i〉。

現在　та-ю́　　命令法　та-и́,　　та-и́ть《隠す》より、
　　　по-ю́　　　　　　по-и́,　　по-и́ть《飲ませる》より。

β) 動詞дава́ть《与える》とその複合語において、およびвстава́ть《立ち上がる》、признава́ть《分かる》のような -става́ть, -знава́ть で終わる複合語において(現在 да-ю́, встаю́, призна-ю́ (現在語基〈daj〉、〈staj〉、〈znaj〉))、その命令法はこの現在語基を基につくられるのではなくて、示差的接尾辞〈va〉(cf. 556)と /j/ を挿入する不定形語基を基につくられる：дава́й, встава́й, признава́й.

注：дай, призна́й の形は存在するが、しかしそれらは対応する完了体動詞

да́ть, призна́ть の命令形である。

    2. **他の語基**。以下の場合において、たとえアクセントの外であっても語尾は〈,ø〉の代わりに〈,i〉である。

       α) 語基が子音群によって終わっているとき：[398]

現在   по́мн-ю,   命令法   по́мн-и,   по́мнить   《憶えている》より、

           исче́зн-у   исче́зн-и,   исче́знуть P   《消える》より、etc.

       β) 語尾アクセントをもつ動詞の動詞接頭辞 вы- を有する合成語において。自己・アクセントをもつ (§155) 動詞接頭辞 вы- は、常に完了動詞においてアクセントを引きつける。これに反して、この複合語は単純形と同じ語尾〈,i〉(と非ゼロ) を保持する：

現在   вы́пиш-у,   命令法   вы́пиш-и,   вы́писать P《書き抜く》より

(単純形 пишу́, пиши́ に従って)；

現在   вы́нес-у,   命令法   вы́нес-и,   вы́нести P《運び出す》より

(単純形 несу́, неси́ に従って)、etc.

    語尾〈,i〉は、その単純形が語基の上にアクセントをもつような вы- で終わる合成語にさえも拡張している：

現在   вы́плюн-у,   命令法   вы́плюн-и, вы́плюнуть P《唾をペッと吐き出す》より、

(単純形 плю́н-у, плю́нь に反して)、

現在   вы́брош-у,   命令法   вы́брос-и, вы́бросить P《投げ出す》より、

(単純形 бро́шу, брось に反して)、etc.[399]

    3. **不規則な命令法あるいは存在しない命令法**。

бы́ть   《être, to be》、   命令法   бу́дь,

е́сть   《食べる》、   е́шь,

да́ть P 《与える》、   да́й,

е́хать   《乗り物で行く》   поезжа́й[400].

    動詞 мо́чь《できる》と хоте́ть《欲する》は命令法をもたない[401]。

490

2°. 性と数における命令法の変化。

    a) 命令法はその使用の一部において**不変化である**、そのために主語の数や人称がたとえどのようなものであろうとも、上述した単純命令法が常に用いられる。以下に現れるものはこれである。

    1. 命令法が命令を表現しないときはいつも[402]。例：

       приди́ они́ пора́ньше, всё обошло́сь бы благополу́чно《もし彼らがもう少し早く

やって来たら、万事うまくいっただろうに》(条件法の従属節における用法);
стáли они́ тащи́ть, рáма и упади́ (Королéнко)《彼らが引っ張り始めると、実は落ちたのは額縁だ》(語りの意味の完了の命令法);
вы всё не плáтите, а я за вас отвечáй？(Чехов)《あなたはいつも支払わない、あなたに代わって私が責任を取らなければならないのか？》(不愉快な義務を表す不完了の命令法);

2. 命令法が人間の集団に向ける命令を表すときはいつも[403]。
тащи́, ребя́та 《みんな、引っ張れ》。

491

b) しかし**命令法**は、集団に向けるのではなくて、ある特定の人々に向ける命令を表現するときには、**変化することができる**。この場合に用いられる命令法の形は、主語の性と数に拠る。以下のように用いられる[404]。

1. 単数 2 人称にとって、上で述べた単純命令法。
2. 複数 2 人称にとって、後置辞の命令法；これは単純命令法に後置辞 -те を付け加えることでつくられる：
войди́ 《入れ(単数)》、 войди́-те 《入りなさい(複数)》、
заме́ть 《気付け(単数)》、заме́ть-те 《気付きなさい(複数)》。

注：同じ後置辞は、複数 2 人称(複数の話し相手に話を向けること、あるいは vous《あなた》を用いる場合に【丁寧体の場合に】)の同じ意味をもって、命令法だけでなく、命令を標示する様々な語に付加する：на́《ほら、取れ》、на́-те《取りなさい》、по́лно《もうたくさん、いい加減にしろ》、по́лно-те、また複数 1 人称の命令法にも付加する、以下参照。

3. 3 人称(単数と複数)にとって、小辞 пу́сть (通常の形) あるいは пуска́й (より口語的) とその後ろに 3 人称の現在 (完了体あるいは不完了体) の形を付けてつくられる合成命令法が使われる：[405]
пу́сть они́ войду́т!《彼らを入れなさい》、
на по́льзу дéла пуска́й ка́ждый стара́ется《訴訟のために各自に努力させなさい》。

4. **複数 1 人称**にとって、以下が用いられる[406]。

α) 人称代名詞を置かない完了体動詞、あるいは定 déterminés の運動の動詞(§607)の現在の複数 1 人称：[407]
посмо́трим P《よく考えてみよう》、ся́дем P《坐りましょう》、
пойдём P あるいは идём (定)《行きましょう》；

β) より普通には、補助動詞 дава́й とその後ろに完了体動詞あるいは不完了体動

詞の未来の複数 1 人称を付けてつくられる**合成命令法**の別形：[408]

  давáй полетúм P《飛び立とう》、

  давáй бýдем летéть《飛ぼう》。

しかしもし動詞が不完了体であれば、補助動詞 бýдем はたいていの場合省略され、давáй は単に不定形だけを伴う：

  давáй летéть《飛ぼう》；[409]

γ) もし人が複数の話し手に、あるいは vous を使って話しをする相手に【丁寧体の《あなた》に】向かって話しをするならば、複数 1 人称の 2 つの形は後置辞化される：

  пойдёмте P《出かけましょう》、споёмте, друзьá P《みんな、歌いましょう》。

давáй で終わる形では、後置辞 -те は補助動詞に付く。

  давáйте полетúм P《飛び立ちましょう》。

C. 条件法

492

条件法 conditionnel は不変化小辞 бы を使ってつくられる、合成時制である。2 種類の条件法の形がある。

493

1º. **人称的条件法** conditionnel personnel、これは小辞 бы を伴う動詞の**過去形**によって形成される[410]。それは過去と同様に、数によって、および単数では (文法) 性によって変化する：

  男性 я, ты́, о́н зна́л бы 《私が、君が、彼が知っていたなら》、

  女性 я, ты́, она́ зна́ла бы 《私が、君が、彼女が知っていたなら》、

  中性 я, ты́, оно́ зна́ло бы 《私が、君が、それが知っていたなら》、

  複数 мы́, вы́, они́ зна́ли бы 《我々、あなたたち (あなた)、彼らが知っていたなら》。

494

2º. **無人称条件法** conditionnel impersonnel、これは小辞 бы を伴う動詞の**不定形**によって形成され、行為の行為者に必ずしも言及しない：

  зна́ть бы 《もし知っていれば》。

もし行為の行為者が存在すれば、それは与格になる：

  ему́ бы зна́ть 《彼が知っていれば》。

495

小辞 бы は前接語であり、それは文の主要語の直後、あるいは補助動詞（過去あるいは不定形）の直後に置かれ、それに先行する語と一緒に一つの音韻的語を形成する：[411]

　　ты́ бы, Ва́ря, сказа́ла ему́《ヴァーリャ、お前は彼に言った方がいいのに》
あるいは　　ты́, Ва́ря, сказа́ла бы ему́《同上》。
　口語ではその小辞は 2 回繰り返される（示された位置それぞれに一回）。
　　я́ бы не то́лько Пе́тю-бра́та не повёл бы ... (Толстой)《私は兄弟のペーチャだけでなく…連れて行きたくないんだが》。
　この小辞は、もしいくつかの条件法の節が続くならば、省略することができる：
　　вы́ бы прости́ли ей, да́ и не помина́ли никогда́ (Островский)《あなたは彼女に許しを乞わねばならないだろう、そして彼女のことを決して口にしてはならない》。
　従属節において、この小辞は一般的に従属の接続詞の直後に置かれ、そしてもしこの接続詞が что́ "que" であれば、正書法ではこの接続詞と接合される。その場合には что́бы と綴られる：[412]

　　оди́н пе́ший припа́л к земле́, что́бы его́ не раздави́ли (Толстой)《ある歩行者が押しつぶされまいと、地面に身をかがめた》（人称条件法 бы ... раздави́ли）
　　Са́ша пошла́ к избе́, что́бы пожа́ловаться (Чехов)《サーシャは文句を言うために百姓家の方へ出かけた》（無人称条件法 бы пожа́ловаться）。

D. 不定形

不定形は**不定形語基**を基にして、これにほとんど常に語尾 ⟨t,⟩ (-ть)、かなり稀には ⟨t,i⟩ (-ти) あるいは ⟨ø⟩ (-чь で終わる形) を付けて形成される[413]。

496

1°. もし不定形語基が母音で終わっていれば（動詞の大多数の場合）、語尾は ⟨t,⟩ (-ть) である。

зна́-ть	《知っている》、	коло́-ть	《刺す》、
уме́-ть	《できる、能力がある》、	махну́-ть P	《振る》、
говори́-ть	《話す》、	мы́-ть	《洗う》、etc.

497

2°. もし不定形語基が子音で終わっている場合

　a) 唇音あるいは歯音：この子音は [s,] によって代えられる[414]（もし語基の子音が /z/ ならば з と綴られ、その他の場合は全て с と綴られる）。不定形の語尾はア

クセントに依存する。この語尾は過去女性の語尾と同じアクセント特性をもつので、不定形の語尾がアクセントをもつのか、あるいはもたないのかどうかを知るためには、【過去】女性形を参照すればよい。

1. **もし語尾がアクセントをもてば**、それは形 ⟨t,i⟩ (-ти) をもつ[415]。

語基	⟨n,os⟩	нес-ти́	《運ぶ》、	(過去女性	нес-ла́,	現在	нес-у́)、
	⟨v,oz⟩	вез-ти́	《乗り物で運ぶ》、(		вез-ла́,		вез-у́)、
	⟨v,od⟩	вес-ти́	《導く》、	(	ве-ла́,		вед-у́)、
	⟨m,ot⟩	мес-ти́	《掃く》、	(	ме-ла́,		мет-у́)、
	⟨gr,ob⟩	грес-ти́	《漕ぐ》、	(	греб-ла́,		греб-у́), etc.

2. **もし語尾が無アクセントであれば**、それは母音の後ろのように形 ⟨t,⟩ (-ть) をもつ：

語基	⟨griz⟩	гры́з-ть	《嚙る》、	(過去女性	гры́з-ла,	現在	грыз-у́)、
	⟨krad⟩	крас-ть	《盗む》、	(	кра́-ла,		крад-у́)、
	⟨s,ed⟩	сес-ть P	《坐る》、	(過去女性	се́-ла,	現在	ся́д-у), etc.

これらの不定形の全てにおいて、語尾前子音は [s,] と発音される。

3. **例外**をつくるのは、動詞 ид-ти́ 《歩いて行く》（[it,i] と発音される）と以下のようなその複合語である：

по-й-ти́ P 《出かける》、на-й-ти́ P 《見つける》、обо-й-ти́ P 《回る；迂回する》、etc.

これらの動詞において、単純形で ⟨id⟩ である語基と合成語で ⟨jd⟩ である語基（動詞接頭辞によって前置される）は、不定形で音 /d/ を失い、⟨i⟩ ⟨j⟩ に縮減される：⟨i + t,i⟩（しかしその д は正書法の中に独断的に保持されている：идти́）；⟨po + j + t,i⟩ пойти́. この動詞については、§551 参照。

b) **軟口蓋子音**：語基の末尾の軟口蓋音は /č/ (-чь と綴られる) に代えられる。不定形の語尾はゼロである。

もし語根母音が軟子音の後ろで /o/（書記素では ё）であれば、その不定形の母音は /e/ になる。例：

母音交替なし（語根母音は /,o/ ではない）：

語基	⟨s,ek⟩	се́чь	《切る》、	過去	сёк, сёк-ла[416],	現在	сек-у́,
	⟨mog⟩	мо́чь	《できる》、		мо́г, мог-ла́,		мог-у́, etc.

母音交替あり（語根母音 /,o/）：[417]

語基	⟨p,ok⟩	пе́чь	《焼く》、	過去	пёк, пек-ла́,	現在	пек-у́,
	⟨b,er,og⟩	бере́чь	《守る》、		берёг, берег-ла́,		берег-у́,

⟨l,og⟩　ле́чь P　《横たわる》、　　лёг, лег-ла́,　　　　　ля́г-у, etc.

c) **移動母音をもつもの**。過去形におけるように (§485)、3つの動詞の不定形に移動母音がある：

語基　⟨tol#k⟩　толо́чь　《碾く》、　過去　толо́к, толк-ла́,　現在　толк-у́,
　　　⟨ž#g⟩　жечь　《燃やす》、　　　　　жёг, жг-ла́,　　　　　жг-у́,
　　　⟨č,#t⟩　с-че́сть　《数える》、　　с-чёл, со-ч-ла́,　　　со-чт-у́ (l. c.)

(最後の動詞は常に動詞接頭辞をもつ)。

注：これらの最後の2つの動詞において、その移動母音は交替 /o/ ~ /e/ に従っている。これは過去で /o/ そして不定形で /e/ である。

E. 副動詞

1°. 現在副動詞 gérondif présent [418]。

498

a) **語尾**。現在副動詞は、**現在語基**を基に語尾 ⟨,a⟩ (先行する全ての対をもつ硬子音を湿音化する /a/) を用いてつくられる。この語尾はシュー音の後ろで -a, その他全ての場合には -я と綴られる [419]。

交替あり：
/s/ ~ /s,/　現在　нес-у́,　副動詞　нес-я́,　нести́《運ぶ》より；
/v/ ~ /v,/　　　　жив-у́,　　　　　жив-я́,　жи́ть《住む》より；

交替なし：
/č/　　　現在　пря́ч-у,　副動詞　пря́ч-а,　пря́тать《隠す》より；
/j/　　　　　　зна́-ю,　　　　　　зна́-я,　знать《知っている》より；
/b,/　　　　　любл-ю́, лю́б-ишь,　люб-я́,　люби́ть《愛する》より、etc.

499

b) **現在副動詞をもたない動詞**。

1. 現在副動詞は不完了体動詞だけを基にしてつくられる。

注：完了体動詞を基にしてつくられた現在副動詞の形 (-a, -я で終わる) があるが、それらは過去副動詞の意味をもつ、§503 参照。

2. 現在副動詞は次の動詞には存在しない。

α) 以下のような軟口蓋音によって終わる語基をもつ動詞：
пе́чь《焼く》、　現在 пек-у́; бере́чь《守る》、　現在 берег-у́, etc.[420];

β) 以下のような音節を形成しない現在語基をもつ動詞：
жда́ть《待つ》、現在 жд-у́; вра́ть《嘘をつく》、現在 вр-у́, etc.;

би́ть《打つ》、現在 бь-ю́;[421]

γ) 以下のような不定形語基の /d z g s x/ と交替する /ž š/ で終わる現在語基の動詞 (писа́ть タイプ、cf. §559):

глода́ть《囓る》、　　　現在　глож-у́;　писа́ть《書く》、　　現在　пиш-у́;
ре́зать《切る》、　　　　　 　　 ре́ж-у;　паха́ть《耕す》、　　　　　 　паш-у́;
дви́гать《動かす》、　　 　　дви́ж-у; etc.

δ) 以下の動詞:

пе́ть《歌う》、　　　現在　по-ю́;　дра́ть《はぎ取る》、現在　дер-у́;
гни́ть《腐る》、　　　　 　　гни-ю́;　зва́ть《呼ぶ》、　　　　　 зов-у́;
е́хать《乗り物で行く》、　е́д-у (l. c.)。

500

c) **不規則な現在副動詞**[422]。

1. **不定形語基を基につくられる副動詞**。動詞 дава́ть とその合成語、および -става́ть, -знава́ть で終わる派生語において、現在副動詞は(命令法と同様に、cf. §489)現在語基ではなくて、不定形語基を基につくられる。

現在　да-ю́,　しかし副動詞　дава́-я　　дава́-ть から;
　　　вста-ю́　　　　　　　　　встава́-я　　встава́-ть から;
　　　призна-ю́　　　　　　　признава́-я　признава́ть《見分ける》(l. c.)。

2. **語尾〈uč,i〉(-учи) をもつ副動詞**。この語尾は動詞 бы́ть の現在副動詞 бу́дучи に見られる(未来の бу́ду の語基〈bud〉を基にして形成されたもの)。

注：この同じ語尾 -учи は19世紀にはより普及していた：и́дучи《歩きながら》。またこの語尾は今日慣用表現において保持されている：

кра́дучись　《人目を盗んで、密かに》(文字通りは《忍び込みながら》)、
уме́ючи　　　《巧みに》(文字通りは《できながら》)、
жи́ть припева́ючи《何不足なく暮らす》(文字通りは《歌いながら暮らす》)、etc.

501

2°. **過去副動詞**。

a) **語尾**。過去副動詞は**不定形語基を基につくられる**(過去語基が不定形語基と異なる動詞については、§503 β 参照)[423]。

502

1. もし不定形語基が母音で終わっていれば、過去副動詞は語尾〈v〉(-в) をもつ。

α) **非再帰動詞において**、この語尾は唯一のものである：
остановӥ-ть P《止める》、　　　過去副動詞　остановӥ-в;
начá-ть P《始める》、　　　　　　　　　　　начá-в.

β) **再帰動詞において**、この語尾は後置辞〈ši〉(-ши) が後続し、さらにそれに再帰を標示する後置辞〈s,〉(-сь) が後続する。それ故、末端 -вшись をもつ：
остановӥ-ть-ся P《止まる》、　　過去副動詞　остановӥ-в-ши-сь;
начá-ть-ся P《始まる》(自動詞)、　　　　　　начá-в-ши-сь.

注：19 世紀において、後置辞〈ši〉は非再帰動詞とも使われていた。それで過去副動詞は -в と -вши で終わる競合する 2 つの形をもっていた：остановӥв あるいは остановӥвши. 今日、-вши で終わる形は文章語からはほぼ完全に消滅していまい、口語のまれな特殊な用法にのみ存在しているにすぎない[424]。

503
2. もし不定形語基が子音で終わっているならば。

α) 過去副動詞の昔からの規則的な語尾〈ši〉(-ши) を付ける：
語基　〈...n,os〉　принес-тӥ P　《運んでくる》、　過去副動詞　принёс-ши;
　　　〈...b,er,og〉прибере́чь P　《貯える》、　　　　　　　　　приберёг-ши;
　　　〈...vl,ok〉　привле́чь P　《引き寄せる》、　　　　　　　 привлёк-ши, etc.

不定形語基と違った過去語基をもつもの：
語基　〈...gib〉　погӥ-ну-ть P《(事故等で) 死ぬ》、過去副動詞　погӥб-ши;
　　　〈...vik〉　привы́к-ну-ть P《慣れる》、　　　　　　　　　привы́к-ши;
　　　〈...p,or〉 запере́ть P　　　《鍵をかける》、　　　　　 зáпер-ши, etc.

語基が /,o/ によって先行される歯音閉鎖音 /t/ あるいは /d/ で終わっているとき、この /,o/ は過去副動詞で /e/ によって替えられる：
語基　〈obr,ot〉　обрес-тӥ P　《得る》、　過去　обрё-л、過去副動詞　обрёт-ши;
　　　〈...v,od〉 привес-тӥ P　《導く》、　　　　привё-л　　　　　приве́д-ши, etc.

過去に移動母音をもつ同じ動詞には、副動詞でも移動母音がある：
語基　〈...tol#k〉ис-толóчь P《すりつぶす》、過去　ис-толо́к, 過去副動詞　истоло́к-ши;
　　　〈...z#g〉　с-же́чь P　《焼く》、　　　　 с-жёг,　　　　　　 с-жёг-ши;
　　　〈...č,#t〉　про-че́сть P《読む》、　　　 про-чёл　　　　　　про-чёт-ши[425];

また以下のように /e/ ~ /o/ 交替をもつものがある：
過去語基〈...š#d〉при-йтӥ P《やって来る》、過去 при-шёл, 過去副動詞 при-ше́д-ши (l. c.)。

β) しかし現代語は -ши で終わるこれらの形を用いることを嫌い、他の形によっ

てこれらを代える傾向がある。

 1. /,o/ によって先行されない歯音閉鎖音で終わる語基をもつ動詞において、〈v〉(-в) で終わる形によって (過去直説法の /l/ の前で起こると同様に、過去副動詞の /v/ の前でこの閉鎖音は脱落する)：

 укрáсть P《盗む》、過去 укрá-л, 過去副動詞 укрáд-ши よりはむしろ укрá-в;
 упáсть P《落ちる》、過去 упá-л, 過去副動詞 упáд-ши よりはむしろ упá-в;

 不定形語基 (母音で終わる) が過去語基 (子音で終わる) と異なる動詞において、不定形語基を基にして -в で終わる過去副動詞をつくるさいにも同様：

 ис-чéз-ну-ть P《消え失せる》(不定形語基〈...č,eznu〉)、過去 ис-чéз (過去語基〈..č,ez〉)、過去副動詞 ис-чéз-ну-в (今日では不可能な *исчéз-ши の代わりに);
 за-мёрз-ну-ть P《凍る》(語基〈...m,orznu〉)、過去 за-мёрз (語基〈...m,orz〉)、過去副動詞 за-мёрз-ши (このタイプの他の動詞におけると同様、cf. §563) よりはむしろ за-мёрз-ну-в;
 за-перé-ть P《鍵をかける》(語基〈...p,or,e〉)、過去 зá-пер (語基〈...p,or〉)、過去副動詞 зá-пер-ши よりはむしろ за-перé-в。

 2. 現在語基を基にしてつくられる〈,a〉(-я, -a) で終わる形によって、つまり過去副動詞の意味をもって用いられる完了体動詞の現在副動詞の形によって。この方法は、過去語基が非軟口蓋音によって終わり、前述の方法に関連しない動詞全てにとって可能である：

 при-вес-тú P《連れてくる》、現在 при-вед-ý, 過去副動詞 при-вéд-ши よりはむしろ при-вед-я́;
 за-мес-тú P《掃除する》、現在 за-мет-ý, 過去副動詞 за-мéт-ши よりはむしろ за-мет-я́;
 при-й-тú P《やって来る》、現在 при-д-ý, 過去副動詞 при-шéд-ши よりはむしろ при-д-я́;
 про-чéсть P《読む》、現在 про-чт-ý, 過去副動詞 про-чёт-ши よりはむしろ про-чт-я́, etc.

 3. 軟口蓋子音によって終わる語基をもつ動詞において、привлёкши, приберёгши のような -ши で終わる形は何によっても代えられない。しかし現代語ではこれらを避ける傾向にある。

 結局、非再帰動詞における -ши で終わる過去副動詞の形は廃れたものと見なさなければならない。

504

b) **形成の制限**。過去副動詞は普通、現代語では完了体動詞を基にしてしかつくられない。それは副動詞の動詞によって表された行為が、それが依存する動詞によって表される行為に先行することを示す。【訳注 418 参照】

19 世紀の文章語に存在する不完了体動詞の過去副動詞は、行為の先行性も、また行為の同時性も示した。それは今日使用されなくなっている。

F. 分詞[426]

505

1º. **分詞 (причастие) の末端の構造**。全ての分詞は動詞活用に属する屈折形容詞である。それ故、それらの末端は 2 つの要素を含んでいる。

a) **形容詞曲用の語尾**、それは全ての分詞にとって形容詞の長形の語尾と同じである：⟨oj⟩、⟨aja⟩、⟨ojo⟩、⟨ije⟩、etc. (cf. §308)、通常の正書法をもつ。

シュー音の後ろで (能動分詞において)：-ий, -ая, -ее, ие;
硬子音の後ろで (受動分詞において)：-ый, -ая, -ое, -ые, etc.

さらに受動分詞は形容詞における通常の語尾とともに短形をもつ：⟨ø⟩ ⟨a⟩ ⟨o⟩ ⟨i⟩ (ø, -a, -o, -ы)。

b) **動詞派生接尾辞**、これはこの語尾の前、動詞語基の後ろに置かれ、分詞のそれぞれに固有のものである。この接尾辞は以下の分詞のそれぞれの箇所で検討されよう。

506

2º. **能動現在分詞は現在語基を基につくられる**[427]。

1. **接尾辞**。現在能動分詞は以下の接尾辞を使ってつくられる：

⟨usč⟩：第 1 活用のために (-ущ-, -ющ-)；
⟨asč⟩：第 2 活用のために (-ащ-, -ящ-)。

これらの接尾辞の最初の母音 /u/ あるいは /a/ は、同じ活用の複数 3 人称の語尾の母音と同じであることに気付くであろう。例：

	第 1 活用			第 2 活用	
	нести́	писа́ть	зна́ть	говори́ть	лежа́ть
	《運ぶ》	《書く》	《知っている》	《話す》	《横たわっている》
現在単数 1	нес-у́	пиш-у́	зна́-ю	говор-ю́	леж-у́
複数 3	нес-у́т	пи́ш-ут	зна́-ют	говор-я́т	леж-а́т
能動現在分詞	нес-у́щ-ий	пи́ш-ущ-ий	зна́-ющ-ий	говор-я́щ-ий	леж-а́щ-ий
	нес-у́щ-ая	пи́ш-ущ-ая	зна́-ющ-ая	говор-я́щ-ая	леж-а́щ-ая
	нес-у́щ-ее	пи́ш-ущ-ее	зна́-ющ-ее	говор-я́щ-ее	леж-а́щ-ее
	etc.				

2. **形成の制限**。

α) 能動現在分詞は不完了動詞にしか存在しない[428]。

β) 動詞 быть の能動現在分詞は存在しない。対応する形 бу́дущий (未来 бу́ду の語基から派生されたもの) は《未来の》を意味する形容詞である。

3. **使用制限**。これはどちらかと言えば書記言語に属するスラボニア語起源の形であるが、しかし文学的文体にも学術的文体にも非常に頻度の高い形である。話し言葉は普通、次のように形容詞として用いられる分詞をもっている (補語をもつことが不適合になっている)[429]。

подходя́щий　《適当な》;　поража́ющий　《驚くべき》;
выдаю́щийся　《傑出した》;　смердя́щий　《臭気のある》、etc.

3°. **能動過去分詞**。それは**不定形語基**を基につくられる (過去語基が異なっているときは過去語基を基につくられる)[430]。

1. **接尾辞**：2つの接尾辞がある：⟨vš⟩ と ⟨š⟩：

α) もし語基が母音で終わるならば、接尾辞 ⟨vš⟩ (-вший で終わる分詞) が用いられる：

узна́-ть　P《知る》、　　　能動過去分詞　узна́-вш-ий, -ая, -ее;
забы́-ть　P《忘れる》、　　　　　　　　　забы́-вш-ий, -ая, -ее;
полюби́-ть　P《好きになる》、　　　　　　полюби́-вш-ий, -ая, -ее;
etc.

β) もし語基が子音で終わるならば、接尾辞 ⟨š⟩ (-ший で終わる分詞) が用いられる。その語基は上述した過去副動詞の語尾 -ши と同じように扱われる (cf. §503)：

принес-ти́ P《運んでくる》、　　能動過去分詞　принёс-ш-ий, -ая, -ее;
прибере́чь P《貯える》、　　　　　　　　　　прибере́г-ш-ий, -ая, -ее, etc.

不定形語基とは異なる過去語基をもつ場合：

поги́бну-ть P《死ぬ》、　　過去 поги́б, 能動過去分詞　поги́б-ш-ий, -ая, -ее;
запере́-ть P《鍵をかける》、過去 за́пер,　　　　　　　 за́пер-ш-ий, -ая, -ее, etc.

交替 /o/ ~ /e/ をもつ場合：

обрес-ти́ P《得る》、　　　　過去 обрё-л, 能動過去分詞　обрёт-ш-ий, -ая, -ее;
привес-ти́ P《連れてくる》、過去 при-вё-л,　　　　　　приве́д-ш-ий, -ая, -ее;
прийти́ P《やって来る》、　過去 при-шё-л,　　　　　　при-ше́д-ш-ий, -ая, -ее, etc.

しかし副動詞の -ши で終わる形に反して、-ший で終わるこれらの形は現代語ではよく保存されており、他の形と競合していない。それらは唯一の場合にのみ排除される。すなわち、/,o/（正書法では е, ё）が先行しない歯音閉鎖音 /d/ あるいは /t/ によって終わる語基をもつ動詞において。この場合、接尾辞〈š〉は〈vš〉によって代えられ、歯音は（過去の /l/ の前のように）脱落する：[431]

укра́с-ть P《盗む》（語基〈krad〉）、過去 укра́-л, 能動過去分詞 укра́-вш-ий;
се́с-ть P《坐る》（語基〈s,ed〉）、過去 се́-л, 能動過去分詞 се́-вш-ий, etc.

2. 使用制限：

α) 能動過去分詞は全ての完了体あるいは不完了体動詞を基に自由に形成される。

完了体動詞を基にしてつくられると、この分詞は、分詞によって指し示された行為が主節の動詞の行為よりも先行していることを示す：

все́ шко́льники, посети́вшие вы́ставку, се́ли в авто́бус
《展覧会を訪れた生徒達は皆、バスに乗り込んだ》

不完了体動詞を基にしてつくられると、この分詞は 2 つの行為の同時性を示す。それは主節の動詞が過去である場合にのみ用いることができる：

все́ шко́льники, посеща́вшие вы́ставку, остана́вливались перед э́той карти́ной
《展覧会を訪れる生徒達は皆、この絵の前で立ち止まった》

この分詞が能動現在分詞（§506）――同じく不完了体動詞を基にしてつくられ、しかもまた同時性を示すが、しかし主節の動詞は現在時制のときに用いられる――と異なっているのはここである。

всé шкóльники, посещáющие вы́ставку, останáвливаются перед э́той карти́ной 《展覧会を訪れる生徒達は皆、この絵の前で立ち止まる》。

β)スラボニア語起源の形、能動過去分詞は話し言葉では稀である。しかし書記言語、学術語あるいは文学的言語の全ての文体で自由に使われる。

508

4°. **受動現在分詞**は**現在語基**を基につくられる[432]。

a)**接尾辞**。動詞派生接尾辞は、第1活用で⟨om⟩(-ом-, -ем-)、第2活用では⟨im⟩(-им-)である。

	第1活用		第2活用
	нес-ти́	уважа́ть	люби́ть
	《運ぶ》	《尊敬する》	《愛する》
現在	нес-ý	уважá-ю	любл-ю́, люб-ишь
受動現在分詞長形	нес-óм-ый, -ая, -ое	уважá-ем-ый, -ая, -ое	люб-и́м-ый, -ая, -ое
短形	нес-óм, -а, -о	уважá-ем, -а, -о	люб-и́м, -а, -о

動詞давáть《与える》とその合成語、および -знавáть, -ставáть (l. c.)で終わる合成語において、その受動現在分詞は命令法や現在副動詞のように不定形語基を基に形成される：

давáемый, узнавáемый, доставáемый。

b)**形成の制限**：

1. 全ての受動形と同様に、それは他動詞のみに基づいてつくられる[433]。
2. それは不完了体動詞にのみ基づいてつくられる。
3. 不完了体動詞の中で、それは次のグループの動詞にのみ基づいて規則的につくられる。

α) -ать, -аю で終わる動詞、とりわけ接尾辞⟨a⟩あるいは⟨iva⟩(§579)をもつ派生不完了体動詞：[434]

изучáть《学ぶ》、　　　現在 изучá-ю,　　受動現在分詞 изучá-ем-ый;
рассмáтривать《観察する》、 現在 рассмáтрива-ю, 受動現在分詞 рассмáтрива-ем-ый, etc.

β) -ить で終わる動詞：

приводи́ть《引用する》、　受動現在分詞 приводи́мый;

γ)以下の動詞：

нести́《運ぶ》、　現在 нес-ý,　受動現在分詞 нес-óм-ый;
вести́《導く》、　現在 вед-ý,　受動現在分詞 вед-óм-ый;

влечь《引く》、　　現在 влек-у́, 受動現在分詞 влек-о́м-ый;
гнать《追う》、　　現在 гон-ю́, 受動現在分詞 гон-и́м-ый (l. c.)。

　c) **使用制限**。これは書物的な形であり、口語では全く無縁である。文学的に書かれた言葉においても稀である。しかし学術的な文体ではこれは全く普通に用いられる：[435]

　　рассма́триваемый на́ми вопро́с《我々によって検討されている問題》。
　その短形は書物的な言葉においてさえ稀である (cf. §467)[436]。
　日常語は、люби́мый, уважа́емый, etc. のような形容詞になった若干の形だけを知るのみである。

509

　5°. **受動過去分詞**。それは**不定形語基**を基にしてつくられる[437]。
　a) **接尾辞**。それは4つの異なる接尾辞を使ってつくられる：⟨;on⟩ ⟨=on⟩ ⟨n⟩ ⟨t⟩。
　/n/ によって終わる3つの接尾辞において、この /n/ は長形で重複されるが、短形では単一のままである。例：

⟨n⟩　　сде́ла-ть P《する》、　　　長形　сде́ла-нн-ый, сде́ла-нн-ая;
　　　　　　　　　　　　　　　　　短形　сде́ла-н, сде́ла-н-а;
⟨;on⟩　 принес-ти́ P《運んでくる》、長形　принес-ённ-ый, принес-ённ-ая;
　　　　　　　　　　　　　　　　　短形　принес-ён, принес-ен-а́;
⟨=on⟩　 спроси́-ть P《訊ねる》、　　長形　спро́ш-енн-ый, спро́ш-енн-ая;
　　　　　　　　　　　　　　　　　短形　спро́ш-ен, спро́ш-ен-а, etc.

　4つの接尾辞の配分は次の通りである：
　　1. **接尾辞** ⟨;on⟩（対をもつ硬子音の湿音化と軟口蓋音の硬口蓋化をもつ /on/、正書法では -ён-, -ен-, -ённ-, -енн-) は、不定形語基が /r/ 以外の子音で終わっているとき用いられる：

/s/ ~ /s,/　принес-ти́ P《運んでくる》、　　受動過去分詞　принес-ённ-ый;
/z/ ~ /z,/　увез-ти́ P《運び去る》、　　　　　　　　　　увез-ённ-ый;
/d/ ~ /d,/　укра́с-ть P《盗む》、(現在 укра́д-у́)　　　укра́д-енн-ый;
/b/ ~ /b,/　сгрес-ти́ P《寄せ集める》、(現在 сгреб-у́)　сгреб-ённ-ый, etc.

　軟口蓋子音の後ろで、硬口蓋化：
/k/ ~ /č,/　испе́чь P《焼く》、(現在 испек-у́)　受動過去分詞　испеч-ённ-ый;
/g/ ~ /ž,/　сбере́чь P《保存する》、(現在 сберег-у́)　　　　　сбереж-ённ-ый, etc.

　　2. **接尾辞** ⟨=on⟩（一般的な硬口蓋化をもつ /on/、正書法では -ён-, -ен-, -ённ-, -енн-) は、/i/ あるいは /e/ によって終わる不定形語基 (-ить, -еть で終わる動詞) をも

つ第 2 活用の動詞で用いられるが、しかし不定形語基の末尾母音 /i/ あるいは /e/ は受動過去分詞の形成において消える；接尾辞〈=on〉は先行の子音と接触し、その子音を硬口蓋化させる。例えば、-ить で終わる動詞：

/b,/ ~ /bl,/	сгорб-и́-ть	P《背を丸める》、受動過去分詞	сго́рбл-енн-ый;
/p,/ ~ /pl,/	куп-и́-ть	P《買う》、	ку́пл-енн-ый;
/v,/ ~ /vl,/	улов-и́-ть	P《知覚する》、	уло́вл-енн-ый;
/m,/ ~ /ml,/	закорм-и́-ть	P《過度に食べさせる》、	зако́рмл-енн-ый;
/d,/ ~ /ž/	прослед-и́-ть	P《跡づける》、	просле́ж-енн-ый;
/t,/ ~ /č,/	развинт-и́-ть	P《(ねじを)緩める》、	разви́нч-енн-ый;
/st,/ ~ /sč,/	пуст-и́-ть	P《放つ》、	пу́щ-енн-ый;
/z,/ ~ /ž/	пораз-и́-ть	P《突く；打ち抜く》、	пораж-ённ-ый;
/s,/ ~ /š/	спрос-и́-ть	P《訊ねる》、	спро́ш-енн-ый, etc.

/n,/ /l,/ /r,/ およびシュー音との交替はない：

/r,/	уговор-и́-ть	P《説得する》、	уговор-ённ-ый;
/l,/	взбел-и́-ть	P《白くする》、	взбел-ённ-ый;
/n,/	обвин-и́-ть	P《罪があると見なす》、	обвин-ённ-ый;
/š/	реш-и́-ть	P《決める；解く》、	реш-ённ-ый, etc.

スラボニア語起源の -тить, -дить で終わる一部の動詞は、《スラボニア語的硬口蓋化》と言われる交替を行う：

/t,/ ~ /sč,/	запрет-и́-ть	P《禁じる》、 受動過去分詞	запрещ-ённ-ый;
/d,/ ~ /žd,/	утверд-и́-ть	P《確信させる》、	утвержд-ённ-ый, etc.

-еть で終わる第 2 活用の動詞(その内の非常に少数が受動過去分詞をもつ)の例：

/p,/ ~ /pl,/	претерп-е́-ть	P《耐える》、 受動過去分詞	прете́рпл-енн-ый;
/d,/ ~ /ž/	оби́д-е-ть	P《侮辱する》、	оби́ж-енн-ый;
	просид-е́-ть	P《(ある時間)坐る》、	проси́ж-енн-ый;
/t,/ ~ /č,/	заверт-е́-ть	P《回転させる》、	заве́рч-енн-ый;
/r,/	предусмотр-е́-ть	P《見越す》、	предусмо́тр-енн-ый (l. c.).

この接尾辞の適応においていくつかの**不規則**がある。

α) -ить, -еть で終わる第 2 活用の少数の動詞は同じ接尾辞をもつが、硬口蓋化はない。よく使われる -еть で終わる 2 つの動詞：

уви́д-е-ть	P《見る》、	受動過去分詞	уви́д-енн-ый'
возненави́д-е-ть	P《憎悪する》、		возненави́д-енн-ый (l. c.)

またスラボニア語起源で、擬古体的な高い文体の -ить で終わる 2 つの動詞：

  заклейм-и́-ть   P《烙印を押す》、受動過去分詞   заклейм-ённ-ый;
  пронз-и́-ть   P《突き刺す》、   пронз-ённ-ый (l. c.)

同じ起源の同じ文体をもつ 2 つの別の動詞は、⟨on⟩ の代わりに硬口蓋化のない接尾辞 ⟨en⟩ をもつ：

  благослов-и́-ть   P《祝福する》、 受動過去分詞   благослов-е́нн-ый;
  презр-е́-ть   P《軽蔑する》、   презр-е́нн-ый (l. c.)。

β) 接尾辞 ⟨=on⟩ は第 1 活用の 2 つの動詞にも適応される。これらの 2 つの動詞はそれらの不定形語基の末尾母音、それぞれ /a/ と /i/ を失う：

  поколеб-а́-ть   P《揺する》、 受動過去分詞   поколе́бл-енн-ый;
  ушиб-и́-ть   P《叩く》、   уши́бл-енн-ый (l. c.)。

3. 接尾辞 ⟨n⟩ (-н-, -нн-) は /a/ の後ろで用いられる (/a/ は鼻音と交替しない、cf. §544)。例：

  узна́-ть   P《知っている》、受動過去分詞   у́зна-нн-ый;
  прочита́-ть   P《読む》、   прочи́та-нн-ый;
  потеря́-ть   P《なくす》、   поте́ря-нн-ый;
  задержа́-ть   P《引き留める》、   заде́ржа-нн-ый, etc.

4. 接尾辞 ⟨t⟩ は上記に列挙されなかった場合に適応される、すなわち、以下の通り。

α) /r/ の後ろ (重要なことは不定形語基とは別の過去語基をもつ動詞である)：

  запере́-ть   P《鍵をかける》(過去 за́пер)、受動過去分詞   за́пер-т-ый;
  протере́-ть   P《穴を開ける》(過去 протёр)、   протёр-т-ый, etc.

注：子音で終わる他の語基は接尾辞 ⟨;on⟩ をもつ。

β) 第 1 活用の動詞における /e/ /i/ の後ろで：

/e/   оде́-ть   P《着せる》、 受動過去分詞   оде́-т-ый;
   спе́-ть   P《歌う》、   спе́-т-ый;
   согре́-ть   P《暖める》、   согре́-т-ый, etc.

/i/   уби́-ть   P《殺す》、   уби́-т-ый;
   прожи́-ть   P《生きる》、   про́жи-т-ый;
   забы́-ть   P《忘れる》、   забы́-т-ый;
   умы́-ть   P《洗う》、   умы́-т-ый, etc.

注：/e/ /i/ (第 2 活用) で終わる他の語基は接尾辞 ⟨=on⟩ をもつ。

γ) 現在語基において鼻音 (/m/ あるいは /n/) と交替する不定形語基の /a/ の後

ろで：

заня́-ть	P《占める》	（現在 займ-у́）、	受動過去分詞	за́ня-т-ый;
сжа́-ть	P《締め付ける》	（現在 сожм-у́）、		сжа́-т-ый;
смя́-ть	P《皺をつける》	（現在 сомн-у́）、		смя́-т-ый, etc.

注：/a/ で終わる他の語基は接尾辞 〈n〉 に従う。

б)/o/ /u/ の後ろで：

/o/	заколо́-ть	P《刺し殺す》、	受動過去分詞	заколо-т-ый;
/u/	взду́-ть	P《吹き上げる》、		взду́-т-ый;
	тро́ну-ть	P《触る》、		тро́ну-т-ый;
	разверну́-ть	P《広げる》、		разверну-т-ый, etc.

(また -нуть で終わる他の動詞全て)。

510

b) **使用制限**。受動過去分詞はロシア語起源であり、スラボニア語起源でない唯一の分詞である。それ故、それはあらゆる文体に区別なく用いられる。しかしその形成には以下の制限がある。

1. 全ての受動形のように、それは他動詞を基にしてしかつくられない。

2. 通常の方法として、それは完了体動詞を基にしてしかつくられない[438]。不完了体動詞にとっては、次の制限が存在する[439]。

α)以下のような動詞接頭辞の不完了体は受動過去分詞をもたない：

занима́ть《占める》、закрыва́ть《覆う》、приноси́ть《持ってくる》、etc.

β)単純不完了体は受動過去分詞をつくることができる：

би́тая посу́да《割れた食器》、

мя́со, жа́ренное в сковороде́《フライパンの中で焼かれた肉》、

しかしこれらの分詞は現代語においてほとんど使用されない。

主としてそれらは形容詞として(それに依存する補語なしに)用いられ、そしてこの場合に長形は 2 つではなくてただ 1 つの н で綴られる：

жа́реное мя́со《焼いた肉》。

III. 動詞形のアクセント

511

動詞形のアクセントを研究するためには、一方で全ての動詞にとって一様な姿で形成される述語形と不定形と、他方で我々がすでに見たようにその形成が同質では

なくて、ある制限があるような名詞形とを区別することが便利である。

A. 人称形と不定形のアクセント[440]

512

1º. 末端のアクセント属性。末端は唯一の形態素である語尾を含む、ただし過去では2つの形態素：接尾辞 ⟨l⟩ と語尾を含む。

a) **語尾**：それらのアクセント属性は以下である：

現在グループ		不定形グループ	
現在：単数1人称：	D!	不定形：	D!
単数の形：	ºD / D!		
命令法：	D!	過去：女性：	D!
		他の形：	ºD

動詞において（名詞で行われていることに反して）、ºD/D! タイプの交替をもつ語尾にとって、2つのヴァリアントの配分は語幹に依っている。後・アクセント語幹(T´)のうしろでは ºD、無アクセント語幹(ºT)の後ろでは D!。

b) **過去の接尾辞 ⟨l⟩**：その接尾辞は、それに先行する語基の末尾に従って様々な属性をもつ。

母音あるいは /r/ 【鳴音もまた】によって終わる語基の後ろで、それは無アクセントである：ºS

/r/ 以外の子音によって終わる語基の後ろで、それは後・アクセントである：S´

例（その他の形態素全ては無アクセントであるような形の例が選ばれる）：

⟨ºl⟩：母音で終わる語基の後ろ： ºT+ºS+ºD про́-да-л-и 《彼らは売った》、
⟨ºl⟩：/r/ で終わる語基の後ろ： ºT+ºS+ºD у́-мер-л-и 《彼らは死んだ》、
⟨l´⟩：子音で終わる語基の後ろ： ºT+S´+ºD про-нес-л-и́ 《彼らは通りすぎた》。

注：歯音閉鎖音（それは接尾辞 ⟨l⟩ の前で消える、cf. §485）によって終わる語基の後ろで、接尾辞は子音で終わる全ての語基の後ろのように扱われる。それは後・アクセント S´ である：

ºT+S´+ºD про-ве-л-и́ 《彼らは連れて行った》（現在 про-вед-у́）。

513

2º. 示差的接尾辞のアクセント属性。現在グループにおいて、末端は常に直接に動詞語幹に付け加わる。しかし不定形グループにおいて、多くの動詞は語幹と末端の間に示差的接尾辞を挿入する(§475)。これらの接尾辞は以下の特徴をもっている。

a) 音節語根の後ろの示差的接尾辞〈a〉は、示差的接尾辞〈e〉〈i〉〈o〉〈u〉の全ての使用と同様に、自己・アクセントをもつ：S!

　〈°kov+a!+°l+a!〉　　ков-á-л-а　　《彼女は鍛えた》、
　〈°govor,+i!+°l+a!〉　говор-и́-л-а　《彼女は話した》、
　〈°maxn+u!+°l+a!〉　махн-у́-л-а　《彼女は振った》、etc.

b) 非音節語根の後ろの示差的接尾辞〈a〉は無アクセントである：°S

　〈°b#r+°a+°l+a!〉　　бр-а-лá　　《彼女は取った》、
　〈°s#p+°a+°l+a!〉　　сп-а-лá　　《彼女は眠っていた》、etc.

　注：この規則は硬口蓋子音の後ろの接尾辞〈a〉——それはたとえ非音節的な語根の後ろでさえ自己・アクセントである——には適用されない：рж-á-ла《(馬が)嘶いた》、мч-á-ла《彼女は疾走していた》(l.c.)。逆に、接尾辞〈i〉は、普通自己・アクセントであるが、形〈rod+°i+°l+a!〉родилá《彼女は産んだ》と動詞роди́ться《生まれる》の過去、роди́лся, роди́лась, роди́лись (少なくともこれらの形が完了体であるとき)では無アクセントである[441]。

　我々はアクセント法の研究において、自己・アクセントの示差的接尾辞をもつ動詞とそれをもたない動詞(無アクセントの示差的接尾辞あるいは示差的接尾辞なしの動詞)を区別しなければならない。

514

3°. **語幹のアクセント属性**。3つのタイプの語幹がある。

　a) T!：**自己・アクセントのある語幹**：たとえ末端が如何なるものであろうとも、アクセントは**語幹の上に固定されている**。例：

　　自己・アクセントの示差的接尾辞をもつもの：гото́в-и-ть《準備する》、
　　自己・アクセントの示差的接尾辞をもたないもの：ле́з-ть《登る》。

現在	単数1人称：T!+D!	гото́вл-ю	ле́з-у
	単数2人称：T!+´D/D!	гото́в-ишь	ле́з-ешь
過去	女性：　　　T!+S!+D!	гото́в-и-ла	T!+D!	ле́з-л-а
	中性：　　　T!+S!+°D	гото́в-и-ло	T!+°D	ле́з-л-о

　b) T´：**後・アクセント語幹** (これらの語幹の後ろで、´D/D!タイプの語尾は常に前・アクセントの形´Dの形で現れる)。アクセントは**狭い移動**である。すなわち、アクセントは、前・アクセントのある語尾の前の語尾前音節の上 (単数1人称以外の現在形)、その他全ての形で語幹の後ろに置かれた音節の上にある。例：

　　自己・アクセントのある示差的接尾辞をもつもの：колот-и́-ть《叩く》；
　　自己・アクセントのある示差的接尾辞をもたないもの：мо́чь《できる》：

現在	単数1人称：T´+D!	колоч-ý		мог-ý
	単数2人称：T´+´D	колóт-ишь		мóж-ешь
過去	女性： T´+S!+D!	колот-и́-л-а	T´+D!	мог-л-á
	中性： T´+S!+°D	колот-и́-л-о	T´+°D	мог-л-ó

c) °T：**無アクセント語幹**（これらの語幹の後ろでは、´D/D! タイプの語尾は自己・アクセントのあるヴァリアント D! の形で常に現れる）。アクセントは末端（自己・アクセントのある語尾あるいは接尾辞）の上に、あるいは語頭（もし語が無アクセント形態素のみを含むならば、劣性アクセント）の上にのみあり得る。以上からいくつかのヴァリアントがある。

1. もし自己・アクセントのある示差的接尾辞があれば、アクセントは**末端の上に固定**される。例：говор-и́-ть《話す》：

現在	単数1人称：°T+D!	говор-ю́	
	単数2人称：°T+D!	говор-и́шь	
過去	女性： °T+S!+D!	говор-и́-л-а	
	中性： °T+S!+°D	говор-и́-л-о	

2. もし自己・アクセントのある示差的接尾辞がなければ、

α) 噪子音（/v/ を除く）によって終わる語幹の場合、過去の接尾辞〈l〉は後・アクセントである：〈l´〉。**アクセントは末端の上に固定**される。例：нес-ти́《運ぶ》：

現在	単数1人称：°T+D!	нес-ý	
	単数2人称：°T+D!	нес-ёшь	
過去	女性： °T+S´+D!	нес-л-á	
	中性： °T+S´+°D	нес-л-ó	

β) 母音あるいは鳴音（あるいは /v/）によって終わる語幹の場合、過去の接尾辞は無アクセントである：〈°l〉。アクセントは**広い移動**である。もし語尾が自己・アクセントをもてばアクセントは語尾の上に、他方、もし語尾が無アクセントであれば語頭の上に（劣性アクセント）アクセントは置かれる。例：нача́-ть P《始める》。

現在	単数1人称：°T+D!	начн-ý	
	単数2人称：°T+D!	начн-ёшь	
過去	女性： °T+°S+D!	нача-л-á	
	中性： °T+°S+°D	на́ча-л-о	

劣性アクセントは接頭辞の上にあることも、ないことも可能である、cf. §517。

注：語幹のアクセント属性は、現在形の単数の1人称と2人称のアクセント法に現れることに注意せよ。

T！：語幹の上に固定： готóвл-ю, готóв-ишь; лéз-у, лéз-ешь;
T´：狭い移動： колоч-ý, колóт-ишь; мог-ý, мóж-ешь;
°T：語尾固定： говор-ю́, говор-и́шь; нес-у́, нес-ёшь; начн-у́, начн-ёшь.

これらの様々なタイプのアクセント法は以下の表に示されている。

	T！ 語幹固定アクセント				T´ 狭い移動アクセント			
	自己・アクセントの示差的接尾辞の				自己・アクセントの示差的接尾辞の			
	ある		なし		ある		なし	
現在1	T!+D!	готóвл-ю	T!+D!	лéз-у	T´+D!	колоч-ý	T´+D!	мог-ý
単2	T!+´D	готóв-ишь	T!+´D	лéз-ешь	T´+´D	колóт-ишь	T´+´D	мóж-ешь
3	T!+´D	готóв-ит	T!+´D	лéз-ет	T´+´D	колóт-ит	T´+´D	мóж-ет
複1	T!+´D	готóв-им	T!+´D	лéз-ем	T´+´D	колóт-им	T´+´D	мóж-ем
2	T!+´D	готóв-ите	T!+´D	лéз-ете	T´+´D	колóт-ите	T´+´D	мóж-ете
3	T!+´D	готóв-ят	T!+´D	лéз-ут	T´+´D	колóт-ят	T´+´D	мóг-ут
命令法	T!+D!	готóвь	T!+D!	лезь	T´+D!	колот-и́		
不定形	T!+S!+D!	готóв-и-ть	T!+D!	лéз-ть	T´+S!+D!	колот-и́-ть	T´+D!	мóчь
過去男	T!+S!+°D	готóв-и-л	T!+°D	лéз	T´+S!+°D	колот-и́-л	T´+°D	мог
女	T!+S!+D!	готóв-и-л-а	T!+D!	лéз-л-а	T´+S!+D!	колот-и́-л-а	T´+D!	мог-л-а́
中	T!+S!+°D	готóв-и-л-о	T!+°D	лéз-л-о	T´+S!+°D	колот-и́-л-о	T´+°D	мог-л-ó
複	T!+S!+°D	готóв-и-л-и	T!+°D	лéз-л-и	T´+S!+°D	колот-и́-л-и	T´+°D	мог-л-и́

	自己・アクセントの示差的接尾辞をもつ		°T 現在で語尾固定アクセント 自己・アクセントの示差的接尾辞をもたない			
			噪子音で終わる語幹		母音あるいは鳴音で終わる語幹	
	末端固定アクセント		末端固定アクセント		過去で広い移動アクセント	
現在 1	°T+D!	говор-ю́	°T+D!	нес-у́	°T+D!	начн-у́
単 2	°T+D!	говор-и́шь	°T+D!	нес-ёшь	°T+D!	начн-ёшь
3	°T+D!	говор-и́т	°T+D!	нес-ёт	°T+D!	начн-ёт
複 1	°T+D!	говор-и́м	°T+D!	нес-ём	°T+D!	начн-ём
2	°T+D!	говор-и́те	°T+D!	нес-ёте	°T+D!	начн-ёте
3	°T+D!	говор-я́т	°T+D!	нес-у́т	°T+D!	начн-у́т
命令法	°T+D!	говор-и́	°T+D!	нес-и́	°T+D!	начн-и́
不定形	°T+S!+D!	говор-и́-ть	°T+D!	нес-ти́	°T+D!	нача́-ть
過去男性	°T+S!+°D	говор-и́-л	°T+S´+°D	нёс	°T+°S+°D	на́ча-л
女性	°T+S!+D!	говор-и́-л-а	°T+S´+D!	нес-л-а́	°T+°S+D!	нача-л-а́
中性	°T+S!+°D	говор-и́-л-о	°T+S´+°D	нес-л-о́	°T+°S+°D	на́ча-л-о
複数	°T+S!+°D	говор-и́-л-и	°T+S´+°D	нес-л-и́	°T+°S+°D	на́ча-л-и

515

4°. **様々なタイプの実数**。実数は動詞の様々なグループを検討するときに列挙しよう (IV)。

次のことに注意すべきである。

a) 自己・アクセントの示差的接尾辞のある動詞において、3つのタイプのアクセント法 (T! гото́вить, T´ колоти́ть, °T говори́ть) は全て生産的である。

b) 自己・アクセントの示差的接尾辞のない動詞において、ле́зть (T!) タイプだけが生産的である。мочь (T´) タイプはこのただ1つの動詞にのみ適応される。нести́, нача́ть (°T) タイプは、少数の動詞グループに適応される。

少数の稀な動詞において、語幹は**アクセント法の交替**を起こす：現在語基と不定形語基において同じアクセント属性をもたない。例：

°T / T!：крад-у́, крад-ёшь, кра́с-ть 《盗む》：

現在語基：ºT〈ºkrad〉；現在グループは нес-ý モデルに従ってアクセントが置かれる：крад-ý, крад-ёшь; крад-и́.

不定形語基：T!〈kra!d〉；不定形グループは лéз-ть モデルに従ってアクセントが置かれる：крáс-ть; крá-л, крá-л-а, крá-л-о.

T´/ T!：об-ним-ý, об-ни́м-ешь, об-ня́-ть P《抱きしめる》。

現在語基：T´〈n,im´〉；現在グループは мог-ý, мóж-ешь モデルに従ってアクセントが置かれる：об-ним-ý, об-ни́м-ешь, об-ни́м-ет; об-ним-и́.

不定形語基：ºT〈ºn,a〉；不定形グループは на-чá-ть モデルに従ってアクセントが置かれる：об-ня́-ть; óб-ня-л, об-ня-л-á, óб-ня-л-о.

516

5º. **動詞接頭辞 préverbe**[442] **の上へのアクセントの移動、あるいは過去で後置辞 ся/сь の上へのアクセントの移動**。この移動は、全ての形態素が無アクセントである、劣性アクセントをもつ形においてのみ可能である。これらの条件は начáть タイプの動詞の過去形においてのみ揃っている：〈ºna+ºča+ºl+ºø〉 нáчал. 同じ形はそれらが女性の語尾〈a!〉の上にアクセントをもつことで見分けがつく：началá. 従って、女性過去で〈a!〉の上にアクセントをもつ全ての動詞は、過去のその他の形で動詞接頭辞あるいは後置辞の上にアクセントを移動させる能力がある。実際、このアクセント移動は移動アクセントの条件の下で生ずる。

517

a)**動詞接頭辞の上への移動**。動詞の過去はその場合、広い移動アクセントをもつ。

男性 〈na+ºča+ºl+ºø〉 нá-ча-л ; 中性 〈ºna + ºča + ºl + ºo〉 нá-ча-л-о ;
女性 〈na+ºča+ºl+a!〉 на-ча-л-á ; 複数 〈ºna + ºča + ºl + º,i〉 нá-ча-л-и.

1. 語根がただ1つの子音で始まる動詞において、アクセント移動は可能である。

α) それは -мереть, -переть, -чать, -нять, -дать (l. c.) で終わる合成語において規則的に生ずる：

у-мерéть, ý-мер, у-мер-лá, ý-мер-ли P《死ぬ》;
за-перéть, зá-пер, за-пер-лá, зá-пер-ли P《鍵をかける》;
на-чáть, нá-ча-л, на-ча-лá, нá-ча-ли P《始める》;
за-ня́ть, зá-ня-л, за-ня-лá, зá-ня-ли P《占める》;
про-дáть, прó-да-л, про-да-лá, прó-да-ли P《売る》。

-дать で終わる合成語の中の例外：из-дá-ть, из-дá-л, из-да-л-á P《出版する》(l. c.).

β) それは -лить, -пить, -жить, -быть (l. c.) で終わる合成語において不規則に生ず

る：

про-ли́-ть, про́-ли-л あるいは про-ли́-л, про-ли-л-а́ P《注ぎこぼす》；
за-пи́-ть, за́-пи-л, за-пи-л-а́《飲み始める》, しかし за-пи́-ть, за-пи́-л, за-пи-л-а́ P《飲み物を飲みながら食べる》；
пере-жи́-ть, пе́ре-жи-л あるいは пере-жи́-л, пере-жи-л-а́ P《より長く生きる》；
про-бы́-ть, про́-бы-л あるいは про-бы́-л, про-бы-л-а́ P《滞在する》。

例外：-вить (l. c.) で終わる合成語ではアクセントは移動しない。

2. アクセントの移動は、語根が 2 つの子音で始まる動詞においては起こらない。

про-гни́-ть, про-гни́-л, про-гни-л-а́, про-гни́-л-и P《朽ち果てる》；
пере-плы́-ть, пере-плы́-л, пере-плы-л-а́, пере-плы́-л-и P《(船で、泳いで)渡る》；
у-бр-а́-ть, у-бр-а́-л, у-бр-а-л-а́, у-бр-а́-л-и P《取り除く》；
со-лг-а́-ть, со-лг-а́-л, со-лг-а-л-а́, со-лг-а́-л-и P《嘘をつく》、etc.

例外：про-кля́сть, про́-кля-л, про-кля-л-а́, про́-кля-л-и P《呪う》(l. c.)。

518

b) **再帰動詞の後置辞 ся/сь の上の移動**。それは、非再帰・女性で ⟨a!⟩ の上にアクセントをもつ全ての動詞の過去において規則的に生ずる。後置辞は自己・アクセントをもち (⟨s,a!⟩ ～ ⟨s,!⟩)、そしてアクセントを引きつける：

男性　⟨na+°ča+°l+°ø+s,a!⟩　на-ча́-л-ся　《(それは)始まった》
女性　⟨na+°ča+°l+a!+s,!⟩　на-ча-л-а́-сь
中性　⟨na+°ča+°l+°o+s,!⟩　на-ча-л-о́-сь
複数　⟨na+°ča+°l+°,i+s,!⟩　на-ча-л-и́-сь

しかし男性では、アクセントは後置辞(前アクセントのヴァリアント⟨´s,a⟩)に先行する音節に置くこともできる：

男性　⟨na+°ča+°l+°ø+´s,a⟩　на-ча́-л-ся.

同様に：

за-пер-ся́ あるいは за-пе́р-ся, за-пер-л-а́-сь, за-пер-л-и́-сь《鍵がかかる》；
за-ня-л-ся́ あるいは за-ня́-л-ся, за-ня-л-а́-сь, за-ня-л-и́-сь《従事する》；
про-да-л-ся́ あるいは про-да́-л-ся, про-да-л-а́-сь, про-да-л-и́-сь《裏切る、売る》；
про-ли-л-ся́ あるいは про-ли́-л-ся, про-ли-л-а́-сь, про-ли-л-и́-сь《流れこぼれる》；
у-бр-а-л-ся́ あるいは у-бр-а́-л-ся, у-бр-а-л-а́-сь, у-бр-а-л-и́-сь《片付ける；取り入れをする》、etc.

注：過去以外に、動詞接頭辞あるいは後置辞の上へのアクセント移動はいくつ

かの名詞形においても生ずる。

1. 例外的に、副動詞と能動過去分詞において。záперши, заперши́сь, зáперший; óтперши, отперши́сь, óтперший (l. c.)、cf. §520 と §522。

2. 受動過去分詞において規則的に生ずる、cf. §526 と §528。

B. 副動詞のアクセント

519

1°. 現在副動詞。現在副動詞の語尾 ⟨,a⟩ は、現在 1 人称の語尾 ⟨u!⟩ のように自己・アクセントをもつ (D!)。それ故、一般的には現在副動詞は現在 1 人称と同じアクセントをもつ：

  готóв-и-ть《準備する》、 現在 готóвл-ю, 現在副動詞 T!+D! готóв-я,
  молот-и́-ть《脱穀する》、   молоч-у́,   T´+D! молот-я́,
  говор-и́-ть《話す》、   говор-ю́,   °T+D! говор-я́, etc.

例外は、副動詞のアクセントが語頭にある、無アクセント語幹をもつ 5 つの動詞である（語尾の無アクセントヴァリアント：⟨°,a⟩）：[443]

  гляд-é-ть《眺める》、 現在 гляж-у́, 現在副動詞 гля́д-я,
  молч-á-ть《黙っている》、   молч-у́,   мóлч-а,
  леж-á-ть《横たわっている》、 леж-у́,   лёж-а,
  сид-é-ть《坐っている》、   сиж-у́,   си́д-я,
  сто-я́-ть《立っている》、   сто-ю́,   стó-я (l. c.)。

520

2°. 過去副動詞。

a) その語尾 ⟨v!⟩（母音語基の後ろで用いられる）は、不定形の語尾 ⟨t,!⟩ のように自己・アクセントをもつ (D!)。それ故、この語尾をもつ動詞において、副動詞のアクセントは不定形のアクセントと常に同じである。

  при-готóв-и-ть P《準備する》、 過去副動詞 при-готóв-и-в,
  об-молот-и́-ть P《脱穀する》、   об-молот-и́-в,
  на-чá-ть P《始める》、   на-чá-в, etc.

b) -в で終わる副動詞のヴァリアント -вши をつくるために ⟨v⟩ の後ろで使われる後置辞 ⟨ši⟩ は、それらのアクセント法において決して何も変えない：

  при-готóв-и-в-ши, об-молот-и́-в-ши, на-чá-в-ши, на-чá-в-ши-сь

c) 語尾 ⟨˙ši⟩（子音語基の後ろで使われる）は前・アクセント (`D) である：

  про-лéз-ть P《這い込む》、 過去副動詞 про-лéз-ши,

по-мо́чь　　　Р《手伝う》、　　　　　　по-мо́г-ши、
при-нес-ти́　　Р《運んでくる》、　　　при-нёс-ши．

　例外は、2つの動詞 запере́-ть Р《鍵をかける》 と от-пере́-ть　Р《錠をあける》、およびその対応する再帰形であり、そこでは ⟨ºši⟩ は無アクセント語尾 (ºD) であり、それ故、劣性アクセントをもつ：[444]

　ºT+ºD　　　 за́пер-ши　《鍵をかけて》、過去 ºT+ºS+ºD за́пер-л-и のように；

　ºT+ºD+⟨s,!⟩　запер-ши́-сь 《鍵がかかって》、過去 ºT+ºS+ºD+⟨s,!⟩ запер-л-и́-сь のように。

C. 分詞のアクセント[445]

521

1º. **能動現在分詞**。接尾辞 ⟨u!sč⟩ と ⟨a!sč⟩ は一般的に自己・アクセントをもつ (S!)。それ故、アクセントはたいていの場合、現在1人称と同じ場所にある。

　　гото́в-и-ть《準備する》、能動現在分詞 T!+S! гото́в-ящ-ий、現在 T!+D! гото́вл-ю のように；

　　ле́з-ть《登る》、　　能動現在分詞　T!+S! ле́з-ущ-ий、現在　　T!+D! ле́з-у；

　　молот-и́-ть《脱穀する》、　　　T´+S! молот-я́щ-ий、　　T´+D! молоч-у́；

　　мо́чь《できる》、　　　　　　　T´+S! мог-у́щ-ий、　　　T´+D! мог-у́；

　　говор-и́-ть《話す》、　　　　　ºT+S! говор-я́щ-ий、　　 ºT+D! говор-ю́；

　　нес-ти́《運ぶ》、　　　　　　　ºT+S! нес-у́щ-ий、　　　 ºT+D! нес-у́, etc.

　例外は、後・アクセント語幹 (T´; 現在形では狭い移動アクセント) ——そこでは接尾辞は前・アクセント (´S) である——をもついくつかの動詞である。それ故、アクセントは接尾辞前アクセントである。それは現在【単数】2人称と同じ場所にある。次の場合がある。

　a) 第1活用の後・アクセント語幹 (T´) をもつ全ての動詞 (接尾辞 ⟨usč⟩)、ただし мо́чь《できる》を除く：

　　тон-у́-ть《沈む》、T´+´S то́н-ущ-ий、(現在 тон-у́, то́н-ешь)；

　　пис-а́-ть《書く》、T´+´S пи́ш-ущ-ий、(現在 пиш-у́, пи́ш-ешь), etc.

　b) 語根母音として /o/ をもたない第2活用 (接尾辞 ⟨asč⟩) の後・アクセント語幹 (T´) を有する多くの動詞：

　　люб-и́-ть《愛する》　T´+´S люб-я́щ-ий；（現在 любл-ю́, лю́б-ишь)、

　　дыш-а́-ть《呼吸する》 T´+´S ды́ш-ащ-ий；（現在 дыш-у́, ды́ш-ишь)、

руб-и́-ть 《たたき割る》　T´+´S　руб-я́щ-ий;　（現在 рубл-ю́, ру́б-ишь), etc.

しかしこれらの同じ特徴をもつ他の動詞は、次のように接尾辞アクセント (S! タイプの接尾辞) をもつ：

держ-а́-ть《つかむ》　　T´+S!　держ-а́щ-ий　（現在 держ-у́, де́рж-ишь, etc.)、

また多くの揺れがある。

522

2°. 能動過去分詞。接尾辞 ⟨´vš⟩ と ⟨´š⟩ は前・アクセント (´S) である。

⟨´vš⟩	гото́в-и-ть	《準備する》、	T!+S!+´S	гото́в-и-вш-ий,
	моло́т-и́-ть	《脱穀する》、	T´+S!+´S	моло́т-и́-вш-ий,
	говор-и́-ть	《話す》、	°T+S!+´S	говор-и́-вш-ий,
	нача́-ть	《始める》、	°T+´S	нача́-вш-ий,
⟨´š⟩	ле́з-ть	《登る》、	T!+´S	ле́з-ш-ий,
	мо́чь	《できる》、	T´+´S	мо́г-ш-ий,
	нес-ти́	《運ぶ》、	°T+´S	нёс-ш-ий, etc.

注：動詞 за-пере́-ть と от-пере́-ть において、接尾辞 ⟨š⟩（過去副動詞の語尾 ⟨ši⟩ と同様に, cf. §520）は無アクセントである (°S)：за́-пер-ш-ий, о́т-пер-ш-ий（過去副動詞 за́-пер-ши, о́т-пер-ши のように）。

523

3°. 受動現在分詞。接尾辞 ⟨o!m⟩ と ⟨i!m⟩ は自己・アクセントである (S!)。アクセントは現在【単数】1 人称と同じ場所にある：

ви́д-е-ть	《見る》	（現在 ви́ж-у, ви́д-и-шь）	T!+S!	ви́д-им-ый,
люб-и́-ть	《愛する》	（現在 любл-ю́, лю́б-ишь）	T´+S!	люб-и́м-ый,
нес-ти́	《運ぶ》	（現在 нес-у́, нес-ёшь）	°T+S!	нес-о́м-ый, etc.

524

4°. 受動過去分詞。

a) **受動過去分詞の形態素のアクセント属性**：

1. **語尾**。短形の語尾は形容詞（また過去の語尾）と同じアクセント法をもつ。

   女性：　　　　　　　D!
   その他の語尾：　°D.

例：

男性	⟨na+°ča+°t+ø⟩	на́-ча-т	на́-ча-л と	мо́лод のように；
女性	⟨na+°ča+°t+a!⟩	на-ча-та́	на-ча-ла́	молод-а́
中性	⟨°na+°ča+°t+°o⟩	на́-ча-т-о	на́-ча-л-о	мо́лод-о

複数　⟨°na+°ča+°t+°i⟩　на́-ча-т-ы　　　на́-ча-л-и　　мо́лод-ы.
　　　　　　　　　　　　　　　　《始まった》《若い》

　長形の語尾は ´D/ °D タイプである。無アクセントヴァリアント °D は無アクセント形態素の後ろに現れる：

　　⟨na+°ča+°t+°oj⟩　　　на́-ча-т-ый　　　《始められた》

またヴァリアント ´D は後・アクセントのある形態素の後ろで現れる。例えば、接尾辞 ⟨;on´⟩ をもつ例（下記を見よ）：

　　⟨pr,i+°n,os+;on´+´oj⟩　при-нес-ённ-ый　《持ってこられた》（連続 M´+´M）。

2. 動詞派生接尾辞。
接尾辞 ⟨°n⟩⟨°t⟩ は無アクセントである（°S）；
接尾辞 ⟨;on⟩ と ⟨=on⟩ はアクセント法の交替をもつ接尾辞である ´S/S´：
⟨´;on⟩ ～ ⟨;on´⟩ と ⟨´=on⟩ ～ ⟨=on´⟩。

　後・アクセントをもつヴァリアント S´ は無アクセント形態素の後ろで用いられる：

　　⟨pr,i+°n,os+;on´+°i⟩　при-нес-ен-ы́　　《持ってこられた》（短形）

　また前・アクセントをもつヴァリアント ´S は後・アクセントをもつ形態素の後ろで用いられる：

　　⟨za+kolot,´+´=on+°i⟩　за-коло́ч-ен-ы　《打ち込まれた》。

　3. 他の動詞接尾辞。動詞派生接尾辞の前に置かれたいくつかの動詞接尾辞は、他の形の場合と同じアクセント属性を受動過去分詞においてもたない。それは動詞接尾辞 ⟨a⟩⟨o⟩⟨u⟩ であり、それらは受動過去分詞において常に前・アクセントである。他の形におけるそれらのアクセント法がたとえどのようなものであろうと、⟨´a⟩⟨´o⟩⟨´u⟩ である。例：

　　　　　⟨´a⟩：⟨na+p,is´+´a+°n+°i⟩　　на-пи́с-а-н-ы　《書かれた》（分詞）；
しかし　⟨a!⟩：⟨na+p,is´+a!+°l+°,i⟩　　на-пис-а́-л-и　《書いた》（過去）；
　　　　　⟨´o⟩　⟨za+kol´+´o+°t+°i⟩　　за-ко́л-о-т-ы　《刺し殺された》（分詞）；
しかし　⟨o!⟩　⟨za+kol´+o!+°l+°,i⟩　　за-кол-о́-л-и　《刺し殺した》（過去）；
　　　　　⟨´u⟩　⟨roz+°v,or+°n+´u+°t+°i⟩　раз-вёр-н-у-т-ы《展開された》（分詞）；
しかし　⟨u!⟩　⟨roz+°v,or+°n+u!+°l+°,i⟩　раз-вер-н-у́-л-и《展開した》（過去）、etc.

b) 分詞の様々なタイプへの応用：

　1. 接尾辞 ⟨;on⟩ と ⟨=on⟩（-ённый, -енный で終わる）をもつ分詞。
この接尾辞は ´S/S´ タイプであるので、アクセントは一般に現在【単数】2 人称（´D/D! タイプの語尾）と同じ音節の上にある。例：

		T!		T´	
不定形		T!+S!+D!	приготóв-и-ть	T´+S!+D!	замолот-и́-ть
現在	1	T!+D!	приготóвл-ю	T´+D!	замолоч-у́
	2	T!+´D	приготóв-ишь	T´+´D	замолóт-ишь
受動過去分詞					
長形		T!+´S+´D	приготóвл-енн-ый	T´+´S+´D	замолóч-енн-ый
短形	男性	T!+´S+°D	приготóвл-ен	T´+´S+°D	замолóч-ен
	女性	T!+´S+D!	приготóвл-ен-а	T´+´S+D!	замолóч-ен-а
	中性	T!+´S+°D	приготóвл-ен-о	T´+´S+°D	замолóч-ен-о
	複数	T!+´S+°D	приготóвл-ен-ы	T´+´S+°D	замолóч-ен-ы

		°T			
不定形		°T+S!+D!	заговор-и́-ть	°T+D!	принес-ти́
現在	1	°T+D!	заговор-ю́	°T+D!	принес-у́
	2	°T+D!	заговор-и́шь	°T+D!	принес-ёшь
受動過去分詞					
長形		°T+S´+´D	заговор-ённ-ый		принес-ённ-ый
短形	男性	°T+S´+°D	заговор-ён		принес-ён
	女性	°T+S´+D!	заговор-ен-а́		принес-ен-а́
	中性	°T+S´+°D	заговор-ен-о́		принес-ен-о́
	複数	°T+S´+°D	заговор-ен-ы́		принес-ен-ы́

注：-ить で終わる動詞において、タイプ T´（狭い移動アクセント）とタイプ °T（語尾アクセント）との間に多くの揺れが存在する。これらの揺れは現在と受動過去分詞の両方に現れている：

погруз-и́-ть P《浸す》、現在 погруж-у́, погруз-и́шь、分詞 погруж-ённ-ый あるいは погрýз-ишь、分詞 погрýж-енн-ый。

ときには現在と分詞の間に不一致が存在する：

замен-и́-ть P《換える》、現在 замен-ю́, замéн-ишь、しかし分詞 замен-ённ-ый; взвинт-и́-ть P《興奮させる》、現在 взвинч-у́, взвинт-и́шь、しかし分詞 взви́нч-енн-ый, etc.

2. 接尾辞〈°n〉(-анный で終わる)をもつ分詞。接尾辞〈n〉は常に /a/ によっ

て前置される。この /a/ はほとんど常に接尾辞であり、この接尾辞はここでは常に前アクセント (´S) である：

R!+S!+D!	задýм-а-ть	P《思いつく》、	分詞	R!+´S+ºS	задýм-а-нн-ый,
	промáз-а-ть	P《塗る》、		R!+´S+ºS	промáз-а-нн-ый,
R´+S!+D!	напис-á-ть	P《書く》、		R´+´S+ºS	напи́с-а-нн-ый,
ºR+S!+D!	прочит-á-ть	P《読む》、		ºR+´S+ºS	прочи́т-а-нн-ый,
ºR+S´+S!+D!	обрис-ов-á-ть	P《描く》、		ºR+S´+´S+ºS	обрисо́в-а-нн-ый.

　従って、もしアクセントが不定形で接尾辞 ⟨a⟩ に置かれるならば、受動過去分詞ではその接尾辞に先行する音節の上に移動する。この規則は上述した分詞において例外を知らない。

　注1：接尾辞 ⟨a⟩ の上にアクセントが置かれている形の中に、形容詞になってしまい、そして慣用表現の中に残っている古代の分詞を見つけることができる：

　　　желáнный друг《愛しい友》(文字どおりは《望まれる》)；

　注2：/a/ が接尾辞でない動詞は稀である。これは以下の通りである。

　α) дá-ть《与える》の合成語、そこでは語根 ⟨ºda⟩ は無アクセントであり、分詞でもそのままである (分詞の移動アクセント)：[446]

　　　передá-ть　P《手渡す》、分詞・長形 ºR+ºS+ºD пéреда-нн-ый, 短形 ºR+ºS+ºD пéреда-н, ºR+ ºS+D! переда-н-á, ºR+ºS+ºD пéреда-н-о；

　　　продá-ть　P《売る》、分詞・長形 пр́о́да-нн-ый, 短形 пр́о́да-н, прóда-н-á, прóда-н-о；

　β) знá-ть の合成語、それは分詞において接尾辞の /a/ をもつ動詞と同じアクセント後退をもっている：

　　　осознá-ть　P《認識する》、分詞・長形 осóзна-нн-ый, 短形 осóзна-н, осóзна-н-а, осóзна-н-о.

527

　3. ⟨o⟩、⟨u⟩ あるいは ⟨n+u⟩ によって先行される接尾辞 ⟨ºt⟩ をもつ分詞 (-отый, -нутый で終わる)。接尾辞 ⟨o⟩、⟨u⟩ と ⟨n+u⟩ はまた前・アクセントである (´S)、それ故、アクセントは -анный に終わる分詞と同じところに置かれる：

⟨o⟩	T´+S!	закол-ó-ть	P《刺し殺す》、	分詞	T´+´S закóл-о-т-ый,
⟨u⟩	T!+S!	прихлóпн-у-ть	P《パタンという音を立てる》		T´+´S прихлóпн-у-т-ый,
	T´+S!	обман-ý-ть	P《欺す》、		T´+´S обмáн-у-т-ый,
	ºT+S!	разверн-ý-ть	P《広げる》、		ºT+´S развёрн-у-т-ый,
	ºT+S!	согн-ý-ть	P《曲げる》、		ºT+´S сóгн-у-т-ый, etc.

-анный で終わる分詞におけるように、不定形で〈о〉あるいは〈u〉の上に置かれるアクセントは、分詞ではその先行音節の上に移動する。例外はない。

528

4.〈o〉あるいは〈n + u〉によって先行されない接尾辞〈ºt〉をもつ分詞 (-тый で終わる)。この接尾辞は無アクセントであるので (ºS)、これらの分詞は、もしその語幹そのものが無アクセントであるならば、移動アクセントをもつ (同じ動詞は過去でも移動アクセントをもつ)。

	T!：自己・アクセント語幹			ºT：無アクセント語幹		
	語根アクセントをもつ分詞			移動アクセントをもつ分詞		
		《洗う》	《拭き取る》		《始める》	《鍵をかける》
不定形	T!+D!	умы́-ть	протере́-ть	ºT+D!	нача́-ть	запере́-ть
過去男性	T!+ºS+ºD	умы́-л	протёр	ºT+ºS+ºD	нача́-л	за́пер
女性	T!+ºS+D!	умы́-л-а	протёр-л-а	ºT+ºS+D!	нача-л-а́	запер-л-а́
中性	T!+ºS+ºD	умы́-л-о	протёр-л-о	ºT+ºS+ºD	нача́-л-о	за́пер-л-о
受動過去分詞						
長形	T!+ºS+ºD	умы́-т-ый	протёр-т-ый	ºT+ºS+ºD	нача́-т-ый	за́пер-т-ый
短形男性	T!+ºS+ºD	умы́-т	протёр-т	ºT+ºS+ºD	нача́-т	за́пер-т
女性	T!+ºS+D!	умы́-т-а	протёр-т-а	ºT+ºS+D!	нача-т-а́	запер-т-а́
中性	T!+ºS+ºD	умы́-т-о	протёр-т-о	ºT+ºS+ºD	нача́-т-о	за́пер-т-о
複数	T!+ºS+ºD	умы́-т-ы	протёр-т-ы	ºT+ºS+ºD	нача́-т-ы	за́пер-т-ы

IV. 語基の研究

A. 一般原理

529

1º. **動詞のタイプ**。もし動詞の2つの語基 (現在語基と不定形語基；少数の稀な場合には、過去語基は不定形語基とは異なる) が分かれば、II と III の資料によって我々は動詞を活用させることができる。しかし2つの語基のうちの1つが分かっても、そこから他の語基を確実に推論することはできない。

このパラグラフの目標は、動詞の各々のタイプのために2つの語基 (時には3つの語基) の間の関係を研究することである。

2つの(あるいは3つの)語基の間の関係が正確に同じである動詞全体を、我々は**動詞のタイプ**と呼ぼう。その結果、あるタイプの動詞の活用が分かれば、そこからもう1つの活用を引き出すことができる。

530

2°. **生産的なタイプと非生産的なタイプ**。動詞のタイプはロシア語には多くあり、しかし非常に不規則である。我々は以下の2種類のタイプを区別しよう。

a) **生産的なタイプ**は、この言語において最近形成された動詞を包括する傾向がある。それ故、それらは無制限の数の動詞を含み、その目録を作ることは不可能である。5つの生産的なタイプが存在し、ロシア語動詞の大多数を包括している。

b) **非生産的なタイプ**は、新しい動詞によって豊かにはならない。それ故、それらは限られた数の動詞を含み(およそ60個の動詞から1つの動詞に至るまで)、その目録を作ることができる。非常によく使われる多くの動詞は、非生産的タイプの中に含まれている。

531

3°. **動詞の分類**。我々は以下の基準に従って動詞を分類しよう。

a) **活用**。動詞は現在形にある末端の働きに従って、2つの活用に分類される(cf. §479)。その基準として、単数2人称を取り上げることができる：

第1活用：語尾〈;oš〉(ёшь, ешь)：зна́-ешь, нес-ёшь;

第2活用：語尾〈iš〉(ишь)：говор-и́шь, сид-и́шь.

b) **グループ**。各活用内部で動詞は、不定形語基の中の示差的接尾辞の存在あるいは欠如に従って、またこの接尾辞の性質に従って以下のグループに分類される。

第1活用：

第1グループ：示差的接尾辞の欠如：ду́-ешь, ду́-ть; нес-ёшь, нес-ти́;

第2グループ：示差的接尾辞〈a〉あるいは〈o〉：жд-ёшь, жд-а́-ть; пи́ш-ешь, пис-а́-ть; ко́л-ешь, кол-о́-ть;

第3グループ：示差的接尾辞〈u〉：со́хн-ешь, со́хн-у-ть;

第2活用：

第4グループ：示差的接尾辞〈i〉：говор-и́шь, говор-и́-ть;

第5グループ：示差的接尾辞〈e〉あるいは〈a〉：шум-и́шь, шум-е́-ть; крич-и́шь, крич-а́-ть.

c) **タイプ**。各グループ内部で我々はさらに諸タイプ(上の定義を見よ)を区別しよう。まず**生産的なタイプ**を示し、それを最初の4つのグループにおいて再分類する[447]。

第 1 グループ：生産的タイプ：читá-ю, читá-ешь, читá-ть;
　　　　　　　生産的タイプ：белé-ю, белé-ешь, белé-ть;
第 2 グループ：生産的タイプ：рисý-ю, рисý-ешь, рисов-á-ть;
第 3 グループ：生産的タイプ：махн-ý, махн-ёшь, махн-ý-ть Р;
第 4 グループ：生産的タイプ：говор-ю́, говор-и́шь, говор-и́-ть,

それと**非生産的なタイプ**、それは第 4 グループ以外のグループ全てで再分類される。

　最初の 2 つのグループの非生産的なタイプのためには、我々は現在語基が母音で終わるかあるいは子音で終わるかということを区別しなければならないだろう。

　d) **アクセントタイプ**。各タイプの内部で、我々はもし必要があれば、語幹が自己・アクセント (T!)、後・アクセント (T´)、あるいは無アクセント (°T) であるかに従って、**アクセントタイプ**を区分しよう。

　以下の表はロシア語に存在する動詞タイプの全体とそれらの分類を表している。各動詞タイプはそれらの代表の 1 つである不定形によって示されている。語幹、語尾、そしてもし必要ならば、示差的接尾辞がダッシュによって分離される。非生産的なタイプにとって、数字は各タイプの動詞のおおよその数を示す (生産的なタイプにとってはこの数は限りないことは周知である)。

	生産的なタイプ	非生産的なタイプ	
		母音で終わる現在語基	子音で終わる現在語基
第1活用 ⟨;oš⟩で終わる現在	第1グループ 示差的接尾辞 なし	чита́-ть беле́-ть	нес-ти́ 7, вес-ти́ 17 печь 10
		ду́-ть, гни́-ть 4 бри́-ть, пе́-ть мы́-ть, пи́-ть ⎫⎬⎭ 12	жи́-ть, мя́-ть, тере́-ть оде́-ть Р ⎫⎬⎭ 16
同上	第2グループ 示差的接尾辞 ⟨a⟩ / ⟨o⟩	рисов-а́-ть ков-а́-ть 7 та́-я-ть 15 да-ва́-ть 3	жд-а́-ть, бр-а́-ть, стон-а́-ть 15 пис-а́-ть 60 кол-о́-ть 5
同上	第3グループ 示差的接尾辞 ⟨u⟩	махн-у́-ть Р	
			со́хн-у-ть 40
第2活用 ⟨iš⟩で終わる現在	第4グループ 示差的接尾辞 ⟨i⟩	говор-и́-ть	
同上	第5グループ 示差的接尾辞 ⟨e⟩ / ⟨a⟩		шум-е́-ть крич-а́-ть ⎫⎬⎭ 60

このグループ以外に幾つかの不規則動詞が存在する (7; cf. §567–§569)。

532

4°. **基本時制**。多くの動詞にとって、活用 (アクセント法も含む) 全体は3つの形を知ることによって引き出すことができる。現在単数の1人称形と2人称形、及び不定形、それらを我々は動詞の**基本時制**と呼ぼう。

a) **現在時制の1人称と2人称形**は以下のことを知らせてくれる。

1. **第1活用あるいは第2活用への帰属**：⟨;oš⟩(-ёшь, ешь) で終わる2人称は第1活用、⟨iš⟩(-ишь) で終わる2人称は第2活用。

2. **現在語基**：現在語基を知るためには、第1活用にとっては、1人称から⟨u⟩を取り除けばよい。第2活用にとっては、2人称から⟨iš⟩を取り除けばよい。

3. **アクセント法**：語幹の上の固定アクセント：T!。(狭い) 移動アクセント：T´。語尾固定アクセント：°T。

b) **不定形**は不定形語基を知らせてくれる。不定形語基を知るためには、もし不

定形が母音の後ろで -ть で終わっていれば（最も頻度の高い場合）、不定形からその -ть を取り除けばよい。

他の動詞（子音の後ろの -ть で終わる不定形、-ти と -чь で終わる不定形。約 35 個の動詞）において、不定形語基は現在語基と同じである（2 つの例外がある：ле́чь, се́сть, cf. §550）。

我々は上で引用した各々の動詞をそれらの基本時制の下に与えるだろう。また我々は必要がある稀な場合に、他の形をそこに加えるだろう（3 つの語基をもつ動詞、あるいは様々な不規則をもつ動詞）。例：

жив-у́, жив-ёшь, жи́-ть《生きる》：第 1 活用、現在語基：⟨živ⟩、不定形語基：⟨ži⟩、アクセント：°T (⟨°živ⟩ ~ ⟨°ži⟩)；

любл-ю́, лю́б-ишь, люби́-ть《愛する》：第 2 活用、現在語基 ⟨l,ub,⟩、不定形語基 ⟨l,ub,i⟩、アクセント T´ (⟨l,ub,´⟩)；

мог-у́, мо́ж-ешь, мо́чь《できる》、第 1 活用、現在語基と不定形語基 ⟨mog⟩、アクセント：T´ (⟨mog´⟩)。

5°. **単純動詞と接頭辞動詞**。大部分の単純動詞（最初の形態素として語根をもつもの）を基にして、動詞接頭辞を付加することにより、大多数の動詞接頭辞をもつ動詞を形成することができる。例えば、нести́《運ぶ》、при-нести́ P《運んでくる》、пере-нести́ P《運んで移す》、у-нести́ P《運び去る》、с-нести́ P《運び降ろす》、etc.

一般的に、動詞接頭辞をもつ動詞は単純動詞のように活用する。それ故、以下に述べる動詞の目録では、我々は単純動詞だけを挙げよう（動詞接頭辞をもつ動詞が異なる活用をもつような例外的な場合を除く）。

動詞が動詞接頭辞をもつものしか存在しないとき、我々は動詞接頭辞をもつ動詞を挙げる。もし他の動詞接頭辞を目録の中に挙げてあるものに代替することができれば、特別に言及する場合を除いて、その活用は変わらないことを意味する。例えば、от-вы́кнуть P《習慣を止める》は при-вы́кнуть P《習慣がつく；慣れる》のように活用する（*вы́кнуть は存在しない）。

B. 第 1 活用

533

第 1 グループ：示差的接尾辞の欠如

このグループは 2 つの生産的なタイプといくつもの非生産的なタイプを含む。生産的なタイプと一部の非生産的なタイプにおいて、語幹は母音によって終わる。こ

の母音の後ろには現在語基で /j/ の挿入がある (cf. §477)。

1°. 生産的なタイプ。

534

　a) **生産的なタイプ читáть**：/a/ で終わる語幹、交替はない。現在語基で /j/ の挿入。例：

　　　〈čita〉 читáю, читáешь, читáть 《読む》

　　　現在：читáю, читáешь ... читáют　　不定形：читáть

　　　命令法：читáй　　　　　　　　　　過去：читáл, читáла, читáло

　　　現在副動詞：читáя　　　　　　　　過去副動詞：-читáв

　　　能動現在分詞：читáющий　　　　　能動過去分詞：-читáвший

　　　受動現在分詞：читáемый　　　　　受動過去分詞：-читáнный.

　アクセント。このタイプの動詞は全て自己・アクセント語幹 (T!) をもつ。アクセントは常に語幹の上に固定している。ある動詞においてアクセントは語幹の末尾の /a/ の上にあり (читáю)、他の動詞では語幹の別の音節の上にある (дéлаю 《私はしている》、спрáшиваю 《私は訊ねている》)。

　実数。このタイプは最も生産的なタイプであり、ロシア語動詞の半分以上を含んでいる：[448]

　接尾辞〈a〉あるいは〈iva〉をもつ不完了体の派生語、それは数千語ある：

　　　запирáю, запирáешь, запирáть 《鍵をかける》(заперéть P から)；

　　　переживáю, переживáешь, переживáть 《経験する》(пережи́ть P から)；

　　　спрáшиваю, спрáшиваешь, спрáшивать 《訊ねる》(спроси́ть P から)；

　　　запи́сываю, запи́сываешь, запи́сывать 《書き込む》(записáть P から)、etc.

　昔の派生不完了体あるいは今日、читáть などのような単純動詞として感じられている反復相 itératifs の動詞：

　　　стирáю, стирáешь, стирáть 《洗う》、etc.

　接尾辞〈a〉をもつ少数の名詞からの派生語：

　　　обéдаю, обéдаешь, обéдать 《昼食をとる》(обéд 《昼食》)；

　　　дéлаю, дéлаешь, дéлать 《する》(дéло 《事、用事》)；

　　　игрáю, игрáешь, игрáть 《遊ぶ》(игрá 《遊び》)、etc.

　-ичать, -ничать で終わる名詞からの派生語：

　　　пóдличаю, пóдличаешь, пóдличать 《卑屈に振る舞う》；

　　　капри́зничаю, капри́зничаешь, капри́зничать 《だだをこねる》、etc.

　少数の非派生動詞、あるいは忘れられた派生をもつ少数の動詞：

зна́-ю, зна́-ешь, зна́-ть 《知っている》
сия́-ю, сия́-ешь, сия́-ть 《輝く》
теря́-ю, теря́-ешь, теря́-ть 《失う》
гуля́-ю, гуля́-ешь, гуля́-ть 《散歩する》、etc.

535

b) **生産的なタイプ беле́-ть**：/e/ で終わる語幹、交替はない。現在語基で /j/ の挿入[449]。

例：〈b,el,e〉 беле́-ю, беле́-ешь, беле́-ть《白くなる；白く見える》[450]

現在：беле́-ю, беле́-ешь, беле́-ют　　不定形：беле́-ть

命令法：беле́й　　過去：беле́-л, беле́-л-а, беле́-л-о

現在副動詞：беле́-я　　過去副動詞：-беле́-в

能動現在分詞：беле́-ющ-ий　　能動過去分詞：беле́-вш-ий

アクセント。語幹は常に自己・アクセント（T!）であり、語幹の上の固定アクセントである。多くの場合、アクセントは語幹の末尾の /e/ の上にある。複合形容詞からの稀な派生語においてのみ、アクセントは語幹の他の音節の上にある（下記の例を見よ）。

実数。このタイプは生産的であり、非生産的なタイプの目録に記載されていない -еть で終わる全ての動詞を包括している。このタイプは、起動相 inchoative の意味（《形容詞によって示された状態になる》）をもつ、形容詞からの派生語を主として含んでいる：

красне́-ю, красне́-ешь, красне́-ть 《赤くなる》(кра́сн-ый《赤い》)
молоде́-ю, молоде́-ешь, молоде́-ть 《若くなる》(молод-о́й《若い》)
богате́-ю, богате́-ешь, богате́-ть 《金持ちになる》(бога́т-ый《富んだ》)
ржа́ве-ю, ржа́ве-ешь, ржа́ве-ть 《錆びる》(ржа́в-ый《錆び付いた》)
бере́мене-ю, бере́мене-ешь, бере́мене-ть 《孕む》(бере́менн-ая《孕んだ》)、etc.

時々またこれらの動詞は《示された状態にある》を意味する：

беле́-ть《白くなる》あるいは《白い、白く見える》

このタイプはまた少しの非派生動詞、あるいは忘れられた派生をもつ動詞を含む：

гре́-ю, гре́-ешь, гре́-ть 《暖める》(受動過去分詞 -гре́-т-ый)
сме́-ю, сме́-ешь, сме́-ть 《あえて…する》
уме́-ю, уме́-ешь, уме́-ть 《できる》
успе́-ю, успе́-ешь, успе́-ть P 《間に合う；するのに間に合う》、etc.

2°. 非生産的なタイプ。

536

a) **母音で終わる現在語基をもつ非生産的なタイプ**。この母音(時々、移動母音)の後ろで、現在語基で /j/ の挿入。全てのこれらのタイプは、その最初のタイプを除いて、語幹内で母音交替を見せる[451]。

接尾辞〈t〉(-тый で終わる)をもつ過去分詞。

アクセント。自己・アクセント語幹(T!)(語根固定アクセント)と無アクセント(°T)(現在で語尾固定アクセント、過去と受動過去分詞で広い移動アクセント)。

活用例:

	《吹く》	《洗う》	《飲む》	《歌う》
語基	〈du!〉	〈mo!〉~〈mi!〉	〈°p,#〉~〈°p,i〉	〈°po〉~〈p,e!〉
現在単数 1	ду́-ю	мо́-ю	пь-ю́	по-ю́
2	ду́-ешь	мо́-ешь	пь-ёшь	по-ёшь
複数 3	ду́-ют	мо́-ют	пь-ю́т	по-ю́т
命令法	ду́й	мо́й	пе́й	по́й
能動現在分詞	ду́-ющ-ий	мо́-ющ-ий	пь-ю́щ-ий	по-ю́щ-ий
不定形	ду́-ть	мы́-ть	пи́-ть	пе́-ть
過去男性	ду́-л	мы́-л	пи́-л	пе́-л
女性	ду́-л-а	мы́-л-а	пи-л-а́	пе́-л-а
中性	ду́-л-о	мы́-л-о	пи́-л-о	пе́-л-о
過去副動詞	-ду́-в	-мы́-в	-пи́-в	-пе́-в
能動過去分詞	ду́-вш-ий	мы́-вш-ий	пи́-вш-ий	пе́-вш-ий
受動過去分詞・長形	-ду́-т-ый	-мы́-т-ый	-пи́-т-ый	-пе́-т-ый
短形・男性	-ду́-т	-мы́-т	-пи́-т	-пе́-т
短形・女性	-ду́-т-а	-мы́-т-а	-пи-т-а́	-пе́-т-а
短形・中性	-ду́-т-о	-мы́-т-о	-пи́-т-о	-пе́-т-о

以下は様々なタイプの詳細である。

537

1. **交替なしの非生産的なタイプ ду́-ть, гни́-ть**(4つの動詞)。/u/ あるいは /i/ で終わる語幹。交替はない。現在語基で /j/ の挿入。

T!:

〈du!〉 ду́-ю, ду́-ешь, ду́-ть 《吹く》(過去 ду́-л, ду́-л-а, ду́-л-о);

〈...u!〉 об-у́-ю, об-у́-ешь, об-у́-ть Р 《靴を履かせる》(過去 об-у́-л, об-у́-л-а);

⟨...či!⟩ по-чи́-ю, по-чи́-ешь, по-чи́-ть P《永眠する》(スラボニア語、古風);

°T：

⟨°gn,i⟩ гни-ю́, гни-ёшь, гни-ть《腐る》(過去 гни́-л, гни-ла́, гни́-л-о)、(l. c.)。

538

2. 交替 /o/ ~ /i/ をもつ非生産的なタイプ мы́-ть：5 つの動詞。語幹における /o/ ~ /i/ 交替。現在語基で /j/ の挿入。

T！：

⟨mo!⟩ ~ ⟨mi!⟩ мо́-ю, мо́-ешь, мы́-ть《洗う》 мы́-л, мы́-ла, мы́-ло

⟨vo!⟩ ~ ⟨vi!⟩ во́-ю, во́-ешь, вы́-ть《吠える》 вы́-л, вы́-ла, вы́-ло

⟨kro!⟩ ~ ⟨kri!⟩ кро́-ю, кро́-ешь, кры́-ть《覆う》 кры́-л, кры́-ла, кры́-ло

⟨no!⟩ ~ ⟨ni!⟩ но́-ю, но́-ешь, ны́-ть《疼く》 ны́-л, ны́-ла, ны́-ло

⟨ro!⟩ ~ ⟨ri!⟩ ро́-ю, ро́-ешь, ры́-ть《掘る》 ры́-л, ры́-ла, ры́-ло (l. c.)。

539

3. 交替 /#/ ~ /i/ をもつ非生産的なタイプ пи́-ть：5 つの動詞。現在語基は移動母音をもち、/j/ を挿入する。そこから次の形ができる[452]。

母音の前で：⟨p,j⟩：現在 пь-ю́, пь-ёшь;

ゼロ語尾の前で：⟨p,ej⟩：命令法 пе́й.

不定形の語基は /i/ で終わる：不定形 пи́-ть.

T！：

⟨b,#⟩ ~ ⟨b,i!⟩ бь-ю́, бь-ёшь, би́-ть《打つ》(過去 би́-л, би́-ла, би́-ло)

⟨š#⟩ ~ ⟨ši!⟩ шь-ю́, шь-ёшь, ши́-ть《縫う》(過去 ши́-л, ши́-ла, ши́-ло)

°T

⟨°v,#⟩ ~ ⟨°v,i⟩ вь-ю́, вь-ёшь, ви́-ть《綯う》(過去 ви́-л, ви-ла́, ви́-ло)

⟨°l,#⟩ ~ ⟨°l,i⟩ ль-ю́, ль-ёшь, ли́-ть《注ぐ》(過去 ли́-л, ли-ла́, ли́-ло)

⟨°p,#⟩ ~ ⟨°p,i⟩ пь-ю́, пь-ёшь, пи́-ть《飲む》(過去 пи́-л, пи-ла́, пи́-ло)。

無アクセント語幹をもつ動詞における複合語のアクセント：過去 про́-пи-л, про-пи-ла́, про́-пи-л-о、受動過去分詞 про́-пи-т, про-пи-та́, про́-пи-т-о。

540

4. 様々な交替をもつ非生産的なタイプ бри́-ть, пе́-ть (2 つの動詞)：

T！：

⟨br,e!⟩ ~ ⟨br,i!⟩ бре́-ю, бре́-ешь, бри́-ть《剃る》(過去 бри́-л, бри́-ла, бри́-ло).

°T/T！：

⟨°po⟩ ~ ⟨p,e!⟩ по-ю́, по-ёшь, пе́-ть《歌う》(過去 пе́л, пе́-ла, пе́-ло) (l.c.)。

この最後の動詞では、現在グループにおいて語尾固定アクセント(°T)、しかし不定形グループでは語根固定アクセント(T!)に注意せよ。

541

b) **鳴音あるいは /v/ で終わる現在語基をもつ非生産的なタイプ**。語幹では常に交替がある。現在語基は鳴音あるいは /v/ で終わり、不定形語基は母音で終わる。

接尾辞〈t〉(-тый で終わる)をもつ受動過去分詞。

アクセント：前のタイプと同様に、自己・アクセント語幹 T!(語根固定アクセント)あるいは無アクセント°T(現在で語尾固定アクセント、過去と受動過去分詞で広い移動アクセント)。後・アクセント語幹(T´)をもつ唯一の例外は §544 参照。

活用例：

	《生きる》	《こする》	《つぶす》	《着せる》P
語基	〈°živ〉~〈°ži〉	〈t#!r〉~〈t,or,e!〉 ~ 〈t,o!r〉	〈m#!n〉~〈m,a!〉	〈d,e!n〉~〈d,e!〉
現在単数 1	жив-у́	тр-у́	мн-у́	о-д-е́н-у
2	жив-ёшь	тр-ёшь	мн-ёшь	о-д-е́н-ешь
複数 3	жив-у́т	тр-у́т	мн-у́т	о-д-е́н-ут
命令法	жив-и́	тр-и́	мн-и́	о-д-е́нь
現在副動詞	жив-я́	—	—	—
能動現在分詞	жив-у́щ-ий	—	—	—
不定形	жи́-ть	тере́-ть	мя́-ть	о-де́-ть
過去男性	жи́-л	тёр	мя́-л	о-де́-л
女性	жи-л-а́	тёр-л-а	мя́-л-а	о-де́-л-а
中性	жи́-л-о	тёр-л-о	мя́-л-о	о-де́-л-о
過去副動詞	-жи́-в	-тёр-ши	-мя́-в	о-де́-в
能動過去分詞	жи́-вш-ий	-тёр-ш-ий	мя́-вш-ий	о-де́-вш-ий
受動過去分詞・長形	-жи-т-ый	-тёр-т-ый-	мя́-т-ый	о-де́-т-ый
短形・男性	-жи́-т	-тёр-т	-мя́-т	о-де́-т
短形・女性	-жи-т-а́	-тёр-т-а	-мя́-т-а	о-де́-т-а
短形・中性	-жи-т-о	-тёр-т-о	-мя́-т-о	о-де́-т-о

以下は様々なタイプの詳細である。

542

1. **非生産的なタイプ жи́-ть**：/v/ で終わる現在語基 (3 つの動詞)[453]。/v/ は不定形語基で消える。

アクセント：°T (無アクセント語幹)：

⟨°živ⟩ ~ ⟨°ži⟩   жив-у́, жив-ёшь, жи́-ть《生きる》、жи́-л, жи-ла́, жи́-ло; 複合形：про-жив-у́, про-жив-ёшь, про-жи́-ть Р《(ある時間) 生きる》(他動詞)、過去 про́-жи-л, про-жи-ла́, про́-жи-ло; 受動過去分詞 про́-жи-т, про-жи-т-а́, про́-жи-т-о;

⟨°pliv⟩ ~ ⟨°pli⟩   плыв-у́, плыв-ёшь, плы́-ть《泳ぐ》、плы́-л, плы-ла́, плы́-ло;

⟨°sliv⟩ ~ ⟨°sli⟩   слыв-у́, слыв-ёшь, слы́-ть《知られている；(うわさが) 立っている》、слы́-л, слы-ла́, слы́-ло.

543

2. **非生産的なタイプ тере́-ть**：/r/ で終わる現在語基 (4 つの動詞)。これらの動詞は 3 つの語基を基にして形成される。現在、不定形、そして過去の語基、語幹における交替をもつ。

T! (自己・アクセント語幹)：

⟨t#!r⟩ ~ ⟨t,or,e!⟩ ~ ⟨t,o!r⟩   тр-у́, тр-ёшь, тере́-ть《擦る》、過去 тёр, тёр-ла, тёр-ло, 受動過去分詞 тёр-т, тёр-та, тёр-то;

⟨...st#!r⟩ ~ ⟨st,or,e!⟩ ~ ⟨st,o!r⟩   про-стр-у́, про-стр-ёшь, про-стере́-ть Р《伸ばす》、過去 про-стёр, про-стёр-ла, про-стёр-ло, 受動過去分詞 про-стёр-т, про-стёр-та, про-стёр-то.

°T (無アクセント語幹)：

⟨...°m#r⟩ ~ ⟨°m,or,e⟩ ~ ⟨°m,or⟩   у-мр-у́, у-мр-ёшь, у-мере́-ть Р《死ぬ》、過去 у́-мер, у-мер-ла́, у́-мер-ло.

⟨...°p#r⟩ ~ ⟨°p,or,e⟩ ~ ⟨°p,or⟩   за-пр-у́, за-пр-ёшь, за-пере́-ть Р《鍵をかける》、過去 за́-пер, за-пер-ла́, за́-пер-ло, 受動過去分詞 за́-пер-т, за-пер-та́, за́-пер-то. (l. c.)

544

3. **非生産的なタイプ мя́-ть**[454]：鼻音で終わる現在語基、非音節的語根 (6 つの動詞)。語基の鼻音 /n/ あるいは /m/ は、不定形語基において /,a/(я, a) と交替する。

T! (自己・アクセント語幹)：

⟨m#n⟩ ~ ⟨m,a!⟩ мн-у́, мн-ёшь, мя́-ть《つぶす》、мя́-л, мя́-л-а, мя́-л-о;

⟨p#n⟩ ~ ⟨p,a!⟩ рас-пн-у́, рас-пн-ёшь, рас-пя́-ть Р《磔にする》、рас-пя́-л, рас-пя́-л-а;

⟨ž#m⟩ ~ ⟨ža!⟩ жм-у́, жм-ёшь, жа́-ть《握る》、жа́-л, жа́-л-а, жа́-л-о;

⟨ž#n⟩ ~ ⟨ža!⟩ жн-у́, жн-ёшь, жа́-ть《刈り入れる》、жа́-л, жа́-л-а, жа́-л-о.

°T (無アクセント語幹):

⟨°č#n⟩ ~ ⟨°ča⟩ на-чн-у́, на-чн-ёшь, на-ча́-ть Р《始める》、過去 на́-ча-л, на-ча-л-а́, на́-ча-л-о; (l. c.)

また古い動詞 им-у́, я-ть Р《取る》の合成語の全て（全て完了体）、その語根は今日では 3 つの異なる形の中に現れている：[455]

°T:

⟨°,#m⟩ ~ ⟨°,a⟩ возь-м-у́, возь-м-ёшь, вз-я́-ть Р《取る》、вз-я́-л, вз-я-л-а́, вз-я́-л-о;

°T:

⟨°j#m⟩ ~ ⟨°n,a⟩ за-йм-у́, за-йм-ёшь, за-ня́-ть Р《占める》、за́-ня-л, за-ня-л-а́, за́-ня-л-о;

T´/°T:

⟨n,im´⟩ ~ ⟨°n,a⟩ об-ним-у́, об-ни́м-ешь, об-ня́-ть Р《抱擁する》、об-ня́-л, об-ня-л-а́, о́б-ня-л-о.

動詞 взять のように活用するものはこの動詞だけである。занять のように活用するのは、母音で終わる動詞接頭辞をもつ全ての合成語である：

по-ня́-ть Р《理解する》　　до-ня́-ть Р《苦しめる》

у-ня́-ть Р《静める》　　пере-ня́-ть Р《まねをする》、etc.

при-ня́-ть Р《受け取る》は現在形で й を脱落させる：при-м-у́, при́-м-ешь. また обня́ть のように活用するのは、子音で終わる動詞接頭辞をもつ全ての複合語（вз-я́-ть を除く）である：

с-ня́-ть Р《取り払う》　　　　под-ня́-ть Р《持ち上げる》

в-ня́-ть Р《聞く》（スラボニア語）　от-ня́-ть Р《取り上げる》、etc.

動詞 под-ня́-ть と от-ня́-ть は、また語基 ⟨im⟩ ~ ⟨ja⟩ をもつ廃れたヴァリアントをもつ。その不定形は書物的であり、現在形【現在・未来形】は口語的である[456]。

под-ым-у́, под-ы́м-ешь, подъ-я́-ть; от-ым-у́, от-ы́м-ешь, отъ-я́-ть。

動詞 об-ня́-ть もまたヴァリアント об-ым-у́, об-ы́м-ешь と обо-йм-у́, обо-йм-ёшь, объ-я́-ть をもつ。

無アクセント語幹 (°T) をもつ全ての動詞——それらは過去で広い移動アクセントをもつ——は、受動過去分詞でも広い移動アクセントをもつ：на́-ча-т, на-ча-т-а́, на́-ча-т-о; за́-ня-т, за-ня-т-а́, за́-ня-т-о, etc.

545

4. **非生産的なタイプ o-де́-ть**：鼻音で終わる現在語基、音節語根 (4 つの動詞) [457]。鼻音 /n/ は不定形語基で消える。

T!：

⟨d,e!n⟩ ~ ⟨d,e!⟩　о-де́н-у, о-де́н-ешь, о-де́-ть P《着せる》, о-де́-л, о-де́-л-а, о-де́-л-о（単純語基 де́-ть P《隠す》(口語) も存在する）;

⟨sta!n⟩ ~ ⟨sta!⟩　ста́н-у, ста́н-ешь, ста́-ть P《なる：立ち上がる》, ста́-л, ста́-л-а, ста́-л-о;

⟨str,a!n⟩ ~ ⟨str,a!⟩　за-стря́н-у, за-стря́н-ешь, за-стря́-ть P《はまり込む》, за-стря́-л, за-стря́-л-а, за-стря́-л-о;

°T (不定形で不規則な語尾 ⟨st,⟩ (сть) をもつ)：

⟨°kl,an⟩ ~ ⟨°kl,a⟩　клян-у́, клян-ёшь, кля́-сть《呪う》, кля́-л, кля-л-а́, кля́-л-о; (l. c.).

特に完了体が使われる：про-кля́-сть《呪う》, про́-кля-л, про-кля-л-а́, про́-кля-л-о, 受動過去分詞 про́-кля-т, про-кля-т-а́, про́-кля-т-о, また再帰形 кля́-сть-ся《誓う》。

546

c) 噪子音 (/v/ を除く) で終わる現在語基をもつ非生産的なタイプ [458]。2 つの語基はたいていの場合に同じである (下のタイプ 4 と 5 の場合を除いて)。現在形では、子音語基の後ろに /j/ の挿入はない。不定形グループにおいて、語基の末尾子音あるいは末端の最初の子音は、様々な不規則な交替を被る (cf. §485 と §497)。

受動過去分詞の接尾辞は、⟨;on⟩ (-ённый, -енный で終わる) である。

アクセント：圧倒的に優勢なのは無アクセント語幹 (°T) である (全ての形で語尾固定アクセント)。例外は、少数であるが、各タイプの先頭に挙げられよう。

活用例 (下に、我々は主要な 3 つのタイプ 1、2、3、及び 5 に分類された動詞を挙げる)：

		《運ぶ》	《導く》	《焼く》	《歩いて行く》
語基		⟨°n,os⟩	⟨°v,od⟩	⟨°p,ok⟩	⟨°id⟩ ~ ⟨°i⟩ ~ ⟨°š#d⟩
現在単数	1	нес-у́	вед-у́	пек-у́	ид-у́
	2	нес-ёшь	вед-ёшь	печ-ёшь	ид-ёшь
複数	3	нес-у́т	вед-у́т	пек-у́т	ид-у́т

命令法	нес-и́	вед-и́	пек-и́	ид-и́
現在副動詞	нес-я́	вед-я́	—	ид-я́
能動現在分詞	нес-у́щ-ий	вед-у́щ-ий	пек-у́щ-ий	ид-у́щ-ий
不定形	нес-ти́	вес-ти́	пе́чь	ид-ти́ [it,i]
過去男性	нёс	вё-л	пёк	шё-л
女性	нес-л-а́	ве-л-а́	пек-л-а́	ш-л-а́
中性	нес-л-о́	ве-л-о́	пек-л-о́	ш-л-о́
過去副動詞	-нёс-ши	-ве́д-ши	-пёк-ши	-ше́д-ши
能動過去分詞	-нёс-ш-ий	ве́д-ш-ий	-пёк-ш-ий	ше́д-ш-ий
受動過去分詞・長形	-нес-ённ-ый	-вед-ённ-ый	-печ-ённ-ый	—
短形・男性	-нес-ён	-вед-ён	-печ-ён	—
短形・女性	-нес-ен-а́	-вед-ен-а́	-печ-ен-а́	—
短形・中性	-нес-ен-о́	-вед-ен-о́	-печ-ен-о́	—

これらのタイプの詳細は次の通り。

547

 1. **非生産的なタイプ нес-ти́**：ス一音で終わる語基 (7 つの動詞)。ス一音末尾は交替しない。男性過去では、接尾辞の ⟨l⟩ はス一音の後ろで消える：[459]

  T! (自己・アクセント語幹)：

  ⟨l,e!z⟩ ле́з-у, ле́з-ешь, ле́з-ть 《登る》, лéз, лéз-ла, лéз-ло;

  °T/T! (現在形で無アクセント語幹、不定形で自己・アクセント語幹)：

  ⟨°griz⟩ ~ ⟨gri!z⟩ грыз-у́, грыз-ёшь, гры́з-ть 《囓る》, гры́з, гры́з-ла, гры́з-ло;

  °T (無アクセント語幹)：【接尾辞のアクセント属性は ⟨1´⟩、§512 参照。】

  ⟨°n,os⟩ нес-у́, нес-ёшь, нес-ти́ 《運ぶ》, нёс, нес-ла́, нес-ло́

  ⟨°pas⟩ пас-у́, пас-ёшь, пас-ти́ 《放牧する》, пас, пас-ла́, пас-ло́

  ⟨°tr,as⟩ тряс-у́, тряс-ёшь, тряс-ти́ 《揺さぶる》, тря́с, тряс-ла́, тряс-ло́

  ⟨°polz⟩ ползу́, ползёшь, ползти́ 《這って行く》, по́лз, ползла́, ползло́

  ⟨°v,oz⟩ вез-у́, вез-ёшь, вез-ти́ 《運送する》, вёз, вез-ла́, вез-ло́. (l.c.)

548

 2. **非生産的なタイプ вес-ти́**：非軟口蓋・閉鎖音で終わる語基 (17 個の動詞) [460]。語基の末尾子音 (/d/ /t/ あるいは /b/) は、不定形で [s,] (с と綴られる) になる。

  °T/T! (現在で無アクセント語幹、不定形で自己・アクセント語幹)：

  ⟨°klad⟩ ~ ⟨kla!d⟩   клад-у́, клад-ёшь, кла́с-ть 《置く》, кла́-л, кла́-ла, кла́-ло

⟨°krad⟩ ~ ⟨kra!d⟩　　крад-ý, крад-ёшь, крáс-ть《盗む》、крá-л, крá-ла, крá-ло

⟨°pad⟩ ~ ⟨pa!d⟩　　пад-ý, пад-ёшь, пáс-ть《落ちる》、пá-л, пá-ла, пá-ло

⟨°pr,ad⟩ ~ ⟨pr,a!d⟩　пряд-ý, пряд-ёшь, пряс-ть《紡ぐ》、пря́-л, пря́-ла, пря́-ло。

°T (無アクセント語幹):

⟨°gn,ot⟩　　гнет-ý, гнет-ёшь, гнес-ти́《締め付ける》(過去は廃れた)

⟨°m,ot⟩　　мет-ý, мет-ёшь, мес-ти́《掃く》、мё-л, ме-лá, ме-ло́

⟨°pl,ot⟩　　плет-ý, плет-ёшь, плес-ти́《編む》、плё-л, пле-лá, пле-ло́

⟨°obr,ot⟩　обрет-ý, обрет-ёшь, обрес-ти́ P《見出す》、обрё-л, обре-лá, обре-ло́

⟨°rost⟩　　раст-ý, раст-ёшь, рас-ти́《育つ》、рóс, рос-лá, рос-ло́。

注:この動詞においては、無アクセントの /o/ は a と綴られる(スラボニア語の正書法)、ただし過去では о と綴られる(§52 参照)。

⟨…°sv,et⟩　рас-свет-ёт (無人称) рас-свес-ти́《夜が明ける》、過去 рас-све-ло́

⟨°cv,ot⟩　　цвет-ý, цвет-ёшь, цвес-ти́《(花が)咲く》、цвё-л, цве-лá, цве-ло́

⟨°bl,ud⟩　　блюд-ý, блюд-ёшь, блюс-ти́《守る》、блю́-л, блю-лá, блю-ло́

⟨°br,od⟩　　бред-ý, бред-ёшь, брес-ти́《ゆっくり歩む》、брё-л, бре-лá, бре-ло́

⟨°v,od⟩　　вед-ý, вед-ёшь, вес-ти́《導く》、вё-л, ве-лá, ве-ло́

⟨°gr,ob⟩　　греб-ý, греб-ёшь, грес-ти́《漕ぐ》、грёб, греб-лá, греб-ло́ [461]

⟨°skr,ob⟩　скреб-ý, скреб-ёшь, скрес-ти́《掻く》、скрёб, скреб-лá, скреб-ло́。

移動母音をもつもの:

⟨…°č#t⟩　со-чт-ý, со-чт-ёшь, с-чéс-ть P《数える》、с-чё-л, со-ч-лá, со-ч-ло́. (l.c.)

549

3. **非生産的なタイプ печь**:軟口蓋子音で終わる語基(10個の動詞)。不定形は /č/ (-чь)で終わる。現在形で、軟口蓋子音/シュー音の交替がある:пек-ý, печ-ёшь; мог-ý, мóж-ешь [462]。

T´ (後・アクセント語幹、狭い移動アクセント):

⟨mog´⟩　　　　　мог-ý, мóж-ешь, мóчь《できる》、мóг, мог-лá, мог-ло́

°T/T! (現在形で無アクセント語幹、不定形で自己・アクセント語幹):

⟨°s,ek⟩ ~ ⟨s,e!k⟩　сек-ý, сеч-ёшь, сéчь《鞭で打つ》、сéк, сéк-ла, сéк-ло
　　　　　　　　　(《切り刻む》の意味ではまた сек-лá, сек-ло́ とアクセントが打たれる)。

⟨°str,ig⟩ ~ ⟨str,i!g⟩　стриг-ý, стриж-ёшь, стри́чь《剪定する》、стри́г, стри́г-ла, стри́г-ло.

°T (無アクセント語幹):

⟨ºvl,ok⟩   влек-у́, влеч-ёшь, влечь《引きつける》、влёк, влек-ла́, влек-ло́
⟨ºvolok⟩   волок-у́, волоч-ёшь, волочь《引きずる》、волок, волок-ла́, волок-ло́
⟨ºp,ok⟩   пек-у́, печ-ёшь, печь《焼く》、пёк, пек-ла́, пек-ло́
⟨ºb,er,og⟩ берег-у́, береж-ёшь, беречь《守る》、берёг, берег-ла́, берег-ло́
⟨ºst,er,og⟩ стерег-у́, стереж-ёшь, стеречь《見張る》、стерёг, стерег-ла́, стерег-ло́。

移動母音をもつもの：

⟨ºtol#k⟩   толк-у́, толч-ёшь, толочь《細かく砕く》、толо́к, толк-ла́, толк-ло́
⟨ºž#g⟩   жг-у́, жж-ёшь, жечь《燃やす》、жёг, жг-ла́, жг-ло́ (l. c.)。

550

  4. 母音交替をもつ動詞：се́сть, ле́чь. この 2 つの動詞は、現在語基で /a/、不定形語基で /e/ あるいは /o/ をもって交替する動詞である。

  T!：

  ⟨s,a!d⟩ ~ ⟨s,e!d⟩ ся́д-у, ся́д-ешь, се́сть P《坐る》、се́-л, се́-ла, се́-ло;

  T!/ºT (現在形で自己・アクセント語幹、不定形で無アクセント語幹)：

  ⟨l,a!g⟩ ~ ⟨ºl,og⟩ ля́г-у, ля́ж-ешь, ле́чь P《横たわる》、лёг, лег-ла́, лег-ло́; 命令法ля́г (§488) (l. c.)。

  注：語基 ⟨l,og⟩ の /o/ は不定形 ле́чь で /e/ になる、cf. §497。

551

  5. 様々な動詞：бы́ть, идти́ の複合語。大事なことは、ここの動詞は現在語基で末尾子音をもつが、不定形語基ではそれを失うことである。それらは様々な他の特徴を表す。

  α) **-быть** で終わる複合語は 2 つの語基を基につくられる：

  T!/ºT：

  ⟨...bu!d⟩ ~ ⟨...ºbi⟩ про-бу́д-у, про-бу́д-ешь, про-бы́-ть P《滞在する》、過去 про́-бы-л, про-бы-ла́, про́-бы-ло.

  同様に бы́ть の他の複合語、しかし別のアクセントをもつ：

  T!：

  ⟨...bu!d⟩ ~ ⟨...bi!⟩ за-бу́д-у, за-бу́д-ешь, за-бы́-ть P《忘れる》、過去 за-бы́-л, за-бы́-ла, за-бы́-ло.

  不規則な単純動詞 бы́ть については、§569 参照。

  β) **ид-ти́**《行く》とその複合語は 3 つの語基を基につくられる。現在形と不定形の語基。

単純語基：⟨°id⟩ ～ ⟨°i⟩ ид-ý, ид-ёшь, ид-тú ([it,í] と発音される、語基 ⟨i⟩)《(歩いて)行く》；

複合語基：⟨°j#d⟩ ～ ⟨°j#⟩ со-йд-ý, со-йд-ёшь, со-й-тú P《降りる》。

異なる語根を基につくられた過去語基がある：

⟨°š#d⟩ 過去 шё-л, ш-лá, ш-ло́；過去副動詞 шéд-ши；能動過去分詞 шéд-ш-ий；

過去 со-шё-л, со-ш-лá, со-ш-ло́；過去副動詞 со-шéд-ши；能動過去分詞 со-шéд-ш-ий。

語基 ⟨j#d´⟩ を基にした複合語の受動過去分詞 нá-йд-енн-ый《見つけられた》、про́-йд-енн-ый《通過された》。

第2グループ：示差的接尾辞 ⟨a⟩ あるいは ⟨o⟩

552

この接尾辞は一般的には ⟨a⟩ である。子音によって先行される /ol/ あるいは /or/ の後ろにしか ⟨o⟩ はない、つまり5つの動詞 (коло́ть タイプ、【§560】) にしかない。

553

1°. 生産的なタイプ рисов-á-ть[463]．語幹における交替 ⟨u⟩ ～ ⟨ov⟩。

語幹は接尾辞 ⟨u⟩ ～ ⟨ov⟩ によって終わる。現在語基においては、この接尾辞は形 ⟨u⟩ (у,ю) をもち、その後ろには /j/ の挿入がある。不定形語基では、それは形 ⟨ov⟩ (ов, ев) をもち、その後ろには示差的接尾辞 ⟨a⟩ が現れる (-овать, -евать で終わる動詞)。例：

⟨r,isu⟩ ～ ⟨r,isov+a⟩ рисý-ю, рисý-ешь, рисов-á-ть《描く》。

現在単数	1	рисý-ю	不定形	рисов-á-ть
	2	рисý-ешь	過去男性	рисов-á-л
複数	3	рисý-ют	女性	рисов-á-л-а
命令法		рисýй	中性	рисов-á-л-о
現在副動詞		рисý-я	過去副動詞	-рисов-á-в
能動現在分詞		рисý-ющ-ий	能動過去分詞	рисов-á-вш-ий
受動現在分詞		рисý-ем-ый	受動過去分詞	-рисо́в-анн-ый.

アクセント。接尾辞 ⟨u!⟩ ～ ⟨ov´⟩ は、形 ⟨u!⟩ において自己・アクセント (S!) であり、形 ⟨ov´⟩ において後・アクセント (S´) である。それ故、アクセントは常に語基の上にあり、決して末端の上にはない。アクセントの場所には次の場合がある。

接尾辞の上に：現在語基において接尾辞母音 /u/, 不定形語基において後ろの接尾辞母音 /a/ の上にある：рису́-ю, рисов-а́-ть。

語基の他の音節の上に：сле́ду-ю, сле́дов-а-ть《ついて行く》。

実数。このタイプは非常に生産的であり、特に名詞派生動詞の形成にとって生産的である。それは -овать, -евать で終わる動詞の全てを含んでいる（以下のタイプの 7 つの動詞【§554】を除いて）、とりわけ次の動詞。

a) 接尾辞 ⟨u⟩ ~ ⟨ov⟩ をもつ非常に大量の名詞派生動詞：

торгу́-ю, торгу́-ешь, торгов-а́-ть《商う》(то́рг《商売》)；
пиру́-ю, пиру́-ешь, пиров-а́-ть《饗宴を催す》(пи́р《饗宴》)；
бесе́ду-ю, бесе́ду-ешь, бесе́дов-а-ть《会談する》(бесе́д-а《会談》)；
горю́-ю, горю́-ешь, горев-а́-ть《悲しむ》(го́р-е《悲しみ》)；
вою́-ю, вою́-ешь, воев-а́-ть《戦う》(вой-на́《戦争》)、etc.

b) 様々な接尾辞を使ってロシア語に適応された外来の動詞。

1. ⟨u!⟩ ~ ⟨ov´⟩：

рекоменд-у́-ю, -у́-ешь, рекоменд-ов-а́-ть《推薦する、recommander》；
фильтр-у́-ю, -у́-ешь, фильтр-ов-а́-ть《濾過する、filtrer》、etc.

2. ⟨,ir´´+u!⟩ ~ ⟨,ir´´+ov´⟩ あるいは ⟨,i!!r+u!⟩ ~ ⟨,i!!r+ov´⟩：

⟨,ir´´⟩（接尾辞後ろアクセント）をもつもの。少数の頻度の高い動詞で：

команд-ир-у́-ю, -у́-ешь, команд-ир-ов-а́-ть《派遣する》；
дресс-ир-у́-ю, -у́-ешь, дресс-ир-ов-а́-ть《訓練する、調教する dresser》；

⟨,i!!r⟩（接尾辞アクセント）：頻度は低いがより多くの動詞で：

компромет-и́р-у-ю, -у-ешь, компромет-и́р-ов-а-ть《名を傷つける compromettre》、
регул-и́р-у-ю, -у-ешь, регул-и́р-ов-а-ть《規制する régler》、etc.

3. ⟨,iz´´+u!⟩ ~ ⟨,iz´´+ov´⟩（接尾辞後ろアクセント）：

организ-у́-ю, -у́-ешь, орган-из-ов-а́-ть《組織する organiser》；
мобил-из-у́-ю, -у́-ешь, мобил-из-ов-а́-ть《召集する mobiliser》、etc.

4. ⟨,iz´´+ ,i!!r +u⟩ ~ ⟨,iz´´+ ,i!!r + ov´⟩（⟨,i!!r⟩ の上にアクセント）：

коллектив-из-и́р-у-ю, -у-ешь, коллектив-из-и́р-ов-а-ть《集団化する collectiviser》；
поэт-из-и́р-у-ю, -у-ешь, поэт-из-и́р-ов-а-ть《美化する poétiser》、etc.

c) 接尾辞 ⟨´:#stv + u!⟩ ~ ⟨´:#stv + ov´⟩（接尾辞前アクセント）をもつ形容詞からの派生語：

упо́р-ств-у-ю, -у-ешь, упо́р-ств-ов-а-ть《強情を張る》(упо́р-н-ый《頑固な》)；

пья́н-ств-у-ю, -у-ешь, пья́н-ств-ов-а-ть《大酒を飲む》(пья́н-ый《酔っ払った》)、etc.

2°. 非生産的なタイプ。
 a) 母音で終わる現在語基をもつ非生産的なタイプ。

554

1. 非生産的なタイプ кова́ть：語幹における /u/ ~ /ov/ 交替 (7つの動詞)。ここでは /u/ ~ /ov/ は接尾辞ではないこと、またそのアクセントが異なっていることを除いて、前例と同じように活用する。

アクセント：無アクセント語幹 (°T)：アクセントは現在グループにおいて常に語尾の上にある、それに対して前出の рисова́ть ではアクセントはそこには決してない。不定形グループではアクセントは示差的接尾辞〈a〉の上にある。

⟨°ku⟩ ~ ⟨°kov + a!⟩   ку-ю́, ку-ёшь, ков-а́-ть《鋳造する》;
⟨°bl,u⟩ ~ ⟨°bl,ov + a!⟩   блю-ю́, блю-ёшь, блев-а́-ть《反吐を吐く》;
⟨°žu⟩ ~ ⟨°žov + a!⟩   жу-ю́, жу-ёшь, жев-а́-ть《噛む》;
⟨°kl,u⟩ ~ ⟨°kl,ov + a!⟩   клю-ю́, клю-ёшь, клев-а́-ть《ついばむ》;
⟨°pl,u⟩ ~ ⟨°pl,ov + a!⟩   плю-ю́, плю-ёшь, плев-а́-ть《唾を吐く》;
⟨°snu⟩ ~ ⟨°snov + a!⟩   сну-ю́, сну-ёшь, снов-а́-ть《行ったり来たりする》;
⟨°su⟩ ~ ⟨°sov + a!⟩   су-ю́, су-ёшь, сов-а́-ть《差し込む》(l. c.)。

555

2. 非生産的なタイプ та́-я-ть：語幹における交替はなし (15個の動詞)。現在語基 (母音初頭音あるいはゼロをもつ末端の前で) と不定形語基 (接尾辞〈a〉の前で) の両方において、/j/ の挿入がある：[464]

⟨ta⟩ ~ ⟨ta + a⟩ → /taj/ ~ /taja/   та́-ю, та́-ешь, та́-я-ть《溶ける》。

現在単数	1	та́-ю	不定形	та́-я-ть
	2	та́-ешь	過去男性	та́-я-л
複数	3	та́-ют	女性	та́-я-л-а
命令法		та́й	中性	та́-я-л-о
現在副動詞		та́-я	過去副動詞	-та́-я-в
能動現在分詞		та́-ющ-ий	能動過去分詞	та́-я-вш-ий.

アクセント：自己・アクセント語幹 T! (語根固定アクセント、例：та́-я-ть)。無アクセント語根 °T のみをもつ2つの動詞がある (現在グループで末端の上にアクセント、不定形グループで接尾辞〈a〉の上にアクセント)：сме-ю́-сь, сме-я́-ть-ся;

вопи-ю́, вопи-я́-ть。

/a/ で終わる語幹：
T！：

⟨ka!⟩ ～ ⟨ka! + a!⟩　　ка́-ю-сь, ка́-ешь-ся, ка́-я-ть-ся《悔やむ》;
⟨la!⟩ ～ ⟨la! + a!⟩　　ла́-ю, ла́-ешь, ла́-я-ть《吠える》;
⟨ma!⟩ ～ ⟨ma! + a!⟩　　ма́-ю-сь, ма́-ешь-ся, ма́-я-ть-ся《へとへとになる》;
⟨ta!⟩ ～ ⟨ta! + a!⟩　　та́-ю, та́-ешь, та́-я-ть《溶ける》;
⟨ča!⟩ ～ ⟨ča! + a!⟩　　ча́-ю, ча́-ешь, ча́-я-ть《期待する》;

/e/ で終わる語幹：
T！：

⟨bl,e!⟩ ～ ⟨bl,e! + a!⟩　　бле́-ю, бле́-ешь, бле́-я-ть《(羊・山羊などが)鳴く》;
⟨v,e!⟩ ～ ⟨v,e! + a!⟩　　ве́-ю, ве́-ешь, ве́-я-ть《風選する；吹く》;
⟨l,el,e!⟩ ～ ⟨l,el,e! + a!⟩　　леле́-ю, леле́-ешь, леле́-я-ть《可愛がる》;
⟨nad,e!⟩ ～ ⟨nad,e! + a!⟩　　наде́-ю-сь, наде́-ешь-ся, наде́-я-ть-ся《期待する》;
⟨r,e!⟩ ～ ⟨r,e! + a!⟩　　ре́-ю, ре́-ешь, ре́-я-ть《飛ぶ》;
⟨s,e!⟩ ～ ⟨s,e! + a!⟩　　се́-ю, се́-ешь, се́-я-ть《(種を)まく》;
⟨t,e!⟩ ～ ⟨t,e! + a!⟩　　за-те́-ю, за-те́-ешь, за-те́-я-ть P《企てる》;

ºT：

⟨ºsm,e⟩ ～ ⟨ºsm,e +a!⟩　　сме-ю́-сь, сме-ёшь-ся, сме-я́-ть-ся《笑う》;

/u/ で終わる語幹：
T！：

⟨ču!⟩ ～ ⟨ču! + a!⟩　　чу́-ю, чу́-ешь, чу́-я-ть《臭いをかぐ》;

/i/ で終わる語幹：
ºT：

⟨ºvop,i⟩ ～ ⟨ºvop,i +a!⟩　　вопи-ю́, вопи-ёшь, вопи-я́-ть《叫ぶ》(スラボニア語的な高い文体；⟨oš⟩⟨ot⟩の代わりにスラボニア語の現在語尾⟨eš⟩⟨et⟩、etc.)(l. c.)。

556

3. **非生産的なタイプ да-ва́-ть** (3つの動詞)[465]。前例に似て、現在語基では /j/ の挿入があるが、しかし不定形語基で接尾辞 ⟨a⟩ の前では /v/ の挿入がある。その上、**命令法**、**副動詞**、そして**受動現在分詞**は、他の動詞のように現在語基を基にしないで、不定形語基を基にしてつくられる。

⟨da⟩ ～ ⟨da + a⟩ → /daj/ ～ /dava/　　да-ю́, да-ёшь, да-ва́-ть《与える》。

現在単数　1　　да-ю́　　　　不定形　　　да-ва́-ть

	2	да-ёшь	過去男性	да-ва́-л
複数	3	да-ю́т	女性	да-ва́-л-а
命令法		да-ва́й	中性	да-ва́-л-о
現在副動詞		да-ва́-я	過去副動詞	—
能動現在分詞		да-ю́щ-ий	能動過去分詞	да-ва́-вш-ий
受動現在分詞		да-ва́-ем-ый		

アクセント：無アクセント語幹（°T）。

дава́ть の複合語以外に、同じモデルに基づいてつくられるのは、-знава́ть と -става́ть で終わる合成語である：[466]

⟨zna⟩ ~ ⟨zna + a⟩　у-зна́-ю, у-зна́-ёшь, у-зна-ва́-ть《知る》；

⟨sta⟩ ~ ⟨sta + a⟩　в-ста́-ю, в-ста́-ёшь, в-ста-ва́-ть《立ち上がる》(l. c.)。

不完了体のこれらの動詞は全て、不定形で接尾辞のない完了体の対応語をもっていることに気付くだろう：

да-ва́-ть：　　　　完了体　да́-м, да́-шь, да́-ть P (cf. §568)：

у-зна-ва́-ть：　　　完了体　у-зна́-ю, у-зна́-ешь, у-зна́-ть (чита́ть タイプ)。

в-ста-ва́-ть：　　　完了体　в-ста́-н-у, в-ста́-н-ешь, в-ста́-ть (cf. §545)。

у-зна́-ю《私は分かっている》と у-зна́-ю P《私は分かる》の場合に、現在形で 2 つの動詞はアクセントによってのみ区別される。

557

b) **子音で終わる現在語基をもつ非生産的なタイプ**[467]。これらの動詞の多くでは（しかし全てではないが）、語幹の末尾子音は現在語基で硬口蓋化される。

活用例：

	硬口蓋化なし		硬口蓋化あり	
	《待つ》	《取る》	《書く》	《刺す》
語基	⟨ž#d⟩~⟨ž#d+a⟩	⟨b,er⟩~⟨b#r+a⟩	⟨p,iš⟩~⟨p,is+a⟩	⟨kol,⟩~⟨kol+o⟩
現在単数 1	жд-у́	бер-у́	пиш-у́	кол-ю́
2	жд-ёшь	бер-ёшь	пи́ш-ешь	ко́л-ешь
複数 3	жд-у́т	бер-у́т	пи́ш-ут	ко́л-ют
命令法	жд-и́	бер-и́	пиш-и́	кол-и́
現在副動詞	—	бер-я́	—	кол-я́
能動現在分詞	жд-у́щ-ий	бер-у́щ-ий	пи́ш-ущ-ий	ко́л-ющ-ий

不定形	жд-а́-ть	бр-а́-ть	пис-а́-ть	кол-о́-ть
過去男性	жд-а́-л	бр-а́-л	пис-а́-л	кол-о́-л
女性	жд-а-л-а́	бр-а-л-а́	пис-а́-л-а	кол-о́-л-а
中性	жд-а́-л-о	бр-а́-л-о	пис-а́-л-о	кол-о́-л-о
過去副動詞	-жд-а́-в	-бр-а́-в	-пис-а́-в	-кол-о́-в
能動過去分詞	жд-а́-вш-ий	бр-а́-вш-ий	пис-а́-вш-ий	кол-о́-вш-ий
受動過去分詞	-жд-а-нн-ый	-бр-а-нн-ый	-пи́с-а-нн-ый	-ко́л-о-т-ый

558

1. 非生産的なタイプ жд-а́-ть, бр-а́-ть, сос-а́-ть：現在語基で硬口蓋化なし（15個の動詞）[468]。

α) 非音節的語幹をもつ。アクセント：無アクセント語幹 (°T)。語幹が非音節的であるので、示差的接尾辞 ⟨°a⟩ は無アクセントである[469]。それ故、過去で移動アクセントであるが、動詞接頭辞の上には移動しない (cf. §517)。

このモデルに基づき：

°T：

⟨°v#r⟩ ～ ⟨°v#r+°a⟩   вр-у́, вр-ёшь, вр-а́-ть《嘘をつく》, вр-а́-л, вр-а-л-а́, вр-а́-л-о;

⟨°ž#d⟩ ～ ⟨°ž#d+°a⟩   жд-у́, жд-ёшь, жд-а́-ть《待 つ》, жд-а́-л, жд-а-л-а́, жд-а́-л-о;

⟨°ž#r⟩ ～ ⟨°ž#r+°a⟩   жр-у́, жр-ёшь, жр-а́-ть《むさぼり食う》, жр-а́-л, жр-а-л-а́, жр-а́-л-о;

⟨°l#g⟩ ～ ⟨°l#g+°a⟩   лг-у́, лж-ёшь, лг-а́-ть《嘘をつく》, лг-а́-л, лг-а-л-а́, лг-а́-л-о;

⟨°r#v⟩ ～ ⟨°r#v+°a⟩   рв-у́, рв-ёшь, рв-а́-ть《引き裂く》, рв-а́-л, рв-а-л-а́, рв-а́-л-о;

⟨°t#k⟩ ～ ⟨°t#k+°a⟩   тк-у́, тк-ёшь, тк-а́-ть《織る》, тк-а́-л, тк-а-л-а́, тк-а́-л-о.

（この動詞の現在において /k/ の硬口蓋化の欠如に注意せよ）。

過去で異なるアクセントをもつもの (cf. §513 注)：

⟨°r#ž⟩ ～ ⟨°r#ž+a!⟩   рж-у́, рж-ёшь, рж-а́-ть《嘶く》, рж-а́-л, рж-а́-л-а, рж-а́-л-о.

β) 不定形で非音節的語幹、現在形で音節的語幹をもつもの。語幹における交替以外は、これらの動詞は前例のように活用する。

°T :

⟨°b,er⟩ ~ ⟨°b#r+°a⟩　бер-ý, бер-ёшь, бр-á-ть《取　る》, бр-á-л, бр-а-л-á, бр-á-л-о;

⟨°d,er⟩ ~ ⟨°d#r+°a⟩　дер-ý, дер-ёшь, др-á-ть《引きちぎる》, др-á-л, др-а-л-á, др-á-л-о;

⟨°zov⟩ ~ ⟨°z#v+°a⟩　зов-ý, зов-ёшь, зв-á-ть《呼ぶ》, зв-á-л, зв-а-л-á, зв-á-л-о.

γ) 音節的な語幹をもつ。ждáть のように活用するが、アクセントは異なる。語幹は音節的であるので、示差的接尾辞 ⟨a⟩ は自己・アクセントである：⟨a!⟩ (cf. §513)。語幹は様々なアクセントタイプがある。

T! :

⟨ža!žd⟩ ~ ⟨ža!žd+a!⟩　жáжд-у, жáжд-ешь, жáжд-а-ть《渇きを覚える》, жáжд-а-л, жáжд-а-л-а;

T´ :

⟨ston´⟩ ~ ⟨ston´+a!⟩　стон-ý, стóн-ешь, стон-á-ть《呻く》, стон-á-л, стон-á-л-а;

°T :

⟨°or⟩ ~ ⟨°or+a!⟩　ор-ý, ор-ёшь, ор-á-ть《わめく、叫ぶ》, ор-á-л, ор-á-л-а (方言的動詞 ор-ý, ор-ёшь あるいは ор-ю́, óр-ешь, ор-á-ть《耕す》と混同してはいけない);

⟨°sos⟩ ~ ⟨°sos+a!⟩　сос-ý, сос-ёшь, сос-á-ть《吸う》, сос-á-л, сос-á-л-а.

補充的子音交替 /d/ ~ /x/ をもつもの：

T! :

⟨je!d⟩ ~ ⟨je!x+a!⟩　éд-у, éд-ешь, éх-а-ть《乗り物で行く》, éх-а-л, éх-а-ла (l. c.).

最後の動詞は不規則な命令形をもつ：поезжáй。

559

2. 非生産的なタイプ писá-ть：現在語基での硬口蓋化 (約 60 語)[470]。このタイプは、語幹の末尾子音が現在語基で硬口蓋化することを除けば、前例に全く類似している。例えば、語幹 ⟨p,is⟩ については、現在語幹で /s/ から /š/ への硬口蓋化を被る：

⟨p,iš⟩ ~ ⟨p,is+a⟩　пиш-ý, пи́ш-ешь, пис-á-ть《書く》;

アクセント：このタイプの動詞においては、如何なる無アクセント語幹を見つけることはなく、ただ мáж-у, мáж-ешь, мáз-а-ть のような自己・アクセント (T!) 語幹と писá-ть のような後・アクセント (T´) だけを見つけるだけである。

実数：これは非生産的なタイプのうち最も数が多い。これは以下の動詞を含んで

いる(語幹の末尾子音とそれが被る硬口蓋化に従って分類される):

/p/ ~ /pl,/

T!:

⟨ka!pl,⟩ ~ ⟨ka!p+a!⟩　　ка́пл-ю, ка́пл-ешь, ка́п-а-ть[471]《滴となって落ちる》;
⟨kra!pl,⟩ ~ ⟨kra!p+a!⟩　кра́пл-ет (無人称)、кра́п-а-ть《(雨が)ぱらつく》;
⟨si!pl,⟩ ~ ⟨si!p+a!⟩　　сы́пл-ю, сы́пл-ешь, сы́п-а-ть《振りかける》;

T´:

⟨kl,epl,´⟩ ~ ⟨kl,ep´+a!⟩　клепл-ю́, кле́пл-ешь, клеп-а́-ть《中傷する》;
⟨tr,epl,´⟩ ~ ⟨tr,ep´+a!⟩　трепл-ю́, тре́пл-ешь, треп-а́-ть《揺さぶる》;
⟨sč,epl,´⟩ ~ ⟨sč,ep´+a!⟩　щепл-ю́, ще́пл-ешь, щеп-а́-ть《(木っ端に)割る》;

/b/ ~ /bl,/

T!/T´:

⟨kol,e!bl,⟩ ~ ⟨kol,eb´+a!⟩　колебл-ю́, коле́бл-ешь, колеб-а́-ть《揺する》;

/m/ ~ /ml,/

T!/T´:

⟨n,e!ml,⟩ ~ ⟨n,im´+a!⟩　вне́мл-ю, вне́мл-ешь, вним-а́-ть《聞こえる》

(詩的言語に表れるこのスラボニア語的な動詞において、不完了体と補充的母音交替 /e/ ~ /i/ に注意せよ；また上で引用した最後の2つの動詞において、2つの語基の間のアクセント法の交替に注意せよ)。

T´:

⟨dr,eml,´⟩ ~ ⟨dr,em´+a!⟩　дремл-ю́, дре́мл-ешь, дрем-а́-ть《まどろむ》;

/t/ ~ /č/

T!:

⟨pr,a!č⟩ ~ ⟨pr,a!t+a!⟩　пря́ч-у, пря́ч-ешь, пря́т-а-ть《隠す》;

T´:

⟨m,eč´⟩ ~ ⟨m,et´+a!⟩　меч-у́, ме́ч-ешь, мет-а́-ть《投げる》;

また音あるいは素早い運動を示す接尾辞 ⟨ot´⟩ ⟨et´⟩ ⟨#t´⟩ をもつ多くの動詞:[472]

⟨oč´⟩ ~ ⟨ot´+a!⟩　хохоч-у́, хохо́ч-ешь, хохот-а́-ть《高笑いする》;
⟨eč´⟩ ~ ⟨et´+a!⟩　лепеч-у́, лепе́ч-ешь, лепет-а́-ть《口ごもる》;
⟨#č´⟩ ~ ⟨#t´+a!⟩　шепч-у́, ше́пч-ешь, шепт-а́-ть《囁く》;

同様に以下の動詞で:

бормот-а́-ть　《つぶやく》、

грохот-а́-ть 《とどろく》、
клокот-а́-ть 《沸き立つ》、
лопот-а́-ть 《ぶつぶつ言う》、
рокот-а́-ть 《低い声を出す》、
топот-а́-ть 《足音を立てる》、
хлопот-а́-ть 《奔走する》、
щекот-а́-ть 《くすぐる》、
щебет-а́-ть 《さえずる》、
клект-а́-ть あるいは клекот-а́-ть 《(鷲が)鳴く》、
клохт-а́-ть 《(鳥が)鳴く》、
топт-а́-ть 《踏みつける》、

また他のアクセントをもつもの：

кудáхт-а-ть 《(雌鳥が)鳴く》(l. c.);

/t/ ~ /sč/、この例外的な交替（スラボニア語的硬口蓋音化、cf. §143）は、接尾辞〈et〉あるいは〈#t〉をもつ動詞にも適応され、前例と同じ意味をもつが、高い文体である：

⟨esč´⟩ ~ ⟨et´⟩ клевещ-у́, клеве́щ-ешь, клевет-а́-ть 《中傷する》；
　　　　　　　скрежещ-у́, скреже́щ-ешь, скрежет-а́-ть 《きしる音を立てる》；
　　　　　　　трепещ-у́, трепе́щ-ешь, трепет-а́-ть 《震える》；
⟨#sč´⟩ ~ ⟨#t´⟩ ропщ-у́, ро́пщ-ешь, ропт-а́-ть 《不平を言う》；

/st/ ~ /sč/：

T´：

⟨xl,esč´⟩ ~ ⟨xl,est´+a!⟩ хлещ-у́, хле́щ-ешь, хлест-а́-ть 《(鞭などで)打つ》；
⟨sv,isč´⟩ ~ ⟨sv,ist´+a!⟩ свищ-у́, сви́щ-ешь, свист-а́-ть 《口笛を吹く》；

/d/ ~ /ž/：

T´：

⟨glož´⟩ ~ ⟨glod´+a!⟩ глож-у́, гло́ж-ешь, глод-а́-ть 《かじる》；

/s/ ~ /š/：

T!：

⟨poja!š⟩ ~ ⟨poja!s+a!⟩ о-поя́ш-у, о-поя́ш-ешь, о-поя́с-а-ть P《(ベルトを)締める》；

T´：

⟨p,iš´⟩ ~ ⟨p,is´+a!⟩ пиш-у́, пи́ш-ешь, пис-а́-ть 《書く》；

⟨pl,aš´⟩ ~ ⟨pl,as´+a!⟩　пляш-у́, пля́ш-ешь, пляс-а́-ть《踊る》;

⟨t,eš´⟩ ~ ⟨t,es´+a!⟩　теш-у́, те́ш-ешь, тес-а́-ть《削る》;

⟨češ´⟩ ~ ⟨čes´+a!⟩　чеш-у́, че́ш-ешь, чес-а́-ть《掻く》;

/z/ ~ /ž/：

T!：

⟨ma!ž⟩ ~ ⟨ma!z+a!⟩　ма́ж-у, ма́ж-ешь, ма́з-а-ть《塗る》;

⟨r,e!ž⟩ ~ ⟨r,e!z+a!⟩　ре́ж-у, ре́ж-ешь, ре́з-а-ть《切る》;

T´：

⟨v,až´⟩ ~ ⟨v,az´+a!⟩　вяж-у́, вя́ж-ешь, вяз-а́-ть《束ねる》;

⟨kaž´⟩ ~ ⟨kaz´+a!⟩　каж-у́-сь, ка́ж-ешь-ся, каз-а́-ть-ся《ように見える》;

с-каж-у́, с-ка́ж-ешь, с-каз-а́-ть P《言う》;

⟨l,iž´⟩ ~ ⟨l,iz´+a!⟩　лиж-у́, ли́ж-ешь, ли-з-а́-ть《舐める》:

⟨n,iž´⟩ ~ ⟨n,iz´+a!⟩　ниж-у́, ни́ж-ешь, низ-а́-ть《(糸などを)通す》;

/k/ ~ /č/：

T!：

⟨kl,i!č⟩ ~ ⟨kl,i!k+a!⟩　кли́ч-у, кли́ч-ешь, кли́к-а-ть《呼び寄せる》;

⟨pla!č⟩ ~ ⟨pla!k+a!⟩　пла́ч-у, пла́ч-ешь, пла́к-а-ть《泣く》;

⟨ti!č⟩ ~ ⟨ti!k+a!⟩　ты́ч-у, ты́ч-ешь, ты́к-а-ть《突き刺す》;

T!/T´：

⟨a!lč⟩ ~ ⟨alk´+a!⟩　а́лч-у, а́лч-ешь, алк-а́-ть《渇望する》
（スラボニア語的、書物的；アクセントの交替に注意せよ）;

T´：

⟨skač´⟩ ~ ⟨skak´+a!⟩　скач-у́, ска́ч-ешь, скак-а́-ть《跳ぶ》;

/sk/ ~ /sč/：

T!：

⟨ri!sč⟩ ~ ⟨ri!sk + a!⟩　ры́щ-у, ры́щ-ешь, ры́ск-а-ть《うろつき回る》;

T´：

⟨isč´⟩ ~ ⟨isk´+a!⟩　ищ-у́, и́щ-ешь, иск-а́-ть《探す》;

⟨pl,esč´⟩ ~ ⟨pl,esk´+a!⟩　плещ-у́, пле́щ-ешь, плеск-а́-ть《水を跳ねかける》;

⟨polosč´⟩ ~ ⟨polosk´+a!⟩　полощ-у́, поло́щ-ешь, полоск-а́-ть《すすぐ》;

/x/ ~ /š/：

T!：

⟨pi!š⟩ ~ ⟨pi!x+a!⟩　пы́ш-у, пы́ш-ешь, пы́х-а-ть《真っ赤に輝く》;

T´:

⟨br,eš´⟩ ~ ⟨br,ex´+a!⟩   бреш-ý, бре́ш-ешь, брех-а́-ть《嘘をつく》;

⟨maš´⟩ ~ ⟨max´+a!⟩   маш-ý, ма́ш-ешь, мах-а́-ть《振る》;

⟨paš´⟩ ~ ⟨pax´+a!⟩   паш-ý, па́ш-ешь, пах-а́-ть《耕す》;

/l/ ~ /l,/ :

(さらにこれに先行する子音を硬口蓋化させる)

⟨š#l,´⟩ ~ ⟨s#l´+°a⟩   шл-ю́, шл-ёшь, сл-а́-ть《送る》、過去 сла́-л, сл-а́-л-а;

(補充的母音交替 /e/ ~ /#/ をもつもの)

⟨st,el,´⟩ ~ ⟨st#l´+°a⟩   сте́л-ю, сте́л-ешь, стл-а́-ть《敷く》、過去 стл-а́-л, стл-а́-л-а (l. c.)。

560

3. 非生産的なタイプ кол-о́-ть：示差的接尾辞 ⟨o⟩（5 つの動詞）。 示差的接尾辞が ⟨a⟩ でなく、⟨o⟩ であること以外は前例と全く類似し、現在語基で硬口蓋化をもつ。

/l/ ~ /l,/ :

T´:

⟨kol,´⟩ ~ ⟨kol´+o!⟩   кол-ю́, ко́л-ешь, кол-о́-ть《刺す》;

⟨pol,´⟩ ~ ⟨pol´+o!⟩   пол-ю́, по́л-ешь, пол-о́-ть《除草する》;

(補充的母音交替 /e/ ~ /o/ をもつもの)

⟨m,el,´⟩ ~ ⟨mol´+o!⟩   мел-ю́, ме́л-ешь, мол-о́-ть《粉にする》;

/r/ ~ /r,/ :

T´:

⟨bor,´⟩ ~ ⟨bor´+o!⟩   бор-ю́-сь, бо́р-ешь-ся, бор-о́-ть-ся《戦う》;

⟨por,´⟩ ~ ⟨por´+o!⟩   пор-ю́, по́р-ешь, пор-о́-ть《ほどく》(l. c.)。

第 3 グループ：示差的接尾辞 ⟨u⟩

561

　このグループの全ての動詞は接尾辞 ⟨n⟩ で終わる語幹をもっている。それ故、大事なことは、これは -н-у-ть で終わる不定形と -н-у, -н-ешь で終わる現在形をもつ動詞であるということである。

　このグループは 2 つのタイプ、一つは生産的な мах-н-ý-ть、他は非生産的な со́х-н-у-ть のタイプを含んでいる。非生産的なタイプ со́х-н-у-ть は 3 つの語基を基に構成されている。過去語基は、接尾辞 ⟨n + u⟩ の脱落によって不定形語基とは違っ

ている。生産的なタイプ max-н-ý-ть においては、これらの接尾辞は全ての過去時制で保持されている。

活用例：

		《振る》P	《乾く》
語基		⟨max+n⟩ ~ ⟨max+n+u⟩	⟨sox+n⟩ ~ ⟨sox+n+u⟩ ~ ⟨sox⟩
現在単数	1	мах-н-ý	cóx-н-у
	2	мах-н-ёшь	cóx-н-ешь
複数	3	мах-н-ýт	cóx-н-ут
命令法		мах-н-и́	cóx-н-и
能動現在分詞		—	cóx-н-ущ-ий
不定形		мах-н-ý-ть	cóx-н-у-ть
過去男性		мах-н-ý-л	cóx
女性		мах-н-ý-л-а	cóx-л-а
中性		мах-н-ý-л-о	cóx-л-о
過去副動詞		мах-н-ý-в	cóx-н-у-в
能動過去分詞		мах-н-ý-вш-ий	cóx-ш-ий, cóx-н-у-вш-ий

受動過去分詞が存在するときは、それは -н-у-т-ый で終わる。

562

1°. **生産的なタイプ мах-н-ý-ть**：要素 ⟨n+u⟩ は不定形グループ全てで保持される[473]。

アクセント。このタイプは以下の語幹を無数含んでいる。

自己・アクセント語幹 T!(語根アクセント)。そこではその接尾辞 ⟨n⟩ は、以下のように子音あるいは母音に関係なくそれらによって先行される：

вз-дро́г-н-у, вз-дро́г-н-ешь, вз-дро́г-н-у-ть P《身震いする》；

плю́-н-у, плю́-н-ешь, плю́-н-у-ть P《唾を吐く》、etc.

無アクセント語幹 °T(現在形で語尾アクセント、不定形で接尾辞 ⟨u!⟩ の上にアクセント)。これは接尾辞 ⟨n⟩ が以下のように子音によって先行されるような動詞(非常に多い)にもっぱら限られる：

мах-н-ý, мах-н-ёшь, мах-н-ý-ть P《振る》、etc.

あるいは表現力豊かな意味(下記を見よ)をもつ接尾辞 ⟨a+n+u⟩ を有する動詞(かなり稀)。

このタイプで後・アクセント語幹 T´ をもつのは、6つの動詞だけである(現在形で狭い移動アクセント、不定形で接尾辞 ⟨u!⟩ の上にアクセント)。接尾辞 ⟨n⟩ は

そこでは常に母音によって先行される：

об-ма-н-ý, об-мá-н-ешь, об-ма-н-ý-ть P《欺す》；同様に、

вз-гля-н-ý-ть P《ちらりと見る》； то-н-ý-ть《沈む》；

ми-н-ý-ть P《通り過ぎる》； тя-н-ý-ть《引っ張る》(l.c.)。

по-мя-н-ý-ть P《言及する》；

実数。このタイプは、非生産的な сóхнуть タイプの動詞目録に記載されることのない -нуть で終わる全ての動詞を含んでいる。これはほぼもっぱら**完了体動詞**である。これは、動詞から一回体 sémelfactive の意味──つまり一回行われた行為を表している──の完了体の派生語を形成するため生産的である。例：

кри́к-н-у, кри́к-н-ешь, кри́к-н-у-ть P《(一声) 叫び声をあげる》(крич-á-ть《叫ぶ》)；

коль-н-ý, коль-н-ёшь, коль-н-ý-ть P《一回刺す》(кол-ó-ть《刺す》)；

шеп-н-ý, шеп-н-ёшь, шеп-н-ý-ть P《一言つぶやく》(шепт-á-ть《つぶやく》)；

риск-н-ý, риск-н-ёшь, риск-н-ý-ть P《(一回の) 危険を冒す》(рисков-á-ть《危険を冒す》)、etc.

それはまた接尾辞〈a+n+u〉をもつ幾つかの、一回激しく行われる身振りを示す、強意の一回体動詞を含んでいる：

руб-а-н-ý, руб-а-н-ешь, руб-а-н-ý-ть P《一打で切断する》；

сад-а-н-ý, сад-а-н-ешь, сад-а-н-ý-ть P《ドスンと突く》、etc.

それはまた一回体の意味が明瞭でない完了体動詞をも包括している。というのもそれに対応できる非一回体動詞が存在していないからである。例：

вер-н-ý, вер-н-ёшь, вер-н-ý-ть P《返す》；

об-ма-н-ý, об-мá-н-ешь, об-ма-н-ý-ть P《欺く》；

вз-гля-н-ý, вз-гля́-н-ешь, вз-гля-н-ý-ть P《ちらりと見る》；

вы́-н-у, вы́-н-ешь, вы́-н-у-ть P《引き出す》、etc.

とはいえ、このタイプは4つの不完了体動詞を含んでいる：

г-н-ý, г-н-ёшь, г-н-ý-ть《曲げる》；

ль-н-ý, ль-н-ёшь, ль-н-ý-ть《張り付く》；

то-н-ý, тó-н-ешь, то-н-ý-ть《沈む》；

тя-н-ý, тя́-н-ешь, тя-н-ý-ть《引っ張る》(l. c.)。

563

2°. 非生産的なタイプ **сóх-н-у-ть**：要素〈n+u〉は過去語基では保持されない (約 40 の動詞)[474]。例：

現在語基： 〈sox+n〉 со́х-н-у, со́х-н-ешь.
不定形語基： 〈sox+n+u〉 со́х-н-у-ть
過去語基： 〈sox〉 со́х, со́х-л-а, со́х-л-о.

　過去で大部分の単純動詞において(下の目録を見よ)、要素〈n+u〉は男性で任意に保持されることが可能である：со́х あるいは со́х-н-у-л。しかしそれは、動詞接頭辞をもつ動詞、вы́-сох P《乾いた》と同様に、過去の他の形(女性 со́х-л-а, 中性 со́х-л-о)では必ず消滅する。

　過去副動詞では〈n+u〉は保持される：вы́-сох-н-у-в. вы́сох-ши のような〈n+u〉のない形は廃れている(cf. §503)。

　能動過去分詞では、〈n+u〉のある形あるいはない形は単純動詞で競合している：со́х-ш-ий あるいは со́х-н-у-вш-ий。しかし動詞接頭辞をもつ動詞では競合していない：вы́-сох-ш-ий。

　アクセント。このタイプの動詞は例外なく全て自己・アクセント語幹(T!)をもっている：語根固定アクセント。

　実数。生産的なタイプ махну́ть の動詞に反して、このタイプの動詞は全て不完了体である(もしそれらが動詞接頭辞をもつなら別であるが)。これらの動詞は同じ意味をもっている。これは、状態の変化を示す、起動的な自動詞である。

　この動詞は以下の通りである。

　単純動詞の男性過去で〈n+u〉が任意に保持される動詞：[475]

ви́с-н-у-ть	《垂れ下がる》	ви́с	or	ви́с-н-у-л, ви́с-л-а;
вя́з-н-у-ть	《(泥濘に)はまり込む》	вя́з		вя́з-н-у-л, вя́з-л-а;
га́с-н-у-ть	《消える》	га́с		га́с-н-у-л, га́с-л-а;
ги́б-н-у-ть	《滅びる》	ги́б		ги́б-н-у-л, ги́б-л-а;
гло́х-н-у-ть	《聞こえなくなる》	гло́х		гло́х-н-у-л, гло́х-л-а;
до́х-н-у-ть	《(動物が)死ぬ》	до́х		до́х-н-у-л, до́х-л-а;
дро́г-н-у-ть	《凍える》	дро́г		дро́г-н-у-л, дро́г-л-а;

(上の2つの不完了体動詞と махну́ть タイプの完了体動詞を混同してはいけない：дох-н-у́-ть P《息を吐く》, дох-н-у́-л, дох-н-у́-л-а と дро́г-н-у-ть P《震える》、дро́г-н-у-л, дро́г-н-у-л-а)；

зя́б-н-у-ть	《寒さを感じる》	зя́б	or	зя́б-н-у-л, зя́б-л-а;
ки́с-н-у-ть	《酸っぱくなる》	ки́с		ки́с-н-у-л, ки́с-л-а;
кре́п-н-у-ть	《強くなる》	кре́п		кре́п-н-у-л, кре́п-л-а;
ли́п-н-у-ть	《張り付く》	ли́п		ли́п-н-у-л, ли́п-л-а;

мёрз-н-у-ть	《凍る》	мёрз	мёрз-н-у-л, мёрз-л-а;
мо́к-н-у-ть	《濡れる》	мо́к	мо́к-н-у-л, мо́к-л-а;
па́х-н-у-ть	《におう》	па́х	па́х-н-у-л, па́х-л-а;
си́п-н-у-ть	《しゃがれ声になる》	си́п	си́п-н-у-л, си́п-л-а;
сле́п-н-у-ть	《盲目になる》	сле́п	сле́п-н-у-л, сле́п-л-а;
со́х-н-у-ть	《乾く》	со́х	со́х-н-у-л, со́х-л-а;
ту́х-н-у-ть	《(火が)消える》	ту́х	ту́х-н-у-л, ту́х-л-а;
хри́п-н-у-ть	《(声が)かすれる》	хри́п	хри́п-н-у-л, хри́п-л-а;
ча́х-н-у-ть	《萎れる》	ча́х	ча́х-н-у-л, ча́х-л-а (l. c.)。

単純動詞の男性過去で要素〈n+u〉が必ず保持される動詞(大事なことは前例のものより使用頻度が低いということである):

блёк-н-у-ть	《しぼむ》	блёк-н-у-л, блёк-л-а;
бу́х-н-у-ть	《ふやける》	бу́х-н-у-л, бу́х-л-а;
го́рк-н-у-ть	《苦くなる》	го́ркн-у-л, го́рк-л-а;
дря́х-н-у-ть	《老化する》	дря́х-н-у-л, дря́х-л-а;
мя́к-н-у-ть	《柔らかくなる》	мя́к-н-у-л, мя́к-л-а (l. c.)

しかしその要素〈n+u〉は動詞接頭辞をもつ動詞では消える:по-блёк, etc.。

要素〈n+u〉(母音の後ろに置かれる)を保持しない動詞:

вя́-н-у-ть	《萎れる》	вя́-л, вя́-л-а (l. c.);

接頭辞を必ず有する動詞(要素〈n+u〉は保持されない):

вос-кре́с-н-у-ть P	《復活する》	вос-кре́с, вос-кре́с-л-а;
за-мо́лк-н-у-ть P	《ふやける》	за-мо́лк, за-мо́лк-л-а;
за-ти́х-н-у-ть P	《静まる》	за-ти́х, за-ти́х-л-а;
из-бе́г-н-у-ть P	《回避する》	из-бе́г, из-бе́г-л-а;
ис-ся́к-н-у-ть P	《乾く》	ис-ся́к, ис-ся́к-л-а;
по-гря́з-н-у-ть P	《(泥濘に)はまる》	по-гря́з, по-гря́з-л-а;
при-вы́к-н-у-ть P	《慣れる》	при-вы́к, при-вы́к-л-а;

またスラボニア語的、書物的な3つの他動詞:

воз-дви́г-н-у-ть P	《建立する》	воз-дви́г, воз-дви́г-л-а;
по-ве́рг-н-у-ть P	《打ち負かす》	по-ве́рг, по-ве́рг-л-а;
рас-то́рг-н-у-ть P	《破棄する》	рас-то́рг, рас-то́рг-л-а (l. c.);

2つの動詞において、要素〈n+u〉の削除は不定形で任意に可能である(その削除は男性過去では必ず起こる):

до-стиг-н-у-ть あるいは до-стичь P《達する》 достиг, до-стиг-л-а;
сты-н-у-ть あるいは сты-ть P《冷める》 сты-л, сты-л-а (l. c.)。

C. 第2活用

564

第2曲用(⟨iš⟩ -ишь で終わる現在)は2つのグループを含み、それぞれはただ一つだけのタイプを形成する。

第4グループ、示差的接尾辞 ⟨i⟩：生産的なタイプ прос-и́-ть;
第5グループ、示差的接尾辞 ⟨e⟩ あるいは ⟨a⟩：非生産的なタイプ шум-е́-ть, крич-а́-ть.

活用例：

	第4グループ	第5グループ	
	(生産的なタイプ)	(非生産的なタイプ)	
	《頼む》	《騒音を立てる》	《叫ぶ》
語基	⟨pros,⟩~⟨pros,+i⟩	⟨šum,⟩~⟨šum,+e⟩	⟨kr,ič⟩~⟨kr,ič+a⟩
現在単数1	прош-у́	шумл-ю́	крич-у́
2	про́с-ишь	шум-и́шь	крич-и́шь
複数3	про́с-ят	шум-я́т	крич-а́т
命令法	прос-и́	шум-и́	крич-и́
現在副動詞	прос-я́	шум-я́	крич-а́
能動現在分詞	прос-я́щ-ий	шум-я́щ-ий	крич-а́щ-ий
不定形	прос-и́-ть	шум-е́-ть	крич-а́-ть
過去男性	прос-и́-л	шум-е́-л	крич-а́-л
女性	прос-и́-л-а	шум-е́-л-а	крич-а́-л-а
中性	прос-и́-л-о	шум-е́-л-о	крич-а́-л-о
過去副動詞	-прос-и́-в	-шум-е́-в	-крич-а́-в
能動過去分詞	прос-и́-вш-ий	шум-е́-вш-ий	крич-а́-вш-ий
受動過去分詞	-про́ш-енн-ый	—	—

この活用では、語幹の末尾子音の硬口蓋化(例えば、/s/ ~ /š/)は、現在の単数1人称、прош-у́ と受動過去分詞、с-про́ш-енн-ый に現れる[476]。

第4グループ：示差的接尾辞〈i〉

565

生産的なタイプ прос-и́-ть[477]。

アクセント。このタイプは、全てのアクセントタイプを所有する語幹を数限りなく包含している。

    T!：   гото́вл-ю, гото́в-ишь, гото́в-и-ть　　《準備する》；
    T´：   колоч-у́, коло́т-ишь, колот-и́-ть[478]　　《叩く》；
    °T：   говор-ю́, говор-и́шь, говор-и́-ть[479]　　《話す》、etc.

実数。このタイプは非常に生産的である。これは非生産的なタイプの目録に含まれない -ить で終わる動詞の全てを包括している。これはとりわけ実詞あるいは形容詞からの様々な意味をもつ派生語をつくるのに使われる。実詞からの派生語の例：

    ве́р-ю, ве́р-ишь, ве́р-и-ть　　《信じる》　　(ве́р-а《確信》)；
    винч-у́, винт-и́шь, винт-и́-ть　　《ネジを締める》　　(ви́нт《ネジ》)；
    кош-у́, ко́с-ишь, кос-и́-ть　　《(草を)刈る》　　(коса́《大鎌》)；
    гощ-у́, гост-и́шь, гост-и́-ть　　《客になる》　　(го́сть《客》)；
    хулига́н-ю, хулига́н-ишь, хулига́н-и-ть《狼藉を働く》　　(хулига́н《ならず者》)；
    бомбл-ю́, бомб-и́шь, бомб-и́-ть　　《爆撃する》　　(бо́мб-а《爆弾》)、etc.

形容詞からの派生語の例：

    гото́вл-ю, гото́в-ишь, гото́в-и-ть　《(料理を)作る》　　(гото́в-ый《出来上がりの》)；
    горж-у́-сь, горд-и́шь-ся, горд-и́-ть-ся《誇る》　　(го́рд-ый《誇らしげな》)；
    бел-ю́, бе́л-ишь, бел-и́-ть　　《白くする》　　(бе́л-ый《白い》)、etc.

注：他動詞 бел-и́-ть《白くする》と自動詞 беле́-ть《白くなる》を混同してはいけない。他の多数の形容詞からの派生語も同様。

このタイプはまた他の動詞からの派生語である、使役の意味をもつ動詞をつくるのにも利用される：

    у-мор-ю́, у-мор-и́шь, у-мор-и́-ть P《殺す》　　(у-мере́-ть P《死ぬ》)；
    по-лож-у́, по-ло́ж-ишь, по-лож-и́-ть P《寝かす、置く》(леж-а́-ть《横たわっている》)；
    по-ю́, по-и́шь, по-и́-ть　　《飲ませる》　　(пи́-ть《飲む》)、etc.

また定の運動の動詞から派生した、不定の運動の動詞（§606–§609）をつくるにも利用される。全てアクセントタイプ T´：

нош-у́, но́с-ишь, нос-и́-ть《運ぶ》(不定) (нес-ти́ 定)；

вож-у́, во́з-ишь, воз-и́-ть《運送する》(不定) (вез-ти́ 定)、etc.

最後に、このタイプには派生語として感じられない、非常に多くの頻繁に使われる動詞がある：

говор-ю́, говор-и́шь, говор-и́-ть《話す》；

любл-ю́, лю́б-ишь, люб-и́-ть《愛する》、etc.

少数のこの動詞は次のように完了の単純動詞である：

реш-у́, реш-и́шь, реш-и́-ть P《決める》、etc.(リストを参照、§574)。

第5グループ：示差的接尾辞〈e〉あるいは〈a〉

566 **非生産的なタイプ** шум-е́-ть[480], крич-а́-ть[481](約60個の動詞)。

接尾辞の2つの形〈e〉と〈a〉の間の選択は語幹の末尾子音に依っている。硬口蓋子音(シュー音あるいは /j/)の後ろで〈a〉を使い、その他の全ての場合には〈e〉を使う(3つの例外がある、以下を見よ)。

アクセント。このタイプの全ての動詞は無アクセント語幹 °T をもつ(現在で語尾アクセント、不定形で接尾辞アクセント、以下の例外を除く)：

T！：ви́д-е-ть, ви́ж-у, ви́д-ишь；同様に за-ви́с-е-ть, оби́д-е-ть P, слы́ш-а-ть (l. c.)；

T´：верт-е́-ть, верч-у́, ве́рт-ишь；同様に держ-а́-ть, смотр-е́-ть, терп-е́-ть (l. c.)；

°T/T´：гн-а́-ть, гон-ю́, го́н-ишь (l. c.)。

実数。このタイプは特に自動詞を含んでいる(例外は以下の目録に注記されている)。それは以下を包括する。

a) 騒音を表す動詞(全て自動詞；全て無アクセント語幹 °T)[482]。

〈e!〉で終わる(非硬口蓋子音の後ろで)：

〈°šum,〉 ~ 〈°šum,+e!〉 шумл-ю́, шум-и́шь, шум-е́-ть《騒音をたてる》。

同じモデルに従って：

грем-е́-ть	《とどろく》、	пыхт-е́-ть	《あえぐ》、
гуд-е́-ть	《うなる、低音を出す》、	свист-е́-ть	《口笛を吹く》、
звен-е́-ть	《(金属製の)音がする》、	скрип-е́-ть	《きしる》、
кип-е́-ть	《煮え立つ》、	соп-е́-ть	《鼻息をたてる》、
кряхт-е́-ть	《うなる、うめく》	храп-е́-ть	《鼾をかく》、
хрип-е́-ть	《かすれ声を出す》、	шелест-е́-ть	《さらさら鳴る》(1人称なし)
хруст-е́-ть	《乾いた音を立てる》、	шип-е́-ть	《シューシューいう》

(l. c.);

⟨a!⟩で終わる(硬口蓋子音の後ろで)：

⟨°kr,ič,⟩ ~ ⟨°kr,ič+a!⟩ крич-ý, крич-и́шь, крич-а́-ть 《叫ぶ》。

同じモデルに従って：

бренч-а́-ть	《カチャカチャ鳴る》、	звуч-а́-ть	《音を立てる》、
брюзж-а́-ть	《ぶつぶついう》、	молч-а́-ть	《黙っている》、
бурч-а́-ть	《ぐつぐついう》、	мыч-а́-ть	《(牛が)モーと鳴く》、
визж-а́-ть	《金切り声を出す》、	пищ-а́-ть	《ピイピイなく》、
ворч-а́-ть	《うなる；とどろく》、	стуч-а́-ть	《(打って)音を立てる》、
дребезж-а́-ть	《振動した音を立てる》、	трещ-а́-ть	《断続的な音を立てる》、
жужж-а́-ть	《虫が羽音を立てる》、	шурш-а́-ть	《さらさら音を立てる》、
журч-а́-ть	《(水の流れの)さらさら音を立てる》(l.c.)。		

b) 空間における位置を示す動詞(全て自動詞)。зави́сеть 以外は全て無アクセント °T：

⟨e!⟩で終わる(非硬口蓋子音の後ろで)：

⟨°s,id,⟩ ~ ⟨°s,id,+e!⟩ сиж-ý, сид-и́шь, сид-е́-ть 《坐っている》；

⟨°v,is,⟩ ~ ⟨°v,is,+e!⟩ виш-ý, вис-и́шь, вис-е́-ть 《掛かっている》

(しかし他のアクセントT!をもつ不完了体の合成語 за-ви́ш-у, за-ви́с-ишь, за-ви́с-е-ть 《依存する》もある。)；

⟨a!⟩で終わる(硬口蓋子音の後ろで)：

⟨°l,ež⟩ ~ ⟨°l,ež+a!⟩ леж-ý, леж-и́шь, леж-а́-ть 《横たわっている》；

⟨°stoj⟩ ~ ⟨°stoj+a!⟩ сто-ю́, сто-и́шь, сто-я́-ть 《立っている》；

⟨°torč⟩ ~ ⟨°torč+a!⟩ торч-ý, торч-и́шь, торч-а́-ть《突きだしている》。

c) 状態を示す他の自動詞(дыша́ть を除き全て無アクセント語幹 °T)：

⟨e!⟩で終わる(非硬口蓋子音の後ろで)：

⟨°b#d,⟩ ~ ⟨°b#d,+e!⟩ (1人称なし) бд-и́шь, бд-е́-ть 《眠らないでいる》(廃れている)；

⟨°bl,est,⟩ ~ ⟨°bl,est,+e!⟩ блещ-ý, блест-и́шь, блест-е́-ть 《輝く》；

⟨°bol,⟩ ~ ⟨°bol,+e!⟩ бол-и́т (無人称)、бол-е́-ть 《痛む》；

⟨°gor,⟩ ~ ⟨°gor,+e!⟩ гор-ю́, гор-и́шь, гор-е́-ть 《燃えている》；

⟨°zud,⟩ ~ ⟨°zud,+e!⟩ зуд-и́т (無人称)、зуд-е́-ть 《むずかゆい》；

⟨°skorb,⟩ ~ ⟨°skorb,+e!⟩ скорбл-ю́, скорб-и́шь, скорб-е́-ть 《悲しむ》；

⟨°sm,erd,⟩ ~ ⟨°sm,erd,+e!⟩ смерж-ý, смерд-и́шь, смерд-е́-ть 《悪臭をたて

〈a!〉で終わる(硬口蓋子音の後ろで)：

〈°boj〉 ~ 〈°boj+a!〉　　　　бо-ю́-сь, бо-и́шь-ся, бо-я́-ть-ся　　《恐れる》；

〈diš´〉 ~ 〈diš´+a!〉　　　　дыш-у́, ды́ш-ишь, дыш-а́-ть　　《呼吸する》。(l. c.)

d) 定運動の動詞 (§607)：

〈e!〉で終わる：

〈°l,et,〉 ~ 〈°l,et,+e!〉　　　　леч-у́, лет-и́шь, лет-е́-ть　　　　《飛ぶ》；

〈a!〉で終わる：

〈°m#č〉 ~ 〈°m#č+a!〉　　　　мч-у́, мч-и́шь, мч-а́-ть　　　　《疾走する》、他動詞、過去 мч-а́-л, мч-а́-л-а, cf. §513 注 (l. c.)。

e) 知覚動詞 (幾つかの他動詞)；アクセントは様々。

T!：

〈v,i!d,〉 ~ 〈v,i!d,+e!〉　　　　ви́ж-у, ви́д-ишь, ви́д-е-ть　　《見る》、他動詞；

T´：

〈smotr,´〉 ~ 〈smotr,´+e!〉　　смотр-ю́, смо́тр-ишь, смотр-е́-ть《観る》、他動詞；

°T：

〈°gl,ad,〉 ~ 〈°gl,ad,+e!〉　　　гляж-у́, гляд-и́шь, гляд-е́-ть　　《眺める》；

〈°z#r,〉 ~ 〈°z#r,+e!〉　　　　зр-ю́, зр-и́шь, зр-е́-ть　　　　《見える》、他動詞；スラボニア語起源、古風。

〈a〉で終わる(硬口蓋子音の後ろで)：

T!：

〈sli!š〉 ~ 〈sli!š+a!〉　　　　слы́ш-у, слы́ш-ишь, слы́ш-а-ть　《聞こえる》、他動詞。(l. c.)

f) 様々な他動詞；様々なアクセント：

〈e〉で終わる(非硬口蓋子音の後ろで)：

T!：

〈ob,i!d,〉 ~ 〈ob,i!d,+e!〉　　оби́ж-у, оби́д-ишь, оби́д-е-ть Р《侮辱する》、他動詞。

T´：

〈v,ert,´〉 ~ 〈v,ert,´+e!〉　　верч-у́, ве́рт-ишь, верт-е́-ть　　《回す》、他動詞。

〈t,erp,´〉 ~ 〈t,erp,´+e!〉　　терпл-ю́, те́рп-ишь, терп-е́-ть　《我慢する》、他動詞。

〈a〉で終わる(硬口蓋子音の後ろで)：

T´:

⟨d,erž´⟩ ~ ⟨d,erž´+a!⟩　　держ-у́, де́рж-ишь, держ-а́-ть《抱えている》、他動詞。

ここには以下の動詞を加えることができる(不定形とともに使われる)。

ºT:

⟨ºv,el,⟩ ~ ⟨ºv,el,+e!⟩　　вел-ю́, вел-и́шь, вел-е́-ть (完了体と不完了体)《命じる》。(l.c.)

g) 接尾辞 ⟨e⟩ と ⟨a⟩ の不規則な配分をもつもの:

硬口蓋子音の後ろで ⟨e⟩:

ºT:

⟨ºkiš⟩ ~ ⟨ºkiš+e!⟩　　киш-у́, киш-и́шь, киш-е́-ть　　《(生き物が)うごめく》;

非口蓋子音の後ろで ⟨ºa⟩: 非音節的な語根をもつ非常によく使われる 2 つの動詞、語幹の末尾子音は ⟨a⟩ の前で硬音になる。

ºT:

⟨ºs#p,⟩ ~ ⟨ºs#p+ºa⟩　　спл-ю́, сп-и́шь, сп-а́-ть《眠る》、сп-а́-л, сп-а-л-а́, сп-а́-л-о;

補足的な母音交替をもつもの: ⟨o⟩ ~ ⟨#⟩:

⟨gon,´⟩ ~ ⟨ºg#n+ºa⟩　　гон-ю́, го́н-ишь, гн-а́-ть P《追いやる》、гн-а́-л, гн-а-л-а́, гн-а́-л-о, 他動詞。(l.c.)

D. 不規則動詞[483]

567

1º. 異語幹動詞: рев-е́-ть, у-шиб-и́-ть, хот-е́-ть, беж-а́-ть。

a) 第 1 活用の 2 つの動詞は、第 2 活用の特徴である示差的接尾辞 ⟨e⟩ あるいは ⟨i⟩ を不定形でもつ。

接尾辞 ⟨e⟩: 動詞　　рев-е́-ть《吠える》:[484]

⟨ºr,ev⟩ ~ ⟨ºr,ev,+e!⟩　　рев-у́, рев-ёшь, рев-е́-ть;

接尾辞 ⟨i⟩: 動詞　　у-шиб-у́ P《打ち傷をつくる》、3 つの語基をもつ:

⟨ºšib⟩ ~ ⟨ºšib,+i!⟩ ~ ⟨ši!b⟩　　ушиб-у́, ушиб-ёшь, ушиб-и́-ть; 過去 у-ши́б, у-ши́б-л-а, у-ши́б-л-о; 受動過去分詞 у-ши́бл-енн-ый。

b) 現在語基で第 1 活用と第 2 活用の語尾を混合する 2 つの動詞。それは以下である:

беж-а́-ть《走る》、°T アクセント：
第1活用の一部で、語基 ⟨b,eg⟩
第2活用の一部で、語基 ⟨b,ež⟩ ~ ⟨b,ež+a⟩；
хот-е́-ть《欲する》：
第1活用の一部で、語基 ⟨xoč⟩、T´ アクセント；
第2活用の一部で、語基 ⟨xot,⟩ ~ ⟨xot,+e⟩、°T アクセント。
以下のパラダイムでは第1活用の形は下線が引かれている。

現在単数	1	бег-у́	хоч-у́
	2	беж-и́шь	хо́ч-ешь
	3	беж-и́т	хо́ч-ет
複数	1	беж-и́м	хот-и́м
	2	беж-и́те	хот-и́те
	3	бег-у́т	хот-я́т
命令法		бег-и́	—
能動現在分詞		бег-у́щ-ий	хот-я́щ-ий
不定形		беж-а́-ть	хот-е́-ть

不定形グループの様々な形は、беж-а́-ть, хот-е́-ть を基に規則的につくられる。
現在副動詞と受動現在分詞は存在しない。хот-е́-ть は命令法をもたない。

568

2º. 現在で ⟨m⟩ で終わる動詞：е́сть, да́ть[485]。

2つの動詞は現在と命令法で語尾の特殊な働きをもっている。特に現在の単数1人称の語尾 ⟨m⟩ と語基における交替をもつ。

		е́сть《食べる》	да́ть Р《与える》
語基		°T/T! ⟨°jed⟩ ~ ⟨je!⟩	°T ⟨°dad⟩ ~ ⟨°da⟩
現在単数	1	е́-м	да́-м
	2	е́-шь	да́-шь
	3	е́-ст	да́-ст
複数	1	ед-и́м	дад-и́м
	2	ед-и́те	дад-и́те
	3	ед-я́т	дад-у́т
命令法		е́-шь	да́й
現在副動詞		ед-я́	—
能動現在分詞		ед-я́щ-ий	—

不定形	éс-ть	да́-ть
過去	é-л, é-л-а, é-л-о	да́-л, да-л-а́, да́-л-о
否定		нé да-л, не да-л-а́, нé да-л-о
過去副動詞	(съ)-é-в	да́-в
能動過去分詞	é-вш-ий	да́-вш-ий
受動過去分詞	(съ)-éд-енн-ый	да́-нн-ый, да́-н, да-н-а́, да-н-о́
否定		нé да-н, не да-н-а́, нé да-н-о.

注：動詞 созда́ть P《創造する》は да́ть と二重の動詞接頭辞の合成語〈so+s+da〉として扱われる、それ故、да́ть のように活用される：現在 со-з-да́-м, со-з-да́-шь, etc.

569

3º. **ゼロ現在形をもつ動詞 бы́ть**。動詞 бы́ть《ある》は以下のような特徴をもつ。

　a) その**現在形**は人称や数に関して無変化のゼロ形態をもつ：я гото́в, о́н гото́в, они́ гото́вы《私は準備できている、彼は準備できている、彼らは準備できている》は、過去で動詞形 бы́л, бы́ли をもつ я бы́л гото́в, о́н бы́л гото́в, они́ бы́ли гото́вы《私は準備できていた、彼は準備できていた、彼らは準備できていた》に代わる現在の役割を規則的に果たしている。

　動詞《ある》の現在は、以下で検討するある特殊な用法以外には、ゼロ以外の形をもたない。

　b) その**不完了体未来形**は複合形ではなくて、бу́ду 形によってつくられる。この形は他の全ての動詞では不完了体未来の補助動詞の役割を果たす。

　c) 語基：T!/ºT〈bu!d〉 ~ 〈ºbi〉。

　語基〈bu!d〉は現在形そのものを除いて、現在グループの未来形と他の時制をつくるのに使われる。語基〈ºbi〉は不定形グループのために使われる。

　それ故、活用の全体は以下のようになる。

					現在グループ		不定形グループ	
現在：			ゼロ		不定形：	бы́-ть		
							否定なし	否定あり
未来単数	1		бу́д-у		過去	男性	бы́-л	нé бы-л
	2		бу́д-ешь			女性	бы-л-а́	не бы-л-а́
	3		бу́д-ет			中性	бы́-л-о	нé бы-л-о
複数	1		бу́д-ем			複数	бы́-л-и	нé бы-л-и
	2		бу́д-ете					

	3	бу́д-ут	
命令法		будь	
現在副動詞	бу́д-учи	過去副動詞	бы́-в (稀)
能動現在分詞	—	能動過去分詞	бы́-вш-ий

быть の現在時制の特殊な形。規則的なゼロ形以外に、動詞 быть の現在形はまた есть, су́ть および (否定で) нет, не- を所持しており、それらは特殊な用法に割り当てられている[486]。

1. есть, これは人称と数に関して不変化であり、以下の用法においてゼロ形態の代わりに任意に用いられる[487]。

α) 存在の動詞《ある》として：

есть рабо́та《仕事がある》;

на всё свои́ зако́ны есть (Грибоедов)《あらゆるものにはそれ固有の法則がある》;

β) (かなり稀) 定義における繋辞として：[488]

рабо́та есть рабо́та《仕事は仕事だ》;

СССР есть социалисти́ческое общенаро́дное госуда́рство (ソ連邦憲法)《ソ連邦は人民的な社会主義国家である》。

2. су́ть《ある (be 動詞の 3 人称複数)》、これは古風であり、時に複数 3 人称の繋辞としてゼロの代わりに書物的あるいは詩的言語のなかで使われる：

Опа́сность, кро́вь, развра́т, обма́н —

Су́ть у́зы стра́шного семе́йства (Пушкин)

《危険、血、淫蕩、欺瞞、

これらはこの恐ろしい家族の枷である》。

注：есть と су́ть は属辞 attribut が実詞のとき以外、繋辞として使うことができない。もしそれが形容詞あるいは述語であるときには決して使うことができない。

3. нет (不変化) は存在の動詞の否定形として、《存在しない》(属格とともに) の意味で必ず使われる：[489]

нет воды́ 《水がない》;

его́ нет до́ма 《彼は家にいない》。

注：繋辞として、動詞 быть の現在は常にゼロである、否定文においても同様である。その場合、その否定は не (無アクセントの) である：

я не ру́сский 《私はロシア人ではない》。

4. нет は疑問代名詞をもつ不定形において、間接疑問の前置詞の前で не́ (アク

セントをもつ)に縮減される：

 né с кем посовéтоваться《相談する人がいない》。

もし né と疑問詞が前置詞によって分離されないならば、それらは 1 つの語として綴られる：

 нéчего дéлать《することがない》。

アクセントのある né の後ろでは、疑問代名詞は前接語 enclitique である。

V. アスペクトの形態論

A. 一般的傾向

570

1°. 単純不完了体。一般的に、単純動詞(動詞接頭辞のない)は不完了体であり、同じ意味の完了体の対応形をもたない(**imperfectiva tantum**)[490]。例：

думать	《思う》、	рéзать	《切る》、
болéть	《病気である》、	просúть	《頼む》、
крыть	《覆う》、	держáть	《抱えている》、etc.

571

2°. 動詞接頭辞をもつ完了体。大部分の動詞接頭辞のある合成語は完了体である[491]。例：

вы́-думать P	《思いつく》、	про-рéзать P	《切り裂く》、
за-болéть P	《病気にかかる》、	с-просúть P	《訊ねる》、
от-кры́ть P	《開ける》、	за-держáть P	《引き留める》、etc.

これらの例から、動詞接頭辞の付加は動詞のアスペクト(**完了体化 perfectivation**)とその意味を同時に変えることが分かる。

572

3°. 派生の不完了体。これらの動詞接頭辞をもつ完了体の一部で、**不完了体化 imperfectivation** と言われる様々な方法を使って、もとの完了体と全く同じ意味をもつ不完了体の派生語を形成することがたいていの場合に可能である。この 2 つの動詞はまとめて**アスペクトの対 couple aspectuel** (видовáя пáра) をつくっている、と言われる。例：

вы́-дум-а-ть P	《思いつく》、	вы-дýм-ыва-ть	(不完了体)同じ意味、
за-бол-é-ть P	《病気になる》、	за-бол-евá-ть	(不完了体) 〃
про-рéз-ать P	《切り裂く》、	про-рéз-ыва-ть	(不完了体) 〃

с-прос-и́-ть P 《訊ねる》、 с-пра́ш-ива-ть（不完了体） "
за-держ-а́-ть P 《引き留める》、 за-де́рж-ива-ть（不完了体） "
（上で引用した全ての例において、不完了体化は接尾辞化によってなされている。これは最もよく使われる方法である）。

このようなわけで、この言語の動詞の大部分は次の3段階の体系の中に入る：

1. **単純不完了体**　2. **動詞接頭辞のある完了体**　3. **派生の不完了体**
　　　　　　　　　（完了体化、意味が変化する）（不完了体化、意味が変化しない）

кры́-ть《覆う》│от-кры́-ть P《開ける》　　от-кры-ва́-ть《開ける》
　　　　　　　│за-кры́-ть P《閉じる》　　за-кры-ва́-ть《閉じる》

しかしながらこれらの一般原理は事実の細部全てを説明しない。それ故、我々は上で定義された一般的傾向の中の、これと異なる点を再考し、例外を検討しなければならない。

B. 単純動詞のアスペクト

573

1º. **不完了体単純動詞**。これらは単純動詞（動詞接頭辞なしの）の大多数を表している。上の例を見よ。例外は以下である。

574

2º. **完了体単純動詞**[492]。

a) **-нуть で終わる完了体動詞（махну́ть タイプ）**。生産的なタイプの単純動詞 махну́ть は、一回体の意味をもつ接尾辞〈n〉を含み（現在で〈n〉、不定形で〈n+u〉）、その全ての活用でこの接尾辞を保持し、そして完了体である。例：

махну́ть P《振る》、 кри́кнуть P《叫ぶ》、etc. (cf. §562)。

例外を成すのは4つの不完了体動詞 гну́ть, льну́ть, тону́ть, тяну́ть のみである (l. c., cf. §562)。

注：これらの動詞と非生産的なタイプの動詞 со́хнуть (cf. 563) を混同してはならない。後者は起動的意味をもち、過去で要素〈n+u〉を失い、そして不完了体である。

b) **その他の完了体単純動詞**。次の目録にあるような少数の動詞がある。

  1. 第1活用において、それらは全て非生産的なタイプに属する5つの動詞：

пад-у́, пад-ёшь, па́с-ть　　P《落ちる》、
ля́г-у, ля́ж-ешь, ле́чь　　P《横たわる》、

ся́д-у, ся́д-ешь, се́с-ть P《坐る》、
ста́н-у, ста́н-ешь, ста́-ть P《なる》、
де́н-у, де́н-ешь, де́-ть P《しまい込む》(l. c.);

2. 第 2 活用において、13 個の動詞があり、それらは全て生産的なタイプ проси́ть に属する：

благослови́ть	P	《祝福する》、	плени́ть	P	《捕虜にする》、
бро́сить	P	《投げる》、	прости́ть	P	《許す》、
вороти́ть	P	《呼び戻す》、	реши́ть	P	《決める》、
конту́зить	P	《挫傷を負わせる》、	ступи́ть	P	《一歩踏み出す》、
ко́нчить	P	《終える》、	хвати́ть	P	《つかむ》、
купи́ть	P	《買う》、	яви́ться	P	《現れる》(l. c.)。
лиши́ть	P	《奪う》、			

3. 不規則動詞：да́ть P《与える》(l. c.)。

注：完了体であるものはまた語源的に動詞接頭辞をもつ多くの動詞であるが、その単純形は現代語で消滅してしまった。他の動詞で、接頭辞の働きをしている要素の語頭における存在によって、その語源的な動詞接頭辞を識別できるものがある：

в-стре́т-ить P《出会う》、 об-у́ть P《靴を履かせる》、
вз-я́ть P《取る》、 об-ня́ть P《抱える》、etc.

575

3º. **2つのアスペクトをもつ単純動詞**。ある単純動詞は《2つのアスペクトをもつ》動詞(**двувидовы́е глаго́лы**)と言われる[493]。しかし実際は、それらは各々の場合に、一方は不完了体、他方は完了体という、2つの同形異義語なのである。例：

жени́ться《結婚する》：

жени́ться	不完了体	он же́нится	《彼は結婚している》、
		он бу́дет жени́ться	《彼は結婚するだろう》、
жени́ться	完了体	он же́нится	《彼は結婚する》。

このタイプの動詞は次のものがある。

a) 第 2 活用の 5 つの動詞、-ить で終わる 4 つの動詞：

жени́ть 《結婚させる》(そして жени́ться 《結婚する》)、
роди́ть 《産む》(そして роди́ться 《生まれる》)、
крести́ть 《洗礼を施す》、
казни́ть 《死刑に処する》(l. c.)

-еть で終わる動詞：велéть《命じる》；
b) 特に外来語起源の -овать で終わる多くの動詞：

адресовáть	《に宛てる》、	организовáть	《組織する》、
арестовáть	《逮捕する》、	рекомендовáть	《推薦する》、etc.
ликвидúровать	《一掃する》、		

c) スラボニア語起源の幾つかの動詞：
мóлвить《言う》、обещáть《約束する》、образовáть《形成する》、etc.

C. 動詞接頭辞をもつ動詞のアスペクト[494]

576

1°. **完了体の動詞接頭辞をもつ動詞**。一般的に、以下で列挙する例外を除いて、動詞接頭辞をもつ動詞は完了体である(例えば、§571 を見よ)。

577

2°. **不完了体の動詞接頭辞をもつ動詞**。不完了体の動詞接頭辞をもつ動詞は次のものである。

a) **шумéть-кричáть タイプの動詞**(§566)**の少数の動詞接頭辞をもつ複合語**。それはしばしば外国語を基に直訳借用され、そして一般的に抽象的な関係を表現するスラボニア語的な形成の動詞である。

стоя́ть の合成語：

состоя́ть (из)	《(から)成る》、
обстоя́ть	《の状態にある》、
предстоя́ть	《予定されている》、
отстоя́ть	《離れた所にある》；

лежáть の合成語：

надлежáть	(無人称)：надлежи́т《すべきだ》、
принадлежáть	《属する》、
подлежáть	《を要する》、

висéть の合成語：зави́сеть《に従属する》；
держáть の合成語：содержáть《養う；保つ》；
ви́деть の合成語：предви́деть《予知する》、ненави́деть《憎む》；
гляде́ть の合成語：вы́глядеть《のように見える》(l. c.)。

注：これらの同じ動詞の他の合成語は、一般的な規則に従って完了体である：настоя́ть P《主張する》、задержáть P《引き留める》、etc.

b) от-кры-ва́-ть, вы́-ду́м-ыва-ть のような様々な不完了体化のプロセスを通じて、完了体の動詞接頭辞をもつ動詞を基にして形成された、無数の派生不完了体動詞、cf. §579 sq.

注：これらの派生不完了体形の中には、приходи́ть《やって来る》、улета́ть《飛び去る》、等のような運動の動詞があるが、これらは単純形ходи́ть《歩く》、лета́ть《飛ぶ》等（不定動詞）を基にして動詞接頭辞化によって間違ってつくられたように見える。このテーマについては§611を見よ。

578

3°. **2つのアスペクトをもつ動詞接頭辞のある動詞**。このような2つのアスペクトをもつ動詞は（2つのアスペクトをもつ単純動詞と同じ条件で、cf. §575）、以下のような書物的言語に属する -овать で終わる少数の動詞接頭辞動詞である：

иссле́довать《調査する》、испо́льзовать《利用する》、насле́довать《相続する》、возде́йствовать《影響を及ぼす》、etc.

D. 規則的なアスペクトの対の形成：〈a〉と〈iva〉で終わる不完了体の派生

579

大部分の完了体動詞（動詞接頭辞をもつ完了体、-нуть で終わる完了体、その他の単純な完了体）は、同じ意味の不完了体の対応語をもつ。アスペクトでは異なるが、意味では同じ、この2つの動詞は**アスペクト的な対 couple aspectuel** を形成する[495]。

アスペクト的な対の大部分において、不完了体は**不完了体化の規則的な2つの接尾辞**〈a〉あるいは〈iva〉のうちの1つを使って、完了体から**派生される**。これらの接尾辞は、動詞の2つの語基のうちの1つ（たいていは不定形語基）からつくられる、**不完了体化の語基**に付加する。それらはこの不完了体化の語基において規則的な結果（アクセント位置、【母音】交替、等）を引き起こす。例：

за-рабо́та-ю, -ешь, за-рабо́та-ть P《稼ぐ》。

現在形と不定形の語幹と語基：	〈rabota〉
不完了体化の語基：	〈rabot〉
不完了体化の接尾辞：	〈iva〉
接尾辞の結果：アクセント：前・アクセント	〈íva〉
交替：	/o/ ~ /a/

派生した不完了体：за-раба́т-ыва-ть。

我々はここで規則的な不完了体派生において果たしている一般的規則を、以下について検討しよう。

　　1º. 不完了体化の語基の形成
　　2º. 接尾辞〈a〉と〈iva〉の働きの結果
　　3º. この2つの接尾辞の間の選択。

その後で次のことを研究しよう。

　　4º. これらの規則に対する全ての例外も列挙しながら、完了体動詞の様々なタイプへのこれらの規則の適用。

580

1º. **不完了体化の語基**。不完了体化の接尾辞〈a〉あるいは〈iva〉は、以下の語基を基に形成される不完了体化の語基に付加される[496]。

　a) 完了体動詞の**不定形語基を基に**形成されるが、それはある変化を被る。

　　1. もしこの語基が接尾辞〈a〉〈i〉〈o〉あるいは〈n+u〉で終わっていれば、この接尾辞は不完了体化の語基において消える。

〈a〉　　пере-чит-а́-ть P　《読み返す》、　　不完了体　пере-чи́т-ыва-ть;
　　　　об-рисов-а́-ть P　《(輪郭を)描く》、　　　　об-рисо́в-ыва-ть;
　　　　за-ков-а́-ть P　《枷をはめる》、　　　　　за-ко́в-ыва-ть;
　　　　рас-та́-я-ть P　《とける》、　　　　　　　рас-та́-ива-ть;
　　　　за-пис-а́-ть P　《書き込む》、　　　　　　за-пи́с-ыва-ть;
　　　　у-бр-а́-ть P　《取り除く》、　　　　　　　у-бир-а́-ть;
　　　　(交替 /#/ ~ /i/ については、cf. §584)。
　　　　за-держ-а́-ть P　《引き留める》、　　　　за-де́рж-ива-ть, etc.
〈i〉　　за-кур-и́-ть P　《タバコを吸い始める》、　за-ку́р-ива-ть,
　　　　из-ме́р-и-ть P　《計る》、　　　　　　　из-мер-я́-ть, etc.
〈o〉　　за-кол-о́-ть P　《刺し殺す》、　　　　　за-ка́л-ыва-ть, etc.
　　　　(交替 /o/ ~ /a/ については、cf. §584)。
〈n+u〉　за-мах-ну́-ть-ся P《振り上げる》、　　　　за-ма́х-ива-ть-ся
　　　　за-мёрз-ну-ть P　《凍結する》、　　　　　за-мерз-а́-ть, etc.

　　注：しばしば〈n+u〉の前に現れない語根の末尾子音は、不完了体化の語基で再び現れる：

　　　　за-гля-ну́-ть P　《のぞき見る》、　不完了体　за-гля́д-ыва-ть,
　　　　раз-вер-ну́-ть P　《展開する》、　　　　raz-вёрт-ыва-ть, etc.

　これらの接尾辞が語幹の一部をつくっているときも（それは現在語基において再

び見出される、例えば、пере-чит-а́-ть, пере-чит-а́-ю)、またそれらが示差的接尾辞であるときも(それは現在語基においては再び見出されない、例えば、за-пис-а́-ть, за-пиш-у́)、それらは不完了体化の語基において消滅することに気付くだろう。

2. もし不定形の語基が接尾辞 ⟨e⟩ によって終わっているならば、この接尾辞は現在語基においても消える場合にのみ、不完了体化の語基において消える。

α) 接尾辞 ⟨e⟩ の消滅(第2活用、非生産的タイプ шуме́ть, cf. §566):

рас-смотр-е́-ть P《観察する》(現在 рас-смотр-ю́)　　不完了 рас-сма́тр-ива-ть,
до-гор-е́-ть P《燃え尽きる》(現在 до-гор-ю́)　　不完了 до-гор-а́-ть, etc.

β) 接尾辞 ⟨e⟩ の保持(第1活用、生産的タイプ боле́ть, cf. §535):

за-бол-е́-ть P《病気になる》(現在 за-бол-е́-ю)　　不完了 за-бол-е-ва́-ть,
о-слаб-е́-ть P《弱る》(現在 о-слаб-е́-ю)　　不完了 о-слаб-е-ва́-ть, etc.

3. もし不定形の語基がこれらの接尾辞の内の1つによって終わらなければ、それは不完了体化の語基においても変化しない:

на-ду́-ть P《膨らます、吹き付ける》　不完了 на-ду-ва́-ть,
у-би́-ть P《殺す》　不完了 у-би-ва́-ть,
за-стря́-ть P《はまり込む》　不完了 /-str,a,vá-t,/ за-стре-ва́-ть,
по-мо́чь P《助ける》　不完了 по-мог-а́-ть,
на-па́с-ть P《襲う》　不完了 на-пад-а́-ть, etc.

b) 例外的に、もし現在語基が非音節的であれば、それを基に形成される:

у-мере́-ть,　現在　у-мр-у́ P 《死ぬ》　不完了 у-мир-а́-ть,
на-ча́-ть,　現在　на-чн-у́ P 《始める》　不完了 на-чин-а́-ть, etc.

(交替 /#/ ~ /i/ については、cf. §584)。

581

2°. 2つの接尾辞使用の実数。

a) **活用**。接尾辞 ⟨a⟩ と ⟨iva⟩ の1つを使ってつくられた派生不完了体は、生産的なタイプ чита́-ть, чита́-ю, чита́-ешь (§534) に属する。

582

b) **アクセント法**:

1. 接尾辞 ⟨a!!⟩ に関して、アクセントは常に接尾辞(自己・アクセントのある優性接尾辞 S!!)にある。例:

за-кры-ва́-ть《覆う》、у-мир-а́-ть《死ぬ》、от-веч-а́-ть《答える》、etc.

2. 接尾辞 ⟨´iva⟩ に関して、前・アクセントであり、アクセントは常に接尾辞前にある。例:

за-пи́с-ыва-ть《書き込む》、вы-смé-ива-ть《嘲笑する》、за-гля́д-ыва-ть《のぞき見る》、etc.

583

c) **母音の後ろで /v/ あるいは /j/ の挿入**。接尾辞〈iva〉が母音の後ろに置かれると、一般的規則に従って、/j/ の挿入が生ずる：

рас-ка́-я-ть-ся P《後悔する》、不完了 рас-ка́-ива-ть-ся /kajiva/, etc.

接尾辞〈a〉の前の同じ位置において、/v/ の挿入がおこる。それ故、その接尾辞は形 -ва- を取る：

за-пé-ть P《歌い始める》、　　　　不完了 за-пе-вá-ть,
за-кры́-ть P《覆う；閉じる》、　　不完了 за-кры-вá-ть, etc.
за-бол-é-ть P《病気になる》、　　 不完了 за-бол-е-вá-ть, etc.

584

d) **母音交替**[497]：

1. 交替 /o/ ～ /a/：接尾辞〈iva〉の前で、接尾辞前の母音 /o/ は /a/ によって替えられる：

за-рабо́т-а-ть P《稼ぐ》、　　　　不完了 за-раба́т-ыва-ть,
при-хоро́ш-и-ть P《飾る》、　　　不完了 при-хора́ш-ива-ть,
за-подо́-зр-и-ть P《疑う》、　　 不完了 за-пода́-зр-ива-ть, etc.

この交替は、-о́бывать で終わる派生不完了体をつくる、-овать で終わる動詞には決して生じない：

за-колдов-а́-ть P《魔法にかける》、　不完了 за-колдо́в-ыва-ть, etc.

さらに -ить で終わるある動詞においては例外や揺れがある (cf. §595)。

2. 交替 # ～ /i/：接尾辞〈a〉と〈iva〉の前で（接尾辞〈iva〉をもつ場合は稀である）、もし不完了体語基が非音節的な語根（# で終わる語根）に縮減すれば、派生された不完了体は語根母音 /i/ (и, ы) を含む：

〈ž#d〉 ～ 〈žid〉　　до-жд-á-ть-ся P　　《待つ》、　　　不完了 до-жид-á-ть-ся,
〈č#t〉 ～ 〈čit〉　　с-чéс-ть, со-чт-ý P　《勘定する》、　不完了 с-чит-á-ть,
〈z#v〉 ～ 〈ziv〉　　на-зв-á-ть P　　　　《名付ける》、　不完了 на-зыв-á-ть,
〈m#k〉 ～ 〈mik〉　　за-мк-нý-ть P　　　《鍵をかける》、 不 完 了 за-мык-á-ть,
etc.

もしこの /i/ が子音 /n/ あるいは /r/ によって**後続される**ならば、その /i/ に**先行**する子音は湿音化する（その場合には и と綴られる）：

〈m#n〉 ～ 〈m,in〉　раз-мя́-ть, разо-мн-ý P《こねる》、　　不完了 раз-мин-á-ть,

⟨m#r⟩ ~ ⟨m,ir⟩　у-мере́-ть, у-мр-у́ P　《死ぬ》、　　不完了 у-мир-а́-ть,
⟨b#r⟩ ~ ⟨b,ir⟩　за-бр-а́-ть P　　　《奪い取る》、　不完了 за-бир-а́-ть, etc.

585

e) 子音交替：

1. 第1活用の動詞からの派生において、子音交替は決して存在しない。語基の末尾子音は、派生された不完了体においても完了体と常に同じである：

/m/　вы́-дум-а-ть　　　P《考えつく》、　　不完了 вы́-ду́м-ыва-ть,
/k/　при-иск-а́-ть　　　P《探し出す》、　　不完了 при-и́ск-ива-ть,
/l,/　про-гул-я́-ть-ся　P《少し散歩する》、不完了 про-гу́л-ива-ть-ся, etc.

2. 第2活用の動詞からの派生において、一般的に語基の末尾子音の硬口蓋化がおこる（その接尾辞はそこでは ⟨=a⟩ と ⟨=iva⟩）：

/z/ ~ /ž/　воз-раз-и́-ть　P《反対する》、　　　　　不完了 воз-раж-а́-ть,
　　　　　с-у́з-и-ть　　　P《狭くする》、　　　　　不完了 с-у́ж-ива-ть, etc.
/t,/ ~ /č/　от-ве́т-и-ть　　P《答える》、　　　　　　不完了 от-веч-а́-ть,
　　　　　раз-винт-и́-ть　P《（ネジなどを）ゆるめる》、不完了 раз-ви́нч-ива-ть,
/v,/ ~ /vl,/　яв-и́-ть-ся　　P《現れる》、　　　　　　不完了 явл-я́-ть-ся,
　　　　　у-лов-и́-ть　　P《感じ取る》、　　　　　不完了 у-ла́вл-ива-ть, etc.

ある動詞において（接尾辞 ⟨a⟩ をもつものだけ）、《スラボニア語的な硬口蓋化》/t,/ ~ /sč/ と /d,/ ~ /žd/ が現れる：

/t,/ ~ /sč/　за-прет-и́-ть　P《禁じる》、　　　　　　不完了 за-прещ-а́-ть,
/d,/ ~ /žd/　пред-у-пред-и́-ть P《予告する》、　　　不完了 пред-у-прежд-а́-ть, etc.

この交替に従わない子音だけが不変化のままである。/n,/ /l,/ /r,/ 及び硬口蓋子音：

/r,/　из-ме́р-и-ть　　P《計る》、　　　　不完了 из-мер-я́-ть,
　　　про-смотр-е́-ть　P《目を通す》、　不完了 про-сма́тр-ива-ть,
/č/　об-уч-и́-ть　　　P《教える》、　　　不完了 об-уч-а́-ть,
　　　от-молч-а́-ть-ся　P《黙して答えない》、不完了 от-ма́лч-ива-ть-ся, etc.

586

3°. 接尾辞 ⟨a⟩ あるいは ⟨iva⟩ の選択。この選択は以下の一般的原理に従う（先で注意を促すであろう例外の留保付きで）。

a) 非音節的な不完了体化の語基の後ろで、接尾辞は ⟨a⟩。
b) もし完了体が生産的なタイプに属していれば、接尾辞は：

1. чита́ть, рисова́ть, махну́ть タイプにとっては ⟨iva⟩。
2. беле́ть タイプにとっては ⟨a⟩ (/va/ の形のもとに)。

3. проси́ть タイプにとっては〈iva〉あるいは〈a〉。

c) もし完了体が非生産的なタイプに属していれば、接尾辞は：

1. もしその完了体が示差的接尾辞〈a〉〈o〉あるいは〈e〉(第2と第5グループの動詞)をもっていれば、〈iva〉；

2. 他の場合には(示差的接尾辞をもたない、あるいは接尾辞〈u〉：第1グループと第3グループ)、〈a〉。

これらの規則を要約すると以下の表のようになる。

現在	示差的接尾辞	生産的なタイプ	非生産的なタイプ
〈oš〉 第1活用	無 第1グループ	чита́ть：〈́iva〉 беле́ть：〈a!!〉(ва)	〈a!!〉
	〈a〉〈o〉 第2グループ	рисова́ть：〈́iva〉	〈́iva〉 (非音節的語基を除く)
	〈u〉 第3グループ	махну́ть：〈́iva〉	〈a!!〉
〈iš〉 第2活用	〈i〉 第4グループ	проси́ть：〈́=iva〉 あるいは〈=a!!〉	
	〈e〉〈a〉 第5グループ		〈=́iva〉

587

4°. **様々な動詞タイプへの応用**。我々はここで、上で与えた様々な規則が適用される規則的形態とこれらの規則の例外を区別しながら、様々な活用、グループ、そしてタイプ(cf. 531)の完了体動詞から派生された不完了体の形成を検討する。

第1活用
(〈;oš〉で終わる現在形)

第1グループ(示差的接尾辞なし)：

588

a) **生産的なタイプ** чита́ть：接尾辞〈́iva〉、接尾辞前アクセント、交替 /o/ ~ /a/：

об-ду́м-а-ть   P《検討する》、   不完了 об-ду́м-ыва-ть,

об-рабо́т-а-ть P《加工する(他動詞)》、不完了 об-раба́т-ыва-ть, etc.

例外：знá-ть《知っている》の合成語：母音の後ろで接尾辞〈a〉、давáть タイプに従った活用 (cf. §556)。

 при-знá-ть-ся   P《認める》、   不完了 при-зна-вá-ть-ся, при-зна-ю́-сь.

589

 b) **生産的なタイプ белéть**：接尾辞〈e〉は保持される (cf. §580)。接尾辞〈a!!〉（それは母音の後ろで、/va/ になる）、接尾辞アクセント：

  за-бол-é-ть   P《病気になる》、   不完了 за-бол-е-вá-ть,
  недо-ум-é-ть[498]   P《当惑する》、   不完了 недо-ум-е-вá-ть,

 例外：接尾辞〈e〉の消滅、不完了体化の接尾辞〈íva〉、接尾辞前子音の硬口蓋化：

  вы́-здоров-е-ть   P《全快する》、   不完了 вы́-здорáвл-ива-ть (l. c.)。

590

 c) **非生産的なタイプ**：接尾辞〈a!!〉（母音の後ろで /va!!/）、接尾辞アクセント、交替 # ~ /i/：

  за-кры́-ть   P《閉じる》、   不完了 за-кры-вá-ть,
  с-пé-ть   P《歌う》、   с-пе-вá-ть,
  со-зв-á-ть   P《呼び集める》、   с-зыв-á-ть,
  у-бр-á-ть   P《かたづける》、   у-бир-á-ть,
  с-жá-ть, со-жм-ý   P《圧縮する》、   с-жим-á-ть,
  пере-лé-зть   P《乗り越える》、   пере-лез-á-ть,
  по-мóчь   P《助ける》、   по-мог-á-ть, etc.

 例外：

 1. -клясть と -нять (l. c.) で終わる合成語において、不定形語基ではなく、現在語基を基につくられる不完了体化の語基：

  про-кля́-сть, про-клян-ý   P《呪う》、   不完了 /pro-kl,an-a-t/ про-клин-á-ть,
  об-ня́-ть, об-ним-ý   P《抱擁する》、   об-ним-á-ть, etc.

 -йму で終わる現在形を有する -нять で終わる合成語では、派生された不完了体はまた語基〈n,im〉を基につくられる：

  по-ня́-ть, по-йм-ý   P《理解する》、   不完了 по-ним-á-ть, etc.

 2. стáть の合成語において、давáть (§556) タイプを基に派生される不完了体の活用 (l. c.)（単純な стáть を基に、cf. §602)：

  в-стá-ть   P《立ち上がる》、   不完了 в-ста-вá-ть.

 3. 接尾辞前アクセント（そして非接尾辞アクセント）：

па́с-ть P《落ちる》、 不完了 па́д-а-ть (l. c.) ;

しかし合成語では規則的な接尾辞アクセント：на-па́с-ть P《襲う》、不完了 на-пад-а́-ть, etc.

4. красть, воло́чь, -че́сть (l. c.) の合成語では、接尾辞〈a!!〉の代わりに〈íva〉：

под-кра́с-ть-ся P《忍び寄る》、 不完了 под-кра́д-ыва-ть-ся,
за-воло́чь P《(雲が)覆う》、 за-вола́к-ива-ть,
у-че́с-ть, у-чт-у́ P《考慮に入れる》、 у-чи́т-ыва-ть.

ただ -честь で終わる合成語の中で規則的に接尾辞〈a〉をもつのは、動詞 с-че́с-ть P《数える》、不完了 с-чит-а́-ть だけである。

5. нести́, везти́, вести́, идти́ によって合成された運動の動詞の不規則的派生不完了体について、またその他の不規則的派生語については、§611 参照。

第2グループ(示差的接尾辞〈a〉あるいは〈o〉)：

591

a) 生産的なタイプ рисова́ть：接尾辞〈íva〉、/o/～/a/ 交替なし：

об-рисов-а́-ть P《スケッチする》、 不完了 об-рисо́в-ыва-ть,
раз-межев-а́-ть P《境界を決める》、 раз-межёв-ыва-ть, etc.

592

b) 非生産的なタイプ：接尾辞〈íva〉：

пере-ков-а́-ть P《蹄鉄を打ちなおす》、 不完了 пере-ко́в-ыва-ть
(交替 /o/～/a/ なし：重要なことは -овать 動詞であること)、
рас-ка́-я-ть-ся P《後悔する》、 рас-ка́-ива-ть-ся,
раз-вяз-а́-ть P《ほどく》、 раз-вя́з-ыва-ть,
пере-мол-о́-ть P《碾く》、 пере-ма́л-ыва-ть, etc.

しかしもし語基が非音節的であれば、接尾辞〈a〉(交替 # ～ /i/ をもつ)：

со-рв-а́-ть P《引き取る》、 不完了 с-рыв-а́-ть,
по-сл-а́-ть P《発送する》、 по-сыл-а́-ть, etc.

例外：

1. 接尾辞〈íva〉の代わりに〈a!!〉：

за-те́-я-ть P《企む》、 不完了 за-те-ва́-ть,
рас-се́-я-ть P《蒔く》、 рас-се-ва́-ть あるいは рас-се́-ива-ть,
раз-ве́-ять-ся P《風に吹き散らされる》、раз-ве-ва́-ть-ся あるいは раз-ве́-ива-ть-ся,

рас-сы́п-а-ть　Р《(粉を)こぼす》、　　рас-сып-а́-ть,
от-ре́з-а-ть　Р《切り取る》、　　от-рез-а́-ть あるいは от-ре́з-ыва-ть (l. c.)。

注：рассыпать と отрезать において、その完了体と不完了体の間の違い（不定形で）はただアクセントによってのみ確認される。しかし現在形は別形である：рас-сы́пл-ю Р、不完了 рас-сып-а́-ю。

2. е́хать の不完了体の複合形 (l. c.) は、-езж-а́-ть（е́хать の不定動詞 е́зд-и-ть の語基〈jezd,〉、cf. §609）を使って派生される：

при-е́х-а-ть　Р《(乗り物で)やって来る》、　不完了 при-езж-а́-ть.

第3グループ（示差的接尾辞〈u〉）：

593

a) 生産的なタイプ махну́ть：接尾辞〈´iva〉（接尾辞前アクセント、交替 /o/ ~ /a/）：

под-морг-ну́-ть　Р《ウインクする》、　不完了 под-ма́рг-ива-ть,
со-скольз-ну́-ть　Р《滑り降りる》、　　со-ска́льз-ыва-ть,
за-пах-ну́-ть　Р《(衣服を)折り返す》、　за-па́х-ива-ть, etc.

〈n+u〉の前で欠如した子音の再現があるもの：

про-тя-ну́-ть　Р《伸ばす》、　不完了 про-тя́г-ива-ть,
об-ма-ну́-ть　Р《欺す》、　　об-ма́н-ыва-ть, etc.

しかし語根が非音節的であれば、接尾辞は〈a〉（接尾辞アクセント、交替 # ~ /i/）：

во-тк-ну́-ть　Р《突き刺す》、　不完了 в-тык-а́-ть,
со-г-ну́-ть　Р《曲げる》、　　不完了 с-гиб-а́-ть（子音の再現）、etc.

例外：接尾辞〈´iva〉の代わりに〈a!!〉（非音節的語基以外で）：

у-то-ну́-ть　Р《溺死する》、　不完了 у-топ-а́-ть（/p/ の再現）、
по-ки-ну́-ть　Р《別れる、立ち去る》、по-кид-а́-ть（/d/ の再現）、
у-скольз-ну́-ть　Р《逃れる》、　у-скольз-а́-ть
　　　　　　　　　　　（あるいは у-ска́льз-ыва-ть）(l. c.);

語基における書記素の交替 /o/ ~ /a/：

кос-ну́-ть-ся　Р《触れる》、　不完了 кас-а́-ть-ся (l. c.);

例外的な接尾辞前アクセントをもつもの（単純動詞でのみ）：

дви́-ну-ть　Р《動かす》、　不完了 дви́г-а-ть
(しかし複合語：в-двиг-а́-ть);

тро́-ну-ть   P《触る》、   不完了 тро́г-а-ть (l. c.);
(しかし複合語では接尾辞〈iva〉: при-тра́г-ива-ть-ся);
不規則な母音交替 /o/ ~ /i/ をもつもの:

от-дох-ну́-ть P《休息する》、   不完了 от-дых-а́-ть (l. c.);

完了体は非再帰で、不完了体は再帰である:

ло́п-ну-ть   P《裂ける、割れる》、不完了 ло́п-а-ть-ся (l. c.).

вер-ну́-ть の補充的不完了体については、§603 参照。

594

b) 非生産的タイプ со́х-ну-ть：接尾辞〈a〉:

за-мёрз-ну-ть P《凍る》、   不完了 за-мерз-а́-ть,
по-ги́б-ну-ть P《死ぬ》、   по-гиб-а́-ть, etc.

例外：例外的交替 /o/ ~ /i/ :

вы́-сох-ну-ть P《乾く》、   不完了 вы-сых-а́-ть (l. c.).

第2活用

第4グループ(示差的接尾辞〈i〉)：生産的なタイプ проси́ть：

595

a) **規則的な形成**：これは接尾辞前子音の硬口蓋化を含む。接尾辞は〈iva〉あるいは〈a〉が可能である。

1. 接尾辞〈́=iva〉をもつもの。接尾辞前アクセント、交替 /o/ ~ /a/、硬口蓋化。これはロシア語起源の語にとって規則的な形成である:

с-прос-и́-ть   P《訊ねる》、   不完了 с-пра́ш-ива-ть,
от-корм-и́-ть   P《飼育する》、   от-ка́рмл-ива-ть,
у-плат-и́-ть   P《支払う》、   у-пла́ч-ива-ть,
у-лов-и́-ть   P《感じ取る》、   у-ла́вл-ива-ть,
от-раст-и́-ть   P《(毛などを)伸ばす》、   от-ра́щ-ива-ть,
до-говор-и́-ть-ся P《合意に達する》、   до-гова́р-ива-ть-ся, etc.

わずかな動詞において、特に接頭辞名詞から派生された名詞派生語において、交替 /o/ ~ /a/ がない:

за-позо́р-и-ть   P《恥辱を浴びせる》、不完了 за-позо́р-ива-ть (по-зо́р《恥辱》)、
о-безбо́л-и-ть   P《麻酔する》、   о-безбо́л-ива-ть (без боли《痛みなく》)

у-зако́н-и-ть P《適法にする》、 у-зако́н-ива-ть (за-ко́н《法律》)、etc.

注：他の一部の動詞は、19世紀の言語では交替 /o/ ~ /a/ に従っていなかったが、今日ではその交替を被っている：

у-сво́-и-ть P《自分のものにする》、不完了 у-сва́-ива-ть,
о-спо́р-и-ть P《反論する》、 о-спа́р-ива-ть, etc.

(19世紀には у-сво́-ива-ть, о-спо́р-ива-ть)。

2. 接尾辞〈=a!!〉をもつ。接尾辞アクセント、硬口蓋化。これはスラボニア語起源の動詞にとって生産的なタイプであり、抽象的な意味をもつ語において非常に頻度が高いが、しかしまた他の場所でも見出される：

от-пра́в-и-ть P《送る》、 不完了 от-правл-я́-ть,
раз-груз-и́-ть P《荷を降ろす》、 раз-груж-а́-ть,
с-набд-и́-ть P《供給する》、 с-набж-а́-ть,
воз-об-нов-и́-ть P《再開する》、 воз-об-новл-я́-ть,
об-вин-и́-ть P《告発する》、 об-вин-я́-ть,
со-верш-и́-ть P《行う》、 со-верш-а́-ть, etc.

歯音のスラボニア語的な硬口蓋化を伴うもの：

за-прет-и́-ть P《禁じる》、 不完了 за-прещ-а́-ть,
по-бед-и́-ть P《勝つ》、 по-бежд-а́-ть, etc.

しかしロシア語的な硬口蓋化を伴うものもある：

от-ве́т-и-ть P《答える》、 不完了 от-веч-а́-ть,
за-ме́т-и-ть P《気づく》、 за-меч-а́-ть, etc.

b) 例外：

1. 接尾辞〈iva〉をもつ2つの動詞は接尾辞前アクセントでなくて、語根アクセントをもつ：

за-ку́пор-и-ть P《栓をする》、 不完了 за-ку́пор-ива-ть,
у-со́вест-и-ть P《後悔させる》、 у-со́вещ-ива-ть (l. c.)。

2. 非音節的な語根をもつ2つの動詞は不完了体化の語基で接尾辞〈i〉を保持する (そこではそれは e と綴られる)。不完了体化の接尾辞は〈a〉である (母音の後ろで /va/ の形をとる)：

про-дл-и́-ть P《延長する》、 不完了 /pro+dl,+i+va+t, / про-дл-е-ва́-ть,

за-тм-и́-ть   P《遮る》、   不完了 /za+tm,+i+va+t, / за-тм-е-ва́-ть.
(l. c.)

3. 幾つかの動詞は接尾辞前の子音の硬口蓋化をせず、反対にもしこれが対をもつ軟子音であるならば、この子音の**硬音化 durcissement** を行う。またもしそれがシュー音であれば、**脱硬口蓋化 dépalatalisation** を行う（軟口蓋子音によって置き換えられる）。

α) 接尾辞〈a!!〉をもつ：それは一部の単純完了体から派生した不完了体だけである（それらの複合形あり、あるいはなし）：

/s,/ ~ /s/   бро́с-и-ть P《投げる》、   不完了 брос-а́-ть (しかし複合形 -бра́с-ыва-ть)、

/t,/ ~ /t/   хват-и́-ть P《つかむ》、   不完了 хват-а́-ть (しかし複合形 -хва́т-ыва-ть)、

/p,/ ~ /p/   ступ-и́-ть P《踏み入れる》、不完了 ступ-а́-ть (また複合形 -ступ-а́-ть)、

派生した不完了体において動詞接頭辞をもつもの：

/p,/ ~ /p/   куп-и́-ть P《買う》、   不完了 по-куп-а́-ть (また複合形 -куп-а́-ть)、

不規則な交替 /t,/ ~ /k/ をもつもの：

пуст-и́-ть   P《自由にする》、不完了 пуск-а́-ть (また複合形 -пуск-а́-ть) (l. c.);

同様に、-ложи́ть で終わるある複合形にとって、書記法の交替 o ~ a をもつもの：

/ž/ ~ /g/   пред-лож-и́-ть P《提案する》、不完了 пред-лаг-а́-ть (cf. §603);

β) 接尾辞〈íva〉をもつ。それは -бра́с-ыва-ть で終わる複合語と хва́т-ыва-ть (上を見よ) と以下の動詞である：

/s,/ ~ /s/   за-кус-и́-ть P《噛む》、   不完了 за-ку́с-ыва-ть、

/t,/ ~ /t/   про-глот-и́-ть P《飲み込む》、   про-гла́т-ыва-ть、

/m,/ ~ /m/   над-лом-и́-ть P《割れ目をつける》、   над-ла́м-ыва-ть、

/t,/ ~ /t/   от-кат-и́-ть P《脇に転がす》、   от-ка́т-ыва-ть、

/č/ ~ /k/   на-скоч-и́-ть P《ぶつかる》、   на-ска́к-ива-ть、

           при-тащ-и́-ть P《引っ張ってくる》   при-та́ск-ива-ть. (l. c.)

第5グループ：非生産的なタイプ шуме́ть, крича́ть.

597
a) **規則的な形成**：不定形語基の接尾辞〈e〉あるいは〈a〉の消滅、不完了体化の接尾辞〈´=iva〉、接尾辞前アクセント、交替 /o/ ~ /a/、硬口蓋化：

рас-смотр-е́-ть   P《検討する》、   不完了 рас-сма́тр-ива-ть、

за-сид-é-ть-ся	P《長居する》、		за-си́ж-ива-ть-ся,
за-держ-á-ть	P《引き留める》、		за-де́рж-ива-ть, etc.

b) 例外：

1. 接尾辞〈e〉の保持、不完了体化の接尾辞〈a!!〉(母音の後ろで、/va/)、接尾辞アクセント：

по-вел-é-ть	P《命ずる》、	不完了	по-вел-е-вá-ть,
пре-терп-é-ть	P《耐える》、		пре-терп-е-вá-ть (l. c.);

2. зрѣть《見る》の複合語(非音節的な語基)において、上述のような接尾辞〈e〉の保持とともに、接尾辞〈a!!〉をもつ：

обо-зр-é-ть	P《検討する》、	不完了	обо-зр-е-вá-ть,

あるいはまた接尾辞〈e〉の消滅と語基における交替 # ~ /i/ をもつ：

пре-зр-é-ть	P《軽視する》、	不完了	пре-зир-á-ть;

3. 接尾辞前子音の硬音化を伴う：

接尾辞〈´iva〉：

про-гляд-é-ть	P《ざっと見る》、	不完了	про-гля́д-ыва-ть (l. c.);

接尾辞〈a!!〉：

при-лет-é-ть	P《飛んでくる》、	不完了	при-лет-á-ть,
до-гор-é-ть	P《燃え尽きる》、		до-гор-á-ть (l. c.);

4. 接尾辞〈= a!!〉(〈´=iva〉でない)と硬口蓋化：

об-и́д-е-ть	P《侮辱する》、	不完了	об-иж-á-ть,
про-гн-á-ть, про-гон-ю́	P《駆り立てる》		про-гон-я́-ть. (l. c)

(この最後の形は、不定形語基ではなくて、現在語基に基づいてつくられる)。

598

不規則動詞：

вз-рев-é-ть	P《吠えだす》、	不完了	вз-рёв-ыва-ть、
о-шиб-и́-ть-ся	P《間違える》、		о-шиб-á-ть-ся (規則的)、
у-беж-á-ть	P《走り去る》、		у-бег-á-ть (現在語基〈b,eg〉を基に)、
съ-éс-ть	P《食べる》、		съ-ед-á-ть (語基〈jed〉を基に規則的)、
дá-ть	P《与える》、		да-вá-ть (特殊な活用タイプ、cf. §556)。

E. 不規則的なアスペクトの対の形成

599

アスペクト的な対の幾つかは、〈a〉あるいは〈iva〉の規則的な派生方法によって形成されるのではなくて、様々な別の方法によって形成される。

600

1º. **-ить と -иться で終わる不完了体の派生**。不完了体は不定形語基に接尾辞〈i〉(生産的タイプ проси́ть) と語根内の様々な交替を使って、完了体から派生される。このプロセスは非生産的であり、非常に頻度の高い、2つの小さな動詞グループに適用される。

601

a) 運動の動詞 verbes de mouvement。**-ить で終わる不完了体の派生語**。派生の不完了体は -ить で終わり、語根母音 o を含んでいる。このプロセスは4つの定の運動の動詞の複合語に適応される。例えば、動詞接頭辞 при- をもつ場合：

при-нес-ти́　　P《運んでくる》、　　　　不完了　при-нос-и́-ть,
при-вес-ти́　P《導く》、　　　　　　　　　　　при-вод-и́-ть,
при-вез-ти́　P《(乗り物で)運んでくる》、　　при-воз-и́-ть,

そして語根における補充法をもつもの：

при-й-т-и́　P《(歩いて)やって来る》、　不完了　при-хо́д-и-ть. (l. c.)

注：これらのアスペクト的な対と対応する単純動詞の下位・アスペクト的な対【運動の動詞の定と不定の対】の間の形式的な類似：нести́ / носи́ть, вести́ / води́ть, везти́ / вози́ть, идти́ / ходи́ть (全て不完了体) については、§611を参照。

602

b) **位置の変化の動詞**。**-иться で終わる不完了体の派生語**。派生された不完了体は前例と同じ動詞タイプであるが、しかしそれは再帰形である。それは様々な交替をもっている。このプロセスは《これこれの位置に身を置く》を表す、3つの単純完了体動詞に適用される：

ле́чь　　P《横たわる》、　　　　不完了　лож-и́-ть-ся,
се́сть　 P《坐る》、　　　　　　　　　　сад-и́-ть-ся,
ста́-ть　P《立つ、立ち上がる》、　　　　станов-и́-ть-ся. (l. c.)

このタイプの不完了体の派生は、これら3つの単純動詞にのみ適用されるだけである。【訳注 495、補注2を参照。】それらの複合形は接尾辞〈a〉を使ってつくられる不完了体をもつ：

на-ле́чь　P《押しつける》、　　　不完了　на-лег-а́-ть,

в-ста́-ть　　P《起きる、起立する》、　　　　　в-ста-ва́-ть（現在 в-ста-ю́, cf. §556)、

　　　на-се́с-ть　　P《積もる》、　　　　　　　　　на-сед-а́-ть.

しかし動詞 се́сть の合成語にとって、сад-и́-ть-ся から派生された、より生産的な別の形成が存在する：

　　　на-се́с-ть　　P《大勢が乗る》、　　　　　不完了　на-са́ж-ива-ть-ся.

603

2°. **補充的なアスペクトの対**。この対は、不完了体は完了体から派生されず、2つの動詞は異なる形成である。それにもかかわらずそれらの間の意味論的及び文法的な関係は、規則的なアスペクト的な対の場合と同じである。アスペクトは異なるが、意味は同じである。

　a) 日常よく用いる各種の動詞：

　　　взя́ть　　　　P《取る》、　　　不完了　бра́ть,
　　　пойма́ть　　　P《捕まえる》、　　　　　лови́ть,
　　　сказа́ть　　　P《言う》、　　　　　　　говори́ть. (l. c.)

　b) -ложи́ть で終わる合成語：

　　　по-ложи́ть　P《横に置く》、　　不完了　кла́сть,

　　　（しかし по-ложи́ть P《定める》、不完了 по-лага́ть, cf. §596)。

-ложи́ть で終わる他の合成語の中で、その大部分は動詞 кла́сть からの〈iva〉で終わる派生語(-кла́дывать で終わる)を使って対を形成する：

　　　раз-ложи́ть P《配置する》、　　不完了　рас-кла́дывать.

同様に、до-ложи́ть P《報告する》、с-ложи́ть P《折りたたむ》、etc.

しかし他のスラボニア語起源の若干の合成語は、по-лага́ть をモデルにして〈a〉で終わる派生語をつくる：

　　　раз-ложи́ть P《分解する》、　　不完了　раз-лага́ть.

同様に、пред-ложи́ть P《提供する》、из-ложи́ть P《述べる》、etc.

　c) верну́ть とその合成語：

単純動詞 верну́ть は、その不完了体を同義語の возврати́ть から借りている：

　　　верну́ть P あるいは возврати́ть P《返す》、　　不完了　возвраща́ть,
　　　верну́ться P あるいは возврати́ться P《帰る》、　不完了　возвраща́ться.

その合成語は -вёртывать で終わる規則的な不完了体をもつが、しかしそれらの間で最もよく使われる語はまた -вора́чивать で終わる不完了体をもっている：

　　　по-верну́ть P《方向を変える》、　　不完了　по-вёртывать あるいは по-вора́чивать, от-верну́ть P《進路を変える》、　　不完了 от-вёртывать あるいは от-вора́чивать, etc.

604

3°. 《空の動詞接頭辞 préverbe vide》をもつ対。一般的に単純不完了体に動詞接頭辞を付加することは、アスペクトだけでなく、動詞の意味をも変える：

пере-пис-а́-ть P《書き写す》、(пис-а́-ть《書く》の合成語);

с-дур-и́-ть P《馬鹿なことをする》(дур-и́-ть《馬鹿なことばかりする》の合成語)、etc.

しかしある場合に、動詞接頭辞によって引き起こされる意味の変化はほとんど重要でなく、それを捉えることが困難な場合がある。極限においては、その変化は完全に消えて、そこでは単純動詞のアスペクトを変えるが、その意味を変えることのないという、《空の動詞接頭辞》が見られる。このようにして動詞接頭辞をもつ完了体と単純不完了体からつくられたアスペクトの対が得られる：

на-пис-а́-ть　　P《書く》、　　不完了　пис-а́-ть,
с-де́л-а-ть　　　P《する》、　　　　　　де́л-а-ть,
про-чит-а́-ть　　P《読む》、　　　　　　чит-а́-ть,
с-вар-и́-ть　　　P《煮る》、　　　　　　вар-и́-ть,
по-стро́-и-ть　　P《建築する》、　　　　стро́-и-ть,
с-ыгр-а́-ть　　　P《遊ぶ》、　　　　　　игр-а́-ть,
у-ви́д-е-ть　　　P《見る》、　　　　　　ви́д-е-ть,
у-слы́ш-а-ть　　P《聞こえる》、　　　　слы́ш-а-ть, etc.

この現象を限定することは難しい、というのは我々は動詞接頭辞が動詞の意味を変えるか変えないかどうかを決めるための明確な意味論的な基準をもたないからである。確かなことは、少なくともある文脈の中で、ある動詞接頭辞の意味の消滅は、現代語の中で拡大する現象であり、それ故、《空の動詞接頭辞》をもつ対は生産的なカテゴリーであるということである。【訳注 355, 495 参照。】

F.　反復相の動詞 verbes fréquentatifs

605

完了体動詞からの派生のために普通用いられる不完了体化の接尾辞〈a〉と〈iva〉は、また不完了体の単純動詞からの派生のためにも使うことができる。そのようにつくられた動詞は過去時制にのみ使われる。それらの動詞は反復相の意味をもつ、すなわち習慣的に行われる行為を表す：

писа́ть《書く》を基にして、пи́сывал《(彼は)書くことを習慣としていた》；
ходи́ть《歩く》を基にして、ха́живал《(彼は)歩くことを習慣としていた》；
би́ть《殴る》を基にして、бива́л《(彼は)殴ることを習慣としていた》、etc.
これらの形は 19 世紀の文章語ではかなり使われていた。

та́к пи́сывал Шихма́тов богомо́льный (Пушкин)
《そのように書くことを習慣にしていたのは、敬虔なシフマートフである》。

それらは今日、消滅の途中にある。ただ бы́ть《ある》の反復相である быва́ть だけが全く日常的に使用され続けられている。他の反復相に反して、それは全ての時制に用いられる。

G. 運動の動詞とその下位・アスペクト[499]

606

1°. **下位・アスペクトの定義**。場所の変化を示す少数の不完了体動詞は、それらに固有の文法的な対立、つまり下位・アスペクト sous-aspect (подви́д) の対立をもっている。定の下位・アスペクト sous-aspect déterminé (некра́тный あるいは однонапра́вленный подви́д) の動詞【定動詞】と不定の下位・アスペクト sous-aspect indéterminé (кра́тный あるいは ненапра́вленный подви́д) の動詞【不定動詞】を区別することができる。

607

a) **定動詞**は、その運動がある一定の方向へ向けて行われることを示す。例：

по́езд шёл бы́стро, — киломе́тров восемьдесят в ча́с (В. Некрасов)
《列車は速く、およそ時速 80 キロメートルで走っていた》；

ско́ро весна́, ле́то, е́хать с ма́мой в Го́рбики (Чехов)
《もうじき春だ、夏だ、ママとゴルビキに行かなければならない》；

Щ 208 несёт на подно́се пя́ть ми́сок всего́ (Солженицын)
《シチャー 208 号は盆の上にわずか 5 個の食器をのせて運んでいる》。

注：定動詞は、運動が常に同じ方向で行われるのであれば、繰り返される運動のためにも同様に使われる：

когда́ я е́ду со слу́жбы домо́й, у меня́ быва́ет нехорошо́ на душе́ (Чехов)
《私は勤め先から帰宅するとき、いつも気分が悪くなる》；

по́сле ка́ждого вы́стрела он прислу́шивался не́сколько мину́т, пото́м шёл по тропи́нке, пригля́дываясь к куста́м (Гончаров)
《一発発砲するごとに、彼はしばらくの間聞き耳を立て、その後、灌木に目を

こらしながら小道を歩くのだった》；

иногда́ нам не хоте́лось филосо́фствовать, и мы шли далеко́ в луга́, за́ реку (Горький)

《時々我々は哲学的な思索をしたくなくなると、遠くの川向こうの草原へ歩いて行くのだった》。

608

b) **不定動詞**はこの同じ指示を与えない。それは以下のときに使われる。

1. 一般に、方向が明確でない運動、あるいは様々な方向に行われる運動のために使われる：

они́ всё вре́мя ходи́ли на цы́почках

《彼らはいつも忍び足で歩いていた》；

в дли́нный промежу́ток ме́жду за́втраком и обе́дом они́ е́здили по магази́нам (Чехов)

《朝食と昼食の間の長い時間に彼らは店を駆けずり回った》；

мне не велено́ бы́ло сли́шком бе́гать (Гончаров)

《私はあまり走り回ってはいけないと言われた》；

он мно́го е́здил по о́бласти (Николаева)

《彼は何回もその地方に通っていた》。

2. もし運動の方向が目的地の補語によって明確ならば、不定動詞は行き帰りの運動を表す：[500]

за́втра рабо́ты мно́го, так вы, ребя́та, домо́й не ходи́те (Тургенев)

《明日は仕事が多い、それであなたたち、みんな、家に帰ってはならない》[501]；

... фуля́р, кото́рый успе́л захвати́ть, бе́гая в Арка́диеву ко́мнату (Тургенев)

《アルカヂエフの部屋に一走りして、彼がやっと持ってくることができたフラール》。

注：現在形では、目的地の補語を伴った不定動詞は、一回だけ行われた行き帰りの運動を表現することはできない。それは単に繰り返された行き帰りだけを表現する：[502]

я е́зжу к же́нщинам, но то́лько не за э́тим (Грибоедов)

《私は女達のところへ行くことがあるが、しかしそういった目的で行くのではない》；

он уже́ два го́да хо́дит в шко́лу

《彼はもうすでに2年間学校に通っている》。

609

2°. 単純な運動の動詞における下位・アスペクト。この対立をとる単純な運動の動詞は、**下位・アスペクト的な対**において次のような2つの動詞に分類される。意味とアスペクト（不完了体）に関しては同じであるが、下位・アスペクトでは異なる動詞である。一方は定動詞、他方は不定動詞。

下位・アスペクト的な対は少数 (15) であるが、それらは極めて頻度の高い幾つかの動詞を含んでいる。

定動詞は最も多様な動詞タイプに属している。不定動詞は不完了体の派生方法に類似したプロセスによって定動詞から派生されるが、しかし非生産的なプロセスが優位である：接尾辞〈i〉(cf. §601) と接尾辞〈a〉、互いは様々な交替をもっている。接尾辞〈iva〉は排除されている。

a) **接尾辞〈i〉をもつ不定動詞**（様々な交替をもつ）。定動詞は常に第1活用であり、不定動詞は第2活用（生産的 проси́ть タイプ）である。

定動詞		不定動詞	
вез-ти́	(вез-у́, вез-ёшь)	воз-и́-ть	《運送する》、
вес-ти́	(вед-у́, вед-ёшь)	вод-и́-ть	《導く》、
нес-ти́	(нес-у́, нес-ёшь)	нос-и́-ть	《運ぶ》、
влечь	(влек-у́, влеч-ёшь)	влач-и́-ть	《引く》（スラボニア語起源、詩的）、
воло́чь	(волок-у́, волоч-ёшь)	волоч-и́-ть	《引きずる》（口語）、
ле́з-ть	(ле́з-у, ле́з-ешь)	ла́з-и-ть	《よじ登る》、
е́х-а-ть	(е́д-у, е́д-ешь)	е́зд-и-ть	《(乗り物で)行く》、
ид-ти́	(ид-у́, ид-ёшь)	ход-и́-ть	《(歩いて)行く》(l. c.)。

b) **接尾辞〈a〉をもつ不定動詞**（様々な交替をもつ）。不定動詞は第1活用で、生産的な чита́ть タイプ。

1. **無アクセントの接尾辞〈a〉**：

定動詞		不定動詞	
беж-а́-ть	(бег-у́, беж-и́-шь)	бе́г-а-ть	《走る》、
плы́-ть	(плыв-у́, плыв-ёшь)	пла́в-а-ть	《泳ぐ》、
полз-ти́	(полз-у́, полз-ёшь)	по́лз-а-ть	《這って行く》(l. c.)。

2. **アクセントのある接尾辞〈a〉**（不完了体の派生におけるように）：

гн-а́-ть	(гон-ю́, го́н-ишь)	гон-я́-ть	《追う》、
кат-и́-ть	(кач-у́, ка́т-ишь)	кат-а́-ть	《転がす》、

лет-é-ть	(леч-ý, лет-и́шь)	лет-á-ть	《飛ぶ》、
тащ-и́-ть	(тащ-ý, та́щ-ишь)	таск-á-ть	《引きずる》(日常語) (l. c.)。

この目録にこれらの一部の動詞の再帰派生語を加えなければならない：нести́сь / носи́ться《疾走する》、гна́ться / гоня́ться (за кем)《追跡する》、кати́ться / ката́ться《転がる》、тащи́ться / таска́ться《苦労して歩いて行く》(l. c.)。

注：19世紀には他に2つの下位・アスペクトの対が、少なくともある言語レベル（口語）で存在した：

брес-ти́	(бред-ý, бред-ёшь)	брод-и́-ть	《苦労して移動する》、
мч-á-ть	(мч-ý, мч-и́шь)	мы́к-а-ть	《全速力で連れて行く》(l. c.)。

しかし示された意味は今日では定動詞のためにしか保存されていない。昔の不定動詞は異なる意味を獲得した：броди́ть《さまよう》、мы́кать《放浪させる》（軽蔑的意味）。今日ではそれはもはや下位・アスペクト的な対ではない。同じ注記は再帰の мча́ться《疾走する》と мы́каться《放浪する》にも当てはまる。

610

3º. **動詞接頭辞をもつ運動の動詞における下位・アスペクトとアスペクト**。

動詞接頭辞化 préverbation は**常に運動の動詞のアスペクトを変える**（一般的規則に従って）が、しかし**決してその下位・アスペクトを変えない**。

動詞接頭辞の付加の際に、定動詞はその定動詞の意味を保持する、また不定動詞はその不定動詞の意味を保持するが、しかしお互いに完了体になる[503]。

動詞接頭辞そのものは2つのクラスに分割される：運動の方向を示す**定の動詞接頭辞** préverbes déterminés、およびそれを示さない**不定の動詞接頭辞** préverbes indéterminés である。

原則として（1つの例外を除く、cf. §613）、定動詞あるいは不定動詞は同じ種類の動詞接頭辞としか結合できない。

611

a) **定の動詞接頭辞 + 定動詞**。定の動詞接頭辞は運動の方向を示す。これは以下のものがある（これらの内のいくつかは反義語の対をそろえている）：

　　　　　　　　　　　　　　　　　　スラボニア語起源

　　⎧ в-　　《中へ入って》　　　　во　　同じ意味
　　⎩ вы-　　《外へ出て》、　　　　из-　　〃

　　⎧ вз-　　《上がって》、　　　　воз-　〃
　　⎩ с-　　《下がって》、　　　　низ-　〃

　　⎧ под-　《近づいて》、
　　⎩ от-　　《離れて》、

　　⎧ при-　《やって来て》、
　　⎩ у-　　《去って》、

　　⎧ с-　　《寄せ集めて》、　　　со-　　〃
　　⎩ раз-　《分離して》、

　　　за-　　《通過して》、
　　　на-　　《上に落ちて》、
　　　об-　　《迂回して》、
　　　пере-　《横切って》、
　　　до-　　《達して》、
　　　про-　《通り抜けて》、(1.c.)

　注：動詞接頭辞 с-《寄せ集めて》と раз-《分離して》が自動詞に付加するとき、この動詞は再帰になる：со-й-ти́-сь P《集まる》、разо-й-ти́-сь P《散会する》。この変化は他動詞には起こらない：с-вес-ти́ P《集める》、раз-вес-ти́ P《引き離す》。

　定の動詞接頭辞は、定の完了体の合成語を形成するために**定動詞**と自由に結合し、運動の方向を標示する：

　　въ-е́хать　　　P　　《(乗り物に乗って)入る》、
　　с-нести́　　　P　　《運び下ろす；持っていく》、
　　при-йти́　　　P　　《(歩いて)やって来る》、
　　у-лете́ть　　　P　　《飛び去る》、
　　пере-плы́ть　　P　　《泳ぎ渡る》、etc.

　このタイプの動詞は数の上では限られている(15個の動詞 ×21 の動詞接頭辞)が、全てきわめて頻度が高い。

今度は、これらの完了体は不完了体の派生によって、同じ意味の**定の派生不完了体動詞**をつくり、それらは同じ意味をもつことによってアスペクト的な対を作り上げる。

派生された不完了体の形成のプロセスと不定の形成プロセスは同じであるので(cf. §609)、定の派生された不完了体が、動詞接頭辞を除いて、不定の単純不完了体と同形異義になってしまう。この一致は以下の6つの動詞の合成語に生ずる(我々は動詞接頭辞 при- を使って例を挙げる、他の動詞接頭辞を使った形成も同じ)。

動詞接頭辞をもつ定動詞 （アスペクト的な対）			単純不定動詞 （不完了体）
при-везти́ P《運んでくる》、	不完了体	при-вози́ть	вози́ть《運ぶ》、
при-вести́ P《連れてくる》		при-води́ть	води́ть《導く》、
при-нести́ P《持ってくる》		при-носи́ть	носи́ть《運ぶ》、
при-йти́ P《(歩いて)やって来る》		при-ходи́ть	ходи́ть《歩いて行く》、
при-гна́ть P《追い込む》		при-гоня́ть	гоня́ть《追う》、
при-лете́ть P《飛来する》		при-лета́ть	лета́ть《飛ぶ》(l. c.)。

他の2つの場合には、動詞接頭辞を除いて、動詞の2つのシリーズはアクセントによってのみ区別される。不完了体派生においては自己・アクセントのある接尾辞〈a!!〉、不定動詞においては前・アクセントのある接尾辞〈´a〉(非生産的なプロセス)：

動詞接頭辞をもつ定動詞			単純不定動詞
при-бежа́ть P《走ってくる》、	不完了体	при-бега́ть	бе́гать《走る》、
при-ползти́ P《這ってくる》、		при-полза́ть	по́лзать《這う》(l. c.)。

他の全ての動詞にとって、この同形異義語は生じない。派生された不完了体は規則的なプロセスによってつくられ(接尾辞〈a〉と〈iva〉)、不定動詞は他の不規則なプロセスによってつくられる：

動詞接頭辞をもつ定動詞			単純不定動詞
при-вле́чь P《引き寄せる》、	不完了体	при-влека́ть	влачи́ть《引く》、
при-воло́чь P《引きずってくる》、		при-вола́кивать	волочи́ть《引きずる》、
при-ле́зть P《這い込む》、		при-леза́ть	ла́зить《よじ登る》、
при-е́хать P《(乗り物に乗って)来る》、		при-езжа́ть	е́здить《(乗って)行く》、
при-плы́ть P《泳ぎ着く》、		при-плыва́ть	пла́вать《泳ぐ》、
при-кати́ть P《転がして持ってくる》、		при-ка́тывать	ката́ть《転がす》、

при-тащи́ть P《やっと持ってくる》、　　при-та́скивать　　таска́ть《引き回す》
(l. c.).

　注：この不完了体化の同じプロセスは、その同じ動詞接頭辞と同じ動詞を使いながらも、運動の動詞に固有の意味を失った語において見出すことができる。ここではその運動の動詞の意味は動詞接頭辞と動詞の意味から引き出すことはもはやできない。例えば：

на-йти́ P	《見つける》	不完了体	на-ходи́ть,
про-вести́ P	《(時を)過ごす》、		про-води́ть,
про-изо-й-ти́ P	《起こる》、		про-ис-ходи́ть,
про-из-вести́ P	《行う》、		про-из-води́ть,
про-из-нести́ P	《発音する》、		про-из-носи́ть,
пре-взо-й-ти́ P	《勝る》、		пре-вос-ходи́ть,
из-бежа́ть P	《避ける》、		из-бега́ть, etc.

これらの例から(最初の2例を除いて)、これらの形成は特にスラボニア語起源の語彙に属していることに気づくだろう。

612

　b) **不定の動詞接頭辞 + 不定動詞**。不定の動詞接頭辞は運動の方向を示さないものである。不定の動詞接頭辞はほぼ前例と同音異義語であるが、しかし意味は異なっている。目録の中で定の動詞接頭辞を表さない動詞接頭辞は、全て不定の動詞接頭辞である、例えば：[504]

за-	行為の始まりを示す[505]、
вы-	完全に行われた行為を示す、
с-	制限された行為を示す、
по-	限定的な意味をもつ[506]、
на- ... -ся	思う存分する、等の行為を示す、etc.

これらの不定の動詞接頭辞は、一般的に、定の運動の動詞以外の全ての動詞と結びつく。もしそれらが運動の動詞と結びつくと、これは常に**不定動詞**とともに用いて、**完了体の不定の合成語をつくるためのもの**である。例えば：

за-ходи́ть	P《歩き始める》、
за-бе́гать	P《走り始める》、
из-носи́ть	P《(衣服を)着古す》、
вы́-носить	P《(胎児を)出産まで宿す》、
с-ходи́ть	P《行き帰りをする》(cf. ходи́ть《行って戻ってくる》)、

съ-éздить	P《乗り物に乗って行き帰りをする》、
с-бéгать	P《走って行き帰りをする》、
по-ходи́ть	P《しばらく歩く》、
по-бéгать	P《少し走る》、
на-бéгать-ся	P《思う存分走る》、etc.

　この方法は生産的である。このタイプの動詞接頭辞(様々な意味を伴って)は数が多い[507]。しかし一般に、このタイプの動詞のそれぞれは、前に検討した定の動詞接頭辞(完了体と不完了体の)をもつ動詞よりも頻度がより低いものである。
　多くの場合、すでに標示された同形異義性の2つの現象、すなわち、
・アスペクト的な対と下位・アスペクト的な対の形成プロセスの同形異義性、cf. §609、
・幾つかの定の動詞接頭辞と不定の動詞接頭辞の同形異義性(上記参照)の出会いの結果、以下のような2つの動詞接頭辞をもつ動詞の間に完璧な同形異義性が存在する：
　1. **不完了体の定動詞**(定の完了体から派生した不完了体の派生語、動詞接頭辞と定動詞を含む)；
　2. **完了体の不定動詞**(不定の動詞接頭辞 + 不定動詞)。例：
　с-ходи́ть 不完了体《降りる》：со-й-ти́ P《降りる》(定の動詞接頭辞 с-《降りること》と定動詞 идти́《行く》)から派生した不完了体の派生語；
　с-ходи́ть P《行き帰りする》：不定の動詞接頭辞 с-(行為の制限)と不定動詞 ходи́ть《行く》[508]。
同様に：
　за-летáть 不完了体《飛んでしばらく立ち寄る》：за-летéть P《同じ意味》(定の動詞接頭辞 за-《通過して》と定動詞 летéть《飛ぶ》の合成語)から派生した不完了体の派生語；
　за-летáть P《飛び始める；飛びまわり始める》：不定の動詞接頭辞 за-(行為の始まり)と不定動詞 летáть《飛ぶ；飛びまわる》、等。
　ある場合には、2つのタイプの動詞はアクセントを除いて同音異義である：
　раз-бегáть-ся 不完了《走って四散する》：раз-бежáть-ся P《同じ意味》(定の動詞接頭辞 раз- ..-ся《四散して》と定動詞 бежáть《走る》の合成語)から派生した不完了体；
　раз-бéгать-ся P《あらゆる方向へ走り回る》：不定の動詞接頭辞 раз-..-ся(人が身を投げ出す行為)と不定動詞 бéгать《走る》、等。

完了体の不定動詞のあるものは、規則的なプロセスに従って不完了体の派生語をつくることができる：

  из-носи́ть P《(衣服を)着古す》、 不完了体 из-на́шивать,
  вы́-ходить P《全快させる》、   вы-ха́живать,
  объ-е́здить P《くまなく乗り回る》、   объ-езжа́ть, etc.

ある場合には、これらの派生された不完了体は、定の完了体動詞を基につくられた不完了体と同音異義になることがある。例えば、上で引用した最後の不完了体動詞は次の不完了体と同音異義語である。

  объ-е́хать P《迂回する》(定の動詞接頭辞 об-《一周して》)、不完了体 объ-езжа́ть.

613

 c) **特殊な場合：不定の動詞接頭辞 + 定動詞**。唯一の不定の動詞接頭辞（運動の方向を示さない）は、定の運動の動詞のみと結合する。これは по- であり、それはこれらの動詞とともに、行為の始まりを表している[509]。

  по-йти́ P 《歩き出す；出発する》、
  по-е́хать P 《(乗り物で)出かける》、
  по-бежа́ть P 《走り出す》、
  по-лете́ть P 《飛び立つ》、etc.

 注：定動詞以外の全ての動詞を使うと、по- は限定的な意味をもつ：по-бе́гать P《少し走る》。また行為の始まりは за- によって標示される：за-бе́гать P《走り始める；走り回り始める》。

 по- と定動詞の合成語は現代語では不完了体の派生をつくらない。

 注：かような形成の痕跡は以下の動詞の対に存在する。по-вести́ (чём) P《(身体の一部)を軽く動かす》、また孤立した不完了体 по-ходи́ть《似ている》、по-носи́ть《ひどく罵る》、また по-гоня́ть《走らせる》(l. c.)。

11章　機能語(道具語)

I. 前置詞

A. 総論

614

1°. 統語論的定義。 前置詞 (предлóг) は実詞を伴う機能語であり、それによって統語的な機能を表すことに使われる。

前置詞的シンタグマ (実詞とそれを伴う前置詞によってつくられるグループ) は、文中においてただ実詞のみが果たすことができるのと同じ機能をもっている：

> он слýшает разговóр (対格)《彼は会話を聴いている》あるいは он прислýшивается к разговóру (前置詞 к + 与格)《彼は会話に耳を傾けている》(目的語)；
>
> он идёт лéсом (具格)《彼は森を歩いて行く》あるいは он идёт через лéс (前置詞 через + 対格)《彼は森を横切って歩いて行く》(状況補語)。

実詞が前置詞的シンタグマの中にあるとき、その格はもはやその機能に直接に依るのではなく、実詞を伴う前置詞によって決められるのである。前置詞はこれこれの格を支配すると言われる。

ある前置詞は常に同じ格を支配し、また別の前置詞は2つあるいは3つの異なる格を支配することができる。前置詞的シンタグマの意味は、それが含んでいる前置詞の素性によるだけではなく、この前置詞が支配する格によっても異なるのである。

615

2°. 前置詞の位置。

a) **前置詞的シンタグマの先頭にある前置詞**：通常の前置詞の場所はそこにある。前置詞は実詞に直接に先行できる：

> в дóме《家の中に》、

あるいは実詞に従属した語によって、特に付加形容詞とときにはこの限定詞によって分離される：

в но́вом до́ме《新しい家の中に》、

среди́ нечу́ждых и́м гробо́в (Пу́шкин)《彼らに無縁でない墓の中で》。

 b) **前置詞的シンタグマの最後にある前置詞**。 この位置は3つの前置詞のためにのみ存在する：

спустя́《後に》と тому́ наза́д《前に》(時間の意味をもつ実詞とともに；対格支配、必ず後置される)：

неде́лю спустя́《1週間後に》、

шестьдеся́т ле́т тому́ наза́д《60年前に》；

前置詞 ра́ди《ために》、これは前置されるか、あるいは後置される：
Христа́ ра́ди あるいは ра́ди Христа́《キリストのために；後生ですから》、
шу́тки ра́ди《ふざけて》。

 c) **前置詞的シンタグマの真ん中にある前置詞**。 この位置はただ次の2つの場合においてのみ見られ、また第一次前置詞(§617)にとってのみ見られる。

 1. もし前置詞が、никто́《誰も（ない）》、ко́е-кто́《いくらかの人》、во́т кто́《この人》、ма́ло кто́《…する人はすくない》、等 (cf. §424) のような前置される小辞を含む代名詞を伴うならば。この場合には、前置詞は小辞の直後に置かれる：

ни с ке́м《誰とも（ない）》、во́т о чём《これに関して》、

ко́е у кого́《何人かのところで》、ма́ло в чём《の中のものは少ない》、etc.

 2. もし概数を表すために実詞が数詞に先行するような数詞シンタグマを、前置詞が伴うならば。この場合には、実詞は前置詞にもまた先行する：

су́ток через пя́ть《およそ5昼夜後に》(cf. через пя́ть су́ток《5昼夜後に》)。

616

 3º. **前置詞の様々なタイプ**。 上で定義された前置詞の統語的な機能は、音韻的な示差的特徴をもつ、語の2つの異なるタイプによって遂行される。

音韻論的に接頭辞として機能する、**第一次前置詞**；

音韻的に充語 mots pleins として機能する、**第二次前置詞**。

B. 第一次前置詞

617

 1º. **特色**。 この前置詞はほんの少ししかないが、しかし他の前置詞よりかなり頻繁に用いられ、以下の特色をもっている。

 a) **音韻的特色**。 それらの前置詞は後接語 proclitiques である。それらは後続する語とともに1つの音韻的語 mot phonologique を構成する（1つだけのアクセントを

もつ)。そしてそれらの前置詞の末尾音は音韻論的に語末として扱われない。例：

 до войны́《戦前に》[dəvʌjnʲi]（до の /o/ は無アクセント母音として扱われている）；

 через лири́ческие то́мики (Маяко́вский)《叙情詩の冊子を通じて》[č,ir,iz]（前置詞の上にアクセントはない。母音は無アクセント母音の [i] の実現をもっている。音素 /z/ は語末でおこるような無声音 [s] になっていない)。

前置詞とそれに後続する語によって構成される音韻的語において、ある場合にはアクセントは前置詞の上に置かれる (cf. §156)；その場合、無アクセントであるのは後続する語である：

 за́ морем《海外に》[zámər,əm]。

 注：第一次前置詞は、例外的にもしそれがただ 1 つだけで用いられるならば、1 つの音韻的語を構成することができる：

 кто́ за́ и кто́ про́тив?《誰が賛成で、誰が反対か？》、

 до́ и по́сле войны́《戦前と戦後》[dó]。

 b) **形態音韻的特色**。**移動母音**。子音で終わる全ての第一次前置詞は、移動母音 /o/ によって後続されるヴァリアントをもっている：без/безо, в/во, от/ото, etc. 前置詞 о《について》は 3 つのヴァリアントをもつ：o/об/обо. ヴァリアントの用法については、cf. §620。

 c) **形態論的特色**。 第一次前置詞はもっぱら接頭辞のクラスに所属する形態素によって形成される (cf. §117)。それらの中の多く (単純な第一次前置詞) はただ 1 つの形態素だけによってつくられている。それらは非常に頻繁に動詞接頭辞と同音異義である。例：

 в го́род《都市へ》における前置詞 в と в-ходи́ть《入る》における動詞接頭辞 в-；от окна́《窓から》における前置詞 от と от-пра́виться Р《出発する》における動詞接頭辞 от-。

幾つか (二重の第一次前置詞) は 2 つの単純な前置詞によってつくられる：из-за《後ろから》、из-под《下から》。

 d) **統語的特色**：

 1. これらの前置詞の大部分は用法と意味の豊かな多様性をもっている。それらの内の多くは 2 つあるいは 3 つの異なる格を支配することができる[510]。

 2. 同音異義の前置詞と動詞接頭辞の間にはしばしば統語的な対応が存在し、この動詞接頭辞を使ってつくられた動詞は好んでそれに対応する前置詞とともに用いられる：[511]

въ-éхать в гóрод 《町の中に入る》、
ото-йти́ от окнá 《窓から離れる》。

時にはその同じ対応が前置詞と、同音異義でない動詞接頭辞の間に存在する。
例：

вы- と из：вы́-ехать из гóрода 《町から出る》；
при- と к：при-ступи́ть к дéлу 《仕事に着手する》、etc.

618

2º. **単純な第一次前置詞。** 我々は単純な第一次前置詞の目録とそれらが支配する格を、前置詞的シンタグマの各々のタイプ（前置詞＋格）にとって最もよく使われる意味（たいていは空間的意味）を簡略に記して、下に列挙する。各前置詞的シンタグマの他の意味はここでは記さない。

без (безо) ＋属格：《なしで》、

в (во)　1. ＋位格：《…で、に》：
　　　　он живёт в Москвé 《彼はモスクワに住んでいる》、
　　　　2. ＋対格：《…へ》：
　　　　он éдет в Москвý [512] 《彼はモスクワへ行く》、

для　　＋属格：《ために》

до　　＋属格：《まで》、

за　　1. ＋具格：《向こうに》：
　　　　за рекóй — дерéвня 《川向こうには村がある》、
　　　　2. ＋対格：《向こうへ》：
　　　　они́ ушли́ зá реку 《彼らは川向こうへ去った》

из (изо) ＋属格：《から》：
　　　　он приéхал из Москвы́ 《彼はモスクワからやって来た》、

к (ко)　＋与格：《方へ》：
　　　　он подошёл к окнý 《彼は窓の方へ近づいた》、

на[513]　1. ＋位格：《の上で、上に》：[514]
　　　　он сиди́т на скамéйке 《彼はベンチの上に坐っている》、
　　　　2. ＋対格：《の上へ》：
　　　　он сади́тся на скамéйку 《彼はベンチの上へ腰を下ろす》、

над (надо) ＋具格：《の上方に》、

о (об, обо)
　　　　1. ＋位格：《について》：

　　　　　поговори́м о старине́ (Пу́шкин)《昔について語ろう》、

　　2. + 対格：《に触れて》：

　　　　　он опе́рся о дверь《彼はドアに寄りかかった》、

от (ото) + 属格：《から》：

　　　　　он отошёл от окна́《彼は窓から離れた》、

по　1. + 与格：《に沿って》：

　　　　　лю́ди иду́т по у́лице《人々は通りを歩いて行く》、

　　2. + 位格：《の後で》：

　　　　　по оконча́нии институ́та《大学を卒業した後で》、

　　3. +《対格》：《まで》：

　　　　　ему́ мо́ре по коле́но《lit. 海が彼の膝まで届いている》《全ては彼には易しく思える(諺)》、

под (подо)

　　1. + 具格：《下に》：

　　　　　буты́лка лежи́т под столо́м《瓶は机の下にある》、

　　2. + 対格：《下へ》：

　　　　　он бро́сил буты́лку под стол《彼は瓶を机の下に投げた》、

перед (передо)（スロボニア語のヴァリアント пред, предо）+ 具格：《の前に》、

при + 位格：《のいる前で》：

　　　　　об э́том нельзя́ говори́ть при чужи́х《このことについて他人の前で話してはいけない》、

про + 対格：《に関して》、

с (со)　1. + 具格：《とともに》：[515]

　　　　　он разгова́ривает с бра́том《彼は兄弟と話をしている》、

　　2. + 属格：《から》：

　　　　　он поднима́ется со скаме́йки《彼はベンチから立ち上がっている》、

　　3. + 対格：《約》：

　　　　　он ждал с час《彼は約1時間待った》、

у + 属格：《の傍らに》：

　　　　　у лукомо́рья дуб зелёный (Пу́шкин)《入り江の傍らに青々とした樫の木がある》、

через (черезо[516])（またスロボニア語のヴァリアント чрез）+ 対格：《を横切って》(l. c.)。

619

3º. **二重の第一次前置詞。** これは次のものがある：

 из-за + 属格：《の後ろから》、

 из-под + 属格：《の下から》、

 по-над + 具格：《上を》(над と同じ意味だが、民衆詩でのみ使われる：по-над ле́сом《森の上を》(l. c.)。

620

4º. **移動母音をもつ形の用法。** 一般的な傾向は子音群の前で -o をもつ形 (без, в, к, из の代わりに безо, во, ко, изо, etc.) を使うことである。しかしそれを詳細に観察すると、2 つのヴァリアントの配分は複雑であり、揺れ動いている。もっとも普通の用法は以下の規則によって定義することができる。

 a) **代名詞形 мне, мной, что** (l. c.) **の前で**、-o で終わる形はそれを所有する全ての前置詞にとって是非必要なものである：во мне́, ко мне́, обо мне́; надо мно́й, предо мно́й, передо мно́й, со мно́й; во что́, обо что́, черезо что́ (l. c.)。

  注：これは надо, передо, предо, черезо の唯一の使用例である (最後の例は非常に稀)。

 b) **噪子音によって後続される鳴音の前で**、-o で終わる形は в, к, с, без, из, от, под (l. c.) の代わりに使われる：

  во рту́《口の中に》、 подо льдо́м《氷の下に》、

  изо рта́《口から》、 во мху́《苔の中に》、

  ко рву́《溝のほうへ》、 во Льво́ве《リヴォフで》、

  подо лбо́м《額の下に》、 со льго́той《特典をもって》、

  во МХАТе《モスクワ芸術座で》、etc.

 c) **非音節的な名詞語根の前で** (移動母音 # をもつ語根、この母音が実現されないとき)、-o で終わる形は非音節的な前置詞 в, к, с (l. c.) に代わって用いられる：

  во сне́, ко сну́, со сна́ (со́н《眠り》)、

  во всём, ко всему́, со все́ми (ве́сь《全ての》); 同様に со вся́ким、

  во дни, ко дню, со дня (де́нь《日》)、

  во тьме́《闇の中で》(тёмный《暗い》)、

  во зло́《悪に》(複数属格 зо́л)、etc.

しかしそれは非音節的な動詞語根の前では使われない：

  в жгу́чей воде́《燃えるような水の中で》(жéчь)。

 -o で終わる形はまた以下の語の前で同じ前置詞の代わりに用いられる：

двор《中庭》(во дворе́, ко двору́, со двора́)[517]、

мно́го《多くの》(во мно́гих, ко мно́гим, со мно́гими) (l. c.)[518]。

d) **子音によって後続される** /s/ と /z/ **の前で**、со **が使われる**：

со стола́《机から》、со зна́нием《通暁して》、со студе́нтами《学生たちと》、со зда́ния《建物の上から》、со стра́хом《おそるおそる》、etc.

e) **子音によって後続される** /v/ と /f/ **の前で**、во **が使われる**：

во вре́мя《のときに》、　　во Фра́нции《フランスで》、

во вто́рник《火曜日に》、　во фли́геле《建物の翼の中に》、etc.

f) **一部の慣用表現において**、**上で予測した場合を除き**、-о **で終わる形は次の子音群とともに使われる**：

изо всех сил《全力で》、

изо дня́ в де́нь《来る日も来る日も》、etc.

あるいはスラボニア語起源の表現において：

во главе́《長として》(しかし в главе́《(書物の)章で》)、

во и́мя《の名において》、　　во ве́ки《永久に》、

во избежа́ние《を避けるために》、во-пе́рвых《まず第一に》、etc.

g) **前置詞** о, об, обо **については、その３つのヴァリアントの分布は以下のようである。**

1. обо мне́, обо что́, обо всём, обо всех **において** обо (l. c.)；[519]

2. **その他の全ての場合に、子音の前では** о：[520]

о до́ме《家について》、о е́ли /jélʲi/《樅について》、etc.；

3. **母音の前で** об：

об э́том《これについて》、об отце́《父について》、etc.

例外を成しているのは少数の慣用表現である：

рука́ об руку《互いに腕を組んで；仲良く》、

об стену《壁に寄りかかって》、etc.

C. 第二次前置詞

621

1°. 特色。第二次前置詞は第一次前置詞よりも数が多いが、しかしその使用頻度はかなり低く、次の特色をもっている。

a) **音韻論的特色**：それらは全て充語の音韻的な特色をもっている。つまり、それらはその固有のアクセントをもち、他と区別できるアクセント単位を構成する。ま

たそれらの末尾は語末のように音韻論的に扱われる。例：

сквозь волнистые туманы (Пушкин)《波打つ霧を通して》；сквозь は [skvós,] と発音され、[ó] にアクセントが打たれ、/z,/ は語末におけるように [s,] に無声化される。

b) **形態音韻論的特色**：それらは移動母音のヴァリアントをもたない。

c) **形態論的特色**：これらの前置詞は昔の充語（実詞、方法の副詞、副動詞）である。あるものは今日では分析できない (после, сквозь, кроме, etc.)、しかし大部分は少なくとも語根と語尾、ときには他の要素をもつ形態構造をしている：пут-ём, в-мест-е, о-кол-о, etc. それらは決して動詞接頭辞と同音異義ではない。

d) **統語的特色**[521]：

1. これらの前置詞のそれぞれは1つだけの意味をもち、1つだけの格を支配する（唯一の例外は между 《間に》であり、それは属格と具格を支配するが、属格との使用は廃れている）。

2. それらはどのような場合においても、前置詞的シンタグマの真ん中に置かれることはできない (cf. §615 c)；

3. ある前置詞は他の機能、特に副詞の機能をもっている。

e) **文体的特色**。全ての第一次前置詞は如何なる制限もなく全ての言語レベルに使われるのに対して、第二次前置詞のいくつかは書物的あるいは役所的な文体に限られている。

622

2º. **単純な第二次前置詞**。これは唯一の語から作られる前置詞である。主要なものは以下である。

a) **形態論的に分析できない第二次前置詞**。

1. **属格とともに**：

близ ([bl,ís,] と発音される)《の近くに》、 после《の後で》、
вне《のほかに》、 против《に反して》、
возле《の近くで》、 ради《のために》(後置可能)、
кроме《以外に》、 среди《の真ん中に》(詩的ヴァリアント средь)、
подле《の近くに》、 мимо《を通りすぎて；のそばを》(l. c.)。

2. **対格とともに**：

сквозь《通して》；

3. **具格とともに**：

между（スラボニア語のヴァリアント меж）《(2つ)の間に；(3つ以上)の間で》

(《(3つ以上)の間で》の意味では、属格とも使われるが、この用法は廃れている)。

b) **実詞を使ってつくられた第二次前置詞**(たいていの場合、第一次前置詞を組み込んで使われる)。

1. **属格とともに**：

вверху́《の上部に》、　　　　напро́тив《に対して、に面して》、
ввиду́《の理由で》、　　　　насчёт《について》、
вдоль《に沿って》、　　　　о́коло《のまわりに；のそばに》、
вме́сто《に代わって》、　　　пове́рх《の上に》、
внутри́《内部に》、　　　　　позади́《の後ろに》、
внутрь《内部へ》、　　　　　поми́мо《のほかに》、
вокру́г《のまわりに》、　　　путём《によって》、
всле́дствие《の結果として》、сверх《の上から、のほかに》、etc.

これらの表現の、特に最近の形成であるいくつかは、2つの語として綴られる：

в це́лях《のために》、　　за исключе́нием《を除いて》、etc.

2. **与格とともに**：

вопреки́《に反して》、　　навстре́чу《に向かって》、etc.

c) **副詞を使ってつくられた第二次前置詞**：

属格とともに：　относи́тельно《に関して》、
与格とともに：　согла́сно《に従って》、
　　　　　　　подо́бно《と同様に》、etc.

d) **副動詞を使ってつくられた第二次前置詞**：

対格とともに：　включа́я《を含めて》、
　　　　　　　спустя́《の後に》、後置される、etc.
与格とともに：　благодаря́《おかげで》、etc.

623

3º. **二重の第二次前置詞**。 これは2つの語によって合成された前置詞的な熟語である。第一次前置詞によって後続された、充の第二次前置詞と同じ性質の充語。この格支配はその第一次前置詞の格支配である。このタイプの表現は現代語で増加している：

несмотря́ на + 対格：《にも拘わらず》、
вме́сте с + 具格：《と一緒に》、
ря́дом с + 具格：《の隣に》、

наряду́ с + 具格：《と同じく》、

в отноше́нии к + 与格：《に関して》(また《в отноше́нии + 属格》ともいう)、etc.

1つの特殊な場合は前置詞(常に後置される)によって表現される：

тому́ наза́д + 対格《前に》(cf. §615)。

II. 接続詞

624

接続詞 (сою́з) は、同じレベルの2つの統語的単位の間の連結、あるいは2つの節の間の連結を示す。3つの種類の接続詞がある。

1. 同じレベル(語、シンタグマ、節あるいは文)の2つの統語的単位の間の連結を示す等位接続詞(сочини́тельные сою́зы)；

2. 接続詞が存在する従属節と主節の連結を示す従属接続詞(подчини́тельные сою́зы)；

3. 接続詞が存在する主節と従属節の連結を示す相関接続詞(соотноси́тельные слова́)。

A. 等位接続詞

625

ある等位接続詞は等位の項の第2番目の前でのみ使われる。他の等位接続詞は項のそれぞれの前で繰り返されることができる、あるいは繰り返されなくてはならない。

1°. 連結的接続詞 conjonctions copulatives。

и	《と》(繰り返すことも可能：и ..., и)、
ни ..., ни	《…も…も(ない)》(必ず繰り返される)、
как ..., так	《…と同様に》。例：как у нас, так и заграни́цей《我が国と同様外国にも》(書物的)；
да	《その上》(口語)。

2°. 離接接続詞 conjonctions disjonctives。

и́ли	《あるいは》(繰り返される：и́ли ..., и́ли)。

繰り返されないもの：

а то	《さもなければ；ところが実際には》。

必ず繰り返されるもの：

ли́бо ..., ли́бо　　《…かあるいは…か》、
то́ ли ..., то́ ли　　《…かあるいは…か》、
не то́ ..., не то́　　《…でもなく…でもない》。

3º. **反意接続詞** conjonctions adversatives。

но́　　　　　《しかし》、
а́　　　　　《しかし；一方》(特に否定文の後ろで用いる)、
да́　　　　　《しかし》(口語)、
одна́ко　　　《しかしながら》、
зато́　　　　《それに反して、その代わり》、
же [522]　　《…はといえば》(前接語、文の第一番目の語の後ろに置かれる：
　　　　　　подпору́чики же《陸軍少尉たちといえば》[523])。

4º. **説明的接続詞** conjonctions explicatives。

и́бо　　　　《というのは》(書物的)、
ведь　（[v,ít,]と発音される）《…だから》(明白に想定された説明の返答に用いられる)
то́ есть　　《すなわち》(略語：т.е.)。

　日常的そして文体的に中立な、説明的な等位接続詞は存在しない。原因を示す連結はむしろ従属接続詞 потому́ что《なぜならば》によって示される。

5º. **結果接続詞** conjonctions consécutives。

зна́чит　　　　《従って》、
сле́довательно ; ста́ло быть　　《従って、それ故》(l. c.)。

　注：ロシア語は、フランス語の *or* のような三段論法の小前提を導入する接続詞を所有していない。

B.　従属接続詞

626

1º. 従属接続詞のうちの大部分は疑問代名詞から派生している：

что́ [524]　　《…ということ》(もし動詞が条件法ならば、что́бы になる)；
ка́к　　　　《ように；…のとき》(条件法とでは ка́к бы、あるいは俗語では ка́бы)；
когда́　　　《…のとき》、
так ка́к　　《…であるから》、
потому́ что ; оттого́ что《何故ならば》、[525]
для того́, что́бы　《…するために》、

та́к, что́ ; до того́, что 《とても…なので…だ》、etc.

一般的に、то́, что́ と то́, что́бы はどの前置詞とも用いることができる：к тому́, что́бы; ввиду́ того́, что́; несмотря́ на то́, что, etc.

2°. 他の幾つかの接続詞は他の起源をもっている。

е́сли　　　　《もし》(ヴァリアント е́жели は廃れている；条件法とともに：е́сли бы, е́жели бы)、

хотя́, хо́ть　《…とはいえ》(条件法とともに：хо́ть бы)、

бу́дто　　　《…のように》、

ра́з　　　　《…なのだから》、etc.

C. 相関接続詞

627

複文において、従属節が主節に先行しているとき、従属は従属節における従属接続詞によってだけでなく、主節の頭に置かれる他の接続詞によっても標示される。我々はこれを**相関接続詞 conjonction corrélative** と呼ぶ。これらの語は現代フランス語においては類似の語をもたない。例：

е́сли бы ты́ слы́шал ка́к сле́дует, то́ я, быть мо́жет, не говори́л бы с тобо́й (Чехов)

《もしお前が耳が聞こえるのなら、恐らく私はお前に話はしないだろう》；

а у́ж отдали́ бы зара́з, та́к я́ бы к ва́м и не ходи́л (Островский)

《もしあなたが直ちに返してくれたなら、私はあなたのところへ来ることもなかっただろう》。

相関接続詞は代名詞の語根〈t〉を基につくられる。これは次のものがある：

то́　　　（通常の相関）

та́к　　 （口語）

тогда́　 （刊行物の文体に特有) (l. c.)。

その他に譲歩節の後ろで相関の機能を表す反意接続詞の но́ (通常) と а́ (口語) が使われる：

хо́ть я́ и гну́сь, но́ не лома́юсь (Крылов)

《私は服従するけれど、しかし屈服はしない》；

хо́ть ты́ разбо́йник и во́р, а́ молоде́ц (Пушкин)

《お前は強盗で泥棒だけれども、たくましいやつ》。

III. 小辞

628

節全体あるいは節の1つの項に対する話者の態度を表現する機能語を、小辞 particule (части́ца) と呼ぶ。

形態論的には、小辞は述語の機能を失った人称動詞形であったり (быва́ло, мо́жет быть, etc.)、あるいは無変化の語 mots amorphes である (ли, не, да́же, etc.)。

我々はこの小辞を、常に動詞に影響を及ぼす**動詞的小辞** particules verbales と、節全体あるいは節の何らかの項に影響を及ぼすことができる**未分化小辞** particules indifférenciées【非動詞的小辞】の2つに分ける。動詞的小辞は普通、古代の動詞形である。未分化小辞はたいていの場合、無変化語であるが、しかしこれもまた古代の動詞形でもあり得る。

A. 動詞的小辞

629

合成動詞形を形作るのに役立つ小辞 бы, пу́сть, пуска́й, дава́й (cf. §491, §495) 以外に、また以下の小辞が存在する。

бы́ло[526] (無アクセント)、これは始められ、そして中断した行為、あるいは計画されたがしかし実現しない行為を示す。完了体過去の動詞を伴う。文の最初の語の後ろ、あるいは動詞の後ろに置かれる：

о́н было бро́сился на ше́ю к дя́де, но́ то́т ... держа́л его́ в не́котором расстоя́нии от себя́ (Гончаров)《彼はおじさんの首にすがりつこうとしたが、そのことが…彼を押しとどめてしまった》

пое́хали было в Пари́ж, но́ та́м на́м показа́лось хо́лодно, и мы́ верну́лись в Ита́лию (Чехов)《我々はパリに向けて出発したが、あそこは寒いように思えたので、イタリアに戻った》；

быва́ло、これは習慣的な過去の行為を示す。完了体現在の動詞、あるいは不完了体現在あるいは過去の動詞を伴う (その意味は、動詞の形がどのようなものでも過去の意味である)：

поко́йница, быва́ло, ре́дкий пра́здник не зайдёт (Абрамов)
《亡くなった彼女はほとんどの祝日に (私のところに) 寄ってくれた》；

о́н не жа́л ва́м руки́, а мя́л. А всё, быва́ло, извиня́ется (Чехов)
《彼はあなたに握手せずに、手を揉むのだった。そしていつも詫びてばかりい

た》；

...я, быва́ло,

храни́ла в па́мяти нема́ло

стари́нных бы́лей, небыли́ц (Пушкин)

《かつて、私は多くの昔の出来事や言い伝えを記憶にとどめたもの》；

-ка（無アクセント）、これは命令法の動詞に付き、より差し迫った勧告を表す：

послу́шай-ка《さあ聞いてくれ》；[527]

мол, де あるいは **де́скать,** はたいていの場合、節の最初の語の後ろに置かれ、句読点の中の引用符と同じ役割を果たす。それらは口語において原文通りに繰り返された発話を表す：

а́ прого́ну, скажи́, ба́рин не пла́тит：прого́н, мо́л, казённый (Гоголь)

《（お前の）主人は馬車の運賃を支払わないと言ってやれ、費用は国持ちだと言っていると》。

それらはまた全ての文体において、身振りの意味を言葉で明確にするために用いられる。《あたかも言うように》：

она́ устреми́ла и́х (глаза́) на меня́, и засмея́лась одни́ми уста́ми, без зву́ка. 《Вста́нь, мо́л, и приди́ ко мне́》. (Тургенев)

《彼女は視線を私に向けて、『立って、私のところへ来て』とでも言うように、音もなく、唇だけで微笑み始めた。》；

в ка́ждой стро́чке — то́лько то́чки,

— догада́йся, мо́л, сама́. (歌)

《各行にはただ点だけがある；

ひとりで気づいてごらん、とでも言うように》。

знай（後置）あるいは **знай себе́**（一般に前置）、これらは行為が難なく為されることを表す：

всё сиди́т в хала́те да тру́бку зна́й себе́ поку́ривает (Гоголь)

《彼はいつも部屋着を着て坐り、あたりかまわずタバコをくゆらしている》；

Госпо́дь с тобо́й, живи́, знай, в своё удово́льствие (Горький)

《どうか気楽に、あなたの好みのままに生きなさい》；

как（強いアクセント）、たいていの場合、現在形の完了体動詞に前置され、過去の突然のまた激しい行為を示す：

запла́кал я ту́точка, се́л на избяно́й по́л — да ладо́нью по земле́ ка́к хло́пну! (Тургенев)

《私はそこで泣き始め、民家の床に坐り、そして突然掌で地面を力一杯叩いた》。

B. 非動詞的小辞

630

1°. 代名詞なしに用いられる代名詞的小辞。 我々は今まで代名詞 тóт же, никтó, ктó-то, ктó-нибýдь, etc. に入っている小辞を検討した (cf. §418, §423, §432)。

これらの小辞の内の 2 つはまた、同じ意味を保持しながらも、もはや代名詞とではなくて名詞あるいは非代名詞的な形容詞とともに使うことができる。

a) **小辞 ни**(後接語)、これは普通、代名詞 никтó《誰も(ない)》の構成要素の一部であり、ある慣用表現において代名詞 никтó からつくられた様々な形、あるいはその派生語に、多少の正確さはあれど相当する表現を提供するために、一般的意味をもつ名詞あるいは形容詞とともに用いられる。

1. никтó《誰も(ない)》に相当する表現(属格):

ни душѝ　　　《人っ子一人いない》、

ни чертá　　　《*lit.* 悪魔がいない；平気だ》(アクセント注意) (l. i.);

2. ничегó《何もない》に相当する表現(属格):

ни копéйки, ни грошá　《一銭もない》、

ни кáпли　　　《一滴もない；ひとかけらもない》、

ни пылѝнки　　《埃一つない》、

ни слóва　　　《一言もない；何も言うな》、

ни шáгу　　　《一歩も…ない；動くな》(l. i.);

3. никогдá《決して(ない)》に相当する表現:

ни рáзу　　　《一度もない》、

ни на минýту　《1分もない》(l. i.);

4. никакóй《どんな…(もない)》に相当する表現:

ни одѝн, ни едѝный《一つもない》、

ни малéйший　《どんな小さなもの…もない》；

5. нискóлько《少しも(ない)》に相当する表現:

нимáло, ничýть《少しも(ない)》(l. i.)。

厳密な意味で否定代名詞のように、これらの表現は否定小辞 не を含む文にしか用いることができない:

óн не сдéлал ѝм ни малéйшего замечáния《彼はどんな批判も彼らにしなかった》、

та́м не́ было ни души́《あそこには人っ子一人いなかった》、しかしどんな述語も表現されない省略文を除く：[528]

ни сло́ва!《一言も言うな！》。

b) **小辞 же**（前接語）、これは代名詞 то́т же の一部であり、指し示された対象が他の文脈の中で指し示された同じ対象と同一であることを示すものであり、同じ意味を保持しながら、どの名詞あるいはどの形容詞とでも用いられる：

в моём же до́ме меня́ не слу́шают

《私自身の家では私の言うことを聞かない》；

киби́тка останови́лась перед деревя́нным до́миком..., бли́з деревя́нной же це́ркви (Пушкин)

《馬車は木造の小さな家の前に止まった、... 同じ木造の教会の近くに》。

注：小辞 же と《ところで》を意味する接続詞 же（同じく前接語、しかし常に文の最初の語の後ろに置かれる）を混同してはいけない（cf. §625）。

631

2º. **否定の小辞**：

не、後接語で、否定を担う項の前に置かれる：

в то́т де́нь я не обе́дал до́ма

《その日、私は家で昼食をとらなかった》（否定は述語の上に及んでいる）；

в то́т де́нь я обе́дал не до́ма, а в столо́вой

《その日、私は家でなく、食堂で昼食をとった》（否定は節の項の上に及んでいる）。

もし не が形容詞の上に及ぶならば（そこでは副詞的あるいは述語的用法が含まれる）、それと一緒になって1語に綴られる：

челове́к немолодо́й《若くない人》、

о́н учи́лся непло́хо《彼はかなり成績が良かった》、

на́м зде́сь бы́ло нелегко́《我々はここではつらかった》、

しかしもし否定される形容詞が他の否定されない形容詞に対立しているならば、1語に綴られない：

снесу́ ва́м друго́е яйцо́ — не золото́е, а просто́е（民話）

《私はあなたに別の卵を、金の卵ではなく普通の卵をもってまいりましょう》。

632

3º. **疑問の小辞**：

ли、前接語で、それが関係する項の後ろに置かれる（もしそれが節全体に及ぶな

らば、述語の後ろに置かれる）。ли が後置される語は、必ず節の最初にある。それはただ単に包括的な疑問（《はい》と《いいえ》による答えを要求する疑問）を標示する。この疑問を表現するために、ли の使用は直接疑問文の中では任意である：

 зна́ете ли вы?《あなたは知っているか？》、

 ва́м ли э́то говори́ть?《あなたはこれを言うべきなのか（あなたのような人はそれを言うべきではない）》、

また間接疑問文の中では ли の使用は強制的である：

 неизве́стно, ко́нчили ли они́《彼らが終えたのかどうか分からない》。

 ра́зве は、文の最初にあって、直接疑問文を標示する。この疑問文に対して人が否定を期待する場合に使われる：

 ра́зве вы́ меня́ не пойме́те?

 《はたしてあなたは私の言うことが分からないのではないかしら》。

 неуже́ли（口語では **неу́жто**）は、文の最初にあり、直接疑問文を標示する。その疑問の後で人が否定を望む場合に使われる：

 неуже́ли всё уже́ ушли́?《本当にもうみんな出発してしまったのか》。

633

4°. **強調の小辞：**

да́же	《さえ》、
и	前置される《さえ》：об э́том и говори́ть не сто́ит《これについては話すことさえ価値がない；これは言うまでもないこと》、
же	前接語、《さあ》（いらだちを標示する）：слу́шай же《よく聞け》、ка́к же?《いったいどうして》、
ещё	《まだしも》、
то́же ; та́кже	《もまた》、etc.

634

5°. **制限的小辞：**

 то́лько ; ли́шь《ただ…だけ》、

 хоть《せめて…だけでも》、**хотя́ бы**《せめて》。

 この同じ小辞 то́лько, ли́шь, хо́ть は、条件法の動詞とともに（бы はこれらの小辞の直後に置かれる）願望を表す：《せめて…したい》：

 хо́ть бы мужчи́ну знако́мого встре́тить!, ду́мала она́ (Че́хов)

 《せめて知り合いの男性に会いたいなあ、と彼女は考えた》。

635

6°. 疑いを表す小辞、これは文全体あるいは文の項の1つの真実らしさの程度についての評価を表す：

вря́д ли, едва́ ли（文頭に置かれる）《おそらく…しまい》；否定に相当する表現。

мо́жет быть《恐らく》、

должно́ быть《…に違いない》、

пожа́луй《おそらく…だろう》、

почти́《ほとんど》、

я́кобы, как бу́дто бы, как бу́дто, бу́дто бы, бу́дто《あたかも…のような；恐らく…らしい》、etc.

小辞の数とそれらの用法の多様性は非常に大きく、特に会話の言葉では大きい。それ故、その完全な目録をここに挙げることはできない。

12章 語・文

I. 返答語

636

返答語 да《はい》と нет《いいえ》は、完全な文の代わりをするが、しかし先行する疑問に関連してしか意味をもたない。それらは次のように使われる。

1°. **肯定疑問に対する肯定の返答**（フランス語で "oui"）。語 да を用いたり、あるいはより普通には、語 да を用いずに疑問の述語を繰り返す:

вы́ уе́дете? — да́

《あなたは出発するのですか？—はい》«vous partirez? — Oui»

вы́ уе́дете? — уе́ду 　同上。

2°. **否定疑問に対する肯定の返答**（フランス語で "si"）。нет が使われ、必ず疑問の述語の繰り返しを伴う（否定語は除く）:[529]

вы́ не уе́дете? — не́т, уе́ду

《あなたは出発しないのですか？—いいえ、出発します》«vous ne partirez pas? — Si.»

3°. **否定の返答**（フランス語では "non"）。疑問がなんであろうとも、нет を用いる。述語の繰り返し（否定語を伴う）は任意である:

вы́ уе́дете? — не́т あるいは не́т, не уе́ду

《あなたは出発するのですか？—いいえ、出発しません》«vous partirez? — Non.»

вы́ не уе́дете? — не́т あるいは не́т, не уе́ду

《あなたは出発しないのですか？—はい、出発しません》«vous ne partirez pas? — Non.»

返答語は多くの同義語をもっている。

《はい》:

коне́чно（[kʌn,éšnə] と発音される）　《勿論》、

и́менно	《そのとおり》、
безусло́вно	《絶対に、勿論》、
разуме́ется	《当然だ》、
ка́к бы не та́к	《もちろんいいですよ》(皮肉的)、
ла́дно	《承知した》(口語)、
соверше́нно ве́рно	《全くその通り》;

《いいえ》：

ни́-ни́	《とんでもない》(断定的拒絶、口語)、
едва́ ли ; вря́д ли	《ほとんどだめ》

ロシア帝政時代の身分の上の人への服従的言い回し：
то́чно та́к《はい、そうであります》、ника́к не́т《いいえ、さようではございません》。

II. 丁寧の定型表現

637

孤立した語は丁寧の定型表現として使われる：

пожа́луйста	《どうぞ》(現代ロシア語で使われる唯一の真の丁寧表現)；
спаси́бо	《ありがとう》、

здра́вствуйте (普通、[zdrás,t,i] と発音される)、あるいはお前言葉では здра́вствуй《今日は》(この日常語と高い文体の動詞 здра́вствовать《健康である》との関連はもはや語源的なものしかない)；

алло́ ([ʌl,ó] と発音される) 《(電話で)もしもし》。

丁寧の定型表現として用いられる動詞的あるいは名詞的な表現：

до́брый де́нь; до́брое у́тро	《今日は》《おはよう》、
до́брый ве́чер	《こんばんは》、
споко́йной но́чи	《お休みなさい》、
здоро́во; приве́т	《やあ》(口語)、
до свида́ния	《さようなら》、
проща́й ; проща́йте	《(長い別れについて)さようなら》(非常に厳粛な言い方)、
пока́	《ではまた近いうちに》(口語)、
бу́дьте добры́	《すみませんが》(lit.《善良であれ》)、

благодарю́	《ありがとうございます》、

прости́те あるいは прости́те, пожа́луйста《すみません(が)》(フランス語の *pardon* よりも意味の負担が大きいため、稀にしか使われない)、

извини́те	《すみません》、
винова́т	《すみません》(廃語)、etc.

III. 間投詞[530]

638

　間投詞 (междоме́тия) は、文の機能で使われ、そして感情の意味あるいは表現力のある意味をもつ語である。次のように区別される。

1°. **基本的間投詞**、これは発話器官によって発せられた自然音に対応するものである。気音を伴う母音あるいは気音を伴わない母音を主成分とするもの:

　　 а́, э́, о́й, а́х, у́х, э́х, ага́ ([aha] と発音)、хи́-хи́, ха́-ха́ (嘲笑);

あるいは子音を主成分とするもの:

　　 шш, тсс (静粛の勧告)、цыц, тпр, тпру́《どうどう (馬を止めるために)》、etc.

2°. **間投詞・擬音語**、これは外部の音を再生することと見なされている:

　　 ба́й, бу́х, хло́п, хру́ст, ца́п, чо́к, шлёп, etc.

3°. **普通の語に由来する間投詞**:古代の呼格:Бо́же《神よ》、Го́споди! ([ɣóspəd,i] と発音)《やれやれ》;外来語起源の語:ку́ш《(犬に対して) 伏せ》(フランス語 *couché*)、па́с《(トランプの) パス》、etc.

4°. **その他**:ну́!《さあ》、айда́!《さあ行け》、ура́!《万歳》、etc.

　多くの間投詞は、語・文のような通常の用法以外に、主語を伴って述語としても使われる:[531]

он бу́х ему́ в но́ги	《彼は(一気に倒れるように)彼の足に跪いた》[532]、
Татья́на а́х! (Пу́шкин)	《タチヤーナはああ、と叫んだ》、
я па́с	《(トランプで)私はパス》、

あるいは物が主語の場合:

мышело́вка меня́ хло́п (Че́хов)	《ねずみ取りが私をパチンと挟んだ》。

主要参考文献
（音韻論、形態論）
Serge Aslanoff と Jean Breuillard によって作成された

文法

〈フランス語〉

Barlési (Fr.), *Grammaire russe par l'exemple: exercices et corrigés,* Paris, éd. Marketing, 1994, 239 p.

Boulanger (A.), *Grammaire pratique du russe: morphologie et syntax,* Gap, Ophrys, 2e éd. rev. et augm., 1992, 266 p.

Boyer (P.), Spéransky (N.), *Manuel pour l'etude de la langue russe*: textes [de Léon Tolsoï] accentués, commentaire grammatical... 2e éd. rev. et augm. par N. Weisbein et A. Verba, Paris, A. Colin, 1967, 324 p. (Collection U) [1re éd.: 1905].

Chicouène (M.), *La grammaire du russe d'aujourd'hui,* Paris, Pocket, 1996, 256 p. (Langues pour tous).

Comtet (R.), *Grammaire du russe contemporain,* Toulouse, Presses universitaires du Mirail, 1997, 495 p.

Davydoff (G.), Pauliat (P.), *Précis d'accentuation russe,* Paris, Didier, 1959, 80 p.

Duc Goninaz (M.), Arjakovsky (H.), *La pratique de la grammaire russe,* Gap, Ophrys, nouv. éd., 1991, 107 p.

Durin (j.) et Merkoulov (I.), *Le russe vivant 1: nouveau cours audio-visuel pour francophones. Livre du maître. Livre pour l'autodidacte,* 2e éd. corrig. et augm., Moscou, éd. Langue russe, 1984, 344 p. [1re éd.: 1979].

Garde (P.), *La transcription des noms propres français en russe,* Paris, Institut d'études slaves, 1974, 63 p. (Documents pédagogiques de l'I.E.S., X).

Guiraud-Weber (M.), *L'aspect du verbe russe (essai de présentation),* Aix-en-Provence, Université de Provence, 1988, 131 p.

Guiraud-Weber (M.), Korjenevskaïa (N.), Mikaelian (I.), *Exercices de grammaire russe pour étudiants francophones,* Aix, Publications de l'Université de Provence, 1995, 232 p.

Karcevski (S.), *Système du verbe russe: essai de linguistique synchronique,* Prague, Plamja, 1927, 167 p.

Khavronina (S.), Chirotchenskaïa (A.), Bron-Tchitchagova (L.), *Le russe à votre rythme*: cours pratique pour francophones. 1re partie; cours élémentaire, Paris, Institut d'études slaves, 1998, 224 p. (Documents pédagogiques de l'I.E.S., XL/1)

Lépissier (J.), *Questions de grammaire russe posées à l'oral des concours d'agrégation et de C.A.P.E.S.,* 2e éd., Paris, Institut d'études slaves, 1992, II–110 p. (Documents pédagogiques de l'I.E.S., II)

L'Hermitte (R.), *Éléments de grammaire générale du russe,* Lille, Université Charles-de-Gaulle –

Lille 3, 1995.

T. 1: Phonologie et morphologie, 195 p.

T. 2: Syntaxe de l'énoncé simple, 107 p.

Mazon (A.), *Grammaire de la langue russe*, 4e éd. rev. et compl. par l'auteur, avec le concours de J. Johannet et J. Lépissier, nouveau tirage, Paris, Institut d'études slaves, 1995, 368 p. (Grammaires de l'Institut d'études slaves V) [1re éd.: 1942].

Pauliat (P.), *Grammaire russe*, Paris, Didier, 1976, 255 p.

Sémon (J.-P.), *Les neutralisations en russe moderne*, Paris, Institut d'études slaves, 1974, 73 p. (Documents pédagogiques de l'I.E.S., IX)

Stepanoff-Kontchalovski (N.), avec la collaboration de Fr. de Labriolle, *Grammaire russe de base*, 6e éd., Paris, Éditeurs réunis, 1994, 210 p. [1re éd.: 1974].

Tesnière (L.), *Petite grammaire russe*, Paris, Didier, 1964, 176 p. [1re éd.: 1934].

Unbegaun (B. O.), *Grammaire russe*, Lyon-Paris, éd. IAC, 1961, xviii–353 p.

Veyrenc (Ch.-J.), *Grammaire du russe*, 2e éd. rev. et corr., Paris, PUF, 1973, 128 p. (Que sais-je? n° 1278).

〈ロシア語〉

Брызгунова (Е. А.), *Звуки и интонации русской речи*, М., Русский язык, 1983, 240 р.

Виноградов (В. В.), *Русский язык (грамматическое учение о слове)*, 2-е изд., М., Высшая школа, 1972, 614 р.

Грамматика русского языка, 2-е изд., М., АН СССР, 1960.

T. 1. Фонетика и морфология, 719 р.

T. 2. Синтаксис, часть 1, 702 р.; часть 2, 440 р.

Грамматика современного русского языка, отв. ред. Н. Ю. Шведова, М., Наука, 1970, 767 р.

Исаченко (А. В.), *Грамматический строй русского языка в сопоставлении с словацким: морфология*, Братислава, Словацкая АН, 1954–1960, 2 vol., 387 + 577 р.

Розенталь (Д. Э.), Голуб (И. Б.), Теленкова (М. А.), *Современный русский язык*, 2-е изд., М., Международные отношения, 1995, 560 р.

Русская грамматика, гл. ред. Н. Ю. Шведова, М., Наука, 1980.

T. 1, Фонетика, фонология, ударение, интонация, словообразование, морфология, 783 р.

T. 2, Синтаксис, 709 р.

Современный русский язык, под ред. В. А. Белошапковой, 3-е изд., испр. и доп., М., Азбуковник, 1997, 926 р.

Шведова (Н. Ю.), Лопатин (В. В.), *Краткая русская грамматика*, М., Русский язык, 1989, 639р.

Barnetová (V.), Běličová - Křížková (H.), Leška (O.), Skoumalová (Z.), Strakoveá (V.), *Русская грамматика*, Prague, Aacademia, 1979, t. 1–2, xxxi–1093 p.

Bolla (K.), Páll (E.), Papp (F.), *Курс современного русского языка*, Budapest, Tankönyvkiadó, 1977, 670 p.

〈その他の外国語〉

Gabka (K.), (dir.), *Die russische Sprache der Gegenwart*, Düsseldorf, Brücken-Verlag.
    1. Phonetik und Phonologie, 1975, 217 p.
    2. Morphologie, Leipzig, VEB Verlag Enzyklopädie, 1975, 416 p.

Isačenko (A. V.), *Die russische Sprache der Gegenwart*, Halle (Saale), VEB M. Niemeyer Verlag, 1962. T. 1. Formenlehre, 1962, 706 p.

Mulisch (H.), *Handbuch der russischen Gegenwartssprache*, Leipzig-Berlin-München, Langenscheidt, Enzyklopädie, 1993, 400 p.

Offord (D.), *Modern Russian: an advanced grammar course*, Bristol classical press, 1995, 461 p. [1re éd.: 1993]).

Tauscher (E.), Kirschbaum (E.-G.), *Grammatik der russischen Sprache*, 18e éd., Düsseldorf, Brücken-Verlag, 1988, 560 p.

Wade (T. L. B.), *A comprehensive Russian grammar*, Oxford UK, Cambridge USA, Blackwell, 1996, 582 p. [1re éd.: 1992].

Wikland (L.), *Modern rysk grammatik*, Stockholm, Almqvist och Wiksell, 1987, 297 p.

辞書
言語辞書

〈単一言語〉

Даль (В. И.), *Толковый словарь живого великорусского языка*, 4 тома, М., ТЕРРА, 1994. (1880–1882 の 2 版の翻刻、モスクワで後日出版された版と同じ；J. Baudouin de Courtenay によって補正された 1903–1909 の 3 版はパリの Librairie des Cinq-Continents, 1954 で翻刻された) [1re éd.: СПб., изд. М. О. Вольфа, 1863–1866].

Евгеньева (А. П.) и др., *Словарь русского языка*, 4 тома, 2-е изд., М., Русский язык, 1983.

Ожегов (С. И.), Шведова (Н. Ю.), *Толковый словарь русского языка*: 72 500 слов и 7 500 фразеологических выражений, М, 3-е изд., стереотип., Азъ, 1996, 908 p. [1re éd.: 1992].

Словарь русского языка в 4 томах, 2-е изд., испр. и доп., под ред. В. В. Пчелкина, М., Русский язык, 1981 [1re éd.: 1957–1961].

Словарь современного русского литературного языка, М.-Л., Наука, 1950–1965, 17 vol. 改訂と補完された 20 巻の第 2 版は出版中：

Словарь современного русского литературного языка в 20 томах, 2-е изд., перераб. и доп., М., Русский язык, 1991–.

Толковый словарь русского языка в 4 томах, под ред. Д. Н. Ушакова, М., 1995. [1re éd.: М., 1934–1940. 1947–1948 にモスクワと Ann Arbor (Michigan) で翻刻の対象となる].

〈対訳〉

Гак (В. Г.), Триомф (Ж.) и др., *Французско-русский словарь активного типа = Dictionnaire français-russe à l'usage des francophones,* М., Русский язык, 1991, 1055 p.

Французско-русский фразеологический словарь, сост. В. Г. Гак, И. А. Кунина и др., М., Гос-издат иностр. лит., 1963, 112 p.

Гак (В. Г.), Ганшина (К. А.), *Новый французско-русский словарь,* М., Русский язык, 1994, 1055 p.

Гринева (Е. Ф.), Громова (Т. Н.), *Французско-русский словарь,* около 25 000 слов и около 30 000 словосочетаний, М., Цитадель, 1996, 575 p.

Pauliat (P.), *Dictionnaire français-russe et russe-français,* Paris, Larousse-Bordas, 1997, 473 p. [1re éd.: Larousse, 1976].

Щерба (Л. В.), Матусевич (М. И.), *Русско-французский словарь, 160 000 слов и словосочетаний,* 15-е изд., стереотип., М., Русский язык, 1997, 848 p.

専門辞書

〈略語〉

Новичков (Н. Н.), *Словарь современных русских сокращений и аббревиатур,* Париж-Москва, Инфоглоб, 1995, 298 p.

Новый словарь сокращений русского языка, ок. 32 000 сокр., под ред. Е. Г. Коваленко, М., ЭТС, 1995, 668 p.

Словарь сокращений русского языка, ок. 17 700 сокр., под ред. Д. И. Алексеева, 4-е изд., стер., М., Русский язык, 1984, 488 p.

Scheitz (E.), *Dictionary of Russian abbreviations,* 40 000 abbr., Amsterdam, ..., Elsevier, 1986, 695 p.

〈語結合〉

Мельчук (И.), Жолковский (А.), *Толково-комбинаторный словарь русского языка,* Wien, Wiener slawistischer Almanach, 1984.

Учебный словарь сочетаемости слов русского языка, около 2 500 словарных статей, под ред. Денисова (П. Н.), Морковкина (В. В.), М., Русский язык, 1978, 688 p.

〈派生語〉

Лексическая основа русского языка: комплексный учебный словарь, под ред. В. В. Морковкина, М., Русский язык, 1984, 1165 р.

〈外来語〉

Словарь иностранных слов, 11-е изд. стереотип., М., Русский язык, 1984, 608 р.

〈形態論〉

Зализняк (А. А.), *Грамматический словарь русского языка: словоизменение.* Около 100 000 слов, М., Русский язык, 1977, 878 р.

Кузнецова (А. И.), Ефремова (Т. Ф.), *Словарь морфем русского языка.* Около 52 000 слов, М., Русский язык, 1986, 1132 р.

Тихонов (А. Н.), Тихонова (Е. Н.), Тихонов (С. А.), *Словарь-справочник по русскому языку ...,* ок. 260 000 слов, М., Словари, 1995, 704 р.

〈正書法〉

Букчина (Б. З.), Калакуцкая (Л. П.), *Слитно или раздельно?* (Опыт словаря-справочника), ок. 82 000 слов, 6-е изд. стереот., М., Русский язык, 1987, 876 р.

Колесников (Н. П.), *Слова с двойными согласными:* словарь-справочник, М., Русский язык, 1990.

Орфографический словарь русского языка, отв. ред. В. В. Лопатин, 30-е изд. стереот., М., Русский язык, 1993, 400 р. [1re éd.: 1956].

Правила русской орфографии и пунктуации, Тула, Автограф, 1995, 192 р. [1re éd.: М., 1956].

Розенталь (Д. Э.), *Справочник по правописанию и литературной правке,* М., Рольф, 1997, 368 р.

〈人名〉

Никонов (В. А.), *Словарь русских фамилий,* М., 1993.

Петровский (Н. А.), *Словарь русских личных имен,* ок. 2 600 имен, 3-е изд., М., Русский язык, 1984, 384 р.

Словарь названий жителей СССР, под ред. А. М. Бабкина, Е. А. Левашова, М. 1975.

Тихонов (А. Н.), Бояринова (Л. З.), Рыжкова (А. Г.), *Словарь русских личных имен,* М., Школа-Пресс, 1995, 734 р.

Унбегаун (Б. О.), *Русские фамилии,* пер. с англ., общ. ред. Б. А. Успенского, М. 2-е изд., М., 1995.

〈発音とアクセント〉

Агеенко (Ф. Л.), Зарва (М. В.), *Словарь ударений для работников радио и телевидения* (ок. 76 000 слов. ед.), М., 1993.

Орфоэпический словарь русского языка: произношение, ударение, грамматические формы, около 63 500 слов, 5-е изд., испр. и доп., под. ред. Р. И. Аванесова, М., Русский язык, 1989.

Стричек (А.), *Руководство по русскому ударению*, Paris, Librairie des Cinq-Continents, 1966, 296 p.

Фонетика спонтанной речи, под ред. Н. Д. Светозаровой, Ленинград, изд. Ленинградского университета, 1988, 248 p.

〈類義語〉

Апресян (Ю. Д.), Богуславская (О. Ю.) и др., *Новый объяснительный словарь синонимов русского языка*, М., Школа "Языки русской культуры", 1997–.

〈語法〉

Граудина (Л. К.), Ицкович (В. А.), Катлинская (Л. П.), *Грамматическая правильность русской речи:* опыт частотно-стилистического словаря вариантов, М., Наука, 1976, 455 p.

Еськова (Н. А.), *Краткий словарь трудностей русского языка: грамматические формы, ударение*, М., 1994.

Розенталь (Д. Э.), Теленкова (М. А.), *Словарь трудностей русского языка*, 6-е изд., испр. и доп., М., Русский язык, 1987, 415 p.

Семенюк (А. А.) и др., *Лексические трудности русского языка: словарь-справочник*, М., 1994.

Трудности словоупотребления и варианты норм русского литературного языка (словарь-справочник), Л., Наука, 1973, 519 p.

訳注引用文献

Allen (1973): Allen W. Sidney (1973) *Accent and Rhythm. Prosodic Features of Latin and Greek: A Study in Theory and Recinstruction.* Cambridge University Press.

Ambrazas (1985): Lietuvos TSR Mokslų Akademija. Lietvių kalbos ir literatūros institutas. (1985) *Lietuvių kalbos gramatika.* Vilnius: Mokslas.

Baudouin de Courtenay (1929): Jan Baudouin de Courtenay (1929) Einfluss der Sprache auf Weltanschauung und Stimmung. (Sonderabdruck aus *Prace Filologiczne*, XIV) Warszawa.

Baudouin de Courtenay (1972): Baudouin de Courtenay J. (1972) *A Baudouin de Courtenay Anthology. The Beginnings of Structural Linguistics.* Translated and edited with an introduction by Edward Stankiewicz. Bloomington: Indiana University Press.

Berneker & Vasmer (1947): Berneker E., Vasmer M. (1947) *Russische Grammatik*. Sechste, unveränderte Auflage. Berlin: Walter de Gruyter & Co.

Birnbaum (1977): Birnbaum H. (1977) Roman Jakobson's Contribution to Slavic Accentology. In *Roman Jakobson: Echoes of His Scholarship*. (ed. D. Armstrong & C. H. van Schooneveld. pp. 29–37. Lisse: The Peter de Ridder Press.

Boyanus (1935): Boyanus S. C. (1935) *A Manual of Russian Pronunciation*. London: Sidgwick and Jackson.

Boyanus & Jopson (1952³): Boyanus S. C., Jopson N. B. (1952³ [First published in 1939]) *Spoken Russian. A Practical Course. Written and Spoken Colloquial Russian with Pronunciation, Intonation, Grammar, English Translation and Vocabulary*. London: Sidgwick and Jackson.

Boyanus (1955): Boyanus S. C. (1955) *Russian Pronunciation. The Russian System of Speech Habits in Sounds, Stress, Rhythm, and Intonation together with a Russian Phonetic Reader*. Volume I, II. Cambridge: Harvard University Press.

Boyer (1895): Boyer P. (1895) «L'accentuation du verbe russe.» In *Centenaire de l'École des Langues orientales*. pp. 415–456.

Boyer & Speranski (1915²): Boyer P., N. Speranski (1915²) *Russian Reader*. Adapted for English-speaking students by S. N. Happer. Chicago, Illinois: The University of Chicago Press.

Boyer & Spéranski (1945): Boyer P. et Spéranski N. (1945 [1ʳᵉ éd. 1905]) *Manuel pour l'étude de la langue russe*. Paris: Librairie Armand Colin.

Collinge (1996): Collinge N. E. (1985 [2nd printing 1996]) *The Laws of Indo-European*. Amsterdam / Philadelphia: John Benjamins Publishing Company.

Comrie (1976): Comrie B. (1976) *Aspect: An Introduction to the Study of Verbal Aspect and Related Problems*. Cambridge: Cambridge University Press.

Comrie (1978): Comrie B., Stone G. (1978) *The Russian Language since the Revolution*. Oxford: Clarendon Press.

Comrie (2003²): Comrie B., Stone G., Polinsky M. (2003²) *The Russian Language in the Twentieth Century*. Second Edition, Revised and Expanded, of *The Russian Language Since the Revolution* (1978) by Bernard Comrie and Gerald Stone. Oxford: Clarendon Press.

Comtet (2002): Comtet R. (2002) *Grammaire du russe contemporain*. Toulouse, Presses universitaires du Mirail, [1ère édition 1997].

Derksen (2008): Derksen R. (2008) *Etymological Dictionary of the Slavic Inherited Lexicon*. Leiden Indo-European Etymological Dictionary Series. (Edited by A. Lubotsky) Volume 4. Leiden / Boston: Brill.

Diels (1932): Diels P. (1932) *Altkirchenslavische Grammatik*. I. Teil: Grammatik. Heidelberg: Carl Winter.

Dixon & Aikhenvald (2000): Dixon R. M. W. and Aikhenvald A. (2000) *Changing valency: case studies in transitivity*. UK: Cambridge University Press.

Fontaine (1983): Fontaine J. (1983) *Grammaire du texte et aspect du verbe en russe contemporain*. Paris: Institut d'études slaves.

Forsyth (1963): Forsyth J. (1963) *A Practical Guide to Russian Stress*. Edinburgh & London: Oliver & Boyd.

Forsyth (1970): Forsyth J. (1970) *A Grammar of Aspect. Usage and Meaning in the Russian Verb*. (*Studies in the Modern russian Language*. Generel editor: D. Ward). Cambridge: University Press.

Gabka (1975): Gabka K. (dir.), (1975) *Die russische Sprache der Gegenwart. Band 2. Morphologie*. Leipzig: VEB Verlag Enzyklopädie.

Garde (1968): Garde P. (1968) *L'Accent*. Paris: Presses Universitaires de France.

Garde (1972): Garde P. (1972) «La distibution de l'hiatus et le statut du morphème /j/ dans le mot russe», *The Slavic word*, La Haye, Mouton. pp. 372–387. [Garde (2006: 38–48)]

Garde (1974): Garde P. (1974) L'évolution de l'accent russe: quelques tendances. *Cahiers de linguistique, d'orientalisme et de slavistique*, 3–4, pp. 71–91. [Garde (2006: 147–157)]

Garde (1976): Garde P. (1976) *Histoire de l'accentuation slave*. (Collection de manuels de l'Institut d'études slaves. — VII/1) Tome I. Paris: Institut d'études slaves.

Garde (1976a): Garde P. (1976a) *Histoire de l'accentuation slave*. (Collection de manuels de l'Institut d'études slaves. — VII/2) Tome II. Bibliographie, Notes, Appendice, Index. Paris: Institut d'études slaves.

Garde (1981): Garde P. (1981). Les trois systèmes morphologiques du russe. «O trëx sosuščestvujuščix morfologičeskix sistemax russkogo jazyka» *Slavica*, 17, Debrecen, 39–58. [Garde (2006: 65–82)]

Garde (1990): Garde P. (1990) La méthode historico-comparative en accentologie. *Cercle linguistique d'Aix-en-Provence. Travaux*, 8. pp. 57–71. [Garde (2006: 100–108)]

Garde (2006): Garde P. (2006) *Le mot, l'accent, la phrase. Études de linguistique slave et générale*. Publiées par les soins de Rémi Camus. Paris: Institut d'études slaves.

Halle (1959): Halles M. (1959) *The Sound Pattern of Russian*. A Linguistic and Acoustical Investigation (with an Excursus on The Contextual Variants of the Russian Vowels by L. G. Jones). 'S-Gravenhage: Mouton & Co.

Hammel (2000): Hammel R. (2000) «Comtet, R., *Grammaire du russe contemporain*, Toulouse.» *Russian Linguistics*, Vol. 24(2), pp. 205–216.

Harrison (1967): Harrison W. (1967: 5–46) Expression of the Passive Voice. *Studies in the Modern russian Language*. 4 & 5. Generel editor: D. Ward. Cambridge: University Press.

Hopper (1982): Hopper, P. J. (ed.) *Tense-Aspect: Between Semantics & Pragmatics*. pp. 3–18.

Amsterdam/Philadelphia. John Benjamins Publishing Company.

Hopper & Thompson (1980): Hopper, P. J., Thompson, S. A. (1980) Transitivity in Grammar and Discourse. *Language*, Vol. 56, No.2, pp. 251–299.

Illich-Svitych (1979): Illich-Svitych V. M. (1979) *Nominal Accentuation in Baltic and Slavic*. Translated by R. L. Leed and R. F. Feldstein. Cambridge / London: MIT Press.

Isačenko (1947): Isačenko A. V. (1947) *Fonetika spisovnej ruštiny*. Bratislava: Slovenská akadémia vied a umení.

Isačenko (1962): Isačenko A. V. (1962) *Die russische Sprache der Gegenwart*. Teil I. Formenlehre. Halle (Saale): VEB MAX Niemeyer Verlag.

Jakobson (1929): «Remarques sur l'évolution phonologique du russe comparée à celle des autres langues slaves.» *TCLP*, II. Prague. [In Jakobson (1962: 7–116)]

Jakobson (1932): «Zur Struktur des russischen Verbums», in *Charisteria Gvilelmo Mathesio qvinqvagenario a discipulis et Circuli Lingvistici Pragensis sodalibus oblata*, Pragae, 1932. pp. 74–84. [In Jakobson (1971: 3–15)] [«Structure of the Russian Verb», trans. by Helge Rinholm. In Jakobson (1984: 1–14)].

Jakobson (1937): «Über die Beschaffenheit der prosodischen Gegensätze». *Mélanges de linguistique et de philologie offerts à J. van Ginneken*. Paris. pp. 25–33. [In Jakobson (1962: 255–261)]

Jakobson (1939): «Signe zéro». *Mélanges de linguistique offerts à Charles Bally*. Genève. [in *Selected Writings*, II, 211–219; Jakobson (1984: 151–160) «Zero Sign».]

Jakobson (1948): «Russian Conjugation». *Word*, IV. [In Jakobson (1984: 15–26)]

Jakobson (1957): «The Relationship between Genitive and Plural in the Declension of Russian Nouns». *Scando-Slavica*, III. [In Jakobson (1984: 135–140)]

Jakobson (1957a): «Shifters, Verbal Categories, and the Russian Verb». Published by the Department of Slavic Languages and Literatures, Harvard University. [In Jakobson (1984: 41–58)]

Jakobson (1960): «The Gender Pattern of Russian». *Studii și Cercetări Lingvistice*, XI. [In Jakobson (1971: 184–186)]

Jakobson (1961): «Избыточные буквы в русском письме». [In Jakobson (1962: 556–567)]

Jakobson (1962): Jakobson R. (1962) *Selected Writings*. I. Phonological Studies. 'S-Gravenhage: Mouton.

Jakobson (1962a): Jakobson R. (1962) «Retrospect». [In Jakobson (1962: 631–658)]

Jakobson (1963): Jakobson R. (1963) Опыт фонологического подхода к историческим вопросам славянской акцентологии: поздний период славянской языковой праистории. In *American Contributions to the fifth International Congress of Slavists, Sofia 1963*. Vol. 1. pp. 153–178. The Hague: Mouton.

Jakobson (1971): Jakobson R. (1971) *Selected Writings*. II. Word and Language. 'S-Gravenhage: Mouton.

Jakobson (1984): Jakobson R. (1984) *Russian and Slavic Grammar. Studies 1931-1981*. Edited by L. R. Waugh and M. Halle. (Janua Linguarum, 106). Berlin/New York/Amsterdam: Mouton.

Jones & Ward (1969): Jones D., Ward D. (1969) *The Phonetics of Russian*. Cambridge: University Press.

Karcevski (1927): Karcevski S. (1927) *Système du verbe russe: essai de linguistique synchronique*. Prague: Legiografie.

Karcevski (1939): Karcevski S. (1939) «Remarques sur la psychologie des aspects en russe». *Mélanges Charles Bally*, Genève. pp. 231-248. [Karcevski (2000: 47-64)]

Karcevski (1941): Karcevski S. (1941) «Introduction à l'étude de l'interjection». *Cahiers Ferdinand de Saussure*, nº 1, pp. 57-75. [Karcevski (2000: 175-188)]

Karcevski (1943): Karcevski S. (1943) «Remarques sur la phonologie du russe». *Cahiers Ferdinand de Saussure*, 3, pp. 7-13. [Karcevski (2000: 13-17)]

Karcevski (2000): Karcevski S. (2000) *Inédits et introuvables*. Leuven: Peeters.

Karcevski (2004): Karcevski S. (2004) *Système du verbe russe: essai de linguistique synchronique*. Nouvelle édition enrichie d'inédits, commentée et préfacée par I. Fougeron, J. Breuillard et G. Fougeron. Paris: Institut d'études slaves.

Kiparsky (1962): Kiparsky V. (1962) *Der Wortakzent der russischen Schriftsprache*. Heidelberg: Carl Winter.

Kiparsky (1963): Kiparsky V. (1963) *Russische historische Grammatik. Band I. Die Entwicklung des Lautsystems*. Heidelberg: Carl Winter.

Køllń (1969): Køllń H. (1969) *Oppositions of Voice in Greek, Slavic, and Baltic*. København: Munksgaad.

Kortlandt (1975): Kortlandt F. H. H. *Slavic Accentuation: A Study in Relative Chronology*. Lisse/Netherlands: The Peter de Ridder Press.

Lehfeldt (2001): Lehfeldt, W. (2001) *Einführung in die morphologische Konzeption der slavischen Akzentologie. 2., verbesserte und ergänzte Auflage mit einem Appendix von Willem Vermeer*. München: Verlag Otto Sagner.

Leskien (1919): Leskien A. (1919) *Grammatik der altbulgarischen (altkirchenslavischen) Sprache*. Heidelberg: Carl Winter.

Leskien (1969^9): Leskien A. (1969^9) *Handbuch der altbulgarischen (altkirchenslavischen) Sprache*. Heidelberg: Carl Winter.

Maslov (1985): Maslov Yu. S. (1985: 13) «An outline of contrastive aspectology» In *Contrastive Studies in Verbal Aspect: in Russian, English, French and German*. Heidelberg: Groos. [«K основаниям сопоставительной аспектологии» (стр. 4–44) [Маслов (2004: 305–364)]. Отв. ред. Ю. С. Маслов (1978) Вопросы сопоставительной аспектологии. Л.: Изд-во ЛГУ.]

Matthews (2007²): Matthews P. H. (2007²) *The Concise Oxford Dictionary of Linguistics.* Oxford University Press.

Mazon (1908): Mazon A. (1908) *Morphologie des aspects du verbe russe.* Paris: Champion.

Mazon (1914): Mazon A. (1914) *Emplois des aspects du verbe russe.* Paris: Champion.

Mazon (1995⁹): Mazon A. (1995⁹) *Grammaire de la langue russe.* (Quatrième édition revue et complétée par l'auteur avec le concours de José Johannet et Jacques Lépissier.) Paris: Institut d'études slaves.

Meillet (1902–1905): Meillet A. (1902–1905) *Études sur l'étymologie et le vocabulaire du vieux slave,* 1ʳᵉ partie. Paris: Bouillon (1902); 2ᵉ partie: Paris: Bouillon (1905).

Meillet (1965 / 1934²): Meillet A. (1934²) *Le Slave Commun.* (Collection de manuels publiée par l'Institut d'études slaves. II) [Seconde édition revue et augmentée, avec le concours de A. Vaillant.]. Paris: Champion.

Meillet & Vaillant (1980): Meillet A. et Vaillant A. (1980) *Grammaire de la langue serbo-croate.* Deuxième édition revue. Paris: H. Champion. (Collection de grammaires de l'Institut d'études slaves. — III)

Morison (1959): Morison W. A. (1959) *The Present Gerund and Active Participle.* Studies in Russian Forms and Uses. London: Faber and Faber.

Nachtigall (1922): Nachtigall R. (1922) *Akzentbewegung in der russischen Formen- und Wortbildung. 1. Substantiva auf Konsonanten.* Heidelberg: Carl Winter.

Olander (2009): Olander T. (2009) *Balto-Slavic Accentual Mobility.* Berlin/New York: Mouton de Gruyter.

RED (2011): Orel Vladimir (2011) *Russian Etymological Dictionary.* Vol. 1–4. Theophania Publishing. [Edited by Vitaly Shevoroshkin and Cindy Drover-Davidson].

Regnéll (1944): Regnéll C. G. (1944) *Über den Ursprung des slavischen Verbalaspektes.* Lund: Ohlssons Boktryckeri.

Rosenkranz (1955): Rosenkranz B. (1955) *Historische Laut- und formenlehre des altbulgarischen (altkirchenslavischen).* Heidelberg: Carl Winter in Verbindung mit Mouton & Co.

Ryazanova-Clarke & Wade (1999): Ryazanova-Clarke L. and Wade T. (1999) *The Russian Language Today.* London and New York: Routledge.

Saussure (1896 [1984]): Saussure F. de (1896) Accentuation lituanienne. *Indogermanische Forschungen,* 6. pp. 157–166. [Bally Ch., Gautier L. (ed.) *Recueil des publications scientifiques de Ferdinand de Saussure.* Genève-Paris: Slatkine. 1984. pp. 526–538.]

Schenker (1995): Schenker A. M. (1995) *The dawn of Slavic: An Introduction to Slavic Philology.*

New Haven and London: Yale University Press.

Schmalstieg (1983²): Schmalstieg W. R. (1983²) *An Introduction to Old Church Slavic*. Second Edition. Revised and Expanded. Ohio: Slavica Publishers.

Schmalstieg (1995): Schmalstieg W. R. (1995) *An Introduction to Old Russian*. Journal of Indo-European Studies Monograph Series, No. 15. Washington.

Schmalstieg (2000): Schmalstieg W. R. (2000) *The Historical Morphology of the Baltic Verb*. Journal of Indo-European Studies Monograph No. 37. Washington D. C.

Schuyt (1990): Schuyt R. (1990) *The Morphology of Slavic Verbal Aspect. A Descriptive and Historical Study*. Amsterdam/Atlanta: Rodopi B.V.

Senn (1966): Senn A. (1966) *Handbuch der litauischen Sprache*. Band I: Grammatik. Heidelberg: Carl Winter.

Shevelov (1963): Shevelov G. Y. (1963) *The Syntax of Modern Literary Ukrainian. The Simple Sentence*. The Hague: Mouton.

Sihler (1995): Sihler A. L. (1995) *New Comparative Grammar of Greek and Latin*. New York / Oxford: Oxford University Press.

Smyth (1984): Smyth H. W. (1984) *Greek Grammar*. Harvard University Press.

Stang (1942): Stang Chr. S. (1942) *Das slavische und baltische Verbum*. Oslo.

Stang (1957/1965): Stang Chr. S. ([2nd ed. 1965]) *Slavonic Accentuation*. Oslo: Universitetsforlaget.

Stang (1966): Stang Chr. S. (1966) *Vergleichende Grammatik der baltischen Sprachen*. Oslo / Bergen / Tromsö: Universitetsforlaget.

Sukač (2013): Sukač R. (2013) *Introduction to Proto-Indo-European and Balto-Slavic Accentology*. Cambridge Scholars Publishing.

Stankiewicz (1993): Stankiewicz E. (1993) *The Accentual Patterns of the Slavic Languages*. California: Stanford University Press.

Szemerényi (1996): Szemerényi Oswald J. L. (1996) *Introduction to Indo-European Linguistics*. Oxford: Clarendon Press.[Translated from *Einführung in die vergleichende Sprachwissenschaft*. 4th edition. 1990]

Tauscher & Kirschbaum (1989[18] [1959]): Tauscher E. & Kirschbaum E.-G. (1989[18] [1959]) *Grammatik der russischen Sprache*. Düsseldorf: Brücken-Verlag.

Thelin (1990): Thelin, N. B. (ed.) (1990) *Verbal Aspect in Discourse. Contributions to the Semantics of Time and Temporal Perspective in Slavic and Non-Slavic Languages*. Amsterdam/ Philadelphia: John Benjamins.

Timberlake (2004): Timberlake A. (2004) *A Reference Grammar of Russian*. Cambridge University Press.

Trubetzkoy (1934): Trubetzkoy N. S. (1934) Das morphonologische System der russischen Sprache. *Travaux du Cercle Linguistique de Prague*. 5_2. Prague.

Trubetzkoy (1962): Trubetzkoy N. S. (1962 [1958]) *Grundzüge der Phonologie*. 3., durchgesehene Auflage. Göttingen: Vandenhoeck & Ruprecht.
Unbegaun (1935): Unbegaun B. O. *La langue russe au XVI ^{e} siècle (1500–1550). I. La flexion des noms*. Paris: Librairie Ancienne Honoré Champion.
Unbegaun (1947): Unbegaun B. O. (1947) Les substantifs indéclinables en russe. *Revue des études slaves*. XXIII, pp. 130–145.
Unbegaun (1979): Unbegaun B. O. *Russian Grammar*. (1979) Oxford: Clarendon Press. [First published in 1957].
Vaillant (1964^9): Vaillant A. (1964^9) *Manuel du Vieux Slave*. Tome I. Grammaire. Seconde édition revue et augmnetée. Paris: Institut d'Études Slaves.
Veyrenc (1968): Veyrenc Ch.-J. (1968) *Grammaire du russe*. Paris: Presses Universitaires de France. (Que sais-je? N° 1278).
Veyrenc (1970): Veyrenc Ch.-J. (1970) *Histoire de la langue russe*. Paris: Presses Universitaires de France. (Que sais-je? N° 1368).
Vlasto (1986): Vlasto A. P. (1986) *A Linguistic History of Russia to the End of the Eighteenth Century*. Oxford: Clarendon Press.
Ward (1965): Ward D. (1965) *The Russian Language Today. System and Anomaly*. London: Hutchinson University Library.
van Wijk (1931): N. van Wijk (1931) *Geschichte der altkirchenslavischen Sprache*. Berlin — Leipzig. [Ван-Вейк Н. (1957) История старославянского языка. Москва.]
Winter (1978): W. Winter «The distribution of short and long vowels in stems of the type Lith. *ėsti: vėsti: mėsti* and OCS *jasti: vesti: mesti* in Baltic and Slavic languages». In J. Fisiak (1978: 431–446) *Recent Developments in Histrical Phonology*. The Hague/Paris/New York: Mouton Publishers.
Worth (1959): Worth Dean S. (1959) Grammatical and Lexical Quantification in the Syntax of the Russian Numeral. *International Journal of Slavic Linguistics and Poetics*, 1/2, pp. 117–132.
Worth (1977): Worth Dean S. (1977) *On the Structure and History of Russian. Selected Essays*. München: Verlag Otto Sagner.
Worth (1982): Worth Dean S. (1982) Paul Garde, Grammaire russe. Tome premier, Phonologie — Morphologie. Bibliographie établie par Jean Breuillard. *Revue des études slaves,* Année 1982, Volume 54, Numéro 4, pp. 773–782.
Аванесов (1949): Аванесов Р. И. (1949) Очерки русской диалектологии. Москва: Учебно-педагогическое издательство.
Аванесов (1954): Аванесов Р. И. (1954) Русское литературное произношение. Учебное пособие для учительских и педагогических институтов. 2-е изд. Москва.
Аванесов (1956): Аванесов Р. И. (1956) Фонетика современного русского литературного

языка. Москва: Изд-во московского университета.

Аванесов (1983): Орфоэпический словарь русского языка: произношение, ударение, грамматические формы, около 63 500 слов. (1983) Под. ред. Р. И. Аванесова, М., Русский язык.

Аванесов & Сидоров (1930): Р. И. Аванесов, В. Н. Сидоров (1930) Реформа орфографии в связи с проблемой письменного языка. In «Русский язык в советской школе», 1930, № 1, 110–118. [Реформатский (1970: 149–156)]

Аванесов & Сидоров (1945): Р. И. Аванесов, В. Н. Сидоров (1945) Очерк грамматики русского литературного языка, ч. I. Фонетика и морфология. Москва: Государственное учебно-педагогическое издательство. [In «Система фонем русского языка», Реформатский (1970: 249–277).]

Аванесов & Ожегов (1960): Под редакцией Р. И. Аванесова и С. И. Ожегова. (1960) Русское литературное произношение и ударение. Словарь-справочник. Москва: Государственное издательство иностранных и национальных словарей.

Авилова (1976): Авилова Н. С. Вид глагола и семантика глагольного слова. Москва: Наука.

Алпатов (1998): Алпатов В. М. (1998) История лингвистических учений. Учебное пособие. Москва: Языки русской культуры.

Белошапкова (1997): Современный русский язык. (1997) Под ред. В. А. Белошапковой, 3-е изд., испр. и доп., Москва: Азбуковник.

Бернштейн (1962): Бернштейн С. И. (1962) «Основные понятия фонологии», ВЯ, №5. 62–80.

Бодуэн де Куртенэ (1963): Бодуэн де Куртенэ И. А. (1963) Избранные труды по общему языкознанию. В 2 т. Москва: Издательство академии наук СССР.

Бодуэн де Куртенэ (2012^2): Бодуэн де Куртенэ И. А. (2012^2) Об отношении русского письма к русскому языку. Изд. 2-е. Москва: Книжный дом «ЛИБРОКОМ». [Первое издание вышло в 1912 г.]

Болла *et al.* (1968): Болла, К., Палл, Э., Папп, Ф. (1968) Курс современного русского языка. Budapest: Tankönyvkiadó.

Бондарко (1967): Бондарко А. В. (1967) К проблематике функционально-семантических категорий (Глагольный вид и «аспектуальность» в русском языке). ВЯ, No. 2, стр. 18–31.

Бондарко (1971): Бондарко А. В. (1971) Вид и время русского глагола (значение и употребление). Москва: Просвещение. [Бондарко (2005: 223–422)])

Бондарко (2005): Бондарко А. В. (2005) Теория морфологических категорий и аспектологические исследования. Москва: Языки славянских культур.

Бондарко & Буланин (1967): Бондарко А. В., Л. Л. Буланин (1967) Русский глагол.

Ленинград: Просвещение.

Борковский & Кузнецов (1965): Борковский В. И., Кузнецов П. С. (1965) Историческая грамматика русского языка. Москва: Наука.

Булаховский (1947): Булаховский Л. А. (1947) «Акцентологический закон А. А. Шахматова». А. А. Шахматов. Труды Комиссии по истории Академии наук СССР, вып. 3, стр. 399–434.

Булаховский (1960): Булаховский Л. А. (1960) «Древнейшая славянская метатония акутовых долгот (закон А. Мейе)». Езиковедско-етнографски изследвания в памет на акад. Ст. Романски. София, стр. 21–26.

Булаховский (1980): Булаховский Л. А. (1980) Избранные труды в пяти томах. Том четвертый. Славянская акцентология. Киев: Наукова думка.

Виноградов (1972^2): Виноградов В. В. (1972^2) Русский язык (грамматическое учение о слове), Издание второе. Москва: Высшая школа. [Виноградов В. В. (1947) Русский язык (грамматическое учение о слове). Москва - Ленинград.]

Воронцова (1979): Воронцова В. Л. (1979) Русское литературное ударение XVIII — XX вв. Формы словоизменения. Москва: Наука.

Герценберг (1981): Герценберг Л. Г. (1981) Вопросы реконструкции индоевропейской просодики. Ленинград: Наука.

Грамматика русского языка. (1953) Том I. Фонетика и морфология. Москва: АН СССР.

Десницкая (1984): Десницкая А. В. (1984) Сравнительное языкознание и история языков. Ленинград: Наука.

Дыбо (1962): Дыбо В. А. (1962) «О реконструкции ударения в праславянском глаголе». Вопросы славянского языкознания. 6. стр. 3–27.

Дыбо (1971а): Дыбо В. А. (1971а) «Закон Васильева — Долобко и акцентуация форм глагола в древнерусском и среднеболгарском». ВЯ, No.2. стр. 93–114.

Дыбо (1971b): Дыбо В. А. (1971b) «О фразовых модификациях ударения в праславянском». Советское славяноведение, No.6. стр. 77–84.

Дыбо (1981): Дыбо В. А. (1981) Славянская акцентология. Опыт реконструкции системы акцентных парадигм в праславянском. Москва: Наука.

Дыбо (2000): Дыбо В. А. (2000) Морфонологизованные парадигматические акцентные системы: типология и генезис. том I. Москва: Языки русской культуры.

Журавлев (1988): Журавлев В. К. (1988) «Н. Ф. Яковлев и фонология». Академия наук СССР, Институт языкознания. Н. Ф. Яковлев и советское яыкознание. Москва: Наука. стр. 16–31.

Зализняк (1967): Зализняк А. А. (1967) Русское именное словоизменение. Москва: Наука. [Зализняк (2002: 1–370)]

Зализняк (1977): Зализняк А. А. (1977) Грамматический словарь русского языка. Словоизменение. Москва: Издательство «Русский Язык».

Зализняк (1977а): Зализняк А. А. (1977а) «Закономерности акцентуации русских односложных существительных мужского рода». Проблемы теоретической и экспериментальной лингвистики. Вып. 8. Москва. стр. 71–119. [Зализняк (2010: 464–512)]

Зализняк (1985): Зализняк А. А. (1985) От праславянской акцентуации к русской. Москва: Наука.

Зализняк (1989): Зализняк А. А. (1989) «О некоторых связях между значением и ударением у русских прилагательных». СБЯ: Просодия. Москва: Наука. стр. 148–164. [Зализняк (2010) pp. 513–528.]

Зализняк (1989а): Зализняк А. А. (1989а) «Перенос ударения на проклитики в старовеликорусском». Историческая акцентология и сравнительно-исторический метод. Москва: Наука. С. 116–134. [Зализняк (2010: 804–816)]

Зализняк (2002): Зализняк А. А. (2002) «Русское именное словоизменение» с приложением избранных работ по современному русскому языку и общему языкознанию. Москва: Языки славянской культуры.

Зализняк (2010): Зализняк А. А. (2010) Труды по акцентологии. Том I. Москва: Языки славянских культур.

Зализняк (2010^6а): Зализняк А. А. (2010^6) Грамматический словарь русского языка. Словоизменение. Около 110 000 слов. Изд. 6-е. Москва: АСТ-ПРЕСС.

Земская (ed. 1973): Земская Е. А. (ed.) (1973) Русская разговорная речь. Москва: Наука.

Земская (ed. 1983): Земская Е. А. (ed.) (1983) Русская разговорная речь. Фонетика. Морфология. Лексика. Жест. Москва: Наука.

Иллич-Свитыч (1963): Иллич-Свитыч В. М. Именная акцентуация в балтийском и славянском. Москва: Академия наук СССР.

Исаченко (1954): Исаченко А. В. (1954) Грамматический строй русского языка в сопоставлении со словацким. Морфология. Часть первая. Братислава: Издательство словацкой академии наук.

Исаченко (1960): Исаченко А. В. (1960) Грамматический строй русского языка в сопоставлении со словацким. Морфология. Часть вторая. Братислава: Изд-во словацкой академии наук.

Касаткин (2012): Под редакцией Л. Л. Касаткина. (2012) Большой орфоэпический словарь русского языка. Литературное произношение и ударение начала XXI века: норма и её варианты. Москва: АСТ-ПРЕСС.

Климов (1973): Климов Г. А. (1973) Очерк общей теории эргативности. Москва.

Колесов (1972): Колесов В. В. (1972) История русского ударения. Ленинград: Издательство ленинградского университета.

Колесов (2008): Колесов В. В. (2008) Русская историческая фонология. СПб: Факультет филологии и искусств СПбГУ.

Колесов (2010): Колесов В. В. (2010) Русская акцентология. Том I, II. СПб: Петербургское лингвистическое общество.

Крысько (2006²): Крысько В. Б. (2006²) Исторический синтаксис русского языка: Объект и переходность. 2-е издание, исправленное и дополненное. Москва: Издательский центр «Азбуковник».

Лекант *et al.* (2010): Лекант П. А., Касаткин Л. Л., Клобуков Е. В. (2010) / Под ред. П. А. Леканта. Современный русский язык. Словарь-справочник: пособие для учителей общеобразовательных учреждений. 3-е издание. Москва: Просвещение.

Лекант *et al.* (2013): Лекант П. А., Касаткин Л. Л., Клобуков Е. В., Крысин Л. П. (2013) / Под ред. П. А. Леканта. Современный русский литературный язык. Учебник для студентов высших учебных заведений, обучающихся по специальности «Филология». Москва: АСТ-ПРЕСС. ［Под ред. П. А. Леканта. (2009) Современный русский литературный язык. Учебник. Новое издание. Москва: Высшая школа.］

Ломоносов (1972): Ломоносов М. В. Российская грамматика. Leipzig.

Маслов (1948): Маслов Ю. С. (1948) «Вид и лексическое значение глагола в современном русском литературном языке.» Изв. АН СССР, Отд. лит. и яз. Т. 7. Вып. 4. Стр. 303–316. ［Маслов (1984: 48–65); Маслов (2004: 71–90)］

Маслов (1961): Маслов Ю. С. (1961) «Роль так называемой перфективации и имперфективации в процессе возникновения славянского глагольного вида.» Исследования по славянскому языкознанию. М.: Изд-во АН СССР. стр. 165–195. ［Маслов (2004: 445–476)］

Маслов (1962): Отв. ред. Ю. С. Маслов (1961) Вопросы глагольного вида. Москва: Издательство иностранной литературы.

Маслов (1978): Маслов Ю. С. (1978) «К основаниям сопоставительной аспектологии.» Отв. ред. Ю. С. Маслов (1978) Вопросы сопоставительной аспектологии. Л.: Изд-во ЛГУ. стр. 4–44. ［Маслов (2004: 305–364)］.

Маслов (1984): Маслов Ю. С. (1984) Очерки по аспектологии. Ленинград: Изд-во Ленинградского университета.

Маслов (2004): Маслов Ю. С. (2004) Избранные труды. Аспектология. Общее языкознание. Москва: Языки славянской культуры.

Мейе (2000): Мейе А. (2000) Общеславянский язык. 2-е издание. Москва: Прогресс.

Обнорский (1953): Обнорский С. П. (1953) Очерки по морфологии русского глагола.

Москва.

Ожегов & Шведова (2009): Ожегов С. И. и Шведова Н. Ю. (2009) Толковый словарь русского языка. 4-е издание. Москва: Институт русского языка.

Панов (1990): Панов М. В. (1990) История русского литературного произношения XVIII—XX вв. Москва: Наука.

Перельмутер (1977): Перельмутер И. А. (1977) Общеиндоевропейский и греческий глагол. Видо-временные и залоговые категории. Ленинград.

Пешковский (1956): Пешковский А. М. (1956) Русский синтаксис в научном освещении. Издание седьмое. Москва.[8-е изд., доп. Москва: Языки славянской культуры, 2001.]

Поливанов (1968): Поливанов Е. Д. (1968) «О русской транскрипции японских слов», in Статьи по общему языкознанию. Москва: Наука.

Попов (2012): Попов А. В. (2012) Сравнительный синтаксис именительного, звательного и винительного падежей в санскрите, древнегреческом, латинском и других языках. Москва: Книжный дом «ЛИБРОКОМ». [Синтаксическія изслѣдованія. Воронежъ. 1881.]

Потебня (1958): Потебня А. А. (1958) Из записок по русской грамматике. Том I–II. Москва: Государственное учебно-педагогическое издательство Министерства просвещения РСФСР.

Потебня (1973): Потебня А. А. (1973) Ударение. Киев: Наукова думка.

Преображенский (2014): Преображенский А. Г. (2014) Этимологический словарь русского языка. тт. I-II. Москва: Издательство ЛКИ.

Реформатский (1967^4): Реформатский А. А. (1967^4) Введение в языковедение. (Изд. четвертое) Москва: Просвещение.

Реформатский (1970): Реформатский А. А. (1970) Из истории отечественной фонологии. Очерк. Хрестоматия. Москва: Наука.

Реформатский (1975): Реформатский А. А. (1975) Фонологические этюды. Москва: Наука.

Степанов (1989): Степанов Ю. С. (1989) Индоевропейское предложение. Москва: Наука.

Ушаков: под ред. Д. Н. Ушакова. (1935–1940) Толковый словарь русского языка. Т. I–IV. Москва: «Советская энциклопедия» – Государственное издательство иностранных и национальных словарей.

Федянина (1982^2): Федянина Н. А. (1982^2) Ударение в современном русском языке. Москва: Русский Язык.

Хабургаев (1986): Хабургаев Г. А. (1986) Старославянский язык. Издание второе, переработанное и дополненное. Москва: Просвещение.

Хавронина (1975): Хавронина С. (1975) Говорите по-русски. 2-ое издание. Москва: Русский язык.

Хазагеров (1973): Хазагеров Т. Г. (1973) Развитие типов ударения в системе русского именного склонения. Москва: Издательство московского университета.

Черных (1993): Черных П. Я. (1993) Историко-этимологический словарь современного русского языка. Том I., Том II. Москва: Русский язык.

Шахматов (1941): Шахматов А. А. (1941) Синтаксис русского языка. Издание второе. Ленинград: Государственное учебно-педагогическое издательство Наркомпроса РСФСР.

Шахматов (1952): Шахматов А. А. (1952) Из трудов А. А. Шахматова по современному русскому языку. (Учение о частях речи). Москва: Государственное учебно-педагогическое издательство министерства просвещения РСФСР.

Шахматов (1957): Шахматов А. А. (1957) Историческая морфология русского языка. Москва: Государственное учебно-педагогическое издательство министерства просвещения РСФСР.

Шахматов (2012): Шахматов А. А. (2011) Очерк современного русского литературного языка. Издание пятое. Москва: ЛИБРОКОМ.

Щерба (1957): Щерба Л. В. (1957) Избранные работы по русскому языку. Москва.

Щерба (1963): Щерба Л. В. (1963) Фонетика французского языка. Очерк французского произношения в сравнении с русским. Издание 7-е. Москва: Высшая школа.

Щерба (1974): Щерба Л. В. (1974) Языковая система и речевая деятельность. Ленинград: Наука.

Якобсон (1963): Якобсон Р. (1963) «Опыт фонологического подхода к историческим вопросам славянской акцентологии.» — *American Contributions to the Fifth International Congress of Slavists*. The Hague.

Якобсон (1985): Якобсон Р. (1985) Избранные работы. Москва: Прогресс.

Яковлев (1923): Яковлев Н. Ф. (1923) Таблицы фонетики кабардинского языка. Москва: Издание Института Востоковедения. ［その一部はВЯ. 1983, No.6, 127–134にて活字化］

Яковлев (1928 ［1970］): Яковлев Н. Ф. (1928) Математическая формула построения алфавита. «Культура и письменность Востока», кн. I. М., стр. 41–64. ［Реформатский (1970: 123–148)］

Янко-Триницкая (1962): Янко-Триницкая Н. А. (1962) Возвратные глаголы в современном русском языке. Москва: Изд-во Академии наук СССР.

Юдакин (2000): Юдакин А. (2000). Ведущие языковеды мира: энциклопедия. Москва: Советский писатель.

60年アカデミー文法: Грамматика русского языка. / Под ред. В. В. Виноградова и Е. С. Истриной. 2-е изд., Москва: Издательство АН СССР, 1960.

Т. 1. Фонетика и морфология.

T. 2. Синтаксис, часть 1, 702 p.; часть 2.

70年アカデミー文法：Грамматика современного русского литературного языка. / Под ред. Н. Ю. Шведовой. Москва: Наука, 1970.

80年アカデミー文法：Русская грамматика. / Гл. ред. Н. Ю. Шведова. Москва: Наука, 1980.
T. 1, Фонетика, фонология, ударение, интонация, словообразование, морфология.
T. 2, Синтаксис.

プラハ版アカデミー文法：Vědecký redakyor: K. Horálek. / Barnetová V., Běličová - Křížková H., Leška O., Skoumalová Z., Strakoveá V. (1979) Русская грамматика, 1. Praha: Academia.

日本語による主要参考文献

石田修一『ロシア語の歴史』吾妻書房　1996。

石田修一『ロシア語の歴史―歴史統語論―』ブイツーソリューション　2007。

神山孝夫『ロシア語音声概説』研究社　2012。

シャルル‐ジャック・ヴェラン『ロシア文法』矢野通生訳　文庫クセジュ　白水社。1970。［Veyrenc Ch.-J. *Grammaire du russe*, Paris: PUF, 1968, (Que sais-je? nº 1278)］.

城田俊『ロシア語の音声―音声学と音韻論―』風間書房　1979。

トゥルベツコイ N・S、『音韻論の原理』長嶋善郎訳　岩波書店　1980。

中村泰朗『ロシア語論集』揺籃社　2004。

プレトネル　オレスト、『實用英佛獨露語の發音』除村吉太郎譯　同文館　1926。

ヤーコブソン　ロマーン、『一般言語学』川本茂雄監修、田村すゞ子・村崎恭子・長嶋善郎・八幡屋直子共訳　みすず書房　1973。

ヤーコブソン　ロマーン、『ロマーン・ヤーコブソン選集1. 言語の分析』早田輝洋・長嶋善郎・米重文樹訳　大修館書店　1986。

ヤーコブソン　ロマーン、『構造的音韻論』服部四郎編　矢野通生・米重文樹・長嶋善郎・伊豆山敦子訳　岩波書店　1996。

和久利誓一『テーブル式　ロシヤ語便覧』評論社　1981(1961発行)。

『研究社露和辞典』　東郷正延・染谷茂・磯谷孝・石山正三編　研究社　1988。

『岩波ロシア語辞典』　和久利誓一・飯田規和・新田実編　岩波書店　1992。

訳注

1. それ以外に "*Travaux publiés par l'Institut d'études slaves — XLIX*" として、スラヴ語と一般言語学に関する Paul Garde 教授の論文集がスラヴ研究所から出版されている：P. Garde (2006) *Le mot, l'accent, la phrase: Études de linguistique slave et générale.* Publiées par les soins de Rémi Camus. Paris: Institut d'études slaves. そこにはギャルド教授の主要な論文 36 本が収められており、また氏の刊行物の全リスト (pp. 455–469) が付いている。このリストによれば、本書の初版 (1980) を基にしてスエーデンのルンド大学より部分訳が出版されているようである (訳者は未見)：*Rysk Gramatil: Morfoloji,* Lund: Université de Lund, (trans. by T. Paulsson) 1983, 240 p.

2. Olander (2009: 41) 参照。さらに Sukač (2013: 257) はこの著書を «the first systematic account of Balto-Slavic accentuation» と書いている。

3. Timberlake (2004: 6) は本書を A. V. Isačenko の *Die russische Sprache der Gegenwart* (1975, 3rd ed.) とともに西洋での優れた文法と書いている。

4. 本書の翻訳は基本的に第二版に拠っているが、第二版には音声表記やアクセント等 (特にアクセント属性の表記) の箇所に疑問とするところが見られる。初版では正しいと思える記述がなされている。そのような場合には初版の記述を採用した。

5. А. А. Зализняк (1977; 2010⁶а) Грамматический словарь русского языка. Словоизменение. Москва: Издательство «Русский Язык».

6. フランス語やドイツ語などの西欧語に軟子音と硬子音の対立がないことについては、トゥルベツコイ『音韻論の原理』(長嶋善郎訳　岩波書店 1980: 58–59) とヤコブソーンに書かれている。ヤコブソーン「ユーラシア言語連合の特徴づけに寄せて」(米重文樹訳『構造的音韻論』岩波書店 1996: 287–347) の中にはユーラシア地域における様々な言語の軟子音についての例が挙げられ、興味深い議論がかなり平易に語られている。例えば、「言語学に直接関わっているロシア人でさえ、一般のヨーロッパ人がロシア語の軟子音と硬子音のちがいを聞き分けることができないという事態に驚かされることも稀ではない。私はそのことについての実験をチェコ人とドイツ人を対象に一度ならず行ったことがある。私は、"жарь — жар, Русь — рус, кровь — кров" などをはっきりと発音して聞かせた、ところが、聞き手の方は、私が同じ単語を 2 度繰り返していると断言するのであった。」(302–303)

7. ロシア語の ы と и を独立した 2 つの音素とみなすのか (6 母音説)、あるいはこれらは 1 つの音素 /i/ であり、ы はこの音素の異音であるのか (5 母音説)、という問題は長年論争が続けられてきた。例えば、『60 年アカデミー文法』(1953: I. 52–53 [1960: 50–51]) では、舌

の位置の対立を基にして и, ы, у, э, о, а の 6 母音が母音音素とみなされている。このためであろうか、日本でも井桁貞敏『標準ロシア語文法』(三省堂 1961: 16) には 6 母音説が唱えられているし、和久利誓一『テーブル式 ロシア語便覧』(評論社 1959: 14) でも 6 母音とされている。井桁氏は и と ы の音声的な違いを強調し、これらを独立した音素と見なしている。またこの傍証としてこの 2 つの音が異なる起源をもつことに触れているが、現代ロシア語の音素認定にその音の由来の違いを理由に挙げても何の傍証にもならない。歴史的に音素は合流あるいは分裂することは諸言語によくあることである (Бодуэн де Куртенэ の説参照)。和久利誓一『ロシヤ語四週間』(大学書林 1961; 1999[44]: 18) では 5 母音説になっている。今では 5 母音説が定説である。例えば、日本語で出版された数少ない学術的なロシア語文法書である、Ch.-J. ヴェラン『ロシア文法』(白水社 文庫クセジュ 1970; 1975[2]: 15 [Charles Jacques Veyrenc, 1968. *Grammaire de Russe*. Paris.]) もまた 5 母音説をとっている：「ы については、1 つの音素としてではなく、その基本的な実現が文字 и によって表される音素の、たんなる結合的変異音とみなされねばならない点に注意すべきである。ы の出現はすべての硬子音の後で自動的なのであるから、ы は語と語を区別するために自由に и に対立することはけっしてできない。このような 2 つの動詞 быть《である》と бить《打つ》の区別は子音音素の対立 /b/ ／ /b'/ に基づいているが、母音音素は両者において同じく /i/ である」。

［補注 1］ロシア語の語の中に быть ～ бить のような /Ci/ ～ /C,i/ (C = ペアをつくる任意の硬子音；C, = ペアをつくる任意の軟子音) 結合の場合に、これらの子音対立を表す「最小対立語 minimal pair」(ただ 1 つだけの音素によって意味が区別される語) はどのくらいあるのか。『岩波ロシア語辞典』を使って調べた限りでは、語頭音節に対立が見られる語に限ってもおよそ 40 以上のペアは見つかる。語頭音節以外の音節にその対立が見られる語 (例えば、вы́быть ～ вы́бить, забы́л ～ заби́л, завы́л ～ зави́л, пробы́ть ～ проби́ть, побы́ть ～ поби́ть, воды́ ～ води́, возы́ ～ вози́, губы́ (gen.sg. < губа́) ～ губи́ (命令 < губи́ть), коры́ ～ кори́, малы́ ～ Мали́, палы́ ～ пали́, плоды́ ～ плоди́) を数えればそれ以上の数がある。例えば、быва́ть ～ бива́ть, бы́ло ～ би́ло (1.< быть 2. 金属板), быль ～ билль, быстр (< бы́стрый) ～ бистр, быть ～ бить, бытьё ～ битьё, вы́данный ～ ви́данный, выл (< выть) ～ вил (gen.pl. < ви́лы), высо́к (< высо́кий) ～ висо́к, выть ～ вить, ды́ма (gen.sg.< дым) ～ Ди́ма, ды́не (loc.sg. < ды́ня) ～ ди́не (loc.sg. < ди́на), клык ～ клик (gen.pl. < кли́ка), лык (gen.pl. < лы́ко) ～ лик, лыня́ть ～ линя́ть, лыса́ (< лы́сый) ～ лиса́, мы ～ ми, мыл (pret. < мыть) ～ мил (< ми́лый), мы́лка ～ ми́лка, мы́ло ～ ми́ло (< ми́лый), мыс ～ мисс, мы́ши (nom.pl. < мышь) ～ Ми́ши (gen. < Ми́ша), ныл (< ныть) ～ Нил, ны́не ～ Ни́не (< Ни́на), ныть ～ нить, пил (pret. < пить or gen.pl. < пила́) ～ пыл, пыли́ть(ся)～ пили́ть(ся), пы́лок (< пы́лкий) ～ пи́лок (gen.pl. < пи́лка), пыль ～ пиль, пы́льный ～ пи́льный, пыта́ть(ся) ～ пита́ть(ся), пы́шешь (< пы́хать) ～ пи́шешь (< писа́ть), рык ～ рик, рым ～ Рим, рыск ～ риск, сы́рость ～ си́рость, сы́тный ～ си́тный, сы́то (< сы́тый) ～ си́то, тык ～ тик, ты́кать ～

ти́кать, ты́на (gen.sg. < тын) ~ ти́на, ты́рса ~ ти́рса (< тирс).

Аванесов & Сидоров (1945: 56 [Реформатский 1970: 268]) は次のような前置詞と結合する例を挙げている：в ином [в ыно́м] ~ вино́м, в иске [вы́ск'ь] ~ ви́ски, с ивой [сы́вьɪ̆] ~ си́вый [с'и́вьɪ̆], в Италию [в ыта́л'иɪу] ~ Вита́лию. Halle (1959: 47) にもこの対立の若干の例が挙げられている。これらの例はいずれも母音 ы ~ и の対立ではなくて、Ch.-J. ヴェランが言うように、ы と и の前の子音 /C/ ~ /C,/ の違いによって対立している。Аванесов & Сидоров (1945: 56 [Реформатский 1970: 268]) はこれらのペアの語について次のように書いている：「最後の語のグループ【上で挙げた /i/ の前でのみ対立する子音をもつ語グループ】においては同じ母音音素、即ち и が存在する。しかも記号 ы は先行の硬子音によって条件付けられた、音素 и のヴァリアントである。従って、上で引用された語は子音音素──硬子音あるいは軟子音──によってお互いに区別されるのである。」さらに同著 (ibid. 47) の ы が и の異音であることについて書いている箇所を参照：「従って、音素 и は語頭と軟子音の後ろで前舌系列の母音音素として発音される。例えば、語頭で：и́збы, и́гры, и́скръ, ...; 軟子音の後ろで：б'и́л, м'и́л, в'и́л, п'и́л; л'и́к, ... 他方、軟子音とペアの、硬子音音素の後ろでは、音素 и のヴァリエーション вариация【вариация とヴァリアント вариант の違いについては Аванесов & Сидоров (1945: 42–44) を見よ】、つまり中舌系列の音 ы が発音される：бы́л, мы́л, вы́л, ны́т'; лы́къ, в ы́збу (cf. и́збы), ... 硬音と軟音に関してペアを成さない、硬音素 ц の後ろでも同様に発音される：цы́рк, цы́фр, ..., またペアを成さない、シュー音の後ろ、軟子音の非前で ы が発音され、一方、軟子音の前ではヴァリエーション и、つまり中舌系列に幾分寄った、前・中舌系列の母音が発音される。例えば、жы́л, шы́л (сшит), ..., нажы́, пашы́, しかし жи́л'и, ши́т', ... またペアを成さない、後口蓋音 г, к, х の後ろで、音素の基本的な姿、つまり音 и が発音され、しかもこの音 и はそれに先行する後口蓋音を軟化する：к'и́т, г'и́р'ъ, ..., наг'и́, сах'и́ ... . しかし音素 и の前の語境界では、軟化しない後口蓋音が発音され、またその音素 и そのものは、残りの硬子音の後ろの и のように、ヴァリエーション ы として実現する：кы́збъм, cf. и́збы; к ы́в'ъ (к иве), cf. и́въ; ..., как ы́м, та́к ы ва́м (как им, так и вам). 上述したことから明らかなように、ロシア語の音体系は音 и と ы が区別されるような音声的位置を知らない。上で述べた位置のそれぞれの位置ではあるいは и が、あるいは ы が発音される。従って、各々の任意の音声的位置における、これらの音の内の１つの存在は、同じ位置での他の音の使用を排除している。」

訳者が直接に文献で知る限り、ы と и を１つの音素と見なしている学者は次の通りである (Реформатский (1970: 70ff.) にもこの問題に関する学説史概略がある)：

ボウドゥアン・ド・クルトネ Baudouin de Courtenay (1912: Об отношенiи русскаго письма к русскому языку. [Бодуэн де Куртенэ, 2012²: §44]) は次のように и と ы を同一の音素としている：「古代教会スラヴ語において書記素 и と ы と結びついていたのは、２つは全く独立した、互いに無関係な音素であるという考えである。１つは歴史的にあるいはスラヴ語以前の中舌の長母音音素 [ī]、あるいは二重母音 [ei] に遡る [i]、もう１つは

極度の唇の狭窄した長母音音素 [ū] に遡る [y] である。ルーシにおける教会スラヴ語の文字の出現のずっと以前の古代ロシアの言語的思惟においても、これらの2つの母音音素は2つの独立した、互いに無関係な、混合しない音素として区別されていた。しかしその後、唇音と前舌子音の――これらの音と結びついた母音、また一般に音節形成的な中舌母音 [i], [e], [r̥ⁱ] ... の影響の下に――中舌化（「軟音化」）の歴史的な過程の結果、これら2つの音素は混じり合って、言語的思惟においても、この思惟の発露においても、つまり人間間の言語コミュニケーションの外側から、これらの音素は1つの音素に合体した。私はそれを記号 [i_m]（i mutabile《不安定な i》）で表そう」。

［補注 2］ヤコブソーンの「ロシア語の音韻進化に関する考察」（『構造的音韻論』矢野通生訳 1996: 66–67) から以下の文を参考にされたい：「弱音の弱化母音の脱落の時期におけるスラヴ諸語の進化の比較は『子音の軟音的性格〜硬音的性格』の相関の確立に伴う諸事実の特徴づけを可能にする。（中略）『子音の軟音的性格〜硬音的性格』の相関を実現したスラヴ諸語においては『母音の前舌的性格〜後舌的性格』の対立が付随的な文法外的相違に変化したので、それらの諸方言においては母音音素の統一化への傾向が現れた。」

さらに Борковский & Кузнецов (1965: 166–167) による и と ы の1つの音素への統合についての歴史的考察を参照：「母音とは対照的に子音の分野では、恐らく全ての方言を特徴付けている音素の数の増加が、それもロシア語だけでなく東スラヴ諸語全体に音素の数の増加が見られる。ここで最も重要なことは、硬子音（非硬口蓋化）音素とそれと対をなす軟子音（硬口蓋化）音素の対立が発達していることである。同じ音声的条件における t ~ t' (t は任意の子音) の対立は、語末で、一部は子音の前で（消滅した ъ と ь の前で）、a < ę の前で、o (e > o の変化が反映した方言で) の前で認められる。（中略）i と y (ы) の1つの音素への統合は、すでに述べたように硬子音と軟子音の対立の発達と結びついている。まさに t と t' が異なる音素として確立されたその時から、具体的な場合ごとに i と y (ы) の間の選択は先行する子音の硬音性あるいは軟音性によって条件づけられるようになった。ところで硬音性と軟音性の相違そのものはより以前に確立されていて、他の位置においても用いられ続けていたのであるが。」

N. F. ヤーコヴレフ Н. Ф. Яковлев は《アルファベット建設の数学的公式》Математическая формула построения алфавита. (1928 [1970: 132]) の中で次のように述べて、ы と и を1つの音素として見なし、5母音を基にしたアルファベットの文字数式をつくっている（この公式については訳注 25 を参照）：「上で指摘した例【конь идет, кон ыдет, искал, изыскал, etc.】の中で先行する子音の硬音あるいは軟音による ы と и の交替は、同様の場合に狭い（《中間の》）ɔ と広い ɔ の交替に全く類似している、例えば：конь этот ― кон этот, etc. また ы が音素 и の単なるヴァリアントでしかないことの証拠となるのは次のことである：ことばの始めに ы の発音が不可能なこと、またことばの終わりでの ы の二重母音性――そこではこの母音はその終わりで音 и に近づいている。後者の事実は外国の学

者達によって発見されたものである。最後に、また音иとыがロシア語において同じ音素のヴァリアントであるということを根拠づけるものは、詩においてそれらの韻を合わせることが可能なことである。まさにこの事実は音素理論の正しさの説得力ある証拠になっており、С. Бернштейн が考えているように《不正確な》韻では決してない。」

［補注3］Boyanus (1955: 47) は ы［i］の二重母音的な特徴について次のように書いている：「唇音 p b m と唇歯音 f v 及び非軟音の l（それは非円唇の u［ɯ］の部位における鳴音）の後では、i はその中に非円唇の u の要素をもつ後ろ寄りの音である、例えば：пыл［piˡ］、был［biˡ］、мыл［miˡ］、выл［viˡ］. i は先行する子音によってだけではなくて、後続する子音によっても変化させられる。i が非軟子音によって後続されるとき、それは後続する子音の前でəの出わたり（ə-off-glide）をもつ、例えば：biᵊt быт, miᵊt мыт, viᵊt выл, piᵊl пыл. i が軟子音によって後続されるとき、軟化された子音の前にはi の前わたり（i-pre-glide）があり、そのためにその音は二重母音的特徴をもつ：biⁱt, быть, miⁱt, мыть, viⁱt, выть, piⁱl, пыль. これはまた後ろ寄りの i（すなわち、両唇音、唇歯音の後ろと非軟音の l の後ろで使われる変種）が末尾にあるときにも生ずる、例えば：miⁱ мы, viⁱ вы, straˡfiⁱ строфы, duˡbiⁱ дубы, snaˡpiⁱ снопы, paˡliⁱ полы. しかしこの i のわたりは歯音とʃ ʒ ts の後ろでは i に関してはかなりかすかである：ti ты, sni сны, ʃip шип 」。服部四郎『音声学』（岩波書店 1984: 132）によれば、「私の意見では、ロシア語の мы《我々》、ты《君、汝》の ы は単純母音ではなく［ii］のような二重母音である」。

カルツェフスキは «Remarques sur la phonologie du russe» (Karcevski, 1943 [2000: 16]) の中で「ロシア語の母音体系は普通の5つの音素から成る。」と書いている。トゥルベツコイは『音韻論の原理』の中で、"Das zweiklassige dreistufige Dreiecksystem a o e u i herrscht in zahlreichen Sprachen aller Weltteile" と述べ、その例としてロシア語 (Schriftspr.) を挙げている (N. S. Trubetzkoy (1939, 1962³: 99) *Grundzüge der Phonologie*. Göttingen: Vandenhoeck & Ruprecht)。さらにアヴァネーソフ Р. И. Аванесов とシードロフ В. Н. Сидоров は、共著 «Очерк грамматики русского литературного языка. Часть I. Фонетика и морфология. М. 1945.» の中で5母音説を述べている：«В русском литературном языке пять гласных фонем: *и, э, а, о, у*. Все эти фонемы различаются в положении под ударением.» (Аванесов & Сидоров 1945: 45 [Реформатский 1970: 255]) 彼らの音素認定の方法の一端を示す箇所：「同じ位置でお互いに排除し合う別々の音は、それらがたとえどれほど著しくその音の形成や性質に関して異なっていようと、同じ音素の変種である。例えば、ロシア語の母音 и と ы がそういったものである。それらは音響的な、また調音的な著しい違いにも拘わらず、1つの音素を形成している。というのは、それらは相互に異なる、互いを排除する位置に現れるからである（例えば、対格 и́збу と в ы́збу）。反対に、同じ位置で用いられる音は、たとえそれらが音の性質と形成に関して非常に類似していたとしても、別の音素に属するのである；フランス語のっと e を比較せよ。そこでは同じ位置にそれらは現れて、2つの別の音素をつくっている：prés［прэ́］と près［прɛ́］。» (ibid. 1945: 40–41)。彼らの結

論：「このことから以下のような当然の結論が出てくる：ロシア語における音 и と ы は個別の、独立の音素ではなくて、同じ音素の異音であるということ、あるいはより正確に言えば、音 ы は硬子音の後の位置によって条件付けられた、音素 и のヴァリアントであるということである。」(ibid. 1945: 47 [1970: 275])。また Аванесов (1956: 171) 参照：「[и] と [ы] は 1 つの音素の変異音であると見なさねばならない（母音 [ы] は、硬子音の後ろの位置によって条件付けられた、音素 [и] のヴァリアントである）」。レフォルマッキー A. A. Реформатский (1967[4]: 214) も同意見である：「[ы] は単に硬子音の後ろにのみ現れることができる：мыл, был, тыл。他方、[и] はその他の全ての場所（語頭、母音の後ろ、軟子音の後ろ）で現れることができるが、しかし硬子音の後ろにだけは現れることができない：ива, на иве, мил, бил, しかし с ивой [сыв∋и]。また [и] と [ы] は異なる発音条件の下で互いに交替する（игры — сыгран）。従って、[и] と [ы] は同じ 1 つの音素の変種である」。

ヤコブソーンは《ロシア文字体系における過剰な字母》(Избыточные буквы в русском письме. [Jakobson (1962: 556–567)])の中で、次のように述べている：「唯一、音素 /i/ は硬子音の後ろの位置でのみ後ろ寄りのヴァリアントになり、それに対して音節の初めでは、軟子音の後ろと同じく前寄りのヴァリアントになる。」(p. 557)。さらに Morris Halle (1959) *The Sound Pattern of Russian* の Excursus の中で、L. G. Jones (Halle もまた) は [i] を音素 /i/ のヴァリアントと見なしている：«There is disagreement regarding the phonemic status of certain variants, especially the phonemic status of the Russian vowel whose phonetic manifestation is usually symbolized as [i]. Some feel that it is distinct from the phoneme /i/, while others, including the present writers, consider it only to be a variant of /i/.» (ibid. 157) そしてその理由を次のように述べている：«This is important for our discussion of the Russian vowels because we shall want to say that the open-close opposition, and the rounded-unrounded opposition is distinctive in Russian, but that front-back and high-low tongue positions are not. For instance /u/ is distinct from /i/ by the feature of rounding, but [i] is not distinct from [i], their chief difference being a front-back tongue variation. Both are unrounded and hence distinct from any member of the /u/ phoneme.» (ibid. 161) また Jones & Ward (1969: 28) もロシア語の母音音素には異常に異音が多いとしながらも、その音素を 5 母音としている：«A striking feature of the vowel system of Russian is that while there are only five vowel phonemes (which may be represented in broad transcription by the symbols *i, e, a, o, u*) many more than five different vowel sounds can easily be perceived. This is because the phonemes comprise an unusual number of allophones. This is particularly true of the phonemes *i* and *a*.» 同様に Boyanus (1955: 45) も ɨ を i のヴァリアントと見なしている：«ɨ is not used initially; in isolation it has no meaning. It always follows a consonant by which it is affected. ɨ not being self-supporting may be regarded as a *variant* of i, in the same way as e, æ, ö, ü, are variants of ɛ, a, o, u in the Russian vowel system.»

シヴェードヴァ Н. Ю. Шведова 編纂の『70 年アカデミー文法』(1970: 11) では ы が и の異音と見なされ、/и/, /y/, /e/, /o/, /a/ の 5 母音音素がたてられている。プラハ版のアカデミー

の『ロシア語文法』(Русская грамматика, Praha,1979: I. 5–6) はアクセント下で /i/, /u/, /e/, /o/, /a/ の 5 母音音素がたてられている。『80 年アカデミー文法』(I. 70, 76) では、アクセント下で 5 つの「強い音素」/и/, /у/, /е/, /о/, /а/ と無アクセント下で 2 つの「弱い音素」/α/ と /α₁/ がたてられている (/α/ は [ʌ]、[иᵉ]、[ыᵉ] として、/α₁/ は [ъ]、[ь] として実現する)。さらに、ы [ɨ] を独立した音素と見なさないことについては、Белошапкова (1997: 127–130)：«Современный русский язык» (Издание третье. М.) が簡便に述べている (この項の執筆は M. V. パノーフ М. В. Панов)：「長い間、音 [и] ‖ [ы] の音素的な関係は多くの議論を引き起こしてきた。いまではこの問題は学問的な緊急性を失っているが、しかし思慮ある音韻論的な見解を養うためには、たとえ短くともこの問題を検討することは有益である」と述べ、この問題がすでに解決済みであることを強調し、次のような見解を述べている：「交替 [и] ‖ [ы] は位置的である：硬子音の後ろでは母音 [ы] (しかし [и] ではない) が可能である；硬子音の後ろでないところでは母音 [и] (しかし [ы] ではない) が可能である。『硬子音の後ろでないところ』という定義は 3 つの可能性を含んでいる：a) 軟子音の後ろ；b) 母音の後ろ；c)『何もない』後ろ、つまりポーズの後ろ」。このように述べた後、背理法による証明 (例えば、もし <и> と <ы> を別々の音素として認めるならば、я [и]ду — он [ы]дет, на [и]збах — над [ы]збами の場合において音素の交替が生じる。しかし先行する語に依存して語頭の音素の組織的な交替はロシア語には存在しないこと。またロシア語には дым — сидим, большими — твоими のような間に韻があること、すなわち [и] — [ы] は同じものであると韻がみとめていること。また лист — листик, карандаш — карандашик において、もし <и> と <ы> を別々の音素として認めるならば、2 つの異なる接尾辞 <ик> と <ык> も認めなくてはならなくなること等) を試みて、次の結論を下している：「<ы> が『音素』であるという間違った仮定を検討すると、我々はまた言語とは体系であるということを確認することができた：<ы> が 1 つの音素であるという音声的な諸事実の誤った解釈は、(人を) 音声学だけでなく形態論や語形成論や詩学にわたる一連の馬鹿げた結論に導いてしまうのである。」

　上に挙げた 5 母音説を支持する学者たちは、N. F. ヤーコヴレフ、トゥルベツコイ、ヤコブソーン R. O. Jakobson らの流れを汲む構造的音韻論に基づくモスクワ音韻学派 (МФШ = Московская фонологическая школа) の人々 (Р. И. Аванесов (1902–1982), В. Н. Сидоров (1903–1968), А. А. Реформатский (1900–1978), П. С. Кузнецов (1899–1968)) である。このモスクワ音韻学派の音韻論の考えはヤーコヴレフの影響のもとにつくられたものである。対する 6 母音説のレニングラード音韻学派 (ЛФШ = Ленинградская фонологическая школа) の人々は、Л. В. Щерба, Я. В. Лоя, Л. Р. Зиндер, М. И. Матусевич, В. И. Лыткин, А. Н. Гвоздев である (Реформатский, 1970: 70)。例えば、その学派の中心である、60 年アカデミー文法の音韻論を執筆したシチェールバ Л. В. Щерба (1880–1944) は、音素認定の基準を生理的・音響的特徴による類似性を基にし、[и] と [ы] を同じ 1 つの音素とは認めない。例えば、Щерба (1974: 157 [Из лекции по фонетике, 1918 年の講義]) 参照：「ロシア語の母音

は 6 つ：и, е, а, о, у, ы ただそれだけ、それ以上はすこしもない。しかしこれら 6 母音音素のそれぞれは甚だ異なって発音される」。またシチェールバの死後に手稿（1942-1943 年のもの）をもとに出版された《Теория русского письма》(Щерба 1974: 191-229) の中の「音素 „ы" 」の章で彼は次のように書いている：「„ы" が独立の音素であるのか、あるいはボウドゥアン・ド・クルトネ教授がすでにこのことを断言していたように、単なる音素 „и" のヴァリアントであるのかという議論の余地ある問題に取りかかろう。実際に „ы" と „и" はあまりにも密接なペアを成しているので、子音の後ろで機械的にお互いを置き換える、しかも軟子音の後ろではただ „и" だけが立ち、硬子音の後ろではただ „ы" だけが立つ；ы/и の対立は単に硬子音と軟子音の対立の音声的機能でしかない。(中略) かくして „ы" と „и" はあたかも単一の音素のヴァリアントとして見なさなくてはならないかのようである。このヴァリアントの内で主要なものは „и" として見なさねばならないだろう、というのも „ы" は独立した位置には決して現れないからである。(中略) しかし直感的に何かが „и" と „ы" を同じ 1 つの音素であると見なすことを邪魔するのである。また実際に、具体的なロシア語の語中に „ы" は決して独立した位置で現れないけれど、それにも拘わらずそれを分離独立させ、そして結局、動詞 акать, окать, экать, икать との類推によって動詞 ыкать (Д. Н. Ушаков の実例) をつくることを少しも妨げないのである。もしそうだとするならば、たとえ „ы" の出現は大部分の場合に音声的に条件付けられているとしても、„ы" が独自の音素ではないと主張することは困難である。生じている矛盾はいったいどのように説明されるべきなのか？　かつて „ы" は全く独立した音素であり、音素 „и" と結びついたことは全くなかったことは確かである。„ы" はまた独立した語頭の位置に立つこともできた。恐らくこのことは今日でも動詞 об-ыкнуть（これを必ずしも обвыкнуть が継続しているわけではない）から明らかである。一連の音声的プロセスの結果、„ы" は音素 „и" と結びついて、それと相関しながらある決まった音声的条件下で現れるようになった。これは „и" との最終的な融合のための土台を完全に準備したのであるが、しかしこういった融合は、たまに起こることであるが、例えばチェコ語では未だに生じていない。遺物的に „ы" はその独立を保持しており、その独立はそれが延長しているにも拘わらず、全く „и" に移行していないということの中に現れている。従って、сын, было 等の語中の „ы" は音声的に先行する硬子音によって条件付けられるだけでなく、また伝統によっても条件付けられるのである。チェコ語で硬子音の後ろの «i» は始めロシア語の „ы" にまた似ているのであるが、その後それは現在の u (これは長い «i» のもとでは特に明らかである) に移行している。ロシア語でたとえどれほど ы を延長したとしても、それは先行する硬子音の同化の影響からは自由であるために、本来の姿を残している。現時点で現状はこのようであるが、言語の発達がどのようにこの先進むかは確信をもって言うことは困難である。いずれにしても独立した „ы" を今全く拒否する根拠はない：潜在的にそれは独立した位置にも立つことができるし、また語 икать / ыкать を区別することができる。」(ibid. 228-229)

　　[補注 4] Л. Л. Касаткин (Лекант et al. 2013: 107-108) は上のレニングラード音韻学派

の言う ы́кать, ы́канье などの例から音素 /ы/ を立てる考えについて次のように批判している：「[ы] で始まる地名【Ыгыатта́, Ыйсо́н, Ыныкча́нский, Ыты́к-Кюёль】はロシア語の語ではないし、またそれらによってロシア語の音声体系を判断してはいけない。(中略)文字の名称(そこには文字 ы の名称も含まれる)は専門用語である。専門用語はその音声的な下位体系をもっている。例えば、*фонема* という語は [o] をもって発音することができる：[фонэ́ма³]。この発音は、珍しい語(専門用語もそれに属する)の音声的下位体系の法則によって許容される。しかしこの法則を他の音声的下位体系に拡げてはいけない。珍しい語、専門用語、間投詞、これらもロシア語の語である。それ故、ロシア語には他の母音音素に対立する、音素 /ы/ が存在するのかという問題に対してはこう答えねばならない：存在する、しかし一般に広く用いられない音声的下位体系の中だけに存在する。一般的に広く用いられる語の音声的下位体系は次の5つの母音音素である：/и/, /э/, /о/, /а/, /у/.」Касаткин はモスクワ音韻学派の立場に立っている (ibid. 94, 96)。

　モスクワ音韻学派の人々はレニングラード音韻学派のこのような考えを《物理主義 физикализм》として批判する(Щерба と彼の弟子たちの音素観に対する批判は Аванесов (1956: 36ff.) を参照せよ)。Аванесов (ibid. 37ff.) によれば、Щерба らは《語形態 словоформа》を出発点として、この音的な外形の中で最小の音単位を研究する。これに対してモスクワ音韻学派の研究者は《形態素 морфема》を出発点として、その同一性が音素の概念の大きさと境界を決めるとする。それ故、前者の研究者は強い位置(本書§58を参照)ばかりでなく、弱い位置においても区別される最小の音単位を音素と見なす(例えば、語 [дом] の各音だけでなく(強い位置)、語 склад [склат] の [т]、語 вода́ [вла́]́ の [л] (弱い位置)も音素と見なす)。他方、後者の研究者は強い位置において区別される音単位をもって、それと位置的に交替する全ての音の系列を1つの音素と見なす(例えば、вода́ [вла́]́, во́ды [во́ды], на́ воду [на́-въду] の場合、母音 [л] と [ъ (ə)] は音素 [o] のヴァリアントと見なされ、交替する全ての音の系列([o] // [л] // [ъ]) は1つの音素と認定される。全く同様に вода́ [вла́]́, вод [вот], воде́ [влд'е] の場合、子音 [т] と [д'] は音素 [д] のヴァリアントと見なされ、交替する全ての音の系列([д] // [т] // [д']) は1つの音素と認定される)。後者の研究者の観点においては、機能面が首尾一貫して考慮され、音素と形態素の間の有機的な結びつきが達成されている。つまり音声体系は総体としての言語構造のなかに有機的に組み込まれている(本書§60を参照)。

　** ある学説が正しいか正しくないかは、その学説が次の世代に受け入れられるかあるいは受け入れられないかということによって決まるとすれば、前述のパノーフが論じているようにすでにこの問題の決着はついているであろう。ы [i] が語頭に現れないこと、また ы [i] と и [i] の交替(例えば、接頭辞や前置詞の後ろにおける交替：играть ～ сыграть, Индия [ˈind,ijə] ～ в Индии [ˈvind,iji], 本書§94以下を参照。またパノーフの挙げているような同じ形態素における両音の交替)、および硬子音と軟子音の後ろでのそれら2つの

音の相補分布を成す出現は5母音説を支持する。また、5母音説を採らないならば、80年アカデミー文法をはじめとするロシアや西欧の文法（音韻論と形態論）が理解できなくなるであろう。より詳しくは前述の Р. И. Аванесов, В. Н. Сидоров. 1945. Очерк грамматики русского литературного языка. を見よ。この本の《Фонетика》の章はロシア語の音を理解するための入門的な基本図書である。

8. Jones & Ward (1969: 73ff.) はロシア語には二重母音があると見なし、次の語の下線部に起こるとする：к<u>ий</u>, в<u>ы</u>йти, с<u>ий</u>ний, кра́сн<u>ый</u>, люд<u>ей</u>, да́<u>й</u>те, ча<u>й</u>, тай<u>га́</u>, де́ла<u>й</u>те, б<u>ой</u>, с семь<u>ей</u>, д<u>у́й</u>те, кл<u>юй</u>те, у<u>й</u>ти́。ここで母音字母の後ろの末尾の要素 й は ĭ と見なされている。彼らの次の発言を参照：«All Russian diphthongs are falling diphthongs, since they start from one or other of the vowel-positions described in chapter 12【the Russian vowels in detail】and move to a vowel-position which is high, close, front and unrounded. This is the position of the Russian stressed vowel *i*. Thus the diphthongs in the Russian words бой (battle) and дай (give!) might be written *oi* and *ai* respectively. When the starting-point of a Russian diphthong is itself *i* then the tongue is raised slightly higher for the final position of the diphthong as in k,iĭ кий (cue). The Russian consonant *j* and the final element of Russian diphthongs *ĭ* may be regarded as members of one phoneme, the distribution of which is determined by the 'rule' that *ĭ* occurs as the second element of a diphthong whereas consonantal *j* occurs either before a vowel (as in jɛst ест, eats) or between two vowels (as in rʌ¹jon район, region).» (ibid. 74)

[補注] Щерба (1974: 217) も参照：ロシア語の語頭、また母音の後ろとъとьの後ろの文字 я, ю, ё, е（例えば、я́ма, края́, объя́тия, ко́пья, юг, сою́з, адъю́нкт, вьюн, ёлка, прие́м, объём, копьё, ель, пое́ли, подъе́зд, в ладье́）の第1要素 [j] と文字 й（例えば、край）の [й] の発音は違っている。「しかしこの違いは音節構造と直接的に関連してもいる：音節の始めでは、つまりロシア語では常に母音の前で [j] が聞こえる（[кра-já, ма-já, па-jý]）、他方、音節の終わりでは、つまりロシア語では常に母音の前でない位置にあるときは常に [й] が聞こえる（[край, мой, пой]）；その際、音節の始めで [й]、音節の終わりで [j] はロシア語では絶対にあり得ない。このことから音 [j] と [й] は単なる1つの音素のヴァリアントであるという結論が出てくる」。また訳注48 および音素 /j/ については Аванесов (1956: 186–192) を参照。

9. 語根の中で2つの母音が結合している語は外来語の特徴：ао́рта, ра́дио, боа́, пантео́н, па́уза, джо́уль。他方、ロシア語の語の中で2つの母音が結合しているのは形態素の境界でのみ可能：наоборо́т, приозе́рный, поаха́ли, внеочередно́й, проу́лок, научи́ть。なお、ロシア語の а- で始まる圧倒的多数の語は外来語起源の語である：абажу́р, ава́рия, авиа́ция, а́втор, амба́р, аншла́г, арти́ст, а́рмия, афи́ша, etc.（本来のロシア語の а- で始まる語は、基本的に間投詞的特徴をもつ：аво́сь, ах, а́хать, а́хнуть, а́ховый.）（Л. П. Крысин [Лекант *et al.* 2013: 210]）

10. ロシア語の音節境界については、プラハ版アカデミー文法（§87ff.）でも Аванесов (1956:

42ff.)でも「聞こえ sonority, звучность, сонорность」による音の種類の並び方によって規則を立てている（'sonority' については Jones & Ward (1969: 11) を、また「音節 syllable」についての各理論は Allen (1973: 27–45) を見よ）。Аванесов は次のように音節境界の規則を立てる：《まずロシア語の音節境界を決める際に本質的なことは、「聞こえ」によって音を次の3つに区分することである：a) 母音（最大限の聞こえの音）；b) 鳴子音（[j] も含まれる。母音に比べると聞こえは小さいが、子音に比べると聞こえは大きい）；c) 噪子音（最小の聞こえ度の音）。もし聞こえの係数をその大きさに従って大きい順に3、2、1の順序で表すならば（つまり母音を3、鳴子音を2、その他の子音を1とする）、ロシア語の音節境界の規則は次のようになる。3 + 1 + 2 + 3 ... あるいは 3 + 1 + 1 + 2 + 3 ... タイプの結合であれば（同様に 3 + 1 + 1 + 3 ... 等）、音節境界は母音のうしろ（すなわち最初の3の後ろ）にある。そこでは聞こえの急激な低下がある。例えば、(α) 3 + 1 + 2 + 3 ... タイプの例：патро́н [пʌ/тро́н]、пу́дра [пу́/дръ]、могла́ [мʌ/гла́]、окно́ [ʌ/кно́]；друзья́ [дру/зʼjа́]、ружьё [ру/жjʼо́]。(β) 3 + 1 + 1 + 2 + 3 ... タイプの例：постро́й [пʌ/стро́ʼj]、сестра́ [сʼиᵉ/стра́]、поздра́влю [пʌ/здра́влʼу]。(γ) 3 + 1 + 1 + 3 ... タイプの例：1 + 1 が「閉鎖音 + 閉鎖音あるいは破擦音」の例：лапта́ [лʌ/пта́]、когда́ [кʌ/гда́]、абба́т [ʌ/бːа́т]、купца́ [ку/пца́]。1 + 1 が「破擦音 + 閉鎖音」の例：по́чта [по́/чʼть]。1 + 1 が「摩擦音 + 閉鎖音あるいは破擦音」の例：звезда́ [зʼвʼиᵉ/зда́]、изба́ [и/зба́]、пра́вда [пра́/вдъ]、ко́шка [ко́/шкъ]、пловцы́ [плʌ/фцы́]。1 + 1 が「摩擦音（[j] を除く）+ 摩擦音」の例：овса́ [ʌ/фса́]、расса́да [рʌ/сːа́дъ]。3 + 2 + 1 + 3 ... あるいは 3 + 2 + 1 + 1 + 3 ... の結合の場合には、音節境界は噪子音の前、鳴子音の後ろ（2 と 1 の間）にある。というのはこの場合、後続音節のはじめに増大する聞こえが確保されているからである。例えば、амба́р [ʌм/ба́р]、ка́рта [ка́р/тъ]、конца́ [кʌн/ца́]、война́ [вʌj/на́]、холста́ [хʌл/ста́]、донско́й [дʌн/ско́ʼj]。注意すべきは、上で述べた全ての場合、後続音節は聞こえが上がり始めていることである（1 + 3 ... あるいは 1 + 1 + 3 ...; 1 + 2 + 3 ...）。音 [j]（[i̯]）も他の鳴子音と同じ扱いを受ける：пойдём [пʌj/дʼо́м] と подъём [пʌ/дʼjо́м]。Cf. тёлка [тʼо́л/къ] と стёкла [сʼтʼо́/клъ]。【j(й) は語末と語中で音節を閉じることができる：мой, май, мой-ка, май-ка。それは鳴子音でも同じである：кор-ка, кром-ка, кон-ка, пол-ка。噪子音は語末だけは音節を閉じることができるが、語中では閉じることができない：поп, пот, しかし во-дка, кле-тка, ко-пка, ку-кла。(Реформатский, 1975: 77)】語中の閉音節は上の амба́р [ʌм/ба́р] のような例から分かるように、聞こえの大きさが 3 + 2 + 1 + 3 ... のような所に見られる。他方、聞こえが 3 + 2 + 2 + 3 ... のような場合（鳴子音が連続する場合）には普通、語中では開音節になる：волна́ [вʌ/лна́]、карма́н [кʌ/рма́н]、по́мню [по́/мнʼу]、鳴子音が同じ音のときも同様：А́нна [а́/нːъ]、ва́нна [ва́/нːъ]（しかし鳴子音の結合の場合には音節境界は鳴子音の間でも可能である：А́нна [а́н/нъ]、карма́н [кʌр/ма́н]）。[j] (i̯) は鳴子音が後続する場合には先行の母音と閉音節をつくる：пойма́ть [пʌj/ма́ʼт]。また上のような条件があろうとも [рж] の結合がある場合には、[р] の後ろで音節境界をつくらない：заде́ржка [зʌдʼе́рш/къ]。》

なお自立語の結合においては音節境界の規則は語の間の境界に作用しない。以下はプラハ版アカデミー文法 (§§94–96) による：例えば、хотéл описáть /xa-¹t,el-a-p,i-¹sat, / ~ хотéла писáть /xa-¹t,e-la-p,i-¹sat, /. これはアクセントをもつ前置詞との結合においても同じく当てはまる：напрóтив окнá /na-¹pro-t,if-a-¹kna/, сквóзь огóнь /¹skvos,-a-¹gon, /. しかし無アクセントの前置詞との結合においては、前置詞とそれによって支配されている格形の間の境界を考慮しないで音節境界の規則が働く：под окнóм /pa-da-¹knom/, без отцá /b,i-za-¹tca/. アクセントに関して揺れている場合には 2 つの場合が可能である：чéрез недéлю /či-r,i-z,n,i-¹d,e-l,u/ ‖ чéрез недéлю /¹če-r,is-n,i-¹d,e-l,u/ (前者が文章語の規範、後者は口語・俗語)。無アクセント前置詞の末尾の音と前置詞によって支配される語の最初の音が同じ場合には、音節境界は語境界に一致する：без скотá /b,is-ska¹ta/ ~ без котá /b,i-ska¹ta/.

11. 80 年版アカデミー文法 (I. 90) 参照：《多音節語の語形では音節は一様に発音されるのではなく、音節の内の 1 つが卓立される。ロシア語ではこの卓立は調音器官のより大きな緊張によって実現され、音色のより大きな明瞭度と母音の持続を作り出す。このような音節の内の 1 つの音声的な卓立を《アクセント ударéние》と呼ぶ。アクセントは自立語の特徴である。普通、自立語は語形の任意の場所に 1 つのアクセントをもつが、補助語 (非自立語) はほぼ常にアクセントをもたず、自立語とともに《**音声的語 фонетическое слово**》をつくる。この音声的語は、アクセントを自己に帯びる 1 つの語形であることも、発話の流れの中でアクセントのある語形と無アクセント語形との結合でもある。音声的語に含まれる無アクセント語形は、アクセントのある語形の前にあることも (そのような無アクセント語形を**後接語 проклитика** という)：у брáта)、アクセントのある語形の後ろにあることもある (このような無アクセント語形を**前接語 энклитика** という)：отéц бы (отé[дз б]ы)。アクセントのある語形は普通、自立語の語形である。後接語として現れるのは、普通、1 音節の前置詞と接続詞である：на берегý; от магазúна; со мнóй; ни тú; ни óн; сказáл, *что* всё принёс; и снéг; и вéтер. 前接語は普通、1 音節の小辞である：óн-то придёт; принесú-ка; онú *ведь* говорúли; придёт *ли* óн. ある場合には自立語の語形も前接語になり得る。1 音節の前置詞、また動詞や分詞の短形の前にある否定の小辞 не は、ときにアクセントを受け取り、その後続の語形が無アクセントになることがある：нá берег; ý моря (погоды ждать); нá два; пó два; нé был; нé дан.》。このようなアクセントの移動については 80 年版アカデミー文法では §§1267, 1268, 1383, 1623, 1642 に記載されている。

12. 各音節におけるアクセントの強さの程度については訳注 81 参照。

13. Щерба (1963: 51) によれば、他の条件が同じであれば、ロシア語のアクセントのある母音はアクセントのない母音よりもおよそ 1.5 倍長く発音されるという。これについてはまた Jones & Ward (1969: 216) は次のように書いている：「ロシア語の母音の長さは、その母音がアクセント音節にあるか、アクセントの直前の音節にあるか、また無アクセントにあるかによって変わる。例えば、他の全ての条件が同じであって、話者間の変異を考慮に入れても、アクセント直前音節の母音は無アクセント音節の母音よりも約 1.25 から 1.4 倍

長い。一方、アクセント音節の母音は無アクセント音節の母音より約 1.75 から 1.9 倍長い」。また Болла *et al.* (1968: 121) は、語アクセントについて «В русском языке подударный слог выделяется двумя способами: бо́льшей силой голоса и бо́льшей длительностью звучания по сравнению с безударными слогами. Таким образом, русское словесное ударение является *динамическим* и *квантитативным* ударением.» と述べ、次の говоря́т, вы́несут, вы́мыли のアクセント母音と無アクセント母音の長さを記している（数字は msec）：[гъ-вл-р'а́т] (45-70-120)、[вы́-н'ъ-сут] (110-50-60)、[вы́-мы-л'и] (95-25-60)。

14. 第一次前置詞については §617 を見よ。

15. 文のアクセントは階層化を成している。このようなアクセントは、ヤコブソーン (1937) の言うところのアクセントの 3 つの機能の 1 つである「語結合における階層化 Abstufung」（「韻律的対立の性格について」『構造的音韻論』173–174 頁参照）の機能（すなわち文中での語の統語的なヒエラルキーを確立する機能）の役割を果たしている（訳注 100 を見よ）。Земская (ed. 1983: 11 [Н. Н. Розанова による執筆]) は、ロシア語の口語においてアクセントの消失あるいは弱化（ダイナミック的不安定さ）は補助語だけでなく独立語にも特徴的であるという。Розанова によれば、ダイナミック的不安定さを条件付ける要因には次の 2 つの基本的要因があるという：a) リズム法の要因、b) 語の情報的負担量の要因。

a) **リズム法の要因**：ロシア語のリズム法にとって幾つかのアクセント音節を続けることや、逆にアクセント音節の間隔を長く開けることは特徴的ではない。例えば、ある研究者によれば、アクセント音節と次のアクセント音節の間にある無アクセント音節の数は 2 つが最も頻度が高いという。また Б. В. Томашевский «Стих и язык» (1959: 43) のプーシキンの『スペードの女王』を資料にしたものでは、アクセント音節間の無アクセント音節の数は次のようになるという：0 音節 = 10,3%（´´）、1 音節 = 29,8%（´ _ ´）、2 音節 = 32,1%（´ _ _ ´）、3 音節 = 19,7%（´ _ _ _ ´）、4 音節 = 6,8%, 5 音節 = 0,8%, 6 音節 = 0,5%。このことから次の結論を出している：句の中心では、最も典型的なアクセント音節間の間隔は 1 から 3 の無アクセント音節である。句の始めでは、始めの 3 つの音節の内の 1 つの音節にアクセントがあるのが全体の 95%、句の終わりでは最後の 3 つの音節の内の 1 つの音節にアクセントがあるのは 98.5% である。Розанова [Земская (ed. ibid. 15)] はこの「リズム法の規則」から、これを句レベルのアクセント配置の要因と述べている：「リズム法は句におけるアクセント分布においてかなり重要な役を演じている。口語における語のダイナミック的不安定さはそのリズム法の構造の特徴によって説明される。同一の語はリズムの要求によってアクセントがあることもアクセントがないことも可能である。」例えば、接続詞 и の上にアクセントが置かれるか置かれないかはこのリズム法によってきまるとする：1) *И вообще́* / она́ нам то́же говори́ла//; 2) *И от Ники́тского* / дое́хали до ´Ялты на авто́бусе//. 1) はリズム法により最初の 3 音節内にアクセントがあるので и はアクセントをもたない。他方、2) は最初の 3 音節内にアクセントがないので、この и にはアクセントがある。

b) **語の情報的負担量の要因**：Розанова [Земская (ed. ibid. 19)] によれば、語の情報的負

担量は発話の具体的なコミュニケーション課題に従って変化する。つまりアクセントを獲得する語は最も重要な情報を所有する語である。情報的にあまり意味をもたない語は弱いアクセント(`)か無アクセントの語である。普通、不完全な意味の語(接続詞、前置詞、小辞)はダイナミック的に弱化される。例えば、´Я *вот* вчера́ *мимо* Ле́нинки проходи́ла/ и ви́дела та̀м ремонти́руют (доро́гу) //. しかし発話の状況が補助語を意味的に区別する必要にある状況では、その語のコミュニケーションの役割が高まり、アクセントを獲得する。例えば、Н. А где ваш кинотеатр? Т. *Че́рез* доро̀гу/ и я та̀м//. この要因の働きは自立語にも拡がる。話者の観点から、重要な情報をもつ語は普通アクセントが置かれる。語の情報の重要性が低下すると、その語のアクセントは弱まる。例えば、О. А мама рабо́тает? Л. Ма̀ма *рабо̀тает*// Она̀ рабо̀тает на заво́де//. 最初のЛ. の動詞 рабо́тает はシンタグマ的アクセント下にある。それは情報の重要性によって説明できる：母親が働いているかいないかの答えであるから。2番目の例では情報の中心は на заводе に移っている。рабо́тает の語の情報性は低くなり、弱いアクセントになっている。

Розанова [Земская (ed. ibid. 24)] によれば、語のダイナミック的不安定さは上のa)とb) の 2 つの要因を基にして条件付けられる。まずリズムが小さな情報負担量をもつ語のアクセントの弱化の程度を調整する：もし語が許されるアクセント間の間隔 (3 音節以上でない) にあれば、それは無アクセントである。またもしアクセント間の間隔が全く大きいならば、その語は完全にアクセントを失うことなく、弱いアクセントをもつ。弱化されたアクセントは、情報的に負担量が少ない語に落ち、そして句の習慣的なリズムのモデルを破壊しないように置かれる。例えば、Дава́й кофемо́лку ку̀пим/ дѐсять рубле́й она стоит [нъстът] //. 2番目の発話でアクセント的に際立っているのは де́сять рубле́й である。残りの語は情報的に価値がないので無アクセントである。このため音声的に変形されて、она стоит は 2 音節の [нъстът] になる。

しばしばリズムと情報の原理が破壊されることがある。リズムの要因と情報の要因が衝突する場合には、普通、語の情報的負担量の要因が勝つ：句におけるアクセントの配分はリズムの要求を犠牲にして実現する。例えば、Она́ не по̀мнит/ а я по̀мню// (‿ ´ ‿ ´ / ‿ ´ ‿)。この発話は成分 она — я, не помнит — помню の対立原理によってつくられている。これらの語にはアクセントがあるので、ここにはリズムにとって望ましくないアクセントのある音節が 2 つ連続している。

Земская (ed. ibid. 30ff.) はこういった文のアクセントの配分の要因を追求しながら、語の非自立語と自立語の「アクセント性—非アクセント性」を詳細に分析している。例えば、非自立語 (補助語と小辞) は自立語ほど大きな情報的負担量をもたないので、それらのアクセント性—非アクセント性はリズムに通常従うことになる。例えば、Вы́йдешь у̀ кинотеа́тра "Звё̀здный"// — У "До́ма ме́бели" сойди́те/ и напра́во. これに対して、代名詞は非自立語と自立語の中間の位置を占めるので、補助語や小辞よりも有意義性の点で重い。しかし代名詞は自立語 (名詞、形容詞、副詞) の代わりでもあり、話者がすでに知っている

情報を伝達するので、自立語よりも情報伝達の点で重要さが小さい。それ故、代名詞は名詞や形容詞や副詞よりかなりダイナミック的に不安定であり、リズム法の影響を受けやすい。例えば、И вы до́лго шли́ там (по карьеру)? (_ _ ´ _ ´ ?)。他方、リズムと情報の2つの要因の最も複雑な相互作用が観察されるのが完全な自立語の場合であるとして、Розанова [Земская (ed. ibid. 39ff.)] は次のようすな自立語のダイナミック的不安定さを挙げている。1) ダイナミック的不安定さが発話のコミュニケーション的課題に従っている場合、新しい情報を伝える自立語は常にアクセントをもつ。しかし語に含まれる情報が旧いとき、その語はアクセントを弱めるか失うことができる。コミュニケーション的に価値の少ない語のダイナミック的弱化の程度はリズムによって決まる。句のリズム的構造が許すならば、その語は無アクセントあるいは弱いアクセントでありうる。その最も典型的な例は、同じテキストで何回か繰り返される語である。2) 語結合のアクセント構造。その発音は次の規則に従っている：語結合における語の意味的連鎖が密なほど、またこの結合が慣用句的であればあるほど、結合の要素のうちの一つのダイナミック的弱化が起こる。普通、語結合の枠内でのアクセントは次のように配置される：最初の語は弱アクセントあるいは無アクセント、2番目の語は完全なアクセント。両語は一緒に1つの音声的拍子 такт をつくる：до́брый дя́дя [добръд'а́д'ъ]、бе́рег мо́ря [б'ър'ькмо́р'ъ]、сто́ раз [стора́с]。(恐らく、2番目の語が完全なアクセントをもつのは、2つの要素から成る語結語と統語的構文の大部分は「上昇的」アクセントの特色をもつためであろう。) しかしこれもコミュニケーションの課題によっては変化する。またこの結合の間に別な語が入ると、両方の結合の語はアクセントをもつ。3) 分析形、特に動詞述語と名詞述語の形をつくる2語 (あるいは3語) は、アクセントのレベルで一様ではない。例えば、自立語と動詞・繋辞 быть の結合によってつくられる分析的述語は、リズム的に1つの拍子 такт である。自立語は拍のアクセントを受け取るが、補助的な繋辞は無アクセントあるいは弱アクセントであるので、後接語あるいは前接語の如く自立語に付加する：Но та́м не хо́лодно бы́ло//. Он наве́рно рове́сник был Шостако́вичу//. また複合述語として現れる叙法動詞あるいは無人称述語もしばしばアクセントが弱化する：Тебе́ [т'э] ча́шки теперь [т'эр'] на́до покупа́ть//; Слу́шай/ я хочу́ спроси́ть / ты купи́л тогда кни́жку? またダイナミック的不安定性は次のような複合述語の成文に含まれる情報的に不十分な動詞にも現れる (動詞の情報的な不足は動詞に付く不定形によって埋め合わされる)。こういった動詞が無アクセントあるいは弱アクセントになるのは、その動詞が2音節以上から成っていないこと、また複合述語の2つの要素の間に如何なる語も入らないことである。例えば、´Он стал занима́ться своей йо́гой// он всё похуде́л//。

以上は、Розанова [Земская (ed. 1983: 11–51)] の一部を纏めたものに過ぎないが、そこでは機能とリズムというアクセントの本質に係わることが詳細に述べられており、«sentence phonology» (Birnbaum) 研究にとって貴重である。アクセントの機能としては、「語義の識別」と「頂点形成による、個々の語単位への語結合の分割」あるいは「語の境

界画定」(ヤーコブソン『構造的音韻論』173-174 頁) があるが、上で議論された「語結合における階層化」は最も研究が遅れた分野であろう。Розанова [Земская (ed. 1983)] の議論からそのリズムと情報負担量の兼ね合いによるアクセントの配置を他のテキストから検討することが必要であろう。例えば、音声表記が優れている Boyanus (1955, vol. II: (33) 155) から文アクセントの配置を比較されたい：Была зима. На полях уже был снег. [biˡlˈa z,ɪˈma | nə paˈl,ax | uʒɛ bil ˈs,n,ɛk] Люди уже ходили в шубах и калошах. [ˈl,üd,ɪ uʒɛ xaˈd,il,ɪ | f ˈʃubəx ɪ kaˈloʃəx] Я шёл по улице. В доме Петра Ивановича был свет в окнах. [ja ˈʃol paˈul,ɪtsi | v_dom,ɪ p,ɪˈra ɪˈvanitʃə | bil ˈs,v,ɛt vˈoknəx] Я позвонил, но мне сказали „дома нет," [ja pəzvaˈn,il | no ˈmn,ɛ skaˈzal,ɪ | ˈdomə ˈn,ɛt] и я тогда пошёл к Анне Ивановне. [ɪ ˈja tagˈda paˈʃol | ˈk an,n,ɪ ɪˈvan,n,ɪ] Я позвонил, и там мне сказали: [ja pəzvaˈn,ɪl | ɪˈtam mn,ɛ skaˈzal,ɪ] „Анна Ивановна дома и у Анны Ивановны вечер." [ˈannə ɪˈvannə ˈdomə | ɪ u ˈanni ɪˈvanni ˈv,etʃɪr] В доме играла музыка. [ˈv dom,ɪ ɪgˈralə ˈmuzikə] Дамы, мужчины и дети были там на вечере, [ˈdami, muʃˈtʃini ɪˈd,et,ɪ | ˈbil,ɪ tam ˈna_v,ɪtʃɪr,ɪ] и я ушёл и пошёл к Кате. [ɪ ja uˈʃol | ɪ paˈʃol ˈk kat,ɪ] (このテキストではリズムの法則はほぼ守られている。また前置詞、接続詞、代名詞 я, мне、副詞 уже、動詞 был が無アクセントである)。なお Boyanus (1955, vol. I: 80-86) は独自の Rhythm 論を展開している。

16. 文字の名称については Л. Л. Касаткин (Лекант *et al.* 2013: 134-136) が詳しく書いている。それによれば、母音文字の名称は 2 つのタイプがある：1) а, и, о, у, ы, э は 1 つの母音音から成る。2) е, ё, ю, я は母音音とその前の子音 [j] とから成る。子音文字の名称は 4 つのタイプがある：1) б, в, г, д, ж, з, п, т, ц, ч は当該の子音音とその後ろに [э] から成る：[бэ], etc. 2) л, м, н, р, с, ф は当該の子音音とそれに先行する [э] から成る：[эл'], [эм], etc. (л の名称では子音が軟音になることに注意)。3) к, х, ш, щ は当該の子音音と後続の [a] から成る：[ка], etc. 4) 文字 й は、この文字が現れる 18 世紀から「и с краткой」と呼ばれていたが、19 世紀半ばに Я. К. Грот の提案によって「и краткое」と呼ばれるようになった。しかしこの名称は不適当であるので、今では学校の教科書ではこの文字は「й」([ий] と読まれる) の名称が導入されている。文字 ъ と ь は学術文献では伝統的に «ер» [jэр] と «ерь» [jэр'] と呼ばれる。学校の教科書はこれらの文字はそれぞれ «твердый знак» と «мягкий знак» と呼ばれるが、後者の名称はその機能のうちの 1 つしか合致しない。また前者の名称は ъ が硬子音の後ろの語末で書かれていたときの名称であり (домъ, столъ)、今では無意味な名称である。文字 ь, ъ は音を表さないので、ときに「無音文字 безгласные буквы」と呼ばれる。

なお、第 1 番目の子音文字名称のモデルに従って、第 2 番目と第 3 番目の子音文字名称を呼ぶ傾向がある。特に文字の名称で読まれる略語にその傾向が見られる：США [сэ-шэ-а]、ФРГ [фэ-эр-гэ]。また略語では文字 л を硬子音で発音する傾向がある：ЛГ, ЛДП, НЛО。

17. 硬子音と軟子音の対をもつ子音文字に対して、音韻的価値として 2 つの音素を表記

することに注意。この方法が適切であることについてはЛ. Л. Касаткин (Лекант et al. 2013: 136, 138) を参照：「幾つかの文字は他の文字と共にしか音素を標示しない。例えば、語 вёл における音素 /в'/ の標示に係わるのは文字 в と ё である、また語 вол における音素 /в/ の標示に係わるのは文字 в と о である。それ故、もし文字 в だけを目にしたならば、我々はどちらの音素―― /в/ あるいは /в'/ ――が語の中に現れているのか決めることはできない。これをすることが出来るのは、文字 в の後ろに何があるかを見た後、つまりその位置を確定した後である。」(ibid. 136)

「対となる硬子音音素と軟子音音素は、/ц/, /ч'/ を除いて、文字の上で同じ文字によって伝達される：/б — б'/ — б, /в — в'/ — в, /т — т'/ — m, etc. この場合、子音音素の硬音性 / 軟音性は文字の上ではこの子音の後ろに来る別の文字や、余白あるいは別の書記記号によって標示される。母音の前に立つこのような子音の硬音性 / 軟音性は文字の上では母音文字によって標示される。母音の前の硬音性は文字 а, о, у, ы, э によって標示される：мал — /ма/л, сон — /со/н, лук, ты, сэр. 母音の前の子音の軟音性は文字 я, ё, ю, и によって標示される：мял — /м'а/л, мёд — /м'о/д, люди — /л'уд'и/. 文字 е は先行する子音音素の性質を示さない：書記法 те は /т'э/ (тесто) と /тэ/ (теннис) に、де は /д'э/ (дело) と /дэ/ (модель)、фе は /ф'э/ (кофе) と /фэ/ (кафе) に相当する。е の前では子音の硬音性 / 軟音性は文字の上で標示されない。語末では、子音音素の軟音性は文字 ь によって標示され、硬音性は余白によって標示される：ударь — /р'/, удар — /р/. /j/ を除いた子音の前では、子音音素の軟音性は文字 ь によって標示され、硬音性は 2 番目の子音文字によって標示される：банька — /н'/, банка — /н/. 」(ibid. 138)

18. Jones & Ward (1969: 22) によれば、ロシア語には鼻音 [ŋ] の音はたとえ k や g の前でも存在しないとされている。例えば、бáнк は [bánk] と発音される。Cf. Eng. *bank* [bæŋk]. しかし Л. Л. Касаткин (Лекант et al. 2013: 45) は次の例を挙げて、鼻音の [ŋ] と [m] が発音されると述べている：фу[ŋ]кция *функция,* банду[ŋ]гский *бандунгский*; тра[m]вáй *трамвай*, си[m]фóния *симфония.*

19. 著者のこの表現は正しくはない。日本でもこの ъ 記号について、それに先行する「子音字が硬いままで読まれることを示す」『セメスターのロシア語』(白水社) と書いてある教科書があるが、ъ の前の子音は必ずしもロシア語では硬子音として発音されるとは限らない。この文字の名称をその機能と勘違いしてはならない。以下で、Касаткин が述べているように (また詳細は訳注 57 を見よ)、接頭辞の境界での /j/ の前の位置にある ъ の前の子音が軟音化することが一部で見られる：例えば、съел [s,jél]。

この記号について Бодуэн де Куртенэ (2012², §57) は次のように書いている：「…それ以外にこれら 2 つの書記素 ъ と ь は次のことを示している：それらの書記素に後続する書記素は、発音・聴覚的観点からすれば、先行する書記素と如何なる関係ももたない。また逆に書記素 ъ あるいは ь に先行する書記素はそれらに後続する書記素と如何なる関係をもたない」。また、Яковлев (1928 [1970: 134]) はこの文字 ъ について「硬子音の後ろで音 й を

表すためのъあるいは《'》」と述べている。このЯковлевの説明は「先行の子音が硬い」というようなこの文字について一般に流布している説明より核心を突いている。というのもこの文字の後ろの音は必ずjによって始まる母音であるからである。プラハ版アカデミー文法(§191)はこの記号について正確に定義している：「{Тъя}タイプの結合において、補助書記素{ъ}は子音書記素に結びつけられるというよりもむしろ後続の母音書記素と結びつけられる。しかもその上、その記号はその子音の非硬口蓋化特徴を表示するためには役だっていない。実際、{Тъя}タイプの結合において伝達される子音は硬口蓋化子音であることも非硬口蓋化子音であることもありうる (例えば、съе́здить :: объе́здить). その記号の特徴は、形態素境界における対の子音と /j/ の結合についての規則によって定義される」。

最近出版されたЛекант et al. (2013)《Современный русский литературный язык: Учебник》は、《Филология》を専門とする学生用の教科書とのことであるが、特に音論と書記法の章 (Л. Л. Касаткин の執筆) はその入門として優れている。Касаткинは分離記号ъとьについて次のようにその本質を書いている：「分離記号ьは先行する子音の軟音性を示さないし、また分離記号ъは先行する子音の硬音性を示さない。ьの前でも、ъの前でも子音は硬くも、半分軟らかくも、軟らかくも発音されうる：вью́га — [в'jýга]、[в·jýга]、[вjýга]；съезд — [с'jэст]、[с·jэст]、[сjэст]；адъюта́нт [ад·иута́нт]；шью [шjу]。сбъём と побъём, обезья́на と без изъя́на の語において、分離記号の前の子音は多くの話し手によって同じに発音される。従って、子音音素の硬音性／軟音性は分離記号ь, ъによっては文字の上では表示されない。分離記号ь, ъは同じ書記法的機能を果たしている：それらの分離記号はそれらの後ろに来る多価値的な文字 я, ю, е, ё, и の意味を明確にし、これらの文字が2つの音素 ── /j/ とそれぞれの母音 (/ja/, /jo/, etc.) ── を表していることを示しているのである。それ故、それらの記号はときに警告記号 предупредительные знаки と呼ばれる。分離記号ьあるいはъの使用は正書法の規則によって決まる。文字ъは、ьと同じ機能を果たしているのであるから、ロシア語の文字の中では余計なものである」(ibid. 141)。

プラハ版アカデミー文法(§181)は書記素ьとъの分布を次のように纏めている：{ь}は{C–A}と{C–C}、{ъ}は{C–A}の環境に現れるだけである ({A} = 母音書記素、{C} = {й}を除く子音書記素)。「これから{ь}と{ъ}の対立はただ{C–A}のコンテキストにおいてだけ生じる、例えば、подья́чий :: подъяре́мный. しかしここでも明らかなように (§191 参照)、機能的違いはかなり弱い。」また同書(§191 注) 参照：「もし接頭辞 (それを語成文から区分することは非常に容易い) の後ろで、書記素{ь}は {я}, {ё}, ... 系列の母音書記素が /ja/, /jo/ として機能することを確定するためだけに役立つ、という規則を導入すれば、書記素{ъ}をロシア語の書記素のメンバーから削除することができよう。」

Isačenko (1947: 55) も参照：「文字ъは、接頭辞と文字 е, я, ю, ё によって始まる語幹を分離しなければならないところで書かれる。文字 э, и, а, о, у の前ではъは決して立たない。つまり двухэта́жный, безу́мный のような場合には、接頭辞は語幹から分離されない」。Boyanus (1955, vol II: (17) 139) も参照：《The hard sign or apostrophe between a consonant and a vowel indicates that the vowel letter is pronounced ja, jo, ju, etc., and suggests that the preceding consonant is hard (such cases may happen after ш, ж, see the preceding note). Nevertheless some speakers palatalise the consonant before the hard sign: объявлéнье əbjɪ¹vl,en,jə [notice, announcement], подъéзд pa¹djɛst [porch, entrance], конъюнктýра kənjun¹kturə [conjuncture].»

20. この表現も厳密に言えば正しくはない。常に硬音であるシュー音 ш ж に ь が付いてもそれは軟音ではない (§45)。また前述のボドゥアンの 2 つの書記素 ъ と ь についての意見も見よ。またオレスト・プレトネル『實用英佛獨露語の發音』(同文館、除村吉太郎譯、1926: 103–104) には次のように書かれている:「ロシヤ語正字法のもう 1 つの特質は ерь [jer'] 又は мягкій знакъ [m'axk'i znak] と稱する符號 „ь" を用いることである。これは言葉の終又は子音の前の子音の口蓋化を示す。例えば、конь [kon']、возьмёмъ [vʌz'm'om] 等。なほ „ь" は軟母音 „e"、„и"、„я"、„ю"、„ё" の前にある時は、その前に来る子音を口蓋化せしめるのみならず、またこれらの母音の發音をそれが言葉の始にある時の如くにする。即ちこれらの母音の前に [j] を加へるのである。ここで特に注意すべきは母音 „и" は言葉の始に於ては [j] が加はらないが、„ь" の後では、他の軟母音と同じに、[j] が加はることである。例えば、враньё [vrʌn'jo]、дурачьё [durʌč'jo]、дробью [drob'ju]、воробьи [vorʌb'ji] 等。」

21. ѣ (ě) は長母音 *ē に由来する母音。例えば、есть 'to eat' < Slav. *ěsti < *ēd-. Cf. Lith. ésti, Gk. ἔδω, Skt. átti. (印欧語本来の短音とは異なり、バルト・スラヴ語では延長母音 *ē が見られる。これは Winter's law による。Winter's law については Winter (1978: 431–446)、また Sukač (2013: 159ff.) を見よ)。цѣна 'price' < Slav. *cě-na < *kē- < *kʷoi-nā. Cf. Lith. káina (第 2 口蓋化により前舌母音の存在が確かめられる)。古代ロシア語における ѣ と e との混同については Борковский & Кузнецов (1965: 137) 参照。Schmalstieg (1995: 35, 40) によれば、現代ロシア語において *ě (> ь) と *e の反映を見つけることができるのは、たった 1 つの環境、すなわち、「硬子音の前のアクセント音節においてのみ」である。同環境において語源的な *e は o に変化する (先行する子音の軟音化を示すために ё と書かれる):例えば、сёла (/s'óla/) 'villages', cf. сéльский, Sl. *selo. しかし語源的な *ě は同環境でも o に変化せず、e の発音を保っている:例えば、語源的な *běłьjь (OCS бѣлъ) は現代ロシア語でも бéлый 'white' となっている。この規則は、例えば、нести ~ нёс、ёлка ~ ель の母音の交替を説明する。しかし同条件があるにも拘わらず *e が o に変化しない例が多くある。例えば、нéбо、жéртва は教会起源の語のためにその変化が起こっていない (cf. нёба)。купéц、отéц のように ц の前で e が保持されているのは、この変化が起こったときには ц はまだ軟子音であったことによる。現代ロシア語における硬子音の前の е (アクセント下のみ) については Борковский & Кузнецов (1965: 133–134) を見よ。またこの現象一般については Шахматов (2012: 77–79)、石田修一 (1996: 228–229) を見よ。また本書 §144 を参照。

[補注] ヤコブソーンによれば、この e から o への変化は「『子音の軟音的性格〜硬音的性格』の相関を欠いたスラヴ諸語には未知である」(「ロシア語の音韻進化に関する考察」『構造的音韻論』(岩波書店 1996: 96))。また音声的観点からすれば、この変化

は硬子音の先行母音への唇音作用による後舌母音化によって説明される。重要なことはこの変化の結果として、硬子音と相関する軟子音が同じ音声条件の下で対立することができる場合が増加したことである。例えば、o の前での子音の対立：нос ~ нёс. Борковский & Кузнецов (ibid. 134ff.) はこの変化の結果から母音 e と o の関係について次の結合が可能とする：*t'et', t'e, tot, tot', t'ot, to* (t = 任意の硬子音、t' = 任意の軟子音)。従って、同じ条件で *t — t'* の対立は可能であり、e と o の対立は不可能である (*t'e* は可能であるが、*t'o* は不可能)。しかし類推作用の結果、*t'ot'* (тётка の類推による тётя) のような結合も可能であるので、*t'et' — t'ot'* のような結合において e ~ o の対立が可能であった。Борковский & Кузнецов (ibid. 135) はロシア語史で起こった e から o への変化は、現代ロシア語の書記法と正書法にも一定の反映を見せるとして、次のように書いている：「18 世紀初めまでルーシで用いられていた教会スラヴ語のキリール文字アルファベットにとって、【上のような状況から】軟子音の後ろで o を表すための特別な記号は本来は必要なかった。硬子音の前の e > o の変化のあとで、記号 є は軟子音の後ろの o を表すためにも使われるようになった。非教会文字が確立するとともにロシア語の e は 4 つの音的価値を持つようになった (軟子音の後ろの e, o, そして結合した je と jo)。18 世紀には様々な作家に (必ずしも首尾一貫して行われてはいないが) jo と軟子音の後ろの o を、jo, io, ио の結合によって伝えようとの試みが見られる。(中略) Н. М. Карамзин によってそのような場合には記号 ё が提案され、それは今でも用いられている。(中略) シュー音と ц の後ろで o を表すために現代の正書法では e も o も使われる (cf. ключом, しかし чёрт)。そのような不一致には十分な根拠はない。」

22. Vlasto (1986: 38–39) によれば、ѵ はモスクワ大公国の時代には数字 400 を表すことの他に、多くの宗教語に使われていた。例えば、мѵрь (= мѵро)《聖油》、Кѵриль《キリル》。ѳ は 18 世紀初めには ф のために、また拡張して無声化した в [f] のためにまだかなり使われていた。例えば、противѣ, ѳ(ъ)сякому. また新しい外来語の [f] のためにも使われていた：ѳ(ъ)регатъ (= фрегат), аѳицероѳъ (= офицеров).

23. 1918 年の正書法改革では本書で述べた変更以外に次の変更があった。(1) без-, вз-, воз-, из-, низ-, раз-, роз-, чрез-, через- は有声子音の前では з を、с を含む無声子音の前では с を書くこと。(2) 男性と中性の形容詞の単数属格において、-аго, яго の代わりにそれぞれ -ого, -его を書くこと。(3) 女性と中性の形容詞の複数主格と対格において、-ыя, -ия の代わりに -ые, -ие を書くこと。(4) 女性の人称代名詞の複数主格において、онѣ の代わりに они を書くこと。(5) 女性複数において однѣ, однѣх, однѣми の代わりに、одни, одних, одними を書くこと。(6) 単数属格において、ея の代わりに ее を書くこと。(7) 語を分割するときには次の規則に従うこと：母音の直前の子音 (唯一の子音であろうと子音群であろうと) はその母音と分離すべきではない。また語の始めにある子音群は次の母音と分離すべきではない。子音の前の文字 й は先行する母音と分離すべきでない。またこの正書法改革 (その法令には含まれていないが) は古くから使われてきたアルファベット文字の名前を廃止

した。この結果、例えば、アルファベットの最後の文字にあったν(ижица)を使ったот аза до ижицы《はじめから最後まで》という表現がロシア語話者に分からなくなっていった (Comrie 2003²: 291)。

24. 音韻論的には /n/ と /n,/ の 2 つの子音音素と 1 つの母音音素 /o/ をもち、書記素的には 1 つの子音書記素 н と 2 つの母音書記素 е と ё をもっている。

25. 「第 1 系列」の母音書記素を日本の教科書や参考書では「硬母音（字）」、「第 2 系列」の母音書記素を「軟母音（字）」と呼ぶことがあるが、これがロシア語学習者には誤解のもとになる。

　　［補注 1］ドイツで出版されている文法書（学校文法的なものである）にも 'harte Vokalbuchstaben', 'weiche Vokalbuchstaben' の用語はみられる (Tauscher & Kirschbaum, 1989[18]: 8)。しかし当然のことに母音は 5 つであると書かれている：«In der russischen Literatursprache gibt es fünf Vokale.» (ibid. 8))。下に引用した Baudouin de Courtenay (1929: 36) にも «Man spricht von „weichen" vokalen *ja, ju, je, ji* od. ä., im unterschiede von „harten" *a, u, e, y* ...» とある（勿論、ボドゥアンはこれを批判して使っているのであるが）。

　ロシア語の母音に「硬母音」と「軟母音」の音韻的な対立はない。音韻論的に対立するのは子音の「硬子音」と「軟子音」の対立である。Karcevski (1943 [2000: 13]) は «Remarques sur la phonologie du russe» の中でこう書いている：「子音は全て音韻的に硬いか、あるいは軟らかい音素である。確かに、硬口蓋化された母音は存在するが、しかし a : ä, o : ö, u : ü タイプの音韻的価値をもつ対立は存在しない。反対に、нос *nos*《鼻》: нёс *n'os*《（私は）運んだ》、мол *mol*《防波堤》: моль *mol'*《紙魚》、等【の子音の対立】を比較せよ。」またプラハ版アカデミー文法 (§191) はこれを次のように書いている：「子音書記素そのものは湿音性に関しての対立を伝えはしない。この対立は子音書記素と結びついた母音書記素 {а} ～ {я}, {о} ～ {ё}, ...（つまり {Та} ～ {Тя}, {То} ～ {Тё}, ...、例えば、ко дну ～ ко дню）、と補助記号 {ь}（つまり {Т} ～ {Ть}、例えば、пыл ～ пыль、по́лка ～ по́лька）によって伝えられる」。

　　［補注 2］伝統的に使用される「軟子音」と「硬子音」という用語も学習者を誤らせる用語である。「軟子音」と呼ばれる [p,]、[t,]、[v,] 等の子音は、より正確に言えば「硬口蓋化子音」（ロシア語では палатализованные согласные）であり、「硬子音」と呼ばれる「非硬口蓋化子音」に対立している。また [j] の音は硬口蓋化が追加の子音特徴ではないのであるから、「硬口蓋子音」（ロシア語では палатальный согласный）と呼ぶべきであろう。オレスト・プレトネル O. V. Плетнер は、音声的な記述が科学的かつ正確な『實用英佛獨露語の發音』（同文館、除村吉太郎譯、1926: 55）の中で、「ロシヤ語では口蓋化した子音を『軟い子音』、口蓋化しない子音を『硬い子音』といふがこの名稱は勿論主觀的なものであって、科學的なものではない」、と書いている。プレトネルのこの著書はロシア語の音声が日本語の音声と比較されていて興味深いものであるが、例えば、口蓋化 (palatalisation) の箇所は次のように書かれている：「【舌の】添加

的運動は日本語及びロシヤ語では重要な役目を有し、兩國語に於ける子音の調音を相似的ならしめるのである。摩擦音及び密閉音の發音にあたつてその音の形成に必要な主要運動の外に舌の添加的運動が伴はれることがある。即ち舌の表面の中部が［i］母音の場合の如く上にあがるのであるが、その場合舌と口蓋との距離は［j］の場合の様に狹窄が出來る程は近くならないのである。この運動は子音に［i］母音に特徵的な共鳴を與へるのである。これを子音の口蓋化(palatalisation)といふ。例へば『コ』、『キョ』の二つの音節に於ける子音の相違は後者のそれは口蓋化して居り、前者のそれは口蓋化してゐないといふ所に存するのである。（中略）硬子音に對應する軟子音の存在する國語は日本語の外にはロシヤ語だけである（例外としてフランス語に一つの軟子音がある）。日本語では口蓋化された音が［a］、［i］、［o］、［ɯ］の前に在つて［e］の前にはないが、ロシヤ語では［e］の前にもある。寧ろ之れが普通である。しかし日本語でも或方言では［e］音も亦それに先だつ子音を口蓋化せしめ、『背中』［senaka］が『シエナカ』［sʼenaka］と發音されることがある（時にはもつとひどく［ʃenaka］とさへなる）」(ibid. 54-56)。

繰り返しになるが、Jones & Ward (1969: 288-289)はロシア語の文字と音素との関係について簡単に纏めている。当然、彼らの考えは本著者と同じである：«This apparent deficiency of an alphabet of thirty-two letters, in face of the larger number of phonemes, is made good by the fact that most of the consonant letters represent either hard consonants or palatalized (soft) consonants, depending on what follows, and that several of the vowel-letters have a twofold function. They indicate not only a certain vowel value but also the fact that the vowel sound is preceded by *j* if there is no consonant letter immediately preceding the vowel-letter, or that certain consonant letters immediately preceding the vowel-letter in the same word represent palatalized consonants. The vowel-letters which indicate that certain preceding consonant letters represent palatalized consonants, and which may conveniently be called 'softening vowel-letters',* are е, и, ю and я. [*The term 'soft vowel-letters', which is often used, is not appropriate since neither the vowel-letters nor the vowels which they represent can be said to be soft (palatalized).] »

Boyanus & Jopson (1952³: xxv)も本書と同じく「第1系列」の母音字を 'the first row'、「第2系列」の母音字を 'the second row' と呼んでおり、ロシア語の正字法における子音の硬口蓋化 palatalisation について、次のように正確に纏めている：«Russian spelling is not so difficult as English spelling, but, in some cases it offers a puzzle similar to that which sometimes occurs in reading English. The palatalisation of consonants, one of the main phenomena in Russian speech habits, is shown in spelling in a very ingenious but indirect way, which is misleading and confusing for foreigners. The palatalised consonants are not shown as palatalised but there are two sets of vowel letters. 1. ы а о у ［i a o u］. 2 и я е, ё ю ［i ja jɛ, jo ju］. The letters of the first row are written after *hard* consonants and initially (except ы)— ды ［di］ да ［da］ до ［do］ ду ［du］. The letters of the second row are written— 1. After soft consonants: ди ［d,i］ дя ［d,a］ де, дё ［d,ɛ- or d,e-, d,o] дю [d,u], 2. After vowels and also initially: моя [ma¹ja], моё [ma¹jo], мою [ma¹ju] ; *initially* я [ja], ел [jɛl], ёли [¹jel,ı], ёлка [¹jolkə], юг [juk]. The vowel letters of the second row (but note that и [i] is exceptional *) are called *ja* (for я), *jɛ* (for e), *jo* (for ё), *ju* (for ю). The *j* before the vowels *a, ɛ, o, u* is pronounced when the letters я, е, ё, ю follow a vowel (or the "soft sign" ь) or are initial, but *j* is not pronounced when these letters follow a consonant. Occurring after a consonant the vowel letters и, я, е, ё, ю indicate that the preceding consonant is soft or palatalised, and after this soft consonant are pronounced as *i, a, ɛ* or *e, o, u*, or in other words, as soft consonant + *i, a, ɛ, e, o* or *u*. [*Note. — When the letter и follows a vowel the *j* is inserted between the vowel and *i, ı* in the phonetic transcription of this book, e.g. мои [ma¹ji]、обои [a¹boji]. In speech, however, it is not very clearly heard.] » (ibid. xxv.) また Boyanus (1955: vol. 2: p. (5) 127) も上と同じことを述べているが、音と綴りの関係についてこれを誤解する人のために次のように書いている：«Looking at the above spelling and the phonetic transcription 【дя дё дю [d,a d,o d,u]】 we can see that, although it is the pronunciation of the *consonants* that is changed, this change is indicated to the reader *regressively* by the letters я, ё, ю. In actual speech, however, there are no regressive movements, for speech, in its essence, is always anticipation, in other words, a subconscious adaptation and preparation to utter the next sound or group of sounds. The hearer in his turn hears *first* the palatalised consonant and then the vowel from the speaker.»

Berneker & Vasmer (1947: 17)：«Für die fünf Vokale des Russischen gibt es zweierlei Bezeichnungen, je nachdem der ihnen vorangehende Konsonant hart oder weich ist: nach harten Konsonanten schreibt man а, э, ы, о, у, nach weichen Konsonanten я, е, и, ё. ю.»

　日本で出版されているロシア語の教科書や学習書には、文字と音素の関係を理解しない人が書いたものが多い。例えば、「1. の表【а э ы о у と я е и ё ю を上下で対応させた表のこと―訳者】を見ると硬母音字と軟母音字が対応して存在していることがわかる。この中でыとиは発音上硬軟に対応した同種音とはいえないが、ыは硬く、иは柔らかい、相互に似た音なので、対応するものと認識されている」（宇多文雄『ロシア語文法便覧』東洋書店、2009: 5）。ここでыとиが対応しているのは、その母音の発音そのものに「硬い」とか「軟らかい」とかいった違いがあるのではなくて、ыとиに先行する子音がそれぞれ硬子音と軟子音とに相関していることを示しているに過ぎない（иとыが1つの音素 /i/ であると見なされることについては訳注7を見よ）。さらに教科書や入門書にはロシア人はя, ю, ёを「軟らかく感じ」、а, у, о を「硬く感じる」というような奇妙な記述が散見される。例えば、最近出版された入門書の母音の項目に次のような記述がある：「ロシア人が聞いて「柔らかい」と感じる軟母音と「硬い」と感じる硬母音があります。」（守屋愛『ロシア語表現とことんトレーニング』白水社、2013: 8）また別の人の入門書も参照：「この表【а ы у э о と я и ю е ё を上下で対応させた表のこと―訳者】のうち、上の段にあるのが「硬母音字」で、下の段が「軟母音字」です。「硬」と「軟」ですから、つまりは「硬い」とか「軟らかい」つ

てことになりますよね。でも、どんな母音が硬くて、どんな母音が軟らかいのか、感覚ではなかなか捉えきれません。」(黒田龍之助『初級ロシア語文法』三修社、2012: 16) 類似のことを書いてある入門書は多い。ロシア人がどう「感じる」かとは関係なく、母音に「硬」と「軟」の区別はない。文字と音素を混同しているのである。

さらに次のように母音の「硬」と「軟」を書いている人がいる：「ロシア語やスラヴ語では、ある子音あるいは母音を発音するときに、口の前の方で発音されるものと比較的後ろの方で発音されるものとがある場合には、前の方で発音されるものを「軟らかい」と定義し、後ろの方で発音されるものを「硬い」と定義します。(中略) そういう訳でロシア語の場合、[j] のついた母音も、全体として母音と考えることができます。この時、たとえば [ja] と [a] とを比べますと、[ja] の方が前の方で発音される [j] をもっていますから、先に述べた定義によって、「軟らかい」母音と考えられます。そこで文法によく出てくる「硬母音」と「軟母音」の区別が生じることになります。ここで少し説明を加えておく必要があるのは、第一に o と e 及び ё の関係、及び и と ы の関係です。(中略) 第二に ы と и についていえば、ы は [i] と発音しながら舌を後ろに引くとできる音です。万国発音記号 (IPA) ではこれを [i] によって表しています。したがって定義により [ы] は硬母音になります。」(山口巌『ロシア語文法の周辺　一般言語学への招待』日本古代ロシア研究会、2005: 17–18)。山口氏の「定義」は非常に奇妙なものである。この「定義」に従うならば、ロシア語やスラヴ語では前舌母音と後舌母音をそれぞれ「軟母音」と「硬母音」と「定義」しなければならなくなる。さらに次のようなことを書いている人もいる：「子音の硬軟に対応して、「硬母音」と「軟母音」を区別するスラヴ語もある。この場合、軟母音は口蓋音 [j] が先立つ [ja] [ju] などを、硬母音はそのような口蓋音をともなわない [a] [u] などを意味する。キリル文字言語 (東スラヴ語、ブルガリア語) では、これを文字によって区別する」(三谷惠子『スラヴ語入門』三省堂、2011: 21)。

こういったデタラメなことを書いているのは日本の研究者だけであろう。音韻論的にロシア語の母音に「軟らかい」とか「硬い」音の違いがあるわけではない。まして я [ja] が独立した母音であると見なすことはできない。

上のような奇妙な考えに対しては、次の Н. Ф. Яковлев と Baudouin de Courtenay の発言を参照されたい。彼らはおよそ百年前にロシア語の母音文字と子音音素の関係を間違えることに対して警告している。Яковлев (1928 [1970: 133])：「他方、我々にとって я, ю, е も文字【以下で述べるヤーコブレフのロシア語アルファベットの「数学的公式」に入れるべき文字のことを言っている―訳者】として考慮に入らない。というのもそれらの文字は母音の音的な違いを表すのではなくて、**母音音素 a, y, o に先行する子音の軟音性を表記するために使用されている**のであり、また語頭あるいは母音の後ろで使用されるからである。」(太字は訳者による)。Baudouin de Courtenay (1972: 289 [1929, Einfluss der Sprache auf Weltanschauung und Stimmung, *Prace Filologiczne*, XIV, pp. 331–36. (Sonderabdruck aus *PR*, pp. 35–36)]) (E. Stankiewicz の英訳；一部原文も併記した)：«In systems of writing which combine the principle of phonemography with elements of morphemography, the parallelism or lack of parallelism between the chain of sounds and the chain of printed symbols, between the sequences of graphemes and the sequences of phonemes, generally exerts an influence upon the mode of thinking. Thus, for example, in Russian phonemography, certain properties of the consonants are graphically rendered not by graphemes which usually stand for consonants but by the symbols for vowels that follow them or by the substitutes for vowels. In the Russian letter combinations *ba / bja, tu / tju, sè / se, p" / p', l" / l', ly / li*【ба/бя, ту/тю, сэ/се, пъ/пь, лъ/ль, лы/ли】, etc., the symbols for the consonants are identical, but the symbols for the vowels differ; in pronunciation the reverse is the case: the consonants differ (*l" / l', p" / p'*, etc.【лъ/ль, пъ/пь ...】), but the following vowels (excluding the zero vowel) are identical. **This lack of parallelism leads to a confusion of concepts, to a confusion of letters with sounds, of graphemes with phonemes, so that one speak <misleadingly> of the "soft" vowels *ja, ju, je, ji* and the "hard" vowels *a, u, e, y.*** [Ein solcher schiefer parallelismus führt zur *verwechslung* (*mischung*) der begriffe, zur verwechslung der buchstaben mit den sprachlauten, zur verwechslung der grapheme mit den phonemen. Man spricht von "weichen" vokalen *ja, ju, je, ji* od. ä., im unterschiede von "harten" *a, u, e, y ...*] »（太字は訳者による）

　さらに上の山口氏の奇妙な考えに対しては、次の R. Jakobson (1962) の音韻的価値の議論を参照せよ:「ロシア語の、口蓋化のある [b,] の後ろには前舌母音が続き、非口蓋化の、軟口蓋化された [bₓ] の後ろには奥舌母音が続く:[gub,á]【губя́】《破滅させつつ》—[gubₓá]【gubₓá] を表すものと思われる—柳沢】【губа́】《唇》; [gub,í]【губи́】《破滅させよ》—[gubₓíu]【gu¹b,i]《唇の》; [gr,ib,öt]【гребёт】3 人称単数《漕ぐ》— [gr,ibₓók]【грибо́к】《きのこ》; [b,üsₓtₓ]【бюст】《胸像》— [bₓúsₓɯ]【бу́сы】《ビーズ》。これら 2 つの連続する違いのどちらが音韻的な違いであるかをどうやって決定すべきか。すなわち、/b,/—/b/ の違いなのか、それとも /a/ — /ɑ/, /i/ — /ɯ/, /ö/ — /o/, /ü/ — /u/ の違いなのか。たしかに、語末の唇的閉鎖音は、すぐ後に有声閉塞音で始まる語が来ると、有声化する。たとえば、[r,áep,]【ря́бь】《さざ波》—[r,ápₓ]【ря́б】《あばたのある》は、不変化詞 že【же】の前で [[r,áeb,ʒɯ]—[r,ábₓʒɯ] となって区別されるが、この位置では、有声閉鎖音と無声閉鎖音との間に音韻的違いはない。さらに、多くのロシア語方言では、語末の唇音がすべてその口蓋化を失い、その結果、口蓋化唇音対非口蓋化唇音の弁別が母音の前の位置に限られている:[p,itₓát,]《養う》[pₓɯtₓát,]《拷問する》。我々はこれらの事実から、ロシア語においては音韻的価値を口蓋化唇音と非口蓋化唇音に付与すべきであって、後続の、前舌母音と奥舌母音に付与すべきではない、と推論する。なぜなら、この言語においては、子音の口蓋化の存在と欠如との間には自立的な識別があるのに対し、前舌母音と奥舌母音との間には如何なる自立的な弁別もないからである。」《言語学的概念「弁別特徴」—回想と思索—』『ローマーン・ヤーコブソン選集 1.』大修館書店、長嶋善郎訳、1986: 207–208. [Jakobson (1962-a: 645–646)]

本著者のように母音書記素を「第 1 系列」と「第 2 系列」と呼ぶことのほうが合理的、かつ不要な混乱を回避できる（Бодуэн де Куртенэ［2012²: §§54–55］はこれらそれぞれを第 5 系列、第 6 系列と呼んでいる）。ロシア語の音を理解する人は、欠して「軟母音」とか「硬母音」といった用語を用いない。勿論、80 年アカデミー文法にもそのような用語はない。全ては子音の側の対立である。文字と音を混同してはならないのである。次のボドゥアン・ド・クルトネ（Бодуэн де Куртенэ 2012²: §44）の発言は文字と音を混同し、音素 /i/ と子音の湿音性との関係を子音と文字 и と ы の関係だと考える人に対して警告を与えたものである：《それなくても心理的な観点からすれば、ここで条件付けているのはゼロまで含めた子音の表象であり、他方、条件付けられているのは母音の表象である。しかし文字の側からは逆の関係が存在する、つまり書記素 и と連合しているのは母音音素に先行する中舌の接近した表象【軟子音のこと】であり、他方、書記素 ы と連合しているのはこの接近が欠如した表象【非軟子音のこと】であるので、書記体系と言語、文字と「音」、書記素と音素を混同する人たちは、ロシア語でも子音の「軟音性」は「音」（あるいは「文字」）и（あるいは i）との結合に依存しており、また「硬音性」は「音」（あるいは「文字」）ы に依存していると相変わらず錯覚するのである》。

[補注 3] さらにボドゥアン（Бодуэн де Куртенэ 2012²: §90 [Бодуэн де Куртенэ, 1963, т. 2: pp. 224–225]）は、文字と音を混同し、そのために語形を誤って分析する「学者、教師」に対して痛烈な批判をしている：《語を「語根」、「接頭辞」、「語幹」、「語尾」に形態論的に分割することは我々の「学者」や「教師」達によって次のように行われている：вод-а ...、дын-я、земл-я ...、ше-я、зме-я、стру-я ...、стол-ъ ...、кон-ь ...、кра-й、обыча-й ...、 このような荒削りのそして無意味なやり方がたとえどれほど罪のないもののように思えたとしても、それでもそこには概念の混乱と混同、つまり文字と音との混同、書記素と音素との混同が見られる。これを行う紳士達は文字を盲信し、そして彼ら自身が「文字」と呼んでいるものが何なのか全く分からないのである。彼らは実際の形態素（語の形態的な部分）と、発音され聴覚されるもののおぼろげではっきりしない何らかの結合との見分けがつかないのである。なぜならば、彼らによって引用された「語尾」я（дын-я ше-я ...）、й（кра-й ...）、ъ、ь（стол-ъ ...、кон-ь ...）、つまり「語尾」а、я また「語尾」й と並んで「語尾」ъ、ь を立てることをいったいどうやって他に説明することができようか。こういった「権威ある威光」を笠に着て行動する我らの「教育者」に我々は、言語の一部だけでなく言語一般に関する我々の思想を害する毒を頂戴しているのである。語の分割のこのような手法は、害があり、それ故、許しがたいものであることを宣言して、我々は断固これを拒絶すべきである。》

勿論、ボドゥアンの考えは正しい。ды́ня の語尾は -a (/¹din,-a/)、край の語尾はゼロ (/¹kraj-ø/) である。ъ、ь 記号を「語尾」と考える人は今ではいないであろうが、しかしこの記号がない場合には、ひとは文字を頼りにするのである。例えば、『岩波ロシア語辞典』や『プログレッシブ・ロシア語辞典』(小学館、2015) の語尾変化表は край 型

の語の末尾のйを語尾と見なし、「格変化語尾」として、-йが主格単数で記載されている。しかし、例えば、Ожегов & Шведова (2009: 924) の辞典の変化表では、край の変化は「край, кра-я, ...」として記載され (кра-й でないことに注意)、その注に «Йот основы присоединяется к гласному окончания.» と記されている。このような我が国の「ロシア語学」に見られる文字と音素との混同、そしてそれと関連する形態分析の未熟さから、次のような類似の間違いが生じている。例えば、命令形のчитайを「現在語幹чита-にйをつけてつくる」というように書いてある文法書があるが、この場合も現在語幹はчитай /čitaj/ であり、そこにゼロ語尾がついているのである。またсоседの複数主格形соседиを「軟語尾」-иが付くと言う人がいるが、実際は複数形において語幹末の硬子音 /d/ が軟子音 /d,/ に交替しているに過ぎない (本書§246 参照)。さらに所有形容詞、例えば、лисийの末尾のийを語尾と勘違いして、例えば、『プログレッシブ・ロシア語辞典』の格変化語尾表 (18頁) では「形9」として、男性の単数主格が-ийと記されているが、しかしこれは語幹の一部であり、語尾はゼロである (訳注263 参照、また、Ожегов & Шведова (2009: 932) の «олений, олень-его» の表記に注意)。

[補注4] ボドゥアン・ド・クルトネのこの書『ロシア語文字とロシア語の関係について Об отношении русского письма к русскому языку』(1912 [2012²]) は一世紀前のものであるが、ロシア語の音素と文字との関係を理解するためには非常に有益な書である。小冊子であるが、そこに盛られた音と文字の観察は決して古くなっていない。この書の一部はボドゥアン・ド・クルトネの『一般言語学論文集 Избранные труды по общему языкознанию.』(том II. Москва, 1963: 209–235) に載っているが、多くの箇所が省かれている。ボドゥアンが如何に文字と音素とを取り違えることについて闘っていたかはこの小冊子から伺うことができる。さらに Л. В. Щерба (1957: 85–96) の «И. А. Бодуэн де Куртенэ и его значение в науке о языке» の中の文字と音との区別に関する箇所を参照：«Положительный вклад Бодуэна в этой области состоит прежде всего в последовательном различении буквы и звука, благодаря чему многие отделы морфологии приобретают совершенно иной вид, чем тот, к которому мы привыкли в старых грамматиках: й в край, май оказывается не окончанием им. падежа ед. числа, а составляет неотъемлемую часть основы; то же и в личных прилагательных притяжательных мой, твой, которые именительные падежи, оказывается, образуют по именному склонению.» (ibid. 87) Щерба (1974: 388) のボドゥアンの追悼文 «И. А. Бодуэн де Куртенэ. Некролог» (ibid. 381–394) も参照。これら2つのЩербаの論文と追悼文については前者には村田郁夫・中村泰朗両氏の翻訳 (中村泰朗『ロシア語論集』揺籃社、2004: 271–291 に所収)、後者には中村泰朗・菱川邦俊両氏による翻訳 [創価大学外国語学科紀要 2005] がある。

以上同じことを繰り返してきたが、これは日本のロシア語の教科書や文法書を書く人の中に文字と音素の関係を混同し、そして今もこのようなことが何の批判もされずに後の世

代に伝えられていることを危惧するからにほかならない。文字と音素との関係はロシア語教育の最初に教え込まねばならない基本であることは確かであろう。子音の硬音性・湿性の違いを母音の違いだと勘違いしているようでは音韻論や形態論は根本的に理解できないからである。例えば、名詞の曲用に「硬変化」と「軟変化」の区別などないことについてのИсаченко (1954: 153) の次の発言を参照されたい：「文字の上では「硬」語幹と「軟」語幹の間の違いは表現される。例えば、стол-á // кон-я́, стол-ý // кон-ю́, стол-о́м // кон-ём, pl. стол-áм // кон-я́м, стол-áми // кон-я́ми, стол-áх // кон-я́х. しかしこの場合、語尾の綴りはパラダイムそのものの形態論的な特徴ではなくて、ロシア語の文字法 графика の特徴だけを反映している。というのも文字 -я, -ю, ё は軟子音の後ろで音 -a, -y, -o (あるいはそれらの無アクセントのヴァリアント) を表記している。要するに、形 кон-я́, кон-ю́, кон-ём は単に形 [kan'-a·]、[kan'-u·]、[kan'-o·m] の文字法的なヴァリアントであるにすぎない。そこでは語尾そのものは、стол-á, стол-ý, стол-о́м タイプの「硬」語幹の語尾と何ら違わないのである。」

こういったロシア語の書記法を書記素の数から眺めれば、硬子音と軟子音を全て異なる書記素で表す書記法よりも、子音の後ろに2系列の母音文字を置くことによって子音音素を全て表記するほうが書記素の数を減らすことができ経済的である。すでに訳注7で触れたように、ヤーコヴレフ Н. Ф. Яковлев (1928 [1970: 123–148]) の著名な論文《アルファベット建設の数学的公式》(Математическая формула построения алфавита. Культура и письменность Востока, кн. I. M. Стр. 41-64.) はこのことを書いた論文である。この中でヤーコヴレフはロシア語のアルファベットの記号の数の公式をつぎのように表している：

《A = C + Г − C' + Г' + 1》

A はアルファベットの記号の総数、C は硬子音と軟子音の子音音素の数= 33、Г は母音音素の数= 5、C' は子音音素の硬音と軟音のペアの数= 12 (мь — м, нь — н, ль — л, рь — р, фь — ф, вь — в, сь — с, зь — з, пь — п, бь — б, ть — т, дь — д)、Г' はこれらの子音音素と結合するペアの母音ヴァリアント= 4 (e は含まれない)、そして最後の数字《1》は隣接する母音の前以外の位置での子音の軟化を表すために加えられる文字の数 (つまり軟音記号 ь)。それ故、A = 33 + 5 − 12 + 4 + 1 = 31 (さらにペアである3つの音素 кь — к, гь — г, хь — х を加えたとしても、A = 36 + 5 − 15 + 4 + 1 = 31 となり、同じ結果になる。さらにここで注意すべきはヤーコヴレフはこれらの3組の音を異音のペアと見なしていることである。訳注 50 を参照)。この公式からもわかるように、各音素に独自の文字を割り当てるとすればロシア語のアルファベットの文字数は 38 個が必要となるが、2系列の母音文字を使えば、31 文字に減らすことができる。ヤーコブレフはこれに続いてこう書いている：「このシステムの一貫した実行に際して、もし我々が軟音性の後ろの母音 o は今日では特殊な文字 ё によって表現されず、文字 e によって表現される、ということに注意を向ければ、ロシア語のアルファベットにおける文字数は 31 から、さらに 30 にさえ切り詰めることができよう。しかし歴史的に出来上がったロシア語のための文字システムにおいて、上の計

算は本質的に余分な記号が導入されているという状況によって少し混乱している：まず第一に、硬子音の後ろで音йを表すためのъあるいは«'»，そして第二に、音節йеを表記するための特殊な文字еである。後者の首尾一貫性のなさは、文字я, ю, еに、現代語にとって、また文字にとって全く余計な音節の意味：йа, йу, йеがロシア語のアルファベットに付与されていることから来ている。」(ibid. 134) このヤーコヴレフの論文は、ロシア語の母音に「軟母音」や「硬母音」の区別があると信じている人には全く理解できないであろう。

このヤーコブレフの論文はロシア語だけでなく、カバルダ語やアブハズ語などのコーカサス諸語やチュルク諸語の文字建設のための優れた論文であり、ロシア語のиとыが1つの音素であることについても注の中で触れられている。この論文の至る所に後のモスクワ音韻学派の研究と同じ結論がさりげなく述べられていることは驚くべきことである。これからヤーコブレフの音素についての考えは、モスクワ音韻学派の先蹤をなすものであることが確かめられる。(モスクワ音韻学派に対するヤーコブレフの影響については、Реформатский (1970: 14–120) の巻頭論文 «Зарождение московской фонологической школы» の pp. 16–21 も参照されたい)。

さらにヤコブソーンの《ユーラシア言語連合の特徴づけに寄せて》(1931, К характеристике евразийского языкового союза. [Jakobson (1962: 144–201)]) にも軟子音と硬子音についての興味深いことがかなり平易に書かれている。ここには上述のヤーコヴレフの公式についても次のように書かれている：「これに関連して非常に興味深いのは、アルファベットの文字数に関して最も経済的な構成方式を引きだそうとする Н. Ф. Яковлев の試みである。彼は、軟音性と硬音性に関する子音のちがいを表記するには、ロシア語アルファベットがその方式に完全に合致している、すなわち、最大限の経済性を発揮しているということを結論づけ、その理由として、子音の軟音性はそれに後続する母音音素のための追加文字 (я, ё, ю, и) でもって、一方、母音以外の位置での子音の軟音性は補足的な文字ьでもって表記しているからであるとしている。(中略) 白ロシア語の表記をラテン文字化しようとする諸々の試みを検討してみるならば、子音の独立の軟音性を持つ言語にとってラテン文字は不経済であることがはっきりと実証される。例えば、ラテン文字で印刷された白ロシア語の物語—『祖国、白ロシア小史』、ヴィリナ、1910 —の最初の何頁かをキリール文字で書きかえて、両方のヴァリアントを比べるならば、ロシア語式の「追加」母音文字体系を放棄するだけで、ラテン文字化されたテキストはキリール文字のそれに比べてほぼ7.5％は量が増えることが分かるであろう。言いかえれば、ラテン文字を好んで選択した白ロシア人は、テキストの100頁毎に7頁半の無駄に消費された紙、活字、印刷用インクを余分に追加しているわけであって、これは、外見的な西欧主義を満足させるための無目的な浪費であり、統計的な計算を優先させたために他ならない。いかに正書法を改変してみたところで、ロシア諸語、あるいは、例えば東フィン諸語のラテン文字への移行は結局のところ余分な出費を伴うだけである。のみならず、ラテン文字による子音の軟音性の表記には原理の統一性を欠くという不都合さがあり、これは読み書き教育に際して特に有害な影響を及

ぼす。ロシア文字の場合子音の音韻的軟音性は、すべての場合において、後続文字によって表されるが(зь, зя, зё, зю, зи)、ラテン文字を適応した場合の白ロシア語のテキストでは、軟音性表記のために4種類のまったく異なったやり方が用いられることになる。」(米重文樹訳『構造的音韻論』岩波書店 1996: 332-333)

　ヤコブソーンの言う軟音性表記をラテン文字で行っている例としてリトアニア語を挙げることができる。リトアニア語では、前舌母音 e, ę, ė, i, į, y の前の子音は軟音を表す。例えば、pìlti [¹p,il,t,i]、mẽzgė [¹m,ɛːz,g,e]。これに対して、後舌母音 a, ą, o, u, ų, ū の前の子音が軟音である場合には、これらの母音の前に i を添える (この場合の i は前の子音の軟音性を示すだけの記号である)。例えば、liúosas [¹l,ŭʌsɑs]、siaũras [¹s,aurɑs]。後舌母音の前の子音が硬音であるときは i を添えない。例えば、tãkas [¹tɑːkʰɑs]、prõtas [¹proːtɑs] (Senn 1966: 65ff.)。

26. Isačenko (1947: 61) によれば、子音の後ろ、母音の前の位置で音 j は記号 ь によって表現される：пьяный (pjanyj)、вьюга (vjuga)、пьéса (pjesa)、шьёт (šjot)。記号 ь の後ろでは「ヨットが前にある」母音 я, ю, е, ё (a, y, э, o でなく) だけが表記されるのが規則である。しかし若干の外来語ではその規則は保持されない：батальóн, почтальóн, бульóн < Fr. *bouillon*。そこでは許されない -ьo- が表記されている。

27. 訳注 19、57 参照。

28. Реформатский (1975: 78) によれば、бульóн, каньóн のようなところでは、結合 [j+o] が ьо によって文字法として伝えられるが、その場合に ['jo] ではなくて [jo] である、としている。ここでは ь はこの後ろの о が単に音節 [jo] であることを示している記号である。しかし発音辞典ではこの j の前の子音は軟音となっている：бу[л'jó]н, ка[н'j]óн (Касаткин 2012)。さらに Л. Л. Касаткин (Лекант *et al.* 2013: 140) 参照：「文字 ьо の結合は借用語において /jo/ を意味する：*бульóн, медальóн, лосьóн*, etc.」

29. Isačenko (1947: §53) によれば、音群 ци において [i] の代わりに、アクセント下で [ш]、非アクセント音節で [cy] のみが発音される【Isačenko の発音記号では [ш] は рыба の [ы]、[y] は дырá の [ы] の音を表す】。文字法は ци と цы を区別する：語根形態素が国際語（ギリシア・ラテン語）と西洋語であるときは ци、ロシア語（цыплёнок, цы́пка) あるいはロシア語化したと考えられている語（цыгáн, цы́бик, цынгá, цыдýлка < Pol. *cedułka*) のときは цы が書かれる。如何なる場合でも発音は [cш·]、あるいは無アクセント音節で [cy-] のみ。例えば、цивилизáция [cy-...-cyə]、цикл [cшkłº]、циклóн [cykłoːn]。ци́ник [cш·n'ik]。-ц, -ца で終わる語の語尾では一貫して -цы が書かれる：концы́, ýлицы。しかし現代語で大変に広まっている接尾辞 -ция は、-ци- と書かれ、[-cyə] と発音される：нáция [na·cyə]、револю́ция [r'ivalʲu·cyə]、протéкция [pratɛ·kcyə]、Швéция [šv'e·cyə] (個々の発音ではこの接尾辞では軟音の c' あるいは t' さえ聞かれる：лéкция [l'ėk'c'ıə] あるいは [l'ėk't'ıə])。

30. танцевáть の -це- は [-ца-] と発音される (Аванесов 1983)。

31. シュー音の後ろでの書記素 {ë} と {o} の分布の詳細についてはプラハ版アカデミー文

法 (§185) を見よ。ヤコブソーン («Избыточные буквы в русском письме» (Jakobson 1962: 558) は、ц の後ろの и と ы の選択を「忌々しい不一致」と言う。しかし母音の体系的な正書法における最大の欠点は、対を成さない子音の後ろでの o と ё (あるいは e) をもつ綴りの「ひどく人工的で、不必要で、教育的に厄介な配分」であるという。例えば、名詞 поджог, 対して動詞 поджёг ; 同じ接尾辞の伝達における首尾一貫性のなさ— облицовывать と облицевать に対して затушевывать と затушевать. また以下のような正書法：чётки, чётный, чёлка, しかし чокнуться と чопорный。

32. このようなシュー音の後ろにある軟音記号の形態論的カテゴリーの標識機能を Ward (1965: 72–73) とプラハ版アカデミー文法 (§194) によってまとめれば次のようになる：《(1) ш, ж, ч, щ の後ろの軟音記号はその語が女性名詞の曲用 (III 曲用の女性名詞の単数主・対格) に属すことを示す：вошь, ложь, речь, вещь, мышь.【歴史的に男性名詞は ь を落とした：ножь > нож [noš]】(2) ш, ж, ч の後ろの軟音記号はその語が命令形であることを示す：ешь, режь, плачь.【語末でなくても子音の前でも同様：ешьте, режьте。しかし母音の前では分離機能：шьет [ʃjot]】(3) ч の後ろの軟音記号はその語が不定形であることを示す：течь, мочь. (4) ш の後ろの軟音記号はその語が動詞の 2 人称単数現在形であることを示す：читáешь, говоришь. (5) ш, ж, ч の後ろの軟音記号はその語が副詞であることを示す：наóтмашь, нáстежь, прочь.》 上の (1) の規則は正書法に拠っているので例外はない。Зализняк (1967: 143) によれば、シュー音でおわる男性名詞は、シュー音 + ь で終わる女性名詞のおよそ 7 倍多いという (彼の資料では 370 語)。

33. 現代ロシア語では ц ш ж は常に硬音であるので、これらの子音の後ろにある и は [i] ([ы]) と発音される。現代ロシア語でこれらの子音の後ろで и が書かれるのは、古代ロシア語ではこれらの子音は軟子音を表しており (Vlasto, 1986: 66 によれば、脱湿音化は 12 世紀から始まり 14 世紀終わりに完成した)、それらが硬子音に変わっても、古い書記法の ци, ши, жи が残ったからである。Бодуэн де Куртенэ (2012², §48) は、正書法で шы, жы, чы, щы ではなくて、必ず ши, жи, чи, щи が書かれるのは、また жэ, шэ, чэ, щэ ではなくて же, ше, че, ще, це が書かれるのは、「教会スラヴ語の文字体系からロシア語の書記・視覚的言語 писанно-зрительный язык がこれらを借用したことによって説明される」、と述べている。1929 年の正書法委員会では ж, ш, ц の後ろで и ではなく、一貫して ы を書くこと (例えば、жырный《太った》) が提案されたが、実現されることはなかった (Comrie 2003²: 296)。しかし ц は文法的な語尾や接尾辞 <=in=>、また若干の孤立した語においては、цы と書かれる (プラハ版アカデミー文法、§185)：огурцы́, сестри́цын, цыга́н, цыплёнок, etc.

またこれについて Н. Ф. Яковлев (1928 [1970: 133, Note 7]) は共時論的な観点から次のように書いている：「正書法においてペアである硬音と軟音の対立をもたないような ч, щ, ж, ш の後ろで母音を表すために а, у, и の綴りが採用されているという事実は、無条件に合理的な書記法原理である：つまり書記法において二様の可能性のある書き方の内で、1 つの最も単純な書き方の保持という原理である。この原理が цы の場合にも適応すべきで

あった、つまりあらゆる場合に ци と書くべきであった。」このヤーコヴレフの発言は正書法の原理として非常に鋭いが、また Яковлев (1923: 69-70) の次の発言を参照されたい：
«Однако, если попытаться найти в объективной фонетической системе языка объяснение такому действительно существующему явлению, как выбор большинством говорящих на данном языке одних и тех же звуковых оттенков в качестве символов фонемных рядов, то, (...) следует принять во внимание оттенок, 1) сочетающийся с представителями преобладающего числа других фонем данного языка, т.е. обусловленный наиболее распространенным в последнем фонетическим положением, и ...».

また Аванесов & Сидоров (1930 [1970: 154]) は次のように ц の後で и を書くべき理由を挙げている：「勿論、ここでは同じ綴り、つまり ы かあるいは и を定めるべきである。この問題の妥当な解決はいまある綴り и を残して、それを ц の後の全ての場合に拡げることである (つまり、例えば、цыпленок, кузнеци と書くこと)。そのような解決に至るのは、ロシア語には独自な音素 ы が存在せず、音 ы は単なる音素 и の組み合わせヴァリアントにすぎないということによっている」。

［補注］上の Аванесов & Сидоров の論文は上の Яковлев (1928) の論文に類似していることは一目瞭然である。これについて、Реформатский (1970: 23) は次のような意味ありげなことを書いている。彼によれば、Аванесов & Сидоров の引用には Бодуэн де Куртенэ (1912) や P. O. Якобсон (1929) の研究は言及されているのに、「しかし何故か同じことを語っている最も身近な《資料》、つまりヤーコヴレフの論文《アルファベット建設の数学的公式》［Яковлев 1928］は言及されていない。実際、ヤーコヴレフからの引用はある、がしかし《アルファベット建設の数学的公式》からではなくて、《カバルダ語辞典のための資料》«Материалы для кабардинского словаря» (вып. I, M. 1927, стр. XXXIX и сл.) からの引用である。この研究は《アルファベット建設の数学的公式》より知られることが少ないのだが。」

ци と цы については訳注 29 を見よ。山崎タチアナさん (名古屋大学のロシア語教師) によれば、ロシアの小学校では цы と綴る単語を覚えるために、次のような文を教えられたということである：Цыга́н на цы́почках цыплёнку „цыц!" сказа́л.《ジプシーは爪先だってヒヨコに「トートト」と言った》。

34. цю という結びつきも外国の名前の表記に見られる。例えば：Цю́рих, Цюру́пинск. ここでは ц は硬音のままで、ю は [ju] と発音される。

35. 訳注 50 を参照。

36. Кызыл-ку́м カザフ語で《赤い・砂》。

37. 「スラボニア語」とは、古代教会スラヴ語 (Old Church Slavic; altkirchenslavische Sprache) の流れを受けてロシア、ブルガリア、セルビア、ウクライナなどの国家において独自に形式化された典礼に用いられた言語である。ヴァイアン A. Vaillant (1964[9]: 13–14) はこの言語について次のように書いている：「古代スラヴ語 vieux slave【フランスで使われる

用語で《古代教会スラヴ語》のこと、cf. Russ. старославянский язык —訳者】は方言的な違いをもちながらも1つの言語として話されていた。11世紀(中世スラヴ)から、この違いは我々が異なる方言に向かい合っていると感じるほどに強化された：古スロヴェニア語、古ロシア語、等。その書記言語は古代スラヴ語の伝統を保とうとし、またその統一を保持しようとしたが、しかし地域的発音を受け入れざるを得なかったし、また話し言葉に多少とも歩み寄らねばならなかった。それはまた国家によって様々な形を受け入れた。これがスラボニア語である。それは正書法、語彙、また文法的用法により区別される。古代スラヴ語のテキストはそのスラボニア語の正書法のなかで書き写され、新しい様相の下に呈示される。これがロシア語、中世ブルガリア語などの編纂であり、これは古代スラヴ語の編纂の後を継いでいる。」

訳注ではスラボニア語に相当する用語としてまた「教会スラヴ語」も使用していることに注意されたい。

38. 動詞 растú の語根における母音 a/o の交替は共通スラヴ語の母音交替 (cf. спрáшивать/спросúть) を反映したものではない。母音 a をもつ растú — растý の綴りは、教会スラヴ語の文字化によって説明される (OCS расти)。過去時制では東スラヴ語形 рос (рослá, рóсший) を保持した (Исаченко 1960: 92)。スラヴ語の *orT- は音調により、スラヴ語の方言では異なる反映をもつ (Meillet 1965: 71; Хабургаев 1986: 99–100)。acute 音調では OCS ra-, Russ. ra-, circumflex 音調では OCS ra-, Russ. ro- となる。この語根が Lith. *ardýti* "to split" (< *ord-tei*) と起源を同じくするとすれば (RED, 2011)、リトアニア語のこの形から語根に circumflex 音調の存在が予想される (ソシュールの法則)：OCS *rasti,* Russ. *rosti*; cf. S-Cr. *rásti*. (Cf. *oŕstь,* Slav. растъ, Russ. рост). RED によれば、pácти "to grow" は Slav. *orsti* からの本来の pocтú を置き換えた教会スラヴ語の形であるとされる。同様に Meillet (ibid.) によれば、アクセントの外ではスラボニア語の書記法によって普通、ras-, raz- と書かれる。

39. Л. Л. Касаткин (Лекант *et al.* 2013: 54) によれば、軟音の [ц'] は例えば、[с'] の前の [т'] の位置で発音される：ма[ц'] Серёжи *мать Серёжи*.

40. Аванесов & Ожегов (1960) によれば、л[ýтш]ий であるが、Л. Л. Касаткин (Лекант *et al.* 2013: 54) によれば、音 [ч'] は [ш] の前でペアの硬音 [ч] (著書と同じ [č]) になるとして次の例が挙がっている：лу[ч]ше (cf. лу[ч']), о[ч]шатнýться, по[ч]шутúть. また Касаткин (Лекант *et al.* ibid.) によれば、硬音の [ч] は語末の дж の位置でも発音される：кóлле[ч] *колледж*.

41. А. Юдакин (2000) によれば、「強い位置」と「弱い位置」の概念は Р. И. Аванесов & В. Н. Сидоров. 1945. «Очерк грамматики русского литературного языка, ч. I. Фонетика и морфология.» の中でつくられ、音素の変種 видоизменение の定義が与えられたという。例えば、Аванесов & Сидоров (ibid. 48): «Характеризуя изменения гласных фонем, (...) надо прежде всего выделить сильную позицию — положение под ударением — от слабой позиции — положения в безударных слогах.» しかし Журавлев (1988: 25) によれば、「強い位置

сильная позиция」«позиция максимального различения» の考えは Н. Ф. Яковлев のものであり、この考えがモスクワ音韻学派とプラーグ学派の基礎になったという。

　Аванесов (1956: 95ff., 104, 106) によれば、ロシア語の母音にとって「弱い位置」は無アクセント音節の位置である。「強い位置」はアクセント音節の位置であり、特に強い母音音素の基本的な姿が現れるのは次の位置である：孤立した使用において、硬子音の前の語頭、後舌子音の後ろの位置、それ以外に、音素［и］と［е］にとっては軟子音の後ろで軟子音の前でない位置；音素［у］、［о］と［а］にとってはペアをもつ硬子音の後ろ（また硬・シュー音の後ろ）で軟子音の前でない位置。【音素 /y/ にとって、全ての位置は強い：それは如何なる音素とも中和しない(Л. Л. Касаткин［Лекант et al. 2013: 113］)。】

　他方、子音についての強い位置と弱い位置は Аванесов (ibid. 162ff.) によれば、次の位置である。まず、有声性に関して、無声・有声のペアをもつ子音について強い位置は、1) 全ての母音の前、2) 鳴子音の前、そして 3)［в］と［в'］の前の位置である。例えば：1) суп［суп］— зуб［зуп］; 2) клуб［клуп］— глуп［глуп］; 3) творéц［твʌр'éц］— дворéц［двʌр'éц］【в については訳注 56 を見よ】。無声・有声のペアをもつ子音にとって弱い位置は、1) 語末の位置、2) 無声子音の前、3) 有声子音の前である：1) хлеб［хл'еп］、степь［с'т'êп'］、рябь［р'äп'］; 2) лáпка［лáпкъ］、ши́бко［шы́пкъ］、абсýрд［апсýрт］; 3) аббáт［ʌббáт］、вбок［вбок］、вбить［в'б'и́т'］、клáдбище［клáдб'иш':ъ］、сбой［збоˑj］。

　次に硬音性・軟音性に関する子音の強い位置は、1) 語末、2) 母音音素（［е］を除く）の前、3) 前舌子音にとって、後舌子音と硬・唇子音の前、4) 音素［л］と［л'］にとって、軟子音も含めた全ての子音の前の位置である。例えば：1) брат［брат］— брать［бра·т'］; 2) тук［тук］— тюк［т'·ук］、пыл［пыл］— пил［п'ил］、вал［вал］— вял［в'·ал］、нос［нос］— нёс［н'·ос］、носи́［нʌс'и́］— неси́［н'иᵉс'и́］. 3) рéдко［р'éткъ］— рéдька［р'êт'къ］、избá［избá］— резьбá［р'иᵃз'бá］. 4) волнá［вʌлнá］— вольнá［вʌл'нá］. 硬音性・軟音性に関する子音の弱い位置は以下である：1)［е］の前の位置：пел［п'ел］. 2) 上で述べた場合を除いた、以下の子音の前の位置：a) 硬・軟に関してペアを成さない子音［ш］、［ж］、［ц］、［ч'］、［ш':］、［j］の前で（［ш］、［ж］、［ц］の前の子音は硬子音として発音される；［ч'］と［ш':］の前の唇音は硬く、歯音は軟らかく発音される；［j］の前の子音は軟子音として発音される。また［j］の前の接頭辞の境界における湿音性の揺れについては訳注 57 を見よ）：лапшá［лʌпшá］; купцы́［купцы́］(cf. удальцá［удʌл'цá］)、кóпчик［кóпч'ик］、кóнчик［кóн'ч'ик］; ямщи́к［jиᵉмш':и́к］、бáнщик［бáн'ш':ик］、пьян［п'jан］、скамья́［скʌм'já］. b) 以下のペアを成す硬子音の前の位置：(1) 硬い歯音の前で硬音性・軟音性に関して弱い唇音が現れる（この位置では硬子音として発音される）：лаптá［лʌптá］、прáвда［прáвдъ］、пса［пса］、удóбно［удóбнъ］. (2) ペアを成す硬・歯音の前で、硬音性・軟音性に関して弱い歯音が現れる（この位置では硬子音として発音される）：стон［стон］、гýсто［гýстъ］. (3)［р］の前で、硬音性・軟音性に関して弱い唇音と歯音が現れる（この位置では硬子音として発音される）：прок［прок］、срок［срок］. (4) ペアを成す硬・唇音の前

で、硬音性・軟音性に関して弱い唇音が現れる（この位置では硬子音として発音される）：ла́мпа［ла́мпъ］。c) 以下のペアを成す軟子音の前の位置：(1) ペアを成す軟・歯音の前で、硬音性・軟音性に関して弱い唇音が現れる（この位置では硬子音として発音される）：пти́ца［пт'и́цъ］、нефть［н'ефт'］。(2) ペアを成す軟・歯音の前で、硬音性・軟音性に関して弱い歯音が現れる（この位置では普通は軟子音で発音されるが、接頭辞や前置詞の末尾では硬く発音されることも可能）：степь［с'т'е̂п'］、кость［ко·с'т'］、растира́ть［ръст'ира́·т'］あるいは［ръс'т'ира́·т'］。(3) 軟・歯音の前で、硬音性・軟音性に関して弱い音素［р］が現れる（この位置では普通は硬い［р］が発音されるが、半軟音化することもある）：по́ртит［по́рт'ит］、рдеть［рд'е̂т'］。(4) 軟・唇音の前で、硬音性・軟音性に関して弱い唇音が現れる（この位置では軟らかく発音される）：例えば、接頭辞・前置詞の［в］と語根の軟・唇音［в'］、［ф'］の結合：вверх［в':ерх］、в фигуре［ф':игу́·р'и е］。в лампеの場合には、古い規範では軟・唇音の前の唇音は軟子音で発音された（［в-ла́·м'п'и е］）が、現代では［ла́мпъ］の影響によって軟・唇音の前の唇音は硬子音で発音される（［в-ла́мп'и е］）。

42. 訳注7を見よ。原著者の音素の考えはモスクワ音韻学派の研究者、特に R. I. アヴァネーソフと V. N. シードロフ（Аванесов & Сидоров 1945: 44–45）の考えに近い。例えば、Аванесов & Сидоров (ibid. 44) から音素の相関性についての項を参照：「諸音素は、ヴァリアントにおける実現の結果、諸グループに統合する。これは他のヴァリアントにおける実現の際に、ある位置での諸音素の非識別の特徴によるものである。そのような非識別の原因で、語における何らかの音がどの音素のヴァリアントであるのかを常に決めることができるとはかぎらない。ヴァリアントがある音素に所属していることを確立することができるのは、語形変化と語形成のさいに同じ形態素の中に音素がその基本的な姿 основной вид で現れるような場合である。例えば、語 вада́ において、アクセント前音節で音 a が発音され、それは音素 o のヴァリアントでも、音素 a のヴァリアントでもありうる。引用した語において、音 a は音素 o のヴァリアントである。これは、語形変化のさいに、o と a が弁別される位置で、つまりアクセント下で、同じ語根の母音は o として現れることから明らかである。例えば、вада́ — во́т (= вод) (cf. трава́ — тра́ф)。全く同様に語根 вóс (= воз) において音 c が発音され、それは音素 з のヴァリアントである。というのも無声音と有声音が区別される位置で、この語根において音素 з が発音されるからである。例えば、вóс — вóзь (cf. нóс — нóсь)。」

Аванесов (1956) の《Фонетика современного русского литературного языка»、Москва. には音素についての考えが纏められている。Аванесов の音素の概念についての次の発言と本書のギャルド氏の音素認定の考えを比較されたい：「ロシア語における強い母音音素［о］とそれと交替する弱い母音音素［ʌ］と［ъ］——それらは位置的な交替の1つの系列を形成する——のまさに機能的な一体性、また強い音素［д］と位置的な交替の別の系列をつくる弱い音素［т］と［д'］の一体性は、語形 вода́［вʌда́］、во́ды［во́ды］、вод［вот］、воде́［вʌд'е́］、водово́з［въдʌво́с］において同一で、それぞれが等しく、一致する語根形

態素が存在すると見なすことを可能にさせる。その語根形態素は位置的な条件に依存してその音形を変化させる。かくして、上で引用した語形の母音要素は、強い音素［o］によって率いられる音素系列［o］//［ʌ］//［ъ］である；おなじ形態素の末尾の子音要素は強い音素［д］によって率いられる音素系列［д］//［т］//［д'］である」(Аванесов 1956: 31-32)。また Щерба の弟子の С. И. Бернштейн の論文「音韻論の基本概念 Основные понятия фонологии」(ВЯ, 1962, № 5, 62-63) も、Щерба の考えと対比してモスクワ音韻学派の音素の考えを次のように伝えている：「もし音素の基本的特徴としての意味弁別を考慮しなければ、この【モスクワ音韻学派の】理論には Щерба の学説の側からの影響は認められない。意味弁別以外にこの音韻論的構築において Щерба の学説との違いで目につくのは、何よりも物質的音響から音素を抽象化する程度についての問題の相違、つまり言語の音声的単位としての音素の範囲についての問題の相違である。例えば、мороз という語において末尾音素は、Щерба の立場では с であり、それはこの語の他の形では音素 з と交替する。《新しいモスクワ学派【モスクワ音韻学派】》の立場からすれば、これは音素 з であり、その変異音 с を含んでいる。別な言葉で言えば、この学派の代表者達は形態素の中の生きた位置的な交替によって結びついた全ての音は１つの音素のメンバーに属している、と考えている。つまり生きた位置的な交替は音素の枠内でのみ——その変異音の間でのみ——可能であると考えている。音素それ自身の間では生きた位置的交替は起こらない。従って、この学派の観点からすると、これらの交替は形態素の音素メンバーに影響を及ぼさない。最後に、これと関連するのは異なる音素がある１つの物質的音に一致する可能性である：語 мороз において音素 з の変異音である с は、他の位置的条件で、例えば、語 сон では音素の《基本種 основной вид》с として現れる。また語 трава における無アクセント母音は音素 а の変異音である (cf. тра́вы)、しかし語 вода の同じ無アクセント母音は音素 о の変異音である (cf. во́ды)。これに対して Щерба は両方の場合に音素 а を認めていた。これらのことは全て上で挙げた著作の中にあるボウドゥアンの考えに一致し、Щерба の学説と食い違っている。」

　モスクワ音韻学派（МФШ）とレニングラード音韻学派（ЛФШ）の音素に関する考えの違いについては、Л. Л. Касаткин (Лекант et al. 2013: 91ff.) に詳しい。またプラハ音韻学派（ПФШ）と МФШ の考えの違いは Касаткин (Лекант et al. ibid. 95-96) が以下のように纏めている：「МФШ と ПФШ は中和の位置に現れる音の音韻的本質もまた違った風に評価する。ПФШ の観点からすれば、音素とは弁別特徴の束、総体である。МФШ の観点からすれば、音素とは、補充的な分布の中に存在し、音声的位置の中で交替する多くの音によって呈示される言語単位である。原音素 архифонема は、МФШ と ПФШ の観点からすれば、中和された音素の共通部分である。ПФШ によれば、原音素であるのは中和された音素にとって共通の弁別特徴である。音素と原音素は異なる組の弁別特徴を所有する。それ故、原音素は音素とは異なった特殊な音韻的な単位である。例えば、語形 рот と род において同じ音韻的成分 /роТ/ がある、つまり音素 /р/ と /о/ と原言素 /Т/ がある。МФШ の観点から

すれば、原音素は中和している音素の共通部分を成す音によって呈示される。これらの音は、中和している音素が示差的に強い位置で見せる音と同じ性質をもっている：どちらの音も同じ形態素の中で位置的に交替する。それ故、どちらの音も同じ音素に属する。例えば、語 *pom* の音素成文は /рот/、また語 *pod* の音素成文は /род/ である。かくして、原音素は音素に対立されるのではなくて、その一部である。」(ibid. 95)　各音韻学派の比較については Колесов (2008: 339–344) を参照。

43. 本著者は子音を記述するさいに、まず湿音性の相関（硬子音と軟子音の相関）のあるなしによって子音を分類している（また §8 参照）。訳者もまたロシア語の子音音素を分類するとき、最も重要な項目は湿音性の相関であると考える（これに比べると子音の有声性の相関はロシア語では二次的である）。湿音性の相関については、A. A. レフォルマーツキー Реформатский もまた次のようにその重要性を強調している：「ロシア語における《硬子音》と《軟子音》についての問題の話題そのものは、ロシア語の発音全体（子音のこのカテゴリーだけに準じるものでなく）の実践的な基礎付けのためにも、また現代ロシア語とその歴史の音声体系を理論的に理解するためにも非常に重要である。また《硬子音》と《軟子音》の相関が一義的である子音組織のためだけでなく、無アクセントとアクセントのある母音組織の可変性の全ての場合を理解するためにも、この問題は非常に重要である。」(A. A. Реформатский (1958)：О корреляции [*sic*] «твердых» и «мягких» согласных (в современном русском литературном языке.) [Реформатский 1970: 494–499].

　レフォルマーツキーも述べているように、湿音性の相関は子音のみならず母音の発音にも影響を与える（例えば、軟子音間の е が軟子音間以外の е より舌背をより高く持ち上げて、つまり閉じた [ẹ]（Аванесов は [ê] と表記）として発音されること (§100)：мел [m'el] と мель [m'êl']（Аванесов, 1956: 8)。また軟子音の後ろの無アクセント音節の а が [i] になる発音：часы́）。また移動母音の出現条件にも湿音性の相関が係わっている (§134)。しかし有声性の相関にはそのようなことはない。本書でもギャルド氏は、《対をもつ、対をもたない》という表現を使うときは断らない限りそれは硬子音と軟子音の対のことを言っているのだと書いているが (§8)、それほど有声性の相関は湿音性の相関に比べるとロシア語では重要ではない。日本の多くの教科書は子音の有声性の相関を載せるが、湿音性の相関を載せることが少ない。これは湿音性の相関の重要性についての無理解と関係があろう。これについてはまた、Timberlake (2004: 28) の次の発言も参考にされたい：«Russian phonology revolves primarily around two concerns: stress in vowels and palatalization in consonants.» 当然、ロシア語音韻史に関してもこの 2 つの項目は最も重要なテーマであるが、我が国のロシア語史を扱った著作では、アクセントの歴史について書かれているものは皆無である。

44. Isačenko (1947: §67) によれば、ロシア語の [ɫ] と [l,] は語末と語頭の位置の、無声音の後ろと前で無声化する：смысл [smɯsl̥°]，мысль [mɯs,l,°]，льстить [l,°s,t,ît,]。

45. Isačenko (1947: §62) によれば、語末で無声のふるえ音 [r°] [r'°] が現れる。例えば、двор [dvor°], пожа́р [paža·r°], мир [m'ir°]；царь [cár'°], ширь [šɯr'°]。これ以外に、

語の初めと終わりの位置で、無声噪音の前あるいは後ろに現れる：ртуть [rºtût'], оркéстр [árk'e·strº], теáтр [t'lá·trº]。しかし кедр [k'edrº] と gen. pl. игр [igrº] は有声子音の後で無声のふるえ音 [rº] が現れる。

鳴子音全体のの無声化については Касаткин (Лекант et al. 2013: 103) が次のように書いている：「語末と無声音の前の鳴子音は随意に半無声音あるいは無声音に替わりうる。語末ではそのような無声音は何よりも無声音の後ろで発音される：смот[рº], вих[р'º], смыс[л'º], воп[л'º], рим[мº], пес[нº]。またそのような鳴子音の無声化は無声音の前の語頭において可能である：[рº]туть, [л'º]стить, [мº]стить, [мº]ха. しかしこのような位置では無声化しない鳴子音も発音されるが、しかしその場合には追加の音節化を発達させる：шиф[р], мыс[л'], [р]та, [м]чаться. 語中の無声子音の前で鳴子音はときにまた無声化される：заде[рºш]ка (задержка), мо[рºш] (морж), по[рºт], по[лºс] (ползь), те[мºп], ба[нºк]。」

46. オレスト・プレトネルは『實用英佛獨露語の發音』(同文館、除村吉太郎譯、1926: 82–84) の中でこの ш の音について次のように書いている：「ロシヤ文字 „ш" で示される [ʃ] 音は、第一に舌面ではなく舌尖でできることは [s] と同じであり、第二に標準語を話す大部分の人々の發音では口蓋化してゐないのである。(中略) たゞ言ふことの出來るのは [ʃ] 音の形成には聽覺的效果の極めて近似した二つの形式、即ち舌尖的形成と舌面的形成とがあることである。ロシヤ語ではノーマルにはその第一の形成が用ひられる。即ち舌尖が上に曲つて上齒齦の奥、硬口蓋の始めの所で狹窄をつくる。その場合狹窄の場所の後に位する舌の表面は匙の樣な深みをつくる。それが [ʃ] に特有な共鳴をつくるのである。(中略) 要するにロシヤ語の [ʃ] は、第一に舌尖的形成であり、第二にたゞ口蓋化してゐないばかりでなく、口蓋化する傾向をも有してゐないので、日本人に取つては發音が頗る困難である …」。

47. 音素 /c/ は語根の中にある場合、子音の前で使われない。唯一の例外は цвет, цвел とその派生語、及び非ロシア語起源の固有名詞である：Цна (река)。цвет, цвел の場合、[c] は何らかの軟化を蒙る：[рʌсцˑв'óл] とさらに [рʌс'цˑв'óл] (расцвёл)。(Аванесов 1956: 185)

48. ロシア語の音素 /j/ は、ある場合にその使用が随意的であるためかなり厄介な音素である。その発音は位置によって複雑な現れ方をする：2 つの異音の現れ方、随意的な発音方法。以下、調音方法と音素に分けて Аванесов (1956) から引用する。訳注 8、70、324 も見よ。

Аванесов (1956: 156–157) によれば、[j] の調音方法は母音 [i] ([и]) の調音方法に類似しているが、[j] の調音の際に舌背の中央部分は [i] の調音のときより口蓋に向かって幾分高く持ち上がる。つまり舌と硬口蓋との間の隙間はより狭くなり、その結果、摩擦はより激しく、噪音はより強くなる。しかし [j] はロシア語の他の子音と同じく、非音節的にしか使われない。ロシア語にはまたこの子音 [j] に類似した母音 [i] (非音節的な [и]) が

ある。この音 [i̯] は非音節性によってのみ [i] と異なっている。Cf. [з'м'¹е́и] (змéи) と [з'м'е́й] (змей). 音 [j] ("йот") と [i̯] (非音節的な [i]) は、その調音方法によって、[j] と [i] が異なっているように互いに異なっている。[i̯] を発音するとき、舌は [i] を発音するときと同じように上昇する、つまり [j] を発音するときよりも幾分舌は低い。それで舌と硬口蓋の間の隙間はより広い。それ故、摩擦はより弱く、噪音はほとんど聞こえない。Cf. [млjу́] (мою) と [mo·i̯] (мой). ロシア語の音 [j] と [i̯] は同じ音素の異音である。

　　[補注] オレスト・プレトネルは『實用英佛獨露語の發音』(同文館、除村吉太郎譯、1926: 56–57) の中でこの [j] について次のように書いている：「ここで注意しなければならないのは中舌的摩擦音 [j] は特に口蓋化することがないといふことである。この子音は既に言つたやうに中舌が硬口蓋に向つて狹窄をつくることによつて形成せられるのであつて、それ自身が既に口蓋的性質を有し、中舌はずつと高まつて狹窄をつくつてしまひ、これがこの音の主要運動をなすのであるから、従つてそれ以上口蓋化することが出来ないのは明らかである。」

　　Аванесов (ibid. 186–192) は音素 /j/ を詳細に論じている。その要点を纏めると以下のようになる。(1) ロシア語の子音体系において音素 /j/ は非常に独自の位置を占める。それは他の鳴音と同様に有声・無声のペアをつくらないが、しかし他の鳴音と異なり、/j/ は硬・軟のペアもつくらない：これは音素 /j/ の調音方法そのものが硬口蓋的調音であり、硬口蓋化が付随する他の子音とは異なっているからである。従って、音素 /j/ はロシア語の子音音素体系の中で、/ц/, /ч'/, /х/ と同様に（これらも上の2つの特徴に関してペアをもたない）、孤立した、独自の位置を占めている。(2) /j/ は噪音ではなくて、鳴子音に属す。何故ならば、以下の鳴音の特徴をこの音素ももつからである：(a) その調音において噪音の弱さ；(b) 相関する無声の音素の欠如；(c) この音素の前の位置で、有声と無声のペアとなる子音が区別できること ([п'j·у] ~ [б'j·у], cf. [кран] ~ [гран])；(d) この音素とそれに後続する任意の子音との結合が母音間にある場合、この音素はこれをもって先行の音節を閉じること ([влi̯/на́], cf. [па́р/ть])。【ロシア語の音節を定義する際に使われる、「聞こえ sonority」を分類する際にこの音素 /j/ が鳴子音グループに入ることも、これが鳴音のカテゴリーに属する理由となろう。訳注10参照。】(3) 音素 /j/ は異音 [i̯] をもっている (基本的変異音は [j] と見なされる、see p. 187)：ロシア語では音 [j] と音 [i̯] は同じ位置に現れず、お互いに語の意味を区別するのにそれらは役立っていない。それらはある位置で [j] として発音されたり、[i̯] として発音される (後者はその調音に関して母音である)。例えば、(a) 基本的変異音 [j] はアクセント母音の前 (語頭、母音の後ろと子音の後ろ) で使われる：[j·ат] (яд), [стлj·а́л] (стоял), [б'j·у] (бью), [ч'jи] (чьи), [върлб'jи́] (воробьи). (b) 異音 [i̯] は無アクセント母音の前 (語頭、母音の後ろ) で発音される：[i̯улá] (юла́), [ии̯да́] (еда́), [зна́·i̯у] (знаю). (c) 無アクセント前で、子音の後ろでは両ヴァリアントが可能：[бра́·т'i̯ь] と [бра́·т'jь] (бра́тья). (d) 母音の後ろで、子音の前では異音 [i̯] が発音される：[влi̯на́]. また語末でも [i̯] が発音される：[да·i̯] (дай), [ч'äi̯] (чай), [мо˙i̯] (мой)．(4) 音素 /j/ は子音の前の語頭、また子音の後ろの語末には現れない。即ち、子音接続の際には、この音素は他の子音の後ろでのみ現れる、また語末では他の子音の前でのみ現れる：[п'j˙y] (пью)，[во˙i̯н] (войн)．(5) 音素 /j/ の大きな特徴は、ある位置においてその使用そのものが随意的であることである。つまりその音素をもって発音することも、それなしで発音することもできる。このような位置は母音の後ろの、[и] の前、特に無アクセントの [и] の前の位置である。例えば、(a) [j] なしで普通発音されるのは代名詞形 [мʌи́] (мой)，[твʌи́] (твой)，[свʌи́]；[мʌи́х] (мои́х), ...; [мʌи́м'и] (мои́ми)．また [бʌи́] (бой) タイプの形も普通 [j] なしで発音される ([бʌjи́] もかなり現れるけれど)．[и] 以外の母音の前では [j] がある：cf. [твʌj˙á] (твоя́)，[в-бʌj˙ý] (в бою́)．мои, мои́м, мои́х, мои́ми 等の代名詞で [j] を発音しないことは文章語の標準である。(b) кроить, доить, поить, гноить タイプの動詞の不定形と人称形で、また стоять, бояться タイプの動詞の人称形では、[и] の前の [j] は発音されない：[крʌи́т']，[стʌи́ш] (стои́шь)；[бʌи́ц:ъ] (бои́тся)．(c) 唯一の場合、語頭でアクセントのある [и] の前で、この [j] は現れる：их, им, ими の形において、普通それらは [их]，[им]，[и́ми] と発音されるが、しかしまた [jих]，[jим]，[¹ji̯м'и] と発音することができる (廃れた規範)．(d) 無アクセントの [и] の前では音素 /j/ は欠如する。[сʌра́и] (сара́и)，[злʌд¹е̇и] (злоде́и)，[г'и́е̇ро́и] (геро́и)，[пʌко́и] (поко́и)，[трʌмва́и] (трамва́и) の発音は標準である。常に無アクセントの [и] の前で音素 /j/ が欠如するのは стро́ить, сто́ить タイプの動詞形である：[стро́ит'] (стро́ить)，[сто́ит'] (сто́ить)；[стро́им] (стро́им)，[сто́ил] (сто́ил)．結論：ロシア語の音素 /j/ は鳴音に属す。他の鳴音と異なり、噪音の前の語頭ではこの音素は使われない (cf. рта, лгу)。噪音の後ろの語末でもこの音素は使われない (cf. смотр, вопль)。この音素が母音に近いのは、音素 /j/ のヴァリアントが母音 [i̯] であることによる。音素 /j/ の特殊性はこればかりでなく、ある位置におけるその使用そのものが随意的であることである。これによって音素としてのその意味は弱まる。また Halle (1959: 71) を参照：«Before {i}, {j} is dropped in position after a vowel. Ex.: {aj'ist} [a'ist] "stork" (а́ист); {taj'it} [ta'it] "hides" (тайт); {d'elajot} [d,ɛlait] "does". This rule does not hold across the = boundary; e.g., {za=ježž'at,} [zəjižž,'at,] "to drive in" (заезжа́ть).»

49. Cf. руке́ (< Old Russ. руцѣ), ноге́ (< Old Russ. нозѣ). Old Russ. nom.sg. вълкъ "wolf", loc.sg. вълцѣ (< *vьlk-oi), nom.pl. вълци (< *vьlk-oi), loc.pl. вълцѣхъ (< *vьlk-oixъ) (Schmalstieg 1995: 77–78)。第 2 口蓋化により現れた ц は他の格形 (рука, руку) の類推により к に統一された。ここに /e/ と /i/ の前で [k,] が現れるようになった。

50. 著者は [k,] の音を周辺的であるとの理由で音素 /k,/ をたてない。しかしながらこの [k,] が a, o, u の前に現れることをもって、[k,] を /k/ の異音とみなさず、2 つの音素 /k/ と /k,/ をたてる学者もいる。例えば、D. Jones & D. Ward (1969: 114) である。そこでは次のように述べられている【ここでは軟子音の [k,] を [kʲ] にて表記する】: "Russian *kʲ* occurs before *j* and the vowel phonemes *i, e only within one and the same word*. Since Russian *k* and Russian kʲ both occur before the phonemes *a*, *o* and *u* within the same word they are considered, in terms of the theory underlying the present description, to be separate phonemes. (Note. It must be pointed out, however, that kʲ occurs before *a*, *o* and *u* in very few words and that nearly all of these are of foreign origin. Foreign proper names are not considered.)". このことを理解するには次の [k] と [k,] の出現位置に注意する必要がある：[k,] が /i/ と /e/ の前で現れるのは、単一の語の中だけである：кит [k,it]、кем [k,ɛm]。二語との結合部分では、/i/ と /e/ の前では [k] が現れる（この位置では /i/ の変異音 [i] が現れる）。例えば、к Игорю [ˈk_igər,u]、к этому [ˈk_ɛtəmu]、к этим [ˈk_ɛt,ɪm], рак и рыба [ˈrak_i ˈribə]。同様に /j/ の前で [k,] が現れるのは単一の語の中だけである：Лукьянов [luˈk,janəf]。二語との結合部分では、/j/ の前で [k] が現れる：к югу [ˈk_jugu]。

同様に、Halle (1959: 45, 48) は /k/ と /k,/ の対立は認めるが（例えば、{k} : {k,}: {sadk+'om} "animal nursery" (instr.sg.) vs. {so=tk,'om} "let us weave it together"）、/g/ /x/ では硬音と軟音の対立を認めていない。"The sharping feature is distinctive for the liquids, the noncompact consonants except {c}, and moreover marginally for {k}." (Halle, ibid. 61) これを Halle (ibid. 62) は次のように纏めている："Sharping in compact consonants is distinctive only for {k} before {a}, {o} and {u}. Before the other vowels, {k} as well as other compact grave (velar) consonants is sharped, whereas in position not before vowels and at the end of the word, all compact grave (velar) consonants are grave. In representing morphemes containing {k}, it is, therefore, necessary to specify the feature of sharping only in position before {a}, {o} and {u}; eg., {tk,'om} "we weave". In all other contexts, sharping is distributed in accordance with rules which hold also across morpheme junction and which are part of the P【Phonological】rules."【Halle の表記では硬口蓋化音は当該の子音の後ろの《 , 》によって、アクセントは母音の前の《 ' 》によって、形態音素 morphoneme は { } の中の文字によって記される。】

プラハ版アカデミー文法 (§2, §6) では /k/, /k,/ と /g/, /g,/ の音素を認め、/x/ は軟音の音素を認めない。幾つかの軟口蓋音の音素 /K_/ と /K,_/ は、アクセント下の母音音素 /o/ と /a/ の前で対立しているとしている：/ˈkot/, /ˈkot,ik/ ~ /ˈtk,ot/, /ˈtk,ot,e/; /ˈkaša/, /ˈkat,a/ ~ /ˈtk,a/ (ibid. §17)。また 80 年アカデミー文法 (I. 79) では軟口蓋音について、/k/, /k,/, /g/, /g,/, /x/, /x,/ の全てを音素と見なしている（60 年アカデミー文法も同様）。この 80 年アカデミー文法 (I. 79) の解釈は概略次のようである：「これらの硬と軟の軟口蓋音を独自な音素と見なす根拠となるのは、非前舌母音 /a/, /o/, /u/ の前の位置で軟・軟口蓋音が、借用語、頭字語、（外国起源の）地名、また ткёшь のような若干のまれな動詞形などで可能であること。この事実を考慮すれば、母音の前の硬と軟の軟口蓋音の分布は残りの他の強い子音音素の分布と全く同じである。硬と軟の軟口蓋音が全ての母音の前の位置で互いに対立しうるという状況はこの考えを補強する。例：/и/ の前で：/ки/ш (正書法で кыш), а/кй/н (正書法で акын) — /к'й/слый, /гй/нин (正書法で Гынин, 姓名) — /г'й/ря, /хи/ (正書法で хы) — /х'й/трый; /у/ の前で：/кý/ры — маниˈк'ý/р (正書法で маникюр), /гу/л — /г'у/йс (спец.),

/хýста — */х'у/; /о/ の前で：/ко/т — т/к'о/т（正書法で ткёт），/гó/ты — /г'ó/те（Гёте 姓名）、/хó/лод — */х'о/; /е/ の前で：/ке/б — /к'é/пка, /ге/С（аббрев.）— /г'е/рб, /хе/ЛЗ（Харьковский электротехнический завод, аббрев.）— /х'е/к; /а/ の前で：/кá/пор — /к'á/хта（正書法で Кяхта 地名）、бере/гá/ — бере/г'á/（副動詞、口語）、/хá/та — */х'а/.」(ibid. I. 79)

また М. В. Панов (1990: 24ff.) は 20 世紀の半ばには音素 /к'/ は、/к/ とは別に安定した状態を占めているとして、[к] と [к'] が母音 [а—о—у] に先行することができる例を挙げている：рука — ткя, кот — ткёт, куры — маникюр. 一方、/г'/（例えば、берегя）は次第に文章語の中に入り込んでいるが、まだ規範としては認められないとしている。/х'/ は音素としては認めていない。さらに Панов (ibid. 96-97) は 19 世紀後半から 20 世紀初めには /к'/ の音素は全く存在せず、音素として認められるのは /к/ /г/ /х/ だけであるとして、次のように書いている：「ткёшь, ткёт, ткём, ткёте の形は方言形と見なされていた。まだ 1916 年に С. П. Обнорский は Р. Кошутич の著作の一つについての書評で次のように書いている：《著者は動詞 ткать の活用形を与えて、しかも動詞の現在語幹の至る所に [к]（[ч] ではなく）が含まれていると強調している：тку, ткёшь. 著者の主張の中には明らかに何らかの誤解があるようだ。そのような活用は、жгёт, пекёт, текёт 等の活用と同様に生きた話し言葉の中で非常に普通のものとして知られているが、しかしその活用は他ならぬ文章語の中では知られていない。文章語は [ч] をもつ形 — тчёшь, вытчешь, 等だけを用いる。どんなことがあってもこれらの形だけが文章語として推薦されねばならない。》また киоскёр, паникёр, маникюр の語は言語の中にはなかった。」

一方、ロシアの学者の中にも本著者と同様な意見の持ち主もいる。例えば、Яковлев (1928 [1970: 129-130]) は次のように書いている：「例えば、ロシア語においては一方では硬音の н, л の音が、他方ではそれに相応する軟音の нь, ль の音が存在する。また同様に硬音の к, г と軟音の кь, гь が存在する。例えば次の語の中で：кон（ゲームで）— конь, мел — мель, рука — руки, нога — ноги. もしこれらの音を物理・音響学的な観点から研究すれば、上に挙げた例において硬音の н, л, к と軟音の нь, ль, кь の間の音響的な違いは、全ての 3 つのペアにおいて同じあるいはほぼ同じであることが分かる。このことは言語音の研究の際に純粋に物理的観点に立つ学者に、ロシア語には硬音 л, н, к, г とそれらに相応する軟音 ль, нь, кь, гь が存在し、それらの間の違いは口の共鳴室のトーンの上昇によって等しく説明される、と確信させてしまうかもしれない。しかしこの問題を社会・言語学的な социально-лингвистический 観点から研究すれば、上に挙げた子音の硬音と軟音の社会、文法的な役割はロシア語では同じではない。硬音と軟音の н と л の間の違いはロシア語では語の意味の識別と結びついて用いられるが（上の例を見よ）、硬音と軟音の к と г の間の違いはそのような目的のためには使われていない。文章ロシア語には語の意味の識別が硬音と軟音の к あるいは г の間の違いに基づいているような 2 つの語は存在しない［脚注 5：例えば、少なくともモスクワ文章語の発音によれば、唯一の例外 ткёт.］。硬音と軟音の н と л はロシア語では母音 а, у の前、子音の前、そして語末の位置に見られる。一方、これらの位置に

おける音 к と г は硬音でしかあり得ない。ここからロシア語におけるそれらの社会的、文法的機能の観点から上に挙げた音を検討すれば、硬音の н、л と軟音の нь、ль はロシア語の音体系の中で対を成す、意味識別される硬音と軟音の異なる音素である。それに対して、一方の硬音 к と軟音 кь、他方の硬音 г と軟音 гь はそれぞれ同一の音素であり、それらの《硬音》と《軟音》はこの場合には同じ音素の枠内での単なるニュアンス оттенки（《ヴァリアント варианты》）でしかない、という結論に行き着くのである。」

　［補注］すでに 1928 年に Яковлев は機能的な側面から音素を定義しており、モスクワ音韻学派の考えと同じ主張がすでに行われている。彼のこの論文《アルファベット建設の数学的公式》(Математическая формула построения алфавита) が如何に後のモスクワ音韻学派の人々に大きな影響を与えたかはこのことからも分かる（なおモスクワ音韻学派からマール学派までを含めた俯瞰的なソビエト言語学史については Алпатов (1998: 227–265) を参照）。Колесов (2008: 342) も次のように書いている：「МФШ（モスクワ音韻学派）の代表者達の考えの源泉は、N. S. トルベッコイの考えの源泉がそうであるように、1928 年に音素を《言語 язык》の独自な音として定義した、N. F. ヤーコヴレフである。」

　ヤーコヴレフはカフカース諸語の研究でも著名であるが（例えば、Д. Ашхамаф との共著である、今でも価値を失わない詳細なアドゥゲ語の記述文法：Грамматика адыгейского литературного языка. М.; Л. 1941；生前は出版ができなかったが、最近アブハジアの首府スフムで出版された Грамматика абхазского литературного языка, Сухум, 2006.）、その音素の考えはカフカース諸語の記述文法の先駆者である П. К. Услар（«Абхазский язык», Тифлис, 1887［2002, Сухум］）から影響を受けている（Яковлев 1928［1970: 128］）。

　さらにモスクワ音韻学派の А. А. レフォルマーツキー Реформатский もヤーコヴレフと同じ意見である：《ときどき対［к — к'、г — г'、х — х'］における弁別の非音素性についての観点を論破しようとして、《硬》と《軟》の後舌子音が同じ位置に現れ、そして語を弁別することができること、例えば、ком — ткём、берега — берегя（беречь の副動詞）ような唯一の例を引用しようとするもの、あるいは外国語の借用語を引用するものがいる。我々の考えでは、標準的な тчёшь... の代わりに ткёшь、ткёт...（печёшь、влечёшь、etc. を比較せよ）は、起こりうる補充法：<тку — чош> を避けるために類推によって生じたものである；というのも母音間の位置にない <тч> = 長さのない［ч］だからである。また берегя タイプの副動詞は、同じく類推によって生じたものであるが、何らかの《回避》によっては正当化されない；бережа の形をつくるのが自然である（カリーニン州ベジェツ区の河川名 Бережа を参照）》(А. А. Реформатский (1958): О корреляции «твердых» и «мягких» согласных (в современном русском литературном языке). [Реформатский 1970: 494–495].

　Аванесов & Сидоров (1945: 55ff.［1970: 267ff.］) も к' г' х' を独立の音素と見なさず、音素 /к г х/ のヴァリアントであるとする：「残りの、硬音と軟音に関してペアの外にある

子音【彼らの表記では硬子音音素 ш, ж, ц と軟子音音素 ш':, ж', ч'】とは違い、ペアの外にある硬子音音素 к, г, х はある条件の下で硬口蓋化することができ、軟音のヴァリアント к', г', х' として実現する。軟口蓋音 к, г, х は、ペアを成す硬子音音素と同様に、э の前で硬口蓋化する：рукá — рук'э́, нагá — наг'э́, сахá — сах'э́ (cf. вадá — вад'э́, саснá — сас'н'э́). しかし軟口蓋音 к, г, х はそれ以外に音素 и の前でも硬口蓋化する (cf. рукá — рук'й, нагá — наг'й, сахá — сах'й). 従って、ペアを成す硬子音——それらの後ろに後続する音素 и はヴァリアント ы として現れる——と違って、軟口蓋音 к, г, х それ自身は音素 и の前にあるとき変化を蒙り、硬口蓋化する。Cf.：с'т'ьнá — с'т'ьны́, しかし нагá — наг'й (gen. sg.) あるいは：стóл — столы́, しかし пóлк — палк'й (nom. pl.)。》(ibid. 58 [270])。また Аванесов (1956: 186) 参照。

さらにヤコブソーンの発言参照：《g — g', k — k', x — x' のちがいはたしかにロシア語に現れはするが、音韻的役割は果たしていない、すなわち、語を区別する力をもたない。」《ユーラシア言語連合の特徴づけに寄せて》米重文樹訳、『構造的音韻論』岩波書店、1996: 337. [К характеристике евразийского языкового союза. 1931 [Jakobson (1962: 159, Note 11.)]]》。

レフォルマーツキー Реформатский (1970: 72) によれば、この軟音 [к', г', х'] の解釈もレニングラード音韻学派とモスクワ音韻学派との間の解釈の違いである。レニングラード音韻学派の人々は現代ロシア語のこの軟音をペアとなる硬音と並んで音素と見なしている。他方、モスクワ音韻学派の人々はそれをそれぞれ 1 つの音素のヴァリアントと見なしている。例えば、レニングラード音韻学派の観点は 60 年アカデミー文法 (1952: 53; 1960: 54) の中に述べられている。モスクワ音韻学派の観点は上記のモスクワ音韻学派の人々の論考に述べられている。

[補注] Л. Л. Касаткин (Лекант et al. 2013: 108–109) はモスクワ音韻学派の立場に立つが (ibid. 94)、/к'/, /г'/, /х'/ の音素を次のように認めている：「[о]、[а] の前の音 [к'] は語 ткать の諸形に現れる：т[к'о]шь, т[к'о]т, т[к'о]м, т[к'о]те, т[к'а]。実際、これはただ 1 つの古い本来的なロシア語の語であるが、しかしそれは広く用いられる語の部類に属している。すでにこの 1 つの語だけで、ロシア語の音韻体系において /к/ — /к'/ が同じ位置で、つまり音素 /о/, /а/ の前で対立していると考えるためには十分である：[ко]т — т[к'о]т, т[ка]ть — т[к'а]т。(中略) 音 [г'] が [у]、[о] の前で現れるのは広く用いられない語 гюйс, гюрза や固有名詞 Гюго, Гёте, Гюльсары, 等だけである。しかし第一に、この音結合の規則は 1 つのクラスの全ての音に拡がっている。[к] — [к'] がある位置において対立しているということから、そのような可能性は他の後舌母音にとってもロシア語に存在するという結論が出てくる：[г] — [г'] と [х] — [х']。(中略) ロシア語では [э] の前での硬音の後舌子音をもつ語が辞書に登録されており、従って [к]、[г]、[х] と [к']、[г']、[х'] が対立することができる位置がさらに 1 つ生じている：[кэ]б — [к'э]др, [гэ]с — [г'э]рб, [хэ]ппиэнд — [х'э]к.

これらのこと全ては [к']、[г']、[х'] は独自の音素 /к'/, /г'/, /х'/ を具現化している。」
レニングラード学派の代表者 Щерба (1974: 222–223) [Теория русского письма, 1942–1943 年に書かれた手稿] は、次のように2つの点から音素 k', g', x' の存在を認めている：
「それら【„кь, гь, хь"】は母音 „э" (つまり «е») と „и" のほとんど前だけに現れる。これらの母音の前では硬音の „к, г, х" は不可能であり、しかも „кы, гы, хы" の結合も不可能である。しかし発音上、それらの軟口蓋子音は „ы" の前を除いて任意の位置で可能であり、全く文章語的な ткёшь (すなわち „ткь-ош")、ткёт, ткём, ткёте のような語の中に、また非常に広く見られる口語的な жгёт (すなわち „жгь-от")、等、секёт (すなわち „секь-от") 等の語の中に見られる。文章語においてそのような形はわずかであるが、しかしそれらが全く可能であること、また文章語でそれらの出現あるいは欠如が如何なる意味でも音声と結びついていないことを示すためには、1つの形だけで十分であろう。ここにはまた гяур, Кяхта, 他のような借用語も含まれる。(中略) しかしロシア語の体系において軟子音音素 „кь, гь, хь" が存在するという最も肝心な証拠は、一連の場合に „к||кь, г||гь, х||хь" の交替が形態論化(文法化)されており、曲用や活用の際に硬子音と軟子音の交替がロシア語の体系の中に入り込んでいるということである：„вад-а||вадь-э, гар-а||гарь-э, блах-а||блахь-э, 等のように „рук-а||рукь-э, наг-а||нагь-э, блах-а||блахь-э" [注：руке, ноге, блохе の形はより古い形 руць, нозь, блохь に取って代わった。]；„вед-у||ведь-ош, греб-у||гребь-ош, 等のように тк-у||ткь-ош, жг-у||жгь-ош", 等。結局、„пек-у" についての正しい形 „печ-ош", „тек-у" に際しての正しい形 „теч-ош", „лг-у" に際しての正しい形 „лж-ош", „берег-у" に際しての正しい形 „береж-ош", 等は、文章語の残滓であり、それらは(書記伝統から)自由な言語発達においてはかなり以前から „пекь-ош", „текь-ош, берегь-ош", 等によって置き換えられていたのではないかとさえ言うことができる。子供のことばでは сух-ée, тих-ée (сýш-е, тúш-е の代わりに) 等が全く可能である。поло́г-ий からは поло́ж-е は使われず、話しことばでは常に полог-ее が口にされるのである。これら全てを一緒に考察すれば、ロシア語の子音体系の中で音素 „кь, гь, хь" が無条件で存在することを認めざるを得ないのである。」

［補注］Земская (ed. 1983: 100–101) によれば、口語において伝統的な質的な子音交替に代わって、硬軟ペアによる子音音素の交替が生じているという。例えば、г/ж, к/ч, с/ш, т/ч 交替は г/г', к/к', с/с', т/т' 交替に代わる：жечь の古い3人称単数形 жжёт と競合して жгёт が現れている。この伝統的な交替の弱化は、「膠着性 агглютинативность の方向への言語発達を反映したものであるが、しかしその弱化は分析主義 аналитизм の伸張を促す現象と見なすことができる。というのも両方の場合に、その動きはコンテキストの影響下で交替しない、変種化されることのない、安定した単位の側に向けられているからである。」(ibid. 100) ロシア語がこういった「膠着性」あるいは「分析主義」の方向へ向かうとすれば、Щерба が述べているように г', к' を独立の音素として認めることを誰も否定できない状況が将来来る可能性がある。

Колесов (2008: 23) は現代ロシア語の子音音素体系の図式の中で、х だけが対応する軟音

をもたないとし、他の軟口蓋音は硬軟のペアを認めている：к ― к'、г ― г'。従って、現代ロシア語の子音音素の体系において、硬軟性と有声性の4つの相関（例えば、г ― г' = к ― к'）をもつ組は5つとなる（фの組、пの組、тの組、сの組とкの組）。［補注：Колесов (ibid. 22) によれば、10世紀末から11世紀初めの古代ロシア語の子音音素体系において、上の4つの相関をもつものはсの組だけである：с ― с' = з ― з'. それ以外に、硬軟のペアを成しているのは、н ― н'、р ― р'、л ― л'だけであり、現代語と異なりш'― ж'、ц'は軟音であった。］

　上で見た考えを折衷しているのが70年アカデミー文法（§6）である。そこでは [к']、[г']、[х'] を相関する硬子音の異音とも、独立の軟子音とも見なしている。異音とみなす根拠として上で引用したヤーコヴレフなどと同じ考えを挙げ、独立の音素と見なす根拠として80年アカデミー文法の考えを挙げている。統一した考えはここには記されていない。そして「音韻論」と「アクセント」と「音素交替」の章ではこれらの音を異音と見なし、「語形成」と「形態論」の章では、それらの形式内部でのこれらの硬子音と軟子音の変種を音素交替として記述する、としている。

51.　Аванесов (1949: §135, §143)、また Бодуэн де Куртенэ (2012²: §49) も参照されたい。

52.　Аванесов (1954: 57, 127–128) によれば、これら以外に тогда, когда, всегда, иногда のような -гда で終わる副詞もまた [ɣ] で発音することもできるが、今では閉鎖音 [g] が普通である。また тогда, когда は早口では г を抜かして発音される：[тадá]、[кадá]。さらに咽頭摩擦音 [h] が間投詞 ага, ого, эге, гоп, гопля、擬音語 гав-гав《ワンワン》の г の場所で発音される：а[h]á, о[h]ó, э[h]é, [h]оп, [h]опля; [h]áв-[h]áв. さらに次の外来語でも г で書かれるところは [h] で発音される：габитус《体型》、Гейне [háinэ]《ハイネ》。最近の辞典では、агá, огó, габитус の г は [ɣ] で発音されている (Касаткин, 2012)。また егó, тогó, когó, какóго, чегó, моегó, твоегó, своегó, дóброго, рабóчего などの語末の г が [v] と発音されることに関しては様々な仮説がある：所有の意味をもつ形容詞の語尾 -ова, -ово, -ева, -ево (cf. Old Russ. братовъ конь "brother's horse") の影響による説。あるいは /-ого/ > /-oo/ の発達の後に、hiatus を避けるために о の間に唇摩擦音が生じ、それが唇歯音になったという説 (Schmalstieg 1995: 45–46)。Mazon (1995⁹: 30–31) も見よ。

53.　例えば、Щерба (1963: 63) における /ɣ ɣь/ を参照。また Л. Л. Касаткин (Лекант et al. 2013: 111–112) は音素 /ɣ/ を認める立場をとる：「現代ロシア文章語において、母音の前の [ɣ]（そこではそれは音素 /ɣ/ を実現する）は、1つの広く用いられる語 бухгалтер [буɣáлт'и'р] において、また間投詞 ага, ого においても必須である。語 бухгáлтерский, бухгалтéрия, 間投詞 гóсподи, ей-бóгу において [ɣ] と並んで [г] の発音も許容される。従って、そこでは音素 /ɣ/ と /г/ が可能である。かくして、現代ロシア文章語において音素 /ɣ/ は僅かな機能負担量をもち、消失の狭間にある。しかしこの消失が生ずるまで、子音音素のメンバーの中に /ɣ/ も加えねばならない。」他方、著者と同様なヤコブソーンの発言を参照：「х の存在に照らして ɣ を補足的な相関的異音と解釈する方が恐らくより正確であるかと思われる。l'éʒ'by《横になりたいものだ》、izdóɣby《(彼なんか）くたばればよい

のに》を参照せよ。Го́споди《主よ；おやおや、これはこれは》、Бо́га《神：単数属格・対格》etc. における γ に関しては、γ を有するこれらの語は特別な文体的な層に属するものとして感じられる。それらが文体的観点から、当該の言語の相対的な語彙の中にとけ込むにつれて、γ は存在理由を失い、やがて g によって取って代られる。」(「ロシア語の音韻進化に関する考察」矢野通生訳、『構造的音韻論』岩波書店、1996: 116 [Jakobson 1929 [1962: 14, Note 11]])

54. 音素 /j/ が鳴音であることについては、訳注 48 を見よ。ロシア語の音声教科書ではこの音を噪子音のカテゴリーに組み入れようとしているが、これが鳴音であることを Аванесов (1956:186) は強調している。

55. これについては Аванесов (1956: 50ff.) は、次のように前置詞とそれに後続する語との継ぎ目の音節境界について述べている：「前置詞とそれに後続する語との結合は、自立語どうしの結合と、語根と接頭辞との結合の間の中間的な位置をあたかも占めるようであるが、より近いのは後者である。前置詞との結合は音節境界の観点からすれば、普通はまるで 1 語のように発音される：без отца́ [б'и‿е/з-лтца́]、из о́зера [и/з-о́·з'ьръ]、перед окно́м [п'ьр'ь/д-лкно́м]（《 / 》は音節境界を示す）。しかし大変に入念な、明瞭な発音のときには前置詞の末尾子音が先行する母音に付いて閉音節をつくる：[б'ез/лтца́]、[п'е́р'ьд/лкно́м]。これと別の状況にあるのは、2 音節と多音節のアクセントをもつ（しばしば副次アクセントをもつ）前置詞との結合のときである。このときには前置詞はあたかも自立語のようになる：前置詞の末尾子音は先行する母音に付き、閉音節をつくる：напро́тив у́лицы [нлпро́т'иф / у́.л'ицы]。若干の 2 音節前置詞は副次アクセントをもつことも、無アクセントであることも可能である。例えば、вокру́г, пе́ред, че́рез。че́рез неде́лю は普通 [ч'ьр'ь/з-н'и‿е д'‿е́л'у]、俗語では [ч'ер'ь/з-н'и‿е д'‿е́л'у] と発音される。また вокру́г оси́ны は普通、[влкру̀к/лс'и́ны]、また [влкру/г-лс'и́ны] と発音される。1 音節の前置詞 сквозь, вдоль は常に副次アクセントをもつ故、常に閉音節をつくる：сквозь и́ней [сквòс'/и́н'ьj]、вдоль Оки́ [vdòл /лк'и́]。」

Isačenko (1947: 104) によれば、自立語では語末の有声音は対応の無声音になる：воз е́дет [vosjè·d'ɪt]、нож лежи́т [nošl'ižɯ·t]、наро́д идёт [naro·tyd'òt]。語源的な無声音はそのような場合、無声音のままである：как зимо́й [kakźɪmò·j]、вот зе́ркало [votźe·rələ]、нос боли́т [nosbal'ɪt]。

56. この現象を最初に発見したのはロマーン・ヤコブソーンである。ヤコブソーンは論文《ロシア語における有声阻害音と無声阻害音の配分》R. Jakobson (1956/1971), Die Verteilung der stimmhaften und stimmlosen Geräuschlaute im Russischen. *Festschrift für Max Vasmer*, Berlin, 199–202; [in *Selected Writings, I, Phonological studies*, 'S-Gravenhage: Mouton. 505–509] の中で次のように書いている：「a) ある阻害音【Geräuschlaut は本書『ロシア語文法』では《噪子音》と訳されている―柳沢】が有声阻害音に先行する場合には、両者が直接隣接するか、或いはそれらの間に単一子音のもしくは長子音の、硬音のもしくは軟音の、v が介在

するか、の如何に係わりなく、最初の阻害音も有声的となる。語中における例：просьба [-z'b-]《請願》、отзыв [-dz-]《反響》、сдача [-zd-]《引渡し》、к жене [-gž-]《妻の方へ》、трёхдневный [-ɣd-]《3日間の》。これに対し中間に [v] を有する例：от вдовы [-dvd-]《未亡人から》、с вдовой [zvd-]《未亡人と共に》、к вдове [gvd-]《未亡人の所へ》、от взглядов [-dvzg-]《視線（複数）から》、к вздохам [gvzd-]《溜息の方へ》。後続語の有声阻害音の前における例：этот город [-d|g-]《この町》、купец был [ʒ|b-]《商人が〜であった》、здесь же [z'|ž-]《丁度此処に》、лечь бы [ʒ|b-]《横になりたいものだ》、хоть дома [-d'|d-]《せめて自宅ででも》、так зло [-g|z-]《非常に意地悪く》、запах дыма [-ɣ|d-]《煙の匂い》、близ берега [-z'|b'-]《岸の近くに》、сквозь доску [-z'|d-]《板を貫いて》；次に、後続語の語頭における単一子音のもしくは長子音の [v] を中間に有する例：как вдова [-g|vd-]《未亡人のように》、хоть вздохнул [-d'|vzd-]《(彼が)嘆息したけれども》、вот в детстве [-d|vd'-]《幼時にこそ》、чтоб взять [-b|vz'-]《取るために》、поев вдоволь [-v|:d-]《たらふく食べた後で》、против вдовы [-v|:d-]《未亡人と向かい合って》、уж в вдовах [-ž|v:d-]《既に未亡人として》。語末音の [v] または [v'] を中間に有する例：волхв же [-ɣv|ž-]《魔法使いこそ》、без жертв бы [-dv|b-]《犠牲者がなければよいのだが》、от молитв де [-dv|d'-]《祈りから、とのことだ》、ветвь даже [-d'v'|d-]《枝さえ》。b) 他のすべての位置においては阻害音は無声的である。(中略) 語頭における硬音のもしくは軟音の、単一子音のもしくは長子音の、[v] を中間に有する例：привёз вам [-s|vá-]《(彼が)君たちのために運んできた》、близ воды [-s'|va-]《水の近くに》、уж восемь [-š|vó-]《すでに 8 (時) だ》、уж в восемь [-š|v:ó-]《すでに 8 (時) に》、поев вволю [-f|v:ó-]《存分に食べた後で》、рад видеть [-t|v'i-]《会えてうれしい》、чтоб въехать [-p|vj-]《乗り入れるために》、ведь влез [-t'|vl'-]《何しろ(彼が)よじ登ったのだからな》、слез вмиг [-s'|vm'-]《(君が)一瞬のうちに下りよ》。」(矢野通生 訳《ロシア語における有声阻害音と無声阻害音の配分》、ロマーン・ヤーコブソン『構造的音韻論』岩波書店、1996: 259–260)

同様な記述は Halle (1959: 64) にも見られる：語境界を通じての有声化の例：«Note that {v} and {v,} play no independent role. Everything transpires as if {v} or {v,} had been absent; e.g., {m'og vo=jt,'i} [m'ok vajt,'i]【мог войти】"he could enter", [m'okv,irn'ut,]【мог вернуть】, but [m'ogvzdaxn'ut,]【мог вздохнуть】"he could sigh". » ヤコブソーンと同じ例が挙げられている箇所：« {ot=vl,'eč} [atvl,'eč]【отвлечь】"to divert" with a voiceless [t] before {v} followed by a sonorant) ; {ot=vdov'i} [advdav'i] "from the window", {k=vdov'e} [gvdav,'ɛ] "to the widow".»

［補注］私の観察によれば、数人のロシア人留学生（シベリア地方出身）をインフォーマントにして調べたところ、これらの例における /v/ の前の子音を有声化するものとしないものがいた。城田俊『ロシア語の音声』(風間書房、1979: 243) は、パノーフ M. B. Панов (1967: 87), Русская фонетика, M. の次のような見解を載せている：「パノーフは к вдове のような場合、現代ロシア語では、[-gvd-] とも [-kvd-] とも発音され、

無声子音であっても、有声子音であってもよい；つまり、このような位置では無声・有声がゆれるのが「標準」；そういってわるければ、無声・有声いずれかにきめるというきまりがないのがきまりである；と述べ、ヤコブソンの観察に否定的評価を下しています。それに対し、バラノーフスカヤ (C. A. Барановская, 1968: 6ff. «Позиционное влияние на варьирование согласных по звонкости-глухости в современном русском литературном языке», In Труды Университета дружбы. XXIX.) は大量の資料を集め、綿密な分析をそれに加え、その結果、ヤコブソンの観察を確認し、支持しています。」

57. 著者は /j/ の前での子音の湿音性は接頭辞の境界では実現しないとしているが、80 年アカデミー文法 (I. 44) は接頭辞の末尾の子音が軟子音（また硬子音も可能）の例を挙げている：ра[з(з')j]е́зд（正書法では разъезд）、по[д(д')j]е́зд（正書法では подъезд）、[с(с')j]ел（正書法では съел）。アカデミー文法ではこの軟子音の発音を古いモスクワの標準としている。Аванесов (1954: 96) はすでに次のように指摘している：「所謂、『分離の』ъ の前で（話し言葉で [j] の前、普通は接頭辞と語根の境目で）、音節を形成しない接頭辞 с は軟化する：[с']ел、[с'jé'з'д']ил、[с'jé]хались、[с'j]мка. 普通、[j] の前でまた、音節を形成しない接頭辞 в- も с- も軟化する：[в'je]зд、[в'jé]хать、[в'иc']зжа́ть、[в'jé]лся、[в'иc']да́ться、[в'jа́в']е. より頻繁にまた接頭辞 из- の子音 [з] も軟化する：и[з'já]ть、и[з'já]н、….。接頭辞 раз- の子音 [з] は古いモスクワ標準に準じて軟化されることも、また軟化されないこともある（あるいは不完全に軟化される）：ра[з'jé]хались、ра[з'jé]ло、… е ра[зjé]хались、ра[зjé]ло、… 。[j] の前の接頭辞 от-、под-、над-、перед-、об- の子音 [т]、[д]、[б] は現代ロシア語では軟化されない：о[тjé]хал, о[тjé]лся, … по[дjé]хал, … пре[дjá]влен, … по[дjó]м, о[бjé]хал, … .」同様なことは Аванесов (1956: 178) にもある。さらに Аванесов & Ожегов. (1960) Русское литературное произношение и ударение. Москва. によれば、接頭辞 с-、из-、вз- の場合、この接頭辞の末尾の子音が軟子音になる：съеде́ние [s,]、съезжа́ть [s,]、съём [s,]、съесть [s,]、съе́хать [s,]、изъясни́ть [z,]、изъясне́ние [z,]、изъяви́ть [z,]、взъе́здить [z,]、изъясни́ть [z,]、изъя́ть [z,]。さらに Аванесов (1983) Орфоэпический словарь русского языка. によれば、例えば、съесть, изъяви́ть, взъе́сться などの съ-、изъ-、взъ- は [s, and s] [z, and z] のように軟子音と硬子音の両方が可能となっている。また въе́хать, разъе́сть, безъязы́чный などのような接頭辞 въ-、разъ-、безъ- もまた /j/ の前で接頭辞が軟子音と硬子音の両方可能とされる：[v, and v] [z, and z]。これらは Аванесов & Ожегов (1960) にはそのような違いの記述がなされずに、硬子音のみ可能とされたものである。Jones & Ward (1969: 201) は 'consonant assimilation' の章の中で、音 j で始まる語根の前の接頭辞の末尾の子音の発音の変異として、概して s は s', v は v', z は z' に置き換わる、と書いている：sɨ¹grat' (сыграть) しかし s'jes't' (съесть)、vnа¹s'it' (вносить) しかし ¹v'jexət' (въехать)、ɪz¹dat' (издать) しかし ɪz'jæt' (изъять)【発音記号を一部変更】。Halle (1959: 66) は Phonological (P) Rules の "Rule P 6a" として "Before the glide {j}, paired morphonemes are normally sharped." と述べ【sharped = palatalized】、その complex words の例

として次の語を挙げている：[s,=j'est] "congress"（съезд），[at,=j'est] "departure"（отъезд），[ab,=j'om] "volume"（объём）．Cf. [pad,=j'olkəj] "under a Christmas tree"（под ёлкой），[b,j'u] "I beat"（бью），[v,j'užnij] "stormy"（вьюжный），[kr'ov,ju] "blood" (instr. sg.)（кровью）．

　和久利誓一『テーブル式　ロシヤ語便覧』（評論社、1981: 19）には接頭辞 с-, в-, из- の軟化として、съесть, въезд, изъять の例が載っている。また神山孝夫『ロシア語音声概説』（研究社、2012: 108–109）にもこれについての記述がある。これは硬口蓋化同化 palatalization assimilation であり、接頭辞の境界をまたいでъの前の前舌の摩擦（あるいはまれに閉鎖）・硬子音が軟子音化されたものと推測される。

　　［補注］Щерба (1974: 224)［«Теория русского письма» 1942–1943 の手稿］は「軟子音の前の軟子音と硬子音」の項目で次のように書いている：「[j] の前で全ての子音は同化の傾向がある；адъюнкт, адъютант の代わりに［адьюнкт, адьютант］の発音を比較せよ；しかし подъезд, отъесть, изъесть は硬子音をもつスタイルが全く可能であるし、また好ましくさえある」。

Jakobson «Избыточные буквы в русском письме» (1962: 564–566) には、1904 年の Фортунатов と Шахматов による上述の場合のъの完全な廃止とьの使用の提案、それに対する保守主義者による抵抗のためにこの改革が頓挫したことが、この現象とともに述べられている。訳注 19 の Л. Л. Касаткин (Лекант *et al.* 2013: 141) の分離記号ъとьの機能の違いのなさを参照。

58. 80 年アカデミー文法 (I. 43–45) では子音結合の制限の中でこれが取り扱われている。《軟子音の前の対をもつ子音の軟音化には、その軟音化の方法によって 2 つのタイプがある。第一のタイプは、軟子音の前の対をもつ子音が必ず軟子音になる場合であり、それは以下である：(1)《硬・前舌摩擦音 + 軟・前舌閉鎖音》の結合の場合は前の子音が軟音になる：[с'т']епь（正書法では степь），[з'д']есь（正書法では здесь）．(2)《硬・鳴音 + 軟・前舌閉鎖音（また［ч］，［ш':］)》の結合の場合も前の子音が軟音になる：кви[н'т']ёт（正書法では квинтéт），ка[н'д']идáт（正書法では кандидáт），кó[н'ч]ик（正書法では кóнчик），гó[н'ш':]ик（正書法では гóнщик）．

　他方、第二のタイプは、軟子音の前の対をもつ子音が軟子音になることも（これは古いモスクワの標準）、軟子音にならないことも可能な結合である。次の場合がある：(1)《唇摩擦音 + 軟・唇閉鎖音》あるいは《唇摩擦音 + [m,]》：[ф(ф')п']ерёд（正書法では вперёд），[в(в')б']ить（正書法では вбить），[в(в')м']ёсте（正書法では вмéсте）．(2)《前舌閉鎖音 + [m,]》：[т(т')м']ин（正書法では тмин），[д(д')м']итрий（正書法では Дмитрий）．【Isačenko (1947: §31) 参照】(3)《歯摩擦音 + [m,]》：[с(с')м']ёна（正書法では смéна），[з(з')м']ея（正書法では змея）．(4)《前舌閉鎖音 + 軟・唇摩擦音》：[т(т')в']ерь（正書法では Тверь），[д(д')в']ерь（正書法では дверь），ме[д(д')в']ёдь（正書法では медвéдь）．【Isačenko (1947: §31) によれば、軟音の v' の前の т, д は от вина, под вéткой のような二語の場合と отвинтить, подвязка, подвёл のような接頭辞部分では軟化しないが、それ以外では軟音で

あるという。例えば、твёрдый [t'v'-]、четвéрг [-t'v'-]、двигать [d'v'-]；接尾辞 -ствие [-s't'v'-] も同じく軟化する。】(5)《歯摩擦音 + 軟・唇閉鎖音あるいは唇摩擦音》：pa[c(c')п']и́ть（正書法では распи́ть）、и[з(з')б']и́ть（正書法では изби́ть）、[c(c')в']ести́（正書法では свести́）、pa[з(з')в']ести́（正書法では развести́）. (6)《歯摩擦音 + [n], [l]》：[c(c')н']и́кнуть（正書法では сни́кнуть）、во[з(з')н']и́кнуть（正書法では возни́кнуть）、[c(c')л']ить（正書法では слить）、[з(з')л']и́ться（正書法では зли́ться）. (7)《前舌鼻音鳴子音 + 軟・前舌摩擦音》：во[н(н')з']ить（正書法では вонзи́ть）、ко[н(н')с']е́рвы（正書法では консе́рвы）. しかし пе́нсия だけはただ пé[н'с']ия. (8) [j] との子音結合。大部分の場合、[j] の前の子音は軟音になる（古いモスクワの標準）が、硬子音も許される：ра[з(з')j]е́зд（正書法では разъе́зд）、по[д(д')j]е́зд（正書法では подъе́зд）、[c(c')j]ел（正書法では съел）. (9) [л'] の前の [т], [д]：пé[т(т')л']я（正書法では пéтля）、пó[д(д')л']е（正書法では пóдле）. (10) 語根と接頭辞の境目における [н'] の前の [т], [д]：о[т(т')н']я́ть（正書法では отня́ть）、по[д(д')н']ести́（正書法では поднести́）. 》

この現象について Jones & Ward (1969: 200) は次のように書いている：«There is some individual variation in this matter and also some difference between the older and younger generations. Broadly speaking, speakers of the younger generation carry out this replacement of hard by soft consonants in fewer positions than do speakers of the older generation.» さらにこれについては Halle (1959: 67-69) を参照。そこではこの現象についてモスクワの標準語の発音規則（Rule P 7a）と現代文章語の発音規則（Rule P 7a'）が纏められている。この後者の規則 Rule P 7a' は以下のようである：«Paired acute noncompact (dental) consonants in position before sharped noncompact (dental and labial) consonants and before {l,}, are subject to the following treatment: (**1**) Within a simple word: acute noncompact obstruents tend to be sharped; {n} is sharped before sharped acute noncompact (dental) consonants, and plain before sharped grave noncompact (labial) consonants. (**2**) In complex words across a = boundary: Acute noncompact (dental) continuants are sharped before sharped acute noncompact (dental) consonants and before {l,}; but are plain before sharped grave noncompact (labial) consonants. Acute noncompact (dental) stops in this position differ from plain stops in other positions by a tendency towards delabialization. Complete sharping, consisting of both delabialization and widening of the pharynx, is relatively infrequent for stops in this position. (...) Ex.: (1) [t,v,'ordij] "hard", [m,id,v,'et,] "bear", [s,p,'et,] "to mature", (...) [p,'at,n,icə] "Friday", and [d,n,'a] "day" (gen. sg.). {n}: [z'on,t,ik] "umbrella", (...) but [kanf,'ɛta] "candy", and [kanv,'ɛrt] "envelope", [sanl,'ivɨj] "sleepy". (2) (2-1) Continuants before sharped acute noncompact (dental) consonants: [s,=t,'or] "wiped off" (стёр), [s,=t,'ot,ij] "with the aunt" (с тётей), [s,=n,'os] "took down" (снёс), (...) [b,iz,=n,'ix] "without them" (без них). (2-2) Continuants before sharped grave noncompact (labial) consonants: [s=p,'ɛl] "sang" (спéл), [s=m,'er,il] "measured" (смéрил), (...) [biz=v,'ɛri] "without faith" (без вéры). (2-3) Continuants before {l,}: [s,l,'ɛp] "blind" (слéп), [s,=l,'it,] "to pour together" (сли́ть). (2-4) Stops before acute noncompact (dental) consonants: [pat=s,'ɛl] "sat down next to" (подсе́л), [at=n,iv'o] "from him" (от него́). (2-5) Stops before grave noncompact (labial) consonants: [at=m,'er,it,] "to measure off" (отме́рить). (2-6) Stops before {l,}: [dl,i=v'as] "for you" (для вас), [at=l,'č,nə] "excellent" (отли́чно).»

　Бодуэн де Куртенэ (2012²: §64) は、(硬子音の前の軟子音の取り扱いとは異なり——そこでは必ず書記素 ь が用いられる：судьба) このような軟子音の前の子音の軟音化について次のように書いている：「(…) しかし聴覚的観点から、音響的知覚の観点からすると、これら 2 つの場合【前の子音が軟化するかしないかの 2 つの場合】の違いは大して重要ではない。この結果、そのような【軟化する】場合でも 2 つの書記素の間に書記素 ь を用いることはない：трет, для, дня, весть, кость, гвоздя, ... (時には тьрет, дьля, дьня, весьть, косьть, гвозьдя,...) (中略) ただ書記素 л と結合するロシア語の音素だけはくいちがっている：толпа, сколько; альпинист, толпиться... .」

　またこの現象とは逆の、軟子音を硬子音によって置き換える現象は稀であるが、限られた状況に見られるとして、Jones & Ward (1969: 201–203) は次の例を挙げている：(1) 接尾辞 -ец の前で：kʌ¹n,ɛts (конец) しかし kʌn¹tsa (конца) (l, は除く：комсомо́лец, комсомольца). (2) 語根内部で母音文字 е が消えるとき、軟音の唇音と唇歯子音は対応する硬子音に替わる：p,en, (пень) しかし pn,a (пня); v,es, (весь) しかし fs,a (вся)。後者については、本書 §134 と比較されたい。

59. Halle (1959: 51) は「集約的および高音調性の子音 compact acute (palatal) consonants」について次のように書いている：«The compact acute (palatal) consonants raise special problems only in the Moscow literary standard. (...) (1) On the morpheme boundary after a prefix or preposition we have [šš], [žž], and [š,č,]: [šš'it] "sewn together"【{s=š'it} сши́т】, [žž'ok] "burned down"【{s=ž'og} с жёг】, and [š,č,'as,t,ju] "with a part"【{s=č'ast,ju} с ча́стью】. (2) Within a morpheme and at the junction of a root and a derivational suffix, we have [šš] [ž,ž,], [š,š,]: [n,'išših] "lowest"【{n,'izšij} ни́зший】; [dažž,'a] "rain" (gen. sg.)【{doždž+'a} дождя́】; [n,'iš,š,ij] "poor"【{n,'iščij} ни́щий】; [r,'eš,š,i] "sharper"【{r'ezči} ре́зче】.»

60. Аванесов (1956: 51) によれば、ロシア語には隣接する 2 つ以上の子音は 2 つ以上には【超長子音として】発音されないという規則がある。この場合、同じ音節内の 2 つの同じ子音は母音の前でのみ長子音として発音することができる：сса́дить [с:ʌд'¹йт']、сза́ди [з:а́д'и]、ввод [в:о́т]。語頭に二重の [с] あるいは [в] をもつ語と、それに先行する前置詞 с あるいは в の結合においては、三重の [с] あるいは [в] として発音されるのではなくて、ただ二重の子音として発音される：с ссудой [с:у́ды]、в введение [в':и°д'¹ȇн'иɪь] (発音は ссудой, введение と同じである)。もう 1 つの規則は、ロシア語では同じ音節内で 2 つの同じ子音は第三番目の (別の) 子音の前で長子音として発音することはできないというものである。それ故、前置詞 с あるいは в と、これに後続する [с] あるいは [в] で始まる 2 子音を頭にもつ語との結合の際には、長子音としてではなく、《短

子音》として普通発音されるのが規範的である。例えば、с словом [сло́въм]、с снегом [сн'е́гъм]、в влагу [вла́гу]、в врага [врʌга́] はそれぞれ前置詞なしの語の発音と同じになる。

　　［補注］オレスト・プレトネル『實用英佛獨露語の發音』(同文館、除村吉太郎譯、1926: 101) の長子音の項参照：「子音の長いことを示す為には、その音字の後に [:] を附して、[k:]、[p:] のようにするか、又はその音字を二つ讀けて書き、[kk]、[pp] のようにするかする。そして子音が摩擦音であれば、長い子音とは即ちその音自身の長さを示し、子音が密閉音又は閉擦音である時は [tt] ([t:])、[tc] ([c:]) のように密閉が出来てから破裂する迄の時間の長いことを示すのである。」

　　Isačenko (1947: §21, §25, §46, §56, §60) によれば、2 つの形態素の間の継ぎ目で長子音が見られる ([·] は Isačenko の用いるアクセント記号)：例えば、отту́да [ȧt:u·də]、ссы́лка [s·ɯ·łkə]、стра́нно [stra·n:ə]、сжима́ть [ž:ymȧ·t']、от тебя́ [ȧt·:ɪb'ȧ·]；спа́сся [spa·s:ə]. 文字 тч、дч と書かれる 2 つの形態素の継ぎ目の例：отча́яние [ȧĉ:ä·ɪn'ɪə]. 特に -нный、-нний で終わる形容詞で：стра́нный [stra·n:əi]、весе́нний [v'ɪs'·n':ii]. -н- を 1 つしかもたない派生形容詞も деревя́нный のような形容詞の類推によって長い [n:] と発音される：ко́жаный [ko·žyn:əi]. 子音の前では文字 сс は短く発音される：ру́сский [ru·skəi]、расска́з [raska·s]、воззре́ние [vazr'ė·n'ɪə]. Росси́я の сс を知識人は短い s' で発音する。その他に長子音は若干の借用語にも見られる：ра́мма [ga·m:ə]、ма́сса [ma·s:ə]、гру́ппа [gru·p:ə]. しかし多くの場合、正書法での二重の文字で表記される子音は短子音として発音される：суббо́та [subo·tȧ]、програ́мма [pragra·mə]、грамма́тика [grama·t'ɪkə]．

61. Halle (1959: 66) 参照：«Before acute compact (i.e. palatal) consonants which are (non-distinctively) sharped, acute consonants are sharped. It is to be recalled that by operation of rule P 3b, strident noncompact acute (dental) consonants become compact (palatal) in this context. For these consonants we, therefore, get the following: {s=č'ast,ju} [š,č,'as,t,ju] 【с ча́стью】 "with a part", {bez=šč'ast,ij+a} [b,iš,š,'as,t,ijə] 【без сча́стья】 "without luck". (Sequences of more than two identical segments are pronounced the same as two.) »

62. 音 [ш':]、[ж':] の音素解釈については Л. Л. Касаткин (Лекант *et al.* 2013: 109–111) を参照：「[ш':]и、[ш':]у́ка、[ш':]а́стье、ра[ш':]ёт、во́[ш':]ик、шипя́[ш':]ий, etc., ви[ж':]а́ть、во́[ж':]и、дро́[ж':]и、до[ж':]и́、е́[ж':]у、со[ж':]ённый, etc. のような語における音 [ш':]、[ж':] をどのような音素が具現化しているのかということについては様々な考えがある。広く行き渡っているのは、これらの音は独自の音素を表すという考えである：/ш':/, /ж':/、あるいは /ш'/, /ж'/、あるいは /щ/, /ж/. 別の、より論拠のある考えは、[ш':]、[ж':] が音素結合であるという考えである。このような結合と見なす根拠は、形態素の境目で弁別的に強い位置にある音が [ш':]、[ж':] と交替することによる。[ш':] については次の音素結合がある：/шч'/: весну́шчатый (cf. весну́/шк/-а と узор-/ч'/атый)、/жч'/: перебе́жчик (cf. перебе́/ж/-ать と лёт-/ч'/ик)、/сч'/: песчи́нка (cf. пе/со́к/, пе/ск/-а, пе/со́ч/-ек と горь/к/-о — гор/ч'/-инка)、/с'ч'/: разно́счик (cf. разно/с'/-ить)、/зч'/: навя́зчивый (cf. навя́/з/-ывать

と вспыль-/ч'/ивый), /з'ч'/: возчик (cf. во/з'/-ить). 他方、もし形態素内部に［ш'ш'］が現れる場合（そこでは同様な検証は弁別的に強い位置によっては不可能である、というのは他の子音との交替が欠如しているからである：щель, щит, пощада, ящик, счастье, расчёт, шипящий, etc.)、これらの形態素において、/л/, /л'/ を除く全ての前舌の摩擦子音音素を含む超音素 гиперфонемы /c|c'|з|з'|ш|ж/ と音素 /ч'/ との結合を見なければならない。（中略）
音［ж':］、あるいはより正確には［ж'ж'］もまた第 2 番目の音素に /ж/ をもつ重音素として見なすことができる。若干の形態素において、第 1 番目の音素も交替を示す場合がある：音素 /з/: пó[ж'ж']е *позже* (cf. опо/зд/-ать, と твёр/д/-о — твёр/ж/-е;［д］は［ж］と交替する、［ж］の前で［з］は［ж］に交替する。また隣接する 2 つのシュー音は語根で軟音として発音される)、音素 /ж/: за[ж'ж']ёт *зажжёт* (cf. за/жг/-у と л/г/-у — л/ж/-ёт)；超音素 /c|з/: ви[ж'ж']а́ть *визжать* (cf. ви/(с|з)г/ と бе/г/ — бе/ж/ать,［г］は［ж］と交替する、［ж］の前で［з］は［ж］に替わる)、超音素 /c|c'|з|з'/: é[ж'ж']у *езжу* (cf. е/(c|c'|з|з')д'/-ить). 他の語ではそのような交替は欠如している：вó[ж'ж']и *вожжи*, дрó[ж'ж']и *дрожжи*, жу[ж'ж']а́ть *жужжать*, etc. これらの場合、最初の［ж'］は超音素 /c|c'|з|з'|ж/ を具現化している。現代ロシア文章語では、［ж'ж'］は若干の語根の中でのみ発音することができる。この発音は次第に、若い世代の規範である硬音の［жж］の発音に替わっている。вó[ж'ж']и, ви[ж'ж']а́ть, дрó[ж'ж']и, é[ж'ж']у, за[ж'ж']ёт, etc. と並んで вó[жж]и, ви[жж]а́ть, дрó[жж]и, é[жж]у, за[жж]ёт, etc. の発音も存在する。また形態素の境界では、結合 /зж/, /сж/, /жж/, /шж/ の場所において硬音の発音、普通［жж］だけが可能：разжевать, сжечь, межжаберный, без жира, с жадностью, мышь же убежала, etc. 」

63. 再帰小辞 -ся, -сь の発音は場合によって硬子音に発音されることがある。Comrie（2003[2]: 45–47）によれば、古いモスクワ世代は 1 つの例外を除いて -ся, -сь を硬子音［s］で発音する。例外は語尾にアクセントのある副動詞であり、これは必ず軟子音の［sʲ］【本書での標記は［s,］】である：例えば、боя́сь［bʌˈjasʲ］、しかし собира́ясь［səbʲɪˈrajəs］。現在の用法では再帰小辞の硬口蓋化された発音が拡がっており、再帰小辞が母音の後ろにある場合には、この発音はかなり行き渡っている。他方、再帰小辞が子音の後ろにある場合、現在の用法はかなり複雑である。Comrie の用いている Avanesov（1972, *Русское литературное произношение*. 5th edn. Москва: Просвещение.) と Avanesov（1984, *Русское литературное произношение*. 6th edn. Москва: Просвещение.)、Borunova *et al.*（1983, *Орфоэпический словарь русского литературного языка*. Москва: Русский язык.）によれば、分詞では軟子音：оставшихся；命令形では(a)再帰小辞の前の音が軟子音で終わる場合は軟子音：двинься, (b) 再帰小辞の前の音が硬子音で終わる場合は硬子音（1972）と軟子音（1984, 1983）：утешься；過去時制では、(a) с, з によって再帰小辞の前の音が終わるときは硬子音（1972）と硬・軟子音（1984, 1983）：нёсся, (b) 再帰小辞の前の音がその他の子音で終わるときは硬子音（1972）と軟子音（1984, 1983）：боялся；現在時制では(a) шь によって再帰小辞の前の音が終わるときは硬子音（1972）と軟子音（1984, 1983）：видишься, (b) м によって再帰小辞の前の音が終

わるときは硬・軟子音 (1972) と軟子音 (1984, 1983)：беремся, (c) т によって再帰小辞の前の音が終わるときは硬子音 -[ttsə] (1972, 1984, 1983)：несется；不定形では (a) чь によって再帰小辞の前の音が終わるときは硬子音 (1972) と軟子音 (1984, 1983)：стричься, (b) ть によって再帰小辞の前の音が終わるときは硬子音 -[ttsə] (1972, 1984, 1983)：учиться. 以上のことから分かるように、-тся, -ться を除く再帰小辞は軟子音で発音される傾向が拡がっている。【Аванесов (2015: 205ff.) は Comrie とは幾分異った記述をしている。Аванесов によれば、この傾向は正書法の影響によって説明される (ibid. 207)。】

64. двена́[тцə]ть は двена́[цə]ть も可能。(Касаткина 2012)
65. Аванесов (1983) では лу́чший [-у́тш-]。
66. Аванесов (1954: 107–110) はさらに以下のような子音結合においても、真ん中の閉鎖子音が省略されている例を挙げている (省略される閉鎖音を囲む条件は本書と同じ)：(1) стл：сча[с'л']и́вый (正書法では счастливый), зави́[с'л']ивый (正書法では завистливый), со́ве[с'л']ивый (正書法では совестливый). しかし他の場合には [т] が保持される：ко[с'тл'а́]вый (正書法では костля́вый), по[стл]а́ть. хвастливый は省略されることも省略されないこと (明瞭な発話で) も可能である：хва[с'л']и́вый / хва[с'тл']и́вый.（2) нтск (ндск)：次の語では [т] はふつう発音されない：голла́[нск]ий (正書法では голландский), Ала́[нск]ие (正書法では Аландские (острова). また次の語では [т] を発音しないか、あるいは [нцск] と発音する：гига́[нск/нцск]ий (正書法では гигантский), аспира́[нск/нцск]ий (正書法では аспирантский) ([т] のない発音は口語)。[нцск] と発音する例：команда́[нцск]ий (正書法では комендантский). さらに /st,s/ の例：шестьсо́т [-ssо́t]《600》。
67. Аванесов (1954: 109–110) によれば、母音の前の子音結合 стск において、[т] は発音されないが、その際に二重子音 [cc] の最初の子音は先行音節に属し、この音節を閉じ、二番目の子音は後続の音節に属す：маркси́[с|с]кий (正書法では марксистский), большеви́[с|ск]ий (正書法では большевистский), по-большеви́[с|ск]и (正書法では по-большевистски). -стский で終わる他の語も同様に発音される：империалистский, меньшевистский, etc.
68. 現代文章語では стк (здк) は [стк] と発音されるが、古いモスクワの標準では多くの語でこの結合の中の [т] は発音されなかった (現在ではそういう発音は俗語の中に見られる)：неве́[ск]а, жё[ск]о, боро́[ск]а (正書法では бороздка) (Аванесов 1954: 109)。
69. 同様に子音結合 вств をもつ語では [т] は発音され、в は [ф] に無声化する：нра́[фс'т'в']енный. ただし次の場合には [в] は発音されない。(1) 次の2つの語幹において：чу́[ств]о, здра́[ств]уй. (2) л の後ろの вств において：безмо́[лст]вовать. (Аванесов 1954: 110)
70. 次の2つの「音節形成する и」についての解釈も参照：「армии, линии のような語形タイプは音素的には語幹が j の末尾と変化語尾 и との結合と解釈すべきである：<арм'иj-и, л'ин'иj-и>. 従って、この場合において 2 つの и の隣接は音素的には偽りである。つまりそれらの間には中間の [j] があるのだが、この [j] は音声的には第二番目の [и] に吸収さ

れるのである。かくして、армии, линии の正書法の記述では、最初の и は音素 <и> の記号、第二番目の и は 2 つの音素結合：j + <и> の記号であり、そこでは文字 и は音節として現れる。」(Реформатский 1975: 78)

71. петь《歌う》の形についての Реформатский (1975: 79) の解釈も参照：пою, 音素的に：<поj-у>, cf. поёшь <поj-ош> と поишь <поj-иш>《飲ませる》、後者は音声的に [и] になるが、音素的には <поj-> であり、正書法では поишь (この и は音節である [jи])。

72. Boyanus & Jopson (1952³: 87) による 3 人称代名詞の発音を参照：acc. их [jix] 'them', через них [tʃɪr,ɪz, ¹n,ix] 'through them', gen. их [jix], от них [at, ¹n,ix], dat. им [jim], к ним [k n,im], instr. ими [¹jim,ɪ], с ними [s, ¹ni,m,ɪ], loc. о них [a ¹n,ix]. Cf. eró [jɪ¹vo] 'him', от него [ət, n,ɪ¹vo] 'from him', ему [jɪ¹mu], к нему [k n,ɪ¹mu], её [jɪ¹jo], от неё [ət, n,ɪ¹jo], ей [jej], к ней [k n,ej]. また Berneker & Vasmer (1947: 20) 参照。j- と n,- の交替については訳注 324 を見よ。

73. 訳注 33 を参照。

74. 訳注 33 を参照。

75. 同じ現象は略語による合成語においても見られる (*sandhi interne*)：самиздáт /samizdat/ [səmizdaːr]《地下出版物》(Comtet 2002: 55)。次のような連続した言い方にも [i] が見られる：Ивáн Ивáнович! [ɪ¹van_ivanitʃ !] — Что?; Ивáн Ивáнович || óчень образóванный человéк [ɪ¹van i¹vanitʃ] (Boyanus & Jopson, 1952³: 250, 153)。参考：「名前と父称はしばしば 1 語のように感じられる (ある場合には 1 つのアクセント、ある場合には 2 つのアクセントをもつ)：例えば、Ивáна Петрóвича (それは堅苦しく聞こえる) よりも Ивáнпетрóвича.」 (Boyanus & Jopson, 1952³: 13)。 Ивáна の語尾 -a が脱落していることに注意。これについてはまた訳注 83 を見よ。

76. アクセント下における音節内の母音音素の変異音については Аванесов (1956: 95ff.) が詳細に記述している。また Аванесов & Сидоров (1945: 46ff.) Система фонем русского языка [Реформатский (1970: 256-258)] も参照せよ。そこでは本書と同じく軟子音間の音素 a o y がより前寄りのヴァリアントとして発音されること、軟子音間の音素 ɜ はより舌が持ち上がった変種 e として実現するとしている：《軟子音との隣接によって変化する音素 a o y ɜ (a o y は軟子音の間で、ɜ は軟子音の前で) と異なり、音素 и は硬子音の後で著しく変化する。このとき音素 и は他の母音以上にその性質を変化させ、硬子音の後で、中舌母音である変種 ы として現れる》(ibid. 1945: 46)。以下、ы が и の異音であることを述べている。Панов (1990: 50) 参照：「音素 /a — o — ɜ — y/ が、それに隣接して軟子音が存在しないとき、アクセント下では [a — o — ɜ — y] として実現する。もしそれらに 1 つの軟子音が隣接すれば、その調音はほんの少し前よりになる：[a̭ — o̭ — ɜ̭ — y̭]【記号を変更している】。もしアクセント母音が両側から軟子音に隣接されるならば、前寄りの動きはより強い：[ä — ö — ɜ̈ — ÿ]。例：по[сат]ка, [с'ад]у, по[сад']ит, [с'ät'] = сядь! 」。

77. часы́, щади́ть などの -a- の発音を例外的な発音と見なしてはならない。アクセント直

前にある軟子音の後ろの母音 /a/ /e/ /o/ は [i] として実現するという音声現象の中でとらえなければならない。つまり、пяти́ の я の発音と同じ現象であり、これは特殊でも何でもない。なお、чарльстóн [tʃarl,sᵗton]、чартúзм [tʃarᵗt,izm]、чартúст [tʃarᵗt,ist] のような外来語は例外 (Jones & Ward 1969: 37)。

Jones & Ward (1969: 194) は、音素 o と a が音素 i に変わるのはアクセント直前の位置 (pretonic positions) のみであり、o の場合は軟子音と j と硬子音 ʃ と ʒ の後ろのみ、a の場合はただ軟子音と j の後ろのみである (古いモスクワの話し方では若干の語で ʒ と ʃ の後ろでも起こった : ʒal, жаль しかし ʒi¹l,et жалеть)、と書いている。例えば、n,os (нёс) しかし ni¹sla (несла)、joʃ (ёж) しかし ji¹ʒa (ежа)、¹jadrə (ядра) しかし ji¹dro (ядро)。

78. Comrie (2003²: 50–51) によれば、古いモスクワの発音では硬音の ц, ш そして ж の後ろのアクセント直前の a は、[ʌ] ではなくて [iᵉ] (舌を後ろに引いた [iᵉ]) と発音される : жарá《暑さ》、шагú《歩 (複数)》、шары́《球 (複数)》、двадцатú《20 (斜格)》。

79. 単数主格の пóле と単数位格の пóле の語尾の音素が異なることに注意 (それぞれ /o/ と /e/ である)。これらの音素を確かめるためには、強い位置である語尾アクセントのある同じ形態論的な形と比較されねばならない。例えば、ружьё (nom. sg.) [ruʒ¹jo] と ружьé (loc. sg.) [ruʒ¹je] を比較せよ。

[補注] このような語尾における特殊な発音は、語の境界画定 (Abgrenzung) を示す信号の役割を果たしていると考えることができる。語の境界画定の機能を果たしているのは、また訳注 50 で述べた [k,] の出現にも見ることができる : /e/, /i/ の前で [k,] が現れるのは語内部だけであり、語境界を越えては [k] しか起こらない。ロシア語の非強勢の а と ə の音がアクセントとの関係で語の境界画定機能を果たしていることについては、N. S. Trubetzkoy (1962³: 249–250) *Grundzüge der Phonologie*. Göttingen. [トゥルベツコイ『音韻論の原理』(長嶋善郎訳、岩波書店、1980: 297–298)] を参照されたい。さらに §25, b) を見よ。

80. Comrie (2003²: 56-59) は、S. M. Kuz'mina (1966. «О фонетике заударных флексий». In Vysotskij *et al*. 5–24.) を使って、標準語の無アクセント語尾の軟子音の後ろの а, е の発音を形態素境界 (#) とともに記している。例えば、V# ды́ня, пóля (gen. sg.)、пóле (nom.) は何れも [ə]; VC°# ды́ням (dat. pl.)、ды́нях (loc. pl.) は [ə]; VC°# мóрем (instr.) は [ɪ] と発音される (C° は硬子音)。

81. ロシア語の多音節語 (副次アクセントのない語) における各音節におけるアクセント (stress) の強さの程度は、次のようである : 最も強くアクセントが置かれる音節に至るまでアクセントの強さの程度は上がり続け、最も強いアクセント音節の後ろの音節で急激にその程度は弱まる。要するに、アクセント音節の直前の音節はその語で 2 番目に強く、さらにその直前の音節は 3 番目に強い。他方、アクセント音節の直後の音節のアクセントの強さはその語で最も弱い。Forsyth (1963: 3) によれば、ロシア語の語中の各音節における stress の程度は次のようである : 例えば、фо-то-грáф-и-я (3-2-1-3-2)、вла-ди-вос-тóк-ский

(3-3-2-1-3)（原文ではアクセントの強さは図式されているが、ここでは stress の強さの程度を 1 から 3 の数字で示す。数の小さい順に強さは大きい）。これに対して、英語では次のような stress の強さのパターンになるという：pho-to-gráph-ic-al (2-3-1-3-3)。また Jones & Ward (1969: 207) によれば、pəlʌˈʒit,ıl,nə положительно の各音節の stress の強さは、3-2-1-5-4 (1 が最も強い) を示すという。いずれの例もアクセント音節の直後の非語末音節の母音の stress の程度が最も弱いことを示している。これに対して Boyanus (1955: 76-77) は幾分異なる観察をしている。彼によれば、無アクセントの語末音節が語の中で最も弱くなるとして、ロシア語の各音節の強さを次のような順序で示している (番号は相対的な音節の強さを表す。1 から順に弱くなる)：1. アクセント音節 ＞ 2. アクセント直前音節 ＞ 3. 語頭音節あるいは音節群 ＞ 4. アクセント直後の音節 ＞ 5. 末尾音節 (最も弱く、時には無声音化されるかあるいはわたり音の特徴をもつ)。例えば、водá va-da (2-1)、го́род go-rət (1-4)、городи́ть gə-ra-d,it, (3-2-1)、загороди́ть [zə-gə]-ra-d,it, ([3]-2-1)、загора́живать zə-ga-ra-ʒi-vət, (3-2-1-4-5)、за самова́рами [zə-sə]-ma-va-rə-mı, ([3]-2-1-4-5)、удовлетвори́тельно [u-də-vl,ı]-tva-r,i-t,ıl,-nə ([3]-2-1-4-5)、с главнокома́ндующими [sglə-vnə]-ka-man-[də-jı-ʃ,tʃı]m,ı (3-2-1-4-5)。類似の観察は Isačenko (1947: 184-185) に見える。彼はアクセントの強さを 4 段階で表し、上とは逆に 4 を最大、1 を最小の強さにしている (3 は副次アクセントのために使われる)。例えば、рука́ (2-4)、понима́ть (1-2-4)、веретено́ (1-1-2-4)、рабо́та (2-4-1)、кото́рому (2-4-1-1)、разгова́ривать (1-2-4-1-1)、переписа́ть (1-1-2-4)、несостоя́тельный (1-1-2-4-1-1)、по́хороны (4-1-1-1)、ко́локола (4-1-1-1)。副次アクセントのある例：оборо̀носпосо́бность (1-2-3-1-2-4-1)、парово̀зострои́тельство (1-2-3-1-2-4-1-1)；пѐред тобо́й (3-1-2-4)、чѐрез ре́ку (3-1-4-1)、онѝ хотя́т (2-3-2-4). 略語：СССР (2-1-1-4)、МТС (2-1-4)、ВКП(б) (2-1-1-4)。

このようなアクセント音節と無アクセント音節における声の強さによる対比をもとにしたアクセントのシンタグマ的特徴は、「ポチェブニャの法則 закон Потебни」として知られている。Федянина (1982²: 14) によれば、А. А. Потебня はすでに 1866 年に次のようにその法則を述べているという：「もしアクセント音節の主音の強さを 3 によって表せば、4 音節語においてアクセント音節に対する他の【無アクセント】音節の関係は以下のように表れよう：1、2、3、1。」(Потебня А. А. О звуковых особенностях русских наречий. — В кн. : Два исследования о звуках русского языка. Воронеж, 1866. с. 66.) このポチェブニャの法則について、Федянина (ibid. 14) は次のように否定的に評価している：「現代の研究が示していることは、強さと長さによるアクセント音節と無アクセント音節の関係ははるかに複雑で、ポチェブニャの整然とした算術的な図式には収まらないということである。」それに続いてフェデャーニナは次のような興味深い事実を述べている：「強さによるアクセント母音と無アクセント母音の関係は、非常に不規則である。強さの最大値は常にアクセント母音を特徴付けるとは限らない。母音の相対的な強さは、母音のアクセントあり・なしに依っているというよりはむしろ、語における母音の場所に依存している。語頭において、無アクセント母音はアクセント母音よりより強い。アクセントの後ろの母音は常にアクセ

訳注　563

ント母音より弱いが、それは語末におけるそれらの状況によって規定されているからである。語中における母音の強さは母音の本来の強さに依存するが、しかしまた隣接子音の質にも依存している。大部分の研究者たちが合意を見ているのは、長さ特徴はアクセント音節の識別のために最も本質的なものであるということである。母音の相対的な長さはまた他の諸要因、つまり母音の固有の長さ、隣接子音の性質、語中の位置にも依存している。強さと長さは相互の代償的な関係にある：アクセント母音の強さが無アクセント母音の強さより小さいとき、アクセント音節の長さは無アクセント音節の長さを越えて長くなる。」(ibid. 14)

82. Boyanus & Jopson (1952³: 153) によれば、後続の母音はさらに省略されている：не́который [ˈnˌɛktrij]、не́которое [ˈnˌɛktrəjə]. また ты́сяча は [ˈtiʃˌtʃə] (*conversational*)、[ˈtisˌɪtʃə] (*bookish*) (ibid. 264)。

83. 例：Сюда́. Ива́н Дени́сыч, сюда́! (Солженицын, «Один день Ивана Денисовича»)。さらに Boyanus & Jopson (1952³: 178) 参照：《全ての父称形は、例外はあるものの、会話では書かれた形より1音節だけ短くなる。その書かれている音節は -ов, -е (в) - である。もしその語尾 -ич が硬子音に先行されていれば、それは [itʃ] と発音される：Ива́н-ов-ич [ɪˈvanitʃ]。もしその語尾が軟子音、あるいは j、あるいは母音によって先行されていれば、それは [ɪtʃ] と発音される：Васи́ль-ев-ич [vaˈsˌilˌɪtʃ]、´Яковл-ев-ич [ˈjakəlˌɪtʃ]、Гео́рги-ев-ич [gˌɪˈorˌgˌɪtʃ]、Никола́-ев-ич [nɪkaˈlajɪtʃ]. 歴史的理由により、この規則には個々の例外がある。また**男性**の名と父称は、会話のさいには普通1語のように感じられ、最初の語は主格のまま、2番目の語は格の区別をもって発音される：Я написа́л Ива́ну Ива́новичу [ja nəpˌɪˈsal iˈvan iˈvanitʃu]、Я встре́тил Серге́я Никола́евича [ja ˈfstrˌetˌɪl sˌɪrˈgˌej nˌɪkaˈlajɪtʃə]、Я был с Гео́ргием Степа́новичем там [ja ˈbil z gˌɪˈorˌgˌɪ(j) sˌtˌɪˈpanitʃɪm tam]、しかし Я зна́ю Льва́ Ива́новича [ja ˈznaju ˈlˌva (& ˈlˌof) i(i)ˈvanitʃə] (硬子音と並記されている ɪ 音が、もし連結されれば、i である)、Я зна́ю Петра́ Петро́вича [ja ˈznaju pɪˈtra (& ˈpˌotər) pˌɪˈtrovˌɪtʃə]. 》

84. 80年アカデミー文法 (I. 125ff.) はその「形態素論の基本概念」の章で、**形態（モルフ）морф** と **形態素 морфема** の用語を用いて形態素論を論じている。これらの用語は次のように区別される：「形態（モルフ）は言語の線状的単位であるが、形態素は非線状的、総括的単位であり、その顕現形はモルフである。意味の同一性と形態的（音素的）な類似性を所有する同種の諸モルフの総体は形態素をつくる。」(ibid. 125) さらに、80年アカデミー文法 (I. 126-127) 参照：《морфы が同じ意味をもち、音形が類似し、かつそれらが相補分布を成すならば、それは**異形態 алломорфы** である。例えば、-ств(о) と -еств(о) は後者がシュー音で終わる形態の後ろでのみ現れ、前者はそれ以外の場所で現れるので、異形態である：ничтожество, богатство. 異形態を用いる位置的な被制約性にはしばしば2つの種類がある：(a) морфы の使用が隣接する морфы の形態的な構造によって条件付けられる場合：例えば、上述の -ств(о) と -еств(о) の例。(b) морфы の使用が隣接する морф の形態的な構造によってではなくて、ある意味の担い手としての隣接する морф 全体によって条件付けられる場合：

例えば、形容詞の接尾辞の形態 -н₁- は、人の意味をもつ名詞語幹に属する接尾辞 -ис/т/- / -ис/т'/- の形態の後ろには現れない（この場合に現れるのは -ичн-：пессимистичный）が、他の -ист- で終わる形態では形態 -н₁- は可能である：очистный, ненавистный. さらに異形態以外に、同じ形態の環境の中で常に互いに交替する形態もまた１つの形態素に纏められる。この形態は**ヴァリアント вариант** といわれる。例えば、具格の屈折語尾の形態 -ой と -ою: водой と водою; 中性名詞の形態 -и/j/- は、すべての語形成タイプでヴァリアント -/j/- をもち、後者は結合《母音 + 子音》、《母音 + 鳴子音 + 子音》、/с₃т'/, /с₃д'/ で終わる形態の後ろでのみ現れる：доверие と доверье, усердие と усердье, しかし безверие, путешествие のみ。）

85. Garde (1981 [2006: 74–76]) によれば、ロシア語の語尾は以下のような共通の特徴をもっている：CVC 群は存在しない、子音群はない（例外は -ogda）。音韻構造の観点から全ての語尾は（ゼロ語尾を除いて）４つのグループに分けられ、その２つは一般的タイプを、他の２つは特殊なタイプを成す。一般的タイプ (a)：ヴァリアント V (CV) — V: z'im-a《冬》、l'es-u《森で》、p'iš-u《私は書く》. VC: l'es-om《森によって》、nov-ix《新しい (gen. pl.)》、id'-ët《彼は歩いて行く》, etc. VCV: l'es-am'i《森 (instr. pl.)》、nov-im'i《新しい (instr. pl.)》、id'-ët'e《あなたたちは行く》, etc. 一般的タイプ (b)：ヴァリアント #CV — 次の５つの語尾に観察される：-ju (instr. sg.)：kost'-ju《骨》, cerkov'-ju《教会》; -m'i (instr. pl.)：det'-m'i《子供達》; -še (comparatif)：star-še《年上だ》; -ši (gérondif passé)：sžëg-ši《焼いて》; to (nominatif du pronom interrogatif)：k-to《誰》, čto《何》. 特殊なタイプ (a)：動詞タイプ C — 子音によって始まる少数の動詞語尾：-t' / -t'i (infinitif), -v (gérondif)：zna-t'《知っている》, u-zna-v《知って》; -m, -š, -st：da-m《私は与える》、da-š 2 sg., da-st 3 sg.; je-m《私は食べる》、je-š 2 sg., je-st 3 sg. 特殊なタイプ (b)：代名詞タイプ VCV — 状況を表す代名詞の語尾 -#d'e, -uda, -ogda (語尾 -#d'e のはじめの # の存在については、形 v'ez-d'e《至る所》= v'#s-#d'e を参照)。

86. Garde (1981 [2006: 69–72]) によればロシア語の語根構造は３つのタイプに分けられる：一般的なタイプ（非動詞と非代名詞）、特殊なタイプ：(a) 動詞タイプと (b) 代名詞タイプ。一般的なタイプの語根は **xVC** である (V: 母音ポジション、C: 子音ポジション、x: 任意の語頭要素)：(1) 最小語根は VC によって終わる：um《知性》, iv-a《柳》, uč-it'《教える》, ust-a《詩》口》; (2) C-VC: l'es《森》, ruk-a《手、腕》, nov-ij《新しい》, par'-it'《飛ぶ》, gost'《客》, p'erv-ij《一番目の》; (3) C-VC-VC / C-VC-VC-VC: l'eb'ed'《白鳥》, golov-a《頭》, gotov-ij《準備のできた》, p'er'ep'el《ウズラ》, tarator'-it'《しゃべりまくる》. (4) 移動母音 # は語根の最後の母音ポジションでのみ現れうる：C#C: p'ës《犬》, rot《口》; CVC#C: s'est#r-《姉妹》, or'#l-《鷲》, cerk#v'-《教会》, xr'eb#t-《脊椎；頂上》, etc. (5) 非語頭の子音群 (C_2 ポジション) だけ鳴音 r, l (まれに j, m, n) で始まることができる：tv'ërd-ij《硬い》, p'erv-ij《一番目の》, čerstv-ij《こちこちの》, tolpa《群衆》, tolst-ij《太い》. 語根の始まり (C_1 ポジション) ではこの鳴音群は許されない。(7) 鼻鳴音を考慮しないと、２つのポジション (C_1 と C_2) は以下の子音群しか許さない：(α) 摩擦音 s, z, š, ž (稀に x, v) によって始まる群：stol

《机》、skam'j-a《ベンチ》、sm'erč《竜巻》、sram《恥》; p'est-ovat'《子守をする》、t'est'《岳父》、bl'esk《輝き》; zdorov-ij《健康な》、zv'ezd-a《星》、pozd-n-o《遅く》、šm'el'《円花蜂》、kl'ešn'-a《(エビの) はさみ》; žban《両手つきの壺》; xmur-ij《陰気な》、xnik-at'《泣き真似する》、plaxt-a《伝統的なウクライナ産のスカート》; vdov-a《未亡人》、vtor-oj《二番目の》、kuvš-in《水差し》、etc. (β) 鳴音 r, r', l, l', v, v' (稀に j) によって終える群：brat《兄弟》、br'ux-o《動物の腹》、gr'ex《(道徳の) 罪》; bagr-ov-ij《茜色の》、zubr《野牛》、plox-oj《悪い》、čl'en《成員》; podl-ij《卑劣な》; dvor《中庭》、cv'et《色》、m'edv'ed'《熊》、r'jan-ij《熱心な》、obez'jan-a《猿》。n, n' は軟口蓋音あるいは m の後ろのみ：gn'ezd-o《巣》、kn'ig-a《本》、knut《鞭》、jagn'ënok《子羊》、stogn-i《大通り》、mnog-o《多く》、komnat-a《部屋》。これらの鳴音全ては流音の後ろでは不可能である。(γ) 最初の摩擦音と最後の鳴音をもつ 3 子音の群：strana《国》、jastr'eb《鷹》; splošn-oj《全面的な》、skl'an-ka《小瓶》; stvol《幹》、skv'ern-ij《忌わしい》、etc.

他方、特殊なタイプ：(a) 動詞の語根タイプは **xV** である (ほぼ 50 個)。最小語根は VC ではなくて、V であること以外は上で与えられた規則に従う。(1) V: V からのみ成る語根の例は次の 1 例のみ：-u-《(ob-u-t'《靴を履かせる》、raz-u-t'《靴を脱がせる》。(2) CV (C = 1 つの子音)：da-t'《与える》、du-t'《(風が) 吹く》、bi-t'《ある》、vi-t'《吠える》、mi-t'《洗う》、ni-t'《(歯などが) 疼く》、ri-t'《掘る》、v'i-t'《撚る》、l'i-t'《注ぐ》、b'i-t'《打つ》、p'i-t'《飲む》、ši-t'《縫う》、po-či-t'《寝入る；死ぬ》、ži-t'《生きる》、m'a-t'《こねる》、ras-p'a-t'《十字架に架ける》、ža-t' (žm-u)《圧する》、ža-t' (žn-u)《刈り取る》、na-ča-t'《始める》、po-n'a-t'《理解する》、žu-ju《私は噛む》、ku-ju《私は (金属を) 鍛える》、su-ju《私は押し込む》、ba-ja-t'《(方言) 話す》、ka-ja-t'-s'a《後悔する》、la-ja-t'《吠える》、etc. (3) C と V の間に VC が挿入される (C-VC-V)：唯一の例：l'el'e-ja-t'《可愛がる》。(4) V が移動母音 # であるとき：b'#- (b'-ju《私は殴る》、be-j《殴れ》)、語根 b'i- (b'i-t'《殴る》) の異形態。v'-ju《私は綯う》、l'-ju《私は注ぐ》、p'-ju《私は飲む》、š-ju《私は縫う》の動詞でも同様。(5) C_1 ポジション (語頭の子音の位置) では以下の子音群が許される：(α) 摩擦音 s, z によって始まる子音群：sta-t'《なる》、sm'e-t'《あえて…する》、snu-ju《経糸を掛ける》、sm'e-ja-t's'a《笑う》、o-sti-t'《冷える》、zn-a-t'《知っている》。(β) 鳴音 r, r', l, l', n' で終わる群：kri-t'《屋根を葺く》、br'i-t'《剃る》、pli-t'《泳ぐ》、sli-t'《名声を博する》、xli-nu-t'《ほとばしる》、kl'a-st'《呪う》(kl'a-l *passé*)、kl'u-ju《私は啄む》、pl'u-ju《私は唾を吐く》、bl'e-ja-t'《メエメエ鳴く》、gn'i-t'《腐敗する》(一般的なタイプと同様に n' は軟口蓋音の後ろのみ)。(γ) 3 子音群 str'：za-str'a-t'《はまり込む》。

特殊なタイプ：(b) 代名詞タイプの語根は 1 つの子音のみから成るタイプである。それは全部で 7 つある：語根 k-/č- (k-ogo《誰の・を》acc., gen., č-ego《何の》gén.)、t- (t-ogo《それ》gén.)、s'- (s'-ego《この》)、j- (j-ego《彼の・を》)、m-/n- (n-as《我々を》acc., gén., m-i《我々》)、v- (v-i《あなたたち》)、t- (t-i《君》)。

87. Garde (1981 [2006: 72–74]) によれば、ロシア語の接尾辞は一般的タイプと特殊なタイプ (a) と (b) に区別できる。一般的タイプ **VC** は圧倒的多数の接尾辞を含み、名詞派生

接尾辞の全てを包括している。このタイプは母音ポジション V（完全母音あるいは移動母音）と子音ポジション C（1つの子音あるいは子音群）から成っている。(1) 完全母音をもつもの：(α) 名詞派生接尾辞：-ost'-：nov-ost'《新しいこと》；-ic-：car'-ic-a《女帝》、-ux-：star-ux-a《老婆》；(β) 形容詞派生接尾辞：-ist-：kam'en'-ist-ij《石だらけの》、igr'-iv-ij《陽気な》；(γ) 名詞の屈折接尾辞：-es-：n'eb'-es-a《空 (pl.)》；(δ) 動詞派生接尾辞：-ov-：torg-ov-at'《商う》、-ič-：umn'-ič-at'《利口ぶる》；(ε) 分詞：-ušč-：r'ež-ušč-ij《切断する（能動分詞）》；-ën-：p'er'ev'ed'-ën《移転された、翻訳された（受動分詞）》。(2) 移動母音をもつもの：(α) 名詞派生接尾辞：-#k-：sin-ok《息子（指小形）》、sin-k-a (acc.-gén.)；-#c-：kup'-ec《商人》、kup-c-a (acc.-gén.)；-#stv-：car-stv-o《王国》；bož-estv-o《神》；(β) 形容詞派生接尾辞：-#n：um-n-ij《賢い》、um'-ën（ゼロ語尾をもつ形容詞短形）；-#k-：uz-k-ij《狭い》、uz-ok（短形）；-#sk-：bolgar-sk-ij《ブルガリアの》、gr'eč-esk-ij《ギリシアの》、-#j-：l'is'-ij《狐の》(masc.)、lis'-j-a (fém.)；(γ) 名詞の屈折接尾辞：-#j-：muž-j-a《夫 (pl.)》、muž-ej (acc.-gén)。認められる子音群のタイプは語根の場合と同じであるが、摩擦音と鳴音の目録は語根の場合よりも制限されている。すなわち、子音群の始めの摩擦音は s あるいは z だけが可能である：-ist, isč-（文字法の上では šč (щ) で表される）、-#sk-, -izn-：(otč-izn-a《祖国》)；末尾鳴音に関して、3つの子音群 -stv では v だけしかない。さらに借用語の接尾辞では子音群の始めに n が許される：-ent-, -enc-, -ant-（konkur'-ent《ライバル》、konkur'-enc-ija《競争》、kom'end-ant《警備司令官》）。

　これらの接尾辞の特徴は必ず子音の後ろに付くということである。次に特殊なタイプ (a) は動詞派生タイプ C である。このタイプの接尾辞は常に1つの子音によって始まりそして1つの子音によって終わる。それらの内で唯一、接尾辞 -t'el'- は2つの子音間に母音が含まれる。その他の全ての接尾辞は子音ポジション C（1つの子音あるいは子音群）に縮減されている。子音群の最初の子音は移動母音 # に先行されない。またこの接尾辞は母音の後ろでも現れうる。またこの接尾辞は常に母音に先行する。この接尾辞が使われるのは動詞の屈折か動詞派生形の動詞語基の後ろのみである。この接尾辞は非常に数が少ないので完全なリストをここに与えることができる：(α) 動詞の屈折：-n-：max-n-u《私は振る》、sta-n-u《私は立つ》；過去受動分詞の -n- と -t-：sd'ela-n-o《作られた》、zan'a-t-o《占められた》；過去の -l-：sd'ela-l-a《彼女は作った》；能動過去分詞の -vš- と -š-：sd'ela-vš-ij《作った（能動過去分詞）》、st'ër-š-ij《《拭き取った（能動過去分詞）》。(β) 動詞からの派生接尾辞：-t'el'-：uči-t'el'《教師》；-tv-：br'i-tv-a《カミソリ》；ži-zn'《生命》、bol'e-zn'《病気》、-sn'-：p'e-sn'-a《歌》、-l-：od'eja-l-o《毛布》；-x-：sm'e-x《笑い》；-s-：plak-s-a《泣き虫》；-m'-：s'e-m'-a《種子》、zna-m'-a《旗》。(γ) 間投詞からの派生：-k-：m'au-k-at'《猫がニャオと鳴く》、a-k-at'《アクセントのない o を a と発音する》。この接尾辞は摩擦音 s, z, v によって始まる子音群（ži-zn', p'e-sn'-a, zna-vš-ij）あるいは鳴音と v によって終わる子音群（br'i-tv-a）のみを許容する。

　特殊なタイプ (b) は、動詞タイプ V であり、その接尾辞が母音音素だけで構成されているタイプである。ロシア語の母音音素の全てがそこに現れる：a, e, i, o, u. それらは唯一の機能である、動詞語基形成の機能のみを遂行する：p'is-a-t'《書く》、šum'-e-t'《騒ぐ》、

govor'-i-t'《話す》、kol-o-t'《刺す》、maxn-u-t'《一振りする》、torg-u-jet《彼は商う》。これらの接尾辞は必ず子音に先行され、また後続される。特殊なタイプの2つはそれぞれ形式面と同様に機能面でも互いに補完し合っている。タイプVは動詞語基の形成に役立ち、タイプCはこの同じ語基からの派生に役立っている。この理由でV+Cの結合がしばしば見られる：(mol')-i-tv-(a)《祈祷》、(uč)-i-t'el'《教師》、(bol')-e-zn'-(enn-ij)《病的な》。

88. Halle (1959: 56ff.) は形態素の構造規則を詳細に記している。それによれば、子音あるいは母音の連続の構造に関しての制約は子音連続 cluster の内部だけ、あるいは母音連続 chain の内部だけにしか働かない。母音連続の例は訳注99を見よ。形態素の中の子音連続は次の種類がある (R = 任意の流音、C = 任意の子音、J = {j})。(1) ロシア語の最も長い子音連続は4セグメントから成る。これは次の2つしかない：{fstr'et,i} (встрéть) "to encounter, meet", {č'orstv} (чёрств) "stale"。(2) 3セグメントタイプは次のものがある：CCR: 語頭：{skr,ip} "squeak"、語中：{kastr,'ul,} "sauce"、語末：{z'atxl} "musty"; CCC: 語頭：{stvol} "gun barrel"、語中なし、語末：{'opšč} "common"; RCR: 語頭なし、語中：{v,irbl,'ud} "camel" (верблю́д)、語末なし; RCC: 語頭なし、語中なし、語末：{tolst} "fat"。(3) 2セグメントタイプは次のものがある：CC: 語頭：{svet} "light"、語中：{'asp,id} "slate"、語末：{kost,} "bone"、RC: 語頭：{rt'ut,} "mercury" (ртýть)、語中：{alm'az} "diamond"、語末：{sm'erč} "cedar"; JC: 語頭なし、語中：{bajb'ak} "marmot"、語末：{ajv} "quince"; CR: 語頭：{slep} "blind", {utr'oba} "womb"、語末：{žezl} "staff" (жезл); RR: 語頭なし、語中：{jarl'ik} "label" (ярлы́к)、語末：{gorl} "throat"; JR: 全てなし; CJ: 語頭：{djak} "clerk" (дьяк)、語中：{ab,izj'an} "monkey"、語末なし; RJ: 語頭：{rjan} "zealous" (рьян)、語中：{burj'an} "tall weeds" (бурья́н)、語末なし; JJ: なし。子音の重複は {n} だけが可能。

89. 一部の移動母音（「出没母音」ともいう）は、古代ロシア語の弱化母音 jers (ь < *ŭ, ъ < *ĭ) の運命の結果である。古代ロシア語の語の音節には強い位置 (strong position) と弱い位置 (weak position) があり、後者は語末位置と完全母音 (jers を除く全ての母音) の前の位置であった。もし弱い位置に現れる jer があるならば、その前の jer が現れる位置は強い位置である。またアクセントのある jer は強い位置に現れる。例えば、дьнь《日》の末尾の ь は弱い位置にあり、最初の ь は強い位置にある。сънъ《眠り》も同様に末尾の ъ は弱い位置にあり、最初の ъ は強い位置にある。s と w をそれぞれ強い音節と弱い音節とすれば、д^{s}ьн^{w}ь, с^{s}ън^{w}ъ と表記できる。完全母音の前の位置にある jer は弱い位置にあるので、б^{w}ърати《取る》、г^{w}ънати《追う》、с^{w}ъна (gen. sg.)《眠り》となる。この jers の弱い位置での消失と強い位置での完全母音化は12世紀後半より始まる (Schmalstieg, 1995: 24)。強い位置での前よりの jer ь は e に変化し、後ろよりの jer ъ は o に変化した：д^{s}ьн^{w}ь > день [d,en,] (前よりの jer (ь) が弱い位置で消失したとき、先行の子音は軟音を保持した [Schmalstieg, ibid. 27])、с^{s}ън^{w}ъ > сон、б^{w}ърати > брати、г^{w}ънати > гнати、с^{w}ъна > сна. アクセントのある jers は完全母音に変化する：съх-ну-ти > Modern Russ. со́хнуть《乾く》。このようにして сон (nom. sg) と сна (gen. sg.)、день (nom. sg.) と дня (gen. sg.) の形態論的交替が生じた。しか

し実際には類推などの要因が働き、上の法則通りにはいかないことがある。例えば、ров
《壕》は本来、-o- をもつが（OCS ровъ）、ров, рва, рву のように сон タイプの類推を受けて
いる。また移動母音は古代ロシア語の弱化母音の直接の結果ではなくて、子音間に挿入さ
れた母音が原因のこともある。例えば、gen. pl. *ст^{s}ькл^{w}ъ (cf. Slav. nom. sg. *stьklo)《ガラス》
> *стекль > Modern Russ. стёкол. стёкол の語末の -л の前の о は 'epenthetic -*o*-' (Schmalstieg,
ibid. 26) である。これは末尾の弱化母音の消失の後、その前のソナント /l/ が成節ソナン
ト化した後に、さらにその成節ソナント解除のためにソナントに新たに母音が発達したた
めとされている（石田修一 1996: 211–212 参照）。このように現代ロシア語の移動母音を歴
史的な音法則によって全て説明することはできない。本書のように、現代ロシア語の文法
現象はあくまでも共時論的に、かつ体系的に記述すべきである。Stankiewicz (1993: 4) の次
の発言は常に正しい："Explanation of a phenomenon is to be sought not in its origin, but in the
knowledge of its immanent laws".

90. 80 年アカデミー文法（I. 508）では移動母音は次のように書かれている：「ある語形では
母音 /o/, /e/, /и/ と /а$_1$/ の存在が示され、同じ語の他の形では《母音ゼロ》の存在が示さ
れる。移動母音は普通、非音節的（ゼロ）語尾をもつ語形に現れ（ров, день, ущелий）、他方、
《母音ゼロ》は音節語尾をもつ語形に現れる（рва, дня, ущéлья）」。

Зализняк (1967: 250–252) はより詳細に移動母音について書いている：「<u>階梯の選択（つ
まり母音と音ゼロの間の選択）の問題に対する答え</u>：シンボル * が《子音＋母音》の結合
の直前の語形の仮想形に立つならば、それは音ゼロに変わり、その他の場合には母音に
変わる。例えば、語形（括弧内は仮想形）：a) углы́ (уг*лы́)、песка́ (пес*ка́)、льно́м (л'*но́м)、
соловьёв (солов*jо́в)、ла́йка (ла́j*ка)、семьёй (сем*jо́j)、стекло́ (стек*ло́)、я́дра (ja´д'*ра)、церкви
(це́рк*в'ы)、ли́сья (ли́с*jа)、всё (в'*с'о́)；b) у́гол (у́г*л)、песо́к (пес*к)、лён (л'*н)、солове́й
(солов*j)、ла́ек (ла́j*к)、семе́й (сем*j)、я́дер (ja´д'*р)、це́рковь (це́рк*в')、це́рковью (це́рк*в'jу)、
ли́сий (ли́с*j)、весь (в'*с')。引用された例は語形変化の分野からとられた。しかしこの分
布規則は他の形態音韻的転写のシンボルの場合と同様に、語形成の領域でも有効である。
例えば：a) угловой, угловатый, песчаный, льняной, льноводство, соловьиный, лайковый,
семьянин, стеклянный, стёклышко, застеклить, ядрышко, ядрица, церквушка; b) угольник,
угольный, песочный, песочница, соловейчик, лаечка, семейный, семейство, стекольный,
стекольщик, ядерный, церковный, церковка. 特に以下のことに注意。シンボル * は母音の
数に無関係である。従って、《子音＋*》の結合の前に立つシンボル * は、第 2 番目のシン
ボル *（子音の後ろに立つ）がどのように実現するかに関係なく、ゼロにではなくて、母音
に変化する。実際、この現象の実例を挙げることができるのは語形成の分野からの例だ
けである。例えば、語形：уголо́к (уг*л^1*к)、уголо́чек (уг*л^1*ч*к)、песо́чек (пес^1*ч*к)、лено́к
(л'*н^1*к)、денёк (д'*н^1*к)、денёчек (д'*н^1*ч*к)、ручеёк (руч*j^1*к)、ручеёчек (руч*j^1*ч*к), (...)
пёсий (п^1*с*j)、овéчий (ов^1*ч*j)、заячий (за́j*ч*j)。

次に、<u>充階梯にどのような母音が現れるかについての問題の答え</u>：シンボル * の母音へ

の変化は以下のように表すことができる：1) * は仮想的レベルの母音のうちの１つ（つまり、о, е あるいは и）に変化する。しかもこの母音の選択はシンボル * の環境とアクセントの位置によって完全に決められる（この変化の規則は A II の箇所で成されている【II. * が母音に移動する規則：4. *（無アクセント）(+j) → и. 5. *(+j) → е. 6. (j,',ш あるいは ц +) * (+ ц, л' あるいは н') → е. 7. * → о. (ibid. 259) ш — щ, ж, ч あるいは щ】); 2) このように得られた仮想的レベルの母音は一般規則に従って、然るべき音声的（あるいは正書法的）単位として実現する。従って、シンボル * からその音声的（あるいは正書法的）実現への移行は、その環境とアクセント位置についての情報以外の如何なる情報も使うことのない、標準規則によって実現される。語幹に移動母音をもつ若干の語は、充階梯に現れる母音の選択の一般規則から逸脱している。(中略) それ以外に、標準からの外見的な逸脱が、現行の正書法の非一貫性だけによって説明されるような、移動母音をもつ語形が若干ある (期待される заец, достоен, улий, чирий, ружий の代わりに заяц, достоин, улей, чирей, ружей)。最後に、このシンボル * はロシア語の歴史のある事実とも結びついていることに触れよう。周知のように、移動母音とゼロとの交替の基本的な歴史的起源は、古代ロシア語の弱化母音 (ъ と ь) の二様の発達である。語形の仮想形におけるシンボル * は普通、古代の ъ に対応し、またシンボル '* は古代の ь に対応していることは納得しやすい。例えば、仮想的な記号 лист*к, от'*ц と古代ロシア語の語形 листъкъ, отьць. 従って、ここで我々は共時論的な記述の仮想的単位があたかも実際の過去の単位を再建することができるかのような、注目に値すべき事実に遭遇しているのである。」

　アカデミー文法の言う移動母音 /и/（上の Зализняк の規則 II-4 から産出する и 以外の）は日本の文法書では採りあげられることがないので、80 年アカデミー文法 (I. 510, 680-681, 434-435) から例を引用する。名詞：交替《ゼロ — /и/》：яйцо́ — яи́ц; 末尾 -ь(я) をもつ名詞（語尾にアクセント）ектенья́ "a kind of church singing" (教会スラヴ語、cf. Middle Gk. ἐκτενής) — ектени́й. 動詞：交替《/и/ — ゼロ — /е/》：бить, бил — бью, бьёшь, бьёт, бьём, бьёте, бьют, бью́щий, бей(те). 同様な交替《/и/ — ゼロ — /е/》の例：лить, пить, шить. 語形成：交替《/и/ — ゼロ》(/ч/ と交替する /к/, /ц/ の前で見られる)：кролик — крольч-иха, крольч-онок, крольч-атник; Италия — ита/лj-а/нский (италья́нский). 交替《ゼロ — /и/》; цифра — цифирь-ø. さらにまた ли́сий, тре́тий における移動母音 и については訳注 92 と訳注 263 を参照。

　[補注 1] яйцо と яиц は音素的には /jaj-ц-o/ と /jaj-иц/ として解釈されねばならない。後者においては《音節の и》は語根ではなくて接尾辞に属する。つまりそれは別の形態素にあり、語根末の運命、ヨットには如何なる関係ももたない (Реформатский 1975: 79)。歴史的には次のように解釈される。古代ロシア語の яj"ьце "egg"（連続 jь は и によってしか表示されえなかったので、яице と書かれた）の弱化母音 ь は失われた（ц の後ろの -e は -o になったので、現代語の яйцо́ となった）。複数属格では、語源的な *jь は (j)и に変わり、現代語の яи́ц (< Old Russ. яjьць) となった (Schmalstieg 1995: 26)。

［補注2］бить — бью の交替は歴史的に次のように説明される。古代ロシア語において *j の前で и と ь (ĭ) は中和することがあった。その結果、и の代わりに ь が反映されている：*бию > бью. (Schmalstieg 1995: 26-27)。Cf. Slav. *biti. 弱化母音 ь の消失の結果、現代語では語根はゼロ母音になっている：бью /b,j-u/. 命令形は移動母音 e が挿入される：бей /b,ej/ (See Исаченко, 1960: 111)。

さらに Trubetzkoy (1934: 47) も参照：«Das Russische kennt nur drei vokalische Schwundmorphoneme: [O], [E] und [I]. Dabei kommt [I] fast ausschließlich in Verbalwurzeln vor, in nichtverbaler Formbildung nur in den vier Fällen: jijcò (яйцо) "Ei" ~ G. Pl. jijìc (яиц, vgl. jijìšn'ica, яичница „Eierspeise" usw.), ad'ìn (один) „einer" ~ F. adnà (одна) „eine", vajnà (война) „Krieg" ~ vajìnStv'inaj (воинственный) „kriegerisch", tàjṇa (тайна) „Geheimnis" ~ tajìnStv'iṇaj (таинственный) „geheimnisvoll".»

91. 語形変化系列の機能においてゼロと母音とが交替する動詞語根の数はかなり制限されている。брать ~ беру́ のような母音交替で現れる母音は本来的な移動母音 беглые гласные ではない。動詞における移動母音が起こるのは次の場合である：語根内では бить, вить, лить, пить, шить の現在語幹 (бью ~ бей)、-ереть で終わる動詞 (мере́ть)、動詞 жечь, толо́чь, -честь で終わる動詞 (проче́сть)、動詞 идти́ の過去形 (шёл, ше́дший ~ шла) に見られ、動詞接頭辞では в-, вз-, воз-, из-, над-, низ-, об-, от-, под-, перед-, раз-, с- におけるゼロと o の交替に見られる (отберу́ ~ отобра́л) (70 年アカデミー文法§1132-1134)。プラハ版アカデミー文法 (§§499-500, 541) では母音交替として扱われている。Trubetzkoy (1934: 49ff.) によれば、その総計は以下の 23 語根であるという。a) 現在語幹にのみ移動母音が現れ、不定形語幹はゼロ母音である場合：беру́ ~ брать, деру́ ~ драть, стелю́ ~ стлать, зову́ ~ звать, гоню́ ~ гнать. b) 不定形 (あるいは過去) 語幹にのみ移動母音が現れ、現在語幹はゼロ母音である場合：умру́ ~ умере́ть, у́мер, тру ~ тере́ть, тёр, запру́ ~ запере́ть, за́пер, простру́ ~ простере́ть, простёр, прочту́ ~ проче́сть, прочёл, жгу ~ жечь, мну ~ мять, мял, начну́ ~ нача́ть, распну́ ~ распя́ть, жну ~ жать, жму ~ жать, пойму́ ~ поня́ть. c) 現在語幹の形だけが交替する変則的な 5 つの動詞：бить (bj ~ bej ~ b'ı), лить, пить, шить, вить. d) толо́чь ~ толку́, толчёшь ~ толо́к. 母音で始まる語尾の前では語幹 tolk/ĉ、ゼロ語根前あるいは子音で始まる語尾の前では語幹 tălòk/ĉ。これに対して語形変化において移動母音 (母音とゼロとの交替) を用いる名詞語根の数は非常に多い。

92. Comtet (2002: 77) 参照：《移動母音が /j/ によって後続されるとき、移動母音の /e/ は正書法でアクセント下では е と書かれ、アクセントの外では и と書かれる (書記法のスラボニア語化)。例えば、nom. sg. питьё <p,it,j-o>《飲み物》、gen. pl. пите́й <p,itej-ø>; nom. sg. го́стья <gost,j-a>《女性の客》、gen. pl. го́стий <gostej-ø>; nom. sg. копьё <kop,j-o>《槍》、gen. pl. ко́пий <kopej-ø>. 例外としての я: gen. sg. за́йца <zajc-a>, nom. sg. за́яц <zajec-ø>《野ウサギ》》。Cf. nom. sg. гость《客》の gen. pl. госте́й (< *гостʲьјʷь) (Schmalstieg 1995: 26)。Е. В. Клобуков (Лекант et al. 2013: 468-469) から類似の例：статья́ <stat,j-á> — gen. pl. стате́й

<stat,éj-ø>, скамья́ — gen. pl. скаме́й, бегу́нья <b,egún,j-a> — gen. pl. бегу́ний <b,egún,ej-ø>, шалу́нья — gen. pl. шалу́ний. また Unbegaun (1979: 41) のこの移動母音 и について述べている箇所を参照：《The few nouns in -ья with an unstressed final syllable take -и- instead of -е- as the mobile vowel, by a pure convention of orthography: го́стья 'visitor' (fem.), gen. pl. го́стий.》【移動母音 /e/ が /j/ によって後続され、しかもアクセント下にないにも拘わらず、и と書かれない例 (訳注 90 参照)：gen. pl. ру́жей (nom. sg. ружьё); nom. sg. у́лей, gen. sg. у́лья; nom. sg. чи́рей, gen. sg. чи́рья. Cf. nom. sg. ра́дий, gen. sg. ра́дия. 70 年アカデミー文法 §1129; Timberlake (2004: 139, 142) 参照】．

Исаченко (1954: 176) 参照：《-j で終わる語幹をもつ名詞において、移動母音 e は文字の上で й と交替する：китаец (китај-ец) — китайца, красноармеец (красноармеј-ец) — красноармейца, бельгиец (бельгиј-ец) — бельгийца, партиец — партийца. 実際ここで起こっているのは -e/ø 交替である。》

93. яйц-о́, gen. pl. яи́ц はそれぞれ /jajc-o/, /jajic/ と分析できる (Comtet 2002: 106 参照)。これについては訳注 90 を見よ。

94. 80 年アカデミー文法 (I. 356) によれば、動詞接頭辞の異形態については次の規則がある。もし動詞接頭辞の形態に母音あるいは《(長くない) 子音 + 母音》結合が続けば、動詞接頭辞の形態は子音によって終わる：вз-ыграть, об-учить, под-утюжить; в-бежать, вз-волновать, из-дергать, над-ковать, об-жарить, от-лить, пред-расположить, рас-садить, съ-ездить. 例外は動詞接頭辞 c-/co$_1$- をもつ若干の動詞：co-вершить. 他方、もし動詞接頭辞の形態に 2 つ (まれに 3 つ) の子音あるいは長い子音が続けば、動詞接頭辞の形態は子音で終わることも (в-, вз- 等)、音素 /o/ で終わることも (во-, взо- 等) 可能である。後者の場合は 2 つの規則によって規定される：(1) 音素 /o/ は、動詞接頭辞の形態の末尾子音と動詞語幹の語頭の音素群の結合が音声的に不可能な場合に生ずる：во-йти, обо-йму. (2) 2 つの子音で始まる語根形態をもつ動詞 (この動詞には語形変化形において、また (あるいは) これに相関する接尾辞による不完了体動詞において、《子音 + 母音》結合によって始まる他の語根形態が存在する) には音素 /o/ が生ずる：ото-брать, от-беру — от-бирать, от-переть, ото-пру — от-пирать, подо-гнуть — под-гибать. 例外は、co-брать, co-беру — co-бирать, во-шел, во-шедший; из-брать, из-беру — из-бирать.

95. これについては Garde (1981 [2006: 67–68]) においても触れられている。例えば、-i-t' で終わる動詞の接尾辞 -i- によって引き起こされる交替 (ruka《手、腕》、po-ruč-it'《一任する》における k/č、gr'ex《罪》、gr'eš-i-t'《罪を犯す》における x/š、dar《贈り物》、dar'-i-t'《贈る》における r/r'、b'es《悪魔》、b'es'-i-t'《激怒させる》における s/s' の交替)、比較級の語尾 -e によって引き起こされる全ての子音の硬口蓋化 (uz-k-ij《狭い》、už-e《より狭い》; krut-oj《険しい》、kruč-e《より険しい》; d'ešěv-ij《安い》、d'ešěvl'-e《より安い》)、不完了体化の接尾辞 -iv-a によって引き起こされる o/a 交替 (za-rabot-a-t'《稼ぐ (完了体)》、za-rabat-iv-a-t'《稼ぐ (不完了体)》)。これらの例から分かるように交替は (1) 逆行的に起こる。(2) 交替は

常に子音によって始まらない形態素によって引き起こされる。例えば、接尾辞 -i-, -iv-a-, 語尾 -e は完全母音によって始まる。他方、ruk-a《手、腕》、ruč-ka《手(指小形)》、ruč-ek (gen. pl.) における交替 k/č; nog-a《足》、nož-ka《足(指小形)》、nož-ek (gen. pl.) における交替 g/ž のような場合には、交替を引き起こす形態素は移動母音によって始まる接尾辞 -#k- である。しかし子音によって始まる形態素、例えば、-t'el'-, -l-/-l'-, -n-/-n'- のような形態素によっては交替は決して引き起こされない。従って、移動母音 # は母音ポジションと見なすことができる：bož-estv-o《神》の場合には、接尾辞 -#stv は VC からなっている（V = 母音ポジション、C = 子音ポジション）。

96. 共通スラヴ語の比較的後の時代に、*j は先行する子音（あるいは子音群）に大きな変化を引き起こした (Schmalstieg, 1983[2]: 32 はこれを "mutative palatalizations" と呼んでいる)。この変化は各スラヴ諸語では異なった結果をもたらした。例えば、古代教会スラヴ語では *tj > št (= št^j)、*dj > žd (= zd^j) に、ロシア語では *tj > č、*dj > ž に変化した：*světja > OCS svěšta (cf. Russ. свечá)、*gordjan- (sg. *gordjaninŭ) > OCS graždaninŭ (cf. Russ. горожáнин、なお граждани́н は古代スラヴ語からの借用である) (A. Meillet 1934[2]: 94–95)。本書の《スラボニア語の硬口蓋音化》とはこのような南スラヴ語の特徴である。ロシア語の語彙の中の教会スラヴ語（スラボニア語）の層は、形態的にこのような子音交替によって分かる。例えば、-ить で終わる動詞の現在 1 人称単数形と分詞と派生形によって：освети́ть — освещу́ — освещённый — освеща́ть — освеще́ние. освободи́ть — освобожу́ — освобождённый — освобожда́ть — освобожде́ние.

ロシア語における古代スラヴ語的要素については Л. П. Крысин (Лекант *et al.* 2013: 202–204) が音声的特徴と形態的特徴について纏めている。またロシア語における教会スラヴ語的な語彙と語形成要素の詳細については、Шахматов (2012: 87–90) が纏めている。前者によれば、その音声的特徴は以下である：a) ロシア語の母音挿入的結合 оро, оло, ере に対して、語根と接頭辞における非母音挿入的結合 ра, ла, ре, ле (例えば、град — город、преступить — переступить)。b) 語頭における ра, ла 結合 (ロシア語では ро, ло 結合) (例えば、равный — ровный)。c) жд 結合 (ロシア語では ж) (例えば、чуждый — чужой)。d) 子音щ (ロシア語では ч) (例えば, освещение — свеча)。e) 語頭の е (ロシア語では о) (例えば、единый, единица, единственный — один, есень (cf. Есенин) — осень)。f) 語頭の а (ロシア語では я) (例えば、аз — я (< азъ), агнец — ягненок)。g) 語頭の ю (ロシア語では у) (例えば、юноша, юный, юг, юродивый (cf. ロシア語 урод)。

Шахматов によれば、教会スラヴ語的な語形成要素として、接尾辞 -тель (предатель, хранитель; учитель, etc.); -тельный (страдательный, восхитительный, etc.); -тельность (расточительность, etc.); -тельство (учительство, etc.); 接尾辞 -ствие (бедствие, царствие, etc.); -ство (語根にアクセントをもつ一部の語) (ца́рство, сво́йство, бога́тство, etc. Cf. родство́); -ество (качество, множество, etc.); -енство (главенство) (-ёнство はロシア語的); -ec をもつ形成 (телесный, небесный, чудеса, etc.); 恐らく -е́ние, -а́ние で終わる語 (уче́ние, лечéние, etc.)（ロシア語では -éние, -áние の代わりに -еньё, -аньё) がある。語彙では次の語に見られる：動詞形成において語根の д, т がそれぞれ多回的意味をもつ жд, щ に交替する語 (присуждать, убеждать, запрещать, защищать, посещать, etc.); また非多回動詞の語根の к, г がそれぞれ ц, з に交替する語 (восклицать, cf. воскликнуть, проницать, cf. проникнуть, ロシア文章語 проникать). またその語の意味や文化史の知識によって教会スラヴ語起源と判断される語。例えば、кадúть《(教会の儀式で) 香をたく》、внезáпно, стезя́, о́браз, це́рковь《教会》(曲用 церквам, церквах は教会スラヴ語的な語尾を保持している。ロシア語的な церквя́м と比較せよ)、бу́ква. また教会スラヴ語を経由して流入したギリシア語起源の語。例えば、понома́рь《(教会の) 下級役僧》, пресви́тер, мона́х, монасты́рь, архиере́й, иере́й, епи́скоп, епитрахи́ль, епитимья́, е́ресь, ерети́к, крова́ть, гра́мота, поп, диа́кон, дьяк, подья́чий.

97. このようなアスペクト的ペアをつくる形態音韻的な交替 <o> ~ <a>, <ø> ~ <i> (присла́ть ~ присыла́ть) については、プラハ版アカデミー文法 (§§303–304) を見よ。

ロシア語の спроси́ть / спра́шивать のような完了体で -о-、不完了体で -а- のような母音交替は印欧語から受け継いだものである。次のメイエの説明を参照：《PIE *ŏ/ō の量的な母音交替はスラヴ語の開音節において o/a として保持された。スラヴ語の不完了アスペクトを派生するさいには、接尾辞前の要素の延長階梯 (すなわちスラヴ語の a) が使われた：-bodǫ : -badajǫ.》(Meillet 1934², 193). 一般にスラヴ語では不完了体 (あるいは「不定アスペクト」) は印欧祖語の延長母音、完了体 (あるいは「定アスペクト」) は印欧祖語の短母音に由来する：Slav. погрети — погрѣбати, родити — раждати, etc. また現代ロシア語に見られる次のアスペクトの対を参照：собира́ть — собра́ть (長短の *i 交替)、призыва́ть — призва́ть (長短の *u 交替). バルト語での類似の対立を比較せよ：Lith. klùpti《躓く》— klū́poti《膝をついている》(Степанов 1989: 177). このようなバルト・スラヴ語におけるアスペクト対立とその音形に見られる図像的 iconic 対立は、R. ヤコブソンの《ロシア語の語幹接尾辞と動詞アスペクトとの関係》《Relationship between Russian Stem Suffixes and Verbal Aspects》, 1966. (In *Selected Writings, II*. pp. 198–202. 『ロマーン・ヤーコブソン選集 1.』 大修館書店：早田輝洋訳, pp. 155–160) の中で現代ロシア語を資料にして指摘されている。ヤコブソンによれば、現代ロシア語の完了 (或いは定) アスペクトと不完了 (或いは不定) アスペクトの図像的 iconic 対立は、例えば以下のようである：「完了体＝拡散性子音」対「不完了＝集約性子音」(otvétit' ~ otvečát')、「完了体＝接尾辞ゼロ」対「不完了＝短母音接尾辞 {-i-}」(prinestí ~ prinosít')、「完了＝母音接尾辞ゼロあるいは短母音接尾辞 {-i-}」対「不完了体＝接尾辞 {-áj-}」(vlézt' ~ vlezát'; zakupít' ~ zakupát')、「完了体＝単音素接尾辞 {-á-}」対「不完了＝2 音素接尾辞 {-áj-}」(vbežát' ~ vbegát')、「完了体＝2 音素接尾辞 {-nú-}」対「不完了＝3 音素接尾辞 {-iva-}」(podprýgnut' ~ podprýgivat')、「完了体＝語根の非集約性母音」対「不完了＝語根の集約性母音」(zamorózit' ~ zamorážívat')、「定アスペクト＝単音素接尾辞」対「不定アスペクト＝2 音素接尾辞」(letét' ~ letát')、等。ヤコブソンの結論：「意味的に非限定的な、あるいは展開的な (すなわち、不完了、不定、多回的) アスペクトに属するどの

動詞も、対立するアスペクトに属する対応の動詞よりも長い語幹接尾辞を持っている。この【長い方の】接尾辞の最後のあるいは唯一の母音は、決してもう片方のアスペクトに属する対応の母音と、《拡散性》対《非拡散性》の関係にあることはない」(ibid. 早田輝洋訳、p. 160)。現代ロシア語の完了体と不完了体の母音の《拡散性 diffuse》対《非拡散性 nondiffuse》は、スラヴ語(バルト語)ではより直接的な母音の長さに由来する。

98.「構造化された語」において、hiatus(母音連続)を避けるために /j/ あるいは /v/ が挿入されるという考えはギャルド氏のオリジナルな考えであり、これは本書で最も議論の余地のある箇所である。この考えの詳細な議論は氏の次の論文の中で行われている(ここでは /j/ についてのみ扱われている)：Garde (1972: 372–387)[Garde 2006: 38–48]《La distribution de l'hiatus et le statut du morphème /j/ dans le mot russe》, *The Slavic word,* La Haye, Mouton. この論文の内容は本書との関連で重要と思われるので、その結論部分をここで引用する。

「音韻論の領域でロシア語は、他の音素に対立し、その存在あるいはその欠如が意味を弁別するところの音素 /j/ を明らかに所有している。しかし形態音韻論の領域、つまり個別に解釈された形態素の音韻的定義の領域では、その音素はそのような定義で j を表すことが無益な場合が大部分である。

形態素を構成する要素としての j は以下の場合にのみ現れる：
(a) 語根において、末尾を除く全ての位置で
(b) 語尾において、末尾位置のみ
(c) (例外的な場合)接尾辞 *-ejšij, -ajšij* において。

この他のどこでも、つまり語根末で、接尾辞(-*ejšij, -ajšij* を除く)のあらゆる位置で、そして語尾の非末尾位置で、j は形態素の定義において存在してはならない。これらの位置におけるその潜在的な存在は、以下のような形態音韻的規則によって文脈的に条件付けられている：上で定義された位置において、2つの非子音セグメントが続く度毎に j は挿入されねばならない。非子音セグメントとは母音、ゼロ、そして母音としてあるいはゼロとして実現しうる ≠ である。」(Garde 2006: 43–44)【≠記号は潜在的な存在を示す移動母音を表す。】

著者の j を予測できる例を挙げれば以下のようである (ibid.2006: 40ff.)：(1) 母音で終わる語根と母音で始まる語尾の間：zna + u → znaju《(私は)知っている》、(2) 語尾の母音間：dobr + aa → dobraja《善良な》、(3) 語末において、末尾の j に先行する母音が語尾に所属しないならば、j は常にこの母音とゼロ語尾を分離することを機能とする：ča + ø → čaj《茶》, zna + ø → znaj《знать (知る) の命令》.(4) 著者はこれ以外に移動母音が現れる例を挙げている。例えば、vorob'ej (воробей)《雀》— gen. vorob'ja (воробья) の場合には、e は移動母音であるので、前者の形態素は vorob'≠ となるとし、j は次のようにして実現されるとする：vorob'≠ ø → vorob'≠jø → vorob'ej(gen. vorob'≠ +a → vorob'≠ja → vorob'ja)。b'ej(бей)《殴れ》— b'ju (бью)《(私は)殴る》の場合も同じである：b'≠ø → b'≠jø → b'ej。ここでギャルド氏が語根形態素を vorob', b' と考える理由は次のような考えによるものと思われる：もし語根形

態素を vorob'e, b'e とした場合に上の (3) の例のように vorob'e + ø → vorob'ej, b'e + ø → b'ej となりそうであるが、しかしこの移動母音 e は j の存在を前提にして挿入されたものであるために、ここで e を仮定することはできない。それ故、ギャルド氏はこの語根形態素に vorob' と b' をたてている。(5) 母音で終わる語根と子音で始まる接尾辞の間：tro + ≠ k-a → troj≠ka → trojka (тройка)《3》, tro + ≠k -ø → troj≠kø → trojek (троек) (《3》gen. pl.)。

本書で見たようにギャルド氏は、例えば、動詞 знать の基底形を /zna/ と考えている。これに対して逆の考えもある。ヤコブソンは《ロシア語の活用 *Russian Conjugation* (1948/1971: 119–129)》の中で、《半閉音節長語幹 narrowly closed full-stems 》において《j v n m で終わる長語幹は、子音性語尾の前でその終端音素を落とす》として、次の例を挙げている：d'élaj— "do", *d'élaj—u.t* (3.Pl. Pres.) — *d'éla—l-a* (F. Pret.)。(『ローマーン・ヤーコブソン選集 1』早田輝洋訳、大修館書店、1986: 140)。ここで《長語幹 full-stem》は次のように定義されている；«If one of the alternants differs from the other by the omission of its final phoneme, the shorter form is called *truncated stem* and the longer is termed *full-stem*.» (Jakobson (1971: 120)。*Selected Writings* II. Mouton)。従って、過去語幹は "truncated stem" になる。現在語幹の末尾子音を裁断して過去語幹をつくるというこの規則は、基底形を /d'élaj/ と見なしていることが分かる。一般にこのヤコブソンの規則が受け入れられている。80 年アカデミー文法はそのような規則には触れず、現在語幹 /znaj/, 過去語幹 /zna/ と記述する (訳注 386)。ヤコブソンの考えは単純なだけに優れているように思えるが、しかしギャルド氏は以下の点を挙げてヤコブソンの考えより自分の考えが優れているとする：「しかし実際に我々が提案した規則はより大きな一般性をもっている。というのも Jakobson と Halle によって提案された規則 (語基末の j の脱落、母音語尾前で語基末の全ての母音の脱落) は、動詞活用にのみ有効で、ただひたすら語基と語尾に限られるアドホックな形態音韻的な規則である。我々がここで提案する規則 (語の右側の領域での 2 つの母音間の j の挿入) は一般的規則である；ひとたび境界 + の定義が与えられれば、いかなる追加の形態的考慮をすることもなくこの定義は自動的にこの境界の右側に適応される：動詞活用、名詞曲用、あるいは派生に関することであろうと、問題の形態素が語尾あるいは接尾辞であろうと、この定義は自動的に適応される。」(ibid. 41)

D. S. Worth (1982: 777–778) が指摘しているように、この規則は形態素を表記する際に、この /j/ と /v/ をどのように処理するかという問題が起こる。例えば、знают は <zna-j-ut>, <znaj-ut>, <zna-ut> などの方法が可能であろう。最後の表記法が最も簡略であろうが、これは本書の例 <d,e + a + t,el, + ø> に見られる。しかし本書の <d,e + #stv + ,ij + o> においても < ,ij> となり < ,i> となっていない。また動詞形態論ではすでに <zna> と <znaj> を同じものと見なしており (§477)、そこに一貫性が見られない。しかし最も重要な点はこの規則が全ての《構造化された語》の中でうまく働いているかということが問われなければならない。興味深い規則である故に検証されるべきである。

99. Cf. Halle (1959: 56) 参照：母音連続はロシア語の形態素のなかで認められる。例えば、

{pa'uk}"spider"、{ka'ur}"pertaining to a chestnut-colored horse"(каýр)、{kl,'auz+a}"intrigue"(кляýза)、{t,i'un}"feudal governor"(тиýн)、{apl,i'ux+a}"slap"(оплеýха)。

100. ヤコブソーン（1937: 矢野通生訳『構造的音韻論』岩波書店、1996: 173–174［Jakobson (1962: 254–255)］）はアクセント Betonung の機能を大きく３つに纏めている：「1) 語義の識別 Unterscheidung (mùka《責苦》— mukà《粉》)；2) 個々の語単位への語結合の分節 Gliederung。この場合、次の２つの異なる形式の分節が厳密に区別されなければばらない。a) 頂点形成 Gipfelbildung による、個々の語単位への語結合の分割 Einteilung。１つの語単位は１つの音韻的頂点によって特色づけられ、そしてアクセントはそのような頂点として機能する。ロシア語文【xvalì kùmu kumù《(君が)教父に対して教母を褒めよ》】あるいはそれに対応するチェコ語文 chvàl kmòtrovi kmòtřenku においては、語単位は語頂点またはアクセントと同じ数だけ存在する。b) 語の境界画定 Wortabgrenzung：アクセントが語境界の１つ、すなわち語頭か語末を特色づける。例えば上記のチェコ語の例においては、そして一般にチェコ語においては、アクセントは語頭音節に置かれる。3) 語結合における語の階層化 Abstufung。ロシア語の語結合 ràdost'《喜び》ljubìt'《愛する》は２つの異なる統辞的意味を有する。即ちこの場合、より強いアクセントが実詞に置かれるならば、実詞は目的語として動詞に添えられ（《喜びを愛する》）、これに反し、より強いアクセントが動詞に置かれるならば、動詞は実詞に添えられる（《愛する喜び》）」。H. Birnbaum (1977: 31) は上のヤコブソーンの３つのアクセント機能について次のように纏めている：«These three functions of which the first two concern the word as a linguistic unit on the paradigmatic and syntagmatic axes, respectively, can be conveniently subsumed under the corresponding labels of "word phonology," "syntagm phonology" (also "word-group" or "phrase phonology"), and "sentence phonology."» ロシア語口語の "sentence phonology" については訳注 15 を参照されたい。また Garde (1968: 3ff.) の "Fonction de l'accent" も見よ。Garde (1968) はアクセントの一般理論を扱った優れた小著。

101. ロシア語の副次アクセント（主アクセントより弱いアクセント）をもつ語では、第一番目のアクセントのある音節より第二番目のアクセントのある音節のほうが強く発音される。ここで副次アクセントを grave 記号（`）により、主アクセントを acute 記号（´）により表すならば、一番目は副次アクセント、二番目は主アクセントとなる［80年アカデミー文法 (I. 91) では、副次アクセントは語頭近くにあり、主アクセントは語末近くにあると書かれている］：例えば、фàбрика-кýхня、двỳхгоди́чный、трёхзна́чный（ё は副次アクセントをもつ）、двумя̀ста́ми、четырёмста́м、картòфелекопа́лка、морòзостòйкий、трёхсòтзна́чный；да̀льневостòчный、сỳперобло̀жка。さらに切片複合語 stump-compounds や略語においても最後の音節のアクセントが最も強い：òблдра̀мтеа́тр、МГУ［em-ge-ú］、СССР［es-es-es-ér］(Ward 1965: 46–47)。Jones & Ward (1969: 59–60) によれば、第１要素に трех-、четырех- をもつ複合語は必ず副次アクセントをもっている：трёхчасово́й、трёхъязы́чный、четырёхта́ктный（ё は副次アクセントをもつ）。第１要素に сто- をもつ複合語は、столе́тие とその関連語を

除いて、常に副次アクセントをもっている：стòметро́вка, стòгра́дусный. 第 1 要素が数詞語尾 сот で終わる複合語も副次アクセントをもっている：пятисòтметро́вый. 語頭要素が девяносто- をもつ複合語も副次アクセントをもっている：девянòстоле́тний.

　また発話の流れの中で副次アクセント化される語には以下のものがある：(1) 前置詞 кроме (крòме тебя́, она́ никого́ не послу́шает). また副詞からつくられた 2 あるいは 3 音節語：Встре́тимся пòсле ле́кции; Бе́гали кругòм по́ля; Сиде́ли напрòтив окна́. (2) 1 音節の接続詞：как, раз (Ра̀з обеща́ли, вы́полним). (3) 2 音節あるは 3 音節の接続詞：хотя̀ шёл дождь...; когда̀ прие́ду; Прие́ду, потому̀ что обеща́л; ѐсли мо́жно, напиши́те. しかし чтобы は後接語である：Проси́ла, чтобы написа́л (cf. 代名詞 что と小辞 бы の結合 (чтò бы) では常にアクセントがある：Сде́лаю всё, чтò бы ни попроси́ла). (4) 従属文において主文の項の 1 つを指し示す関係語：Верну́лся в гòрод, в кото̀ром прошло́ моё де́тство; ро́ща, откỳда мы̀ вы́шли; мѐсто, куда̀ направля́лись; до̀м, гдѐ жила́. (5) 人称代名詞と所有代名詞：меня̀ встре́тили хорошо́; мое́й сестре́ хо̀чется научи́ться пла́вать. (6) 名詞と結合する単純数詞：пя́ть часо́в, два̀ ме́сяца, без десятѝ пя́ть. (7) 補助動詞 быть: вѐчер бы̀л ти́хий и тёплый. 非自立的動詞 стать: ста̀ло моро́зно, о̀н ста̀л учи́телем. (8) 様々な種類の叙法的意味をもつ非多音節語は、副次アクセント化されたり、あるいは無アクセントであり得る。例えば、小辞 было: отпра́вился бы̀ло вчера́ в теа́тр と отпра́вился было вчера́ в теа́тр. そのような意味をもつ多音節語は副次アクセントをもつ：Встре́тимся, быва̀ло, и не мо́жем наговори́ться. (9) 挿入語は普通、副次アクセント化される：Она̀, мо̀жет быть, хо́чет оста́ться? (10) 馴れ馴れしい呼びかけ、あるいは友達に対する呼びかけに用いられる брат は副次アクセントあるいは無アクセントであり得る：Ты́, бра̀т / брат, не серди́сь. (80 年アカデミー文法 I. 90–91)

102. §629 参照。

103. アクセント・パラダイムについては、80 年アカデミー文法 (I. 92) のアクセントの形態論的な特徴付けも参照：「文法的な観点からすれば、アクセントの本質的な特徴は、アクセントが語の形態論的な分割と関係していることである。語形変化において、語幹にアクセントをもつ (つまり非末尾アクセントをもつ) 語形は、変化語尾にアクセントをもつ (つまり末尾アクセントをもつ) 語形に対立する：доро́г-а — ступн-я́, доро́г-и — ступн-и́, доро́г-е — ступн-е́, доро́г-у — ступн-ю́, etc. 異なる形態素の組成をもつ語の諸形は、非末尾アクセントあるいは末尾アクセントの存在という特徴によって統一される。」ロシア語のアクセント型は、曲用パラダイムにおける「語幹アクセント」と「語尾アクセント」の組み合わせである。

104. 本著者のアクセント体系の記述の仕方は独自のものであり、これは「訳者はしがき」で述べたように著者の比較歴史的なスラヴ語アクセント法研究の中からつくられてきたものである。この方法を現代ロシア語へ応用したモデルは著者の次の論文の中に見ることができる：P. Garde (1978) «Modèle de description de l'accent russe». *Bulletin de la Société de Linguistique de Paris.* t. 73, 367–400. [Garde (2006: 158–176)]。また類似の試みは A. A.

Зализняк (1985: 8–112)《Акцентная система современного русского литературного языка». От праславянской акцентуации к русской. Москва: Наука. にも見られる。このようなアクセントモデルはロシア語のアクセント・パラダイムを熟知していないと分かりづらいかもしれない。

　ロシア語のアクセントが語形変化系列の中でどこにアクセントが置かれるかは、おおむね本著者のように基本的に3つの型がある：アクセントが語幹に置かれるタイプは語幹固定型（これをaタイプとする）、アクセントが屈折語尾の上に置かれるタイプは語尾固定型（これをbタイプとする）、そして語幹と屈折語尾の両方にアクセントがある移動型（これをcタイプとする）。移動型はさらに下位タイプを設けて、アクセント型を記述する。

　80年アカデミー文法 (I. 94, 95, 512, 682) でも基本は変わらないが、アクセントタイプをA, B, C, Dに分け、それぞれ語形すべてを通じて語幹の同じ音節にアクセントが置かれるタイプA（例えば、знак, знáка, ... знáки, знáков; гуля́ю, гуля́ешь, гуля́л, гуля́ла）、語形すべてを通じて屈折語尾にアクセントが置かれるタイプB（ここではさらにある語形で語幹にアクセントがあるタイプB_1, B_2を加える。例えば、B: стол, столá, ... столы́, столóв; верны́й, вернёшь, верну́л, верну́ла; B_1: конь, коня́, коню́, ... кóни, конéй, коня́м; B_2: горá, горы́, горé, гóру, горóй, ... гóры, гор, горáм）、ある語形では語幹にアクセント、他の語形では語尾にアクセントのあるタイプをC, Dとして、アクセントを取り得る格形によってさらにC, C_1, D, D_1と下位区分している（例えば、C: дом, дóма, ... домá, домóв; тяну́, тя́нешь, тяну́л, тяну́ла; C_1: зуб, зу́ба, ... зу́бы, зубóв, зуба́м; D: трубá, трубы́, ... тру́бы, труб, трубáм; несу́, несёшь, нёс, неслá, несло́; D_1: душá, души́, душé, ду́шу, душóй, ... ду́ши, душ, ду́шам）。アカデミー文法とこの著者との間にある大きな違いは、アカデミー文法のB_2タイプ (горá, ногá, рукá, бородá, головá, etc. [ibid. 517]) が本著者によれば移動型のcタイプであることである（本書§206のголовáを参照）。80年アカデミー文法（70年アカデミー文法（§1033）も同様）がなぜこのタイプをB_2にしたのか不明であるが、歴史的なアクセント論 (Common Slav. nom. sg. *golv-^{1}a, acc. * (^{1}) golv-ǫ, gen. *golv-^{1}y, pl. nom. * (^{1}) golv-y [P. Garde (1976: 27) *Histoire de l'accentuation Slave 1*. Paris]. あるいは伝統的な表記では nom. sg. *golv^{1}a, acc. sg. *gôlvǫ) からも、また共時的なアクセント論からもこれは本著書のように移動アクセント型にすべきであろう。さもなければ、зá гору ― горá, зá голову ― головáのような広い移動（後退アクセント型をもつ語に特徴的なアクセントの語頭から、あるいは場合によっては前置詞から語末への最大限の移動）をもつタイプによる前置詞へのアクセントの移動を説明できなくなってしまう。このようなタイプの語は、語頭（ある場合には前置詞）と語尾との間で広いアクセント移動が起こる。従って、もしこのような語に充音的なpleophonicな音結合があれば、必ず先行母音にアクセントがある (бóроду, гóлову)。

　80年アカデミー文法のアクセントの分類方法は、В. А. Редькин (1971, Акцентология современного русского литературного языка. Москва: Просвещение) の分類方法と同じである。Редькин は、単数と複数の与格形のアクセント位置（非末尾アクセントか末尾アクセン

トか）によって、名詞のアクセントを分類している。非末尾アクセントを＋、末尾アクセントを－によって示せば、単数と複数のアクセントの位置による組み合わせは以下のようになる：A 型：＋＋, B 型：－－, C 型：＋－, D 型：－＋. 従って、この分類方法に従えば、рук¹е, рук¹ам; гор¹е, гор¹ам; голов¹е, голов¹ам のアクセントからこれらのタイプの語は、B 型に所属することになる。純粋な B 型とは単数対格と複数主・対格において非末尾アクセントであるため、下位区分をして B_2 型にしている (Редькин, ibid. 14, 32)。B_1, C_1, D_1 も 80 年アカデミー文法と同じ分類が行われている。

105. récessif《劣性の *recessive*》アクセントはしばしば《後退的》アクセントとも言われる。劣勢アクセント recessive accent とは、古典ギリシア語にあるように規則が許す限りできるだけ語頭（左側）にアクセントが置かれることをいう (Cf. Smyth 1984: 38. «An accent is called *recessive* when it moves back as far from the end of the word as the quantity of the ultima permits.»)。例えば、古典ギリシア語では動詞人称形は語末から 3 モーラまで自動的にアクセントが後退する（語末が長短モーラの場合は 4 モーラまで後退できる）：δίδομεν, διδότω, διδόμεθα, δίδωμι. Garde (1976a: 429) はこれを『スラヴ語アクセント法の歴史』の中で次のように定義している：「我々は《劣勢アクセント *accent récessif*》という用語を以下のような意味で用いる：『左側に向かって出来るだけ遠くに遡るアクセント』。例えば、ロシア語 g¹olovu, n¹a golovu. これは F. Bopp 1854【*Vergleichendes Akzentuationssystem*, Berlin】、B. J. Wheeler 1885【*Der griechische Nominalaccent*, Strasbourg】、M. Blommfield 1888【The origin of the recessive accent in Greek, *AmJPh*, 1, 1-41.】、また最近では J. Kuryłowicz, 特に 1959, 1, p. 43-44【«Na marginiesie ostatniej syntezy akcentuacji słowiańskiej», *RS* 20, pp. 40–53.】が使っている意味での用語である。また Stang が時折使っている『左の方へ 1 音節だけ後退するアクセント』（ロシア語 moloč¹u, mol¹otiś）; cf. Stang 1957【*Slavonic accentuation*】, pp. 108–114. という意味では決して我々は使わない。」即ち、劣性アクセントとは、《音韻的な語 phonological word》の内部において、左方向に向かってできるだけ遠くにアクセントが移動することをいう。もし音韻的な語の接語 clitic（前置詞など）が音節的であれば、アクセントは先頭にある接語の上に置かれる。例えば、го́лову, на́ голову; зи́му, за́ зиму; бы́ло, не́ было の場合は語を超えて前置詞 на, за あるいは否定の小辞 не の上にアクセントは後退している。著者が言う「アクセントのない語幹 °T」と °D とから成る形は、劣勢アクセントをもつ形であり、これはスラヴ語アクセント論の中で見いだされた "enclinomena" (энклиномены) (Jakobson, 1963: 159ff.) の語形に当たる。

　著者のアクセントの記述方法を理解するためにも、スラヴ語のアクセント法について簡単に説明しておこう。ヤコブソーンは、スラヴ祖語において音節レベルでの基本的な韻律的対立として、音韻的にアクセント的な音節と無アクセント的な音節が対立することを仮定した。このことは全ての音節が音韻的に無アクセント的な、アクセント的に独立した語形態が存在することを仮定する。この語形態を enclinomena という。これに対して音韻的にアクセント的な音節を有するアクセント的に自立した語形態を「正音調的語形

態 ортотонические словоформы」という (Зализняк (1985: 119))。ヤコブソーンによれば、類型論的に音韻的アクセントは強さの強化と同時に音調の上昇を特徴とするのに対して、enclinomena の語頭音節は音調の上昇を伴うことなく、強さだけを特徴とする。Дыбо (1981: 9) によれば、«формы-энклиномены следует рассматривать как фонологически безударные формы»。こういったスラヴ語に仮定された 2 つの種類のアクセント特徴は形態素レベルにおいても仮定される。例えば、名詞においては最も基本的に語幹形態素と語尾形態素との間には 4 通りのアクセントパターンが可能となる。いま Дыбо (1981: 261–262) [さらに Герценберг (1981: 19–20)] によってつくられた図式と基本的に同じであるが、より分かりやすい Garde (1976: 18–29) によれば、アクセントを語幹にとりうる語幹を「強語幹 thèmes forts」の T により、アクセントをもち得ず語幹の境界の外へアクセントを出してしまう語幹を「弱語幹 thèmes faibles」の t により標記する。さらに弱語幹 t があるとき語尾の上にアクセントをとる語尾を「強語尾 désinences fortes」の D により、弱語幹 t があるときアクセントを外に出してしまう語尾を「弱語尾 désinences faibles」の d によって標記すれば、基本的な名詞のアクセントは以下のようになる:

^{1}TD, ^{1}Td, t^{1}D, $^{(1)}$td

最初の二つは語尾の種類に関係なく語幹にアクセントが置かれる。三番目の場合は語尾にアクセントが置かれる。最後の場合、この形は enclinomena を表わしている (その場合のアクセントは括弧で括って標記する)。アクセントパラダイムにこのモデルを使えば、語幹固定アクセントパラダイムは強語幹 T をもつ語であり、アクセントは語幹の上に固定される: ^{1}TD, ^{1}Td。一方、移動アクセントパラダイムは弱語幹 t をもつ語であり、アクセントは語尾の強 D と弱 d によって移動する: t^{1}D, $^{(1)}$td。例えば、バルト・スラヴ語の *leip- 《菩提樹》(Lith. liep-, Sl. lip-) の語幹形態素は強語幹 T、*golv- 《頭》(Lith. galv-, S-Cr. glav-, Russ. golov-) の語幹形態素は弱語幹 t、また女性名詞の単数主格の語尾 *-a (Lith. -a, Sl. -a) は強語尾 D, 同じく単数対格の語尾 *-am (Lith. -ą, Sl. -ǫ) は弱語尾 d である。これらの語幹と語尾の各形態素の結合によりアクセント位置は決まる: 単数主格 *l^{1}eip-a (^{1}TD) (Lith. líepa, S-Cr. lȋpa, Russ. лúпа)、単数対格 *l^{1}eip-am (^{1}Td) (Lith. líepą, S-Cr. lȋpu, Russ. лúпу); 単数主格 *golv-^{1}a (t^{1}D) (Lith. galvà, S-Cr. gláva (Čak. glāvà), Russ. головá, 単数対格 *$^{(1)}$golv-am ($^{(1)}$td) (Lith. gálvą, S-Cr. glâvu, Russ. гóлову)。最後の形はスラヴ語では enclinomena であるから前置詞があればそちらにアクセントは後退する: *$^{(1)}$na golv-am (S-Cr. nà glâvu, Russ. нá голову)。これを所謂 "Šaxmatov's law" (Olander, 2009: 130, 164) という。しかし Дыбо (1962, 1971a) によれば、この現象は「Василько-Долобко の法則」と言われる。さらに、Булаховский (1947: 399–434 [1980: 128–162]): «Акцентологический закон А. А. Шахматова» 参照。

このモデルによってバルト語とスラヴ語のアクセントパラダイム (AP «accent paradigm») を表すと次のようになる。T (´) は acute 強語幹、T (~) は non-acute 強語幹、t (´) は acute 弱語幹、t (~) は non-acute 弱語幹を表す:

	リトアニア語	バルト・スラヴ語の語幹	スラヴ語
	AP 1	T (´)	AP a
	AP 2	T (~)	AP b
	AP 3	t (´)	AP c
	AP 4	t (~)	AP c

リトアニア語のAP 3とAP 4に対して、スラヴ語では「メイエの法則」により語幹音調はcircumflex音調に統一された (AP c)。(「メイエの法則」についてはA. Мейе (1902)《O некоторых аномалиях ударения в славянских именах》(РФВ, 48, 3–4, pp. 193–200) を参照。またこれについてはMeillet (1934²: 176ff.)、Булаховский (1960: 21–26 [1980: 192–197])《Древнейшая славянская метатония акутовых долгот (закон А. Мейе)》も参照。Cf. Lith. nom. sg. *sūnùs*, acc. *sū́nų*, gen. *sūnaũs* (AP3) — Slav. nom. sg. *$syn'ŭ$ > *$sy̑nŭ$《сын》(AP c); S-Cr. čak., štok. *sȋn*, gen. *sȋna*, Czech. *syn*.)。後退アクセントをもつ形はAP cに属する語に生じる。

リトアニア語のAP 1とAP 2、またAP 3とAP 4の関係は、語幹固定アクセント型と移動アクセント型にソシュールの法則《loi de Saussure》がそれぞれに働いた結果として後者 (AP 2とAP 4) が生じた。従って、AP 1とAP 2、またAP 3とAP 4はそれぞれが相補分布を成しており、AP 1とAP 2は本来(つまりソシュールの法則が働く以前には)語幹固定アクセントパラダイムであり、AP 3とAP 4は移動アクセントパラダイムであった。対してスラヴ語ではソシュールの法則(あるいはフォルトナートフの法則)は働かず (Stang 1957: 15-18; Иллич-Свитыч 1963: 95)、語幹固定アクセント型にDyboの法則 (1962: 3-27) が働いた結果AP bが生じた。従ってここでもAP aとAP bは本来語幹固定アクセントであった。スラヴ語のアクセント論の入門には次の文献を参照：Sukač (2013: 123ff.; 218ff.); Lehfeldt (2001); Garde (1990 [2006: 100–108]); Derksen (2008) の "Introduction" (pp. 3–14)。専門書：P. Garde (1976) *Histoire de l'accentuation slave*. Vol. 1. Paris: Institut d'études Slaves.; V. M. Illich-Svitych (1979), *Nominal Accentuation in Baltic and Slavic*. Translated by R. L. Leed and R. F. Feldstein. The MIT Press. [Иллич-Свитыч В. М. (1963), Именная акцентуация в балтийском и славянском. Москва.]; Thomas Olander (2009: 127ff.) *Balto-Slavic Accentual Mobility*. Berlin/New York: Mouton de Gruyter.; Christian Stang (1957, [2nd ed. 1965]) *Slavonic Accentuation*. Oslo: Universitetsforlaget.; F. Kortlandt (1975) *Slavic accentuation: A study in relative chronology*. Lisse: The Peter de Ridder Press.

［補注］リトアニア語のアクセント・パラダイム (AP) は名詞曲用で4つのタイプ、動詞では2つのタイプがある。それぞれのタイプを示せば以下のようになる (Garde (1990 [2006: 103]) より引用)：

		AP 1《足》	AP 2《腕》	AP 3《頭》	AP 4《昼、日》
Sg.	nom.	kója	rankà	galvà	dienà
	acc.	kóją	rañką	gálvą	diẽną
	gen.	kójos	rañkos	galvõs	dienõs

instr.	kóją	*rankà*		gálva	*dienà*
	AP 1《切る》	AP 2《保つ》			
inf.	ráižyti*	*laikýti*			
3. sg.	ráižo	laĩko			

(* Saussure［1984: 526］では語幹アクセントであるが、現代語では raižýti のような接尾辞アクセントをとる形の方が一般的のようである［*Dabartinės Lietuvių Kalbos Žodynas.* Vilnius, 1972］)

　ソシュール (Saussure, *IF*, VI. 1896: 157［1984: 526］) は «Accentuation lituanienne» の中で次のようにリトアニア語のアクセント推移の法則について書いている：A une certaine époque anté-dialectale (du reste indéterminée), l'accent «s'est régulièrement porté de 1 syllabe en avant quand, reposant originairement sur une syllabe douce (geschliffen), il avait immédiatement devant lui une syllabe rude (gestossen) ». — Ainsi *lāikyti* (*ãi* + *ý*) devenait *laikýti*, pendant que par ex. *ráižyti* (*ái* + *ý*) n'était pas amené à changer la place de l'accent. (ここでソシュールの用語である «douce» とは «ton montant»、«rude» とは «ton descendant» のことである。Garde, ibid. 103 参照)。これを「ソシュールの法則」という。ソシュールの法則を上の例を使って説明すれば、イタリックの形がソシュールの法則が働いた形である (語末の acute の短縮はレスキーンの法則によるもの。«¹» はアクセントの記号)：*r¹añká > *rañk¹á > rankà (2)；* d¹iēná > *diēn¹á > dienà (4)；*l¹aīkýtie > *laīk¹ýtie > laikýti (2) (これに反して、*k¹ójá (1)、*g¹álvá (3)、*r¹áižýtie (1) はアクセントの推移は起こらない)。ここから分かるようにアクセント (¹) は上昇音調 (~) をもつ音節から下降音調 (´) をもつ音節に 1 音節だけ前進 (語末へ移行) している。名詞の 2 音節語の場合、AP 1 と AP 3 の語幹音調は acute であり、AP 2 と AP 4 は non-acute (すなわち circumflex あるいは grave) である。それ故、ソシュールの法則が働いたのは、AP 2 と AP 4 である。AP 1 は語幹固定アクセント、AP 3 は移動アクセントである。

106. завóд はドイツ語 treiben 'to drive' から派生した Betrieb《工場》の翻訳借用語 (RED)。

107. ** тебé は印欧諸語に広く見られる所謂「利害関係の与格」である (Cf. Шахматов, 1941: §442: Вера Павловна бросилась *ему* на шею, обняла, крепко поцеловала. (Что делать?)；Она подошла ко мне и поцеловала *мне* руку.)。ここで与格と対象となる語 (対格形) との関係は不可譲渡所有 inalienable possession の関係に類似している。すなわち対象となる語には、与格が表す人と密接な関係にある身体部位の名称や衣類などの名称が多く見られる。ロシア語の不可譲渡所有構文は、この「利害関係の与格」構文の中に保持されていると仮定される。Cf. Lith. sùžeidė *jám rañką / jõ rañką* "ранил *ему руку / его руку*" (Ambrazas 1985: 433)；Lat. Seneca jussus est a Nerone *sibi venas aperire*. 印欧語一般におけるこの現象については、Charles Bally (1926: 68–78) «L'expression des idées de sphère personnelle et de solidarité dans les langues indo-européennes». In Jakob Jud (eds.) *Festschrift Louis Gauchat*. を参照せよ。

　ロシア語において不可譲渡所有の文法範疇を立てているのは Исаченко (1954: 141–145)

である (彼は「分離 отчуждаемость」と「非分離 неотчуждаемость」所有の用語を使っている)。イサチェンコによれば、у него́ есть де́ньги と у него́ све́тлые во́лосы の例において、есть のない後者を不可譲渡所有構文と見なしている。彼によれば、この文の否定構文にその違いが現れるという：у него́ нет де́нег：его́ во́лосы не све́тлые (*у него́ нет све́тлых воло́с とは言えない)。さらに у него́ есть но́вый га́лстук と у него́ но́вый га́лстук の違いは、前者が単なる事実、すなわち《新しいネクタイ》が存在すること、例えばタンスの中にあることを表すのに対して、後者はネクタイを彼が付けていること、つまりネクタイがあたかも彼の外見の一部になっていることを表していると述べている。[** 補注：Исаченко のこの部分には、В. Г. Богораз や Н. Ф. Яковлев & Д. Ашхамаф、また О. П. Суник らによって不可譲渡所有と可譲渡所有の対立をもつとされる異類型諸言語が言及されている。これは Исаченко (1954) の「形態論：第 1 部」"Морфология, часть первая" にソビエト類型論学派 (マール主義の流れを汲む Мещанинов 的類型論学派) の影響があることを示している。しかしこれら他若干を除けばこのイサチェンコの形態論にソビエト類型論学派的な文法解釈はない。]

108. 80 年アカデミー文法 (I. 471–473) 参照：《単数は現実の 1 つのものを指し示すだけでなく、また総括的・集合的な意味で使われる：В нашем лесу растет только *сосна*, а *береза* не растет《我々の森には松だけが生えている、白樺は生えていない》。総括的・集合的な意味での人を表す単数の用法は新聞言葉に広がっている：*Типичный студент* в каникулы не лежит на боку, не сидит два сеанса подряд в кинотеатре: *типичный студент* едет (газ.)《典型的な学生は休暇には怠惰に過ごさず、映画館で続けて二幕も観ていない：典型的な学生は出かける》。数の対立がある名詞で総括的・集合的な意味が現れるのは、数にたいする情報が重要さをもたないコンテキストにおいてである：Книга — лучший подарок と Книги — лучший подарок《本は最も良い贈り物だ》；Пожилой человек часто простужается と Пожилые люди часто простужаются《初老の人間はしばしば風邪を引く》。また現実の 1 つのものと単数が相関しない例は、名詞の単数形の分配的用法に見られる：Собаки бежали, подняв *хвост* (т. е. 'собаки бежали, подняв каждая свой хвост'《犬たちは (各自が) 自分の尻尾を立て走り回っていた》)。このときに複数形 (собаки бежали, подняв хвосты) に代わって単数形が現れるのは、単数形によって表されるものを多くのものがもっているという条件のもとだけである：старики надели на *нос* очки《老人たちは鼻に眼鏡をかけていた》、присутствующие повернули *голову* в сторону двери《出席者たちはドアの方へ顔を向けた》。

[補注] Земская (ed. 1983: 136) によれば、物や人の非分割的な集合を表すための単数、つまり「総括的単数 единственное генерализующее」は口語に特徴的である。例えば、(Из рассказа о походе) *Комара* в этом году не было//; Какая осень! *Гриб* совсем нечервивый//. それ以外に実際の複数の物や人に対して単数形を使う用法に「表現力に富んだ単数 единственное экспрессивное」がある。これは形と意味の対比が表現力をつくっている。この用法は冗談言葉だけで使われる。例えば、二人の若い親友、一人

は化学者 Л. の会話：А. Ты работаешь? А что ты там делаешь? Л. *Пробирку* мою//.

複数には、1つのものに対立する分割されるものの複数の意味、および物や人の総体を表す複数がある。総体を表す複数には民族、職業、仕事の種類による人々の名称（англичане, русские; журналисты, писатели; солдаты, гости）、野菜や果実の名称（абрикосы, помидоры, грибы, ягоды）、対の物（ботинки, сапоги, чулки）や複数で頻繁に使われる名称（волосы, кружева）がある。

語彙的意味が《単数―複数》の関係を邪魔する語（ここの場合に、単数で使われる語は複数形をつくることができるが、その場合にはその語彙的意味が変化する）には次のものがある：(1) 物質名詞（計測できるが数えられない名詞）：вино, вода, горох, железо, масло, мед, молоко, пшено, сено, соль, шерсть; баранина, земляника. (2) 集合名詞：вороньё, кулачьё, тряпьё. (3) 抽象的な意味をもつ名詞：комизм, инструктаж, косьба, тишина, болезнь, звон, лай, риск, смех, шум. これらの(1)から(3)の語は単に単数形しかもたない名詞、つまり singularia tantum である。《単数―複数》の関係を表す必要が生じた場合には、singularia tantum は複数形をつくることができる。まず、一連の物質名詞と抽象名詞は《単数―複数》の対立を表現するが、この際に生ずるのは単数と複数の語彙的意味の違いである。複数での物質名詞はその物質の形状、タイプ、種類を表す：винó — вúна（複数形はワインの種類を表す：красные вина, десертные вина と単数で然るべき意味：красное вино, десертное вино）; масло — маслá（растительные 植物（油）、животные 動物（油）、технические 工業用（油））; вода — вóды（鉱水 минеральные）; крупа — крýпы（манная, гречневая, овсяная）; сталь — стали. 抽象的意味をもつ名詞は、複数で様々な性質、属性、情緒的状態の発露を表す：возможность — возможности（何かの実現のために必要な手段、条件、可能な状況）; скорость — скорости, красота — красóты, радость — рáдости. 若干の集合名詞は複数で設備、具体的な集合を表す：аппаратура — аппаратуры（実験室の装置）。また《単数―複数》の関係は、数の対立ではなくて、量、容量についての関係を反映する：вода《川の水、井戸の水》— вóды《水圏、水流》、песок《砂》— пески《砂地》, снег《雪》— снегá《堆積している雪》; あるいは発現の強さ、激しさを反映する：боль — боли, мýка — мýки. 》

「数 число」の文法範疇についての Исаченко (1954: 100ff.) の発言は興味深い。彼の数についての結論は次のように述べられている：「言語学の観点からすれば次のことを明らかにすることが重要である：複数は単数形に存在する全ての意味を完全に包含するのではない。名詞の単数形においては2つの主要な意味、つまり単一の единичное 意味と全体の общее 意味があるのに対して、複数形はそれ自身の意味内容によってこの第二番目の意味の形となろう。」(ibid. 103)

109. "Pluralia tantum" とは "plurals only" を意味し、複数形しかない名詞をいう（数詞との結合については訳注 307 を見よ）。これに対して、単数形しかもたない名詞を "singularia tantum" ("singulars only") という。

80 年アカデミー文法 (I. 473–474) 参照：《 pluralia tantum の名詞は以下の特徴をもつ：

(1) 2つあるいは数個の部分より成るもの、また2つあるいはそれ以上の同じ部分を含むもの：брюки, весы, ви́лы, ворота, грабли, гусли, дровни, козлы, ножны, соты, счёты, etc. (2) 集合多数なものの総体：алименты, всходы, дебри, деньги, мемуары, недра, письмена, финансы, чары, etc. (3) 物質、材料、料理、あるいはまたそれらの残りの物あるいは廃物：белила, духи́, консервы, макароны, обои, румяна, сливки, чернила, щи; выварки, очистки; -материалы, -продукты, -товары, -поставки. (4) 長期に亘って現れる行為、過程、状態、また多数の主体的あるいは多数の客体的行為：бега́《競馬》, выборы《選挙》, горелки, дебаты, козни, колики, нападки, переговоры, проводы, происки, роды, хлопоты, etc. (5) 時間の断片：будни, каникулы, сумерки, сутки. また儀式や祭日：именины, крестины, поминки, роди́ны, похороны, святки, смотри́ны. 最後に、pluralia tantum の名詞には都市、土地、海峡、山脈の名称が含まれる：Афины, Великие Луки, Соловки, Дарданеллы, Альпы, Карпаты; 星座：Близнецы, Плеяды. 》 さらに pluralia tantum についての詳しい分類は Исаченко (1954: 108-111) を見よ。プラハ版アカデミー文法 (§409) も参照。

　　［補注］Земская (ed. 1983: 136-137) によれば、口語では以下のような一連の名詞は、1つの物あるいは1人を表すか、あるいは数個あるいは数人を表すかに拘わらず、複数形を普通使うという（この名詞は pluralia tantum ではない）：*полы, билеты* (в театр, кино, на поезд, самолет, но не на автобус, троллейбус, трамвай), *экзамены, двери, праздники, гости*. 例えば、(ここでは1人あるいは1つのものを話題にしている)：— Ты что на дачу не едешь? — У сына *экзамены*//; У нас *гости*//; Вымыла бы ты *полы*!; — А *билеты* у тебя есть? — Вчера купил/ через неделю еду//; *Ключи* не забудь! Дома никого не будет//.

　Исаченко (1954: 111-120) 参照：《Singularia tantum にまず属するのは抽象名詞である：мо́лодость, ве́рность, бди́тельность, белизна́; перепи́сывание, поступле́ние, умира́ние, etc. 次にこの範疇に属するのは集合名詞である。集合名詞と呼ばれるのは、単数形によって何かの集合あるいは総体を表現する名詞である。集合名詞は一つの全体的なまとまりとしての複数性を表し、他方、複数形は個別を保持した上での複数性を表す。それぞれの例：у них (у коммуни́стов) нет никаки́х интере́сов, отде́льных от пролетариа́та в це́лом《かれら（共産主義者）は労働者階級全体とは別の如何なる利益ももたない》と пролета́рии всех стран, соединя́йтесь!《万国の労働者、団結せよ》。集合名詞は若干の意味的なグループに区分できる：a) 社会的・職業的グループの名称：беднота́, кула́чество, пролетариа́т, буржуази́я, дворя́нство, аристокра́тия, студе́нчество, etc. b) 様々な人のグループを意味する否定的なニュアンスをもつ名詞：солдатня́, офицерьё, бабьё, etc. c) 動物を表す名詞：скот, пти́ца (разводи́ть пти́цу《鳥を飼う》), дичь. また ры́ба は単数で集合名詞で使われる (Каспи́йское мо́ре бога́то ры́бой. Cf. кости́стые ры́бы《硬骨魚》)【特にしばしば小動物を表す語 (дома́шняя птица, рыба, саранча́, тля, etc.) において集合的な意味で単数形が使われる (Виноградов 1972[2]: 132)】. d) 茂みや木立の名称：куста́рник, березня́к, etc. また単数でのみ用いられる

名詞グループには以下のような物質の名称をもつ名詞がある：液体の名称 (вода́, молоко́, вино́, пи́во, ко́фе, etc.)、金属の名称 (желе́зо, серебро́, зо́лото, медь, etc.)、化学元素、化合物、鉱物の名称、薬品名 (кислоро́д, водоро́д, аспири́н, etc.)、織物の名称 (полотно́, шёлк, etc.)、草本や栽培植物の名称 (рожь, пшени́ца, овёс, ячме́нь, etc.)、品物の一揃い (ме́бель, посу́да, бага́ж, etc.)、食料品 (мука́, чай, пе́рец, рис, соль, жир, сыр, мя́со, etc.)、肉の種類の名称 (говя́дина, теля́тина, etc.)、様々な資材と商品の名称 (лес, кругля́к, цеме́нт, etc.)、粒状の名称 (горо́х, чечеви́ца, фасо́ль, песо́к, etc.)、草木の名称 (сире́нь, гера́нь, etc.)、漿果と野菜の名称 (мали́на, черни́ка, капу́ста, лук, etc.)、また карто́фель, карто́шка.》また Singularia tantum とその機能については Виноградов (1972², 131–133) 参照。

Зализняк (1967: 57ff.) によれば、「人間の実生活において普通、個別に «лай» あるいは «го́рдость»、あるいは «медь»、等と名付けられる、幾つかの対象を表現する必要は生じない。しかしもしそのような必要が生じれば (これは理論的に常に可能である)、複数の意味と外的特徴をもつ語形は難なくつくられよう：ла́и, го́рдости, ме́ди, etc. 従って、singularia tantum における複数の意味と外的特徴をもつ語形の欠如は絶対的なものではない。(中略) singularia tantum は、潜在的に完全なパラダイム——そのパラダイムの内で語形の半分しか通常では使われない——をもつ語である。これと全く別の状況にあるのが pluralia tantum である。まず始めに、(1) 最も重要な pluralia tantum のグループ、つまり数えることのできる不活動的な物を表す語を検討しよう。例えば、са́ни, но́жницы, воро́та, су́тки. 周知のように、これらの語は1つの物も、然るべき幾つかの物も表すことができる：одни са́ни と мно́гие са́ни, воро́та на́шего до́ма と воро́та всех домо́в, etc. 従って、са́ни タイプの語は複数の外的特徴を有する語形のみをもっているが、しかしこれらの語形の内の各々は複数の意味だけでなく、また単数の意味ももっている。まさにこれ故に、*но́жница, *воро́то のタイプの語形は決して出会わないのである (ла́и, ме́ди タイプの語形とは違って)。(中略) 別な言い方をすれば、例えば、セグメント са́ни は 2 つの語形：са́ни (単数) と са́ни (複数) の外側である。このような次第で、singularia tantum も、са́ни タイプの pluralia tantum も、単数と複数を含んだパラダイムをもつ名詞である。(中略) 次に、са́ни タイプに入らない、伝統的に pluralia tantum と呼ばれる語がある。(2) 人を意味する語の小集団、例えば、девча́та, ребя́та, де́тки, детиши́ки では、実際に単数の語形が欠如している。これらの語は欠如パラダイムをもつ語と見なされる。(3) 残りの検討すべきグループの語は、物質の記号 (例えば、черни́ла, сли́вки, щи, помо́и)、行為や状態 (例えば、сбо́ры, хло́поты, нела́ды, побо́и) あるいは一般的記号 (例えば、всхо́ды, фина́нсы, джу́нгли) である。容易に気づくことであるが、これはちょうど singularia tantum が属する意味論的グループである。別な言い方をすれば、その意味に従って、singularia tantum (例えば、лай, медь) が《普通の》名詞 (例えば、стол) と違っているのと同様に、черни́ла タイプの語は са́ни タイプの語と違っている。他の語との結合における違いもまた同様である；例えば、《普通の》名詞も са́ни タイプの語も容易に数詞と結合する (例えば、два стола́, де́сять столо́в, дво́е сане́й, де́сять сане́й)；反対

に、чернила タイプの語は、лай, медь タイプの singularia tantum のように、普通、数詞と結合しない。これらのことから次の当然の結論が出てくる：чернила タイプの語は pluralia tantum と singularia tantum の特徴を同時に所有している。別な言い方をすれば、これは単数と複数のパラダイムをもつ名詞である。そこでは 1) 各々の格において、単数と複数という異なる数の語形は同音異義語である；2) 普通は単数の語形だけが用いられる。他の singularia tantum のように、чернила タイプの語は特に必要な場合、複数で（意味に関して）現れることができることに気づくだろう；例えば、чернила という語形はインクの幾つかの種類も表すことができる (cf. мыла́, масла́, нефти, etc.)。

［Зализняк の注］多くの場合、pluralia tantum の語形は、例えば、名詞の複数の同音異義的な語形となることがある；比較せよ、例えば、часы́《時計》(pluralia tantum) と часы́（語 час《時間》の複数）。この同音異義を示すには英語の訳をつけると分かりやすい：

単数	час «hour»	часы́ «watch»
複数	часы́ «hours»	часы́ «watches»

また、сапо́г と сапоги́、чуло́к と чулки́、рука́ と ру́ки のような、2 つの物が一対のものを成しているような場合、例えば、«сапоги́»（《一対の長靴》の意味で）は、特別なもので、単なる 2 つの長靴ではない。従って、次のようになる：

	語彙素《сапог》	語彙素《сапоги》
単数	сапо́г	сапоги́（一対の長靴）
複数	сапоги́（ばらした、例えば、左足用の長靴）	сапоги́（幾つかの対の長靴）」

Singularia tantum の語のほとんどは「不活動体」に属している (ibid. 75)。物質の意味をもつ singularia tantum 名詞（例えば、горо́х《エンドウ豆》）から個別の 1 つを表す名詞をつくる接尾辞については訳注 185 を見よ。

110. Е. В. Клобуков (Лекант *et al.* 2013: 456) によれば、20 世紀の 30-80 年代に多くの文法家はロシア語の格の一般的な意味を突き止めようとしたが、この試みは成功しなかったという。また同著によれば、大多数の研究者 (Е. Курилович, Г. А. Золотова, Н. Ю. Шведова, etc.) の意見では、格の意味研究の主要な課題は、それぞれの格が表すことが出来る全ての意味を正確に解明すること、そしてこれらの意味の複雑な文法素の各々が実現する条件を厳密に記述することである、としている。このような中で注目すべきは、プラハ版アカデミー文法 (§382ff.) のロシア語の格理論である。そこでは 3 つの特徴、「指向性 направленность」、「容積性 объемность」、「周辺性 периферийность」に基づいて格を体系づけ、そしてこれらの特徴による二項対立（有標と無標の対立）を諸格に当てはめている。例えば、「指向性の特徴の有標項は対格と与格であり、これらの格は名詞と動詞の相関形であり、動詞によって表現される行為の経過の範囲の中で一種の目標の役をしている。それ故、対格は直接補語の典型的な形 (писа́ть письмо́) だけではなく、時間的あるいは空間的な行為限界を指し示す形 (писа́ть письмо́ весь ве́чер, прое́хать версту́) でもある。また与

格は受信者の形(писа́ть бра́ту письмо́)、間接補語の形(сочу́вствовать кому́)、あるいは状態の担い手の形(мне что́-то не спи́тся)である。一方、指向性の無標項は主格と与格であり、有標項の対格と与格に固有の意味論的な信号を含まない。この結果から主格は発話の意味構造において行為の発端でも受動的な対象でもありうる(Рабо́чие уже́ зако́нчили но́вый заво́д ~ Рабо́чие переводя́тся на но́вый уча́сток)。同じことは(与格に対する)無標項の具格についても言うことができる:руководи́ть худо́жниками-люби́телями ~ карти́ны, напи́санные худо́жниками-люби́телями.」(ibid. §383) 次に、容積性の特徴はまず最初に部分性の意味についての考えを引き起こすが、それよりも広い意味で使われる;「つまりその特徴は対象の部分的編入ばかりでなく、完全な排除、またそれ以外に対象のある関与的な局面を分離することによる制限を示す。容積性の有標項である属格は主格と対格に対立して明瞭に現れる:наро́ду собрало́сь ~ наро́д собра́лся, отве́та не после́довало ~ отве́т не после́довал, вы́пить вина́ ~ вы́пить вино́, 否定での排除の完全性の例:он не чита́ет газе́т ~ он не чита́ет газе́ты.」(ibid. §385)「容積性に関して有標項の位格は сесть на скамью́ ~ сесть на скамье́ タイプのペアの中で明らかである。後者の有標項の位格は《ベンチの上の場所を占める》ということを意味するのに対して、前者の無標項の対格は如何なる対象の大きさも定めること無く、対象の名称に形を与えているだけである(類似の例を比較せよ:приле́чь на дива́н ~ приле́чь на дива́не,《ソファーで休息する、しばらく眠る》という意味では後者のみ使われる。そこでは容積性に関する無標項の指向性は排除されている)」。(ibid. §388) 最後に、周辺性の特徴は階層性の中で生じる格の有標性である。周辺性の格は余剰的である文成分として現れる。例えば、Дом стро́ится рабо́чими における行為者の具格は周辺性については有標である(これは余剰的であるので一般にしばしば表現されない)。「周辺性は非周辺性の層に対する指示手段でもある。発話 Он учи́тель には主格で表される2つの項が同一であることのみが表現されているのに対して、発話 Он учи́телем においては述語の具格と主語の主格は実際、同一であるという関係をもっているが、しかし有標の周辺的な具格は発話内容の階層のなかで独自の位置を信号化しており、対立する主格との関係を通じて職種、地位、資質等——それらは現実的、一時的、偶然的等の表現としてコンテキストに依拠して感じとられる——を表現する特殊な機能を果たすことができる。」(ibid. §392)

　実際のテキストにおける格の使用頻度については、Boyanus & Jopson (1952[3]: 6, 11, 15, 26) が Дя́дя Ва́ня (Че́хов)、Де́тство Ники́ты (А. Толсто́й)、Подня́тая целина́ (Шо́лохов) の3つの資料(後者2つはその一部)を使い、次のように報告している(裸の格と前置詞と用いられる格を含めて全4,364語の内でのパーセント):主格34%、対格25%、属格17%、具格10%、与格と前置格7あるいは8%。Зе́мская (ed. 1983: 139) は口語 разгово́рная речь の資料を挙げている:主格32.5%, 属格22%, 与格4.1%, 対格25.3%, 具格5%, 前置格11%. これに対する Зе́мская の格使用のコメントを参照:口語では主格の使用頻度が高い。口語では比較の意味の属格、性質の属格は(ほとんど)使われない;взгляд орла́ タイプの構文は口語では特徴的ではない。Дом стро́ится рабо́чими タイプの行為主体の具格も使われ

ない。これは受動の意味をもつ構文が口語では特徴的でないからである。部分属格は規範の言葉よりも多く使われる：стол-у.

111. 主格の特殊な用法は状況語的用法である。現代ロシア語の状況語的な主格については А. В. Попов (1881 [2012: 63]) が言及している。それは文中において如何なる文法的な依存関係のない独立した言い回しの中で、同じ語を主格と前置詞つきの斜格で表現する：он попал точка в точку《寸分違わず彼はやって来た》、они идут рука об руку《彼らは仲良く歩いて行く》、нога в ногу《足を同時に（踏み出して）；足をシンクロさせて》、шаг за шагом《ゆっくりと；着実に》、учить слово в слово《暗記する》、они ударились голова об голову《彼らは頭と頭をぶつけた》、стоять бок о бок《すぐそばに立っている》。глаз на глаз《差し向かいで》(普通の с глазу на глаз よりも Достоевский や Толстой では頻繁)。これについては Шахматов (1941: §478, §488) も参照。

112. 対格の一般的な用法については Шахматов (1941: §428–434) 参照。直接目的語を表す対格以外に、「対格の意味論的な体系の周辺には、様々な、明確に確定できない、たとえどのような条件においても相互に関連しない意味がある：時間の意味 (едем уже час, ждем целую неделю)、空間の意味 (пробежали километр)、価格の意味 (стоит рубль)、重さの意味 (весит тонну)、反復の意味 (столько раз встречались, Каждый вечер ссора) の対格」(80 年アカデミー文法 I. 480)。これについて А. В. Попов は «Синтаксические исследования» (Воронеж, 1881) の中でこういった対格(所謂「独立対格」)の意味の多様さはこの格の複雑な歴史の様々な段階を反映したものと指摘している (Виноградов 1972²: 142)。А. В. Попов のこの書は長い間幻の書であったが、最近、第 2 版として翻刻されている：«Сравнительный синтаксис именительного, звательного и винительного падежей в санскрите, древнегреческом, латинском и других языках.» 2012, Москва. 独立対格については同書 102 頁以下で時間、場所の対格、およびその延長(重さと価格、容量あるいは大きさ、等)を取り上げ、次のように結論を書いている：「ここに引用した資料から明らかなように、独立対格はその用法において並外れた多様性を示している。このことは対格は最も古い斜格であり、それはかつて《共通の斜格》(Curtius) であった、という考えの証拠になっている。別な面からすれば、最大限の用法の多様性を示しているのは従属対格ではなくて、独立対格であるから、このことは独立対格は従属対格よりより原初的であるということを示している。」(ibid. 164)「私はクルティウスによって形態論の資料をもとに導かれた次の結論に同意する：主格、呼格、対格はより古く、互いにより類似した格のグループであり、対格はかつて共通の斜格であった。」(ibid. 306–307) このような考えは А. Потебня を経由して、ソビエト類型論者の中に伝えられた。例えば、印欧語対格の *-m フォルマントを本源的に「状況語的」機能をもつものと見なす Десницкая (1984: 70–80; 81–124) の 2 つの論文《印欧語における対格の起源について》と《印欧諸語における対格の文法範疇の発達史に寄せて (ホメーロスの『イーリアス』の言語における対格の諸機能)》を参照。その結論の一部：「所謂、関係の対格を有する独特の古代ギリシア語の構文の中に保持さ

れている対格の状況語的・規定語的意味は、この格のより古い意味であると私には思われる。原初的に対格の形は、述語或いは限定語 атрибут の中で与えられる特徴の最も近く、直接的な規定語である名詞のための特色であった。次第に述語関係のその後の形式化の過程の中で、述語の名詞・規定子 имя-определитель はますます独立していく。状況語的・規定語的な意味特徴は次第に直接的、つまり最も近い補語の意味へ移行する。述語の中で与えられる（動詞）の特徴もまた明確な補語を要求するものとして受け取られ始める。かくして動詞（他動詞）によって表される行為が直接に方向付けられる補語を必要とする、他動詞の独特な範疇が形成される。そして対格はついにその独特の機能、つまり直接補語の格の機能を獲得する。」(ibid. 118)

　А. В. Попов の印欧語対格の研究については以下に詳しい紹介がなされている：В. Б. Крысько (2006[2]: 21–50) Исторический синтаксис русского языка. Объект и переходность. 2-е издание, исправленное и дополненное. Москва: Азбуковник. また А. В. Попов については石田修一『ロシア語の歴史─歴史統語論─』（ブイツーソリューション、2007: 284ff.）にも紹介がある。Попов は А. А. Потебня の早世した弟子であり、Потебня は追悼文で彼について «Как не встречал, так, вероятно, уже и не встречу другого такого» と書いているという（Виноградов, 1972[2]: 488）。

113. 属格の用法については Шахматов (1941: §418–422; §425–427; §449; §451) 参照。否定属格については Timberlake (2004: 302–312, 321–327) 参照。Comrie (2003: 150) によれば、19 世紀には多くの名詞が与格の目的語を取っていた（また Шахматов, 1941: §423 を参照）。例えば、цена《価値、価格》、начало《始まり》、предел《限度》、причина《理由》、корень《根》、доказательство《証拠》、итог《合計》。今日でもこの与格の目的語を取る表現が残っている：знать це́ну деньга́м《金のありがたみを知っている》。план《計画》、чертеж《設計図》、проект《設計》、парад《パレード》も与格目的語を取っていたが、今日では属格の目的語のみしかとれない。80 年アカデミー文法 (II. 69-70) によれば、属格と与格のどちらも目的語として取ることが可能な名詞が挙げられている。例えば：корень зла/злу《悪の根源》、враг книгам/книг《本の敵》、ровесник брата/брату《兄弟と同年齢者》、список долгов/долгам《債務リスト》、опись вещей/вещам《荷物の目録》、памятник героя/герою《英雄の記念碑》、покровитель животных/животным《動物の保護者》、начало движения/движению《運動の始まり》、слуга народа/народу《人民の僕》、etc.

114. 与格の用法については Шахматов (1941: §423; §§435–443; §450) 参照。

115. 具格の用法については Шахматов (1941: §§444–448; §451) 参照。具格の 1 つの用法は、人間の行為者がその主語の身体部位あるいは身体部位の直接的な拡張物を運動させるときにこの形態をとる：махнуть рукой/тряпкой《手を・布きれを振る》. Timberlake (2004: 335) はこれについて次のように書いている：«The body part is synecdochic to the aspectuality (change) of the predicate. When the mobile entity is a separate, external entity, rather than a body part or an extension of a body part, these predicates are transitive and use the accusative for the mobile entity: Одни целовали ее, другие молча трясли руку<ACC>. 'Some kissed her, others silently shook her hand.'»

　さらに、具格に関して特別な注意が向けられてきたのは、この格と対格との関係である。それは動詞支配の客体としての具格が対格との間で揺れていること、例えば、бросил камень/камнем《石を投げる》の中に見られる。このような具格と対格の両方の用い方は印欧語の古い特徴である。例えば、具格由来の与格をもつ古典ギリシア語：ἔβαλλέ με λίθοις «he hit me *with stones*» (Lysias) [< βάλλω "throw"] (Smyth, 1984: 346) と対格をもつ形：βαλὼν βέλος «бросая метательный снаряд» (Крысько 2006²: 136)；cf. 現代ドイツ語：mit Steinen werfen《石を投げる》。Крысько (ibid. 137) はこの起源についてこう書いている：「対格と具格 (及び融合 syncretism による他の格) の交替が非常に古風な特徴を担っていることを考慮すれば、原初的に具格と関係を結んでいたのは客体的対格ではなくて、状況的、随伴的な комитативный 対格であった、と結論することが自然である。」ロシア語のこの構文については Крысько (ibid. 135ff.) が歴史的に検討しているが、現代ロシア語のこれに関連する用法についても興味深いことを書いている。Крысько (ibid. 144-145) は、諸文法には А. А. Потебня (1958: 444) を嚆矢とする具格と対格の意味的な区別の試みが見られるとしながら、これらを否定的に評価している【ポチェブニャによれば、対格と具格を支配する動詞の間で次の例のような語彙的な違いが生ずるという：вертеть, крутить *пальцы*, причиняя им боль, и вертеть *пальцами*, напр., от нечего делать.】。例えば、ポチェブニャの具格と対格の間の違い—前者は「行為そのものに注意を集中させる」、後者は「最も近い、完全に明確な運動の目的を表す」—の考えをあまり正しくない考えと見なしている。「残念ななながら、不正確に表現されたポチェブニャの考えの誤った解釈は今日まで学問の中に保持されている。」 (ibid. 146)

　［補注］Timberlake (2004: 335-336) は、「投射物を発射することを伝える少数の動詞 (метáть\метнýть 'toss', брóсить/бросáть 'throw', швырять\швырнýть 'chuck') は対格 [276-77] か具格 [278] を取ることができる：[276] Из почтового вагона кидали мешок<ACC> с письмами и газетами. 'Out of the postal car they would toss a bag with letters and newspapers.' [277] Не способных бросать камни<ACC> детей вороны никогда не боялись. 'Children incapable of throwing stones were never feared by crows.'[278] Женщины ругали кота, ребятишки кидали камнями<INS>. 'The women cursed the cat, the lads chucked stones.'」とした上で、この対格と具格の意味の違いをこう書いている：«The accusative reports a directed change in the aspectual argument, the instrumental a type of activity affecting the missile, such as the pelting with stones that befell the tomcat ([278]).» Timberlake の考えは、クリゥシコが批判したポチェブニャと類似の解釈である。

　Крысько (ibid.: 144-145) は次のように書いている：「現代ロシア語において【動詞に】支配される両方の形【具格と対格の形】は、上で指摘された意味を表す動詞の全てにおいて用いられるのでは決してなくて、ただ語彙化された一群のシノニム—бросáть, кидáть, метать, пустить, швырять—においてのみ、また《運動を起こさせる行為 двигательное действие》の客体が不活動体であるという条件下においてのみ用いられる：Дети *кидали (бросали, швыряли, метали)* камнями / камни в чужака; 他方、活動体の客体の場合にはただ対格だけが可能である：бросил камень / камнем в топлу — бросил княжну в море. 不活動体の客体をもつ 2 つの格によって支配される構文間の違いは、我々の考えでは、文体的ニュアンスも、意味論的ニュアンス [Краткая русская грамматика 1989: 381] ももたない。その 2 つの形は客体・具格的な統語素 синтаксема の随意的なヴァリアントとして現れる。しかしそのような統語的な冗長さが、話し言葉の中で長い間保持されることができないことは明らかである；話し言葉には格支配される両形の変動を除去しようとする傾向が特徴であるからである。бросать タイプの動詞における具格の消滅の兆候として考えられるのは、第二義的な再帰動詞 бросаться, кидаться, швыряться の発達である。それらの動詞は意味によるのではなくて、結合可能性によって基の非再帰形と異なっている。18 世紀末から文献に記録されているこれらの語彙素は、非再帰動詞から具格支配を借用し、また自動詞性の観点からすれば有標であるので、まさにそれにより対格の項を既にもっている非再帰形における具格の立場を弱めるのである。比較せよ：бросать что — бросать чем — бросаться чем.」

116. 普通、мно́го сне́га を用いることが自然。

117. 本書 §203 参照。Шахматов (1941: §344) によれば、古代の単数の呼格 (独自の呼格形をもつのは単数の男性と女性形のみ：брате, жено, учителю) は時間とともにロシア語の中で消えていったが、しかし 1 つは文章語の中で教会スラヴ語の直接的な影響のもとに若干残っている (боже, владыко, господи)、またもう 1 つは方言の中で男性形の呼格は跡形もなく消えてしまったが、女性形では古い呼格形が残っているか (北方言で：бабо)、あるいはこちらの方が頻繁であるが、語尾を切断した新形成がここに現れている：Дунь! старух!

現代ロシア語の呼格については Земская (ed. 1983: 114–116) に詳しい。Земская によれば、呼格は固有名詞や一部の親族名称からつくられる。特に 1 音節語幹からつくられる (мам! < мам-а, Вась! < Вас'-а)。稀に 2 音節語幹からも可能 (Наташ! < Наташ-а)。また呼格は普通名詞と固有名詞の結合からもつくられる (дядь Коль! < дядя Коля). 親密な関係では呼びかけとして親族名称の最初の音節を使うこともできる (ба < баба, ма < мама, па < папа)。稀には固有名詞からも可能 (Га < Галя)。そういう形は特に子供によって広く使われている：Ба! Почитай мне!; Па! Смотри! Смотри! Опять прилетел!; Ни! (< Нина) Приходи скорей! このような単純な形の他に、重複した形があり、それは次の 3 つのタイプをもつ：a) 最初の部分は素早く発音され、二番目の部分ではその末尾の母音が引き延ばされる。それ以外に二番目の部分でイントネーションが上昇する：Мам — мама̄! b) 最初の部分の末尾母音は引き延ばされ、二番目の部分は純粋語幹である：Мама̄ — мам! c) 両方の部分が純粋語幹で、その間を小辞 a が連結する：мам! а мам!; Вась! а Вась!; теть Лен! а теть Лен! このタイプは主格が語幹と一致しているときにも使われる：Сергей! а Сергей! 傾向ではあるが、a)

と b) は相手がすぐに呼びかけに応じないとき用いる：Мам! мамá! Можно я в кино пойду?; Сашā! Саш! Давай скорей/ опаздываем. しかししばしば b) は頼み、強要るときに用いる：Нинā! Нин! А мне можно эту штуку взять?; Папā! Пап! Я тоже хочу. c) は普通、疑問のときに機能する。つまりこの呼格の後ろには疑問の発話が続く：Люсь! а Люсь! Ты пойдешь на лыжах?; Валь! а Валь! В кино не хочешь? a) と b) タイプでは最初の部分と二番目の部分を分けることも可能：Пап/ иди скорей/ папа!

Исаченко (1954: 126–127) によれば、「呼びかけとして下降音調をもつ主格形が使われる。ロシア語方言では語尾の欠如した（《ゼロ》語尾）、一般にロシア語にとって特徴ではない語根の長母音をもつ新しい呼格形が生じている：方言形 Мáня, Вáня, Глáша, Нáстя の代わりに、Мāнь, Вāнь, Глāшь, Нāсть. 散文に見られる呼格形はアーカイズム (Cf. ля́ше прокажéнный; Лесков) か、あるいはウクライナ語からの借用語 (пáне, сы́нку, мáмо; Гоголь) に帰せられる。」スラヴ祖語において呼格は、後退的 (劣性) アクセントをもっていた。これについては、Garde (1976: 51) を見よ。

118. ここの箇所は初版では単数与格と単数具格の語尾によって区別している。第 1 曲用は dat.sg. <e>, instr.sg. <oj>; 第 2 曲用は dat.sg. <u>, instr.sg. <om>; 第 3 曲用は dat.sg. <i>, instr.sg. <ju>.

119. Зализняк (1967: 75–80) は pluralia tantum の文法性について、これを「第 4 番目の性 4-й род（あるいはペアの性 парный род）」と認めるべきであるとして、次のように書いている：「周知のように、1918 年の正書法改革の後の言語を反映している文法においては、pluralia tantum は常に性をもたない語と見なされている。そのような結論の根拠は次のことによる：名詞の性は名詞に一致する語の形によって決まる；複数においては一致する語は性を区別しない；pluralia tantum はただ複数だけをもち、従って、それらの性を決めることはできない。（中略）名詞の性を決めることができるのは単数の語形ばかりでなく、また複数の任意の語形によっても決めることができる；このためには «вот один (одна, одно) из этих ...» タイプの診断コンテキストを例にとれば十分である。もし上で述べた観点が正しいのならば、例えば、語 сáни は属格形で例にされた場合、診断コンテキストによって 3 つの性の内の任意の性が許されるだろうと、予想しなければならない。しかし診断テストが示していることは、実際に語形 санéй はこれらのコンテキストの内のどれ一つも許さないということである。（類似の意味をもつ文法的に正しい句を得るためには、次のように言う必要がある：вот одни из этих санéй.）（中略）しかし上で述べたことが明らかにしたのは、別の観点がより理にかなっているということである。それによれば、сáни タイプの語は複数だけでなく単数も含む、完全なパラダイムをもっている、ということである。

| 単数主格 | новый дом | новая стена | новое окно | новые сани |
| 複数主格 | новые домá | новые стéны | новые óкна | новые сани |

（中略）言いかえれば、сáни タイプの全ての語は独自の、第 7 番目の一致クラスに属してい

る。(中略)ところで、文法性によるクラス区分に関しては、この第7番目のクラスは3つの性の内のどの1つにもより大きな親近性を見せるものではない。(中略)従って、一致クラスの体系を経済的に示すためには、現代ロシア語において名詞は3つの性ではなくて、4つの性をもつと認めるべきである。我々はロシア語の名詞の第4番目の性を《ペアの парный》性と名付けることを提案する (勿論、ペアの性のあらゆる語がその意味においてペア性の要素を含んでいるわけではないが、しかしこの点では、《ペアの》という用語は全く《男性》と《女性》という用語と全く類似しているのである；後者の用語も然るべき性の語の最も重要なグループのためだけに特有な特徴に基づいているのであるから。)」これについてはまた、Е. В. Клобуков (Лекант et al. 2013: 439–440) 参照。

120. 80年アカデミー文法 (II. 57) 参照：《職業や社会的活動に参加する人を表す男性名詞 (врач, фельдшер, директор, инженер, продавец, секретарь, архитектор, etc.) は男性も女性も表現することができるが、女性の場合には会話や新聞の言葉において形容詞の女性形が標準である：новая секретарь《新しい書記》、наша врач《私たちの女医》。そのような一致は述語においても生じる：Наша врач пришла《私たちの女医がやって来た》、Новая секретарь еще неопытная《新しい書記はまだ経験不足だ》。このような《意味的な一致》はただ主格形にのみ許される。他の格形ではそのような一致は正しくない。例えば、сказал стоявшей рядом председателю (газ.)《隣に立っていた (女) 議長に言った》は間違いである。》またプラハ版アカデミー文法 (§417) には、Врач уже́ пришла́, вот она́ // Врач уже́ пришёл, вот она́ の内で、最初の構文は口語的と見なされるが、実際はより広い範囲に拡がっており、後者の構文 (人工的な書物的なニュアンスをもち、生きた言語感覚の欠如を思わせる構文) に対して中立的なものと見なさねばならない、としている。また наш // на́ша врач は主格のみに現れ、他の格では単に на́шего врача́, на́шему врачу́, ... だけである、としている。

このようなロシア語の文法性 gender の特徴はヤコブソーンの有標理論を用いると理解しやすい。ヤコブソーンは文法性としての男性形は雌雄としての性 sex の如何なる特定化も担わないとし、これを他の女性形や中性形と対立した無標のものと見なす (Jakobson, 1960 [1971: 184])。これに対して有標な項となる女性形は、それが人間の男性を指し示すことができないことを表している。従って無標の項である男性形は男性も女性も表すことが可能である。例えば、студент ~ студентка, докладчик ~ докладчица, поэт ~ поэтесса のようなタイプの対の内で、男性形は「文法性の正確さを必要としないとき、また普通、統語的環境が文法性の明確なコントラストをつくらないときには、女性に関しても用いられる：студе́нтка сдала́ се́ссию :: студе́нт Лю́да Ферапо́нтова отли́чно сдала́ се́ссию.」(プラハ版アカデミー文法 1.318)

121. Исаченко (1954: 76–77) 参照：《借用語の文法性を決めるのはオリジナルな言語の文法性ではなくて、形式的な特徴である。例えば、ロシア語の а́дрес, ме́тод, аванга́рд (男性) はフランス語の adresse [adrɛs], méthode [metɔd], avant-garde [avãgard] の発音を再

現したものである【адрес は Pol. adres < Fr. adresse より借用。метод もまた Pol. metod < Fr. méthode からの借用。RED (2011)】。フランス語ではこれらの名詞は女性名詞であるが、ロシア語はその発音を基にして、ゼロ語尾をもつ硬子音によって終わる男性名詞として解釈している。》

122. -а/-я で終わるこのタイプの男性名詞は対格で -у/-ю 語尾をもつが、それに一致する修飾語は属格・対格形をもつ：Я ви́дел ва́шего ста́рого дя́дю.

123. Comrie (2003²: 112) によれば、сирота́ のような名詞は本書で述べられているように、その対象が男性をさせば文法的に男性、女性を指せば文法的に女性であるが、неря́ха《だらしない人》、тупи́ца《うすのろ》、рази́ня《間抜け》、растя́па《そこつ者》、сластёна《甘党》、тихо́ня《とりすました人》のような別の共通性の名詞グループは、次のような文法性をとるという：もしこれらの語が女性の対象であるとき、それらは文法性も女性である（つまり ＊моя́ сестра́ ужа́сный обжо́ра《私の姉妹はひどい大食漢だ》は非文法的である）。もしこれらの語が男性の対象であるとき、それらの文法性は男性でも女性でも可能である、例えば、男性を指して、ты тако́й неря́ха あるいは ты така́я неря́ха《おまえは大変だらしない男だ》。

124. 80 年アカデミー文法 (I. 462–463) 参照：《名詞の有生と無生の区分は、自然界の生物と無生物の区分とは完全に一致しない。樹木と植物 (сосна́, дуб, ли́па, боя́рышник, крыжо́вник) や生き物の総体 (наро́д, во́йско, батальо́н, толпа́, ста́до, рой) は無生の亜属に属する。》

Виногра́дов (1972²: 79ff.) 参照：《А. А. Шахма́тов は書いている：「言語史は、最初に有生カテゴリーは男性単数の語にだけ発達し、そのときには人の名称から動物の名称へと拡がっていったことを示している。」B. Unbegaun は彼の研究《La langue russe au XVIᵉ siècle》 (p. 228ff.) の中で、16 世紀に女性の人の名称と動物の名称はまだ有生の統語論的カテゴリーには含まれなかったことを証明している。(中略) 有生カテゴリーの最もはっきりした、恒常的特徴は、男性名詞の単数 (-а で終わる語を除く) と複数における対格と属格の一致 (встре́тить знако́мого, слу́шать знамени́того те́нора, etc.) と、女性名詞の複数のみにおける対格と属格の一致である (中性では лицо́, чудо́вище — лиц, чудо́вищ のみ。Cf. живо́тных, насеко́мых)。(中略) 料理の集合的な記号のために複数で使われる魚類や両生類の名称は、主格に一致する複数対格をつくる、つまり無生に属する。例えば、«... зван я *на форе́ли*»《ニジマス料理に私は呼ばれた》；«есть *у́стрицы*» (Турге́нев)《牡蠣を食べる》。本来の形態的な有生を失った、天体を表す名詞は無生物の名称として見なされる。例えば、смотре́ть на *Марс*《火星を眺める》；ви́деть *Сату́рн, Юпи́тер*《土星、木星を見る》, etc. (しかし対格・属格形も可能)。》

Timberlake (2004: 168–170) 参照：「海の生物の名称は、それが生息地の動物として言及されるときは、有生として働くであろう：лови́ть кра́бов<ACC=GEN> 'catch crabs'. 食品としてそれらは無生あるいは有生である：Мы дово́льно ча́сто е́ли {кра́бы<ACC=NOM>

~ крабов<ACC=GEN>}. 'We ate crabs rather often.' 単数では、たとえそれが食品であろうと有生（つまり対格＝属格）である：Я же остался один на хозяйстве. Сварил и съел краба<ACC=GEN>. 'I had to deal with the housekeeping alone. I cooked and ate a crab.'」

125. 有生の属格・対格形は、動詞の目的語にも前置詞の補語にも使われる：Мать моя намного пережила отца<ACC=GEN>. 'My mother outlived my father by a lot.'; Мой брат Владимир гордился, что был похож на нашего<ACC=GEN> отца<ACC=GEN>. 'My brother Vladimir was proud that he was similar to our father.' (Timberlake 2004: 165–166)

126. Исаченко (1954: 94) 参照：《名詞 лицо, 複数 лица は単数では《不活動体 неодушевлённое》名詞として解釈される (приветствовать должностное лицо《官吏に挨拶する》)。複数で名詞 лица は《活動体 одушевлённое》名詞として用いられる：я знаю этих лиц.》

127. 80年アカデミー文法 (I. 463) では наблюдать, изучать бактерий, вирусов, микробов と наблюдать, изучать бактерии, вирусы, микробы《バクテリア、ウイルス、細菌を観察する、研究する》の属格・対格形（有生）と主格・対格形（無生）の記載があり、後者が好まれるとしている。

128. その他のトランプの例も同様に属格・対格形をもつ：король《キング》、валет《ジャック》、козырь《切り札》、слон《ビショップ》、ферзь《(男性)クイーン》。さらに Ward (1965: 207) によれば、ビリヤードの шар《玉》もまた属格・対格形をもつとしている。80年アカデミー文法 (I. 464) では、ゲームでは一般に無生物を有生とすることが可能であるとしている。例えば：играть шара, сделать шара. さらに属格・対格形をもつ語には《(情報を得るための)捕虜》の意味での язык (e.g. И для этой цели Денисову нужно было взять языка. Л. Толстой)、無生物名詞の擬人化による対格形 (Лапоть знай лаптя, сапог сапога. Даль, III, 125) がある (Шахматов, 1941: 333–334)。

129. 車の商標は本書では属格・対格形としているが、Степанов (1989: 89) によれば、自動車の意味の「モスクヴィチ」は主格・対格形をとる：Мы увидели этот москвич ("Москвич" автомобиль)。しかし Мы увидели этого москвича (человека). Cf. Собака съела двух кур《犬は二羽の鶏を食べた》(属格・対格形)、しかし Мы съели две курицы《我々は二羽の鶏を食べた》(主格・対格形)。

130. 例：девочка любит своих кукол; он показывал петрушек, марионеток и фокусы. (Исаченко 1954: 95)。

131. 例：нашёл рыжика, подосинника (しかし я нашёл белый гриб《私は白いキノコを見つけた》) (Исаченко 1954: 94)。

132. 80年アカデミー文法 (I. 464) 参照：《形容詞から派生した名詞 мёртвый《死人》も有生である。さらに物の名称から転意した一連の語彙も有生である：мешок, дуб, пень, колпак, тюфяк (普通これらには定語をつける)：нашего мешка обманули《我らののろまは欺された》、в этого дуба (пня) ничего не втолкуешь《この間抜けには何も入らない》。идол, куми́р《偶像》は崇められる人の意味では有生：смотреть с восторгом на своего идола《自分のアイドル（偶像）を驚喜の目で見る》; обожать своего кумира《自分の偶像を崇拝する》; глядеть на идолов кино《映画のアイドルを眺める》。и́дол は神として崇められる彫像の意味では、まれに有生：На берегу Дуная русские поставили деревянного идола Перуна.《ドナウ河の岸辺にロシア人はペルーンの木造の像を建てた》。超自然的な存在としての дух《精霊》、人物としての ге́ний《天才》、тип《（特徴ある）人物》は有生：вызвать духа, знать гения, встретить странного типа《恐ろしい奴に会う》。》

Timberlake (2004: 169) 参照：「生き物に分類される名詞化された中性の形容詞—живо́тное 'animal', парнокопы́тное 'split-hoofed animal', насеко́мое 'insect'—は一般に単数で有生対格を使わないが、複数では有生対格を使う：{пойма́ть живо́тное<ACC=NOM> ~ похо́жее на живо́тное<ACC=NOM>} {to catch an animal ~ similar to an animal}; {с па́стбы переводи́ть ~ корми́ть ~ люби́ть} живо́тных<ACC=GEN> {from pasture move ~ feed ~ love} animals; Сохраня́ем и размножа́ем поле́зных<ACC=GEN> насеко́мых<ACC=GEN>. 'We preserve and multiply useful insects.'」また Timberlake (ibid. 170) は有生性は動物が下等動物になるに従って消えていくとして、それを階層化している：

> **animate**：гу́сеница《青虫》、меду́за《クラゲ》、шелкопря́д《蚕蛾》、червь《ウジ虫》、моллю́ск《軟体動物（貝、イカ）》、жук《甲虫》, мураве́й《蟻》, пия́вка《蛭》

> **animate** (~ ±**inanimate**)：гу́бка《海綿動物》

> **inanimate** (~ ±**animate**)：личи́нка《幼虫》、бакте́рия《細菌》, баци́лла《桿菌》, микро́б《微生物》

> **inanimate**：органи́зм《有機体》, токси́н《毒素》, кора́лл《珊瑚》, ви́рус《ウイルス》, планкто́н《プランクトン》

昆虫と害虫は常に対格＝属格である：Всех<ACC=GEN> козя́вок<ACC=GEN>, блошек<ACC=GEN>, мошек<ACC=GEN> и мурави́шек<ACC=GEN> там умори́ли. '[The birds] devastated all the gnats, fleas, midges, and ants there.' (ibid. 169)

133. 80年アカデミー文法 (I. 463, II. 50) 参照：《主格が -a の語尾をもつ男性名詞や男性を表す共通性の語の有生亜属のカテゴリーは、形態的によるのではなく、その名詞に一致する形容詞の属格・対格形によって統語的に表現される：встре́тил знако́мого ю́ношу《知り合いの青年に会った》; вспо́мнил несно́сного плаксу́《うんざりする泣き虫を思い出した》。また複数で有生亜属のカテゴリーを表現しない唯一の例は、идти́ в солда́ты《兵隊に行く》、взять (кого-н.) в курье́ры《文書使に採用する》、игра́ть в космона́вты《宇宙飛行士遊びをする》タイプの慣用句の中に見られる。》後者の用法については Исаченко (1954: 95) 参照：《慣用句の中の複数名詞は古い複数対格形の残滓である。その他の例：пойти́, уйти́, поступи́ть в партиза́ны, в солда́ты, в ня́ньки《パルチザン、兵士、子守になる》(Cf. служи́ть в солда́тах, в ня́ньках)。また《～遊びをする》の意味の次の例：игра́ть в дурачки́, игра́ть в солда́ты, игра́ть в казаки́-разбо́йники, игра́ть в ку́клы.》

134. Jakobson (1939 [1984: 151]) のゼロ語尾についての指摘を参照：«The zero desinence of the GPl【gen. pl.】has survived only in those nouns which distinguish the GPl from the NSg【nom. sg.】in some other way, whether by the desinence (NSg *žená, seló* — GPl *žën, sël*), by the place of the stress (NSg *vólos* — GPl *volós*), by a derivational suffix (NSg *bojárin* — GPl *bojár*), or by the composition of syntagmas (in the Saussurian sense of the word) in which these case forms are used (NSg *aršín*, noun of measure — GPl *aršín*, which almost always accompanies nouns of number).»

135. 勿論、複数属格の末尾の記号 ь は《語尾》ではなくて語幹末が軟子音であることを表しているだけである。語尾はゼロである。

136. 複数属格は規則通りにゼロ語尾であるので、このタイプの複数属格形の語幹末は -j（正書法では -й）である：стáя /stáj-a/ — стай /staj/, аллéя — аллéй, струя́ — струй, пáртия — пáртий。

137. 単数具格の古風な2音節語尾 <oju> (§201) についても同様に、ж, ш, щ, ч, ц の後ろのアクセント下では -óю、アクセントの外では -ею と綴られる：кóжа — кóжею, межá — межóю, свечá — свечóю, овцá — овцóю, граница — граничцей。

138. ロシア語の移動母音一般については本書 (§§134–135) を見よ。-a, -я で終わる女性名詞の移動母音は、語尾がゼロになる複数属格形の、語幹末の2子音連続 -C_1C_2# の間に現れる：-C_1e/oC_2# (C = 子音)。Исаченко (1954: 202–204) によれば、《移動母音の質 (-o- か -e-) はこの連続した2子音の内の最初の子音【C_1】の性質によって決まる。(1) もし語幹末の子音【C_2】の前に ж, ч, ш, й あるいは文字の上で記号 ь によって表される軟子音があれば、移動母音は -e- である：книжка — книжек, ножка — ножек, ручка — ручек, девочка — девочек, пушка — пушек, девушка — девушек, копéйка /kop,éjka/ — копéек /kop,éjek/, трóйка — трóек, бóйня — бóен (cf. войнá — войн), судьбá — сýдеб, тюрьмá — тюрем, деньги — денег (cf. пáльма — пальм). これらの例では複数属格のアクセントは移動母音の上にない。もしアクセントが移動母音の上にあれば、その質は -o- (-ё-) である：кишкá — кишóк, царькá — царёк. (2) もし語幹末の子音【C_2】の前に硬子音【C_1】があれば、移動母音は -o- である：лóдка — лóдок, доскá — дóсок, мáрка — мáрок, студéнтка — студéнток, нитка — ниток, пéнка — пéнок. -ка が接尾辞であろうとなかろうと、-ка の前ではこの規則は例外なく適応される。(3) -ня, -ля, -на と -ла で終わる若干の名詞においてのみ、語幹末の子音の前が ж, ч, ш, й あるいは文字の上で記号 ь によって表される軟子音でないにもかかわらず、移動母音 -e- が現れる：пéсня — пéсен, бáсня — бáсен, дерéвня — деревéнь, земля́ — земéль, кáпля — кáпель, метлá — мётел, соснá — сóсен, веснá — вёсен, ветлá — вётел. また次の語にも移動母音は -e- : овцá — овéц, сýмерки — сýмерек; -ё- : сестрá — сестёр, копнá — копён. 例外として мечтá《夢想》の複数属格は補充法によってつくられる：мечтáний. 》

139. 複数属格 <stat,-é-j-ø> の移動母音については訳注 92 を見よ。

140. Cf. лáска《イタチ》の複数属格は лáсок (§135 参照)。

141. Исаченко (1954: 202) 参照：《類似の条件で移動母音が現れないその他の外来語の例 (§135)：фо́рма — форм, но́рма — норм, фи́рма — фирм, до́гма — догм, паради́гма — паради́гм, синта́гма — синта́гм, ка́федра — ка́федр, ка́рта — карт. また и- で始まる本来的なスラヴ語の名詞の幾つかは複数属格で移動母音が現れない：игра́ — игр, изба́ — изб, и́скра — искр, икра́ — икр, игла́ — игл.》

142. Исаченко (1954: 210) 参照：《-ия で終わる名詞の大部分は外来語起源の語である：па́ртия, ли́ния, на́ция, а́рия, се́кция, мили́ция, ко́пия, та́лия. これらは非生産的である。このタイプの生産的な語は次の生産的接尾辞によってつくられる：**-ия**: анома́льный — анома́лия, симпати́чный — симпа́тия, герма́нец — Герма́ния, etc. **-ация**: деклари́ровать — деклара́ция, компилли́ровать — компилля́ция【正しくは компили́ровать — компиля́ция】, etc. **-иза́ция**: организова́ть — организа́ция, etc. **-фика́ция**: кинофика́ция, звукофика́ция, etc.》

143. Cf. пусты́ня — пусты́нь, я́блоня — я́блонь. また й によって先行される /n/ は、複数属格で移動母音 e が挿入され、文字の上で й が e に変化する。例えば、бо́йня /bójn,a/《屠殺場》、複数属格 бо́ен /bójen/.

144. свеча́ の複数属格には свеч と свече́й の 2 つの形がある。前者は詩的言語に用いる。同様に межа́《土地の境》も複数属格形は меж (cf. pl.dat. межа́м) と меже́й (cf. pl.dat. межа́м) がある。また ю́ноша《若者》の複数属格は ю́ношей だけである（アクセントの位置に注意）。

145. ヤコブソンの呼格についての発言を参考にせよ：「言語学においては、呼格は他の格とは同一平面に置かれていない、また呼格の呼びかけも文法的文の外に位置する、ということが従来指摘されてきた。(中略) 呼格を純粋な語幹の形に還元するという言語的傾向があることはよく知られている。」（ヤーコブソン《ロシア語動詞の構造について》『ローマン・ヤーコブソン選集 1.』大修館書店、米重文樹訳、1986: 63.）呼格については訳注 117 を参照。

146. Исаченко (1954: 204–208) 参照：《第 1 曲用の名詞のアクセント法はかなり複雑である。唯一生産的なアクセント型は語尾以外の音節にアクセントを固定させている型である。反対に、語尾 -á, -я́ あるいは -ья́ にアクセントをもつ名詞はほぼ全て非生産的なアクセント型に属している。[単数と複数の全ての格形で語尾にアクセントを固定する語はごくわずかである：статья́, черта́, кочерга́, 他若干。] 次のアクセント型が区分される。1. 語尾以外の場所に固定アクセントをもつ型：шко́ла. この型には非派生タイプの語 (ко́жа, во́ля, лопа́та, неде́ля)、現在では派生とは感じられない語 (ло́жка, сва́дьба)、また生きた派生語 (пе́чка — печь, но́жка — нога́, чита́льня). この型にはまた文章語に入った外来語も含まれる (фа́брика, ка́федра, культу́ра, па́льма, газе́та, систе́ма, поле́мика). 2. 単数の全ての形で語尾アクセント、複数でアクセントの後退が起こる非生産的なアクセント型。この型はさらに 3 つのヴァリアントに分けられる。a) 全ての複数形で語尾にアクセントのない型：трава́ — pl. тра́вы — трав — тра́вам — тра́вах. このタイプに属する 2 音節語は以下である：беда́, вдова́, весна́, ветла́, вина́, война́, глава́, гроза́, гряда́, дыра́, жена́, звезда́, змея́, игла́, игра́, икра́, коза́, коса́, лука́, луна́, метла́, нора́, нужда́, овца́ (pl. о́вцы — ове́ц), орда́, оса́, пила́, плита́, пола́, пчела́, руда́, свинья́, семья́, скала́, слуга́, сестра́ (pl. сёстры — сестёр), сова́, сосна́, среда́, стрела́, страна́, струна́, струя́, толпа́, узда́, труба́, 他若干。また 3 音節語は次の -отá で終わる名詞である：кислота́ — кисло́ты, красота́ — красо́ты, сирота́ — сиро́ты。またколбаса́ — колба́сы。**b)** 複数主格・対格のみ末尾音節からアクセントが移動し、その他の複数形では語尾にアクセントが置かれる型：свеча́ — pl. све́чи — свече́й — свеча́м — свеча́ми — свеча́х。この型に属する名詞：блоха́, вожжа́, губа́, железа́ (pl. же́лезы — желёз), ноздря́ (pl. но́здри — ноздре́й), пята́, скоба́, слеза́, строка́。**c)** 複数の斜格でアクセントが揺れている型（上の a）と b)の型の与格、具格、位格における揺れ）：волна́м, волна́ми, волна́х と共に во́лнам, во́лнами, во́лнах も存在する。**3.** 単数対格と複数の主格・対格でアクセント後退が起こる非生産的なアクセント型。この型は 2 音節語と 3 音節語に分ける必要がある。**a)** 2 音節型：рука́ — ру́ку — pl. ру́ки — рука́м, рука́ми, рука́х. 幾つかの名詞は単数の対格と複数の与格、位格、具格で 2 つのアクセント形をもつ。この型に属する名詞【括弧内は Аванесов (1983) による】：вода́ (во́ду, pl. во́ды, вод, во́дам *or old* вода́м), гора́ (го́ру, го́ры, гор, гора́м), доска́ (до́ску *or* доску́, pl. до́ски, досо́к *or* до́сок, доска́м / до́скам), душа́ (ду́шу, душ, ду́шам), зима́ (зи́му, pl. зи́мы, зим, зи́мам), коса́《お下げ髪》(ко́су *or* косу́, pl. ко́сы, кос, ко́сам), нога́ (но́гу, pl. но́ги, ног, нога́м), река́ (ре́ку / реку́, pl. ре́ки, рек, река́м *or old* река́м), спина́ (спи́ну, pl. спи́ны, спин, спи́нам), среда́《水曜日》(сре́ду, сре́ды, сред, среда́м / сре́дам), стена́ (сте́ну, pl. сте́ны, стен, сте́нам *or old* стена́м), щека́ (щёку / щеку́, pl. щёки, щёк, щека́м). **b)** 3 音節型：голова́ — го́лову — pl. го́ловы — голо́в — голова́м。この型に属する名詞：борода́ — бо́роду — pl. бо́роды — боро́д — борода́м. борозда́ — бо́розду/борозду́ — pl. бо́розды — борозд — борозда́м. борона́ — бо́рону *or* борону́ — pl. бо́роны — боро́н — борона́м. полоса́ — по́лосу/полосу́ — pl. по́лосы — поло́с — полоса́м. сторона́ — сто́рону — pl. сто́роны — сторо́н — сторона́м. **c)** 単数の対格でアクセント後退を、複数の全ての格形で語幹にアクセントを置く型：земля́ — зе́млю — pl. зе́мли — земе́ль — зе́млям。この型は上で述べた揺れのある名詞にも見られる。例えば、вода́. この型に属する語：изба́ — и́збу — избу́ — и́збы — изб — и́збам. цена́ — це́ну — pl. це́ны — цен — це́нам. 》

147. кону́р が T′+D! となっているのは、複数属格のこの形はゼロ語尾をもつために、「仮想的な」語尾アクセント *кону́р-́ø が語幹末アクセント кону́р となって実現したものである。このような「仮想的な」アクセントをもつ形は名詞では男性名詞の単数主格（対格）（例えば、бык-ø, быка́, ... быки́, быко́в) や中性名詞の複数属格（例えば、ме́сто, pl. места́, мест-ø, места́м）、動詞の過去・単数男性形（例えば、цвёл-ø, цвела́, цвело́, цвели́) などに見られる。80 年アカデミー文法 (I. 93) ではこのようなアクセントを《仮想アクセント усло́вное ударе́ние》と名付け、実際に現れるアクセントである《現実アクセント действи́тельное ударе́ние》と区別している。アカデミー文法 (I. 94) によれば、仮想アクセントの位置を知るためには、形容詞と分詞の男性形と動詞の過去と仮定法の男性形にとっては当該の中性

形のアクセント位置が、また格形にとっては同じ数の与格形のアクセント位置がその役を果たす：例えば、кре́пок, гуля́л では語幹に現実アクセント (cf. кре́пк-о, гуля́л-о)、хоро́ш, цвёл では屈折語尾に仮想アクセント (cf. хорош-о́, цвел-о́)；коро́в, наш は語幹に現実アクセント (cf. коро́в-ам, на́ш-ему)、весь, слов は屈折語尾に仮想アクセント (cf. всем-у́, слов-а́м) がある。また「仮想アクセント」の詳細については Зализняк (1967: 151–152; 175ff.) を参照。

148. конура́ タイプのアクセント型 (Зализняк の «b» 型) に属する女性名詞は Зализняк (1967: 166) によれば、次の特徴をもつ：a) singularia tantum に属する語；b) (単数形と複数形をもつ語) 1) 非音節語幹をもつ全ての語、例えば、тля；2) ня (пешня́ を除く)、ья (свинья́, семья́, судья́ を除く) で終わる単音節語幹をもつ語；3) 単音節語幹をもつ次の語：раба́, мольба́, плева́, ага́, брюзга́, сайга́, тамга́, карга́; брада́, чреда́, ханжа́, … . ほとんどこれら全ての語は滅多に使われることがない。それらのかなりの部分は古代スラヴ語的語彙と東洋の事物の名称である。またウシャコフ辞典で «мн. нет» の記号がある語の内の若干の語：гурьба́, божба́, хвальба́, пурга́, яга́, казна́, фита́, парша́; 4) ина́, ота́ で終わるものを除き、非単音節語幹をもつ語。

149. острота́ のアクセント位置は古く、現在のロシア人は остро́та という。

150. 「弱語幹 thèmes faibles」とは語幹が ◦T をもつ語幹のことをいう。訳注 105 を見よ。

151. 下降音調 circumflex をもつ形のアクセントはスラヴ語では語頭音節の上に後退する：Russ. го́лову. 音韻的語を成す前置詞や小辞 (あるいは接頭辞) があれば、アクセントはその前置詞や小辞 (あるいは接頭辞) に移動する：Russ. за́ руку, по́ воду, за́ город, про́дал, S-Cr. (Štokavian) nȁ rūke, nȁ vodu, ȕ grād, prȍdāli. この現象は "Šaxmatov's law" と呼ばれる (A. A. Šaxmatov 1915, Очерк древнѣйшаго періода исторіи русскаго языка. による。これについては Olander (2009: 130)、Collinge (1996: 153) 参照)。しかし正しくは、「Vasil'ev-Dolobko の法則」と呼ばれるべきであろう。これについては、Дыбо (1962: 26–27, 1971) を見よ。またその形が充音的結合 (pleophonic combinations) をもてば、充音的結合の最初の母音にアクセントは置かれる：-ére-, -óro-, -ólo-. 例えば、го́род (за́ город)、бе́рег (на́ берег)、ве́чер (под вечер)、го́лову (на́ голову). (それに対して、語幹固定アクセントをもつ語、つまり acute 音調をもつ語、すなわちここで言う強語幹 (T!) をもつ語が充音的結合をもつ場合、アクセントは充音的結合の第二番目の母音に置かれる：-eré-, -oró-, -oló-. 例えば、Russ. коро́ва, S-Cr. kráva, Slvn. kráva "cow". 2 つの o- 音をもつ方言では充音的結合は -orw-, -olw- をもつ)。現代ロシア語のこの現象については以下を参照：Воронцова, В. Л. 1979. Русское литературное ударение XVIII–XX вв. Формы словоизменения. Москва. С. 137–138. さらに 80 年アカデミー文法 (I. 527–530)、Аванесов (1956: 81ff.) を見よ。またロシア語史の中におけるこの現象については以下参照：Зализняк, А. А. (1989a). Перенос ударения на проклитики в старовеликорусском. ―Историческая акцентология и сравнительно-исторический метод. Москва: Наука. С. 116–134. [Зализняк, А. А. 2010. Труды по акцентологии. Том I. Москва: Языки славянских культур. Стр. 804–816.] ; Stang (1957 [1965]: 21)。

152. ここで見られるアクセントの揺れをもつ語は古代の移動アクセントをもつ語である。この語に特徴的なことは語頭と語末との間の広いアクセントの移動である (cf. Lith. auksakalỹs, acc. áuksakalį (AP 3)《宝石商》)。Garde (1974 [2006:147–157]) は、論文「ロシア語アクセントの進化：若干の傾向 «L'évolution de l'accent russe: quelques tendances»」の中の《古代アクセントの移動性の排除》の章で以下のような議論を行っている (ibid. 149–152)。

ロシア語では、例えば、次の語形に古代の移動アクセントが保持されている：*načát'*《始める》：*náčal, náčalo, náčali, náčat, náčato, náčaty, náčatyj — načnú, načnëš', nační, načalá; načalsjá, načalós', načalís'*. 同様に、*golová*《頭》：*golový, gólovu, ná golovu*. Garde (ibid. 150) は「語の先端と末端の間のこのアクセント移動はロシア語の歴史の中で休みなく排除され続けられており、そして今日まで続くこの進化は多くの揺れ hésitation の事実の中に非常にはっきりと見える」、として次の事実を挙げている：1° <u>語末で、前接語において</u>：前接語のアクセント法は古代ロシア語では生きた日常の現象であったが、今日では前接語にアクセントを移動させることのできるのは、再帰小辞 *-sja* だけである。しかし *-sja* の上のアクセント形は実際の言語では語根アクセント (*načálsja*, cf. *načát'sja*) あるいは接頭辞アクセント (*náčalsja*, cf. *náčal*) を持つ形と競合している。2° <u>語の始まりで</u>：a) 前置詞：前置詞のアクセント法はセルボ・クロアチア語の îz grāda «de la ville» (Meillet & Vaillant: 26) からも分かるように古い。現代ロシア語では前置詞におけるアクセントは慣用的表現に保持されている：*zá gorodom* «à la campagne» ~ *za górodom* «au-delà de la ville»。b) 接頭辞：接頭辞のアクセント法は前置詞と同じく、古代ロシア語でありふれた事実であった (Old Russ. *pótrjasu*)。現代ロシア語ではそれは移動アクセントをもつ語根動詞の過去と受動過去分詞にしか見られない。しかしこの制限内においてすらそのアクセント法は減少傾向にある。この減少は2つの段階で起こっている：1) 第1段階は動詞語根が子音群によって始まる場合に全て、接頭辞の上のアクセントは排除された。例えば、19世紀には *sóbral* «il rassembla», *prógnal* «il chassa», *sózval* «il convoqua» と発音されていたが、20世紀ではこのアクセント法はもはや *prókljal* «il maudit» と *menja vzórvalo* «cela m'a fait bondir» の表現の中にしか存在しない。*sobrál, prognál, sozvál* としかアクセントをつけない。2) 第2段階：語根が1つの子音で始まる場合、接頭辞の上のアクセントの排除のプロセスは現在進行中である。*pérežil* «il a survécu», *prólil* «il a versé», *péredal* «il a transmis», *ótdal* «il a rendu» の *perežíl, prolíl, peredál, otdál* による交替。これは話し言葉ではよりありふれている。また意味の違いをもつ *zápil* (intransitif) と *zapíl* (*čto čem*) の共存。3° <u>語本体の中で</u>：女性名詞において、古代のアクセント移動は、単数形の内部で (*golová, gólovu*)、また複数形の内部で (*gólovy, golovám*) 起こっている。このアクセント法は多くの語にとって変化する傾向がある。ある場合は、単数でのアクセントの統一が生ずる：*borozdá, borozdú*《畝溝》(単数における語尾固定アクセント) しかし *bórozdy, borozdám* (複数における移動アクセント) タイプ；ある場合には複数でのアクセントの統一が生ずる。これは *vodá, vódu*《水》(単数における移動アクセント)、*vódy, vódam* (複数における語尾前固定アクセント) タイプ。例えば、*borozdá* タイプの例：*reká*, réku / rekú《川》；vodá タイプの例：dúši, dúšam ... , govorit' po dušám《腹を割って話す》。そして結論は次のように記されている：「それ故、古代のアクセントの移動性が弱化し続けるという傾向が存在する。その傾向はロシア語の歴史と現代語の揺れの事実のなかに同時に観察できるものである：この移動性はその規模において制限されており、これが適用される語の数のなかでも制限されている。またその移動性は、形態の同じ系列（同じ語の単数の曲用あるいは複数の曲用）の内部で働くことを止める傾向がある。これは千年以上のあいだ中断することなく働いてきた非常に強い傾向である。この傾向は十分に当然なことである。というのも同じパラダイムにおける語頭アクセントと末尾アクセントを有する形の交替（それはソシュール Saussure (1896) が明らかにしたように、歴史的にいえばそれはバルト・スラヴ語の特徴である）は、また当然に不安定な現象である。何故ならばその現象はパラダイムの統一を断ち切るからである。」(ibid. 152–153)

153. Аванесов (1983) によれば、полоса́, -ы́, *асс*. по́лосу *и* полосу́, *pl*. по́лосы, поло́с, полоса́м. строка́, -и́, *асс*. -у́, *pl*. стро́ки, строк, строка́м *и доп*. стро́кам.

154. Аванесов (1983) によれば、весна́, -ы́, *асс*. -у́, *pl*. вёсны, вёсен, вёснам. изба́, -ы́, *асс*. и́збу *и* избу́, *pl*. и́збы, изб, и́збам.

155. Аванесов (1983) によれば、вода́, -ы́, *асс*. во́ду, *pl*. во́ды, вод, во́дам *и доп. устар*. вода́м. душа́, -и́, *асс*. ду́шу, *pl*. ду́ши, душ, ду́шам ◊ говори́ть по душа́м.

156. Аванесов (1983) によれば、волна́, -ы́, *асс*. -у́, *pl*. во́лны, волн, волна́м *и* во́лнам. судьба́, -ы́, *асс*. -у́, *pl*. су́дьбы, су́деб *и доп. устар*. суде́б, су́дьбам.

157. Аванесов (1983) によれば、судья́, -и́, *асс*. -ю́, *pl*. су́дьи, суде́й *и* су́дей, су́дьям. глава́, -ы́, *асс*. -у́, *pl*. гла́вы, глав, гла́вам.

158. 現代語で男性の人のカテゴリーが現れるのは、単数主格形で -a で終わる名詞 (судья, вельможа, староста, старшина, воевода, etc.)、複数主格形で (1) 語尾 -e で終わる語 (мещане, граждане, дворяне, крестьяне, англичане, лютеране, etc.)、(2) 主に親戚関係を表す語尾 -ья, -овья で終わる語 (сыновья, кумовья, etc.) また князья, друзья, (3) черти, соседи の 2 語。(Виноградов 1972[2]: 79)。

159. Исаченко (1954: 83–84) 参照：《拡大辞接尾辞 -ище, 指小辞接尾辞 -ушко, -ишко によって男性名詞からつくられる名詞は、その語尾にも拘わらず男性名詞である：э́тот доми́шко, э́тот ножи́ще.》

Boyer & Speranski (1915[2]: 259–260) は拡大辞について次のようにその特徴を纏めている。《拡大辞は指小辞よりかなり数も少なく重要でもない。それは一般に不快やときには嫌悪感といった副次的な概念を付け加える。拡大辞を付けた対象は均整や優美さを欠いた、醜いあるいは不格好であることを表すだろう。動物の場合には、その対象はあまりにも大きい、あまりにも太っていて、動きがぎこちないことを表すだろう。この拡大辞の一般的な意味は愛情を表す指小辞とのはっきりした対比である。2 つの主要な接頭辞化：(1) -ище (-ища) と (2) 俗語あるいは打ち解けた言葉で -и́но (-и́на)。

(1) 男性と中性にとって -ище、女性にとって -ища (nom. pl. -и, gen. pl. -ей あるいはゼロ語尾)。派生形は単純語と同じ性である。例：двори́ще, -a (pl. двор-и́щи, -ищ), *m.*, "big court", (巨大な、しばしば不釣り合いな中庭) (immense and often disproportioned) < двор; дети́ще, -a, *n.*, "overgrown boy", "child" < дит-я́, pl. де́т-и; зайчи́ще, -a, *m.*, "large hare" < за́яц; ду́р-ища "fool of a woman" < ду́ра. この -ища (末尾の -a は常に無アクセント) で終わる女性の接尾辞化は、生物の名称である -ище (末尾の -e は常に無アクセント) で終わる男性の曲用に影響を及ぼした：それらはあたかも -ища で終わるかのように単数で曲用するのが普通である：зайчи́ще, зайчи́щи, -e, -y, etc. 一方、無生物の中性と男性に関して、それらは一般に中性の曲用に従う。しかしときには主格・対格以外では無生物の男性は -ища で終わる女性の曲用語尾を認めるけれど：двори́ще, pl. двори́ща と двори́щи, etc. さらに、-ище で終わる拡大辞は単数と複数の斜格ではほとんど使われない。【その曲用については訳注 170 も見よ。】

(2) 物の名称（男性）には -и́но; 生物の名称（ほとんど男性、幾つかは女性）には -и́на; この接尾辞は稀にしか使われない。例えば、том-и́но "a fat volume" < том "tome"; дом-и́но (= дом-и́ще); дет-и́на, *m.*, "a big fellow" < дитя́, pl. де́т-и; мужич-и́на "a big well-built muzhik" < мужи́к; дурач-и́на "a big ninny" < дура́к.》

160. 対をもつ硬子音で終わる中性名詞の複数属格はゼロ語尾をもつ：боло́то — боло́т.

161. 中性名詞のシュー音また /ц/ で終わる語幹の複数属格はゼロ語尾をもつ：ло́же — лож, жили́ще — жили́щ; лицо́ — лиц, се́рдце — серде́ц. плечо́ は複数形で пле́чи — плеч — плеча́м の他に古い形として плеча́ — плече́й もある。со́лнце は複数属格で солнц と古い形со́лнцев をもつ。у́ши (sg. у́хо) と о́чи (sg. о́ко) は複数属格で -ей 語尾をもつ：уше́й, оче́й. これについては §246 を見よ。

162. この指小接尾辞は起源的に *-ьk-/*-ъk- である (Timberlake 2004: 88)。

163. Timberlake (2004: 327–328) は、Web 上での不定詞 купи́ть とのコロケーションの調査として、第 2 属格の ча́ю と табаку́ は 50％をかなり上回り、са́хару と сы́ру はおよそ 50％であると書いている。その他の名詞はあまりにも稀にしか起こらないので、頻度を判断できないとしている。

164. «роди́тельный отдели́тельный (partitivus)»《分割【部分】属格》について Исаченко (1954: 159–161) は次のように述べている：「これらの形をとる語は数えることができない名詞であるので、«два чая»、«два супа» と言うことはできない。分割属格は次の結合で使われる：1) 度量衡の定語 (кило́, фунт, мешо́к, стака́н, буты́лка, таре́лка, etc.) の後ろで。また мно́го, ско́лько, доста́точно, дово́льно, побо́льше, ма́ло, немно́го, немно́жко, поме́ньше, ма́сса のようなタイプの数量的な語の後ろで：бо́чка мёду《一樽の蜂蜜》、кусо́к сы́ру, мно́го табаку́, немно́го пе́рцу, побо́льше лу́ку, поме́ньше са́хару, ма́сса наро́ду, etc. 2) дать, купи́ть, приба́вить, принести́ タイプの他動詞の後ろで。また наре́зать, навари́ть, нацеди́ть タイプの接頭辞 на- をもつ他動詞の後ろで。第 2 番目のタイプの動詞は規則的に属格と結合するが (навари́ть киселю́《キセーリを（ある量）つくる》、наруби́ть дров)、最初のタイプ

の動詞は属格とも対格とも結合することができる。しかもそれぞれの格の使用は意味の差異を反映する：«я принёс *хлеб, который ты просил меня купить*» 《あなたに買ってくるように頼まれたパンを持ってきた》 ~ «я принёс *хлеба*». 3) 動詞 просить, хотеть, нехватать 【не хватать が標準。Ушаков 辞典参照】, недоставать の後ろで：он попросил супу, я хочу чаю, нам нехватает сахару 【не хватает が標準】。

-у, -ю で終わる分割属格の使用は全ての場合に義務的というわけではない：наварить киселю と наварить киселя, много снегу と много снега と言うことができる。-у, -ю で終わる属格形をとる物質の名称をもつ名詞リストを挙げることは不可能である。というのはこの形はある意味論的なグループにとって生産的であるからである。例えば、飲み物や薬の名称 (比較的最近に文章語に入った語でさえも)：выпить рейнвейну, нарзану 《ラインワイン、ナルザン水を飲む》, принять хинину, аспирину キニーネ、アスピリンを服用する》。またこの形が全く生産的なのは、愛称・指小形の接尾辞 -ок, -ёк と -ец によってつくられた物質の意味をもつ語である：съесть лучку 《タマネギを食べる》, дайте мне огоньку, принести табачку, etc. 興味深いのは хлеб という語は物質の意味の語では -а 語尾だけであるが (дай мне хлеба)、愛称・指小形 хлебец は属格に хлебцу をもっている (дай мне хлебцу)。なおこの -у, -ю をもつ名詞に定語が付く場合、-а, -я 形が使われる：тарелка свежего творога, стакан крепкого чая. なお強調する必要があるのは、分割属格の範囲の外では上に挙げた語は -а, -я で終わる属格形をつくることである。これに関係するのは、否定属格 (он не принёс сахара)、比較の属格 (мёд слаще сахара)、関係の属格 (цена сахара, качество шоколада)、また前置詞 для, кроме, около, против と у である。前置詞 без, из, от との結合の際には、上に挙げた名詞は -у, -ю で終わる形も可能である：пить чай без сахару, сделать украшение из сахару, у него от сахару разболелись зубы.」

Timberlake (2004: 329ff.) は第 2 属格の用法について興味深いことを書いているが (例えば、«GEN2 is most frequent in collocations such as *попить чаю*<GEN2>, understood as a ritualized event: Хорошо переодеться в сухое, позавтракать, попить чаю<GEN2>, отдохнуть. 'It would be good to change into dry clothes, have breakfast, drink some tea, relax.'»)、否定の нет と用いられる用法についても次のような第 1 属格 GEN1 と第 2 属格 GEN2 の用法の違いを書いている：«With нет, GEN1 denies the universal availability of sugar ([253]), while GEN2 denies the existence of the requisite dose of sugar ([254])：[253] Не было сахара<GEN1>, и с трудом, за большие деньги доставалась соль. 'There was no sugar, and it was only with difficulty, for a lot of money, that salt could be acquired.' — [254] Она мне предложила чай, но извинилась, что у нее нет сахару<GEN2> и хлеб черствый. 'She offered me tea, but apologized that she did not have sugar and the bread was stale.'»

165. Исаченко (1954: 161–164) 参照：《統語的な意味と結びつかない第 2 属格の用法は多少とも固まった結合であり、時には副詞に移行している結合である。ある条件の下で (ある動詞と共に) 次のような名詞が -у, -ю で終わる属格形をつくる：**лес**：выйти, выбежать, выскочить и́з лесу, **дом** : верну́ться и́з дому, привезти́ что-л. и́з дому, получи́ть письмо́ и́з дому; дойти́, добежа́ть, донести́ что-л. до́ дому (дом という語は《住居、建物》ではなくて《生家》の意味である)。アクセントの前置詞への移動に注意。定語があれば до́ма 形が現れる：до моего́ до́ма, из моего́ до́ма, из до́ма мои́х роди́телей, etc. **нос** : кровь идёт и́з носу, пуска́ть дым и́з носу. **рот** : и́зо рту (и́зо рта). **вкус** : для вку́су. **вздор** : мно́го вздо́ру. 自由結合では -a 形：тако́го вздо́ра я никогда́ не слыха́л. **слух** : ни слу́ху, ни ду́ху о ком-л. 文法的に組織だった自由結合では -a 形が現れる：у него нет ни слу́ха, ни го́лоса. **час** : и ча́су (он и ча́су не вы́держит), до ча́су, с ча́су до трёх. 口語や俗語では -у, -ю で終わる形は文章語よりも頻繁に現れる。また文法的な分析の影響を受けない結合（この場合にはこの意味での単数主格は失われている）に -у, -ю で終わる属格形が見られる：**без у́молку** : говори́ть, болта́ть без у́молку《のべつ幕なししゃべる》. **до заре́зу** : мне на́до до заре́зу《是非とも必要だ》. **от роду** : не ви́дел от роду, ему де́сять лет от роду《彼は生後10歳だ》(род に《生まれること》の意味はない。Cf. отроду.). **для ви́ду, с ви́ду** : сде́лать что-л. то́лько для ви́ду《体裁のためだけにこれをする》. **без спро́су** : уйти́ из шко́лы без спро́су《無断で学校を早退する》(спрос にこの結合の意味はない)）. さらに文字の上では1つの語になり、副詞の部類に移行している前置詞との結合に -у, -ю で終わる属格形が見られる：сбо́ку, сни́зу, све́рху, сра́зу.》

166. あるいは следа́ нет という。

167. Виногра́дов (1972²: 143) 参照：《ロシアの文法家 (例えば、А. А. Шахматов, В. А. Богородицкий, А. М. Пешковский) は、所謂《前置格 предложный падеж》のうちの単数で -e に終わる格を《説明格 изъяснительный падеж》と呼び、前置詞 в と на とともに使われる -у の形を《位格 местный падеж》と呼ぶ。》

168. 80年アカデミー文法 (I. 488–489) 参照。また Timberlake (2004: 330–331) は、Web 上での第2位格 LOC2 の使用頻度と半世紀前の L. P. Krysin (1974, *Russkii iazyk po dannym massovogo obsledovaniia. Opyt sotsial'no-lingvisticheskogo izucheniia*. M.) の同じ形の使用頻度を比較している。例えば、в сне́гу は Krysin (1974) では旧世代、新世代ともに 97%、Web では 100%；в отпуску́ は Krysin (1974) では旧世代 25%、新世代 17%、Web では 10%。Timberlake の後者についてのコメント参照：«... with *о́тпуск*, LOC1 is now almost universal; it describes an official status. LOC2, when it is used, is an informal, less bureaucratic variant.»

169. Исаченко (1954: 124–125) によれば、第2位格の形をもつ名詞は次の外的な特徴をもつ：「1音節語 (лес, мост, пол, бой)、あるいは古代にその語根が1音節語であった語、cf. бе́рег < *berg-ъ, у́гол < *ǫgl-ъ, ого́нь < *ogn-ь, etc.【弱化母音消失の後のソナント /l/, /n/ の前での母音の発達については訳注89を見よ。】ロシア文章語に比較的最近入った新しい男性名詞は、それらが1音節語であるという形態的特徴に合致しているかぎりにおいてのみ、-у́, -ю́ 語尾の《位格》形をつくる。порт, борт, шкаф, пост, плац のような借用語は1音節語であるので、《位格 местные》形 в порту́, на борту́ парохо́да, в шкафу́, стоя́ть на посту́,

на плацу́ をつくる。しかし決して全ての 1 音節名詞が -ý, -ю́ で終わる 1 音節名詞をもつわ
けではないことに注意せよ。例えば、«на столу́» とは言えない。》

Исаченко (1954: 165–168) 参照：《-ý, -ю́ で終わる男性単数形の位格形は場所的な意味
の前置詞 в, во と на とのみ結合する。それ以外の場合は -е 語尾である：в лесу́《森の中
で》～ разбира́ться в ле́се《森に詳しい》。この形をもつ名詞は 2 つのグループに分けられ
る。1) 次の語において、-ý, -ю́ で終わる形は場所的な意味をもつ前置詞 в, во と на の後ろ
で義務的である：ад, бал, бе́рег, бой, борт, бред, быт, верх, воз, глаз, год, гроб, Дон, дым,
жир, зад, Крым, лёд, лес, лоб, луг, мёд, мел, мех, мозг, мост, мох, низ, нос, о́тпуск, пар,
пир, плен, пол, полк, порт, пост, пот, пруд, пух, пыл, рай, ров, рот, ряд, сад, снег, сок, стог,
сук, таз, ток, тыл, у́гол, уголо́к, хлев, хмель, ход, цвет, цех, чад, час, шаг, шкаф. これらの語
はそこに定語があるかないかにかかわらず -ý あるいは -ю́ の格をつくる。Cf. на пра́вом
берегу́, в после́днем бою́, на ле́вом боку́, в э́том году́, в чёрном дыму́, в дрему́чем лесу́, в
на́шем полку́, в черномо́рском порту́, в фрукто́вом саду́, в жестяно́м тазу́, в кото́ром часу́, на
ка́ждом шагу́, на по́лном ходу́, etc. 2) 同じ名詞は -е と -ý (-ю́) の両方の語尾をとることが
できるが、その語尾の選択はその語の意味に依っている場合がある。例えば、名詞 век は 1.《生
涯》、2.《時代》、3.《世紀》の意味がある。-ý の形はただ最初の意味でしか使われない：
на своём веку́《一生の間に》。その他の意味では単数位格では語尾 -е になる：в двадца́том
ве́ке《20 世紀に》。このような名詞は以下のものがある：**вид**: име́ть в виду́《考慮に入れる》,
cf. в ви́де чего-л.《の形をした》; **край**: на краю́ го́рода《町の外れに》, в родно́м краю́《生
まれ故郷で》, cf. на пере́днем кра́е《最前線で》; **круг**: в семе́йном кругу́《家庭内で》, cf.
квадра́т, заключённый в кру́ге《円に入れられた正方形》; **мир**: жить в миру́《俗界に生きる》,
cf. во всём ми́ре《世界中で》; **ряд**: стоя́ть в ряду́《列に並んでいる》, cf. в ря́де слу́чаев《一
連の場合に》; **строй**: стоя́ть в строю́《戦列に立つ》, cf. в граммати́ческом стро́е《文法構造
において》; **ко́рень**: на корню́《刈る前に》, cf. в ко́рне поро́чная тео́рия《根本的に間違っ
た理論》; **ход**: на ходу́《歩きながら》, cf. в хо́де собы́тий《事件の過程で》。正書法ではこの
ような結合は副詞として 1 つの語になっている：наверху́, внизу́, навесу́。

歴史的にこの -ý, -ю́ 語尾は古代の *u- 語幹に遡る。この語幹に属している名詞は мостъ,
лъсъ, носъ, дългъ などの 1 音節語幹をもつ男性名詞であった。より古い時代には у́гол,
бе́рег (*бергъ), ве́тер (вѣтръ) もまた 1 音節語幹であった。これらの語は全て下降音調、つ
まり circumflex【本書で言うところの「劣勢アクセント」】をもっていた。この古い下降音
調をもつ *u- 語幹のまわりに、歴史時代に 1 音節で下降音調をもつ *o- あるいは *jo- 語幹の
名詞が集結した。》古代スラヴ語の *ŭ- 語幹については Meillet (1905: 241ff.) を参照：OCS
domŭ, gen. *domu*, loc. *domu*; Russ. до́м, до́ма; S-Cr. *dôm, döma*. OCS *ledŭ* «κρύσταλλος», loc.
ledu; Russ. лёд, льда́; S-Cr. *lêd, lëda*; Latv. *ledus* (cf. Lith. *lẽdas*). OCS *medŭ* «μέλι», gen. *medu*,
Skt. *mádhu*, Gk. μέθυ, Lith. *medùs*; Russ. мёд, мёда; S-Cr. *mêd, mëda*.

170. 80 年アカデミー文法 (I. 485–486) 参照：《口語において、指小的な意味をもつ接尾

辞 -ишко で終わる無生の男性名詞と指大的な意味をもつ接尾辞 -ище で終わる有生の男性名詞は、単数においてヴァリアントのある格形をもつ：домишко《ちっぽけな家》は属格、与格、具格で第 1 曲用と第 2 曲用【アカデミー文法では本書と曲用のタイプは逆になる。第 1 曲用は завод, болото タイプ、第 2 曲用は карта タイプ】に従う形をもつ：nom. домишко, gen. домишка / домишки, dat. домишку / домишке, acc. домишко, instr. домишком / домишкой, loc. домишке. 書記言葉では第 1 曲用が標準である。同様に волчище《大きな狼》も同じ格で第 1 曲用と第 2 曲用に従って曲用する：nom. волчище, gen. волчища / волчищи, dat. волчищу / волчище, acc. волчища / волчищу, instr. волчищем / волчищей, loc. волчище. 書き言葉では第 1 曲用が標準である。》

171. この語の接尾辞 -ос はギリシア語の主格語尾に由来するが (Χριστός)、主格以外の格形では -ос をもたない：Russ. nom. Христо́с, gen. Христа́, dat. Христу́, acc. Христа́, instr. Христо́м, loc. Христе́, voc. Христе́. しかし普通、ギリシア語やラテン語起源の主格接尾辞 -os, -us, -um は借用語の曲用の中で保持されることに注意せよ：ло́гос — gen. ло́госа (cf. λόγος, -ου, ὁ)、генерали́ссимус — gen. генерали́ссимуса (Germ. *Generalissimus* から借用。RED (2011)).

172. Cf. gen. Го́спода, dat. Го́споду, acc. Го́спода, instr. Го́сподом, loc. Го́споде, voc. Го́споди.

173. ロシア語で期待される単数主格の語尾はアクセント下では [ó] であるが、本来的な 3 つの名詞 житие́, бытие́, питие́ は単数の主格と具格で [é] をもつ。これは歴史的なスラボニア語彙において、末尾の *e > o への変化 (*pitьé > питьё) が起こらなかったことの反映である (Timberlake (2004: 139)。Ward (1965: 178) 参照：《Nom. sg. житие́, instr. sg. житие́м (*житиём), loc. sg. житии́ (*житие́), gen. pl. жити́й でスラボニア語起源の語尾を示す【Cf. ロシア語本来の形は житьё《暮らし》である。житие́ は次のように変化する (全ての形で語尾アクセント)：sg. nom. жит-ие́, gen. -ия́, dat. -ию́, acc. -ие́, instr. -ие́м, loc. -ии́, pl. nom. -ия́, gen. -и́й, dat. -ия́м, acc. -ия́, instr. -ия́ми, loc. -ия́х.】。これらの語尾は、-ание/-яние/-ение で終わる名詞と同じ語尾をもつが、後者はスラボニア語の類推によってつくられたものである：зда́ние《建物》, зда́ния, зда́нию, зда́ние, зда́нием, зда́нии, pl. зда́ния, зда́ний, зда́ниям, etc.》

174. 単数位格において /-i-/ の後ろの <-e> は正書法では и となる (スラボニア語化)。

175. 複数形で示差的接尾辞をもつ語ではアクセントは語幹にも語尾にもありうる：бра́тья, друзья́.

176. 派生語でない複数主格形が -á で終わるロシア語本来の男性名詞の語幹のアクセント属性は °T、単数語尾は °D をもつ (§247) のであるから (つまり歴史的にスラヴ語で「下降音調 circumflex」を特徴とする語)、単数形は劣性アクセントをもつ (つまりアクセントは語頭あるいは前置詞に置かれる)：го́род, за́ город. 他方、複数形ではアクセント属性は D! をもつので、語尾アクセントをとる：города́, города́м. このような単数で語頭アクセント、それに対して複数では語尾アクセントという対立は、この形態の大きな特徴である (例外は、рука́в, обшла́г の 2 語) (さらに Boyer & Spéranski, 1945: 263 を参照)。この形

態はロシア語史のなかでも 15 世紀以後に生産的になってきたものであるが、起源については集合名詞説 (Буслаев, Соболевский)、中性名詞説 (Ягич, Unbegaun, Kiparsky)、双数説 (Шахматов) がある。1755 年のロマノーソフ M. B. Ломоносов (1972: 87) の『ロシア文法 Российская грамматика』では、бок, рог, глаз のみが複数主格の -á 形をもち、берег は -и と -á の両形が可能とされている。いずれも双数起源と考えられる語である。この形態に見られる複数主格語尾 -a の上のアクセントは、ソシュールの法則 (《ソシュール・フォルトナートフの法則》とも言う) が働いた結果、アクセントが語尾に移動したものと見なされていた。これは Шахматов の仮説である。Шахматов (1957: 213ff.) 参照：「共通ロシア語と共通スラヴ祖語における移動アクセントをもつ語において、双数の主格・対格形のアクセントは語尾に落ちていた。男性の語尾 -a, 女性と中性の語尾 -ѣ はかつて長音をもち、そこにアクセントを引きつけたからである。それ故、語 город, нос, сад, год, глаз, волос, род, воз, 等は属格では го́рода, но́са, са́да, гла́за, во́лоса, ро́да, во́за のアクセントをもち、双数主格では городá, носá, садá, годá, глазá, волосá, родá, возá のアクセントをもっていた。これはリトアニア語の引用によって (当該の語が双数主格・対格で語尾アクセントをもつ、例えば、ponù, krašù (gen. póno, krášo))、またロシア語のその本来の意味によって双数の残滓である語 (глазá (gen. глáза)、порá (gen. пóра)、поводá (gen. пóвода)) とによって証明される。」しかし Stang (1957 [1965: 6–20]) はスラヴ語にソシュールの法則は働かなかったと見なした。

[補注 1] 今日のスラヴ語アクセント論ではこの Stang の考えが主流になっている (補注 4 参照)。この本書の著者もその一人である。勿論、現在の研究者でもこの Stang の考えに批判的な研究者もいる。その代表が E. Stankiewicz であるが影響力はない (Olander, 2009: 39)。その例外は、A. M. Schenker (1995: 96) である。Stankiewicz による Stang のアクセント論批判は Stankiewicz (1993: 4ff.) に纏められている。ソシュールの法則がスラヴ語には働かないという Stang の考えの反例として、Stankiewicz (ibid. 6) は次のように書いてその「反例」を挙げている："A closer scrutiny of the Slavic facts, furthermore, might have convinced even Stang that the presumed shift of stress to the endings of the nom.-acc. dual of circumflex stems did in fact take place, as shown by such literary and dialectal forms as BR. *dva zubý, vusý* (vs. nom. pl. *zúby, vúsy*) ; dial. Slvn. dual *vödè, nöhè* (vs. nom. pl. *vöde, nöhe*); Bulg. pl. *kraká, rogá*; and Russ. *dva razá, rjadá*; (dial.) *dva volká, glazá, besá*."【しかしこの語尾アクセントを別様に考える研究者が多い。これについては訳注 200 を見よ。】そして彼の痛烈な Stang 理論の批判とその結論："These and similar explanations (or the lack thereof) cannot but cast doubt on a theory that dismisses the insights of Saussure's law with respect to Slavic, favoring instead a reconstruction that relies on haphazard analogical levellings, confronts accentual systems that are centuries apart, confuses innovations with archaisms, and fails to correlate the accentual alternations with the types of grammatical forms in which they occur. As a result, the Balto-Slavic accentual unity posited by Stang appears no more convincing than the belief that it is Lithuanian which has best preserved its original state." (ibid. 7) "We cannot but conclude that the revision of Balto-Slavic accentology initiated by Kuryłowicz and Stang has not succeeded any more than some of the more traditional approaches in clarifying the formation of the Commom Slavic accentual system." (ibid. 10) Stankiewicz の方法論（スラヴ諸語の共時的・体系的なアクセント記述と分析の必要）と彼の Stang 批判の一部は首肯できるが、彼の議論全体には納得しがたいところが多い。Sukač (2013: 237) は "All modern views that ignore Stang and post-Stang development should be taken with reservation." と言っている。

ロシア語の берегá, лесá タイプの形態の起源についての Stang (1965: 17) による次の考えは穏当である：«As far as the Russian plural forms of the type берегá, лесá, etc., are concerned, it seems probable that only very few of them are old dual forms. The dual disappeared in Russian round about the 13th–14th century (Unbegaun, *La langue russe au XVI siècle*, p. 214), while nom.-acc. pl. in -á in the masculine did not become common until the 18th century. I agree with Unbegaun's explanation (op. cit. p. 216) : (...). Unbegaun is undoubtedly right in assuming that s o m e old dual forms occur among the masculine plural forms in -á, just as we find the same in the neuter (Old Russian крыл¹ѣ, кол¹ънѣ) and in the feminine (брыл¹ѣ, скул¹ѣ). Unbegaun believes that this is the case with porá, рукавá, бокá, вѣсá, усá, глазá; cf. Čudov NT dual porá 154b. In so far as these words are not constantly end-stressed, but belong to the mobile type (as *рог, бок, глаз, вес*), one would have expected root-stress in the old dual form. Nevertheless, as plurals in -a were rare and isolated occurrences in the masculine, it is by no means improbable that they may have been influenced by neuters in -á, which must have had the same stress in the oblique cases as the mobile masculines. The writer of the Čudov NT may in his living dialect have used porá as a plural.»

またこの形態については以下参照：80 年アカデミー文法 (I. 497–498)；Beaulieux L. «L'extension du pluriel masculin en -á, -я en russe moderne.» *Mémoires de la Société de linguistique de Paris*. 1913, vol. 18, No. 3; Иванова, Т.А. 1967. Именительный множественного на -А/РОДÁ, ТЕНОРÁ, ГОСПИТАЛЯ/ в современном русском языке. — в кн. : Развитие русского языка после Великой Октябрьской социалистической революции. Ленинград.

［補注2］ ソシュールの法則は、例えば、リトアニア語の双数・主・対格形 *ponù* において働いている：これは歴史以前のリトアニア語において語根の上の non-acute syllable (cf. sg. nom. *pōn-as* AP2) から語尾 -úo (< *ō) の acute syllable (cf. Gk. ἵππω, μικρώ) へ 1 音節アクセントが移動する法則をいう。後に語尾の acute は短縮し、短アクセント grave になった（レスキーンの法則）。

［補注3］ Stang の *Slavonic Accentuation* (1957 [2nd ed. 1965]) は今日のスラヴ語アクセント学に画期的な貢献をなした書である（なお Chr. Stang のこの著書の欠点については Дыбо (1981: 6ff.) を参照）。これ以前のアクセント論は「古典的アクセント論 classical (Slavic) accentology」と謂われる (Derksen, 2008: 8)。古典的アクセント論の代表者は A. Belić, N. van Wijk, T. Lehr-Spławiński である。Stang (1965: 179) は彼の研究の結論と

して次の 7 つを挙げている：(1) ソシュールの法則はスラヴ語では働かなかった。(2) neo-acute は音調交替 metatony によるのではなく、半母音からの、あるいは下降音調をもつ非語頭母音からのアクセント後退によるものである。(3) neo-circumflex はスラヴ祖語の時代には属さない。(4) スラヴ祖語には 3 つの音調があった。(a) Acute. これはいかなる音節にも起こり得る。またそれはパラダイムを通じてアクセントを一定に保つ。(b) Neo-acute. これは以下の条件がある場合に、いかなる音節にも起こり得る：パラダイムの他の形がその後続する音節にアクセントをもつ場合、またこの過程においてアクセントが音節を飛び越すことが決して起こらない場合。(c) Circumflex. これは【ある形で】語頭音節に起こり、パラダイムの他の形は語末音節にアクセントをもつ。(5) 全ての—名詞も動詞も—パラダイムは以下である：(a) 固定パラダイム：α) 第 1 音節の上のアクセント、あるいは β) 中間音節の上のアクセント。後者のアクセントは、中間音節において circumflex 母音からの後退されたもの、また動詞では -e-/-o- から類似の後退されたもの。新たなアクセント音節は neo-acute を獲得した。(b) 移動パラダイム：ある形では第 1 音節にアクセントをもち、別の形では末尾音節にアクセントをもち、中間音節を飛ばしてアクセントは移動するパラダイム。動詞では移動の痕跡はほとんど残っていない。ほとんどの形でアクセントは末尾音節に類推的に移動した。(6) スラヴ語の名詞の移動アクセントパラダイムはバルト語のパラダイムと密接に関係している。(7) スラヴ語のパラダイムでは：Acute 音調は固定語根アクセントをもつパラダイムに特徴的である。Neo-acute はある形で後退アクセントをもつパラダイムに特徴的である。Circumflex は移動アクセントをもつパラダイムに特徴的である。

Stang は共通スラヴ語に 3 つのアクセントパラダイムを仮定した：AP a, AP b, AP c. それぞれのアクセントパラダイムは語幹に次の音調特性をもつ：acute, neo-acute, circumflex. この共通スラヴ語末期のアクセントパラダイムと音調との一対一の関係の発見は Stang の大きな貢献である。そのパラダイムは現代ロシア語の名詞形にも基本的に保持されている。これ以後、Stang (1957) の影響を強く受けてスラヴ語アクセント論を確立したのは、В. М. Иллич-Свитыч と В. А. Дыбо である。ドゥイボー Дыбоはその後、モスクワ・アクセント論学派 (Moscow Accentological School) を率いている (そのメインバーは С. Л. Николаев, Г. И. Замятина 等)。この学派の特徴は Lehfeldt (2001: 131ff.) の Appendix に Willem Vermeer によって批判的に纏められている。その中で特に重要な研究は次のものである：(1) Иллич-Свитыч (1963 ［Illich-Svitych (1979: 145–148)］) によって PIE とバルト・スラヴ語のアクセントパラダイムの関係が確立された。(2) スラヴ語の ŏ- 語幹男性名詞の移動アクセントパラダイムへの融合を説明した (Illich-Svitych's law)。(3) Hirt's law を修正した (Иллич-Свитыч (1963 ［Illich-Svitych (1979: 61–64)］)。(4) Stang のアクセントパラダイム a と b を語幹固定アクセントをもつ単一のパラダイムに帰属させた。AP b の発生は Dybo's law として知られるアクセントの前進推移によって説明された (Дыбо (1962), «О реконструкции ударения в праславянском глаголе», *Вопросы славянского языкознания*, вып. 6, с. 3-27）。(5) スラヴ祖語の形態素を韻律的に 2 つのクラス、即ち「優勢 dominant "+"」と「劣勢 recessive "–"」の結合価をもつ形態素に分類し、次のアクセント配置規則（Дыбо はこれを "контурное правило" という）を作成した：*иктус ставится в начале первой последовательности морфем высшей валентности.* (Дыбо 1981: 261; Дыбо 2000: 14) 即ち、「アクセントは、高い、つまり《優勢な》結合価 velency の形態素の並び（Dybo はこれを "платформ" という）の最初に置かれる」。例えば、vy-děl-a-ti¹ + + +; bog-at-o-jǫ – ¹+ – +; koz-ьj-e-jǫ¹ + + – +（+ は優勢の結合価をもつ形態素、– は劣勢の結合価をもつ形態素）。(6) Дыбо による古文献によるアクセント資料の分類と派生語のアクセント法則の確立 (Дыбо 1981)。以上の研究を知るには Дыбо (1981) が便利である。そこには彼らが発見した重要な法則が纏められている。この書はスラヴ語アクセント論において最も重要な研究の 1 つであるが、理解するためにはバルト語、特にリトアニア語と印欧比較言語学の知識が必要。また Герценберг (1981) の印欧語アクセント論研究史 (1 章) と音節アクセント再建の章 (2 章) は、バルト・スラヴ語のアクセント論のためにも多く記述が割かれており、役立つ。

　最近、Дыбо は自身のアクセント理論に類型論的な根拠を与えようとして、異類型の諸言語のアクセント資料を積極的に導入している。その試みとして北西カフカース語に属するアブハズ語のアクセント体系の論考を収めた、スラブ祖語のアクセント体系についての大部な著書を出版した：В. А. Дыбо (2000)。これに拠れば、スラヴ語では優性形態素の並びにおいては最初の形態素の上にアクセントが置かれるスラヴ語 (¹brjux-at-ě-ti ¹+ + + +) に対して、アブハズ語ではアクセントは最後の形態素の上に置かれる。これを Dybo's law あるいは Spruit's law という：a-la-¹kºa + + ¹+ "the dogs"。これは類型論的に両言語における各形態素における音調の存在を仮定させる。これについては拙著 Yanagisawa (2013: 29–36) *A Grammar of Abkhaz.* Hituzi Syobo Publishing 参照。

　ロシア語のアクセントの比較・歴史研究はスラヴ語（また当然にバルト・スラヴ語）のアクセント研究を前提とするものであるが、ロシア語に重きを置いた研究には次のものがある。(1) R. Nachtigall (1922) *Akzentbewegung in der russischen Formen- und Wortbildung. 1. Substantiva auf Konsonanten.* Heidelberg: Carl Winter. (2) Л. А. Булаховский の一連のアクセント研究。Избранные труды. Т. 4. 1980. Киев. に纏められている。(3) В. В. Колесов (1972) История русского ударения. Л. また Колесов のアクセント学の集大成である 2 巻本：В. В. Колесов (2010) Русская акцентология. Том I, II. Санкт-Петербург. (4) А. А. Зализняк (1985) От праславянской акцентуации к русской. М. この 4 章 (pp. 371ff.) には、アクセント進化の基本的方向が述べられている。また Зализняк のアクセント学の集大成である 2 巻本（1985 年の著書も I 巻に所収。さらにこの巻には 14 世紀と 16 世紀の資料を用いた実証的なアクセント研究、及びアクセント史の論文が所収されている）：А. А. Зализняк (2010–2011) Труды по акцентологии. Том I, II. М. (5) V.

Kiparsky (1962) *Der Wortakzent der russischen Schriftsprache*. Carl Winter. 例えば、Kiparsky (ibid. 92–93) の単音節名詞のアクセント型の歴史的交替の傾向を参照：рак 型 > зуб 型 > сад 型 > бык 型 > гвоздь 型。(6) Т. Г. Хазагеров (1973)、(7) Воронцова (1979)。特に (7) は 18–20 世紀のアクセント史をまとめてあり、貴重な資料を与えている。入門として、P. Garde (1976) *Histoire de l'accentuation slave*. 1. の XII 章のロシア語の部分 (pp. 263–281)、及び本書訳注でも一部を言及した Garde (1974) の論文 «L'évolution de l'accent russe: quelques tendances» もロシア語のアクセントの変化を掴むのに役立つ。なお直接にロシア語の史的アクセント研究ではないが、Потебня (1973) *Ударение*. Киев. は、百年以上前に書かれたものであるが、スラヴ語の比較アクセント研究としても重要であるだけでなく（ポチェブニャはスラヴ語後期に 3 つのアクセントパラダイムの存在を論証している）、19 世紀半ばのウクライナ語とロシア語のアクセント資料があり、価値は高い。

［補注 4］Stang (1965: 19–20) はスラヴ語に《ソシュールの法則》が働かなかったことについて次のように書いている："If we accept de Saussure's law in Slavonic, it will be very difficult to explain the movement of ictus in the Slavonic paradigms. There will be no way of explaining the fact that in the dual we have *ŏba, *ŏbě, *môža, *ŏči while Lithuanian has *abù, abì, ponù, akì*; the same applies to the accusative plural *zǫby, rǫky*, while Lithuanian has *ponùs, rankàs*. (...) It is only possible to arrive at a rational explanation of stress in the Slavonic substantives and adjectives by comparing them with the Lithuanian types *galvà, kėkmas* — and not with *rankà, pōnas*.【*galvà, kėkmas* は AP 3 であり、ソシュールの法則は働かない語。それに対して *rankà, pōnas* は AP 2 であり、ソシュールの法則が働いた語。リトアニア語のアクセントタイプについては、例えば、Ambrazas (1985: 91–112) 参照】Thus the Slavonic paradigms agree best, as far as stress is concerned, with the Lithuanian paradigms where de Saussure's law has not operated." Cf. Russ. óба, óбе, S-Cr. ȍba, ȍbje, Slvn. obâ, obȇ ; Russ. óчи : Lith. *abù, abì, akì*【*akis* AP 4 "eye" の nom.-acc. dual.】

177. <i> と <a> で終わる複数形は、「日常・世俗的語彙」対「抽象的・文語的語彙」、「個別性」対「集合性」の違いが見られる。Шахматов (1952: 162) 参照。

178. Исаченко (1954: 187–188) 参照：《中性の複数主格・対格で語尾が -и になるのは、指小接尾辞 -ко, -ечко, -ышко によってつくられる名詞である：ýшко — ýшки あるいは ушкó — ушкú (cf. ýхо)、брюшкó — брюшкú (cf. брюхо)、делúшко — делúшки (cf. дéло)、лúчико — лúчики (cf. лицó)、пёрышко — пёрышки (cf. перó)、словéчко — словéчки (cf. слóво)、колéчко — колéчки (cf. кольцó)。ここには指小形ではないが、очкó — очкú《得点》も入る。また複数属格の語尾は -ов である：очкó — очкóв, ушкó — ушкóв. óблако も同様：облакóв（古い形は облáк）。》

Зализняк (1967: 227) によれば、中性名詞で複数主格に非標準的語尾 -ы が現れる語は次の語である：1) вóйско, óблако, облачкó を除く（即ち、アクセント c 型の語を除いて）、語

形がкоで終わる語：я́блоко, ли́чико, пёрышко, доми́шко, очко́ — nom. pl. я́блоки, ли́чики, пёрышки, доми́шки, очки́. これ以外に、брю́хо — nom. pl. брю́хи. 2) коле́но «сустав», плечо́, у́хо — nom. pl. коле́ни, пле́чи, у́ши. 3) дитя́ — де́ти. 4)［男性］мазло́, трепло́ — nom. pl. мазлы́, треплы́. 5)［男性］-ище で終わる、男性名詞から派生した指大的意味をもつ語（標準的な語尾 -a と平行して）：доми́ще — nom. pl. доми́ща / доми́щи, хвости́ще — nom. pl. хвости́ща / хвости́щи, волчи́ще — nom. pl. волчи́ща / волчи́щи.［注：-ище による派生語は指大的意味のときは男性、別の意味をもつ同音異義語では中性である：топори́ще «большо́й топо́р»（男性）— топори́ще «рукоя́тка топора́»（中性）; городи́ще «большо́й го́род»（男性）— городи́ще «ме́сто, где стоя́л го́род»（中性）］

179. пле́ч-и 等の <i> は双数起源の形。プーシキンの «Евге́ний Оне́гин» には本来の複数形 плеча́ (VII, 30) と пле́чи (IV, 48) が見られる。前者は古風で詩的言語に特有な形、後者は口語的・方言的形という (Борковский & Кузнецов 1965: 219)。

180. Ryazanova-Clarke & Wade (1999: 352) 参照：《これら以外に数字と用いるとき複数属格でゼロ語尾をとる度量衡名詞には次のものがある：бит《ビット》, ватт《ワット》, га́усс《ガウス》, герц《ヘルツ》, гран《グレーン》, децибе́л《デシベル》, кара́т《カラット》, микро́н《ミクロン》, нью́тон《ニュートン》, ом《オーム》, рентге́н《レントゲン》, эрг《エルグ》; 例：16 Мбайт памяти, CD-ROM, 810 Мбайтный жёсткий диск《16 メガバイトのメモリー、CD-ROM, 810 メガバイトのハードディスク》。数字と用いないときは -ов が標準である：введе́ние ампе́ров 'the introduction of amperes'.》

181. これ以外に複数属格でゼロ語尾をとる民族名：осети́н, gen. pl. осети́н《オセチア人》。Ryazanova-Clarke & Wade (1999: 353) 参照：《複数属格で -ов をとる民族名 (旧ソ連邦の民族および近隣諸国の民族名)：калмы́к《カルムイク人》(gen. pl. калмы́ков), кирги́з《キルギス人》(gen. pl. кирги́зов), таджи́к《タジク人》, каре́л《カレリア人》, узбе́к《ウズベク人》, монго́л《モンゴル人》, хорва́т《クロアチア人》。》

182. 口語ではある種の果物や野菜が複数属格でゼロ語尾をとる：абрико́с《アンズ》, апельси́н《オレンジ》(Ryazanova-Clarke & Wade 1999: 353)。

183. Зализня́к (1967: 229) 参照：中性名詞で複数属格に非標準的語尾 -ов が現れるのは次の語である。1) 語幹に交替 ø / *j をもつ全ての語：де́рево, перо́, дно — gen. pl. дере́вьев, пе́рьев, до́ньев. 2) 基となる語形が ко で終わる次の語の中で、a) 子音 (あるいは ь) + ко́ で終わる第 1 名詞曲用の語全て (指小の意味の ушко́ は除く)：брюшко́, озерко́, очко́, ушко́ «отве́рстие», гнедко́, воронко́, карько́, серко́, сивко; b) 基となる語形が ико で終わる語：колёсико, ли́чико, пле́чико. c) дре́вко, о́блако, о́блачко. 3) 基となる語形が ье, иё で終わる次の語：верхо́вье, низо́вье, пла́тье, подмасте́рье, разво́дье, у́стье, остриё; жнивьё. 4) 基となる語形が це で終わる次の語：боло́тце, волоко́нце, кру́жевце, око́нце. 5) су́дно «кора́бль», мазло́, трепло́ (男性).

184. Исаченко (1954: 195–197) 参照：《-ье で終わる中性名詞は 2 つのタイプに分けられ

る。第1のタイプ（動詞派生タイプ）は、それが -ие で終わる名詞と相関している。大部分はその2つの形は二重語である：удивле́ние と удивле́нье. -ие と -ье をもつ名詞の違いは主に文体的なものである。理論的な（学問的な）文体では書物的な特徴をもつ -ие 形が（послуша́ние）、他方、詩的言語や口語では -ие 形と並んで -ье 形が可能である（влече́нье）。まれに2つの形は意味的な違いをもつことがある。例えば、-ие 形は動詞との関係を保持しており、プロセスを表す（nomina actionis）。-ье 形は動詞との関係を失い、物を表す（nomina rei）：пече́ние хле́ба《パンを焼くこと》 — пече́нье《焼いた食べ物、クッキー》、воскресе́ние《復活》 — воскресе́нье《日曜日》。第2のタイプに属するのは動詞語幹からの派生語ではない名詞である。形態的には第2タイプの語は複数属格で -ьев 語尾を特徴とする（第1タイプの複数属格の語尾は -ий）：пла́тье — пла́тьев. このタイプに属する語は：(1) nomina loci の意味の派生名詞（побере́жье, изголо́вье, подно́жье, пово́лжье, верхо́вье, зимо́вье）【Аванесов (1983) によれば、верхо́вье を除いて（これも -ьев と -ий の両方可能）、побере́жье, изголо́вье, зимо́вье の複数属格の語尾は -ий となっている】；(2) 非派生名詞：пла́тье, сча́стье, у́стье, ожере́лье, etc.【Аванесов (1983) によれば、複数属格で -ьев をとるのは пла́тье と у́стье であり、ожере́лье は -ий をとる。】》

185. 接尾辞 -ан-ин/-чан-ин については70年アカデミー文法§176を参照。さらに Исаченко (1954: 120–121) 参照：《またこの接尾辞 -ин-(а), -ин-(ка) は、物質の意味をもつ singularia tantum 名詞から個別の1つを表す名詞をつくる際にも用いられる：соло́ма《藁》 — соло́минка《藁一本》、же́мчуг — жемчу́жина, песо́к — песчи́нка, горо́х — горо́шина, снег — снежи́нка, пыль — пыли́нка, карто́фель — картофелина (cf. две карто́шки), etc. 後者は数詞と結合できるし、また複数形をつくることができる（две жемчу́жины, не́сколько снежи́нок）．》

186. Исаченко (1954: 217–218) 参照：《телёнок — теля́та《仔牛》タイプの動物の仔を表す名詞はスラヴ語では中性であるが（Czech tele, Ukr. теля,【S-Cr. tèle】)、ロシア語では男性に移行した。しかし複数形では古い中性の接尾辞を保持している。このタイプの名詞は《生き物》のクラスに入るので、単数と複数の対格は属格に一致する：я ви́дел телёнка, я ви́дел теля́т. ロシア語ではこの接尾辞によって任意の動物の仔の名詞を作ることができる：жеребёнок, поросёнок, козлёнок, ягнёнок, котёнок, верблюжо́нок, тигрёнок, слонёнок, страусёнок, гусёнок, утёнок, цыплёнок, etc. щено́к《子犬》は2つの複数形が可能：щенки́ — щенко́в と щеня́та — щеня́т. 現代では октябрёнок — октября́та《ピオネール入団前の学童》まで作られている。бесёнок と чертёнок《小悪魔、腕白小僧》は複数形を混合した接尾辞 -еня́та でつくる：бесеня́та, чертеня́та.》

187. 古い集合的な接尾辞 -#j- が複数形に挿入されている。複数主格は通常、語尾 {-a}, 複数属格は {-ov} をもつ：/brát/ ~ /brát,-j-a/ ~ /brát,-j-ov/. また半ダースの語はゼロ語尾で、語尾の前には移動母音をもつ：де́верь《夫の兄弟》, nom. pl. деверья́, gen. pl. деверёй.

188. 名詞の屈折派生接尾辞 /-#j-/ : nom. pl. мужья́ /muž-j-a/, gen. pl. муже́й /muž-ej/ (j の前で移動母音 -e- の挿入)。同様の接尾辞をもつ複数属格でゼロ語尾の名詞を参照：кня́зь

/kn,áz, / ~ кня́зья /kn,az,-j-á/ ~ князе́й /kn,az,-éj/; дру́г /drúg/ ~ друзья́ /druz,-j-á/ ~ друзе́й /druz,-éj/; сы́н /sín/ ~ сыновья́ /sin-ov,-j-á/ ~ сынове́й /sin-ov,-éj/. Cf. Jakobson (1957 [1984: 137])。この接尾辞については訳注 87 を参照。

189. Ward (1965: 178) 参照：《これらの複数属格は -ев (дере́вьев)。この複数主格の語尾の起源は次のように考えられている：古代ロシア語には語尾 -ье をもつ中性の集合名詞 (文法的には単数であるが、対象の複数性を示す名詞) があり、-ья で終わる起源的に女性の集合名詞の場合と同様に、後に文法的に複数として解釈された。この語尾 -ье が他の複数形 (中性複数 -а/-я あるいは男性複数 -ья) の類推あるいは音声変化により -ья に変化し、これをこれらの名詞が受け取った。》

190. 複数主格でアクセントのある -ья́ 語尾をもつグループの複数属格の語尾は -е́й である (шу́рин — шурья́ — шурьёв; зя́ть — зятья́ — зятьёв は例外)。他方、複数主格でアクセントのない -ья 語尾をもつグループの複数属格の語尾は -ьев である：бра́т — бра́тья — бра́тьев, су́к — су́чья — су́чьев.

Зализня́к (1967: 228) 参照：他の性から借用した、男性名詞の複数属格の語尾 -ø (標準的な -ов に代わって) は次の語に見られる。1) 語幹において交替 ø / *j【* はザリズニャクによる移動母音のシンボル】をもつ次の語：де́верь, дру́г, кня́зь, му́ж, сы́н — gen. pl. девере́й, друзе́й, князе́й, муже́й, сынове́й. 2) 語幹において交替 он*к / ат あるいは *к / 'ат をもつ全ての語：гусёнок, волчо́нок, чертёнок — gen. pl. гуся́т, волча́т, чертеня́т. 3) 複数主格で非標準的な語尾 -е をもつ全ての語：крестья́нин, боя́рин, цыга́н — gen. pl. крестья́н, боя́р, цыга́н. 4) 上の 3) に入らない、交替 ин / ø をもつ全ての語：болга́рин, тата́рин, хоза́рин, ба́рин, господи́н, хозя́ин — gen. pl. болга́р, тата́р, хоза́р, ба́р, госпо́д. 5) 以下の語：a) абази́н, грузи́н, кюри́н, лезги́н, осети́н, румы́н; башки́р, … b) партиза́н, солда́т, челове́к. c) гардемари́н, гренаде́р, … (集合的な意味でのみ非標準的なゼロ語尾；個々人を表す場合は標準的語尾 -ов を使う)。6) 次の語：a) алты́н, арши́н, гра́н; ампе́р, ва́тт, во́льт, гра́мм; b) во́лос, гла́з, глазо́к, зубо́к, рожо́к; c) ра́з.

191. 古代ロシア語の子音語幹の残滓形。より古くは中性の *-es- 語幹：Slav. *nebo, gen. *nebese. Slav. *čudo, gen. *čudese. 印欧語 *-es- 語幹については Meillet (1905: 356ff.) 参照：*-es- 語幹はまた OCS kolo 《τροχός》, loc. vŭ kolesi 《ἐν τῷ τροχῷ》; Russ. колесо́, pl. колёса 《車輪》, cf. ко́ло 《南スラヴの輪舞》; Gk. πόλος (< *kʷeles- / *kʷolo-) にも、また OCS télo 《σῶμα》, gen. télese; Russ. те́ло 《肉体》、теле́сный 《肉体の》の中にも保持されている。

192. この複数主格形は古風な形。単数では硬子音で終わる語幹をもつ (Виногра́дов 1972²: 79)。Ward (1965: 166–167) 参照：《恐らく、古代ロシア語の ŏ- 語幹名詞の複数主格の語尾 и がこの 2 つの名詞に残ったと考えられる。その他の名詞は、ā- 語幹名詞の複数形の影響のもとに、女性名詞の複数語尾 ы が男性名詞の主格語尾 и に置き換わった。》Исаче́нко (1954: 172) にはこの他に не́христи, -ей 《異教徒》の例が挙がっているが、現在では単数主格は не́христь になっている。

193. これらの語は古い双数語尾 -и を保持している：у́ши — уше́й — уша́м (sg. у́хо), пле́чи — плече́й/плеч — плеча́м (sg. плечо́), ве́ки — век (sg. ве́ко《瞼》). Шахматов (1957: 212) によれば、пле́чи は複数の影響で移動アクセント, cf. на плечи́. 複数主格形については古代スラヴ語の中性・双数形と比較せよ：Slav. oko «œil», gen. očese, dual. oči; uxo «oreill», gen. ušese, dual. uši. Cf. Lith. akìs «œil», dual. akì, ausìs «oreill», dual. ausì. (Meillet 1934[2]: 420)。

廃れた形として複数主格・対格 коле́на がある (80 年アカデミー文法 I. 500)。また《(歌の) 節；血統》の意味では、複数 коле́на, коле́н がある。対をもつ軟子音の語幹をもつ複数属格語尾は -ей をもつ (cf. знамён)。

194. 男性名詞のアクセントについての伝統的な記述は以下の Исаченко (1954: 176–181) を参照：《男性名詞のアクセント型は 5 つに区分できる。1. 語幹固定アクセント型 (заво́д, -а, -ы, -ов, -ам)。この型には基本的語彙 (бара́н)、圧倒的に多くの派生語 (нача́льник)、ほぼ全ての借用語 (чемода́н)、ほとんど全ての固有名詞 (Ива́н) が含まれる。2. стол 型。単数主格 (対格) で語幹に、それ以外の全ての格で語尾にアクセントのあるアクセント型 (本来は語尾アクセント型)。この型に属するのはかなり多くの非派生語 (бык, вол, вождь, etc.)。またこの型に属しているのは、次のようなよく知られた接尾辞によってつくられた名詞や語幹がある音結合で終わる名詞である：**-е́ц**: певе́ц — певца́, また現代語の観点からすればもはや接尾辞ではなくて語幹に属している名詞もこのアクセント型をとる (оте́ц, коне́ц)。**-и́к**: учени́к — ученика́; **-а́к**: рыба́к — рыбака́; **-я́к**: земля́к — земляка́; **-о́к**: воротничо́к — воротничка́; **-ёк**: огонёк — огонька́; хвасту́н — хвастуна́; **-у́х**: пету́х — петуха́; **-а́ч**: борода́ч — бородача́; **-и́ч**: Ильи́ч — Ильича́. 3. нос 型。単数で語幹アクセント (前置詞 в, во, на の後ろの位格は除く)、複数で語尾アクセントのある型 (нос — но́са — носы́ — носо́в — носа́м)。このアクセント型に属する名詞は形態的観点からすれば 1 音節の語である (例外は у́гол であるが、この -о- は二次的な起源である、cf. Old Russ. углъ)：бал, бас, бой, жир, зад, круг, лад, мозг, мост, низ, пан, пар, пир, плуг, пол, полк, порт, пост, приз, пруд, пуд, раз, рой, ряд, сад, слой, строй, суп, сыр, таз, ток, тыл, торг, ус, фронт, чай, час, чин, чуб, шаг, шар, шкаф. またこのアクセント型に属する名詞は前置詞 в, во, на の後ろの位格で -у́, -ю́ の形をもつ (на балу́, в бою́, в жиру́, на заду́, в кругу́, в ладу́, в мозгу́, на мосту́, на низу́, в пару́, в пиру́, на полу́, в полку́, в порту́, на посту́, в пруду́, в рою́, в ряду́, в саду́, в строю́, в супу́, в сыру́, в тазу́, в тылу́, на торгу́, в чаю́, на шагу́, в шкафу́)。このアクセント型にはまた複数主格で -а́, -я́ をもつ名詞も含まれる (бе́рег — берега́)。4. волк 型。単数形と複数主格で語幹アクセント、それ以外の形で語尾アクセントをもつ型 (во́лк — во́лка — во́лки — волко́в — волка́м)。このアクセント型に属する語はロシア語の基本的な語彙である：бог, ве́тер, во́лос (во́лосы, воло́с, волоса́м), вор, гость, го́лубь, гром, гусь, жёлудь, зверь, зуб, ка́мень, ко́готь, ко́рень, ла́поть, ло́коть, ле́бедь, лосо́сь, лось, медве́дь, но́готь, о́кунь, па́рень, слог《シラブル》, со́боль, сте́бель, трю́фель, хлеб, чёрт, у́голь. 5. конь 型 (ко́нь — коня́ — ко́ни — коне́й)。このアクセント型に属するのは若干の孤立した語である：гвоздь, груздь, червь.》

男性名詞のアクセント型には上のイサチェンコのアクセント型以外にもう1つある。Зализняк (1977a [2010: 465]、2010a) によれば、«d» クラス、即ち、単数で語尾アクセント、複数で語幹アクセント をとる語である (кол, кола́, ко́лья, ко́льев)。このアクセント型は極めて稀で、次の男性名詞がそれに属する：лист, копы́л, крюк. Зализняк (1977a [2010: 465]) は、上のイサチェンコのアクセント型の 1, 2, 3, 4, 5 をそれぞれ a, b, c, e, f と名付けている。【a 型：зна́к, -a, pl. зна́ки. b 型：сто́л, -а́, pl. столы́. c 型：да́р, -a, pl. дары́. d 型：ко́л, кола́, pl. ко́лья, ко́льев. e 型：бо́г, -a, pl. бо́ги, бого́в. f 型：гво́здь, -я́, pl. гво́зди, гвозде́й.】そして『逆引き辞典 Обратный словарь русского языка』(1974) から採られた 1 音節の男性名詞 1500 語のアクセント型の分布を示している：b (約 200)、c (約 120)、d (6)、e (21)、f (4)、その他は a。

Зализняк (1977a [2010: 464–512]) は論文「単音節名詞のアクセント法の規則性」«Закономерности акцентуации односложных существительных» の中で男性名詞の単音節のアクセント法の規則性を追求している。アクセント法と形態 (例えば、接尾辞、双数の残滓形等) の間には一部関連があることは断片的に多くの研究者は触れてきたが、この論文はアクセント法 (特にアクセントの型) と意味の間にも関連があることを論じた、極めて興味深い論文である (特に以下で述べる原理 III はロシア語のアクセント論の研究では論じられることがほとんどなかったことに注意。これについては Зализняк [2010: 477–478]、また Шахматов (2012: 129) を見よ)。ここではその一部を紹介する。Зализняк によれば、アクセント法に影響を与える要因は 2 つのクラスがあるという：1) 現代語に作用している共時論的な法則；2) 歴史的継続性の要因。共時論的な法則は、1) 形態音韻的要因 (音節数とアクセント位置、末尾子音の特徴あるいは語幹末尾部分の特徴、語幹の移動母音のあるなし)、形態論的要因 (一定の接尾辞の存在)、意味論的要因；2) プラグマチックな要因 (話者にとって語が慣れた語か外来の語かどうか) である。その最も一般的な規則は以下の 3 つである：<u>全ての男性名詞に共通な規則</u>：**原理 I**：男性名詞にとって、a) アクセント a 型は基となる語形の任意の場所にアクセントがあり得る (ка́торжник, авто́бус, парово́з, спо́р)；b) アクセント b 型は基となる語形では末尾アクセントだけが可能 (каранда́ш, чугу́н, стол) [-ок, -ец で終わらない、移動母音をもつ 2 音節語は語頭アクセントも可能：у́горь]；c) アクセント c 型は基となる語形では語頭アクセントのみ可能 (ко́локол, ма́стер, ба́л)．**原理 II**：プラグマチックな要因によるもので、外来の語と慣れた語の対立は「慣用の曲用 тривиальное склонение」(これは語幹における交替の欠如、アクセント a 型、-у́, -ю́ で終わる位格の欠如、複数主格の -ы, -и、を特徴とする) と「非慣用の曲用 нетривиальное склонение」の対立によって表現される。a) 外来の曲用に対応するのは慣用の曲用である。b) 慣れた曲用に対応するのは非慣用の曲用である。例えば、多くの語にとっては次の対立が生ずる：職業語の中の非慣用の曲用 (例えば、шприцы́, массажи́, трюма́, боцмана́) ——残りの言語話者の言葉の中の慣用の曲用 (шпри́цы, масса́ж, трю́мы, бо́цманы)。原理 II-b の実現の基本的な生産的方法は、非慣用的アクセント、つまり 2 つのアクセント型 b と c であ

る。従って、これらと慣用的アクセントを分ける共通の特徴は、複数の語尾アクセントである：столы́, шприцы́, карандаши́, балы́, трюма́, боцмана́, etc. また単数のアクセントについては、原理Ｉから、もし非単音節語が非慣用的アクセント法を獲得する場合、その単数のアクセントは一義的に決められる：単数属格 карандаша́, чугуна́, массажа́, しかし ко́локола, ма́стера, бо́цмана. これに対して、単音節語では別様である：ここでは２つの違った非慣用的なアクセント法 (型 b と c) がある、それは同時末尾アクセントと語頭アクセントの語である。従って、単音節語が非慣用的なアクセント法を獲得すれば、その単数のアクセントはまさにこの事実により一義的には決められない：例えば、болта́, しかし ба́ла (複数では同じ болты́, балы́). この語幹アクセントか語尾アクセントかを決める規則は以下である。<u>単音節語にとって固有の規則</u>。**原理 III**：このような単音節語における単数のアクセントは語の意味に依存している。その基本的原理は、a) 数えられない物の名称は単数で語幹アクセントをもつ：単数属格 ча́я, лю́да, бе́га, гне́ва. b) 数えられる物の名称は単数で語尾アクセントをもつ：単数属格 ножа́, кита́, попа́. (語が「数えられる、数えれない」という判断基準は、мно́го との結合の語形による：мно́го ча́я, мно́го ноже́й). 後者は複数で自由に使えるが、前者は複数がもし使われるならば、具体化という意味の変化を起こす。強調すべきは、語が第一グループあるいは第二グループに属するかは相当する物の特徴によって完全には決められないということである。数えられる意味も数えられない意味ももつ語のアクセント法は、普通、語の基本的意味によって決まる。その最も重要なものは、抽象的な概念、空間、居住空間、大きな貯蔵所の名称は単数で語幹アクセントであるという規則である。これらをアクセント法の実際的な観点から纏めると、幾分より詳細な意味論的区分ができる：1.「アクセント c 型に強く傾斜している」意味論的グループ：不可分の同種の塊 (また樹木) (дым, жир, квас, мёд, мозг, пар, пот, спирт, суп, сыр, харч, чай; 複数で -а́ で終わる語：корм, мех, снег, хлеб, шёлк; дуб), 抽象的な概念 (бал, бас, бой, вес (pl. -а́), гол, гром (e // c, pl. гро́мы / грома́), долг, жар, лад, пал «пожал», пир, род (e // c, pl. ро́ды / рода́), сорт, тон (a // e // c), ход (c // e), цвет «окраска», чин, шаг, etc.), 空間、表面、方向の名称 (верх, низ, зад, тыл, фронт (a // e // c), бок, край; ряд, слой; борт; мир «вселенная», лес, бор, гай, сад, луг, лог, яр, etc.). 2.「適度にアクセント c 型に傾斜している」意味論的グループ：集団、柵、明確に限られた領域、居住空間、大きな貯蔵所の名称 (тын, вал; баз, ток «гумно» (c // e, pl. тока́ / то́ки), форт, порт (e // c); дом (pl. -а́), хлев (pl. -а́), цех (c // a, pl. цеха́ / це́хи), штаб (c // a); гроб, шкаф, куб, чан, таз); ここにはまた親族用語が含まれる (муж, сын, зять, кум; шу́рин — pl. шурья́). 3.「アクセント b 型に強く傾斜している」意味論的グループ：数えられる物質 (2 のグループの名称は除く) と動物の名称 (бобр, бык, вол, дрозд, жук, кит, клоп, кот, крот, сиг, слон, сом, хряк, etc.), また職業に関する人の名称と評価の名称 (вождь, волхв, дьяк (b // a), паж, плут (b // a), поп, раб, хлыст, хлыщ, хлюст, хрыч, шпик, шут, etc.); トランプの絵札の名称 (туз, ферзь).【ゲルマン語からの多くの古い借用語は、スラヴ語において AP b に属する。例えば、поп《司祭》、осёл《ロバ》のような短い語根母音をもつ

全ての借用語、及び коро́ль《王》のような長い語根母音をもつ語の一部について当てはまる。Garde (1976: 46) はこれを《Illič-Svityč の法則》(すなわち、Dybo の法則) によって説明している。】4.「適度にアクセント b 型に傾斜している」意味論的グループ：山、堆積、穴、形状、図形記号、貨幣の名称 (холм, кряж (*b // a*), скирд, бурт, ряж (*b // a*); шурф, шпур (*b // a*); крест, крыж, луч, штрих, герб; аз, нуль; рубль, грош)。5.「意味論的に中立なグループ」：古い語の若干小グループ。これはその大きな使用頻度の結果、古いアクセントを安定的に保持しており、まさにそれにより原理 III の働きの範囲外にあるように思える：身体部位の名称 (b 型：горб, клык, перст, прыщ, свищ, хвост, хрящ; c 型：глаз, зоб, нос, рог, чуб; e 型：зуб; a 型：струп)、グループ 2 と 3 に入らない人の名称 (b 型：враг, царь; c 型：друг, князь; e 型：бог, чёрт, гость)、その他若干の語がそれである。

また形態論的規則は以下である：動詞から派生した、無接尾辞の男性名詞はほぼ常に単数で語幹アクセントをもつ。また щ や《(破裂音でない) 子音 + т》で終わる男性の単音節語は、アクセント b 型への傾斜を見せる (глист, клёст; борщ, плющ, дождь, клещ, лещ)。しかしこれら 2 つの要因は二次的な役割しか果たさない：まず第一に、それら要因の各々は男性の少数の単音節語にしか関係しない；第二に、上で引用した規則は非常に少数の例外を除いて、これが原理 III と直接に衝突しない所でしか、つまり「b への傾斜」と「意味的に中和」する語の領域でしか実現しないからである。

以上述べた規則は共時論的なものであり、現代語におけるこれらの規則からの逸脱は歴史的な継続性から説明される。Зализняк はこれについてこう書いている：「男性の単音節語の現代のアクセント法と昔のアクセント法を比較すると、非常に特徴的な結果が得られる。つまり、今日の共時論的なアクセント法規則からのほぼ全ての例外は、その古代のアクセントを保持した古い語である；遅れて現れた語はほぼ例外なくこれらの規則に従っている。(中略) 例えば、古いアクセント法 b タイプをもつ скот .」(ibid. 475)「従って、男性の単音節名詞の現代のアクセント法の姿は、2 つの異なる体系の相互の堆積の結果である：古い体系──それは共通スラヴ語の体系に遡る体系──、と新しい体系──それは上で記述した共時論的な規則を特徴とする体系。」(ibid. 477)

195. Зализняк (1977a [2010: 480–481]) 参照：以下の接尾辞を保持する、末尾アクセントをもつ語はアクセント a 型に属する：-и́ст, -а́нт, (-е́нт) -о́р, -е́р, -ионе́р, -а́т, -и́т, -и́н (物質の名称で)、-о́л, -а́д, -и́зм, -ите́т, -а́л, -о́з; -и́н (民族名で)、-а́й, -тя́й, -е́й。例：тури́ст, лимона́д, грузи́н, ленгя́й。また、-арь, -ор, -ер を除いた任意の接尾辞を有する、非末尾アクセントのある語はアクセント a 型に属する。例えば、до́мик, мучи́тель, ри́млянин (例外：учи́тель ── アクセント c 型)。

196.《強語基 base forte》とは自己・アクセントのある語幹 T! のことを言う。訳注 105 を参照。

197. Зализняк (1977a [2010: 481]) 参照：接頭辞を有し、接尾辞をもたない動詞派生名詞については次の規則がある：末尾アクセントをもたない、そのような全ての名詞 (従って、

特に単音節名詞)は、アクセント a 型に属する。例えば、перенóс, прихóд, сдвúг, взгля́д (例外：постáв, сбóй, склад はアクセント c 型である)。

198. Зализняк (1977a [2010: 481]) 参照：略語のアクセントについての規則：全てのタイプの略語 (完全に最後の語を保持している略語を除いて) は、アクセント a 型に属する。例えば、вуз, загс, МХАТ, зам, псих, колхóз, партóрг, филфáк, прорáб. この規則に従わない略語は、既に存在する非慣用的アクセントをもつ語と同音異義の略語である。例えば、куб.

199. Зализняк (1977a [2010: 480]) 参照：以下の接尾辞をもつ、末尾アクセントのある語はアクセント b 型に属する：-и́к, -ови́к, -ни́к, -щи́к, (-чи́к), -а́к, -ня́к, -ча́к, -у́к, -чу́к, -у́г, -у́х, -и́х; -а́ч, -и́ч, -а́ш, -и́ш, -о́ж, -е́ц; -у́н, -а́рь, -и́рь, -а́ль. 例：старик, рыбáк, торгáш, чтец, лгун, бунтáрь (例外：поля́к, пруссáк, австрия́к, краковя́к, сайгáк ——はアクセント a 型。最初の 3 語は、接尾辞の影響に反して、民族名はアクセント a 型をとるという規則に従うためである)。

200. 数詞 2, 3, 4 と結合すると語尾アクセントになる男性名詞がある：час — два/три/четы́ре часá (gen. sg. чáса, nom. pl. часы́); ряд — два ряда́ (nom.-acc. pl. ряды́); раз — два раза́ (nom.-acc. pl. разы́); шаг — два шага́ (nom.-acc. pl. шаги́); шар — два шара́ (nom.-acc. pl. шары́); два вала́ (nom.-acc. pl. валы́《シャフト》). このタイプは双数の語尾 -a がソシュール・フォルトナートフの法則によってアクセントを語尾に移動させたことの証拠としてしばしば提示されてきたが、-á の形は普通の属格の形である (スラヴ語ではソシュールの法則が働かない、訳注 176 を見よ)："The word час was end-stressed in old times in all forms." (Stang 1957 [1965: 17]). "Zweitens ergibt sich hieraus mit großer Wahrscheinlichkeit, daß dva rjadá usw. jünger ist als dva rjáda." (V. Kiparsky 1962: 66). "Und in dva šagá, dva razá, dva šará, dva r'adá ... haben wir Neubildungen zu erblicken" (van Wijk) (ibid. 63).

201. 前置詞の上にアクセントが置かれる形と前置詞にアクセントが置かれない形で意味の違いが見られる場合がある。Исаченко (1954: 182) はこれについて次のように述べている：「前置詞の上にアクセントを移動させる前置詞的な名詞結合の大部分は、現代ロシア語では明確な副詞化の傾向を見せる。例えば、нá дом (《взять рабóту нá дом》《家に仕事をもって帰る》) の結合において、名詞《дом》(つまり《жилое здание》) の第一次の意味は失われて、その全体の結合は副詞《домой》と同じ意味となる。」Воронцова (1979: 138) も副詞的な нá дом 'домой' (прислать нá дом) 対、具体的な意味をもつ結合 на дóм 'на здание', ехать зá город, находиться зá городом 'в пригородной местности' 対 за гóрод, за гóродом 'по ту сторону города' の違いに言及している。同じことはまた Forsyth (1963: 89) の例からも分かる：Он вы́шел и́з дому «He left home (his own house) ». ~ Работник вы́шел из дóма «The workman came out of the house (not his house) ». Он живёт зá городом «He lives in the country». ~ За гóродом лес «Beyond the town there is a forest (on the far side of the town) ». Garde (1974 [2006:150]) も次のように書いている：「前置詞のアクセント法は、それがセルボ・クロアチア語に残っているように、古代ロシア語において生きた現象であった。現

代ロシア語においてそのアクセント法は縮小しながらも機能している：前置詞の上のアクセントはたいていの場合、語根の語頭の上のアクセントと競合している。たいていの場合、前置詞の上のアクセントは慣用表現の中に保持されている。これに対して、語根の語頭の上のアクセントは、同じ前置詞とそれに後続される同じ名詞が通常の意味をもって使われるときに現れる：*zá gorodom* « 田舎で à la campagne » と *za górodom* « 都市の向こうで au-delà de la ville », *sidét' ú morja i ždát' pogódy* « 海路の日和を待つ attendre et voir venir »; こういった表現の他に *u mórja* « 海岸で au bord de la mer », *dó smerti* « 死ぬほど à mort » (*bit' dó smerti*《死ぬほど叩く》)、しかし *do smérti* « 死ぬまで jusqu'à la mort »,…」。

このような前置詞（より一般に後接語 проклитика）へのアクセントの移動の現象を歴史的に論じたものに、Зализняк (1985: §3.48) の中の一部、及び Зализняк (1989a [2010: 804–816]) の論考がある。特に後者はこの現象を詳細に分析した論文であり、その歴史的変化を次のように書いている：「enclinomena (энклиномены)【訳注 105 を見よ】と語頭アクセントの正音調的語形態 ортотонические словоформы の間の音声的違いの消滅とともに（これは後期古代ロシア語に属すると仮定される）、後接語へのアクセントは音声的に制約されないもの、つまり慣例的なものになった。нá воду, нé на воду と並んで、原理的にまた на вóду, не нá воду, не на вóду のアクセント配置も可能となった。歴史の過程でこれらの歴史的により新しいアクセント配置の使用が次第に拡大している。」(ibid. 2010: 804)「従って、15-17 世紀において、非派生名詞の後接語へのアクセントの引っ張りという古代のメカニズムは、東部大ロシア語地帯の主要地域においてかなりよく保持されている。他の地域ではそのメカニズムは幾分揺らぎ始めている。現代の状態への移行が完成するのは、名詞のこのクラスでは大体 18-19 世紀になってからである。」(ibid. 2010: 816)

Зализняк (2010⁶a: 71–73) は著名な『ロシア語文法辞典』の中で前置詞の上にアクセントが移動する現象について書いている（1977 年の初版にはこの記述はない）。Зализняк によれば、この名詞と前置詞の結合方法には次の 3 つの方法があるとする：1) 結合がより大きな慣用句的単位を構成する場合：бóк ó бок; зýб нá зуб не попадáет《歯の根があわない》; как бóг нá душу полóжит《思いつくままに》。2) 結合がコンテキストなしで独立に与えられる場合（この辞典では注釈される）：нá дом (*домой*)、зá городом (*в пригородной местности*)、дó смерти (*очень сильно*)、пóд гору (*вниз под уклон*)。アクセントの前置詞への移動はこの意味のみ、例えば、вы́звать вчерá нá дом; живёт зá городом; дó смерти устáл; сбежáл пóд гору. 他の意味ではアクセントは本来の名詞の上にある：пти́ца сéла на дóм; за гóродом начинáлся лес; до смéрти э́того не забýду; под гóру заложи́ли взрывчáтку。 3) 結合は前置詞 за, на, по の 3 つだけの結合である（この辞典ではコンテキストも注釈もなしで記載される）：зá руку, зá нос, пó морю, зá два. この場合はより複雑な規則に従うとして、Зализняк は前置詞の意味による分類を行っている。例えば、アクセントが前置詞に移動するのは、《за + 対格》の「向こうへ、後ろに」(уйти́ зá реку, заложи́ть чтó-л. зá ухо)、「力を当てる点の指示」(держáться зá руку)、「ある期間にわたって」(сдéлать зá год)、「ある時点より以前

に」(зá день до чегó-л.) の意味で使われる場合である。《на + 対格》では、「(物理的な運動について)方へ」(упáсть нá пол; взвалúть грýз нá спину; надéть чтó-л. нá голову)、「支えとの接点の指示」(упáсть нá спину, встáть нá ноги)、「ある期間の目当て」(запастúсь нá год)、「差異の程度の指示」(нá год стáрше, нá голову вы́ше)、《по + 与格》では、「(運動について)表面で、境界で」(ходúть пó полу; летáть пó небу; плáвать пó морю). これら以外の意味ではアクセントは前置詞の上に移動しない、例えば、a) приня́ть чтó-л. за гóру《何かを山と誤認する》、b) обратúте внимáние на рýки, c) тоскá по мóрю. さらに名詞の後ろにそれを説明する語が続くときには前置詞の上にアクセントは移動しない、例えば、надéл шля́пу на гóлову сосéда.

Воронцова (1979: 135ff.) はこの現象の歴史を含めて詳細に検討している。上の Зализняк と類似の記述も見られる。彼女によれば、慣用表現の他に現代ロシア語では、限定された時間的状況(запастú нá зиму《冬に備えて買い置きをする》、постро́ить зá год《1 年間で建てる》)、空間的関係(гуля́ть пó полю《野原を散歩する》、поднимáться нá гору《山に登る》)、対象的関係(схватúть зá руку《手をつかむ》、щипáть зá ухо《耳を引っ張る》)などの統語的意味特徴を表す場合にも使われるとしている。

またすでに副詞になった例を参照：нáверх, нáзло (普通は назлó を使う), крест-нáкрест, зáмуж, зáмужем。このような現象が起こる名詞はある限られた数の名詞である(例えば、男性名詞は約 25 個)。具体的な名詞については、Исаченко (1954: 182–184, 194–195, 208–209, 215) を見よ。アクセントについては訳注 151 も見よ。

202. Зализняк (1977a［2010: 480］) 参照：「移動母音をもつ語の内で、1) 末尾アクセントをもつ語はアクセント b 型【стóл, -á】に属する：молотóк, -ткá; ковёр, -врá; сóн, снá (例外：заём, наём はアクセント a 型【знáк, -а】)。2) 無アクセント接尾辞をもつ語は (また中間にアクセントのある任意の語も) アクセント a 型に属する：кýбок, -бка; подáрок, -рка; гóрец, -рца; молéбен, -бна. [注] 従って、移動母音をもつ語の内で、この規則に一致しないのはただ接尾辞 -ок, -ец をもたない語頭アクセントの語だけである。例えば、вéтер, ýгорь, стéбель, грéбень, прóмысел. それらのアクセント型の選択は基になる語形のアクセントによっては一義的に決められない。」

203. 複数主格以外の格では °D のヴァリアントをもっている。

204. §244 参照。

205. Исаченко (1954: 190–193) 参照：《中性名詞のアクセントは 3 つのアクセント型に分けることができる。1. 語幹固定アクセント型 (богáтство — богáтства). -ство, -ние, -тие, -ствие で終わる語はこの型に属する：óбщество, объявлéние, поня́тие, шéствие. また сердéчко, окóшечко, одея́льце タイプの指小形もこのアクセント型に属する。2. 単数で語幹アクセント、複数で語尾アクセントをもつアクセント型 (слóво — pl. словá — слов — словáм). この型に属するのは基礎語彙の 2 音節名詞：вóйско — войскá, дéло — делá, лéто — летá, мáсло — маслá, мéсто — местá, мóре — моря́, мы́ло — мылá, пóле — поля́, прáво —

правá, сéрдце — сердцá, сúто — ситá, слóво — словá, стáдо — стадá, тéло — телá. 3音節語ではアクセントは第 1 音節から最後の音節へ移動する：зéркало — зеркалá — gen. зеркáл — зеркалáм, óблако — облакá; крýжево は複数でアクセントの移動がある：pl. кружевá — крýжев — кружевáм. дéрево と óзеро は複数で第 2 音節にアクセントをもつ：pl. дерéвья — дерéвьев, озёра — озёр. また前置詞へのアクセント移動をもつものがある。このような場合には副詞に近くなり、しばしば慣用句に見られる：поéхать нá море, ходúть пó полю, вы́йти нá поле, зá лето, уéхать нá лето в дерéвню, вéрить кому-либо нá слово《言葉通りに誰かに信じる》, слóво зá слово《(話が進むにつれ)だんだんと》, шептáть кому-либо нá ухо《誰かに耳打ちする》. 3. 単数で語尾にアクセント、複数で 1 音節だけアクセントを前に移動するアクセント型 (письмó — пúсьма — пúсем — пúсьмам). ここには基礎語彙の 2 音節語が属する：ребрó — рёбра — рёбер — рёбрам《肋骨》, бедрó, бельмó, ведрó, веслó, винó, гнездó, гумнó, дуплó, звенó, зернó, клеймó, кольцó (pl. кóльца — колéц — кóльцам), копьё, крылó, лицó, перó, письмó, плечó, помелó, пятнó, ружьё, сверлó, седлó, селó, стеблó, стеклó, сукнó, теслó, челó, числó, ядрó, яйцó (pl. яйца — яиц — яйцам), ярмó. ここに属する 3 音節語：веретенó — веретёна — веретён《紡錘》, волокнó — волóкна, долотó — долóта, колесó — колёса, полотнó — полóтна, ремеслó — ремёсла, решетó — решёта.》

206. 現代ロシア語では говя́дина を使う。говя́до は «large cattle» の意味でロシア語方言にある。これは Slav. *govędo に由来する。

207. 訳注 92 参照。例えば、nom. sg. копьё <kop,j-ó> は複数属格では移動母音 /e/ が j の前に現れる：gen. pl. <kóp,ej-ø>. 正書法ではアクセントの外の j の前の /e/ は и と書かれる：кóпий.

208. Зализняк (1967: 143–144) によれば、文字 «ь» で終わる女性名詞は形態論的に以下の特徴をもつ：(1) シュー音 + ь は例外なく女性名詞 (訳注 32 を見よ)。(2) 唇音 (б, п, в, ф, м) + ь で終わる語は女性名詞 (例外は гóлубь, червь)。(3) т, д, с あるいは з + ь で終わる語は女性名詞。[例外：(a) 男性の人の名称：вúтязь, вождь, госпóдь, гость, зять, князь, нéхристь, тать, тесть. (b) 次の動物、魚と鳥の名称：гусь, карáсь, лéбедь, лосóсь, лось, медвéдь, язь. (c) その他：дёготь, кóготь, лáпоть, лóкоть, лóмоть, нóготь, путь, ять; гвоздь, груздь, дождь, жёлудь; клáдезь, колóдезь, пéнязь, ферзь.] (4) нь で終わる語は女性名詞 (ень で終わる語は男性名詞)。[例外：(a) 次の動物、鳥と魚の名称：конь, линь, лунь, óкунь. (b) 月の名称：ию́нь. (c) огóнь, шампýнь, шпинь, финьшампáнь, ю́ань, と линь で終わる語全て。] (5) аль と ель で終わる単音節語と éль で終わる非単音節語は女性名詞。[例外：(a) 男性の人の名称：волостéль, враль, etc. (b) 動物、鳥と昆虫の名称：кобéль, коростéль, шмель, etc. (c) 月の名称：апрéль. (d) гель, сель, хмель, etc.] (6) сль, соль, фоль で終わる語は女性名詞。[例外：нéдоросль, парасóль.] (7) урь と「母音 + рь」で終わる語は女性名詞。[例外：ерь, зверь, ларь, псарь, хорь, царь, штырь.]

209. Исаченко (1954: 212–213) 参照：《第 3 曲用に含まれるのは、【シュー音以外では】

語幹末の子音が軟化している語根名詞 (кость, речь, степь, ночь, вещь タイプ)、無接尾辞の派生抽象名詞 (глушь, даль, гладь, рябь タイプ)、および接尾辞 -ость あるいは -есть をもつ大量の抽象名詞 (мо́лодость, ра́дость, све́жесть, теку́честь) である。またここには以下のタイプの地名が含まれる：Сиби́рь, Куба́нь, Обь, Тама́нь, Сы́зрань, Каза́нь, Ряза́нь, Су́здаль, Астраха́нь, Керчь, etc. この曲用に含まれる外国起源の語は大部分の場合、-ль で終わる名詞である：сталь, ме́бель, акваре́ль, дуэ́ль, форе́ль, арте́ль, магистра́ль, мора́ль, шаль.》

210. Gen. Любо́ви Никола́евны, dat. Любо́ви Никола́евне, etc. (Исаченко 1954: 216)

211. 男性名詞の第2位格と同様に (訳注169)、この女性名詞の第2位格も1音節名詞である。Исаченко (1954: 125) を参照。

212. これ以外に次の安定した表現の中に -ми で終わる具格形がある：бить плетьми́《鞭打つ》、лечь костьми́《戦死する》(Зализняк 1967: 231)。また Timberlake (2004: 144) によれば、古い複数具格の語尾 {-m,i} を用いる語の Web での割合は次の通り：лошадьми́ 99%、дочерьми́ 88%、дверьми́ 32%、горстьми́ 0.8%。

213. дочь の複数具格は дочерьми́ と дочеря́ми；плеть の複数具格は плетя́ми と бить плетьми́；кость の複数具格は костя́ми と ле́чь костьми́ (поги́бнуть) がある。(Аванесов 1983)。

214. 80年アカデミー文法 (I. 491) 参照：《詩的な高い文体では、ма́ть と до́чь の主格形 ма́терь, до́черь が見られる。》мать, дочь には *-tēr- 語幹曲用が保持されている：Cf. Gk. μήτηρ, θυγάτηρ, PIE *meh₂ter-. *dʰugh₂-tér-. (Rosenkranz 1955: 85ff.; Sihler 1995: 290ff.) またこれ以外に複数形で語幹の交替 ø / *j を有する第3曲用の女性名詞がある。複数属格では非標準的語尾 -ов を見せる：гроздь《房》, nom. pl. гро́здья, gen. pl. гро́здьев (また гро́зди, гроздéй も可能) (Зализняк 1967: 230)。

215. Исаченко (1954: 213–214) 参照：《第3曲用のアクセント型は3つに分けられる。1) 固定アクセント型：生産的なタイプ。ここには1音節の語根名詞 (медь, жизнь, сталь, шерсть, нефть)、2音節名詞 (ладо́нь, крова́ть, посте́ль, пре́лесть, па́мять, по́мощь)、また -ость, -есть で終わる大部分の派生語 (ра́дость, глу́пость)、そして外来起源のほとんど全ての語 (ме́бель, меда́ль, форе́ль, пане́ль, мора́ль) が含まれる。注意すべきは、この型の多くの語は単数でしか使われないことである。2) 移動アクセント型 (単数と複数主格・対格で語幹アクセント、複数の他の格では語尾アクセント)：非生産的なタイプ：вещь — pl. ве́щи — веще́й — веща́м. このタイプは次の2つに下位区分できる。(a) 1音節の非派生語：весть, ветвь, вещь, власть, кисть, мышь, ночь, речь, роль, сельдь, сеть, сласть, смерть, снасть, соль, стать, страсть, часть, etc. (b) 2音節の、主として派生語 (単数主格のアクセントは全て第1音節に落ちる)：ве́домость, до́лжность, кре́пость, ло́пасть, ло́шадь, ме́лочь, но́вость, о́бласть, о́чередь, пло́щадь, по́весть, по́дать, по́лость, ско́рость, сте́пень, сте́рлядь, це́рковь, че́тверть, etc. 3) 非派生的な移動アクセント型であるが、2) 型とは単数位格で場所の意味をもつ前置詞 в と на の後ろでアクセントが語尾に移動することである：на печи́. 従って、この型で

は о пе́чи と в печи́, на печи́ が区別される。この型に属する名詞は次の語である【この型において今日では単数属格から語尾アクセントをもつものがある。しかし単数具格では語幹アクセント。例えば、глушь, глуши́, глу́шью; грудь, груди́ / (доп. устар.) гру́ди, гру́дью (Аванесов, 1983)。Русь, gen. Руси́, dat. Руси́, instr. Ру́сью.】: бровь, глушь (жить в глуши́), горсть, грудь, грязь, дверь, жердь, Керчь, кость, мель, ось, печь, пыль, Русь, связь, сеть, степь, Тверь, тень, тишь, цепь, etc. また前置詞にアクセントを後退させる第3曲用の名詞は次の6つの名詞である：кровь: до́ крови; ночь: за́ ночь, до́ ночи, на́ ночь; смерть: до́ смерти; соль: бе́з соли (現代語では без со́ли が優勢); цепь: на́ цепь; че́тверть: бе́з четверти шесть. さらに複数で щи: попа́сть как кур во́ щи.》

216. Исаченко (1954: 222–223) 参照：《Pluralia tantum の中には леса́《(建築の) 足場》のように лес《森林》の複数形 леса́ と同音異義語になるものがある：де́ньги《お金》(cf. де́ньга《半コペイカ硬貨》)、часы́《時計》(cf. час《1 時間》)、мостки́《(川に架けた) 丸太》(cf. мосто́к《橋 (指小)》)。(1) 軟語幹をもつ pluralia tantum 名詞は第3曲用に倣って変化する：бу́дни — бу́дней, гра́бли — гра́блей (あるいは гра́бель), гу́сли — гу́слей, щи — щей, я́сли — я́слей；(アクセントが移動するもの) дро́жжи — дрожже́й, о́вощи — овоще́й, по́мочи — помоче́й, клещи́ — клеще́й, са́ни — сане́й, слю́ни — слюне́й, о́труби — отрубе́й, се́ни — сене́й, че́рви — черве́й. (2) 主格が -a で終わる名詞の属格はゼロ語尾をもつ：дрова́ — дров, воро́та — воро́т, бели́ла — бели́л, пери́ла — пери́л, румя́на — румя́н, черни́ла — черни́л. (3) 複数属格で -ов, -ев で終わる名詞：весы́ — весо́в, духи́ — духо́в, очки́ — очко́в, помо́и — помо́ев, штаны́ — штано́в, часы́ — часо́в, щипцы́ — щипцо́в. (4) 複数属格でゼロ語尾をもつ名詞：(《組み立てた物》) но́жницы — но́жниц, носи́лки — носи́лок, кальсо́ны — кальсо́н, де́ньги — де́нег, ко́злы — ко́зел, чётки — чёток, ша́хматы — ша́хмат. (儀式を表す名詞) имени́ны — имени́н, по́хороны — похоро́н — похорона́м. (時間の一区切りを表す名詞) су́тки — су́ток, су́мерки — су́мерек (!), кани́кулы — кани́кул. (廃物を表す名詞) опи́лки — опи́лок, стру́жки — стру́жек. (トランプの種類を表す名詞) тре́фы — треф, бу́бны — бубён, пи́ки — пик.》

80年アカデミー文法 (I. 474) 参照：《ロシア語の са́ни, но́жницы, су́тки タイプの数えられる pluralia tantum は、1つの物も複数の物も表すことができる。その場合、1つは одни́ と結合させる：одни́ са́ни《一台の橇》, одни́ но́жницы《一丁の鋏》, одни́ су́тки《一昼夜》。2から4までは集合数詞と、5以上は基数詞と結合させる：дво́е но́жниц, тро́е сане́й, че́тверо су́ток; пять брюк, пятна́дцать щипцо́в《15挺のペンチ》; мно́го сане́й, не́сколько су́ток; побыва́ть на не́скольких имени́нах《数日名の日のお祝いに行く》.》さらに本書 §377 参照。

さらにアカデミー文法では、pluralia tantum 名詞と結合する два, три, четыре の要素を最後にもつ合成数詞は用いられないとし、また двадцать двое суток, семьдесят четверо суток タイプの結合も正しくないとしている (ロシア人によればこのようなことを言うときには двадцать два дня を使うとのことである)。それではロシア語ではどのようにして《ペンチ22挺》のような表現をするのであろうか？ロシア人によれば、двадцать две па́ры щипцо́в

のように表現するとのことである。

217. Pluralia tantum のアクセント法については Зализняк (1967: 167) 参照：1) са́ни 型（Зализняк の «е» 型）は次の語幹アクセント（全て語頭アクセント）をもつ語：о́труби, че́рви, де́ньги, дро́жжи, са́ни, дро́вни (// a)、се́ни, слю́ни, ку́дри, по́мочи, кле́щи (// клещи́ b)、мо́щи, бу́бны, по́хороны, во́лосы. 2) その他のアクセントが語幹にある語は、語幹固定型 (a 型)、例えば、но́жницы, воро́та, брю́ки. 3) 無アクセント語幹をもつ語は語尾アクセント型 (b 型)、例えば、весы́, дрова́, голубцы́, поддавки́.

218. 《и́мя 型の名詞は単数で путь タイプの曲用の影響を受け、複数では中性形の語尾をもつ。》(Исаченко 1954: 221)　Meillet (1905: 422ff.) によれば、印欧語起源の接尾辞 *-men- をもつ名詞は行為者名詞でなく、全て物の名詞である。ロシア語の ка́мень《石》、реме́нь《革帯》も同じ接尾辞をもつ。бре́мя, вре́мя, пла́мя はそれぞれ OCS *brěmę*《φορτίον》, *vrěmę*《κρόνος》, *plamenь*《φλόξ》からの借用。Cf. popular Russ. *berémja, berémeni*; Ukr. *véremja*; Russ. *pólomja*; S-Cr. *plämen / plām*; Gk. φλέγμα, φλεγμονή (Meillet, 1905: 422–423).

219. 数詞 два, оба, три, четы́ре との結合では、語幹 челове́к- からつくられた複数形が主格形を除いたすべての格形で現れる：не было и двух человек, речь идет о трех человеках. 主格形とこれらの数詞との結合では単数属格形が現れる：два человека, три человека, оба человека. 数詞 пять, шесть, ... との結合では複数形が現れる：пять человек, с семью человеками. 数詞 пять, шесть, ...（全ての格）と数詞 два, три, четы́ре（斜格）との結合において、定語がある場合には лю́ди も使用することができる：пять незнакомых человек/людей, не было и трех взрослых человек/людей (80 年アカデミー文法 I. 576). Isačenko (1962: 533) には定語をもたない場合でも補充法的語幹の斜格形が載っている：*nom.* пять челове́к, *gen.* пяти́ челове́к, *dat.* пяти́ лю́дям, *acc.* пять челове́к, *instr.* пятью́ людьми́, *loc.* (о) пяти́ лю́дях. これについては Timberlake (2004: 198) が統計的な数字を挙げて、数詞と属格と与格の形を載せている。それによれば、четырех は 98 % が человек と、четырем は 37 % が человекам と用いられる（その他は людям）。属格の пяти, десяти, пятидесяти, ста も同じく 100 % 近くが человек と用いられる。与格の場合は、человекам と用いられるのは пяти が 41 %、десяти が 83 %、пятидесяти が 40 %、ста が 97 % である。さらに Timberlake によれば、челове́к と люде́й の両方は сто́лько, не́сколько, сто́лько と使うことができるが、そこに使い方の違いがあることを指摘している：несколько человек потонуло 'some people drowned' では、«человек establishes the existence of an event of drowning» を、他方、людей は «the people are individuals, each with a separate history: сколько людей остались бы живы 'how many people might have remained alive'» を示すという。また мно́го, ма́ло, нема́ло では люде́й が圧倒的に使われる。люде́й は千の数詞で使われる傾向があり、主格・対格の миллио́ны はほぼ люде́й を使うが、しかし属格の миллио́нов は челове́к を好むという。

220. Исаченко (1954: 218–219) 参照：《дитя́ はアーカイズムとして詩的言語あるいは転義の意味で、また以下の結合でのみ使われる：дитя́ приро́ды《自然児》、дитя́ своего́ ве́ка《時

代の子》、дитя́ своéй эпóхи《時代の子》。現代語ではこの名詞の斜格の使用は避けられているが、文学ではアーカイズムとして現れる。この名詞は転義的な意味においてだけ複数形 де́ти と関連する：де́ти своегó вéка《時代の子供達》。》

221. 80年アカデミー文法 (I. 576) によれば、数詞 пять, шесть, ... との結合において主格、対格、属格では語形 лет が用いられる：шесть лет, не бы́ло шести́ лет. 数詞 два, полтора́, три, четы́ре との結合において語形 лет が用いられるのはただ属格だけである：не прошло́ и двух лет, ребенку не было трех лет, мы не виделись около четырех лет. 残りの斜格と数詞との結合においては語 год の然るべき形が用いられる：пятью годами позже, речь шла о двух года́х. 【*nom.* два гóда, *gen.* двух лет, *dat.* двум годáм, *acc.*=*nom.*, *instr.* двумя́ годáми, *loc.* двух годáх; *nom.* пять лет, *gen.* пяти́ лет, *dat.* пяти́ годáм, *acc.*=*nom.*, *instr.* пятью́ годáми, *loc.* пяти́ годáх.】 また、Timberlake (2004: 199–200) を参照：лет はほぼどんな複数属格のためにも使われる：мно́го лет 'many years', до двадцати́ лет 'up to twenty years', миллио́ны лет наза́д 'millions of years ago', сто́лько лет прошло́ 'so many years have passed'; в уче́бниках тех лет 'in the textbooks of those years'; с де́тских лет 'from childhood years'. 年齢で：вы́глядела ста́рше свои́х лет 'she looked older than her years'. 他方、гóды は10年のような一続きの年の意味で使われる：шестидеся́тые го́ды 'the sixties', в пе́рвые го́ды револю́ции 'in the first years of the revolution'; лю́ди шестидеся́тых годо́в 'people of the sixties'; траги́ческие собы́тия 1937-1938 годо́в 'the tragic events of the years of 1937–1938'; 動詞によって属格が支配されるときも годов が使われる：новый процесс в лу́чшем слу́чае потре́бует еще годо́в испыта́ний 'the new process, even at best, will require still more years of testing'.

222. 名詞化した形容詞はその意味と関連している。Исаченко (1954: 305ff.) は次のように分類している。《**男性**：圧倒的に多数の名詞化した形容詞は人を意味する。(1) 職業名：рабо́чий, портно́й, слу́жащий, пожа́рный, etc. (2) 地位（ポスト）の名称：заве́дующий, управля́ющий, дежу́рный, уча́щийся, etc. (3) 軍事と海軍のポストの名称：часово́й, постово́й, рядово́й, вестово́й, рулево́й, ва́хтенный. (4) 法律用語：обвиня́емый, подсуди́мый. (5) 病人の名称：больно́й, тифо́зный, чахо́точный, сумасше́дший, психи́ческий, ра́неный. (6) 職業を意味する古風な語：зо́дчий, ко́рмчий, кра́вчий, пе́вчий. (7) весёлый, сме́лый, то́лстый タイプの名詞のニュアンスをもつほとんど無制限の形容詞の使用：cf. то́лько сме́лым покоря́ются. (8) その他：ру́сский, прохо́жий, пе́ший, ни́щий, ма́лый, домово́й, ле́ший. また音声学の用語には名詞化した形容詞が使われる：губно́й, задненёбный, взрывно́й, глухо́й. ここには名詞 звук が省略されている（女性形もある：губна́я, взрывна́я, глуха́я. これは фоне́ма の省略）。**女性**：(1) 建物、家屋の名称：столо́вая, гости́ная, убо́рная, пере́дняя, ва́нная, де́тская, etc. (2) 工房、職場の名称：парикма́херская, упако́вочная, пра́чечная. (3) 商業施設の名称：бу́лочная, заку́сочная, конди́терская, мясна́я, моло́чная, etc. (4) 五分の一からの分数：одна́ пя́тая, одна́ шеста́я, одна́ деся́тая. (5) 幾何学の用語としての線の名称：пряма́я, крива́я, каса́тельная. (6) 歌や舞踊の名称：плясова́я, ру́сская, засто́льная. (7) 猟犬の名称：

борза́я, ляга́вая, го́нчая. (7)（革命前の）紙幣の俗な名称：бе́ленькая (25 рублей), си́ненькая (5 рублей), кра́сненькая (10 рублей)。(8) 公文書の名称：накладна́я, ку́пчая。**中性**：(1) 料理の名称：жарко́е, моро́женое, пе́рвое, второ́е, тре́тье, пиро́жное, сла́дкое. (2) 衣類の名称：шта́тское, чёрное, се́рое. (3) 言語学的用語：сказу́емое, подлежа́щее, 半分省略形は существи́тельное, прилага́тельное, числи́тельное (и́мя). (4) 薬名：слаби́тельное, снотво́рное, рво́тное, жаропонижа́ющее, потого́нное (сре́дство). (5) 動物学の用語：живо́тное, млекопита́ющее, позвоно́чное, насеко́мое. (6) 時間の意味をもつ抽象概念：настоя́щее, про́шлое, бу́дущее, было́е, мину́вшее, гряду́щее, про́йденное. (7) 最も広い意味での抽象概念：прекра́сное, траги́ческое, молодо́е, ста́рое, etc. また哲学用語：о́бщее и ча́стное. (8) ワインの名称：шампа́нское, кахети́нское, кра́сное, кры́мское, кавка́зское, etc. (9) その他：прида́ное, ископа́емое, содержи́мое。**複数** (pluralia tantum)：(1) お金あるいは金額の名称：нали́чные, су́точные, командиро́вочные, etc. (2) 植物学と動物学の用語：членистоно́гие, травоя́дные, парнокопы́тные, тайнобра́чные, хво́йные, etc. (3) 人間集団の名称：родны́е, бли́зкие, молоды́е. 政治的特徴によるもの：кра́сные, бе́лые, пра́вые, ле́вые. また трудя́щиеся. (4) その他：да́нные, лёгкие.》

223. 《B. O. Unbegaun (1947) によれば、不変化名詞の数は文字や音符、また MTC, КПСС, ЦК のような略語や Дюма́, Гёте のような固有名詞を除くと、少なくとも 350 個ほどであるという。》(Исаченко, 1954: 223) また 80 年アカデミー文法 (I. 506–507) を見よ。

224. この語にはまた母音で終わる外来語において見られる -j をもつ別形 ко́фей, ко́фий（俗語）があるが、これは通常の格変化をする。Cf. тупе́й (< Fr. *toupet*), геро́й (< Fr. *héros*), музе́й (< Fr. *musée*)。See RED (2011, Vol. 2)。

225. Исаченко (1954: 225) 参照：《-o で終わる不変化名詞のアクセントは大部分の場合に末尾アクセントである：бюро́, пальто́, кило́, арго́, etc. しかし дина́мо, кака́о. また不変化の固有名詞や地名もここに入る：Викто́р Гюго́, Жан-Жак Руссо́, Бордо́, Брно́, etc.》

《興味深いことに、文章語に入った -o あるいは -e で終わる外来語は中性の屈折変化には加わらない。それらは不変化名詞のグループをつくる (пальто́, панно́, кафе́, шоссе́, ателье́)。外来起源の語幹を中性のパラダイムに同化させることができないのは、中性の一般的な意味論的不明確さと形態論的な《不活発さ》とに関連している。B. B. Виноградов (1947: 82) が正しく指摘しているように、《中性の表現方法は相対的に貧弱である。中性の語のクラスのメンバーは次第に減少してきたし、また今も減少を続けている。》［脚注：中性名詞の借用語の数は古代語においてもきわめて少ない。例えば、古代スラヴ語において、ева́нгелие《福音書》のようなオリジナルな文法性を保持しているギリシア語からの借用語は大変少ない。]》(Исаченко 1954: 191)【Cf. Gk. εὐαγγέλιον τό】

ギリシア語を古代スラヴ語に翻訳するさいの文法性についての Meillet (1902: 187) の発言を参照されたい："En transcrivant les mots grecs, les traducteurs ont représenté par des masculins les neutres grecs en -ov, ainsi dans l'Évangile *alavastrŭ* ἀλάβαστρον — *krinŭ* κρίνον —

kuminŭ κύμινον — *piganŭ* πήγανον — *satŭ* σάτον — *skandalŭ* σκάνδαλον — *talantŭ* τάλαντον ... . Font exception, sans raison visible, *moro* μύρον, par ex. Mt. XXVI, 9, *lepto* λεπτόν (...), et *evanĭyelĭe*: les traducteurs se rendaient donc bien compte de l'identité du genre neutre en slave et en grec." また Исаченко (1954: 225) の外来語起源の名詞の不変化性についての説明も見よ。

226. 文章語の中に入った外国語起源の名詞でも上で言及されている不変化の特徴をもたない名詞は、第 1 曲用に従って変化する。例えば、фа́брика, апте́ка, сце́на, ла́ва, те́ма, дра́ма, etc. (Исаченко, 1954: 199)。

227. Исаченко (1954: 225) はアクセントのある -а́ で終わる外来語起源の名詞が不変化であることを次のように説明している：「ロシア語の観点からすればこれらの名詞 (буржуа́, альпака́, па, амплуа́) は非派生語である。一方、アクセントのある -а́ で終わるロシア語の非派生名詞 (рука́, нога́, вода́, весна́) はほとんどもっぱら基礎語彙の語である。この種の名詞はロシア語において非生産的、閉じられた、新しい非派生的な語を自己に同化する能力のない名詞である。」

また -а́ で終わる苗字は不変化である。これについては訳注 237 を見よ。【** 訳注 146 でも言及したように、第 1 曲用で -а́, -я́ で終わる語でアクセントを語尾に固定する語 (特に基礎語彙の語) はごくわずかである (Зализняк, 2010^{6}а, Грамматический словарь русского языка によれば、アクセント b タイプ)、例えば、статья́。それ以外は非生産的な (あるいは単数は語尾アクセント、複数は語幹アクセントのタイプの) 移動アクセント型である。例えば、рука́, ру́ку, нога́, но́гу, вода́, во́ду, весна́, вёсны, дуга́, ду́ги, среда́, сре́ду, звезда́, звёзды, жена́, жёны, стена́, сте́ну, гора́, го́ру, соха́, со́хи, свеча́, све́чи, душа́, ду́шу, земля́, зе́млю, семья́, се́мьи, свинья́, сви́ньи, etc. また新しく入った外来語起源の名詞は一般的に固定アクセントをもっている。例えば、маши́на, брига́да, газе́та, кварти́ра. これらの語幹アクセントをもつ語はいずれも第 1 曲用に則り変化する。буржуа́ タイプの -а́ で終わる語は、この両方の傾向の下で動きがとれない。これがこの語の不変化を説明するようである。】

228. 80 年アカデミー文法 (I. 506) 参照：《-a で終わり、有名でない外国の都市名や場所は、通常、語形変化しない。例外はまれ (Окинава《沖縄》— на Окинаве)。よく知られている都市名や場所は語形変化する：в Ге́ную (< Ге́нуя《ジェノア》), под Жене́вой (< Жене́ва)。-ы で終わる外国地名 (Фивы, Канны, Татры) は普通 pluralia tantum のように変化する：фестиваль в Ка́ннах.》

またヤコブソーン (邦訳『構造的音韻論』331–332, 340) は Киото のような書き方について、これがヨーロッパ式の転写方法のロシアへの置き換えの結果であると指摘している。例えば、本来ならば кё であるはずなのに、ヨーロッパ式の転写方法の kyo をロシア人が模倣して кио と置き換えたとしている。(ヤコブソーンはここでヨーロッパ人が、日本語やロシア語にある軟子音と硬子音の対立を知らないために、軟子音を誤って転写していることを指摘している)。さらに Е. Д. Поливанов (1968: 265) の意見を参照：「最後に日本語起源のロシア語の単語の綴りを個別に検討する必要がある。この綴りのために、特に広く流

布されている出版物においては、すでにロシア人の頭の中に存在する発音や正書法の習慣が何よりも考慮されねばならない。それ故、例えばПариж を Пари によって置き換える必要があると私が考えないと同様に、私は Токио, Киото, гейша のような語を何か別の風に書く必要があるとは考えない」。

** /-a/ で終わる日本の地名は今では格変化させることが普通である。例えば、в Наре, в Нару, в Осаке, в Фукусиме, в Канагаве, в Ниигате, в Нагое, etc.

229. /ino/, /ovo/ で終わる地名は、/in/, /ov/ で終わる姓の中性形からつくられた形である。例えば、Пушкин-о, Иванов-о. 80年アカデミー文法 (I. 505) によれば、-ово, -ево と -ино, -ыно に終わる地名 (Иваново, Сараево, Бородино, etc.) は現代口語、職業語、新聞では不変化の傾向があるが、しかし書き言葉では文法規範に則り変化するという。例えば、В небе над Тýшином (cf. nom. Тýшино)；Речь идет об аэропорте в Шереметьеве. Исаченко (1954: 313) は Бóлдино, Бородинó, Степáнчиково タイプの地区名はまだ selóの語との関係が感じられるが、しかしその格変化のタイプに関しては完全に名詞変化に移行してしまったという：cf. в Степáнчикове (Ф. М. Достоевский).

230. 例えば、Калúнин, в Калúнине; Сарáтов, перед Сарáтовом.

231. 80年アカデミー文法 (II. 58–59) 参照：《このような総称の普通名詞と固有名詞の結合が見られるのは、都市、村、山、河川、湖、埠頭、駅、新聞、ホテル、店、施設などの名称である：город Москва, река Волга, село Горки. そのような固有名詞は格変化する場合でも主格形を保つ傾向がある。多くの結合にとって変化しないことが規範である：озеро Байкал — на озере Байкал. しかし一連の場合、特に地名では揺れが見られる：в селе Горки / Горках. 広く使われている古い名称（単数）では、固有名詞も格変化することが規範となっている：город Париж, город Лондон — в городе Париже, к городу Лондону, река Нева — на реке Неве. また地名で固有名詞が総称の普通名詞の前に置かれる場合は、固有名詞は変化しない：Китай-город — в Китай-городе. しかし河川の場合は固有名詞も変化する：Москва-река — на Москве-реке, с Москвой-рекой.》［補注］興味深いことに、格の変化によってアクセントの数が変わることに注意：Дóм за Москвóй-рекóй [zə ma¹skvoj-r,ı¹koj] or за Москвá-рекóй [zə ma¹skva-r,ıkəj] «The house is on the other side of the River Moscow.» (Boyanus & Jopson, 1952³: 17)

232. теплоэлектроцентрáль とも言える。

233. Cf. дó, рé, мú, фá, сóль, ля́, сú.

234. 80年アカデミー文法 (I. 505) 参照：《-ов, -ин で終わるロシア人の苗字の具格は -ым 語尾である。一方、-ов, -ин で終わる名詞で単数具格で -ом 語尾をもつのは、居住区 (под Пушкином) と外国の苗字 (Дарвином, Вирховом, Ельмслевом) である。》

Исаченко (1954: 312–313) 参照：《-ов で終わる苗字の変化は上の Пýшкин と同じ変化である：(m.) nom. Ивáнов, gen. Ивáнов-а, dat. Ивáнов-у, acc. Ивáнов-а, instr. Ивáнов-ым, loc. Ивáнов-е; (f.) nom. Ивáнов-а, gen. Ивáнов-ой, dat. Ивáнов-ой, acc. Ивáнов-у, instr. Ивáнов-ой, loc. Ивано́в-ой; (pl.) nom. Ивано́в-ы, gen. Ивано́в-ых, dat. Ивано́в-ым, acc. Ивано́в-ых, instr. Ивано́в-ыми, loc. Ивано́в-ых. ロシア人でない苗字は -ов あるいは -ин で終わっていても名詞の第1曲用【Исаченко は男性名詞の曲用タイプ（例えば、заво́д）を第1曲用と呼んでいる】のように変化する：例えば、с Ку́кучином, с Да́рвином. しかし Фонви́зин, Карамзи́н タイプのロシア化した苗字は本来の変化をする：с Фонви́зиным, Карамзины́м.》

235. 苗字と所有形容詞 (§335–341) のパラダイム内での名詞屈折語尾から形容詞曲用への変化に関して、次の順序で形容詞語尾が採用される：具格＞位格＞与格、属格＞対格＞主格。苗字と所有形容詞はこのプロセスに沿って様々な点で形容詞語尾の採用が止まる（苗字は男性単数では具格で、女性単数は属格は、複数は対格で；所有形容詞 ма́мин 型は属格で、чёртов 型は単数の男性と中性は位格で、女性単数と複数は属格で止まる）。Timberlake (2004: 127) を見よ。

236. Исаченко (1954: 81–82) 参照：《 -ич あるいは -ович, -евич で終わるスラヴ起源の苗字、また子音で終わる外国の苗字は、男性と女性に無関係に適応される：Ве́ра Ги́нсбург【Ги́нзбург】, Кла́ра Це́ткин, Наде́жда Гольц, Еле́на Гуре́вич, etc. これらの苗字はその人が女性であるときにのみ不変化である：я говори́л с (Ве́рой) Ги́нсбург, я был у Еле́ны Гуре́вич, etc. 男性であればそれらは変化する：я говори́л с Гуре́вичем, я был у Ги́нсбурга.》

237. Зализняк (2010⁶a: 737) によれば、Гли́нка の苗字は男性形と女性形が一致し、女性名詞のように変化するとしている：*gen. sg.* Гли́нки, etc. なお Зализняк (2010⁶a) «Грамматический словарь русского языка. Изд. 6-е.» は固有名詞の曲用タイプを記載してあり便利である (1977年出版の初版にはそれはない)。Зализняк (ibid. 737ff.) に従って、苗字の曲用タイプを概略すれば次のようである (記号は Зализняк によるもの：ф. は苗字を表す。мо は男性・活動体、жо は女性・活動体、п は形容詞型変化。数字は語幹末の子音の種類による分類番号。数字の後ろのラテン文字 a, b, c, … はアクセント型を表す。«~ 0» は女性形が不変化であることを示す。詳しくは同著 30 頁以下、また 737 頁を見よ)。**a)** Ми́ллер (ф. 1a ~ 0) 型：男性は男性名詞・活動体と同じ арти́ст 型の変化 (мо 1a)、対して女性は不変化 (その他の例：Уа́йтхед, Макдо́нальд, Мейерхо́льд, Берлио́з, Ма́ршалл, Мандельшта́м, Саган, Ло́тман, Прудо́н, То́мсон, Пропп, Ве́бер, Соссю́р, Маркс, Э́нгельс, Грот, etc.) ；**b)** Ве́рди (ф. 0) 型：男性と女性も不変化 (その他の例：Деррида́, Ферма́, Дюма́, Зо́рге, Таби́дзе, Мейе́, Кюри́, Ионе́ско, Руссо́, etc. ；**c)** Гли́нка (ф. <жо>) 型：-а, -я で終わり、男性と女性形は女性名詞のように変化する (その他の例：Ще́рба, Акутага́ва, Окуджа́ва, Коро́бочка, Сме́тана, Потебня́, etc.) ；**d)** Рае́вский, Толсто́й (ф. <п>) 型：男性と女性が形容詞のように変化する (男性：Рае́вский, -ого, Толсто́й, -о́го; 女性：Рае́вская, -ой, Толста́я, -о́й. 複数形は同じ形：Рае́вские, -их, Толсты́е, -ы́х.) ；**e)** Ти́хонов, Кузьми́н (ф. <мс>) 型：-ов, -ев, -ин で終わる苗字。名詞と形容詞の曲用の混合型。男性：Ти́хонов, Ти́хонов-а, Кузьми́н, Кузьми́н-а́, 女性：Ти́хонова, Ти́хоновой, Кузьмина́, Кузьмино́й, 複数は共通：Ти́хоновы, -ых, Кузьмины́, -ы́х) ．**f)** 2つ重なった苗字はそれぞれを変化させる。例えば、Ри́мский-

Ко́рсаков (ф. <п 3а> + <мс 1а>)：男性：Ри́мский-Ко́рсаков, *gen. sg.* Ри́мского-Ко́рсакова；女性：Ри́мская-Ко́рсакова, *gen. sg.* Ри́мской-Ко́рсаковой. Баркла́й-де-То́лли (ф. (6а + 0) ~ 0)：男性：Баркла́й-де-То́лли, *gen. sg.* Баркла́я-де-То́лли, 女性：Баркла́й-де-То́лли (不変化)。ここには前の要素を無変化にするヴァリアントのある苗字もある。例えば、´Иллич-Сви́тыч (ф. (4а + 4а) ~ 0 [// *проф.* ф.´4а ~ 0])：男性は 2 つのヴァリアント *gen. sg.* ´Иллича-Сви́тыча と ´Иллич-Сви́тыча (職業語、言語学者も)、女性は無変化。

238. 80 年アカデミー文法 (I. 506) によれば、-е́нко で終わる男性の苗字は口語では II 曲用あるいは I 曲用タイプ (II 曲用と I 曲用タイプは、80 年アカデミー文法においてそれぞれ ка́рта 型女性名詞と заво́д 型男性名詞に当たる) に従って変化する：gen. Короле́нки (*or* Короле́нка), dat. Короле́нке (Короле́нку), acc. Короле́нку (Короле́нка), instr. Короле́нкой (Короле́нком), loc. Короле́нке. しかし現在では不変化の傾向があるという。Comtet (2002: 116) から引用されたこの 2 つの曲用タイプの例を参照：Вы́ пи́шете, чтò у Ва́с име́ются пи́сьма Короле́нки. (Гржебин から Горький への 1922 年 1 月 9 日の手紙)《あなたの所にコロレンコの手紙があるとあなたは書いておられます》(女性名詞タイプの曲用)。Пса́рь подверну́лся о́чень ло́вко к Кумаче́нку. (Да́ль, 1839)《猟犬番はクマチェンコに大変うまい具合に出会った》(男性名詞タイプの曲用)。Зализняк (2010а: 739, §22) によれば、「子音 + ко」で終わるウクライナ、白ロシア、ポーランド起源のШевче́нко タイプの苗字は、現代文章語では変化しない。しかしまた変化するヴァリアントもあり、そこでは主格以外の全ての形は жо 3*а (ка で終わる女性名詞・活動体のような変化形) モデルに従って変化するとしている：例えば、у Шевче́нки, с Шевче́нкой, etc. このヴァリアントは 19 世紀の多くの作家に、また 20 世紀の作家にも見られる。特に、ウクライナあるいは白ロシアの生活が記述される際には。現在はこのヴァリアントは俗語あるいは方言的なニュアンスをもつ。

Исаченко (1954: 82) によれば、「ウクライナ起源の -енко で終わる苗字は文章語では一般に不変化である：жизнь Шевче́нко, рома́н Короле́нко. 口語ではこれらの名詞は変化できるが、しかし変化するのはただそれらが男性の場合だけである。その変化は第 2 (女性) 曲用をモデルにして変化する：я говорил с Иване́нкой, я был у Иване́нки. それらが女性のときは不変化である：я говорил с (Ве́рой) Иване́нко, я был у (Ве́ры) Иване́нко.」さらに Исаченко (1954: 194) は次のように書いている：「しかし口語では Короле́нко, Тимофе́енко, Тимоше́нко, Пономаре́нко タイプの男性の苗字はしばしば女性の -а 曲用に従って変化する：у Короле́нки, с Короле́нкой, написа́л Ива́ну Ива́новичу Тка́ченке, etc. ロシア文章語規範の観点からすれば、-енко の人名のそのような用法は、たとえ幾人かの著者 (例えば、Р. И. Аванесов & В. Н. Сидоров, Очерк грамматики русского лит. яз., 1945, стр. 114) がそれを文章語にも含めているが、間違っていると見なさざるを得ない」。

239. 形容詞の短形と長形のカテゴリーについての、研究者 (Н. Ю. Шведова, А. В. Исаченко, Е. Кржижкова, etc.) の考えについては、Земская (ed. 1973: 196–199、この項目は Г. А. Красильникова の執筆) が簡単に纏めている。Красильникова はさらに口語における短

形と長形の使い分けを以下の4つのタイプに分類している (ibid. 200–209)：I タイプ (прав, благодарен)、II タイプ (болен — больной)、III タイプ (умный — умен)、IV タイプ (белый)。

он бле́ден と он бле́дный のような形容詞の短形と長形の間の違いについては、しばしば引用される次の Виногра́дов (1972²: 214) の発言を参照：「短形は時間の中で経過し、あるいは生じる質的な状態を表す。長形は時間抜きで考えられる特徴を表すが、しかしあるコンテキストではある種の時間に帰属するものと見なされる特徴を表す。」Исаче́нко (1954: 256) はこの Виногра́дов の発言は次の文脈から明確になるとしている：от него́ нельзя́ тре́бовать физи́ческой рабо́ты — он больно́й《彼に肉体労働を求めてはいけない――彼は病気もちだ》、しかし его́ сейча́с нельзя́ трево́жить — он бо́лен《彼を今不安にさせてはいけない――彼は病気だ》。また長形は述語として現れるときに、「繋辞的な」語 челове́к, мужчи́на, же́нщина, де́вушка, ребёнок, де́ло などを使って主語に連結することができる：он челове́к энерги́чный, она́ же́нщина неглу́пая, она́ де́вушка самостоя́тельная, это де́ло не спе́шное. この繋辞的な語は早いテンポで発音されるとき弱化する、例えば、[челаэ́к])。

Исаче́нко (1954: 256–257) は、述語としての形容詞短形が動詞活用形と類似していることを強調し (例えば、短形は形容詞的代名詞 тако́й ではなく副詞的代名詞 так と結合すること。訳注334参照)、一部の研究者からこれが独自の語クラス、特殊な品詞ではないかという問題が提起されたことを述べている。

Исаче́нко (1954: 257ff.) によって述語として用いられる形容詞短形の主な意味と使用範囲 (短形の使用は義務的ではないが、好ましい場合) を纏めると以下のようである：《(1) いくつかの性質形容詞の短形は過度の意味をもつ：сапоги́ малы́《長靴は小さすぎる》、боти́нки велики́, ко́фта длинна́, костю́м у́зок, он ещё мо́лод, он уже́ стар для э́того. ここには хоро́ший (長形は肯定的評価) の短形 хоро́ш, -á の皮肉 (хоро́ш учёный, не владе́ющий элемента́рными приёмами свое́й нау́ки《自分の学問の基本的な手法もものにしていないたいした学者ですな》) や美的ニュアンス (в э́тот ве́чер она́ была́ о́чень хороша́《今晩、彼女は大変美しかった》) も含まれる。また長形 плохо́й は否定的ニュアンスを表すが (плохо́й челове́к), 短形 плох は別の何かを表現する：он о́чень плох は病人について、その人の状態が不安を引き起こすことを述べている。(2) 短形の使用範囲 (義務的ではないが、短形の使用が好ましい場合)：a) もし形容詞によって表される述語が文の先頭にあるとき、短形が明らかに優先される：широка́ страна́ моя́ родна́я《我が祖国は広大》(これは文語の特徴である)。文体的ニュアンス以外で短形のみが用いられる場合：b) 幾つかの形容詞では短形のみしか許容しない：он жив, он прав, он гото́в, он винова́т. ここには рад, ра́да, ра́ды も含まれる。c) 述語としての形容詞が支配を保持していたら (つまり何らかの格形あるいは動詞形と結合していたら)、短形にならねばならない：я дово́лен результа́тами рабо́ты《私は仕事の成果に満足している》、он похо́ж на своего́ бра́та《彼は兄弟似だ》、он наме́рен это сде́лать《彼はこれをやってしまうつもりだ》。d) 現在受動分詞から派生した形容詞が述語機能で使われるとき：наш наро́д непобеди́м《我が国民は無敵だ》。e) 現在能動分詞から派生した形容

詞が述語として使われるとき：ему присýщ оптимúзм《楽天主義が彼の持ち前だ》。f) 過去受動分詞が述語として用いられる時は短形：урóк напúсан《宿題は書かれた》。g) -úческийで終わる形容詞は述語として現れることができない。それが述語機能となるときには、-úчен, -úчна に相当する形容詞を用いる（関係形容詞から性質形容詞への移行）：логúческий вы́вод《論理的な結論》— э́тот вы́вод логúчен《この結論は論理的だ》。h) 人の与格と結合する評価を表す多くの形容詞は、述語では短形を用いる：он мне блúзок《彼は私にとって身近だ》。i) 代名詞 вы《あなた》(丁寧体 вежливость の形) と一致した形容詞は常に短形で用いられる：вы óчень бледны́《あなた大変顔色が良くない》(вы óчень бле́дные とは言えない！)、бýдьте любе́зны《恐れ入りますが》、вы бы́ли смешны́《あなたは滑稽だった》。単数では長形も許容される (ты смешнóй と ты смешóн)、ところが複数では、もし代名詞 вы が一人のひとならば、長形 вы были смешны́е を使うことはできない。

他方、短形が不可能な形容詞（非性質形容詞と非評価形容詞）がある。以下の語尾をもつ形容詞：1) -ий, -ья, -ье (вóлчий, оле́ний)【この所有形容詞の主格形は短語尾形である。訳注263を見よ。】、2) -ний, -няя, -нее (ле́тний)、3) -иный (гусúный)、4) -шний (сегóдняшний)、5) -янный, -яный, -енный (деревя́нный, овся́ный). これ以外に短形を避ける傾向が見られるのは中性の形容詞である：э́то помеще́ние теплó, э́то перó тýпо. ロシア語ではこれらの場合は長形が好まれる：э́то помеще́ние тёплое《この部屋は暖かい》、э́то перó тупóе《このペンは先が丸い》。しかし分詞形ではこの制限は当てはまらない：письмó напúсано. 》さらに形容詞短形の形成の形態的制限については Виноградов (1972^2: 219ff.) を見よ。

240. Исаченко (1945: 254) 参照：《形容詞の短形には長形に比べて意味論的な狭窄が見られる。例えば、形容詞長形 голóдный は直接的な意味 (голóдный волк《飢えた狼》) でも、転義的な意味 (голóдный взгляд《ひもじそうな眼差し》) でも、また関係形容詞としても (голóдная смерть《餓死》) 用いることができるが、短形は最初の直接的な意味しかない：он гóлоден《彼は空腹である》。егó взгляд был гóлоден とか смерть былá голоднá ということはできない。》

241. 80年アカデミー文法 (II. 293–294) 参照：《形容詞の短形を用いる場合、主語と述語との数の一致には揺れが見られる。(1) 主語の большинство, меньшинство が単体、あるいは名詞結合で使われるとき、単数中性でも複数でも可能である：Большинство присýтствующих согласно/согласны《大多数の参加者は同意している》。(2) 連結あるいは列挙して主語が並ぶとき、述語は単数でも複数でも可能である：Согласны брат и сестра — Согласен брат и сестра — Согласна сестра и брат《兄姉が賛成だ》; Согласны и брат, и сестра, и отец — Согласен и брат, и сестра, и отец — Согласна и сестра, и брат, и отец《兄も姉も父も賛成だ》。もし列挙した並びに複数形があれば、述語は複数形が正しい：И я, и они согласны《私も彼らも賛成だ》; Брат и сестры согласны; Согласны сестры и брат《姉妹と兄が賛成だ》。しかし単数形の名詞と述語が直接隣り合うとき、述語は単数が正しい：Согласен и я и сестры, Сестра согласна и братья. 主語の並びが分離されているとき、述語

は最も近い語形に一致する単数形が正しい：Согласен брат, но не сестра《姉でなくて兄が賛成だ》; Брат согласен, но не сестра; Согласна сестра, но не брат; Не брат, так сестра будет согласна. 主語が一緒の意味をもつ語結合のとき、述語は複数形が正しい：Брат с сестрой согласны; Отец с матерью рады; Мы с братом готовы; Вы с сестрой должны ехать (そのような結合に 2 人称単数の代名詞 ты が入るときには、単数形が正しい：Ты с сестрой должен это понять; Ты с отцом будешь рад)。(3) 主語に代名詞 кто があるとき、その主語が何人であろうと、述語の形容詞は単数形である：Кто согласен, поднимите руку《賛成の人は手を挙げてください》。複文で代名詞 кто が他の代名詞の語の複数形と結びつくとき、述語は単数あるいは複数が可能である：те, кто согласен — те, кто согласны; те, кто нужен — те, кто нужны. 》

242. 80 年アカデミー文法 (II. 293) 参照：《形容詞短形は述語とある孤立した言い回しのみにしか使われない。述語における長形と短形の交換は次の場合、(1) 一般にできない、(2) あるいは限られる。(1) 長形と短形の交換ができない場合：短形と長形の語彙的意味が異なる場合：Этот старик — плохой《この老人は悪い》と Старик совсем плох《老人はすっかり弱っている》; Она хорошая《彼女は良い》と Она хороша собою《彼女は美人だ》; Он — живой《彼は生きている》と Он жив только надеждой《彼はただ希望のみを生き甲斐にしている》; Эти мысли великие《これらの思想は偉大だ》と Эти перчатки тебе велики《この手袋はお前には大きすぎる》。また慣用句に固定されているときは交換できない：Руки коротки у кого-н. для чего-н.《... には力が足りない》。さらに概括的な機能をもつ это や что が主語の代わりをする場合も交換は不可能である：Беда — непоправимая《災いは取り返しがつかない》、しかし Случилась беда, и это непоправимо《災いが起こったが、それは取り返しができない》。(2) 長形と短形の交換が限られる場合：短形は官庁的・学問的な言葉、あるいは金言や格言で好まれる：Наша жизнь коротка《我らの人生は短い》、Великие истины просты《偉大な真理は単純だ》。文章語では短形は、文が主体の意味をもつ格形によって拡大されているとき好まれる：Этот человек для меня непонятен, удивителен《この人は私には理解不能で、驚くべき人だ》; Этот разговор ему неприятен《この話は彼には不愉快だ》。さらに、Природа там прекрасна — Природа там прекрасная《あそこの自然はすばらしい》のような場合における現代語の短形と長形の選択は、短形を制限するという傾向を見せている。》

243. その他の例：по белу свету《世の中を》、на бо́су (босу́) ногу《素足で》、раздеться догола́《丸裸になる》(из гола から)、средь бе́ла дня《真昼間に》。80 年アカデミー文法 (I. 557) によれば、《詩文学では短形の付加形容詞は民衆詩的な彩りをつくる目的で使われる：Ой, синь туман, ты — мой! Ал сарафан — пожар, что девичий загар! (Блок)《おお、青い霧、お前は私のもの！ 深紅のサラファン、まるで乙女の日焼けのように燃える火のようだ》》。

244. на бо́су но́гу というアクセントもあり、こちらを現代のロシア人は使うようである。

245. 正書法では <o> は -о と -е、<a> は -а と -я、<i> は -и と -ы。

246. 18–19 世紀の作家の言語にはしばしば slavism が見られる。例えば、アクセント下での語尾 -ий, -ый をもつ形容詞：святы́й оте́ц (Пушкин)。またスラヴ語的な形容詞語尾：gen. sg. f. -ыя. 例えば、му́дрыя змей (Пушкин)。

247. 同じ語根から派生し、硬子音で終わる語幹と軟子音で終わる語幹をもつものが少数ある。例えば、го́рный《山の》、го́рний《(詩的な言葉で) 天上の》。бескра́йний / бескра́йный《果てしない》、и́скренний / и́скренный《誠実な》、междугоро́дный / междугоро́дний《都市間の》。Comrie (2003²: 133) によれば、これらの 2 つの形のうち前者のほうが優位をしめている (女性形では междугоро́дная より междугоро́дняя のほうが口語では頻度が高い)。

248. Исаченко (1954: 246–247) 参照：《(-ий, -яя, -ее; -ие で終わる所謂「軟変化」形容詞のグループに属するのは以下の形容詞である：(1) 時間の意味をもつ形容詞：зи́мний — весе́нний — ле́тний — осе́нний; вече́рний — у́тренний; вчера́шний — сего́дняшний — за́втрашний; ны́нешний; тепе́решний — тогда́шний; ра́нний — по́здний; пре́жний; да́вний — неда́вний. また -го́дний の要素をもつ形容詞：прошлого́дний, нового́дний. (2) 空間的な意味をもつ形容詞：ве́рхний — ни́жний; пере́дний — за́дний; вну́тренний — вне́шний; да́льний — бли́жний. またここには сре́дний, кра́йний, после́дний; зде́шний — та́мошний も入る。(3) 要素 -ле́тний をもつ形容詞：многоле́тний, двухле́тний, одноле́тний, совершенноле́тний. 要素 -сторо́нний をもつ形容詞：односторо́нний, разносторо́нний; посторо́нний. (4) それ以外の形容詞：дре́вний, заму́жняя, и́скренний, ли́шний, изли́шний, пустопоро́жний, суббо́тний. 性質形容詞としては孤立している次の形容詞：си́ний と ка́рий (ка́рие глаза́《茶色い目》の結合でのみ。)》 Исаченко は「軟変化」形容詞の代表としてしばしば教科書で си́ний を取り上げるのは、これが「軟変化」形容詞の中でも孤立した形容詞であるため好ましくないと考えている。

249. Timberlake (2004: 126) によれば、軟子音語幹のほとんどの形容詞は起源的に接尾辞化されたものである：разносторо́нний, да́льний. それらは男性で硬音 [n] をもつ：бескра́ен (< бескра́йний《果てしない》【女性短語尾では軟子音 [n,]：бескра́йня】。

250. この派生の接尾辞は起源的には *-ьn- (cf. Slav. nudjьnъ(jь) > ORuss. нужьныи) (RED)。80 年アカデミー文法 (I. 561–562) 参照：《その他の《子音 + -н 接尾辞》結合の形容詞 (ø ~ /o/ 交替)：во́льный — во́лен (俗語 воле́н), дурно́й — ду́рен (дурён), ро́вный — ро́вен (ровён), си́льный — силён (廃語 си́лен), смешно́й — смешо́н, хмельно́й — хмелён (民衆詩 хме́лен), у́мный — умён.《子音 + -н 接尾辞》結合の形容詞 (ø ~ /a₁/ 交替)：больно́й — бо́лен, бу́йный — бу́ен, ви́дный — ви́ден, вку́сный — вку́сен, вла́жный — вла́жен, вре́дный — вре́ден, дре́вний — дре́вен, разу́мный — разу́мен, стро́йный — стро́ен, чёрный — чёрен, спаси́тельный — спаси́телен, респекта́бельный — респекта́белен, досто́йный — досто́ин.》

251. нра́вственен も可能であり、こちらをロシア人は自然なものと感じているようである。
252. есте́ственен も可能であり、こちらをロシア人は自然なものと感じているようである。
253. 80 年アカデミー文法 (I. 562) 参照：《その他の《子音 + -к- 接尾辞》結合の形容詞

(ø ~ /a₁/ 交替)：бли́зкий — бли́зок, бо́йкий — бо́ек, га́дкий — га́док, гро́мкий — гро́мок, жи́дкий — жи́док, зя́бкий — зя́бок, ли́пкий — ли́пок, сто́йкий — сто́ек, то́нкий — то́нок, полнёшенький — полнёшенек. 》

254. その他の例：кру́глый — кругл, по́шлый — пошл, ры́хлый — рыхл, хри́плый — хрипл.

255. 移動母音のない短形のヴァリアントもある：о́стрый — остёр/остр《辛辣な》；хи́трый — хитёр / хитр.

256. その他の例： бы́стрый — быстр, мо́крый — мокр, му́дрый — мудр, хра́брый — храбр, ще́дрый — щедр.

257. Исаченко (1954: 254) 参照：《-ний, -няя, -нее で終わる軟変化の形容詞は、多くの場合、短形をつくらない。文法では形容詞 си́ний の短形が普通引用されるが、生きた文章語ではかなり稀である。軟変化の形容詞 и́скренний, изли́шний, ли́шний, односторо́нний, многосторо́нний, разносторо́нний は、男性の短形をつくるとき硬子音で終わる：и́скренен, изли́шен, ли́шен, односторо́нен, многосторо́нен, разносторо́нен。女性形は普通 -ня で終わる：изли́шня, односторо́ння. 形容詞 и́скренний は次の短形をもつ：и́скренен, и́скренна (硬子音語尾)、и́скренны.》

258. 80 年アカデミー文法 (I. 557) 参照：《短形は全ての形容詞からつくることができるわけではない。形容詞の特徴が時間とともに変化しないような形容詞からは短形はつくられない。例えば、短形がつくられない形容詞は、その特徴が高い程度を表す形容詞：большу́щий《でっかい》、здорове́нный《どでかい》；比較級の形容詞：мла́дший《年少の》、ста́рший《年上の》。動物の毛色を表す形容詞：була́ный《(馬の)月毛の》、пе́гий《斑の》。色を表す形容詞：ора́нжевый《オレンジ色の》、па́левый《淡黄色の》。それ以外に順序形容詞、代名詞的形容詞、所有形容詞、また性質的な意味での関係形容詞も短形はない。》

259. Исаченко (1954: 243-244) 参照：《形容詞の長形のアクセントの内で語尾アクセントをもつものは次の形容詞である：(1) 一次的な (非派生的な) 性質および評価の形容詞のうちで肉体的な欠点や疾病を意味する形容詞：больно́й, криво́й, немо́й, слепо́й, хромо́й; さらに большо́й, босо́й, гнедо́й, голубо́й, густо́й, дорого́й, живо́й, косо́й, круто́й, молодо́й, наго́й, плохо́й, просто́й, прямо́й, пусто́й, сухо́й, сыро́й, туго́й, холосто́й, худо́й, чужо́й, etc. (2) 一般に男性名詞の第 3 アクセント型 (単数形で語幹アクセント、複数形で語尾アクセントをもつ нос — но́са — носы́ のタイプ) の名詞からつくられた -ово́й, -ево́й で終わる形容詞 (現代語ではそうでないものも含まれる)：беговой (cf. бег — pl. бега́)、береговой (cf. бе́рег — pl. берега́)、боевой (cf. бой — бой)、боковой (cf. бок — pl. бока́)、вековой (cf. век — века́/ве́ки)、верховой (cf. верх — верхи́)、видовой (cf. вид【AP c (Зализняк (1985: §2.17). Зализняк (1985) は古代ロシア語のアクセントタイプを調べる際の資料として有用。AP c は移動アクセントタイプ】)、годовой (cf. год — го́ды/года́)、гробовой (cf. гроб — гробы́)、голосовой (cf. го́лос — голоса́)、домовой (cf. дом – дома́)、дымовой (cf. дым — дымы́)、жировой (cf. жир — жиры́)、круговой (cf. круг — круги́)、лобовой (cf. лоб AP b (Зализняк (1985: §2.16)】)、 меховóй (cf. мех — pl. мехá), мировóй (cf. мир【AP c (Зализняк (1985: §2.17)】), мозговóй (cf. мозг — мозги́), мостовóй (cf. мост — мосты́), низовóй (cf. низ — низы́), носовóй, паровóй (cf. пар — пары́), полковóй (cf. полк — полки́), портовóй (cf. порт — порты́), пуховóй (cf. пух), рядовóй (cf. ряд — ряды́), снеговóй (cf. снег — снегá), строевóй (cf. строй — строи́), тыловóй (cf. тыл — тылы́), угловóй (cf. у́гол — углы́), фронтовóй (cf. фронт — фронты́), часовóй (cf. час — часы́), etc.》

　形容詞のアクセントと意味の間にある種の関係があることについては、Зализняк (1989 [2010: 513–528]) の興味深い論文《О некоторых связях между значением и ударением у русских прилагательных》の中で議論されている。例えば、(1) 肉体的欠陥あるいは否定的な精神的特徴を意味する、非派生的あるいは接尾辞 -н- をもつ形容詞は、普通、長形で語尾アクセントをもつ：глухóй, немóй, слепóй, хромóй, кривóй «одноглазый», косóй «косоглазый», худóй, больнóй, шальнóй, блажнóй; тупóй «глупый, бездарный», простóй «глуповатый», пустóй «легкомысленный», крутóй (нравом), сырóй «тучный и слабосильный», сухóй «сухопарый; иссохший, сморщенный»; рябóй, седóй; злой, седóй; злой, скупóй, лихóй, озорнóй, разбитнóй, хмельнóй, чуднóй (о человеке), смешнóй (о человеке); холостóй; плохóй, дурнóй, дряннóй, срамнóй. これについて Зализняк は、「欠陥の意味のグループに観察されるアクセント効果は、性質形容詞のアクセント法の一般原理に反している。」[ibid. 516–517] と書いている。(2) 色彩 (照度) を表す形容詞は、その形態論的構造とは関係なく、長形で語幹にアクセントをもつ：бéлый, чёрный, крáсный, зелёный, рóзовый, лилóвый, белёсый, пёстрый, свéтлый,… . 例外は、голубóй. [ibid. 518] (3) 反意語のペアのアクセント法。2 つの形容詞が意味的に対立しているとき、その「アクセント的輪郭 акцентный контур」（「語幹アクセント」対「語尾アクセント」の対立だけでなく、語幹アクセント内での語幹音節の数、及び語幹内部のアクセント位置による違いを「アクセント的輪郭」と呼ぶ [ibid. 513]）の間に違いが生じる。これは接尾辞によるアクセント法、その他のために、対立が幾分ぼやける。対立の例：большóй — мáленький, молодóй — стáрый, хорóший — плохóй, пóлный — пустóй, тяжёлый — лёгкий, простóй — слóжный, живóй — мёртвый, дóбрый — злой, холóдный — тёплый, богáтый — бéдный, дорогóй — дешёвый, свобóдный — зáнятый/занятóй, весёлый (смешнóй) — грýстный, бы́стрый — мéдленный, больнóй — здорóвый, полéзный — врéдный, сухóй — мóкрый, óстрый — тупóй, гóлый — одéтый, тóлстый — худóй, густóй — жи́дкий, крутóй — полóгий, голóдный — сы́тый, сырóй — варёный, слепóй — зря́чий, босóй — обýтый, скупóй — щéдрый, женáтый — холостóй. さらに空間的な形容詞が図像的 iconic に、つまり程度が大きいことを意味する形容詞は 1 音節だけ長いという特徴をもつ対立の例：высóкий — ни́зкий, глубóкий — мéлкий, ширóкий — ýзкий, далёкий — бли́зкий.

260. жестóка の方が普通である。

261. кóроток も可能であり、ロシア人はこちらを使う。

262. 訳注 266 参照。

263. 和久利誓一『テーブル式　ロシア語便覧』(評論社 1981: 60) では、ли́сий, во́лчий の -ий は「長語尾」と見なされ、「短語尾はなし」と書かれている。また、八杉貞利・木村彰一『ロシヤ文法』(岩波書店 1953: 56) は、рыбий《魚の》の語幹を「рыб-」としている。同様に、『博友社ロシア語辞典＜改訂新版＞』(p. 1525) もこのような物主 (所有) 形容詞について「短語尾なし」、と書いている。我が国の文法書や辞書にはこの形態の正しい記述は全く見られない。

この -ий をその文字面から形容詞長形の語尾と勘違いする人は多い。古くは А. А. Шахматов も例外ではない (Шахматов 2012: 169–172)。Виноградов (1972²: 165–166) は、Шахматов の考えを次のように批判している：「従って、現代ロシア語における -ий, -ья, -ье で終わる形容詞の全ての形を Шахматов は、斜格の -его, -ему, 等を基にして、名詞の曲用にではなく、代名詞の、長語尾の曲用に起源を求めている。しかも、彼は主格形と対格形の中に《重音省略 гаплология》、つまり 2 つの同じ結合の単純化を見ている：козья́я の代わりに козья, козье́е の代わりに козье, 等。しかし、また他の、それに劣らず確からしい、козий の曲用体系の説明もある。この説明によれば、主格と対格は古い名詞の、短語尾の形を保持し、他方、他の格は синий に類似した長語尾形容詞の曲用形との類推の道を進んだ、というものである。」

今日では、この Виноградов の言う、主格と対格は短形、その他は長形という説が定説である。即ち、この -ий を本書のように移動母音 и と /j/ から成る語幹の一部 (語尾はゼロ) と見なすことが定説である。例えば、プラハ版アカデミー文法 (§686) は、лисий の語尾について次のように書いている：「<-#j=> で終わる語幹における語尾 (ゼロ語尾あるいは完全な語尾) の特徴に従って、交替 <-Cej=ø> | <-Cj=V> が生ずる；非末尾位置で音素的レベルにおいて /-Cij/ | /-CjV/ が現れる。これは正書法の形 ли́сий | ли́сьего, ... に一致する」。これから明らかなように男性の単数主格形では移動母音 е が現れている。この移動母音 е は /j/ に後続されるとき、アクセントの外では и と書かれる (訳注 92)。同様に、80 年アカデミー文法 (I. 551) でも次のように書かれている：「この見本の全ての格形における形容詞語幹は、男性の単数主格形 (不活動体名詞との結合の際には対格形も) において /j/ で終わるが、それは先行する移動母音 /α₁/ あるいは /e/ をもっている」。また Белошапкова (1997: 519) でも「注意しなければならないことは、лисий タイプの形容詞の単数主格形においてゼロ語尾が現れていることである。これらの形容詞の語幹は лисиj- と лисj- の形で現れる」、と明確にゼロ語尾と述べている。А. А. Реформатский (1975: 86.) も次のように書いている：「синий と лисий タイプのパラダイムはかなり類似しているが、これは人を誤らせる類似である：синий の語幹は軟子音で終わる <с'ин'->, しかし лисий の語幹はヨット й で終わる：<л'ис'ей->. 女性形参照：синяя と лисья」。最近の Л. П. Крысин (Лекант et al. 2010: 194–195) も同様である。また Ожегов & Шведова (2009: 932) の辞書にある変化表も оле́ний, оле́нь-его のように主格がゼロ語尾であることに注意。さらに -и が移動母音である

ことについて、Unbegaun (1979: 101) は、во́лчий タイプの例を引用し、次のように述べている：《It will be observed that the nom. sing. masc. has, instead of a mobile -e-, a mobile -u-.》 このように考えると、中性、女性、複数の各主格形を体系的に説明することができる。なお、тре́тий も ли́сий と同様に移動母音 и をもつ形であることに注意（Cf. тре́тье, тре́тья）（移動母音については訳注 90 を見よ）。

264. Исаче́нко (1954: 237) 参照：《所有形容詞 притяжа́тельные прилага́тельные は単なる任意の人の所有を表現するのではなく、ある決まった具体的な個人の所有を表現することに特徴がある。ма́мина кни́га《母の本》という結合は一般の母の所有する本を意味するのではなくて、ある決まった、話し手と聞き手によく知られた、ある個人の母の所有する本を意味している。反対に、関係形容詞 матери́нский は所有の意味を欠いており、《一般に母親達に特徴的な》ということを意味する、cf. матери́нская любо́вь《母性愛》。関係形容詞と所有形容詞の境界には медве́жий, соба́чий, ра́чий, охо́тничий のような形容詞がある。ある文法家はそれらを所有形容詞に分類している。しかし ма́мин タイプと медве́жий タイプの形容詞の間の違いは明確である：前者は任意の具体的な個人の所有が表現され、後者はグループ（動物、人）全体に固有な特徴が表現される。これを確かめることは容易である。на столе́ лежа́ла ма́мина кни́га《机の上には母の本があった》という文において、形容詞と名詞の結合を《на столе́ лежа́ла кни́га како́й-то ма́мы》という表現によって置き換えることはできない。というのは具体的な決まった個人について話題にしているのであるから。из-за де́рева показа́лась медве́жья голова́《木陰から熊の頭が現れた》という文において、形容詞と名詞の結合を《показа́лась голова́ како́го-то медве́дя》という表現によって、つまり類概念としての熊によって置き換えることは容易である。Охо́тничье ружьё《猟銃》は、ある決まった猟師の銃ではなくて、猟師たちによって使われる銃のことである。これらのことから後者の種類の形容詞を《関係・所有形容詞》と名付けることを我々は提案する。》また Исаче́нко (1954: 284ff.) も参照。

Виногра́дов (1972², 162) 参照：《現代ロシア語において接尾辞 -ин は個人的な所有 индивидуа́льная притяжа́тельность を表すために使われる、つまり主として打ち解けた日常的な、家庭生活の間柄の中で使われる。それは親族表現や名前の愛称形からの派生語の中に、また -a, -я で終わる正式の女性名詞と男性名詞からの派生語の中に確固として保たれている：тётин, тёткин, ма́мин, ма́чехин, па́пин, дя́дин, ня́нин, же́нин, сестри́н; Та́нин, На́дин, Ко́лин, Ва́нин, Варва́рин, Наде́ждин, etc.》

265. これについては Исаче́нко (1954: 284-285) も参照：「アカデミー会員の В. В. Виногра́дов (1947: 192-193 [1972², 161]) は文章語の書物的文体における所有接尾辞の《衰退》について語っているが、それはまず第一に、отцо́в, ме́льников, дво́рников, пе́карев, учи́телев; бра́тнин, му́жнин タイプの接尾辞 -ов (-ев) と -нин によって形成される形容詞に関することである。これらの形容詞はその意味と、特にその文体的なニュアンスによって ма́мин, тётин, ба́бушкин, Пе́тин, Ва́нин, Воло́дин, 等のタイプの -ин (-ын) で終わる形容

詞とははっきりと異なっている。-ов (-ев) と -нин に終わる形容詞は文体的にニュートラルな名詞から形成される：親族名称 (отéц, сын, брат, муж) と職業名称 (мéльник, двóрник, учúтель). (中略) 反対に、-ин (-ын) で終わる形容詞は文体的に《評価された》語から形成される：これは口語的、《親密な》、家庭生活で用いられる語である：мáма (мать ではなく)、пáпа (отéц ではなく)、Вáня (Ивáн ではなく)、Волóдя (Владúмир ではなく)。(中略) 実際、-ов (-ев) と -нин で終わる形容詞はロシア語で消えかかっている。散文や韻文ではそれらは散発的に見られるが、生きた口語においてはそれらははっきりと避けられて他の接尾辞的な形成や属格関係によって置き換えられている：отцóв дом の代わりに отцóвский дом, отéческий дом あるいは дом отцá と言われたり書かれたりする。」

266. 60 年アカデミー文法 (1960, I. 319) では -ин, -ын で終わる所有形容詞の格変化表として、単数の男性と中性の属格と与格は短形で記されている：gen. sg. сéстрин-а, dat. sg. сéстрин-у, cf. 女性と複数は сéстрин-ой, -ым. しかし次の頁の注では現代ロシア語では男性と中性の属格と与格の語尾は完全形 (сестрин-ого, сестрин-ому) によって置き換えられることが書かれている (ibid. 320)。そのような完全形の例は 19 世紀の文章語においてすでに見られる (なお Виноградов (1972²: 163) によれば俗語の影響によるものという)：例えば、Три версты... отделяли церковь от *тетушкиного* дома.《おばさんの家から教会まで3露里離れていた》(Л. Толстой, «Воскресение»). (ibid. 163)

Зализняк (1977 [2010a]: 63) では次のように書かれている：「-ин, -ын で終わる所有形容詞は、ただ固定的な語結合に現れるときだけ (例えば、шемя́кин суд《不公正な裁判》、трóицын дéнь《三位一体祭》)、男性と中性の単数属格と与格において -а, -у 語尾をもつ形が使われる：шемя́кина судá, шемя́кину судý.」

Comrie (2003²: 134) によれば、《-ов/-ев と -ин で終わる所有形容詞は、規範文法によれば男性と中性の単数属格と与格において短語尾形あるいは長語尾形をとることができる：старухин《老婦人の》は属格で старухина あるいは старухиного, 与格で старухину あるいは старухиному。19 世紀には短語尾形が正しい形と見なされていたが、長語尾形もまたよく知られた作家に使われていたという。今日は長語尾形だけが規範と見なされている。》さらに Исаченко (1954: 286) の次の発言を参照：「この 100 年間 -ин で終わる所有形容詞は幾つかの形態的変化を経験し、その他の形容詞の体系の中に入り込んできた：現代ロシア語においてより古風な мáмина столá, Пéтину товáрищу に対して、мáминого столá, Пéтиному товáрищу タイプの完全形の許容とさらに優勢を参照せよ。-ин で終わる形容詞形は《親密な》言葉から文章語のなかに入り込んでいる、Достоевский の «Дядюшкин сон»【イサチェンコはここで "Дедушкин сон" と書いているが、勿論これはイサチェンコの間違い】, А. И. Бунин の «Митина любовь» のような題名も参照せよ。」

267. ここに属するのは医学および解剖用語、および古代言語から借用された表現である：кéсарево сечéние《帝王切開》、глáуберова соль《グラウバー塩》、евстáхиевы трýбы《耳管》、гáйморовы пóлости《(解剖)ハイモア洞》、áвгиевы конюшни《アウギウス王の厩舎 (汚い部

屋、荒廃)》、прокру́стово ло́же《プロクルステスの寝台》、танта́ловы му́ки《タンタロスの苦しみ》、Ма́рсово по́ле《(古代ローマの)練兵場；マルスの広場》、крокоди́ловы слёзы《空涙》、等。

268. -ов, -ёв で終わる所有形容詞の曲用は 80 年アカデミー文法 (I. 555) や Белошапкова (1997: 520) でも本書と同様である。すなわち、単数男性と中性の属格と与格の語尾は -a と -y である (отцов-a, отцов-y)。プラハ版アカデミー文法 (§688) も Зализняк (2010-a: 63) も同様 (отцо́в, отцо́во, gen. отцо́ва, dat. отцо́ву)。Исаченко (1954: 292) も同様である (m. gen.sg. анто́нов-а огня́, dat.sg. анто́нов-у огню́; n. gen.sg. ке́сарев-а сече́ния, dat.sg. ке́сарев-у сече́нию)。Е. В. Клобуков (Лекант et al. 2013: 488) は、отцов タイプの形容詞にとって、-ин- 接尾辞をもつ形容詞のような属格と与格に見られる長形のヴァリアント (Катина/Катиного, Катину/Катиному) は排除されていると書いている。これに対して Comrie (2003²: 134) には次のような記述が見られる：«Possessive adjectives ending in -ов/-ев and -ин may, according to prescriptive grammars, take short or long case endings in the genitive and dative masculine and neuter singular. For example, старухин 'old woman's' may decline as старухина or старухиного in the genitive, and as старухину or старухиному in the dative.» しかしここには -ов/-ев で終わる形の《長い語尾》の例はどこにも記されていない。さらに Comtet (2002: 140–141) では男性と中性の属格と与格は短形として記されており、これが長形をもつことは書かれていない。そして次のように書かれている：「この表【отцо́в の変化表のこと】は実際のところ理論的なものである、というのもこの形容詞はある固定した表現において主格だけしかもはや使われないからである：крокоди́ловы слёзы "des larmes de crocodile", Но́ев ковче́г "l'arche de Noé"... しかし Бе́рингов проли́в "le détroit de Behring" あるいは Ба́ренцево мо́ре "la mer de Barents" のような伝統によって伝えられた地名の場合が残っているので、この曲用を無視することは難しいことと思える。」

269. これについては 80 年アカデミー文法 (I. 556) 参照。Comrie (2003²: 133) によれば、例えば、час пик "rush hour", цвет беж "beige colour", стиль модерн "modern style", картошка (картофель) фри "pommes-frites". これらは名詞だけが格と数に従って変化する。その他の言語・民族名：язык коми "Komi language", народы банту "Bantu peoples", словарь эсперанто "Esperanto dictionary".

Е. В. Клобуков (Лекант et al. 2013: 485) は本来的なロシア語の不変化形容詞として次の語を挙げている：яблоко *покраснее*; глаза *навыкате*; быть *повеселее*, etc.

270. 最近では形容詞 лососёвый が使われる。

271. Исаченко (1954: 276) 参照：《ロシア語の不規則な (非生産的な) 比較級の形【語尾 -е あるいは -ше をもつ形】は普通、性、数、格をもたず、語形変化しない。ши́ре, ху́же, ти́ше 等の比較級の形は形態的に副詞の比較級の形と同じである。従って、ここでは副詞と一緒に形容詞を考察することが適切であると考える。まず第一に区別しなければならないのは比較級の補充的形成の場合である：хоро́ший — лу́чше, плохо́й — ху́же, ма́ленький

— ме́ньше. またここには以下のタイプの副詞の形成も含まれる：ма́ло — ме́ньше あるいは ме́нее, мно́го — бо́льше あるいは бо́лее. この ме́ньше と бо́льше の形は数量語 ма́ло, мно́го に対する比較級の形である、例えば：он зна́ет ме́ньше (бо́льше) меня́《彼は私より知識が少ない（多い）》、он ме́ньше (бо́льше) занима́лся《彼は勉強の量が少なかった（多かった）》、等。一方、ме́нее と бо́лее は比較級のマーカーとして形容詞あるいは副詞と結合して用いられる：ме́нее удиви́тельное доказа́тельство《驚くほどのことはない証拠》、бо́лее подходя́щий приме́р《より適切な例》、он рабо́тает бо́лее усе́рдно《彼はより熱心に働いている》。比較級 ху́же は語 худо́й とは関連付けられない。否定的ニュアンスを意味するシノニムの多さを考慮すれば、比較級 ху́же はロシア語では語 плохо́й とシノニムの幾つかの形容詞と関連付けることができる：нехоро́ший, скве́рный, дурно́й (cf. ему́ ду́рно — ему́ ста́ло ху́же).》

272. 語尾音消失 apocope である。

273. Исаче́нко (1954: 273–274) 参照：《述語として使われる比較級の2つの形、つまり分析的な形容詞の短形の比較級 (бо́лее ва́жен) と総合的な比較級 (важне́е/важне́й) の間の明確な区別を与えることはできない。両形は全くシノニムである。ただ бо́лее をもつ比較級の用法では文体的な違いのみ言うことができる。В. В. Виногра́дов (1972²: 202) によれば、類似の形容詞の曲用では -ее, -ей あるいは -е で終わる単純形が好まれる【Виногра́дов (ibid.)：«Ее рука была немногим *меньше* его руки, но гораздо *теплей*, и *глаже*, и *мягче*, и *жизненней*» (Турге́нев)】：«сего́дняшняя ле́кция была́ живе́е, интере́снее и коро́че». -ее 形と -ей 形の間の違いについては、前者はより書物的、後者はより口語的と見なすことができる。》

Е. В. Клобуко́в (Лека́нт *et al.* 2013: 483) 参照：「比較級の分析的な形 аналити́ческая фо́рма は補助語 бо́лее, ме́нее によってつくられる：*бо́лее высо́кий, ме́нее го́рдый*. 意味に従い、分析的な形は総合的な形 синтети́ческая фо́рма とは異なっている。というのは分析的な形は比較特徴の強度のより大きな程度だけでなく、より小さな程度も表すことができるからである：*бо́лее краси́вый, ме́нее краси́вый* (cf. *краси́вее*)。また統語的機能もまた比較級の分析的な形のほうがより広い；単純形はただ述語のみ可能であるのに対して、合成形は述語でも定語でもどちらもしばしば使われるからである：Дом был *вы́ше*, чем сара́й；Дом был *бо́лее высо́кий*, чем сара́й；Мы предпочли́ *бо́лее удо́бные* места. 実際、比較級の分析的な形は任意の性質形容詞からつくられるが、しかし幾分文語的である。口語では比較級の総合的な形が好まれる。」

274. бо́лее экономи́чный のほうが正しいと思われる。

275. Comtet (2002: 148) 参照：《比較の補語は次のものが可能：(1) 名詞群 (《, чем + 主格》あるいはただ総合的比較のみに可能な《属格の名詞群》)：Он говори́т лу́чше, чем сестра́ / ... лу́чше сестры́.《彼は姉妹より旨く話す》。(2) 動詞群 (《, чем + 主格》)：Он лу́чше говори́т, чем де́лает.《彼は行うより話すのが旨い》。(3) 副詞 (《, чем》あるいは《男性・中性の属格の対応する形容詞》)：Он пришёл ра́ньше, чем обыкнове́нно / ... ра́ньше обыкнове́нного.《彼は普段より早く来た》。》

Исаченко (1954: 275) 参照：《形容詞の述語的な比較級は、比較のシンタグマにおいて二様に実現する：(a) 比較級の単純形に属格を結合するやり方で (genitivus comparationis)：моя́ па́лка коро́че твое́й《私のステッキは君のものより短い》。(b) 語 бо́лее と原級の短形からなる比較級の合成形、および接続詞 чем の結合するやり方で：моя́ па́лка бо́лее коротка́, чем твоя́. 他方、ロシア語では «моя́ па́лка коро́че, чем твоя́» タイプのシンタグマは少なくとも馴染みのないものであり、«моя́ па́лка бо́лее коротка́ твое́й» タイプのシンタグマは全くあり得ない。最も普及しているのは (a) タイプの方法である：о́лово тяжеле́е желе́за《錫は鉄より重い》; речно́й тра́нспорт вы́годнее сухопу́тного《水上交通は陸上交通より有利である》; нет ничего́ оши́бочнее тако́го взгля́да《そんな考えほど間違ったものはない》。[脚注：興味深いことに、ロシア語では比較の対象が存在するさいに比較級の定語的形は使われない。単純なスロヴァキア語の文 Fed'o je lepší žiak ako ty《フェヂョは君より良い生徒である》はロシア語では別の構文に翻訳される：«Фе́дя у́чится лу́чше тебя́».]》

276. Виноградов (1972²: 205ff.) によれば -ейший, -айший で終わる形の意味は次の3つである：第一の意味は "элятивное значение"《独立最上級》の意味であり (погода чудесне́йшая)、それは са́мый をもつ形 (погода самая чудесная) とはより強い表現力によって異なっている。【慣用的表現では評価的な意味は失われている：в ближа́йшие дни《近日中に》、держа́йший мой друг《我が親愛なる友へ》。】第二の意味は "значение суперлятива (superlativus)" であり、《са́мый + 形容詞》と同じ意味であるが、より書物言葉である。これは他と比較した最上級であり、その際には前置詞 из (+ 属格)、稀には前置詞 между (+ 具格)、среди (+ 属格) が使われる：талантливейший из пианистов. この из は前置詞 (名詞にとって) であるとともに後置詞 (最上級にとって) でもある。第三の意味は現代ロシア語ではほとんど使われることのない【19世紀の文学に見られる】、比較級の意味である。《бо́лее + 形容詞》とシノニムであるが、書物的なアーカイズムの痕跡がある。例えば、«Это создание... несравненно чистейшее и безупречнейшее, чем мы с вами» (Достоевский)。【しかし第三の意味は慣用表現の中では使われる：при ближа́йшем рассмотре́нии《より仔細に検討してみれば》。】

277. Исаченко (1954: 274) 参照：《評論の言葉や学問の言葉、つまり一般的に情緒的に彩られることが少ない文体では、【述語の機能として】《наибо́лее + 形容詞の短形》が無条件に好まれる：наибо́лее интере́сна та́ часть кни́ги, где а́втор де́лится свои́ми ли́чными впечатле́ниями《最もおもしろいのは、著者の個人的な経験が述べられている本のその部分だ》; э́тот слу́чай наибо́лее хара́ктерен《この事件は最も特異なものだ》。他方、日常生活の言葉では《比較級 + всех (всего́)》の結合が広く普及している：он был сильне́е всех в кла́ссе《彼はクラスで最も強かった》; ма́льчик оказа́лся хитре́е всех《その少年は誰よりも狡かった》。これらの形は最上級が人の資質を表す構文として特有なものである。反対に、最上級が不活動のもの (概念) を表すならば、《са́мый + 形容詞の長形》が好まれる：э́тот чемода́н са́мый тяжёлый《このスーツケースは最も重い》、его́ рабо́та са́мая лу́чшая《彼の

作品は最もよい》。》

278. наибо́лее экономи́чные реше́ния の方がふさわしいと思われる。

279. Boyer & Speranski (1915²: 276–277) によれば、所謂「絶対最上級 absolute superlative」の形成は次の 2 つがある。(1) 形容詞（長形と短形の肯定形）に付加する場合：副詞 о́чень と весьма́ "very" は両方とも形容詞、副詞、あるいは動詞とともに用いられる：о́чень хоро́ший, -ая, -ее "very good", "very pretty"; о́чень хорошо́ "very well"; они́ о́чень вы́росли "they have grown a great deal"; о́чень прошу́ Вас "I earnestly beg of you"; etc. весьма́ は俗語では決して使わないが、о́чень より強調が強いことに注意せよ (о́чень "very", весьма́ "truly very")。この「非常に」の意味を表現するために俗語では所謂「誇張」の副詞を使う：бо́льно, дю́же (or дюжо́) "strongly", "vigorously"; 古典的な副詞的表現を比較せよ：чересчу́р【чересчу́р】(= через чурь "beyond the limit") "in excess", "too", сли́шком (= с лишком), кра́йне "extremely", "exceedingly". (2) 副詞的要素 пре- の接頭辞化：большо́й, пре-большо́й "very big". この接頭辞化された形容詞は短形で使われるのは稀である。しかし例外は形容詞 пре-кра́сный "beautiful" である。これは起源的に кра́сный （古代ロシア語で "pretty"）の最上級であるが、現在では単なる形容詞になっているためである。しかし注意すべきはこの形容詞は起源的に最上級であるために、副詞 о́чень や весьма́ の付加を許さない。また同じ形容詞の形を繰り返すことによって強調を表現することもできる (ibid. 278)。その際には最初の形容詞は単純形、2 番目の形容詞には пре- を付ける：дли́нный-предли́нный "very, very long"。俗語では繰り返される形容詞を指小形にする：жи́в-живёхонек "safe and sound", "in good health"。

さらに Boyer & Speranski (ibid. 278) は強調を表現する特殊な方法として、(1) 名詞に同語根の形容詞を付加する用法と、(2) 述語あるいは副詞としての形容詞短形の前に、同じ形容詞の長形の単数・中性・具格形（アクセントは常に語尾）を繰り返す用法、(3) 動詞を繰り返す方法（その最初の動詞は不定形、2 番目は人称形）の用法を書いている。例えば、(1) го́ре го́рькое "bitter sorrow"; век ве́чный or better ве́ки ве́чные "an eternity", "eternally", "indefinitely"; чу́до чу́дное, ди́во ди́вное "marvel", "pure marvel"; де́нь деньско́й "all the day long". (2) Изба́ была́ полны́м-полна́ дыму "the izba was chock-full of smoke"; 副詞的に：полны́м-полно́ "plum-full"; черны́м-черно́ "jet-black"; давны́м-давно́ "long ago". (3) Знать не зна́ю, ве́дать не ве́даю "I know nothing at all about it"; я и ду́мать не ду́мал "I was not even thinking of it". 【80 年アカデミー文法 (I: 399–400) は、上の (2) の用法の第一要素の -ым /им/ を接尾辞としている。これは主として古い民衆語やフォークロアのテキストに使用される：И стояла Россия в снегах/ *белым-белых* (П. Вегин)。これについては中村泰朗『ロシア語論集』揺籃社 2004: 145ff. も参照。】

280. Worth (1959 [1977: 44–45]) はロシア語の数詞体系について次のように書いている：「この数詞体系の構造的概略は、相互に対立する有標と無標のカテゴリーとその一般的意味によれば、以下のようである：複数 plurality は、我々の通常の思考習慣が暗示しているように、単数 singularity に対立しているのではなくて、無標の非複数 non-plurality に対立

しているのである。単数は単なる非複数の特殊な場合である。無標の非複数のカテゴリーの中で、ある場合にはさらなる対立が行われている；その対立にはよい術語がないが、それは「量的カテゴリー quantified category」と「非量的カテゴリー non-quantified category」と呼ばれうる対立である。この対立が行われる場合は、「数詞＋名詞（N S）」の結合が主格あるいは（名詞が無生のときの）対格において単純な名詞によって代わりになる場合である。量的カテゴリーは、数詞結合を構成する名詞と（もしあれば）形容詞における複数と属格の形態素の特殊な結合によって、統語的にそれ自体で標示されるものである。このカテゴリーの一般的な意味は、無標の単一 unity あるいは単数に対立する、非単一 non-unity、非単数 non-singularity である。この量的カテゴリーの結合において生じる数詞は、2、3、4とその複合、1½, 1/2（пол- であり、половина ではない）、またさらに限定的に оба, обе、また分数 ¼, ⅓ である。」Worth によるロシア語の数詞の体系は以下の対立を成している：複数（有標：5, 6, 7, ..., 25, 26, 27 ...）〜非複数（無標）の対立；非複数はさらに、量的な非複数（2, 3, 4, 22, 23, 24, 1½, ½, оба, ¼, ⅓）〜非量的な非複数（1, 21, 31...）の対立。

281. ロシアでは基数詞はその構造によって次の 3 種類に分けられる：a) 単純数詞 простые числительные (*два, пять, тринадцать, сорок*)、b) 複合数詞 сложные ч. (*пятьдесят, двести, пятьсот*)、c) 合成数詞 составные ч. (*двадцать пять, триста шестьдесят девять*)。これは本著者の数詞の名称と異なるところがあるので注意が必要：著者は「5」から「1000」のような数詞を「混合的基数詞 les numéraux cardinaux mixtes」と呼び、「365」のような c) のタイプの数詞を「複合的基数詞 les numéraux cardinaux complexes」と呼んでいる。

282. さらに、биллио́н "billion", триллио́н "trillion", квадриллио́н, квинтиллио́н ... .

283. Worth (1959 [1977: 49ff.]) は次のように述べている：《оба, обе はしばしば数詞 два, две と同じ扱いにされる。それは文法性の区別や 2 つの対象を指し示すことだけでなく、これらの統語論が同じであると見なされるからである。しかしこれは決して真実ではない。два と оба が結びつくことよりも対立する特徴のほうが多いからである。まず два と оба が結びつくのは以下の事実による：それら 2 つは単数属格の名詞と結びつく（しかしここでもこの 2 つは完全に同じではない。女性の обе は две よりも複数主格と結びつく傾向が大きい、Unbegaun 1957 [1979: 141–142]）。さらに 2 つは対格で有生と無生を区別する（два / оба студента пришли // Я видел двух / обоих студентов）. 複数形の動詞と結びつき（два / оба студента сидели）、「数詞＋形容詞＋名詞」の結合でも性質形容詞と結びつく（два / оба хороших студента）. 興味深い事実は два も оба も代名詞的形容詞 все によっては修飾されない（*все два стола, *все оба стола）. Cf. все три, четыре стола; все пять столов, etc. これに対して、два と оба のより重要な統語的な違いは以下である：(1) оба は複数主格の代名詞 они と結びつくが、два はできない（они оба пришли, しかし *они два пришли; cf. они оба, оба они。они と оба の語順は通常は они оба（они оба сидели так）であるが、場合によって оба они（оба они грустно покачали головами）も可能）; (2) оба と「数詞＋名詞」の結合は、два と「数詞＋名詞」の結合のようには量的形容詞の付加によって拡張で

きない (первые два студента しかし *первые оба студента)；(3) оба は два のようには一般の存在を表す陳述の中では現れない (У них было два сына しかし *У них было оба сына)；(4) оба と名詞との結合は、два と名詞との結合のように語順を逆にすることで「およそ」を意味することができない (два месяца / месяца два しかし оба месяца / *месяца оба)、さらに два месяца назад のような表現において оба は два の代わりをすることはできない；(5) оба は、два のようには時間の経過を表す陳述において動詞の中性単数の過去時制形と結びつくことはできない (два месяца прошли / прошло しかし оба месяца прошли / *прошло)；(6) оба は通常、代名詞的形容詞 эти の前におかれるが、しかし два は通常その後ろに置かれる (оба эти разнородные предприятия, しかし эти два разнородные предприятия; cf. эти два студента しかし *два эти студента)；(7) оба は два より自立しているので、しばしば名詞無しに、省略的に用いられる (оба не могли говорить)；(8) 女性形の обе は女性形の две よりも頻繁に複数の рýки, щёки, стóроны とともに用いられる。また男性と女性の組み合わせの場合、ロシア語では оба が現れる。「оба + 名詞」、они оба が主語のとき、その動詞は複数形：Оба брата искоса поглядывали на председателя; Они оба на миг остановились. оба は年齢を表す陳述では使われない (*Ему было оба года). 代名詞的結合において оба は、もし従属するあるいは等位の第 2 番目の動詞があれば、第 1 番目の動詞の後ろにくることがある：Они успели оба вернуться; так они сидели оба и молчали.》

284. plurale tantum の名詞 сýтки 《一昼夜》との結合では полторá のアクセントが移動することに注意：пóлтора сýток. プラハ版アカデミー文法 (§694) は有生性の区別をしていない：NA полторá (mn), полторы́ (f) :: GDLI полýтора.【N= nominative, A= accusative, G= genitive, D= Dative, L= locative, I= instrumental】

Worth (1959 [1977: 51–53]) によれば、полтора, полторы は単数属格の名詞と複数の形容詞と結合するという基本的な統語特徴によって (первых полтора километра, целых полторы минуты)、数詞 2、3、4 と一緒のグループにすることができる。2、3、4 の場合と同様に、полтора と名詞の結合の順序を逆にすれば、「およそ」の意味になる (километра на полтора ниже). полтора は他の分数 чéтверть 《1/4》、треть 《1/3》に似ているが、1/4、1/3 とは異なり、singularia tantum と結合することはできない (треть муки, しかし *полторы муки). 「数詞＋名詞」の結合が属格を要求する環境に置かれたとき、полтора と結合する名詞は単数属格のままである (2、3、4 との結合ではそうはならない) (три часа / в течение трёх часов しかし полтора часа / в течение полутора часа). полтора の最も独特な特徴は、それが語彙的に量を表現する、時間的な名詞 (полтора месяца, полторы минуты)、空間的な名詞 (полтора километра, полторы вёрсты)、その他 (толчок в полторы тонны весом) ともっぱら結合することである。полтора と名詞との結合は、稀に《十分な、かなりの》の意味の добрый のような形容詞によってのみ拡張される：добрых полтора километра, しかし Вы украли у меня лишних полторы минуты.

285. 80 年アカデミー文法 (II. 242–242) 参照：《数詞とそれが支配する属格の結合が主

語の場合、主語と述語との一致は数と性の形に関して揺れている：Скакало / скакали семнадцать всадников《17人の騎士が疾走した》；Горело / горели две лампы《2灯の電灯が灯っていた》。しかし次の場合は単数形が好まれる：主語が具体的な物でない場合：Состоялось девять встреч《9つの出会いがあった》；また特に非拡張文で、述語が主語の前にある場合：В дилижанс село несколько деревенских девушек (Пауст.)《乗合馬車に数人の村の娘が乗った》；さらに時間の期間満了を伝える場合：Пройдет два года《2年が過ぎ去る》；Сорок минут истекло《40分過ぎた》；Ему стукнуло тридцать лет《彼は30歳になった》(最後の例は常に単数形のみ)；また、概数の意味をもつ場合：Откроется более сорока школ《40以上の学校が開校する》；На земле живет более трех миллиардов людей《地上には30億以上の人々が住んでいる》；Квартиры получает около трехсот семей《住宅は約300家族を受け入れている》。他方、述語に複数形が使われるのは、主語が既知、あるいは修飾されているときである：Наконец-то ожидаемые семнадцать всадников прискакали (прискакало は使えない)《とうとう待ちに待った17名の騎士がやって来た》；Сорок минут, о которых вы просили, истекли (истекло は使えない)《あなたが頼んだ40分が過ぎた》；В дилижанс сели (село は使えない) те самые несколько человек, которых мы видели утром《朝、我々が見たまさにその数人が乗合馬車に乗り込んだ》。оба, обе についても上の規則は当てはまる：Обе дочери (оба сына) нашлись《娘(息子)の双方共が見つかった》；Обе постройки (оба здания) уцелели《両方の建物が生き残った》。》

286. 80年版アカデミー文法 (II. 241, 330) 参照：《名詞が数詞 один, два, три, четыре との結合を離れ、語頭に移動すれば、その名詞は複数属格になるのが標準である。この場合には、現在時制の述語は常に3人称単数形である：Существует / существуют два выхода《2つの出口(解決策)がある》— Выходов существует два《出口(解決策)は2つある》；Может определиться только одно решение — Решений может определиться только одно《裁定はたった一つだけ決定することができる》；Поступило / поступили три предложения — Предложений поступило три《提案が3つ寄せられた》；Мы купили две тетради — Тетрадей мы купили две《ノートを我々は2冊買った》。単数になることも可能である：В книге два предисловия, Предисловия в книге два — Предисловий в книге два《序文が本には2つある》；Пути тебе два (Март.) — Путей тебе два — Тебе два пути《お前には2つの道がある》。》

287. 80年アカデミー文法 (II. 56-57) によれば、《名詞に結合する数詞 два, три, четыре あるいは оба (обе) が主格あるいは対格のとき、それに一致する形容詞は次の規則に基づき、複数の属格あるいは主格の形を取ることができる。(1) 名詞が男性あるいは中性のとき、形容詞は複数属格形を頻繁にとる：оба строящихся здания《両方の建設中のビル》、три больших дерева《3本の大木》。ここでは主格も可能であるが、制限される傾向がある。形容詞が語結合の最初の位置に置かれると、属格よりも主格が好まれる：целые три часа《まる3時間》、большие три дерева. (2) 名詞が女性のときは、主格と属格の両方の形が標準である：две молодые / молодых женщины《2人の若い女性》、На счету у нашей комнады четыре золотых и три серебряные медали《戦利品として我がチームには4つの金メダルと3つの銅メダルがある》. (3) 数詞 полтора — полторы のときも属格と主格の両方の形が標準である (形容詞は数詞に先行する): ждать полных полтора часа / полные полтора часа《まる1時間半待つ》.》

Worth (1959 [1977: 48ff.]) によれば、数詞 два, три, четыре と名詞の結合全体を修飾する代名詞的形容詞は、限定詞として数詞と名詞の間に置かれることはほぼないという: все три дня, しかし *три все дня あるいは *три всех дня とは言わない。しかし所有代名詞では、мои три студента と並んで три моих студента と言う。また「形容詞 + 数詞 + 名詞」の結合において、その形容詞が代名詞的形容詞と語彙的に量的な形容詞は、ほぼ常に (主語あるいは主語に等しい目的語において) 複数主格になる: свои три процента, эти четыре дня, последние два месяца, остальные три вагона. しかし不定の какой-то, какой-нибудь や数量形容詞 целый はしばしば複数属格になる。特にその結合が時間的な修飾語の役割をしているときは常に複数属格になる: каких-нибудь две минуты, целых два месяца. 性質形容詞は、もし名詞が男性あるいは中性名詞ならば、ほとんど常に複数属格になる: три больших окна, два хороших студента. もし名詞が女性名詞ならば、2つの要因が形容詞の格に影響する: (1) 数詞に関して: 形容詞が主格になるのは、3及び4との結合よりも2との結合のほうが多い。(2) 文の機能に関して: 形容詞が複数主格になるのは、結合が文の主語のときはより頻繁に起こる。これに対して形容詞が複数属格になるのは、結合が文の目的語になるときにより頻繁に起こる。「数詞 + 名詞」に並置される分詞は通常複数主格 (четыре рисунка, подписанные славянской вязью) であるが、しかしときには属格もある (В кабинете ... прижились два пуфика, обитых ... шелком)。

また Виноградов (1972²: 238; 244ff.) 参照:「周知のように、два стола 形は双数主格・対格の変形された残滓である。два, оба, три, четыре と所謂、単数の《属格》との結合は、文法的な慣用句、非分割的な文法の言い回しとして見る方がより正しい。これらの言い回しにおいて名詞は生きた格機能の体系の外に取り残されている。(中略) 大変興味深いのは語結合 на все четыре стóроны である。そこでは стóроны のアクセントは複数対格形を示しており、予期される単数属格形ではない (Cf. взял его за обе рýки) (中略) 女性の単数属格形が複数の主格あるいは主格・対格形にアクセントに関して一致する場合、話者の意識にはその形が複数形のように思われる、特に人の場合にはそうである (例えば、три бедные девушки, четыре дряхлые старушки, etc.)。そのような場合、定語となる形容詞は複数主格形にも、また複数属格形——こちらの方がより頻繁——に置かれる。(中略) 他の全ての場合 (男性と中性の語も入る)、два, три, четыре と結合する名詞の格形は、大部分の場合に単数属格形と同音異義語である、孤立した算用名詞形として語源的に理解される (Cf. しかし два шагá, три разá, в два рядá, 属格形は шáга, рáза, рáда) が、しかし定語となる形容詞は複数である。恐らく、これらの構文において男性と中性名詞の前の定語となる形容詞はほとんどもっぱら複数属格に置かれる (четыре сладких пирожка, два белых хлеба, три веселых детских личика, мои два громадных окна, etc. しかし мои две талантливые ученицы, etc.）。」

288. 数えられる対象として形容詞から派生した実詞（絶対的用法も含む）が数詞 2、3、4 と使われるとき、実詞は複数属格になる：две шашлы́чных, три парикма́херских. Cf. да́йте моро́женых: два клубни́чных и два вани́льных.　実詞化した形容詞（絶対的用法も含む）は数詞との結合において定語として実際のところ振る舞っている：cf. два сла́дких пирожка́, два грома́дных окна́, две тала́нтливые учени́цы. また дво́е больны́х, два ра́ненных, пле́нных（プラハ版アカデミー文法 §693 参照）。80 年アカデミー文法（I. 576）の例：два неизвестных животных, три насекомых; два вторых（*блюда*）, три мороженых; Мое бытие — словно два бытия, Два прошлых мне тяжестью плечи согнули (Евтуш.).

　ロシア人によれば、数詞 2、3、4 と人を表す名詞、特に形容詞から作られた名詞の場合には、集合数詞を使う傾向が強いという：тро́е часовы́х. Boyanus & Jopson (1952³: 269) は、集合数詞は男性の有生名詞と用いられるが、個数詞のほうがより一般的と書いている：дво́е бра́тьев *and* два́ бра́та "two brothers", *gen.* двои́х бра́тьев *and* дву́х бра́тьев, *dat.* двои́м бра́тьям *and* двум бра́тьям, *instr.* двои́ми бра́тьями *and* двумя́ бра́тьями.

289. 80 年アカデミー文法 (I. 575) 参照：《数詞の内で活動体性 одушевленность【有生性】を示すのは два, три と четыре だけである：видел две (три) картины《2 枚 (3 枚) の絵を見た》, しかし видел двух товарищей, трех подруг《二人の友をみた、3 人の女友達を見た》; поднял четыре кубика《4 個の積み木を持ち上げた》, しかし поднял четырех котят《4 匹の子猫を持ち上げた》。[注] 女性名詞（人ではなくて動物の名称との結合）、また中性の語 существо との結合のとき、属格ではなくて、主格に一致する対格形を使用することが可能である：Поймал три птички（また трех птичек）; На них он выменял борзые три собаки!!! (Гриб.)（また трех собак）; Тот узел, который внезапно связывает два живых существа, уже захватил его (Тург.)（また двух существ）。同じ結合は кукла にも見られる：принес две новые куклы（また двух кукол）.》

　これに対して、プラハ版アカデミー文法 (§692ff.) は、数詞において有生性の違い（無生で対格＝主格、有生で対格＝属格）を示すのは оди́н と одни́, два と две, три, четы́ре, две́сти, три́ста, четы́реста, 集合数詞 дво́е, тро́е, че́тверо としている。数詞 *две́сти, три́ста, четы́реста* の形態は次のようになるとする (ibid. §696)：NAInanim（主格・対格・無生）две́сти, три́ста, четы́реста、GAAnim（属格・対格・有生）двухсо́т, трёхсо́т, четырёхсо́т, D（与格）двумста́м, трёмста́м, четырёмста́м, L（位格）двухста́х, трёхста́х, четырёхста́х, I（具格）двумяста́ми, тремяста́ми, четырьмяста́ми.【** 上で引用したように 80 年アカデミー文法 (I. 575–576) の記述によれば、数詞と名詞との結合において有生性を見せるのは、1) два, три, четыре, 2) 末尾が два, три, четыре で終わる合成数詞 составные ч.（しかしこれは書物的ヴァリアントであり、通常は主格＝対格形を用いる：выдвинуть сто четыре кандидата）である。従って、80 年アカデミー文法とプラハ版アカデミー文法は食い違っている。また Е. В. Клобуков（Лекант *et al.* 2013: 489) は次のように書いている：「数詞は活動体性／不活動

体性のカテゴリーをもたない（ただ数詞 два, оба, три, четыре だけは活動体性/不活動体性に応じて、男性名詞と一致する：вижу три стола, しかし трёх слонов.」このように двести, триста, четыреста と結合した有生名詞の対格形については文法によって異なる記述が見られる。インターネットのニュース記事では有生対格で двести を用いる例が見られる：Боевики в Нигерии похитили двести школьниц.; США направит на Украину двести своих военнослужащих. 恐らく、これらの数詞は有生の名詞と結合するときにも主格＝対格形を用いることが標準語の規範となっているようである。

290. (*разг.*) полчаса́ (Ожегов & Шведова 2009)。

291. 具格形 пятью́ と副詞 пя́тью を区別せよ：пя́тью пять два́дцать пять《5×5 は 25》。また口語・俗語では具格として пятьи́（例えば、с пятьи́ рубля́ми, с двадцати́ солда́тами）をもつ。これは со́рок タイプのパラダイムに似た数詞の「形式的・文法的解放」への発達傾向（つまり NA :: GDLI）によるものとされる。またこの傾向に文章語も向かっていることについては、具格 пяти́десятью // пятью́десятью タイプの形が証明している（プラハ版アカデミー文法 §699, 690）。

292. 80 年アカデミー文法（I. 580–581）参照：《次の数詞はアクセントを前置詞に移動させることができる：два — за́ (на́, по́) два と за (на, по) два́; две — за́ (на́, по́) две と за (на, по) две́; три — за́ (на́, по́) три と за (на, по) три́; пять — за́ (на́) пять と за (на) пя́ть; шесть — за́ (на́) шесть と за (на) ше́сть; семь, во́семь, де́вять, де́сять も пять と同様。со́рок — за со́рок (廃語) と за́ сорок (年齢について)。сто — во́ сто крат; в сто раз と во́ сто раз, за́ сто と за сто́, на́ сто と на сто́, по́ сто と по сто́, до́ ста と до ста́, со ста́ と (廃語) со́ ста (рублей, рубля́ми)。集合数詞：дво́е — за́ двое と за дво́е, на́ двое (pluralia tantum と共に、例えば、су́ток), по́ двое と по дво́е; тро́е — за́ трое と за тро́е, на́ трое (pluralia tantum と共に), по́ трое と по тро́е. 何よりも前置詞にアクセントが移動するのは、文に数える対象の指示がない場合、あるいはこの対象が数詞に先行する語によって示されている場合である：разделить на́ два《2 つに割る》、шесть на́ два《6×2》（何かのサイズについて）、яблок досталось каждому по́ два《リンゴを 2 個ずつ各自手に入れた》。また単純数詞において、数える対象が数詞の直後にある語によって示されていれば、前置詞の上のアクセントは好ましい (за́ два билета, за́ пять лет)、しかし数詞の上のアクセントも許される (за два́ билета, за пя́ть лет)。概数のときも前置詞の上に移動できる：лет за́ пять《約 5 年で》、дня на́ два《約 2 日の予定で》。合成数詞では前置詞へアクセントは移動しない：за сто́ два́дцать дней. 》。

293. プラハ版アカデミー文法 (§§699, 700) によれば、口語で пяти́десятью。また пятьсо́т の具格形も口語で пятиста́ми。

294. Worth (1982: 780) は本書の Review [Revue des études slaves, Année 1982, Volume 54, Numéro 4] の中で、"It is not quite correct to refer to the -*сти* of *двести* as a former dual" と批判しているが、この批判は誤りである。以下参照：古代ロシア語 дъвѣ съть > дъвѣсть > двести. съть は съто《100》の双数・主格・対格（石田修一『ロシア語の歴史』吾妻書房

1996: 363)。無アクセント位置では -ě > -i になる。これについては Борковский & Кузнецов (1965: 262) 参照。また RED (2011, Vol. I) によれば、двéсти は Slav. *d(ъ)vě sьtě > ORus двѣстѣ の継続であり、два と сто の中性双数の単一語化である、としている。

295. 発音は [-цсо́т] あるいは [-тсо́т] (前者は Аванесов 1954, 後者は Аванесов & Ожегов 1960)。最近の辞書では пя[ц]со́т (あるいは古体 пя[ц']со́т) (Аванесов 1983, Касаткин 2012)。

296. трёхсо́т, трёмста́м, трёхста́х の副次アクセントはいずれも ё の上にある。тремяста́ми の副次アクセントは я の上にある (Аванесов 1983)。

297. шестьсо́т の発音は ше[с']со́т である。これについては訳注 66 を見よ。また семьсо́т, восемьсо́т の発音は、それぞれ се[м]со́т, восе[м]со́т のように第 1 要素の末尾が硬音になる。девятьсо́т の -ть- の発音は [ц'] あるいは [ц] の両方可能 (Касаткин, 2012)。

298. 80 年アカデミー文法 (I. 574) 参照:《ты́сяча の具格形において、もしその語が定語をもたないならば、それは数詞と同様に、その語に従属する名詞と格において一致することができる: с ты́сячью рубле́й と рубля́ми (しかし с одно́й ты́сячей рубле́й, с ка́ждой ты́сячей рубле́й だけ)。》 また Виноградов (1972², 237) 参照: 「名詞と数詞の間の中間的な位置を占めるのは、語 ты́сяча である。それは数詞の側にますます強く引っ張られている。пятью́, десятью́, etc. と類似した具格 ты́сячью の用法を参照。また ты́сячью душ をもつ予期される構文の代わりに、неве́ста с ты́сячью душа́ми (Писемский) のような構文を参照。」

299. по не́сколько часо́в の方がより普通に使われる。

300. 80 年アカデミー文法 (I. 579–580) 参照:《配分の意味をもつ前置詞 по と結合する数詞の用法には 2 つの特徴がある: (1) この結合における数詞は与格形、あるいは主格形に一致する形で現れる。(2) 前置詞 по との用法において、数詞は名詞に一致するのではなく、名詞を常に支配する。この前置詞と数詞との結合の振る舞いは数詞によって異なっている。(a) 数詞 два, три, четы́ре, девяно́сто, сто, две́сти, три́ста, четы́реста と集合数詞 дво́е, тро́е, че́тверо は、前置詞 по との結合では主格形と一致する形を用いる: да́ли по два́ карандаша́ 《2 本ずつ鉛筆を与えた》, по две́ тетра́ди, по три́ листа́ бума́ги; по дво́е но́жниц; по девяно́сто мест, по сто биле́тов, по три́ста рубле́й. 同様に合成数詞の末尾が два́, три́, четы́ре のときも同様 (по два́дцать два́ рубля́, по се́мьдесят три́ копе́йки)、また数詞の中に две́сти, три́ста, четы́реста が入っているときも同様 (по две́сти два́дцать пя́ть рубле́й, по четы́реста во́семьдесят шту́к)。(b) 上記以外の数詞は前置詞 по と結合するとき、2 つのヴァリアント、すなわち与格形 (書物的) か主格と一致する形 (口語的) を用いる: За ка́ждого тебе́ по десяти́ фра́нков бу́дем плати́ть (А. Н. Толст.)《各々の代金に我々はお前に 10 フランずつ支払おう》; На сле́дующий день Ло́вков и гра́фский по́вар принесли́ по со́рок рубле́й (С. Коненков) 《翌日、ロフコフと伯爵の料理人は 40 ルーブルずつ運んできた》。同様に、по тридцати́ пяти́ рубле́й — по три́дцать пять рубле́й; по ста четы́рнадцати рубле́й — по сто четы́рнадцать рубле́й. (c) мно́го, не́сколько のような数詞とこの前置詞の結合では、数詞は与

格形を用いる：по многу дней; по нескольку дней.【по одному́ рублю́, по ты́сяче рубле́й】》

301. ма́ло, нема́ло は不完全なパラダイムをもち、同音異義語の主格・対格形の2つの形しかない(70年アカデミー文法 §943)。

302. 80年アカデミー文法(II. 330) 参照：《時間、空間や一定量について伝える文において、数詞シンタグマを修飾する定語の機能をもつ第2番目の属格は数詞シンタグマの後ろに置かれるのが標準である：Три часа ночи《夜の3時》; пять градусов мороза《零下5度》; По карте до села семь верст ходу《地図によれば村まで7露里の行程だ》; В небольшой комнате присяжных было человек десять разного сорта людей (Л. Толст.)《小さな部屋には様々な種類の人からなる陪審員がおよそ10人ほどいた》。時 (утра́, ве́чера, дня, но́чи) を伝達する文では第2番目の属格の位置は厳格に守られる。他の場合には第2番目の属格は最初の位置に移動することも可能である：Ходьбы десять минут《歩いて10分》; Езды до города пять часов《乗り物で町まで5時間》; Лёту сорок минут《飛行機で40分》。》

303. ты́сяча は単数と複数の全ての格において、関係する名詞を複数属格にすることもできる：Nom.sg. ты́сяча рубле́й, acc.sg. ты́сячу рубле́й, gen.sg. ты́сячи рубле́й, dat.sg. ты́сяче рубле́й/рубля́м, instr.sg. ты́сячей рубле́й/рубля́ми or ты́сячью рубле́й/рубля́ми, loc.sg. ты́сяче рубле́й/рубля́х; nom.pl. ты́сячи рубле́й, acc.pl. ты́сячи рубле́й, gen.pl. ты́сяч рубле́й, dat.pl. ты́сячам рубле́й/рубля́м, instr.pl. ты́сячами рубле́й/рубля́ми, loc.pl. ты́сячах рубле́й/рубля́х. (Boyanus & Jopson 1952[3]: 264)。

304. Timberlake (2004: 192) 参照：《複合基数詞 complex numerals では斜格と直格（主格と対格）を区別する必要がある。複合基数詞が斜格のときは、複合基数詞のすべての要素は斜格になり、名詞と修飾語は複数になる：тысяче четыремстам двадцати четырем человекам (与格)《1,424人に》。直格の場合、複合基数詞のすべての要素は直格である。複合基数詞の最後の要素が名詞と修飾語の格と数を決める：Четыреста<NOM=ACC> десять<NOM=ACC> трибуналов<GEN PL> произошло в этом году.《今年、410の裁判が起こった》。もし複合基数詞の最後の要素が два (две), три, четыре のときは、名詞は単数属格になり、形容詞は男性名詞あるいは中性名詞で複数属格、女性名詞で主格あるいは対格になる。また複合基数詞の最後の要素 два (две), три, четыре には有生性は表現されない：Я насчитал двадцать<NOM=ACC> два<NOM=ACC> молодых<ACC=GEN PL> нациста<GEN SG>.《私は22人の若いナチ党員を数えた》; Комитет нанял тысячу<ACC> двести<NOM=ACC> пятьдесят<NOM=ACC> три<NOM=ACC> опытные<NOM=ACC PL> учительницы<GEN SG>.《委員会は1,253人の経験豊かな女教師を雇った》。最後の2例では最後の要素は NOM=ACC であるが、時代遅れの ACC=GEN も最近のウェブサイトでは見られる：Я думаю, Маяковский любил всех трех —— и еще тридцать трех<ACC=GEN> в придачу.》

また80年アカデミー文法(I. 575-576) 参照：《два, три と четыре で終わる合成数詞【複合基数詞】と有生名詞との結合の場合には、2つのヴァリアントが可能である：1つは

書物的、廃れているタイプ、例えば、проэкзаменовать двадцать двух студентов《22 人の学生を試験する》、もう 1 つは規範的なタイプ、例えば、проэкзаменовать двадцать два студента. すなわち、два, три と четыре で終わる合成数詞との結合において、有生の名詞は複数ではなくて単数の属格をとることが標準である：направить на работу сорок три молодых специалиста《職場へ 43 人の若い専門家を派遣する》; выдвинуть сто четыре кандидата《104 人の候補者を推す》。複数属格の名詞をこのような結合に使うのは非規範的である (例えば、新聞で：Самолет доставил 72 пассажиров《飛行機が 72 人の乗客を運んだ》)。》

　さらにプラハ版アカデミー文法 (§§691, 695, 696) を参照：《複合数詞 (сложные числительные) двести, триста, четыреста は有生性について一致を保持している：興味深いことは、двадцать два (две), пятьдесят три, сто четыре タイプの合成数詞 (составные числительные) において最後の要素の支配 (Gsg 属格単数) が保たれているが、しかし有生性の一致に関しては非末尾要素が優位を占めている、例えば、колхоз насчитывает двадцать две коровы, на первый курс приняли сто четыре студента. 》

305. 複合基数詞【合成数詞】の語形変化について、80 年アカデミー文法 (I. 579) では全ての要素を語形変化させるのが規範とされるが、口語では (Ward (1965: 211) では文章語の規範) 最後と最初の要素を語形変化させるとある【口語における「分析主義 аналитизм」の特徴である】。例えば、с двумя тысячами триста пятьдесят двумя бойцами《2,352 人の戦士とともに》。しかし口語では語形変化をしない傾向が見られる。その場合、普通、最後の要素のみ語形変化するだけである：с две тысячи триста пятьдесят двумя бойцами. Виноградов (1972[2]: 233) もまた数詞の文法形には分析的構造 (構成要素の独自の膠着的手法) が観察されるとして、次の例を挙げている：с тысяча двести пятьдесятью байцами.【пяти́десятью に注意。訳注 291 参照。】Земская (ed. 1983: 95) によれば、口語ではしばしば複合基数詞は主格が使われるか、あるいは話者はそれを 1 つのまとまった語として解釈して、最後の項 (あるいは最後の 2 つの項) のみを格変化させる：У тебя нет сто двадцать рублей взаймы?; Тебе хватит двадцать пять штук? また、Comrie (2003[2]: 134) によれば、口語ではまれには数詞の最初の要素だけが変化する場合もある：с двумя тысячами четыреста семьдесят человек "with 2,470 people".

306. Виноградов (1972[2]: 248–250) 参照：《接尾辞 -еро によって восемнадцатеро のような新形成が可能。двое, трое, четверо 等の数詞が男性のみの人を表す名詞と結合 (двое мужчин, しかし две женщины) するのは、活動体のカテゴリーが完成されていなくて、人のカテゴリーが男性の人の名称だけに及んでいたときの発展段階を反映したものである。しかし現代口語では четверо женщин のような結合も時々使われる («в комнате нас было четверо женщин»)。古くは数詞・形容詞形 двои, трои, четверы 等があったが (трои сутки (Гончаров))、絶えてしまった。現代ロシア語では двое, трое, четверо суток, ворот 等の結合では、集合数詞を два, три, четыре で替えることは許されない。5 以上では пять суток

と пя́теро су́ток 等の両方が可能であるが、より規範的なのは後者よりも前者の結合である。斜格では pluralia tantum と単純数詞の結合が明らかに優先される：при помощи двух щипцов, с тремя ножницами, на четырех воротах．Pluralia tantum の名詞と結びつく пя́теро, шестеро 等の斜格形は、恐らく全く使われない。》

307. Comtet (2002: 164) 参照：《集合数詞 2, 3, 4, 5 は普通に使われるが、6, 7, 8, 9 の使用は例外的である。集合数詞はほとんど直格（主格、対格と属格＝対格）しか使われない。この制限を考慮すれば、集合数詞の使用は以下の通りである：(a) pluralia tantum と共に。2, 3, 4 と結びつく場合は必ず集合数詞。5 から 10 までと結びつく場合は基数詞か集合数詞のどちらかの揺れがある。それ以上の数では、場合によって特定の語を付加した基数詞が用いられる：тро́е сане́й, шесть/ше́стеро но́жниц, Про́дано 543 шту́ки са́нок《543 台の橇が売られた》。(b) 人称代名詞的用法。伝統的にはこの集合数詞は少なくとも男性の代表がグループの中に含まれることが要求されていた。例えば、Ju. Kazakov の小説《Дво́е в декабре́》は一人の少年と一人の少女の話である。例：На́с бы́ло дво́е: бра́т и я́.《我々は兄と私の 2 人だった》。Вы́шли тро́е.《3 人が出て行った》。Дво́е из ни́х не пришли́.《彼らのうちの 2 人はやって来なかった》。Тро́е в шине́лях.《外套を着た 3 人》。しかし 8 以上では：Их бы́ло во́семь челове́к.（Их бы́ло во́смеро よりむしろ）《彼らは 8 人だった》。Я встре́тил двои́х на у́лице.《私は外で 2 人に会った》。(c) де́ти, лицо́《人》, ребя́та, また最近の混交による語 девча́та と共に。(d) 人を表す形容詞から派生した名詞と共に：дво́е пле́нных, тро́е слу́жащих, че́тверо рабо́чих. また口語では基数詞のヴァリアントとして集合数詞が使われるが、上で述べたことと同じ制限がある。(e) 対のものと共に：дво́е рукави́ц = па́ра рукави́ц《一組のミトン（手袋）》, дво́е сапо́г = па́ра сапо́г《一組の長靴》。(f) 動物の子供と共に：тро́е котя́т = три́ котёнка《3 匹の子猫》。(g) 男性の人と共に（もしグループが男女混合のときは、男性が代表にいることが規範は要求する）：дво́е сиро́т = два́ сироты́《2 人の孤児》, дво́е сынове́й = два́ сы́на, че́тверо ма́льчиков = четы́ре ма́льчика, дво́е мужчи́н = два́ мужчи́ны, тро́е парне́й = три́ па́рня．》

308. 80 年アカデミー文法 (II. 242–243) 参照：《集合数詞が主語であるとき、主語と述語との数と性による一致には揺れが見られる：Дво́е не яви́лись / не яви́лось《2 人は現れなかった》; Приезжа́ют / приезжа́ет се́меро《7 人が（いつも）やって来る》。単数形は文が拡大されないとき、とくに述語が主語に先行しているときにより普通である。もし主語についてすでに知られているときは、複数形が正しい：Ожида́ли трои́х, а яви́лось / яви́лись дво́е《3 人を待っていたが、現れたのは 2 人だ》と Э́ти дво́е яви́лись с опозда́нием《この 2 人は遅れて現れた》を比較せよ。集合数詞に複数形に一致する代名詞（э́ти, остальны́е, все́) や具体化した定語があるとき、述語は複数形のみが正しい：Все́ тро́е отста́ли《3 人全員が取り残された》; Прие́хали остальны́е се́меро《残りの 7 人がやって来た》; Те́ дво́е из управле́ния прие́хали как ревизо́ры《役所のあの 2 人は監査官としてやって来た》。支配されている属格と結合した数詞の例：Дво́е ученико́в пришло́ / пришли́《2 人の生徒がやって

来た》; Родилось / родились трое сыновей《3人の息子が生まれた》。集合数詞が代名詞 нас, вас, их と結合するとき、単数形だけが正しい：Нас(вас, их)двое плыло《我々(あなたたち、かれら)2人は泳いで行った》; Их семеро осталось《彼ら7人は残った》。数詞と名詞が分離するときも同じく単数のみ：Учеников пришло двое《生徒が2人やって来た》; Трое родилось сыновей; Сыновей родилось трое《息子が3人生まれた》; Больных выписалось шестеро《病人が6人退院した》。》)

309. Исаченко (1954: 109) 参照：《pluralia tantum とともに集合数詞を使う以外に、数詞の《分析的な》形を使うことも可能である：две па́ры, две шту́ки. 例えば：две па́ры штано́в《ズボン2着》、две па́ры часо́в《時計2個》。》

310. 伝統的に「数詞 числительное」と呼ばれるものは「計算語 счетные слова」のことを言う。ここには本来の意味の数詞 (два, три, пятеро)、名詞 (миллион, миллиард)、形容詞 (первый, сотый) といった異なる品詞が含まれている。主要な文法家は順序数詞を数詞ではなく形容詞の一部として扱い、これを「順序形容詞 порядковые прилагательные」と称している (例えば、Виноградов(1972²)、80年アカデミー文法Ⅰ.§1300, §1366)。Виноградов(1972²: 192) はその理由を次のように書いている：「古い文法家達と新しい彼らの追随者は、この【順序】形容詞のグループと数の記号との間の密接な語彙的な結びつきを指摘して、順序形容詞と数詞カテゴリーをしばしば結びつける。例えば、そうするのは Д. Н. Овсянико-Куликовский, アカデミー会員 А. А. Шахматов, Р. И. Кошутич 教授らである。しかし順序形容詞を数詞のカテゴリーに帰属させることは文法的に根拠付けられない。そういった帰属の考えは語彙的な結びつきの形式だけに基づいている。しかし третий, четвертый, пятый, шестой、また他の順序修飾語を数詞と考えることは、関係形容詞 вчерашний, сегодняшний, завтрашний, послезавтрашний, 等の中に時間の副詞を探すことと同じある、あるいは -лый で終わる (полинялый タイプの) 動詞派生形容詞を過去時制の動詞と呼ぶのと同じことである。」

数字の末尾がゼロで終わる десятый, сотый, тысячный のような順序形容詞、また最初の数の順序形容詞 (первый, второй, третий) は性質形容詞の意味をもつことができる：первый сорт《最良種；最高だ》、на вторых ролях《副次的な役割で》、в сотый раз повторять《何回も何回も繰り返す》。

311. 複合関係形容詞 (двухвесельный, четырехпудовый) のように、10の位の数 (50から80まで) と100の位の数 (200から900まで) に関わる合成順序数詞は、数詞の属格 (100と200を除く) と単純な順序形容詞からできている (пятидесятый, трёхсотый; cf. また пятитысячный)：200万番目の：двухмиллио́нный, 300万番目の：трёхмиллио́нный, 400万番目の：четырёх-миллио́нный, 500万番目の：пятимиллио́нный. 20億番目の：двухмиллиа́рдный. 1の位の数をもつ合成数詞と関連する複合順序語において、最後の要素を除いて全ての要素は不変化である (сто двадцать пятый, тысяча сто пятьдесят девятый)。(Виноградов, 1972²: 193)

312. тре́тий の -и- は、著者も <tr,et, #j> としているように移動母音である。訳注 263 参照。

313. 80 年アカデミー文法 (I. 574) 参照：《分数詞 дробные числительные は数詞のカテゴリーに入らないが、ここにその例を挙げる：две пятых《2/5》、семь двадцатых《7/20》、девять тридцать вторых《10/32》、одна целая шесть десятых《1 と 6/10》、три целых и двадцать пять сотых《3 と 25/100》。分数詞と結びつく名詞は単数属格 (pluralia tantum では複数属格) をとる：пять десятых участка《5/10 の地所》、три пятых суток《3/5 昼夜》、пяти десятым участка《5/10 の地所に (与格)》、трем пятым суток《3/5 昼夜に (与格)》。【к тридцати сотым процента.】》 さらに пять с половиной, восемь с четвертью タイプの分数詞は、名詞との結合において主格と対格形で名詞を支配する：пять с половиной часов, cf. пять часов. 一方、他の格では名詞に一致する：о пяти с половиной часах, cf. о пяти часах. (Е. В. Клобуков［Лекант *et al.* 2013: 492］)

Worth (1959［1977: 53-54］) は分数 треть《1/3》と че́тверть《1/4》は数詞としても、非数詞の数量詞としても機能することができる点で特殊であるとして、次のように書いている：ある場合にはそれらは 2、3、4 が名詞と結合するときと同じ統語的な特徴をもって名詞と結合する (つまり、名詞は単数属格、形容詞は複数)。他方、それらは他の分数や副詞的数量詞 (восьмушка, много, сколько, etc.) と決して違ってはいない。それらは完全な複数形をもつこと (трети, третей, etc.)、またそれら自身が基数詞によって修飾されること (две трети, три четверти)、といった点で数詞とは違っている。そしてもしそういった 2 つの数詞の結合の最初の数詞が第 2 番目の数詞より小さいとき、その結合そのものは単数属格あるいは複数属格の名詞と結合する (три четверти комнаты / три четверти комнат《部屋の 3/4》、しかし *семь третей комнаты)。треть, четверть と восьму́шка《1/8》、пя́тая《1/5》のような分数は、他の全ての数詞 (2, 3, 4, 1 と 1/2, 5, двое, много, etc.) と違って、同じ名詞 (あるいは名詞として使われる形容詞) の単数と複数の両方の属格と結合することができる (треть комнаты / треть комнат; четверть столовой / столовых)。数詞と非数詞の間の揺れ、つまり 2 つの異なった体系に同時に参加するということは、これらの分詞と結びつく形容詞の女性 / 複数の揺れに、また動詞の過去時制の女性 / 中性の揺れに反映している (добрых / добрая четверть часа́; осталось четверть часа́ / таких солдат у него была треть батальона)；またアクセントの揺れの中に反映している (четверть часа́ / четверть ча́са)。

Comtet (2002: 157) 参照：《また倍数詞は：а) 副詞：еди́ножды《1 度》、два́жды《2 度、2 倍》、три́жды, четы́режды, пя́тью, ше́стью, ... де́сятью, два́дцатью. これらは口語では два́ ра́за, три́ ра́за, четы́ре ра́за, пять ра́з ... と競合している。比較級とは вдво́е/втро́е/вче́тверо бо́льше《2, 3, 4 倍大きい》が使われるが、これらも в два́ ра́за/в три́ ра́за/... бо́льше と競合している。вдвоём《2 人で》、втроём, вчетверо́м, впятеро́м, вшестеро́м, всемеро́м, ввосьмеро́м, вдевятеро́м, вдесятеро́м. これらはまた「сам + 古代の順序数詞の語根 (アクセントは末尾)」と競合している：сам-дру́г, сам-трете́й, сам-четвёрт, сам-пя́т, сам-шёст, сам-сём, сам-осьмо́й, сам-девя́т, сам-деся́т. この сам-дру́г タイプの副詞はまた播種の収穫を示すことがで

きる：урожа́й сам-пя́т《5 倍の収穫》。(b) 形容詞：двойно́й《2 倍の》、тройно́й、четверно́й、пятерно́й、шестерно́й、семерно́й、восьмерно́й、девятерно́й、десятерно́й. (= двукра́тный、трёхкра́тный、четырёхкра́тный、пятикра́тный、шестикра́тный、семикра́тный、восьмикра́тный、десятикра́тный.)》

Boyer & Speranski (1915², 281) によれば、比較級の前で使われる「〜倍」は 2 から 10 まで (10 を含む) は副詞系列で表現される：вдво́е, втро́е, вче́тверо, впя́теро ...; 10 以上は в と対格の個数詞と語 раз で表現される（また 2 から 10 までは迂言的表現も可能：в два́ ра́за）。例えば、вдво́е (or в два́ ра́за) лу́чше "twice as good"; в ско́лько ра́з бо́льше? "how many times bigger?" "how many times more?"; в два́дцать ра́з "twenty times"; в два́дцать два́ ра́за "twenty-two times"; в ты́сячу ра́з "a thousand times".

314. サンクト・ペテルブルクで使われる двадца́тка, тридца́тка もある (Comtet 2002: 155)。

315. 80 年アカデミー文法 (I. 536) 参照：《再帰代名詞 себя は主語に一致する：Я купи́л себе́ кни́гу《私は自分のために本を買った》。しかし主語に一致しないこともある：Я знал люде́й всегда́ дово́льных собо́й《いつも自分に満足している人々を私は知っていた》。再帰代名詞 себя は形態的に文法性や数の範疇をもたないが、それは統語的に表現される：Она́ чу́вствовала себя́ о́чень слабо́й《彼女は自分を非常にひ弱だと感じていた》; Не вла́стны мы в сами́х себе́《我々は自分自身にすら権限がない》。》また Comtet (2002: 175–176) によれば、次のような文では基底の従属節を考慮しなければならない。Ex. Я попроси́л това́рища {внести́ свой чемода́н в ваго́н}. (=, что́бы он внёс свой чемода́н в ваго́н)《私は友に彼の(友の)スーツケースを車両の中に運んでくれと頼んだ》。Профе́ссор попроси́л студе́нта прочита́ть {его́ / свой} докла́д. (1) его́ とともに→ * Профе́ссор попроси́л студе́нта, что́бы тот прочита́л докла́д профе́ссора.《教授は学生に彼の報告 (教授の報告) を読むよう頼んだ》。(2) свой とともに→ * Профе́ссор попроси́л студе́нта, что́бы тот прочита́л докла́д студе́нта.《教授は学生に彼の報告 (学生の報告) を読むよう頼んだ》。

Timberlake (2004: 240ff.) は、再帰代名詞と人称代名詞の選択が形容詞の意味に依存しているというような興味深いことの他に、再帰代名詞がどの先行詞と照応するかという統語的領域 syntactic domain についても論じている。Timberlake によれば、統語的領域において、再帰代名詞と 3 人称代名詞の意味は相補的であり、再帰代名詞が使われるとき、その先行詞は定動詞 (述語) の主語でなければならない：Моя́ мать<i> взяла́ ee<j> к себе́<i/*j/*k>, к свое́й<i/*j/*k> семье́. (<k> はこの文で言及されない他の 3 人称の人)。Cf. Она́<i> расспра́шивала ее<j> о ней<*i/j/k>, о ее<*i/j/k> жи́зни. 不定形の領域内での再帰代名詞の用法は複雑である。その一例：主節の述語によって再帰代名詞が取れる場合と取れない場合：Она́ <i> заставля́ла меня́ переда́ть письмо́ {своему́<i>/ ±ее<i>} дя́де в Москве́. — Она́<i> умоля́ла меня́ переда́ть письмо́ {*своему́<i> / ее<i>} дя́де в Москве́. 不定形の領域内で再帰代名詞の潜在的先行詞が、不定形の潜在的な主語である場合：Он не позво́лил ей<j> забра́ть мальчи́шку {к себе́<j> ~ *к ней<j>}. Timberlake はこのような文の

再帰代名詞の使用を次のように纏めている：«Thus, in infinitive clauses whose implicit subject is an object of the main predicate, either the implicit subject of the infinitive or the matrix subject can antecede a pronoun in the infinite clause. Matrix predicates can be hierarchized according to the cohesion between matrix predicate and infinitive, and that influences the choice of pronoun. As cohesion decreases, the possibility of using reflexives to refer to the matrix subject decreases, and the pressure to use a reflexive in reference to the infinitival subject increases.» (ibid. 251–252)

316. -ся をもつ再帰動詞と独立した直接目的語として себя をもつ単純動詞形との意味の違いに注意。例えば、лиши́ться жи́зни《命を失う；死ぬ》、しかし лиши́ть себя́ жи́зни《自殺する》(文字通りは《自分から命を奪う》)。この意味の違いを Boyer & Speranski (1915: 249) は次のように書いている：«in the first [再帰動詞], attenuation or complete disappearance of the idea of personality; in the second [себя をもつ形], on the other hand, emphasis on that idea of personality.» 別な例：«он-то счита́ет себя́ о́чень у́мным, а у окружа́ющих он счита́ется кру́глым дурако́м "he thinks himself very wise, but among his friends he is counted a perfect fool". しかしときには両者の意味の違いはほとんどないくらいになる：Кто Вас бре́ет? — Никто́: я всегда́ сам себя́ бре́ю or я всегда́ сам бре́юсь. "Who shaves you? — Nobody; I always shave myself".»

Исаченко (1960: 396–397) によれば、S—V—O₄ タイプの構文において、主語 (S) と対格 (O₄) が一致するとき、ロシア語では -ся で終わる再帰動詞形ではなくて、非再帰動詞形と再帰人称代名詞の対格 себя́ を用いる。例えば、посвяти́ть себя́ нау́ке《学問に自分を捧げる》。つまりロシア語では「本来の再帰的」関係は形態的ではなく、統語的に伝えられる：構造に関して、文 Я ви́жу себя́ в зе́ркале《私は鏡の中に自分の姿を見る》は構文 Я ви́жу тебя́ (бра́та) в зе́ркале《私は鏡の中にあなた(兄弟)の姿を見る》と何も異なっていない。同じ語幹からつくられた再帰動詞と代名詞 себя́ をもつ構文を比較せよ：бере́чь себя́《自分を大事にする》：бере́чься (просту́ды)《(風邪に) 用心する》；ви́деть себя́ (в зе́ркале)《(鏡の中に自分の姿を見る》：ви́деться (с друзья́ми)《(友達と) 会う》；вы́дать себя́《自分の存在を知らせる》：вы́даться《(鼻が) 突き出る；傑出する；(父に) 似る》；счита́ть себя́《自分を考える》：Он счита́ет себя́ мои́м дру́гом《彼は自分を私の友人と考えている》：счита́ться《見なされる》(受動)：Он счита́ется мои́м дру́гом《彼は私の友人だと見なされている》。しかし例外的に себя́ をもつ構文が再帰動詞形とシノニムと見なされる場合が稀にある。例えば、назва́ть себя́ と назва́ться《自分の姓を名乗る》；оправда́ть себя́ と оправда́ться《正しいことが分かる》：Тео́рия оправда́ла себя́ / оправда́лась. さらに Исаченко (1960: 391–392) は、-ся をもつ再帰動詞が非意図的 (不随的) 行為を表し、себя́ をもつ非再帰動詞形が意図的な行為を表す例を挙げている：Проходя́ по тёмной ко́мнате, он уда́рился коле́ном об стол.《暗い部屋を通り過ぎるとき、彼は膝を机にぶつけてしまった》：Он рассмея́лся и уда́рил себя́ ладо́нью по коле́ну.《彼は笑い出して、手のひらで自分の膝を叩いた》。Он игра́л ножо́м и пора́нился (нечаянно)《彼はナイフで遊んでいて、うっかり怪我をした》：Он пора́нил себя́ ножо́м (преднаме́ренно)《彼はナイフで自分を傷つけた》。Он упа́л с пя́того этажа́ и уби́лся《彼は 5 階から落ちて死んだ》: Он уби́л себя́ вы́стрелом из пистоле́та.《彼はピストルを発砲して自殺した》。イサチェンコはこれを他動詞が主語から発する能動的行為（意図的行為）、それに対して自動詞は能動的行為の欠如（非意図的行為）によって説明している。

317. 80 年アカデミー文法 (I. 532) 参照：《я と ты は代名詞の意味を失い、中性として扱われる場合がある。その場合、я は《人格、個人》の意味を獲得し (потребность как-то утвердить своё я, свою личность《どうかして自分の人格、自分の個性を確立しようとする欲求》)、ты は親しい人に向けてのように打ち解けた話しかけのさいに用いる (на «ты» говорить, обращаться к кому-н.)》

318. 80 年アカデミー文法 (I. 534) 参照：《мы はまた я の代わりに一人のひとを指し示すことができる：(1) 謙遜として使われる著者の《我々》：В свое́й предыду́щей рабо́те мы уже́ писа́ли ...《前述の著作で我々はすでに書いた》。(2) мы с тобо́й (= «я и ты»), мы с ним (= «я и он»), мы с ва́ми (= «я и вы»), мы с ни́ми (= «я и они́») のような結合。(3) 話し相手や読者に自分の権威を高めようとして用いる場合：Мы то́же из комендату́ры, — говоря́ о себе́ во мно́жественном числе́ и простоду́шно улыба́ясь, сообщи́л Але́хин (В. Богомо́лов).「私も警備司令部からやってきました」とアリョーヒンは自分を複数形で言いながら、無邪気に微笑みながら報告した。》(4) 嘲笑的、冗談口調で：Слыха́ли мы о ва́ших похожде́ниях (Го́голь)《俺はあんたの情事とやらを聞いたんだ》。(5) 皇帝の《朕》：Мы, импера́тор всеросси́йский《全ロシア皇帝である朕は》. (6) 皮肉、好意的、あるいは同情的な表現をする話し言葉で、"ты" あるいは "он" の意味で使われる：Ви́дно, ли́шний насле́дничек нам не по нутру́? — Как тебе́ не сты́дно предполага́ть во мне таки́е мы́сли! (Тург.)《どうやらあなたは余計な相続人がお気に召さないようだ。──私がそんな人間だと思って、あなたは恥ずかしくないのか！》》

Comrie (2003: 257) によれば、革命前までは、мы の一人を指し示す用法は、皇帝の мы とアカデミックの文体 (pluralis auctoris) に制限されていたが、皇帝の мы が廃止されてからは、20 世紀を通じて後者の文体が一般的になった。'academic мы' は《権威の複数 'pluralis auctoris'》と《謙遜の複数 'pluralis modestiae'》の機能の結合のようであるという。

319. 80 年アカデミー文法 (I. 534) 参照：《вы には мы のような多様な用法はない：вы с ним (= «ты и он»), вы с ней (= «ты и она́»), вы с ни́ми (= «ты и они́»). なお一人の《あなた》の意味を表す代名詞 вы が主語のとき、動詞と述語における形容詞短形は複数形を用い、他方、名詞と形容詞長形は単数形を用いる：Как вы себя́ чу́вствуете?; Вы бы́ли пра́вы; しかし Вы — мой лу́чший друг; Вы здесь — ли́шний.》

320. Виноградов (1972²: 269) 参照：《名詞と異なり、代名詞グループは его, её, их (cf. чей, мой) を除いて、所有の属格をもっていない。его, её, их の形は形容詞的な所有の意味でも使われるが、名詞の所有の属格の用法とは重要な文法的違いがある。所有の意味の его, её, их にとって規則的なのは修飾される名詞の前に置かれることである (Cf. его шу́ба исче́зла,

321. Timberlake (2004: 116–117) によれば、具格の мной, тобой, собой は、もしその代名詞が韻律的に自律的であるならば（例えば、述語の項あるいは受動の行為者）、文語的な用法において {-u} をもつヴァリアント мною, тобою, собою を使うことができる：Скука все больше овладевала мною<INS>. 'Boredom ever more took hold of me'. Так мною<INS> решалась задача. 'That is how the problem used to get solved by me.'

322. 80年アカデミー文法（I. 533）参照：《代名詞 он (pl. они) の対格形は有生と無生とにかかわらず его (pl. их) であるが、これを規定する形容詞や分詞は、対格形で代名詞が指示していた名詞の有生と無生を区別する：Я увидел его (дом), высокий и красивый; Она заметила их (кусты), пышные, покрытые свежей зеленью, しかし Я увидел его (товарища), бледного и усталого; Она заметила их (друзей), веселых и оживленных.》

323. Е. В. Клобуков (Лекант et al. 2013: 303) 参照：「ときに若干のロシア語の語形には語根が存在しないという主張に出会うことがある。これは特に、代名詞の語形 его, ему, им, etc. である；このような語形の形態素構造においては語根が存在せず、ただ語尾の -его, -ему, -им だけが存在するかのような主張である。しかし指摘された代名詞に語根 j- が存在することを見分けるのは簡単である。ヨット音は j-его, j-ему タイプの語形において明瞭に聞こえる、しかし им タイプの形においてヨットの音は音声的理由によって音［и］と融合している（音素的には <j-им>；строить タイプの動詞活用の際のヨット音の類似の《消失》を参照：［стро́jу — стро́ит］）。」

324. 本書でも書いてあるように、3人称代名詞の語頭の /j/ と /n,/ が交替することに注意せよ。これについてより明確に書いているのは、Trubetzkoy (1934: 79) である：「前置詞なしの3人称の人称代名詞形は語根 j からつくられる、例えば：gen. m. jivò, gen. f. jijò, dat. m. jimù, dat. f. jej, instr. pl. jìm'i, gen. prep. pl. jix (его, ее, ему, ей, ими, их)。しかし前置詞の後ろで j は n' に交替する：at-n'ivò (от него)、u-n'ijò (у нее)、k-n'imù (к нему)、k-nej (к ней)、s-n'im'i (с ними)、pr'i-n'ix (при них)。これらは自由交替 j～n' の唯一の場合であり、同時に代名詞語根における離接的交替をもつ子音交替の唯一の例である。」また Comtet (2002: 169) も参照：「全ての第一次前置詞【本書§617参照】の直後で、3人称代名詞の語頭の j は『Baudouin de Courtenay の <n'> 』と言われる <n'-> と交替する。それ故、それは代名詞の語頭音での <n'> / <j> の交替を引き起こす。位格では代名詞は常に前置詞によって先行されているので、語頭の <n'-> が常に現れる。第二次前置詞【本書§621参照】+ 属格もこれに関連している：впереди него《その内部に》；しかし、благодаря ей《彼女のおかげで》、вне его《それの外で》、вопреки ему《彼（それ）に逆らって》、подобно ей《彼女（それ）と同様に》。もし代名詞 весь が前置詞と人称代名詞の間に挿入されるならば、あるいは分離した構造の場合には（位格の場合を除いて）、予期される <n'-> は省くことが可能である。Cf. у всех них/их《彼ら全てのところで》；между мной и ним/им《私と彼との間に》、しかし во всех них《それら全ての中で》」。同じ考えは Jakobson (1984:

148 [*International Journal of Slavic Linguistics and Poetics* XXIII (1981: 87–91)]）«Notes on the Declension of Pronouns in Contemporary Russian» の中にも見られる：'Yet after prepositions the initial "yod" of all the 3. person pronouns changes into a palatalized "n", and even Russian repetitive constructions of 3. person pronouns in locative forms demand an explicit reference to that locative frame and subsequently a substitution of the prefixal nasal for the initial "yod". Hence a steadfast commutation of the initial "yod" to the prefixal palatalized "n" becomes a compulsory feature of the 3. person locative in all its grammatical contexts and remains the sole formulation admissible: thus such readings as *pri nëm, nej, nix* are acceptable while **pri ëm, ej, ix* are not.' さらに80年アカデミー文法(I. §1282)も参照。

本書訳注 48 で触れたように、Аванесов (1956: 190) は、語頭でアクセントのある［и］の前で［j］は随意的であるとしている：*их, им, ими* の形は普通は［j］のない［их］、［им］、［и́ми］のように発音されるが、しかし［jих］、［jим］、［ˈjи́мʼи］とも発音することができる（廃れた規範）としている。Аванесов に従うならば、これらの形に限り、「/j/ と /n/ が交替する」とする規則は必ずしも必要ないことになる。しかし его, ему, ей, 等の場合は上の規則が成り立つ。日本の文法書はこれに触れない。日本の文法書では、「三人称代名詞斜格（е, ё, и で始まる）が前置詞とともに用いられるときは、н が加わる。」（宇多文雄『ロシア語文法便覧』東洋書店 2009: 166）；「前置詞の後では語頭に н がつく：у него́/нее́/них, ...」（『プログレッシブ・ロシア語辞典』小学館 2015）というように書かれることが多い。しかしこの通りに行うと、例えば、к нему の場合、/k n+jemu/ > /k njemu/ となり、これを文字表記すれば к ньему と書くことになってしまう（記号 ь ついて訳注 19 を参照）。こういったことを書く人は、ロシア語を文字で理解しているのであろう。

さらに前置詞と用いられる 3 人称代名詞の斜格形の н- をもつ形 (у него, у ней, над ним, при нем, мимо него, против него, возле них, etc.) と н- をもたない形 (наперекор ему, вопреки ему, на зло ей【назло ей】, etc.) の対立（後者については前置詞の特徴ではなくて副詞の特徴がいまだ優勢）については、Виноградов (1972²: 269–270) を見よ。Виноградов によれば、Чехов ではまだ «против их сидел» タイプの使用が見られるという (Cf. «между ими» «около его» (Пушкин)、«пробежала мимо его» (Лермонтов))。副詞から前置詞への移行プロセスについてはまた Виноградов (1972²: 315–316) を見よ。

[補注]「Baudouin de Courtenay の <n'>」とは、ボドゥアン・ド・クルトネによって説明された以下のスラヴ語に生じた形態音韻論的な変化に由来する。すなわち、スラヴ語において開音節化の結果、前置詞 *vъn (cf. Gk. ἐν "in")、*kъn (cf. Avestan *kąm* "for the sake of")、*sъn (cf. Gk. σύν "along with") の末尾音と後続する代名詞の語頭音とが以下のような変化を起こし、その結果としてこれらの 3 つの前置詞以外にも 3 人称代名詞の語頭に н- が現れることになった現象をいう：*kъn jemu > *kъ-n'emu > къ н͡ емоу > к нему "zu ihm"。Schmalstieg (1983²: 47–48)；P. Diels (1932: §46) *Altkirchenslavische Grammatik*. Heidelberg 参照。また Meillet (1934²: §502) も比較。

325. 80年アカデミー文法 (I. 536) によれば、詩 (あるいは話し言葉) では前置詞 от と у とともに ней が使われる：от ней, у ней． さらに Timberlake (2004: 118) 参照：「非公式的な (口語) ロシア語では、у ней はそれが弱アクセント weak stress のとき、у неё の代わりになり得る：Лицо у ней было поразительной красоты. 'That face of hers was of astounding beauty.'」

326. さらに80年アカデミー文法 (I. 535) 参照。また А. В. Исаченко (1960: 414) は、《丁寧体の形 формы вежливости 》について述べた箇所で、話し相手ではなくて、会話に参加している3人称に対して丁寧体として они を使う例が俗語に今日もあると述べている：Пусть они тебе скажут, они-то должны знать!《彼にあなたに話させよう。彼だったら知っているに違いない》。

このような丁重あるいは卑屈の関係を表す表現は動詞の3人称複数形だけによっても表現できる。80年アカデミー文法 (I. 641) 参照：《[Шервинский] А где же он?《召使い》Не могу знать. С полчаса назад *вышли*(Булг.)《[Ш.] ところで彼はいったいどこだ》―《召使い》《知りませんです。半時間ほど前にお出かけになりました》；Володя приехал! — крикнул кто-то на дворе. — Володечка *приехали*! — завопила Наталья, вбегая в столовую (Чех.)《ヴァローヂャが帰って来た、と外で誰かが叫んだ。―ヴァローヂャ坊っちゃんがお着きになりましたよ、とナターリヤは食堂に駆け込みながら大声で叫び始めた》。》

327. 《себе と собой は様々な評価的な意味をもつ慣用句結合の中に入り込んでいる：так себе 《まずまず、まあまあだ》, ничего себе 《かなりいい》; сам по себе 《独りで；それ自身は》; само собой 《勿論》。人の容貌や外見の表現で：красавец собою 《美男子だ》》 80年アカデミー文法 I. §§1283–1284。また訳注 315、316 参照。

328. Исаченко (1960: 398–400) は「動詞形 + себе」について次の2つの用法を書いている：《**1.** 与格支配の動詞との結合において себе は、もしこの斜格目的語 (O_3) が主語 (S) と同じならば (O_3 = S)、斜格 (与格) 目的語を表す。例えば、он не мог простить себе этой ошибки《彼は自分にこの過失を許すことができなかった》。**2.** 与格支配をもたない動詞との結合において、語 себе は当然目的語を表さない。この語は行為への情緒的な係わりを表し、行為が主語によって喜んで、主語のために、何らの外的状況への考慮もなく行われることを強調する。例えば、Он сидит себе дома и читает романы《彼は (誰にも気兼ねせず) 家にいて、小説を読んでいる》。Исаченко はこれを dativus commodi と呼んでいる。このような構文での себе は斜格目的語の意味を失っている。というのも Он сидит себе дома の себе を他の与格代名詞 (мне, тебе, нам) で替えることはできないからである。それ故、このような構文における себе を動詞が要求する小辞と見なすべきである。この себе をもつ構文は民衆語に特徴的である。》

この第2の用法については以下参照：Шахматов (1941: §442)：この与格は通常の動詞と関連する与格と異なり、「文の直接的な意味によっては引き起こされない挿入語のように思われるものである」。Boyer & Speranski (1915[2]: 105–106) はこの себе (無アクセント) についてテキスト《Ворон сказал: "Зло на свете всё от голода. Когда поешь вволю, сядешь себе на сук, покáркиваешь — всё вéсело, хорошó, на всё рáдуешься; ...»《カラスは言った：「この世の悪はすべて飢えのせいだ。好きなだけ食べ、(誰にも気兼ねせず) 枝の上に座ってカアカアと鳴くとき、全ては愉快で、すばらしくて、全てが楽しい》の注として次のように書いている：«It indicates that the person or thing in question feels quite free from care, and pays attention to nobody or nothing. Frequently used with сидéть "be sitting", and лежáть "be lying", and verbs of similar meaning. This is the same use of себé that is found in the two very usual expressions: тáк себе "so-so", "middling", rather badly than well, and нечегó себе, in the meaning which ничегó alone often has: "pretty well", "tolerably well", but rather well than badly, "not badly" ... .»

329. Boyer & Speranski (1915[2]: 273) によれば、друг друга の表現は一般に非常に自由に使われるけれど、物より人に使われる：они друг друга стоят《彼らは似たり寄ったりだ》。物には один другого, однá другую, однó другое; gen. один другого, однá другóй, однó другóго; dat. одинý другóму, однá другóй, однó другóму; pl. одни других, etc. を使う方が好ましい：это однó другóго стóит "that comes to the same". また Fontaine (1983: 259ff.) からの引用例：На полке, прикрепленной к спинке дивана, стояли в ряд десять маленьких слонов из янтаря, они прыгали, когда полка тряслась, и падали *один* за *другим*. (Трифонов)

330. 訳注 320 を見よ。

331. その他の類似の所有代名詞：*и́хний* [¹jixn,ɪj]《彼らの》, и́хнее, и́хняя, и́хние. これらは си́ний, ее, яя と同じ変化をする。これを使った副詞的な表現 по и́хнему [pa ¹jixn,ɪmu]《彼らの意見では；彼らのやり方で；彼らの言葉で》：По и́хнему это плóхо «In their opinion that's bad.», Сдéлайте это по и́хнему « Do it in their way.», Спроси́те, кáк это бýдет по и́хнему «Ask them what that would be in their language.» (Boyanus & Jopson (1952[3]: 209–210)。евóный《彼の》、éйный《彼女の》。

332. Виногрáдов (1972[2]: 167ff.) 参照。

333. RED (2011) によれば、э́тот は «deictic э́ (old also e) + Old Russ. тъть 'that'» に由来する。

334.《たいそう》の意味で用いられる так と такóй については Unbegaun (1979: 156) 参照：«Note that the adverb так 'so' is used only with an adverb or a short adjective, while a long adjective requires the adjectival pronoun такóй: здесь так хóлодно 'it is so cold here'; он так мóлод 'he is so young'; он такóй молодóй 'he is so young'.»　述語的な形容詞の短形に副詞的代名詞 так, как が使われるのは、この形容詞の述語形が動詞に類似しているためである。А. А. Шáхматов は、я болен, ты болен, он болен タイプの形と я болею, ты болеешь, он болеет タイプの動詞形を同一視して、形容詞の短形を《活用》形に帰属させ、「形容詞述語 прилагательные сказуемые」というカテゴリーさえたてている。これについてはさらに Исáченко (1954: 256–257) を参照。また Виногрáдов (1972[2]: 322ff.) は形容詞短形が不定形をとることや格支配すること (例えば対格を支配する例：Я должен ему большую сумму денег.) などを挙げながら、次のように書いている：「ポチェブニャ学派のロシア語文法家は、短形の形容詞

はその述語性のために動詞の側から強い統語的な影響を受けており、動詞の構造的な特性の幾つかを採り入れている、と考えていたようである。」

335. 80年アカデミー文法 (I. 537) 参照：《кто は男性と女性形の形容詞と結合することができるが (кто такой?, кто такая?)、過去時制と仮定法の動詞はたとえ кто が女性を表していたとしても、男性形のみが使われる：кто вышел замуж?《誰が嫁いだか》; кто из девочек ушел?《少女のうち誰が去ったか》。》また кто は一致する語形によって数の対立を表すこともできる：кто такой ~ кто такие. (Белошапкова 1997: 528). кто に一致する述語の文法性に男性形が選択されるのは、文法性として男性形が他の文法性に対して無標であるためである (プラハ版アカデミー文法 1. 323)。ヤコブソーン (Jakobson, 1960 [1971: 184]) が言うように、文法性としての男性は如何なる男女の別 (sex) も担わないからである。例えば、врач あるいは товарищ のような男性形 masculines は男性 males あるいは女性 females の両方に適応する：товарищ Иванова — старший врач. (Jakobson, ibid. 185) また кто が3人称単数形に一致するのは (Кто пишет?)、3人称単数が無標であることによる (訳注 487 を見よ)。

336. 80年アカデミー文法 (I. 537) 参照：《что は無生 (不活動体) の物についての質問に使われるが、しかしコンテキストによっては、что は生き物についての質問にも使える：что это — волк или собака?《これは何だ、狼か犬か》。что は統語的に中性扱いされる：что случилось?《何が起こったか》。что はいかなる方法によっても数の対立を表すことができない：что такое? 》

337. 80年アカデミー文法 (I. 539) 参照：《что を要素にもつ代名詞は数に関して対立を表さず、単数の意味をもつ：нечто странное《何か奇妙なこと》、ничто человеческое мне не чуждо《私にとって人間のことで無縁なことはない》。一方、кто を要素にもつ代名詞は主として単数を表すが、個々の場合には統語的にいくつかの人称を示すことができる：По средам у ней *собираются* кое-кто из старых знакомых《毎水曜日、彼女のところに古い知り合いのうちの何人かが集まる》。》

338. Белошапкова (1997: 531) 参照：《некого, нечего は、себя と同じくパラダイムにおいて主格が欠如した欠如語 (defective) である。他方、некто (主格)、нечто (主格・対格形) はこの形だけしかないので、他の格形を使わなくてはならないときには、別の語彙素を用いる：нечто (*nom.*) произошло《何かが起こった》、увидел нечто (*acc.*)《何かを見た》、しかし приблизился к чему-то (*dat.*)《何かに近づいた》、подумал о чём-то (*loc.*)《何かについて考えた》。》

339. некто < ORuss. някъто, cf. OCS някъто "τις" < Slav. *někъto. 否定機能でない延長母音由来の не- と кто の複合語。(RED 2011)

340. кое-где を標準語では使う。

341. весь 'all' が単数の3人称男性あるいは中性の代名詞を修飾しているとき、たとえその指示対象が有生でないとしても、対格＝属格の всего его を使う。複数ではこの結合は有生を表現する：有生のためには их всех (всéх их)、無生のためには их все (всé их)、稀に

всéх и́х (Timberlake 2004: 167–168)。

342. 同一性を表す代名詞についてはプラハ版アカデミー文法 (§474) 参照。この同一性を表す代名詞の枠内で、実詞の指示対象を同一化する代名詞と、特徴と関連付けられる代名詞の間の差異が無くなっていく傾向が見られる：Я все тот же // такой же. (ibid. §475)

343. Виногра́дов (1972²: 269) 参照：《前置詞と人称代名詞の間には形容詞を挿入することはできない（これは代名詞の前に定語となる形容詞を置けないことと関連している）。これに対する唯一の例外は сам と один の語である：к самому тебе; для самого меня это известие было полной неожиданностью. しかしこの場合も語順を逆にする方がよく使われる：к тебе самому; для тебя одного; для меня самого.》

344. Boyer & Speranski (1915²: 272) によれば、ここに挙げられている以外に次の関係代名詞がある。кой, кóе, gen. кóего, кóей. これは関係代名詞 который と同じ意味であるが、男性と女性の主格、また単数の女性対格では使われない。さらに関係形容詞 каковóй, -áя, -óе がある。これは какой と同じ性質の意味をもつが、廃れている。いまではこの каковóй, -áя, -óе の疑問の短形だけが残っている：Каковá погóда сегóдня?《今日の天気はどうか》。

345. Boyer & Speranski (1915²: 272) 参照：関係代名詞 кто は人の単数の男性と女性、および人の複数で使われる。この限定しない理由により、たとえその先行詞が複数の場合でも動詞は単数でも可能である【これについては訳注 241 を見よ】。しかし кто の用法は非常に限られている：その先行詞は名詞を伴わない一部の指示代名詞のみに許される：тот, та, то; вся́кий, -ая, -ое "each"; 複数 все "all". Ex.: Тé, кто приду́т (or придёт) "those who will come"; тé, на когó я осо́бенно рассчи́тывал "those on whom I was counting the most"; вся́кий, кто́ э́то ви́дел "everyone who has seen that"; всé, кто хотя́т (or хóчет) "all those who wish". 親しい間の言葉や俗語では古典的な関係代名詞 который や какой よりも代名詞 что が好まれる。それは数や文法性に関係なく、有生の名詞にさえも使われる。例えば、Человéк, что приходи́л вчерá "the man who came yesterday; жéнщина, что пришлá "the woman who arrived"; мужики́, что ходи́ли на сенокóс "the peasants who were going to make hay". 関係代名詞として用いられるとき、что は主として主・対格で用いる。さらに Timberlake (2004: 209–210) 参照：«*Ктó* 'who' can be used as a relative under special conditions. *Ктó* defines membership in a set of possible individuals. (...) The construction *тóт, ктó...* defines an implicit condition: if a person has such and such a property (the *ктó* clause), then here is what can be said about such a person (the *тóт* clause). (...) The construction *тé, ктó* contrasts with *тé, котóрые*, which occurs as well. *Тé, ктó* refers to possible individuals (in [146], any possible individual who might have knowledge of the affair), while *тé, котóрые* refers to real individuals (in [146], the actual culprits): [146] Он не хотел встречаться не только с *теми, которые* принимали участие в убийстве Распутина, но и с *теми, кто* напоминал его о происшедшем. 'He avoided meeting not only those who had taken part in the murder of Rasputin, but even those who might remind him of what had happened.'»

346. 1936 年の «Песня о Родине» という、スターリン粛正のピーク時に映画のためにつくられた歌。

347. 格形の副詞的な使用（例えば、бежа́ть бего́м）については、Исаченко (1954: 134–136) を参照。

348. 80 年アカデミー文法 (II. 432) 参照：《時間等の状況語は名詞の対格によっても表現される。動詞、動名詞、形容詞における定語的意味をもつ場合：жить год, ждать час, провести в городе неделю, (целые) столетия неизвестный《（まる）数百年知られていない》; ждать много лет, встречаться всякий день, весь день мрачный《終日暗い》, много лет известный, все время печальный《いつも悲しそうな》, каждый вечер новый, долгое время непонятный; говорить сто раз《何度も言う》。》

349. 副詞的な無人称述語については Шахматов (1941: §104–§106) を参照。Виноградов (1972²: 324ff.) はこの無人称述語を「状態カテゴリー категория состояния」の中で議論している。「状態カテゴリー」とは時制形（быть の過去形と未来形による分析的形）をもつ無変化名詞と副詞語で、述語の機能だけに使われる、としている (ibid. 320)。Виноградов は、形容詞短形と相関する -o で終わる無人称述語が、同じ語幹をもつ形容詞の短形との間で文法的にも語彙・意味論的にも類似性をもたぬことを強調し（アクセントの違いによってもそれは強調されている：бо́льно ~ больно́), 次の 4 種類を区別する：(1) 感覚、情緒的状態、心理的経験を表す語：грустно, весело, радостно, печально, страшно, смешно, скучно, стыдно, досадно, покойно, тревожно, совестно, тоскливо, боязно, etc. (2) ときに外的な知覚や感覚の結果としての肉体状態を表す語：голодно, щекотно, дурно, плохо, горько, больно, душно, мне тепло, холодно, etc. (3) 自然状態を表す語：сухо, тепло, темно, светло, тихо, холодно, в воздухе парно. (4) 環境の状態を表す語：кругом было пьяно и шумно; уютно, удобно, пустынно. さらにここには「たくさんだ」の意味で前置詞 с と属格を使う述語будет が加わる：Сколько тебе надо денег? Двухсот рублей с тебя будет?《いくら金が必要なんだ? 200 ルーブルで十分か?》。Виноградов (ibid. 325–326) によれば、状態カテゴリーとしての無人称語は動詞に類似した統語的な特徴が見つかる。例えば、Мне стыдно за вас.《私はあなたのことが恥ずかしい》。Мне *страшно* ваших гордых слов (Брюсов)《私はあなたの高慢な言葉が恐ろしい》。これらの一部の語は直接目的語の対格を支配することさえできる：Им *нужно дрова и свечи* (Лесков); *тропинку* еле *заметно*; с горы было *видно весь город*; слышно *крик петуха*; жаль, жалко *кого-нибудь*.

80 年アカデミー文法 (I. 482) 参照：《無人称述語においても直接目的語の対格をとることができる：Мне жаль сестру《私は妹がかわいそうだ》; Нам слышно голоса́《我々には声が聞こえる》。また状態を伝える文では、主体の位置に移された対格は主体の意味を獲得する：Голову больно《頭が痛い》(cf. Больного знобит《病人は寒気がする》。》

Виноградов (ibid. 331) には、この「述語的」副詞の発達過程に関する Потебня の興味深い仮説が載せてある。Ю. С. Степанов (1989: 26–27) は、このロシア語の「状態カテゴ

リー」(彼はそれを無主体的特徴である「環境の状態 состояние среды」とする)の起源を印欧語の完了述語と見なしている：「本来の無主体性 бессубъектность は、諸言語の完了述語 перфектные предикативы のもとで文証される統語構文タイプに源を発する。そこでは至る所、無人称文 (Russ. На дворе студит, студено, холодно タイプ)、あるいは対格や与格を付加する構文 (Russ. Мне больно.; Мне ногу больно.; Ногу больно.; Lith. Man galvą skauda. (lit. Голову мне болит.)《私は頭が痛い》が認められる。」これは印欧語の一部の完了は原初的に動詞組織から離れた別のカテゴリーを形成していた可能性を述べたものである。即ち「《完了》は言語発達の非常に遠い昔の時代に特別な不変化詞、一種の《状態カテゴリー》であり、それを動詞に統合させたのはただ共通の統語的役割、即ち述語の役割であった。」(Перельмутер (1977: 37). Перельмутер によれば、一部の変則的な完了【現在の意味をもつ完了】は原初的に孤立した perfecta tantum であった。これを仮定させるとして、彼はこれらの完了をホメロスのギリシア語から次のように特徴づけている：「これらの語彙的意味は、ある密接に関連したグループに集中している。変則的な完了のあるものは物質的状態を意味する。そこにあるのは無生物の対象あるいは生物である：δέδηα (Μ 466, Ν 736)《燃えている》、πέπηγα (Γ 135, Ν 442)《突き出ている》、σέσηπα (Β 135)《朽ちている》、等。(中略)多くの類似の完了は心的様態、思考プロセス、感覚的知覚を意味する：γέγηθα (Θ 559, ζ 106)《喜ぶ》、τέθηπα (ζ 168, ψ 105)《驚く》、δείδια (Ν 49, Φ 536)《恐れる》、τετίηα (Λ 555, Ρ 664)《悲しんでいる》、ἔρριγα (Η 114, Ρ 175)《身震いする》、πέφρικα (Λ 383, Ω 775)《身の毛がよだつ》、μέμονα (Ε 482, Η 36)《熱望する》、οἶδα (Δ 163, Ζ 447) (< Ϝοῖδα, cf. Ved. *véda*, OCS *vědě*)《知っている》、δέδορκα (Χ 95, σ 446)《見る》、等。変則的な完了はまた感覚器官への作用、音生産行為を表す：ὄδωδα (ε 60, ι 210)《匂う》、βέβρυχα (Ρ 264, ε 412)《咆哮する、鳴り響く》、μέμυκα (Σ 580, μ 395)《吼える》、等。」(Перельмутер (ibid: 26) 以上の考察から Перельмутер は、印欧語のこのグループの完了は原初的に動詞体系内部での時制形成カテゴリーではなく、物質的また心的状態を表すための独自の語彙・文法的語クラスを成していたと仮定し、次の結論を出している：「主体はその意思にかかわりのない任意の状態の中にある；最古の完了によって表される状態は、主体の側からの何らかの活性 активность を前提としない。まさにこの特徴、即ち主体の不活性 инактивность は、恐らく古体的な完了形が述語の役割の中で現れた文法構造の最も特有な意味特徴を成していたであろう。現在・アオリスト組織と完了組織の間の最古の意味区別は、活性(現在・アオリスト)対不活性(完了)の対立である。(中略)後の印欧語の歴史において《完了》は、相 diathesis カテゴリー、即ち中動相の形式化に影響を与えた。この中動相の若干の人称語尾は《完了》の転換された語尾である。」(Перельмутер (ibid: 29–30) この Перельмутер の最古の「完了」に対する定義は、ロシア語の状態カテゴリーとしての無人称述語の定義にも当てはまる。例えば、イーリアスの δοῦρα σέσηπε νεῶν (Β 135)《船材が朽ち果てている》を例にとるならば、原初的には σέσηπε《朽ち果てている》という状態を名詞が具体化していると見なすことができ、この場合この役割をする名詞は状況語的・規定語的な役割をしていたと考えること

ができる。これはロシア語の述語 Больно《痛い》に対する Ногу больно《足が痛い》に対応すると見なすことができる。この場合の対格 ногу は印欧語本来の独立対格 (状況語的対格、訳注 112 参照) である。もし不活性の主体を表現したければ、不随的行為を表すときに使われる与格 (cf. Lith. *nesimiegojo ir Jonui* (dat.)，Russ. *не спалось и Иоанну*) をそれに付加する：Мне ногу больно.《私は足が痛い》.

350. 人称述語にはまた口語で用いられる評価の述語がある。これは不変化語からつくられ、評価の意味をもち、意味的に形容詞に近い。Земская (ed. 1983: 87–91) は、これを分析的な形容詞の範疇と見なすならば、これは形容詞の機能的な下位クラス、つまり述語クラスをつくっていると考えねばならないとしている。以下、Земская (ed. ibid. 88ff.) に拠る。この下位クラスの語に属しているのは、того, того-с ([таво́]，[таво́с] と発音される)、так себе, очень даже, очень-очень, вообще, совершенно, ай-я-яй, ой-ой-ой タイプの代名詞、副詞、間投詞起源の語である。これらの幾つかは不可欠な構文上の要素として не あるいは ни と用いられる：не очень, не ах, не ахти; ничего, никуда. それらの多くは総括的な意味をもち、普通、主語に後置する。これらの述語の時制と法は分析的に表現される。つまり現在時制ではゼロ繋辞、過去時制では繋辞 был、未来時制では буду (未来形はあまり用いられない) を用いる。また казаться タイプの半繋辞的動詞も用いられる。この述語は主に 3 人称と用いられる、しかし 1、2 人称とも用いることもできるけれど：Я сегодня *того*//《私は今日は疲れてへとへとで、調子が悪い》；Ты *того*?《気でも狂ったのか》。この述語は何よりも否定的な評価の意味をもつ。例えば、никуда《ひどい物だ》(никуда не годится《何の役にも立たない》と関係あろう）：Сапоги/ *никуда*// Жмут и промокают//《長靴はひどい物だ、窮屈で水が通る》。ничего《かなりよい》：Погода сегодня *ничего*//《今日の天気はまずまずだ》。так себе ([та́кс'ьбь] と発音される)《(否定的評価にちかい) 取るに足らない》：Обед был *так себе*《昼食はたいしたことはなかった》。вообще《(怒り、軽蔑などの強い否定的な評価をもった、強い感情表現)》：Ну он *вообще!* С ним говорить нельзя!《彼はなんて高慢ちき！ 彼とは口もきけない》。очень-очень, очень даже はほめ言葉の意味で使う：Виноград по-моему *очень даже*//《葡萄はどうやら美味しい》。не очень は так себе に近い否定的な意味をもつ：Статья *не очень*《論文はたいしたことはない》。того は人についてならば、《異常な；気の狂った；酔っ払った》というような慣用的意味をもつ。この狭い意味の他に того はコンテキストによって明らかになる広い意味 (否定的評価) ももっている。例えば、Суп кажется *того*.《スープは腐っているようだ》。Арбуз *того*.《スイカは熟していない》。Молоко *того*.《牛乳は酸っぱい》。Я кажется *того*.《私は病気になったようだ；疲れたようだ》。Мы с ним *того*.《私と彼は喧嘩した》というような意味を表す。

351. 80 年アカデミー文法 (I. 735–736) 参照：《述語の機能を果たす間投詞には、擬音語タイプ (бам, бац, звяк, щелк, etc.) と動詞的間投詞タイプ (прыг, скок, толк, хвать, etc.) がある。これらは普通、コンテキストによって条件付けられた、完了アスペクトの過去時制の意味をもっている。それは прыгнуть, хлопнуть, трахнуть, цапнуть タイプの一回体の行為様式

の動詞に似ている：Вдруг слышу крик и конский топ... Подъехали к крылечку. Я поскорее дверью *хлоп* И спряталась за печку (Пушк.)《突然私は叫び声と馬の足音を耳にした … 彼らは玄関に近づいた。私はできるだけ早くドアをパタンと閉め、ペチカの後ろに身を隠した》。現在時制や未来時制でのそれらの使用は可能であるが、かなりまれである：Всю ночь он пишет глупости. Вздремнёт — и *скок* с дивана (Пастерн.)《一晩中彼はつまらぬことを書いている。まどろんだかと思うとソファーから跳び起きる》。）

80年アカデミー文法 (I. 736) には、Шахматов, Карцевский, Поливанов, Потебня らによる хлоп タイプの語の起源についての興味深い説が紹介されている。Boyer & Speranski (1915²: 254–255) はこのタイプの述語 (彼らはこの述語を "personal uninflected form with zero ending" と呼ぶ) についてこう書いている。« (...) certain perfectives in -ну-ть, all expressing a noise or movement, have a *personal uninflected form with zero ending* (-ъ or -ь) which can be used for all genders, numbers, or persons as a substitute for any inflected form; this uninflected form always implies an idea of suddenness, of abruptness, or of extreme rapidity. Ex.: Они́ подошли́ к до́му и сту́к в окно́ "they approached the house and rapped on the window"; стук, uninflected form of сту́к-ну-ть "knock", perfective of стуча́ть. In Pushkin, Евге́ний Оне́гин, III, 38: ... и на двор / Евге́ний! "Ах!" и ле́гче те́ни / Татья́на пры́г в другі́я се́ни. "... and Eugene enters the yard. 'Ah!' cries Tatiana, and, more lightly than a shadow, with a bound she flees to another room"; прыг, uninflected form of пры́г-ну-ть, propr. "jump", perfective of пры́гать. (...) The important fact is that these expressions, either interjections or properly verbs, take, or at least can take, subject and object like regular inflected verbal forms.»

352. 主語と述語の一致については、Шахматов (1941: 247ff.)、60年アカデミー文法 (II. §657–717) を参照。

353. Исаченко (1960: 13ff.) は、ロシア語動詞の文法カテゴリーとしてのアスペクト aspect, вид と態 voice, залог の2つを強調する。その理由は、それら2つのカテゴリーは、動詞の意味と結びつく《非統語的》カテゴリーであるので、どのような動詞形 глаго́льные фо́рмы においても必ず現れるのであり、他方、残りの《統語的》な文法カテゴリー (人称、法、時制) は必ずしも動詞形に現れないからであるという。彼の *Грамматический строй русского языка в сопоставлении с словацким.* の第2部《形態論》はそれらを基に展開されている：「ロシア語やスロヴァキア語あるいはチェコ語において、任意の動詞はプロセス (行為、状態)《だけを》意味するのではなくて、この意味に文法的アスペクトと態の概念を結びつけている。(中略) 我々の諸言語において**各**動詞形に存在する唯一の文法的カテゴリーは、アスペクトと態のカテゴリーである。」(ibid. 13)

354.「ロシア語動詞のアスペクト理論はロシア語文法の最も難しい、論争のある、研究の不十分な分野の一つである。」(Виноградов 1972²: 379)

R. Jakobson (1932 [1984: 1–14]) «Structure of the Russian Verb [Zur Struktur des russischen Verbums]» によるロシア語のアスペクト相関についての基本的な考えを参照：« The

classes of the verb are formed by means of two "aspect correlations" and two "voice correlations". The general **aspect correlation** is "perfective" (marked) ~ "imperfective" (unmarked). The unmarked character of the imperfective is apparently generally recognized. According to Šaxmatov, "the imperfective aspect signifies a habitual, unqualified action" (§540 [Синтаксис русского языка]). Already Vostokov writes: "The perfective aspect shows the action with a specification that it has begun or is over", whereas the imperfective aspect "shows the action without specification of its beginning or its completion" (§59 [Русская грамматика, 1831]). A more exact definition would be that the perfective, as opposed to the imperfective, indicates the absolute limit of the action.» (ibid. 3) [Note: «In reality, the **general meanings** of correlative categories are distributed in a different way: if Category **I** announces the existence of **A**, then Category **II** does not announce the existence of **A**, i.e. it does not state whether **A** is present or not. The general meaning of the unmarked Category **II**, as compared to the marked Category **I**, is restricted to the lack of "**A**-signalization".» (ibid. 1)]

80年アカデミー文法 (I. 583) 参照：《不完了体は限界による行為制限特徴を、また行為の全体性特徴をもたない。ここから不完了アスペクト動詞の行為をその経過の過程のなかで表現するという能力、特に限界到達を志向する行為を表現するという能力が出てくる。他方、完了体動詞において、行為によって到達される限界は何よりもある臨界点として把握され、その到達のすぐ後に行為は自らを使い尽くし、中止する：Мальчик долго переписывал работу и, наконец, переписал ее《少年は長い間、作品を書き写していた、そしてとうとうそれを書き写してしまった》; Он белил и побелил потолок《彼は天井を白く塗っていて、塗り終えた》; Снег таял и растаял《雪は解けていって解けてしまった》。大多数の場合、限界はある目標として到達され、その目標到達のあとに行為の結果が保持される（переписать, побелить）。これは行為の全体性の重要な実現のうちの一つである。相関する不完了アスペクト（писать, белить）は、行為の限界到達への志向を表す。》

「限界性 предельность」については Маслов (2004: 29–30)《Об основных понятиях аспектологии》の説明を参照：「限界性とは、当該の行為の本質そのものによって予見される、内的な限界を示すところの、動詞の意味論に内在する情報である。普通、行為はその経過のなかでこの限界に向かい、そして限界到達の場合には自己を使い果たし、中止するはずである (cf. Он перепиливает бревно《彼は丸太を切断している》)。しかし時には、行為発生そのものがすでに同時的な限界到達を意味することがある（例えば、вспыхнуть《急に燃え上がる》のような「瞬間的な」動詞において）。非限界性 непредельность とは、たとえ展望の中でさえも行為経過を制限するような内的な限界が欠如していることである。一連の場合、限界的意味と非限界的意味は同じ1つの動詞の中に共存している：絶対的用法で非限界的である動詞は、あるタイプの補語と結合するさいに、あるいは運動の目的（限界）の状況語と結合するさいに、限界的になる。限界性／非限界性に拠っているのは意味であるが、一連の場合にはまた若干の動詞形の形成の可能性もそれに拠っている。スラヴ諸

語では限界動詞と動詞の意味は、普通、完了体と不完了体で現れる (*войти/входить, лечь/ложиться, заснуть/засыпать, перепилить/перепиливать, решить/решать задачу, строить/построить дом*)、がしかし非限界動詞はただ不完了体でしか現れない (*лежать, спать, ходить, гулять, сапожничать, любить* кого-н. или что-н., *дразнить*, etc.).」

80年アカデミー文法 (I. 604–605) は、アスペクトの用法として次の4つのタイプの状況 ситуация を区別する：《(1) 一回的な (繰り返しのない) 具体的な行為の状況：完了体は具体的な、まとまった事実としての用法；不完了体は限界によって制限されない具体的なプロセスとしての用法：Я *вошел*, старик *читал* газету в кресле (А. Н. Толст.)《私が入ると、老人は安楽椅子で新聞を読んでいた》。(2) 繰り返される (特に、通常の、典型的な) 行為の状況：不完了体動詞は無限の繰り返しの行為を表す。他方、完了体動詞はある特別な条件の下で、限界によって制限されるまとまった事実、それも他の類似の事実をイメージしての事実を提示する：Прежде я каждый вечер перед сном *заходила* в папин кабинет... А теперь, когда ни *зайдешь*, там он (Кавер.)《以前に私は毎晩眠る前に父の書斎に立ち寄った。でも今は、いつ立ち寄ろうと、そこには (父とは別の) 彼がいる》。(3) 不完了体動詞だけによる恒常的な関係の状況：Сумма углов треугольника *равняется* 180°《三角形の角度の和は180度に等しい》。(4) 不完了体動詞だけによる総括的事実の状況 (行為事実そのものを一般的に指し示す)：Ну, а женщин, дедушка, женщин вы *встречали* любящих? (Купр.)《おじいさん、ところであなたは女性たちに、それも愛する女性たちにお会いできましたか》。ここで大事なことは行為があったかなかったかということである。》

355. 2つの動詞がアスペクト的ペアを形成するための基準を初めて確立したのは、Ju. S. マースロフ Ю. С. Маслов (1948)［Маслов (1984: 48–65) ; Маслов (2004: 71–90)］である。彼は次のようにその基準をのべている：「Шахматов の形態論的基準を投げ捨て、意味論的基礎の上にペアとなる動詞とペアにならない動詞の区別をたて、それをペアになる動詞とペアにならない動詞の意味の区別についての問題に変えようと試みるとき、我々はもし問題がいろいろな研究者たちの主観的な好みに従って、その場その場に応じて解決されることを望まないならば、この区別のために何らかの別の客観的な基準を見つけなくてはならない。この客観的な基準を公式化するためには、アスペクトの対立がそれらの1つのために《自動的に》取り外される、つまりアスペクトのうちの1つが必ず他のアスペクトに取って替わるような状況を言語のなかで見つけなくてはならない。現代ロシア語においてそのような状況は存在する。それはいわゆる歴史的現在 praesens historicum である。過去時制の観点から歴史的現在の観点への語りの移行のさい、完了体も不完了体も全ての動詞は、現在時制の不完了体の形で均一化される。明らかに動詞の語彙的意味はこのさい、原理的にどのような最小の変化を受けるはずはない。つまり、歴史的現在の観点への語りの移行のさいの、ある完了体動詞の何らかの不完了体動詞への可逆性は、これら2つの動詞が実際のペアであることの信頼できる標であるのに対して、非可逆性はその2つの動詞がアスペクトのペアを成していないということの標である。例えば、Он полюбил ее с первого взгляда《彼は一目で彼女を好きになってしまった》という文は、歴史的現在における語りなおしのさいには、恐らく、*Он любит ^{i} ее с первого взгляда には替われない。従って、любить と полюбить はアスペクト的ペアではない。反対に、もし Она очнулась ^{р} в незнакомой комнате《彼女は見知らぬ部屋で意識を取り戻した》が、歴史的現在への移行のさいに、Она приходит ^{i} в чувство в незнакомой комнате（この場合には避けられない、若干のニュアンスを失うが）を与えることができるならば、このことは動詞 очнуться の形態論的な不十分さは、語源的に《よその》動詞の（より正確には、すべての語結合の）導入によって、つまり言語学で《補充的》配列と呼ばれるところの創造によって克服されるということを意味する。」(ibid. 1984: 53; 2004: 76-77)　このようにロシア語の動詞がアスペクト的に対（ペア）であることの客観的な基準を打ち出した意義は大きい。これに言及する人は少ないが、Е. В. Клобуков (Лекант et al. 2013: 517ff.)はこれに言及している。

　　［補注］Шахматов は形態論的立場から любить《愛する》と полюбить《好きになる》は、接頭辞 по- による完了化としてアスペクトのペアと見なしていた。Шахматов のアスペクト観についての批判は Виноградов (1972²: 406 ff.) に纏められている：「アスペクトの研究において、Шахматов は明らかに文法的な概念および意味を語彙的なものと混同している。」(ibid. 407)「かくして А. А. Шахматов には、抽象的・文法的なアスペクト的接頭辞と、明瞭に表現された実際の意味をもつ動詞の接頭辞との明確な相違はない。それ故、Шахматов は同じ１つの動詞のアスペクト形と、異なる動詞、つまり異なるアスペクトに帰属する異なる語のアスペクト形を区別しない。」(ibid. 408)

「アスペクト aspect」の概念は最初、動詞における形態論的に標示される文法カテゴリーと見なされていた。しかしこの概念は拡張され、動詞において表されるアスペクト的意味と動詞以外において表されるアスペクト的意味を記述するために、Бондарко (1967) によって「アスペクト性 аспектуальность (aspectuality)」という新しい用語が導入された。このアスペクト性によって、文法的な形態（例えば、不完了体 vs. 完了体）によって標示されるアスペクトのカテゴリーだけでなく、句や節の中に見いだされる様々な要素や語彙的マーカー（例えば、数、格、副詞）においてもアスペクト的意味を見付けることができる。このアスペクト性の考えを要領よくまとめた論文は、以下に挙げるマースロフの論文である：Маслов (1978)《К основаниям сопоставительной аспектологии》［Маслов (2004: 305-364)。Маслов (2004) はマースロフのアスペクト論文を１巻にまとめた著書］。このアスペクト論文は J. Forsyth によって英訳されている：Yuriy S. Maslov［Translated and annotated by James Forsyth］(1985: 1-44) An outline of contrastive aspectology. In (ed. Yu. S. Maslov) *Contrastive Studies in Verbal Aspect : in Russian, English, French and German.* Heidelberg: Groos. ここでマースロフはアスペクト的意味をまず「質的アスペクト性 качественная аспектуальность」と「量的アスペクト性 количественная аспектуальность」に分ける。**質的アスペクト性**は次の様な意味的対立をもつ階層を成しているとする：「動態行為」対「状態」；前者はさらに「内的限界 внутренний предел に向かう限界行為（курить/выкурить сигарету）」対「限界に向

かわない非限界行為 (курить)」に分けられる。さらに前者は「限界に到達する限界行為」対「限界に向かう行為であるが、限界にいまだ到達されない局面で見られる行為」に分けられる。「スラヴ諸語では非限界の意味をもつ動詞は imperfectiva tantum として現れる。(中略) ходить のような非限界動詞から派生した完了形は、常にオリジナルな動詞の語彙的意味の本質的変容を含む：по-, про- による接頭辞化における時間の一定量の制限された行為。(中略) 限界の意味をもつ動詞はつねに語彙的意味の違いのない二つのアスペクトで現れる。そういうペアの基本形は完了体であったり (прийти > приходить)、不完了体であったりする (писать > написать)。行為限界の到達の有標表現の役をしているのは、スラヴ諸語では限界動詞の完了形である。(中略) **量的アスペクト性**は実行される回数あるいは連続 / 非連続によって、あるいは長さによって、あるいは強さの程度によって、行為あるいは状態を特徴づける。スラヴ諸語では量的アスペクト性は完了体と不完了体の様々な特別な意味の中で実現する；それは行為様態として、また副詞と状況語による語彙的な表現によって実現される。(中略) 量的アスペクト性と質的アスペクトの意味が結合する場合がある。例えば、限界行為であり繰り返される個別の行為毎に限界に到達する行為は、全体として眺めれば、一続きの繰り返しとして非限界行為である (ходить на службу《（毎日）勤めに行く》)。反対に、ある継続期間にわたり制限される状態あるいは非限界行為は、それが内的な限界ではなくて外的な限界であれば、限界を獲得する。スラヴ諸語では完了の意味を獲得する可能性がある (процарствовал столько-то лет《何年間か統治した》)」。(Маслов (1978: 15–19)。

　最近、アスペクト学の分野で、アスペクトをコミュニケーションの機能と結びつけて研究しようとする傾向がある。例えば、«the discourse distinction between foregrounding and backgrounding provides the key to understanding the grammatical and semantic facts» (Hopper & Thompson, 1980: 295) という主張に基づき、発話あるいは物語のレベル、すなわち談話構造の枠組みのなかでアスペクトを解明しようとするものもその１つである。このアプローチは今までアスペクト論の分野で説明がつかなかったことの全てを明らかにしているわけではないが、コンテキストの中で何故あるアスペクト形が選択されるのか、またアスペクトが他の文法カテゴリーや言語のプラグマテックな現象の多くとどのように関連しているかを説明してくれる。この分析によれば、談話における物語のプロットは「前景 Foreground」として、他方、談話におけるコメントや性格や風景の記述は「背景 Background」として言及される。ロシア語において、前景化された節に現れる動詞アスペクトは完了体 (完了体のアオリスト的用法、訳注 362 参照) である。なぜならば一連の出来事の語りは内的限界に到達するテリック動詞 telic verbs【"telic" はギリシア語 τέλος「目標；終わり」由来の言葉で、Lat. *terminus* 'limit', Russ. *предел*「限界」に近い意味でアスペクト論で使われる用語。動詞の語彙に内在する行為限界のこと。例えば、курить「喫煙する」は行為限界はないが、курить / выкурить сигарету「１本のタバコを吸う」には行為限界はある (Маслов 1978: 13)。アスペクトの用語については Маслов (1978: 14–15 [2004:

316–318］) を見よ。】によって記述されるからである：«In the Slavonic languages the marked expression of actual attainment of the limit of an action is provided by the perfective form of limited verbs.» (Maslov, 1985:14［Маслов, 2004:319］) これを Hopper & Thompson (ibid. 285–6) は次のように説明する：«Telic predicates have an unquestionable affinity for foregrounded clauses, and this is easily understood. Foregrounded clauses typically recount sequences of events which mimic the chronological order of those events, as they are supposed to have occurred. Each event in foregrounding is thus viewed in its entirety; from the viewpoint of the discourse, it is bounded at its beginning by the termination of the preceding event, and at its end by the initiation of the next event. The discourse thus imposes a perfective interpretation on foregrounded events.» 他方、背景化された節に現れる動詞アスペクトは不完了体である傾向がある。というのは背景に現れるのは性格や風景の記述、また繰り返される行為であるからである。これらは通常、アテリック動詞 atelic verbs あるいは内的限界に到達しないテリック動詞、つまり不完了体動詞によって表現される。またコメントと見なされる。不完了体動詞と背景の間のこの相関は、Hopper & Thompson (ibid. 286) によって次のように観察されている：«In backgrounding, however, events and situations are not bounded by the discourse: they are presented as on-going, or repeated, or simultaneous with foregrounded events.» ロシア語やスラヴ語の談話構造と動詞アスペクトとの相関についての研究は、例えば、Forsyth (1970: 9–10)；Маслов (1979［2004: 216–248］) «Структура повествовательного текста и типология претеритальных систем славянского глагола»; Thelin (1990) の中の N. B. Thelin; C. V. Chvany; G. E. Fielder の論文；Hopper (1982) の中の P. J. Hopper; A. Timberlake の論文を参照。

　ロシア（「レニングラードのアスペクト論学派」）における動詞アスペクトの主要な研究は Маслов (2004) と Бондарко (2005) の中に纏められている。特に Маслов (1948［2004: 71–90］) «Вид и лексическое значение глагола в современном русском литературном языке» はロシア語のアスペクト論の基礎として重要な論文。これは Forsyth (1970: 46–56) にも *Aspectual-semantic groups of pairs* として応用されている。Forsyth の著書 *A Grammar of Aspect: Usage and Meaning in the Russian Verb* (1970) のアスペクト論は、単純化して言えば、この Маслов の動詞のアスペクト的語彙分類とヤコブソーンの有名な「欠如的対立 privative opposition」の理論 (cf. Forsyth 1970: 6ff.) を基礎にしている。例えば、Forsyth の動詞分類 Group 1–5 とそれに該当する同著の頁を参照：Group 2 (78, 167)、Group 3 (71, 78, 130, 159)、Group 4 (76, 164; 96ff., 150)、Group 5 (63, 76, 164)。また最新のアスペクト研究については、後者の Бондарко (1971) «*Вид и время русского языка*» の注釈［2005: 406–422］に網羅的に紹介されている。さらに動詞の意味論的な語彙タイプとアスペクトの関係を多くの動詞資料を使って研究したものに Авилова (1976) がある。この本にはアスペクト・ペアと「動詞の行為様態 способы действия」の問題の研究史 (ibid. 43ff.; 130ff.; 259ff.) がロシア語研究者の具体的な発言を引用しながら纏められており、動詞アスペクトを理解する上で有益である。

他方、ロシア国外でのロシア語の動詞アスペクト研究については、Маслов (2004: 521–615)《Статьи по истории аспектологических исследований》の 中 の 特 に 《Русский глагольный вид в зарубежном языкознании последних лет》、《Русский глагольный вид в зарубежном языкознании последних лет. II》の論文が、1970年代までの外国のロシア語のアスペクト研究の動向をかなり網羅的に記載している。ロシア語以外で書かれた、我々にも容易に読むことができるロシア語のアスペクトを扱った研究書としては次のものがある：(1) André Mazon (1914) *Emplois des aspects du verbe russe*. Paris. (2) J. Forsyth (1970) *A Grammar of Aspect: Usage and Meaning in the Russian Verb*. Cambridge: Cambridge University Press. (3) B. Comrie (1976) *Aspect: An Introduction to the Study of Verbal Aspect and Related Problems*. Cambridge: Cambridge University Press. (1) は動詞を非時制的な形と時制的な形に分けて、アスペクトの用法を文学作品からの資料を用いて詳述している。方法論的には古いが、そこに使われている資料 (19世紀文学資料) とその解釈、及び例示される例は役に立つ。(2) は上で述べたようにヤコブソーンやマースロフの考えに沿って書かれた優れたロシア語アスペクトの研究書である。本訳注でも多く引用している (ここには「運動の動詞」もアスペクトの特殊な用法として扱われている)。(3) はテキストブックとして書かれたもので、ロシア語を専門としたものでないが、一般言語学的な現象としてのアスペクトを扱ったものとしては初めてのものである。ロシア語や他のスラヴ語の例も多く引用されている。また外国の動詞アスペクトの諸問題をロシア語に翻訳したものに Ю. С. Маслов 編の Вопросы глагольного вида. Сборник. 1962. Москва: Издательство иностранной литературы. がある。ここには E. Koschmider のポーランド語のアスペクト研究や L. Dambriūnas のリトアニア語のアスペクト研究の一部の翻訳、N. van Wijk, J. Kuryłowicz らのスラヴ語のアスペクトの起源についての論文の翻訳もある。ロシア語については S. Karcevski, *Sistème du verbe russe*, Prague, 1927. のアスペクトの一部が抄訳されている。また S. Karcevski には彼の名著《*Sistème du verbe russe*》の 4 章のアスペクト論を補うものとして、論文《Remarques sur la psychologie des aspects en russe》, *Mélanges Charles Bally*, Genève, 1939, pp. 231–248〔Karcevski (2000: 47–64)〕がある。そこでは特に動詞アスペクトの接頭辞が解明されている。Isačenko (1962: 347–418) は Formenlehre を扱ったものであるが貴重である。特に運動の動詞とその派生アスペクト (ibid. 410–442) については示唆に富む論を展開している。また Исаченко (1960) は、『スロヴァキア語と対照したロシア語の文法構造　形態論』の第 2 部として全 570 頁をロシア語の動詞形態論の分析に当てたものである。そのアスペクト論も優れたものである (特にアスペクトの接頭辞形成についての体系的なアプローチについては、訳注 503 を参照されたい)。

アスペクト研究小史としては Fontaine (1983: 15–43) が「アスペクト概念の歴史」として 3 期に分けて概説している。第 1 期 (ibid. 17–27) は М. Ломоносов から В. В. Виноградов まで、第 2 期 (ibid. 27–33) は S. Karcevski (1927, *Système du verbe russe*)、G. Guillaume (1929, *Temps et verbe. Théorie des aspects, des modes et des temps*)、R. Jakobson (1932, «Zur Struktur des russischen Verbums»）を、第 3 期 (ibid. 33-42) は「レニングラードのアスペクト論学派」を取り上げている。Виноградов (1972^2: 379ff.) にはアスペクト学説が纏められている；特に、Потебня (386-388)、Шахматов (406-409; 414ff.)、Ульянов (409-410)、Фортунатов (410-412)。

スラヴ語のアスペクトの起源問題は多くの巨匠達によって研究されている (例えば、Meillet 1934^2: §313ff.; N. van Wijk, J. Kuryłowicz, I. Němec, H. Kølln［Маслов 1962: 238ff.］、Stang (1942: 14ff.))。C. G. Regnéll (1944: 34-40, *Über den Ursprung des slavischen Verbalaspektes*, Lund.) には、Chr. Stang (1942, *Das slavische und baltische Verbum*) までのこれに関する研究がかなり詳細に紹介されている。Маслов (1962: 22ff.) にもアスペクトの歴史的発達と起源についての学説が書かれているが、特にМаслов (1961［2004: 452ff.］) の次の発言は重要である：「スラヴ語の動詞アスペクトの起源について書いている学者達の関心を引いたのは、アスペクト形成に先行する個々の動作様態を明らかにするというよりもむしろ、スラヴ語（またより広く印欧語）動詞の歴史的に文証される動詞語幹のタイプを 2 つのグループ――完了体の発達のための基になったグループと不完了体のために基になったグループ――に分けたことである。まさにそのようにして動詞行為の定 / 不定 определенность / неопределенность（限定 / 非限定 детерминированность / индетерминированность）という印欧語的範疇から完了体と不完了体が発生するという理論が生じたのである。この理論は van Wijk, 一部 Kuryłowicz, Meillet, Koschmieder の著作で提起され、Regnéll, В. В. Бородич, Němec が詳細に研究したものである。全体としてこの理論は私には今までのこの問題に関して提出されたものの中で最も適切で、最も真理に近いものに思える。」この分野には多くの文献があるが、比較的最近の研究として注目すべきは、Ю. С. Степанов (1989) の『印欧語の文 Индоевропейское предложение』の第 5 章《Перифразы по линии предикатов》(ibid. 169-224) で展開されているバルト語動詞の相диатеза (diatheses) とスラヴ語のアスペクトを共通の起源と見なす仮説である。最近の言語類型論の active languages 構造研究も踏まえながら、動詞語根のアプラウト、他動性、及びアスペクト・相を関連付けている。例えば、現代ロシア語のアスペクトのペアについても、そのペアの特徴（アスペクトペアの 4 分類）とリトアニア語の相の 4 分類の類似性を指摘して、興味深い論を展開している (ibid. 173ff.)。その結論：「以上のことから、次の仮定が出てくる：バルト語の相 диатеза の対立とスラヴ語のアスペクトの対立は、同じ起源から、つまり、バルト・スラヴ祖語に存在し、そこで十分に安定した《アスペクト―相》体系を成していた、アスペクトと相の間の安定したある種の相関から生じている。」

356. Исаченко (1960: 375ff.) によれば、ロシア語の -ся で終わる語形は 2 つの機能で現れる：一つは語彙的に独立した**再帰動詞**として、もう一つは非再帰動詞の**再帰形**として。「《再帰動詞》という用語の下に我々が意味するところは文法的カテゴリーではなくて、語彙的カテゴリーである。態 залог のカテゴリーに関して、учи́ться, занима́ться あるいは собира́ться タイプの再帰動詞は、зубри́ть, хоте́ть（自動詞用法で）のような意味的に近い

《能動》(つまり《非受動》)動詞と何も違っていない。Cf. Он учи́лся (занима́лся, зубри́л) всю ночь; Он собира́ется (хо́чет) поступи́ть в университе́т.」(ibid. 376)「再帰形成の意味と機能と結びついている問題の複雑性は、まず第一に、接辞 -ся の同音異義性によって条件付けられている：《同じ》再帰形成がロシア語(またスロヴァキア語、チェコ語)では異なる機能、つまり異なる意味をもっている。例えば、再帰形成 мо́ется は動詞 мыть の**再帰形**であるうる：例えば、Окно́ мо́ется мы́лом《窓は石鹸で洗われている》の結合の中で。この形の態の意味は受動の意味である。しかし、同じ再帰形成 мо́ется は、Ма́льчик мо́ется мы́лом《少年は石鹸で自分の身体を洗っている》の結合の中では非受動(能動)の態の意味をもつ**再帰動詞** мы́ться の形である。」(ibid. 377)

［補注1］Янко-Триницкая (1962: 79–80; 171ff., 202ff.; 205ff.) は再帰動詞の意味を非再帰動詞の直接目的語の除去の方法に従って、2つの大きな部類に分類することができるとする：**1.** 再帰動詞の「客体派生の意味 отобъектные значения」。これは非再帰動詞の行為客体が再帰動詞の行為主体になる場合に生じる再帰動詞であり、これに属する動詞は受動的意味の再帰動詞と一群の孤立した再帰動詞である：читает книгу《本を読む》— книга читается《本は読まれる》、удивляет окружающих《周囲の人達を驚かせる》— окружающие удивляются《周囲の人達が驚く》、радует ребенка《子供を喜ばせる》— ребенок радуется《子供は喜ぶ》。**2.** 再帰動詞の「主体派生の意味 отсубъектные значения」。これは非再帰動詞の行為主体が再帰動詞の行為主体として残る場合に生じる再帰動詞であり、この再帰動詞は非再帰動詞と同じ行為を文字通り表すが、客体への移動が欠如する行為を表す。「主体派生の意味」をもつ再帰動詞は次の3つに下位分類できる：a) 客体が組み込まれた再帰動詞：причесывает (волосы)《髪を(髪を)梳かす》— причесывается《自分の髪を梳かす》、обнимают (друг друга)《(お互いを)抱きしめる》— обнимаются《抱き合う》。b) 客体が切り替えられた再帰動詞：запасти (что-либо)《(何かを自分あるいは他人のために) 貯える》— запастись (чем-либо)《(何かを自分のためだけに) 貯える》、нянчить кого《(子供だけの) 守をする》— нянчиться с кем/с чем《(子供、大人、無生物の) 世話をする》。c) 客体が排除された再帰動詞：мчаться, возвращаться, ложиться, нести《運ぶ》— нестись《疾走する》、бросает (что-либо)《(何かを) 投げる》— бросается《身を投げる》。【こういった1と2の分類はГ. А. Климов (1973: 122) の言うカフカース言語学の「不安定動詞 labile verbs」と呼ばれる動詞クラス、また Dixon & Aikhenvald (2000: 5) の言う "S=O ambitransitives" と "S=A ambitransitives" の動詞クラスの分類法を想起させる：Cf. 1. *The meat was frying — She fried the meat.* 2. *I am sewing — I am sewing it.* 】

60年アカデミー文法 (I. §673) はロシア語の態 залог (voice) を3区分する：能動態、再帰・中動態 возвратно-средний залог、そして受動態。再帰・中動態の意味は接尾辞 -ся によって表現される「行為が行為の担い手自身―主体―へ向かうこと：主体自身の中に行為が集中されること、閉じ込めること」の意味 (ibid. §675) とする。これに対して Исаченко

（1960: 381ff.）は態を能動態と受動態の 2 区分しかせず、-ся をもつ再帰動詞は文法的意味ではなくて、語彙的意味を分析することで記述する。従ってイサチェンコの再帰動詞の分類は一連の意味的グループの分類となる。彼は次の 9 つに分けている：1.「本来的・再帰の」意味 (Ма́льчик мо́ется)，2.「相互・再帰の」意味 (Они́ обнима́ются)，3.「一般的再帰の」意味 (Он ра́дуется)，4.「間接・再帰の」意味 (Он запаса́ется дрова́ми)，5.「能動・無客体の」意味 (Соба́ка куса́ется)，6.「受動・質的な」意味 (Посу́да бьётся)，7.「再帰・受動の」意味 (Мне вспо́мнилась э́та ночь)，8.「依頼的な（他の人に任せるという）」意味 (Я бре́юсь у парикма́хера《床屋で私はひげを剃ってもらう》)【この用法については Исаченко (1960: 390–391) を見よ。イサチェンコによれば、Fr. Kopečný はこのような再帰形成を受動に隣接する形と見なしているという。イサチェンコによる類似の再帰形：Они́ развели́сь; Он взве́сился в апте́ке; Он записа́лся на ку́рсы. またイサチェンコによれば、ロシア語では再帰代名詞 себе と動詞の能動形によってこの意味（依頼と命令の意味）をときには表すことができるという。例えば、Он сшил себе́ костю́м (у хоро́шего портно́го)《彼は（良い仕立屋で）洋服を作らせた》; Он умы́л【вы́мыл ではないか？―訳者】себе́ го́лову (у парикма́хера)《彼は（床屋で）頭を洗ってもらった》; Она́ сде́лала себе́ пермане́нт《彼女はパーマをかけてもらった》】，9.「意図的でない」行為の意味 (Он уда́рился коле́ном об стол《彼は机に膝をぶつけてしまった》)［Исаченко (1960: 391–392): Cf. Он уда́рил себя́ ладо́нью по коле́ну《彼は手のひらで自分の膝を叩いた》(意図的行為)］．

80 年アカデミー文法 (I. 617–618) 参照：《能動相の再帰動詞は具格によって実際の主語の意味をもつことは決してない【それに対して受動の意味をもつ再帰形はそのような具格をもちうる。これについては本書 §468、Янко-Трини́цкая (1962: 90ff.) を参照せよ。勿論、再帰動詞における受動の意味はそのような具格なしでも可能である。例えば、ウシャコフのロシア語辞典から：сено ко́сится у нас в середи́не ию́ня】。能動相の再帰動詞は次の統語的な特徴をもつ：この副動詞は述語の行為と同時に起こる行為を表す；能動相の述語動詞は代名詞 сам によって規定され、これは同時に主語にも関係する。この再帰動詞は 2 つの種類に分けられる。(a) 他動詞によって動機づけられる再帰動詞と (b) 自動詞によって動機づけられる再帰動詞：

(а)：(a-1) 文字通りの再帰動詞は主語と行為の対象が一致する：主語が自分自身に行為を向ける。例：мыться《自分の身体を洗う》、умываться《自分の顔（手足）を洗う》、одеваться《服を着る》、раздеваться《衣服を脱ぐ》、обуваться《靴を履く》、разуваться《履き物を脱ぐ》、причесываться《自分の髪をとかす》、бриться《自分の顔を剃る》、etc. これらは意味的には мыть себя́ に似ている。【こういった 2 つの表現は必ずしも常にシノニムではないことについては、Исаченко (1960: 383)、Виноградов (1972[2]: 496) を見よ。訳注 316 参照。】またここには状態の意味をもつ一連の動詞が含まれる：сдерживаться《自制する》、настраиваться, etc. (a-2) 相互的再帰動詞はいくつかの主語の相互的な意味を表す：целоваться《接吻し合う》、обниматься《抱擁し合う》(целовать, обнимать друг друга)， встречаться《互いに出会う》、etc. (a-3) 間接的再帰動詞は主語が自分自身のために行為をなす動詞である：прибираться《自分の身なりを整える》、строиться《自分の家を建てる》、запасаться《自分のために貯える》、etc. (a-4) 能動的・目的語なしの意味の再帰動詞は、不完了体で主語の恒常的な特性を表す：собака кусается《犬はかむ癖がある》；корова бодается《牛は角で突く癖がある》、etc. (a-5) 特徴付け・質的意味の再帰動詞は、主語に特徴的な影響を受ける傾向や能力としての行為を表す：фарфор легко бьётся《陶器は割れやすい》；кофе плохо растворяется《コーヒーはうまく溶けない》。(a-6) 一般的な再帰動詞は主語の領域に閉じ込められた状態としての行為を表す：сердиться《怒っている》、радоваться《喜んでいる》、удивляться《驚いている》、томиться《悩む》、беспокоиться《心配する》、etc. (a-7) 副次的再帰動詞は主語との接触としての行為を表す；しかも主語はその存在によってあたかもその行為を刺激し、行為そのものを引き起こしている：держаться за перила《手摺りにつかまる》、взяться за ручку двери《ドアの把手をつかむ》、etc.

(b)：この種の再帰動詞は語彙的・文法的範疇化はできない。自動詞と後置辞 -ся の結合は、この -ся のない動詞と語彙的に近い動詞をつくる：звонить《（ベルを）鳴らす》と звониться, стучать《（ドア・机などを）たたく》と стучаться（この -ся は文脈により強調のニュアンスをあらわす）【自動詞から派生する再帰動詞については Исаченко (1960: 392ff.) を見よ。стучáться タイプについては Виноградов (1972²: 498–499)、Исаченко (ibid. 392–394) を見よ。イサチェンコは звонúться, стучáться (в дверь) タイプの再帰動詞にはアカデミー文法のような強調の意味はその片鱗もないとし、ここでの共通の意味は「ドアを開けさせようとする、入らせようとする」ことであるとする：Он дóлго стучáлся (звонúлся), но емý не откры́ли. Cf. звонúть в кóлокол, в звонóк, по телефóну, しかし звонúться в дверь, звонúться к знакóмым. また Ушаков 辞典の項参照】。《X 色に見える》という自動詞に後置辞 -ся が付く場合には、その特徴が不明であったり弱かったりといったニュアンスを付け加えることができる：белеть と белеться, краснеть と краснеться, etc. 例：Только свет луны белеется длинной чертой по полу (Тург.)《月の光だけが床に長い筋となってほのかに白く見える》。また後置辞 -ся は自動詞を無人称動詞のクラスに変える：верится《信じられる》、плачется《泣ける》。若干の再帰動詞は後置辞 -ся のない動詞と相関しない：бояться《恐れる》、улыбаться《微笑む》、удаться《成功する》、смеяться《笑う》、нравиться, надеяться, гордиться; смеркается, etc. また不完了体の再帰動詞は空間における位置の変化を表す：ложиться《横たわる》、садиться《座る》、становиться《立つ》。》

［補注 2］белéться タイプの動詞については Исаченко (1960: 395–396), Янко-Триницкая (1962: 225–240) を見よ。イサチェンコは上のアカデミー文法のようなこの動詞の定義を否定し、Виноградов (1972²: 499) とウシャコフのロシア語辞典の考えを採用している。それによれば、белéть はウシャコフ辞典では、1)《виднеться (о белых предметах)》, 2)《становиться белым》であり、белéться タイプの動詞では 2) の「動作開始のイングレッシブ」意味が欠如しており、1) の意味では белéть と белéться タイプ

の動詞はシノニムであるとする。Янко-Триницкая によれば、自動詞の非再帰動詞への -ся の付加は圧倒的多数の場合には人称動詞を無人称動詞に変えるが、しかし極めて少数の場合に белеться, звониться, стучаться タイプの人称動詞がつくられるという (ibid. 212, 225ff.)。Янко-Триницкая (ibid. 230) は белеться のような色の特徴を表す動詞について、非再帰動詞はより広い意味（一般的な当該の特徴の現れの意味）をもつのに対して、再帰動詞は単にあまり明瞭には見えないという特徴のみ表すという。また彼女は、стучаться タイプについて А. М. Пешковский «Русский синтаксис в научном освещении» (Москва, 1956: 32) から次の文を引用している：「он стучится は он стучит とは同じではない。何故ならば стучаться は内部にいる人の注意を自分に向けたいときにだけ可能である。他方、стучать は様々な目的と様々な対象に関して可能である (стучусь в дверь, в окно, в квартиру《私は（開けてもらおうとして）ドアを、窓を、住宅をノックする》、しかし стучу по столу, стучу по двери は中へ入りたいという望みの気持ちがない場合には、「打つ」というプロセスそのものしか表さないだろう；стучусь в стол という言い方は霊能者だけが言うことができよう」(ibid. 232)。「この場合にも非再帰動詞の意味は再帰動詞の意味より広く、その再帰動詞の意味は基になる動詞の1つの意味にのみ近い意味をもつ。比較せよ：«Вдруг он внемлет: Кто-то там в окно *стучит*» (Пушкин)。ここでは стучит = стучится。«Кто-то тихо и быстро *постучал* в дверь» (Тургенев)。ここでは постучал = постучался。«В кузнице молот *стучит*» (Некрасов)。ここでは стучит ≠ стучится。«*Постучал* пальцами по столу» (Чехов)。постучал ≠ постучался。」(ibid. 232)。上の非再帰動詞の意味が再帰動詞の意味より広いという関係は звонить — звониться, грозить — грозиться などの動詞にも見られる。

[補注3] -ся をもつ無人称動詞については Янко-Триницкая (1962: 212-225) を参照：《例えば、«Я был глубоко оскорблен словами Чубука и замолчал. Но мне не *молчалось*» (А. Гайдар)《私はチュブクの言葉にひどく侮辱されたので、黙り込んでしまった。しかし私は黙ってなんていられなかった》。この無人称動詞の形成は高い生産性をもつが、「無人称再帰動詞は自動詞から、あるいは自動詞的意味と他動詞を兼ね備える動詞からつくられる」(ibid. 214)。この動詞の基となる動詞の語彙的意味に関しては、状態の意味をもつ動詞から多くつくられるが、また行為（しばしば能動的行為）の意味をもつ動詞からも多くつくられる。他方、次のような無生の主語を前提とする自動詞からは無人称再帰動詞をつくることはできない。例えば、болит (палец), настает (вечер), зудит (кожа), кипит (чайник), светит (солнце), капает (вода), гремит (гром), сверкает (молния), гаснет (огонь), течет (вода), гниет (сено), пахнет (сено), цветет (яблоня), прорастает (семя), меркнет (свет), etc. これは自動詞に小辞 -ся を付加することは、有生の主語、人の主語だけを排除することと結びついていることによって説明される。この無人称再帰動詞にとって大きな特徴は客体の与格の存在であり、この与格は基になる人称動詞の主体の転移である。この客体の与格は有生（ある場合には擬

人化された無生物も可能）であるが、もしコンテキストからこれが明白ならば、あるいはそれが一般的な特徴をもつならば、この与格は存在しないことも可能である。なおこれと区別されねばならないのは、否定文で使われ、属格が現れる再帰動詞を用いる無人称文である。例えば、У него почти никогда *не водилось денег* (Помяловский)《彼はほとんどいつも金をもったことがなかった》。》

[補注 4] W. Harrison (1967: 11–14) は再帰動詞について次のように書いている。上の (a-1) の動詞はまた受動の意味でも使われる：Я бре́юсь в э́той парикма́херской "I get shaved in this barber's shop". この文は《床屋で自分がひげを剃る》という意味ではないので、再帰の意味ではなくて受動の意味である。しかしこの文は、受動の意味をもつ再帰形が具格をもてるようには (§468 参照) 行為者を具格にすることはできない：非文法文 *я бре́юсь э́тим парикма́хером "I am shaved by this barber".【また Исаченко (1960: 361) の次の発言も参照せよ：「ある障害を見せるのは人を表す主語がある場合の接辞的な受動である。もしこの形が非受動の意味をもつ -ся で終わる再帰動詞形と一致するのであれば、-ся で終わる受動形は形成されない。形 он мо́ется は再帰動詞 мы́ться《身体を洗う》からつくられる。それ故、動詞 мыть からの受動形は回避される。«Ребёнок мо́ется ма́терью» と言うことはできない。全く同様に одева́ть, бить, хвали́ть タイプの動詞からの受動形は回避される。というのも -ся で終わる形は普通、非受動の意味をもっているからである：он одева́ется《彼は服を着る》」―訳者】。同様に主語が動物のときも行為者を具格にすることはできない：非文法文 *ко́шка мо́ется де́вочкой. もし主語が無生の場合には行為者を具格にすることができる：окно́ мо́ется рабо́чим "the window is being washed by a workman". これから次の規則が導かれる：" reflexive verbs proper are not used with an animate subject and an animate agent to express the passive." さらに гото́виться《準備する》や собира́ться《集まる》のような動詞、あるいは「中動・再帰的 средне-возвратное」意味をもつ再帰動詞 (Виноградов 1972²: 495–496 参照)、例えば、возвраща́ться《帰る》のような動詞は、主語が有生のときは再帰の意味を表す：она́ гото́вится к экза́мену "she is preparing for an examination *not* she is being prepared"; пассажи́ры собира́ются на па́лубе "the passengers are gathering on deck *not* are being gathered"; о́вцы возвраща́ются в по́ле "the sheep are returning to the field *not* are being returned". これらの動詞が有生の主語をもつとき、受動の意味を表すのは幾分不自然である：она́ гото́вится к экза́мену профе́ссором Ивано́вым "she is being prepared for the examination by Professor Ivanov"; о́вцы собира́ются пастухо́м "the sheep are being gathered by the shepherd". これらの動詞の再帰の潜在的特性は前述の мы́ться のような動詞より弱いので、これらの文が可能なのである（それに対して *он мо́ется ба́бушкой "he is being washed by his grandmother" は不可能である）。もしこれらの動詞の主語が無生であれば、それは受動の意味をもつ：кни́ги собира́ются в библиоте́ке "the books are being collected in the library" (cf. чита́тели собира́ются в библиоте́ке "the readers are gathering in the library")。また (a-2) の動詞は有生の主語が複数形で使われるときは実際は相互の意味だけである：они́ встреча́лись "they used to meet each other"; они́ целу́ются "they kiss each other". しかし次の構文では相互の意味ではない：он встреча́лся с ним "he met him"; он целу́ется с ней "he is kissing her"; они́ встреча́лись с затрудне́ниями "they met with difficulties". このタイプの動詞は受け身の意味で使われない。次のように言うことはできない：*он встреча́лся делега́цией "he was met by a delegation"; *они́ целова́лись де́вушками "they were kissed by the girls". しかし《見つかる》《起こる》という意味の встреча́ться は有生の主語とともに使われる：наибо́лее кру́пные и краси́вые ба́бочки встреча́ются в тро́пиках "the biggest and most beautiful butterflies are found (encountered, met with) in the tropics". (a-6) の動詞は受動を表現するためには使われない。この動詞の主語は常に有生である：он беспоко́ится об э́том "he is worried (i.e. worries himself) about this". この文では об э́том を具格にすることはできない：*он беспоко́ится э́тим "he is worried by this". この能動文は可能である：э́то беспоко́ит его́. しかし томи́ться, му́читься は具格とともに用いることができるが、再帰と受動の間の区別はできない：он му́чится сомне́ниями "he is tormented by doubts, he torments himself with doubts".

プラハ版アカデミー文法 (§§371–381) では再帰動詞を次の3つに分けている：(1) «отобъектные возвратные глаголы» (基底構文の主体が派生構文の行為客体の場所に立つ再帰動詞)。これはさらに次の2つに分類される：(a) 受動の意味をもつ再帰動詞 (受動再帰態) (дом стро́ился) と (b) 中動・受動態 медиопасси́вный зало́г の意味をもつ再帰動詞 (я́ма запо́лнилась гли́ной; ему́ вспо́мнился тот день). (2) «отсубъектно-отобъектные возвратные глаголы» (中動・能動態 медиоакти́вный зало́г の動詞：行為主体から出た行為が完全にあるいは一部分主体自身に向かう動詞)：(a) Пе́тя мо́ется (本来的な再帰態のニュアンス)；(b) Па́вка и Пе́тя встре́тились (相互・再帰態のニュアンス)。(3) «отсубъектные возвратные глаголы» (基底構文の主体が派生構文の行為主体の場所に立つ再帰動詞)：(a) соба́ка куса́ет — соба́ка куса́ется (能動・無目的語の態のニュアンス)；(b) восто́к але́ет — восто́к але́ется；(c) Са́ша спит — Са́ше не спи́тся (中動・無人称・再帰態のニュアンス)。

357. 80年アカデミー文法 (I. 127) 参照：《詩的な言葉では母音の後ろでも -ся の使用も可能である：пробуди́ся, раскрасне́лася. 詩的な言葉でなければそのような -ся の使用は標準的ではない。》Исаче́нко (1960: 379) 参照：「民衆語では非音節的な -сь はしばしばヴァリアント -ся によって取り替えられる、cf. ビリーナで：Тут съезжа́лися да собира́лися … . 文芸的な詩歌でヴァリアント -ся による -сь の置き換えはリズム・韻律的理由によって説明できる」。

358. 80年アカデミー文法 (II. 35) によれば、слу́шаться + (人の) 属格は古風な用法である：слу́шаться ба́бушку vs. слу́шаться ба́бушки (*устар.*)；слу́шаться кома́нды vs. слу́шаться кома́нду (*разг.*)。А. А. Зализня́к (1967: 49) によれば、口語で он бои́тся свою́ мать, слу́шайся учительницу. «Я... не люблю свинью... Я — боюсь свинью!» (М. Цветаева). Шахматов (1941: §432) は、方言にある若干の再帰動詞の後ろの対格について語っている。この対格は文章語には見られないが、ロシア語の対格の統語的な本質を解明するためにはこの例を引用するとして、彼はこれらの例の内で前置詞が省かれていると見なされる対格 (И под тѣмъ видомъ ночью перебрался Неву на нашу сторону)、他の例として対格が別の起源をもつもの (Училась она три года и научилась только три слова) を挙げている。

　一連の対格を支配する -ся 動詞について詳細に検討しているのは Крысько (2006²)《Исторический синтаксис русского языка: Объект и переходность. 2-е изд.》である。この本は客体 объект と他動性 переходность について、特に対格の機能の発達を古代印欧語から現代ロシア語に至るまで具体的な資料をもとに追求し、歴史の中に観察される言語の大きな傾向を将来の展望までも含めて研究した優れた書である。そこには現代語における「-ся 動詞 + 対格」の現象についてもかなり踏み込んで触れている。例えば、「聴覚知覚動詞」における対格と属格の支配が変動していることについて書かれている章 (§3.5) で彼は次のように書いている：「対格支配を確立した動詞 слушать の統語的影響によって、疑いもなく動詞 слушаться (《忠告や指示に従う、言うことをきく》という意味で) における対格の拡大が強要される。属格を対格によって交替することを助ける重要な要因は、主として活動体名詞 (対格と属格が一致する) と結合するというこの種の再帰動詞の語彙的な結合価である。今述べた統語的変化の年代は、19 世紀後半の以下の著作において最初の対格が記録されていることによって確かめられる (主として登場人物の話し言葉の中で)：А. Н. Островский (*Послушались маменьку*)［Сердце не камень］; Л. Н. Толстой (*все слушались только Лукашку*)［Казаки］; Ф. М. Достоевский (Барин осерчать изволил, зачем *Фому Фомича* не *послушался*［Село Степанчиково и его обитатели］; Н. С. Лесков (Дети *слушались бабушку* и робко к ней жались)［Колыванский муж］; (... старшего надо слушаться. — Как же вам, стало быть, если и палку поставят старшим, вы и *палку* будете *слушаться*? — И *палку* буду *слушаться*)［Загадочный человек］; (...) А. П. Чехов (Не забывай матери и *слушайся Настасью Петровну*)［Степь］. 20 世紀には слушаться とその派生形における対格は社会評論のなかに見られる：В. И. Ленин (1917) (вот какую *власть* будут не только *слушаться*, но и уважать рабочие и крестьяне); Лит. газ. (1985) (маленькую, хрупкую, в белокурых локонах *Люду Касаткину слушались* на съемках тигры). しかし何よりも文学作品の中に、しかも登場人物の話し言葉の中だけではなく著者の語りのなかにもこれが見られる：А. Платонов (Настя покорно *слушалась Петрушку*); ... . (中略) 全体として我々の資料は対格を支配する слушаться と послушаться の例は 97 例、ослушаться では 7 例を示している。(中略) 上で検討した動詞の対格と属格の対立は、我々が見なしているように、《活動体》対《不活動体》の方向に沿って行われている：слушаюсь брата, слушаюсь сестру, слушаюсь мать タイプの形は対格であり、他は全て属格である。中間的位置を占めるのは擬人化された意味で現れる不活動体名詞である (слушаться палку, парламент)：属格と等し

くないこの対格形は、たとえどれほどこれが矛盾していようと、これらの名詞にとっては活動体のマークの役をしている。」(ibid. 251–252)「我々の考えでは、文学作品でのその使用の遙か以前に始まった、民衆・口語での対格の初期の拡がりは、動詞に支配される名詞の語彙・文法的な状態によって条件付けられるのではなくて、ненавидеть やその他の類似の動詞と同じような客体に対する情緒的関係を表現する語彙素として認識された動詞の意味によって条件付けられたのである。」(ibid. 276)「離隔的 удалительный 再帰動詞 (бояться, побаиваться, испугаться, опасаться, стесняться, стыдиться) と到達的 достигательный 再帰動詞 (добиться, дождаться, дозваться, дознаться, заждаться, касаться, обыскаться, хвататься) (またそれらにはその統語的特性によって слушаться とその派生語も含まれる) における対格構文の本当の最盛期は 20 世紀に到来する：我々の資料ではこのような対格支配は 200 例以上見つかる。現代語の文法では対格はすでに一連の場合 (бояться мачеху, слушаться сестру)、規範的な位置を獲得しており、しだいに標準になりつつある。また将来には、到達や離隔の意味をもつ、再帰動詞や非再帰動詞 (достигнуть, просить, требовать, ожидать, избежать, etc.) において、対格が客体関係を表現する唯一の方法になろう。」(ibid. 410)

359. 主動詞に時間的に継続する行為も副動詞は表すことができる。これについては訳注 418 の 80 年アカデミー文法他の例を参照。

360. ヤコブソーンは命令法について次のように書いている：「言語学においては、呼格は他の格とは同一平面に置かれていない、また呼格の呼びかけも文法的文の外に位置する、ということが従来指摘されてきたが、それと同様に、純粋な命令法も他の動詞諸カテゴリーとは分離されるべきものである。というのも、命令法は呼格と同じ機能によって特徴づけられているからである。命令法は統辞的には述語形式として扱うべきではない。つまり、命令文は、呼びかけ一般と同様に、完全であると同時にそれ以上は分割できないところの《呼格的 1 肢文》であって、イントネーションにおいてもそうである。命令法に添えられる人称代名詞 (tý idí《君、行け》) はその機能から言えば主体というよりはむしろ呼びかけなのである。命令法は、ロシア語の動詞体系内において、統辞的のみならず、形態的および更に音韻的にもはっきりと際立った存在である。呼格を純粋な語幹の形に還元するという言語的傾向があることはよく知られている。同じことがロシア語の命令法についても認めることができる。無標の命令法形式は、共時的観点からすれば、文法的語尾を持たない現在語幹の形をとっている。」(ヤーコブソン・米重文樹訳「ロシア語動詞の構造について」『ロマーン・ヤーコブソン選集 1』(大修館書店 1986: 63) [R. Jakobson, 1932 [1971: 10–11] «Zur Struktur des russischen Verbums»]) 現在語幹が /j/ で終わっていれば命令形はゼロ語尾である。例えば、читаj-ø (§488)。現在語幹については訳注 386 を見よ。

361. 訳注 410 参照。なお、時制の用法には直接的用法と転義的用法がある。前者はその形態と同じ範疇的意味を表す用法である。後者は時制形の転置 транспозиция による用法である。転義的用法の際には、動詞形の時制の意味 временное значение とコンテクストの時間性 темпоральность の間に分離が生ずる。その基本的特徴については Бондарко (1971

[2005: 355-357])を参照。

362. 80年アカデミー文法 (I. 632-633) 参照：《**完了体動詞の過去時制の直接的用法**は2つある：ペルフェクト的用法 перфектное употребление とアオリスト的用法 аористическое употребление.(**1**)ペルフェクト的用法：行為は過去に属しているが、その結果は現在（あるいはより後の過去）に属していることを表す：Алеша, ты *озяб*, ты в снегу был, хочешь чаю? (Дост.)《アリョーシャ、お前は雪の中にいて、凍えてしまった、お茶が欲しくないか》。(**2**)アオリスト的用法：この形は過ぎ去った行為の結果を指し示すことなく、過ぎ去った事実を表す：Во Владивосток я *приехал* в начале июля 1943 года (журн.)《ヴラジヴォストークに私は1943年の7月始めにやって来た》。アオリスト的用法は語りの中で互いに交替する事実を表すのに通常用いられる：Парамон *уперся* ногой в плетень, *дернул* из плетня тонкую слегу, *сунул* в окно и *кинул* (Д. Калиновская)《パラモンは足を編み垣にもたせかけ、編み垣から細い角材を引き抜き、窓の中に突っ込んで、投げ入れた》。

［補注］**完了体の過去時制の直接的用法**の詳細は Бондарко (1971 [2005: 295-300])、Mazon (1914: 212-226) を参照。以下は Бондарко (1971) の概略である。《完了体過去形の重要な特徴はペルフェクト性 перфектность の特徴が表現できることである。この形の個別的意味はペルフェクトとアオリストの意味である。(**A**)「ペルフェクト的意味 перфектное значение」（過去の行為の結果がより後の時制平面——現在時制平面あるいは過去時制平面——にとって実在することを表す）：— Где Яков Савельевич? — В амбаре *заперся* (Бунин).《Я. С. はどこにいる？—納屋に鍵をかけて閉じこもっている》；Я сам в те поры уже *поднялся*, сам за ней в город ездил (Л. Толстой)《私自身はその当時すでに回復していたので、自分で彼女を迎えに町に行ってきた》。後者の場合は時には大過去の意味と言われるが、しかしこの違いを区別する必要はない。同じペルフェクトの意味であるから。ボンダールコが挙げるペルフェクト的意味をもつ完了体過去形の特徴の内の重要なものは以下である：(1) このペルフェクト的意味は意味論的・統語論的条件が存在する場合のみ現れる；(2) 現存する行為の結果としての状態の意味は、-л 形が自動詞からつくられる場合に特に明瞭に表現される。(3) 現在における先行の行為の結果の現実性の意味は、完了体過去形と不完了体現在形の結合のなかにしばしば見られる：Другая улица... *лежит* на взгорье, *обросла* вербами, словно *течет* под зеленой крышей деревьев... (Шолохов).《別の通りは丘の上にあり、ネコヤナギに覆われていて、まるで樹木の緑の屋根の下に川が流れているかのようである。》(4) ペルフェクト的意味の完了体過去はしばしば受動分詞短形、述語の役割での形容詞の短形と長形、また状態のカテゴリーの語と結合する：Плетется он по дороге... Он *красен и вспотел* (Чехов).《彼は道をのろのろ歩いて行く。顔を紅潮させ、汗だくになっている。》(5) この形の用法の注目すべき特徴は、コンテキストの中で一連のペルフェクト的意味の完了体過去形が結合する際に、アオリスト的意味の完了体過去形の結合が見せる動詞形の配置と行為の継起性の平行性ではなくて、同時的状態の「束」が生ずる

ことである。つまり動詞の順序を変えることができる：Она *обносилась, обтрепалась, спеклась* на ветру и на солнце, и *исхудала* до костей и кожи... (Бунин).《彼女は着物は破れ、すり切れて、風と日に焼けて、骨と皮ばかりにやせこけている。》ここでは配置を換えることは可能である：*исхудала..., обтрепалась, обносилась, спеклась* на ветру и на солнце, etc. (**B**)「アオリスト的意味 аористическое значение」(過去の具体的事実としての行為を表す。他の如何なる意味的特徴もない、特に後の時制平面にとって現実的な、結果の情報はない)。アオリスト的意味の完了体過去形の基本的な結合タイプは以下である：(1) 完了体過去形の連鎖（お互いに交代する過去の事実を表す）：*подошел, остановился и сказал...*《(彼は)近寄ると、立ち止まって、言った》; (2) 完了体過去形と不完了体過去形の異なる結合：*Поздоровался и несколько мгновений смотрел на нее*《(彼は)挨拶をしてから、しばらくの間彼女を眺めていた》; *Жадно пил, потом заснул*《(彼は)がぶがぶ飲んでいて、その後眠り込んだ》, etc.; (3) 過去の個々の事実を表す、比較的に独立した完了体過去形：Даша проговорила детским голосом: — Разве я виновата, что *не умерла тогда!* А теперь мешаю вам жить... (А. Толстой)《ダーシャは子供じみた声で言った：「果たして私がそのとき死がなかったことに罪があるとでも！今ではあなたの生活に迷惑をかけているけれど》。ここで副詞 *тогда* は動詞行為を過去の枠の中に閉じ込められた事実として受け入れさせる。もしこの副詞がなければ、このコンテキストではペルフェクト的意味が表現されるであろう。》上の (1) と (2) は Бондарко (ibid. Глава IV) を参照。

完了体動詞の過去時制の転義的用法は次の２つがある：(1) 未来の行為を表す。これは未来のコンテキストにおいて、未来の行為があたかもすでに起こったかのように提示される。特にこの用法では動詞 погибнуть, пропасть の過去形が現れる：Если он не вернется, мы *погибли* (... мы *пропали*)《もし彼が帰らなければ、我々は破滅だ》。(2) 抽象的な現在を表す。この動詞形は通常の行為の視覚に訴える具体化のために用いられる：Такая птичка... понимает, что человек ее любит. Если *напал* на ее [*sic*] коршун, то она куда, думаешь, бросается? Либо в сеялку, либо прямо за пазуху, под ватник (Троепол.)《そのような小鳥は人間が自分を愛していることを理解している。もし鳶が小鳥を襲ったら、小鳥はどこへ飛んでいくと思うかね。種蒔き機の中か、直接に懐の中か、上着の下だ》。

［補注］**完了体動詞の過去時制形の転義的用法**の (1)「未来時制のコンテキストのおける完了体過去」の用法については Бондарко (1971 [2005: 324–326]) を参照。《例えば、「Мы *погибли* タイプの用法において、その行為が訪れるという話者の確信、確固たる信念のニュアンスが存在する。この確信は完了体過去形の使用によって強調される：行為はあたかもすでに起こったかのようであり、その結果が存在し、そしてすでに何事も取り替えることができない。」》Бондарко (ibid. 324) **完了体動詞の過去時制形の転義的用法**の (2)「抽象的な現在時制のコンテキストにおける完了体過去」の詳細な用法については Бондарко (ibid. 326–331) を参照：「完了体過去形は繰り返される、通常の

行為の現在時制の意味をもつコンテキストに現れるのであるから、それは視覚的・例示的な意味で現れる、つまりあたかも行為が具体的で唯一であるかのように、繰り返される状況の部分を描写するのである。この際、過去時制の形はその文法的な時制の意味を保持する。2つの意味が衝突する：周りのコンテキストに由来する抽象的現在の意味と動詞形によって表現される過去時制の意味である。これらの2つの意味的要素の衝突の結果、行為を過去へ所属させるという意味が転義的な意味になる：行為はすでに起こってしまったかのように描写されるが、しかし実際は抽象的な現在の平面に属する通常のあるいは典型的な行為について話題にしているのである。この文法形の時制の意味とコンテキストの意味の衝突の重要な結果は、行為を過去に帰属させるという意味の弱化であり、この意味が弱くなり、ときにはほとんど感じられないほどになることである。」Бондарко (ibid. 326)

不完了体動詞の過去時制の直接的用法は以下の過去の行為を伝える：(a)時間の流れの中でのプロセスとしての行為 (Сергей *говорил*, а Всеволода Андреевича *занимали* не только его слова, но и лицо《セルゲイが話をしていたが、彼の言葉だけではなく容貌もまたフセヴォロド・アンドレィヴィッチの心をとらえていた》、(b) 無制限の反復行為 (К полуночи комната *выстывала*. Он бесшумно *открывал* железную дверцу печи, *складывал* костериком с вечера приготовленные дрова и щепки и, сидя на корточках, *поджигал* их (Г. Бакланов)《夜半近く部屋は冷え切るのだった。彼は暖炉の鉄の扉をそっと開けて、夕方から準備した薪や木屑を焚き火のように積み、そしてしゃがみながら、それらに火を付けるのであった》、(c) 恒常的な存在を表す行為 (Леса, что кроют песчаное Заволжье, прежде сплошным кряжем между реками Унжей и Вяткой *тянулись* далеко на север (М.-Печ.)《砂のザヴォールジェを覆っている森林は、以前は一面の山脈のようにウンジャ川とヴャトカ川の間を遠く北方へ拡がっていた》、(d) 一般的事実としての行為 (На третью после войны зиму... ты *брал* у ней корову на зимний прокорм. *Брал*?《戦争の後の3度目の冬に、お前は冬の飼育のために彼女から雌牛をあずかったのではないか？　あずかったか？》。**不完了体動詞の過去時制の転義的用法**はない。【80年アカデミー文法とは異なり、Бондарко (1971 [2005: 331–332]) は不完了体過去時制の転義的用法は極めて稀であるが、抽象的な現在時制のコンテキストの中でペルフェクト的意味で現れる、としている。】》 さらに Mazon (1914: 176–211) 参照。

[補注] **不完了体の過去時制の直接的用法**の詳細は Бондарко (1971 [2005: 283–291]) を参照。以下はその概略である。《不完了体過去の個別的意味は次のようである。(A)「具体的な単一な行為の不完了体過去」(過去時平面における具体的・プロセスの意味)：Собака успела выбить у него изо рта сигару, *пока* он грузно *вылезал* из своей тележки (Мамин-Сибиряк)《彼が自分の荷馬車から重い足取りで出ようとしている間に、犬は彼の口から葉巻タバコをたたき落とした》。(B)「常時的過去 прошедшего постоянного」(常時的現在とパラレルの過去；しかし時間における位置化はこの場合はより明確)：Он был холост, *держал* не то пять, не то шесть кошек... (В. Некрасов)《彼

は独身で、五匹だか六匹だかの猫を飼っていた》。(C)「繰り返される行為、また通常の行為の不完了体過去」(抽象的現在に類似しているが、その現在時制とは違って一般化にまでは達していない。иногда, по временам, каждый день のような状況語が使われる)：Осенний день уже поднялся, тучи растолкало, и *по временам* среди них *виднелся* голубой лоскут неба... (Лидин)《秋の日はすでに昇っていた。雨雲は押しやられ、時々その雨雲の間に空の青い切れ端が見え隠れしていた》。もしここに状況語 по временам がなければ、*виднелся* は具体的な単一な行為になろう。繰り返される行為や通常の行為の意味はまた「評価や性質のニュアンス」をこの不完了体過去に与える：Он *брил* бороду, *носил* солдатские подстриженные усы и *курил* сигары (Чехов)《彼は顎髭を剃り、兵隊風の短く刈り込んだ口ひげを蓄え、葉巻タバコをくゆらしていた》。(D)「一般的事実の不完了体過去 (アオリスト的過去 прошедшее аористическое)」(行為の単一性あるいは繰り返し、時間における位置化、長さあるいは短さなどには無関係な、過去における行為そのものを表す。コンテキストの中には過去における行為があったか、なかったかということを示す情報そのものしか含まれていない)。例えば、Она еще раз посмотрела на письмо. — От Дранишникова... И тогда ведь тоже *писал* Дранишников (Сартаков)《彼女はもう一度手紙を見た。ドラニシニコフからの手紙。そのときまたドラニシニコフが書いたのだ》。(E)「ペルフェクトの意味での不完了体過去」(ある時点で主体を特徴づけ、現在にとって現実的な (前の経験の結果としての) 状態。例外的用法)：Нет, как же? — возразила она. — Все-таки он многое *видел*, образован? (Л. Толстой)《「いや、それはないじゃないですか」と彼女は反論した。「それでもやはり彼は多くのことを経験していて、教養があるのでは？》)。》

363. 80年アカデミー文法 (I. 630–631) 参照：《**不完了体動詞の現在時制**の用法は、直接的な用法と転義的用法とに分けられる。**直接的な現在時制形の用法は2つに分けられる**：(1) **現実的現在** настоящее актуальное (発話時の具体的現在時制) は発話時に行われている行為を表す：Вон каменщики *мостят* улицу (А. Н. Толст.)《ほらあそこで石工が道路を舗装している》。(2) **非現実的現在** настоящее неактуальное の基本タイプは恒常的な行為の現在 (Могучие полноводные реки из края в край *перепоясывают* северную темную тайгу (И. Соколов-Микитов)《巨大な満々と水をたたえた河川が地方から地方へと北の暗いタイガを帯状に流れている》) と抽象的現在である。抽象的現在は発話時と結びつかない、広い意味での現在時制とされる繰り返される行為、習慣的な行為、典型的な行為を表す：Девушки часто *плачут* беспричинно (Горьк.)《娘たちはしばしばこれという理由もなく泣く》。これ以外に描写 (記述) の現在と解説の現在がある。》

[補注] **不完了体動詞の現在時制の直接的用法**については、А. В. Бондарко (1971 [2005: 272–283]) が詳細な分析を行っている。以下はその概略である (80年アカデミー文法の「時制カテゴリー Категория времени」(§1490–1515) の項はボンダールコ執筆であるが、Бондарко (1971) とは幾分異なる分類が行われている)。ボンダールコは時制を

分析する際に、「個別的意味」と「一般的な文法的意味」に分ける。個別的意味として、Бондарко (ibid. 272) はこの不完了体の現在時制形の「最も重要な意味論的変種は、《現実的現在》(発話時に行われている具体的な行為を表す) と《非現実的現在》(発話時に行為が行われることを表さない) である」とする。《**現実的現在**》の意味は「行為の具体性特徴、行為の時間的な位置化 локализованность の特徴と、行為の発話時への帰属性特徴との結合である。不完了体はこの意味論的複合体の中に過程性 процессность 要素を導入する。」(ibid. 272) ボンダールコはこの意味のヴァリアントを以下のように分けている：(**1**) 発話時の具体的現在時制：Вы что тут *делаете*? — *Помогаю* Дуняшке (Горький)《あなたはここで何をしているのですか—ドゥーニャシカを手助けしています》。(**2**) 拡大現在 расширенное настоящее (行為は発話時に実現しているが、発話時だけではない。行為はまた過去 (あるいは未来) のある一定期間にも及んでいる。давно, другой месяц, 等の時間的状況語によってこれを表す)：Я давно *хочу* [cf. *хотел*] вам сказать, Раиса Павловна, одну вещь... (Мамин-Сибиряк)《ライサ・パーヴロヴナ、私はあなたに長い間あることを言いたかった》。Cf. Мы тебя давно *ждали*《我々はあなたを長い間待っていた》[cf. *ждем*] (Л. Толстой)。[拡大現在が過去と関連していることは、現在時制形を不完了体過去形によって交替できることによっても明らかである。]【英語などの所謂「包括的ペルフェクト インクリュジブル パーフェクト」と言われるもの。*I have lived here for three years*. 'я живу здесь уже три года' (т. е. жил и продолжаю жить)《私はここにもう3年間住んでいる (住み続けている)》。See Маслов (2004: 55)】(**3**) 常時的行為 постоянное действие の現在時制 (常時的現在)。不完了体は常時的・不断の意味に現れる (状況語 *постоянно, всю жизнь* 等によってそれを表す。この用法は現実的現在と非現実的現在の間の中間的位置を占める。)：Всю жизнь я *испытываю* горечь того, что между мною и моими детьми существует пропасть (Яшин.)《私と私の子供達の間に断絶があるという悲しみを私は一生涯味わっている》。《**非現実的現在**》：「非現実性 неактуальность は行為が発話時に属していることの情報が欠如していることである。非現実的現在の基本的変種は抽象的現在 абстрактное настоящее である。抽象的現在の範囲の外に、具体的な唯一の行為だが、発話時に起こるのではない行為が表現される場合が残されている。」(ibid. 275) (**1**) 抽象的現在：この現在時制の特徴は時間における非位置化 нелокализованность である。行為は現在の何らかの点あるいはある一定の一部分に固定されない。繰り返され、通常の、一般化された行為の意味は *каждый вечер, не раз, часто, обычно, всегда, иногда* のような語彙的標識によって確定される。また行為の一般化は一般人称的意味での単数2人称形の使用によっても強調される。抽象的現在の特殊な変種には「質的現在 настоящее качественное」がある (主語の質的特徴の追加的ニュアンスが加わる場合)：Бабы у мужиков *красивые и сытые и любят наряжаться* (Чехов)《百姓達のところの女たちは美しく、満ち足りた顔をして、晴れ着を着ることが好きだ》。また「潜在的現在 настоящее потенциальное」がある：(A)「能

力のニュアンス」(ここでは発話時ではなくて、一般に何かをすることができる能力が暗示される)：Он много смешных слов знает и на гитаре *играет* [т.е. умеет играть] (А. Островский)《彼は滑稽な言葉を多く知っているし、ギターを弾くことができる》。(B)「必然のニュアンス」(「指示の現在」)。(2) 抽象的現在の範囲の外にある非現実的現在 (行為の位置化〜非位置化の特徴に関して中立な現在)：(A)「舞台の現在 сценическое настоящее」(発話時と同時ではなくて、「舞台の時間」の一場面と同時の行為)。(B)「叙述の現在 настоящее изложения」(台本等にみられる創作やドキュメント内容の叙述；創作内容の叙述の場合は過去時制形と結合できる)：Герой романа — князь Валковский. Валковский очень *доверяет* Ихменеву и ... Но через год князь *приехал* в имение, *поссорился* с Ихменевым... (Добролюбов)《小説の主人公はヴァルコフスキー公爵。ヴァルコフスキーは大変にイフメネフを信頼している。しかし1年後、公爵が領地に戻ってくると、イフメネフと言い争いになった》。(C)「名指しの現在 настоящее номинации」(大文字や絵画の名称等での現在形の用法)：В. В. Верещагин. *Нападают врасплох*.《V. V. ヴェレシャギン。「不意の攻撃」》(D)「視覚的現在 изобразительное настоящее」(文学芸術、特に詩の記述の用法)。さらに Mazon (1914: 117–121) 参照。

現在時制の転義的用法には歴史的現在 настоящее историческое (praesens historicum) **と未来の行為を表す現在時制**がある (それぞれ80年アカデミー文法 §1505, Бондарко (1971 [2005: 332–339])、Mazon (1914: 123–125) と 80年アカデミー文法 §1506, Бондарко (1971 [2005: 341–347])、Mazon (1914: 125–128) を参照)。歴史的現在の不変の特徴は、文法的意味と行為を過去に帰属させることとの間のコントラストである (Бондарко 2005: 334)。歴史的現在は「語りの現在 настоящее повествовательное」とも言われる。**歴史的現在**には2つの用法がある：「過去の出来事の生き生きとした現実化の手段として、登場人物が直接話法で過去を物語る用法」と「著者の言葉で、あるいは歴史的著作や伝記で用いられる用法」。前者の歴史的現在は「行為の時制と語りの時制との直接的な関係を特色とする」のに対して、後者の歴史的現在は「そのような関係がいつも本質であるとはかぎらない。話題となっている出来事や、その出来事を行っている人は話者 (書き手) の人格とも、またその発話時とも直接的に関係がない」(80年アカデミー文法 §1505)。これについて Бондарко (ibid. 334ff.) は É. Benveniste の "plan de l'histoire" と "plan du discours" の2つの発話の「平面理論」を使って歴史的現在を説明している。さらに 80年アカデミー文法 (I. 632, 606) 参照：《例えば、歴史的現在時制の用法として、不完了体動詞による行為の逐次性を表す例：*Прихожу* вчера домой, *сажусь* за работу, вдруг кто-то *звонит*《昨日、帰宅して、仕事に取りかかると、突然誰かが電話してきた》(過去時制形では完了体動詞が使われる：пришел, сел, позвонил))。テキストにおける歴史的現在と過去時制形 (完了体) との関係につては Бондарко (2005: 335–338) を参照。

[補注] Бондарко (ibid. 346) の**現在時制の2つの転義的用法**についての考えを参照：「特に、Виноградов による、転義的意味での現在時制形の用法の本源と基本は超時間性の

意味である、とする考えが広く流布している。この考えには同意できない。過去についての語りにおける不完了体現在形の用法の際に、あるいは未来に属する行為を表す際に、これらの過ぎ去った行為と未来の行為は発話時に生じている行為として描き出される（少なくとも描き出されうる）。転義的な、比喩的な時制としての現在時制形の転置の際に前面に出るのは、現実的現在の意味である。まさにこの意味が不完了体現在形の転義的用法の基礎なのである。」

未来の行為を表す現在時制について 80 年アカデミー文法 (I. 632) 参照：《未来の行為を表す現在時制は 2 つの種類がある：(**1**) 前もって決められた行為の現在時制 (行為は未来に起こるが、行為の意向や準備や決意、あるいはそれが起こるという確信は現在にある)：Я будущей зимой *уезжаю* за границу (Тург.)《私は次の冬に外国に立つ》。この用法には主語の意思による計画的な行為を表すことができる動詞が現れる：идти, уходить, уезжать, вылетать, отправляться, возвращаться, обедать, ужинать, пировать, кутить, встречать, начинать, заказывать, брать, получать, посылать, etc. (**2**) 想像上の行為を表す現在時制：Вообразите же, что вы *встречаетесь* с ней потом, через несколько времени, в высшем обществе; *встречаетесь* где-нибудь на бале... Она *танцует*. Около вас *льются* упоительные звуки Штрауса, *сыплется* остроумие высшего общества (Дост.)《あなたがそのあとしばらくして上流社会で彼女に出会うことを想像してご覧なさい；あなたたちがどこかの舞踏会で出会う。彼女は踊っている。あなたたちの周りでシュトラウスのうっとりする音が流れ、上流社会の機知に富んだ言葉が聞こえてくる》。》さらに Бондарко 参照：(**1**) 前もって決められた行為の現在時制：「未来時制の意味と現在時制の文法形との間のコントラストは、未来と現在を結びつける叙法的ニュアンスのために弱まっている。（中略）しばしばコンテキストには未来を示す語彙的な標識 (*завтра, через неделю*, 例えば、*Завтра мы уезжаем*) が存在するが、しかし行為が未来に帰属していることは別な方法でも表すことができる。特にコンテキストの一般的意味が行為が過去や現在に帰属していることを排除するだけで十分である。例えば、Она была уверена, что *танцует* мазурку с ним, как и на прежних балах, и пятерым отказала мазурку, говоря, что *танцует* (Л. Толстой. Анна Каренина)《彼女は以前の舞踏会でのように彼とマズルカを踊ることを確信していたので、踊る人がいると言って、5 人に対してマズルカを断った》。」(Бондарко 2005: 341)。この用法での不完了体動詞はプロセスの意味を表さず、行為事実そのものを示すだけである。またこの用法の現在時制はコンテキストや動詞に依拠して、完了体の現在・未来形あるいは不完了体の未来形と交換できるが、その際にはこの用法がもっている行為の計画性のニュアンスや叙法的なニュアンスが消える。(Бондарко 2005: 342) (**2**) 想像上の行為を表す現在時制：「未来の行為はあたかも現在、発話時に起こっているように提示される。この点でこの用法の現在は歴史的現在と似ている：過去と未来の出来事は比喩的な、隠喩的な現在の中で現実化されている。」(Бондарко, ibid. 344)

364. 80 年アカデミー文法 (I. 634–636) 参照：《**単純未来** будущее простое 形【完了体の未

来形】は具体的な 1 回の行為を普通表す：Сейчас хозяин *придет*, ужинать будем (Панова)《今主人が帰りましたら、我々は夕食をとります》。単数と複数の 2 人称形は必然・義務といった追加的な叙法的なニュアンスを表すことができる：Ты сейчас же, немедленно *позвонишь* по телефону отцу (Фед.)《お前は今すぐ至急父親に電話すべきだ》。【Земская (ed. 1983: 133) によれば、完了体の未来時制の 1・2 人称は「無条件の指示」の意味をもち、子供や家族の年少のメンバーにむけてしばしば使われるという。例えば、Пойдешь на рынок/ купишь смородины/ сделаешь витамин//. 従って、次のように言うことはできない：*Пожалуйста, пойдешь на рынок ... 】単純未来と否定の結合は、発話時における行為実現の不可能性を表現するために使われる：Сейчас... Крылатки никак *не найду* (Чех.)《今、インバネスはどうしても見つからない》。【さらに Mazon (1914: 129–159) 参照。】

［補註］**完了体の未来形**【ボンダールコによれば、настоящее-будущее совершенное】の**直接的用法**は Бондарко (1971［2005: 301–308］) に詳しい。以下はその概略である。完了体の現在・未来形の個別的意味は「未来の意味 значение будущего」と「非現実的現在の意味 значение настоящего неактуального」がある。**(A)**「未来の意味」：これは 2 つのヴァリアントにおいて実現する：(a)「具体的な単一の行為の未来時制」；(b)「繰り返される行為、また通常の行為の未来時制」。(a) この意味は完了体の具体的・事実的意味と結びついており、特別の説明を必要としない：Сейчас хозяин *придет*, ужинать будем (Панова)。この意味は完了体過去形のアオリスト的意味に似ている。しかしこの場合、行為は過去ではなくて未来であるけれど。この形の 2 人称単数と複数は未来における具体的行為を表す際に、必然、指示 (命令) といった追加的な叙法ニュアンスを表す：*Поедешь* в Екатеринослав, — сказал он въедающимся голосом, — *предъявишь* в ревкоме мандат (А. Толстой)《「エカテリノスラフへ出発しろ、革命委員会に委任状を呈示しろ」と彼は口うるさそうに言った》。(b) この場合の完了体は視覚的・例示的意味として現れる。行為の繰り返し (通常性) はコンテクスト、特に語彙的要素によって伝達される：Главное дело, стойте себе упорно на своем... Положим, *каждый день* вам *придется* выслушивать отца или мать часа три... (Помяловский)《大事なことは根気よく自分の立場を固持すること。たとえそうだとしても、あなたは毎日三時間くらい父親と母親のいうことにじっくりと耳を傾けなければならない》。**(B)**「非現実的現在の意味」：この意味の基本的変種は「抽象的現在」である：Знаешь ли, что в деревнях рябина спасает людей от угара? Зимой печи топят жарко, *поторопится* баба закрыть трубу, чтобы тепло сберечь — и все в лежку лежат. Ну, *принесут* этакую вот связку с потолка и жрут (Яшин)《村ではナナカマドが一酸化炭素中毒から人々を守っていることを君は知っているかい？ 冬にはストーブを熱く焚くが、農婦は暖かくしておくために急いで煙突を塞いでしまう。だからみんな病気になって寝ることになる。そういうわけでこのようなナナカマドの束を天井から持ってきて、それを腹一杯詰め込むのさ【これは А. Яшин, «Угощаю рябиной» から。ナナカマドの実の薬効に

ついての友人との会話。ロシア農民の伝統では一酸化炭素中毒のために頭が痛くなったときには、冷凍あるいは乾燥させたナナカマドの実を食べる風習があるという―訳者】。抽象的現在の変種は「潜在的現在」である。これは個別的に以下の変種がある：(a)「行為実現の可能性／不可能性」：Право, *позавидуешь* [т.е. можно позавидовать] иногда чиновникам (Салтыков-Щедрин)《正直なところ、役人達がときにはうらやましい》。(b)「確信の叙法的ニュアンス」(*не* と結合した完了体の現在・未来形は行為が生じないはずがないという確信を表す)：Вот хоть бы и судьба этих двух братьев, — чего и чего *не придет* в голову [т.е. все что угодно может прийти в голову], думая о них! (Герцен)《たとえこれら 2 人の兄弟の運命だとしても、彼らのことを考えるとどんなことでも頭に浮かばないことはない》。(c)「やむを得ぬ必要性のニュアンス」(これは 2 人称の一般人称的意味と結びついている。この必要性は任意の人に当てはまる)：— Зачем вы к ней ходите? — Приказывают, так *поневоле пойдешь* (А. Островский)《「何のためにあなたは彼女のところに通っているのか？」— 「命令されれば、行かなければならない」》。(d)「*не* と結合して、たとえ 1 回の行為でも行為が欠如していることを表す」：Чистая русалка!.. И волосы свои распустила, и сама *не шевельнется* (Мамин-Сибиряк)《ルサルカ (人魚) に瓜二つだ！　自分の髪をほどいて、身体を動かしもしない》。(e)「事実の原則的な可能性の理由による、感情的で大げさな驚きのニュアンス」(しばしば小辞 *же, и, уж, ведь, вот* が使われる)：Дар, истинно дар!.. *Пошлет же* господь такое дарование! А? (Чехов)《才能、真に才能だ！主がたいそうな天賦の才能を遣わした！そうじゃないか？》。(f)「*не* と結合して、行為の実現を望まないというニュアンスがある」(普通、この用法は、*что же... (чего же), что это* で始まる疑問文に現れる)：Что же вы нас *не пригласите* напиться чаю? — напрашивался Прейн с своей веселой бессовестностью (Мамин-Сибиряк)《「一体なぜあなたは我々をお茶に招待しないのですか」とプレインは厚かましくもしつこく頼んだ》。

　もしコンテキストが過去時制の枠にあるならば、**単純未来形は転義的用法**になる：Денег даже давал, когда под пьяную руку *приедет* (М.-Сиб.)《(彼が) 飲んだくれてやって来たときでも金を与えていた》。このような用法の基本は、過去時制の意味をもつコンテキストの中で実現する非現実的現在の機能である。

　動詞 быть の単純未来形は転義的用法として現在時制の中に現れる。2 つの用法がある。その 1 つの用法は、疑問文の述語としての быть の用法 (口語・俗語) である：Вы кто *будете*?《あなた様はどなたでしたかね》。ここで単純未来形はいまだ識別されない事実のニュアンスをもたらす。第 2 の用法は будет 形を用いて概数を表す：[Фонк:] Сколько господину Мошкину лет? [Вилицкий:] Лет пятьдесят, я думаю, *будет* (Тург.)《モシキン殿は何歳ですか？》《50 歳ぐらいだと思います》。ここで正確な数の確定があたかも未来に押しやられるようである。これら 2 つの用法の間には意味的な結びつきがある：概数の表現においても《識別》とは逆のニュアンスが存在するのである。

［補注］**完了体動詞の未来形**（現在・未来形）**の転義的用法**は Бондарко（1971［2005: 347-348］）を参照：「これらの形の直接的用法の分野は未来時制と現在時制の範囲を包含するのであるから、転義的用法の分担として残っているのは過去の出来事を表すことである。何よりもこの形態の用法で問題になるのは、繰り返される行為と通常の行為の歴史的現在の意味である。（中略）この形態の転義的用法の特殊な変種は、具体的な唯一の行為を表す際に歴史的現在の平面で小辞 как と結合して機能化する変種である。そのような結合は独特な激しさが特徴的な、行為の突然の到来を表す。普通、この表現力豊かな話し言葉の構文に現れるのは、1回的な、また開始的な動作様態の動詞である。例えば、Стою, слушаю — и вдруг что-то *как полыхнет* через всё небо（Паустовский）《立って、聞いていると、突然何かが空一面を貫いて赤く光った。》」（Бондарко, ibid. 348）

複合（合成）未来形【**不完了体の未来形**】は**直接的用法**では範疇的意味を普通実現する。しかしまたこの形の**転義的用法**も可能である。転義の特殊なタイプとして、抽象的な現在のコンテキストの中での複合未来形がある。(1) この際、この形の範疇的意味は未来時制の意味と結びついた叙法的なニュアンスとして現れる。(a) 想像的な仮定のニュアンスを表す【非現実的・仮説的な叙法のニュアンスと結びついた仮定的・譲歩的な関係を表す。(Бондарко 1971［2005: 350］)】：Я, например, в дороге спать не могу, — хоть убейте, а не засну... Я одну, другую, третью ночь *не буду спать,* а все-таки не засну (Л. Толст.)《私は、例えば、道で眠ることはできない、たとえ殺されようと、眠れるわけがない。一夜、二夜、三夜と眠らないとしても、それでも寝入ることはなかろう》。このような場合、たとえ行為が長い間続こうと、目的は達成されない。(b) 主語の行為実現に向けての不断の準備に対する確信を表す：Целый день марабу *будет дежурить* у бойни, чтобы получить кусок мяса. (Песк.)《まる一日中、マラブー鳥は肉の一切れを受け取ろうとして屠殺場に番をしている》。【こういった場合には叙法的なニュアンスは行為の長さを表す語彙的表現によって強調される (*целый день*)。(Бондарко 1971［2005: 350］)】(c) 通常の、ありふれた行為が必ず実現されるにちがいない（あるいは実現するはずがない）ことを確信するニュアンスを表す：Вернувшись из далекого путешествия, обязательно *будешь хвастаться, рассказывать* диковинные вещи (Солоух.)《あなたは遠い旅から帰ってくると、必ず自慢して、珍奇なことを物語るに違いない》。【コンテキストの意味は次のようである：そのようなことはいつもあるし、また未来も含めてそのようなことは必ずあるにちがいない。(Бондарко, ibid. 350)】(2) 若干の場合、複合未来形は通常の行為の過去時制の背景を指し示すコンテキストの中で使われる：Об арифметике и помину не было: вряд ли и считать-то умел, но зато лакомиться, франтить — мастер! Целое утро *будет сидеть* и не пошевелится, только завей ему волосы (Писем.)《算数についてはもう誰も口にしなかった：おそらく勘定もできなかったのだろう。しかしその代わり美食をとることとめかし込むことにかけては名人だ。彼は朝中ずっと坐って、身動きもせずにただ自分の髪にウエーブかけさせるだけ》。》

[補注] **不完了体の未来形の直接的用法**は Бондарко (1971 [2005: 291–295]) に詳しい。以下はその概略である。《この形の個別的意味は不完了体過去形と類似の以下の4つである：(A) 単一の具体的行為の不完了体未来 (不完了体過去形と異なり、多くの場合、過程性 процессность は弱化あるいは欠如する)：Послушайте, я на вас *буду* мужу *жаловаться* (А. Островский)。(B)「常時的行為 постоянное действие の未来時制」：Все умрут, мамочка, на Острове, все, все, все; а я всё *буду* жить здесь (Лесков)。(C)「繰り返される行為、また通常の行為の不完了体未来」：Теперь *каждую неделю буду писать тебе...* (Лидин)。(D)「一般的事実の不完了体未来」(行為の特徴に集中するのではなくて、事実そのもの──行為があるのかないのか──を問題にする。ここから論理的アクセントは助動詞に置かれる (それが後置されるとき論理的アクセントはより強い、前置されるとそれはより弱い)：*Ужинать-то будете?..* (Бунин)。この一般的事実の意味は不完了体過去のアオリスト的な意味と似ているが、しかし不完了体未来は過去時制のそれとは異なり、叙法的なニュアンスによって特徴づけられている。それは単なる未来の行為ではなくて、行為を行う願い、拒否、行為があるかないかの確信などを表している。》さらに Mazon (1914: 160–175) 参照。

不完了体動詞の未来形の転義的用法は Бондарко (1971 [2005: 349–353]) を参照。

365. 80年アカデミー文法 (I. 627) では、完了体の未来時制を「単純未来 будущее простое」、他方、不完了体の未来時制を「複合 (合成) 未来 будущее сложное」と呼んでいる。本著者のような「未来の意味を通常もっている現在形」という名称はこの時制の形態的な面を強調したものである。現在形 (不完了体動詞の本来の現在形) と単純未来形は時制を表す特別な標識をもっていない：時制の標識の役割を演ずるのは人称と数の意味をもつ語尾の体系である。

366. 80年アカデミー文法 (I. 636–639) 参照：《全ての人称は範疇的な意味の他に転義的な意味で用いられる。**1人称単数形**の転義的意味は諺、金言、アフォリズムに現れ、行為主体は総括的なものとして提示されるが、行為が話者のものであることがなくなるわけではない：Чужую беду — руками разведу《他人の不幸はたいした不幸には思えない (自分の問題はなかなか解決できない)》、Я мыслю, следовательно, существую《我考える、故に我あり》。**1人称複数形**の転義的意味は、話者を含む (話し相手を除外しない) 多くの人たちにその行為の原因があるとする文で使われる：Что имеем — не храним, потерявши — плачем (посл.)《もっているものは大事にせず、無くしてから泣く》。また動詞の1人称複数形は講義や報告などで話者と聞き手のある行為の共同参加を表現するために用いられる：Возьмем равнобедренный треугольник《二等辺三角形を取り上げてみよう》。1人称複数形はまた話者が含まれない行為を表すさいに使われる。この行為はまるで話者がこの行為に関与しているかのようである (この際には寛大な態度、慈悲、参加、皮肉のようなニュアンスが普通である)：А что мы *читаем*, деточка, чем *занимаемся?*《(お客や大人が子供に尋ねて) ねえ、何を読んでいるの、何をしているのかな?》；А мы все хандрим!《(医

者が患者に向かって）気が滅入りますね》。**2 人称単数形**の転義的用法は一般人称的用法に現れる：Что *посеешь, то пожнешь* (посл.)《蒔いたものは刈らねばならない（あるいは《蒔いたものは収穫できる》）》。**完了体の 2 人称単数形**の一般人称的用法は、可能あるいは不可能、必然の叙法的なニュアンスを伴い、それは否定のときに最も明確になる：Кто ушел, тот ушел — *не вернешь* (Шукш.)《去った人は去った人、戻すことはできない》。С ним не *соскучишься*《彼とは退屈しない》。一般人称的用法の 2 人称は話者自身のこともある：Жила я радостно, по-детски, проснешься утром и запоешь (Чех.)《私は楽しく生きていた、子供のように朝目覚めると歌をうたい始めるのだ》。**2 人称複数形**の転義的用法は、一人の人に対しての丁寧な呼びかけのときに用いられる用法である：Иван Иванович, вы *знаете* эту работу?《イヴァン・イヴァーノヴィッチ、あなたはこの仕事をご存じですか》。2 人称複数形は 2 人称単数形と同様に一般人称的用法をもっているが、2 人称単数形と違って行為が話し相手に帰属するという意味をもつことができる：Обведите взглядом строения — и вы *почувствуете*: камни все помнят (Песк.)《建物を見渡してみなさい、そしたら石が全てのことを覚えていると感じるでしょう》。**3 人称単数形**は無人称動詞 безличные глаголы としても用いられる。無人称動詞には次の動詞がある。(1) 後置辞 -ся のない動詞：(a) 自然の状態を表す動詞：вечереет, вызвездит, морозит, рассветает, светает, холодает. (b) 生き物の肉体的あるいは精神的な状態：знобит, першит, рвет, саднит, тошнит, везет, тянет, etc. (c) 何かの存在、欠如、不足を表す動詞：хватит, хватает, станет, достанет, недостает. (d) 必然、義務を表す動詞：следует, надлежит, подобает. (2) 後置辞 -ся のある動詞：(a) 願望、行為の可能性を表す動詞：вздумается, доведется, приведется, хочется. (b)（普通は生き物の）主体の状態：(не) верится, дремлется, думается, дышится, живется, (не) лежится, нездоровится, неможется, плачется, (не) сидится, (не) спится.【Мне не спится《私は眠れない》; Ему не работается《彼は働く気にならない》タイプの無人称文の動詞アスペクトは不完了体がふつう。(80 年アカデミー文法 I. 645)】(c) 自然状態：смеркается, смеркнется. **3 人称複数**は不定人称的用法 неопределенно-личное употребление として用いられる。主語は不定の人数あるいは不定の一人である：На селе *поговаривают*, будто она совсем ему не родственница (Гоголь)《村では彼女は全く彼の親戚なんかではないとの噂だ》；掲示で：Здесь *продают* билеты на концерты《ここではコンサートの切符を販売しています》。コンテキストによって不定人称的用法は一般人称的用法に近い意味になる：Цыплят по осени *считают* (посл.)《雛は秋に数えるもの（捕らぬ狸の皮算用）》。慣用的構文の中で、1 人称形が 1 人称行為とも 2 人称の行為とも結びつく特殊な場合がある：Я тебе поспорю!《私はお前に議論するのを禁じる》《議論すべきでない》。》

367. 80 年アカデミー文法 (II. 284) 参照：《動詞述語が主語に一致することは標準であるが、過去を表す「等価文 equational sentences」において、述語が主格であり、主語と述語の間に性あるいは数の不一致がある場合、動詞が述語の性あるいは数に一致することも可能である。例えば、Первый урок оказался / оказалась история《最初の授業は歴史だっ

た》; Показания свидетеля были / была путаница《証人の証拠は錯綜していた》. Первое помещение за дверьми была большая комната со сводами (Л. Толст.)《ドアの後ろの最初の部屋は丸天井のある大きな部屋だった》(cf. Кабинет был очень большая, высокая комната (Л. Толст.)《書斎は大変大きな、天井が高い部屋だった》). 普通、動詞が主語あるいは述語の名詞に直接に接していれば、動詞はこの名詞の性に一致する (動詞が人名である主語に直接接していれば、常に動詞はこの名詞の性に一致する): Сонечкина любовь к моему дому был голос крови (Цвет.)《私の家へのソーネチカの愛は血縁の叫びであった》; Иванова была хороший инженер《イワノワは良い技師であった》. 数の一致もまた主語と述語との間で揺れている: Главное наше оружие было / были топор и лопата《我らの主要な武器は斧とスコップであった》.》

368. 概略は 70 年アカデミー文法 §§885–886 参照。80 年アカデミー文法 (I. 640) 参照:《複数の意味は単数の意味に比較するとより限定されており、実際の複数性とより緊密に関係している。例えば、直説法の複数 1、2 人称形は、基本的な範疇的な意味と明確に区別されるような転義的な意味や用法をもたない (例外は複数 1 人称の文体的に中立でない用法)。複数 3 人称は全ての意味と用法において行為主体の複数性の意味を保持している。これに対して、単数は意味的に複数より限定されていない: 単数形の意味は必ずしも実際の単数性と関係しない。例えば、命令法の 2 人称単数形は複数の人への命令にも使うことができる: Крикнул в рупор матросам матрос: — *Выбирай* якоря! (Пастерн.)《一人の水兵が水兵たちにメガフォンで叫んだ: 錨を引き上げろ》; 号令で: *Стройся!* На первый-второй *рассчитайсь!*《整列!番号をかけて二列になれ!》【一列に整列させ、第 1 番目は前、第 2 番目はそのまま、次の第 1 は前へ、次の第 2 はそのまま、という具合に番号をかけて 2 列に並ばせること—訳者】).

> [補注] ロシア語において単数を指し示す人に対して文法的に複数形を使うことは、一般に《丁寧体》を表現する。この複数を honorific plural という。例えば、著者を表す 1 人称の複数 мы の《謙遜の複数 'pluralis modestiae'》、2 人称の вы《(一人の) あなた》、3 人称の《丁寧あるいは卑屈》を表す 3 人称複数形。これとは逆に複数を指し示す人々に対して文法的に単数形を使うことは、上で述べたようにような《号令》を表現する。このような複数の人々に対する単数の命令形については、次の Shevelov (1963: 67–68) によるウクライナ語の類似の用法についての記述を参考にされたい: «When more than one person is addressed, the predicate, oddly enough, sometimes may be in the singular. This indicates that those who are addressed should be regarded as something one and indivisible. Only the imperative of the verbs is used in the singular, mostly in oral language: (...) "Parubky-samooboronci, *xapajs'* za gvyntivky i merščij do cerkvy na majdan" (Boys-defenders, grab your rifles and run quickly to the church on the square. Smol.)».

369. 80 年アカデミー文法 (I. 537) 参照:《関係代名詞としての кто の述語は、その кто の内容が複数であっても単数形を使うことが規範である。しかし非標準的な言葉では複数形

も見られる：кто едет / (едут), должны прийти к восьми утра《出かける人は朝の8時までに来なくてはならない》。述語が過去形のときは、кто の述語は男性、что の述語は中性が規範である：кто это видел, тот не забудет《これを見た人は忘れないだろう》; что сделано, то сделано.《なされたことはなされたこと》》

370. たとえ кто が女性を表していたとしても、過去時制と仮定法の動詞では男性形のみが使われる（「кто にとって一致の形のうち選択されるのは、無標項としての男性である」プラハ版アカデミー文法、§422）：кто вышел замуж?《誰が嫁いだか》; кто из девочек ушел?《少女のうち誰が去ったか》。Кто это приходил? — Рита.《誰がやって来たのか？ーリータだ》。

371. 不定形を使わない無人称タイプ：Конец бы войне!《せめて戦争が終わればいいのだが》。(Comtet 2002: 279)

372. 80年アカデミー文法 (II. 182–183) 参照：《標準ロシア語では副動詞の省略された主語と主節の主語は同じでなければならない。しかし統語的な主語が同時に状態主語と行為の対象を表しているとき、このような構文は規則外である：Получив большое количество пробоин, танк был подожжен《戦車が大量の弾痕を受けて、火をつけられていた》。他方、副動詞をもつ文の主節が不定詞をもつ非主格構文（すなわち無人称文）の場合、この構文は文法的に認められる（不定詞をもたない場合は文章語の規範から外れる）。例えば、Нужно было восстановить станцию, не прекращая научных исследований《科学的調査を中断せずに、駅を復興させなければならなかった》; Увидев, что он еще жив и борется, мне захотелось оказать ему немедленную помощь (Солоух.)《彼がまだ生きて戦っているのを見て、私は彼に緊急援助を与えたくなった》。》

Comrie (2003^2: 162–163) によれば、このような構文は、与格節と副動詞が多くの語彙によって分離されればされるほど文法的認知度がたかまるという。例えば、у вас будет возможность лучше узнать страну, путешествуя пешком《徒歩で旅行すれば、あなたはよりよくその国を知ることができよう》は、путешествуя пешком, у вас будет возможность лучше узнать страну (Kozinskij) より容認できるという。

373. Исаченко (1960: 16) 参照：態 залог (voice) はロシア語の動詞形にとって必然的な文法カテゴリーである。他方、名詞にとっては態の意味は、「изучéние タイプの動詞派生名詞において、изучáемость あるいは изýченность のような分詞からつくられた名詞との比較においてのみ感じられるだけである。изучéние タイプの動詞派生名詞それ自身は文法的に表現された態の意味をもっていない。изучéние рýсского языкá в Чехословáкии の結合は、二通りに解釈されうる：«русский язык изучают в Чехословакии » (active) と «русский язык изучается в Чехословакии » (passive). (中略) 幾つかの場合には動詞派生名詞は全部で3つの意味をもつことができる：купáние детей は次の態の関係を表わすことができる：(a) « детéй купáют »; (b) « дéти купáют » (напр. собáку); (c) « дéти купáются ».」

374. 80年アカデミー文法 (I. 614, 671) 参照：《大部分の他動詞は受動分詞をもつ。しかし

過去受動分詞は以下の動詞からはつくることができない。(a) 次の不完了体動詞：(1) 接尾辞 -ива-, -ва- をもつ動詞：спрашивать. (2) 不定を表す運動の動詞とその接頭辞派生の不完了体動詞：водить, вводить, носить, разносить, (しかし完了体動詞 заносить《着古す》は зано́шенный をつくる). (3) давать 型の動詞：передавать. その他。(b) 次の完了体動詞はふつう受動分詞をもたない：(1) 接頭辞をもつ不完了体動詞にさらに接頭辞を付加してつくられた -а́ть (-я́ть) で終わる動詞：поснимать. (2) 接頭辞 -ану́- をもつ動詞：махану́ть. (3) -еть, -ать で終わる第 2 活用 (X クラス) 動詞のかなりの部分：разглядеть. さらに受動分詞の形成が困難な次の動詞：分詞のために必要な子音交替が困難な -ить で終わる X クラスの動詞：затмить; 接尾辞 -ну₂- で終わるアクセントをもつ III クラスの動詞 (ここでは受動分詞のために必要なアクセントの移動が困難である)：толкну́ть (しかし同じクラスでも無アクセント接尾辞をもつ動詞では受動分詞の形成は規則的である：сдви́нуть — сдви́нутый)。》

［補注］「他動詞 переходные глаголы」とは概略、直接目的語としての対格──あるいは否定文における対格から変化した属格、あるいは一部の動詞の属格も含む──を支配する動詞のことをいう (80 年アカデミー文法 I. 614)。また前置詞なしの対格を補語とする動詞のみを他動詞と見なす立場もある (60 年アカデミー文法 I. 411)。Исаченко (1960: 349–354) は他動詞を対格とだけ結びつく動詞と見なしている。他動性 переходность については Янко-Триницкая (1962: 64ff.) が詳しい議論をしている：「再三指摘されてきたことは、他動詞と自動詞の間の絶対的な境界はないということ、またあれこれの動詞の他動性あるいは自動性についての問題は必ずしも簡単に解決されないということである。(中略) 例えば、運動や状態の意味を持つ自動詞からつくられた接頭辞付きの動詞において、対格が現れうる。このような場合、これは直接目的語をもつ他動詞なのか、あるいは空間や時間の大きさを表す状況語をもつ自動詞なのかという問題はやっかいである。【例えば、переходить реку. この動詞はまた前置詞とともに使うこともできる：переходить через реку. Крысько (2006²: 297) はこの 2 つの構文の違いについて 19 世紀末の А. Добиаш の言葉を引用している (必ずしも対象は現代ロシア語ではないが、参考になろう)：最初の構文は、«река рисуется простым *объектом* действия» であるのに対して、前置詞をもつ構文は、«выражение дает чувствовать слушателю всю *детальность* картины движения, — каждый, так сказать, *шаг* перехода по *длинной* поперечной линии от одного берега к другому» であるという。また Крысько (ibid. 54) は 18–20 世紀のロシア語において、переходить реку タイプの対格は状況語的対格とは意味論的、文法的な違いが明瞭に見られるとして、その理由を幾つか挙げている：(1) перейти реку タイプの構文における名詞は行為の直接的客体の機能で現れるが、他方、читать всю дорогу あるいは идти версту タイプの形は動詞と名詞の純粋に外的関係を示す；(2) 空間的な客体の対格は、状況語的対格と違って、受動構文の主格に変換できる (река перейдена)；(3) 客体的対格は否定の際に属格に変形される (не перешел реки)；(4) 強い支配の対格だけは、現代語で через + 対格と

交替することができる (70 年アカデミー文法 : 496)。こういったことから Крысько は接頭辞のついた運動の動詞における空間の意味をもつ対格を直接客体(目的語)の形と見なしている。】第二に、他動詞と自動詞の境界の問題研究において指摘されていることは、直接目的語の役割あるいはそれに類似した役割において、対格形だけでなく属格形も現れるという事実である」(ibid. 65–66)。そして Янко-Триницкая の定義：「他動詞とは目的語の対格を支配する動詞であり、その目的語の対格の役割を、支配される名詞のしかるべき意味があれば、対象の部分の意味を有する属格が果たすことができる」(ibid. 68)。さらに彼女によれば、現代ロシア語における他動性の特徴は次のようである：「現代語の研究者たちがより頻繁に語っていることは、同じ 1 つの動詞における他動性と自動性の意味の単なる兼任についてではなくて、他動詞を自動詞の意味で用いることことについてである：《多くの他動詞は自動詞としても用いることができる、例えば、мальчик уже *пишет* и *читает*; сестра по вечерам *играет* на рояле. そのような用法にとってロシア語の伝統では確立した用語はないが、他動詞の「絶対的用法 абсолютивное употребление」と言うことができるかもしれない。》(Грамматика русского языка, т. I, 1953: 33 [60 年アカデミー文法 : 32]])(ibid. 71)。

　Виноградов (1972²: 503ff.) は動詞の他動詞的意味と自動詞的意味の問題について 1 章を当てて論じている：「動詞の他動詞的意味と自動詞的意味の問題、あるいは他動詞と自動詞の問題は、歴史的に態 залог のカテゴリーと結びつく。しかし現代語において動詞をその統語的な特質によって、その他動詞的意味と自動詞的な意味の特性によって分類することは態のカテゴリーの限度を遙かに超えてしまう。そのような分類は、動詞の基本的な語形成的なクラスの間の差異を考慮しなければ、また動詞接頭辞と動詞《後置詞 послелог》の意味を考慮しなければ、また動詞の語結合の構造を考慮しなければ、また動詞の全般的な構文的可能性とその語彙的な独自性を考慮しなければ不可能である。(中略) 非生産的な動詞クラスにおいて、ほぼ半分は自動詞的な意味をもっている。例えば、《何かになる、何らかの状態である》を意味する不完了体の -нуть で終わる動詞 (мёрзнуть, киснуть, etc.) は自動詞である。また -еть で終わる非生産的グループの内の大部分の動詞 (лететь, скрипеть, etc.) は自動詞である。(中略) 実際、騒音、音の響きを表現する動詞はロシア語では 2 つの語形成的グループに属している：1) 語幹の末尾音に -т - (-от-)、不定形で接尾辞 -а- をもち、普通、現在形 1 人称で語尾アクセントをもつ第 1 活用の動詞：грохотать, клокотать, хохотать, etc. 2) 不定形で接尾辞 -е- あるいはシュー音の後ろで -а- をもつ第 2 活用の動詞：греметь, храпеть, скрипеть, etc.; бренчать, звучать, кричать, etc. これらの動詞の大部分は自動詞的な意味をもっている。空間における移動あるいは外部の位置の意味をもつ (идти, ехать, плыть, лечь, сесть のような) 圧倒的な数の (非生産的グループに属している) 無接頭辞動詞もまた自動詞的な意味をもっている。従って、ロシア語における自動詞の数は非常に多く、その適用範囲は多様である。それら自動詞と機能的に接近可能なの

は、また直接・他動詞的意味をもつ動詞と一部の斜格・他動詞的意味をもつ動詞である。例えば、動詞 говорить と петь の用法を比較せよ；двигать кого-что と двигать кем-чем, ждать кого-чего と ждать кого-что を比較せよ。しかしこれらの問題全体を詳細に研究することは辞書と統語論の分野にすでに入り込んでいる。ただ指摘しておかねばならないことは、動詞の直接・他動詞的意味と斜格・他動詞的意味と自動詞的意味の間の境界の流動性と不安定性である。そららの意味はしばしば1語のなかに共存する（例えば、говорить）。Cf. работать на заводе と «он жив, бодр, здоров, работает легкую полевую работу» (Л. Толстой, «Крейцерова соната»).」(ibid. 503–504)

Крысько (2006²: 11–12) は、他動性と直接客体（目的語）的対格の一般的特徴からの現代ロシア語の逸脱の例を挙げて、ロシア語においては他動性が完全に完成されたものでないことを述べている：「現代ロシア語において他動詞の特徴と見なすことができるのは以下の特徴である：a) 非再帰形；b) 受動形の形成の能力；c) たった1つの客体的対格とだけの結合性。他方、直接目的語の対格の特徴は以下である：a) 受動構文の主格への変形；b) 否定と nomina actionis における属格への変換；c) 名詞の代名詞への交替の可能性。」しかしこの定式化された特徴は現代ロシア語において全ての組み合わせに現れているわけではないとして、Крысько はこの特徴と矛盾する以下の例を挙げている：a') 再帰動詞における対格 (бояться сестру)【訳注 358 の бояться + 対格の箇所を参照。ロシア語では後置辞 -ся を使って自由に受動形をつくることができないのに対して（本書訳注 381 参照）、一部の -ся 動詞は対格を支配することができる】；b') 状況語的対格に一致する属格 (не шел версты)【所謂「否定生格（属格）」が状況語の対格にも及んでいること】；c') 状況語的機能での代名詞形 (в течение... пяти недель, которые мы трудились вместе [В. Брюсов]；d') 1つの動詞のもとでの2つの客体的対格 (А что тебя спрашивал капитан Ребров? [В. Шаламов]【二重客体（目的語）的対格は古代印欧語に見られるが、Крысько (ibid. 287) は「二重客体（目的語）対格」構文をА. А. Потебня (1958: 295ff.) と А. В. Попов (1881 [2012: 242ff.]) が仮定するように、印欧祖語の状態にとって特徴的な、対格の多機能性の残滓と見なさねばならないとしている。従って、二重対格が見られるということは、格の機能がまだ未分化であることを示しており、対格が「広い意味での客体の格」であり、ポチェブニャの謂う「最も近い、直接的な対象」と「最も遠い、より独立した対象」の2つのタイプの対格の状態にあることを示している。20世紀のロシア語においても Крысько (ibid. 331ff.) は二重対格が以下のような動詞を使った文に見られるとしている：Я спросил его дорогу на почту (Известия, 1986)；Конечно, он сделает все, что я его попрошу (Т. Старджон. Th. Sturgeon. の "he'll do anything I ask him to" の翻訳)】；e') 多くの他動詞における受動構文の欠如 (знать, посмотреть)【訳注 438 参照】；f') 自動詞からつくられた受動形の存在 (отомщенный)【訳注 433 参照】。これらの事実から Крысько は以下のように仮説を立てている：「規則正しい文法的表現をもつ、統語的カテゴリーとしての他動性は比較

的後になって出来上がった。指摘された規則からの一連の例外は、恐らく、次のことを証言している：直接目的語の対格と状況語的な対格の間には以前にはっきりした機能的・意味的な違いはなかったこと、また再帰性は統語的他動性を排除しなかったこと、受動は他動性とは必ずしも関連しなかったこと。別な言葉で言えば、上で列挙した一般的規則からの逸脱は、本来の意味での他動性が客体性 объективность から未だ分離せず、従属的結びつきの体系が個々の種類に区分されることが少なかったことを特徴づける時代の、印欧語の主格構造の歴史における初期段階の残滓である。」

375. プラハ版アカデミー文法 (§350ff.) は態のカテゴリーを次の2つに分けている：(1) 狭い意味 (より文法的) での態、つまり受動 пассив と非受動 непассив の対立を表すカテゴリー；(2) より広い意味での態、つまり反射 рефлексив (再帰動詞) と非反射 нерефлексив (非再帰動詞) の対立を表すカテゴリーで、これは非受動 непассив の項の中でのみ対立する。受動 пассив は、行為主体への行為の方向性特徴に関して有標項であり、動詞的な分詞の枠内で実現するものとしている。無標項の非受動 непассив (非受動態) は非受動の固有な態のフォルマントをもっているわけではない。非受動態は副動詞と不定形を除くと4つの形式的に異なるパラダイムをもっている：非再帰人称パラダイム (умывáет)、再帰人称パラダイム (умывáется)、非再帰分詞パラダイム (умывáющий, умывший)、再帰分詞パラダイム (умывáющийся, умывшийся) (§365)。また反射 рефлексив と非反射 нерефлексив は、制限された行為の方向性特徴によってそれぞれ有標項と無標項とされる (§366)。

反射 рефлексив (再帰動詞) の内で受動の意味をもつ再帰動詞 (受動的再帰動詞) についてプラハ版アカデミー文法 (§371) では次のように述べている：「不完了体の再帰形による受動の意味の表現はあまりにも広く普及し規則的なので、機能的な使用範囲ではその表現は受動態の分詞から派生した短形に対して相補分布にある (дом стрóился ~ дом был пострóен)。再帰受動の意味と統語的環境は分析的な動態受動がもっている使用範囲と基本的に同じであるが、いくつかは異なっている：再帰受動の独自の制限は何よりも接辞 <=s,a> の多義性によって引き起こされる。この接辞はあるコンテキストにおいて—主語のクラス (人間—非人間；agent の役割で特別な場合に現れる物の主語) に応じて、また動詞の語彙・意味論的な意味に関連して—しばしば再帰動詞の中動態的なニュアンスのうちの1つを獲得する。たとえそれが他のコンテキストにおいて共通の再帰的意味の受動的ニュアンスを顕す能力を失わない場合でもそうである (cf. дверь кéм-то мéдленно открывáлась《ドアは誰かによってゆっくり開けられた》— дверь мéдленно открывáлась《ドアはゆっくり開いた》)。再帰動詞の受動的機能の役割では次の状況を考慮する必要がある：(1) 行為の受動的視点は何よりも物の主語に対して適用される、そのために受動的な意味をもつ構文では3人称の《物の》人称が優勢な立場を占める。受動・再帰態の使用は、分析的な受動と異なり、主語として人が現れる構文 (特に1人称と2人称をもつ構文) では際だって制限される。また命令法では全く排除される。(2) 行為者を表さないという一般的な傾向も考慮に入れるべきである。この理由で再帰動詞における受動の意味の形式的な信号化が幾

分ぼやける。(3) 再帰動詞の受動のニュアンスを明確にするためには、ときには構文のなかに行為者の存在が不可欠である。しかしもしどうしてもそれを表現できないときには、何らかの別の、より適切な構文に訴えなければならない (何よりもよくあるのは不定人称構文である)。」

80年アカデミー文法 (I. 613) は「態 залог」を次のように定義している:「ロシア語の態は、形態論と統語論の方法によって形成される文法カテゴリーである。態は、意味論的な主体【agent】と行為と意味論的な客体【patient】との間の同一関係を異なって提示することによって、その意味を互いに区別するところの一連の形態的な形式の対立によってつくられるカテゴリーである。この違いは、主語によって表現される動詞特徴の担い手に対する動詞特徴の異なる方向性に帰せられる」。このアカデミー文法の定義はかなり広いものであり、ここには当然 -ся 動詞による受動構文も含まれる:能動構文:Объем статьи определяет автор.《論文の分量は著者が決める》〜受動構文:Объем статьи определяется автором.《論文の分量は著者によって決められる》(ibid. 613)。また Исаченко の言うように態の文法カテゴリーは ロシア語の動詞形にとって必然的な文法カテゴリーとするならば、態のカテゴリーは分詞にのみ固有なものと見なすことはできない。

S. Karcevski (1927: 81) は「態」について次のように書いている:「我らの研究途上で出会う全ての問題のうちで、《態 voix》の問題は恐らく最も込み入った問題であろう。この語によって意味されるものは、実際には関連する2つの異なる体系を含んでいる——その1つは目的語 objet の概念をめぐるものであり、もう1つは中心として行為者 agent の概念をもつものである。しかし後者は今度さらに2つの仕方で考察されねばならない:プロセスの無人称化の観点から、あるいは行為者 agent と主語 sujet の間の関係の観点から。従って、3種類の意味の交換を区別する必要がある:a) 他動性と自動性の間、b) 人称と無人称の間、そして c) 能動と受動の間。しかし厳密にこの区別を行うことは決してできない」。

Исаченко (1960: 346-349) は А. Х. Востоков, А. А. Потебня, Ф. Ф. Фортунатов, А. А. Шахматов, С. О. Карцевский, B. Havránek までのロシア語の態 залог の研究史を概略した後に、次のように態の研究の困難さを語っている:「ロシア語の態の解釈におけるあまりも本質的な、原則的な意見の食い違いのために、この問題の一貫性ある満足すべき完全な解決は大変困難である。《態》と見なさねばならないものを定義するための信頼すべき基準の絶え間ない探求は、次のことを示している:恐らく、この動詞カテゴリーの文法的本質そのものは、例えば、時制の文法的な本質と同じようには明確に定義され得ないということである。態はロシア語において明確なパラダイム的な表現を得ることができなかった文法カテゴリーである。動詞の個々の意味、接頭辞の役割、再帰接辞 -ся の意味的な多義性、それと動詞の意味との関係、完遂性の《意味》と態の《意味》の交差、そして最後に統語的コンテキストは、多くの研究者達が文法的と考えているかなりの部分を語形成の部門に追いやるのである」(ibid. 349)。またロシア語の受動の形態的標識は、(1) 受動分詞短形と補助動詞 быть の諸形態との結合、(2) 再帰接辞 -ся/-сь であることを述べたあと、こう続

けている：「スラヴ語（ロシア語）の受動の形態的不明瞭さは、接辞 -ся/-сь が受動の標識だけでなく、さらにいくつもの（非文法的な）機能をもっているという事実とまさに結びついている。」(ibid. 357)

Виноградов (1972²: 476ff.) は態のカテゴリーについての学説史をかなり踏み込んで書いている。言及されているのは К. С. Аксаков, Ф. Ф. Фортунатов, А. А. Потебня, А. В. Попов, Д. Н. Овсянико-Куликовский, А. А. Шахматов らである。この中で特に注目すべきは Попов (§75) についての紹介である。ヴィノグラードフはポポフの遺著 «Синтаксические исследования» (1881 [2012]) を引用しながら、態の意味の発達史について興味深い説を紹介している。ここには後のソヴィエトの言語類型論が到達しえた結論が半世紀前にすでにポポフによって述べられている（訳注 112 も参照。また Крысько 2006²: 21ff. も見よ）。例えば、「原初には《能動態と受動態のカテゴリーの相違は存在しなかった》。この相違は能動動詞・行為動詞と受動動詞・状態動詞の対立の発達の結果として生ずる。態 залог のカテゴリーは他動詞と自動詞の区別と関連して形成される。《原初には他動的語と自動的語の間の明確な差異はあり得なかった》。名詞 имя と動詞の分化が《動詞の意味の特殊化》をもたらす。動詞は、それが他のものに向けられる行為の意味に傾く場合に、他動詞になる。このプロセスと関連して、主語の行為が向けられるものとしての、またある行為あるいは状態が蒙る対象としての、《より後の「対象の対格」の意味の発達が進行する》。対象 объект のカテゴリーは主体 субъект のカテゴリーと相関する。これらのカテゴリーの形成と結びつくのは文の主体・客体構造あるいは文の主格構造 номинативный строй の発達である。この進化の状況の下で能動構文と受動構文の対立もまた生ずる。態のカテゴリーが発達する。(中略) 従って、《態は行為者と客体と主語との間のある種の関係である。つまり、態の意味は行為者と客体と主語との間の関係が条件付けられるところの動詞の形式的な意味である》[Попов: 302]。能動態と受動態の形成は、客体と主体、能動性 активность と受動性 пассивность、他動性と自動性、というカテゴリーの進化と結びついている。《他動性 транзитивность は原初（また一般により古い発達段階でも）、能動態の唯一の属性では全くなかったし、また中動性 медиальность や受動性とも対立していなかった。さらにそれは動詞の唯一の属性でさえなく、かなりの程度、名詞や形容詞に固有のものである。つまり、文法が教えるように、能動性は原初的に全く他動性と同じものでなかった。しかし時間の経過とともに以下のことが生じる。verba activa transitiva（つまり他動詞──ヴィノグラードフ）と verba activa intransitiva（つまり自動詞──ヴィノグラードフ）との間で次第に差異が大きくなる；自動詞のもとでは客体の対格の使用が不可能になる、一方、この結果自動詞からの人称受動構文もまた不可能になる。従って、客体の対格の使用の縮小は受動構文の使用の縮小と平行して進行する》[Попов: 300–301]。能動動詞の範囲内で、如何なる補語（客体）をもたない主体的動詞 субъективные глаголы と、客体的動詞 объективные г. の間の差異が確立する。」(Виноградов 1972²: 488–489)

376. 自動詞からも受動現在分詞がつくられることについては、訳注 433 を見よ。

377. Исаченко (1960: 364–366) は、Дом постро́ен タイプの完了体の受動分詞短形の形 постро́ен (補助動詞のゼロ形と結びつく分詞) を「完了体の受動現在 пассивный презенс」と呼んでいる。この形には2つの意味、つまり(1)「ペルフェクト的意味 перфектное значение」と(2)「非現実的な過程・出来事 неактуальный процесс-событие」の意味が結合しているとし、その文法的な意味は次のそれぞれの例から明らかである、としている：(1) Дом постро́ен из кирпича́.《家は煉瓦で建てられている》；(2) Дом постро́ен в про́шлом году́.《家は去年建てられてた》。イサチェンコによれば、文 Дом постро́ен の動詞形そのものは如何なる時制的な意味ももたない。(1) の例で全面に出てくるのは「現在の状態」(発話時への帰属) の意味であり、ある状態を引き起こす過程・出来事は話者の視点の外にある。(2) の文の постро́ен の形そのものは如何なる時制的な意味ももたない。その時制的な展望は文中における時間的な状況語的表現 (副詞) によってのみつくられるとしている。

378. Исаченко (1960: 366–367) によれば、(дом) был постро́ен タイプの過去受動形は、その意味において動詞形によって表現される行為・出来事が発話時と分離していることを表す。Cf. Печа́ть особо отмеча́ет, с каки́м удовлетворе́нием бы́ли встре́чены сове́тскими людьми́ результа́ты пе́реписи («тогда́»!).《出版物は、人口調査の結果がソビエトの人々によっていかに満足をもって迎えられたかを特に記している》。Ру́копись была́ отпра́влена в изда́тельство о́сенью сле́дующего го́да (Л. Лео́нов, Ру́сский лес)《原稿は翌年の秋に出版所に送られた》。またイサチェンコによれば、был постро́ен タイプの過去受動形と (дом) постро́ен タイプの完了体の受動現在は、前者は有標項、後者は無標項として対立しているとして、次のように述べている：「後者【(дом) постро́ен タイプ】は行為・出来事と発話時の分離を表現しないのであるから、その行為・出来事が発話時に帰属していること(《ペルフェクト的意味》)も、また一般的な《非現実的な》時制的展望をも表すことができる」。(ibid. 367)

379. Исаченко (1960: 367–8) によれば、「完了体の受動現在」と同じく、完了体の未来と過去の受動態においても2つの「ペルフェクト的意味」と「進行的受動 процессуальный пассив (passivum actionis) の意味」を表すことができる。ペルフェクト的意味、つまり行為の結果の意味は次の例に見られる：Когда́ мы вошли́ в ко́мнату, стол был уже́ накры́т. Когда́ мы вернёмся, стол бу́дет накры́т. この構文では行為者は示されない。進行的受動の意味は次の例に見られる：Вслед за чемода́ном внесён был ла́рчик из кра́сного де́рева (Го́голь). В са́мом ско́ром вре́мени подготови́тельные рабо́ты бу́дут зако́нчены. イサチェンコによれば、進行的受動の意味の標示性/非標示性の特徴に関して、分析的に表現されるこれらの完了体の受動形は接辞 -ся をもつ不完了体の受動形と対立している。стро́ится, стро́ился, бу́дет стро́иться タイプの形は常に passivum actionis だけを表すのに対して、(дом) постро́ен, был постро́ен, бу́дет постро́ен 形はその意味内容の中に進行的受動の意味への指示を含まない。それ故、これらの形は進行的受動の意味とペルフェクト的意味(状態受動の意味)を表すことができる。これについては訳注 381 の Harisson の説を参照。

380. Исаченко (1960: 369) によれば、補助動詞 быть と結合した不完了体の無接頭辞動詞の過去受動分詞短形は現代語ではもはや使われないが、18–19 世紀の作家の言語の中ではまだ出会うと言う。例えば：«Давались его пьесы „Тартюф" и „Мнимый больной". Обе были очень хорошо и́граны.» (Гоголь) 現代語では完了体形の сы́граны が使われよう。イサチェンコはこのような補助動詞と不完了体受動分詞形の使用法を次の様に説明している：「文章語における Письмо́ пи́сано карандашо́м のような結合は稀なものではない。意味に関して不完了体形 пи́сан は完了体形 напи́сан とあまり変わらない。2 つの文 Письмо́ пи́сано/напи́сано карандашо́м の間の違いは、Это письмо́ писа́л/написа́л мой брат タイプの能動文がもつ意味に全ての点で一致している。この現象は《体の競合》と呼ばれる。不完了体の分詞によってつくられる分析的な受動形は現代文章語では生産的ではない。」(ibid. 369)

381. 80 年アカデミー文法 (I. 615–616, 643) 参照：《受動の意味をもつ再帰形 (-ся/-сь で終わる) は主として、不完了体動詞の 3 人称単数形と複数形で用いられる (3 人称以外の形はまれにしか使われない：Я, брат, вообще употребляюсь иногда по иным делам (Дост.)《おい兄弟、私は時々別の用事で使われている》)。受動の意味の後置辞 -ся を完了体動詞もまた時々もっている：Известие о судьбе этой женщины вышлется (Р) мне сюда (Л. Толст.)《この女性の運命についての知らせがこの私のところに送られる》; Скоро из этого самовара дольются (Р) крутым кипятком стаканы (Катаев)《すぐにこのサモワールからの熱湯でコップが一杯になる》)。この再帰動詞をもつ受動構文 (Добро и зло постигается ими. (Фед.))《善と悪は彼らによって理解されている》) は、他動詞をもつ能動構文 (Они постигают добро и зло.《彼らは善と悪を理解している》) と対立している。受動の意味をもつ不完了体の再帰動詞は、先行する行為によって引き起こされた状態を決して表さない：Вагоны, столы, люди, все, что было видно — было занесено с одной стороны снегом и заноси́лось все больше и больше (Л. Толст.)《車両、机、人々、目にしたあらゆるものは、一方の側からはすでに雪に押し流されてしまっていたが、(他方の側は) ますます押し流されつつあった》。》

[補注 1] 不完了体動詞の -ся 動詞の受動の用法についてあるロシア語の入門書は次のように書いている：「不完了体他動詞に -ся のついた形は、場合によって受身の意味を表すが、これは「人や動物」を表す主語については用いられず、また 3 人称の形 (単・複) しかない。」(佐藤純一『NHK 新ロシア語入門』日本放送出版協会 1994: 220)。また同じことを書いている入門書の記述参照：「不完了体 ся 動詞のあるものは受動 (受身、被動) の意味を持ちうる。ただし不活動体名詞の 3 人称が主語の場合にしかこの表現は使われない。」(安岡治子『総合ロシア語入門』研究社 2011: 224)。上の例を挙げるまでもなく不完了体の -ся 動詞は主語が 3 人称以外でも受身の意味を表すことができる (勿論、主語が 3 人称の単数と複数が圧倒的に優勢であるけれども。70 年アカデミー文法：§857)。また主語が 3 人称の有生の場合にもこの種の動詞は受身の意味を表すので、これらの入門書の記述は修正されるべきであろう。80 年アカデミー文法 (I. 616) からの主語が 3 人称以外の例：Потом я где-то... приглаша́юсь уже прямо Мухиным (Н. Пирогов). 次の例も参照：я бре́юсь у парикма́хера. この文については、訳注356、補注4を参照。この文を Fr. Kopečný は受動に隣接する形としているが (Исаченко, 1960: 390)、Harrison (1967: 11–12) は受動文と見なしている。主語が3人称の「活動体」では、不完了体の -ся 動詞が受動の意味をもつ例は多い。例えば、наибо́лее кру́пные и краси́вые ба́бочки встреча́ются в тро́пиках "the biggest and most beautiful butterflies are found in the tropics" (Harrison, ibid. 14–15)；Он счита́ется мои́м дру́гом《彼は私の友達と見なされている》(Исаченко, 1960: 397 はこれを "пассив" としている)；он часто застава́лся (был застава́ем) враспло́х (70年アカデミー文法：352)。これについてプラハ版アカデミー文法 (1: 286) は次のように書いている：「受動・再帰態の使用は、分析的な受動と異なり、主語として人が現れる構文（特に1人称と2人称をもつ構文）では際だって制限される。また命令法では全く排除される。（中略）上で引用した制限にも拘わらず、結局のところそれでも（言語外的な要因のために）行為特徴が一義的に受動と理解されるコンテキストがかなり大量に存在すると言うことができる。」80年アカデミー文法 (I. 617) 参照：《不完了体の再帰動詞をもつ構文において、行為主体の意味をもつ具格がないときには受動性の意味はある程度弱まる。このことは後置辞 -ся をもつ動詞は受動相の動詞としても、また能動相の動詞としても解釈されうることを意味する：Ишь, как в старину-то люди *хоронились*, — сказал мне какой-то старик (Бунин)《昔は人々はこんな風に埋葬された／身を隠した、とある老人が私に言った》。》

［補注2］受身の意味をもつ -ся 動詞の主語の人称形について、Янко-Триницкая (1962: 143–144) は次のように書いている：「人称に関しては、完了体の受動動詞でも不完了体の受動動詞でも人称の使用の制限が次のように指摘されている：《一般に -ся で終わる形は単数と複数の3人称でのみ用いられる；1人称と2人称を表現するためには、受動態の第1番目の形成方法（つまり受動分詞— Н. Я.）に訴える》(А. А. Шахматов. Очерк современного русского литературного языка. стр. 189.［2012: 189］)。語形変化の規則性を解明する際には次のことを区別することが重要である：当該の形は研究される語範疇内で形成されるのか、またその形は様々な原因であまり使われないだけなのか、あるいは全く形成されないのか。実際、受動の動詞は1人称と2人称形では稀にしか使われない。というのはこれらの動詞によって意味される客体からの受動行為は稀に発話の人称に組み入れられるからであり、またロシア語においては受動の再帰形の意味に近い意味を伝える受動分詞形があり、1人称と2人称代名詞ではより好まれて使われるからである。しかしながら上で指摘された受動動詞の形は用いられており、それ故、それらの形を絶対に否定することはできない。例えば、«Когда я пришлю Вам контракт подлинный — предложите Вы этой фирме издать полное собрание моих сочинений. Я здесь очень *читаюсь*— «Фома» на-днях вышел 17-м изданием» (А. М. Горький. Письмо И. П. Ладыжникову от августа 1906 года).»

《私が貴殿にオリジナルの契約書を送り届けますので、この会社に私の著作全集を出版するよう提案してください。私はここでは大変読まれています。『フォマー』【Фома Гордеев】は先日 17 版として出版されました》」。

80 年アカデミー文法 (I. 616) は、受動の意味の後置辞 -ся をもつ完了体動詞について注の中でのみ触れているだけである。また Янко-Триницкая (1962: 132) によれば、«Грамматика русского языка» (Изд-во СССР, 1952, т. I. стр. 35, 506) では受動の意味をもつ完了体の動詞派生の不可能性を認めているとしている：«Формы страдательного залога на -ся образуются только от глаголов несовершенного вида»。70 年アカデミー文法 (352) も注の中で次のように書いている：「完了体動詞にとって《後接辞 -ся をもつ受動態の動詞—後接辞 -ся なしの能動態の動詞》の対立は非生産的である。例えば、Но нынче получилась от него телеграмма (Л. Толст., письмо жене, 3/XI 1892).」 Исаченко (1960: 362) は完了体動詞から受動の接辞形【-ся をもつ形】はつくられないとして、次のように書いている：「この点でロシア語は、(未来時制の意味をもつ) ペルフェクト現在形の受動形が自由につくられるスロヴァキア語やチェコ語とは異なる：Všetko sa pripraví «всё будет приготовлено». 【スロヴァキア語では pripraviť sa (perf.) "приготовиться" は、例えば、pripraviť sa na skúšku "подготовиться к экзамену" のように能動表現も、この例のように受動表現も可能。】 ロシア語では «всё приготóвится» と言うことはできない」。プラハ版アカデミー文法 (§372) は「受動の意味で完了体の再帰動詞は特定の場合に使われる：Всестороннему исследованию подвергся литературный язык ... — День быстро сменился ночью.」としている。また和久利誓一『テーブル式　ロシア語便覧』(評論社 1981) には、「完了体動詞 -ся のついたものは原則として被動の意を有しない。従って完了の意味には完了過去の被動形動詞を用いる。」(107 頁) とある。またかなりはっきりと次のように書いてある本もある：「なお完了体他動詞に -ся のついた形は受身を表すことはできないことに注意せよ」(佐藤純一『NHK 新ロシア語入門』日本放送出版協会 1994: 220)。この考えは Янко-Триницкая (1962) によって以下のように否定されている。

Янко-Триницкая (1962) はこの受動の意味をもつ完了体の -ся 動詞について次のように書いている：「実際、受け身の意味をもつ完了体の再帰動詞に出会うのは、不完了体の受け身の意味をもつ再帰動詞よりかなり稀であるが、しかしそれらが単に規範からの逸脱であるとか、例外であるとかと見なしてはならない。」(ibid. 132) そして文学作品からの実例 (ibid. 132–134, 141–143) をかなりの数にわたって引用している。例えば、«［комедия］готова. К понедельнику *перепишется*, во вторник *пошлется*, в среду будет у вас» (Н. А. Островский. Письма). «Ему вдруг жалко стало и дома, который развалится, и сада, который *запустится*, и лесов, *вырубятся*.» (Л. Н. Толстой. Воскресение). 具格をもつ例：«Вовек не *позабудется* Народом Евфросиньюшка» (Н. А. Некрасов. Кому на Руси жить хорошо). Янко-Триницкая はさらに書いている：「しかしそのような動詞の数は非常に限られている。受け身の意味をもつ完了体の動詞の数の少なさは、恐らくロシア語において受動動詞

の活用形とシノニムの、完了体の他動詞からつくられた受動分詞が存在していることに関連している」(ibid. 134)。「受身の意味の【再帰】動詞が主に不完了体の他動詞から形成されるという一般的主張は反論を引き起こさない。それにもかかわらず、完了体動詞からもつくられる、受身の意味の再帰動詞が存在する。これらの完了体の受身の動詞においては時制形の使用にいかなる制限がないし、また過去時制形に出会うのは未来時制形よりも稀なことではない。しかも前世紀の作家だけでもなく、現代の作家においてもそれは見られる。例えば、«Трое суток бегал Антон, разыскивая повсюду свою клячонку; все было напрасно: она не *отыскалась*» (Д. В. Григорович).《アントンは3昼夜自分の痩せ馬を至るところ探して走り回った；しかし全て無駄だった。馬は見つからなかった》」(ibid. 141)。彼女はこの受身の意味の完了体 -ся 動詞について、次のような結論を出している：「受動の意味の再帰動詞からの様々な語形変化形の形成の可能性を眺めると、次の結論を出すことができる：文献に指摘されている、受身の再帰動詞の語形変化体系の欠落はいくらか過大評価されており、今観察されている動詞は、そこから命令法の形が作られないこと、また副動詞形が極めて稀にしか作られないことによってのみ他の再帰動詞と異なっている。他の語形変化形に関して（ここには完了体動詞からの過去時制形、1人称と2人称形、また不定形も含まれる）、これらの形の幾つかは使用が制限されているけれど、今観察されている動詞は如何なる例外も示さない。」(ibid. 148)

W. Harrison (1967: 17)はさらに踏み込んで、この受身の意味の完了体 -ся 動詞について次のように述べている：«These reflexive verbs whose perfective form is used with passive meaning make up **quite a large group**». (太字は訳者による) Harrison (ibid. 15–21)は以下のように完了体の他動詞からつくられた受動過去分詞形と受け身の意味をもつ完了体の再帰動詞形とのシノニムを否定している。

「ロシア語の пло́щадь была́ покры́та сне́гом という文は状態 state をあらわすので、英語の "the square was covered in snow" と訳すことができる。これに対して、行為 action を表す "became covered" となれば、ロシア語では再帰動詞の完了体動詞を使って次のように訳されよう：пло́щадь покры́лась сне́гом. 行為（完了体の再帰動詞）と状態（受動過去分詞）を表す次の例を比較せよ：День почерне́л и вдруг <u>озари́лся</u> (P) мига́ющей я́ростной вспы́шкой. (Panova, Серёжа) "The day grew dark and was suddenly illuminated (i.e. became lit up) by a flickering flash". — Они́ очути́лись в шёлково-шурша́щем, ла́сково-щеко́тном, све́жо и горькова́то ды́шащем ли́ственном шатре́. Высоко́ над их голова́ми шатёр <u>был</u> золоти́сто <u>озарён</u> зака́том, а чем ни́же, тем гу́ще темне́ли су́мерки. (Panova, Серёжа) "They found themselves under a silkily rustling, tenderly caressing, freshly and pungently smelling awning of leafy branches. High above their heads the awning was illumined by the golden light of the sunset, and lower down, the darkness of twilight became thicker and thicker". 完了体の受動を表す再帰動詞は次のものがある：(a) "being covered" を意味する動詞：задёрнуться "to be drawn over", закры́ться "to be covered, hidden", затми́ться "to be eclipsed", затяну́ться, покры́ться "to be covered", etc.: С утра́ бы́ло ясно, со́лнечно, пото́м не́бо затяну́лось облака́ми, и пошёл се́рый, ти́хий дождь. (Paustovsky) "It had been fine, sunny, since early morning, then the sky became covered with clouds, and grey, silent rain began to fall". (b) "being filled" を意味する動詞：запо́лниться, напо́лниться "to be filled", наби́ться "to become filled", etc. : Ка́тины глаза́ напо́лнились све́том. (A. N. Tolstoy) "Katya's eyes became filled with light". (c) "being spoilt" を意味する動詞：испо́ртиться "to be spoilt", слома́ться "to be broken", etc. : его́ хара́ктер совсе́м испо́ртился "his character has been completely ruined". (d) "being blocked" を意味する動詞：заколоти́ться "to be boarded up", заста́виться "to be blocked", etc. : о́кна заколоти́лись доска́ми "the windows were boarded up". (e) "being closed" を意味する動詞：закры́ться "to be closed", затвори́ться "to be closed": дверь закры́лась "the door was closed *or* the door closed". (f) "being opened" を意味する動詞：откры́ться, отвори́ться, отпере́ться "to be opened": пре́ния откры́лись "the debate was opened", дверь откры́лась "the door was opened *or* the door opened". (g) "being revealed, laid bare, found" を意味する動詞：откры́ться, обнару́житься "to be revealed, discovered", обнажи́ться "to be laid bare", найти́сь, отыска́ться, сыска́ться "to be found": В Росси́и ещё найду́тся си́лы. (A. N. Tolstoy) "Strength (powers) will still be found in Russia". (h) "being lost" を意味する動詞：потеря́ться, растеря́ться: кни́га потеря́лась "the book is lost". (i) "being fastened, unfastened" を意味する動詞：прикрепи́ться "to be fastened", прикле́иться "to be stuck to", привинти́ться "to be screwed on", открепи́ться "to be unfastened", etc.: кры́шка пло́тно привинти́лась "the lid was screwed on firmly". (j) "being cooked" を意味する動詞：зажа́риться "to be fried, roasted", завари́ться, отвари́ться "to be boiled, stewed": чай завари́лся "the tea is made". (k) "being realized, fulfilled" を意味する動詞：вы́полниться, испо́лниться, осуществи́ться, сбы́ться: его́ мечта́ осуществи́лась "his dream was realized". (l) "being created, formed, destroyed" を意味する動詞：образова́ться, состави́ться, созда́ться "to be formed", установи́ться "to be established", уничто́житься, разру́шиться "to be destroyed": как ни был перепо́лнен зал, сра́зу образова́лся прохо́д от входны́х двере́й до са́мого кра́сного стола́ (Leonov) "although the room was crowded, a way was made at once from the entrance right up to the red table". (m) "being illumined, darkened" を意味する動詞：освети́ться, озари́ться "to be illumined", омрачи́ться "to be darkened": Андре́й поверну́лся к нему́; лицо́ его́ освети́лось ро́зовым бле́ском пла́мени (Trofimov). "Andrei turned to him; his face was lit up by the pink light of the flame". (n) "being taken apart" を意味する動詞：разобра́ться, разня́ться "to be taken apart", разре́заться "to be dissected": маши́на с трудо́м разобра́лась "the machine was stripped down with difficulty". (o) "being connected, disconnected, separated" を意味する動詞：соедини́ться, скрепи́ться "to be connected", разъедини́ться "to be disconnected": концы́ верёвок соедини́лись / разъедини́лись "the ends of the ropes were connected / disconnected". (p) "being distributed, divided, set apart": распредели́ться, расста́виться, раздви́нуться: сту́лья расста́вились "the chairs were set out". これらのグループ以外に次の受動の意味をもつ完了の再帰動詞がある：смени́ться "to be replaced, superseded", потребоваться "to be required, demanded": Потребуется огромное моральное и физическое напряжение («Огонёк») "Great moral and physical effort will be required". сохраниться "to be preserved": Старое здание хорошо сохранилось. "The old building has been well preserved". послышаться "to be heard": послышались шаги "footsteps were heard". вспомниться "to be recalled": мне вспомнилось, что ... "I remembered that...". これらの完了体の再帰動詞の用法から次のことが分かる：(a) これらの動詞は有生の行為者とともに使用されない。つまり、"the library was opened by the librarian" という英語の意味する文の訳は、*библиотека открылась библиотекарем とは言えない。英語が表す文は次のように言わなければならない：библиотека была открыта библиотекарем あるいは библиотеку открыл библиотекарь. もし библиотека была открыта と行為者を名指ししなければ、この文は状態を表し "the library was open" の意味である。もし行為者である библиотекарем をそれに加えれば、была открыта は行為に変わる：библиотека была открыта библиотекарем. このように完了体の再帰動詞は、有生の行為者が与えられない場合にのみ受動の行為を表すために必要なのである。(b) これらの動詞は有生の主語とともに用いてもよい：Катя покрылась, наконец, испариной. (A. N. Tolstoy) "Katya at last became covered with perspiration". 」

382. 80年アカデミー文法 (I. 617) 参照：《不完了体の再帰動詞をもつ構文において、行為主体の意味をもつ具格がないときには受動性の意味はある程度弱まる。このことは後置辞 -ся をもつ動詞は受動相の動詞としても、また能動相の動詞としても解釈されうることを意味する：Ишь, как в старину-то люди *хоронились,* — сказал мне какой-то старик (Бунин) 《昔は人々はこんな風に埋葬された／身を隠した、とある老人が私に言った》。》 再帰動詞における受動の意味が行為主体の意味をもつ具格がなくても可能であることについては、Янко-Триницкая (1962: 90ff.) を見よ。

383. 80年アカデミー文法 (I. 616) 参照：《このような行為主体の具格はふつう有生名詞であるが、しかし具体的あるいは抽象的な意味をもつ無生名詞によっても行為主体を表すことができる：Село густо затенялось садами (Фед.)《村は鬱蒼とした庭園によって光が遮られていた》。Это отчасти требовалось общественным мнением (Л. Толст.)《これはいくらか社会的意見によって求められていた》。このような具格をもつ構文は文語的な特徴をもつ。》

384. 言語学辞書の定義も参考：**base** Any form to which a process applies. Especially in morphology: thus a singular noun in English (*man, horse*) is traditionally the base for the formation of the plural (→ *men, horses*). Where processes apply to units smaller than words, 'base' is sometimes used equivalently to root or stem. **stem** A form from which a word or series of words is derived by the addition of one or more affixes. Especially one which is common to all the words that make up a definable part of a paradigm: e.g. French *chanter-* is a 'future stem' or 'stem of' the future, in that it is common to all the forms of the verb that are of this tense (*chanter-ai* ' (I) will sing', *chanter-as* ' (you) will sing', etc.) (Matthews 2007^2)

385. ロシア語の接尾辞の構造については、訳注 87 を参照せよ。

386. アカデミー文法の現在語幹の記述に注意：《第 1 活用と第 2 活用の**現在語幹**（основа наст. вр.）**は常に子音で終わる**【太字は訳者による】。第 1 活用の現在語幹はペアの硬子音、シュー音、および /j/ で終わる：греб-ут, плыв-ут, вед-ут, вез-ут, стерег-ут, пек-ут, жм-ут, стон-ут, ор-ут, мет-ут; маж-ут, пляш-ут, скач-ут, брызж-ут, блещ-ут; зна-ют (зна/j-у/т), красне-ют (красне/j-у/т), рису-ют (рису/j-у/т). また軟子音の /р'/ と /л'/ で終わる：пор-ют, мел-ют. 単数 2, 3 人称、複数 1, 2 人称の形成において、ペアの硬子音（後舌音を除く）は対応の軟子音と、また後舌音はシュー音と交替する：вез-ут — ве/з'-о/т, жд-ут — ж/д'-о/т, нес-ут — не/с'-о/т, жн-ут — ж/н'-о/т, пек-ут — печ-ёт, лг-ут — лж-ёт. 例外は、тк-ут — т/к'-о/т. 第 2 活用の現在語幹はペアの軟子音、シュー音、および /j/ で終わる：ле/т'-а/т, сид-ят, вис-ят, воз-ят, воп-ят, люб-ят, лов-ят, шум-ят, звен-ят, гор-ят, вел-ят; киш-ат, дрож-ат, крич-ат, трещ-ат, визж-ат, по-ят (по/j-а/т). 第 2 活用の単数 1 人称現在形の形成においては子音の交替が生ずる。》(80 年アカデミー文法 I. 647) さらに Timberlake (2004: 99) 参照：«The inflections of the present tense begin with a vowel, and by complementarity, the verbal stem ends in a consonant before these vocalic endings.»

80 年アカデミー文法 (60 年アカデミー文法 (I. 533) でも 70 年アカデミー文法 (404) でも同様) によれば、現在語幹 (основа наст. вр.) は 3 人称複数の人称語尾 /ut/ を取り除いた部分である。例えば、знают は /znaj-/ が現在語幹であるとする (語幹を決める際には現在語幹は複数 3 人称、過去語幹は単数女性形を基にする。これについては 80 年アカデミー文法 I. 646 を見よ)。本書 (§477) は、знать のような動詞の現在形において、必ず зна- と語尾 (語尾は必ず母音によって始まる) の間に母音連続 hiatus を避けるために /j/ が挿入されるとする (§145)。その /j/ をもつ形、すなわち /znaj/ を本著者のギャルド氏は《現在語基 base de présent》という。それに対して同じ動詞の全ての形に共通のセグメントを《語幹 thème》という (знать の場合は /zna/ がそれにあたるとする)。従ってアカデミー文法の《現在語幹》は本書での《現在語基》と同じものである。

日本の文法書や教科書の多くは、-ют を語尾と見なして зна- を現在語幹だと見なしている。例えば、八杉貞利・木村彰一『ロシヤ文法』(岩波書店 1953: 103) では「читáть の現在及び不定形語幹 чита- は母音語幹、нести の нес- は子音語幹である。」と書かれている。同じことは次の入門書や文法書でも見ることができる：「чита- のように、現在形に共通な部分を現在語幹と呼び、-ю, -ешь … のように、個々の人称や数によって異なる部分を現在人称変化語尾と呼ぶ。」(佐藤純一『NHK 新ロシア語入門』日本放送出版協会 1994: 48)；「第 1 正則変化は、きわめて規則性が高い。不定形から語尾 -ть を取り去ったもの (不定形語幹) に、上に示された人称・数の順に -ю, -ешь, -ет, -ем, -ете, -ют の語尾がつく。つまり、現在形語幹と不定形語幹は同一である。」(宇多文雄『ロシア語文法便覧』東洋書店 2009: 203)。例外は、和久利誓一『テーブル式　ロシヤ語便覧』(評論社 1981) であり、читá-ть の現在語幹は「子 + aj」(98 頁、また 99 頁) とアカデミー文法と同じ記述がなされている。зна- を現在語幹と見なす人は、第 1 活用の単数 1 人称と複数 3 人称にそれぞれ 2 種類の語

尾 /-u/, /-ju/ (sg. 1) と /-ut/, /-jut/ (pl. 3) を立てなければならなくなる。こういった日本の文法書に見られる記述は、アカデミー文法の記述と異なる（80 年アカデミー文法 I. 647 の第 1 活用の単数 1 人称と複数 3 人称の屈折語尾 /y/, /уt₂/ を参照せよ）。現在語幹は命令形や分詞や副動詞の形成の基になるものであるので、アカデミー文法と上記の日本の文法書ではそれらの記述や分析も当然異なったものになる。音韻論を土台にしたアカデミー文法の分析と、日本の多くの文法書に見られる文字にのみ頼った、特異な形態分析との間はますます乖離している。このような分析方法では、80 年アカデミー文法の形態論を理解することもおぼつかないであろう。Исаченко (1960: 31) の現在語幹についての次の発言を参考にされたい：「語幹の音声的交替は文字体系に常に現れるわけではない。ロシア語の正書法を基にして、動詞 читать は不定形と現在時制形において同じ共通の語幹 чита- をもっていると考えることができるかもしれない：чита-ть, чита-л, чита-ю, чита-ет, чита-я 等を比較せよ。しかしこの場合に音素 /j/ を特別な書記法の記号として表示しないロシア語の文字体系は、物事の真の姿を歪めている。2 つの語幹の相互関係を分かりやすく示すためには、この場合には転写に訴えることが必要である。（中略）現在時制の語幹は、現在（未来）時制の複数 3 人称形から語尾 -ут を分離することによってつくることができる、つまり čitaj-ut (читáют)—語幹 čitaj-. 強調しなければならないことは、語幹に属している音素 /j/ は《前にヨットが付いている》文字《е》,《ю》,《я》と文字《и》の中に隠れており、ロシア語の文字体系の方法によっては分離することができないということである」。これから分かるように、日本のロシア語学教育（学習書）の最大の欠点は音韻論を蔑ろにした分析に起因している。さらに文字と音素の混同についてのボドゥアン・ド・クルトネの批判（訳注25）を参照。

387. 第 2 活用で現在語幹が /j/ で終わる動詞の単数 1 人称と複数 3 人称形以外の形において、現在語幹末の /j/ は無アクセントの /i/ の前で消え、[i] として実現する：пóит /pójit/ [pó͡it]《（彼は）飲ませる》(訳注 48 を見よ)。

388. 80 年アカデミー文法 (I. 648) では過去語幹と現在語幹の関係を基にして動詞の活用を 10 種類に分類している。［Исаченко, 1960: 27ff. もまた 2 つの語幹の関係が動詞分類の基礎になることを強調しているが、彼はアカデミー文法とは異なり現在語幹と不定形語幹の関係によって動詞を 10 のクラスに分類している］。I から IX までのクラスは第 1 活用、クラス X は第 2 活用である。概略次のようになる（特徴は過去語幹—現在語幹の順）：I（子音ゼロ— /j/: игра- ~ игра/j/-), II (/ова/ — /уj/: рисова-л-а ~ рис/уj-у/т), III (/ну/ — /н/: двину-л-а ~ двин-ут), IV (ø — /н/: глох-л-а ~ глохн-ут), V (母音— ø : плака-л-а ~ плач-ут), VI (語幹が一致：влек-л-а ~ влек-ут), VII (ø — /д/: бре-л-а ~ бред-ут, ø — /т/: ме-л-а ~ мет-ут, ø — /в/: жи-л-а ~ жив-ут, ø — /н/: ста-л-а ~ стан-ут), VIII (/ва/ — /j/: создава-л-а ~ созда/j-у/т), IX (/а/—先行母音 ø + 鼻子音 /м/н/：жа-л-а ~ жм-ут, жа-л-а ~ жн-ут, /а/ — /и/ + 鼻子音：под-ня-ть ~ под-ним-ут), X (/и/ — ø : бели-л-а ~ бел-ят, /е/ — ø : обиде-л-а ~ обид-ят, /а/ — ø : крича-л-а ~ крич-ат).

I クラスはさらに下位クラスとして次の 5 つに分けられる：(1) /a/ — /aj/ : игра-л-а ~

игр/aj-у/т. (2) /e/ — /ej/ : беле-л-а ~ бел/ej-у/т. (3) /и/ — /иj/ (почить と гнить) : почи-л-а ~ поч/иj-у/т, гни-л-а ~ гн/иj-у/т. (4) /у/ — /yj/ (дуть, обуть, разуть) : ду-л-а ~ д/уj-у/т, обу-л-а ~ об/уj-у/т. (5) 現在語幹と過去語幹において異なる末尾母音によって特徴づけられるタイプ：(a) /и/ — /j/ (現在語幹において母音ゼロ) : бить, вить, лить, пить, шить: би-л-а ~ /бьj-у/т. (b) /и/ — /ej/ : брить: бри-л-а ~ бр/ej-у/т. (c) /и/ — /oj/ : выть, крыть, мыть, ныть, рыть: вы-л-а ~ в/oj-у/т, кры-л-а ~ кр/oj-у/т. (d) /e/ — /oj/ : петь: пе-л-а ~ п/oj-у/т. (e) /a/ — /yj/ : живописать: живописа-л-а ~ живопис/yj-у/т.

389. 歴史的に軟口蓋音で終わる動詞語幹に不定形の語尾 -tī を付けると、軟口蓋音が次のように変化した：*-ktī あるいは *gtī > Old Russ. -чи > Modern Russ. -чь. OCS では -щи [-šti] になる。一部の名詞でも同じ変化が見られる：*nokt-i > Russ. ночь, OCS нощь (cf. Lat. *nox* < *nokts*)。また печь, беречь の現在形に見られる ч, ж は第 1 口蓋化 *the first palatalization* によるものである。即ち、起源的な軟口蓋音 *к, *г, *х が *e, *ь (< *ē), *и (< *ī), *ь (< *ĭ) の前にあるとき、それらはそれぞれ ч, ж, ш に変わった。例えば、рек-у "I say" : *рек-еши > реч-еши > речешь; мог-у "I am able": *мог-еши > мож-еши > мож-ешь. *сух-и-ти > суш-и́-ть "to dry" (cf. сухой). さらに他の例：*krīk-ē-tī > крич-ь-ти > крич-я-ти > крич-а́-ть "to shut"; *leg-ē-tī > леж-ь-ти > леж-я-ти > леж-а́-ть "to lie"; *slyx-ē-tī > слыш-ь-ти > слыш-я-ти > слы́ш-а-ть. (Schmalstieg 1995: 17–18)

390. Аванесов (1954: 118–121) によれば、古いモスクワの標準は、第 2 活用の 3 人称複数の無アクセント語尾 -ат, -ят を第 1 活用の語尾 -ут, -ют のように発音する (アクセントが語尾にある場合は標準語と同じ発音になる：сидя́т [sʲiˈdʲat])。例えば、слы́[шу]т (正書法では слы́шат), зна́[ч'у]т, беспоко́[jу]т, го́[н'у]т, но́[с'у]т. 再帰小辞 -ся があるときも同様に発音される：слы́[шу]тся, се́р[д'у]тся. これはまた 語幹にアクセントをもつ -ащий, -ящий で終わる能動現在分詞にも当てはまる：слы́[шу]щий, зна́[ч'у]щий, беспоко́[jу]щий, стро́[jу]щийся. また『ウシャコフ辞典』(Д. Н. Ушаков, 1935–40: Толковый словарь русского языка. Том I. p. xxxiv) では、このような発音のみを規範としている (Глагольные окончания 3 л. мн. ч. -ат, -ят, если на них нет ударения, произносятся как ут, ют: ды́шат — дышут, го́нят — гонют.). しかし Аванесов (ibid. 119) によれば、このような発音はロシア文章語の発音の特徴ではなくて、古い世代の代表者にのみ残っている発音であり、現代ロシア文章語で圧倒的なのは弱化母音 [ъ (= ə)] による発音である (硬子音の後ろだけでなく、軟子音と j の後ろでも) : хо́[д'ъ]т [ˈxodʲət], слы́[шъ]т, зна́[ч'ъ]т, беспоко́[jъ]т, го́[н'ъ]т. さらに能動現在分詞も同様である。Comrie (2003²: 55–56) 参照：《сидя́щий は古いモスクワ世代も現代標準語も [a] と発音されるが、стро́ящий は古いモスクワ世代は [u] と発音され、現代標準語では [ɪ] / [ə] と発音される。》

391. 不定形 красть, мести́ は子音の異化作用から生じたもの：krast' < krad-t' ; mesti < met-t'. -l- の前での子音 t と d の欠落は東スラヴ語で生じたもの：dl, tl > l. これについては訳注 460 参照。

392. мёл, нёс, вёз, грёб, пёк, жёг の母音が e > o になることについては、訳注 21 を見よ。Cf. мести < *mesti; нести < Slav. *nesti; вести < Slav. *vesti; грести < Slav. *grebti; печь < Slav. *pekti; жечь < Slav. *žegti.

393. 80 年アカデミー文法 (I. 628) 参照：《/б/, /п/, /г/, /к/, /х/, /з/, /с/, /р/ で終わる語幹をもつ動詞の過去時制男性形は、単数の接尾辞 -л をもたない。》Timberlake (2004: 94) は、過去時制を標示するフォルマント {-l-} は、「語幹が歯音閉鎖音以外で終わる動詞の男性単数で失われる：нёс, пёк, грёб, вёз」と書いている。なお、нёс のアクセント下の /o/ と пéл《歌っていた》の /e/ の違いについては訳注 21 を見よ（Slav. *nesti と Slav. *pěti の反映）。

394. 80 年アカデミー文法 (I. 620–621) によれば、2 人称単数の命令形は現在語幹からつくられる。2 つの方法がある：(1) 現在語幹に変化語尾 -и を付加する方法、(2) 湿音性に従って語幹末の子音交替を伴いながらゼロ変化語尾を現在語幹に付加する方法。具体的な命令法の形成は本書と同じである。

80 年アカデミー文法 (I. 644) 参照：《受け身の命令形はまれであるが見られる。この場合、命令形として使われるのは受け身の意味の再帰動詞ではなくて、動詞 быть の命令形と受動分詞の形である：Будьте вы прокляты!《お前たちは（あなたは）呪われるがいい》；Будьте хранимы всеми добрыми силами《善の力で守られますように》。》

395. 80 年アカデミー文法 (I. 626) 参照：《直説法もまた命令（あるいは動作の駆り立て）の意味を表すことができる。その場合には、(1) 命令形と並んで未来時制の単数 2 人称あるいは複数 2 人称形が使われる：Позвони сейчас военкому. В дивизии заболел комиссар, а ты его заменишь (Фед.)《すぐに軍政委員に電話をしろ。師団で政治委員が病気になったので、おまえが彼の代わりをしろ》、あるいは (2) 完了体の過去時制形が使われる。この場合には、начать, кончить, пойти, побежать, поехать, поплыть, полететь, взять, взяться のような動詞の過去形が使われ、行為がすでに遂行されてしまったかのように相手を駆り立てるのである：Пошли!《行った（行った）！》、Кончили разговоры!《話はおしまいだ！》、Поплыли на тот берег!《あの岸にへ泳いでいけ》(80 年アカデミー文法 I. 619–620)。さらに無アクセントの小辞 чтоб と条件法によって命令（駆り立て）を表現することができる：Чтоб ты больше не приходил!《二度とここに来るな》；Чтоб он сюда товарищей не приводил!《彼にここへ仲間を連れてこさせるな》。》

80 年アカデミー文法 (I. 611) 参照：《否定の命令法のアスペクトについて：(1) 肯定文で完了体動詞が使われている文に対応する否定文では、不完了体動詞が使われる：Отпусти его!《彼を解放しろ》— Не отпускай его!《彼を解放するな》；Расскажите об этом!《これについて話してください》— Не рассказывайте об этом!《これについて話さないでください》(Cf. Встать! — Не вставать!)；(2) 完了体動詞が否定の命令法に使われる場合は、《警告》を表す：Не забудь!《忘れるな》；Не опоздай!《遅れるな》；Не потеряй!《なくすな》；Не простудись!《風邪を引くな》。》

396. 本書に書いてあるように現在語幹が /j/ によって終わっていれば、命令形はゼロ語尾

を付ける。日本のほとんどの文法書、教科書では文字に惑わされて現在語幹を間違えているために、命令形のつくりかたも当然奇妙なことを書いている。例えば、「命令法語幹が母音に終わる場合には й を用いる。例えば、читáть : читáй ...」（八杉貞利・木村彰一『ロシヤ文法』岩波書店 1953: 117)。край の -й を語尾だと勘違いする教師を批判した、ボドゥアン・ド・クルトネの辛辣な言葉を参照 (Бодуэн де Куртенэ 2012[2]: §90 [Бодуэн де Куртенэ, 1963, т. 2: pp. 224–225])。

80年アカデミー文法 (I. 621) 参照：《ここには бить, пить, вить, лить, шить タイプの動詞も含まれる：бью <b,j-u>, бей; пью, пей; вью, вей; лью, лей; шью, шей. 命令形の語幹の中の -e- は移動母音である (§133 参照)。》

397. 訳注 32 を見よ。

398. 80年アカデミー文法 (I. 620) 参照：《例外として сы́пать《(粉を) 入れる》、кра́пать《(雨が) ぽつりぽつりと降る》がある。これらの命令形は期待される形 *сыпли, *крапли (cf. сы́пл-ют, кра́пл-ют) の代わりに сыпь, крапь となる。》

399. 80年アカデミー文法 (I. 621–622) 参照：《接頭辞 вы- をもつこのような動詞の命令形は -и と -ь の 2つのヴァリアントが可能である：вы́броси / вы́брось, вы́кини / вы́кинь, вы́суни / вы́сунь, вы́прави / вы́правь. 複数 2人称の命令形では、後置辞 -те はどちらか一方しか付かない：вы́суни / вы́сунь しかし вы́суньте。》Timberlake (2004: 94) によれば、вы́брось, вы́стсвь のヴァリアントの {-i-} をもつ形 вы́броси(те)、вы́стави(те) は Web 上ではそれぞれ全体の 37%、15%であるという。

400. Исаченко (1960: 327) 参照：《俗語で езжай がある。この形は -езжать をもつ動詞の命令形 (これは標準形) に使われる：уезжай, отъезжай, приезжай, наезжай, etc. (80年アカデミー文法 I. 621)。[補注]：この語幹 -езжать は、éхать に接頭辞を付けて派生した完了体の形に相関する不完了体動詞の形成の際に使われる。例えば、при-éхать // при-езжáть。》

401. 80年アカデミー文法 (I. 621) 参照：《目的意識のない行為や状態を表す動詞は命令形が使われない：весить, выглядеть, значить, наличествовать, стоить, преобладать, поиздержаться, etc. また болеть, мочь, хотеть も命令形の使用は避けられるが、しかし口語や表現力のある語結合では否定形とともに使われる：Не боли ты, душа (Никит.)；хоти или не хоти, а...；и думать не моги (разг.)．勿論、хотеть, мочь からつくられる接頭辞をもつ動詞の命令形は標準である：захоти, смоги. また рассветать, морозить のような無人称動詞からの命令形は普通使われないが、複文において従属関係をつくっている形のときは命令形も可能である：Рассветай сегодня пораньше, я бы встал вовремя (Н. Дурново)《今日もう少し早く夜が明ければ、時間通りに起きられたのに》。》

402. Boyer & Speranski (1915[2]: 289–292) によれば、**命令の意味をもたない命令法** (人称や数の区別をもたない単数の命令形に限られる) の用法は次の 3つである：(1) 副詞的用法；(2) 過去時制で使われる命令形；(3) 条件文の命令形。(1) の用法はかなり稀で、孤立的である。例えば、пожа́луй, пожа́луй-ста. 次の文の命令形は「...らしい」の意味 (俗語) での

挿入句である：он (они́) кажи́сь (or гляди́, or небо́сь, or поди́), уж уе́хал (уе́хали) "it seems to me, he has already gone". その他の例：пуска́й "all right", почти́ "almost", дай, дава́й.【命令形から他の品詞に移行したものには間投詞、挿入語、叙法語、小辞がある：здра́вствуй, проща́й, береги́сь!, спаси́бо (< спаси́ бог!); поди́《恐らく》(< пойти́); почти́ (< поче́сть の命令); пусть, дай (дай посмотрю́), дава́й (дава́й бежа́ть); знай (себе́)《回りに無関心で、平然として》Исаченко (1960: 505–506)】(2) 予期しない、不愉快な驚きとして行為が表現される文において、単数命令形は過去の完了体としての用法として現れる。例えば、С го́ря, да с тоски́ ..., я возьми́, да всё ей и разскажи́ (Turgenev) "From grief, from sorrow..., I went and told her all". снача́ла я был оди́н, но вдруг, отку́да ни возьми́сь, они́ тут как тут "at fierst I was alone, then, out of a clear sky, there they were in front of me". (3) 条件文の例：знай я э́то ра́ньше (or Знать бы мне́), я бы ни за что́ к тебе́ не пришёл. "let me but have known that sooner and I should not have come to you for the world". 同様に動詞が無人称でも：не будь меня́ ... "if I be not there...", "had I not been there...". не случи́сь его́... "if he had not happened to be there..."; не случи́сь э́того... "if that had not happened...". не будь + gen. = "but for": не будь нас "but for us".

また80年アカデミー文法(I. 624–625; 645)参照：《2人称単数の命令形は命令を表現せずに、一般人称的な意味で使われる。例えば、諺で：Хлеб-соль ешь, а правду режь《歓待されてもはっきり言え》, Не в свои сани не садись《身の程をわきまえよ》。またこの2人称単数形は行為の非現実性(可能性、願望)の意味を表す(この意味が命令法とつながる)：(願望) Громом их сожги! (Бунин)《雷で焼いてしまえ》; (必然、義務) Вы не плати́те, а я за вас отвечай? (Чех.)《あなたが支払わない、私があなたの代わりに責任を負わねばならないのか》; (不可能) Ему и слова никто не скажи《彼に誰も一言も言うことができない》。さらにこの形は条件付ける行為の意味で使われる：Но никто не знал о тайной беде моей, и, скажи я о ней, никто бы мне не поверил(Пастерн.)《しかし誰も私の秘密の災いについて知らなかったし、もしそのことを私が言ったなら、誰も私を信じなかったろう》; (一般人称的な使用) Расскажи всю правду, никто тебе не поверит《本当のことを全て話せば、誰もそいつを信じなくなる》。最後にこの2人称単数形は不意の望ましくない行為を表す：Его ждут, а он и *опоздай* на целый час《彼を待ったが、まる一時間も遅れてきた》。Пошел снимать якорь с кормы да и *запнись* за веревку (С. Воронин)《船尾から錨を外しに行ったが、ロープに躓いた》。》さらに80年アカデミー文法 (II. §1948–1950) を参照されたい。この後者の「不意の望ましくない行為」を表す「2人称単数の命令形」を Шахматов (1941: 178) は音的な類似によってアオリスト形に起源を求めている。他方、Потебня はこれを命令法と関連づける (学説史については Виноградов (1972²: 435ff.) に詳しい)。また命令法の転義的用法についてはИсаченко (1960: 495ff.)を参照。

403. 80年アカデミー文法 (I. 644) 参照：《多くの人たちに向けて単数の命令形を使用すれば、それは号令の特徴をもつ：А ну-ка, *садись* все! (Бонд.)《さあ、みんな坐れ！》》また訳

注 368 を見よ。

404. 命令形（複数 1 人称の命令形を除く）の前あるいは後ろには人称代名詞 ты あるいは вы を置くことができる、例えば、напиши́ ты мне, напиши́те вы мне. この人称代名詞は命令文において行為主体と呼びかけられる人を同時に表し、命令形の前にも後ろにも置くことが可能である。Исаченко (1960: 489–490) は、命令文におけるこの人称代名詞の存在が伝える意味ニュアンスはほとんど研究されたことはないとしながらも、次のようなニュアンスの違いを主張している：1. 命令 (приказание)：напиши́ (э́то сло́во)！ 2. 禁止 (запрет)：не пиши́ (э́того сло́ва)！ 3. 駆り立て (побуждение)：ты напиши́ (домо́й)！ 4. 警告 (предостережение)：ты не пиши́ (об э́том)！ 5. 忠告 (совет)：напиши́ ты (всю пра́вду)!，не пиши́ ты (об э́том)！

405. Comtet (2002: 256) 参照：《3 人称単数・複数の命令法（願望法 optative）において、時々主語の代わりとして 3 人称の人称代名詞の対格形が使われる。これは命令を和らげるものである：Cf. Пу́сть его́ идёт.《彼を来させなさい》"Il n'a qu'à venir."; Пу́сть её погуля́ет.《彼女に散歩させなさい》"Qu'elle aille donc se promener." また古い小辞 да は決まり切った、荘厳な、美辞麗句的な表現においてのみ 3 人称命令法の意味を残している：Да здра́вствует ми́р во всём ми́ре!《世界中が平和でありますように》"Vive la paix dans le monde entier!"; Да кре́пнет на́ша дру́жба!《我らの友好が強まりますように》"Que notre amitié se renforce!"》

406. Comtet (2002: 256) 参照：《1 人称単数の命令法（願望法）は小辞 пусть あるいは пуска́й に 1 人称単数の主語の人称代名詞と同じ人称に変化した現在形を付けてつくられる：Пусть всегда́ бу́ду я!《いつも私が存在しますように》"Que toujours je vive!". 》

407. 80 年アカデミー文法 (I. 644) 参照：《複数 1 人称の命令形は主として完了体動詞からつくられる (зайдемте, споемте)、しかし不完了体動詞 (主として運動の定動詞) からもつくることができる (идемте, едемте, бежимте)。》

408. 80 年アカデミー文法 (I. 639) 参照：《複数 1 人称の命令の否定形では、駆り立て (命令) は話者には及ばない：Дава́йте не бу́дем рыда́ть, гражда́нка, — споко́йно сказа́л пе́рвый (Булг.)《あなた、号泣するのはおよしなさい、と最初の人が冷静に言った》。》

409. 80 年アカデミー文法 (I. 622) には、дава́й と結びつく不完了体の動詞 (不定形) は定動詞を除くと書かれている。その例として、дава́йте петь, дава́йте игра́ть とともに Дава́йте, — говорю́, — ла́сковые, в жму́рки по поля́нке бе́гать (Леск.)《皆さん、空き地を目隠し鬼ごっこをしましょう、と私は言った》のような不定動詞を使った例が載せてある。

410. 80 年アカデミー文法 (I. 625–626, 642) 参照：《厳密に言えば、条件法は命令形と同様に時制をもたないないから (時制をもつのはただ直説法のみ)、-л で終わる動詞形 (それは過去時制形と一致する) と小辞 бы (б) からなる分析的な形によって表現される、とすべきである。бы と命令形や不定形や分詞との統語的結合 (приди́ бы, узна́ть бы, узна́вший бы) は、動詞の条件法の形態論的な形ではない。またこの小辞 бы は必ずしも -л で終わる動詞に後続して配置されなくてもよい。(1) それは他の語形によって -л で終わる動詞から分離

されることができる (Он бы уже вчера приехал《彼は昨日にもやってくるはずだったのに》；(2)それは従属接続詞と結合する (чтобы).》

411. Comtet (2002: 278) 参照：《前接辞である小辞 бы は文のアクセントのある第一群の後ろに置かれるか ("Wackernagel position" と呼ばれる)、あるいは動詞が第一番目の位置を占めないならば動詞の後ろに置かれる。例：{¹Я бы} поéхал сегóдня в гóрод/ ¹Я {поéхал бы} сегóдня в гóрод/ {В гóрод бы} я поéхал сегóдня.》 ［補注："Wackernagel's law" とは、1890年代に J. Wackernagel によって発見された印欧語統語論の規則。それによれば一連の小辞や clitic 要素は、節の中のアクセントのある第一要素の後ろの位置を占めるというもの。それ以来その法則はより広い原理の一例であると主張されており、節や文における第二番目の位置は "Wackernagel position" と呼ばれる (Matthews 2007²)。さらに Szemerényi (1996: 82) 参照。］

Timberlake (2004: 373) は、仮定法で用いられる小辞 бы の文中での位置の違いについて次のように書いている：《This particle most often follows immediately after the verb, and a finite verb must be in the past tense: ［3］Будь Сережа жив, он сочинил<PST> бы о нашем сборище смешной рассказ. 'Were Serezha still alive, he would write a droll story about our gathering'. Put after the verb, *бы* focuses on the alternative states of the world, on what might happen. But the particle need not occur directly after or attached to the verb; it can be used with a conjunction or an argument (both in ［4］): ［4］Если бы я был<PST> Блоком, я бы сочинил<PST> про нее «Незнакомку» 'If I were Blok, I would write "The Stranger" about her'. When *бы* is put after an argument, the alternative realities that are entertained depend on properties of that argument; thus ［4］ hangs on the identity of the speaker.»

412. §438 参照。

413. 80年アカデミー文法 (I. 674-675) 参照：《大多数の動詞において不定形語幹は過去語幹と一致する。しかし次の動詞グループは過去語幹とは異なる語幹に不定形の語尾を付ける。1) 過去語幹において末尾の -ну- を欠如するあるいは任意にする IV 動詞は、不定形では末尾の -ну- をもつ語幹に不定形語尾をつける：скисну-ть (скис-л-а)、блекну-ть (блекну-л/блек-л-а)、исчезну-ть (исчез-ну-л/исчез-л-а)。2) 現在語幹と過去語幹において子音 /к/, /г/ で終わる VI, 1 クラスの動詞は、切り詰められた過去語幹に不定形語尾 -чь をつける：влёк — вле-чь, берёг — бере-чь, толок — толо-чь。3) 過去語幹で /p/ で終わり、移動母音を有する語幹をもつ VI クラスの4つの動詞：мереть, переть, простереть, тереть, とまた動詞 -шибить (за-, у-, с-, пере-, при-, про-, вы-, от-) は、母音 /e/ あるいは /и/ で終わる語幹に形態 -ть をつける (過去語幹では母音 /e/ あるいは /и/ が欠如する)：тере-ть — тр-ут, тер-л-а, ушиби-ть — ушиб-ут, ушиб-л-а。4) VI クラスの動詞 грести, погрести と скрести は /c₃/ で終わる語幹に形態 -ти をつける。この際、語幹に不規則な子音交替 /б – c₃/ が生ずる：греб-ут, греб-л-а — грес-ти; скреб-ут, скреб-л-а — скрес-ти。【歴史的には、грести の語幹 греб- の末尾の両唇閉鎖音 b は不定形の語尾 -ти の前で消失した。Schmalstieg (1995: 23)

は、不定形に現れている -c- は他の不定形 -сти の類推によって挿入されたものという。》5) VII, 1 動詞（例えば、мести, плести, прясть）とその下位クラス 3 動詞 клясть、また孤立している動詞 есть, надоесть は、交替 /т — c₃/（мет-ут — мес-ти）、/д — c₃/（вед-ут — вес-ти）、/д' — c₃/（ед-ят — ес-ть)、また不規則的な交替 /н — c₃/（клян-ут — кляс-ть）によって現在語幹から得られた /c₃/ で終わる語幹に語尾 -ть/-ти をつける。6) 動詞 идти と成分 -йти をもつ動詞は現在語幹から不定形をつくる：ид-ут — ид-ти; най-дут — най-ти（音声的に子音 /д/ の消失を伴う）。》

414. 例えば、нести́, везти́, кра́сть は не[s,t,]и, ве[s,t,]и, кра[s,t,] となり、語尾前子音は [s,] である。子音の軟子音化については、訳注 58 を参照。

415. 80 年アカデミー文法 (I. 674) 参照：《不定形に -ти́ をもつ動詞から、アクセントをもつ接頭辞 вы- によって派生された不定形の語尾は -ти である：вы́-нес-ти, вы́-полз-ти, вы́-й-ти。しかし -сти（主に -нести, -плести, -вести, -цвести）をもつ若干の接頭辞つき動詞は、-сть で終わる不定形のヴァリアント（口語と廃語）をもつ：перенесть, сплесть, отцвесть。》

416. 現代では сек-ла́ のアクセント。また過去のアクセント下の語根母音が -е- であることは、訳注 21 を見よ：сечь < Old Russ. сѣчи < Slav. *sěkti。上の се́сть の語根母音も同様：Old Russ. сѣсти < Slav. *sěsti。

417. 硬子音の前のアクセント音節において、起源的な *е は о に変わる（訳注 21 を見よ）：*р,ек > р,о́к。従って、この例の母音交替する語の語根はスラヴ祖語で *е をもつ：печь < Slav. *pekti, OCS пешти, Skt. pácati; лечь < Slav. *legti, OCS лешти. 他方、起源的な *ě (= ѣ) をもつ語は同じ条件でも о に変化しない。例：сечь < Slav. *sěkti, OCS сѣшти, Lith. įsékti "to incise, to cut"。

418. 80 年アカデミー文法 (I. 672) では副動詞 деепричастие を「不完了体動詞の副動詞 деепричастие глаголов несов. вида」と「完了体動詞の副動詞 деепричастие глаголов сов. вида」に分けている。それぞれは本書の「現在副動詞」と「過去副動詞」に概ね相当する。「現在副動詞」の用語を使う研究者に W. A. Morison (1959) がいる。彼の "Present Gerund" の定義は曖昧であるが、彼はそれを «the Persent Gerund *as defined above* can be formed in Russian only from verbs used *imperfectively* (including Imperfective-Perfectives like жени́ться 'to get married' which share one form for both aspects) » (ibid. 16) とする。しかしまた «the use of what is formally the Present Gerund of Perfective verbs» は、次のロシア語の構文に見られるという：Войдя́ в ко́мнату, он сел за сто́л "Entering the room he sat down at the table" (ibid. 41)。Morison のいう "the Present Gerund of Perfective verbs" のその他の例（例えば、войдя́, воротя́сь, зайдя́, поднеся́, придя́, произнеся́, пройдя́, прочтя́, сбли́зясь）を見れば、彼はその形態を基にして "Present Gerund" を定義しているようである。

Timberlake (2004: 396–397) は副動詞（彼は «adverbial participles» と呼ぶ）の時制 tense について次のように書いている：「不完了体の副動詞はいまはただ現在時制だけである：ду́мая 'thinking', *ду́мав 'having thought'; пи́ша 'writing', *писа́в 'having written'. 完了体の副

動詞はもはや時制を区別しない。(中略)完了体副動詞は主要な出来事の時間の近くで完遂した出来事を指し示す、しばしば主要な出来事の前の、しかしときには同時の出来事を指し示す。(中略)よく知られた、論争の余地のあるヤコブソーンの、副動詞を各アスペクトごとに3つの時制形に分けるという、提案がある【(Jakobson 1957a［1984: 52］)】：現在、{-v}で終わる通常の過去、{-vši}で終わる第2過去。例：不完了体：現在(非連続的)Встречая друзей, он радовался. 'On meeting friends, he was happy.' 第1過去(偶然的、連続的【non-consequential (without implying internal connection — Jakobson (ibid. 52)】) Никогда прежде не встречав актеров, он случайно познакомился с Качаловым, 'Not having ever met actors before, he accidentally became acquainted with Kachalov.' 第2過去(因果関係の、連続的【consequential (signaling an internal connection between the two E^n (E^n = a narrated event) — Jakobson】) Никогда не встречавши актеров, он не знал, как говорить с ними. 'Never having met actors, he did not know how to talk with them.' 完了体：現在(非連続的)Встретя вас, я не поверил своим глазам. 'On meeting you, I could not believe my eyes.' 第1過去(偶然的、連続的) Встретив Петра, он вскоре столкнулся еще с несколькими знакомыми. 'After meeting Petr, he soon bumped into some other acquaintances.' 第2過去(因果関係の、連続的) Встретивши его, она густо покраснела. 'On meeting him, she blushed deeply.' この豊かな、シンメトリカルなパラダイムはもはや生産的ではない。今日、完了体現在形 встретя は稀(встретив の1330例に対して、詩でたった2例)、同様に不完了体過去形 встречáв (встречáя の881例に対して3例)も встречáвши (例なし！)も稀である。ヤコブソーンが「私の世代のモスクワの話し言葉」の中で通用していると主張する、完了体副動詞の {-v} と {-vši} の間の違いにはより正当な根拠がある。{-vši} は頻度は低いけれど(встретив の1330例に対して、встрéтивши のたった6例)、それが使われるときにはそれは因果関係を暗示している。」

80年アカデミー文法(I. 672)参照：《不完了体動詞の副動詞は主文の行為との同時性を表す：бежит, *прихрамывая*《(彼は)足を引きずりながら走って行く》; бежал, *прихрамывая*《(彼は)足を引きずりながら走って行った》; будет бежать, *прихрамывая*《(彼は)足を引きずりながら走って行くだろう》。他方、完了体動詞の副動詞は様々な時間的関係を伝えることができる。特に、1) 主文に先行する行為：*остановившись*, сказал《立ち止まってから言った》; *остановившись*, скажет《(彼は)立ち止まってから言う》; 2) 先行する行為の結果としての状態の同時性：сидит, *нахмурившись*《(彼は)険しい表情になって坐っている》; сидел, *нахмурившись*《(彼は)険しい表情になって坐っていた》; будет сидеть, *нахмурившись*《(彼は)険しい表情になって坐っているだろう》; 3) 主文に継続する行為：расстегнул сюртук, *открыв* рубаху навыпуск《フロックコートのボタンを外して、シャツを(ズボンから)さらけ出した》。》

［補注］不完了体動詞の副動詞は、場合によっては「同時性」を表さず、時間の継起の意味を表す場合がある(以下の例は Morison (1959: 43–44) より引用)。例えば、Он иногда исчезáл на мéсяцы и, возвращáясь, бывáл встречáем опя́ть тóй же улы́бкой.

"Sometimes he would (used to) disappear for months and, returning, used to be met once more by the same smile." Morison によればこの場合の不完了体は次のように説明される：«the form is perhaps influenced by the Imperfective nature of the sentence». この場合は量的アスペクト性（Маслов 1978［Maslov 1985: 6ff.］と訳注 355 を参照）において用いられる不完了体によって説明される。さらに次の例：Утром вздремну́л, си́дя в кре́сле, не раздева́ясь. "In the morning he dozed off, sitting in an armchair, without getting undressed." この場合の不完了体動詞の用法は Morison によれば次のように説明される：«The imperfective is perhaps used under the influence of the negative.» また ви́дя を使った例：И Дани́ло, ви́дя, что о́коло него́ что́-то не то́, стал заду́мываться. "And Danilo, seeing (= having seen) that about him something was wrong, started to be thoughtfull." Morison によればこの ви́дя の用法は、ви́деть があるコンテクストにおいて完了体として使用されることによって説明される、としている (ibid. 44)。

また、Виноградов (1972²: 308–309) は次のように書いている：「不完了体語幹からつくられた -а, -я で終わる副動詞形そのものは、本質的にその時制を有しない。(中略) ところで文中においては、この形態の超時間性は主行為との同時性として解釈される。しかしそれにも拘わらず、発話の中で反復、多回、慣習といったアスペクトの意味が強調される場合には、不完了体副動詞は主要行為にたいして同時的なものでなくて、主要行為に常に随伴する副次的な行為、例えば、時間的な先行としての行為を表すことができる。例えば、*Встава́я* на рассве́те, она спуска́лась в ку́хню и вме́сте с куха́ркой гото́вила заку́ску к ча́ю. (Го́рький)《夜明けに起きると、彼女は台所へ降りていって、料理女と一緒に軽い朝食を準備するのであった》。Ра́за два в год быва́л в Москве́ и, *возвраща́ясь* отту́да, шу́мно расска́зывал ска́зки о том, как преуспева́ют столи́чные промы́шленники. (Го́рький)《年にほぼ二度ばかり彼はモスクワに行ったが、そこから帰ると、首都の企業家がいかに儲けているかという法螺話を声高に物語るのであった。》」

上のアカデミー文法の完了体副動詞の 2) と 3) の用法については、私の知る限り、和久利誓一『テーブル式　ロシヤ語便覧』(評論社 1981: 133) を除いて言及されることがない。この用法を知らない人もいるようである。例えば、ある入門書に、「現在副動詞のポイントは同時性でしたが、過去副動詞はそれより先におこなわれた行為を示します。つまり、主節の時制よりも<u>常に前</u>なのです。」(黒田龍之助『初級ロシア語文法』三修社 2012: 386) とある (下線部は訳者)。3) の用法は文学作品の中にときに見られる。この用法については主要な文法家は以下のように書いている。Виноградов (1972²: 310–313)：「しかし完了体副動詞は決していつも (時間的に) 先行する行為を表しているわけではない。(中略) (時間的な) 先行を表さない副動詞構文の第 3 番目のグループでは、完了体副動詞は完了体の過去時制形で表現される動詞に隣接し、その後ろに立つとき、その完了体副動詞は (時間的に) 先行するのではなく、同時でさえもなくて、あたかも直接に継続する行為 (それは主要

行為の有機的結果である）を示す。こういった場合の副動詞は主要行為に伴う結果を意味し、その実現が主要行為の遂行によって条件付けられる結果を表す。例えば、«Он зажег серную спичку, *осветив* синим огнем свое лицо хорька, измазанное сажей»《彼は硫黄マッチを擦って、煤だらけになったイタチのような自分の顔を青い火で照らした》(Горький)」(ibid. 311, 312–312). Исаченко (1960: 534–537) は、完了体副動詞は「純粋に消極的な一般的意味をもつ、《相対的な時制的意味》対立の弱い項であるので、並外れて広い個別的意味の範囲をもっている」として、この副動詞は時間的な先行性だけではなく、後続的行為、さらに同時的、主要行為に随伴する二次的な行為といった個別的意味ももつと言う。そして不完了体副動詞と違って、完了体副動詞はプロセスとしてではなく、出来事としての二次的な行為を表すとし、イサチェンコは副動詞と主動詞の出来事あるいはプロセスの時間的関係を次のように書いている：1. 完了体副動詞の前置的用法（副動詞を主動詞より前に置くこと）は時間的な先行性という意味解釈にとって好都合である：Око́нчив университе́т, он верну́лся на ро́дину.《彼は大学を卒業すると故郷へ帰った》。2. 時間的な先行性という個別的な意味をもちながらも、完了体副動詞の後置的用法（副動詞を主動詞より後ろに置くこと）は馴染みがない、非典型的なものであるが、しかし理論的には全く可能である：Он верну́лся на ро́дину, око́нчив университе́т. 時間的な先行性の意味は通常は 1. の配置が普通である。3. 完了体副動詞の後置的用法は「非・時間的な先行性」の意味解釈には好都合である。結果としての状態：Анна шла, опусти́в го́лову (Л. Толсто́й)《アンナは頭を垂れて歩いていた》。主動詞の行為完了の後になっての副動詞の行為の完遂：Га́нна поспе́шно влете́ла в ха́ту, захло́пнув за собо́ю дверь (Гоголь).《ガンナは急いで百姓家へ駆け込むと、すぐにドアをパタンと閉めた》。後者についてイサチェンコは次のように書いている：「しかしこの《後続する行為》の意味は何によっても表現されない。完了体副動詞それ自身は主要行為との同時性特徴を表現せずに、「随伴的な状況」として解釈される。《後続する行為》の意味は完了体副動詞形の文法的意味の分析結果ではなくて、発話内容全ての論理的分析の結果である。もし完了体副動詞が副次的な行為と主行為との同時性を明示的に表さないとき、それは語彙的、位置的な好条件があれば、主行為の後に現実面で実現する行為をもまた表すことができる。」また Forsyth (1970: 300–302) を参照：«In sentences such as the following, however, it is at least uncertain whether the action expressed by the perfective gerund precedes as a whole that of the main verb: sometimes indeed it is obviously contemporaneous (or even refers to the same action), and occasionally it must be understood to follow that of the main verb: (...) Да, она́ поступи́ла[P] пра́вильно, уйдя́[P] от му́жа. (*Семья и школа*, 1965.) "Yes, she acted rightly in leaving her husband." (...) Та́ня очну́лась[P] в объя́тиях сле́дователя, уви́дев[P] совсе́м бли́зко родно́е встрево́женное лицо́. (E. Braginsky and E. Ryazanov: *Береги́сь автомоби́ля*.) "Tanya came to in the arms of the detective, and saw his dear worried face very close to her." Мышо́нок жил[i] под колпако́м недо́лго, задохну́вшись[P] в испо́рченном от со́бственного дыха́ния во́здухе. (Grigorenko: *Russian Popular Science Texts*.) "The mouse did not survive long under the jar, but died in the air polluted by its own breathing."» (ibid. 300–301) そして Forsyth は以下の結論を出している：「多様な相対的な時間指示が可能であるということは、時間的順序の表現は完了体副動詞の意味において重要な要因でないことを示唆している。この点で、不完了体副動詞の場合に劣らず、完了体副動詞の本質的な統語的機能は、ある行為の遂行が他の行為の遂行と密接に関連していることを示すことであり、そしてそれ以上のニュアンスは含意によって、副動詞の完了性ないしは他から派生されるだけである。」(ibid. 301–302) また Ward (1965: 245–246) も参照。

419. 80 年アカデミー文法 (I. 672) 参照：《不完了体動詞の副動詞は現在語幹に接尾辞 -а (正書法では -я; 音素的には /a/) を付加してつくられる：игра/j-а/, беле/j-а/; рису-я, крич-а, лет-я, нес-я, слыш-а. この際、対をもつ硬子音は接尾辞の前で当該の軟子音と交替する：бер-ут — бер-я, вед-ут — вед-я, вез-ут — вез-я. /к/, /г/ で終わる語幹をもつ動詞の副動詞は非常にまれにしかつくられない。この際には /к — ч/, /г — ж/ の交替が生じる：толк-ут — толч-а (толочь), берег-ут — береж-а. 従って、接尾辞 -а をもつ副動詞における接尾辞前の子音は対をもつ軟子音、シュー音、および /j/ だけである。》

420. 80 年アカデミー文法 (I. 673) 参照：《VI クラスの動詞 беречь, жечь, лечь, мочь, стеречь, влечь, печь, сечь, течь, толочь は副動詞をつくらないか、あるいはまれにしかつくらない。бережа の使用例：Ростовы похвалили ее вкус и туалет и, бережа причёски и платья, ... разместились по каретам и поехали (Л. Толст.)《ロストフ家の人たちは彼女の趣味と服装を褒め、そして髪型と衣服に気を配りながら、馬車に分乗して出かけていった》。》

421. бить, вить, лить, пить, шить のような動詞の現在副動詞形は欠如している (Исаченко, 1960: 111)。

422. 80 年アカデミー文法 (I. 672–673) 参照：《VIII クラスの不完了体動詞 давать, -знавать (у-, в-, до-, при-) は語幹 дава/j/-, знава/j/-, создава/j/-, става/j/- から副動詞をつくる：дава-я, узнава-я, создава-я, встава-я. 不完了体動詞の幾つかは (主として否定で)、完了体動詞の副動詞と同じようにしてつくられる (過去語幹に接尾辞 -в/-вши を付加する)：(не) быв と (не) бывши, (не) знав と (не) знавши, (не) ев と (не) евши, (не) имев と (не) имевши, ехав と ехавши. 従って、一連のヴァリアントの形が生じる：будучи — быв — бывши; зная — знав — знавши; имея — имев — имевши; ехав — ехавши — едучи; ев — евши. これらのうち -вши で終わるヴァリアントの形は俗語あるいは口語であり、あまり使われない。》

423. 80 年アカデミー文法 (I. 673–674) 参照：《完了体動詞の副動詞は接尾辞 -в/-вши/-ши あるいは 接尾辞 -а によってつくられる。接尾辞 -в/-вши/-ши (音素的には /ф₂/ /ф₃ши/ /ши/) をもつ副動詞は過去語幹からつくられる。接尾辞の形態の選択は語幹末に依っている。形態 -в と -вши は母音の後に現れる。前者は後置辞 -ся のない動詞に、後者は -ся をもつ動詞に現れる：разыграла(сь) — разыгра-в, разыгра-вши-сь. -ся のない動詞からも -вши のヴァリアントの形をつくることも可能である：проиграв と проигравши. -вши で終わる形は俗語あるいは口語である。形態 -ши は子音の後に現れる：замерз-ла — замерз-ши.

次の2つの動詞グループは、過去語幹と不定形語幹から副動詞のヴァリアント形をつくる。1) IV クラスの動詞で、過去語幹で -ну- を欠如しているとき：озяб, озяб-ну-ть — озяб-ши と озяб-ну-в, озяб-ну-вши; засох, засох-ну-ть — засох-ши と засохну-в, засохну-вши; しかし исчезнув, исчезнув-ши (*исчезши はない)。2) VI クラスの4つの動詞：умереть — умерши と умерев, запереть — заперши と заперев, растереть — растерши と растерев, простереть — простерши と простерев.

一連の完了体動詞は現在語幹に接尾辞 -a を付加することによって、副動詞をつくる。普通、この形は -в, -вши, -ши の形と並んでヴァリアントとして用いられる。次の動詞がここに属す：1) 多数の第2活用 (X クラス) 動詞：возвратиться — возвратясь; заметить — заметя; наклонить — наклоня; погодя, полюбя; увидя, пересмотря; проворча, услыша. 2) 子音でおわる現在語幹をもつ VI と VII クラスの動詞：привезут — привезя, унесут — унеся, разгребут — разгребя, приведут — приведя, また様々な接頭辞をもつ動詞 идти：отойдя, перейдя, пройдясь. 大部分の第1活用の動詞にとって -a 形が主として使われる：принеся (と принесши), привезя (と привезши), зайдя, отойдя.》

424. 訳注 418 参照。

425. この形は архаизм である。

426. 80年アカデミー文法 (I. 665–671) 参照。

427. 80年アカデミー文法 (I. 666–667) 参照：《第1活用の能動現在分詞は現在語幹に形態 -ущ- (正書法では -ющ-) と形容詞の変化語尾を付加してつくられる：игра/j-ущ':/-ий, беле/-j-ущ':/-ий, рису/j-ущ':/-ий, мерзн-ущ-ий, пиш-ущ-ий, стерег-ущ-ий, жн-ущ-ий. 第2活用の能動現在分詞は現在語幹に形態 -ащ- (正書法では -ящ-) と形容詞の変化語尾を付加してつくられる：бо/j-аш':/ийся, бел-ящ-ий, крич-ащ-ий.》

428. 80年アカデミー文法 (I. 667) 参照：《時折完了体動詞から派生される分詞は文章語の規範から逸脱したものである：человек, не *предъявящий* никаких свидетельств и пашпортов (Гоголь)《どんな証拠も身分証も提示しない人間》。》

429. 80年アカデミー文法 (I. 666) 参照：《形容詞の意味での能動現在分詞は短形をつくる能力をもっている：потрясающий — потрясающ (успехи потрясающи)《成功は衝撃的である》, умоляющий — умоляющ (шопот умоляющ)《ささやき声は哀願するようである》。》

430. 80年アカデミー文法 (I. 668–669) 参照：《能動過去分詞は過去語幹に接尾辞 -вш-/-ш- (音素的には /ф₃ш// ш/) と形容詞の変化語尾を付けることによってつくられる。接尾辞形態 -вш- は母音の後に現れる (игра-ла — игра-вш-ий, рисова-ла — рисова-вш-ий). 接尾辞形態 -ш- は子音の後に現れる (нес-ла — нес-ш-ий, рос-ла — рос-ш-ий).》

431. 80年アカデミー文法 (I. 669) では次のように簡単に説明されている：「不定形が -сть で終わる VII クラスの動詞の能動過去分詞は過去語幹からつくられる：красть, класть, пасть, сесть: кравший (*крадший ではなく), клавший (*кладший ではなく), павший (падший は形容詞のみ), севший.」

432. 80年アカデミー文法(I. 667)参照：《受動現在分詞は接尾辞 -ом- (正書法ではしばしば -ем-) / -им (音韻論的には -/ом/- / -/им/-) によってつくられる。接尾辞 -ом- は第1活用動詞の分詞に現れる：子音 /j/ の後 (читаемый)，結合《唇音 + /л'/》の後 (колеблемый)，硬音の前舌と後舌子音の後 везомый, ведомый, искомый)。接尾辞 -им は第2活用動詞の分詞に現れる：ペアを成す軟子音の後 (водимый)，シュー音の後 (слышимый)，音素 /j/ の後 (この位置では音声的にゼロである) (строить — строимый, cf. стро/j-a/т)。》

433. 80年アカデミー文法(I. 668)参照：《文章語には、客体的な意味をもつ斜格を支配する自動詞からつくられる現在受動分詞が知られている：руководить《(具格)~ を指導する》— руководимый《支配されている》、предводительствовать — предводительствуемый, управлять — управляемый, предшествовать — предшествуемый, командовать《(具格)~ を指揮する》— командуемый《指揮されている》：Кутузов чрез своего лазутчика получил первого ноября известие, ставившее *командуемую* им армию почти в безвыходное положение (Л. Толст.)《クツーゾフは、11月1日に自分が指揮している軍隊 (lit. 彼によって指揮されている軍隊) がほとんど窮地に立たされているという知らせを自分の斥候から受けた》。》プラハ版アカデミー文法(§356)では自動詞からつくられる受動分詞として、不完了体語幹からつくられる分詞 (上記以外に обладáемый, слéдуемый, угрожáемый) と完了体語幹からつくられる分詞 (отомщённый, польщённый)、アスペクトのペアをつくる語幹からの分詞 (пренебрегáемый, пренебрежённый) が挙げられている。そしてこのような体系の形式的な破壊は、「行為の客体への指向性を反映する意味と動詞の自動詞形との間の矛盾によって説明できる」としている。

434. Исаченко (1960: 49) 参照：《現在形が -аю, -аешь で活用するタイプの動詞には受動現在分詞 (能動現在分詞) で例外が見られる。例えば：воспи́тывать, -аю, -ает, воспиту́емый; дви́гать, -аю, -ает, дви́жущий, дви́жимый; испы́тывать, -аю, -ает, испыту́ющий, испыту́емый; свя́зывать, -аю, -ает, связу́ющий; нака́зывать, -аю, -ает, наказу́емый. 》

435. 受動現在分詞の使用頻度について、80年アカデミー文法(I. 667)では、その形成は能動現在分詞の形成ほど規則的でないと書かれている。受動現在分詞は不完了体動詞の他動詞からのみつくられる。そして次のようにその形成が記述されている。「首尾一貫してこの形をつくるのは次の動詞グループである：1) -ать, -ять, -ивать, -ывать で終わるⅠクラスの接頭辞付き動詞 (изменя-ют — изменя-ем-ый, выдумыва-ем-ый, распилива-ем-ый); 2) Ⅱクラスの接尾辞なしの動詞 (рису-ют — рису-ем-ый); 3) Ⅹクラスの -ить で終わる少数の運動の動詞 (主に接頭辞つき) (ввод-ят — ввод-им-ый); 4) Ⅵ と Ⅶ クラスの個々の動詞 (влек-ут — влек-ом-ый, вез-ут — вез-ом-ый, нес-ом-ый, вед-ом-ый)。Ⅴ クラスの動詞のうち受動現在分詞を規則的につくるのは、現在語幹が /j/ で終わる動詞のみである (лелеемый)。Ⅷ クラスの動詞は、現在語幹とは異なる дава/j/- タイプの語幹から受動現在分詞をつくる (даваемый, узнаваемый, cf. 現在形 да/j-у/т, узна/j-у/т)。次の動詞は理論的に受動現在分詞形が可能としても、実際には用いられない：глодать, писать, полоскать, трепать, щипать, etc. また X クラスの動詞 (第 2 活用の動詞) の大部分は受動現在分詞の形成は困難である。そのような分詞は書物的、古典風のニュアンスを帯びるが、しかしそのような分詞の幾つかはそのようなニュアンスはない。例えば、водимый (уводимый, приводимый, etc.)、возимый, даримый, ловимый, любимый, носимый (сносимый, уносимый, etc.)、палимый, просимый, строимый, судимый, творимый, теснимый, томимый, тревожимый, хвалимый, хранимый, ценимый, чинимый.」(80 年アカデミー文法 I. 667-668)

宇多文雄『ロシア語文法便覧』(東洋書店 2009) では「受動形動詞現在形は、限られた動詞のものがまれに用いられるだけである」(p. 273) と書かれている。しかし W. Harrison (1967: 22) はこれについて次のように書いている：《Contrary to what many textbooks of Russian imply, the present passive participle is widely and frequently used.》そして Harrison は以下のような動詞からのみ派生されるとして、それを列挙している：(a) Regular first conjugation verbs and those in -ава́ть, e.g. чита́емый "read", возглавля́емый "headed, led", дава́емый "given". (b) Unprefixed verbs in -ова́ть, e.g. организу́емый "organized", атаку́емый "attacked". (c) The verbs of motion носи́ть, води́ть, вози́ть and their compounds: носи́мый "carried", привози́мый "brought". The participles несо́мый from нести́ and ведо́мый from вести́ are now archaic, though ведо́мый has certain specialized modern uses. (d) Only some verbs of the second conjugation, the following being in general use: томи́мый "tormented", цени́мый "valued, respected", люби́мый "loved", храни́мый "preserved, kept", терпи́мый "suffered, allowed, borne", слы́шимый "heard", гони́мый "pursued". (e) Verbs of the first conjugation which form their present tense with insertion of л: трепа́ть - тре́плет - тре́племый "flapped, tapped, tugged", коле́блемый "moved". A number of present passive participles from verbs which are not strictly transitive (i.e. do not take an object in the accusative case) are in common use: руководи́мый "led", управля́емый "managed, ruled", предше́ствуемый "preceded", сопу́тствуемый "accompanied", угрожа́емый "threatened", кома́ндуемый "commanded".

436. Исаченко (1960: 360) は、「-м で終わる現在受動分詞形はロシア文章語では教会スラヴ語の遺物であり」、「分析的な形は 19 世紀の文献においてまだかなり頻繁に出会うが、現代でも文芸作品では散発的に出会う (《Ты обурева́ем стра́стью》 Тургенев, Рудин)。(中略) -м で終わる述語的 (分析的) 形が古風なニュアンスをもたずに用いられる唯一の分野は理論的文体である。Кни́га была́ критику́ема (цити́руема, приводи́ма, издава́ема) と自由に書くことができる。しかしここでは接辞形も可能である (Кни́га критикова́лась, ...)。ここに引用した動詞は全て書物的語彙に属している。何よりもしばしば -м で終わる述語形が使われるのは、半繋辞的あるいはモーダルな動詞 (述語) との結合においてである、cf. 《Мои́ приме́ры *могут и должны быть критикуемы*》 (Л. В. Щерба)；《Не все фа́кты *бывают* одина́ково *усваиваемы* учени́ками》；《Зву́ки чужо́го языка́ *могут быть воспринимаемы* по-ра́зному》, etc.」と述べ、そして次のように結論づけている：「日常生活の語彙に属する動詞からは -м で終わる形は全く形成されないか、あるいは排除されている。言うことがで

きるのは Дом стро́ился (тала́нтливым архите́ктором) だけであり、«Дом был строим» と言うことはできない。というのも «строим» という形そのものがロシア語には欠如しているからである。上で述べたこと全ては接辞的受動形と分析的受動形の文体的な《分布》を大変明瞭に例証している。」

437. 80年アカデミー文法 (I. 669–671) 参照：《受動過去分詞は接尾辞 -енн-/-нн-（音素的には /он₁н/ /н₁н/）と /т/（音素的には /т/）と形容詞の変化語尾によってつくられる。接尾辞形態 -нн- は -a で終わる過去語幹に付加される (разыгра-л-а — разыгра-нн-ый, разрисова-л-а — разрисова-нн-ый, написа-л-а — написа-нн-ый). 接尾辞形態 -нн- はまた X, 2 クラスの видеть によって派生された接頭辞のある動詞の受動過去分詞にも現れる (увиденный). 次に接尾辞形態 -енн- は子音で終わる過去語幹あるいは現在語幹に付加される。過去語幹から受動過去分詞をつくるのは VI クラスの動詞である。このとき末尾子音の交替が起こる：/к — ч/, /г — ж/, /б — б'/, /с — с'/, /з — з'/: испек — испеч-ённ-ый, прибе́рег — прибереж-ённ-ый; принес — принес-ённ-ый. 現在語幹から受動過去分詞をつくる動詞は 2 つのグループがある。1) 現在語幹が /т/, /д/ で終わる VII クラスの動詞: привед-ут — привед-ённ-ый. 2) 過去語幹が母音 /и/ あるいは /е/ で終わる X クラスの動詞では、受動過去分詞の形成にさいして現在 1 人称単数形で生じたと同じ交替がおこる: закрут-ят — закруч-енн-ый, обид-ят — обиж-енн-ый, выраст-ят — выращ-енн-ый, куп-ят — куп-ленн-ый. 最後に接尾辞 -т- を母音で終わる過去語幹に付加するのは次の動詞である：1) 過去語幹が -ну- で終わる III クラスと IV クラスの動詞：кину-л — кину-т-ый (III クラス)、отвергну-л — отвергну-т-ый (IV クラス)。2) -о で終わる過去語幹をもつ V, 2 クラスの動詞：наколо-л — наколо-т-ый. 3) -р で終わる過去語幹をもつ VI, 2 クラスの動詞：припер — припер-т-ый. 4) 不定形で母音に終わる一音節語根形態をもつ様々なクラスの動詞 (знать, гнать, дать, звать, брать, драть を除く)：наде-л — наде-т-ый, прожи-л — прожи-т-ый, сня-л — сня-т-ый, взя-л — взя-т-ый, наду-л — наду-т-ый, обу-л — обу-т-ый, изби-л — изби-т-ый, умы-л — умы-т-ый, побри-л — побри-т-ый, спе-л — спе-т-ый. 5) 現代ロシア語では一音節語根形態に分離できない забыть, добыть, распять 動詞：забы-т-ый, распя-т-ый. 6) -пеленать の要素をもつ I, 1 クラスの動詞：спелена-л — спеленат-ый.》

438. 80年アカデミー文法 (I. 671) 参照：《完了体他動詞では受動過去分詞の形成はより規則的である。しかしこの場合にもその分詞の形成は首尾一貫しているわけではない。例えば、次の完了体動詞は受動分詞を普通もたない：1) すでに接頭辞をもつ不完了体動詞に接頭辞を付けることによってつくられる、アクセントをもつ -а́ть (-я́ть) で終わる動詞：поснима́ть. 2) 接尾辞 -ану́- をもつ動詞：махану́ть. 3) -еть と -ать で終わる X クラス (第 2 活用) の動詞のかなりの部分：разглядеть, облететь, пробежать. さらに次の場合に受動分詞の形成は困難である：1) 無アクセントの接尾辞 -ива- をもつ完了体動詞 (навыдумывать); 2) 分詞にとって必要な子音交替が困難な -ить で終わる X クラス動詞 (затмить, перешерстить); 3) 接尾辞 -ну₃- の上にアクセントをもつ III クラスの動詞 (ここでは受動分詞に要求され

るアクセント移動が困難である）(толкну́ть, лизну́ть, мазну́ть）；4）アクセントのある -а́ть (-я́ть) で終わる多くの動詞（ここでも受動分詞に要求されるアクセント移動が困難である）(докона́ть, заста́ть, минова́ть, подожда́ть, шпыня́ть）．》さらにプラハ版アカデミー文法 (§357) 参照．

439. 80年アカデミー文法(I. 671)参照：《次の不完了体動詞は受動過去分詞をつくらない：1) 接尾辞形態 -ива-, -ва- をもつ動詞：спра́шивать, переде́лывать, ви́дывать, раздува́ть; 2) 不定の運動の意味をもつ動詞：води́ть, вози́ть, носи́ть. 及びそれに相関する接頭辞つきの不完了体動詞：вводи́ть, заводи́ть, наводи́ть, приводи́ть, вывози́ть, провози́ть, вноси́ть, разноси́ть, уноси́ть; обходи́ть, переходи́ть; 3) VIII クラスの動詞、дава́ть と -дава́ть, -знава́ть, -става́ть を要素とする動詞：подава́ть, передава́ть, узнава́ть, отстава́ть. 》

440. 80 年アカデミー文法 (I. 681–682) では動詞の活用形のアクセントを、非末尾アクセントと末尾アクセントの相関によって4つのアクセントタイプ(AT) A, B, C, D に分けて記述している。80年アカデミー文法(I. 688–693)参照：《**AT A** は、全ての活用形においてアクセントは同じ語幹音節の上にあるタイプである：гуля́ю, -ешь, -ют, гуля́й, гуля́л, -ла, -ло, -ли; ка́паю, -аешь, -аем, ка́пай, ка́пал, -ла, -ло, -ли. **AT B** は、過去時制でアクセントは語幹の最後の音節に、現在・未来時制と命令形で語尾にアクセントがあるタイプである：верну́, -ёшь, -у́т, верни́, верну́л, -ла, -ло, -ли. **AT C** は、過去時制で語幹の最後の音節にアクセントは置かれ、現在・未来時制で語尾アクセント（1人称単数形）と語幹アクセント（1人称単数以外の形）をとり、命令形では1人称単数形と同じアクセントをとるタイプである：тяну́, тя́нешь, -ут, тяни́, тяну́л, -ла, -ло, -ли. **AT D** は全ての活用形で語尾にアクセントが置かれるタイプである（ゼロ語尾をとる語形では仮想アクセントは語尾にある。《仮想アクセント》については訳注 147 を参照）：несу́, -ёшь, -у́т, неси́, нёс, несла́, -ло́, -ли́.

生産的なアクセントタイプは A, B と C である。これらのアクセントタイプから逸脱しているのは次の場合である：1）過去時制の女性形で語尾アクセントの動詞 (AT A: быть, бу́ду, бу́дешь, бу́дет, будь, бы́л, -ло, -ли, -ла́; AT B: гнить, гнию́, -ёшь, -ю́т, гни́л, -ло, -ли, гнила́; AT C: гнать, гоню́, го́нишь, го́нят, гони́, гна́л, -ло, -ли, гнала́). 2) 過去時制形で女性形を除いて接頭辞にアクセントが置かれる動詞 (прожи́ть, проживу́, -ёшь, -у́т, проживи́, про́жил, -ло, -ли, прожила́; прибы́ть, при́был, -ло, -ли, прибыла́; поня́ть, по́нял, -ло, -ли, поняла́). 3) 過去時制の男性形で後置辞にアクセントをもつ動詞 (подня́ться, подниму́сь, -и́мешься, -и́мутся, подними́сь, подними́тесь, подня́лся, -ла́сь, -ло́сь, -ли́сь; заня́лся, заня́лся も可能、подня́лся, подня́лся も可能、роди́лся / родился́). 4) 動詞 быть, дать, жить, пить の女性過去形以外の過去形におけるアクセントの否定辞 не（あるいは быть では ни も）への後退 (не́ был, не́ было, не́ были, не была́; ни́ был, ни́ было, ни́ были, ни была́; не́ дал (не да́л), не́ дало (не да́ло), не́ дали, не дала́; не́ жил (не жи́л), не́ жило (не жи́ло), не́ жили (не жи́ли), не жила́; не́ пил, не́ пило, не́ пили (廃れた形 не́ пил, не́ пило, не́ пили), не пила́).》 3) と 4) のアクセント法は、スラヴ祖語に働いていた「Василько-Долобко の法則」によって

説明される。古代ロシア語において、enclinomena 形に проклитика と энклитика が付けば、アクセントは最後の энклитика に置かれる。現代ロシア語の поднял-ся を比較せよ。これについては、Дыбо (1971a: 93ff, 1971b: 77ff.) を参照。

441. Исаченко (1960: 148) 参照：《両アスペクト動詞 роди́ть は過去形で（アクセントの違いによって）2 つの形をつくる：она́ роди́ла́ (сов.) と она́ роди́ла (несов.).》

442. 動詞に前置する préverbe を、80 年アカデミー文法では動詞「接頭辞 префикс」と呼んでいる。本書ではアカデミー文法に倣って、この préverbe を「動詞接頭辞」と訳している。

443. 80 年アカデミー文法 (I. 702) 参照：《例外はさらに、要素 -дава́ть, -знава́ть, -става́ть をもつ副動詞は不定形におけると同じアクセント位置にある：дава́я (дава́ть), создава́я (создава́ть), сознава́я (сознава́ть), устава́я (устава́ть). アクセントの揺れが見られる：гля́дя と глядя́. しかし前置詞とでは гля́дя のみ可能：гля́дя по чему-н.《... 次第で》. -учи をもつ副動詞は常に接尾辞前音節にアクセントがある：бу́дучи, си́дючи, е́дучи, кра́дучись.》

444. 80 年アカデミー文法 (I. 702) 参照：《副動詞のアクセントの揺れ：заме́рши と за́мерши (cf. заме́рший と за́мерший); переме́рший と переме́рши.》

445. 80 年アカデミー文法 (I. 693–694) 参照：《分詞や副動詞のような定語的動詞形のアクセントは当該の動詞の活用形や不定形のアクセントと密接に関連している。分詞の長語尾形のアクセントは形容詞の長形のアクセントタイプと同じく、語幹固定アクセントタイプの AT A と語尾固定アクセントタイプの AT B に分けられる。

AT A の動詞（動詞のアクセントタイプについては訳注 440 参照）からつくられる分詞のアクセントは、通常、当該の動詞活用のアクセントと同じ音節にある：де́лать (де́лаю, -аешь, -ают, де́лай, де́лал, -ла, -ло, -ли) — де́лающий, де́лаемый, де́лавший, де́ланный. それ以外のアクセントタイプの動詞からつくられる分詞のアクセントは、通常、《コントロール》と呼ばれる動詞形と同じところにある。例えば、次のような語形がコントロール形である：1) -щий で終わる分詞にとっては 3 人称複数形［本書とアカデミー文法では異なる記述をしていることに注意。さらに 80 年アカデミー文法 I. §1626 を参照］：пою́щий — пою́т, ненави́дящий — ненави́дят. 2) -ший で終わる分詞にとっては不定形：забы́вший — забы́ть. 3) -мы で終わる分詞にとっては単数 1 人称形：люби́мый — люблю́, гони́мый — гоню́. 4) -тый に終わる分詞にとっては過去男性形：на́чатый — на́чал. 他方、-енный に終わる分詞のアクセントは当該の動詞のアクセントの移動性あるいは固定性に依っている。》

446. 80 年アカデミー文法 (I. 701) 参照：《分詞の短形 дан, дано, даны が否定辞 не と使われると、アクセントは否定辞の上に移動する：не́ дан, не́ дано (не дано́), не́ даны, しかし не дана́.》

447. ロシア語動詞の活用を記述する際には、伝統的にレスキーン A. Leskien による古代教会スラヴ語動詞の現在語幹を 5 つのクラスに分類する方法が用いられる (Степанов 1989:170; Hammel 2000: 205–216)。ボワイエ P. Boyer (1895: 416) によれば、M. Leskien は *Handbuch der altbulgarischen Sprache* (Weimar, 1871) の第 1 版の中で、動詞の分類を «fondée essentiellement sur la qualité des différents suffixes du présent》原理によって行っているとして、その分類を同著の pp. 416–418 で再現している。また Степанов (1989:170) は、スラヴ言語学で皆に認知されている動詞の分類法は、1871 年に A. Leskien によって古代教会スラヴ語のために提案された分類法である、と述べている。Leskien の分類法は Van Wijk, N. (1931, 1957: 299. История старославянского языка. М.) や Chr. S. Stang (1942 *Das slavische und baltische Verbum,* Oslo.; 1967 *Vergleichende Grammatik der baltischen Sprachen.* Oslo.) によるバルト・スラヴ語動詞の再建のためにも、また П. С. Кузнецов ら (Борковский & Кузнецов 1965, §200) による古代ロシア語の動詞分類のためにも動詞分類の基礎になったものである (Степанов ibid. 170)。訳者は Leskien の *Handbuch* (初版) は未見であるが、Boyer の再現は Leskien の *Handbuch* の第 9 版 (Heidelberg, 1969⁹: 121ff.)、また Leskien (1919) *Grammatik der altbulgarischen (altkirchenslavischen) Sprache* の動詞分類と同様である。今、Leskien (1919: 183–184.; 1969⁹: 121ff.) および Boyer (ibid. 416ff.) を基にすれば、Leskien のスラヴ語動詞の分類は以下のようである：I クラスは -e-, -o- 語幹 (nes-e-ši, nesti; bere-ši, bъr-ati)、II クラスは -ne-, -no- 語幹 (dvig-ne-ši, dvig-ną-ti)、III クラスは -je-, -jo- 語幹 (zna-je-ši)、IV クラスは -i- 語幹 (běži-ši, běžati; vidi-ši, vid-ěti)、V クラスは子音語幹 (athematische Verba) (jes-tъ)。これをさらに不定形語幹の形の違いによって下位分類を行っている。このように動詞を 5 つに分ける分類方法はロシア語においても踏襲されており、上掲の Boyer のロシア語動詞のアクセント法の研究は Leskien の分類に拠っているし、また Mazon (1908: 9–29) のロシア語動詞のアスペクトの形態論研究においても踏襲されている。ここでの Mazon の分類は Leskien の分類と同じであるが、Mazon は単純動詞をアスペクトを考慮しながらかなり具体的に分類している。その基本的な姿を示せば以下のようである：I クラスに属する動詞は、接尾辞なしの動詞 нес-у́, нес-ти́ と不定形に接尾辞 -а- をもつ動詞 (жр-у, жр-а-ть) であり、78 個の動詞 (нести́ タイプは 63 個、жрать タイプは 15 個) である。不完了体と完了体があるが、後者の比率は小さい。II クラスに属する動詞は接尾辞 -ну- をもつ動詞であり、さらに 2 つのタイプに分けられる。第 1 のタイプは過去形でこの -ну- を保持しないタイプ (ча́хнуть) であり、起動相の意味をもつ不完了体で、その数は約 60 個ある。第 2 のタイプは過去形でも -ну- を保持するタイプ (дви́нуть) で、行為の一体性の動詞で、完了体であり、その数は約 300 個ある。III クラスに属する動詞は、現在形で -je- [-(j)ю - (j)ешь] で終わる動詞 (пишу́, ду́маю) であり、次の 4 つのタイプに分けられる：(1) 接尾辞のない 28 個の一次的動詞 (зна́-ю)；(2) 不定形語幹に接尾辞 -а- あるいは -я- をもつ第一次あるいは第二次的な 98 個の動詞 (скак-а́-ть, скач-у́ と дви́г-а-ть, дви́ж-у あるいは дви́г-а-ю)；(3) 無数の名詞派生動詞 (ду́м-а-ть, ка́шл-я-ть; жал-ѣ-ть, муж-а́-ть; торг-у́-ю, торг-ов-а́-ть, гор-ю́-ю, гор-ев-а́-ть)；(4) 無数の動詞派生動詞 (古い接尾辞 -а́-, -ва́-, -я́- をもつ動詞；新しい接尾辞 ́-ыва-, ́-ива- をもつ動詞)。IV クラスは現在形で -ю (j + у), -ишь で終わる動詞。このクラスは不定形語幹によって 2 つに分けられる：(1) -е-ть (シュー音の後ろで -а-ть) で終わる不定形語幹をもつ動詞。このタイプは不完了体の動詞であり、80 個以上ある (верте́ть, мчать のような使役

動詞、сидéть, лежáть のような中立動詞)。(2) -и- で終わる不定形語幹をもつ動詞。このタイプは明確なアスペクトを少しももたない。このタイプは全く異なる要素を含んでいる：носи́ть のような昔の反復相、точи́ть のような使役相、мы́слить のような名詞派生の動詞。反復相と名詞派生動詞は原則として不完了体である。使役相だけは完了体として理解しうる。そして最後のクラスは verbes athématiques である：ロシア語がもっているのは 4 つの動詞 есмь, емъ, дамь, весть (これは Бог весть の中に、あるいは副詞形 ведь の中にある)。唯一完了体であるのは дамь, дать である。不定形 дать と単数現在形 дамь, дашь, дасть は印欧語の語根 *dō-《与える》を再現したものであり、ギリシア語のアオリスト ἔδομεν に完了の意味をもって対応している。しかし複数形 дади́мъ, дади́те, даду́тъ (古形 дадя́ть) はギリシア語の現在形 δίδωμι に対応する重複形である【さらに Meillet (1965, §314) を参照せよ】。さらにこの分類方法は A. Mazon (1995^9: 175ff.) でも忠実に守られている。Mazon の分類：A クラス (нес-ё-т), B クラス (то́-н-ет, мах-н-ёт), C クラス (зна́-е-т), D クラス (лю́б-ит), E クラス (да-м, е-м, ес-ть, с-уть)。

　これに対して、S. Karcevski (1927: 43ff.) は「レスキーン・ボワイエ」のような伝統的なロシア語動詞分類とは異なり、共時論的な動詞分類を試みている。彼は「言語は体系である」(ibid. 43) と述べ、「現代ロシア語の動詞は他の時代のロシア語の動詞体系とは異なる、一つの体系を成しているとアプリオリに認めることができる」(ibid. 44) として、次のような分類を試みている。まずロシア語動詞を生産的なクラスと非生産的グループに分ける。生産的とはこのクラスのどれもが動詞を派生をさせることが可能なことに依っている。例えば、動詞からの派生：接頭辞 (他動詞と完了)：игра́ть (impf.) > вы́играть (pf.)。接尾辞 (二次的不完了)：вы́играть (pf.) > выи́грывать (impf.)。名詞からの派生：接尾辞：разбо́йник > разбо́йничать。模写派生：ах > а́хать. 借用語からの派生：электризова́ть. Karcevski はこのような生産的な動詞をさらに 5 つのクラス (Classe I から Classe V まで) に分類する。他方、非生産的な動詞を 7 つのグループ (A から G まで) に分ける。その分類方法は以下のように、不定形の形態素と現在時制 (3 人称複数) の形態素の組み合わせによる。生産的なクラス：Classe I (-ат' = -ajўт)：игра́ть, Classe II (-ет' = -ejўт)：беле́ть, Classe III (-ават' = -уjўт)：рисова́ть, Classe IV (-ит' = -ат)：храни́ть, Classe V (-нут' = -нут)：толкну́ть. 非生産的なグループ A (-ат' = -ут)：соса́ть (157)、B (-ат' = -ат)：крича́ть (35)、C (-ет' = -ат)：горе́ть (48)、D (-нут' = 過去は要素 -ну- がない)：га́снуть (60)、E (-т'i あるいは -c'т')：нести́, грызть (33)、F (-ч')：печь (16)、G (孤立した動詞)：бить, тере́ть, дать, мыть, коло́ть, etc. (49) (数字は動詞の数)。Karcevski はこのような分類を概観して、次のように書いている：「Classe I から IV までのクラスを通して眺めれば、より単純なものからより複雑なものへという推移が確認できる。実際、Classe I は音交替を知らないし、その活用、アクセント法、アスペクト特徴は大きな統一を示している。次のクラスはこの点から見るとほとんど統一されているが、しかし完全にというわけではない (名詞派生のアクセント法参照)。Classe III はアクセント法と活用に複雑さを示している。また音交替があるし、アスペクトに関しても一様

訳注　735

ではない。Classe IV においては、こういった《不規則》が積み重ねられている。最後に来る Classe V は全くその他のクラスと違っている：その動詞の全ては完了体動詞から成り、その動詞は先行のクラスの上に付け加わるのであるから。——今、我々が5つのクラスを配置した順序が全く恣意的でないことが理解されよう」(ibid. 62)。このような Karcevski の動詞分類は伝統主義者によって長い間受け入れられなかった：「フランスのロシア学が "Leskien-Boyer" と言われた分類を批判するのに半世紀待たねばならなかった」(I. Fougeron, et al. の Karcevski (2004: XI) Préface による)。さらに Виноградов (1972²: 352ff.) の生産的な動詞クラスの分類（I から V までの分類）及び Виноградов (ibid. 356ff.) の非生産的な動詞グループと Karcevski の類似の分類を比較されたい。Виноградов (1947 [1972²]) «Русский язык: грамматическое учение о слове» は Karcevski (1927) «Système du verbe russe» の影響が強いことが分かる (Виноградов 1972²: 352 脚注も見よ)。

本書では、Karcevski と同じく生産性を考慮した分類方法をとっている。レスキーンやマゾンの分類と大きく異なる点は、著者がレスキーンの III クラスを認めないことによって（著者は зна́ет の語幹末に現れる j を、hiatus を避けるために「構造化された語」において現れるとみなしているからである、§145)、レスキーンの III クラスの動詞は I クラスの動詞と合併し、第 1 グループと第 2 グループをつくっている。II クラスは第 3 グループとなっている。IV クラスは「示差的接尾辞」 <i> と <e>/<a> によって 2 つに分割されているが、レスキーンの分類と大きな違いはない。V クラスは不規則動詞の項に入っている。なおロシア語動詞の分類の歴史については Исаченко (1960: 21–24) を見よ。

448. Karcevski (1927: 48–49) の Classe I (игра́ть, гуля́ть) に属する動詞。Karcevski によれば、このクラスには次の派生語が含まれる (I, II, III, 等は Karcevski による動詞クラス)。**1.** 動詞からの派生：接尾辞 -́ывать/-́ивать, -ева́ть, -а́ть（比較的稀で -́ывать/-́ивать によって駆逐されている）による二次的な不完了体動詞。例えば、вы́играть pf. I > выи́грывать impf. I; подрисова́ть pf. III > подрисо́вывать impf. I; перевари́ть pf. IV > перева́ривать impf. I; оттолкну́ть pf. V > отта́лкивать impf. I; согре́ть pf. II > согрева́ть impf. I; разруби́ть pf. IV > разруба́ть impf. I. **2.** 名詞からの派生：接尾辞 -ничать (сапо́жник > сапо́жничать). за́втракать < за́втрак, дорожа́ть < дорого́й タイプはもはや生産的ではない。古い名詞派生形рабо́тать, де́лать と対応の名詞 рабо́та, де́ло の関係は現在では派生の方向が逆のような印象を与えている。**3.** 模倣派生：音模写の接尾辞 -(к)ать. 例えば、ох! > о́хать, усь! > у́ськать, вы > вы́кать, да > да́кать. アクセントは常に固定アクセント。знать を除いて全て 2 音節と多音節。

449. Karcevski (1927: 50–51) の Classe II (беле́ть) に属する動詞。Karcevski によれば、ほぼ全ての性質形容詞、並びに多数の名詞から「のようなものである；のようになる」の意味の動詞を派生する。例えば、бе́лый > беле́ть, зверь > звере́ть. このクラスの動詞は次の一次的動詞を除いて全て自動詞、греть, жале́ть, име́ть. アクセントは全て固定アクセントで、ほぼ全て接尾辞 -еть の上に置かれる (-а́вый, -а́тый, -ы́вый/-и́вый で終わる形容詞を基に

つくられた動詞はこの -e- の上にはアクセントはない：худощáвый > худощáветь。しかしこれにも例外がある：богáтый > богатéть）。不定形は 2 音節と多音節（例外、греть, зреть, млеть, мреть, преть, рдеть, сметь, спеть, тлеть）。одолéть 以外、基礎となる動詞は全て不完了体である。

450. белéться, чернéться における -ся については訳注 356 を見よ。Исаченко (1960: 50ff.) は белéть タイプを II クラスに分類している。このタイプには現代語の観点からすると派生形成でない少数の動詞も含まれる：имéть, владéть, жалéть, умéть. またこのタイプには、母音 -e- は語根に属し、thematic vowel でない 1 音節の動詞が 8 つある：гре-ть, зре-ть, мле-ть, пре-ть, рде-ть, сме-ть, спе-ть, тле-ть.

451. Karcevski (1927: 73–74) の分類ではこのタイプは他の非生産的なタイプ（жить, терéть）とともに Groupe G に分類されている。Karcevski によれば、このような動詞は F. de Saussure の表現で "poussière verbale"「動詞の塵」と言われるものであり、それらは同時に形態的および意味的などんなグループ化も確認できない、と述べている。

452. бить タイプの 5 つの動詞の特徴は以下である：1. 命令形は移動母音を挿入：бей. 2. 現在副動詞形の欠如。3. 過去形で бить と шить は語幹固定アクセント：бил, бѝла, бѝло, бѝли, その他は移動アクセント：вил, вилá, вѝло, вѝли. 4. 語幹 -вить, -лить, -пить と接頭辞でつくる派生動詞の過去形（受動分詞短形も）のアクセントは女性形を除き、語幹固定アクセント：разлѝть《注ぎ分ける》：разлѝл, разлилá, разлѝло, -ли; разлѝт, разлитá, разлѝто, -ты. 5. пить の過去否定形では女性形を除き、не の上にアクセント後退：он нé пил, мы нé пили. (Исаченко, 1960: 111–112)

453. 80 年アカデミー文法 (I. 658) の動詞の分類では、このタイプの動詞は VII クラスの動詞の第 2 下位クラス (ø—/в/) に属している。

454. 80 年アカデミー文法 (I. 659-660) では、このタイプの動詞は IX クラス（母音 /a/ ―先行母音ゼロあるいは /и/ + 鼻子音 /м/ あるいは /н/）に属している。《現在語幹の末尾子音によって 2 つの下位クラスに分けられる。(1) **第 1 下位クラス**：現在語幹が /н/ で終わる動詞：жать《刈り取る》— жнут, мять — мнут, распять — распнут; начать — начнут, зачать — зачнут. (2) **第 2 下位クラス**：現在語幹が /м/ で終わる動詞：взять — возьмут, жать《圧する》— жмут. ここには接頭辞なしには使われない -нять, -ять で終わる動詞が含まれる。まず -нять で終わる動詞は、現在語幹の形成の特徴により 3 つに区分できる。(2-a) 現在語幹において母音交替 /a/ — ø とそれに先行する子音交替 /н'— j/ を特徴とする動詞：за-ня-ть ~ за-йм-ут, 同様に、донять, нанять, перенять, понять, пронять そして унять. (2-b) 交替 /а — и/ を特徴とする動詞：под-ня-ть ~ под-ним-ут, 同様に внять, обнять, отнять, разнять そして снять. (2-c) 交替 /а — и/ (接頭辞と語根形態との結合) とそれに先行する /н'— ø/ 交替を特徴とする動詞 принять: при-ня-ть ~ при-м-ут. また交替 /а — и/ と /j — ø/ 交替を特徴とする動詞 изъять: из-/ja/-ть ~ из-ым-ут. 次に -ять に終わる動詞 объять, отъять, подъять そして разъять は過去形と過去語幹からつくられた形しかもたない：объя-л-а, объя-вш-ий, объя́-т-ый, объя́-в(ши)。》

455. Исаченко (1960: 99–102) 参照：《-нять (*Perf.*, cf. -нимать *Imperf.*) で終わる動詞において、現在形とそのアクセント位置はこの接頭辞の最後の音の性質によって異なる。(a) もし接頭辞が子音で終わるならば (об-, от-, с-)、現在形は語根 -ним- からつくられ、アクセントは単数2人称より語幹に移動する：об-ня́ть — обниму́ — обни́мет.(b) もし接頭辞が母音で終わっていたら (за-, на-, по-, пере-, у-)、現在形は語根 -йм- からつくられ、アクセントは現在形を通じて語末に固定する：за-ня́ть — займу́ — займёт. 過去形のアクセントは、уня́ть (уня́л, уняла́, уня́ло, уня́ли) を除いて、接頭辞と女性語尾の間を移動する：за́нял, заняла́, за́няло, за́няли. 受動過去分詞は全て接頭辞 -т- を使ってつくられる。受動過去分詞の短形のアクセントは接頭辞と女性語尾の間を移動する：за́нят, занята́, за́нято, за́няты. 》

456. Исаченко (1960: 99) 参照：《本来このタイプの動詞は共通スラヴ語の語根 *jęti, jьmǫ «взять» (P) と *jьmati «брать» (I) をもつ動詞である。無接頭辞形の動詞 яти は現代ロシア語では使われないが、古代ロシア語では広く使われた。唯一のこの動詞の痕跡は否定形 неймёт である：Хоть ви́дит о́ко, да зуб неймёт (Крылов)《高嶺の花》。この яти は現代語では -нять として現れる (接頭辞付きの派生形で：поня́ть, отня́ть)。この音 н は共通スラヴ語の vъn- あるいは sъn- タイプの前置詞や動詞接頭辞に遡る (cf. OCS вън-ити «войти»)。後に вън-ęти あるいは сън-ęти と再分析されて、въ-няти, съ-няти になった。》

457. 80年アカデミー文法 (I. 658) の動詞の分類では、このタイプの動詞は VII クラスの動詞の第3下位クラス (ø — /н/) に属している：деть, стать, -стрять (в-, за-)：де-л-а ~ ден-ут. このタイプにはまた клясть《呪う》も属しているが、不定形は独自である：кля-л-а ~ клян-ут. Исаченко (1960: 92) は клясть (прокля́сть, кля́сться) を X クラスに入れている。

458. このタイプの動詞 (вести などの一部の動詞は VII クラスに属す) は 80年アカデミー文法 (I. 657) では VI クラスに属す：《VI クラスは現在語幹と過去語幹が一致するクラスである：влечь (влек-ла ~ влек-ут), беречь (берег-ла ~ берег-ут), везти (вез-ла ~ вез-ут), тереть (тер-ла ~ тр-ут). 末尾子音の特徴によって2つに下位区分される。**(1) 第1下位クラス**は不定形が -чь で終わり、現在時制の人称形で末尾子音の交替 /к — ч/ (влеку — влечешь), /г — ж/ (стерегу — стережешь) をもつ動詞：беречь, влечь, жечь, лечь, мочь, облечь, печь, печься, пренебречь, -прячь (вы-, за-, от-, при-, пере-), напрячь, -речь (изречь, наречь, обречь, заречься, отречься), сечь, стеречь, стричь, течь, толочь. жечь と толочь の過去男性形では語幹に移動母音をもつ：жёг, жгла, жгут; толок, толкла, толкут. лечь は現在語幹と過去語幹で母音の交替 /а — о/ がある：ля́гут — лёг. この下位クラスにおいて、現在語幹から派生される形が欠けている。例えば、мочь は命令形をつくらない (否定形の命令形はつくられる：не моги)。**(2) 第2下位クラス**は語幹が子音 /б/, /с/, /з/ そして /р/ で終わる動詞である。不定形の形成によってさらに3つに分けられる。(2-a) -сти (-сть), -зти (-зть) で終わる動詞：нести (несут — несешь), везти (везут - везешь), грести, грызть, лезть, пасти, ползти, скрести, трясти. (2-b) -еть で終わる動詞：тереть (трут — трешь), мереть, переть. このタイプの動詞

は過去形全てで移動母音 /o/（正書法では ё）が現れる：тёр, тёрла, тёрло, тёрли.（3-c）-ить で終わる動詞：-шибить（за-, от-, под-, пере-, у-)。》

Исаченко (1960: 86ff.) はこのタイプの動詞を X クラスに分類している（彼によれば X クラスに属するのは、不定形が先行する母音なしで -ти, -ть で終わる動詞、あるいは -чь で終わる動詞全てである）。《歴史的観点からすれば、不定形語尾と現在時制の語尾はこのタイプの動詞において、"thematic vowel" なしに直接に語根に接続した、cf. нес-ти — нес-у, Slav. *pad-ti (пасть), *pek-ti (печь). それ故、これらの動詞はときに "athematic verbs" とも呼ばれる。このタイプの動詞はいくつかの語幹に分けねばならない：(1) 2つ（時には3つ）の現在語幹：(a) нес-ý, нес-ýт（硬子音の c）、(b) нес-ёшь, -ёт, -ём, -ёте（軟子音の c'）。(2) 過去語幹：нёс — несла́, пёк — пекла́.（3) 不定形語幹, cf. грести́ (гребу́), вести́ (веду́), печь (пеку́).》

459. /б/, /п/, /г/, /к/, /х/, /з/, /с/, /р/ で終わる語幹をもつ動詞の過去時制男性形は、単数の接尾辞 -л をもたないので、з- 音で終わる語基の過去男性形も -л をもたない。アクセントは лезть を除いて移動アクセントであるので、受動分詞の短形も移動アクセントである（§525)：пасён, -сена́, -ó, -ы́, отвезён, -зена́, -ó, -ы́.

460. 80年アカデミー文法（I. 658）の動詞の分類では、このタイプの動詞は VII クラスの動詞の第1下位クラス（ø — /д/, ø — /т/) に属している（その他の下位クラスは第2下位クラス ø — /в/, 第3下位クラス ø — /н/ の語幹の関係をもつ動詞)：《不定形は -сти (сть) で終わる：вести (ве-ла ~ вед-ут), брести (бре-ла ~ бред-ут), мести (ме-ла ~ мет-ут), цвести (цве-ла ~ цвет-ут), блюсти, класть, красть, обрести, плести, прясть, рассвести, сесть, -честь. сесть 《P 坐る》は /е — а/ 交替する：се-ла ~ сяд-ут. расти《育つ》は ø — /т/ タイプであるが、他の動詞と異なり過去語幹で子音で終わる：рос- ~ раст-. この下位クラスには現在形のみ使用される廃れた動詞がある。例えば、мясти(сь)：Мятутся спутанные кони (Пушк.)《足を縛られた馬たちが騒いでいる》。》

Исаченко (1960: 91) 参照：《т あるいは д で現在語幹が終わる動詞は、過去形でこの子音が欠落する。これは東スラヴ語で *dl, tl > l* なる単純化の音声的法則が作用したためである：*padla* > па́ла, *kradla* > кра́ла, cf. Slov. *pravidlo* (Pol. *prawidlo*) > пла́вило. (Исаченко, 1960: 89; Meillet, 1905: 315–318). 能動過去分詞ではこの末尾子音は保持される：мётший, цвётший, приобрётший. これらの形の母音（-е- が -ё- に変化しない形の母音）は、起源的にこれらの教会スラヴ語的な形が過去形（цвёл, прибрёл）の影響を受けずに、頑なに文語的な姿をとどめていることを証言している。》

Karcevski (1927: 71–72) の分類では нести, вести タイプを纏めて Groupe E (-т'i あるいは -с'т') に分類している：блюсти, бости (— боду́т)《frapper des cornes», брести, везти, вести, гнести, грести, грызть, грясти «venir», густи, ети (— ебу́т, *futurere*), итти, класть, клясть, красть, лезть, мести, мясти, нести, обрести pf., пасти, пасть pf., плести, погрести, ползти, прясть, рассвести pf., расти, сесть pf., скрести, трясти, цвести, -честь. このグループの動詞は過去時制で特別な語幹をもつ：брёл, грёб, грыз, шёл, etc. 語幹アクセントは лезть と сесть.

その他の動詞はアクセントは常に語尾にある (брёл, брела́, брело́, брели́)；ただ грызть, класть, клясть, красть, пасть pf., そして прясть だけは過去時制では語幹にアクセントがある (грыз, гры́зла, гры́зло, гры́зли).

461. 現在語幹が б で終わる動詞には грести́, сгрести́, погрести́; скрести́ がある。アクセントは移動アクセントであるので、受動分詞も移動アクセント：погребён, -бена́, -о́, ы́.

462. Исаченко (1960: 96) 参照：《過去時制の男性形では、сечь を除いて母音 -е- は -ё- に変わる。この -ё- 母音は過去副動詞と能動過去分詞の形で保たれる：бере́чь — берёг — берёгши — берёгший. 現在副動詞は普通このタイプの動詞からはつくられない。》

Karcevski (1927: 72–73) はこのタイプの動詞を Groupe F に分類している。бере́чь, влечь, волочь, жечь, лечь pf., мочь, облечь pf., печь, пренебре́чь pf., -прячь, -речь, сечь, стере́чь, стричь, течь, толо́чь. 民衆ことばではこのパラダイムはしばしば交替を犠牲にして統一されている：текёт【течь — течёт の代わりに】, зажгём (《*Зажгём* сердца́ огнём ума́》Горький,《О чиже》), пекёт, etc. アクセントは至る所末尾にある。例外は、過去 сек, -ла, -ло, -ли, と стриг, стри́гла, -ло, -ли. 動詞 мочь は現在形で移動アクセント。

463. 接尾辞 -ова(ть) については 70 年アカデミー文法 §§570–574 を参照。この接尾辞をもつ動詞は名詞あるいは形容詞から派生される (一部間投詞からも派生される：бисировать). この接尾辞をもつ動詞は他動詞でも自動詞でもあり得る。80 年アカデミー文法 (I. 651) ではこのタイプの動詞は II クラス (/ова — yj/) として分類される。このクラスに属しているのは、以下の動詞を除いた -овать, -евать で終わる全ての動詞である：издеваться, намереваться, недоумевать, обуревать, подозревать, сомневаться, увещевать, уповать (これらの動詞は I クラスに属する：сомнева́лась, сомнева́юсь). Исаченко (1960: 52ff.) によれば (彼はこれを III クラスに分類している)、《-овать/-евать で終わる外来起源の動詞 адресова́ть, атакова́ть, вербова́ть 等はポーランド語から借用された (adresować). また -овать で終わる多くの動詞は、ロシア語語彙素の教会スラヴ語の層に起源をもち、語幹アクセントを特徴とする。例えば、ве́ровать, жа́ловаться, же́ртвовать, заве́довать, зави́довать, здра́вствовать, etc. またドイツ語の接尾辞 -ieren に遡る接尾辞 -и́ровать/-ирова́ть をもつ動詞：абстраги́ровать (Ger. *abstrahieren*), регистри́ровать (Ger. *registrieren*), etc. ドイツ語の接尾辞 -isieren に遡る接尾辞 -изи́ровать をもつ動詞：специализи́ровать (Ger. *specialisieren*). なおこのクラスに属しているが、-ова-/-ева- が thematic marker ではなくて、語幹に属している 2 音節語幹の動詞も少数ある：блева́ть (блюёт), жева́ть (жуёт), клева́ть (клюёт), кова́ть (куёт), плева́ть (плюёт), снова́ть (снуёт), сова́ть (суёт). основа́ть (< о-снова́ть, perfect.). このタイプの大部分の動詞は不完了体に属するが、両アスペクトをもつ動詞もある、例えば、образова́ть, реорганизова́ть, арестова́ть. しかしこの動詞の一部も不完了体化による形成も可能である：образо́вывать (imperf.)》

Karcevski (1927: 51–55) によれば、これは Classe III (рисова́ть, горева́ть) である。以下 Karcevski の記述によれば、語幹子音が硬か軟であるかに従って、不定形の形態素は -ават'

あるいは -еват' になる。この場合、語幹子音 j, ж, ш そして ц は軟子音と同じに扱われる：воевáть, бушевáть. このクラスをつくるのに -ировать と -овать の 2 つの形が共存する場合がある：локализи́ровать と локализовáть. 次の場合にはその形の違いは意味の違いを伴っている：комáндовать《指揮する》— командировáть《派遣する》。民衆の言葉では接尾辞 -овать が使われる。フランスにいるロシア兵は ангажи́ровать ではなくて、ангажевáть と言う。反対に文章語は接尾辞 -ировать が使われる。Dal' や Grot が文証している компилевáть, цитовáть, あるいは корректовáть《Сижу́ день и ночь; éзжу, пишу́, корректу́ю.》(Достоевский, Письмо к Тургеневу от 14.XII.1864) は結局、компили́ровать, цити́ровать, корректи́ровать によって替えられた。このクラスの動詞は特に -ство と -ствие で終わる中性名詞をもとにつくられる：цáрство > цáрствовать, бéдствие > бéдствовать. アクセントは、もし語幹にアクセントがあれば固定アクセントである。もし接尾辞にアクセントがあれば、不定形では要素 -ва- の上に、現在時制グループでは要素 -у- の上にアクセントは置かれる：рисовáть = рису́ют. 不定形は 2 音節以上であるが、名詞から派生した唯一の 2 音節語は дневáть = дню́ют (cf. день — дни) だけである (cf. 外来語起源の 2 音節語 ковáть = ку́ют, жевáть = жу́ют)。アスペクトに関しては、このクラスの動詞は非常に不均一である。完了と不完了の 2 つのアスペクトが可能なものもある：телеграфи́ровать. 注意すべきは、Classe II の完了体を基にして 2 次的に派生された不完了体は別のクラスに属している：согревáть (-áю, -áешь) impf. < согрéть pf.; овладевáть (-áю, -áешь) impf. < овладéть pf.. 同様に Classe IV の完了体を基にして 2 次的に派生された幾つかの不完了体：затмевáть (-áю, -áешь) impf. < затми́ть pf.; растлевáть (-áю, -áешь) impf. < растли́ть pf.. また次の不完了体も Classe III に属していない (全て Classe I に属している)：здорóваться (-áюсь, -áешься); намеревáться, обувáть < обýять pf. I; обуревáть, уповáть, увещевáть.

464. Исаченко (1960: 75) はこのタイプを VI クラスに入れている。

465. 80 年アカデミー文法 (I. 658-659) では、このタイプの動詞は VIII クラス (/ва — j/: дава-л-а ~ да/j-у/т) に属している：《ここに属している動詞は、давать, создавать, -знавать と -ставать (後者の二つは接頭辞との結合、あるいは接頭辞と後置辞 -ся の結合のみ可能：сознавать, познавать, вставать, доставать(ся), зазнаваться)。過去語幹からの形と現在語幹からの 3 つの形 (命令形、現在受動分詞形、不完了体の副動詞形) は /вaj/ で終わる特別な語幹をもつ：давал, давай, даваемый, давая.》

466. Исаченко (1960: 98) 参照：《создавáть (cf. создáть perf.) も давáть と同じ変化をするが、起源的にはこの動詞は давáть とは関係がない。これは зьд-ати《建設する》の語幹から съ- を接頭辞化してつくられた動詞である、cf. здание.》

467. 80 年アカデミー文法 (I. 653-656) では、このタイプの動詞は V クラス (母音—ゼロ) に属している。アカデミー文法ではこのクラスをさらに過去語幹母音の違いによって 3 つに下位区分する：《(1) a (/a/ と / α₁/) — ø: бра-л-а ~ бер-ут. (2) /o/ — ø: поло-л-а ~ по/л'-у/т. (3) /e/ — ø: реветь : реве-л-а ~ рев-ут. さらに (1) **第 1 下位クラス**は現在語幹の末尾子音特

徴と語幹における交替のあるなしによって、以下の4つに区分される。(**1-a**) 過去語幹と現在語幹で末尾の子音が /к — ч/, /г — ж/, /х — ш/, /с₂к — ш':/, /с₂г — ж':/, /с — ш/, /з — ж/, /т — ч/, /д — ж/, /с₃т — ш':/, /п — п₁л'/, /б — б₁л'/, /м — м₁л'/, /р — р'/ 交替する動詞：клика-ла ~ клич-ут, двига-ла ~ движ-ут, маха-ла ~ маш-ут, иска-ла ~ ищ-ут, брызга-ла ~ брызж-ут, писа-ла ~ пиш-ут, вяза-ла ~ вяж-ут, прята-ла ~ пряч-ут, глода-ла ~ глож-ут, хлеста-ла ~ хлещ-ут, капа-ла ~ капл-ют, колеба-ла ~ колебл-ют, дрема-ла ~ дремл-ют, ора-ла (*стар.* "пахала") ~ óр-ют. このクラスには約100語の動詞が属している。このクラスの動詞はⅠクラスの動詞と同様に、不定形と過去形が -ать, -ал で終わるため、Ⅰクラスの動詞の影響を受けている。例えば、капать — каплют / капают, брызгать — брызжут / брызгают. しかし過去語幹の末尾母音 -a の前の子音が /з/ と /с/ をもつ動詞 (вязать, писать) は上のようなヴァリアント形をもたない。また意味の違いによって活用クラスが変わる動詞もある：двигать Ⅰクラス《動かす двигаешь》、Ⅴクラス《発展させる движешь》。(**1-b**) 現在語幹が /j/ で終わる動詞 (/ja — j/ と /jα₁ — j/)：лаять, ла/jα₁/-л-а ~ ла/j-у/т. このタイプの動詞は文字上では母音の後ろで -ять (ся) で終わる動詞、例えば、блеять, веять, затеять, каяться, лаять, лелеять, маяться, надеяться, реять, сеять, смеяться, таять, etc. (**1-c**) 現在語幹が硬子音で終わり、母音交替がない動詞：врать (вра-л-а ~ вр-ут), ждать, жрать, лгать, орать, рвать, ржать, сосать, ткать, etc. 動詞 лгать《嘘をつく》は現在語幹で末尾子音の交替 /г — ж/ をもつ：лгу, лгут; лжешь, лжет, лжем, лжете. (**1-d**) 現在語幹に移動母音をもつ動詞：брать (бра-л-а ~ бер-ут), драть (дра-л-а ~ дер-ут), звать (зва-л-а ~ зов-ут). (**2**) **第 2 下位クラス**は現在語幹の末尾母音の前に子音 /р/ と /л/ をもつ動詞：бороть(ся), колоть, молоть, полоть, пороть. 動詞 молоть《挽く》は /о — е/ の母音交替をする：моло-л-а ~ ме/л'-у/т. (**3**) **第 3 下位クラス**は現在語幹末が硬子音：реветь《吠える》(реве-л-а ~ рев-ут). 》

Karcevski (1927: 63–68) によれば、このタイプの動詞は非生産的な Groupe A の動詞である。このグループのある動詞 (Karcevski の分類ではおよそ 40 語) は現在時制グループの形において、Classe I (игра́ть) タイプの形態素も可能である：страда́ть — (стра́ждут Groupe A) — страда́ют (Classe I). これは最も数が多く、最も生産的な Classe I タイプの影響によるもの。

468. Исаченко (1960: 67ff.) ではこのタイプは Ⅵ クラスに分類されている。Исаченко (1960: 72ff.) 参照：《 брать (< *bьrati) のような移動母音をもつ動詞に接頭辞が付けば、その接頭辞は不定形で母音をもち、現在形で母音をもたない：ото-бра́ть — от-беру́, подо-зва́ть — под-зову́. собра́ть と созва́ть では母音のある接頭辞 со- が全てのパラダイムに保持される：собра́ть — соберу́, созва́ть — созову́. врать のような動詞に接頭辞が付く場合は、その接頭辞は母音をもつ：со-вра́ть, обо-жра́ться, подо-жда́ть, ото-рва́ть. これらからつくられた二次的な不完了形は接頭辞に母音をもたない：под-жида́ть, от-рыва́ть. 》動詞接頭辞のヴァリアントについては訳注 94 を見よ。

これらのタイプの動詞は本書でも °T となっているように、劣勢アクセントをもつので、過去時制の諸形ではアクセントは女性語尾あるいは後置辞 -ся (古い形) の上に移動す

る。例えば、брал, брала́, бра́ло, бра́ли, собра́лся/собрался́, собрала́сь, собрало́сь, собрали́сь, со́бранный.

469. §513 参照。

470. Исаченко (1960: 71) 参照：《このタイプの動詞は обяза́ть 以外は全て不完了体である。アクセント法は移動アクセントであれば、単数 1 人称は語尾にアクセントが置かれるが、しかし例外がある (本書では T!/T′)：колеба́ть (коле́блю, коле́блешь), колыха́ть (колы́шу, колы́шет, 副動詞 колы́ша).》

このタイプの動詞のいくつかは、現在時制形において母音を保持する生産的な зна́ть (зна́ю, зна́ешь) タイプのヴァリアントをもっている。例えば、Аванесов (1983) によれば、ка́пать は ка́плю, ка́плет と ка́паю, ка́пает の両方が併記されている。同様に非生産的な形と生産的な形が併記されている動詞は以下である：кра́пать, щепа́ть, внима́ть (普通は внима́ю, -ает, スラヴォニア語的形 вне́млю, вне́млешь は詩的言語)、ты́кать, алка́ть, ры́скать, плеска́ть, полоска́ть, маха́ть. さらに Comrie (2003², 135–136) 参照。このようなヴァリアントの 19 世紀からの文学資料を用いた一覧は、Обнорский (1953: 8–13) にある：例えば、алкать, алчем, алкает; колебать, колеблет, колебают (現代語では коле́блет のみ); махать, машет, махает; страдать, страждут, страдаю.

471. Исаченко (1960: 67) 参照：《動詞 ка́пать は現在語幹 капл'- と капај- をもっている。ка́плет は《滴り落ちる》(с де́рева ка́плет《木から (雨が) 滴り落ちる》) の意味を、ка́пает は《滴をたらす》(Он ка́пает себе́ на пла́тье《彼は自分の衣服にこぼしている》) の意味である。当然、命令法は語幹 капај- からしかつくられない (ка́пай).》

472. Исаченко (1960: 69) 参照：《このタイプの擬音語の動詞は、その大部分は -от あるいは -ет で終わる名詞と関連している：хохота́ть (хохочу́, хохо́чешь, cf. хо́хот), готота́ть (гогочу́, гого́чешь, cf. го́гот), рокота́ть (рокочу́, роко́чешь, cf. ро́кот), грохота́ть (-хочу́, -хо́чешь, cf. гро́хот), клокота́ть (-кочу́, -ко́чешь, cf. кло́кот), лепета́ть (-печу́, -пе́чешь, cf. ле́пет), etc.》

473. 80 年アカデミー文法では、このクラスの動詞タイプは III クラス (/ну/ — /н/: двину-л-а ~ двин-ут) に属する。80 年アカデミー文法 (I. 651) 参照：《このタイプの動詞は接尾辞 -ну(ть)₂ と -ану(ть)₂ をもち、一回的意味をもつ動詞 (двинуть, кольнуть, прыгнуть, резануть)、あるいは一回的意味をもたない動詞 (гнуть; вернуть) がある。》Исаченко (1960: 44–45) ではこのタイプは IV クラスに属している。

Исаченко (1960: 57) 参照：《このタイプに属する古い非派生的動詞は次の 1 音節動詞：гнуть (гнёт), льнуть (льнёт), пнуть (пнёт, cf. запну́ться). また現代ロシア語の観点からすると他の動詞との関係が失われている動詞も含まれる：верну́ть (cf. верте́ть), тяну́ть (cf. протя́гивать の語根 тяг-), тону́ть (cf. топи́ть の語根 топ-), ка́нуть (cf. 語根 *kap-), обману́ть (< *ob-mam-nǫti). 1 回の行為を表す無接頭辞動詞はほぼ全て完了体である (しかし гнуть, льнуть, тону́ть, тяну́ть は不完了体)：кри́кнуть, кольну́ть, улыбну́ться, то́пнуть, шепну́ть, etc.

当然、これらの動詞から接頭辞を付けて派生された動詞も完了体である：вскри́кнуть, прикри́кнуть, прито́пнуть, засу́нуть, etc.）。》

　　Karcevski (1927: 60–62) の分類ではこのクラスは Classe V (толкну́ть, сту́кнуть) に属している。Karcevski によれば、このクラスは接尾辞にアクセントがあるかないかによって2つの活用タイプに分かれる：толкнёшь (талкн'о́ш) と сту́кнешь (стукн'^ш)。派生：幾分具体的な意味をもち、発話者が時間の中で次々に起こる行為を連続したものでなく、一組に分解できると考えるプロセスを示すほぼ全ての不完了体は、-нуть で終わる瞬間相の完了体 perfectif *momentané* を形成することができる。例えば、жевну́ть《1回噛む》< жева́ть《噛む》、шагну́ть《一歩前進する》< шага́ть《歩む》, курну́ть《一服する》< кури́ть《煙草を吸う》、рискну́ть < рискова́ть, шевельну́ть < шевели́ть, всплакну́ть < пла́кать, etc. アクセント：アクセントは固定しているが、次のものを除く：обману́ть (-ману́, -ма́нешь), помяну́ть, тону́ть impf., тяну́ть impf., および -гля́нуть からつくられる接頭辞動詞。単音節語は全部で4個：гнуть, льнуть, пнуть, ткнуть。

474. このタイプの動詞は 80 年アカデミー文法 (I. 648, 652) によれば IV クラスの動詞 (ø — /н/: глох-л-а ~ глохн-ут) である。80 年アカデミー文法 (I. 347, 652) 参照：《接尾辞 -ну₁- をもつこのタイプの動詞は形容詞から派生される。その意味は《もとになる形容詞の特徴を獲得すること》である：глухо́й《耳がきこえない》— глохнуть《耳がきこえなくなる》、слепо́й《盲目の》— слепнуть《盲目になる》、сухо́й《乾いた》— сохнуть《乾く》(/у ~ о/ の交替)。このタイプの動詞は不完了体の自動詞である。このタイプの動詞は次の形容詞語幹の末尾音を欠く：-к-/-ок: кре́пкий — кре́пнуть, -р-: мо́крый — мо́кнуть, -че: кре́пче — кре́пнуть. この接尾辞には《母音 +1 つあるいは 2 つの子音》が先行する。アクセントについては、形容詞のアクセントとは関係なく接尾辞前音節の上に固定アクセントをもつ：мо́кнуть, сле́пнуть (cf. слепо́й)。この IV クラスの動詞は、III クラスの動詞 (/ну/ — /н/: двину-л-а ~ двин-ут) のように過去形で -ну- をもつヴァリアント形をもつ：-бе́гнуть (из-, при), -бе́г / -бе́гнул.》

　　Исаченко (1960: 80–85) はこのタイプの動詞 (мёрзнуть — мёрз — мёрзла) を IX クラスに分類している：《約 60 の動詞語根がこのクラスに含まれる。IV クラスの кри́кнуть (кри́кнул) が 1 回体的な完了体動詞であるのに対して、このクラスは無接頭辞である限りにおいて、不完了体であり、意味的には時と共に経過する状態を表したり (мёрзнуть, па́хнуть)、ある状態への漸進的な移行を表す (со́хнуть «станови́ться сухи́м», мо́кнуть «станови́ться мо́крым». (しかしこのような意味は教会スラヴ語起源の動詞では欠如している。例えば、отве́ргнуть, дости́гнуть, расто́ргнуть, воскре́снуть, избе́гнуть.)。このクラスの無接頭辞の動詞において、過去男性形で接尾辞 -ну- を保持する動詞もある (女性形、中性形、複数形は -ну- をもたない。また一般にこの接頭辞動詞は男性形でも -нул をもたない)。すなわち -нул のある形と -нул のない形をもつ動詞がある。例えば、со́х/со́хнул, со́хла (しかし просо́х, -ла); па́х/па́хнул, па́хла; си́п/си́пнул, си́пла (оси́п, -ла); ту́х/ту́хнул, тýхла (потýх) ; хрип/хрипнул, хрипла (охрип) ; чáх/чáхнул, чáхла (зачáх)【Ожегов и Шведова (2009) *Толковый словарь русского языка*. でも同様。ただし хрипнул のみ】。これは生産的な крикнуть タイプの影響によるものである。このタイプの動詞は圧倒的多数が自動詞である (вянуть、гáснуть、гибнуть、глохнуть、зябнуть、etc.)。しかしこのクラスには少数の他動詞があり、それはロシア語語彙の教会スラヴ語の層に属する、例えば、отвéргнуть は古代スラヴ語的な受動分詞 отвéрженный、と отвéргнутый の両形をもっている。》

Karcevski (1927: 70–71) はこのタイプを Group D に分類している。Karcevski によれば、このタイプの歴史的統一はすでに存在しない。60 語の内で 4 語が完了体であり、他の 5 語はただ接頭辞付きのみで知られており、従ってそれは完了体である。例：воздвигнуть、воскрéснуть、исчéзнуть、(ис)сякнуть; (из-)бéгнуть , (низ-)вéргнуть、(при-)вы́кнуть、(на-)стигнуть、(ис-)тóргнуть. このタイプのアクセントは固定アクセントであり、常に語幹の末尾音節に置かれる。

475. 80 年アカデミー文法 (I. 628) 参照：《/б/, /п/, /г/, /к/, /х/, /з/, /с/, /р/ で終わる語幹をもつ動詞の過去時制男性形は、単数の接尾辞 -л をもたない。》

476. 第 2 活用の /т/, /д/, /с/, /з/ で終わる一部の動詞 (80 年アカデミー文法では X クラスの第 1 下位クラスと第 2 下位クラスの動詞：§1571) は単数 1 人称形を実際につくらない、あるいは使わない。例えば、желтить, мутить, обессмертить, очутиться, ощутить, галдеть, гвоздить, победить, соседить, убедить(ся), шелестеть, колесить, грезить; бдеть, гудеть, зудеть, etc. 80 年アカデミー文法 (I. 637) はこのような制限を《不協和音》あるいは《発音の不都合》によるものと説明している。また別の箇所では、この形に必然の《前舌子音とシュー音》の交替のために 1 人称単数形の形成が困難であるからと説明している (ibid. 660)。しかしまた注の箇所では《1 人称単数形の不使用は発音の不都合ではなくて、かなりの程度は伝統の結果である》として、それを裏付ける次のような対比の例を挙げている：ерунжу (ерундить)、мучý (мутить) の形は使われないが、しかし вонжу (вонзить)、шучý (шутить) 形は標準的であり、よく使われる (ibid. 661)。また Исаченко (1960: 65) によれば、理論的に可能な «я побежý» の代わりに «я буду победителем»、«я выйду победителем» を、«я убежý» の代わりに «я постарáюсь вас убедить»、«мне удáстся вас убедить»、«вы убедитесь» を使う。очутиться の 1 人称単数形は я окажýсь に替えられるという。

80 年アカデミー文法 (I. 660–661, 637) 参照：《また болеть《痛む》は 1、2 人称単数と複数形は非規範的な話しことばにしか使われない：Что ж у тебя болит? — Весь болю (Чех.)《いったいどこが痛むのか？ —全身が痛い》。》

477. 第 2 活用タイプは 80 年アカデミー文法 (I. 660–662) では X クラスに当たる。この X クラスの過去語幹と現在語幹の関係は次の 3 つの関係がある：/и — ø/ (бели-л-а ~ бел-ят)、/е — ø/ (обиде-л-а ~ обид-ят)、/а — ø/ (крича-л-а ~ крич-ат)。これらの過去語幹の末尾母音に従って、それぞれ第 1 から第 3 までに下位区分される。本書の просить タイプは、アカ

デミー文法では**第 1 下位クラス** (/и — ø/) に相当する。《この第 1 下位クラスに属する動詞は、-ить で終わる一部の第 1 活用（例えば、гнить, бить, лить, пить, шить, брить, -шибить）を除いた、-ить で終わる全ての動詞である。第 1 下位クラスの現在語幹は対を成す軟子音、シュー音あるいは /j/ で終わる：ход-ят, крас-ят, леч-ат, до-/j-a/т. 単数 1 人称で次の交替が起こる：a) 前舌噪音—シュー音 (/т' — ч/, まれに /т' — ш':/, /д' — ж/, /с' — ш/, /з' — ж/); b) /с₃т' — ш':/, /с₃д' — ж':/; c) 軟唇音—《唇音 + л'》結合：/п' — п₁л'/, /б' — б₁л'/, /м' — м₁л'/, /в' — в₁л'/, /ф' — ф₁л'/. 例：a) крутят — кручу, осветят — освещу, ходят — хожу, носят — ношу, возят — вожу; b) простят — прощу, бороздят — борозжу; c) купят — куплю, любят — люблю, ломят — ломлю, ловят — ловлю, графят — графлю. 動詞 умертвить《殺す》は /т₁в' — ш':в₁л'/ と交替する：умертвят — умерщвлю. 交替 /т' — ш':/ をする動詞は次の動詞である：обратить (обратят — обращу)、поглотить、пре-вратить (из-, воз-, со-, от-, пред-от- も同様)、развратить, защитить, прекратить, сократить, укротить, возмутить, смутить, ощутить, воплотить, поработить, посетить, осветить, просветить, освятить, посвятить, насытить, пресытить, восхитить, похитить, расхитить.》

Исаченко (1960: 59ff.) では、この第 4 グループは V クラスに属している：《ここには古い形容詞語幹から派生した他動詞 (повы́сить, cf. вы́ше, высь, выс-отá, пони́зить, cf. ни́же, ни́жний)、副詞から派生した動詞 (переинáчить, cf. инáче)、集合数詞から派生した動詞 (удвóить, cf. двóе)、そして前置詞から派生した動詞 (опереди́ть, cf. пéред) が入る。非常に生産的なのは名詞から派生した接頭辞付きの動詞である (насмеши́ть, cf. смех; отовáрить, cf. товáр, позолоти́ть, cf. зóлото)。口語や職業語の文体には、名詞から派生した無接頭辞の動詞が含まれる (бомби́ть, 最初は軍用語; Беля́ев температýрит《ベリャーエフは熱を出す》)。同様に人を表す名詞からは無接頭辞動詞がつくられる (батрáчить, cf. батрáк; рыбáчить, cf. рыбáк; дурáчить, cf. дурáк; тирáнить, cf. тирáн).》

Karcevski (1927: 55ff.) の分類では Classe IV (храни́ть, рáнить) である。Karcevski によれば、このクラスは形容詞からの派生と実詞からの派生である。**A.** 形容詞からの派生は、Karcevski の Classe II (белéть) に相当する動詞の意味とは対照的に、大抵の場合他動詞である。例：бели́ть《白くする》< бéлый, cf. белéть; золоти́ть《金メッキする》< золотóй. 自動詞の場合でも、Classe II の動詞に特徴的な状態あるいは生成を表すのではなくて、行為を表す：дорожи́ть (чем-нибудь)《大事にする》< дорогóй, cf. дорожáть《値が上がる》。**B.** 実詞からの派生。接尾辞 -ник, -ство と -ствие をもつ実詞を除いて、このクラスの動詞を派生することができない名詞はない。ゼロ接尾辞の実詞は特にこのクラスに適している。例えば、мы́лить《石鹸を溶かす》< мы́ло; заземли́ть《接地する》pf. < земля́。このクラスの接頭辞付きの動詞はほぼ全て他動詞である（それらの内の多くの動詞は単純動詞では存在しない、例えば、сдокумéнтить, etc.)。数詞を基につくられる接頭辞動詞も他動詞である：удвóить, утрóить. **アクセント法**。Classe IV の動詞は接尾辞あるいは語幹の末尾音節にアクセントが置かれる。別な風にアクセントが置かれる動詞は約 20 個ある：блáговестить, бу́торить, гипе́рболить, etc. 移動アクセント。不定形の接尾辞にアクセントがある動詞の内で、およそ 127 の動詞が移動アクセントをもつ（アステリスクは固定アクセントもまた可能な動詞）：*бели́ть (белю́, бе́лишь/бели́шь), беси́ть, *блуди́ть, *божи́ться, броди́ть, буди́ть, *вали́ть, *ва́рить, води́ть, вози́ть, etc. 接頭辞化はときにはアクセントタイプを変える。例えば、твори́ть = творя́т, しかし отвори́ть = отворя́т pf.. またある場合にはアクセントの違いが意味の違いを引き起こす：коси́ть = кося́т《斜視である》；коси́ть = ко́сят《刈り取る》。アスペクトに関してはこの Classe IV の動詞は一様ではない：幾つかの単純動詞は完了体である。単音節の動詞は 8 個である：длить, злить, льстить, мнить, мстить, тлить, тщи́ться, чтить.

478. Исаченко (1960: 61–62) 参照：《колоти́ть 型アクセント（移動アクセント型）をもつ動詞に属しているのは、主として非派生動詞（これは接尾辞形成をする）である。S. Karcevski (1927: 57) によれば、127 動詞あるというが、現代語（口語）では生産的になっている：cf. 文章語 звони́ть — звоню́ — звони́т, 口語 звоню́ — зво́нит【Аванесов (1983) では не рек. (= рекомендуется)】；文章語 привинти́ть — привинчу́ — привинти́т, 口語 привинчу́ — приви́нтит. このアクセント型に属する動詞：例えば、борони́ть, броди́ть, буди́ть, вари́ть, води́ть, вороти́ть, губи́ть, дави́ть, дари́ть, дели́ть, дразни́ть, души́ть, жени́ть(ся), кати́ть, клони́ть, копи́ть, корми́ть, коси́ть, кури́ть, -куси́ть (у-, рас-), лепи́ть, лечи́ть, лови́ть, -ложи́ть (по-, раз-, у-), люби́ть, моли́ть, носи́ть, плати́ть, получи́ть, проси́ть, урони́ть, пусти́ть, руби́ть, серди́ть, -скочи́ть (от-, в-), служи́ть, станови́ться, стели́ть, суди́ть, суши́ть, тащи́ть, топи́ть, торопи́ть, точи́ть, трави́ть, туши́ть, учи́ть, хвали́ть, хвати́ть, ходи́ть, хорони́ть, цени́ть, -цепи́ть (зацепи́ть), шути́ть, яви́ться, etc. (注意) 接頭辞つきの動詞はロシア語本来の動詞と教会スラヴ語由来の動詞とでは、共通な語幹をもっている場合でもアクセント法に違いが見られる。例えば、ロシア語本来の動詞（移動アクセント）разбуди́ть — разбужу́ — разбу́дит (cf. разбу́женный)；教会スラヴ語由来の動詞（固定アクセント）возбуди́ть — возбужу́ — возбуди́т (cf. возбуждённый). 同様に приво́дит に対して руководи́т (ギリシア語 χειραγωγέω の翻訳借用)。》このアクセント型はスラヴ祖語の AP b タイプに遡る。これについては、Stang (1965: 108, 114), Дыбо (1962: 8ff.) を参照。ロシア語のアクセント史において、この –ить で終わる動詞現在形における移動アクセント型（本来の AP b）の拡大は最も活発な傾向である。AP c に属する動詞が移動アクセント型を導入する過程は、特に 18–20 世紀の資料から観察することができる。これについては Волонцова (1979: 204ff.), Garde (1976: 272–273) を参照。

479. Исаченко (1960: 60) 参照：《говори́ть 型アクセント（不定形で末尾音節にアクセントをもち、現在形でアクセント位置を変えない型）をもつ動詞は、本来のロシア語動詞では少数である。このアクセント型に属する動詞の大部分は、ロシア語語彙の教会スラヴ語層の動詞であり、抽象的な意味をもつ動詞である：возобнови́ть, возмути́ть (возмущу́), воспали́ть, загради́ть (заграждённый), объедини́ть (объединённый), освети́ть (освещённый), осуществи́ть (осуществлённый), посвяти́ть (посвящённый), предупреди́ть (предупреждённый), прекрати́ть (прекращённый), сократи́ть (сокращённый), etc. それらの内の多くの音形 (例えば、со-крат-и́ть、пред-у-пред-и́ть)、また т/щ と д/жд のような形態論的交替はこれらの動詞の南スラヴ語的起源を証明している。》このアクセント型はスラヴ祖語の AP c に遡る。これについては Stang (1965: 109, 118–119)、Дыбо (1962: 8ff.) を参照。古代ロシア語においては、現在形で AP c の変形のプロセスが見られる。すなわち、単数1人称の enclinomena 形からオクシトン形への交替である。これにより、несу́, несёшь 型のアクセントが特徴的になった。

480. この шуме́ть タイプの動詞は 80 年アカデミー文法 (I. 660-661) では X クラスの第 2 下位クラス /e — ø/ (обиде-л-а ~ обид-я́т) に当たる:《ここに属する動詞は 40 以上ある: блесте́ть, боле́ть 《痛む》, веле́ть, верте́ть, ви́деть, висе́ть, горе́ть, греме́ть, гуде́ть, дуде́ть, зави́сеть, звене́ть, зре́ть, зуде́ть, кипе́ть, кише́ть, копте́ть, лете́ть, ненави́деть, оби́деть, пыхте́ть, свисте́ть, сиде́ть, сипе́ть, скрипе́ть, смерде́ть, смотре́ть, терпе́ть, храпе́ть, хрипе́ть, хрусте́ть, шелесте́ть, шипе́ть, шуме́ть, etc. この第 2 下位クラスの現在語幹は対を成す軟子音で終わる (ただ一つの動詞 кише́ть 《うごめく》だけはシュー音で終わる)。単数1人称では X クラスの第 1 下位クラスと同じ子音交替が生じる: видя́т — ви́жу, вертя́т — верчу́, вися́т — вишу́, хрустя́т — хрущу́, скорбя́т — скорблю́, хрипя́т — хриплю́.》

Исаченко (1960) は 80 年アカデミー文法と同じく、この第 5 グループを шуме́ть タイプ (不定形で thematic vowel -e- と現在語幹で第 2 活用語尾 -и との交替する型) と крича́ть タイプの 2 つに分け、前者を VIII クラス、後者を VII クラスに当てている。彼によれば 45 個以上あるという。《VIII クラスは語根末尾子音の交替があるか、交替がないかによって下位区分される。子音交替がない動詞の語根末尾子音は、-р-, -л- あるいは -н-. 例えば、горе́ть — горю́ — гори́т、веле́ть — велю́ — вели́т、звене́ть — звеню́ — звени́т. 子音交替がある動詞は、現在形で次の語根末尾子音の交替がある: п'/пл' (кипе́ть)、б'/бл' (скорбе́ть)、м'/мл' (шуме́ть)、т'/ч (лете́ть)、д'/ж (ви́деть). このクラスには擬音語動詞が多く含まれる。また古風な動詞 бде́ть — бдит《眠らないでいる》も含まれている。無接頭辞動詞は不完了動詞である (оби́деть は完了動詞であるが、古くは接頭辞動詞、веле́ть は完了体と不完了体の意味をもつ)。》

Karcevski (1927: 68–69) は шуме́ть 型の動詞を Groupe C (-ет' — -ат) に分類している。Karcevski によれば、この動詞の不定形のグループの形態素は Karcevski の Classe II (беле́ть) と同じであるが、現在形グループの形態素は Karcevski の Classe IV (храни́ть) と一致する。音交替もまた Classe IV 動詞と同じタイプである。アクセントは、смотре́ть と хоте́ть を除いて固定アクセントである。ほとんど全ての動詞は様々な感覚知覚と関連している (бде́ть, блесте́ть, боле́ть, веле́ть, ви́деть, гляде́ть, etc.)。このグループの動詞は、оби́деть と веле́ть (これは両アスペクトをもつ) 以外は全て不完了体である。

481. この крича́ть タイプの動詞は 80 年アカデミー文法 (I. 661) では X クラスの第 3 下位

クラス /a — ø/ (ворча-л-а 〜 ворч-ат) に当たる。《ここには現在語幹がシュー音あるいは /j/ で終わる動詞が含まれる：бояться (бо/ja/-л-а-сь 〜 бо/j-а/т-ся)、визжать, ворчать, держать, дребезжать, дрожать, дышать, жужжать, журчать, звучать, кричать, лежать, молчать, мчать, мычать, пищать, рычать, слышать, стоять, стучать, торчать, трещать, шуршать, etc. またこの第 3 下位クラスには гнать《追う》と спать《眠る》が含まれる。гнать は現在語幹で /н — н'/ の交替と移動母音をもつ：гна- 〜 го/н'/-。спать は /п'/ で終わる現在語幹をもつ。また 1 人称単数形で語幹が /п₁л'/ に交替する：спят — сплю.》

Исаченко (1960) の分類ではこのタイプ (держа́ть タイプ) は VII クラス。Исаченко はこのクラスの動詞語幹の末尾子音は、シュー音 (ж, ч, ш, щ と [ẑ:]) あるいは j としている。《この [ẑ:] は文字の上では зж (визжа́ть) あるいは жж (жужжа́ть) と表記される。このクラスの多くの動詞は「表現力のある語彙 экспрессивная лексика」(бренча́ть, торча́ть)、また「何かの音を発する」ことを表す (визжа́ть, ворча́ть, крича́ть, мыча́ть) という。このクラスのアクセントは、держа́ть と дыша́ть を除いてすべて固定アクセントである。》(ibid. 77–78)。

Karcevski (1927: 68–69) は крича́ть 型の動詞を Groupe B (-ат' — -ат) に分類している。Karcevski によれば、この動詞の不定形のグループの形態素は Karcevski の Groupe A (брать) と同じであるが、現在形グループの形態素は Karcevski の Classe IV (хранить) と一致する。語幹子音は бояться, гнать, спать, そして стоя́ть を除いてシュー音である。大部分の動詞は騒音を意味し、自動詞である (бренча́ть, брюзжа́ть, бурча́ть, буча́ть «bourdonner»、вереща́ть, ворча́ть, etc.)。全ての動詞は不完了体である。アクセントは гнать, держа́ть と дыша́ть 以外は固定アクセント。

482. Boyer & Speranski (1915[2]: 254) によれば、不定形の語幹でアクセントのある接尾辞 e (ж, ш, ч, щ の後ろで -á-) をもち、現在時制のアクセント法が -ю́, -и́шь (-у́, -и́шь) である、騒音を表す動詞はおよそ 40 個、その内で -á- 接尾辞をもつものは 28 個という：грем-é-ть, гремлю́, грем-и́шь "thunder"; бренч-á-ть, бренч-у́, бренч-и́шь "resound". これらの系列以外に、騒音を表す動詞には現在形のアクセント法が -ю (-у́), -ешь であり、不定形語幹に接尾辞 -á- をもつ別系列の動詞がおよそ 20 語あり、全て語根が -т- で終わり、現在形で -чу́, -чешь, -чут が現れる。例えば、грохот-á-ть, грохочу́, грохо́чешь "rumble" (cf. гро́хот "rumble"); хохот-á-ть, хохочу́, хохо́чешь "laugh loudly" (cf. хо́хот "burst of laughter"); шепт-á-ть, шепчу́, ше́пчешь "whisper" (cf. шо́пот "whisper")。

483. 80 年アカデミー文法 (I. 662) 参照：《孤立した動詞にはその他に次のものがある。зиждиться《創造される》、зыбить(ся)《揺さぶる (揺れる)》は第 1 活用 (クラス V, 1) に従い人称形をつくるが、過去形は第 2 活用のように и 語幹からつくられる：зижд-ут-ся, зижд-ешь-ся, зижд-ет-ся, зижди-л-ся, зижди-л-а-сь; зыбл-ют(ся), зыбл-ешь(ся), зыбл-ет(ся), зыби-л(ся), зыби-л-а(сь)。また、чтить《敬う》は бежать のように活用する。すなわち 3 人称複数以外は全て第 2 活用、3 人称複数は第 1 活用：чт-у, чт-ишь, чт-ут (また чт-ят も標準と認められている)。》

484. 80 年アカデミー文法では、この реветь タイプの動詞は V クラス (母音—ゼロ) の第 3 下位クラスに属する (訳注 467 参照)。

485. 古代ロシア語の語幹形成母音のない動詞 athematic verbs は、есть (< ѣсти < Slav. *ěsti. Cf. Lith. ésti, Gk. ἔδω. バルト・スラヴ語の延長母音は Winter's law による)《食べる》、есть (< *estь. Cf. Skt. ásti, Gk. ἐστί.)《ある》、дать (< дати < Slav. *dati. Cf. Gk. δίδωμι, Skt. dádāti.)《与える》、вѣдѣти (< Slav. perf. *věděvědě. PIE *u̯oida) (= Modern Russ. вéдать)《知っている》、имѣти (< Slav. *jьměti)《もっている》である。このうちで現代ロシア語で特殊な活用をもつのは最初の 3 つの動詞のみ。例えば、その幾つかの活用形: е-м (< ѣ-мь, -ми)《私は食べる》、ес-ть《ある》、с-уть《彼らは〜である》、да-м (< да-мь, -ми)《私は与える》。вѣдѣти は次の言い回しに 3 人称単数現在形として残っている: Бог вѣсть "God knows"《誰も知らぬ》、また副詞形 ведь (cf. OCS вѣдѣ、これは歴史的には単数 1 人称・完了形、RED (2011: 166))。

80 年アカデミー文法 (I. 663) 参照:《быть 動詞の現在 3 人称単数形以外の消失により (суть は古風な文体で残っている)、現代ロシア語では есть はあらゆる人称形に使われている: Кто ты *есть*? — говорил он... — Не больше как мальчишка, сирота《お前は誰なんだ》と彼は言った《孤児の小僧にすぎない》(Горьк.); Там *есть* хорошие вещи, — сказала матушка, опуская руки в чемодан《「あそこに良いものがある」とお母様はトランクに両手を入れながら言った》(А. Н. Толст.)。》

486.《《«имеется» の意味での есть、«не существует» の意味での нет は動詞ではなくて «предикативы наличия» である。》(Исаченко (1954: 378–380))

487. есть は быть の 3 人称現在形 *estь (< PIE *es- 'to be', cf. Gk. ἐστί) に由来するが、他の 1・2 人称形は現代ロシア語では失われている。ヤコブソーンは有標カテゴリー (1・2 人称) と無標カテゴリー (3 人称) の交換からこれを説明している:「いわゆる文法カテゴリーの交換ということを検討分析してみると次のことが明らかになってくる。すなわち、通常問題となるのは対応の有標形式の代わりとしての無標形式の適応であって (例えば、不定形でもって定形式に、現在時制でもって過去時制に、2 人称でもって 1 人称に、再帰分詞でもって受動分詞に、単数命令法でもって複数命令法に、それぞれ代える)、逆の代用は当然のことながら稀な例外に限られ、比喩的な言い方と見なされる。無標形式は言語思考において相関ペアの代表者として機能していて、まさにそれ故に、例えば、完了動詞に対して不完了動詞が、再帰動詞に対して非再帰動詞が、複数に対して単数が、過去時制に対して現在時制が、述語分詞に対して修飾分詞が、それぞれ或程度 1 次的な形式と感じられる。(中略) 失語症の研究の示すところでは、有標カテゴリーの方が無標カテゴリーよりも早く失われるという結果がでている (例えば、不定形よりも定形式の方が、現在時制よりも過去時制の方が、3 人称よりも 1・2 人称の方が、それぞれ早く失われる)。(中略) また、外国人のロシア語を諧謔的に再現する際特徴的なのは、1・2 人称の代わりに 3 人称を用いることである (Turgenev の時劇の中でドイツ人が次のようなロシア語を話している: fi ljúbit = vý ljubite《あなたは愛する》など)。動詞 byt' (be 動詞) の現在時制はロシア語では曲用を失っていて、

3人称単数の形式 ést' が単複両数のすべての人称形式を代表するものとなっている。」(ヤーコブソン・米重文樹訳「ロシア語動詞の構造について」『ローマーン・ヤーコブソン選集1』(大修館書店 1986: 66-67) [R. Jakobson 1932 [1971: 14] «Zur Struktur des russischen Verbums»])

488. Timberlake (2004: 292) 参照：繋辞構文 copular constructions は現在形で通常用いられるときには明示的な動詞形をもたない。しかしながら、強調のためには BE 動詞の 3 人称現在形の残滓が使われる。残滓形 есть は、たとえそれが同語反復的であろうと、定義する価値があることを主張するために使われる：Но чемпионат мира *есть* чемпионат мира. 'But the world championship is the world championship.' その éсть の否定は не éсть である：Было это не формальное, а — подлинное сходство, которое *не есть* сходство черт. 'That was no formal similarity, but a genuine similarity, which is not merely a similarity of features.' 歴史的な 3 人称形 суть は定義の用語が複数ならば、科学的な定義に用いられる。また есть はイディオム это и есть の中で使われる：это и есть суть маркси́зма 'that is precisely the essence of Marxism'.

489. この нет (口語で нéту) は Slav. *ne e(stь)tu > *nětu > Old Russ. нѣту に由来する。*e(stь) (> есть, 3 sg. pres. "to be"), *tu (> OCS тоу "ἐκεῖ", Old Russ. ту, Modern Russ. тут "here") (RED 2011). Черных (1993) も同様な解釈をしている。この《存在しない》の意味の нет が «не + есть» に由来するとの俗説は間違い。

存在の叙述については、2 つの異なる場合を考える必要がある：否定で主語が属格になる場合と主語が主格である場合である。Timberlake (2004: 300ff.) は前者を (a) «existential predication (interpretation)» 、後者を (b) «individuating predication (interpretation)» と名付けている。それぞれの例：(a) На планете {были / ø ~ есть / будут} только глубоководные жители<NOM>. 否　定：На планете больше {не было / нет / не будет} людей<GEN>. (b) Маленький принц {был / ø / будет} на маленькой планете. 否定：Маленький принц {не был / не / не будет} на маленькой планете. Timberlake (ibid. 300) は Paducheva の考えを基にその違いを次のように書いている：«Ultimately the "semantic invariant" proposed for the construction with the genitive is : "*X* does not exist in the World/Place," where the place can be "the perceptual space of the Subject of consciousness." Here the exposition emphasizes the difference in structuring of information: the nominative is a statement of a property of an individual, among alternatives; the genitive is a statement about the world.» 前者(a)の語順は普通、«DOM V S»、後者(b)の語順は普通、«S V DOM» である。(b) は別の場所が対比されるときには強制される：Он был не в Москве, а в Париже. 'He was not in Moscow, but in Paris.' (ibid. 301) (DOM = domain)

490. 80 年アカデミー文法(I. 592-594, 584)参照：《Imperfectiva tantum に属する動詞は、次の意味的な特徴をもつ動詞である。(1) 繋辞 (copula) 的な動詞：быть, являться, находиться, состоять, значить, стоить, etc. (2) 叙法動詞：хотеть, желать, etc. (3) 思考、知的状態の意味をもつ動詞：разуметь, полагать, знать, etc. (4) 情緒的関係を表す動詞：любить, обожать, уважать, терпеть, сочувствовать, etc. (5) 所属の意味をもつ動詞：иметь, обладать, etc. (6) 存

在の意味をもつ動詞：быть, наличествовать, иметься, находиться, etc. (7) 空間的な位置の意味をもつ動詞：стоять, торчать, сидеть, лежать, висеть, etc. (8)《何色かに見える》の意味をもつ動詞：белеть, голубеть, белеться, etc. (9)《光や臭いを出している》の意味をもつ動詞：светить, пахнуть, etc. (10) 自然の物理的変化を表す動詞：идти (о дожде, снеге), гореть ("давать пламя"), лить, etc. (11) 感覚器官による知覚の意味をもつ動詞：видеть, смотреть, слышать, слушать, etc. (12) 物理的、心理的な状態の意味をもつ動詞：спать, болеть, бояться, etc. (13) 完成に向かわない営み、気晴らし、具体的な身体行為を表す動詞（非限界的自動詞あるいは自動詞的な非限界的意味での他動詞）：петь (Она пела в частной опере.), писать (Он не может не писать.), плакать, работать (Где ты работаешь?), пахать, сеять, etc. (13) 能力の意味をもつ動詞：играть (на рояле), читать, говорить (по-французски), etc. (14) 積極的に出された音や声の意味をもつ動詞：бить (в барабан; колокол бьет), звонить, кричать, лаять, etc. (15) 不定方向の運動の動詞：Вот бегает дворовый мальчик. これらの imperfectiva tantum に属する動詞は**非限界的な意味をもつ動詞**であるので、アスペクトの対に関して非相関的な完了体動詞を作り出すことができる。例えば、кричать, жить, летать, спать に接頭辞を付けると、行為の開始の意味（закричать）、時間的限界に制限される行為（покричать, пожить, полетать, поспать）、行為の終了（отжить свой век）、その他の意味をもつ完了体動詞のグループに移行する。》Imperfectiva tantum 動詞の形式的特徴（-в あるいは -вши で終わる副動詞形がつくられること、また -н/-т で終わる受動分詞がつくられること）については、Исаченко (1960: 174ff.) を見よ。

491. 動詞接頭辞については 80 年アカデミー文法 (I. §854–§883) を見よ。また以下の 80 年アカデミー文法 (I. 355–356) を参照：《上に述べているように大部分の動詞は不完了体動詞に接頭辞を付けて完了体動詞にする。しかしかなりまれであるが完了体動詞が基底になる動詞（прыгнуть P — выпрыгнуть P, бросить P — выбросить P, кинуть P — закинуть P【二次的な不完了体化の基となる語幹は -ну- のない形からつくられる：заки́дывать I (Cf. *-kydnǫti > *-kynǫti > -ки́нуть)】)、あるいは両方のアスペクトをもつ動詞が基底になる動詞（наследовать I/P — унаследовать P）がある。動詞接頭辞はその形態 морф により 2 つに区分できる：(1) 普通、母音音素で終わる 1 つの形態をもつ接頭辞 (вы-, до-, за-, на-, недо-, о-, пере-, по-, пре-, при-, про-, ре-, со₂-, у-); (2) 2 つの形態をもつ接頭辞で、その 1 つは子音で終わり、もう 1 つは /о/ で終わるもの (в-/во-, вз-/взо-, воз-/возо-, из-/изо-, над-/надо-, низ-/низо-, об-/обо-, от-/ото-, под-/подо-, пред-/предо-, раз-/разо-, с-/со₁-)。》この後者の接頭辞の使い分けの規則については、訳注 94 を見よ。さらに Исаченко (1960: 148ff.) は、共時論的な意味でのアスペクトに関わる動詞接頭辞を《глагольная приставка》という用語を使い、現代ロシア語ではそれは次の 18 個の形態素であるとしている：в- (во-), вз- (вс-, взо-), вы-, до-, за-, из- (ис-, изо-), на-, над- (надо-), о- (об-, обо-), от- (ото-), пере-, по-, под- (подо-), при-, про-, раз- (рас-, разо-), с- (со-), у-。Karcevski (1927: 74ff.) は、ロシア語動詞は 22 の接頭辞をもち、そのうち次の 18 の接頭辞だけが生産的であるとしている：

в-, вз-, вы-, до-, за-, из-, на-, над-, о- (об-), от-, пере-, по-, под-, при-, про-, раз-, с-, у-. 非生産的な接頭辞は、воз-, низ-, пре-, пред- である。時には同じ接頭辞 о- (об-) を使った 2 つの形を分ける場合がある。例えば、оста́вить《残す》と обста́вить ко́мнату《部屋に家具を入れる》、обста́вить《(隠語)欺く》。動詞接頭辞の主要な意味については Karcevski (ibid. 76–77) を見よ。

492. 80 年アカデミー文法 (I. 595) 参照。アスペクト的ペア (対) にたいして相関する不完了体動詞をもたない動詞を «perfectiva tantum» と呼ぶことができる。80 年アカデミー文法では《非相関的な完了体動詞 несоотносительные глаголы совершенного вида》と名付けている。例えば、動詞 закричать (P) は行為の開始の意味をもつ接頭辞 за- がついている。この動詞は、この基底の動詞 кричать (I) とは語彙的な一致がないために、アスペクト的ペアを成すことができない。またこの動詞は不完了体化の方法によっても、アスペクト的ペアをもつ不完了体動詞をつくることができない。また perfectiva tantum 動詞には、接尾辞 -ну₂-, -ану- (あるいは接頭辞と接尾辞) によって不完了体動詞からつくられる動詞も含まれる。例えば、крикнуть (P) は、1 回的な行為の意味をもつために、基底の動詞 кричать (I) とはアスペクト的ペアを成すことができない。同様に соснуть (P), вздремнуть (P) は、《少し》という追加的な意味をもつために、基底となる спать (I), дремать (I) とはアスペクト的ペアを成すことができない。これらの動詞は不完了体化によるアスペクト的ペアである不完了アスペクト動詞をもつことができない。

493. 80 年アカデミー文法 (I. 591–592) は、「2 つのアスペクトをもつ」動詞 двуви́довые глаго́лы (bi-aspectual verbs) について次のように書いている：《(-овать, -ировать, -изировать, -изовать で終わる動詞、例えば、исследовать, наследовать, использовать, атаковать, командировать, госпитализировать；ранить, молвить, велеть, etc.【これらの動詞の】アスペクトの意味を決めるのは、形態 (複合未来、分詞、副動詞など) あるいはコンテキストである。例えば、буду обследовать, обследуя, обследуемый; Они много раз *обследовали* этот объект и предупреждали о возможности неполадок《彼らはこの対象を何度も調査し、故障の可能性について警告していた》の各動詞 は不完了体である。幾つかの《2 つのアスペクトをもつ》動詞は形態 -ива- を付加することによって不完了体動詞をつくることができる。その際には -ива- のない《2 つのアスペクトをもつ》動詞は完了体動詞になる：例えば、арестовать — арестовывать の対。》

Isačenko (1962: 354ff.) による 2 つのアスペクトをもつ借用語や外来語の例：абони́ровать, абстраги́ровать, автоматизи́ровать, авторизова́ть, адресова́ть, акклиматизи́ровать, активизи́ровать, анализи́ровать, арестова́ть, атакова́ть; коллективизи́ровать, организова́ть, телефони́ровать, экспорти́ровать, etc. ロシア語本来の語では 2 つのアスペクトをもつ語は少ない：жени́ть, жени́ться, веле́ть, казни́ть, ра́нить, мо́лвить. さらに《逃げる》の意味で бежа́ть, cf. Он бежа́л из пле́на (*pf.*)《彼は囚われの身から逃れた》— Враг бежи́т《敵は逃走している》。Isačenko (ibid. 355) によれば、ロシア語はこういったアスペクト的な曖昧さを排除する傾向がある。これは一方では、完了体を接頭辞化することによってなされる、例

えば：c-фотографи́ровать, c-организова́ть. 他方では、二次的な不完了体化によってなされる、例えば：аресто́вывать, организо́вывать.

その用法については Mazon (1914: 126–127) 参照。

494. 動詞接頭辞の異形態については、訳注 94 参照。

495. 80 年アカデミー文法によれば、現代ロシア語では次のようなアスペクト的な対（ペア）のタイプがある。(**1**) 接頭辞化 перфективация によって形成されるアスペクト的な対（ペア）：不完了体の無接頭辞動詞―完了体の接頭辞動詞 (делать — сделать)。(**2**) 不完了体化 имперфективация によって形成されたアスペクト的な対（ペア）：(a) 完了体の接頭辞動詞―不完了体化の接尾辞をもつ不完了体の接頭辞動詞 (переписать — переписывать)；(b) 完了体の無接頭辞動詞―不完了体化の接尾辞をもつ不完了体の接尾辞動詞 (решить — решать)。

［補注 1］上のアカデミー文法のアスペクトのペアの形成については学者によって意見が異なる。上の (1) のような単純動詞に接頭辞をつけることによってペアの完了体を派生させるとするとき、その接頭辞は「空の пустой, empty, vide」接頭辞といわれる。例えば、писать — написать. この「空の」という意味は、この接頭辞を単純動詞に付加して作られた完了体動詞とこの単純動詞との関係が「純粋なアスペクト相関 чисто видовая соотносительность」にあるという意味である。この考えは伝統的な考えであり、Виноградов (1972²: 421–422)、Mazon (1995⁹: 262ff.)、Forsyth (1970: 19)、Garde (本書 §604) 等はこの考えを支持している。これについてヴィノグラードフの「同一語の形をつくる «les préverbes vides»」の考えを参照：「大部分の動詞接頭辞は実際の意味を十全に保持しており、新たな語の形成手段の役をしている。これらの接頭辞によって動詞に付け足される完了体の意味は、その接頭辞が厳密に明確な意味的内容の語幹と結合する際に、語の意味構造において生ずるところの語彙的な転移の結果である。しかし幾つかの動詞の接頭辞 приставки は純粋なアスペクトの接頭辞 префиксы に変わり、完了体の形を形成する、単なる文法的な手段の役をしている。」(Виноградов, ibid.) また、Forsyth (ibid.) の説明を参照：«The 【empty】 prefix may be felt to add neither a new lexical meaning nor a procedural 【of *Aktionsart*】 nuance, but merely to convert the simple imperfective into a perfective with identical lexical meaning, e.g. пить[i] — вы́пить[P] 'drink', печь[i] — испе́чь[P] 'bake', обе́дать[i] — пообе́дать[P] 'have dinner', стро́ить[i] — постро́ить[P] 'build', чита́ть[i] — прочита́ть[P] 'read', соверше́нствовать[i] — усоверше́нствовать[P] 'improve'. Prefixes in such compounds are sometimes referred to as 'empty'.»

他方、例えば、Маслов や Исаченко は「空の」接頭辞を認めず（あるいは仮にしか認めず）、単純な不完了体動詞への全ての接頭辞の付加は単純動詞の語彙的意味を大なり小なりに変化させると考えている。Маслов (1961［2004: 447–448］) の次の発言を参照：「接頭辞による（あるいは鼻音接尾辞による）完了体化 перфективация と特別な接尾辞による（あるいはロシア語の пройти : проходить のような語幹の交替による）不完了体化 имперфективация は、同じ部類の現象として見なすことはできない、ま

たアスペクトの意味を表す等価の方法として見なすことはできない。完了体化と呼ばれているものは、圧倒的に多くの場合、純粋に語形成的方法であり、新しい動詞の創造の方法であり、新しい語彙的意味や新しい動作様態 способ действия の創造方法である。つまり語形成的方法であり、そこには完了的な文法的意味の発生が随伴しているだけである。従って、完了体のこの文法的意味は、ここでは規則的な産物として、しかし主要なものでなくて、単なる語彙的な、語形成的な作業の副次的産物として現れる。実際、писать — написать のような場合に、《空の(пустой)》(《脱語彙化された делексикализованный》) 接頭辞の付加によって創られた《純粋なアスペクト相関》について語られるのが習わしである。しかし実際、この場合にも《純粋なアスペクト相関》は派生した不完了体語幹の語彙的意味の全てに及んでいるわけではなく、その一部のみに及ぶだけである。特に、例えば、《書くのに適している》(карандаш хорошо пишет)、《著作をする》(Хотел писать, но труд упорный ему был тошен)、《文筆活動をする》(он пишет в журналах) 等のようなロシア語の писать の意味は、動詞 написать の意味の中にはその対応する意味をもっていない。従って、他の多くの類似の場合と同様にこの場合にも、《空の》接頭辞による所謂完了体化は純粋な文法的プロセスと見なすことは実際できないのであり、動詞接頭辞はアスペクトの意味を表す純粋な文法的、形式的手段にここでは全く完全に変化していないのである。」Маслов (ibid. 448) は、このあと不完了体化だけが「アスペクトの対立の創造の純粋に文法的手段」としての役を果たしていると述べたあと、こう書いている：「しかしながら писать — написать タイプの《ペア》にある語彙的意味の僅かの違いをもし考慮に入れず、《空の》接頭辞の理論を無条件で受け入れるとしても、完了体化によって作られた《ペア》の割合は、任意のスラヴ諸語において不完了体化の方法で生じた《ペア》の割合よりもかなり低いものであろうと、認めなければならない。このことはアスペクトの対立の圧倒的多くの場合に完了体は基底の項として現れ、一方、不完了体は完了体から派生した文法的な対立項として現れる（しばしばちょうど逆の状況にあると考えられているけれども）、ということを意味する。」また Исаченко (1960: 176ff.; 201ff.) も同様に、不完了体化 имперфективация によってつくられるアスペクト的ペアだけが最も純粋なアスペクトのペアであると考え、ここに имперфективация によってつくらた不完了形は、アスペクト的意味では無標であるが、形態論的観点からは有標となるという矛盾が生じるとしている。プラハ版アカデミー文法、§794 も例えば、переписа́ть — перепи́сывать の間に成り立つ関係を «чистовидовая пара» と見なしている。このような状況を踏まえて、Schuyt (1990: 226ff.) は次のように書いている：«The theory of Maslov, Isačenko a.o. may be seen as a reaction to the uncritical assumption of all sorts of aspectual pairs consisting of a simple verb and one or more of its compounds, ... (...) Today, the category of "empty" prefixes tends, at least in a number of well-defined cases, to be accepted again, see e.g. Garde 1980: 367, ... (...) Consequently, we may speak of perfectivizing ("empty"), modifying and qualifying prefixes; between these groups there has existed, and still exists, a clear interaction, see below.» ここで Schuyt の言う 'qualifying' prefixes とは 'full' prefixes に一致するものとする。この 'full' prefixes とは単純不完了体動詞を独自の語彙をもつ完了体にし、そしてこの完了体動詞からペアとなる不完了体動詞を派生させる接頭辞である：писа́ть > подписа́ть / подпи́сывать。一方、'modifying' prefixes とは、単純動詞に直接対立する複合形が形成されるもので、この複合形はペアとなる不完了体動詞を派生させないとする。

(3) 異なる語根をもつ動詞（アスペクトの対の形成の補充法的方法）のアスペクト的な対（ペア）（брать — взять, возвраща́ть — верну́ть, класть — положи́ть, говори́ть — сказа́ть）。また特別な立場を占めるのは、後置辞 -ся をもって不規則な不完了体を形成する場合である：лечь — ложи́ться, сесть — сади́ться, стать — станови́ться。

［補注 2］Isačenko (1962: 466) 参照：《лечь — ложи́ться のような不完了体で -ся をもち、完了体で -ся を欠く動詞はきわめて例外的であり、これらの動詞の接頭辞派生の語を除けば、ロシア語ではこの 3 つのペアの動詞以外にはない。起源の観点からすれば、これらの動詞は古代スラヴ語の ležati "liegen", sěděti "sitzen", stojati "stehen" に由来する。不完了体の形は、e/o- 交替による他動詞使役形 saditi "setzen", po-ložiti "legen", po-staviti "stellen" (cf. (по)сади́ть, положи́ть, поста́вить) に再帰の -ся を付けたものである。完了体の形は現在語幹に接中辞 -n- をとって形成されたものである：я ля́гу, OCS lęgǫ < *le-n-g-, я ся́ду, OCS sędǫ < *se-n-d-, я ста́ну, OCS stanǫ < *sta-n-. "Die hier zur Sprache stehenden Verben лечь, сесть, стать sind *intransitive* oder *mediale* Kausativa zu sěděti, ležati, stojati.》)。「このタイプの動詞は自動詞であるが、その自動性は不完了の項（ложи́ться）でのみ形式的に表現される。完了の項（лечь）の自動性は表現されないままである。」(Исаченко 1960: 400–401)。歴史的には現在形 lęgǫ, sędǫ の鼻音接中辞 -n- は自動詞的な意味、あるいは "ineffective meaning" を表す (Kølln, 1969: 24)【"ineffective" というのは動詞の目的語に何らかの変化を引き起こさせないことを言う】。バルト語ではスラヴ語よりもより明瞭にそれが現れている。これはバルト語においては鼻音要素がスラヴ語のような動詞の完了化という追加の機能を持っていないことによる。それはまた起動的 inchoative である (ibid. 32–33)：Lith. bùsti (< bùd-ti)《目覚める》, pres. buñda, pret. bùdo. Cf. budė́ti《目を覚ましている》, pres. bùdi, pret. budė́jo. スラヴ語のそれらの形のアオリスト形 *legъ, sědъ* は thematic アオリストであり、Stang (1942: 63) によれば、"Der themat. Aorist hat also im Slav. eine relativ klare Gebrauchssphäre: die medial- intransitive und perfektive (bzw. determinative)." という。リトアニア語の現在形での鼻音接辞についてはまた Senn (1966: 268ff.) を参照。リトアニア語の -n- 接辞をもつ生産的タイプ（現在形で -a, 過去形で -o を語幹末にもつ動詞タイプ）はほぼ自動詞である、例えば、stìgti, stiñga, stìgo《不足する》, lýti, lỹja (< *li-ñ-i̯-a), lìjo《雨が降る》(拙著《リトアニア語動詞の活用》名古屋大学文学部研究論集, 109. 1991: 27–46. また Schmalstieg 2000: 150ff.

参照 : "In Old Indic and Greek, the meaning of the *n*-infix is primarily terminative, whereas in Baltic it is primarily intransitive."）

上の (1) のタイプ (делать — сделать) で用いられる接頭辞は次のものがある：《вз- (пахать — вспахать), воз- (мужать — возмужать), вы- (учить — выучить (стихотворение)), за- (вербовать — завербовать), из- (пугать —испугать), на- (писать — написать), о- (слабеть — ослабеть), об- (лицевать — облицевать), от- (редактировать — отредактировать), по- (белеть — побелеть), под- (считать — подсчитать), при- (готовить — приготовить), про- (сигнализировать — просигнализировать), раз- (будить — разбудить), с- (делать — сделать), у- (топить — утопить《沈める》)．なお、в-, до-, над-, недо-, низ-, пре-, ре-、また借用された接頭辞 де-, дис-, ре- はここには入らない。これらの接頭辞はアスペクトを変えないが、語彙的意味を変えるもの (пред-, со$_2$-, де-, дис-, ре-)、あるいはアスペクトと語彙的意味を同時に変えるもの (в-, до-, над-, недо-, низ-, пре-) である。

(2) (a) の例：接尾辞形態素 -ива- による不完了体の形成例：выдумать — выдумывать, выздороветь — выздоравливать, взмахнуть — взмахивать, etc. 接尾辞形態素 -ва- による不完了体の形成例：добыть — добывать, вбить — вбивать, etc. 接尾辞形態素 -а$_3$- による不完了体の形成例：разрéзать (разрéжу, разрéжешь) — разрезáть (разрезáю, разрезáешь), засыпáть — засыпáть, вырасти — вырастать, выявить — выявлять, etc. この (2) のような接尾辞化による不完了体形成の方法は、また (1) でつくられた完了体動詞にも使われる。例えば、(1) слабеть — ослабеть と (2) ослабеть — ослабевать. 後者の不完了体動詞 (ослабевать) は、前者の不完了体動詞 (слабеть) と異なり、その接頭辞の存在により、行為の限界到達への志向が強調されている。

(2) (b)：接尾辞形態素 -ива-/-ва-/-а$_3$- による不完了体の形成例：арестовать — арестовывать, дать — давать, бросить — бросать, лишить — лишать, явить — являть, кончить — кончать, простить —прощать, пустить — пускать; また歴史的な接頭辞動詞：обмануть — обманывать, защитить —защищать, встретить — встречать, etc. 》(80 年アカデミー文法 I. 586–590, 350–353)

496. 不完了体化の接尾辞 -ыв/-ив については Исаченко (1960: 181ff.) の詳細な分析を参照されたい。

497. §144 参照。また訳注 97 を見よ。/o/ ~ /a/ の交替は PIE の量的な母音交替に遡る。交替 # ~ /i/ も同様な量的な母音交替に遡る。この場合には、長音由来の и と ы (不完了体) ~ 短音由来の ь と ъ (完了体) がそれぞれ対立しているが、後者の ь と ъ は弱化母音として消失した。例えば、собирать ~ собрать (cf. OCS събьрати), призывать ~ призвать (cf. OCS призъвати)。

498. この完了体の動詞はロシア語には恐らく存在しない。不完了体の недоумевáть は存在する。

499. 80 年アカデミー文法 (I. 595) 参照。Исаченко (1960: 309–344) は、伝統的な名称であ

る「運動の動詞 глаголы движения」を「移動の動詞 глаголы перемещения」と呼ぶ。彼はходи́ть タイプの動詞を行為特徴の相関の弱い項と見なしている：「それらの一般的な意味は運動の方向への積極的な指示を含んでいない。ходи́ть タイプの動詞が《多方向性》を意味すると考えることは間違いであろう。идти́ タイプの動詞と違って、ходи́ть 系列の動詞は運動の一方向性を信号化しない。これが意味するのは、具体的な場合に ходи́ть 系列の動詞はある一方向での運動も (Он хо́дит в шко́лу через парк)、様々な方向における運動も (Он хо́дит по́ лесу) 表示することができるということである。」(ibid. 311–312)

　　Karcevski (1927: 108ff.) は運動の動詞 (verbes de locomotion) をアスペクトの非生産的タイプの中で取り扱っている。彼の運動の動詞の基本的な概念は次のようである：«Les déterminés ne peuvent pas être employés avec cette valeur généralisée de présent absolu. Lorsqu'on dit: ры́бы плыву́т, пти́цы летя́т, etc., on parle d'une mise en pratique de l'un des différents moyens de la locomotion, ce qui fait nécessairement penser aux circonstances concrètes de la situation telles que la direction du mouvement et le temps. Les indéterminés, par contre, ne permettent jamais de préciser suffisamment la direction du mouvement.» (ibid. 109) この Karcevski の考えは次の Forsyth の考えと類似している。Forsyth (1970: 319ff.) は "verbs of motion" を aspect の一部として扱っている。Forsyth は「不完了体の定動詞 determinate imperfective」の主要な特徴を以下のように纏めている (太文字は訳者による)：«The chief characteristic of идти́-type imperfectives is that the speaker's view of the action is restricted to a specific moment of time. At its narrowest this moment is **the point of the actual present**【cf. Fosyth (ibid. 147–148)】or analogous viewpoints adopted with reference to the past or future. The motion of the subject is, as it were, observed taking place 'now', and it is self-evident that any body observed in motion at a given moment can only be moving in one direction.» (ibid. 319) 対して、「不完了体の不定動詞 indeterminate imperfective」は次のように書かれている：«Verbs of the ходи́ть type never express a single progression along a path at a given moment. Basically, they denote the type of motion as **a generalized phenomenon** without reference to any specific occasion. (…) Even where the viewpoint of the present moment is apparently adopted (e.g. Сейча́с он хо́дит по ко́мнате 'Just now he's walking about the room') this can never coincide with the instantaneous moment of the actual present. The view presented by ходи́ть is inherently wider, covering several moments of time. Whenever the speaker switches from the wider view to concentration upon the motion taking place at any given moment, he must switch to the determinate verb, e.g. Сейча́с он хо́дит в саду́. Вот он сейча́с идёт по тропи́нке от кали́тки к я́блоне. 'He is walking in the garden just now. There he is walking along the path from the gate towards the apple tree.' (…) In view of the variety of meanings expressed by ходи́ть-type verbs, their general meaning can only be defined negatively: they do not express motion taking place at a specific moment and in one direction.» (ibid. 321–322) そしてこの2つの定動詞と不定動詞の間の下位アスペクトの関係 sub-aspectual relationship を次のように書いている：«On the basis of the facts so far presented about the determinate and indeterminate verbs of motion it might be argued that the relationship between them is of a purely lexical nature, having nothing to do with aspect as an element of grammatical meaning. The indeterminate verbs could be grouped with such imperfectives as гуля́ть 'walk about'; танцева́ть 'dance'; шата́ться 'stagger, loaf about' etc., which also denote movement without reference to direction at a given moment; while the determinate verbs could be compared with verbs expressing a state of continuous movement in one direction at any moment, such as течь 'flow'; струи́ть 'stream'; сле́довать 'follow' etc. The common ground shared by a couple of verbs such as ходи́ть and идти́ would then be only the basic lexical meaning of mode of locomotion: 'move on foot', as opposed to, for instance, 'to swim' or 'to fly'. In fact, however, ходи́ть-type and идти́-type verbs are linked by more than this minimal lexical meaning. Apart from the general features which both types have in common with all imperfective verbs (non-aspectual denotation of the action, ability to imply continuous process and repetition etc.), certain other functions of imperfective verbs are, as it were, shared between them. **The most striking case of this is in negative constructions, which are considered later in this chapter, but in addition, the expression of a future action and of a two-way action are specialised functions of one or the other type of verb.** » (ibid. 325–326) Forsyth が強調する、否定構文における各運動の動詞の用法は次のようである：(1) 否定文の不完了体の定動詞は、「ある時点での運動の欠如を表す」：Здесь лю́ди *не шли*, а стоя́ли вплотну́ю друг к дру́гу, запо́лнив всю у́лицу. (Nikolayeva) 'At this point people were not moving forward at all, but stood close-packed filling the whole street.' (ibid. 340) (2) не をもつ不定動詞はこの動詞に関連した意味（例えば、不定の運動、習慣的な運動等）の否定を表す：Из-за дожде́й маши́ны тепе́рь почти́ *не хо́дят*... (Tendryakov) 'Because of all the rain there has been there are practically no vehicles running...'. (ibid. 341)　しかし не ходи́л と類似の形は特定の 1 回の出来事を示すためにもまた使われる：Я *не ходи́л* на воскре́сник на про́шлой неде́ле. (Anikina). 'Last week I didn't go to the Sunday voluntary work session'. また禁止の用法は次の訳注 501 を参照。後者の「未来の行為」とは、定動詞だけが近未来の起こると予定された出来事を表すことである：Мы *идём* за́втра в цирк. (Vlasova) 'We are going to the circus tomorrow'. (ibid. 326)　また「2 方向の行為」とは、不定動詞だけがもつ機能である：Вчера́ мать *ходи́ла* на по́чту и получи́ла де́ньги по перево́ду. (Anikina) 'Yesterday mother went to the post office to cash her money order'. (ibid. 326) この用法は一般的に過去時制に制限されているけれど、単純な運動の動詞を使って、未来の「一回り round trip」をさえ表現できる：— Па́па! — Ты что, до́чка? — Отнеси́ телегра́мму на по́чту, а то я уста́ла. — А вдруг я уйду́, а вызыва́льщик придёт? — испуга́лся оте́ц. — Обождёт, — сказа́ла Фро́ся. — Ты ведь недо́лго бу́дешь *ходи́ть*. (Platonov). 'Dad!' 'What is it, lass?' 'Please take my telegram to the post office, I'm tired.' 'But what if I go away and a messenger comes for me?' her father said in alarm. 'He can wait', said Frosya. 'It won't take you long to go.' (ibid. 326–327)

500. Karcevski (1927: 109–110) は定動詞と不定動詞を用いた文の違いを次のように書いて

いる：「Когда́ я шёл вчера́ в шко́лу, я встре́тил прия́теля と Когда́ я вчера́ ходи́л в шко́лу, я встре́тил прия́теля は両方とも全く正しいが、しかし後者の文では《私が友人に会った》のが学校の行きか、あるいは学校の帰りかは明確ではない。По́езд ползёт как черепа́ха あるいは По́езд лети́т стрело́й と言うことは大変正しい。これは列車の運動が亀のようにのろのろしていること、あるいは矢の飛行のように速いことを意味している。しかし *По́езд по́лзает как черепа́ха あるいは *По́езд лета́ет как пти́ца と言うことはできない。というのはこれら2つの運動の仕方はそれぞれ爬虫類や鳥類に固有のものであり、足や腹で地面を這ったり等の動きのイメージを思い起こさせるからである。当然、2つの系列の間の違いが消えるというような場合がある。例えば、区別無く次のように言うことができる：Ло́шадь везёт (より具体的で個別的、*pars pro toto*) あるいは во́зит (一般的特徴) до шести́ седоко́в; Он легко́ несёт あるいは но́сит пятипудо́вый мешо́к. これらの場合に、一般的なこと (вози́ть, носи́ть) と個別的なこと (везти́, нести́) は現実化の具体的な場合のなかで混じり合っている。」

501. この例文は不定動詞の「行き帰りの運動」を表していると捉えることの他に、定動詞の命令形 иди́те (пойди́те) домо́й の否定を表していると考えることも可能であろう。不定動詞の否定命令形 не ходи́те домо́й は、家にこれから帰ることを禁じる場合に用いる。これに対して、定動詞の否定命令形 не иди́те домо́й は、普通、実際に家に帰る途中での禁止に使う。Forsyth (1970: 342–343) がこの区別を詳述している (太字は訳者による)：«In prohibitions and constructions with similar meaning employing forms other than the imperative, there is a distinction in meaning between the negated determinate and the negated indeterminate. **The former always refers to a specific moment, e.g. with reference to motion actually in progress**: Не иди́ так бы́стро. (Anikina.) 'Don't walk so fast.'; Не беги́ по ле́стнице, мо́жешь упа́сть (Anikina). 'Don't run down the stairs or you might fall.' or with reference to an action which seems likely to occur in the immediate future, e.g. Ста́ршая сестра́ побежа́ла наза́д и отбежа́ла от доро́ги, а мла́дшая перебежа́ла че́рез ре́льсы на другу́ю сто́рону. Ста́ршая де́вочка побоя́лась, что сестра́ побежи́т наза́д, и закрича́ла: — Не беги́ наза́д! Не беги́ наза́д! (Chistyakov). 'The elder sister ran back and ran away from the railway track, while the younger one ran across to the other side. The elder girl was afraid that her sister might run back, so she shouted, "Don't run back! Don't run back!" (...) The negated indeterminate verb can express a general prohibition, e.g. Не ходи́ так бы́стро. (Anikina.) "Don't walk so quickly (in general)." (...) **The negated indeterminate is also used, however, as the regular negative counterpart of positive commands employing the perfective verb (or determinate imperfective) with reference to single actions potentially taking place at specific junctures**, e.g. *Ле́бедев* [*вздох*]. Мо́жно пойти́ засвиде́тельствовать почте́ние? — *Льво́в.* Нет, пожа́луйста, не ходи́те. Она́, ка́жется, спит ... (Chekhov: *Ива́нов.*) "*Lebedev* [*sighing*]. May I go and pay my respects? — *L'vov*. No, please don't go. I think she's sleeping ..."; (...) Не ходи́ в ата́ку до тех пор, пока́ не полу́чишь от меня прика́з. (Sholokhov: *Тихий Дон*.) 'Don't go into attack until I give the command.' — А мне послеза́втра дви́гаться в свою́ Тьмутарака́нь ... — Да не е́зди ты туда́. (Aksyonov: *Колле́ги*.). '"And the day after tomorrow I have to set off for my distant T'mutarakan' ...' 'Don't go [stay here instead]." (...) In all of the above examples the determinate form (e.g. не иди) would also be possible, but the negated indeterminate gives a nuance of more emphatic prohibition.».　研究社露和辞典のходить の項も参照。

502.《〜へ行ってくる》を意味する1回の往復を表すためには、完了体動詞のсходи́ть を使う。Исаченко (1960: 324) 参照：「сходи́ть (в го́род)、またсъе́здить、сбе́гать、своди́ть タイプの完了体動詞は、移動の二局面の総和、つまり《往復》を表す。Сходи́ в апте́ку《薬局へ行ってこい》」。

503.　日本で出版されている文法書では、次のように運動の動詞の接頭辞化とアスペクトとの関係について書かれている：「移動の動詞の対に接頭辞がつくと、定動詞だったものが新しい意味の完了体、不定動詞が同じ意味の不完了体になり、前項に挙げた定・不定動詞の意味の区別はなくなる。」(宇多文雄『ロシア語文法便覧』東洋書店 2009: 235)；「定動詞／不定動詞の区別のある動詞はともに不完了体であるが、その両者に同じ接頭辞がつくと、新しい意味の動詞の完了体と不完了体ができる。なお、接頭辞のついた動詞には、もはや定／不定の意味の区別はない。」(佐藤純一『NHK 新ロシア語入門』日本放送出版協会 1994: 165)。類似の記述は日本のほとんどの教科書、入門書、文法書に見られる。また同様の説はロシアで出版された外国人のための教科書にも見られる：А. А. Спагис (1961: 240) Образование и употребление видов глагола в русском языке. Пособие для учителей нерусских школ. Москва: Государственное учебно-педагогическое издательство. こういった見解には次のような問題点がある：1) везти́, вести́, гнать, идти́, нести́, лете́ть の6つの動詞以外の運動の動詞についてはそういった派生方法はとらない。例えば、тащи́ть — таска́ть に対してвтащи́ть — вта́скивать、кати́ть — ката́ть に対してприкати́ть — прика́тывать、лезть — ла́зить に対してвлезть — влеза́ть、плыть — пла́вать に対してдоплы́ть — доплыва́ть。2) 完了体のсходить (в го́род)《(町に) 行って (帰って) くる》、проходи́ть (всю ночь)《(一晩中) 歩き回る》、походи́ть (по ко́мнате)《(部屋の中を) 歩きまわる》のような動詞は不定動詞に接頭辞がついているのにも拘わらず完了体である。3) 完了体動詞сходи́ть のような動詞は本来の不定方向の運動の意味を保持している。4) 不完了体の単純動詞に接頭辞を付加すれば完了体が派生されるが、不定動詞だけが不完了体を派生させるのはアスペクト派生の一般原理から逸脱している。本書のギャルド氏と日本の文法や教科書の著者らの解釈は全く異なる。どちらの説が正しいのであろうか。

　　本書に述べられている考えは、イサチェンコ A. V. Isačenko (1962) [432ff. *Die russische Sprache der Gegenwart*. Teil 1 (Formenlehre). Halle/S. 1962)；Исаченко (1960: 325ff.)] の主張と基本的に同じものである。Isačenko は6個の定動詞 везти́, вести́, гнать, идти́, лете́ть, нести́ だけが、そのアスペクト形成に際して、ペアを成す運動の動詞の接頭辞化によってつくら

れることをありそうもないことと考えている。イサチェンコの論拠は Gabka (1975: 124ff.) によって纏められているので、それを引用すれば以下のようになる：「a) 語形成とアスペクト形成の原理は、全てのペアを成す運動の動詞において同じ原理であって差し支えない。これは次のことを意味する：単純語はどの場合にも接頭辞化のさいに完了体になる。b) これらの形とチェコ語、スロヴァキア語、スロヴェニア語における相当する等価語の比較は、これらの不完了体化の2次的な特徴をはっきりさせる。c) 不定動詞の接頭辞化によって、単に動作様態の意味をもった完了体動詞だけが生じる。それに関しては поноси́ть タイプの動詞が支持している。」

** Isačenko の考えに従うならば、次のような議論が可能であろう。まず、ロシア語の動詞アスペクトの一般的な派生方法をみれば、完了体は基底となる単純動詞（不完了体）に接頭辞を付加することにより派生する (Исаченко 1960: 152–154 も参照)。その場合には単純動詞の語彙的意味を変えることも変えないことも可能である。例えば：ду́мать I《考える》→ вы́-думать P《思いつく》[I = imperfective, P = perfective]（この場合、2つの動詞はアスペクトの対をつくらない）。2つの動詞がアスペクトの対（ペア）をつくらない場合、さらにこの完了体の вы́-думать から不完了体を派生することができる：вы́-думать P → вы-ду́мывать I《思いつく》（この2つの動詞はアスペクトの対をつくっている）。これがロシア語動詞の一般的なアスペクト派生の方法である。従って、これを敷衍すれば、imperfective tantum である運動の動詞（定動詞であろうと不定動詞であろうと）に接頭辞を付加すれば完了体になると考えることは自然であろう。

基底となる定動詞は imperfective tantum であり、限界到達に向けられた運動を表す限界動詞である：везти (поклажу домой)、вести (ребенка в школу)、гнать (собаку на улицу)、ехать (в Москву)、идти (в магазин)、катить (мяч к воротам)、лезть (на дерево)、лететь (на юг)、нести、тащить (груз в трюм)、плыть (к берегу)、ползти (в нору)、гнаться (за врагом)、нестись (домой)。このような動詞の imperfective tantum の特徴は、接頭辞と結合するとその語彙的意味が常に変化することである (нести — при-нести)。このような動詞には「空の пустой」（アスペクトのみを変える）接頭辞（このようなアスペクトのみを変える接頭辞を "чистовидовые префиксы" という— 80年アカデミー文法 I. 585）がない。このような定動詞から接頭辞を付加することによりつくられた完了体動詞は、対となる不完了体動詞を派生することができる (70年アカデミー文法§843参照)。その不完了体動詞の派生方法は、次のような異なる2つの方法によってつくられる (80年アカデミー文法 (I. 591) 参照)：(1) 接頭辞をもつ везти, вести, гнать, идти, нести, лететь の6つの動詞（例えば、привезти, принести, улететь）では、不完了体の形成は無接頭辞の定・不定動詞の関係をモデルにして行われる。нести — носить の関係をモデルにして、アスペクトの対 принести — приносить がつくられる。(2) その他の全ての接頭辞化された運動の動詞においては、不完了体は二次的な不完了体化 имперфективация（これは接尾辞 -ива-/-ва-/-а- による不完了体を派生し、対となる不完了体をつくる [80年アカデミー文法 I. 588-589]。また本書§572参照）に

よってつくられる：прикати́ть — прика́тывать, влезть — влеза́ть, приплы́ть — приплыва́ть, приползти́ — приполза́ть, забрести́ — забреда́ть, притащи́ть — прита́скивать, прибежа́ть — прибега́ть, уе́хать — уезжа́ть. 上の (2) の例を見れば分かるように、imperfective tantum である不定動詞に接頭辞を付けても不完了体にはならない。また (1) も imperfective tantum である不定動詞に接頭辞を付けたから不完了体の動詞になったのではなくて、アカデミー文法を援用すれば無接頭辞の定・不定動詞をモデルにして派生しただけである（あるいはまた Исаченко (1960: 328) の言う「類推的形成の結果 результат аналогических образований 」である。あるいは "Фонетическое совпадение элемента -носи́ть в приноси́ть (нс/в) с простым глаголом носи́ть является исторической случайностью" (ibid. 329))。また接頭辞を付けて派生した動詞の定と不定の意味の対立は、無接頭辞の定と不定の対立ほど明確ではないが存在する。例えば、定動詞 идти́ からの派生した пройти́ (P) — проходи́ть (I) (ми́мо до́ма)《(家のそばを) 通り過ぎる》に対する、不定動詞 ходи́ть から派生した проходи́ть (P) (всю ночь)《(一晩中) 歩き回る》において、前者についてはその多義性のために運動の動詞の意味は中和しているが（あるいは "Im Verb проходи́ть/пройти́ ist die Fähigkeit, den determinierten oder indeterminierten Verbalcharakter auszudrücken, erloschen. (Isačenko, 1962: 440))、後者の動詞には「本来の運動の動詞の行為特徴が保持されている (Das Verb проходи́ть bewahrt den indeterminierten Verbalcharakter des Augsgangsverbs ходи́ть. (ibid. 440))」。後者の不定の意味をもつ他の例を参照：выходи́ть (все места́), исходи́ть (весь лес), обходи́ть (весь го́род), переходи́ть (все окре́стности), походи́ть (немно́го), сходи́ть (в апте́ку), избе́гать (все магази́ны), объе́здить (всех знако́мых), обла́зить (все дере́вья), слета́ть (в Москву́), пропла́вать (не́сколько часо́в), натаска́ть (дров)。(Исаченко 1960: 340–342)。

［補注］Karcevski (1927: 110) は名著 «Système du verbe russe» の中で、運動の動詞に接頭辞を付加することについて次のように書いている：「定動詞は全ての接頭辞を付加する。その二次的な不完了体は、その形式においてほとんど常に対応する不定動詞に一致する【下線は訳者】。例えば、по- (起動的な)：побежа́ть, полете́ть, etc. は二次的な不完了体をもたない。с- (下への運動)：слете́ть pf. / слета́ть impf., etc.; в- (中への運動)：войти́ pf. / входи́ть impf., etc.; при- (接近)：принести́ pf. / приноси́ть impf., привезти́ pf. / привози́ть impf., etc.; от- (分離)：отъе́хать pf. / отъезжа́ть impf., отвести́ pf. / отводи́ть impf. 不定動詞は転義的な意味で用いられる場合を除いて、あまり接頭辞化の能力はない（例えば、заноси́ть pf. あるいは затаска́ть pf. пла́тье《衣服を着古す》、выходи́ть pf. больно́го《病人を全快するまで看護する》, etc. (ここには蓄積された結果の意味をもっており、しばしばそれらは他動詞である))；по- (軽減)：побе́гать, пола́зить, etc.; за- (始動、この意味には強い動揺・心配の概念が付いている)：забе́гать, залета́ть, забе́гаться, etc.; с- (行き帰り)：сбе́гать, сходи́ть; これらの形態は対応する二次的な不完了体をもたない；вы-：вы́ходить pf. / выха́живать impf., вы́ездить pf. / вые́зживать impf., etc.; до- (期限、目標)：доноси́ть pf. / дона́шивать impf., добе́гаться pf. / добе́гиваться impf., etc. 運動の

動詞の接頭辞化は多数の完了体の二重語を生む、例えば：перенести́ *pf.* と переноси́ть *pf.* (нести́ impf. > перенести́ *pf.* > переноси́ть *imperfectif secondaire*, 対して、носи́ть *impf.* > переноси́ть *pf.* > перена́шивать *imperfectif secondaire*、これは非常に稀、というのは переноси́ть によって変わりをされるから）；同じく、загна́ть *pf.* と загоня́ть ло́шадь (гнать *impf.* > загна́ть *pf.* > зага́нивать (稀) とまた загоня́ть 二次的な不完了体，対して、гоня́ть *impf.* > загоня́ть *pf.*)。」 下線部注意。S. Karcevski は「不定動詞に接頭辞を付ければ不完了体になる」とは一言も言っていない。

次に、基底となる不定動詞は imperfective tantum であり、常に非限界動詞である。このような動詞の imperfective tantum の特徴は、接頭辞と結合するとその語彙的意味が常に変化することである。この単純動詞に接頭辞を付ければ完了体動詞になる：е́здить I — вы́-ездить P《調教する》《(馬車で) 稼ぐ》；носи́ть I — об-носи́ть P《着古す》。これらの完了体動詞から二次的に不完了体化によってアスペクトの対がつくられる：вы́-ездить P — вы-езжа́ть I, об-носи́ть P — об-на́шивать I.(70年アカデミー文法§843 ではこういった動詞から不完了化によって不完了体のペアをつくることができるのは、接頭辞 вы- だけであると書いてあるが、об- も可能である)。また他の場合には、接頭辞による形成は《始まり》(ходи́ть — за-ходи́ть, бе́гать — за-бе́гать)、《時間の制限》(по-ходи́ть, по-бе́гать)、《行為の完了》(отъ-е́здить, от-бе́гать) の意味をもつ (80年アカデミー文法 I. 591)。同様に、с-ходи́ть P《行って(帰って)くる》もまた ходи́ть からの接頭辞 с- による完了体派生である (基底となる定動詞から派生した идти́ I — со-йти́ P — с-ходи́ть I《降りる》と区別せよ)。類似の関係を参照：«сойти́, съе́хать, слете́ть représentent un mouvement de haut en bas (leurs imperfectifs: сходи́ть, съезжа́ть, слета́ть) . D'autre part, dans les indéterminés: сходи́ть, съе́здить, слета́ть — est donné un mouvement d'aller et de retour, etc.» Karcevski (1927: 75)。さらに同じく不定動詞に接頭辞をつけて完了体にする動詞：про-бе́гать (це́лый час) P《(まる1時間) 走り回る》、раз-бе́гать-ся P《走り回りだす》、ис-ходи́ть《くまなく歩き回る》、на-бе́гать-ся (вдо́воль)《(心ゆくまで) 走る》。このような意味をもつ接頭辞を有する動詞は、закрича́ть のように perfective tantum である。この派生された動詞は、不定方向の運動 (あるいは異なる方向の運動) の意味をもっているので、基となる不定動詞の意味を保持している。これは定動詞に始発の意味を表す接頭辞 по- を付けて派生した完了体 побежа́ть P《走り出す》と、不定動詞に始発の意味を表す接頭辞 за- を付けて派生した完了体 забе́гать P《走り始める》を比較すれば自ずと明らかである。побежа́ть 動詞は一方向の意味が残る：Он встал и побежа́л мне навстре́чу《彼は立ち上がると私の方に向かって走り出した》。対して забе́гать は不定方向の意味を残している：Он забе́гал по ко́мнате《彼は部屋の中を走り始めた》。これら二例は Исаче́нко (1960: 323) より取ったが、イサチェンコは本源的な運動の動詞の定方向と不定方向の意味が派生の動詞にも残っていることを次のように書いている：「上で引用した例における接頭辞【不定動詞に付く接頭辞 за-, по-, про-, с- 等のこと】は、本源動詞に異なる完遂的意味を伝えるが、これらの動詞の行為特徴にいかなる影響も及ぼさな

い」。同様なことはまた Исаченко (1960: 336) を見よ。以上のことから、運動の動詞のアスペクト形成方法は他の動詞のアスペクト形成方法と同じであることがわかる。また定動詞と不定動詞の運動の方向性は派生の動詞にも保存されると考えることができる。従って、動詞アスペクトの体系を考慮すれば、本著者のような解釈が合理的であろう。

　さらに以下の文法書の扱いを参照：まずプラハ版アカデミー文法 (§795) では運動のアスペクト派生について次のように図式化している。ここで→はより広い意味でのアスペクト的ペア、⇒は純粋アスペクトペア(чистовидовая пара)を表す：

(1) 形式的な意味で規則的に тащи́ть — таска́ть のペアで派生関係が表現される：
　　тащи́ть (I) → вы́тащить (P) ⇒ выта́скивать (I)
　　таска́ть (I) → вы́таскать (P) ⇒ выта́скивать (I) → повыта́скивать

(2) 定動詞項の二次的語幹は、本来の意味でのアスペクト要素のない二次的な接尾辞を含む：
　　лете́ть (I) → облете́ть (P) ⇒ облета́ть (I)
　　лета́ть (I) → облета́ть (P) ⇒ облётывать (I) (cf. また перелётывать)

(3) 不定動詞項は二次的な語幹をつくらない：
　　бежа́ть (I) → забежа́ть (P) ⇒ забега́ть (I)
　　бе́гать (I) → забе́гать (P)

(4) 定動詞項の二次的な語幹は、不定動詞項の一次的な語幹と起源的に一致し、不規則的なアスペクト・クラス的なマーカー <-j=> を含む：
　　нести́ (I) → занести́ (P) ⇒ заноси́ть (I)
　　носи́ть (I) → заноси́ть (P) ⇒ зана́шивать (I)

(同じ関係は вести́, везти́, идти́ の動詞に特徴的)。

　さらに 80 年アカデミー文法 (I. 591, §1404) も参照。また Ch.-J. Veyrenc (1968: 98) *Grammaire du Russe*.［シャルル・ジャック・ヴェラン　矢野通生訳『ロシア文法』白水社 1970: 103］においても「運動の動詞は《定体》であれ、《不定体》であれ、76 頁に示された一般的な規則【単純動詞に接頭辞をつけることによって完了体になること—柳沢】を免れえず、接頭辞がつくと完了体になる」とある。

504. Исаченко (1960: 322–324) を見よ。

505. 80 年アカデミー文法 (I. 596–597) 参照：《接頭辞 за- を使った行為の開始の様態を表す動詞は、普通、非限定的な意味の語幹をもつ不完了体の自動詞からつくられる。例えば、不定方向の運動の動詞から：заходи́ть (P)《歩き始める》、забе́гать (P), залета́ть (P), задви́гаться (P)；音の響きや発話の意味をもつ動詞から：зашуметь, запеть, заговорить, зазвонить, закричать；状態動詞から：заболеть, заскучать；多回的行為の動詞から：запрыгать, замигать；その他の意味の動詞から：зацвести, заработать, заплакать, засмеяться. 定方向の運動の動詞からはこの種の動詞はつくられない。これらの動詞は、基本的に非相関的な完了体の動詞である。しかしこれらの若干の動詞は二次的な不完了体化によって、相関する不完了体動詞をつくることができる。例えば、задуть — задувать, запеть

— запевать, заболеть — заболевать: Как только задувал ветер с Волги, этот черный прах начинал клубиться (Симон.)《ボルガ川から風が吹き始めるやいなや、この黒い塵が舞い始めるのだった》; Один [ребенок] заболевал, другой мог заболеть (Л. Толст.)《一人の子供が病気になると、別の子供も病気になるかもしれなかった》.》

506. 80年アカデミー文法 (I. 597–598) 参照：《微々たる時間の間に行われる限定的な行為を表す接頭辞 по- をもつ動詞は、不定の運動の動詞や不定動詞に意味的に近い移動の動詞からつくられる：походить (Р)《しばらく歩く》、побегать (Р), полетать (Р), поплавать (Р), поносить (Р); погулять (Р), пофланировать (Р). また運動の動詞以外に、《何かに従事している》という意味の動詞、音の響きや発話の動詞、また存在や空間における位置を表す動詞からつくられる：почитать (Р), пошить (Р); пошуметь (Р), почирикать (Р), поговорить (Р), побыть (Р), погостить (Р); постоять (Р), посидеть (Р), полежать (Р). 接頭辞 по- をもつ動詞は、非相関的な完了体動詞である。》

さらに Yu. S. Maslov (1985: 13) «An outline of contrastive aspectology» を参照：«In the Slavonic languages, verbs with non-limited meanings appear as *imperfectiva tantum*, i. e. only in the imperfective aspect. If perfective forms exist derived from non-limited verbs such as ходить 'walk about' or храпеть 'snore' etc., then these forms always involve a fundamental modification of the lexical meaning and 'mode of action' of the original verb (including cases where the development of the action is restricted to a 'segment of time' in verbs prefixed by по- or про-).»

507. 80年アカデミー文法 (I. 598) 参照：《上記以外に以下のような不定の動詞接頭辞がある。(1) 行為が限定的な時間の長さの間、行われることを表す про-。この接頭辞をもつ動詞は、語幹が非限定的な意味をもつ動詞からつくられる：(不定の運動の動詞から) проходить (Р) (весь день)《(一日中) 歩き回る》、пробегать (Р) (два часа), проплавать (Р) (долго)。運動の動詞以外の動詞：(存在の意味を表す動詞から) прожить (Р) (весь век), пробыть (Р) (два дня); (音の響きや発話の動詞、また存在や空間における位置を表す動詞、《何かに従事している》という意味の動詞から) прочирикать (Р) (весь день); просидеть (Р) (два часа), пролежать (Р) (до вечера); проработать (Р) (три дня); проспать (Р) (до обеда), проболеть (Р) (до весны)。(2) ある時間的長さの行為の終局的な様態を表す接頭辞 от-：(不定の運動の動詞から) отъездить (Р)《(ある期間) 乗り通す》、отходить (Р), отбегать (Р), отплавать (Р); (運動の動詞以外の動詞) отговорить; отболеть; отработать. 》

508. 不定動詞から派生された完了体の сходить はただ1回の行き帰りの行為 (1回的な遂行) を意味する。「Я сходил в школу《私は学校に行って (帰って) きた》は «я пошёл в школу и вернулся» を意味する。この1回的な遂行は次の運動の動詞から自由に作られる：сбегать (в аптеку), съездить (в Прагу), слетать (в Москву), сносить (ребёнка в больницу), слазить (на крышу), сплавать (на другой берег)」(Исаченко 1960: 271)。「文 Я сегодня ходил в город《私は今日町に行って来た》における ходил 形は、上の完了体の сходил 形に非常に類似している。(中略) しかし сходил (в город) と ходил (в город) の間には、これ

ら 2 つの動詞のアスペクト的意味から出てくる違いが存在する。сходи́л 形は《2 つの方向》における 1 回的な移動として動作を明示的に示す。これに対して ходи́л 形は同じ行為を標示しながらも、行為の《1 回性》については何も語らない。ここで我々が関わっているのは、Этот дом постро́ил/стро́ил тала́нтливый архите́ктор《この家を才能ある建築家が建てた》の場合と類似した《アスペクトの競合》なのである。」(ibid. 324) また Forsyth (1970: 329–330) によれば、完了体の сходи́ть と ходи́ть はどちらも 2 方向の行程を表しているのであるから (он сходи́л ᴾ в го́род ～ он ходи́л в го́род《彼は町へ行ってきた》)、意味の上では非常に類似し、その用法も互いに明らかに関連しているとして、次のように書いている：
«It would thus be feasible to consider that, in this meaning of a two-way action only, ходить and сходить form an aspectual pair.» (ibid. 330)

509. Исаченко (1960: 320–321) 参照：「幾つかの自動詞である移動の動詞 (пошёл, пое́хать, полете́л) の過去時制形はあるコンテキストでは開始の意味を失い、若干の別の意味を獲得する：Его́ нет до́ма; он пошёл в го́род《彼は家にいない；町に出かけた》。(中略) ロシア語では動詞形のアスペクト的意味は厳密に区別される：Я его́ встре́тил, когда́ шёл в го́род《私は町へ行く途中で彼に会った》(不完了体)。Отца́ нет до́ма; он пошёл в го́род《父は家にいない；町へ出かけた》(完了体)。結果の意味で用いられるのはまた пое́хал と полете́л 形である：Он вчера́ пое́хал (полете́л) в Москву́《彼は昨日モスクワへ出かけた》。」「ロシア語で未来時制を表現するためには基本的に 3 つの《競合する》形がある：1．я пойду́ (開始のニュアンス)：За́втра я пойду́ в шко́лу《明日私は学校へでかける》。2．я схожу́ (1 回性のニュアンス)：За́втра я схожу́ в шко́лу《明日私は学校へ行ってくる》。3．я бу́ду идти́ (一定方向の運動の経過過程)：Мы мо́жем встре́титься, когда́ я бу́ду идти́ в шко́лу《私が学校へ行く途中で、我々は出会うことができる》」。80 年アカデミー文法 (I. 597) 参照：《接頭辞 по- を使った行為の開始の様態を表す動詞は次のものがある：пойти́, побежа́ть, поплы́ть, пое́хать, полете́ть; помча́ться, поду́ть, поте́чь; полюби́ть; почу́вствовать. この意味の接頭辞 по- は、不定の運動の動詞や音の響きや話し言葉の意味をもつ動詞とは一緒にならない。》

510. 80 年アカデミー文法 (I. 710–711) 参照：《第一次前置詞の幾つかの意味の中で、基本的な中心的な意味特徴は次の要因に普通支えられている。1) 前置詞と意味が同じ、あるいはそれに近い意味の接頭辞があること：безу́мный — без ума́, за Во́лгой — заво́лжский. 2) 強い統語的結合という条件で、前置詞と文法的に支配的な立場にある語の接頭辞が一致すること：въе́хать в го́род, забежа́ть за́ угол. 3) ある意味での前置詞が 1 つ以上の格と結合する能力があること：в дом と в до́ме; за́ дом と за до́мом.》なお、前置詞の音韻的特色については、訳注 55 を見よ。

511. 80 年アカデミー文法 (II. 27–30) によれば、このような二重の前置詞と動詞接頭辞による「強い支配」に見られる客体の最も特徴的な意味は、対象の離脱、除去あるいは接近の意味である。例えば、отдели́ться от чего́-н.《から剥がれる》、дойти́ до чего́-н.《まで行く》、сойти́ с чего́-н.《から降りる》、прибли́зиться к кому́-чему́-н.《に近づく》、войти́ во что-н.《に入る》、наступить на кого-что-н.《を踏む》、зайти за что-н.《の裏に回る》、опереться обо что-н.《にもたれる》、соединиться с кем-чем-н.《と結ばれる》、предстать перед кем-н.《前に現れる》。

512. Cf. Поезд идёт *в* Москву́.《列車はモスクワへ（まで）行く》"Le train va jusqu'à Moscou." vs. Поезд идёт *на* Москву́.《列車はモスクワへ向かって行く》"Le train va en direction de Moscou." (Comtet 2002: 392)

513. 前置詞 на の意味については Виноградов (1972²: 542–544) 参照。また в と на の用法については Timberlake (2004: 182–184) を見よ。

514. Cf. Собра́ние происхо́дит *в* заво́де.《集会は工場で行われている》【恐らく 19 世紀の用法であろう。現代では на заво́де を使う】vs. Он рабо́тает *на* заво́де.《彼は工場で働いている》(勤め) (Comtet 2002: 392)

515. 80 年アカデミー文法 (II. 57) 参照：《с をもつ結合、例えば、отец с матерью のような結合を形容詞などが修飾する場合には、形容詞は普通複数形になる：ма́ленькие брат с сестро́й《幼い兄姉》。単数形も可能であるが、その場合には結合の最初の項だけを修飾する：для ма́ленького брата с сестрой.》

516. 例えば、че́резо льды́.

517. Cf. во дворе́《中庭で》vs. на дворе́《戸外で》。

518. 2 つの代名詞語根 мн- と весь (вс-) は о をとりやすいが (со мной 'with me', *с мной)、同じ音韻的構造をしていても他の語根は о を取らない（取りにくい）：с мно́жеством (± со мно́жеством) 'with a set', с мне́нием 'with the opinion' (*со мне́нием), с мноѓолетним 'with many-yeared'. (Timberlake 2004: 178–179)

519. さらに обо льде 'about the ice' (あるいは о льде) (Timberlake 2004: 179)。

520. Timberlake (2004: 179) によれば、キリル文字 е で始まる語は母音の前に [j] をもって発音されるので、е で始まる語は 7 対 1 の割合で об より о を取るという：о ее существовании 'about its existence', о единстве 'about unity', しかし переписка об ерунде 'correspondence about nonsense', доклад об его установке 'report about its installation'. また об の子音 б は、分詞の最初の子音が и であるとき（非イディオム的結合のとき）、и の前で現れない：о имеющихся резервах 'about the available reserves'.

521. 訳注 324 参照。

522.《前接語 enclitique の же は [ži] / [žə] のように無アクセント小辞として実現する。ведь も同様に [v'it'] として実現する。これに対して、他の単音節の接続詞は、`или のような 2 音節接続詞と同様に、弱いアクセント ` をもつか、あるいは無アクセントである。例えば、оте́ц‿и‿ма́ть <otec-i-maᵒt' > [ʌt'ɛːc-i-maːt']。》(Comtet 2002: 378)

523. Cf. Ю. Тынянов の «Подпоручик Киже»。

524.《書記言語では代名詞の что́ と接続詞の что をそのアクセントによってしばしば区別する：例えば、Я знаю, что́ он скажет.《私は彼が何を言うのか知っている》vs. Я знаю, что он пришёл.《私は彼がやって来たことを知っている》。》(Comtet 2002: 378)

525. 副詞 потому́, оттого́, зате́м は "that is why", "therefore", "consequently" を意味する：Потому́ /Оттого́ /Зате́м я и пришёл [pəta¹mu /ətta¹vo /za¹t,ɛm ja ɪ pr,ɪ¹ʃol] "That is why I've come". しかし本来の意味の代名詞と前置詞の結合では、発音は一致するが、離して書く：Он пошёл по тому́ пути́ "He has chosen that way";´Это недалеко́ от того́ до́ма "It is not far from that house"; Я пришёл за тем карандашо́м "I've come for that pencil there". また потому́ что；оттого́ что は "because" の意味で使われるが (Я это сде́лал, потому́ что [pəta¹mu ʃtə] / оттого́ что[ətta¹vo ʃtə] хоте́л "I've done it because I wanted to"), зате́м что とは普通言わない。что́бы と用いるのが普通である：Я пришёл сюда́, зате́м, что́бы [za¹t,ɛm, ʃtəbi] спроси́ть вас об э́том "I've come here in order to ask you about it". (Boyanus & Jopson 1952³: 225–226)

526. Unbegaun (1957: 241–242) および Исаченко (1960: 516–517) を参照。「過去形 + бы́ло をもつ文は通常、接続詞 но によって表現される反対の関係を前提とする：Он хоте́л бы́ло войти́, но переду́мал.《彼は入ろうとしたが考え直した》(Исаченко ibid. 517)。また Виноградов (1972²: 463) は К. С. Акса́ков の次のコメントを紹介している：«Я бы́ло пошёл, я бы́ло сде́лал; это совсе́м не то, что «несоверше́нное де́йствие»; напро́тив: де́йствие, о кото́ром говори́тся, соверше́но, но должно́ быть опя́ть или прекращено́ (наприме́р: я бы́ло стал чита́ть..., да печа́ть о́чень мелка́), или уничтожено́ (наприме́р: я бы́ло засну́л, да меня́ разбуди́ли), или обращено́ наза́д, т. е. то́же уничтожено́ (наприме́р: я бы́ло вороти́лся с прогу́лки... , да вас уви́дел в саду́ и пошёл к вам).» Акса́ков (1817–1860) は正確に бы́ло の意味をつかんでいたことが分かる。Boyer & Speranski (1915²: 252–253) 参照：«To express a verbal act begun, but not finished — or even finished, but not producing the result that could be legitimately expected; or finally simply planned, but not put into execution — the past impersonal бы́ло (in this use, generally unaccented) is added as an auxiliary to the principal verb of the sentence. (…) Sometimes the adverb совсе́м accompanies бы́ло, in which case the verbal act has not even been begun; он упа́л бы́ло, но сейча́с же подня́лся "he fell, but picked himself up immediately"; here the auxiliary бы́ло indicates that he fell, but the fall did not result in injury, as might have been feared; whereas он совсе́м бы́ло упа́л means: he was on the point of falling, he almost fell, but did not actually fall.»

527. この小辞 -ка は「命令」を表す命令形の肯定形にだけに付く。Исаченко (1960: 490) によれば、この小辞の命令形への付加によって「命令の範疇的特徴が緩和されうる」とし、「打ち解けたなれなれしさ、呼びかけの率直さ」(アカデミー文法 I. 501) が表現されるとしている。また小辞 -ка は完了体現在時制の 1 人称単数形に付けて、話者自身への駆り立てを表現する、「勧告法 побуди́тельное наклоне́ние (hortative)」をつくる：Напишу́-ка (я) ему́ письмо́!《彼に手紙を書いてみるとするか》(これは дай と現在形の結合でも表現することができる：да́й напишу́)。

528. Boyer & Speranski (1915²: 283–284) によれば、否定の小辞 ни は必ず否定の не によっ

て補足される必要がある。例えば、Кто́ э́то ви́дел? — Никто́ э́того не ви́дел "Who has seen it? — Nobody has seen it". Когда́ ты э́то сде́лаешь? — Я никогда́ э́того не сде́лаю. "When will you do that? — I shall never do it". しかし答えに動詞が表現されていないとき、否定の не は必ずしも必要ではない。Кто́ э́то ви́дел? — Никто́. Когда́ ты э́то сде́лаешь? — Никогда́. 同様に省略においても：На у́лице ни души́ "there is not a soul in the street".

529. 80年アカデミー文法 (II. 405) 参照：《対話のなかで、もし質問がその中に否定を含んでいなければ、返答のなかの нет は否定することばである：Име́ете ли вы с кем из свои́х перепи́ску? — Нет (Шолох.)《親戚のうちの誰かと文通がありますか？》《いいえ》。この際に返答の中にしばしば否定として質問の一部が繰り返される：Вы учёный исто́рик? — Нет, — сказа́л... его собесе́дник, — нет, я не учёный исто́рик (Тих.)《あなたは歴史学者ですか？》《いいえ》と彼の話し相手が言った。《いいえ、私は歴史学者ではありません》。返答には否定されることと反対のことを含むことができる：Ты вчера́ — был в теа́тре? — Нет, в ци́рке《君は昨日劇場に行きましたか》《いいえ、サーカスに行きました》。もし質問に否定が含まれていれば、нет をもつ2つのタイプの返答が可能である。(a) нет という語が否定の返答を確認するために使われる場合：Вы не чита́ли э́ту кни́гу? — Нет, чита́л《あなたはこの本を読みませんでしたか》《はい、読みませんでした》。(b) нет という語が不一致や反対を表現するために、否定の返答を否定するために使われる場合：Вы не чита́ли э́ту кни́гу? — Нет, чита́л《あなたはこの本をよみませんでしたか》《いいえ、読みました》。この場合には нет の後ろには必ず確信が続く：Ната́ша, ты не понима́ешь... — Нет, я всё понима́ю, всё!《ナターシャ、君はわからないかい》《いいえ、全てわかります、全てです》。》

70年アカデミー文法 (571) には、否定の не を含んだ質問 Ты не встре́тил Ва́ню? に対する4つの返答が載っている：(a) Да, встре́тил (肯定的な返答の確信)；(b) Нет, встре́тил (ありうべき否定の返答の否定)；(c) Да, не встре́тил (否定の返答の確信)；(d) Нет, не встре́тил (ありうべき肯定的な返答の否定)。また小辞 ли (не — ли) をもつ推定のニュアンスをもつ質問 Не встре́тил ли ты Ва́ню? の返答は、次の2つが可能としている (この返答は не のない質問に対する返答と同じである)：(e) Да, встре́тил；(f) Нет, не встре́тил.

[** 補注：「質問が否定をふくんでいる場合には、答えにも否定がふくまれていなければならない。(回答の最初の部分に нет を入れるか、あるいは後の部分に не を入れる)。つまり、Вы не москви́ч? という質問に対しては Да, я москви́ч. という肯定的な答えはあり得ないのである。」(С. Хавронина 1975: 182) 70年アカデミー文法には上の (a) のような返答を載せているが、Хавронина が述べているようにこんな答えをロシア人がするとは思えない。]

530. 80年アカデミー文法 (I. 732–733) では間投詞を2つに分けている：《非派生的間投詞と派生的間投詞。1) 非派生的間投詞は、現代ロシア語ではいかなる独立の品詞とも関係をもたない間投詞である：а, ага́, ай, ау, ах, ба, брр, брысь, гей, ей-ей, и, их, на, но, ну, о, ого, ой, ох, тпру, тю, тьфу, у, увы, уф, ух, фи, фрр, фу, ха, хи, хо, цыц, эй, эх, эхм. また擬声 (音) 語も非派生的間投詞である：агу́, кхе-кхе, ха-ха-ха, хи-хи-хи, хо-хо-хо, уа-уа; гав-гав, игого, карр-карр, кудах-тах-тах, мяу, му-у, фррк, бряк, бух, грох, дзинь-дзинь, ек, кап, тра-та-та, трах-тах-тах, шлеп, щелк.

　2) 派生的間投詞は、独立した品詞の語 (形) と関係した語群である。名詞と関係した間投詞：батюшки, боже, владыко, господи, дьявол, матушки, создатель, творец, черт. 動詞と関係した間投詞：брось, будет, вишь (видишь から)、здравствуй(те), извини(те)、ишь (видишь から)、пли (пали《撃て》から)、подумаешь, подумать と подумать только, пожалуйста, помилуйте, скажите, товсь (готовься から)、усь (куси から)、хватит. 代名詞、副詞、小辞あるいは接続詞と関係する間投詞：то-то, эк, эка; вон, долой, полно, прочь, тс, тш, цс, ш-ш (後者 4 つは тише から); ухо, однако. 派生的間投詞の中で顕著な特徴は語結合や慣用句の使用である：батюшки-светы, боже мой, боже праведный, господи боже мой, господи прости, слава богу, черта с два, черт возьми, что за черт, я тебя, вот тебе на. さらに派生的間投詞には動詞的な間投詞 (あるいは間投詞的動詞) がある：верть, глядь, мах-мах, морг, нырь, прыг, скок, стук, толк, тык, хап, хвать, хлесть, шварк, шмыг, тресь. 家畜を呼ぶ呼格的な間投詞も派生的間投詞に入る：кис-кис《猫を呼ぶ声》、уть-уть《アヒルを呼ぶ声》、тель-тель, цып-цып《鶏を呼ぶ声》。)

531. бух のような述語として使われる間投詞については S. Karcevski, «Introduction à l'étude de l'interjection», *Cahiers Ferdinand de Saussure*, nº 1, 1941, pp. 57–75 [Karcevski (2000: 180ff.)] を参照。彼はこの間投詞を "verbe interjectionnel" と名付けるのがふさわしいとして、その特徴を次のように書いている：«Sa caractéristique essentielle, c'est qu'il exprime un acte ultra-rapide, variété particulière et expressive de l'aspect perfectif momentané.» 自動詞の意味として使われる例：Он разбежался и бух в воду! «Il prit de l'élan et hop dans l'eau!». 他動詞の意味として使われる例：Он схватил камень и бух его в реку! «Il saisit une pierre et la vlan dans la rivière!». 諺に使われる例：Не посмотрев в святцы, да бух в колокол! «Sans avoir consulté le calendrier il fit le carillon».

　さらに Земская (ed. 1983: 84–87) は、述語として使われる間投詞を「間投詞的動詞語 междометно-глагольные слова」と呼んでいる。このような語の多くは動詞形と関連がある：хлоп — хлопать — хлопнуть《パタンという音をたてる》, трах — трахать — трахнуть《ズドーンという音をたてる》, бац — бацать — бацнуть《ドスーンと音を出す》(訳注 351 参照)。しかし口語では -нуть で終わる動詞とも、またいかなる動詞とも関係ない間投詞が述語として用いられる。例えば、ля-ля (おしゃべりについて)、шу-шу-шу (ひそひその内緒話について)、бу-бу-бу (ぶつぶつつぶやくことについて)、тыр-пыр (ぎこちない、できの悪い行為について)。間投詞的動詞語は分析主義 аналитизм の一つの現れであり、表現力豊かな言葉として使われる。次の文は間投詞と間投詞的動詞語の例である：*Жу-жу* // Комар летает《ぶんぶんと蚊が飛び回っている》(間投詞); Он всю ночь *жу-жу* по комнате // спать не дает //《蚊は一晩中部屋をぶんぶん飛び回って、眠れやしない》(述語の機能としての間投詞的動詞語の形)。このような文では**人称**は分析的に、つまり代名詞あるいは名

詞によって伝えられる。**アスペクト**に関して、Земская (ed. ibid. 87)では意味特徴に従って述語としての間投詞的動詞語を2つに区別する：1)完了体(子音で終わる、普通1音節で、ある音を伴う運動を表す)：трах, бац, швырк, хвать, фьюить, etc. 2) 不完了体(母音で終わり、2つあるいは3つの同じ音節を含み、音を表す)：ля-ля, га-га-га, шу-шу-шу, бу-бу-бу, хи-хи, ха-ха, etc. 後者はしばしば繰り返しで使われる：Она целый день ля-ля / ля-ля //《彼女はまる一日中無駄口ばかり》。**時制**に関しては、不完了体の意味をもつ述語は現在、未来、過去の時制をもつことができる。現在時制と過去時制はコンテキストによって表現される(特別な時制を表す印はない)。繋辞 был とこの述語と結合することはできない。未来時制は繋辞 буду と述語との結合によって伝える。例えば、現在時制：Он все *сидит-сидит*/ ля-ля с ней/ ну никак не уходит//《彼はずっと座り放しで、彼女と無駄話をしている、どうにも出発しようとしない》；未来時制：Она *будет* теперь ля-ля целый день//；過去時制：Он закричал/ ногами затопал// А она ему *ля-ля/ ля-ля/ успокоила*//《彼は大声を挙げて、足をどんどん踏みはじめた。すると彼女は彼におしゃべりをして、落ち着かせた》。他方、完了体の意味をもつ述語は過去時制とのみ使われる：Он *бах* по столу//《彼は机をバーンと叩いた》；Автомобиль *трах* в дерево//《自動車が木にドスーンとぶつかった》。間投詞的動詞語からは接中辞 -к- を使って、動詞を容易につくることができる：ля-ля — лялякать, шу-шу-шу — шушукаться.

532. 動詞で表現すれば、он повали́лся / упа́л ему в но́ги.

訳者あとがき

　訳注は一部を除き、ロシア語専攻の大学 3、4 年生、あるいは大学院の前期課程の学生が理解できるレベルを考えてつけたものである。「訳者はしがき」で触れたように、ここで主に使った文法は『80 年アカデミー文法』とイサチェンコの『スロヴァキア語と対照したロシア語の文法構造』(1 部と 2 部)、およびヴィノグラードフの『ロシア語(語についての文法学説)』である。ロシア語文法をさらに研究したい人は、まずイサチェンコの 2 巻本を読むことをお勧めする(第 1 巻は 386 頁に名詞、形容詞、副詞、述語を、第 2 巻は 577 頁全てを動詞に当てる)。この 2 巻本は形態論のみを扱ったものであるが、外国語としてのロシア語を学んでいる人にとって最も優れた本であるとともに、上掲の本の中では最も読みやすいものである。これと平行して、ロシア語の音声学と音韻論を理解するために、アヴァネーソフの『ロシア語文章語の発音』(2015 年に 8 版が出ている)と『現代ロシア文章語の音声学』(1956 年)を読むことが必要である。これらを読んだ後に、80 年アカデミー文法(第 1 巻は音声学、音韻論、アクセント、イントネーション、語形成論、形態論を扱う、第 2 巻は統語論を扱う)を読破すれば、ロシアの Филология 専攻の大学生と同じくらいのロシア語文法の知識レベルには到達できると思われる。このレベルに到達すれば、どのような現代ロシア語の文法研究もそれほど困難なく読み進めることが出来るはずである。この後にヴィノグラードフの名著『ロシア語(語についての文法学説)』を読むことをお勧めする。この本は初版が 1947 年と半世紀以上前に出版されているが(2 版は 1972 年、1986 年には訂正・3 版が出ている)、内容に古さを感じさせない。

＊　＊　＊　＊　＊

　本書の校正中に訳注で触れることのできなかった論文や本を読む機会があった。
　まず、本書の Book review が Любомир Дюрович によって書かれていることを知った。その最後のところでこう書いている：「その方法論的な純度、説明、独創性、また資料の完全な理解のおかげで、(中略) ポール・ギャルドのこの本は、今ある全てのロシア語の形態論の記述の内で最もよいものである。」(*Russian Linguistics 7*, 1982: 47–62)

同じ *Russian Linguistics* 誌には 80 年アカデミーの『ロシア語文法』の第 1 巻とプラハ版アカデミーの『ロシア語文法』(Русская грамматика, 1979, Praha) の Book review もある (それぞれ *Russian Linguistics 7*, 1982: 25–46; 63–72)。特に後者のプラハ版のアカデミー文法の review は興味深く読んだ。評者のルンド大学の Thore Pettersson はこのアカデミー文法を酷評して、書き出しでこう書いている：「実は、この本は完全な言語学的な教養がなければ読めないし、理解することができない。これは相当な理論的背景を前提にするだけでなく、また現代ロシア語のかなりの実践的知識も要求する。そういったことにより、この本は非専門家には近づきがたいものである。」(p. 63) またこの文法の特徴をこう書いている：「首尾一貫して実行された分類学的文法 taxonomic grammar は、この限られた意味で、必然的に理論上、中身のない vacuous ものである。そしてこの『ロシア語文法』は、正にこの理由で、全般的に見て中身のないものである。」(p. 64)　さらに Pettersson は、「この本はほとんど異なる出典から恣意的に選択されたデータを編纂した」もので、「オリジナルなデータは、見せかけの首尾一貫した一般的なアイデアに適合するために、しばしばかなり歪められている」、と書いている。またこの文法にレファレンスが全くないことのチェコの著者たちのいいわけ (この文法の序論 p. VI 参照) を、「fraud 詐欺」と呼んでいる。Pettersson は "способы действия", verb formation and verbal voice を、この本全体の最もよい部分であるしながらも、「時制とアスペクトの項は著しく貧弱である」(p. 70) と書いている。

　確かに、プラハ版の『ロシア語文法』はかなり読みづらく、知りたいことを調べるときにはあまり使えない。全ての事情が飲み込めた後で、このプラハ版のロシア語文法ではどう書いてあるのかを調べることが多い。その場合でも新しい発見は少ない。文法についてもその説明は簡単すぎてよく分からないことが多い。例えば、本書訳注 503 の運動の動詞に接頭辞を付加する場合のアクペクト派生の箇所を参照 (§794)。イサチェンコの説明と比較すれば、プラハ版の文法がいかに内容がなくて、空っぽ vacuous であるかが分かる。格体系の理論 (訳注 110 参照) もレファレンスがないため、これが彼らのオリジナルな理論なのか、あるいはどこからかの引用なのか分からない (ヤコブソーンの模倣か)。さらに、訳注 289 でも触れたように、80 年アカデミー文法とプラハ版のロシア語文法では異なる記述が見られる。私は、この理由をチェコの研究者のロシア語の古さから来るものと好意的に考えていたが、実際はそうでないかもしれない。このプラハ版のロシア語文法は、「理論的」と形容され、アカデミーという権威によって学術論文には引用されてきたのであるが、これはかなり杜撰な文法と言えるかもしれない。

また、Р. И. Аванесов (2015, Изд. восьмое), Русское литературное произношение. M. を読むことができた (これは 1980 年の第 6 版のリプリント。私が訳注で用いたのは 1954 年の第 2 版である。第 2 版に比べると第 8 版は、およそ頁数で 2 倍ある)。ロシア語の発音の教科書としてはこれが標準的であり、ロシア語教師にとって必読書であろう。本書訳注 56 で述べた、R. ヤコブソーンの в の前での無声阻害音の有声化 (к вдове [gvd-]) (これについてはまた、「ロシア語音韻論についての批判的一考察」[ロマーン・ヤーコブソン『構造的音韻論』岩波書店 p.285] も参照) については、アヴァネーソフはこの本の中で一言も触れていない (同著 135 頁)。恐らく、アヴァネーソフは、このヤコブソーンの批判に最後まで応えなかったのではないかと思われる。

＊　＊　＊　＊　＊

　私はこれまでバルト・スラヴ語の比較・歴史アクセント論とロシア・ソヴィエト言語類型論の 2 本柱を立てて細々と研究を行ってきた。後者の研究に関しては、北西コーカサス諸語に属するアブハズ語を記述し、辞書と文法を出版した。前者の比較・歴史アクセント研究については、ロシアの『バルト・スラヴ研究』誌 Балто-славянские исследования XIX (2014) [http://www.inslav.ru/images/stories/books/BSI-XIX(2014).pdf] に掲載された神戸市外国語大学名誉教授の井上幸和先生と櫻井映子さんの論文 «Studies of Lithuanian and other Baltic Languages in Japan» (pp. 495-504) の中で、私のリトアニア語の研究が紹介されている。後者の研究については、北西カフカース語の専門家である John Colarusso 教授が Book review を書いている：J. Colarusso, Book Review, *Anthropological Linguistics*, Vol. 55, No. 2, Summer 2013, pp. 184–190。

　一方、ロシア語について言えば、私はロシア語そのものを主要な研究対象としてはこなかったが、大学では、主として第 2 外国語としてのロシア語を教えてきた。その責任が私にこの文法書の翻訳と訳注を作らせたと言えないこともない。訳注でも指摘したように、ロシア語の基礎を理解せずにロシア語の入門書を書いたり、大学でロシア語を教える人たちが多くいるのが現状である。「ロシア語は硬母音と軟母音を区別する」、といった誤りをスラヴ語学やロシア語学 (あるいはロシア語教育) の専門家といわれる人たちまでもが書いているのは、この国の学問のレベルを端的に示している。教科書や文法書の間違いは本書の訳注でも触れたが、以下の拙論でもそれについて纏めているので参考にされたい：「ロシア語文法ノート：日本のロシア語教科書・文法書に見られる誤りについて」名古屋大学大学院国際言

語文化研究科　言語文化論集　第 38 巻第 1 号、2016, pp. 51–79. [http://www.lang.nagoya-u.ac.jp/proj/genbunronshu/38-1/yanagisawa.pdf]。

＊　＊　＊　＊　＊

　原稿を出版社に渡したのが平成 27 年の 2 月であるが、ロシア語やその他の特殊な音声記号のために校正と印刷に 2 年近くの時間が過ぎてしまった。この間、板東詩おりさんの代わりに海老澤絵莉さんが編集を担当してくださった。私の度重なる要求に辛抱強くこたえてくださった海老澤さんと、厄介な要求に丁寧にこたえてくださった印刷会社の方々に心から感謝の意を表したい。また、最後の校正の段階で誤植を指摘してくれた、名古屋大学大学院国際言語文化研究科院生のイーホル・ダツェンコ君にも感謝の思いがある。

平成 28 年 12 月 15 日　訳者

索引

(数字はセクション番号)

ア

アーカニエ　103
アクセント　25, 148, 205
　　形容詞のアクセント　325
　　女性形のアクセント　205, 270
　　接頭辞の上のアクセント　156
　　前置詞の上のアクセント　152,
　　　156, 211, 252, 261, 275
　　男性形のアクセント　247
　　中性形のアクセント　255
　　動詞接頭辞の上のアクセント　517
　　動詞のアクセント　511
　　副次アクセント　150
　　副動詞のアクセント　519
　　分詞のアクセント　521
アクセント素の語　26, 149
アクセント属性　154
アクセントタイプ　161
アクセントのない(音節)　27
アクセントのない母音　102
　　アクセントのない形態素　155
　　アクセントのない接尾辞　170
　　アクセントのない語幹　210
アクセントの揺れ　213, 333
アクセント・パラダイム　161
アスペクト(体)　452, 570
　　アスペクトの対　572, 579

亜属(活動体と不活動体)　177, 188
　　代名詞の亜属　386
アルファベット　30

イ

異語幹曲用(名詞)　279
　　異語幹動詞　567
一致　301
　　動詞の一致　461
移動母音　131, 199, 222, 266, 316
　　移動母音のアクセント法　212,
　　　253, 262, 332
　　前置詞の移動母音　620

ウ

後・アクセントのある(形態素)　155
　　(接尾辞)　167
　　(語幹)　209
運動の動詞　601, 606

エ

嬰音調子音　18
円熟性子音　16

オ

オーカニエ　103
音　1
音節　23

音節初頭音　92
音素　1, 58

カ
下位アスペクト　453, 606
外因性の交替　137
開口度　20, 102
外来語　46, 78, 286
格　177, 181
　　代名詞的な状況格　386, 402, 403,
　　　　419, 431, 445
過去形　485
活用　479, 531
関係代名詞　435
間投詞　123, 638
完了体　452
　　完了体単純動詞　574

キ
基数詞　359
疑問代名詞　408, 409
　　疑問の小辞　632
境界
　　語の境界　25, 75
　　接頭辞の境界　28, 80, 84, 85
曲用　177, 182
　　代名詞の曲用　388
キリル・アルファベット　1, 30

ク
具格
　　単数具格　201
　　複数具格　268

屈折　120
　　屈折におけるアクセント　161

ケ
後舌母音　21
継続子音　15
形態素　111
形態論　128
形容詞　126, 296
　　形容詞のアクセント　325
　　所有形容詞　334
形容詞的人称代名詞　396
現在形　479

コ
語　112, 148
　　音韻的語　25, 75, 112, 148
　　構造化された語　116, 119
　　語の末尾　75
　　書記語　112
　　自立語　124
　　文法的語　26, 112, 148
　　無定形語　113
硬音記号　30, 32, 33, 38, 39
高音調性（子音）　13, 81
　　（母音）　22
口腔　11
硬口蓋音　5, 13, 81, 87
軟口蓋子音の硬口蓋化　138, 140
　　一般的な硬口蓋化　137, 138, 142
硬子音　8, 18, 61, 77
合成語　119
　　合成語幹　120

合成略語　119
後接語　152
交替　130, 476
　　アクセント法の交替　160, 169
　　子音の交替　138
　　母音の交替　144
後置辞　118
呼格　181, 203
語幹　120
語幹固定アクセント　162
語基
　　語基アクセント　166
　　動詞の語基　471, 473
　　不完了体化の語基　580
国際音標文字（IPA）　57
語根　115
固定アクセント　162
　　語幹固定アクセント　208
　　語尾固定アクセント　209
語尾　107, 114
語尾アクセント　167, 170
　　語尾固定アクセント　162
　　語尾前アクセント　170, 209
語・文　123, 636
原因の状況語　446

サ

再帰代名詞　385
再帰動詞　454, 518
最上級　353

シ

子音　3, 61

対をもたない子音　7, 8, 33, 42
対をもつ子音　7, 8, 33
歯音　5, 13, 64, 81, 86, 87, 91
自己・アクセントのある（形態素）　155
　　自己・アクセントのある（語幹）
　　　　208
　　自己・アクセントのある（接尾辞）
　　　　166
示差的接尾辞　183, 243, 475
指小辞　140
指示代名詞　400
時制　460, 464
　　基本時制　532
湿音　138, 139
湿音・硬口蓋化　138, 141
湿音性の対　8
実詞　126, 175
状況語　126, 443
条件法　492
　　無人称条件法　494
重アクセント素の語　150
シュー音　6, 13, 42, 44, 45, 68, 82, 87, 105
集合数詞　377
収縮化母音　21
従属接続詞　626
集約性（子音）　12
　　集約性（母音）　22
　　集約的子音　12
　　集約的母音　22
述語　125, 448
　　述語の形　457
受動形　466

小辞　628, 629
省略（子音の）　91
　　　省略（母音の）　110
書記素　33
女性名詞　190, 264
　　　女性名詞のアクセント　205, 270
所有代名詞　396
唇音　5, 13, 65
唇音化母音　21
唇歯音　5

ス

数　177
　　　動詞の数　461
数詞　126, 359
ス—音　6, 82, 86
スラボニア語　50
　　　スラボニア語の硬口蓋化　143
　　　スラボニア語的語尾　233

セ

性（文法性）　177, 185, 191
　　　共通性　187
　　　代名詞の性　386
　　　動詞における性　461
正書法改革　32
舌音　5
接語　26, 151
舌尖音　5
接続詞　624
接中辞　119
接頭辞　52, 117, 136
　　　アクセント素の接頭辞　150

接頭辞の上のアクセント　156
接頭辞の境界　28, 80
接頭辞名詞のアクセント　172
接頭辞動詞　571, 576
　　　不完了体の接頭辞動詞　577
舌背音　5
接尾辞　116
　　　屈折接尾辞　120
　　　示差的接尾辞　183, 243, 475
　　　派生接尾辞　120
　　　不完了体化の接尾辞　586
接尾辞アクセント　166
接尾辞前アクセント　168
狭い移動アクセント　162, 209
　　　混合移動アクセント　162, 210
　　　広い移動アクセント　162, 210
狭母音　20, 93
ゼロ形態素　129
前接語　153
前置詞　75, 76, 614
　　　前置詞の上のアクセント　152,
　　　　156, 211, 252, 261
　　　第一次前置詞　617
　　　第二次前置詞　621

ソ

相関接続詞　627
噪子音　10, 76, 81
側音　6, 62, 66
粗擦性子音　16
属格
　　　複数属格　202, 215, 239
　　　第 2 属格　226

タ

態　464
第1系列の母音　33, 43
第2位格　230, 267
第2系列の母音　33, 43, 47
代名詞　126, 383
高さ(音楽的な)　25
短形(形容詞)　299
単純動詞形　470
　　単純動詞　570, 573
単数　178
男性名詞　214
　　男性名詞のアクセント　247

チ

地名　287
中性名詞　214
　　中性名詞のアクセント　255
中断性子音　14, 87
中和　58, 74, 77, 81, 92, 103
調音点　5, 81
調音方法　6, 81
長形(形容詞)　299
超分節的信号　1
直説法　479

ツ

強い位置　58
強さ　25

テ

低音調性(子音)　13

低音調性(母音)　22
丁寧体　393, 394
　　丁寧(の定型表現)　637
定の動詞接頭辞　611
　　定動詞　607
転写　54–57

ト

等位接続詞　625
同化　76, 80, 81
動詞　125, 449
　　単純動詞　570, 573
　　動詞接頭辞　571, 576
　　動詞のアクセント　511
　　動詞のグループ　531
　　動詞のタイプ　529, 531
　　動詞の分類　531
　　2つのアスペクトをもつ動詞　575, 578
動詞接頭辞　610
　　動詞接頭辞の上のアクセント　517
　　空の動詞接頭辞　604
時の状況語　444

ナ

中母音　20, 93
軟音記号　30, 33, 39, 43, 45, 48
軟口蓋音　5, 13, 42, 44, 67, 71
軟子音　8, 18, 63, 77, 80

ニ

人称(動詞の)　461
人称代名詞　385, 392

ハ

破擦音　6, 42, 44, 68, 69
場所の状況語　445
派生　121
　　　派生のアクセント　164
派生接尾辞　120
半子音　70
反射性　385
反復相（動詞）　605
半閉鎖音　6

ヒ

鼻音　6, 11
比較級　142, 344
否定代名詞　418
　　　否定の小辞　631
広母音　20, 93

フ

不完了体　452
　　　派生の不完了体　144, 534, 572, 579
不規則動詞　567
複合語（動詞語幹の）　470
　　　複合名詞　171
　　　複合名詞のアクセント　171
副詞　126, 447
複数　178
　　　複数主格　235
副動詞（ジェロンディフ）　458, 463
　　　過去副動詞　501, 520
　　　現在副動詞　498, 519
　　　副動詞のアクセント　519

父称　110
不定形　456, 496
不定代名詞　417
不定の動詞接頭辞　612
　　　不定動詞　608
不変化形容詞　343
　　　不変化の実詞　285
ふるえ音　6, 62
文　122
分詞　458, 505
　　　受動過去分詞　142, 509, 524
　　　受動現在分詞　508, 523
　　　能動過去分詞　507, 522
　　　能動現在分詞　506, 521
　　　分詞のアクセント　521

ヘ

閉鎖音　6, 62
変異音（音素の）　58
　　　位置的変異音　59, 97
　　　基本的変異音　59, 61, 93
弁別素性　9, 22
弁別符号　54

ホ

母音　19, 93
母音連続（hiatus）　145, 147
法　459
補助語　127, 614
補助動詞　470
翻字　54, 56

マ

前・アクセントのある（形態素） 155
　　（接尾辞） 168
前舌（母音） 21
摩擦音 6
末端 120

ミ

短い i, 30, 40
苗字 291
未来形 484
民族名 239, 243

ム

無生 188
無声子音 7, 17, 74

メ

鳴音 10
　　鳴子音 76
名詞 126
名詞欠如形 126
命令法 139, 486

モ

目的の状況語 446
文字 1, 33

ヤ

優性形態素 155, 164

ユ

有生 188
有声子音 7, 17, 74

ヨ

弱い位置 58, 60

リ

流音 6
両唇音 5
略語 288

レ

劣勢アクセント 156

A-Z

/j/ と /v/ の挿入 145, 146, 477, 583
pluralia tantum 179, 277
singularia tantum 180, 209

【著者紹介】

ポール・ギャルド（Paul GARDE）

1926 年生まれ。
プロヴァンス大学名誉教授。
専門はスラヴ語学、一般言語学。
〈主な著書〉
L'accent (PUF, 1968 / Lambert-Lucas, 2013^2)
Histoire de l'accentuation slave (IES, 1976)
Le mot, l'accent, la phrase (IES, 2006)

【訳者紹介】

柳沢民雄（やなぎさわ たみお）

1953 年生まれ。長野県出身。
大阪外国語大学ロシア語学科卒業。
名古屋大学大学院文学研究科博士後期課程退学。
名古屋大学大学院国際言語文化研究科教授。
〈主な著書〉
Analytic Dictionary of Abkhaz（ひつじ書房、2010）
A Grammar of Abkhaz（ひつじ書房、2013）

ロシア語文法──音韻論と形態論
Russian Grammar: Phonology and Morphology
Paul GARDE
Japanese translation by Tamio YANAGISAWA

発行	2017 年 3 月 16 日　初版 1 刷
定価	24000 円＋税
著者	ポール・ギャルド
訳者	柳沢民雄
発行者	松本功
装丁者	大崎善治
印刷・製本所	株式会社 ディグ
発行所	株式会社 ひつじ書房
	〒 112-0011 東京都文京区千石 2-1-2 大和ビル 2 階
	Tel.03-5319-4916 Fax.03-5319-4917
	郵便振替 00120-8-142852
	toiawase@hituzi.co.jp　http://www.hituzi.co.jp/

ISBN978-4-89476-760-7

造本には充分注意しておりますが、落丁・乱丁などがございましたら、小社かお買上げ書店にておとりかえいたします。ご意見、ご感想など、小社までお寄せ下されば幸いです。

[刊行書籍のご案内]

Analytic Dictionary of Abkhaz

柳沢民雄著　定価 28,000 円 + 税

A Grammar of Abkhaz

柳沢民雄著　定価 28,000 円 + 税